W0191033

Adobe
Photoshop CS6

Heico Neumeyer

Adobe Photoshop CS6

PEARSON

Bibliografische Information der Deutschen Nationalbibliothek
Die Deutsche Nationalbibliothek verzeichnet diese Publikation in der Deutschen Nationalbibliografie; detaillierte bibliografische Daten sind im Internet über http://dnb.dnb.de abrufbar.

10 9 8 7 6 5 4 3 2 1

13 12

ISBN 978-3-8273-3168-7

www.pearson.de
A part of Pearson plc worldwide

Covergestaltung: Marco Lindenbeck, webwo GmbH (mlindenbeck@webwo.de)
Lektorat: Kristine Kamm, kkamm@pearson.de
Herstellung: Claudia Bäurle, cbaeurle@pearson.de
Korrektorat: Petra Kienle, Fürstenfeldbruck
Satz: text&form GbR, Fürstenfeldbruck
Druck und Verarbeitung: Drukarnia Dimograf, Bielsko-Biala
Printed in Poland

Im Überblick

Inhaltsverzeichnis

Guten Tag

Willkommen beim Handbuch zu Photoshop CS6! Dieser Vorspann gibt Ihnen kurz einen Überblick über das Buch und die Website zum Buch.

Rundgang durch das Buch

Nutzen Sie alle Orientierungsmöglichkeiten – das ausführliche Inhaltsverzeichnis, die umfassende Stichwortliste, die Querverweise und Farbcodes. Tabellen, Infografiken und Werkzeugsymbole verschaffen Übersicht.

Zum Aufbau

Dieses Buch gliedert sich nicht in komplexe Einzelprojekte, sondern in Hauptfunktionen: also etwa der Teil »Korrektur« mit Kapiteln wie »Auflösung, Bildgröße, Ausschnitt«, »Kontrast & Farbton« oder »Aufnahmefehler korrigieren«. Weitere wichtige Teile behandeln »Auswahl«-Technik oder »Ebenen«. So lernen Sie jedes Werkzeug und jeden Befehl in vollem Umfang kennen. Sie können die Funktion optimal nutzen und beherrschen alle Alternativen.

Zusätzlich gibt es immer wieder kleine Workshops oder Schritt-für-Schritt-Beispiele: Dort verbinden wir Techniken aus verschiedenen Bereichen des Buchs.

Die Themen im Überblick

Sie wollen nicht lange lesen, sondern Photoshop sofort voll einspannen? Werfen Sie zumindest einen Blick in das Kapitel 1: »Das Wichtigste zuerst«. Dort erfahren Sie kurz und prägnant, wie Sie Photoshop ruckzuck auf Höchstleistung einrichten und zügig bedienen.

Darauf folgt die »Grundlagen«-Forschung im ersten Buchteil. Hier lohnen sich die Kapitel »Photoshop bedienen und einstellen« oder »Bilddateien darstellen, messen & drucken« - auch erfahrene Anwender finden hier noch nützliche Kniffe, versprochen. Verfolgen Sie, wie Sie Routinejobs automatisieren.

Der zweite Teil behandelt »Basisaufgaben«: Richten Sie das separate Programm Bridge ein. Lernen Sie Stichwörter, Copyrighthinweise, die Exif-Informationen Ihrer Digitalkamera und andere »Metadaten« kennen. Wir besprechen auch den vielseitigen »Camera-Raw-Dialog«.

Von der Korrektur bis zum Zoomeffekt

Der »Korrektur«-Teil beginnt mit »Auflösung, Bildgröße, Ausschnitt«; hier geht es um Pixelzahl, Dateigröße und Druckmaß. Das Kapitel »Kontrast & Farbton« behandelt Butter-und-Brot-Funktionen wie **Gradationskurven**, **Tiefen/Lichter** und Vollautomatiken à la **Helligkeit und Kontrast verbessern**.

Danach besprechen wir, wie Sie typische »Aufnahmefehler korrigieren« – schiefe Horizonte, kissenförmige Verzeichnung oder stürzende Linien. Das Kapitel zeigt auch Mittel gegen Flusen, rotgeblitzte Augen, Bildrauschen und Unschärfe; nutzen Sie Kopierstempel, Reparatur-Pinsel und das Inhaltsbasiertverschieben-Werkzeug.

Im Teil »Verfremdung« geht es bunt zu. Pinselvorgaben und Farbwähler haben ihren Auftritt im Kapitel »Füllen & Malen«. Das Kapitel »Umfärben, Schwarzweiß, Grafisches« zeigt maßgeschneiderte Wege zu umgefärbten Fassaden, edlen Graustufenumsetzungen, zu Strichgrafik oder Cartoon-Effekt. Das »Filter«-Kapitel behandelt **Beleuchtungseffekte**, **Verwackelte Striche** oder Weichzeichnereffekte.

Sauber auswählen, online präsentieren

Bildteile sauber markieren - damit befasst sich der »Auswahl«-Teil: Das »Auswählen«-Kapitel stellt die Schnellauswahl und viele weitere Techniken vor. Wie Sie vorhandene Auswahlen speichern und verfeinern, erläutern die Kapitel »Kanäle & Masken« sowie »Pfade & Formen«.

Der »Ebenen«-Teil erklärt in mehreren Kapiteln, wie Sie die verschiedenen Bildausschnitte in einer Montage zusammenfügen und mischen, wie Sie einzelne Bildbereiche durch Masken verbergen und mit Effekten Schatten oder plastische Kanten ins Motiv zaubern. Nutzen Sie Einstellungsebenen und Smartfilter, wenn Sie »Verlustfrei korrigieren« wollen. Im »Text«-Kapitel setzen Sie Schriftzüge aussagekräftig ins Bild und unter der Überschrift »3D« tauchen Sie tief ein in die faszinierende Welt der Ausgabe Photoshop CS6 Extended.

Der Teil »Online-Auftritt« behandelt Vorführungen per Monitor oder Beamer sowie die Internetgestaltung. Im Kapitel »Elektronische Präsentation« lesen Sie, wie Sie Ihre Bilder mit Internetgalerien, PDF-Diaschauen, Filmdateien und **Zoomify**-Technik vorführen. Danach folgt das Video-Kapitel: Machen Sie Photoshop zum Schnittpult, verwandeln Sie die Clips aus Ihrer Kamera in einen packenden Film.

Der Service-Teil mit Hintergrundinformationen

Der »Service«-Teil bietet weitere Grundlagen und Informationen, darunter die Abschnitte »Photoshop CS6 - was ist neu« sowie »Photoshop CS6 - was ist wichtig für Umsteiger«.

Hinzu kommen wertvolle Übersichten quer durchs Kompendium: Infografiken und viele Tabellen zu Werkzeugen, Bedienfelder, Vorgaben und Bibliotheken. Was Ihnen Englisch vorkommt, schlagen Sie im Lexikon nach, zu finden im »Service«-Teil - ebenso wie das ausführliche Stichwortverzeichnis.

Mac und Windows

Dieses Buch richtet sich sowohl an Mac- als auch an Windows-Nutzer. Die Versionen für Mac und Windows gleichen sich weitestgehend, kleine Detailunterschiede nennen wir wo erforderlich. Um Sie nicht unentwegt mit Wiederholungen zu nerven, sprechen wir im Buch meist nur von der »Strg-Taste« aus der Windows-Welt - um gelegentlich zu ergänzen, dass Macianer hier die ⌘-Taste verwenden. Statt einer Funktionstaste wie F7 drücken Sie am Mac FN+F7; dieses Verhalten lässt sich in der Mac-Systemeinstellung unter Tastatur & Maus so ändern, dass Sie die FN-Taste nicht mehr benötigen.

Photoshop CS6 versus Photoshop CS6 Extended

Photoshop CS6 gibt es in zwei Versionen: Die günstigere Fassung heißt »Photoshop CS6« oder auch »Photoshop CS6 Standard«. Die Variante »Photoshop CS6 Extended« kostet mehr und bietet zusätzliche Funktionen vor allem für 3D- und Messtechnik. Sämtliche Videofunktionen, die bisher nur in der Extended-Ausgabe zu haben waren, finden Sie bei CS6 schon in der Standardfassung.

Dieses Kompendium behandelt praktisch alles aus Photoshop CS6 Standard - und das, was die Extended-Version zusätzlich für Bildbearbeitung und -präsentation hergibt. Sofern wir eine Funktion vorstellen, die es nur in der Extended-Fassung gibt, lesen Sie klar und deutlich »CS6 Extended« in der Überschrift und im Lauftext. Meist erwähnen wir die Programmversion dagegen nicht extra. Das heißt für Sie: Es funktioniert auch mit dem günstigeren Photoshop CS6 Standard - und das ist fast immer der Fall.

Internetadressen

Interessante Internetadressen mit weiterführenden Informationen und Bildern finden Sie überall im Buch. Manchmal nenne ich auch kostenlose Programme - sie sind jedoch vielleicht nur unter bestimmten Bedingungen gratis, zum Beispiel ausschließlich für Privatanwender. Manchmal reichen wir nur die Herstellerinformation weiter, ohne das Angebot selbst getestet zu haben.

Alle Internetadressen wurden im Mai 2012 überprüft. Bitte beachten Sie jedoch: Diese Adressen können kurzfristig verschwinden oder das Angebot unter einer bestimmten Adresse ändert sich dramatisch. Verlag und Autor übernehmen keine Verantwortung für Inhalt und Verfügbarkeit der genannten Seiten. Wir können Sie auch nicht zum Inhalt der im Buch genannten Webseiten beraten.

Auf der Website

Die Website zum Buch enthält im »Praxis«-Verzeichnis über 500 Bilddateien für Sie - praktisch alle Motive aus dem Buch. Spielen Sie also die Tipps und Vorschläge sofort mit den Originalbildern aus dem Buch nach und entwickeln Sie eigene Varianten und Lösungen! Ebenfalls auf der Website: eine Sammlung mit über 50 exklusiv für dieses Buch entwickelten Aktionen, also mit gespeicherten Befehlsfolgen.

Bilder für Sie

Das »Praxis«-Verzeichnis von der Website zum Buch liefert Ihnen die Bilder aus dem Buch. Der Dateiname steht jeweils in der Bildunterschrift. Öffnen Sie also zu jedem Thema im Buch das passende Foto und probieren Sie die Beispiele auf dem eigenen Rechner aus. In einigen Fällen kann ich nicht die Originaldatei auf die Website packen. Dann erhalten Sie aber auf der Website ein gleichwertiges Motiv, das sich genauso gut eignet.

Außerdem finden Sie Ordner wie »85 Vorlagen«. Mit diesen Fotosammlungen testen Sie komfortabel PDF-Präsentationen, Webgalerien, Stapelverarbeitung und Bildverwaltung.

Prüfen Sie, ob ein Bild Pfade oder Alphakanäle enthält, aus denen Sie Auswahlen laden können; TIFF-Dateien bestehen oft aus mehreren Ebenen; Ebenenmasken und Vektormasken können Bildbereiche verbergen, Ebenen können auch mit dem Augensymbol verborgen sein.

Tipp Nutzen Sie die Bilder mit Photoshop CS6. Einige Motive eignen sich nicht für ältere Programmfassungen und Programme anderer Hersteller. Die Dateien aus den Buchteilen über Photoshop CS6 Extended - etwa im 3D-Kapitel - lassen sich auch nur mit der CS6-Extended-Variante vollständig nutzen.

Für den privaten Gebrauch

Die Bilder stammen von den Autoren, von Getty Images, Herstellern, Fotostudio Gabi Sieg-Ewe, Lucas Klamert, Lisa Lösel, Swantje Neumeyer, Werner Kappler, RTcars.de und anderen.

Auch die Online-Bildagentur iStockphoto.de steuerte Aufnahmen bei, Sie lesen es jeweils in der Bildunterschrift. Dabei sehen Sie im Buch nur solche Motive, die iStockphoto.de exklusiv vertreibt, die also nicht bei anderen Agenturen zu haben sind. Die Bilddateien sind ausschließlich für Ihren privaten Gebrauch gedacht und urheberrechtlich geschützt.

Aktionen für Sie (Befehlsfolgen)

Ebenfalls im »Praxis«-Verzeichnis befindet sich die Datei »Photoshop CS6 Handbuch.atn«. Sie enthält über 50 Aktionen (gespeicherte Befehlsfolgen), passend zu den Tipps aus diesem Buch.

Achtung Die Aktionen wurden mit dem deutschsprachigen Photoshop CS6 getestet. Ältere Versionen und andere Sprachfassungen spielen nicht alle Aktionen korrekt ab.

Sie müssen sich also nicht mehr selbst durch Untermenüs und Bedienfelder klicken, um die Funktionsreihen nachzuvollziehen: Ich habe die Schritte bereits für Sie als Aktion aufgezeichnet und auf der Website mitgeliefert. Wenden Sie die Aktionen auf viele Bilddateien en bloc an, variieren Sie die Befehlsfolgen und entwickeln Sie mühelos eigene Versionen.

Die Aktionen von der Website zum Buch laden Sie ganz einfach in Photoshop:

1. Sie öffnen das Aktionen-Bedienfeld mit dem Befehl **Fenster: Aktionen.**
2. Sie öffnen das Menü des Aktionen-Bedienfelds mit der Schaltfläche ▾☰.
3. Sie gehen auf **Aktionen laden** und öffnen das »Praxis«-Verzeichnis der Website zum Buch.
4. Sie klicken doppelt auf »Photoshop CS6 Handbuch.atn«. Ihr Aktionen-Bedienfeld zeigt jetzt das neue Aktionsset »Photoshop CS6 Buch« im Aktionen-Bedienfeld.

So bearbeiten Sie das erste Bild mit einer Aktion:

1. Laden Sie ein Bild, das Sie bearbeiten möchten.
2. Öffnen Sie im Aktionen-Bedienfeld das Aktionsset »Photoshop CS6 Buch« mit der Schaltfläche ▶.
3. Klicken Sie einmal auf den Namen der gewünschten Aktion, zum Beispiel auf »Rand - Form-Umriss mit Schnittmaske«.
4. Klicken Sie unten im Aktionen-Bedienfeld auf die Schaltfläche AKTION AUSFÜHREN ▶; Photoshop arbeitet die Befehlsfolge jetzt an der aktuellen Bilddatei ab.

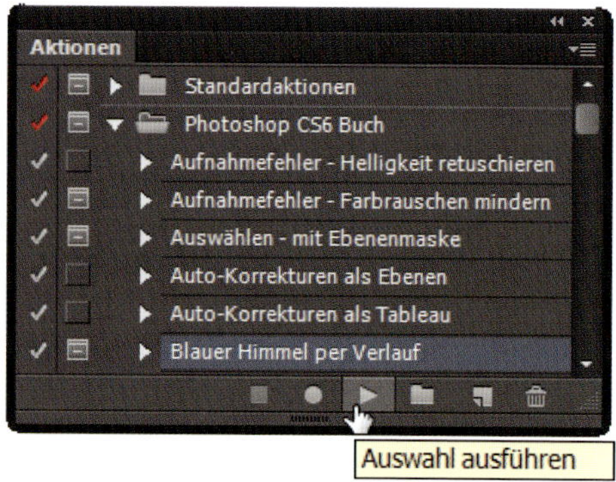

Auf der Website zum Buch: über 50 exklusive Photoshop-Aktionen. Wenden Sie die Tipps aus diesem Handbuch automatisch auf Ihre eigenen Bilder an.

Über die Autoren

Heico Neumeyer

schreibt seit zwei Jahrzehnten über Photoshop, über Bildbearbeitung und Fotografie allgemein. Sein Photoshop-Buch gilt seit vielen Jahren als Standardwerk. Neumeyer veröffentlicht auch Testberichte und Praxistipps für PC- und Fotozeitschriften, übersetzt und prüft Fachbücher und gibt maßgeschneiderte Schulungen. Neumeyer konzipierte dieses Buch und schrieb den größeren Teil davon.

Heico Neumeyer experimentierte schon als Youngster in der Dunkelkammer, mit Diaprojektoren und Farbfolien und schleppte zu schwere Spiegelreflexausrüstungen über zu hohe Bergpässe. Neumeyer studierte Deutsch, Pädagogik und Politik und war Redakteur bei einer Fotozeitschrift. Er ist bekannt für praxisnahe, gut lesbare Texte und maßgeschneiderte Trainings. Er lebt in Oberbayern.

Katharina Sckommodau

lieferte die Kapitel zu Video, 3D, Pfaden, Text- und Malwerkzeugen und erklärt den Fluchtpunktfilter.

Bis auf eine dreijährige Unterbrechung als Redakteurin für ein Computerfachmagazin arbeitet Katharina Sckommodau seit vielen Jahren als freie Autorin, Grafikerin und Dozentin. Zudem ist sie als freie Redakteurin bei einer Online-Redaktion für alle Themen rund um Bildbearbeitung und Grafik zuständig. In diesem Bereich hat die Autorin bereits mehrere Buchprojekte realisiert, in denen sie neben der Bildbearbeitung besonders auch auf die Arbeit mit Vektorgrafiken eingeht.

Feedback

Haben Sie Fragen oder Anmerkungen zu diesem Handbuch? Dann schreiben Sie uns. Allerdings: Allgemeine Fragen zu Photoshop, die nichts mit dem Buch zu tun haben, können wir nicht beantworten. Bitte wenden Sie sich in solchen Fällen an den Photoshop-Hersteller Adobe oder an ein Internetforum. Gibt es Probleme mit Digitalkamera, Drucker oder Arbeitsspeicher, so sind wir ebenfalls ratlos.

Für Kommentare und Fragen direkt zum Buch gilt: Bitte schreiben Sie an *info@pearson.de und geben Sie den genauen Buchtitel und die ISBN-Nummer, Ihre genaue Photoshop-Version, Ihr Betriebssystem und Ihre Hardware an*. Wir freuen uns auf Ihre Rückmeldung!

1

Teil 1
Grundlagen

Im ersten Buchteil: Ihr maßgeschneiderter Einstieg ins Photoshopping. Erfahren Sie, wie Sie Photoshop für die Bildbearbeitung fit machen und wie Sie gezielt fotografieren. Lesen Sie alles über das Widerrufen, Aufzeichnen und Abspielen von Befehlen. Auch Farbmodi wie RGB oder CMYK lernen Sie kennen.

Kapitel 1
Das Wichtigste zuerst

Sie wollen nicht viel lesen, Photoshop soll sofort auf Hochtouren laufen? Werfen Sie zumindest einen Blick auf die folgenden Seiten: Sie erfahren, wie Sie die **Voreinstellungen** so ändern, dass die Programme zügiger laufen, und warum Photoshop in Streik treten könnte. Dazu das Wichtigste zur Bedienung: die Top Ten der Tastenbefehle, wichtige Tipps zu Dialogfeldern sowie flexible Formen der Bildkorrektur, bei denen Sie nicht das Original verlieren - nützlich für alle Verfahren quer durch den Photoshop und quer durch dieses Buch. Am Schluss ein paar Hinweise zum Fotografieren, die Ihnen Arbeit in Photoshop ersparen.

Sie können problemlos alte und neue Photoshop-Versionen auf einem Rechner betreiben - allerdings läuft unter Windows nur ein Programm auf einmal. Löschen Sie die alte Photoshop-Fassung vorerst nicht. Installieren Sie erst den neuen Photoshop und starten Sie ihn. Das Programm bietet an, Ihre Vorgaben wie eigene Aktionen, Farbverläufe oder Pinselspitzen von älteren Versionen herüberzuholen. Sie können die Vorgaben auch später übertragen, nutzen Sie das Untermenü **Bearbeiten: Vorgaben**.

Tipp Sie kennen ältere Photoshop-Versionen und sind neu bei Ausgabe CS6? Lesen Sie die Umsteigerberatung ab Seite 981.

1.1 Stressfrei loslegen

Sie wollen gleich mit voller Kraft loslegen? Lesen Sie zumindest die folgenden kurzen Tipps für Photoshop und separat für Bridge. Sie sparen Nerven und Zeit. Alle Themen besprechen wir noch sehr ausführlich innen im Buch.

1.1.1 Schneller Einstieg mit Photoshop

So machen Sie Photoshop auf die Schnelle fit für den Pixeljob:

1. Prüfen Sie zuerst per **Hilfe: Aktualisierungen**, ob der Hersteller im Internet schon Nachbesserungen für Ihre Photoshop-Version bereithält. Installieren Sie die Nachlieferung direkt aus dem Dialogfeld heraus, starten Sie Photoshop neu, erst dann folgen Sie den weiteren Schritten hier.

2. Starten Sie die **Voreinstellungen** mit Strg+K und wechseln Sie zur Dateihandhabung. Im Bereich Dateien verarbeiten verhindern Sie das Mitspeichern einer zeit- und platzraubenden »flachen« Bildversion bei PSD-Montage-Dateien - wählen Sie im Bereich Kompatibilität von PSD- und PSB-Dateien die Vorgaben Fragen oder gleich Nie (Seite 992; behalten Sie die Option jedoch, wenn Sie PSD-Montagen in Lightroom und anderen Programmen zeigen).
3. Weiter zur Kategorie Leistung. Im Bereich Speichernutzung teilen Sie Photoshop 75 Prozent Arbeitsspeicher zu (Seite 72). Stellen Sie die Zahl der Protokollobjekte von 20 auf 100 oder auch auf 1000 hoch - das ist die Zahl der Arbeitsschritte, die Sie widerrufen können. Im Bereich Arbeitsvolumes nennen Sie mehrere freie Festplatten als Reserve-Arbeitsspeicher; zwei GByte auf zwei Laufwerken sollten es mindestens sein (Details Seite 72). Klicken Sie auf OK.
4. Schließen Sie Photoshop und starten Sie neu.

1.1.2 Schneller Einstieg mit Bridge

Ein paar Handgriffe in Bridge und die Arbeit mit dieser Medienverwaltung geht schneller und angenehmer von der Hand; auch Mini Bridge in Photoshop springt dann schneller an. Die Themen aus diesem Abschnitt besprechen wir im »Bridge«-Kapitel noch ausführlich.

1. Ist die Festplatte mit dem Betriebssystem (unter Windows meist Laufwerk C) schon fast voll? Dann öffnen Sie Bridge, laden Sie die **Voreinstellungen** mit Strg+K, öffnen Sie links den Bereich Cache und geben Sie unter Cache-Speicherort ein anderes Laufwerk an, in dem Bridge seine Miniaturen sichert.

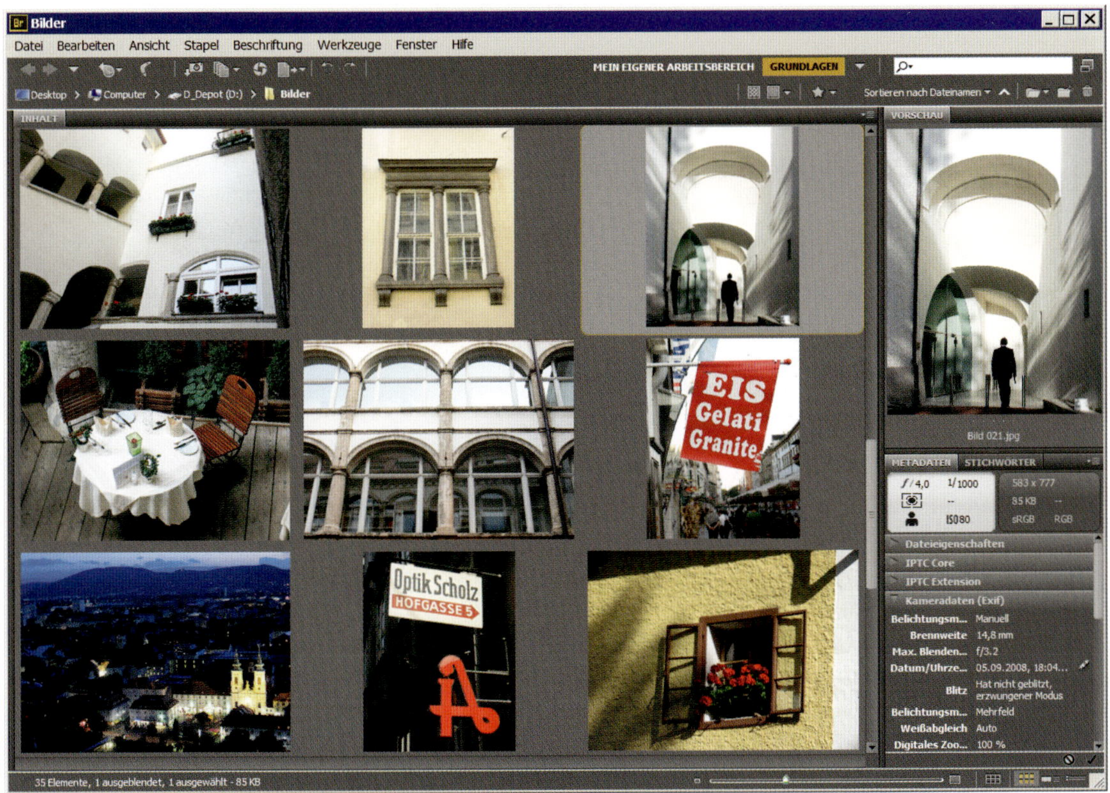

Abbildung 1.1 Schneller Einstieg: Zum Einlesen Ihrer Fotosammlung nimmt sich Bridge viel Zeit. Das Programm sollte Ihre Festplatte bereits vor dem ersten Einsatz gründlich durchsuchen.

2. Wenn Sie mit Camera-Raw-Dateien arbeiten,
3. bestimmen Sie noch einen Platz für die Camera-Raw-Datenbank; die landet sonst auch im Systemverzeichnis und wird schnell riesig. Wählen Sie in Bridge **Bearbeiten: Camera Raw-Voreinstellungen** (am Mac **Adobe Bridge CS6: Camera Raw-Voreinstellungen**), dann klicken Sie auf SPEICHERORT AUSWÄHLEN.
4. Möchten Sie demnächst größere Bilderverzeichnisse in Bridge sichten? Öffnen Sie Bridge und klicken Sie im Ordner-Bedienfeld ein übergeordnetes Verzeichnis an, zum Beispiel direkt den Namen eines Laufwerks wie C. Dann wählen Sie **Werkzeuge: Cache: Cache generieren und exportieren.** Im Dialogfeld wählen Sie die Vorgabe CACHE AUCH IN ORDNER EXPORTIEREN und die VOLLBILDVORSCHAUEN ab, dann klicken Sie auf OK. Bridge liest jetzt bereits die Miniaturen von allen Unterordnern ein, Sie beschleunigen späteres Aufrufen und Durchsuchen.

1.2 Troubleshooting Photoshop und Bridge: Ich klicke und nichts passiert

Mitunter steht man in Photoshop vor dem Problem: Ich klicke und - nichts passiert. Solche Unbill droht in Situationen wie diesen:

- Sie ziehen neue Aufnahmen ins Programm, die dann nicht als eigenes Dokument, sondern nur als Ebene in der aktuellen Datei erscheinen. Das ist kein Fehler, sondern eine Funktion. Ziehen Sie Dateien, die sich eigenständig öffnen sollen, über Menüleisten oder Bedienfelder.
- Funktioniert nach dem Installieren etwas nicht? Ein Neustart des gesamten Rechners beseitigt das Problem eventuell.
- Sie bearbeiten eine Datei im Modus BITMAP, LAB oder INDIZIERTE FARBEN, mit 16 oder 32 Bit Farbtiefe pro Grundfarbe; in diesen Modi stehen jedoch nur wenige Funktionen zur Verfügung. Wechseln Sie mit dem Untermenü **Bild: Modus** zu **Graustufen** oder zu **RGB-Farbe** und ebendort auch zu **8-Bit-Kanal.**
- Sie versuchen, eine Ebene zu bearbeiten, die zwar gut sichtbar, aber nicht aktiviert ist. Aktivieren Sie die Ebene durch einen Mausklick im Ebenen-Bedienfeld. Klicken Sie mit dem Verschiebenwerkzeug und rechts auf die gewünschte Bildstelle; die oberste Ebene erscheint oben im Kontextmenü.
- Funktionen wie **Adaptive Weitwinkelanpassung**, **Beleuchtungseffekte** und **3D**-Befehle lassen sich nicht korrekt starten? Dann stimmt etwas nicht mit der GPU-Unterstützung. In den **Voreinstellungen** (Strg+K) wechseln Sie zu Leistung, schalten den GRAFIKPROZESSOR (GPU) ein und experimentieren mit ERWEITERTEN EINSTELLUNGEN. Wird die Option nicht angeboten, können Sie die vermissten Funktionen mit der aktuellen Grafikkarte nicht nutzen; unter Windows XP steht generell nicht alles zur Verfügung.
- Sie haben beim Malen oder bei der Ebenentechnik die Deckkraft heruntergesetzt oder einen Mischmodus (eine Füllmethode) eingestellt, der von der aktiven Ebene oder vom Pinselstrich nichts erkennen lässt (Seite 744). Wechseln Sie in den Werkzeugoptionen oder im Ebenen-Bedienfeld zurück zu NORMAL.
- Sie haben die Ebene »fixiert«, so dass sie sich nicht vollständig oder überhaupt nicht mehr bearbeiten lässt, etwa mit der Option TRANSPARENTE PIXEL FIXIEREN (Seite 703). Schalten Sie die »Fixierung« oben im Ebenen-Bedienfeld ab.
- Sie haben im Kanäle-Bedienfeld nicht den Gesamtkanal aktiviert, zum Beispiel »CMYK« oder »RGB«, sondern eine einzelne Grundfarbe oder einen Alphakanal; schalten Sie mit Strg+2 zurück zum Gesamtkanal.

- Sie arbeiten in einer Ebenenmaske, Vektormaske oder Einstellungsebene statt auf den Bildpunkten der Ebene selbst. Klicken Sie die Bildminiatur der gewünschten Bildebene einmal an. Beachten Sie auch die Informationen in der Titelzeile des Bildfensters.
- Sie versuchen, außerhalb einer Auswahl zu arbeiten, die womöglich verborgen oder außerhalb des aktuellen Bildfensters ist. Drücken Sie Strg+H, um eine verborgene Auswahl wieder anzuzeigen, sichten Sie das Gesamtbild per Strg+0 oder entfernen Sie die Auswahl mit Strg+D. Auch am Angebot im Hauptmenü **Auswahl** erkennen Sie, ob generell eine Auswahl vorhanden ist.
- Sie haben in den **Voreinstellungen** die PIXELWIEDERHOLUNG eingerichtet und erhalten deshalb grobe Ergebnisse beim Rotieren und Skalieren. Wechseln Sie zu BIKUBISCH (Strg+K, Seite 271).
- Sie sind mitten in der Arbeit an einer Textebene oder beim **Transformieren** – dann können Sie keine anderen Dateien oder Dialogfelder öffnen. Brechen Sie die Bearbeitung mit der Esc-Taste folgenlos ab oder bestätigen Sie Ihre Änderungen per Klick auf das Häkchen ✓ oben.
- Sie arbeiten auf einer Ebene mit Smartobjekt, zu erkennen am Symbol in der Ebenenminiatur. Auch hier stehen einige Funktionen nicht zur Verfügung, zum Beispiel der Kopierstempel.
- Bestimmte Befehle fehlen in den Menüs. Sie verwenden eventuell einen Arbeitsbereich, der die Funktionen verschweigt. Schalten Sie rechts oben im Programmfenster auf GRUNDELEMENTE.
- Werkzeuge lassen sich nicht per Tastenkürzel einschalten. Vielleicht blinkt der Cursor noch in einem Eingabefeld in den Optionen oder in einem Bedienfeld, etwa im BREITE-Feld des Freistellungswerkzeugs. Auch wenn Sie das Ziehenwerkzeug einer Einstellungsebene eingeschaltet haben, hört Photoshop nicht mehr auf die Tastaturbefehle für Werkzeuge.
- Der Pinsel arbeitet wunderlich bis gar nicht. Sie haben vielleicht beim Malen oder Retuschieren im Pinsel-Bedienfeld Vorgaben gemacht, die den Pinselstrich sehr schnell zu einem Nichts schrumpfen oder verblassen lassen. Wählen Sie **Fenster: Pinsel**, öffnen Sie das Menü des Pinsel-Bedienfelds (F5) und setzen Sie per **Pinsel-Steuerungen löschen** alle Vorgaben zurück.

Abbildung 1.2 Troubleshooting: Bei komplexen Montagen wie hier, wo inneres Bild, Bildausschnitt, Tonwerte und Rahmeneffekt verlustfrei änderbar sind, geht manchmal der Überblick verloren. Datei: Effekte_16; Foto: Studio Gabi Sieg-Ewe, Radevormwald

- Erweiterungen nehmen keine Verbindung mit dem Internet auf oder lassen sich gar nicht öffnen. Wählen Sie **Bearbeiten: Voreinstellungen: Zusatzmodule** und prüfen Sie, ob Erweiterungen zugelassen sind.
- Programmerweiterungen funktionieren nicht? Einer von vielen Gründen könnte sein, dass die Erweiterung für 32-Bit-Photoshop geschrieben wurde, Sie aber die 64-Bit-Version nutzen, zum Beispiel unter Windows 7 mit 64 Bit. Normalerweise sollte auch die 32-Bit-Fassung installiert worden sein, die Sie alternativ testen.
- Bridge reagiert nicht wie erhofft. Vielleicht wurden die erforderlichen Startskripte abgeschaltet. Öffnen Sie in Bridge die **Voreinstellungen** mit [Strg]+[K] und inspizieren Sie die STARTSKRIPTE. Eventuell funktioniert Bridge aber ohne Skripte auch besser.

1.3 Troubleshooting: Betriebssystem

Wenn Photoshop (bummel-)streikt, kann es an Problemen im Betriebssystem oder in den **Voreinstellungen** liegen:

- Entfernen Sie neu installierte Programme, Erweiterungen und Zusatzmodule, nach deren Installation erstmals Probleme auftraten, und installieren Sie Photoshop eventuell neu.
- Trennen Sie externe Laufwerke vom System.
- Teilen Sie Photoshop mehr Arbeitsspeicher und freie Auslagerungsbereiche auf der Festplatte zu; dazu verwenden Sie den Befehl **Bearbeiten: Voreinstellungen: Leistung** (Seite 72).
- Gibt es Probleme mit der Anzeige? Verzichten Sie eventuell auf den zweiten oder dritten Monitor, verkleinern Sie das Photoshop-Programmfenster oder schalten Sie OpenGL testweise aus (**Bearbeiten: Voreinstellungen: Leistung**, am Mac **Photoshop: Voreinstellungen: Leistung**). Bringen Sie Photoshop auf den neuesten Stand (**Hilfe: Aktualisierung**).
- Setzen Sie eventuell die Voreinstellungen von Photoshop zurück: Drücken Sie gleich nach Programmstart [⌘]+[Alt]+[⇧].

1.3.1 Windows-Probleme

Diese Lösungen helfen mitunter auf Windows-Rechnern:

- Um das gesamte Programm Bridge zurückzusetzen, starten Sie das Programm bei gedrückter [Strg]-Taste. Klicken Sie alle drei Optionen an, dann OK.
- Starten Sie Windows mit einem anderen Benutzernamen.
- Sie haben unter Windows XP die OpenGL-Unterstützung aktiviert? Möglicherweise entstehen darum Anzeigeprobleme. Wählen Sie **Bearbeiten: Voreinstellungen: Leistung** und verzichten Sie auf den GRAFIKPROZESSOR.

1.3.2 Ein optimales Betriebssystem

Richten Sie MacOS oder Windows so ein, dass mit weniger Arbeitsspeicher mehr geht:

- Schalten Sie »visuelle Effekte« ab - plastische, halbtransparente Titelleisten, animierte Menüs und Mauszeiger, Schatten unter Dateifenstern oder Mauszeigern, Farbverläufe in Titelleisten.
- Defragmentieren oder formatieren Sie Festplatten, auf die Photoshop auslagert, so dass große, zusammenhängende freie Bereiche entstehen.

- Geben Sie dem Betriebssystem genug eigenen Auslagerungsspeicher unabhängig von Photoshop, also freie Festplatte als Zwischenlager für Daten. Verweisen Sie am besten auf ein Laufwerk, das nicht auch Photoshop verwendet.
- Lassen Sie nur einen, nicht zwei Virenscanner laufen. Verwenden Sie aktuelle Treiber und installieren Sie eher weniger als mehr Programme und Schriften.

1.4 Schnelle Bedienung

Nutzen Sie Tastenbefehle statt Mausgeschiebe und räumen Sie die Oberfläche mit wenigen Klicks auf.

1.4.1 Übersichtliche Arbeitsfläche

So räumen Sie den Bildschirm auf und verschaffen sich mehr Übersicht:

- Die ⇥-Taste verbannt auf einen Schlag alle Bedienfelder vom Schirm.
- Auch gut: Die F-Taste wechselt ruckzuck zum aufgeräumten Vollbildmodus und wieder zurück.
- Apropos Arbeitsfläche: Entfernen Sie überflüssige Bedienfelder, bringen Sie die Überlebenden in eine optimale Position, justieren Sie auch die Miniaturengrößen in den Bedienfeldern al gusto. Dann wählen Sie **Fenster: Arbeitsbereich: Neuer Arbeitsbereich**; diese persönliche Bedienfeldanordnung stellen Sie über das ARBEITSBEREICHE-Menü rechts außen im Programmfenster jederzeit wieder her.

Abbildung 1.3 Schnelle Bedienung: Legen Sie per Korrekturen-Bedienfeld schnelle Einstellungsebenen an, machen Sie sich mit Tastaturbefehlen vertraut. Das Info-Bedienfeld rufen Sie zum Beispiel mit F8 auf – teils auch bei geöffnetem Korrekturdialog. Vorlage: Kontrast_j. Foto: Hien Trang

1.4.2 Schnelle Tastenbefehle

Routinierte Photoshopper bedienen ihr Programm besonders flott mittels gezielter Tastendrucke - viel schneller als mit der Maus. Vielen Befehlen und allen Werkzeugen haben die Programmierer bereits Tastaturkürzel zugeteilt: Für die Funktionen der Werkzeugleiste reicht dabei grundsätzlich ein einzelner Buchstabe ohne jede weitere Strg-, Alt- oder ⇧-Taste: Mit einem C (für Crop Tool) rufen Sie zum Beispiel das Freistellungswerkzeug auf.

Beim Experimentieren wühlen Sie oft in Untermenüs immer wieder nach ein und derselben Funktion, zum Beispiel **Datei: Skripten: Bildprozessor**; teilen Sie dieser Funktion mit dem Befehl **Bearbeiten: Tastaturbefehle** (Seite 70) einen bequemen Tastenbefehl wie F4 zu.

Die folgende Übersicht zeigt die wichtigsten Tastaturbefehle. Am Mac gilt generell die ⌘- statt der Strg-Taste (viele weitere Tipps zu Tastaturbefehlen ab Seite 70).

1.4.3 Übersicht: Die zehn wichtigsten Tastenbefehle

Taste	Ergebnis	Anmerkung
Tab	Alle Bedienfelder ein-/ausblenden	⇧+Tab, wenn Werkzeugleiste und Werkzeugoptionen sichtbar bleiben sollen; Strg+Tab bringt ein Bild nach dem anderen in den Vordergrund.
F	Vollbildmodus	Mehrfach drücken
Leertaste	Vorübergehender Wechsel zu Handwerkzeug	Leertaste+Strg für vorübergehende Vergrößerungslupe, Leertaste+Alt für vorübergehende Verkleinerungslupe; auch bei geöffnetem Dialogfeld im Originalbild und in vielen Dialogfeld-Vorschauen
Strg	Vorübergehender Wechsel zum Verschiebenwerkzeug	Mit wenigen Ausnahmen, etwa bei aktivierten Pfadwerkzeugen
D	Vordergrundfarbe auf Schwarz, Hintergrundfarbe auf Weiß setzen	Umgekehrt, wenn Alphakanal oder Ebenenmaske aktiviert sind; mit X Vorder- und Hintergrundfarbe tauschen
1 ... 0	Deckkraft ändern	Bei Verschiebenwerkzeug Ebenen-Deckkraft, bei Mal- oder Retuschewerkzeug Pinsel-Deckkraft; 0 steht für 100 Prozent
Pfeiltasten	Ebene/Auswahl in Pixelschritten bewegen	Bei aktiviertem Verschiebenwerkzeug bzw. Auswahlwerkzeug; ⇧+Pfeiltaste für Zehn-Pixel-Schritte
Horizontal Alt-Ziehen mit rechter Maustaste	Pinseldurchmesser verändern	Alternativ #-Taste zum Vergrößern, unter Windows ⇧+# zum Verkleinern, am Mac Ö zum Verkleinern
Strg+F	Letzten Filterbefehl erneut ablaufen lassen	Strg+Alt+F ruft letzten Filter-Dialog erneut auf
Strg++	Abbildungsmaßstab schrittweise vergrößern	Strg+- zum Verkleinern der Zoomstufe

1.4.4 Schnell die Bilddarstellung wechseln

So flott ändern Sie die Bilddarstellung:

- Die Leertaste wechselt vorübergehend zur Verschiebe-Hand, mit der Sie den Bildausschnitt im Dokumentfenster ändern.
- Solange Sie Strg+Leertaste drücken, erhalten Sie die Vergrößerungslupe, ohne dauerhaft das Werkzeug zu wechseln; rahmen Sie den gewünschten Bereich ein oder klicken Sie einfach.
- Die Verkleinerungslupe erscheint per Alt+Leertaste. Wechseln Sie die Zoomstufe per Strg++ und Strg+-.
- Strg+0 zeigt das Bild arbeitsflächenfüllend, Strg+Alt+0 bringt die 100-Prozent-Zoomstufe.

1.4.5 Dialogfelder und Optionsleisten schnell bedienen

Auch für Dialogfelder und Optionsleisten gibt es Tastenbefehle und andere Tricks, die Ihnen viele Mausmeilen sparen:

- Mit der ⇥-Taste springen Sie von einem Eingabefeld zum nächsten.
- Vertikale Pfeiltasten erhöhen oder senken die Werte in aktivierten Eingabefeldern; Sie müssen also nicht die Schieberegler verwenden oder Zahlen eintippen. ⇧+Pfeiltaste sorgt für höhere Sprünge.

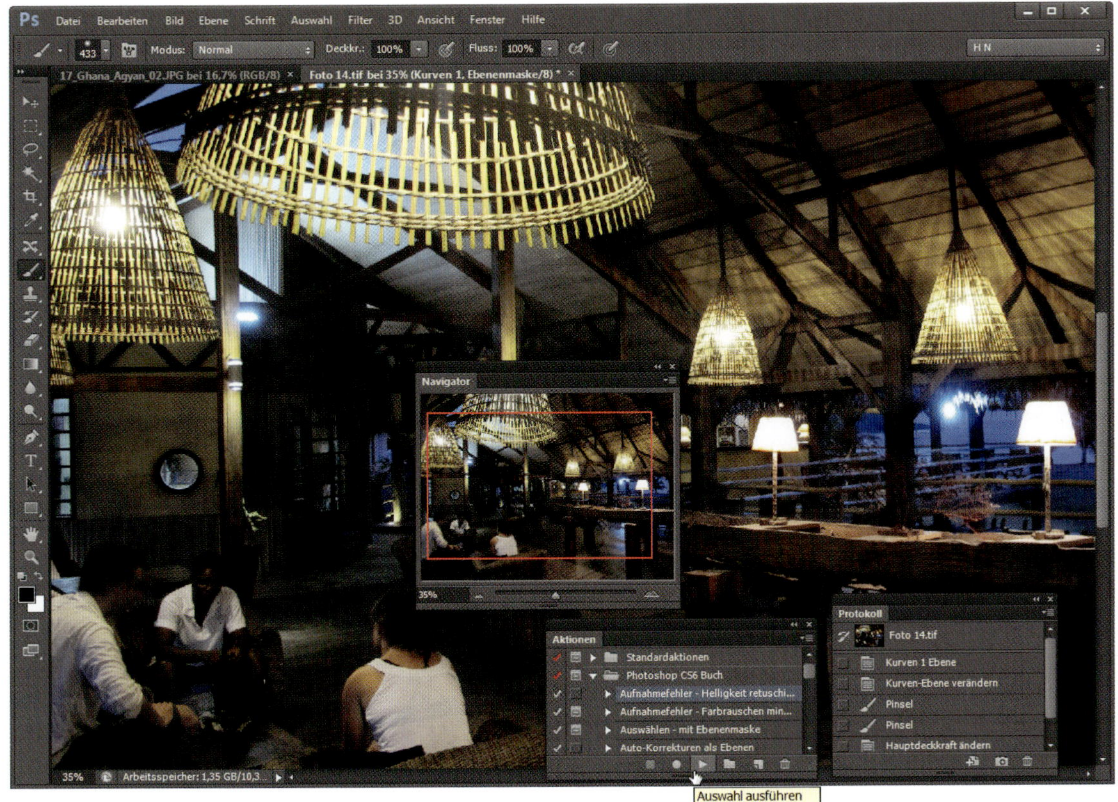

Abbildung 1.4 Schnelle Bedienung: Mit Protokoll, Aktionen-Bedienfeld und Navigator nutzen Sie Photoshop zügiger.

- Statt den winzigen Knopf am Schieberegler zu bewegen, ziehen Sie direkt über dem Wort zu diesem Schieberegler. Ein Beispiel: In der Einstellungsebene **Farbton/Sättigung** ziehen Sie nicht am Farbton-Regler, sondern über dem leichter zu treffenden Wort Farbton; dabei ändert sich der Cursor.
- Bei gedrückter Alt-Taste zeigt die Abbrechen-Schaltfläche die Funktion Zurück; damit setzen Sie alle Werte auf den ursprünglichen Stand, das Bild erscheint oft wieder wie unverändert. Sie müssen also nicht erst die Funktion abbrechen und neu aufrufen.
- In vielen, aber nicht in allen Dialogen annullieren Sie per Strg+Z die letzte Änderung; per Strg+Alt+Z gehen Sie manchmal noch mehr Schritte zurück.

Schnell in der Dialogfeld-Vorschau

Viele Dialogfelder haben große Vorschaufenster, darunter **Verflüssigen**, **Fluchtpunkt**, **Objektivkorrektur**, **Adaptive Weitwinkelkorrektur**, **Objektivunschärfe**, **Iris-Weichzeichnung**, **Filtergalerie**. Diese Dialoge haben einheitliche Tastenbefehle für die Vorschauen, teils funktionieren die Tastenbefehle auch mit mittelgroßen Vorschaufenstern etwa bei **Rauschen reduzieren** und **Selektiver Weichzeichner**. Die Vorschaufenster bieten oft ähnliche Tastenbefehle wie die Photoshop-Arbeitsfläche:

- Die Verschiebe-Hand erhalten Sie mit der Taste H oder per Leertaste; so ändern Sie den sichtbaren Bildausschnitt.
- Zur Lupe kommen Sie dauerhaft mit der Taste Z. Per Strg-Taste oder Strg+Leertaste gelangen Sie vorübergehend an die Vergrößerungslupe. Alt-Taste oder Alt+Leertaste bescheren die Verkleinerungslupe.
- Wechseln Sie die Zoomstufe per Strg++ und Strg+-.
- Strg+0 zeigt Ihr Gesamtbild flächendeckend. Strg+Alt+0 richtet die 100-Prozent-Zoomstufe ein.
- Halten Sie die Z-Taste gedrückt, um stufenlos zu zoomen.

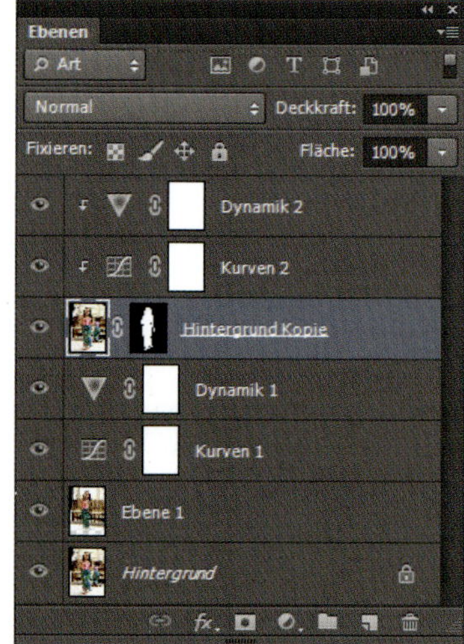

Abbildung 1.5 Verlustfrei arbeiten: Das Originalbild ist noch im Ergebnis enthalten, Retuschen, Kontrastkorrekturen und Weichzeichnung liegen auf separaten Ebenen. Datei: Weichzeichnen_p Foto: Hien Trang

1.5 Verlustfrei arbeiten

Legen Sie Ihre Arbeit direkt so an, dass nichts dauerhaft verloren geht und die Originalinformation stets erhalten bleibt. Hier die wichtigsten Verfahren in der Übersicht, innen im Buch besprechen wir alles ausführlich:

- Statt Bildpunkte einer Ebene dauerhaft zu löschen, verstecken Sie diese Bereiche bloß mit Ebenenmaske, Vektormaske oder Schnittmaske. Überflüssige Randbereiche schneiden Sie mit dem Freistellungswerkzeug nicht auf Nimmerwiedersehen weg, sie werden per Verzicht auf AUSSERHALB LIEGENDE PIXEL LÖSCHEN nur verborgen. Verborgene Pixel lassen sich jederzeit wieder darstellen.
- Speichern Sie frische Ebenen als Smartobjekt: Größenänderungen und andere **Transformieren**-Verzerrungen sowie **Filter**-Befehle können Sie verlustfrei zurücksetzen. Camera-Raw-Daten, platziert als Smartobjekt, bleiben mit sämtlichen Raw-Einstellmöglichkeiten für Weißabgleich und Tonwertumfang erhalten; eingefügte Vektordaten können Sie wieder im Vektorgrafikprogramm bearbeiten.
- Retuschieren Sie mit Kopierstempel , Reparatur-Pinsel oder Bereichsreparatur-Pinsel nicht auf der Originalebene. Legen Sie über dieser Ebene eine neue, leere Ebene an, die auch aktiviert bleibt, und verwenden Sie beim Retuschieren die Optionen ALLE EBENEN oder AKTUELLE UND DARUNTER. Die neu gemalten Pixel landen zunächst auf der neuen Leerebene; die korrigierte Bildebene bleibt unverändert.
- Statt Bilddateien mit einer Kontrastkorrektur ein für alle Mal zu verändern, blenden Sie die Korrektur nur als Einstellungsebene ein. Für **Tiefen/Lichter** legen Sie zunächst ein Smartobjekt an.
- Auch die Änderungen aus dem Camera-Raw-Dialog deponiert man verlustfrei im Bild: hochwertige Kontrastkorrektur, Schärfe- und Rauschfilter, Fehlerretusche, Objektivkorrekturen, Drehung und Randzuschnitt – verlustfrei speicherbar in den Formaten DNG, TIFF und JPEG.
- Farbfüllungen, Verläufe oder Muster rechnen Sie nicht dauerhaft ins Bild, stattdessen legen Sie diese Deko als flexibel änderbare Füllebene oder Ebeneneffekt an, per Ebenenmaske punktgenau für einzelne Bildzonen.
- Vor beliebigen Änderungen duplizieren Sie die aktuelle Ebene und halten diese Reservefassung ausgeblendet zurück.
- Legen Sie ein Duplikat des Bilds an, zum Beispiel per **Bild: Duplizieren** oder mit der Schaltfläche ERSTELLT EIN NEUES DOKUMENT im Protokoll-Bedienfeld.
- Merken Sie sich den aktuellen Bildzustand als »Schnappschuss« mit der Schaltfläche ERSTELLT EINEN NEUEN SCHNAPPSCHUSS im Protokoll-Bedienfeld.

1.6 Pixel nur einmal neu berechnen

Wenn Sie die Pixel neu berechnen, sinkt die Bildqualität, Sie müssen vielleicht mit einem Scharfzeichner nacharbeiten. Pixelneuberechnung gibt es in vielen Situationen: Sie senken die Pixelzahl mit dem **Bildgröße**-Befehl, Sie verzerren Ihr Motiv per **Transformieren** oder per **Objektivkorrektur** oder Sie drehen den Horizont gerade.

Wenden Sie nicht jede Verzerrung einzeln an, sondern packen Sie möglichst viele Verzerrungen in einen einzigen Befehl. Beispiele:

- Sie wollen den Horizont geradedrehen und die Pixelzahl herunterrechnen: Nehmen Sie das Freistellungswerkzeug oder den Raw-Dialog.
- Sie wollen stürzende Linien und schiefen Horizont zurechtbiegen – ein Fall für **Objektivkorrektur** mit Smartobjekt oder Raw-Dialog.

Viele Photoshop-Funktionen erledigen gleich mehrere Aufträge in einem Aufwasch – Sie bearbeiten verschiedene Probleme, doch es bleibt bei insgesamt einer Verzerrung. Auch mit einem Smartobjekt reduzieren Sie den Qualitätsverlust auf ein Minimum.

Unsere Tabelle zeigt, welche Funktion welche Jobs in einem Zug erledigt:

	Freistellungs-werkzeug	Perspek-tivisches Freistellungs-werkzeug	Frei trans-formieren	Objektiv-korrektur	Camera-Raw-Dialog
siehe Seite	281	383	705	377	216
Pixelzahl verkleinern	✔	✔	✔	–	✔
Drehen	✔	✔	✔	✔	✔
Stürzende Linien (Perspektive) korrigieren	–	✔	✔	✔	✔
Kissen- und tonnenförmige Verzeichnung ausgleichen	–	–	–	✔	✔

Abbildung 1.6 Bildpunkte nur einmal neu berechnen: Das Freistellungswerkzeug ändert Bildausschnitt, Bildwinkel, Druckmaß und Pixelzahl in einem Arbeitsgang. Foto: Lucas Klamert

1.7 Nur Bildteile korrigieren

Oft genug braucht man einen Korrekturbefehl nur im Teil eines Bilds; andere Zonen sollen dagegen unverändert bleiben: Ob Scharfzeichner, Rauschminderung, Kontrast- oder Farbänderung - der Vordergrund soll sich getrennt vom Hintergrund ändern, ein Gesicht behandeln Sie anders als die Kulisse dahinter.

Um nur Details einer Aufnahme zu verbessern, sollten Sie keine Auswahl anlegen - oder jedenfalls nicht nur. Es gibt bessere für örtliche Aufwertung. Ich skizziere die Verfahren hier kurz, innen im Buch erscheinen die Techniken ausführlich.

1.7.1 Teilkorrektur mit Ebenen

Legen Sie die Korrektur auf eine separate Ebene, dann mischen Sie veränderte und altbekannte Fassung. Ein mögliches Verfahren:

1. Duplizieren Sie die korrekturbedürftige Ebene (auch eine Hintergrund-Ebene) mit Strg+J.
2. Bearbeiten Sie die komplette Duplikatebene mit Filter oder Korrekturbefehl. Das Gesamtbild wirkt verändert.
3. Klicken Sie unten im Ebenen-Bedienfeld auf das Symbol Ebenenmaske hinzufügen; dabei entsteht eine weiße Ebenenmaske (Seite 818).

Abbildung 1.7 Nur Bildteile korrigieren: Menschen und Himmel werden unabhängig vom Gesamtbild aufgehellt und scharfgezeichnet. Die Änderungen lassen sich jederzeit auf andere Bereiche verteilen, neu justieren oder abschalten. Datei: Kontrast_i. Foto: Lucas Klamert

4. Schalten Sie den Pinsel mit der Taste B ein. Richten Sie Schwarz als Vordergrundfarbe ein, falls Photoshop das noch nicht erledigt hat.
5. Malen Sie dort im Bild, wo die korrigierte Version verschwinden und die ursprüngliche Fassung wieder durchscheinen soll.
6. Haben Sie zu viel verborgen, malen Sie mit Weiß - die obere, veränderte Fassung setzt sich wieder durch.
7. Stimmt die Mischung aus Alt und Neu, verschmelzen Sie die beiden Ebenen wieder per Strg+E.

1.7.2 Teilkorrektur mit Protokollpinsel

Auch der Protokollpinsel mischt pixelmanipulierte und naturbelassene Bildbereiche. Ein mögliches Verfahren:

1. Verändern Sie die komplette Ebene (auch eine »Hintergrund«-Ebene) mit **Filter**- oder **Anpassungen**-Befehl.
2. Klicken Sie im Protokoll-Bedienfeld in das leere Kästchen neben dem vorhergehenden Arbeitsschritt; dort erscheint also der Protokollpinsel .
3. Aktivieren Sie den Protokollpinsel mit der Taste Y. Nun malen Sie dort in der Datei, wo die alte Bildfassung wieder erscheinen soll.

Abbildung 1.8 Nur Bildteile korrigieren: Wir haben das Gesamtbild scharfgezeichnet und dann im Protokoll-Bedienfeld auf den vorherigen Zustand ohne Schärfung zurückgeschaltet. Als Quelle für den Protokollpinsel wird die bereits verworfene Scharfzeichnung angegeben. Wir malen mit dem Protokollpinsel nur über dem Hauptmotiv, so dass die Scharfzeichnung nur hier wirksam wird.

Varianten

Zu diesem Verfahren gibt es eine schlichte Variante:

1. Verändern Sie wieder die komplette Ebene.
2. Klicken Sie im Protokoll-Bedienfeld auf den Namen des vorhergehenden Befehls; das ganze Bild erscheint jetzt wieder so wie vor der letzten Korrektur. Der Name der letzten Korrektur steht aber noch im Protokoll-Bedienfeld ganz unten.
3. Sie klicken im Protokoll-Bedienfeld in das leere Kästchen ☐ neben diesem letzten Arbeitsschritt, so dass dort der Protokollpinsel erscheint.
4. Aktivieren Sie den Protokollpinsel mit der Taste [Y]. Nun malen Sie dort in der Datei, wo Sie die korrigierte Bildversion sehen wollen.

1.8 Gezielt fotografieren

Denken Sie beim Fotografieren schon an die spätere Bildbearbeitung, dann sitzen Sie nicht so lange im Photoshop.

Tipp Eine Tabelle mit möglichen Druckmaßen für gängige Megapixel-Klassen finden Sie auf Seite 266.

1.8.1 Dateiformat & Farbraum

Soll Ihr Bild mit höchstmöglicher Qualität und gänzlich naturbelassen direkt vom Kamerachip kommen, ohne jeden Eingriff der Kamerasoftware, dann bannen Sie Raw-Bilder auf die Speicherkarte (Seite 198). Diese Dateien kosten meist mehr Speicherplatz und erfordern in Photoshop mehr Arbeitsschritte als vergleichbare JPEG-Aufnahmen. Raw-Dateien bieten aber meist auch mehr Detailzeichnung in Schatten und Lichtern - ein bis zwei Blenden erweiterter Tonwertumfang sind drin. 14-Bit-Raw-Dateien bieten noch mal eine Blende mehr Dynamik als Rohkost mit der üblicheren 12-Bit-Datentiefe.

Stellen Sie bei Ihrer Digitalkamera den Farbraum Adobe RGB ein, der mehr hergibt als übliche sRGB (es lässt sich freilich auch in Photoshop noch umstellen; Sie verlieren nichts, wenn Sie zunächst in sRGB fotografieren).

Sofern Sie JPEG-Dateien aufzeichnen und bereit sind, nachzuarbeiten: Schalten Sie alle Korrekturen durch die Kamerasoftware ab, etwa Nachhilfe bei Sättigung, Schärfe und Kontrast oder den eingebauten »digitalen Aufhellblitz« - all das erledigen Sie in Photoshop.

1.8.2 Kontrast & Farbton

Den fotografierten Tonwertumfang kontrollieren Sie mit dem Histogramm auf dem Kameramonitor. Einige Geräte zeigen Histogramme schon vor der Aufnahme - aber nicht unbedingt zuverlässig.

Nehmen Sie eventuell Belichtungsreihen auf, um gleich mehrere Varianten mit unterschiedlichen Lichtwerten zu erhalten. In der Regel sollte Ihr Bild einen möglichst hohen Tonwertumfang haben, also ein weit ausgedehntes Histogramm von Schwarz bis Weiß.

Die zuverlässigsten Werte erhalten Sie oft mit einer Spotmessung. Sie erfasst nur einen ganz geringen Teil des Motivs und ignoriert alles drum herum. Messen Sie einen mittelhellen Tonwert an, zum Beispiel Ihre Hand, Gras oder eine Neutralgraukarte - natürlich mit dem Lichteinfall, der auch Ihr Hauptmotiv prägt.

Hohe Kontraste

Sehr kontrastreiche Motive fotografieren Sie am besten als Raw-Dateien, dann können Sie aus Lichtern und Schatten mehr herauskitzeln. Fotografieren Sie mehrere deckungsgleiche Bilder mit unterschiedlicher Belichtung und legen Sie in Photoshop eine HDR-Montage an. Sie können den Himmel auch beim Fotografieren mit einem Verlaufsfilter vor dem Objektiv abdunkeln. Testen Sie die Hochkontrastfunktionen Ihrer Kamera.

Graukarte

Graustufentafeln helfen beim Weißabgleich einer Digitalkamera, aber auch bei der Arbeit mit Schwarz- und Weißpipette, mehr noch mit der Neutralgraupipette: Sie fotografieren die Tafel mit, um tatsächlich ein neutrales Grau im Bild zu haben; auch reines Weiß und Schwarz auf der Tafel schaden nicht.

In Photoshops **Gradationskurven** oder **Tonwertkorrektur** oder im Raw-Dialog klicken Sie dann mit der Neutralgraupipette auf das neutralgraue Feld - und Ihr Bild ist in der Regel frei von Farbstichen; harte Neutralstellung erzeugt freilich nicht immer die beabsichtigte Bildwirkung. Die Korrektur lässt sich leicht auf andere Bilder übertragen. Wasserfeste, reflexionsfreie und langlebige Grautafeln kommen zum Beispiel von Fotowand.com.

Satte Farben

Ein Polarisationsfilter (Polfilter) auf dem Objektiv sorgt für deutlich sattere Farben und kontrastreichere Wolken am Himmel, sofern die Sonne scheint, und zwar schräg von hinten; reflektierende Glas- und Wasserflächen werden teils durchsichtig, Reflexe auf Metall bleiben dagegen erhalten.

Streulicht im Objektiv, etwa eine schräg stehende Sonne, dämpft Kontraste und Farbsättigung. Wenn Sie keine Gegenlichtblende dabeihaben, schatten Sie das Objektiv mit der Hand ab.

Abbildung 1.9 Richtig fotografieren: Das rechte Bild entstand mit Polarisationsfilter, sonst gab es bei der Aufnahme keinen Unterschied. Der Polfilter erzeugt kräftigere Farben und schluckt Reflexionen.

Weissabgleich

Liefert die Digitalkamera permanent unschöne Farben, verzichtet man auf den automatischen Weißabgleich und legt das Gerät ausdrücklich zum Beispiel auf »Tageslicht« oder »Neonlicht« fest. Noch genauer ist der manuelle Weißabgleich: Der Gestalter fotografiert eine weiße oder graue Fläche, die Kamera korrigiert diesen Wert in späteren Bildern auf Weiß oder Neutralgrau. Wer lediglich Rohdaten aufzeichnet, regelt die Farbstimmung ohnehin erst im Camera-Raw-Dialog endgültig (Seite 198).

Graustufen nach Maß

Sie wollen »Schwarzweißfotos« aufnehmen, also im Bildbearbeiter-Deutsch »Graustufen«-Bilder? Stellen Sie die Kamera bloß nicht auf »Graustufen« oder »Schwarzweiß« um. Zeichnen Sie übliche Farbdateien auf; daraus destilliert Photoshop eine Graustufenumsetzung nach Maß (Seite 484).

1.8.3 Tiefenschärfe

Hat Ihr Bild viel Tiefenschärfe, können Sie jederzeit Partien weichzeichnen - zum Beispiel den Hintergrund eines Porträts. Allerdings bekommt Photoshop nicht unbedingt so eine cremige Unschärfe hin wie ein hochwertiges, weit aufgeblendetes Objektiv.

Bildteile, die Sie unscharf aufnehmen, lassen sich dagegen in Photoshop nicht mehr zu einem realistischen Bild schärfen. Daraus folgt: Zur Weiterbearbeitung in Photoshop eignen sich am besten Bilder, die von vorn bis hinten scharf sind. Für hohe Tiefenschärfe verwenden Sie hohe Blendenwerte wie f8, f11 oder f16 - nicht f1,8, f2,8 oder f4,0. Für Motivprogramme gilt: »Landschaft« oder »Nahaufnahme« erzeugt viel Tiefenschärfe im Rahmen des Möglichen. Dagegen zeigen »Sport« und »Portrait« eventuell nur Ihr Hauptmotiv scharf, das Drumherum verschwimmt.

Hohe Blendenwerte bringen zwar mehr Tiefenschärfe; sie führen aber auch zu längerer Belichtungszeit (Verwacklungsgefahr) oder höherer Empfindlichkeit (Bildrauschen). Mehr Tiefenschärfe wird möglich, wenn das Umgebungslicht zunimmt - denn dann kann die Kamera weiter abblenden, zum Beispiel von f5,6 auf f11.

Abbildung 1.10 Richtig fotografieren: Beim rechten Bild wurde das Objetktiv mit der Hand abgeschattet, sonst herrschten identische Bedingungen. Auch wenn die Sonne weniger direkt ins Bild scheint, lohnt sich eine Gegenlichtblende.

Fotografieren Sie eine Szene mehrfach mit wechselnder Tiefenschärfe und erzeugen Sie mit Photoshop automatisch ein neues Gesamtbild, das von jeder Einzelaufnahme nur den schärfsten Teil zeigt (Seite 809). Umgekehrt können Sie nachträglich auch Bildbereiche weichzeichnen, um eine offenere Blende oder sogar Nahaufnahmen zu simulieren.

Größere Sensoren zeigen bei gleichem Bildausschnitt weniger Tiefenschärfe als kleinere Sensoren. So ist der scharfgezeichnete Bereich bei einer Nahaufnahme mit Vollformatsensor kleiner als bei einer vergleichbaren Aufnahme mit APS-C-, Micro-Four-Thirds- oder gar Kompaktkamerasensor (s.a. Tabelle »Sensorgröße und Pixel« weiter unten). Bei kleineren Sensoren fotografieren Sie quasi mit einem Weitwinkelobjektiv und verwenden dann aber nur das Bildzentrum, um den Bildausschnitt eines Normalobjektivs zu erhalten.

1.8.4 Schiefer Horizont & Bildausschnitt

Achten Sie auf einen geraden Horizont. Das spätere Ausrichten in Photoshop kostet nicht nur Zeit, sondern auch (ein bisschen) Qualität. Manche Digitalkameras blenden Gitterlinien oder gar einen künstlichen Horizont im Monitor ein - ideal zur Ausrichtung des Horizonts; oder nutzen Sie Fokussierfeld und Monitorrahmen zum Ausrichten. Tüftler justieren die Bildlage per Wasserwaage.

Die meisten Kompakt-Digitalkameras nehmen mit dem Seitenverhältnis 4:3 auf, Spiegelreflexgeräte meist mit 3:2. Vielleicht brauchen Sie auf jeden Fall 3:2 (für typische Papierabzüge) oder 16:9 (für TV-Präsentation). Sie können diese Seitenverhältnisse leicht in Photoshop einrichten; manche Digicams zeichnen aber auf Wunsch direkt auch Bilder mit unterschiedlichen Höhe-Breite-Proportionen wie 4:3, 5:4, 3:2, 1:1 oder 16:9 auf.

1.8.5 Verzerrungen

Vermeiden Sie Verzerrungen bereits bei der Aufnahme:

- Kissen- und tonnenförmige Verzeichnungen treten besonders bei billigeren Weitwinkelobjektiven, bei Zoomobjektiven mit hohem Brennweitenumfang und am Bildrand auf. Vermeiden Sie die extremen Brennweiten Ihrer Zooms und wählen Sie den Bildausschnitt so, dass markante Ränder Ihres Hauptmotivs - zum Beispiel eine Hauskante - nicht eng am Bildrand entlang laufen; nehmen Sie links und rechts reichlich Rand mit auf, der später während der Korrektur leicht wegfallen darf.
- Stürzende Linien lassen sich meist nicht vermeiden, sofern Sie den Kamerastandort nicht wechseln können. Es gibt allerdings spezielle Shift-Objektive gegen stürzende Linien. Verkanten Sie zumindest die Perspektive nur auf einer und nicht auf zwei Achsen. Platzieren Sie das Hauptmotiv nicht zu nah am Bildrand; um das Hauptmotiv herum sollte homogener Hintergrund zu sehen sein, das erleichtert die spätere Bearbeitung mit **Objektivkorrektur**, Raw-Dialog **Transformieren** oder Freistellungswerkzeug.

1.8.6 Bildrauschen & Randabschattung

Schon beim Fotografieren mit der Digitalkamera verhindern Sie Bildrauschen:

- Hohe Empfindlichkeiten wie ISO 1600 oder 3200 ISO erzeugen deutlich mehr Rauschen als zum Beispiel ISO 100 oder ISO 200. Verwenden Sie digitale Kompaktkameras mit der niedrigsten Empfindlichkeit, zum Beispiel ISO 100. Aktuelle Spiegelreflexgeräte erzeugen sichtbares Rauschen ab etwa ISO 800 bis ISO 6400, abhängig von der Pixeldichte (siehe unten).
- Lange Belichtungszeiten wie 1 Sekunde verstärken das Rauschen; belichten Sie kürzer und dafür mit weiter geöffneter Blende.

Niedrige Empfindlichkeiten bedingen freilich längere Belichtungszeiten und/oder weiter geöffnete Blenden: Die Verwackelungsgefahr steigt, die Tiefenschärfe sinkt. Manche Kameras schaffen es immerhin, gefälliger zu rauschen als andere. Nehmen Sie Raw-Dateien auf und nutzen Sie die exzellente Rauschreduzierung im Raw-Dialog.

Bildrauschen und Sensorgröße

Je größer die Fotozellen, desto weniger Bildrauschen. Daraus folgt pi mal Daumen: Eine Kompaktkamera mit zwölf Megapixel erzeugt mehr Rauschen als ein Spiegelreflexgerät mit ebenfalls zwölf Megapixel. Eine Vollformat-Spiegelreflex (SLR) rauscht weniger als eine mit APS-C- oder Four-Thirds-Sensor.

Der Hintergrund: Bei einem kleineren Sensor drängt sich dieselbe Menge an lichtempfindlichen Zellen auf viel kleineren Chips, die einzelnen Pixel sind also kleiner. Damit steigt oft das Rauschen (Kameraprozessor und Belichtungszeit sind weitere Faktoren).

Sensorgröße und Fotozellendichte bei zwölf Megapixel

Unsere Informationen für Zwölf-Megapixel-Kameras mit unterschiedlichen Sensorgrößen stammen von *dpreview.com*, *dxomark.com*, Wikipedia und Herstellern. Die Fotozellengröße der hier verglichenen reicht von 8,4 bis rund 1,5 Mikrometer – je kleiner, desto rauschverdächtiger theoretisch. Eine Übersicht über verschiedene Megapixel-Klassen und mögliche Druckmaße liefert Seite 266.

Gerade bei Kompaktkameras wenden einige Hersteller automatisch Rauschfilter auf die JPEG-Ergebnisse an. Das Bild wirkt dann weniger körnig, aber auch unschärfer als ein Ergebnis ohne Rauschfilter. Prüfen Sie, ob Sie diese Glättung abschalten können, oder nehmen Sie Raw-Dateien auf – hier mischt sich die Kameraelektronik in aller Regel nicht ein, Sie korrigieren nach Maß in Photoshop.

Abbildung 1.11 Der Raw-Dialog in Photoshop CS6 bietet eine bessere Kontrastkorrektur als Vorversionen; es lohnt sich, alte Aufnahmen neu in CS6 zu »entwickeln«. Mit Graukarte und Weißabgleich-Werkzeug steuern Sie die Farbstimmung. Datei: Raw_o

Pixelzahl	Sensorgröße (Originalmaß)	Bezeichnungen Formfaktor	Crop-faktor	Fotozellen-größe in µm	Kamera z.B.
4256 x 2832	36 x 23,9 mm	Vollformat, bei Nikon FX	1	8,4	Nikon D700, D3, D3S
4352 x 2868	23,6 x 15,8 mm	APS-C, Halbformat, bei Nikon DX	1,52	5,42	Nikon D300S, Nikon D90
4312 x 2876	22,2 x 14,8 mm	APS-C, Canon-APS-C, Halbformat,	1,62	5,15	Canon Eos 450D, 1100D
4000 x 3000	17,3 x 13 mm	Four Thirds, Micro Four Thirds	2	4,4	Panasonic DMC-G2, -GF3, Olympus PEN E-P3
4000 x 3000	7,6 x 5,7 mm	1/1,7 Zoll	4,55	1,88	Canon Powershot S100
4000 x 3000	7,18 x 5,32 mm	1/1,83 Zoll	4,9	1,75	Nokia N8
4000 x 3000	6,2 x 4,6 mm	1/2,3 Zoll	5,62	1,53	Canon PowerShot SX240, SX40, D20

Randabschattung

Störende Randabschattung (Vignettierung) ist typisch für Weitwinkelaufnahmen, billigere Objektive oder Zoomobjektive mit starkem Brennweitenumfang und für offene Blenden wie 2,8 oder 4,0. Blenden wie 8,0 und Normalbrennweiten könnten bessere Bilder bringen; beachten Sie aber, dass für andere Bildeigenschaften wie die Auflösung je nach Objektiv eine weit geschlossene Blende wie 22 nicht immer ideal ist. Die Randabschattung lässt sich manuell oder automatisiert in der **Objektivkorrektur** und im Camera-Raw-Dialog beheben.

1.8.7 Rotgeblitzte Augen

Vermeiden Sie die roten Augen schon beim Fotografieren: Verzichten Sie auf den Frontalblitz. Alternativ öffnen Sie die Blende, verlängern die Belichtungszeit oder erhöhen die Empfindlichkeit, so dass kürzere, weniger durchschlagende Blitzzeiten entstehen.

Noch eine Möglichkeit: mehr Umgebungshelligkeit durch zusätzliche Lampen. Viele Kameras zünden zudem auf Wunsch einen Vorblitz. Dann zieht sich die Pupille zusammen, beim Auslösen wenige Sekunden später entstehen keine roten Augen mehr - der Blitz dringt nicht mehr bis zu den Blutgefäßen in der Netzhaut vor. Oder blitzen Sie indirekt, zum Beispiel über Eck gegen die Wand in Richtung Modell.

Frontal- und Telefotos bergen mehr Rote-Augen-Gefahr als Weitwinkelaufnahmen und seitliche Perspektiven. Wer ein externes Blitzgerät einsetzt, hält es mindestens in einem Winkel von 5 Grad zum Modell. Blitzreflektoren (oder dünnes Papier) dämpfen die Blitzwirkung.

1.8.8 Panorama, HDR und andere Photomerge-Serien

Oft brauchen Sie deckungsgleiche Bilder oder zumindest deckungsgleiche Bildteile - auch wenn Photoshops **Photomerge**-Funktion versetzt Bildteile nachträglich noch gut angleicht. Ganz oder teilweise sollten sich Bilder nicht nur für Panoramen überlappen, sondern auch für montierte Gruppenfotos, digitale Mehrfachbelichtungen (HDR) und erweiterte Tiefenschärfe.

Überlappung bei Panoramen

Die Bilder für eine Panoramamontage sollten zu 20 bis 40 Prozent übereinanderliegen. So findet Photoshop schnell identische Umrisse, die sich perfekt übereinanderlegen lassen. Faustregel: Das letzte Drittel des aktuellen Bildfelds wird das erste Drittel des nächsten Bilds.

Markante Konturen im Überlappungsbereich helfen sehr beim passgenauen Ausrichten - platzieren Sie darum im Überlappungsbereich lieber eine Bergspitze als nur Wasser und Himmel. Umgekehrt entstehen unauffällige Übergänge leichter, wenn in den Übergängen nur Diffuses erscheint.

Konstante Kameraperspektive

Bei Panoramen kommt es auf eine durchgehaltene Perspektive an - Sie sollten also die Kamera bei den einzelnen Aufnahmen nicht verschieben oder unterschiedlich neigen. Kontrollieren Sie die Lage eventuell mit einer Wasserwaage (auch als Blitzschuh-Aufsatz erhältlich).

Drehen Sie die Kamera von einem einzigen Punkt aus um die Kamera-Achse - und nicht um Ihre eigene Achse. Drehen Sie das Gerät nicht um Ihren Körper, sondern um die Objektivachse.

Ideale Panoramasegmente entstehen auf Stativen mit drehbarem Kopf. Besonders eignen sich Panoramaköpfe mit Wasserwaage und Gradeinteilung. Kein Stativ zur Hand? Dann setzen Sie Ihre Kamera auf eine Tasse oder Mauer. Besonders wichtig ist das Stativ für Innenaufnahmen und andere Situationen, wenn das Motiv nahe an der Kamera ist.

Alle Automatiken aus

Selbstverständlich sollten bei Panoramen alle Kameraeinstellungen über alle Bilder hinweg gleich sein: Ändern Sie die Brennweite (Zoomstufe) nicht, schalten Sie am besten bei allen Aufnahmen den Blitz ab.

Schalten Sie die unberechenbare Belichtungsautomatik ab, sie kann Helligkeitssprünge verursachen. Stellen Sie stattdessen den Belichtungswert (also Zeit, Blende, Empfindlichkeit) vor der ersten Aufnahme manuell ein und ändern Sie nichts mehr daran. So belichten Sie alle Bilder konstant. Fixieren Sie auch den Weißabgleich; Raw-Fotos legen Sie auch später im Camera-Raw-Dialog noch auf einheitlichen Weißabgleich fest.

Bei Belichtungsreihen: Steuern Sie den Lichtwert durch unterschiedliche Belichtungszeiten - nicht durch unterschiedliche Blenden oder ISO-Empfindlichkeiten. (Bei Blendenvarianten variieren Tiefenschärfe, Randabschattung und Randverzerrung. Wechselnde ISO-Empfindlichkeit ändert Auflösung, Bildrauschen und so weiter.)

Geeignete Panorama-Motive

Achten Sie darauf, dass sich das Umgebungslicht nicht bereits nach der zweiten von fünf Aufnahmen ändert - etwa bei Wind und Wolken oder bei Sonnenuntergängen in den Tropen. Bewegtes im Bild erschwert die Montage, egal ob Auto, Meereswoge oder Kornfeld. Besonders beeindrucken Panoramen, die auf den ersten Blick Weite und Rundblick erkennen lassen. Noch besser, wenn sich das Motiv nicht nur weit entfernt am Horizont ausdehnt, sondern wenn man auch etwas im Vordergrund sieht, eine Blume, ein Schild oder einen lieben Menschen.

Bei einigen Serien - etwa Tiefenschärfeserien - unterscheiden sich die Bilder in der Miniaturendarstellung kaum. Fotografieren Sie zwischen zwei Serien drei Finger, wenn die letzte Serie drei Bilder enthielt.

Fotografie Viele Kameras mit Live View haben einen speziellen Panoramamodus: Sie zeigen die Überlappung zwischen zwei Einzelbildern direkt auf dem Monitor, die Belichtung wird konstant gehalten, die Dateinamen deuten auf eine geschlossene Bildreihe hin. Manche Kameras schreiben sogar ein fertig montiertes Panorama auf die Speicherkarte.

Abbildung 1.12 Photoshop setzt Panoramaserien nahtlos zusammen. Nutzen Sie verschiedene Projektions- und Korrekturmethoden. Dateien: Photomerge_10

Serien mit Deckungsgleichheit

Für erweiterte Tiefenschärfe, Entfernen von Passanten oder digitale (HDR-)Mehrfachbelichtungen brauchen Sie Serien mit deckungsgleichen Einzelbildern. Wenn Sie die Kamera nicht auf Stativ oder Mäuerchen fixieren, nutzen Sie die Hilfslinien im Kamerasucher oder auf dem Kameramonitor. Haben Sie nicht? Richten Sie das Motiv am Scharfstellfeld oder am Sucherrand der Kamera aus. Im Übrigen: **Photomerge** biegt fast alles deckungsgleich, rigoros.

Für den Befehl **Zu HDR pro zusammenfügen** empfiehlt Photoshop-Hersteller Adobe mindestens drei Aufnahmen mit einem Unterschied von mindestens ein bis zwei Lichtwerten (auch Blendenwerte oder EV genannt). Für zwei Lichtwerte Unterschied fotografieren Sie zum Beispiel mit 1/15, 1/60, 1/250 und 1/1000 Sekunde bei gleichbleibender Blende und Empfindlichkeit. Prüfen Sie, ob Ihre Kamera Belichtungsreihen mit zumindest einem vollen Lichtwert Abstand aufzeichnet (zum Beispiel von 1/15 zu 1/30 Sekunde oder von 1/250 zu 1/500 Sekunde).

Die meisten Spiegelreflexkameras und einige Kompakte bieten Belichtungsreihen an (»Bracketing«); stellen Sie sicher, dass nur die Zeit und nicht die Blende variiert. Oftmals reichen aber hier die Helligkeitsunterschiede zwischen der hellsten und dunkelsten Aufnahme einer Kamerabelichtungsserie nicht aus, so dass Sie besser Lichtwerte von Hand einstellen. Überprüfen Sie direkt nach dem Fotografieren die Durchzeichnung auf dem Histogramm im Kameramonitor.

Kapitel 2 Photoshop bedienen und einstellen

Sie wollen Photoshop flott und stressfrei nutzen? Machen Sie sich mit der Bedienung vertraut und optimieren Sie die **Voreinstellungen**. Investieren Sie zehn Minuten, um dann Tag für Tag schneller voranzukommen. Das Wichtigste in Kürze besprechen wir bereits ab Seite 32.

2.1 Bedienung

Drücken Sie einmal, zweimal, dreimal die Taste F (für Full screen), um in die empfehlenswerte, übersichtliche Vollschirmdarstellung zu wechseln und wieder zurückzugelangen. Alternativ nehmen Sie die Schaltfläche BILDMODUS unten in der Werkzeugleiste.

Sie sehen nur ein einzelnes Bild; Sie können es auf der Arbeitsfläche verschieben und die Arbeitsfläche selbst nach Rechtsklick beliebig umfärben. In der extremeren Variante verschluckt Photoshop sogar die Menüleiste, Sie müssen das Programm also über Tastaturbefehle bedienen.

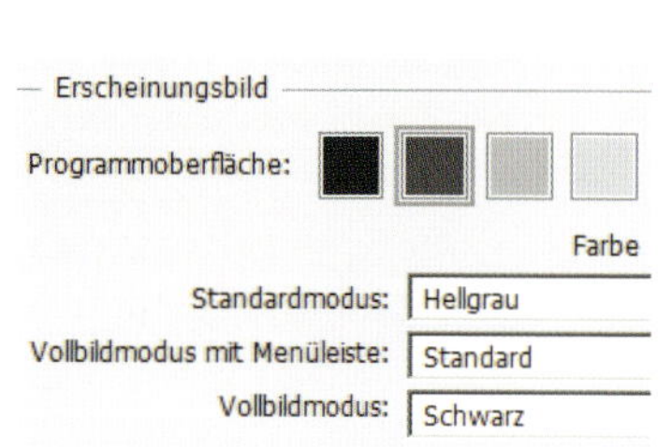

Abbildung 2.1 **Links:** Per **Voreinstellungen: Benutzeroberfläche** steuern Sie die Farbe des Gesamtprogramms. **Rechts:** Klicken Sie mit rechts über der dunkelgrauen Dokumentfensterfläche, können Sie die Umgebungsfarbe umstellen. Stellen Sie Farben ein, die zu Ihrem Projekt passen.

2.1.1 Die Bilddateifenster

Zunächst docken die Bilddateifenster (»Dokumentfenster«) am oberen Bildrand an. Sollen die Bilddateien einzeln losgelöst auf der Programmoberfläche schweben, nehmen Sie **Fenster: Anordnen: Nur schwebende Fenster** oder ziehen Sie eine einzelne Datei aus dem Block heraus. Damit sich Bilddateien generell einzeln anordnen und nicht zu einem Block zusammenschnurren, wählen Sie **Bearbeiten: Voreinstellungen: Benutzeroberfläche** (am Mac **Photoshop: Voreinstellungen: Benutzeroberfläche**) und verzichten Sie auf die Optionen Dokumente als Registerkarten öffnen und Andocken schwebender Dokumentfenster aktivieren.

Das Untermenü **Fenster: Anordnen** zeigt zum Beispiel zwei oder vier Dateifenster insgesamt fensterfüllend. Die Angebote eignen sich gut zum Vergleichen, zumal das Untermenü Ihre Bilder auch in **Gleiche Zoomstufe** oder **Gleiche Position** bringt.

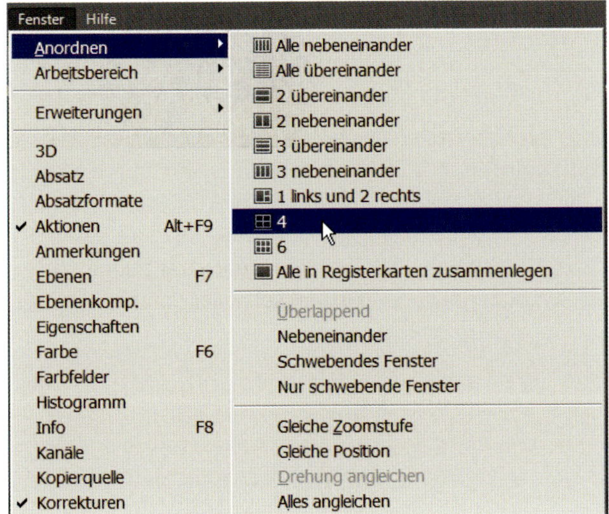

Abbildung 2.2 Das Untermenü **Fenster: Anordnen** bietet verschiedene Aufteilungen an.

Darstellung synchron ändern

Sie sehen mehrere Dateien gleichzeitig? Drücken Sie jetzt die ⇧-Taste zusätzlich zu Lupe oder Hand, können Sie alle Fenster synchron zoomen oder verschieben.

Dabei müssen Sie die Werkzeuge nicht dauerhaft einschalten:

- Die Tastenkombination Leertaste+⇧-Taste beschert Ihnen vorübergehend die Hand, und zwar so, dass Sie in allen Fenstern gleichzeitig verschieben.
- Per Leertaste+Strg+⇧-Taste gelangen Sie zu einer Vergrößerungslupe, die alle Bildfenster gleichzeitig verändert.
- Eine genauso mächtige Verkleinerungsfunktion bringt der Griff Leertaste+Alt+⇧-Taste.

Oder schalten Sie die Werkzeuge dauerhaft ein und nutzen Sie die Optionen Alle Fenster bei der Lupe beziehungsweise Bildlauf in allen Fenstern bei der Hand. Weitere Tipps zu diesen beiden Werkzeugen ab Seite 78.

Tipp Sie zeigen mehrere Dateien nebeneinander, wollen dann aber nur noch eine Datei sehen. Wählen Sie **Fenster: Anordnen: Alle in Registerkarten zusammenlegen.**

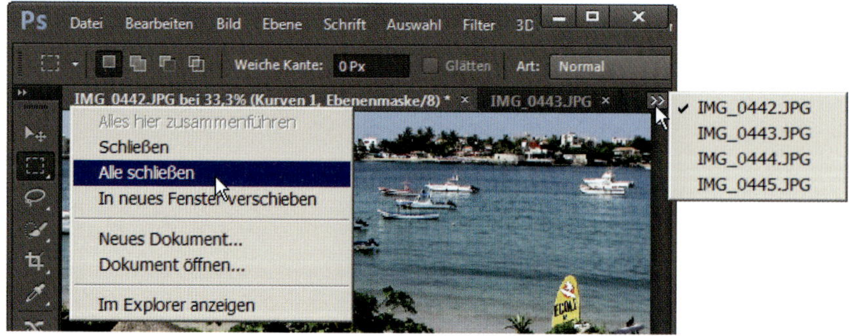

Abbildung 2.3 Sie erkennen in der Titelleiste, dass eine Ebenenmaske aktiviert ist, nicht die Bildebene selbst. Das Kontextmenü zum Dateinamen bietet Befehle wie »Alle schließen«. Holen Sie andere Fotos über die Reiter oder über das Dateifenster-Menü rechts in den Vordergrund.

Bilddatei-Titelleisten

Die Titelleisten der Dateifenster stopft Photoshop mit Informationen voll. Sie erkennen dort nicht nur Farbmodus, Farbtiefe und Abbildungsmaßstab; das Programm verrät auch, welche Ebene oder Ebenenmaske aktiv ist, präsentiert gegebenenfalls das Copyright-Zeichen aus den Metadaten oder vom Digimarc-Filter und nennt die aktuelle Ansicht, wenn Sie ein RGB-Bild als CMYK-**Farb-Proof** darstellen (Seite 125).

In kleinen Zoomstufen zeigt die Titelleiste eventuell nicht den ganzen Sermon. Halten Sie dann den Mauszeiger über die Titelleiste. Nun blendet Photoshop gelb unterlegt die vollständige Titelleisteninformation ein (sofern Sie in den **Voreinstellungen** nicht die QUICKINFO abgeschaltet haben).

Abbildung 2.4 Kontextmenüs finden Sie in allen Bedienfeldern, verschiedene Bereiche eines Bedienfelds bieten unterschiedliche Kontextmenüs. Beim Ebenen-Bedienfeld kommt es darauf an, ob Sie direkt in eine Miniatur oder in die Fläche links oder rechts von der Miniatur klicken.

2.1.2 Statusleiste

Im unteren Bildrahmen zeigt Photoshop die Statusleiste. Sie sehen hier unter anderem die aktuelle Zoomstufe und können neue Zoomstufen eintippen.

Klicken Sie auf das kleine Dreieck ▶; im Menü entscheiden Sie, welche Informationen Photoshop links nebenan ausgeben soll: Die Vorgabe **Dokumentprofil** verrät das aktuelle Farbprofil, **Dokumentmaße** nennt die Pixelmaße und **Zeitmessung** zeigt den Zeitbedarf für den letzten Befehl. Für 32-Bit-HDR-Bilder produziert die Vorgabe **32-Bit-Belichtung** einen Belichtungsregler (Seite 120). Weitere Möglichkeiten wie **Arbeitsdateigrößen** besprechen wir ab Seite 73. Exakt dieselben Informationen zeigt auch das Info-Bedienfeld an.

Tipp Ziehen Sie Bildfenster und Bedienfelder komplett aus der Photoshop-Arbeitsfläche heraus, zum Beispiel auf einen zweiten Monitor.

Druck- und Dateigröße anzeigen

Links unten in der Statusleiste sehen Sie zum Beispiel zwei Werte für Dateigrößen Dok: 2,40 MB/5,61 MB. Ein Mausklick auf dieses Feld meldet Druckmaße und Auflösung. Ähnliche Informationen erhalten Sie auch mit den Befehlen **Bild: Bildgröße** (Seite 270) oder **Datei: Drucken** (Seite 89).

2.1.3 Lineale

Aufschluss über Pixelzahl, Zentimetergröße im Druck oder über eine prozentuale Aufteilung geben Lineale links und oben im Dokumentfenster; der Befehl heißt **Ansicht: Lineale** oder kurz Strg+R (für Rulers).

Welche Einheiten die Lineale anzeigen, regeln Sie mit dem Menübefehl **Bearbeiten: Voreinstellungen: Maßeinheiten & Lineale** (am Mac wie immer im Untermenü **Photoshop: Voreinstellungen**). Einfacher haben Sie es mit dem Kontextmenü über den Linealen oder im Info-Bedienfeld durch Anklicken des Symbols CURSOR-KOORDINATEN.

Abbildung 2.5 Zentimetergenau: Photoshop fasst die Bilddateien mit Linealen ein, die zum Beispiel in Pixel, Zentimeter oder Prozent unterteilt sind. Die Maßeinheit wählen Sie im Kontextmenü über dem Lineal, den Nullpunkt können Sie verschieben. Aus den Linealen ziehen Sie Hilfslinien heraus.

2.1.4 »Extras« anzeigen und aktivieren

Als »Extras« bezeichnet Photoshop Teile der Bilddarstellung, die nicht mitgedruckt werden, die Sie aber gleichwohl am Schirm sehen: die Auswahl-Fließmarkierung, Messpunkte des Farbaufnehmers, Intelligente Hilfslinien, Ebenenkanten, Textgrundlinien, der aktuelle Pfad (auch bei Vektormasken), Anmerkungen, Raster, Hilfslinien, Slices-Linien, bei Photoshop Extended-Version auch die Nummern einer Zählung. Entscheiden Sie, welche »Extras« Photoshop zeigen und verwenden soll.

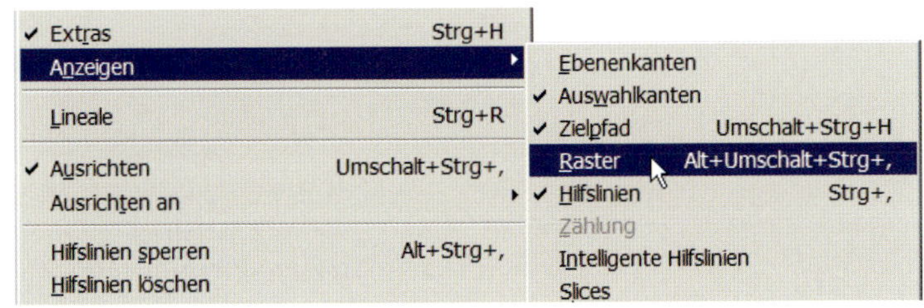

Abbildung 2.6 Mit den Befehlen im Untermenü »Ansicht: Anzeigen« legen Sie fest, welche »Extras« über der Bilddatei erscheinen.

Extras anzeigen

Im Untermenü **Ansicht: Einblenden** legen Sie die sichtbaren Bildmerkmale fest. Wählen Sie gleich die Vorgabe **Ansicht: Extras** komplett ab, wenn Sie gar keine Zutaten mehr im Bild sehen wollen; das Häkchen neben der Funktion darf nicht mehr zu sehen sein. Strg+H, für Hide, schaltet hin und her.

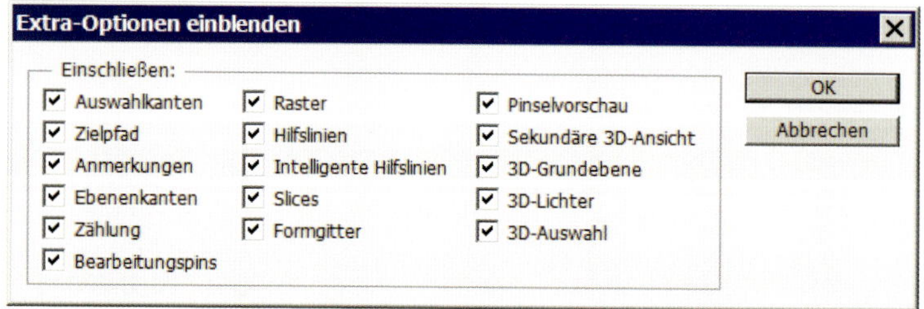

Abbildung 2.7 Im Untermenü **Ansicht: Anzeigen** finden Sie auch den Befehl **Extra-Optionen einblenden**. Dort bestimmen Sie für mehrere Merkmale gleichzeitig, ob sie angezeigt oder verborgen werden sollen.

Tipp Auch bei geöffnetem Dialogfeld stehen die **Extras**-Befehle bereit. Sie können also noch bei geöffnetem **Selektiven Scharfzeichner** oder anderen Befehlen störende Hilfslinien oder Auswahlmarkierungen verbergen.

2.1.5 Bedienfelder

Bedienfelder (früher »Paletten«) werden im **Fenster**-Menü aufgerufen, schneller geht es über Tastenbefehle oder gespeicherte Arbeitsbereiche. Eigene Bedienfelder mit Ihren wichtigsten Befehlen, Werkzeugen und Aktionen gestalten Sie unaufwändig im Configurator (Seite 988).

Bedienfelder öffnen per Kurztaste

Mit den eingebauten Kurztastenbefehlen fördern Sie schnell die wichtigsten Bedienfelder zutage. Die folgende Tabelle zeigt eine Auswahl. Diese Befehle gelten so lange, wie Sie die Kurztasten nicht anderweitig vergeben oder Ihr Betriebssystem die Taste nicht schon in Beschlag genommen hat. Statt einer Funktionstaste wie F7 drücken Sie am Mac FN-F7; dieses Verhalten lässt sich in der Mac-Systemeinstellung unter Tastatur & Maus so ändern, dass Sie die FN-Taste nicht mehr benötigen.

F5	Pinsel-Bedienfeld ein-/ausblenden
F6	Farbe-Bedienfeld ein-/ausblenden
F7	Ebenen-Bedienfeld ein-/ausblenden
F8	Info-Bedienfeld ein-/ausblenden
Alt+F9	Aktionen-Bedienfeld ein-/ausblenden
F9	Aktionen-Bedienfeld ein-/ausblenden (nur Windows)

Bedienfelder schnell ausblenden

Die Tabulatortaste verbannt sämtliche Bedienfelder samt Werkzeug und Optionen auf einen Schlag - plötzlich wirkt Photoshop herrlich aufgeräumt. ⇧+⇆ lässt die Werkzeugleiste und die Optionsleiste oben. Ein zweites Drücken der ⇆-Taste fördert die Bedienfelder wieder zutage.

Sie haben die Bedienfelder verbannt, dann holen Sie anschließend nur einzelne Bedienfelder mit dem entsprechenden **Fenster**-Befehl oder per Kurztaste wie F7 wieder an die Oberfläche. Drücken Sie die ↵, um besonders schnell die Werkzeugoptionen wieder einzublenden. Strg+⇆ bringt ein Bild nach dem anderen in den Vordergrund.

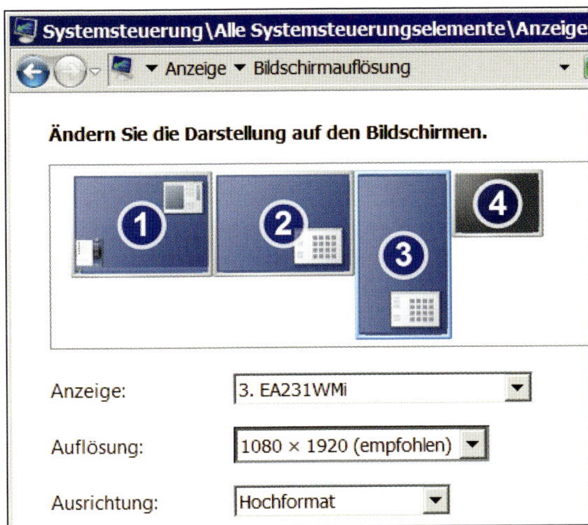

Abbildung 2.8 Noch wertvoller als ein gut aufgeräumter »Arbeitsbereich«: Schließen Sie zusätzliche Monitore an. So können Sie sich mit Photoshop, Bridge und Co. besser ausbreiten. Im Bild die Systemsteuerung von Windows 7: Die verbaute Grafikplatine hat vier Monitorausgänge, drei Monitore sind angeschlossen. Eingestellt wird hier der dritte Monitor, der hochkant steht.

Bedienfelder allgemein

Die Bedienfelder enthalten viele einheitliche Befehle und Schaltflächen. So regeln Sie die Größe der Miniaturen für Ebenen, Kanäle und Pfade mit den **Bedienfeldoptionen** im jeweiligen Bedienfeldmenü (beim Ebenen-Bedienfeld auch im Kontextmenü über den Miniaturen). Die Besonderheiten besprechen wir in den Einzelkapiteln im Buch, hier die wichtigsten Gemeinsamkeiten:

	Neues Objekt erstellen; Klicken mit Alt-Taste blendet Optionen ein (umgekehrt bei Aktionen-Bedienfeld); vorhandenes Element auf Schaltfläche ziehen, um es zu duplizieren
	Neues Set erstellen (Aktionen, Ebenen)
	Markiertes Element löschen; Klicken mit Alt-Taste blendet Optionen ein (umgekehrt bei Aktionen-Bedienfeld); Alternative: Element auf Schaltfläche ziehen
	Objekt ein-/ausblenden; Alt-Klick: zugehöriges Objekt einblenden, alle anderen ausblenden; zweiter Alt-Klick: alle Objekte wieder einblenden
	Bedienfeldmenü öffnen
Doppelklick auf Bedienfeldnamen	Bedienfeld verkleinern/vergrößern
Rechtsklick auf Bedienfeldnamen	Kontextmenü, u.a. mit **Schließen**

2.1.6 Bedienfeldpositionen als Arbeitsbereich speichern

Ordnen Sie alle Bedienfelder ideal an. Dieses Bedienfeldarrangement rufen Sie fortan bequem via Arbeitsbereiche-Menü rechts oben im Programmfenster auf. Das Prozedere ist in Bridge und Photoshop sehr ähnlich, hier die Photoshop-Variante:

1. Ordnen Sie alle Bedienfelder ideal an; nutzen Sie auch Zweit- und Viertschirm. Stellen Sie die Miniaturengrößen im Ebenen-Bedienfeld passend ein, überflüssige Bedienfelder klicken Sie weg.
2. Oben rechts in Photoshop klicken Sie auf den Doppelpfeil Mehr Arbeitsbereiche anzeigen »». Sie gehen auf **Neuer Arbeitsbereich** und nennen Ihr eigenes Programmfenster-Arrangement zum Beispiel »Mein Photoshop«. (Als Photoshop-Guru nehmen Sie natürlich Ihren voll ausgeschriebenen Künstlernamen, damit er im Photoshop-Programmfenster erscheint.)

3. Verändern Sie die Programmaufbau weiter, verschieben Sie zum Beispiel das Histogramm-Bedienfeld. Photoshop speichert diese wechselnden Zustände des Arbeitsbereichs »Mein Photoshop« laufend mit.
4. Rufen Sie einen anderen Arbeitsbereich auf, zum Beispiel **Grundelemente**. Danach wechseln Sie wieder zu **Mein Photoshop**. Photoshop zeigt das Programmfenster nun in der allerletzten Variante, schon mit verschobenem Histogramm-Bedienfeld. Das ist oft nicht die Version, die Sie ursprünglich gespeichert hatten. Macht nichts:
5. Sie wollen Ihren Arbeitsbereich wieder so haben, wie er ganz zu Anfang aussah? Klicken Sie zunächst **Mein Photoshop** an. Dann nehmen Sie erneut den Doppelpfeil Mehr Arbeitsbereiche anzeigen » und klicken unten auf **Mein Photoshop zurücksetzen**.

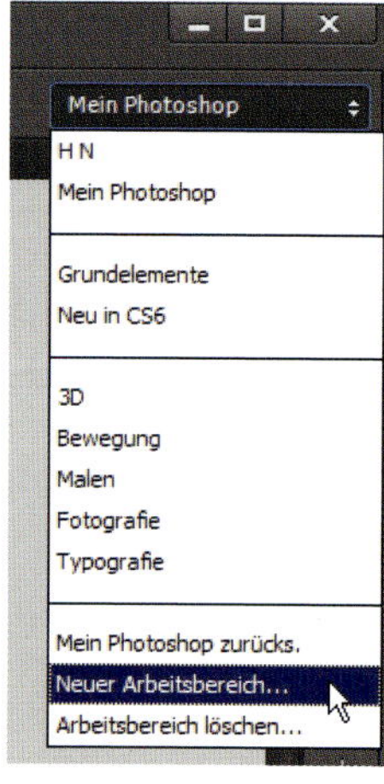

Abbildung 2.9 Speichern Sie eigene »Arbeitsbereiche«, also Bildschirmaufteilungen. Photoshop liefert bereits Arbeitsbereiche wie »Malen« oder »Fotografie« mit.

2.1.7 »Vorgaben« in »Bibliotheken«

Die Kombination aller Einstellungen für ein Werkzeug speichert Photoshop als »Werkzeugvorgabe«. Verschiedene Vorgaben für ein einzelnes Werkzeug fassen Sie in einer sogenannten »Bibliothek« zusammen. Ein Beispiel: Sie sammeln verschiedene Vorgaben für das Textwerkzeug T: einmal 12 Punkt Arial ohne Kantenglättung; als weitere Vorgabe 14 Punkt Minion Pro mit Glättungsmethode Scharf; diese zwei »Vorgaben« sichern Sie in einer »Bibliothek«, sie lassen sich dort bequem wieder abrufen.

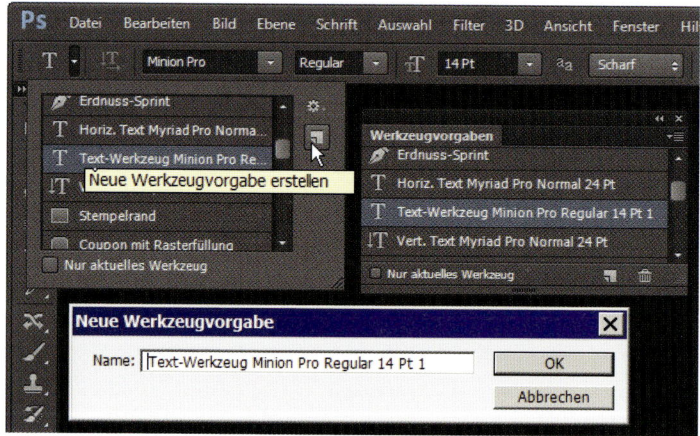

Abbildung 2.10 Die Einstellung für das Textwerkzeug mit Schriftart Minion Pro in 14 Punkt Größe wird als »Vorgabe« gespeichert. Rufen Sie die Vorgabe in der aktuellen Bibliothek für das Textwerkzeug oder für alle Werkzeuge oder im Bedienfeld »Werkzeugvorgaben« ab.

So nutzen Sie Bedienfelder und Arbeitsbereiche

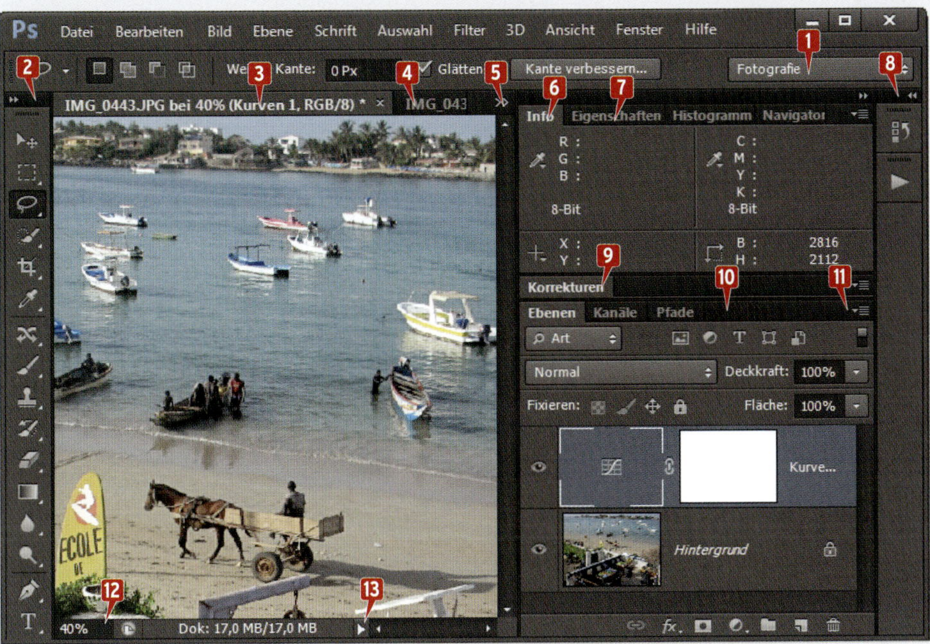

1 **Arbeitsbereiche-Menü:** Arbeitsbereiche aufrufen, speichern und löschen

2 **Werkzeugleiste:** Doppelklick für zweispaltige Darstellung; verschiebbar

3 **Aktive Datei:** mit Klick auf »x« schließen; auch horizontal verschieb- und abkoppelbar

4 **Nicht aktive Datei:** mit Klick in den Vordergrund holen, mit Klick auf »x« schließen, mit [Strg]+[Tab] der Reihe nach in den Vordergrund holen

5 **Menü geöffneter Dokumente:** nicht aktive, nicht sichtbare Dokumentfenster aktivieren

6 **Bedienfeld (geöffnet):** Doppelklick zum Verkleinern (andere Bedienfelder nehmen dann mehr Platz ein), wahlweise über die Bildfläche, an den rechten Rand oder in andere Bedienfeld-Gruppen ziehen; je nach Bedienfeld Rechtsklick für Kontextmenü

7 **Bedienfeld (nicht geöffnet):** Einzelklick zum Öffnen

8 **Andockbereich (verkleinert):** Einzelklick zum Vergrößern, Ziehen zum Bewegen

9 **Bedienfeld und Bedienfeld-Gruppe nicht geöffnet:** Doppelklick oder Einzelklick zum Öffnen (andere Bedienfelder erhalten dann weniger Platz)

10 **Bedienfeld-Gruppe:** Ziehen zum Bewegen dieser Gruppe aus drei Bedienfeldern; Rechtsklick für Kontextmenü

11 **Bedienfeldmenü** für hervorgehobenes Bedienfeld in dieser Gruppe

12 **Zoomstufe ändern** (auch durch [Strg]-Ziehen)

13 **Statusleiste:** Anzeige ändern

Es gibt auch Bibliotheken unabhängig von Werkzeugen: So brauchen Sie Farbverläufe nicht nur für das Verlaufswerkzeug, sondern auch für Füllebenen oder für den Ebenenstil Verlaufsfüllung; das heißt, wenn Sie das Verlaufswerkzeug benutzen, verwenden Sie gleich zwei Bibliotheken:

- Eine Bibliothek liefert die Vorgabe für das Werkzeug selbst, etwa Richtung, Mischmodus und Deckkraft.
- Eine weitere Bibliothek liefert die Vorgabe mit Farben und Transparenz.

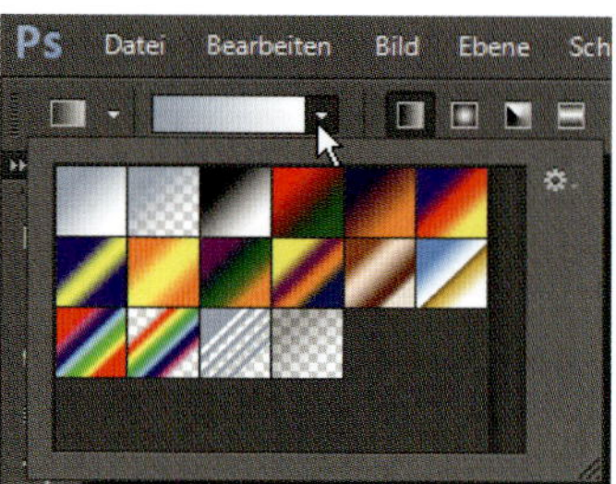

Abbildung 2.11 Die Optionenleiste zum Verlaufswerkzeug bietet gleich zwei Bibliotheken an: **Links** wurde die Bibliothek mit den Werkzeugvorgaben nur für dieses Werkzeug geöffnet, **rechts** die Bibliothek für Verläufe.

Weitere Bibliotheken unabhängig von Einzelwerkzeugen: Muster, Pinselvorgaben, Kontur, Stile oder Vektorformen. Alle Bibliotheken werden auf gleiche Art angelegt, verwaltet und dargestellt.

Der Befehl **Bearbeiten: Vorgaben: Vorgaben-Manager** gibt Ihnen Zugriff auf alle Vorgaben unabhängig vom aktuellen Werkzeug, dort ziehen Sie die Vorgaben auch in die gewünschte Reihenfolge; oder wählen Sie **Fenster: Werkzeugvorgaben** für ein dauerhaft sichtbares Bedienfeld.

Werkzeugeinstellungen als Vorgabe speichern

Sie müssen nicht jegliche Einstellung als Vorgabe speichern. Photoshop merkt sich ja ohnehin die zuletzt genutzten Werte. Nützlich wirken die Vorgaben jedoch bei Funktionen mit aufwändigen Einstellungen; drei Beispiele:

- die komplette Schriftformatierung beim Textwerkzeug T
- Seitenverhältnisse, Pixel- und Zentimeterangaben beim Freistellungswerkzeug
- der Pinsel in Verbindung mit Mischmodus, Deckkraft und Vordergrundfarbe.

Werte, die Sie hier öfter benötigen, sichern Sie als Vorgabe. So geht's:

1. Richten Sie die Werkzeugoptionen wie gewünscht ein.
2. Klicken Sie oben links in der Optionenleiste auf das Dreieck neben dem Werkzeugsymbol.
3. Im Vorgaben-Manager klicken Sie auf Neue Werkzeugvorgabe erstellen.
4. Tippen Sie einen Namen und klicken Sie auf OK.

Die komplette Vorgabenbibliothek lässt sich über das Bedienfeldmenü als Datei speichern und wieder laden. So übertragen Sie die Vorgaben auf einen anderen Computer. Photoshop merkt sich die Bibliothek jedoch innerhalb der aktuellen Installation auch ohne ausdrückliches Speichern.

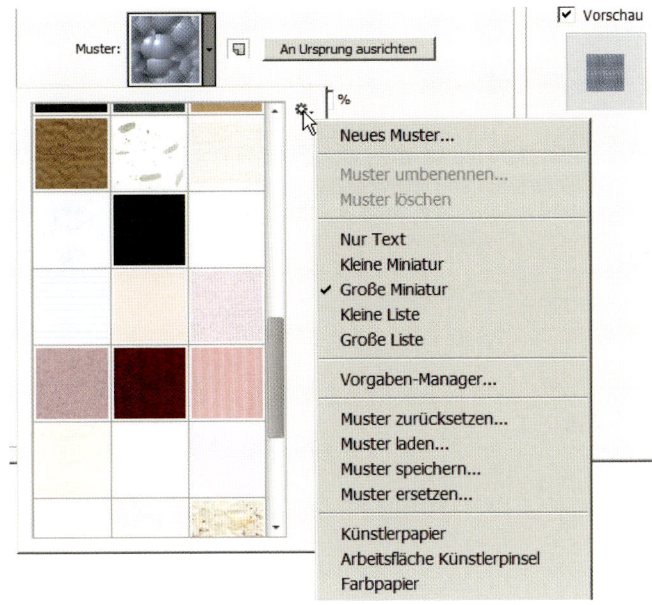

Abbildung 2.12 Die »Muster«-Vorgaben in der aktuellen »Muster«-Bibliothek werden hier im Dialog zum Ebenenstil »Musterüberlagerung« bearbeitet. Sie können die Vorgaben generell in verschiedenen Größen, mit und ohne Text darstellen. Per Rechtsklickmenü werden einzelne Bedienfeldobjekte umbenannt oder gelöscht. Über das Menü laden Sie auch neue Bibliotheken nach.

Vorgaben abrufen

Möchten Sie die gespeicherten Vorgaben wieder verwenden, schalten Sie das Werkzeug ein. Dann öffnen Sie entweder die Vorgabenauswahl oben links in der Optionenleiste oder Sie rufen das Bedienfeld Werkzeugvorgaben auf.

In beiden Fällen gibt es die Option Nur aktuelles Werkzeug. Damit zeigen Sie tatsächlich nur die Vorgaben für das aktuelle Werkzeug. Verzichten Sie auf die Option, sehen Sie sämtliche Vorgaben für sämtliche Werkzeuge; Sie wechseln dann per Klick nicht nur die Vorgabe, sondern auch das Werkzeug.

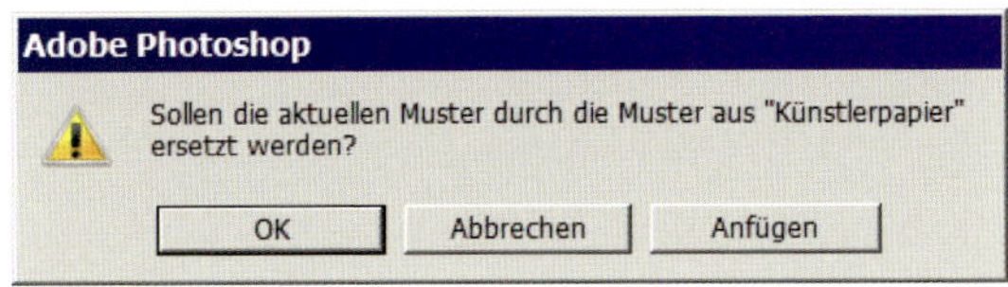

Abbildung 2.13 Beim Laden einer neuen Bibliothek mit »Vorgaben« können Sie die zuvor vorhandene Sammlung ersatzlos entfernen oder um die neue Kollektion erweitern.

Vorgaben laden

Über die Bedienfeldmenüs laden Sie andere Bibliotheken von Mustern, Pinselvorgaben oder Verläufen. Photoshop nennt direkt unten im Menü weitere Bibliotheken, die Sie im passenden »Vorgaben«-Verzeichnis deponiert haben. Pinselbibliotheken speichert Photoshop im Verzeichnis »Vorgaben/Pinsel«, die Musterbibliotheken im Verzeichnis »Vorgaben/Muster«. Alle Vorgabendateien aus dem »Vorgaben«-Verzeichnis ruft man bequem über das Bedienfeldmenü auf. Wollen Sie »Vorgaben« aus anderen Verzeichnissen nutzen, so verwenden Sie die Schaltfläche Laden oder einen Befehl wie **Pinsel ersetzen** aus dem Bedienfeldmenü.

Öffnen Sie eine Bibliothek per Bedienfeldmenü, entscheiden Sie im Dialogfeld zwischen zwei Möglichkeiten:

- Sie ersetzen die noch vorhandene Bibliothek, indem Sie auf OK klicken – damit entfernen Sie die ursprünglich vorhandenen Vorgaben.
- Sie können die neuen Vorgaben aber auch an die bereits vorhandenen anfügen – anschließend stehen beide Kollektionen in einer Bibliothek zur Verfügung.

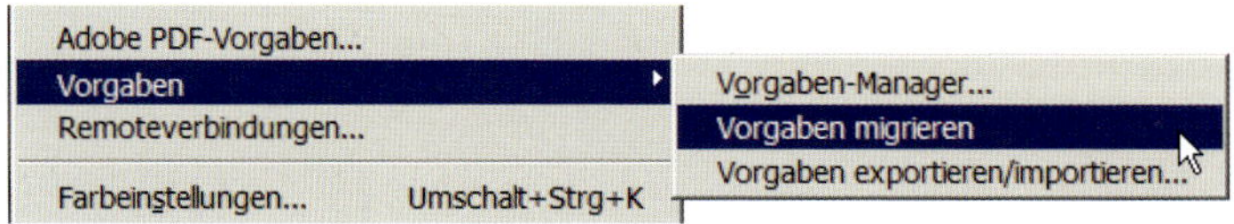

Abbildung 2.14 Ist bei Installation von Photoshop CS6 bereits eine ältere Version auf dem Rechner vorhanden, bietet Photoshop an, Vorgaben für Pinsel usw. aus der älteren Version zu übernehmen. Sie können die Vorgaben jederzeit auch später herüberholen (**Bearbeiten: Vorgaben: Vorgaben migrieren**) oder in eine Datei schreiben (**Vorgaben exportieren/ importieren**), die Sie mit Photoshop-Versionen auf anderen Rechnern nutzen.

Der Befehl **Zurücksetzen** aus dem Bedienfeldmenü richtet wieder die Standardvorgabe des Herstellers ein und lädt die ursprünglich vorhandenen Vorgaben. Auch hier ersetzen oder ergänzen Sie die bestehenden Vorgaben.

2.1.8 Mehrfach belegte Schaltflächen

Manche Werkzeug-Schaltflächen sind mehrfach belegt. Eine solche Mehrfachbenennung erkennen Sie an dem kleinen Dreieck rechts unten in der Schaltfläche. Auf einem Schalter fasst Photoshop jeweils Werkzeuge zusammen, die ähnliche Aufgaben haben. So liegen etwa einige Auswahlwerkzeuge übereinander: Auswahlrechteck, Auswahlellipse, Spaltenauswahl und Zeilenauswahl teilen sich einen Platz auf der Werkzeugleiste, ebenso Weichzeichnerpinsel, Scharfzeichnerpinsel und der Wischfinger.

Um die Werkzeuge auf einer Schaltfläche zu erreichen, die aktuell nicht zu sehen sind, klicken Sie länger auf den Schalter; dann öffnet sich eine horizontale Werkzeugleiste, die weitere verwandte Werkzeuge anbietet. Alternative: Klicken Sie den Schalter mehrfach bei gedrückter Alt-Taste an – so lange, bis das gewünschte Werkzeug auftaucht.

Sind die Werkzeuge über eine gemeinsame Kurztaste erreichbar, verwenden Sie mehrfach den Buchstaben plus ⇧-Taste, um zwischen diesen Geräten zu wechseln. Also drücken Sie zum Beispiel mehrfach ⇧+B, um vom Pinsel zum Buntstift und weiter zu Farbe-ersetzen-Werkzeug und Mischpinsel zu wechseln.

Tipp Verzichten Sie auf die ⇧-Taste und schalten Sie allein mit der Buchstabentaste zwischen gleichartigen Werkzeugen um. Dazu verzichten Sie in den allgemeinen **Voreinstellungen** (Strg+K auf die Umschalttaste für anderes Werkzeug.

2.1.9 Bei geöffnetem Dialogfeld

Selbst wenn ein Dialogfeld geöffnet ist, stehen noch nützliche Menübefehle und andere Funktionen bereit. Ein Beispiel: Sie erzeugen eine Auswahl und wählen dann **Selektiver Scharfzeichner** oder **Kante verbessern**. Jetzt arbeiten Sie zwar im Dialogfeld. Sie steuern aber weiterhin die Bildanzeige mit vielen Menü- und Tastenbefehlen:

- Mit Strg+Leertaste erhalten Sie eine Vergrößerungslupe, um Bildteile noch heranzuzoomen. Per Alt+Leertaste produziert Photoshop die Verkleinerungslupe.
- Mit Strg+0 zeigen Sie das Werk arbeitsflächenfüllend, während Strg++ schrittweise vergrößert und Strg+- schrittweise herauszoomt. Strg+Alt+0 richtet die 100-Prozent-Zoomstufe ein.
- Die gedrückt gehaltene Leertaste verhilft zur Verschiebehand. Damit bewegen Sie Dateien in verkleinerten Bildfenstern. Alternative: die Rollbalken.

- Rufen Sie im **Fenster**-Menü diverse Bedienfelder auf, zum Bleistift **Navigator**, **Informationen** oder **Ebenen**.
- Klicken Sie auf die Titelleisten von geöffneten, zusammengeklappten oder zum Symbol verkleinerten Bedienfeldern – sie lassen sich öffnen und umarrangieren.
- Im **Ansicht-Menü** nutzen Sie bei geöffnetem Dialogfeld immer noch **Farb-Proof**, **Farbumfang-Warnung** oder **Einzoomen**, **Tatsächliche Pixel** und **Druckformat**.
- Wichtig auch: Die Befehle **Ansicht: Extras** und das Untermenü **Ansicht: Einblenden** verstecken bei geöffnetem Dialog störende Auswahlmarkierungen oder Hilfslinien, ohne deren Wirkung aufzuheben, auch der entsprechende Tastengriff [Strg]+[0] funktioniert noch.

Bei einigen Tonwertbefehlen können Sie mit dem Mauszeiger ins Bild fahren, um dort mit der Pipette Tonwerte aufzunehmen, zu messen oder per Rechtsklick den Tonwert als HTML-Code zu kopieren; dabei ändert sich meist auch die Vordergrundfarbe.

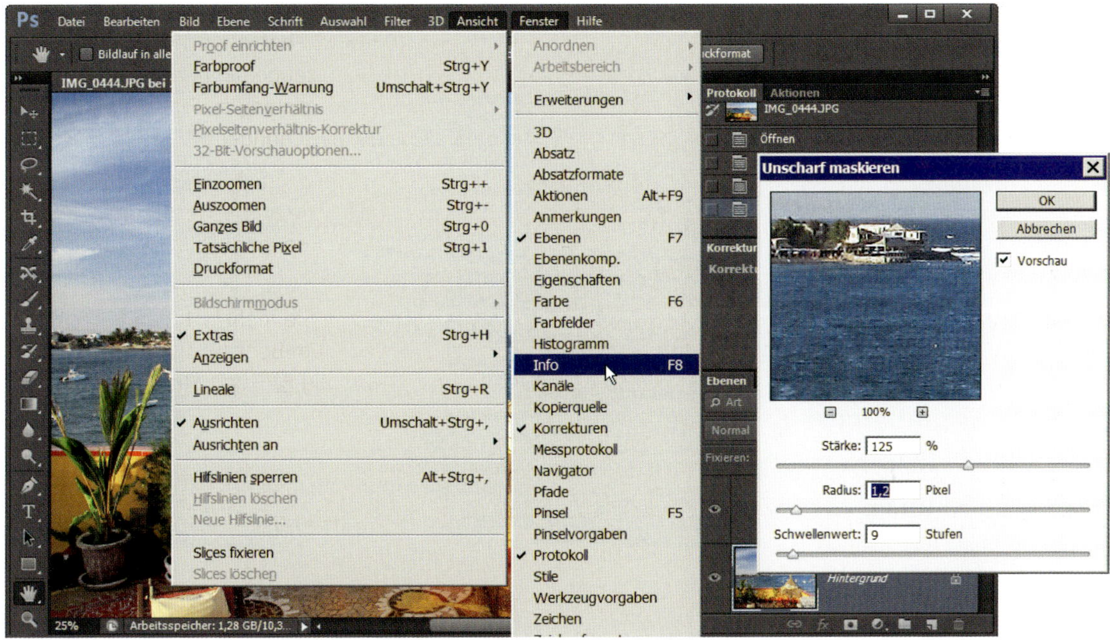

Abbildung 2.15 Das Dialogfeld »Unscharf maskieren« ist geöffnet. Gleichzeitig stehen immer noch viele Befehle aus den Menüs »Ansicht« und »Fenster« zur Verfügung: Sie können die Zoomstufe wechseln, die Auswahlmarkierung verbergen und das Histogramm- oder Info-Bedienfeld aufrufen.

2.1.10 Befehle im Überblick: Photoshop-Oberfläche

Taste/Feld	Zusatztasten	Aktion	Ergebnis
Dok: 2,40 MB/5,61 MB	-	🖱	Anzeige Breite, Höhe, Kanäle, Auflösung
⇥	-	-	Alle Bedienfelder ein-/ausblenden
⇥	⇧	-	Bedienfelder außer Werkzeugleiste und Optionen ein-/ausblenden
⇥	Strg	-	Ein Bild nach dem anderen aktivieren

Taste/Feld	Zusatztasten	Aktion	Ergebnis
F (für Full Screen)			Wechsel zwischen Fenster- und Vollschirmmodi
			Wechsel zwischen Fenster- und Vollschirmmodi
Strg+H (für Hide)			Entspricht **Ansicht: Extras** (Auswahlmarkierung, Hilfslinien etc. ein-/ausblenden)
Strg+R (für Ruler)			Lineale ein-/ausblenden

2.1.11 Mac- und Windows-Version im Vergleich

Die Mac- und Windows-Versionen von Photoshop unterscheiden sich nur in wenigen Details. Insbesondere gleichen sich fast alle Tastaturkombinationen. Alt-Taste und ⇧-Taste werden in beiden Betriebssystemen gleich genutzt. Einige Unterschiede:

- Wo Sie unter Windows die Strg-Taste drücken, ist am Mac die ⌘-Taste fällig.
- Kontextmenüs und alles andere, was Sie unter Windows mit der rechten Maustaste erreichen, erledigen Sie am Mac mit Ein-Tasten-Maus durch einen Mausklick bei gedrückter Ctrl-Taste. (Mit üblichen Mehrtasten-Mäusen können Sie auch am Mac die rechte Maustaste nutzen.)
- Was unter Windows auch mit der Entf-Taste verschwindet, wird am Mac nur mit der ←-Taste entsorgt.
- Nur unter Windows gibt es den Befehl **Datei: Öffnen als.**
- Natürlich unterscheiden sich betriebssystemnahe Funktionen wie die **Öffnen**- und **Speichern**-Dialoge sowie die Speicherzuteilung.
- Eine Besonderheit von Photoshop am Mac OS ist das **Photoshop**-Menü, das Windows-Nutzer nicht vorfinden: Macianer rufen dort **Voreinstellungen** sowie die Befehle **Über Photoshop** und **Über Zusatzmodul** auf.

2.1.12 Tastenbefehle & Menüs

Routinierte Photoshopper bedienen ihr Programm besonders flott durch gezielte Tastendrucke, nicht per Mausrutsch. Weitere und geänderte Tastenkürzel vergeben Sie selbst mit dem Aktionen-Bedienfeld oder den **Tastaturbefehlen.**

Schneller mit Tastenbefehlen

Vielen Befehlen und allen Werkzeugen haben die Programmierer bereits Tastenkürzel zugeteilt – für die Funktionen der Werkzeugleiste reicht grundsätzlich ein einzelner Buchstabe ohne jede weitere Strg-, Alt- oder ⇧-Taste. Mit einem C (für Crop Tool) rufen Sie zum Beispiel das Freistellungswerkzeug auf. Kurztasten für die linke Hand sind etwa das B für den Pinsel, E für Radiergummi oder W für die Schnellauswahl.

Die Tastaturkürzel in Photoshop orientieren sich vage an englischen Begriffen. Das Radiergummi-E kürzt den »Eraser« ab, das Freistell-C stammt vom »Crop Tool«, das B für den Pinsel leitet sich vom »Brush« ab. Manche Kürzel weichen auf den zweiten, dritten oder vierten Buchstaben des englischen Befehls aus, etwa bei V für Move Tool, also das Verschiebenwerkzeug.

Verharren Sie mit dem Mauszeiger kurz über einem Werkzeug, blendet Photoshop den Werkzeugnamen samt Kurztaste ein. Statusleiste und Info-Bedienfeld nennen auf Wunsch das aktive Werkzeug.

Vorübergehender Wechsel zu anderen Werkzeugen

Teilweise erlaubt Photoshop auch den vorübergehenden Wechsel zu anderen Werkzeugen. Drücken Sie beispielsweise bei der Arbeit mit dem Abwedler die Alt-Taste: Damit wechseln Sie so lange zum Nachbelichter , bis Sie die Alt-Taste wieder loslassen. Auch mit den Werkzeugen zum Weichzeichnen und Scharfzeichnen funktioniert dieses Hin und Her.

Generell gilt: Halten Sie länger eine Taste für ein Werkzeug gedrückt - sobald Sie loslassen, springt Photoshop zurück zum vorher gültigen Gerät.

Mit einigen Zusatztasten schalten Sie vorübergehend zu ganz anderen nützlichen Werkzeugen um; nach dem Loslassen der Taste zeigt Photoshop wieder das ursprüngliche Gerät. So gilt unter anderem:

- Mit der Leertaste springen Sie schnell mal zur Verschiebehand . Nehmen Sie die Strg-Taste hinzu, um die Vergrößerungslupe zu erhalten , während die zusätzliche Alt-Taste die Verkleinerungslupe auf den Schirm bringt. Das funktioniert sogar oft bei geöffnetem Dialogfeld.
- Fast alle Werkzeuge wechseln beim Druck der Strg-Taste freiwillig zum Verschiebenwerkzeug .
- Von allen Malwerkzeugen aus, die auf die Vordergrundfarbe zugreifen, wechseln Sie per Alt-Taste zur Pipette , mit der Sie die Vordergrundfarbe aufgreifen. Dies gilt etwa für den Pinsel .

Tastaturbefehle für Menüfunktionen

Auch die werkseitigen Tastaturkürzel für Menübefehle leiten sich oft von englischen Bezeichnungen ab. So ruft Strg+L die Tonwertkorrektur auf - im Englischen »Levels«. Strg+I kehrt ein Bild ins Negativ um, »Invert« in Englisch.

2.1.13 Typische Tastaturkürzel

Kennen Sie die 50 wichtigsten Tastenkürzel, lässt sich Photoshop viel zügiger bedienen als durch Klicken in Menüs und Optionen. Die Tastenbefehle haben System und lassen sich deshalb relativ leicht merken und auf unterschiedliche Situationen übertragen. Sie werden in den einzelnen Kapiteln ausführlich besprochen, im Folgenden stelle ich einige Grundregeln vor.

Abziehen per Alt-Taste

Bei gedrückter Alt-Taste verkleinern Sie Auswahlen mit Auswahlwerkzeugen wie dem Lasso . Dies gilt - in Kombination mit der Strg-Taste - zum Beispiel auch für den Klick auf Miniaturen für Ebenen, Ebenenmasken oder Alphakanäle. Zudem eignet sich die Alt-Taste zum Duplizieren - so etwa, wenn Sie mit dem Verschiebenwerkzeug und der Alt-Taste an einer Ebene zerren, um diese zu duplizieren.

Dialogfeld per Alt-Taste

Bei vielen Befehlen entscheiden Sie per Alt-Taste, ob Sie ein Dialogfeld einblenden wollen oder auf Rückfragen verzichten. Zwei Beispiele:

- Normale Anwahl des Kommandos **Bild: Duplizieren** produziert zunächst ein Dialogfeld mit der Frage, welchen Namen das duplizierte Bild erhalten soll. Derselbe Befehl produziert bei gedrückter Alt-Taste ein Duplikat sofort, ohne Dialogfeld. Ebenso verschweigt das Aktionen-Bedienfeld ausnahmsweise die Optionen, wenn Sie die Schaltfläche Neue Aktion erstellen bei gedrückter Alt-Taste anklicken.
- Umgekehrt verhält es sich beim Ebenen-Bedienfeld und dem Kanäle-Bedienfeld: Klicken Sie auf das Symbol Neue Ebene erstellen , erzeugt Photoshop sofort ein neues Element. Nach Anklicken mit gedrückter Alt-Taste präsentiert das Programm zunächst die Optionen.

Verwendeten Wert wiederholen mit der Alt-Taste

Hier ein Beispiel: Sie rufen mit Strg+M die **Gradationskurven** auf und korrigieren die Kontraste. Danach wollen Sie die gleiche Korrektur auf andere Bilder anwenden. Hier macht sich die Alt-Taste nützlich: Zusätzlich zum üblichen Befehl gedrückt, ruft sie das Dialogfeld gleich mit den zuletzt verwendeten Werten auf. So geht's:

- Drücken Sie also Strg+Alt+M. Alternative:
- Sie halten die Alt-Taste gedrückt und wählen **Bild: Korrekturen: Gradationskurven**.

Hinzufügen und rechte Winkel mit der Umschalt-Taste

Diese Möglichkeiten bietet Ihnen die ⇧-Taste:

- Sie erweitern vorhandene Auswahlen, wenn Sie zusätzlich zum Werkzeug die ⇧-Taste drücken. Klicken Sie mit Strg- und ⇧-Taste auf die Miniaturen für Ebenen, Ebenenmasken, Alphakanäle oder Pfade - eine vorhandene Auswahl wird dann um die Auswahlinformation aus diesen Elementen erweitert.
- Mithilfe der ⇧-Taste entstehen gerade Linien oder 45-Grad-Winkel, zum Beispiel bei den Malwerkzeugen, dem Verlaufswerkzeug, dem Linealwerkzeug, beim Bewegen von Auswahlen oder Ebenen oder in einer Gradationskurve.

Verschieben mit Pfeiltasten und ⇧-Taste

Die Pfeiltasten verschieben Ebenen, Auswahlmarkierungen und Pfade in 1-Pixel-Schritten, sofern das Verschiebenwerkzeug aktiviert ist. Außerdem ändern sie Werte in Eingabefeldern. Nehmen Sie die ⇧-Taste hinzu, um die Intervalle zu erhöhen, meist um das Zehnfache.

Bewegen mit der Strg-Taste

Mit der Strg-Taste (am Mac wie immer ⌘-Taste) schalten Sie vorübergehend zum Verschiebenwerkzeug um (mit wenigen Ausnahmen bei Pfaden, Slices und Vektorformen). Über Bedienfelder erschließt oft erst die Strg-Taste in Verbindung mit weiteren Tasten Zusatzfunktionen.

Tipp Wählen Sie **Bearbeiten: Tastaturbefehle**, können Sie mit dem Klick auf ZUSAMMENFASSEN eine lange druckbare Liste im HTML-Format für den Internet-Browser speichern. Die Aufstellung berücksichtigt Ihre individuell eingerichteten Tastenkürzel.

2.1.14 Werkzeugtastenkürzel nach Alphabet

Die Liste zeigt die Werkzeuge von Photoshop CS6 Standard, alphabetisch sortiert nach dem werkseitig eingestellten Tastaturkürzel.

	Abgeleitet von	Aktiviert	
A	Path Selection Tool	Direktauswahl-Werkzeug, Pfadauswahl-Werkzeug	
B	Brush	Pinsel, Buntstift, Farbe-ersetzen-Werkzeug, Mischpinsel	
C	Crop Tool	Freistellungswerkzeug, Slice-Werkzeug, Slice-Auswahl	
D	Default Colors	Schwarz und Weiß als Vorder- und Hintergrundfarbe	

	Abgeleitet von	Aktiviert	
E	Eraser	Radiergummi, Magischer Radiergummi, Hintergrund-Radiergummi	
F	Full Screen Mode	Vollbildmodus	
G	Gradient Tool	Verlaufswerkzeug, Füllwerkzeug	
H	Hand	Hand	
I	»Eye«dropper	Pipette, Farbaufnahme-Werkzeug, Linealwerkzeug, Anmerkungenwerkzeug	
J		Reparaturpinsel, Bereichsreparaturpinsel, Ausbessernwerkzeug, Rote-Augen-Werkzeug, Inhaltsbasiertverschieben-Werkzeug	
L	Lasso	Lasso, Polygon-Lasso, Magnetisches Lasso	
M	Marquee	Auswahlrechteck, Auswahlellipse	
O	Dodge Tool	Abwedler, Nachbelichter, Schwamm (zum Aufhellen, Abdunkeln, Ändern der Farbsättigung)	
P	Pen Tool	Zeichenstift, Freiform-Zeichenstift	
Q	Quickmask	Maskierungsmodus/Fließmarkierungsmodus	
R	Rotate	Ansichtdrehung-Werkzeug	
S	Stample	Kopierstempel/Musterstempel	
T	Text Tool	Textwerkzeuge	T
U		Formwerkzeuge	
V	Move Tool	Verschiebenwerkzeug	
W	Magic Wand	Schnellauswahl Zauberstab	
X	Exchange	Vorder- und Hintergrundfarbe vertauschen	
Y	History Brush	Protokollpinsel	
Z	Zoom Tool	Lupe	

2.1.15 Eigene Tastaturbefehle und Menüs

Wie lästig: Immer wieder wählen Sie **Bild: Korrekturen: Tiefen/Lichter**. Statt sich durch Untermenüs zu hangeln, öffnen Sie den Befehl besser mit einem schnellen Tastendruck, zum Beispiel F5. So richten Sie Ihr eigenes Tastaturkürzel ein:

1. Sie wählen **Bearbeiten: Tastaturbefehle**.
2. In der Liste öffnen Sie das Untermenü **Bild: Korrekturen** und klicken einmal auf TIEFEN/LICHTER.
3. Sie wollen den Befehl mit der Taste F5 aufrufen. Drücken Sie also F5 (Sie könnten als eigenes Tastenkürzel auch Strg+Alt+⇧+Y nehmen).
4. Photoshop schreibt eine Warnung, dass mit diesem Tastendruck bereits das Pinsel-Bedienfeld aufgerufen wird. Aber das Pinsel-Bedienfeld ist nicht so wichtig.
5. Klicken Sie zweimal auf OK – und fertig.

Ab sofort liefert Photoshop den Dialog **Tiefen/Lichter** nach Druck auf die Taste F5. Das Pinsel-Bedienfeld hat kein Tastenkürzel mehr (steht aber natürlich weiter via **Fenster: Pinsel** und Schaltfläche parat). Wollen Sie dagegen gleich mehrere Befehle und Werkzeuge bequem zur Hand haben, komponieren Sie Ihr eigenes Bedienfeld mit dem Configurator (Seite 988).

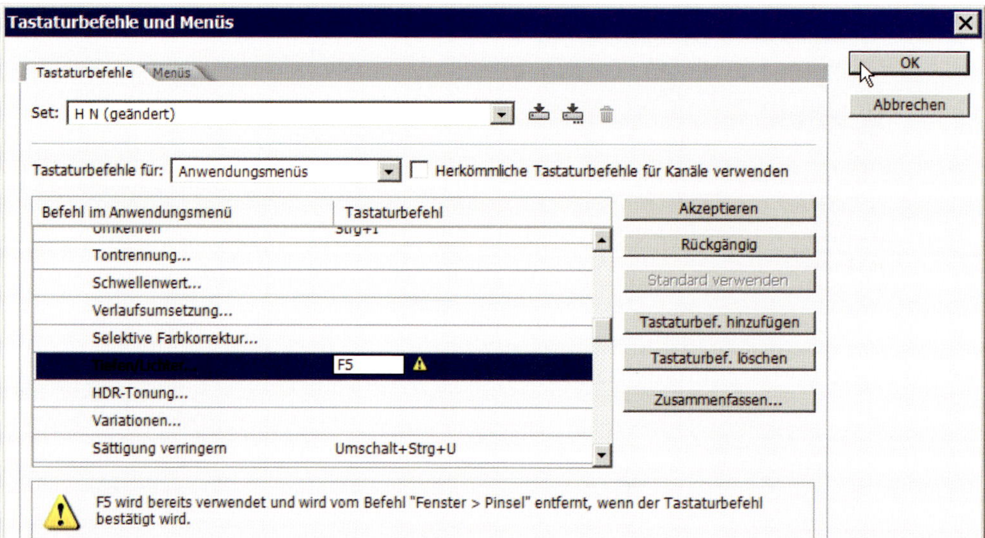

Abbildung 2.16 Auf Kommando: Teilen Sie den Photoshop-Funktionen beliebige Tastaturkürzel zu.

2.2 Photoshop auf Leistung trimmen

In den **Voreinstellungen** trimmen Sie Photoshop auf Tempo. Eine Kurzfassung dieser Tipps finden Sie ab Seite 32.

Wollen Sie Photoshop mit Geld beschleunigen, investieren Sie in mehr Arbeitsspeicher, in Flash-Arbeitsplatten, ein 64-Bit-Betriebssystem und in ein Mehr-Monitor-System.

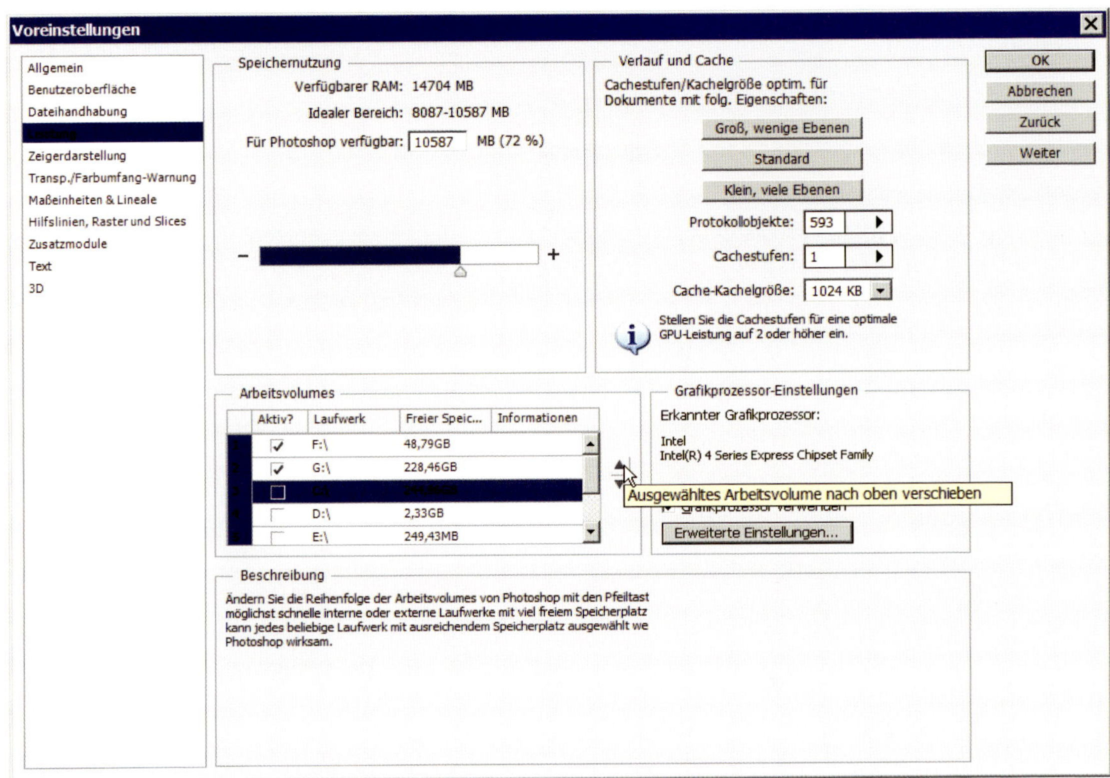

Abbildung 2.17 Im Bereich »Leistung« teilen Sie Photoshop »Arbeitsvolumes« und Arbeitsspeicher zu. Bewegen Sie große, freie Auslagerungslaufwerke nach oben. Die »Cache-Stufe« stellen Sie für bestimmte Aufgaben ein.

2.2.1 »Verlauf und Cache«

Für das Histogramm in Histogramm-Bedienfeld, **Gradationskurven**, **Tonwertkorrektur** und im Hintergrund bei vielen Korrekturbefehlen berechnet Photoshop nicht laufend sämtliche Originalpixel. Stattdessen analysiert das Programm nur eine verkleinerte Bildversion. Das geht schneller.

Ein Warndreieck ⚠ im Histogramm-Bedienfeld oder bei **Gradationskurven** und **Tonwertkorrektur** im Korrekturen-Bedienfeld weist dann darauf hin, dass Photoshop nicht das Gesamtbild berechnet, das Histogramm also nicht perfekt genau ist. Wie präzise Photoshop das Histogramm berechnet, steuern Sie per **Bearbeiten: Voreinstellungen: Leistung** im Feld VERLAUF UND CACHE:

- Stehen die CACHE-STUFEN dort auf 1, so heißt das: Photoshop baut das Histogramm immer aus sämtlichen Originalpixeln auf. Dies kann dauern, ist aber genauer.
- Werte von 2 bis 8 bedeuten dagegen: Photoshop ermittelt das Histogramm nur noch aus einer verkleinerten Darstellung am Schirm, Sie sehen eine Hochrechnung und Sie sparen Zeit.

Je höher der Wert Cache-Stufe, desto kleiner die Zoomstufe, die Photoshop für das Histogramm verwendet. Die voreingestellte Cache-Stufe 4 macht das Programm also schneller als die Cache-Stufe 2 - und ist durchaus empfehlenswert (wenn auch nicht perfekt genau). Das Histogramm-Bedienfeld meldet die aktuelle Cache-Stufe im Statistik-Bereich (sofern Sie ihn nicht ausgeblendet haben).

Wollen Sie generell das unverfälschte Histogramm auf Basis aller Pixel sehen, stellen Sie die Cache-Stufe auf 1. Alternative: Sie bringen das Histogramm-Bedienfeld nur bei Bedarf dazu, ihr schwarzes Gebirge auf Basis aller tatsächlich vorhandenen Bildpunkte zu berechnen: Dazu klicken Sie einmal auf das Dreieck ⚠, auf das Symbol Nicht gespeicherte aktualisieren oder doppelt ins Fenster des Histogramm-Bedienfelds.

2.2.2 Auslagerungsspeicher und Arbeitsspeicher

Auslagerungsspeicher und Arbeitsspeicher - davon kann Photoshop scheinbar nie genug bekommen.

Arbeitsspeicher (Physikalischer Speicher)

Mit dem Befehl **Bearbeiten: Voreinstellungen: Leistung** steuern Sie, wie viel Prozent vom verfügbaren physikalischen Arbeitsspeicher (RAM) Photoshop für sich reservieren darf.

Gewähren Sie Photoshop in der Regel an die 75 Prozent. Vorsicht: Eine 100-Prozent-Speicherzuteilung für Photoshop schnürt anderen Programmen die Luft ab.

Arbeitsvolumes

Bildteile, die nicht mehr in die Arbeitsspeicher-Chips passen, bringt Photoshop vorübergehend in einem sogenannten »Arbeitsvolume« auf der Festplatte unter - unabhängig vom Betriebssystem, das oft ebenfalls auf der Festplatte zwischenparkt. Der Umweg über die Festplatte verlängert die Arbeitszeit erheblich. Auch wenn Photoshop sehr viel echter Arbeitsspeicher zur Verfügung steht, richten Sie großzügig Auslagerungsspeicher auf den Festplatten ein.

Wählen Sie **Bearbeiten: Voreinstellungen: Leistung** (am Mac **Photoshop: Voreinstellungen: Leistung**) und aktivieren Sie im Bereich Arbeitsvolumes mit der Checkbox Festplattenlaufwerke zum Auslagern. Geben Sie schnelle, freie, lokale, regelmäßig defragmentierte Laufwerke an, auch im RAID-Verbund - keine Laufwerke im Netz, keine Wechselspeicher. Vermeiden Sie möglichst Laufwerke, auf die auch das Betriebssystem auslagert und auf denen Sie große Dateien bearbeiten.

Den gesamten Photoshop-Speicherbedarf nennt die Statusleiste unten im Bildrahmen, wenn Sie **Arbeitsdateigrößen** oder **Effizienz** anzeigen (Seite 73).

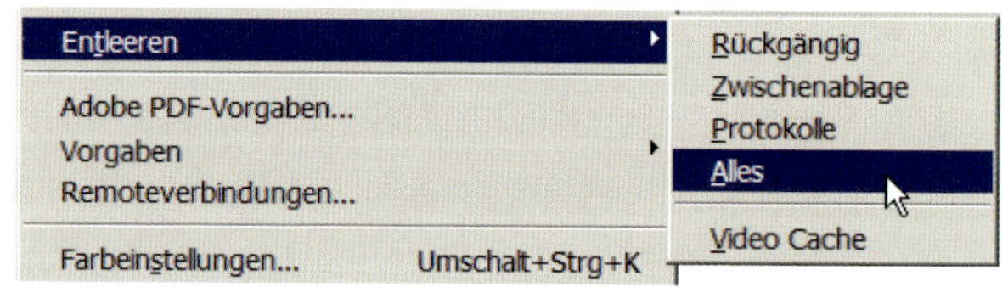

Abbildung 2.18 Das Untermenü »Entleeren« schafft Platz im Arbeitsspeicher.

Mehr Arbeitsspeicher mit 64-Bit-Betriebssystemen

Photoshops 32-Bit-Version in einem 32-Bit-Windows nutzt bis zu 1,7 Gbyte physikalischen Arbeitsspeicher aus. 32-Bit-Photoshop unter 64-Bit-Windows nutzt maximal 3,2 Gbyte Arbeitsspeicher. 64-Bit-Photoshop unter 64-Bit-Windows greift sich so viel Arbeitsspeicher, wie Sie zur Verfügung stellen.

Der Hintergrund: Herkömmliche 32-Bit-Systeme sprechen generell nur rund vier Gigabyte Arbeitsspeicher an - selbst wenn Sie 16 Gigabyte oder mehr Arbeitsspeicher installiert haben. Dagegen erschließen Sie sich mit einem 64-Bit-Betriebssystem theoretisch Hunderte von Gigabyte Arbeitsspeicher.

Der Wechsel zu einem 64-Bit-Betriebssystem lohnt sich also unbedingt. Prüfen Sie allerdings, ob Sie mit den 64-Bit-Betriebssystemen auch Ihre anderen Programme, Drucker, Scanner sowie Plug-Ins und Erweiterungen für Photoshop nutzen können.

2.2.3 Speicherbedarf messen

Das Info-Bedienfeld sowie die untere Leiste im Bilddateirahmen verraten, wie viel Speicher Photoshop braucht und wie viel Speicher das nimmersatte Programm tatsächlich hat.

Das kleine Dreieck ▶ in der Statusleiste öffnet ein Minimenü: Mit der Vorwahl **Effizienz** zeigt Photoshop an, wie viel Prozent seiner Operationen im schnellen Arbeitsspeicher ablaufen. Liegt der Wert unter 100 Prozent, erkennen Sie, dass Photoshop auf die langsame Festplatte, auf ein »Arbeitsvolume«, auslagern muss - sehr zu Lasten der Geschwindigkeit.

Besonders interessant sind die weiteren Informationen über den Speicherbedarf:

»Dateigrößen«

Entscheiden Sie sich in der Statusleiste oder im Info-Bedienfeld für **Dateigrößen**, beziehen sich die Angaben nur auf die eine, aktive Datei:

- Der linke Wert nennt die Größe der Datei im Arbeitsspeicher so, als ob es sich um ein Bild ohne separate Ebenen oder Alphakanäle handeln würde.
- Rechts neben dem Schrägstrich lesen Sie den tatsächlich verlangten Speicherplatz für dieses Bild; er ist größer als der linke Wert, wenn über dem Untergrund zusätzliche Objekte schweben, wenn Sie Auswahlkanäle einsetzen oder der tatsächliche Bildrand über den sichtbaren Bereich hinausgeht.

Ein Beispiel: Sie öffnen die Datei »Test.tif« aus dem »Praxis«-Verzeichnis von der Website. Das Foto hat zahlreiche Montageebenen und ein Smart-Objekt, das besonders viel Speicherplatz braucht.

Links vom Schrägstrich steht »6,00 MB«, rechts »33,2 MB«. Das bedeutet: Die Datei »Test.tif« beansprucht mit ihren diversen Ebenen 33,2 Mbyte Arbeitsspeicher. Verschmilzt man jedoch alle Ebenen zu einer einzigen flachen Hintergrund-Ebene, benötigt das Bild nur noch 6 Mbyte Arbeitsspeicher.

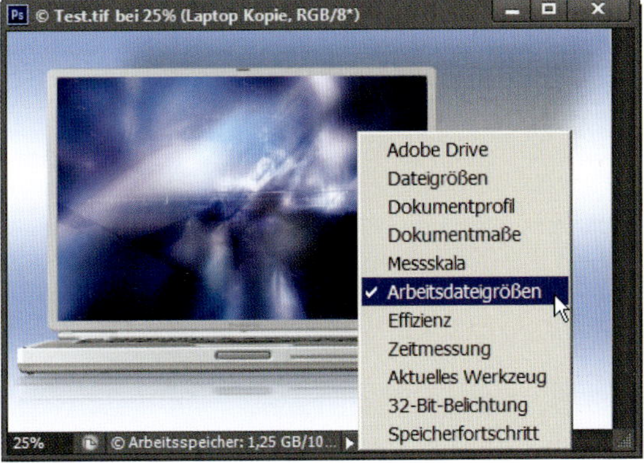

Abbildung 2.19 **Links:** Die Vorgabe »Dateigrößen« verrät, dass diese Datei sechs Mbyte Arbeitsspeicher braucht, wenn man alle Ebenen zu einer »Hintergrund«-Ebene verschmilzt; mit den separaten Einzelebenen benötigt die Datei jedoch 33,2 Mbyte. **Rechts:** Die Vorgabe »Arbeitsdateigrößen« zeigt hier, dass Photoshop für sich und alle geöffneten Dateien 1,25 GByte benötigt; zur Verfügung stehen 10,3 GByte, eine gute Reserve. Datei: Test

»Arbeitsdateigrößen«

Klicken Sie in der Statusleiste oder im Info-Bedienfeld die **Arbeitsdateigrößen** an, dann lesen Sie in unserem Beispiel »1,25 GB/10,3 GB«. Sie entnehmen

- der ersten Zahl, wie viel Speicherplatz Photoshop für sich und alle geöffneten Bilder benötigt, und
- dem zweiten Wert, wie viel Arbeitsspeicher dem Programm zur Verfügung steht.

Ist der linke Wert höher als der rechte, so heißt dies: Photoshop benötigt mehr Arbeitsspeicher, als ihm zur Verfügung steht. Dann muss das Programm Dateien auf die Festplatte, auf ein »Arbeitsvolume«, auslagern - und das kostet viel Zeit.

Zu unserer Abbildung: Photoshop zeigt links »1,25 GB« an; das Programm braucht also für sich und alle geöffneten Bilder 1,25 GByte Arbeitsspeicher. Rechts steht »10,3 GB«; Photoshop hat also insgesamt 10,3 Gbyte Arbeitsspeicher zur eigenen Verfügung - eine ordentliche Reserve. Öffnen Sie weitere Bilder oder bearbeiten Sie Ihr Foto, vergrößert sich der linke Wert, also die Angabe für den aktuellen Arbeitsspeicherbedarf.

2.2.4 Tipps: Arbeitsspeicher freihalten

Halten Sie den Arbeitsspeicherbedarf Ihres Gesamtsystems so klein wie möglich, damit Photoshop schneller arbeitet und weniger Daten auf die Festplatte auslagert. Folgende Maßnahmen liegen nahe:

- Sie schließen überflüssige Bilder und Programme.
- Sie löschen nutzlose Ebenen, Ebenenmasken und Alphakanäle oder verschmelzen Ebenen.
- Rastern Sie die enorm speicherfressenden Smart-Objekt-Ebenen.
- Sie schneiden überschüssigen Rand weg.
- Sie deinstallieren überflüssige Schriftarten und Farbprofile.
- Sie begrenzen die Zahl der Rücknahmeschritte (PROTOKOLLOBJEKTE).

All das spart erheblich Arbeitsspeicher und beschleunigt Ihre Arbeit. Aber Sie können noch mehr tun.

Zwischenablage löschen oder vermeiden

Jedes Mal, wenn Sie durch **Kopieren** oder **Ausschneiden** einen größeren Bildteil in die Zwischenablage befördern, pflastern Sie damit Arbeitsspeicher zu. Um Platz zu schaffen, nutzen Sie das Untermenü **Bearbeiten: Entleeren.** Alternativ markieren Sie einen sehr kleinen Bildteil oder ein Stück Text und **kopieren** das in die Zwischenablage.

Wollen Sie einen Bildausschnitt nicht gerade mehrfach übertragen, verzichten Sie ganz auf die Zwischenablage - ziehen Sie den ausgewählten Bildbereich, eine Ebene oder auch eine ganze »Hintergrund«-Ebene einfach mit dem Verschiebenwerkzeug in eine andere Datei; dieser Transfer strapaziert Ihre Zwischenablage gar nicht. Auch die Miniaturen aus Ebenen- oder Kanäle-Bedienfeld können Sie in das gewünschte Bild ziehen.

2.2.5 OpenGL nutzen

Sofern Sie eine Grafikkarte mit OpenGL-2.0-Technik, Shader Model 3.0 und 256 (besser 512) Mbyte Grafikspeicher (VRAM) verwenden und Photoshop darauf zugreifen kann, erscheint Ihr Bild in beliebigen Zoomstufen sehr korrekt und unverzerrt am Schirm, die 100-Prozent-Zoomstufe ist nicht mehr obligat für genaue Beurteilungen. Dazu kommen weitere Vorteile.

Welche Funktionen nutzen OpenGL?

Mit OpenGL können Sie blitzschnell zoomen, auch durch Ziehen, mit der Taste [H] und längerem Klick bequem eine Gesamtansicht des Bilds anzeigen, den Bildausschnitt ändern, die Darstellung mit allen Hilfslinien frei drehen, künstlerische Pinsel voll ausnutzen, Zeit sparen bei **Transformieren**, **Verflüssigen**, **Formgitter** und **3D**-Funktionen. Ohne OpenGL 2.0 sehen Sie möglicherweise gar nichts von **Adaptiver Weitwinkelanpassung**, **Ölfarbe** und **Beleuchtungseffekten**. Einige Funktionen stehen jedoch unter Windows XP auch dann nicht parat, wenn die Grafikkarte OpenGL 2.0 beherrscht, so etwa die **Beleuchtungseffekte** und die **3D**-Technik der Photoshop-Extended-Ausgabe.

OpenGL erkennen

Wie erkennen Sie, ob Ihr Photoshop OpenGL verwendet oder verwenden kann? Öffnen Sie die **Voreinstellungen** mit [Strg]+[K] und klicken Sie links auf LEISTUNG. Wird dort GRAFIKPROZESSOR VERWENDEN angeboten? Wenn ja, machen Sie von dem Angebot zumindest testweise Gebrauch.

Unter Windows XP ist die OpenGL-Unterstützung zunächst eventuell abgeschaltet, auch wenn eine passende Grafikkarte auf der Hauptplatine steckt. Denn unter XP mit OpenGL kann es passieren, dass Sie größere Pinselspitzen nicht mehr sehen oder Ihr Zweischirm-System nicht mehr nutzen können. Probieren Sie es auf Ihrem Rechner aus. Installieren Sie auf jeden Fall die neuesten Grafikkartentreiber, manche Hersteller liefern extra für Photoshop-Neufassungen auch neue Treiber. Bringen Sie auch Photoshop selbst auf den neuesten Stand (**Hilfe: Aktualisierungen**). Bei Problemen klicken Sie im Dialog **Voreinstellungen: Leistung** auf ERWEITERTE EINSTELLUNGEN und testen unterschiedliche OpenGL-Vorgaben.

Tipp Auch wenn es nicht generell erforderlich ist, starten Sie Photoshop nach Änderungen in den OpenGL-Einstellungen neu. Zumindest laden Sie ein neues Bild.

Kapitel 3 Bilddateien darstellen, messen & drucken

Wie zeigen Sie eine Bilddatei optimal am Monitor, wie zoomen und verschieben Sie das Werk effizient im Dateifenster, wie richten Sie die Farbwiedergabe ein, um das Bild schließlich perfekt zu drucken? Lesen Sie weiter.

3.1 Bilddateien optimal darstellen

Man will die Bilddarstellung immer wieder rasch ändern. Die erforderlichen Befehle finden Sie im Menü **Ansicht**, schneller geht es per Tastendruck. Lesen Sie zuvor, was Abbildungsmaßstäbe wie »100%« bedeuten.

3.1.1 Der Abbildungsmaßstab

Der Abbildungsmaßstab erscheint in der Titelleiste des Bilds, aber auch unten links in der Statusleiste. Ein Wert wie »100%« hat dabei nichts mit der späteren Druckgröße zu tun.

»100%« bedeutet: Jeder Bildpunkt (Pixel) erscheint exakt auf einem Monitorpunkt. Passt also Ihr Bild in der 100-Prozent-Ansicht gänzlich auf den Schirm, kann es nicht mehr als ungefähr 2500 Bildpunkte breit sein – es sei denn, Ihr Monitor zeigt in der Breite mehr als 2500 Pixel. In der Zoomstufe 100% belegt Ihr Bild auf dem Monitor meist viel mehr Fläche als später auf Papier, denn das Papier zeigt mehr Bildpunkte pro Quadratzentimeter.

Betrachten Sie vor Fotomontagen die Objekte in einer einheitlichen Zoomstufe, zum Beispiel per **Fenster: Anordnen: Alles angleichen**. Nun erkennen Sie die Größenverhältnisse, in denen die Elemente nach dem Einfügen aufeinandertreffen.

Der Abbildungsmaßstab »100%«

Sofern Photoshop eine Grafikkarte mit OpenGL-2.0-Technik und Shader Model 3.0 nutzt (Seite 74), erscheint Ihr Bild in beliebigen Zoomstufen sehr korrekt und unverzerrt am Schirm. Doch ohne OpenGL sehen Sie Ihre Bilder nur in der 100-Prozent-Darstellung wirklich naturbelassen – mit allen Pixeln so, wie sie tatsächlich vorliegen; und damit auch so, wie sie im Internet auf dem Schirm erscheinen.

100 Prozent, das heißt: Ein Bildpixel prangt auf einem Monitorpixel. In allen anderen Darstellungsweisen rechnet das Programm die Originalpixel erst für die Wiedergabe am Schirm um. In der Zoomstufe 63 Prozent

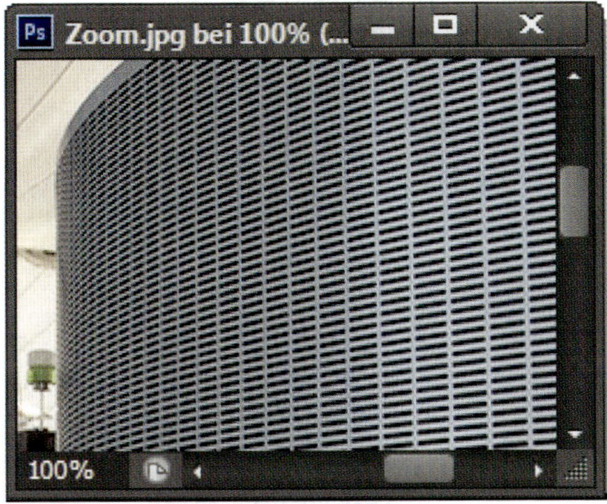

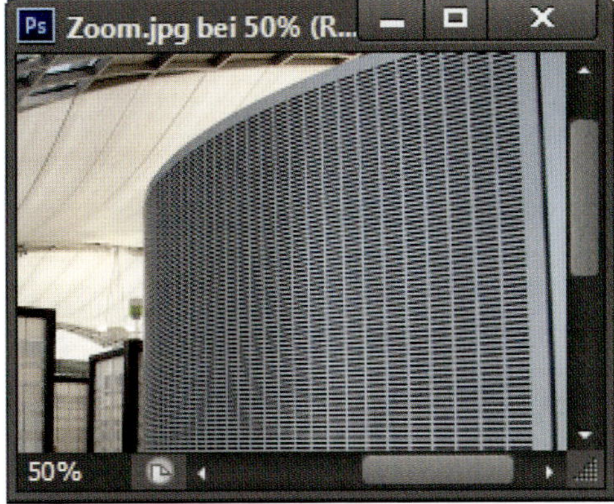

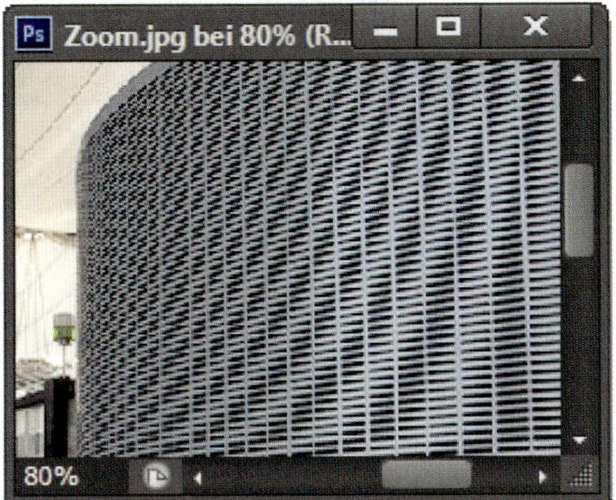

Abbildung 3.1 **Oben links:** Sofern Sie keine OpenGL-Grafikkarte nutzen, lässt sich eine Bilddatei nur im 100-Prozent-Abbildungsmaßstab wirklich exakt beurteilen. **Oben rechts:** Weniger verzerrt auch die 50-Prozent-Ansicht, die manchmal auch zur Beurteilung bei Druckprojekten dient; sie erzeugt hier bereits ein leichtes Moiré. **Unten links:** Verkleinernde Maßstäbe wie 80 Prozent verfälschen die Darstellung auf Computern ohne OpenGL oft deutlich. **Unten rechts:** Die Originaldatei. Datei: Zoom

muss Photoshop zum Beispiel 1,59 Bildpixel auf einem Monitorpixel anbieten; dazu wirft das Programm einzelne Bildpunktreihen Ihres Fotos heraus, feine Details werden verschluckt.

Besonders ungenau gerät die Darstellung bei krummen Maßstäben wie 53,94 Prozent. Die 50-Prozent-Ansicht zeigt glatter an als die 67-Prozent-Ansicht, die 25-Prozent-Darstellung verzerrt weniger als die 33-Prozent-Darstellung. Vergrößerungen wirken weniger problematisch, aber auch hier gilt: Die 200-Prozent-Zoomstufe sieht besser aus als 180 Prozent.

Wann ist die 100-Prozent-Zoomstufe wichtig?

Falls Ihr Photoshop ohne OpenGL und Shader Model 3.0 zu Werke geht, sollten Sie insbesondere nach Interpolationen in die Zoomstufe 100 Prozent wechseln – zum Beispiel, wenn Sie den **Bildgröße**-Befehl oder das **Transformieren** genutzt haben. 100 Prozent ist die angesagte Zoomstufe auch nach allen Filtern, die das Bild auf kleinem Raum subtil verändern, zum Beispiel Scharfzeichnungs- oder Störungsfilter und alles, was eine Struktur einwebt.

Ohne OpenGL ist die 100-Prozent-Sichtweise überdies bei Dateien von Textilien, Haaren, Architektur wichtig sowie bei weiteren Motiven mit feinen Strukturen: Hier entsteht unterhalb von 100 Prozent leicht Moiré, ein unerwünschter Schillereffekt. Bestehen Sie auch in der Filtergalerie oder in den Vorschaufenstern der Filterdialoge auf 100 Prozent. Auch vielen GIF-Dateien, Gerastertem und Strichgrafiken werden Sie nur mit einer 100-Prozent-Betrachtungsweise gerecht.

Tipp Schließen Sie von einer herauf- oder heruntergezoomten Ansicht ohne OpenGL nicht darauf, wie das Bild wirkt, wenn Sie es mit dem Befehl **Bild: Bildgröße** herauf- oder herunterrechnen (Seite 270). Beim **Bildgröße**-Befehl nimmt sich Photoshop viel mehr Zeit für genaueres Interpolieren.

Wechsel zum Abbildungsmaßstab 100,00 Prozent

Und weil er auf Rechnern ohne OpenGL so wichtig ist, wechselt Photoshop zum Abbildungsmaßstab 100,00 Prozent besonders vielseitig:

- Mit dem Griff Alt+Strg+0
- Per Doppelklick auf die Lupe in der Werkzeugleiste
- Per **Ansicht: Tatsächliche Pixel** und per Rechtsklickmenü zur Lupe und Hand
- Mit der Schaltfläche Tatsächliche Pixel in den Optionen zu Lupe und Hand

3.1.2 Lupe

Schalten Sie die Lupe (das Zoomwerkzeug) in der Werkzeugleiste oder mit der Taste Z ein. So vergrößern Sie den Abbildungsmaßstab:

- Klicken Sie ins Bild. Wollen Sie Details links unten vergrößert sehen, klicken Sie gleich in diese Region.
- Auf Computern mit OpenGL-Technik: Ziehen Sie mit der Lupe zum Zoomen.
- Auf Computern ohne OpenGL: Ziehen Sie mit der Lupe einen Rahmen um den Bildteil herum, den Sie vergrößert sehen möchten.

Abbildung 3.2 Ziehen Sie bei gedrückter Strg-Taste im Zoomfeld von Navigator oder Dokumentfenster. Die Zoomstufe ändert sich kontinuierlich, das Bild passt sich sofort an.

Die wichtigsten Zoomverfahren zuerst

Beim täglichen Photoshopping wirken diese Zoomtechniken besonders praktisch:

- Zügige Maßstabsänderung bieten die Griffe Strg+ + bzw. Strg+ - .
- Strg+0 füllt die Arbeitsfläche, Strg+Alt+0 bringt 100 Prozent.
- Wenn OpenGL 2.0 und Shader Model 3.0 zur Verfügung stehen: Schalten Sie mit dem Z die Lupe ein und zoomen Sie bei gedrückt gehaltener Maustaste. Die Alt-Taste dazu und die Darstellung schrumpft. Der Animierte Zoom in den **Voreinstellungen** (Strg+K) muss eingeschaltet sein.

Weitere Zoomverfahren

Auch so ändern Sie den Abbildungsmaßstab:

- Drücken Sie zur Lupe die Alt-Taste, verkleinern Sie das Bild schrittweise. Sie sehen dann ein Minuszeichen im Lupenzeiger.
- Tippen Sie eine neue Zoomstufe unten links in die Statusleiste am Bildfenster ein.

- Ändern Sie die Zoomstufe im Navigator (Seite 81).
- Nutzen Sie in den **Voreinstellungen** die Option MIT BILDLAUFRAD ZOOMEN, dann ändern Sie den Abbildungsmaßstab auch per Mausrad.
- Mit OpenGL im Rechner und ANIMIERTEM ZOOM in den **Voreinstellungen**: Schalten Sie oben in den Optionen zur Lupe den RAUEN ZOOM ein, dann zoomen Sie durch Ziehen nach links und rechts.

Animierter Zoom
Zoom ändert Fenstergröße
Mit Bildlaufrad zoomen
Angeklickten Punkt zentrieren
Ziehschwenken aktivieren

Abbildung 3.3 In den »Voreinstellungen« legen Sie fest, ob sich die Fenstergröße beim Zoomen ändern soll; das lässt sich aber auch noch in der Optionenleiste zum Werkzeug und per Tastaturkombination ändern.

Vorübergehend zur Lupe wechseln

Schalten Sie vorübergehend zur Lupe, während andere Werkzeuge in Gebrauch sind. Photoshop wechselt beim Loslassen der Tasten automatisch zum ursprünglichen Werkzeug zurück. Strg+Leertaste beschert Ihnen bei jedem beliebigen Werkzeug die Vergrößerungslupe, Alt+Leertaste aktiviert die Verkleinerungslupe – die schnellste Art zu zoomen. Die Leertaste allein ist für die Verschiebehand gut. Diese Griffe funktionieren manchmal sogar bei geöffnetem Dialogfeld.

Abbildung 3.4 In den Optionen zur Lupe entscheiden Sie, ob sich die Dokumentfenstergröße beim Zoomen verändert und ob Sie in allen Bildern parallel zoomen.

»Ganzes Bild«

So zoomen Sie das Gesamtbild schnell größtmöglich auf den Schirm – Photoshop ermittelt automatisch die passende Zoomstufe:

- Klicken Sie doppelt auf das Handwerkzeug in der Werkzeugleiste.
- Drücken Sie Strg+0.
- Verwenden Sie **Ganzes Bild** aus dem **Ansicht**-Menü oder aus dem Kontextmenü von Lupe und Hand oder die gleichnamige Schaltfläche in den Werkzeugoptionen.

Die Schaltfläche BILDSCHIRM AUSFÜLLEN deckt die ganze Arbeitsfläche mit dem Bild zu. Dabei verschwinden meist die horizontalen oder vertikalen Bildränder hinter den Rändern der Arbeitsfläche.

In mehreren Bildern gleichzeitig zoomen und verschieben

Zoomen Sie gleichzeitig in mehreren geöffneten Fenstern:

- Schalten Sie die Lupe ein und klicken Sie bei gedrückter ⇧-Taste in ein Bild – die anderen Dateien zoomen mit. Oder klicken Sie oben auf die Option ALLE FENSTER.
- Schalten Sie die Verschiebehand ein und ziehen Sie in einem hochgezoomten Bild bei gedrückter ⇧-Taste – andere hochgezoomte Dateien bewegen sich parallel mit. Alternativ nutzen Sie oben die Option BILDLAUF IN ALLEN FENSTERN DURCHFÜHREN.
- Richten Sie bei einem Bild die gewünschte Zoomstufe ein, dann öffnen Sie Fenster: Anordnen und wählen Gleiche Zoomstufe, Gleiche Position oder **Alles angleichen** – gut, um Bildserien zu vergleichen.

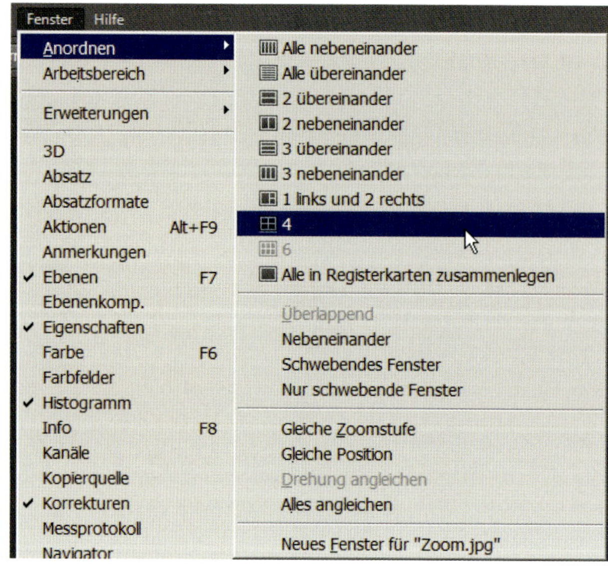

Abbildung 3.5 Das Untermenü »Fenster: Anordnen« ändert Bildverteilung und gleicht Zoomstufen an.

3.1.3 Handwerkzeug

Mit dem Handwerkzeug (Kurztaste [H], für Hand) verschieben Sie den sichtbaren Bildbereich innerhalb des Dateirahmens. Ein Doppelklick auf das Handwerkzeug in der Werkzeugleiste zeigt das Gesamtbild in maximaler Zoomstufe.

Egal, welches Werkzeug gerade aktiviert ist - mit der Leertaste erhalten Sie jederzeit die Hand. Schieben Sie Ihr Bild zurecht und lassen Sie die Leertaste wieder los, um zum vorherigen Werkzeug zurückzukehren. Sogar bei geöffnetem Dialogfeld funktioniert das. Eine Alternative bietet das Navigator-Bedienfeld (nächster Abschnitt).

Sofern Sie OpenGL und in den **Voreinstellungen** das Ziehschwenken nutzen: Schnelle Hand-[H]-Bewegungen befördern das Bild weiter durch den Dateirahmen als gemächliches Ziehen. Klicken Sie länger ins Bild, um eine Gesamtbildübersicht zu erhalten.

»Bildlauf in allen Fenstern durchführen«

Mit der Vorgabe Bildlauf in allen Fenstern durchführen oben in den Optionen zum Handwerkzeug schieben Sie sämtliche geöffneten Fotos simultan durch Ihr jeweiliges Bildfenster. Um alle Motive auf die gleiche Position innerhalb des Bildfensters zu bringen, nehmen Sie **Fenster: Anordnen: Gleiche Position**.

Verschieben per Tasten

Unabhängig vom aktuellen Werkzeug bewegt sich Ihr Foto auch per Tastendruck durchs Fenster: Die Tasten [Bild↑] und [Bild↓] bzw. [Seite auf] und [Seite ab] bewegen um je eine Fensterfüllung; die [⇧]-Taste sorgt ausnahmsweise für kleinere und nicht für größere Schritte. Drücken Sie [Strg], wenn es nach links oder rechts gehen soll. Mit [Pos 1] ([Home]) erscheint die linke obere Ecke; nach rechts unten geht es per [Ende]-Taste.

Tipp Sofern OpenGL genutzt wird, können Sie das Bild mit dem Ansichtdrehung-Werkzeug drehen. Dabei ändert sich die Bildqualität in keiner Weise, Sie sehen Ihre Datei nur aus einer anderen Perspektive - nützlich zum Beispiel bei bestimmten Retuschen oder um das Bild an den Winkel des Grafiktabletts anzupassen.

3.1.4 Navigator-Bedienfeld

Das Navigator-Bedienfeld lässt Lupe und Hand oft überflüssig werden. Groß hochgezoomte Bilddetails bewegen Sie hier besonders einfach durchs Dateifenster. Das Navigator-Bedienfeld zeigt Ihnen stets das Gesamtbild. Ein Rahmen innerhalb der Navigatoranzeige kennzeichnet den Bildteil aus dem Dateifenster.

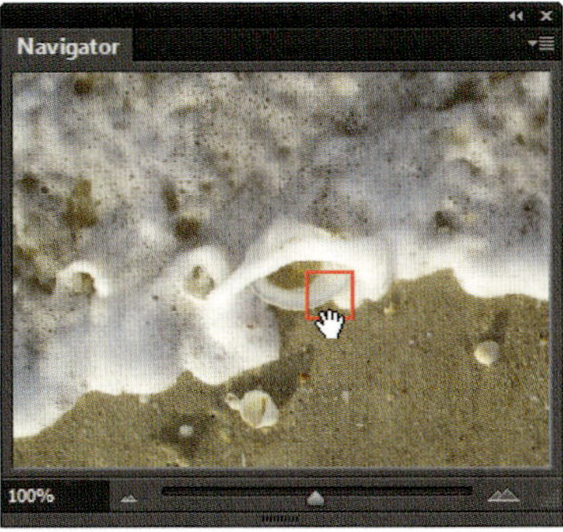

Abbildung 3.6 Zoom nach Maß: Bequem passt der Navigator Ausschnitt und Vergrößerungsmaßstab einer Bilddatei an.

Verschieben Sie den Navigatorrahmen oder klicken Sie an eine andere Stelle in der Navigatorvorschau; Sie erhalten einen anderen Bildausschnitt im bisherigen Abbildungsmaßstab. Bei gedrückter Strg-Taste erscheint eine Lupe über dem Navigator; damit ziehen Sie einen neuen Rahmen beliebiger Größe auf. So ändern Sie gleichzeitig Bildausschnitt und Abbildungsmaßstab – flexibler als mit der üblichen Lupe.

Im unteren Bereich des Navigators tippen Sie einen beliebigen Vergrößerungsfaktor ein und bestätigen mit der Eingabetaste; oder zoomen Sie per Schieberegler. Der Strg-Klick ins Navigatorfenster erzeugt eine 3200-Prozent-Ansicht des angeklickten Bilddetails.

Zoomen per Zahleneingabe

Der Navigator, aber auch jedes Bildfenster hat links unten ein Feld, in dem Sie direkt Zoomstufen eintippen. Ein Hieb auf die ↵-Taste, schon wechselt Photoshop zu dieser Zoomstufe. Ziehen Sie bei bei gedrückter Strg-Taste über dieser Anzeige, um die Zoomstufe fast stufenlos zu ändern.

Tipp Tippen Sie die Zoomstufe ins Feld. Halten Sie dann die ⇧-Taste gedrückt und drücken Sie die ↵-Taste jetzt erst. Photoshop wechselt wie erwartet die Zoomstufe, doch diesmal bleibt der Wert im Eingabefeld markiert. Sie können sofort eine andere Zoomstufe eintippen, ohne erst doppelt ins Eingabefeld klicken zu müssen.

Abbildung 3.7 Doppelte Aussicht: Der »Ansicht«-Befehl »Neues Fenster« zeigt ein- und dieselbe Datei mehrfach in verschiedenen Zoomstufen nebeneinander, nützlich bei Detailretuschen.

3.1.5 »Neues Fenster«

Sie können ein und dasselbe Bild gleich mehrfach auf dem Schirm abbilden, der Befehl heißt **Fenster: Anordnen: Neues Fenster für.** Beide Bildfenster zeigen dieselben Daten – ein Pinselstrich links erscheint sofort auch rechts. Oft macht diese Doppeldarstellung Sinn:

- Sie retuschieren an einem hochgezoomten Bildausschnitt und verfolgen nebenan in einer zweiten, normal großen Ansicht, wie Ihre Bemühungen in der Gesamtansicht wirken.
- Sie verdoppeln die Ansicht eines RGB-Bilds und stellen die zweite Fassung mit **Ansicht: Proof einrichten: CMYK-Arbeitsfarbraum** oder einer **Farbenblindheit**-Variante zum Vergleich daneben. Jetzt arbeiten Sie im RGB-Bild und verfolgen die Auswirkungen auch für die CMYK-Ausgabe.
- Sie bearbeiten eine Ebenenmaske; dabei stellen Sie die Ebene und die bearbeitete Maske nebeneinander.

Tipp Je nach Voreinstellung dockt das zweite Fenster innerhalb des ersten an, man sieht die Ansichten also nicht nebeneinander. Wählen Sie noch **Fenster: Anordnen** und dann zum Beispiel auf **2 übereinander.**

Weitere Möglichkeiten

Verschieben Sie die eine Ansicht Ihrer Datei mit dem Handwerkzeug im Bildfenster, bewegt Photoshop wahlweise die andere Ansicht im gleichen Maße mit – dazu klicken Sie in den Handoptionen auf BILDLAUF IN ALLEN FENSTERN. Der Befehl **Fenster: Anordnen: Nebeneinander** (auch im Menü zur Schaltfläche DOKUMENTE ANORDNEN) stellt die verschiedenen Ansichten Ihrer Datei übersichtlich nebeneinander.

3.1.6 Befehle im Überblick: Bilddateien darstellen

Taste/Feld	Zusatz-tasten	Aktion	Ergebnis
	-		Abbildungsmaßstab vergrößern
	Alt		Abbildungsmaßstab verkleinern
Z			Lupe einschalten
Strg + +			Abbildungsmaßstab vergrößern
Strg + +	Alt		Abbildungsmaßstab vergrößern, Dateifenster passt sich an
Strg + -			Abbildungsmaßstab verkleinern
Strg + -	Alt		Abbildungsmaßstab verkleinern, Dateifenster passt sich an
H		länger klicken	vorübergehend in Bildbereich hineinzoomen
Alt		ziehen mit rechter Taste	Abbildungsmaßstab ändern
Strg + Leertaste			Vorübergehend Vergrößerungslupe
Alt + Leertaste			Vorübergehend Verkleinerungslupe
Strg + 0			Vergrößerungsmaßstab an Programmfenstergröße anpassen
Strg + 0	Alt		Vergrößerungsmaßstab 100%
Strg (am Mac Ctrl)	⇥		Nächstes offenes Bild aktivieren
F			Wechsel zwischen Fenster- und Vollschirmmodi

Taste/Feld	Zusatztasten	Aktion	Ergebnis
			Wechsel zwischen Fenster- und Vollschirmmodi
	-		Bild im Fenster verschieben
	-		Größtmögliche Gesamtdarstellung
Leertaste			Vorübergehend Hand
Strg + H			»Extras« wie Hilfslinien, Auswahlrahmen etc. ein-/ausblenden
Strg + R			Lineale ein-/ausblenden

3.2 Bilddaten messen

Photoshop bietet umfangreiche Anzeigen über die technischen Eigenschaften des Bilds, über die aktuelle Auswahl wie auch über Ihren Rechner. Bereits die Titelzeile des Fotos verrät Zoomstufe, Farbmodus, Farbtiefe, Copyright und die aktuelle Ebene oder Maske.

3.2.1 Das Info-Bedienfeld

Das Info-Bedienfeld (**Fenster: Informationen**, meist auch F8) nennt die Farbwerte des Bildpunkts unter dem Mauszeiger in zwei verschiedenen Farbmodellen – welche Farbmodelle, das bestimmen Sie im Bedienfeldmenü oder über den pipettenförmigen Schnellschalter im Bedienfeld selbst.

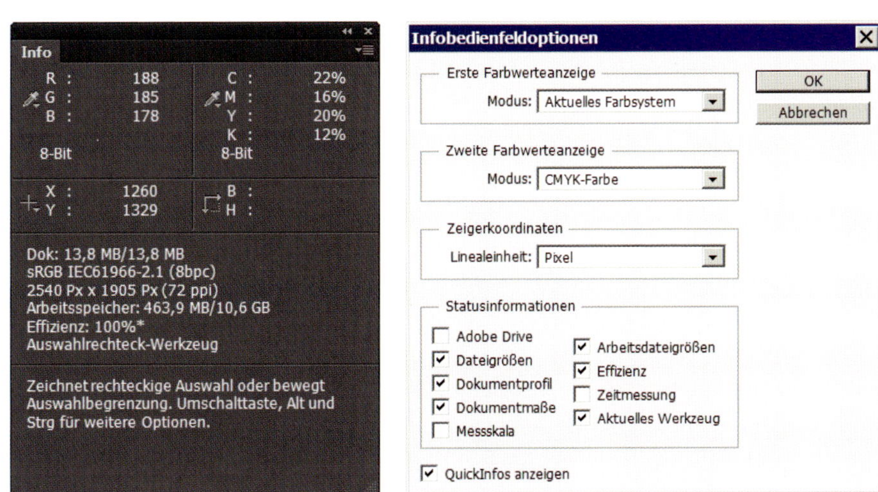

Abbildung 3.8 Das Info-Bedienfeld nennt alle Daten für Bild und Auswahl. In den Optionen bestimmen Sie, was das Info-Bedienfeld anzeigt.

Außerdem sehen Sie die Koordinaten der Cursorposition in Pixel, Zentimeter oder Inch, dazu die aktuelle Farbtiefe und die Systembeanspruchung. Sofern Sie in den Optionen die QUICKINFOS nicht abschalten, lesen Sie hier im Info-Bedienfeld auch Tipps zum aktuellen Werkzeug.

Optionen

Zeigerposition und Auswahlgröße erscheinen zum Beispiel in Pixel- oder Zentimetereinheiten. Welche Einheiten Photoshop verwendet, steuern Sie per **Bearbeiten: Voreinstellungen: Maßeinheiten & Lineale** (am Mac wie immer **Photoshop: Voreinstellungen**) oder klicken Sie direkt auf das Kreuz.

Arbeiten Sie mit der Auswahlellipse oder dem Auswahlrechteck, zeigt das Info-Bedienfeld Höhe (H) und Breite (B) des ausgewählten Bereichs an. Beim Malwerkzeug sehen Sie die Koordinaten der Anfangs- und Endpunkte, den Winkel (W), die Distanz (D) und andere Werte. Beim Vergrößern oder Verkleinern einer Ebene per **Transformieren** lesen Sie Höhe und Breite (H, B) der skalierten Auswahl; bei Drehmanövern erscheint der Winkel.

Bei einer Farbkorrektur zeigt das Info-Bedienfeld nebeneinander die Werte vor und nach der Korrektur an, solange das entsprechende Dialogfeld, etwa **Gradationskurven**, noch offen ist. Ein Ausrufezeichen neben einem CMYK-Farbwert signalisiert, dass er außerhalb des druckbaren Bereichs liegt.

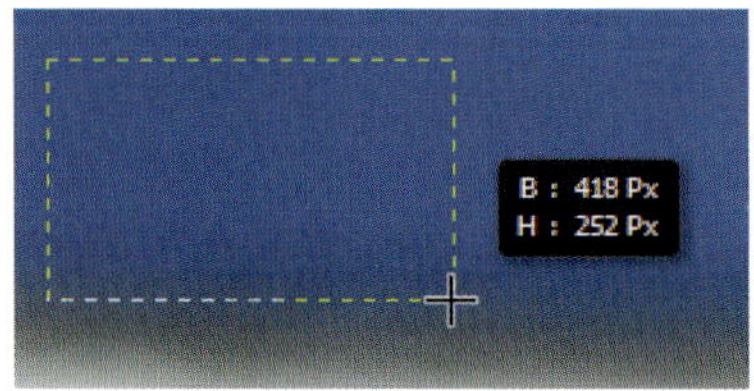

Abbildung 3.9 Beim Transformieren, Freistellen oder Auswählen meldet Photoshop Größe oder Drehwinkel direkt über dem Bild. Ob und wo diese Angaben erscheinen, regeln Sie in den **Voreinstellungen** (Strg+K) im Bereich Benutzeroberfläche mit dem Klappmenü Transformationswerte anzeigen.

3.2.2 Farbaufnahme-Werkzeug

Das Farbaufnahme-Werkzeug finden Sie im selben Fach der Werkzeugleiste wie Pipette oder Linealwerkzeug und Sie rufen es mit derselben Kurztaste I auf. Das Farbaufnahme-Werkzeug verteilt bis zu vier Messpunkte über die Datei. Photoshop nummeriert diese Messstationen durch und nennt im Info-Bedienfeld für jeden Punkt separat den genauen Farbwert. Vergleichbares bietet der Raw-Dialog.

Wenn Sie das Werkzeug wechseln, blendet Photoshop je nach Werkzeug die Punkte aus. Auch der Befehl **Ansicht: Extras** (Strg+H) verbannt die Messpunkte. Sie erscheinen aber unverändert, sobald Sie das Farbaufnahme-Werkzeug wieder aufrufen. Starten Sie einen Tonwertbefehl wie **Farbton/Sättigung** oder arbeiten Sie im Korrekturen-Bedienfeld, zeigt das Info-Bedienfeld bei geöffnetem Dialogfeld für jeden einzelnen Messpunkt gleich zwei Werte - vorher und nachher.

Es ist egal, welche Montageebene Sie aktivieren: Das Farbaufnahme-Werkzeug misst immer den Tonwert des sichtbaren Gesamtbilds. Blenden Sie eine Ebene aus, kann sie auch nicht mehr mit gemessen werden. Sie können mit dem Farbaufnahme-Werkzeug den Farbwert eines einzelnen Bildpunkts messen oder den Durchschnitt aus 3x3, 5x5 oder 101x101 Pixel; Sie regeln das per Kontextmenü oder oben in den Werkzeugoptionen.

Messpunkte verschieben und übertragen

Führen Sie das Farbaufnahme-Werkzeug über einen Messpunkt, um diesen zu bewegen. Wenn Sie dabei zur ⇧-Taste greifen, bleiben wie üblich nur Bewegungen auf Geraden übrig. Umgekehrt ziehen Sie mit dem Verschiebenwerkzeug Ebenen unter den Messpunkten her, die dabei auf ihrer Position verharren.

Messpunkte speichern und entfernen

In wichtigen Dateiformaten speichert Photoshop Messpunkte automatisch mit; man trifft sie also nach erneutem Öffnen wieder an. Dazu zählen die Dokumenttypen TIFF, Photoshop und JPEG. Um einen Messpunkt zu entfernen, klicken Sie ihn mit dem Farbaufnahme-Werkzeug bei gedrückter Alt-Taste an.

Bei geöffnetem Dialogfeld

Auch bei geöffneten **Korrekturen**-Dialogen wie **Tonwertkorrektur** oder **Farbton/Sättigung** können Sie Messpunkte setzen. Dazu klicken Sie bei gedrückter ⇧-Taste ins Bild. Um einen Messpunkt noch bei offenem Dialogfeld wieder zu entfernen, drücken Sie ⇧+Alt und klicken. Zum Verschieben reicht die ⇧-Taste. Ebenfalls bei geöffnetem Dialog blenden Sie per **Fenster: Informationen** das Info-Bedienfeld ein.

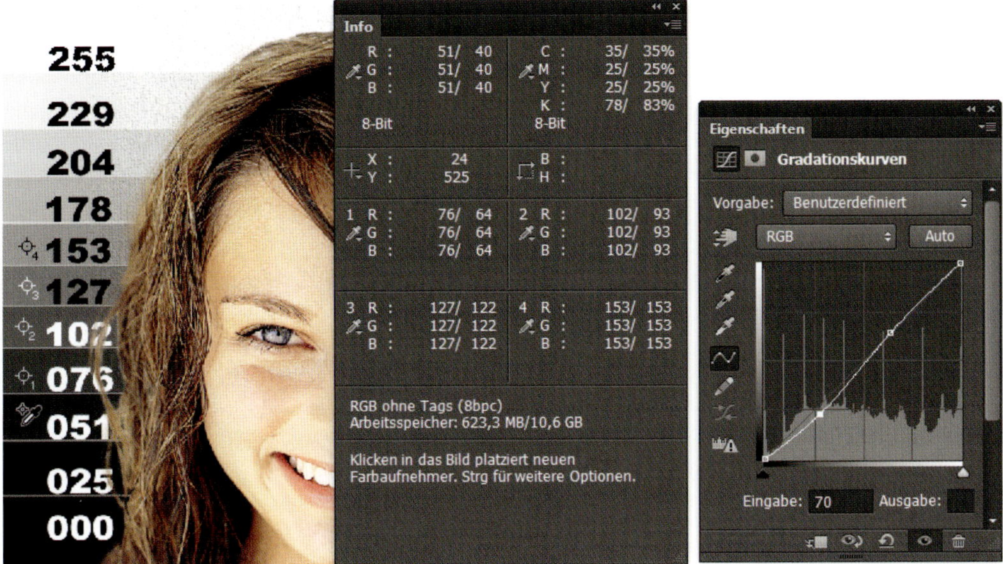

Abbildung 3.10 Wenn Sie in der Werkzeugleiste den Farbaufnehmer einschalten, sehen Sie links in der Bilddatei die vier Messpunkte. Wir korrigieren das Bild mit der »Gradationskurve«: Das Info-Bedienfeld meldet im unteren Bereich Vorher- und Nachherwerte für jeden einzelnen Messpunkt. Datei: Tonwerte

3.3 »Farbeinstellungen«

Mit dem Befehl **Bearbeiten: Farbeinstellungen** (Strg+⇧+K) sorgen Sie dafür, dass Photoshop Bilddateien so am Monitor zeigt, wie sie auch im Druck aussehen (am Mac finden Sie **Farbeinstellungen** und **Voreinstellungen** im **Photoshop**-Menü).

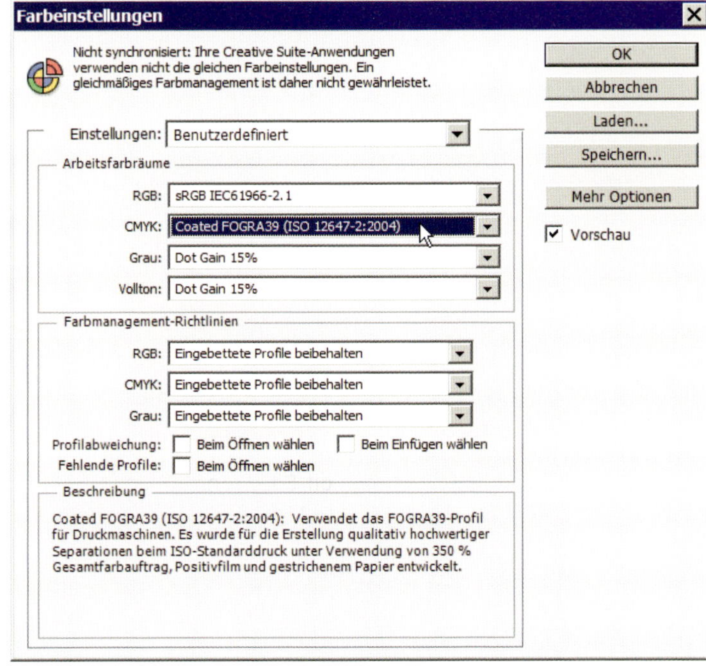

Abbildung 3.11 Der Befehl »Bearbeiten: Farbeinstellungen« steuert die Farbverwaltung. Hier haben wir noch nicht auf »Mehr Optionen« geklickt. Sobald Sie den Mauszeiger über eine Option halten (hier über »Adobe RGB«), erscheint unten im Dialogfeld eine »Beschreibung«.

Um die Farbdarstellung zu vereinheitlichen, verknüpfen Sie Ihr Dokument mit einem sogenannten Farbprofil wie sRGB oder Adobe RGB (1998); dieses Profil definiert das tatsächliche Aussehen der Farbe. Eine Änderung des Profils ändert die Farbwiedergabe, aber nicht die Farbwerte in der Datei. Das Gesamtverfahren heißt auch »Farbmanagement« oder »Farbverwaltung«. Sie nutzen vordefinierte Einstellungen oder legen eigene Einstellungen fest. Mit dem Befehl **Ansicht: Farb-Proof** (Strg+Y) simulieren Sie die Druckwiedergabe bereits am Monitor (Seite 125).

3.3.1 Vorbedingungen

Sie benötigen Farbmanagement vor allem, wenn Sie mit verschiedenen Dienstleistern zusammenarbeiten oder auch nur wechselnde Geräte verwenden. Arbeiten Sie dagegen in einer geschlossenen, vereinheitlichten Umgebung, brauchen Sie eventuell kein Farbmanagement. Webdesigner benötigen Farbmanagement kaum, denn sie haben keine Kontrolle über die Monitore, auf denen ihre Bilder erscheinen; allerdings bieten die Farbeinstellungen mit der Vorgabe Europa Web/Internet eine nützliche Möglichkeit, die typische Wiedergabe von Farbmonitoren zu simulieren.

Kalibrieren Sie die konkreten Monitorfarben mit einem Messgerät. Mac-Nutzer gehen im Apple-Menü auf die **Systemeinstellungen**, dort auf Monitore und dann auf Farben. Klicken Sie auf Kalibrieren und im nächsten Fenster auf Experten-Modus. Im Fenster Gamma-Korrektur sollten Sie den Wert 2,2, also PC-Standard, verwenden.

Arbeitsbedingungen

Denken Sie bei der Prüfung der Farbdarstellung an Folgendes:

- Die Raumbeleuchtung sollte nach der Kalibrierung konstant gehalten werden, die Helligkeits- und Kontrastregler am Monitor sollten unberührt bleiben.
- Achten Sie auf neutrale Wandfarben.
- Verwenden Sie einen neutralgrauen Programmarbeitsbereich.
- Prüfen Sie Ihre Drucke unter Normlicht.

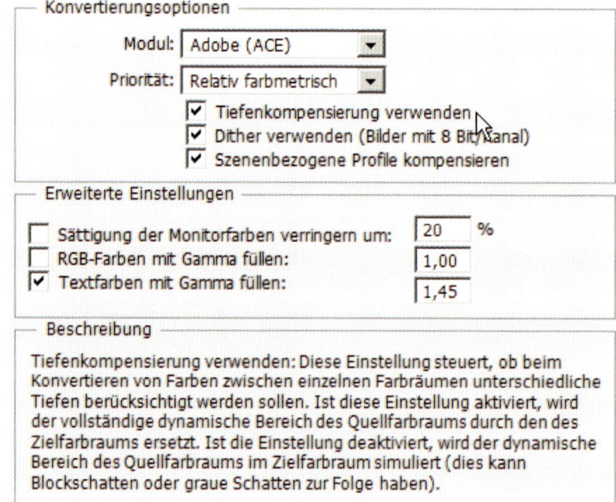

Abbildung 3.12 Die zuschaltbaren Optionen der »Farbeinstellungen«: Steuern Sie Konvertierung und Tiefenkompensierung.

3.3.2 Vordefinierte Einstellungen für das Farbmanagement

Für die Farbverwaltung bietet Photoshop eine Reihe von vordefinierten Einstellungen, die Sie ganz oben in den **Farbeinstellungen** wählen. Die wichtigsten:

- Europa, Druckvorstufe 2: Diese Einstellung ist auf die übliche europäische Druckvorstufe ausgerichtet. Sie erhalten Warnungen bei Profilfehlern, können also Bilder mit falschen Profilen schnell ändern. Diese Vorgabe eignet sich zudem gut für hochwertige Farbtintenstrahldrucker, weil sie den Farbraum Adobe RGB verwendet. (Nur wenn Sie Ihre Bilder im CMYK-Modus bearbeiten, stellen Sie als RGB-Arbeitsfarbraum eventuell ColorMatch RGB ein.)
- Europa Web/Internet: Die Dateien erhalten das eher für die WWW-Darstellung sinnvolle sRGB-Farbprofil mit geringem Farbumfang.
- Monitorfarben: gut geeignet für Videos und Bildschirmpräsentationen. Farbprofile werden nicht geändert.

Wollen Sie die Farbeinstellungen für alle Programme einer Creative Suite vereinheitlichen, gehen Sie in Bridge auf den Befehl **Bearbeiten: Creative-Suite-Farbeinstellungen**. Die wichtigsten Einstellungen einschließlich der selbst angelegten sollten sofort in der Liste erscheinen - anklicken und dann auf Anwenden klicken. Die Erweiterte Liste mit Farbeinstellungen vergrößert das Angebot erheblich.

Eventuell haben Sie Farbeinstellungen auf dem Datenträger, aber nicht im vorgesehenen Verzeichnis. Dann klicken Sie auf Gespeicherte Farbeinstellungsdateien anzeigen.

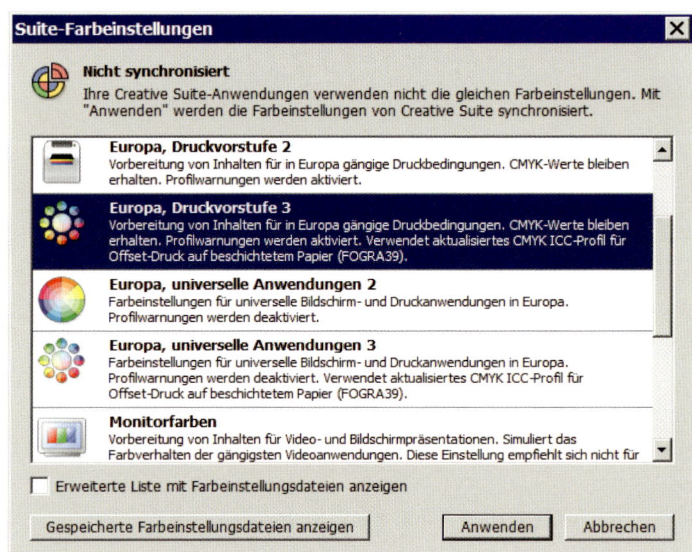

Abbildung 3.13 Vereinheitlichen Sie die »Farbeinstellungen« für alle Programme einer Creative-Suite-Installation. Dazu wählen Sie in Bridge »Bearbeiten: Creative Suite-Farbeinstellungen«.

3.3.3 Eigene Einstellungen

Passen Sie Photoshops Vorgaben zum Farbmanagement an. Wir besprechen die wichtigsten Möglichkeiten.

»Speichern« und »Laden«

Sobald Sie ein Detail einer vordefinierten Einstellung ändern, steht oben im Einstellungen-Klappmenü Benutzerdefiniert. Eine solche eigene Einstellung können Sie speichern und laden. Die Vorgabe erscheint überdies als Angebot im Klappmenü Einstellungen und lässt sich via Bridge auch anderen Creative-Suite-Programmen verpassen (siehe oben). Speichern Sie im Verzeichnis, das Photoshop vorschlägt.

»Arbeitsfarbräume« und »Farbmanagement-Richtlinien«

Die vordefinierten Einstellungen legen einen sogenannten »Arbeitsfarbraum« fest. Photoshop verwendet den Arbeitsfarbraum als Profil für Dokumente ohne eigene Farbprofilinformation. Zu Konflikten kommt es in folgenden Situationen:

- Sie öffnen eine Datei, deren Farbprofil vom aktuellen Arbeitsfarbraum abweicht.
- Sie öffnen Dateien ohne Farbprofil.

Das Verhalten in solchen Konflikten legen Sie in den Farbmanagement-Richtlinien fest. Meist sollten Sie das Dokument in Arbeitsfarbraum konvertieren – eine Datei mit sRGB-Profil erhält also automatisch den Farbraum Adobe RGB, sofern der oben unter Arbeitsfarbräume festgelegt ist. Im Bereich Profilfehler bestimmen Sie, wann Photoshop Meldung machen und Ihnen Optionen anbieten soll, zum Beispiel beim Öffnen oder beim Einfügen, oder Sie verzichten ganz auf die Warnung und klicken keine Vorgabe an.

Tipp Photoshop kann das Farbprofil einer Digitalkamera-Datei generell ignorieren und Ihnen so eine Menge Konfliktmeldungen ersparen. Wählen Sie in Photoshop **Bearbeiten: Voreinstellungen: Dateihandhabung** und nutzen Sie die Option EXIF-Profilkennung ignorieren.

Abbildung 3.14 Was passiert, wenn eine Bilddatei nicht das vorgesehene Farbprofil hat? Das entscheiden Sie im Bereich »Farbmanagement«.

Profil von Hand ändern

Ändern Sie das Profil der aktuellen Datei von Hand. Ihre Möglichkeiten:

- Der Befehl **Bearbeiten: Profil zuweisen** kann das vorhandene Profil löschen, gegen den aktuellen Arbeitsfarbraum austauschen oder die Monitordarstellung auf ein neues Profil ausrichten. Es wird jedoch kein neues Profil dauerhaft in die Datei gerechnet.
- Mit dem Befehl **Datei: Speichern unter** (Seite 252) legen Sie fest, ob Sie das aktuelle ICC-Profil (Windows) oder Farbprofil (Mac) einbetten möchten; dies gilt unter anderem für die Dateiformate PSD, JPEG, TIFF, EPS, DCS und Pict. Sie können auch die aktuellen Proof-Einstellungen verwenden, die Sie mit dem Befehl **Ansicht: Proof einrichten** machen, allerdings nur bei PDF, EPS, DCS 1.0 und 2.0.
- Der Befehl **Bearbeiten: In Profil konvertieren** konvertiert die Farben der Datei in ein anderes Profil.

Geräteprofile hinzufügen

Sie können Profile für Ihre Geräte dem System hinzufügen und im Dialogfeld Farbeinstellungen verwenden. Die erforderlichen Dateien werden für Scanner, Monitore oder Drucker meist auf Datenträger mitgeliefert. Sofern es keine automatische Installation gibt (auch per Rechtsklick auf die Profildatei), kopieren Sie die Dateien unter Windows XP und Windows 7 in das Verzeichnis »System32/Spool/Drivers/Color«, am Mac heißt es »Library/ColorSync/Profiles«.

Am Mac nutzt Photoshop generell das Monitorprofil, das Sie in den **Systemeinstellungen** unter Monitorfarben einschalten.

3.4 Drucken

Photoshop bietet einen ausgefeilten Einzelbilddruck.

3.4.1 »Drucken«

Der Befehl **Datei: Drucken** (Strg+P) präsentiert Ihr Werk in seiner Vorschau erst einmal in der eingespeicherten Druckgröße. Die wollen Sie ändern? Schalten Sie zunächst Mitte und Auf Mediengrösse skalieren ab. Schieben Sie das Bild frei über der Seitenvorschau und ziehen Sie an den Rändern des Bilds innen (nicht des schraffierten Druckpapierschemas), um die Größe zu ändern; eventuell müssen Sie das Bild erst verschieben, um einen Anfasspunkt zu sehen. Alternativ tippen Sie neue Koordinaten und Maße ein.

Wählen Sie Auf Mediengrösse skalieren, um Ihr Material flächendeckend zu füllen. Mit der Option Auswahlbereich drucken blendet Photoshop Auswahlmarken ein.

Bei Größenänderungen ändert sich der Wert Druckauflösung, ganz unten im Bereich Skalierte Ausgabegrösse: Je größer Sie das Bild printen, desto niedriger die Druckauflösung, also die Zahl der Bildpunkte pro Zentimeter. Bleiben Sie möglichst über 200 dpi, außer bei Zeitungsdruck.

Bei diesem Vorgang ändern Sie nur das Druckmaß für den aktuellen Print - die ursprünglichen, in der Datei gespeicherten Druckmaße bleiben erhalten, auch die Zahl der Bildpunkte ändert sich nicht. Wollen Sie das aktuelle Bild flott ohne Änderungen im Druckdialog zu Papier bringen, nehmen Sie **Datei: Eine Kopie drucken** (Strg+⇧+Alt +P).

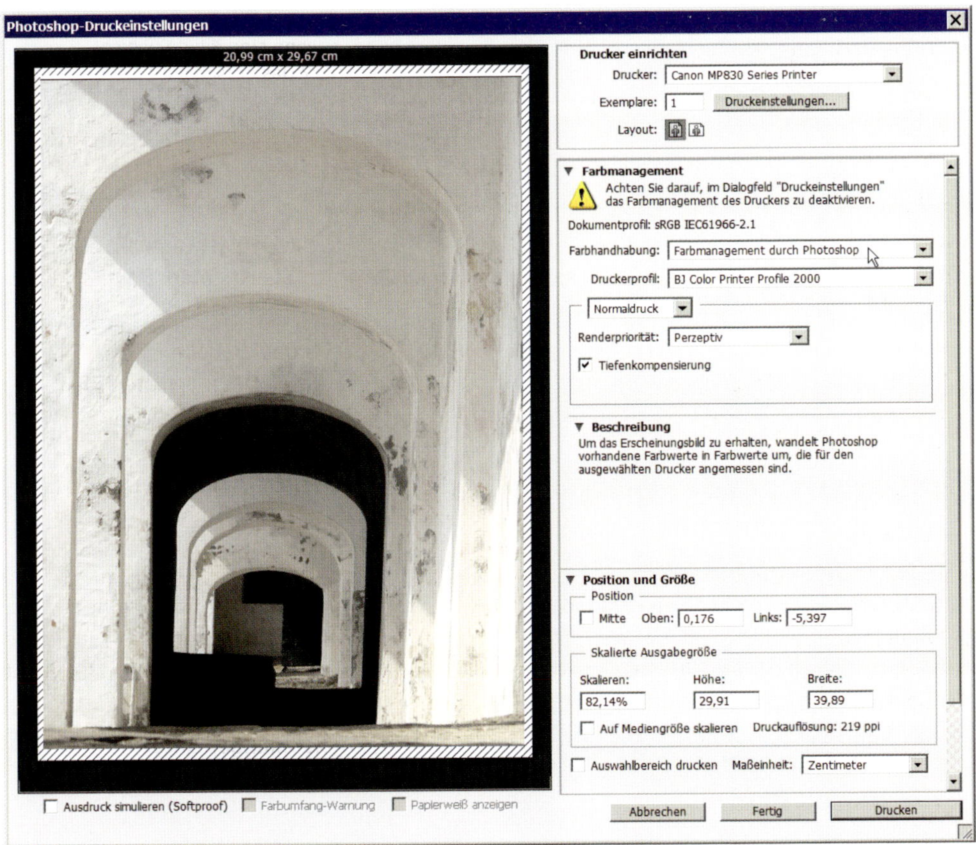

Abbildung 3.15 Der Befehl »Datei: Drucken« steuert die Maße und die Farbwiedergabe für den aktuellen Ausdruck.

Tipp Gut und billiger, aber nicht schneller als Photoshop printen Internet-Druckdienste Ihre Bilder auf Papier, Tassen, Bettwäsche und in Fotobücher. Statt online zu übertragen, können Sie bei großen Datenmengen teilweise eine CD oder DVD einreichen, die eventuell mit einer umständlichen Spezialsoftware geschrieben werden muss. Detaillierte Preisvergleiche für Ihren persönlichen Druckauftrag und teils Kundenkommentare finden Sie unter *www.bilder-dienste.de* und *www.bessere-bilder.de*.

»Farbmanagement«-Optionen

Schalten Sie rechts das Farbmanagement ein, um die Farben zu steuern. Wollen Sie die folgenden Einstellungen nur anpassen, aber kein Bild drucken, klicken Sie zum Abschluss auf Fertig.

Tintenstrahlerausdrucke mit Farbprofil

So erhalten Sie gute Ausdrucke mit Ihrem Farbtintenstrahldrucker:

1. Bearbeiten Sie ein RGB-Bild mit einem sinnvollen Farbprofil, zum Beispiel Adobe RGB, und lassen Sie es im RGB-Modus. Wechseln Sie nicht nach CMYK.
2. Kalibrieren Sie den Monitor, besorgen und installieren Sie Farbprofile für Drucker, Papier und Druckfarben.
3. Wählen Sie **Datei: Drucken** und richten Sie die Größe ein (siehe oben).
4. Wählen Sie unter Farbhandhabung das Farbmanagement durch Drucker.
5. Sie haben ein eigenes Profil für Ihre Kombination aus Drucker, Druckfarben und Papier? Wählen Sie unter Farbhandhabung die Vorgabe Farbmanagement durch Photoshop (diese Option ist fast identisch mit dem Befehl **Bearbeiten: In Profil konvertieren**).
6. Anschließend geben Sie das Druckerprofil für Ihr Gerät an.
7. Verwenden Sie für Renderpriorität die Vorgabe Perzeptiv, darunter die Tiefenkompensierung.
8. Klicken Sie auf Drucken. Nun erscheint das Dialogfeld Ihres Druckers. Wählen Sie das Profil für die Papiersorte und schalten Sie das Farbmanagement des Druckers ab. Geben Sie in den Druckeroptionen die richtige Papiersorte an.

Wenn Sie nicht mit rein-weißem Papier drucken und dieses Papier im Druckprofil enthalten ist, sorgt die Option Papierweiss anzeigen für eine genauere Vorschau.

»Hardproofing«

Per Hardproofing (einrichten unter dem Druckerprofil-Klappmenü) simulieren Sie einen anderen Drucker (»Proof« bedeutet hier Andruck oder Probedruck); verwenden Sie Ihren Tintenstrahler und prüfen Sie dabei die Wirkung im Offset- oder Zeitungsdruck. Zunächst stellen Sie mit dem Photoshop-Befehl **Ansicht: Proof einrichten** alles entsprechend dem geplanten Ausgabegerät ein. Photoshop nennt unter Hardproofing den Namen des Druckers oder Belichters, den Sie in den **Farbeinstellungen** (siehe oben) festgelegt haben.

Sie nehmen das Farbmanagement durch Photoshop und wählen das Druckerprofil für Ihr Gerät. Besonders präzise Probedrucke erhalten Sie mit den Optionen Papierfarbe simulieren und Schwarze Druckfarbe simulieren – falls sie für Ihr Profil angeboten werden. Das Farbmanagement des Druckers schalten Sie ab.

Tipp Wollen Sie schon bei der Bildbearbeitung in Photoshop selbst eine Vorschau auf die Druckerfarben? Wählen Sie in Photoshop zunächst **Ansicht: Proof einrichten: Benutzerdefiniert** und danach **Ansicht: Farbproof** (Strg+Y).

Kapitel 4
Befehle widerrufen, aufzeichnen und abspielen

Erfahren Sie, wie Sie Befehle widerrufen, aufzeichnen und abspielen. Unter anderem geht es um Protokoll-Bedienfeld, Aktionen-Bedienfeld und **Stapelverarbeitung**.

4.1 Eingaben zurücknehmen

Auf viele Arten widerrufen Sie Arbeitsschritte. Selbst nach dem Speichern kehren Sie zu früheren Fassungen zurück oder Sie mischen verschiedene Zustände des Bilds.

4.1.1 »Rückgängig« und »Wiederherstellen«

Nur den allerletzten Eingriff annullieren Sie per Strg+Z (am Mac wie immer ⌘+Z).

Wollen Sie das annullierte Manöver wiederherstellen, drücken Sie erneut Strg+Z.

Nach dem Klick auf **Rückgängig** zeigt das **Bearbeiten**-Menü den Befehl **Wiederholen**; er stellt einen bereits aufgehobenen Arbeitsschritt wieder her. Für **Rückgängig** und **Wiederherstellen** verwenden Sie Strg+Z. Damit schalten Sie also zwischen Vorher und Nachher hin und her.

»Schritt zurück«

Alternativ wählen Sie **Bearbeiten: Schritt zurück** (Strg+Alt+Z). So gehen Sie schrittweise mehrere Arbeitsstufen zurück. Der Trip in die Vergangenheit fällt frelich leichter per Protokoll-Bedienfeld (Seite 93).

»Zurück zur letzten Version«

Ist alles danebengeraten, bleibt vielleicht nur der **Datei**-Befehl **Zurück zur letzten Version** (F12). Er schließt die Datei ohne Speichern – und ohne Rückfrage – und öffnet die zuletzt gesicherte Fassung.

Gut zu wissen: Sie wählen **Zurück zur letzten Version**, doch der Inhalt des Protokoll-Bedienfelds bleibt erhalten, Sie können also einige Änderungen wieder zurückholen.

Alternative: Klicken Sie im Protokoll-Bedienfeld auf den ersten Schnappschuss des unveränderten Bilds; diesen Schnappschuss erstellt das Protokoll-Bedienfeld meist automatisch (Seite 94). Haben Sie freilich bei laufender Bearbeitung zwischengespeichert (auch automatisch), sind erster Schnappschuss und Festplattenversion Ihres Bilds nicht mehr identisch.

»Verblassen«

Photoshop nimmt die letzte Änderung auch stufenlos zurück - zum Beispiel **Filter**- oder **Korrekturen**-Befehle oder einen Pinselstrich. Ein Beispiel: Sie haben soeben per **Bild: Auto-Farbton** kontrastkorrigiert und wollen diese Änderung noch leicht abschwächen; der Befehl lautet dann **Bearbeiten: Verblassen: Auto-Farbton** (Strg+⇧+F). Das Prinzip: Photoshop legt das aktuelle Ergebnis wie eine Ebene über die vorherige Version. Je niedriger Sie die Deckkraft einstellen, desto stärker scheint wieder die Vorherfassung durch. Zudem können Sie mit Mischmodi experimentieren (Seite 744).

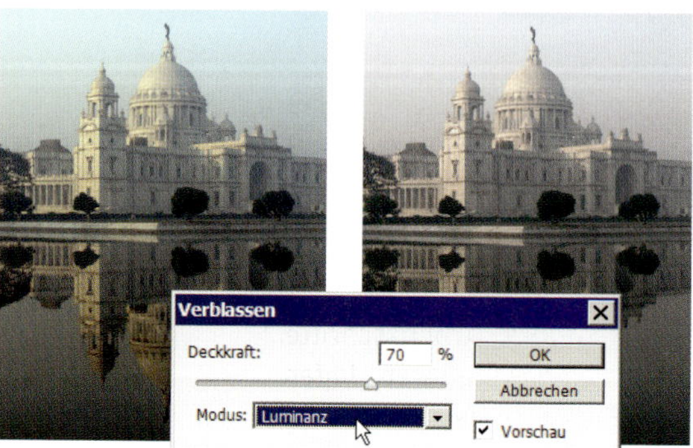

Abbildung 4.1 **Links:** Das Bild braucht Nachbesserung. **2. Bild:** Der Befehl **Bild: Auto-Farbton** schießt übers Ziel hinaus. **3. Bild:** Der **Verblassen**-Befehl senkt die Wirkung auf 70 Prozent. **4. Bild:** Im **Verblassen**-Dialog ändern wir den Mischmodus auf Luminanz, um die Farbstimmung des Originals zurückzuerhalten. Vorlage: Befehle_01

Der **Verblassen**-Befehl ist jedoch unflexibel. Bearbeiten Sie lieber getrennte Ebenen, die Sie im Ebenen-Bedienfeld beliebig verlustfrei mischen (»Verlustfrei arbeiten«, Seite 41).

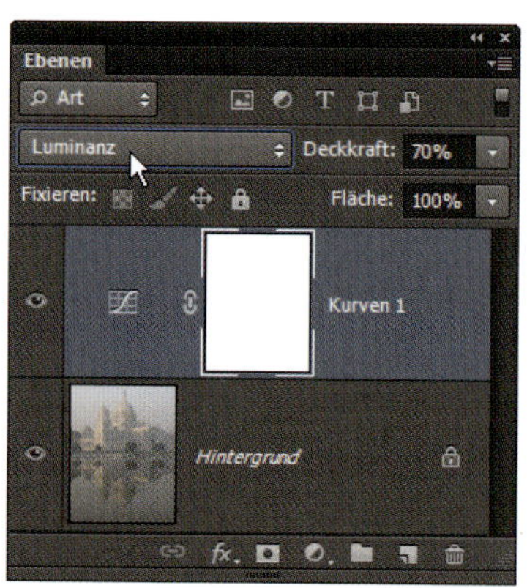

Abbildung 4.2 Das Ergebnis wie in der vorherigen Bildreihe erzielen Sie auch so: Sie legen eine Gradationskurve als Einstellungsebene an und klicken bei gedrückter Alt-Taste auf Auto, danach ohne Zusatztaste auf »Kontrast kanalweise verbessern«. Danach senken Sie die Deckkraft auf 70 Prozent und stellen den Mischmodus Luminanz ein. So ändern Sie die Korrektur später jederzeit.

4.1.2 Rücknahme im Dialogfeld

Haben Sie in einem Dialog oder in einem Bedienfeld an mehreren Reglern gedreht und möchten zu einer früheren Reglerstellung zurückkehren, bietet Photoshop meist zwei Möglichkeiten:

- Drücken Sie den Standard-Rücknahmebefehl Strg+Z, um die allerletzte Änderung zu annullieren (Strg+Z hebt auch die letzte Änderung an einem **Transformieren**-Rahmen auf).
- Drücken Sie in Dialogfeldern die Alt-Taste; sie verwandelt die Schaltfläche Abbrechen in die Schaltfläche Zurück.

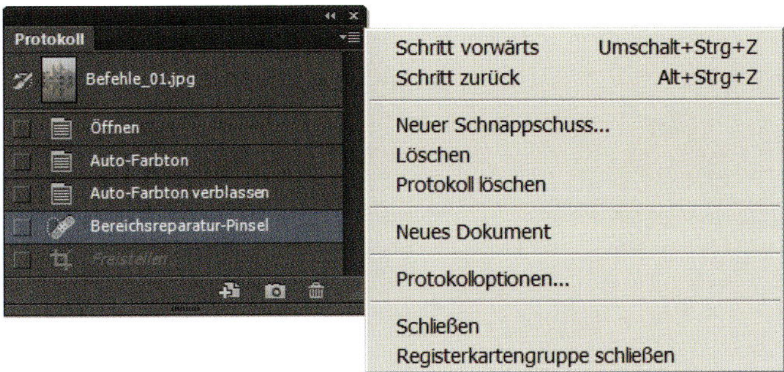

Abbildung 4.3 Das Protokoll-Bedienfeld stellt ältere oder neuere Fassungen Ihres Bilds wieder her, solange Sie die Datei nicht schließen.

4.1.3 Protokollfunktionen

Nutzen Sie die mächtigen Protokollfunktionen: Per Protokollpinsel und Protokoll-Bedienfeld widerrufen Sie bis zu 1000 Arbeitsschritte. Solange das Bild geöffnet ist, zeichnet das Protokoll-Bedienfeld alle Bildzustände im gewünschten Umfang auf. Sie können also zwischenzeitlich speichern und danach einen von vor dem Speichern herstellen.

Jeder Arbeitsschritt, jeder Pinselklick erscheint im Bedienfeld. Photoshop zeigt stets zu jedem geöffneten Bild ein aktuelles Bedienfeld. Beim Schließen des Bilds ist das »Protokoll« mit Rückrufmöglichkeit ein für alle Mal verloren. Um Schritt für Schritt durchs Protokoll zu wandern, drücken Sie ⇧+Strg+Z für Vorwärts- und Alt+Strg+Z für Rückwärtsbewegung. Änderungen an Bedienfelder, Aktionen oder Voreinstellungen zeichnet das Protokoll-Bedienfeld nicht auf.

Abbildung 4.4 Die Zahl der »Protokollobjekte«, also der möglichen Rücknahmestufen, regeln Sie in den »Voreinstellungen« (Strg+K) im Bereich »Leistung«. Der voreingestellte Wert 20 ist zu niedrig.

Möglichkeiten

Diese Möglichkeiten bietet der protokollarische Dienst:

- Sie kehren zu fast beliebigen Arbeitsstufen zurück.
- Der Protokollpinsel malt punktgenau beliebige Zwischenstufen Ihres Werks in die aktuelle Fassung.
- Der Befehl **Bearbeiten: Fläche füllen** kippt auf Wunsch Teile einer früheren Bildfassung zurück in Ihre Datei.
- Um Speicher zu sparen, löschen Sie Schritte und grenzen die Zahl der aufzuzeichnenden Schritte ein.
- Wichtige Zwischenergebnisse merkt sich Photoshop auf Befehl als "Schnappschuss".

Abbildung 4.5 **Links:** Die Person ist zu dunkel, der Hintergrund zu detailreich. Beide Mängel beheben wir durch globale Korrekturen, die der Protokollpinsel anschließend örtlich eingrenzt. **Mitte:** Wir hellen das Gesamtbild per »Helligkeit/Kontrast« auf – passend fürs Modell, aber zu stark für den Hintergrund. **Rechts:** Wir setzen das Bild mit einem Klick auf »Öffnen« auf den dunklen Zustand zurück, definieren aber den Schritt »Helligkeit/Kontrast« als »Quelle für den Protokoll-Pinsel«. Dann malen wir mit dem Protokoll-Pinsel über der Person – sie hellt auf, der Hintergrund bleibt dunkel. Vorlage: Befehle_02a

Rückgängigspeicher

Sie können bis zu 1000 Arbeitsschritte aufzeichnen, die Sie mit dem Protokoll-Bedienfeld wiederherstellen. Photoshop widerruft ab Werk zunächst nur 20 Schritte – viel zu wenig, löst doch jeder kleine Klecks mit dem Kopierstempel einen eigenen Eintrag aus.

Natürlich braucht Photoshop Arbeitsspeicher, um nach einem Befehl die Rücknahmeversion einer bearbeiteten Datei bereitzuhalten. Je länger Sie arbeiten und je mehr Schritte Sie bereithalten wollen, desto mehr Arbeitsspeicher kostet das. Den wachsenden Speicherbedarf erkennen Sie in den **Arbeitsdateigrößen** in der Statusleiste (Seite 73). Löschen Sie den Rücknahmespeicher mit dem Befehl **Bearbeiten: Entleeren: Rückgängig**.

Tipp Der Befehl **Bearbeiten: Entleeren: Rückgängig** entfernt nicht die Schnappschüsse aus dem Protokoll-Bedienfeld – Sie geben also viel Arbeitsspeicher frei, dennoch behalten Sie die wichtigsten Zwischenergebnisse.

Schnappschuss

Ein sogenannter »Schnappschuss« speichert ein Zwischenstadium Ihrer Arbeit im Arbeitsspeicher – und zwar generell so lange, wie das Bild geöffnet ist. Der Schnappschuss geht unabhängig von der weiteren Zahl der Arbeitsschritte nicht verloren, er verschwindet auch nicht beim **Löschen** des Protokollspeichers. Klicken Sie auf das Symbol Erstellt einen neuen Schnappschuss unten im Protokoll-Bedienfeld.

Die Schnappschussminiaturen erscheinen oben im Protokoll-Bedienfeld. So greifen Sie auf ausgewählte frühere Varianten Ihrer Bildbearbeitung zurück; das ist oft sinnvoller, als endlos Einzelschritte im Protokoll-Bedienfeld anzuhäufen.

Klicken Sie zum Umbenennen eines Schnappschusses doppelt auf den Namen des Schnappschusses. Der Schnappschuss lässt sich ebenso wie jeder andere Eintrag im Protokoll-Bedienfeld als Quelle für den Protokollpinsel verwenden (Seite 97).

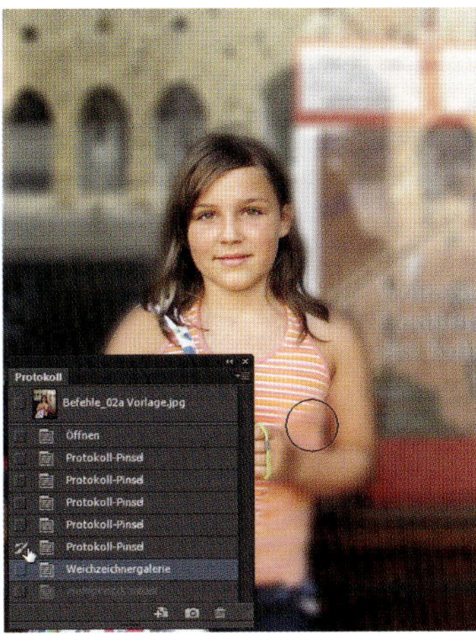

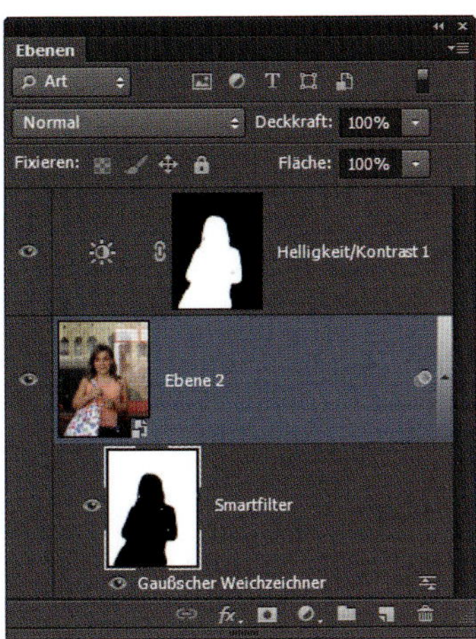

Abbildung 4.6 **Links:** Der Befehl »Iris-Weichzeichnung« zeichnet den größeren Bildteil weich; achten Sie darauf, dass der Hintergrund komplett verändert wird. **Mitte:** Im Protokoll-Bedienfeld definieren wir den letzten Schritt vor dem Weichzeichnen als »Quelle für den Protokoll-Pinsel«. Dann malen wir mit dieser nicht abgesofteten Version über der Person – das Hauptmotiv erscheint wieder scharf. **Rechts:** Diese Konstruktion bringt fast das gleiche Ergebnis, aber hier lässt sich alles noch umstellen: »Helligkeit/Kontrast« als Einstellungsebene, »Gaußscher Weichzeichner« als Smartfilter. Beide Korrekturebenen werden durch Masken örtlich gebremst (»Iris-Weichzeichnung« läuft nicht als Smartfilter). Datei: Befehle_02b

Achtung Beim Rückgriff auf einen Schnappschuss löscht Photoshop jüngere Bildvarianten aus dem Protokollspeicher, sofern Sie auf die Option Nicht-lineare Protokolle sind zulässig verzichten (siehe unten).

Einzelschritte durch Löschen verwerfen

So löschen Sie einzelne Schritte aus dem Protokoll-Bedienfeld, um den Speicher zu entlasten und für mehr Übersicht zu sorgen:

1. Markieren Sie beispielsweise Schritt 3 von 6, so dass die nachfolgenden Ereignisse grau erblassen.
2. Dann klicken Sie auf das Mülleimersymbol unten rechts im Protokoll-Bedienfeld. Photoshop fragt zurück: Objekt löschen?
3. Sie antworten mit Ja – die jüngeren Schritte verschwinden aus dem Bedienfeld.

Bei Bedarf hieven Sie die entfernten Befehle unmittelbar anschließend per **Bearbeiten: Rückgängig: Status löschen** wieder in das Bedienfeld. Wie auch bei anderen Bedienfeldern klicken Sie den Mülleimer bei gedrückter [Alt]-Taste an, um gleich ohne Rückfrage zu löschen.

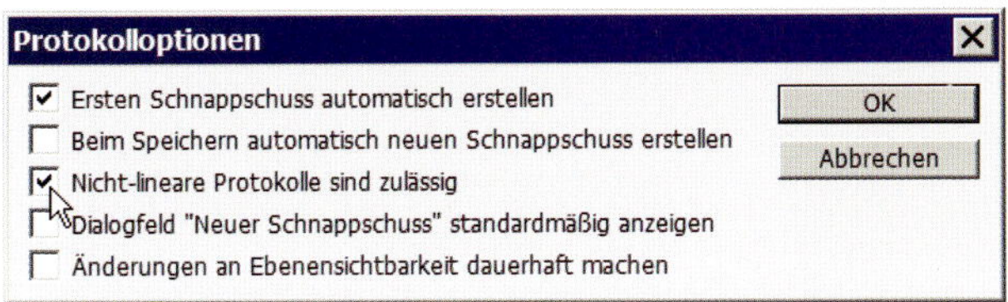

Abbildung 4.7 Mit der Option »Nicht-lineare Protokolle« legen Sie fest, ob das Protokoll-Bedienfeld bereits widerrufene Arbeitsschritte weiter vorhalten soll.

Tipp Wollen Sie einige Zwischenstufen aus dem Protokoll-Bedienfeld als separate Datei erhalten? Ziehen Sie den Arbeitsschritt oder den Schnappschuss aus dem Protokoll auf die Schaltfläche Erstellt ein neues Dokument unten im Protokoll-Bedienfeld.

Protokolle löschen

So löschen Sie das Protokoll für ein Einzelbild oder für alle Bilder, um Speicher freizugeben:

- Wählen Sie **Protokoll löschen** im Bedienfelder- oder Kontextmenü. Damit verschwinden alle Aufzeichnungen für das aktive Bild. Schnappschüsse bleiben jedoch erhalten.
- Photoshops Befehl **Bearbeiten: Entleeren: Protokolle** löscht die Protokollinformationen für sämtliche geöffneten Bilder, nicht nur für das aktive Bild. Schnappschüsse überdauern den Vorgang jedoch. Photoshop blendet eine wichtige Warnung ein: Dies kann nicht rückgängig gemacht werden.

»Nichtlineare Protokolle sind zulässig«

Sie erreichen diese wichtige Einstellmöglichkeit wie üblich mit dem Befehl **Optionen** im Menü des Protokoll-Bedienfelds. Die Option Nicht-lineare Protokolle sind zulässig ist hier zunächst deaktiviert. Lassen Sie die Option ausgeschaltet, gilt folgendes Standardverhalten:

- Sobald Sie Schritt 4 von 6 löschen, gehen auch die Schritte 5 bis 6 über die Wupper.
- Wenn Sie Schritt 4 von 6 markieren und ab hier weiterarbeiten, gehen die Schritte 5 und 6 ebenfalls verloren.

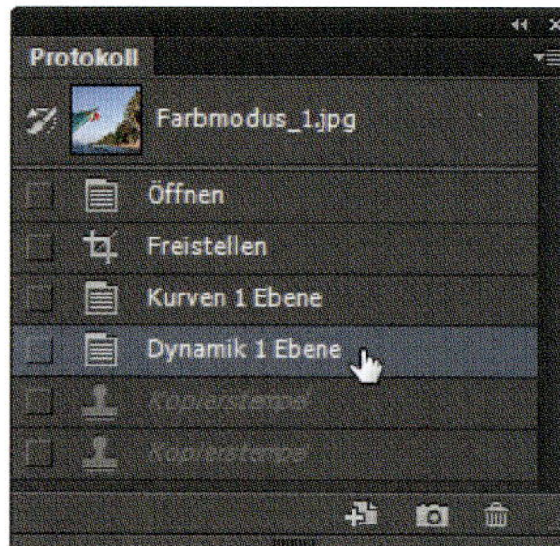

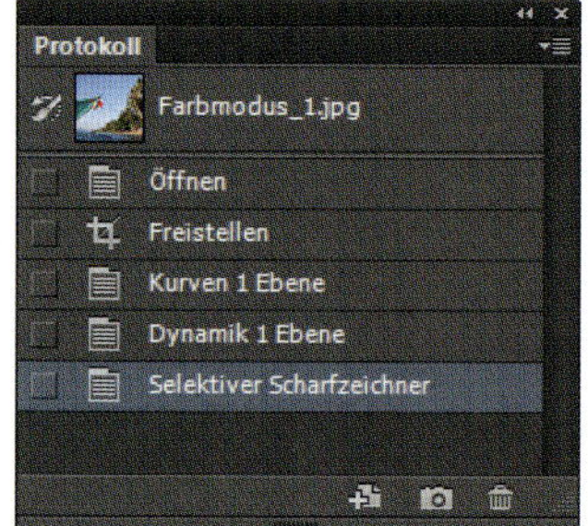

Abbildung 4.8 Diese Beispiele entstanden ohne die Option »Nicht-lineare Protokolle sind zulässig«. **Links:** Inklusive »Öffnen« verzeichnet das Protokoll-Bedienfeld sechs Arbeitsschritte. Die Retusche mit zweimal Kopierstempel wird jedoch verworfen. Wir kehren zu Schritt 4 zurück, zu »Dynamik 1 Ebene«. Die anderen Schritte erscheinen blassgrau. **Rechts:** Sobald wir den »Selektiven Scharfzeichner« nutzen, entfernt Photoshop die bisherigen »Kopierstempel«-Schritte 5 und 6. Die »Kopierstempel«-Versionen lassen sich nicht mehr aufrufen; Sie können jedoch »Selektiven Scharfzeichner« widerrufen und haben dann wieder Zugriff auf die Kopierstempel-Schritte.

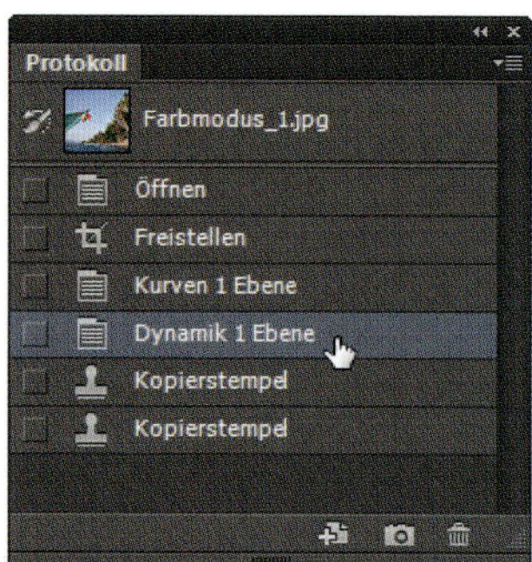

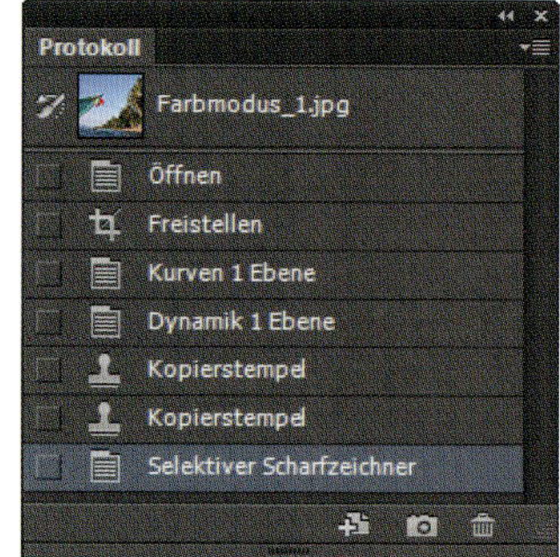

Abbildung 4.9 Hier nutzen wir die Option »Nicht-lineare Protokolle sind zulässig«. **Links:** Wir haben das Bild in sechs Schritten bearbeitet und sind dann zu Schritt 4 zurückgekehrt. Diesmal erscheinen die Schritte 5 und 6 nicht abgedimmt. **Rechts:** Wir haben wieder den »Selektiven Scharfzeichner« angewendet. Er erscheint als Schritt 7 im Protokoll-Bedienfeld. Die verworfenen »Kopierstempel«-Schritte 5 und 6 bleiben weiterhin verfügbar, auch wenn wir nie auf dieser Basis weitergearbeitet haben.

Das Protokoll-Bedienfeld verhält sich anders, sobald Sie NICHT-LINEARE PROTOKOLLE zulassen. Nun können Sie Einzelschritte löschen – aber Varianten, mit denen Sie nicht weiterarbeiten, bleiben erhalten. Ihnen gehen also keinerlei Arbeitsstufen verloren. Nun verhält sich das Programm wie folgt:

- Löschen Sie Schritt 4 von 6, bleiben die nachfolgenden Schritte alle erhalten und können aufgerufen werden. Sie erscheinen nicht abgedimmt im Protokoll-Bedienfeld.
- Wenn Sie Schritt 4 von 6 markieren und ab hier weiterarbeiten, listet das Protokoll-Bedienfeld die neuen Schritte hinter den bisherigen Schritten 5 bis 6 auf. Alte und neue Schritte bleiben zur Hand – auch Versionen, die Sie verworfen haben.

Die NICHT-LINEAREN PROTOKOLLE kosten viel Arbeitsspeicher und verwirren manchmal. Ich benutze sie trotzdem – so geht nichts verloren.

Tipp Statt die speicherfressenden NICHT-LINEAREN PROTOKOLLE zu verwenden, können Sie für interessante Zwischenstufen auch einen Schnappschuss anlegen.

Protokollpinsel

Der Protokollpinsel pinselt Teile einer beliebigen Bildfassung in die aktuelle Version der Datei. So säubern Sie Übergänge zwischen veränderten und ursprünglichen Bildteilen oder malen allgemein verschiedene Zustände einer Datei ineinander. Niedrige Werte im FLUSS-Regler lassen den Strich an den Rändern ausbleichen, auch das Zentrum erreicht nicht sofort volle Deckkraft. Malen Sie mehrfach übereinander, wird der Farbauftrag kräftiger, ohne dass Sie zwischenzeitlich die Taste an Maus oder Grafikstift loslassen müssten. Sie haben die Wahl:

- Malen Sie Teile älterer Varianten in ein neues Stadium hinein.
- Übertragen Sie umgekehrt Bildpunkte aus einer neueren Fassung in eine davor erzeugte Variante.
- Statt mit dem Protokollpinsel bringen Sie andere Bildzustände auch mit dem Befehl **Bearbeiten: Fläche füllen** neu ins Spiel.

Wie bei anderen Pinselwerkzeugen gilt für den Protokollpinsel: Sie haben alle Überblendverfahren und Pinselvorgaben zur Verfügung, mit den Zifferntasten steuern Sie die Deckkraft besonders bequem. Haben Sie schon am Bild gearbeitet, geht es so weiter:

1. Im Protokoll-Bedienfeld klicken Sie in die Leiste für den Protokollpinsel direkt links neben einem Arbeitsschritt mit der Einblenderklärung WÄHLT DIE QUELLE FÜR DEN PROTOKOLLPINSEL oder Sie klicken neben einem Schnappschuss oben in der Protokollleiste. Im Kästchen erscheint das Symbol für den Protokollpinsel. Das bedeutet: Auf diese Fassung greift der Protokollpinsel beim Farbauftrag zurück. (Aktivieren Sie dieses Objekt jedoch nicht durch einen Klick auf den Namen.)
2. Aktivieren Sie im Protokoll-Bedienfeld diejenige Bildfassung, die Sie bearbeiten möchten. Häufig ist dies die neueste Fassung, sie ist ohnehin aktiviert.
3. Schalten Sie den Protokollpinsel in der Werkzeugleiste ein (Kurztaste [Y]).
4. Tragen Sie mit dem Protokollpinsel Bildpunkte auf.

Diese Aktivitäten werden wiederum im Protokoll-Bedienfeld vermerkt; Sie können also jeden Strich mit dem Protokollpinsel einzeln widerrufen oder als Basis für neue Protokollretuschen verwenden.

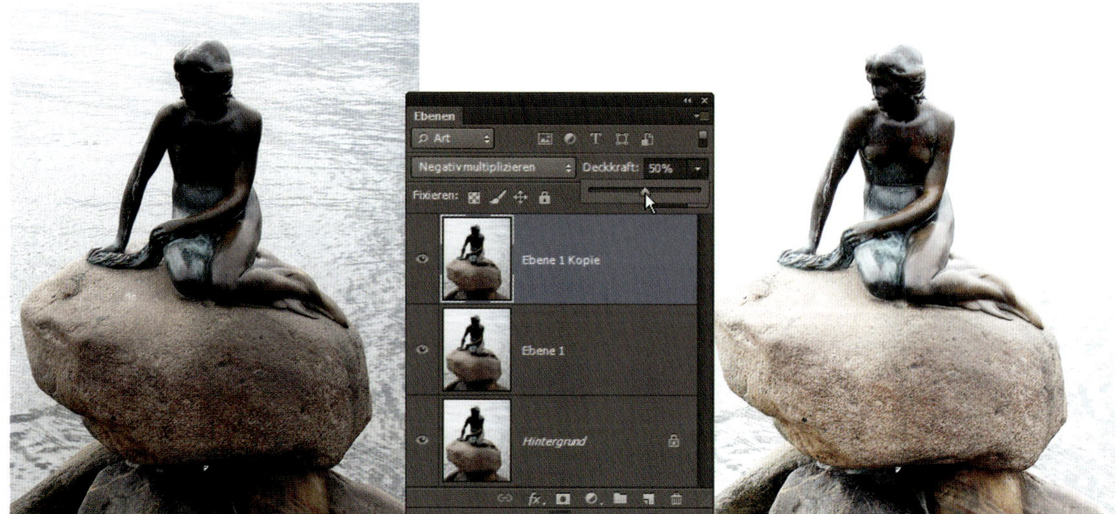

Abbildung 4.10 **Links:** Das Wahrzeichen wirkt zu dunkel. **Mitte, rechts:** Über die »Hintergrund«-Ebene legen wir zwei Duplikate im Modus »Negativ multiplizieren« (Seite 339) an, das zweite mit nurmehr 50 Prozent Deckkraft. Das Bild erscheint deutlich heller, doch wir möchten den Hintergrund wieder etwas abdunkeln. Vorlage: Befehle_03. Foto: Lucas Klamert

»Füllen« mit Protokoll

Füllen Sie eine Auswahl oder einen Pfad mit einem Protokollzustand. Dazu verwenden Sie die Befehle **Bearbeiten: Fläche füllen** (⇧+←) oder aus dem Menü des Pfade-Bedienfelds **Pfadfläche füllen**. Im Klappmenü Füllen mit geben Sie das Protokoll an. Zum Füllen verwendet Photoshop diejenige Bildversion, die im Protokoll-Bedienfeld mit dem Pinselsymbol markiert ist.

Einschränkungen

Mit dem **Füllen**-Befehl und dem Protokollpinsel bringen Sie ältere Bildzustände in eine neuere Variante Ihrer Vorlage oder umgekehrt. Hinter einige Schritte können Sie jedoch nicht mehr zurückkehren:

- Wenn Sie die Bildfläche mit Befehlen wie **Bildgröße**, **Arbeitsfläche** oder mit dem Freistellungswerkzeug verändert haben
- Wenn Sie den Farbmodus gewechselt haben

4.2 Befehlsfolgen protokollieren & aufzeichnen

Auf verschiedene Arten protokollieren und automatisieren Sie Befehle und Befehlsfolgen:

- Wollen Sie einzelne Befehle mit einer individuellen Taste aufrufen, verwenden Sie **Bearbeiten: Tastaturbefehle** (Seite 70).
- Sie starten die Befehlsaufzeichnung mit dem Aktionen-Bedienfeld und wenden die aufgezeichneten Funktionen auf eine einzelne andere Datei an, per **Stapelverarbeitung** auf eine ganze Bildreihe.
- Um nur Dateiformat und Pixelzahl zu ändern, nutzen Sie **Bildprozessor** oder das Exportieren-Bedienfeld in Bridge, für Raw-Dateien auch Bilder speichern im Raw-Dialog.

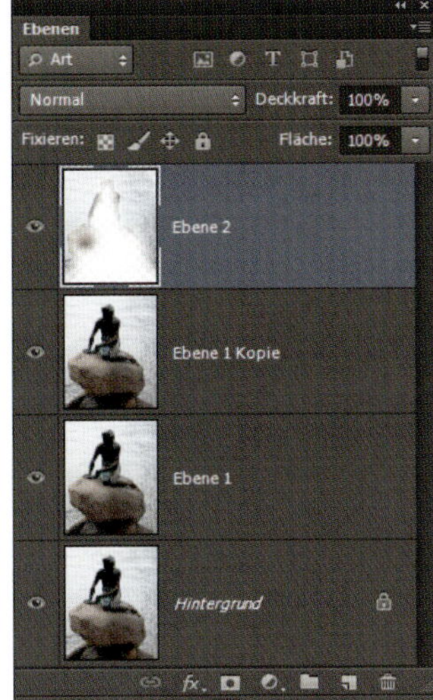

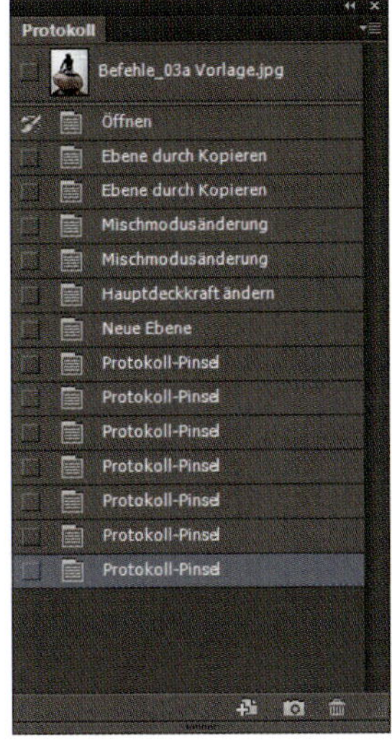

Abbildung 4.11 Wir legen ganz oben im Bedienfeld eine neue, leere »Ebene 2« an. Die ursprüngliche, dunkle Bildversion ist im Protokoll-Bedienfeld bereits als Protokollquelle aktiviert. Mit dem Protokollpinsel und wechselnder Deckkraft malen wir die dunklere Bildfassung in die Außenbereiche. Sie landen in der separaten Ebene 2 und lassen sich so weiterkorrigieren oder entfernen. Der rechte untere Teil ist hier noch unbearbeitet.

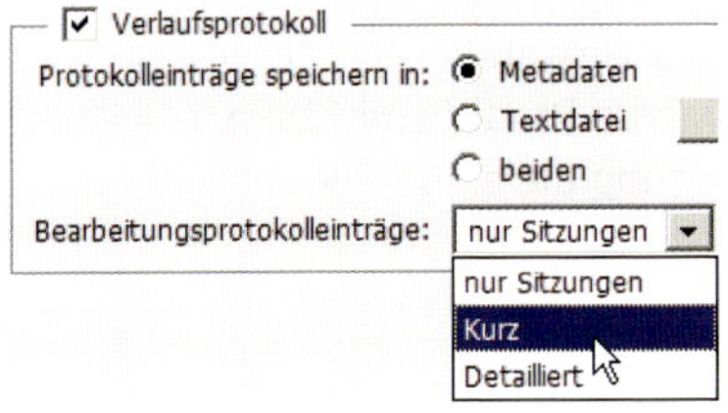

Abbildung 4.12 In den »Voreinstellungen« (Strg+K) steuern Sie, ob und wie genau Photoshop Ihre Arbeit mitprotokolliert. Dieses Verlaufsprotokoll dient nur der Rückschau – Sie können die aufgelisteten Funktionen nicht als Aktion speichern und auf andere Dateien anwenden.

4.2.1 Das Aktionen-Bedienfeld im Überblick

Zeichnen Sie die komplette Befehlsfolge als sogenannte Aktion auf, die Sie dann immer wieder abspielen. Einige Aktionen liefert das Aktionen-Bedienfeld (**Fenster: Aktionen**) bereits mit, weitere Aktionensammlungen laden Sie über das Bedienfeldmenü nach.

Möglichkeiten

Das Aktionen-Bedienfeld bietet starke Möglichkeiten:

- Die Aktionen lassen sich auf Einzeldateien oder auf ganze Verzeichnisse anwenden.
- Sie können das Dialogfeld zu einem Einzelbefehl einblenden und verändern oder automatisch die zuvor aufgezeichneten Werte verwenden.
- Sie können einzelne Befehle einer »Aktion« verschieben, abschalten oder endgültig löschen.
- Fügen Sie nachträglich Befehle hinzu.
- Planen Sie Stopps und Bildschirmmeldungen ein.
- Sie können Aktionen speichern, weitergeben und Aktionen von anderen Anwendern übernehmen.

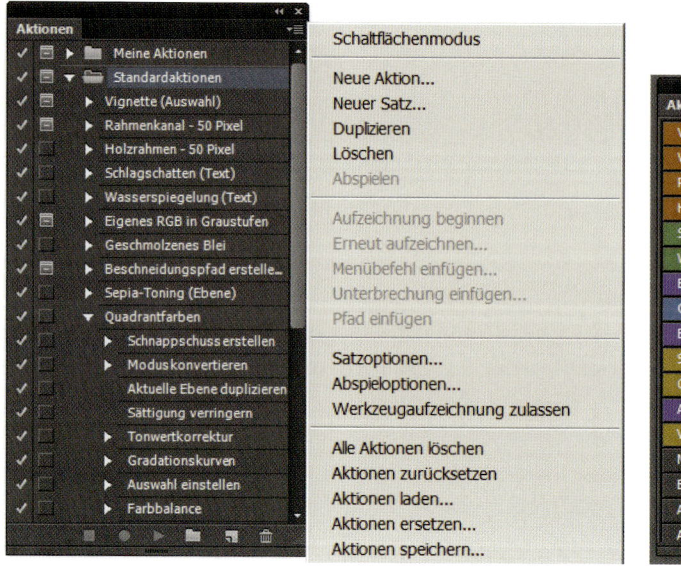

Abbildung 4.13 Mit dem Aktionen-Bedienfeld zeichnen Sie Befehlsfolgen auf, die Sie auf Dateien anwenden. Hier sehen Sie einen Teil der mit diesem Buch gelieferten Aktionen. **Links:** Der übliche Listenmodus zeigt die Einstellungen der Einzelbefehle; im Menü zum Aktionen-Bedienfeld wechseln Sie auch zum »Schaltflächenmodus«. **Rechts:** Der Schaltflächenmodus bietet ausschließlich die Aktion ohne Zugriff auf Einzelbefehle an.

- Starten Sie die Serienverarbeitung, ohne dass Photoshop geöffnet ist, indem Sie die Fotos auf ein Droplet ziehen.
- Starten Sie Aktionen über Tastaturkürzel.

4.2.2 Befehle im Überblick: Aktionen-Bedienfeld

Taste/Feld	Zusatztasten	Aktion	Ergebnis
			Bedienfeldmenü
			Markierte Aktion löschen
	Alt		Aktion löschen ohne Rückfrage
			Aktion neu erstellen
	Alt		Aktion neu erstellen ohne Dialogfeld
			Befehle aufzeichnen
			Aufzeichnung oder Abspielen anhalten
			Markierte Aktion ausführen oder ab markiertem Befehl ausführen
			Neuen Aktionensatz anlegen, Optionen einblenden
	Alt		Neuen Aktionensatz anlegen, Optionen nicht einblenden
[Name der Aktion]			Aktion umbenennen

Taste/Feld	Zusatztasten	Aktion	Ergebnis
▬		Klick	Bei Aktion: bei allen Befehlen mit Dialogfeldunterbrechung diese abschalten und umgekehrt Bei Einzelbefehl: Unterbrechung durch Dialogfeld zulassen/Dialogfeldeinstellungen ohne Unterbrechung verwenden
▬	Alt	Klick	Angeklickten Dialog zulassen, alle anderen aus/alle Dialoge zulassen
✔		Klick	Bei Aktion: alle abgeschalteten Befehle einschalten, alle eingeschalteten Befehle ausschalten Bei Befehl: verwenden/nicht verwenden
✔	Alt	Klick	Bei Befehl: angeklickten Befehl verwenden, alle anderen aus/alle Befehle verwenden

4.2.3 Eine Aktion erstellen und aufzeichnen

Nach dem Start zeichnet Photoshop die Befehle in der von Ihnen verwendeten Reihenfolge auf. Später können Sie mühelos Befehle entfernen, vorübergehend ausschalten, nachtragen und verschieben.

Das Verfahren:

1. Laden Sie eine Datei, die alle Schritte der geplanten Aktion mitmacht.
2. Klicken Sie den Aktionensatz an, also den grau unterlegten Balken mit dem Satznamen, in dem Sie die Aktion speichern wollen. Oder klicken Sie einmal auf eine Aktion oder einen Befehl innerhalb des gewünschten Satzes.
3. Klicken Sie auf die Schaltfläche Neue Aktion erstellen und geben Sie der Aktion einen Namen.
4. Klicken Sie im Dialog Neue Aktion auf Aufzeichnen.
5. Wählen Sie sich durch Ihre Befehle.
6. Klicken Sie zum Abschluss auf Ausführen/Aufzeichnung beenden.

Aktionensatz erstellen und umbenennen

Photoshop fasst Aktionen in unterschiedlichen »Aktionssätzen« wie in Ordnern zusammen. Die einzelnen Sätze - sie heißen teils auch »Set« - können Sie aufklappen oder schließen.

Ein neuer Aktionensatz entsteht mit der Schaltfläche Neuen Satz erstellen. Speichern Sie Aktionen in einer separaten Datei, landet stets ein kompletter Satz in einer Datei.

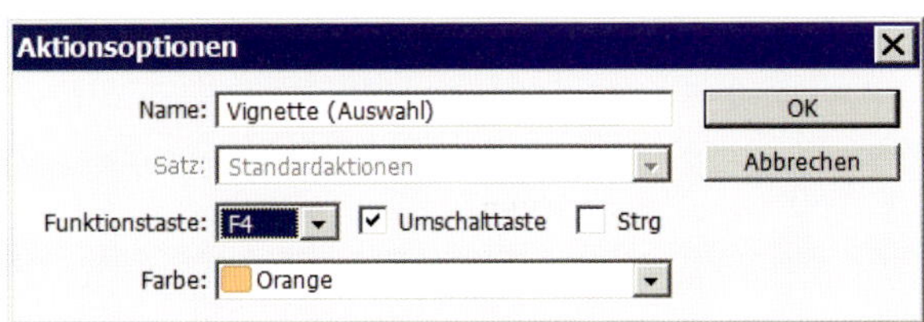

Abbildung 4.14 Bestimmen Sie für neue und vorhandene Aktion Name, Tastaturbefehl und Kennfarbe für den Schaltflächenmodus. Diese Vorgaben lassen sich jederzeit ändern.

Achtung Einige Photoshop-Funktionen sind bereits mit Kurztasten belegt: So ruft F6 den Farbregler auf, F7 zaubert das Ebenen-Bedienfeld her. Photoshop lässt es ungerührt zu, dass Sie diese Kürzel für eine neue Aktion vergeben - die ursprüngliche Tastenbelegung geht natürlich verloren.

So nutzen Sie das Aktionen-Bedienfeld

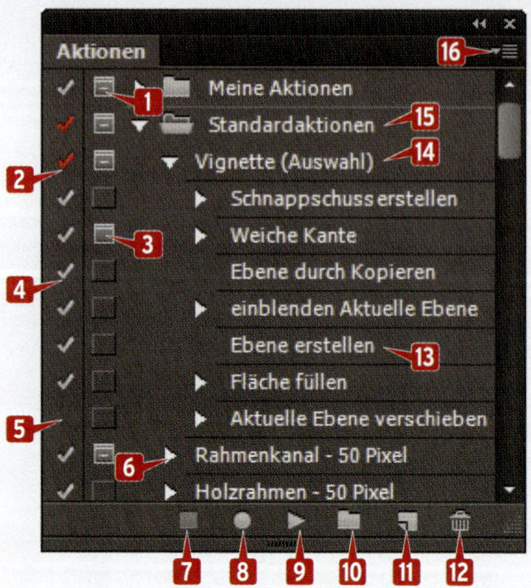

1 Ein-/Ausschalten für Dialogfelder
Symbol schwarz: Alle modalen Befehle in Aktion warten Eingabe ab.
Symbol rot: Einige modale Befehle warten Eingabe ab.
Klick: Status aller Befehle umkehren

2 Ein-/Ausschalten für Aktion
Symbol schwarz: alle Befehle verwendet
Symbol rot: einige Befehle verwendet
Klick: Status aller Befehle umkehren

3 Dialogfeld zeigen für Einzelbefehl
Klick: Dialogfeldeinblendung ein-/ausschalten
Alt-Klick: nur dieses Dialogfeld einblenden, alle anderen aus

4 Ein-/Ausschalten für Einzelbefehl
Klick: Einzelbefehl verwenden/abschalten
Alt-Klick: Befehl einschalten, alle anderen aus/alle einschalten

5 Befehl abgeschaltet, wird nicht ausgeführt

6 Optionen für Einzelbefehl in Bedienfeld anzeigen

7 Aufzeichnung beenden

8 Aufzeichnung beginnen (Rot signalisiert laufende Aufzeichnung)

9 Ausführen der markierten Aktion oder Aktion ab markiertem Befehl ausführen

10 Aktionensatz neu anlegen

11 Neue Aktion erstellen. Klick: neue Aktion anlegen mit Anzeige der Optionen
Alt-Klick: neue Aktion anlegen ohne Optionen
Objekt auf Symbol ziehen: Aktion oder Befehl duplizieren

12 Löschen. Objekt auf Symbol ziehen oder Alt-Klick: markierten Befehl oder markierte Aktion sofort löschen
Klick: markierten Befehl oder markierte Aktion nach Rückfrage löschen

13 Einzelbefehl. Klick: Befehl markieren
Doppelklick: Einzelbefehl neu aufzeichnen
Feld vertikal ziehen: Rangfolge von Befehl oder Aktion ändern

14 Dialogfeld zeigen für Aktion:
Symbol grau: alle Befehle mit Dialogfeldeinblendung
Symbol rot: einige Befehle ohne Dialogfeldeinblendung
Alt-Klick: alle Dialogfeldeinblendungen ein-/ausschalten

15 Aktion per Klick markieren
Doppelklick auf Namen: Aktion umbenennen
Doppelklick neben Namen: Eigenschaften ändern

16 Aktionensatz: einmal anklicken vor dem **Speichern** eines Satzes als Datei

17 Bedienfeldmenü öffnen. U.a. zum **Speichern** als Datei und zum Einfügen von Unterbrechungen (Meldungen)

4.2.4 Wichtig beim Aufzeichnen

Das Aufzeichnen einer Aktion bereitet keine Mühe. Doch ein paar Kniffe und Fallstricke gibt es.

»Ebene 1« und »Alpha 1«

Hat die Datei, mit der Sie die Aktion aufnehmen, Elemente wie Ebene 1 oder Ebene 1 Kopie? Vergeben Sie hier besser völlig individuelle Namen (Doppelklick auf den Ebenennamen während der Aufzeichnung). Mit bei der Aufzeichnung umbenannten Ebenen und Alphakanälen steigt zudem die Wahrscheinlichkeit, dass die Aktion auch in anderen Sprachversionen von Photoshop besser läuft.

Achtung Vermeiden Sie doppelte Ebenennamen beim Aufzeichnen – zum Beispiel die Ebene Projekt als Bildebene und als Textebene oder zweimal als Bildebene.

Änderungen bei Voreinstellungen oder Ebenenstil

Sie wollen Änderungen bei **Voreinstellungen**, **Farbeinstellungen** oder Ebenenstil aufzeichnen. Dazu müssen Sie wissen: Photoshop zeichnet hier nur das auf, was Sie ändern – nicht den kompletten Zustand des Dialogfelds. Ergo: Das Dialogfeld muss zu Beginn der Aufzeichnung einen ungewollten Zustand anzeigen.

Ein Beispiel: Sie wollen den Wechsel zur Interpolationsmethode Bikubisch schärfer in den **Voreinstellungen** aufzeichnen. So geht's:

1. Zeichnen Sie die Aktion nicht sofort auf. Öffnen Sie vielmehr die Voreinstellungen mit Strg+K und stellen Sie ein anderes Interpolationsverfahren ein, zum Beispiel die Pixelwiederholung. Klicken Sie auf OK.
2. Nun beginnen Sie die Aufzeichnung. Rufen Sie die **Voreinstellungen** auf und wechseln Sie zu Bikubisch schärfer.

Bedingte Farbmodusänderung

Für manche Funktionen brauchen Sie einen bestimmten Farbmodus: für **Beleuchtungseffekte** zum Beispiel RGB, zum Färben per **Schwarzweiß**-Befehl einen Farbmodus wie RGB oder CMYK. Richten Sie die Aktion so ein, dass zum Beispiel Graustufendateien automatisch in Farbdateien verwandelt werden.

Zeichnen Sie also diesen Befehl mit auf: **Datei: Automatisieren: Bedingte Modusänderung**. So richten Sie das Dialogfeld ein:

1. Als Quellmodus nennen Sie mögliche, unbrauchbare Farbmodi wie Graustufen und Indizierte Farbe.
2. Wenn die Aktion auf einen dieser Modi stößt, verwandelt sie das Bild automatisch in den von Ihnen genannten Zielmodus – zum Beispiel RGB-Farbe.

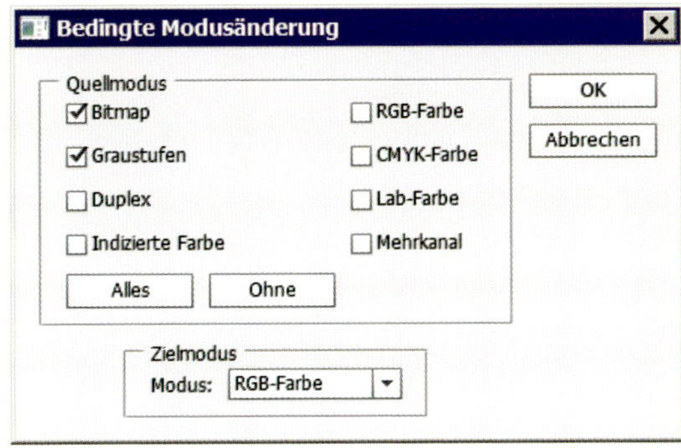

Abbildung 4.15 Die »Bedingte Modusänderung« ist hier so eingerichtet, dass »Graustufen«, »CMYK«- und »Bitmap«-Dateien in RGB verwandelt werden, CMYK- und Lab-Dateien dagegen nicht.

Änderung der Farbtiefe

Die Bedingte Modusänderung passt nicht die Farbtiefe an - zum Beispiel von 16 Bit oder 32 Bit pro Grundfarbe auf 8 Bit pro Grundfarbe, so dass alle **Filter**-Befehle funktionieren. Wollen Sie zum Beispiel die Effekte der 16-Bit-untauglichen **Filtergalerie** automatisiert auf 16-Bit-Bilder anwenden, dann nehmen Sie den Befehl **Datei: Modus: 8-Bit-Kanal** mit in die Aktion auf - aufzuzeichnen mit einer 16-Bit-Datei.

Pinselstriche aufzeichnen

Das Aktionen-Bedienfeld zeichnet seit Photoshop CS6 Mausbewegungen im Bild auf, zum Beispiel Pinselstriche, die zu einer Skizze führen. Dazu aktiviert man im Aktionen-Bedienfeld-Menü die Option Werkzeugaufzeichnung zulassen.

Freilich merkt sich die Funktion nur die verwendete Mausrichtung, nicht aber Werkzeug, Pinselgröße und Vordergrundfarbe. Um das Zeichnen einer digitalen Skizze 1:1 abzuspielen, muss man Werkzeugvorgaben und Farben mit aufzeichnen.

Achtung Während übliche Aktionen nur wenige Kilobyte beanspruchen, belegen ein paar kleine Pinselstriche schon mehrere hundert Megabyte in einer exportierten Aktion. Pinselstrich-Befehlsfolgen brechen in Photoshop CS5 und Vorgängern mit einer Fehlermeldung ab.

4.2.5 Maßeinheiten berücksichtigen

Einige Befehle und Operationen arbeiten mit bestimmten Positionen innerhalb des Bilds. Dies gilt z.B. für Arbeiten mit dem Freistellungswerkzeug. An Maßeinheiten orientieren sich auch **Transformieren**-Funktion, Polygon-Lasso, Linienzeichner, Verschiebenwerkzeug und Füllwerkzeug, Zauberstab, Auswahlrechteck und Pfadfunktion.

Das gilt auch für die Vorgabe Werkzeugaufzeichnung zulassen, die die Bewegung von Pinselstrichen aufzeichnet: Je nach aktueller Maßeinheit bei der Aufzeichnung wirkt sich die Aktion später unterschiedlich aus. Verwendet das Lineal bei der Aufzeichnung Zentimeter- oder Pixeleinheiten, dann nutzt der Strich später in größeren Dateien weniger Fläche relativ zum Gesamtbild. Zeichnet man den Strich dagegen mit Prozenteinheiten auf, bedeckt er in unterschiedlich großen Dateien immer relativ gleich viel Fläche - zum Beispiel immer vom linken bis zum rechten Bildrand unabhängig von der Megapixelzahl.

Zentimeter-, Pixel- oder Prozentwerte?

Oft hat man jedoch nicht feste Zentimeter- oder Pixelwerte im Blick. Der Befehl soll stattdessen immer eine bestimmte Änderung relativ zum Gesamtbild bewirken. Beispiele:

- Das Freistellungswerkzeug soll immer zehn Prozent Randfläche abkappen, unabhängig von der Druck- oder Pixelgröße. Zeichnen Sie das Freistellen mit Zentimeter- oder Pixelvorgaben auf, dann erhalten Sie völlig unterschiedliche Bildausschnitte, kleinere Bilder werden sogar vergrößert.
- Der Farbverlauf soll sich immer exakt vom einen Bildrand zum anderen erstrecken - unabhängig davon, wie viele Pixel die Datei hat oder wie breit sie gedruckt wird.
- Ein weicher Rand soll immer zehn Prozent breit ausfallen.
- Ein Pinselstrich soll immer das gesamte Bild überziehen.

Darum: Wählen Sie bei der Aufzeichnung als Maßeinheit Prozent. Dazu blenden Sie die Lineale mit Strg+R ein, ein Rechtsklick bietet die Maßeinheiten an.

Tipp Beim Textwerkzeug T müssen Sie nicht auf die Maßeinheit achten – Photoshop notiert die Position eines Schriftzugs automatisch in Prozentwerten und nicht mit Pixel- oder Zentimeterangaben. Ein Schriftzug rechts unten landet also auch in Bildern mit unterschiedlichsten Größen immer rechts unten.

4.2.6 Befehle und Unterbrechungen nachträglich einfügen

Sie können nachträglich Befehle einfügen. Treffen Sie zunächst Ihre Vorbereitungen:

- Markieren Sie die Aktion im Bedienfeld per Einzelklick, wenn Sie den neuen Befehl ganz am Ende anhängen wollen.
- Markieren Sie einen Einzelbefehl per Einzelklick, um den neuen Befehl direkt dahinter anzuhängen.

Anschließend klicken Sie auf das runde Symbol Aufzeichnung beginnen und führen die nachzutragenden Befehle aus. Zum Abschluss klicken Sie auf das Stoppsymbol. Natürlich können Sie jeden Befehl nachträglich im Bedienfeld nach oben oder unten schieben.

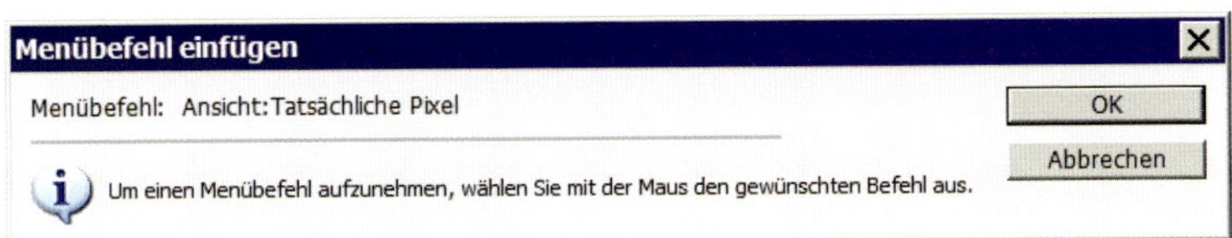

Abbildung 4.16 Per »Menübefehl einfügen« bauen Sie Funktionen in die Aktion ein, die Photoshop zunächst nicht aufzeichnet, hier der Befehl »Ansicht: Tatsächliche Pixel«.

Nicht aufnehmbare Befehle

Einige Befehle nimmt das Bedienfeld bei der normalen Aufzeichnung nicht auf – zum Beispiel Werkzeugoptionen und **Ansicht**-Befehle wie **CMYK-Arbeitsfarbraum** oder **Tatsächliche Pixel**. So nehmen Sie die Funktionen nachträglich in die Befehlsfolge auf:

1. Öffnen Sie das Menü zum Aktionen-Bedienfeld und klicken Sie auf **Menübefehl einfügen**. Jetzt steht das breite Dialogfeld **Menübefehl einfügen** auf dem Schirm.
2. Während Sie noch das Dialogfeld sehen, klicken Sie auf den gewünschten Befehl, zum Beispiel auf **Ansicht: Tatsächliche Pixel**. Das Dialogfeld **Menübefehl einfügen** nennt jetzt den gewählten **Ansicht**-Befehl.
3. Klicken Sie auf OK – der Befehl erscheint im Aktionen-Bedienfeld.

Achtung Einige Befehle wirken wie Wechselschalter: Sie schalten einen Zustand abwechselnd ein und aus. Das gilt etwa für **Ansicht: Ausrichten**. Nehmen Sie diese Funktion in die Aktion auf, wird sie beim Abspielen den Zustand jeweils ändern; aber ob nach Ablauf der Aktion das **Ausrichten** aktiviert ist oder nicht, hängt nur davon ab, wie der Zustand vorher war, und nicht vom Ergebnis, das unmittelbar beim Aufzeichnen der Aktion entstand.

»Unterbrechung einfügen«

Fügen Sie Unterbrechungen ein und machen Sie eine Textmeldung. Möglicher Sinn des Stopps:

- Sie erläutern anderen oder sich selbst den Sinn der aktuellen Aktion oder Sie erinnern zum Beispiel daran, dass eine Auswahl erstellt werden muss.
- Jetzt sind Schritte fällig, die Photoshop nicht aufgezeichnet hat, zum Beispiel Bewegungen mit Pinsel oder Schnellauswahlwerkzeug.

Sie verwenden dazu den Bedienfeldmenü-Befehl **Unterbrechung einfügen**. Dabei gilt wieder:

- Haben Sie im Aktionen-Bedienfeld eine Aktion markiert, landet die Unterbrechung am Ende der Aktion.
- Haben Sie einen Einzelbefehl markiert, platziert Photoshop die Unterbrechung unmittelbar hinter dem angewählten Befehl.

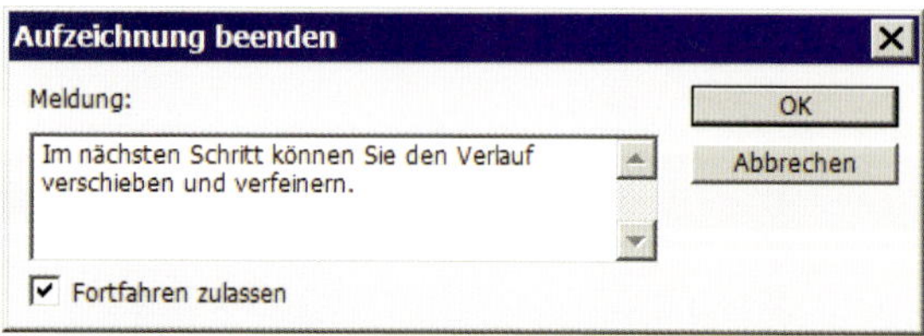

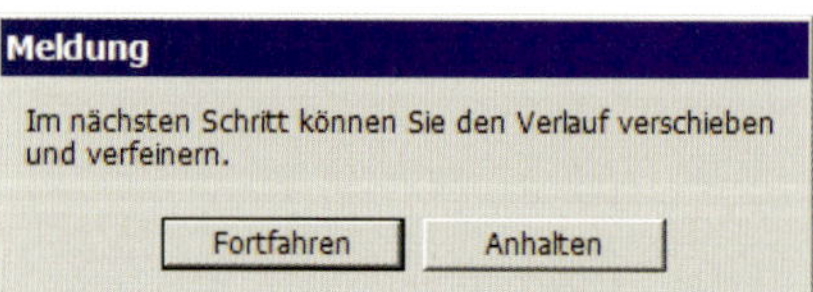

Abbildung 4.17 **Links:** Mit dem Befehl »Unterbrechung einfügen« aus dem Menü zum Aktionen-Bedienfeld erzeugen Sie eine Meldung, die im Ablauf der Befehlsfolge am Bildschirm erscheint. **Rechts:** Wenn Sie die Option »Fortfahren zulassen« verwenden, dann bietet die Bildschirmmeldung die Schaltflächen »Fortfahren« und »Anhalten«. Verzichten Sie auf die Option »Fortfahren zulassen«, zeigt die Bildschirmmeldung nur die Schaltfläche »Anhalten«. Der Anwender kann die Aktion aber immer noch mit der Schaltfläche Aktion ausführen fortsetzen.

Ohne »Fortfahren«

Schalten Sie Fortfahren zulassen ab. Damit hält die Aktion an dieser Stelle an. Der Nutzer bestätigt Ihre Bildschirmmeldung mit Anhalten – und Schluss.

Er kann die Aktion nicht sofort weiterrattern lassen. Er kann jedoch ab dieser Stelle fortfahren, wenn er im Aktionen-Bedienfeld wieder auf die Aktion ausführen klickt.

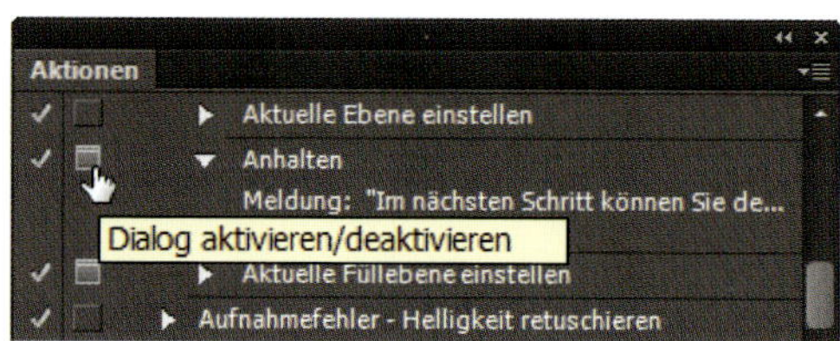

Abbildung 4.18 Die Unterbrechung mit Bildschirmmeldung erscheint als Anhalten im Aktionen-Bedienfeld. Lästige Textmeldungen schalten Sie mit dem Feld »Schritt aktivieren/deaktivieren« ab.

4.2.7 Aktionenverwaltung

Die Funktionen zur Aktionenverwaltung lassen sich häufig gleichermaßen auf Aktionen wie auf aufgezeichnete Einzelbefehle anwenden.

»Aktions-Optionen«

Nach einem Doppelklick direkt auf den Namen benennen Sie die Aktion um. Wollen Sie Tastaturbefehl oder Farbe ändern, klicken Sie doppelt neben den Namen der Aktion. Photoshop zeigt dann das Dialogfeld, das Sie schon beim Neuerstellen der Aktion zu Gesicht bekamen.

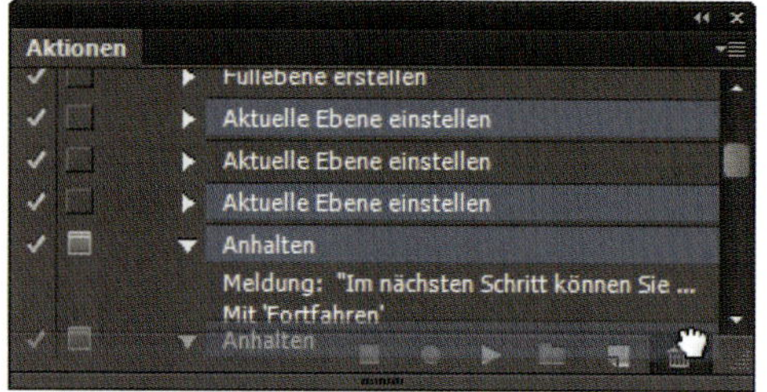

Abbildung 4.19 Markieren Sie mehrere Aktionen oder Befehle mit gedrückter Strg- oder ⇧-Taste, um sie gemeinsam zu verschieben oder in den Papierkorb zu ziehen.

Aktionen duplizieren und verschieben

Nützlich ist das Duplizieren von Sätzen, Aktionen oder Befehlen. Damit verwenden Sie testweise weitere Varianten, ohne das Vorhandene zu ruinieren.

Drücken Sie zum Duplizieren erst die Alt-Taste, dann ziehen Sie die Aktion oder den Befehl an eine neue Position. Alternativ ziehen Sie die Aktion auf das Symbol Neue Aktion erstellen. Die kopierte Aktion erscheint am Ende des Aktionen-Bedienfelds.

Befehle verschieben Sie durch Ziehen mit der Maus - auch in eine andere Aktion. Überflüssige Aktionen oder Befehle werfen Sie kurzerhand in den Mülleimer.

Tipp Um einen einzelnen Befehl erneut aufzuzeichnen, klicken Sie doppelt auf diesen Befehl; damit ändern Sie die Werte in der Aktion dauerhaft. Währenddessen leuchtet das Aufzeichnungssymbol.

Aktionen als Datei speichern

Die Aktionen speichert Photoshop automatisch intern, Sie müssen nicht erst von Hand speichern. Sie können die Aktionen in normale Dateien schreiben und an andere Rechner weitergeben. Dabei speichert Photoshop jeweils den kompletten Inhalt eines Aktionensatzes; markieren Sie einen solchen Satz per Klick im Aktionen-Bedienfeld, dann nutzen Sie **Aktionen speichern** im Bedienfeldmenü.

Website Im »Praxis«-Verzeichnis der Website zum Buch finden Sie den Aktionensatz »Photoshop CS6 Buch.atn«, den Sie wie hier beschrieben laden können. Er enthält Befehlsfolgen zu vielen Tipps aus diesem Buch.

Aktionen laden und ersetzen

Wählen Sie aus dem Bedienfeldmenü **Aktionen laden**, ergänzt Photoshop die bisherigen Aktionensätze um den neu hinzugefügten. Wählen Sie dagegen **Aktionen ersetzen**, verschwinden die bisherigen Aktionensätze aus dem Bedienfeld. Aktionensätze aus dem Photoshop-Verzeichnis »Vorgaben/Photoshop-Aktionen« können Sie direkt unten im Bedienfeldmenü anwählen.

Aktionen über Internetseiten austauschen

Per Internet tauschen Sie Aktionen mit Anwendern weltweit aus. Eine große englischsprachige Aktionensammlung findet sich direkt beim Photoshop-Hersteller; gehen Sie auf *www.adobe.com/cfusion/exchange*, dann klicken Sie auf Photoshop und nehmen rechts die Kategorie Actions. Dort gibt es auch Sternebewertungen und Anwenderkommentare. Generell laufen auch englische Aktionen im deutschen Photoshop, Mac-Aktionen können Sie unter Windows benutzen und umgekehrt.

Allerdings: Bei vielen Aktionen entstehen neue Ebenen oder Kopien von Ebenen und Alphakanälen. Diese neuen Objekte benennt der deutsche Photoshop zum Beispiel Ebene 1 oder Alpha 1 Kopie. Will die englische Aktion jedoch erneut auf die Objekte zugreifen, erwartet sie Bezeichnungen wie Layer 1 oder Alpha 1 copy - die Verarbeitung bleibt stehen.

Sie können die erhaltene Aktion natürlich von Hand nachbearbeiten.

Tipp Sollen Ihre eigenen Aktionen auch in anderen Photoshop-Sprachversionen laufen? Dann benennen Sie neue oder duplizierte Ebenen sofort nach dem Erstellen oder Duplizieren beliebig um, also direkt innerhalb der Aufzeichnung. Auch nützlich: Statt Ebenen anzuklicken und im Bedienfeld nach oben oder unten zu ziehen, nutzen Sie das Untermenü **Ebene: Anordnen** mit Befehlen wie **Schrittweise nach vorne**.

4.2.8 Aktionen ausführen

Soll die vollständige Aktion ablaufen, klicken Sie einmal auf den Namen der Befehlsfolge, dann auf das Symbol Aktion ausführen. Markieren Sie einen Einzelbefehl, damit Photoshop ab hier in Aktion tritt – nach dem Klicken auf das Ausführensymbol. Alternativ starten Sie Aktionen mit einer Schaltfläche in einem persönlichen Bedienfeld, das mit dem Configurator entstand (Seite 988).

Befehle verwenden ✔

Durch das Symbol Schritt aktivieren/deaktivieren geben Sie an, ob ein Einzelbefehl überhaupt verwendet werden soll. Sie können also auch Befehle in eine Aktion aufnehmen, die Sie nur gelegentlich benötigen; diese Funktionen ruhen bedarfsweise per ✔-Klick.

Klicken mit der Alt-Taste aktiviert einen Befehl und schaltet alle anderen aus. Ein neuerlicher Alt-Klick schaltet sämtliche Befehle ein.

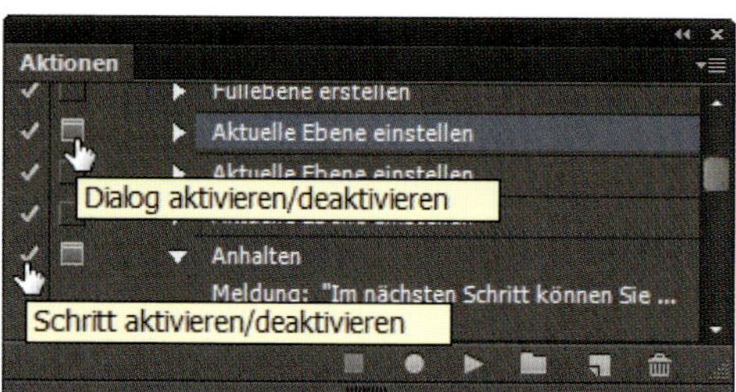

Abbildung 4.20 Das Symbol »Dialog aktivieren/deaktivieren« zeigt, ob das Dialogfeld zu einem aufgezeichneten Befehl eingeblendet wird. Mit der Funktion »Schritt aktivieren/deaktivieren« überspringen Sie den ganzen Befehl.

Dialogfeld anzeigen

Ihre Möglichkeiten mit dem Symbol Dialog aktivieren/deaktivieren:

- Klicken Sie das Symbol weg, wird der Befehl mit den Werten ausgeführt, die Sie beim Aufzeichnen verwendet haben. Sie sehen das Dialogfeld nicht und können die aufgezeichneten Werte beim Abspielen der Aktion nicht ändern.
- Schalten Sie das Dialogfeldsymbol ein, präsentiert Photoshop das Dialogfeld während der Aktion; Sie können also die Einstellungen ändern, die Aktion hält an dieser Stelle an. Erst nach dem Klicken auf OK im Dialogfeld läuft die Aktion weiter. Klicken Sie im Dialogfeld auf Abbrechen, bleibt die Aktion stehen. Wohlgemerkt, geänderte Werte werden nicht dauerhaft in der Aktion gespeichert.

4.3 Befehle automatisch abspielen

Bearbeiten Sie ganze Fotoserien in einem Rutsch. Mit mehreren Befehlen lassen Sie Ihre Aktion auf ganze Bildreihen los: Nutzen Sie **Stapelverarbeitung**, **Bildprozessor**, **Skriptereignis-Manager**, Droplets und die **Variablen**.

4.3.1 »Stapelverarbeitung«

Der wichtigste Befehl heißt **Datei: Automatisieren: Stapelverarbeitung**; Alternative: Markieren Sie Bilder in Bridge und wählen Sie dort **Werkzeuge: Photoshop: Stapelverarbeitung**.

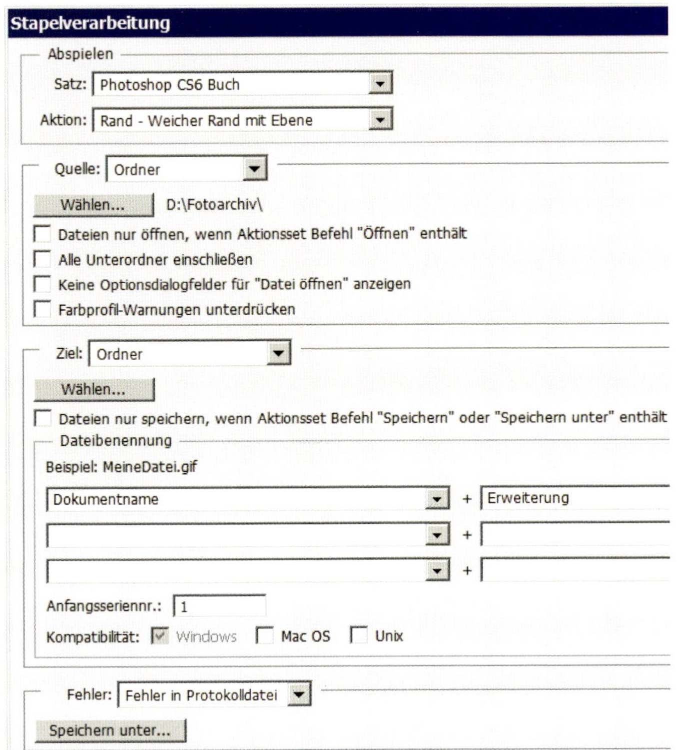

Abbildung 4.21 Der Befehl »Stapelverarbeitung« wendet eine Befehlsfolge auf ganze Bildsammlungen an und speichert die Ergebnisse zum Beispiel in einem anderen Ordner.

Vorgaben für das »Ziel«

Im Bereich ZIEL geben Sie an, wie Photoshop mit den bearbeiteten Dateien verfährt:

- Sie können die Ergebnisse SPEICHERN UND SCHLIESSEN. Damit überschreiben Sie die ursprünglichen Dateien.
- Die Vorgabe ORDNER schreibt alle Ergebnisse in einen neuen Ordner. Damit bleiben die ursprünglichen Dateien unverändert.
- OHNE Ziel heißt, Sie sammeln die Ergebnisse ungesichert im Programmfenster.

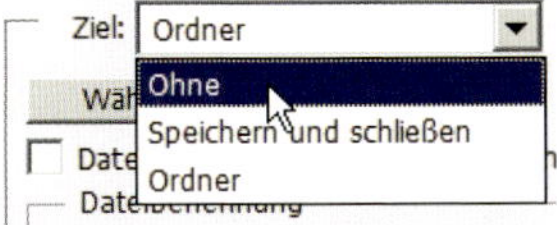

Abbildung 4.22 Bei der Stapelverarbeitung können Sie die vorhandenen Dateien überschreiben oder neue korrigierte Versionen anlegen.

Tipp Mit der Option OHNE bleiben die Bilder ungesichert auf der Programmfläche liegen, das kostet erheblich Arbeitsspeicher. Zeichnen Sie eventuell am Ende der Aktion den Befehl **Bearbeiten: Entleeren: Alles** auf; so befreit Photoshop den Arbeitsspeicher vom Datenballast aus Rückgängig-Speicher und Zwischenablage.

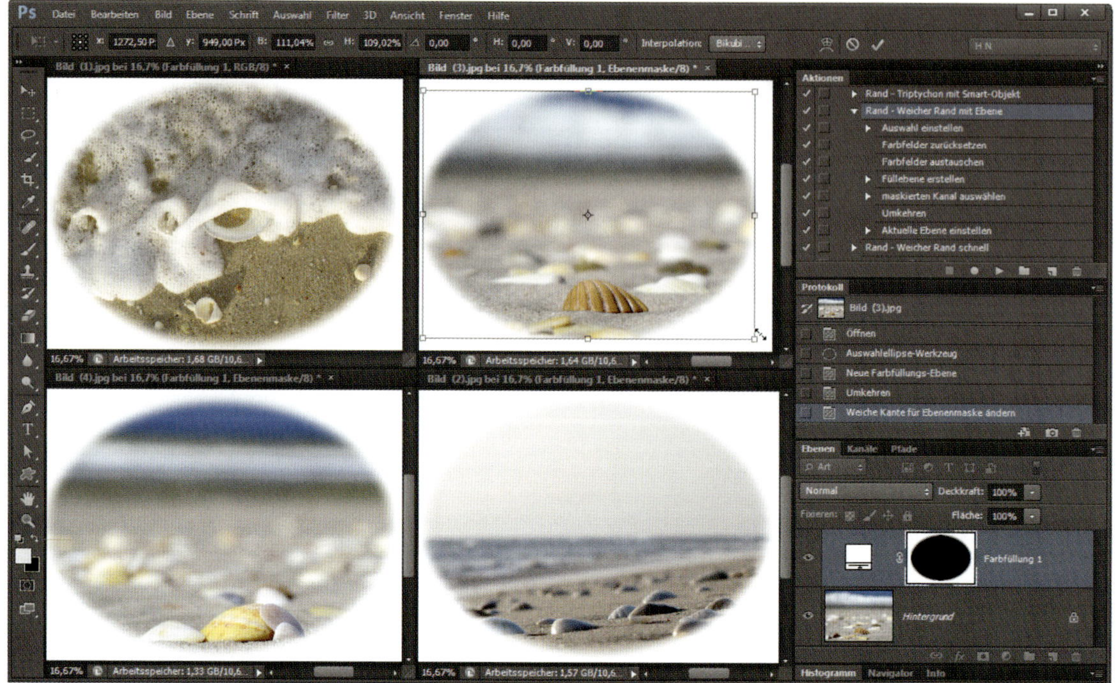

Abbildung 4.23 Wenn Sie die Bilder nach der Stapelverarbeitung ungesichert auf der Programmoberfläche sammeln, lassen sich bei jeder Datei noch Änderungen per Protokoll-Bedienfeld zurücknehmen oder Ebenenmasken bearbeiten, hier per »Frei Transformieren«.

»Dateibenennung« bei Verwendung eines »Ordners« als Ziel

Wenn Sie die Bilder in einen neuen Ordner schreiben, können Sie die Dateibenennung genau steuern. Sie komponieren die neuen Namen aus bis zu sechs Elementen, darunter Dokumentname, Erweiterung, Seriennummer oder Datum.

Als Datum bietet Photoshop nur das Datum der Stapelverarbeitung an und nicht etwa das Aufnahmedatum. Ähnlich, aber flexibler ist Bridge. Wir besprechen das Umbenennen darum ausführlich im Bridge-Kapitel ab Seite 162.

Soll sich der Name im neuen Ordner nicht verändern, nehmen Sie nur die zwei Felder Dokumentname und Erweiterung.

Achtung Auch wenn Sie generell Windows-Kompatibilität nutzen, geben Sie explizit die Erweiterung als letzten Namensbestandteil an. Sonst entstehen eventuell Dateien ohne Endungen wie ».tif« oder ».jpg«, die häufig unbrauchbar sind.

Ablauf der Stapelverarbeitung

Im Dialogfeld geben Sie eine Aktion und einen Aktionensatz an. Photoshop präsentiert hier zunächst die Aktion, die im Aktionen-Bedienfeld markiert ist. Die Esc-Taste beendet die Stapelbearbeitung vorzeitig. Das Programm fragt, ob Sie die verbleibenden Dateien noch abarbeiten wollen.

Fehlermeldungen

Bei Problemen blendet Photoshop eine Meldung ein und wartet auf Ihre Anweisungen - es kann schadhafte Dateien oder unpassende Farbmodi geben oder eine erforderliche Auswahl fehlt. Dann bleibt die Stapelverarbeitung stehen. Dies entspricht der Vorgabe BEI FEHLERN ANHALTEN im Bereich FEHLER.

Unterbinden Sie die Fehlermeldungen mit der Option FEHLER IN PROTOKOLLDATEI. In diesem Fall schreibt Photoshop seine Mitteilungen in eine Textdatei und arbeitet über Probleme ungerührt hinweg. Klicken Sie noch auf SPEICHERN UNTER, um ein Plätzchen für das Fehlerprotokoll anzugeben. Photoshop meldet abschließend, dass eine Textdatei für Sie auf der Platte liegt.

4.3.2 Droplets speichern und anwenden

Ein »Droplet« ist eine kleine Datei mit einer gespeicherten Befehlsfolge, die Sie auf dem Windows-Desktop oder Mac-Schreibtisch oder in einem beliebigen Verzeichnis ablegen. Das Praktische: Ziehen Sie Bilder oder komplette Ordner auf diese Datei mit dem Symbol , startet Photoshop und bearbeitet die Fotos. Das Programm muss also zunächst nicht geöffnet sein.

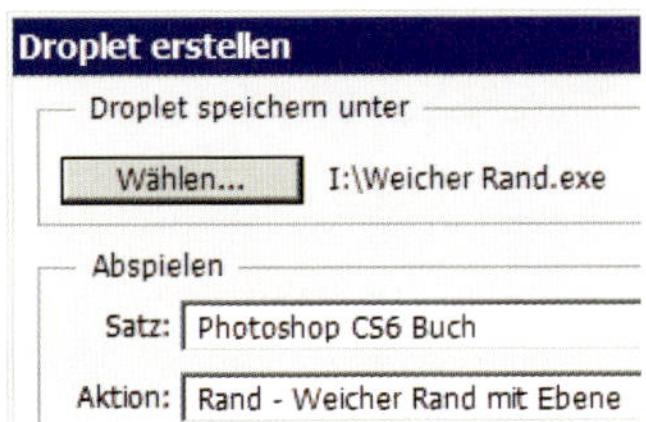

Abbildung 4.24 Speichern Sie einzelne Aktionen als Droplets.

Droplets aufzeichnen

Zuerst brauchen Sie eine fertige Aktion, dann legen Sie das Droplet an:

1. Markieren Sie den Namen der Aktion im Aktionen-Bedienfeld.
2. Klicken Sie auf **Datei: Automatisieren: Droplet erstellen**.
3. Klicken Sie oben im Dialogfeld auf WÄHLEN, um einen Dateinamen und ein Verzeichnis festzulegen.
4. Machen Sie weitere Vorgaben zum Beispiel für Zielordner oder Umbenennung (wie bei der **Stapelverarbeitung**).
5. Sobald Sie auf OK klicken, entsteht die Droplet-Datei , die unter Windows die Endung ».exe« erhält. Ziehen Sie die Datei zum Beispiel auf den Desktop oder Schreibtisch.

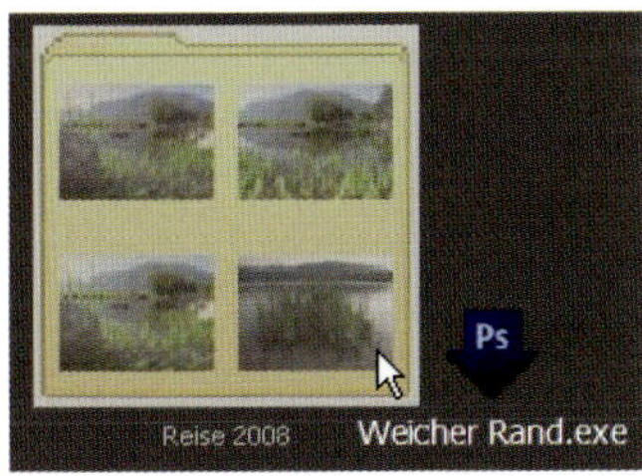

Abbildung 4.25 Ziehen Sie Bilder oder komplette Ordner über ein Droplet, um Photoshop und die Stapelverarbeitung zu starten.

4.3.3 »Bildprozessor«

Sie brauchen für Ihre Bildserie keine komplizierte Bildbearbeitung, sondern wollen nur schnell Dateiformat, Pixelzahl und/oder Farbprofil ändern? Dann wählen Sie **Datei: Skripten: Bildprozessor**.

Besonders bequem: Markieren Sie Bilder für die Umwandlung in Bridge, dann wählen Sie dort **Werkzeuge: Photoshop: Bildverarbeitung**. Nützlich auch: Sie können eine Aktion (Befehlsfolge) einbinden und Ihre gesammelten Einstellungen im **Bildprozessor** SPEICHERN und LADEN.

»Zu verarbeitende Bilder«

Verarbeiten Sie wahlweise geöffnete Bilder oder alle Dateien eines Verzeichnisses. Sie können auch ein ERSTES BILD ÖFFNEN, UM EINSTELLUNGEN ANZUWENDEN. Dann wird nicht sofort die gesamte Bildserie durchgenudelt, stattdessen bietet Photoshop zunächst ein Bild zur manuellen Bearbeitung an. Ihre Möglichkeiten:

- Bearbeiten Sie eine Serie von gleichartigen Camera-Raw-Bildern; justieren Sie den Camera-Raw-Dialog beim ersten Foto, Photoshop übernimmt die Einstellungen für die weiteren Dateien. Ansonsten verwendet Photoshop die vorhandenen Camera-Raw-Einstellungen.
- Öffnen Sie eine JPEG- oder Photoshop-PSD-Datei und ändern Sie in Photoshop das Farbprofil.

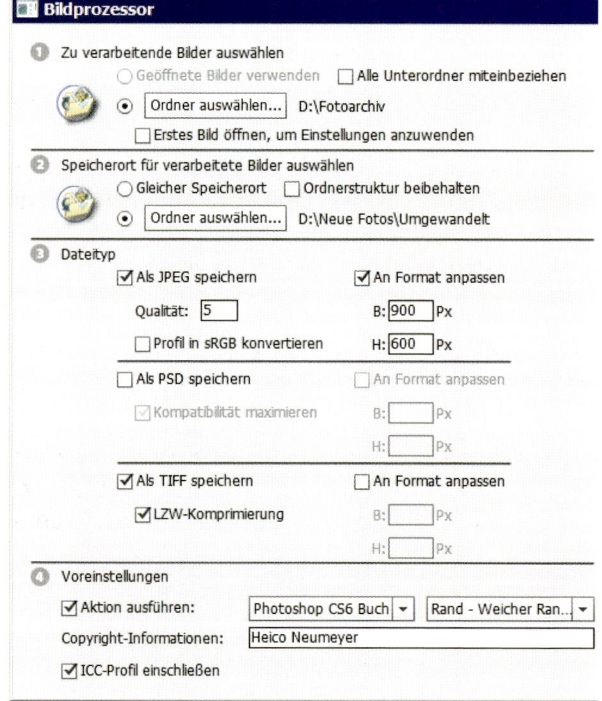

Abbildung 4.26 Der Befehl »Datei: Skripten: Bildprozessor« erzeugt unkompliziert Duplikate mit anderen Dateiformaten und Pixelzahlen. Hier sorgen wir dafür, dass ein neu geöffnetes Dokument sofort dupliziert wird.

»Speicherort für verarbeitete Bilder«

Wo soll Photoshop die verarbeiteten Bilder speichern?

- Die Option GLEICHER SPEICHERORT erzeugt die Dateien nicht exakt im selben Ordner, sondern in einem neu entstehenden Unterordner wie »JPEG« oder »TIFF«. Schreiben Sie mehrere Dateiformate in einem Durchgang, entsteht pro Dateiformat ein eigener Ordner.
- Mit der Schaltfläche ORDNER AUSWÄHLEN geben Sie einen beliebigen Ordner an. Auch hier verwendet das Programm nicht den Ordner selbst, sondern es erzeugt neue Unterordner wie »JPEG« und »TIFF«.

Die Originaldateien bleiben unter allen Umständen erhalten, nie überschreibt der **Bildprozessor** vorhandene Dateien. Läuft eine Konvertierung zweimal hintereinander mit demselben Zielverzeichnis durch, dann ergänzt Photoshop die bereits vorhandenen Resultate durch weitere Dateien mit einer zusätzlichen Nummer im Dateinamen.

»An Format anpassen«

Mit der Option An Format anpassen rechnet Photoshop die Pixelzahl der Ergebnisbilder um. Das Höhe-Breite-Verhältnis bleibt grundsätzlich gewahrt. Die Angaben für Breite (W) und Höhe (H) sind Maximalwerte, über die Photoshop nicht hinausgeht. Ein Beispiel: Als Breite geben Sie 1000 Pixel vor, als Höhe 675 Pixel. Kein Ergebnisbild gerät dann höher als 675 Pixel – auch Hochformate nicht.

Farbprofile anhängen

Ändern Sie Farbprofile zum Beispiel mit der Option Erstes Bild öffnen, um Einstellungen anzuwenden (siehe oben). Wenn Ihre Bilder im Web erscheinen sollen: Bei JPEG-Ergebnissen kann Photoshop wahlweise das Profil in sRGB konvertieren. Dann verwenden Sie auch die Option ICC-Profil einschliessen.

Aktionen

Auf Wunsch wendet Photoshop eine gespeicherte Aktion (Befehlsfolge, Seite 99) auf die Ergebnisdateien an. Wählen Sie Aktionensatz und Aktion aus.

Falls Sie auch die Option An Format anpassen nutzen: Die Aktion läuft ab, bevor Photoshop die Datei auf die neue Pixelzahl umrechnet. Die Aktion sollte also zur Pixelzahl ihrer ursprünglichen Datei passen.

Copyright-Hinweis

Schreiben Sie bei Bedarf einen Text ins Feld Copyright-Informationen. Ihre Wörter landen im Feld Copyright-Informationen innerhalb der **IPTC-Dateiinformationen** (Seite 180). In diesem Feld bereits vorhandene Texte werden überschrieben. Zusätzlich setzt der Bildprozessor das Feld Copyright-Status auf Durch Copyright geschützt – in Photoshop zeigen die Bilder also ein Copyright-Zeichen © in Titel- und Statusleiste.

»Image Processor Pro«

Als Teil seiner kostenlosen »Dr. Brown's Services« hält Russell Brown eine weit ausgebaute, englische Variante des **Bildprozessors** bereit. Die Installation ist unkompliziert, Sie erhalten dabei weitere kleine Funktionen, die nicht stören (Seite 989).

Zur Stapelverarbeitung markieren Sie Bilder in Bridge, dann wählen Sie dort **Werkzeuge: Dr. Brown's Services 2.2.9: Image Processor Pro** (früher Dr. Brown's 1-2-3 Process). Sie finden die Funktion eventuell auch in Photoshops **Datei**-Untermenüs **Automatisieren** oder **Skripten**. Einige Vorteile gegenüber dem **Bildprozessor**:

- Schreiben Sie auch die Dateitypen PNG, GIF, PDF, EPS und Targa.
- Sie legen das Interpolationsverfahren, den Zeitpunkt der Aktion, die Bildauflösung und die Namen der entstehenden Unterverzeichnisse vielseitig fest.
- Für jeden der drei Dateitypen geben Sie eine eigene Aktion an.
- Sie lassen pro Vorlage bis zu zehn Varianten errechnen, auch mehrere pro Dateiformat, zum Beispiel mit und ohne Ebenen, in verschiedenen Auflösungen.
- Beim Speichern in TIFF und PSD entfernen Sie nach Wunsch Alphakanäle und verschmelzen Ebenen.
- Bei Umwandlung nach JPEG löschen Sie Exif- und IPTC-Daten mit der Option Save for Web.

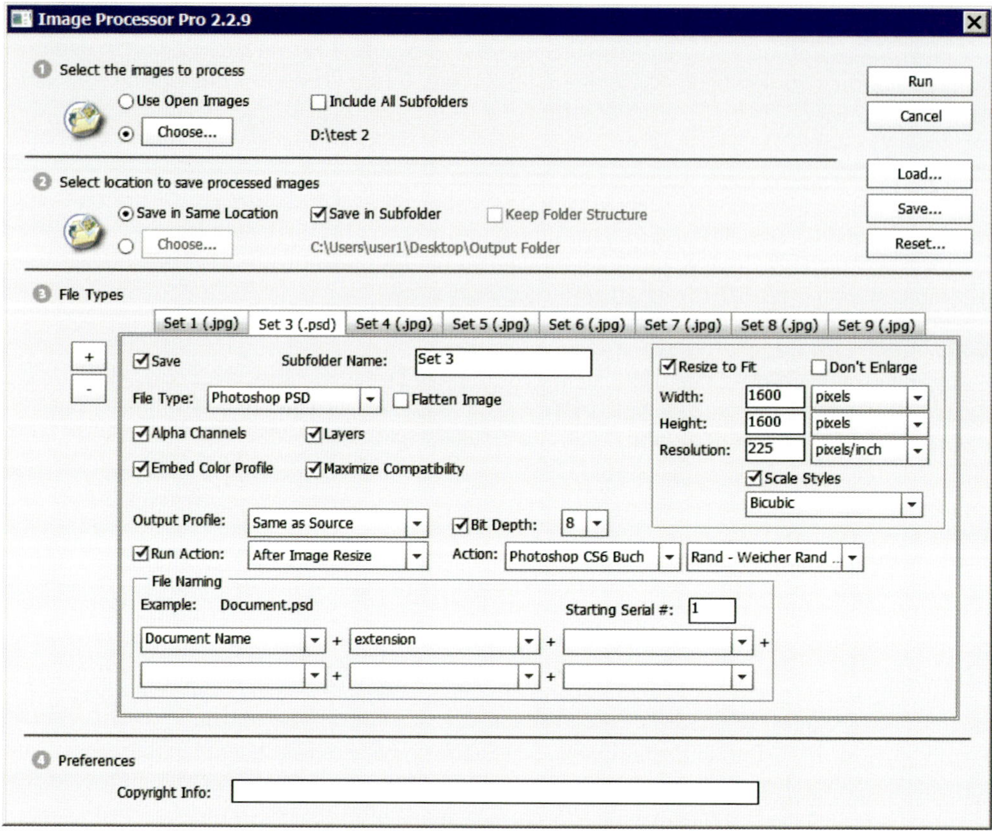

Abbildung 4.27 Der kostenlose, englische »Image Processor Pro« bietet mehr Möglichkeiten als der »Bildprozessor«.

4.3.4 »Skriptereignis-Manager«

Der unkomplizierte Befehl **Datei: Skripten: Skriptereignis-Manager** verknüpft Ereignisse in Photoshop mit Skripten oder Aktionen. So passiert automatisch etwas, wenn Sie ein Bild öffnen oder schließen. Zum Beispiel:

- Sobald Sie eine Datei öffnen, startet automatisch eine Aktion (Befehlsfolge), die ein Duplikat des neuen Bilds anlegt und das Original schließt.
- Sobald Sie Photoshop starten, setzt ein Skript oder eine Aktion alle **Voreinstellungen** auf Ihre persönlichen Vorgaben.
- Sie legen mit dem **Neu**-Befehl eine neue Datei an und das Dialogfeld wartet wie von Zauberhand mit den von Ihnen gewünschten Werten auf.

Photoshop bietet im Klappmenü PHOTOSHOP-EREIGNIS unter anderem die folgenden Ereignisse an: ANWENDUNG STARTEN, DOKUMENT ÖFFNEN, DOKUMENT DRUCKEN.

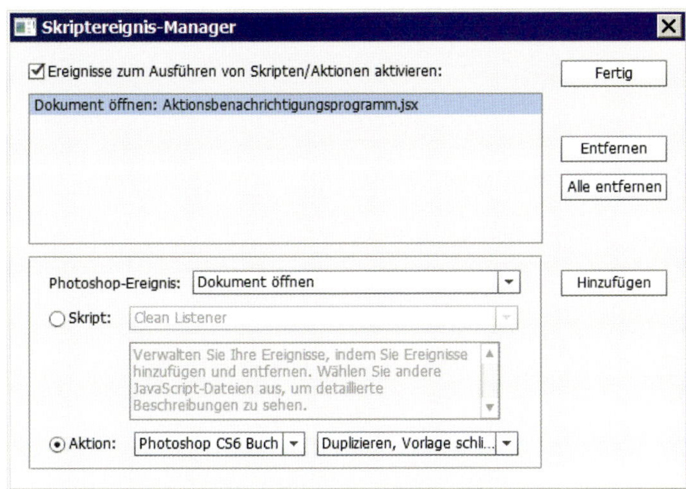

Abbildung 4.28 Der Befehl »Datei: Skripten: Skriptereignis-Manager« startet Aktionen oder Skripten, sobald Sie zum Beispiel eine Datei öffnen oder drucken.

Skriptereignis-Manager abschalten

Sie brauchen das Skriptereignis nicht mehr? Öffnen Sie den **Skriptereignis-Manager** und nutzen Sie eine dieser Möglichkeiten:

- Verzichten Sie auf die Option Ereignisse zum Ausführen von Skripten/Aktionen aktivieren. Die Verbindungen von Ereignissen mit Skripten oder Aktionen bleiben in der Liste, sie sind nur momentan abgeschaltet. Sie lassen sich jederzeit wieder einschalten.
- Aktivieren Sie das Skriptereignis im Dialog und klicken Sie auf Entfernen. Diese Verbindung von Photoshop-Ereignis mit Aktion oder Skript ist damit dauerhaft gelöscht.

4.3.5 Variablen

Der Befehl **Bild: Variablen** legt automatisch viele Varianten eines Grundlayouts an, bei jeder Version werden von Ihnen definierte Pixelebenen oder Texte ausgetauscht. So entstehen zum Beispiel Werbebilder (»Banner«) oder Visitenkarten. Zugrunde liegt eine Datenbank, die Sie selbst gestalten.

Damit das **Variablen**-Untermenü zur Verfügung steht, muss das aktive Bild zusätzlich zur Hintergrund-Ebene mindestens eine weitere Ebene haben. Eine weitere Textebene bietet noch mehr Testmöglichkeiten.

Abbildung 4.29 Mit der Variablenfunktion tauschen Sie Bilder und Texte innerhalb eines Grundlayouts automatisiert aus. Datei: Variablen; Objekte zum Austauschen: V_CD, V_Handy, V_Pass

Kapitel 5
Farbmodus & Farbtiefe

Im Untermenü **Bild: Modus** steuern Sie den Farbmodus. Der Farbmodus entscheidet über Bildqualität, Datenmenge und Verwendbarkeit. Besonders universell und im Zweifel die richtige Wahl: **RGB-Farbe** mit acht Bit Farbtiefe pro Grundfarbe. Photoshop meldet Farbmodus und Farbtiefe oben in der Titelleiste des Bilds.

5.1 Welcher Farbmodus für welchen Zweck?

Wechseln Sie den Modus möglichst selten. Mehrmaliges Konvertieren bedeutet oft Qualitätseinbußen; so gehen auf dem Weg von RGB nach CMYK Informationen verloren, die Sie später nicht zurückerhalten.

5.1.1 Wann welcher Farbmodus?

So treffen Sie Ihre Entscheidung im Untermenü **Bild: Modus**:

- **RGB-Farbe**: Der Modus ist besonders vielseitig und funktioniert fast immer - verwandeln Sie bei Problemen Ihr Bild in **RGB-Farbe** mit 8-Bit-Farbtiefe. RGB benötigt mit seinen drei Farbkanälen ein Viertel weniger Speicherplatz als CMYK mit vier Druckfarben. Digitalkamera-Dateien enden im RGB-Modus, Monitore arbeiten physikalisch mit RGB. Bilder fürs Internet und sonstige Monitor- oder Videodarstellung brauchen nur RGB. Arbeitsplatzdrucker wie Tintenstrahler oder Laserdrucker arbeiten zwar intern mit CMYK, dennoch sollten Sie RGB anliefern - und den Geräten die Umrechnung in CMYK überlassen.
- **CMYK-Farbe**: Sofern Ihnen ein RGB-Bild vorliegt, machen Sie die groben Korrekturen in RGB und wechseln erst für die Feinheiten nach CMYK, wo Sie Lichter und Tiefen neu überprüfen. Oder überlassen Sie jegliche CMYK-Umwandlung Ihrem Druckgerät oder Dienstleister.
- **CMYK-Farbe**: Interessant ist der Lab-Modus, wenn Sie die Helligkeit eines Bilds (den Helligkeit-Kanal) unabhängig von den Farbwerten verändern wollen, zum Beispiel beim Schärfen. Eventuell zum Umfärben, wenn die **Farbton**-Änderung im Modus **RGB-Farbe** enttäuscht.

RGB oder Lab
3x8 Bit
1,21 Mbyte

CMYK
4x8 Bit
1,61 Mbyte

Indizierte Farbe
1x8 Bit
0,42 Mbyte

Duplex
1x8 Bit
0,58 Mbyte

Graustufen
1x8 Bit
0,42 Mbyte

Bitmap
1x8 Bit
0,05 Mbyte

Abbildung 5.1 Farbmodi im Vergleich: Je nach Farbmodus erhalten Sie unterschiedliche Farbdifferenzierungen und Dateigrößen. Wir nennen den Arbeitsspeicherbedarf für eine Bilddatei mit 650x650 Pixel bei acht Bit pro Grundfarbe (5,5 Zentimeter Druckmaß bei 300 dpi). Vorlage: Farbmodus_1.

Farbmodus beim Einfügen

Tauschen Sie Bildteile zwischen Dateien aus, dann nehmen die eingefügten Elemente den Farbmodus des Zielbilds an. Das bedeutet: Fügen Sie einen RGB-Farb-Kopf in ein Graustufenwerk ein, dann ergraut das Haupt im Zielbild. Damit Haut- und Haarfarbe erhalten bleiben, verwandeln Sie das Graustufenzielbild vor dem Einfügen in einen Farbmodus. In einem Bild mit »Indizierten Farben« kommt das Eingefügte ebenfalls nur mit indizierten Farben an, also mit deutlich verminderter Farbqualität.

Aufgabe	Geeigneter Modus
Alle Photoshop-Funktionen frei nutzen	RGB-Modus, 8-Bit-Farbtiefe
Speicher sparen bei RGB-Bildern, die später in CMYK separiert werden	RGB-Modus beibehalten, vor Scharfzeichnen nach CMYK konvertieren
Speicher sparen bei CMYK-Bildern	Konvertieren in Lab-Modus
Bildbearbeitung für Internet, Video- oder PC-Präsentationen	RGB-Modus
Ausdruck mit Farbtintenstrahldrucker	RGB-Modus
Farbflächen anlegen für Vierfarb-Massendruck	CMYK-Modus

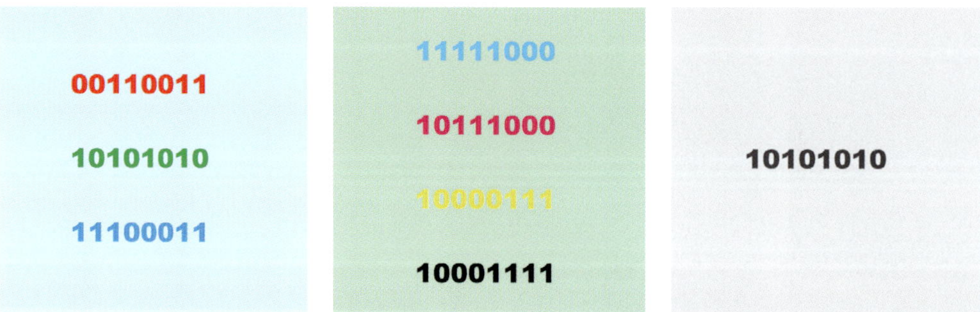

Abbildung 5.2 **Links:** Dieser Bildpunkt stammt aus einer Datei im Modus RGB-Farbe mit dreimal acht Bit Farbtiefe pro Bildpunkt. Jeder Bildpunkt besteht aus den separaten Grundfarben Rot, Grün und Blau. Jede Grundfarbe wird mit acht Nullen oder Einsen kodiert, also mit jeweils acht Bit bzw. einem Byte. Jeder Bildpunkt belegt 3x8 Bit, also 24 Bit bzw. drei Byte. **Mitte:** Dieser Bildpunkt stammt aus einer CMYK-Datei. Er besteht aus den vier Grundfarben Gelb, Cyan, Magenta und Schwarz. Jede Grundfarbe ist mit acht Nullen oder Einsen, also mit acht Bit kodiert. Jeder Bildpunkt belegt entsprechend 4x8 Bit, d.h. 32 Bit oder 4 Byte. **Rechts:** Dieser Bildpunkt aus einem Graustufenbild besitzt nur die Grundfarbe Schwarz. Sie wird mit acht Nullen oder Einsen, also mit 8 Bit kodiert. Das ermöglicht 2^8 bzw. 256 unterschiedliche Abstufungen von Weiß über Mittelgrau bis Schwarz. Dateigröße pro Pixel: ein Byte.

5.1.2 Farbwerte und Dateigrößen erkennen

Je nach Farbmodus und Farbtiefe ändern sich Dateigrößen und die Farbwerte der Bildpunkte. Aber Photoshop hält Sie auf dem Laufenden:

- In der Titelliste des Bilds erkennen Sie Farbmodus und Farbtiefe; auch die Häkchen im Untermenü **Bild: Modus** geben Aufschluss.
- Die Statusleiste verrät die DATEIGRÖSSE im Arbeitsspeicher (Seite 73) oder das DOKUMENTPROFIL.
- Das Info-Bedienfeld zeigt die Farbwerte des Bildpunkts unter dem Mauszeiger nach verschiedenen Farbmodellen. Zeigen Sie auch Werte aus Farbmodi an, die Sie aktuell nicht verwenden.

5.2 Farbtiefe

Die Informationsdichte pro Bildpunkt wird »Farbtiefe« genannt - wie viele Nullen und Einsen pro Bildpunkt verwendet werden. Je höher die Farbtiefe, desto mehr unterschiedliche Farbabstufungen in einem Bild sind möglich, desto mehr steigt aber auch die Dateigröße.

5.2.1 Farbtiefe und Farbmodus

Die niedrigste Farbtiefe ist ein Bit - nur eine Null oder Eins pro Bildpunkt. Das reicht für 2^1, also zwei Farbtöne, in der Regel für Schwarz und Weiß. Übliche Graustufenbilder bieten für jeden Bildpunkt acht Nullen oder Einsen auf. Diese 8-Bit-Kodierung erlaubt 2^8, also 256 unterschiedliche Graustufen - genug für ein fein differenziertes Graustufenbild.

Farbdateien bestehen im Grunde aus mehreren Graustufenbildern: für jede Grundfarbe ein sogenannter Farbauszug oder Farbkanal. Bei RGB-Dateien liegen die drei Farbauszüge Rot, Grün und Blau übereinander. Jeder Farbauszug hat in der Grundausführung acht Bit pro Pixel, insgesamt dreimal acht Bit, also 24-Bit-Farbtiefe. Das macht 2^{24}, also rund 16,8 Millionen unterschiedliche Farben, das sogenannte »Truecolor«. Auch das Lab-Farbmodell basiert auf drei Auszügen, ergibt also die gleiche Farbtiefe. Dagegen setzt sich das CMYK-Modell der Druckvorstufe aus vier Kanälen zusammen - Cyan (Grünblau), Magenta (Purpur), Gelb und Schwarz. Das ergibt eine Farbtiefe von vier mal acht bzw. 32 Bit.

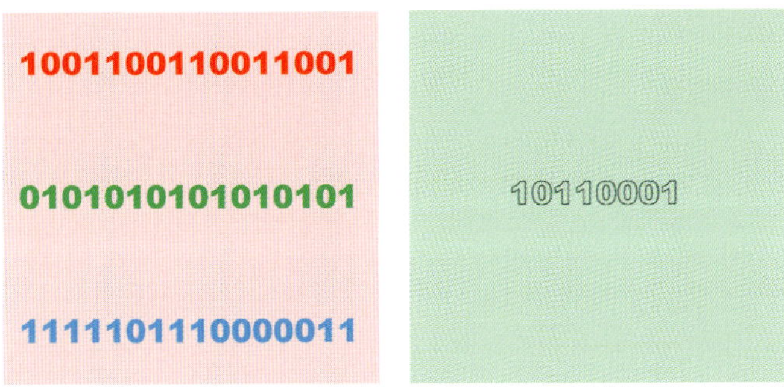

Abbildung 5.3 **Links:** Der Bildpunkt stammt aus einem RGB-Bild mit einer erhöhten Farbtiefe von 16 Bit pro Grundfarbe. Jeder Bildpunkt besteht aus den separaten Grundfarben Rot, Grün und Blau, kodiert mit jeweils 16 Nullen oder Einsen. Dadurch steigt die Dateigröße auf 3x16 Bit, also 48 Bit oder 6 Byte pro Bildpunkt – eine Verdoppelung gegenüber dem üblichen RGB mit acht Bit. **Rechts:** Der Bildpunkt aus diesem Bild im Modus »Indizierte Farben« benötigt statt 24 Bit nur acht Bit, also nur acht statt 24 Nullen oder Einsen. Damit belegt das Bild ebenso wenig Arbeitsspeicher wie ein Graustufenbild – zwei Drittel weniger als ein RGB-Farbbild. Allerdings sind auch nur 2^8 bzw. 256 unterschiedliche Farbtöne möglich.

Dateigrößen

Die Dateigröße im Arbeitsspeicher hängt unmittelbar von der Farbtiefe ab. Acht Bit sind ein Byte; also beansprucht ein Graustufenbild mit 8-Bit-Farbtiefe ein Byte pro Bildpunkt. Eine Graustufendatei mit 640x480 Punkten à ein Byte benötigt folglich 307 Kbyte Arbeitsspeicher. Dreimal mehr fordert die RGB-Datei mit ihren drei Kanälen zu je acht Bit, sie kommt auf 921 Kbyte. Eine entsprechende CMYK-Datei genehmigt sich 1228 Kbyte.

Sämtliche Werte verdoppeln sich, wenn Sie 16 statt 8 Bit pro Grundfarbe verwenden. Damit belegt ein Bildpunkt pro Einzelfarbe zwei Byte. Das Graustufenbild misst 614 Kbyte, RGB ist mit 1843 Kbyte zu veranschlagen und das CMYK-Exemplar schwillt auf 2457 Kbyte an.

5.2.2 16-Bit-Farbtiefe

Hochwertige Scanner liefern statt 8 auch 16 Bit pro Grundfarbe. Auch Kamera-Rohdateien können Sie mit 16-Bit-Farbtiefe umwandeln, zum Beispiel im TIFF- oder PSD-Dateiformat. Das heißt, statt 24-Bit-RGB erhalten Sie 48-Bit-RGB; statt 32-Bit-CMYK erhalten Sie 64-Bit-CMYK.

Manche Scanner oder Kameras produzieren auch 10, 12 oder 14 Bit pro Grundfarbe. Solche Dateien werden entweder schon vom Gerät selbst auf acht Bit gestaucht oder von Photoshop auf 16 Bit angehoben.

Sie erhalten mit 16-Bit-Dateien vor allem feiner differenzierte Schatten. Selbst aus völlig »abgesoffenen« 16-Bit-Vorlagen destillieren Photoshopper noch brauchbare Bilder. Wenn möglich, nehmen Sie wegen der besseren Detailtiefe Tonwertkorrekturen zunächst im 16-Bit-Modus vor, dann erst senken Sie mit **Bild: Modus: 8 Bit/Kanal** die Farbtiefe auf den üblichen Wert.

Einschränkungen: Der Kunstprotokollpinsel funktioniert nicht bei **16 Bit/Kanal**, ebensowenig **Variationen** und die komplette »kreative« **Filtergalerie** mit zahlreichen **Filter**-Befehlen.

Achtung Viele andere Bild-, Grafik- und Internetprogramme beherrschen **16 Bit/Kanal** oder **32 Bit/Kanal** nicht. Solche Dateien werden dort nicht geöffnet oder ohne Warnung auf **8 Bit/Kanal** zurückgesetzt und dann mit **8 Bit/Kanal** gespeichert.

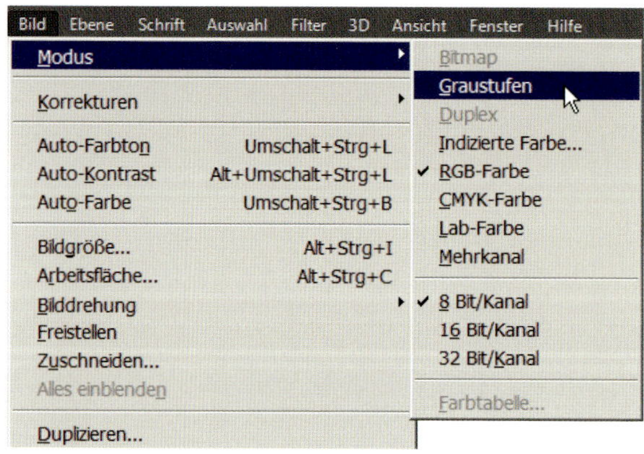

Abbildung 5.4 Im Untermenü »Bild: Modus« steuern Sie Farbmodus und Farbtiefe.

5.2.3 32-Bit-Farbtiefe

Sie können auch mit fulminanten 32 Bit pro Grundfarbe arbeiten. Die Befehle **Zu HDR pro zusammenfügen** wichtig (Seite 348) und **HDR-Tonung** (Seite 337) arbeiten intern mit 32 Bit pro Grundfarbe, rechnen aber wahlweise beim OK-Klick auf acht oder 16 Bit zurück. Teilweise gelten 32-Bit-Bilder auch als »HDR-Dateien« (Seite 344). Einige Photoshop-Funktionen stehen für **32 Bit/Kanal** nicht zur Verfügung, entsprechende TIFF-Dateien können Sie aber im leistungsfähigen Raw-Dialog korrigieren.

32-Bit-Dateien darstellen

Sie können HDR-Dateien am Bildschirm mit ganz unterschiedlichen Kontrasten und Helligkeiten darstellen, ohne dabei die Qualität der Datei im geringsten zu ändern – es geht nur darum, den riesigen Tonwertumfang irgendwie für den Monitor zu bändigen:

- Steuern Sie die Darstellung mit dem Befehl **Ansicht: 32-Bit-Vorschau-Optionen**.
- Verwenden Sie den Regler **Belichtung** direkt unten in der Statusleiste des Bilds (öffnen Sie das Menü in der Statusleiste mit dem Dreieckschalter ▶ und wechseln Sie zu **Belichtung**).

5.3 Die wichtigsten Farbmodi: RGB und CMYK

Die wichtigste Farbmodi sind RGB für die Monitordarstellung und CMYK für Massendrucksachen in der professionellen Druckvorstufe.

5.3.1 RGB-Modus

RGB ist der Naturzustand von Bilddateien, denn Scanner und Digitalkameras funktionieren prinzipiell im RGB-Modus. Ebenso setzt ein Monitor seine Farben immer aus Anteilen von Rot, Grün und Blau zusammen – auch wenn er eine CMYK-Datei zeigt. Während die meisten Farbdrucker mit CMYK arbeiten, funktionieren Dia- oder Fotopapierbelichter nach dem RGB-Schema.

RGB können Sie fast immer verwenden: für Monitorpräsentation und Diabelichter sowieso, aber auch für den Druck. Farbtintenstrahler sollten Sie in der Regel mit RGB beschicken, auch wenn die Geräte nach dem CMYK-Schema arbeiten.

Auch einige Filter verlangen exklusiv nach RGB – so die **Beleuchtungseffekte**. Läuft mit Zusatzfiltern von Drittanbietern etwas schief oder zeigt sich Photoshop unverhofft sperrig, probieren Sie RGB mit acht Bit Farbtiefe pro Grundfarbe.

Abbildung 5.5 Das RGB-Farbmodell arbeitet mit der additiven Farbmischung: Übereinander strahlende Farben hellen sich auf – Rot, Grün und Blau bei voller Intensität mischen sich zu Weiß. Zwei RGB-Farben mischen sich zu den Sekundärfarben des subtraktiven Farbmodells: Blau und Grün mischen sich zu Cyan, Grün und Rot zu Gelb, Rot und Blau zu Magenta.

Additive Farbmischung (RGB)

Der RGB-Modus funktioniert nach der additiven Farbmischung der Leuchtfarben: Die primären Grundfarben Rot, Grün und Blau strahlen übereinander. Leuchten alle mit gleicher Kraft, ergibt sich Grau. Je stärker sie leuchten, desto heller das Ergebnis. Leuchten alle mit voller Kraft, ergibt sich Weiß.

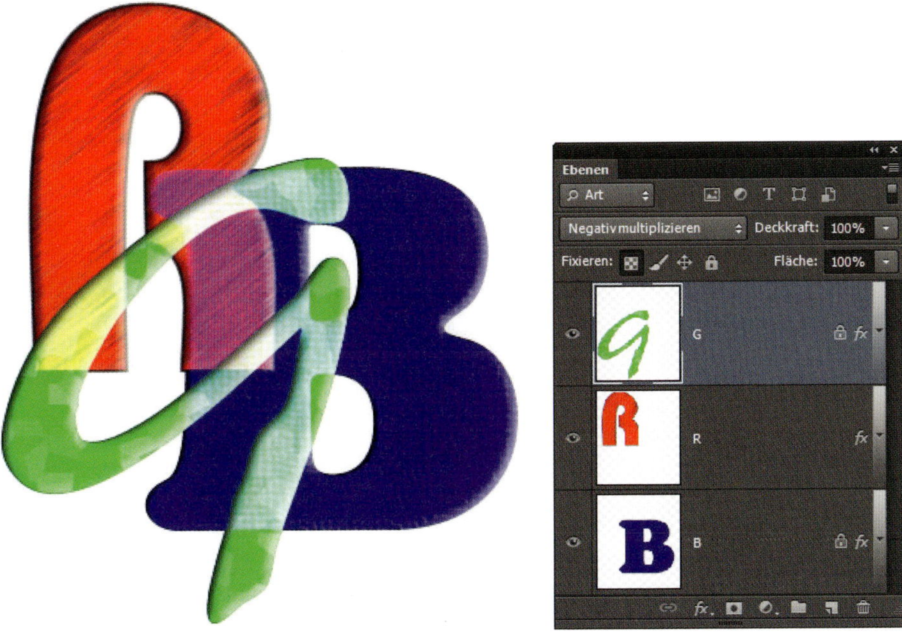

Abbildung 5.6 Mit dem Mischmodus »Negativ multiplizieren« im Ebenen-Bedienfeld vollziehen Sie die additive Farbmischung nach: Rot, Grün und Blau mischen sich zu Cyan, Gelb und Magenta. Datei: Farbmodus_2

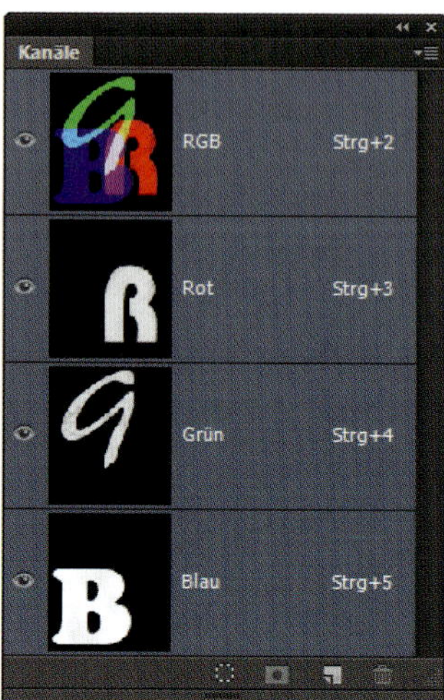

Abbildung 5.7 Wie die additive Farbmischung wirkt, erkennen Sie auch durch separate Bearbeitung der Grundfarben: Füllen Sie die Farbkanäle einzeln und betrachten Sie dann das Gesamtergebnis. Datei: Farbmodus_3

5.3.2 CMYK-Modus

Beim Druck funktionieren keine RGB-Lichtfarben, hier treffen deckende Farben aufs Papier. Je mehr davon, desto dunkler sieht's aus. Beim Wechsel von RGB nach CMYK beachtet Photoshop Ihre Vorgaben aus den Farbeinstellungen. In einem Farbwählfeld mit CMYK führen hohe Werte zu dunklen Tönen: 0 Prozent heißt keine Deckung, 100 Prozent steht für volle Deckung.

Photoshop zeigt CMYK-Bilder nur im Rahmen seiner Möglichkeiten – also auf einem Monitor, der mit den leuchtenden RGB-Farben funktioniert. Das heißt, Photoshop rechnet ein CMYK-Bild für den Monitor intern nach RGB um.

Tipp Behalten Sie von wichtigen Vorlagen eine RGB-Version zurück – sozusagen das naturbelassene Bild. So wechseln Sie notfalls neu vom Original zu CMYK.

Verwendung

Wollen Sie Ihre Bilder am Monitor oder als Dia zeigen, haben Sie mit CMYK nichts zu tun. Soll das Foto dagegen gedruckt werden, muss man es irgendwann nach CMYK konvertieren – entweder Sie konvertieren in Photoshop, Ihr Dienstleister konvertiert oder Sie überlassen die Aufgabe schlicht dem Druckgerät.

Fragt sich nur, ob und wann man nach CMYK umwandelt: Einerseits sagt die Monitorvorschau im CMYK-Modus mehr über das spätere Druckergebnis aus als die RGB-Version, auch bestimmte Filteroperationen wie das Schärfen sollte man erst am CMYK-Bild anwenden. Wollen Sie Schatten einsetzen, können Sie im CMYK-Modell den separaten Schwarzkanal verwenden. Erzeugen Sie komplette Farbflächen für den Vierfarbdruck, etwa mit dem Verlaufswerkzeug und bunten Pinseln, dann arbeiten Sie in CMYK mit korrekten Separationsvoreinstellungen.

Abbildung 5.8 Subtraktive Farben ergeben übereinandergelegt Schwarz. Gelb und Magenta übereinander mischen sich zur Primärfarbe Rot, Gelb und Cyan zur Primärfarbe Grün, Cyan und Magenta zur Primärfarbe Blau.

Für längeres Verweilen im RGB-Modus spricht andererseits, dass der Arbeitsspeicher nur mit drei statt vier Bildkanälen strapaziert wird und dass mehr Funktionen zur Verfügung stehen. Aus dem RGB-Modus heraus haben Sie eine CMYK-Vorschau zur Verfügung (**Ansicht: Farb-Proof**, mit **Ansicht: Proof einrichten** näher definieren). Farbtintenstrahler drucken zwar mit CMYK- und Zusatzfarben, erwarten jedoch RGB-Dateien, die im Druckertreiber optimiert umgewandelt werden.

Subtraktive Farbmischung (CMY)

Alle CMYK-Farben in voller Intensität übereinander ergeben Schwarz. Diese Farben sind Cyan (Grünblau), Gelb und Magenta (Purpur). Gelb, Grünblau und Magenta entstehen, indem man jeweils zwei der additiven Primärfarben Rot, Grün und Blau zu gleichen Teilen mischt.

Grünblau, Gelb und Purpur volle Kraft übereinandergedruckt ergeben theoretisch Schwarz, aus drucktechnischen Gründen jedoch Dunkelgrau oder Braun. Die eigene Druckfarbe Schwarz verstärkt deshalb den Tiefeneindruck und führt zum üblichen Vierfarbdruck. Außerdem spart es Druckfarbe, schont das Papier und stabilisiert den Druckprozess, wenn statt der drei Druckfarben Cyan, Yellow und Magenta übereinander lediglich ein gleichwertiger Schwarzanteil gedruckt wird. Vollziehen Sie die subtraktive Farbmischung mit dem Mischmodus **Multiplizieren** nach.

Umwandlung nach CMYK

Die Umwandlung eines RGB-Bilds nach CMYK bezeichnet man als Farbseparation. In der Regel verwenden Sie ein ICC-Profil, das Sie von Ihrem Dienstleister erhalten. Wandeln Sie ein Bild nur einmal von RGB nach CMYK um und zwar erst dann, wenn die **Farbeinstellungen** stimmen. Nehmen Sie erst alle Farbkorrekturen im RGB-Modus vor, konvertieren Sie dann das Bild und überprüfen Sie in CMYK erneut Lichter und Tiefen. Schatten, schwarze Schrift oder Scharfzeichnung folgen eventuell erst nach der CMYK-Umwandlung. Auf Wunsch separiert auch Ihr Belichtungsstudio.

Zunächst sollten die Monitorvoreinstellungen und die Vorgaben für die Druckfarben stimmen. Im Anschluss drucken Sie ein Testbild aus und passen Ihren Monitor entsprechend an (Seite 85). Mit **Bearbeiten: Farbeinstellungen** bietet Photoshop verschiedene Voreinstellungen für typische Drucksituationen. Wollen Sie die

Umwandlung von RGB nach CMYK selbst, ohne ICC-Profil Ihres Dienstleisters, steuern, wählen Sie in diesem Dialogfeld im Bereich Arbeitsfarbräume im Klappmenü CMYK die Option Eigenes CMYK.

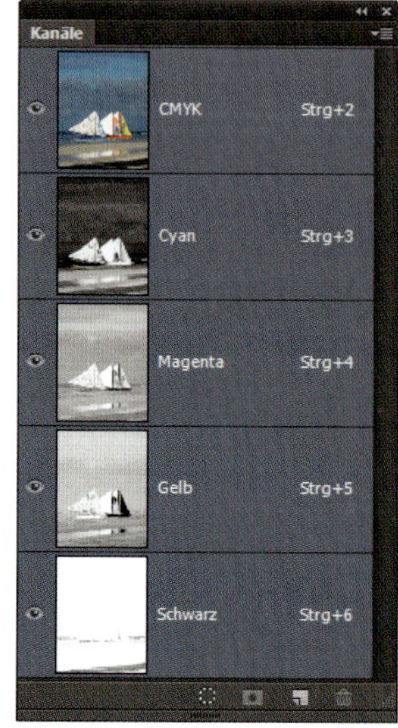

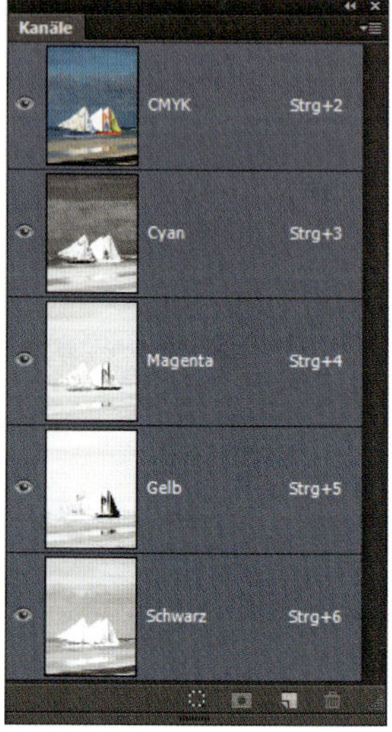

Abbildung 5.9 Je nach CMYK-Vorgabe werden die Farben unterschiedlich umgewandelt. Die Variante des linken Bedienfelds verwendet mehr CMY-Farben, die rechte Version maximalen Schwarzanteil. Vorlage: Farbmodus_4.

CMYK-Warnungen in Dialogfeldern

Sie können schon bei RGB- oder Lab-Dateien zu gesättigte, in CMYK nicht druckbare Farben aufzeigen und entfernen. Photoshop kennzeichnet diese Farben so:

- Farbwähler und Farbregler zeigen das Warndreieck ⚠, wenn Sie eine nicht druckbare Farbe markieren; ein Klick auf das Dreieck beschert Ihnen die nächstgelegene druckbare Farbe.
- Das Info-Bedienfeld präsentiert ein Ausrufezeichen neben Tonwerten, die nach der Korrektur aus dem druckbaren Rahmen herausfallen.
- Der Befehl **Ansicht: Farbumfang-Warnung** (Strg + ⇧ + Y) hebt alle Pixel eines RGB-Bilds durch Alarmfarben hervor, die im aktuell gewählten CMYK-Farbraum der druckbaren Farben (dem sogenannten Gamut) nicht vorkommen. Sie können die entsprechenden Farben zum Beispiel mit dem Schwamm abschwächen.

Tipp Wollen Sie nicht druckbare Farben nicht nur hervorheben, sondern auswählen? Dies erledigt der Befehl **Auswahl: Farbbereich** mit der Vorgabe Ausserhalb des Farbumfangs (Seite 583).

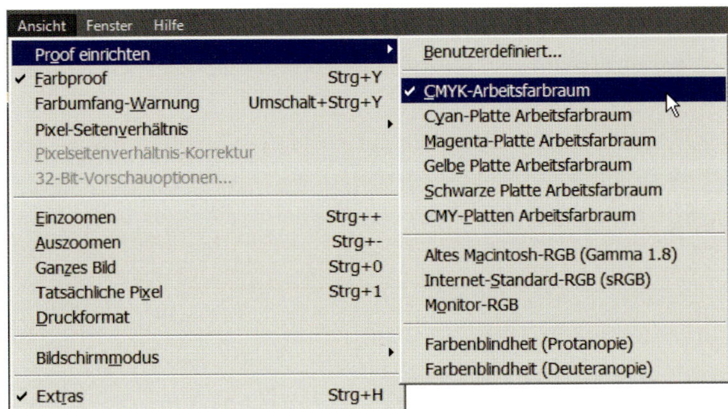

Abbildung 5.10 Der Befehl **Ansicht: Farb-Proof** (Strg+Y) zeigt eine RGB-Datei in verschiedenen CMYK-Varianten, ohne das Bild endgültig in CMYK zu verwandeln. Im Untermenü »Ansicht: Proof einrichten« steuern Sie die CMYK-Vorschau. Sie erkennen in der Titelleiste des Bilds rechts unten, dass wir ein Acht-Bit-RGB-Bild mit CMYK-Darstellung bearbeiten.

5.4 Weitere Farbmodi

Photoshop bietet weitere Farbmodi an.

5.4.1 Graustufen

Wählen Sie **Bild: Modus: Graustufen**, kann Ihre Datei nur noch Graustufen und keine Farben mehr anzeigen. Ein Graustufenbild hat nur eine Grundfarbe und belegt damit zwei Drittel weniger Arbeitsspeicher als ein RGB-Farbbild mit gleicher Farbtiefe.

Soll das Graustufenbild nachträglich Farbe annehmen, nehmen Sie im Untermenü **Bild: Modus** eine Vorgabe wie **RGB-Farbe**. Danach erscheint Ihr Graubild immer noch grau - aber im Druck kann es zu Abweichungen kommen.

Wollen Sie ein Farbmotiv in schmucke Grautöne umsetzen, klicken Sie nicht einfach auf **Graustufen**. Erzeugen Sie zunächst Graustufen nach Maß mit dem **Schwarzweiß**-Befehl oder einem der anderen Verfahren ab Seite 484.

5.4.2 Lab-Modus

Die RGB-Daten rechnet Photoshop stets auf dem Umweg über das Lab-Farbmodell nach CMYK um. Lab ist eine geräteunabhängige Farbraumbeschreibung, deren Farbraum RGB und CMYK einschließt; Lab hat also ein weiteres Farbspektrum als RGB und CMYK.

Lab ist aufgeteilt in einen Helligkeitskanal (früher L, für Luminanz oder Lab-Helligkeit) - eine Art Graustufenversion des Bilds - und zwei Kanäle für die Farbe: a von Grün bis Magenta, b von Blau bis Gelb. Speichern Sie Lab-Bilder in den Formaten TIFF, Photoshop-PSD, EPS-DCS, JPEG 2000 oder Photoshop-PDF. Dagegen eignen sich JPEG und viele weitere Dateitypen nicht.

Gründe für den **Modus: Lab-Farbe**:

- Sie wollen die Helligkeitswerte eines Bilds unabhängig von den Farbtönen bearbeiten - zum Beispiel beim Schärfen oder Stören.
- CMYK-Bilder lassen sich speicherschonend und ohne Verlust nach Lab konvertieren, das mit seinen drei Kanälen weniger Arbeitsspeicher beansprucht.
- Beim Umfärben per **Farbton/Sättigung**, wenn das Ergebnis im RGB-Modus enttäuscht hat.

Achtung Andere Programme zeigen Lab-Dateien vielleicht nicht korrekt an.

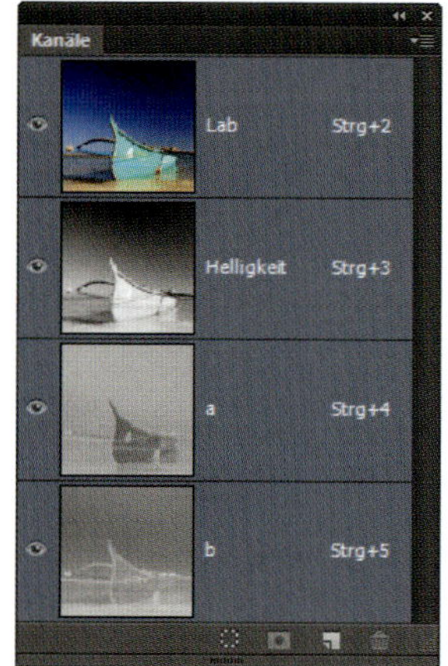

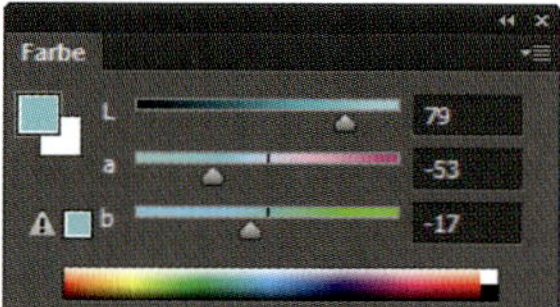

Abbildung 5.11 Das Lab-Farbmodell unterscheidet einen Helligkeitskanal und die zwei Farbkanäle a und b. Datei: Farbmodus_6.

5.4.3 Bitmap-Modus

Der **Modus: Bitmap** reduziert das Bild auf zwei Tonwerte - Schwarz und Weiß. Die Datei muss vorab im GRAUSTUFEN-Modus vorliegen, die Druckmaße müssen exakt stimmen und sollten später nicht geändert werden, auch nicht im Layoutprogramm. Geht es Ihnen nur um einen grafischen Rastereffekt, verwenden Sie **Filter: Vergröberungsfilter: Farbraster** (Seite 545). Wollen Sie eine Strichgrafik zeigen, wandeln Sie vorab um (Seite 495).

Tipp Prüfen Sie gerasterte BITMAP-Bilder in der Zoomstufe 100 Prozent (Strg+Alt+0), sonst erscheinen sie verzerrt.

Abbildung 5.12 **Links:** Bitmap-Modus mit »Diffusion Dithering« erzeugt ein körniges Streuraster. **Rechts:** Halbton-Quadrat-Raster mit 45 Grad Rasterwinkelung. Die Bilder wurden für niedrige Druckerauflösung berechnet, so dass die Rasterwirkung deutlich hervortritt. Vorlage: Farbmodus_7.

Wann Bitmap-Modus?

Der Bitmap-Modus empfiehlt sich, wenn Sie Dateien für Drucker aufbereiten, die ohnehin nur zwei Farben kennen und Zwischentöne durch Rastern vortäuschen – also etwa Laserdrucker oder Laserbelichter. In der Regel überlassen Sie die Bitmap-Umwandlung zwar dem Drucker oder dem Raster Image Processor (RIP) beim Belichter; aber das Vorabrastern in Photoshop bietet zusätzliche Kontrollmöglichkeiten und spart eventuell Zeit.

Tipp Auch im Drucken-Dialog können Sie individuell rastern; dort verändern Sie nicht die Bilddatei, sondern nur den aktuellen Ausdruck.

5.4.4 Indizierte Farben

Bilder mit indizierten Farben zeigen nur maximal 256 unterschiedliche Farben. Wichtig ist die »Indizierte Farbe« für GIF-Dateien, die auf WWW-Seiten Animationen und Freisteller ermöglichen: GIF akzeptiert keine andere Farbtiefe. Um übliche Halbtonfotos platzsparend zu speichern, nimmt man eher das JPEG-Dateiformat.

5.4.5 Duplex

Bilder im **Duplex**-Modus wirken wie Tonungen: Sie erzeugen getonte Graustufenwerke mit einer bis vier Grundfarben – und entsprechend einer bis vier Druckfarben. Wir besprechen das Verfahren ab Seite 482.

Teil 2
Basisaufgaben

Steigen Sie ein in die Bildverwaltung mit Bridge und Mini Bridge: Legen Sie übersichtliche Fotosammlungen an, nutzen Sie Stichwörter und Bildbeschreibungen für Ihr persönliches Bildarchiv. Auch um die hochwertigen Raw-Dateien geht es in diesem Teil – und um weitere Dateiformate wie JPEG oder TIFF.

Kapitel 6
Bridge und Mini Bridge

Wie ein digitales Leuchtpult reiht das separate Programm Bridge Ihre Fotos auf. Als Variante dazu gibt es das Bedienfeld Mini Bridge innerhalb von Photoshop.

In diesem Kapitel besprechen wir viele, aber nicht alle Funktionen von Bridge: Den kompletten Umgang mit IPTC-Beschreibungen und Stichwörtern sowie mit Exif-Kameradaten stelle ich im »Metadaten«-Kapitel vor (Seite 180); Camera-Raw-Dateien behandelt en bloc das Kapitel ab Seite 198, auch PDF-Kataloge und Webgalerien finden Sie in anderen Kapiteln.

Manche Erklärungen in diesem Kapitel gelten auch für das Bedienfeld Mini Bridge in Photoshop, dann erwähne ich das ausdrücklich. Alle Besonderheiten, die speziell nur Mini Bridge betreffen, besprechen wir ab Seite 178.

6.1 Übersicht

Diese Möglichkeiten bieten Bridge wie auch Mini Bridge:

- Miniaturendarstellung in verschiedenen Größen und Sortierungen, nur bei Bridge mit Textinformation nach Maß
- Schnelles Auffinden von wichtigen oder zuletzt genutzten Ordnern und Dateien
- Anzeigen und Ändern von IPTC-Einträgen wie Beschreibung oder Stichwörter
- Suchen und selektives Anzeigen von Dateien mit bestimmten Eigenschaften (in Mini Bridge eingeschränkt)
- Dateiformat-Umwandlung und Kleinrechnen
- Diaschau aus dem Programm heraus, dabei wahlweise Anzeige und Änderung von Wertung und Beschriftung
- Für gewählte Bilder: Vorbereitung für Drehen, Reihenumbenennung und weitere Änderungen mit Skripten aus Photoshop

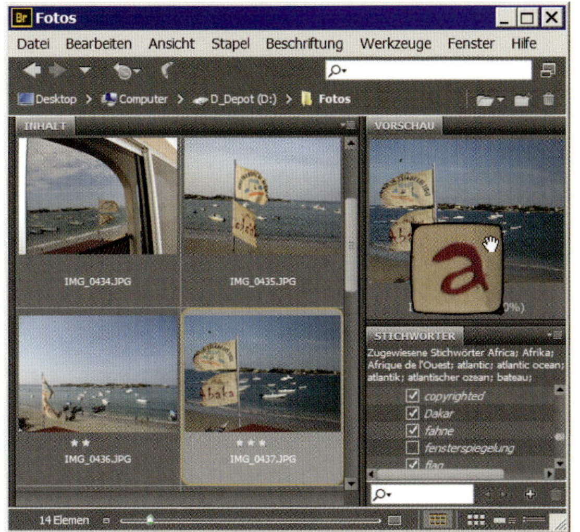

Abbildung 6.1 **Links:** Ausgehend vom »Grundlagen«-Arbeitsbereich haben wir das Vorschau- und das Stichwörter-Bedienfeld rechts im Bridge-Fenster angeordnet, das Vorschau-Bedienfeld zeigt hier die 100-Prozent-Lupe. Die Textzeilen unter den Miniaturen verschwanden per Strg + T. **Rechts:** Im Bridge-Fenster links sehen Sie das Ordner-Bedienfeld und das Metadaten-Bedienfeld mit Metadaten-Überblick und IPTC-Bereich. Unter den Miniaturen zeigt Bridge Farbcodes, Sternewertung und technische Daten oder Stichwörter an. Die gelbe »QuickInfo« schalten Sie in den Voreinstellungen ein.

Abbildung 6.2 **Links:** Das Favoriten-Bedienfeld bietet die wichtigsten Ordner an, per Filter-Bedienfeld finden Sie schnell die gewünschten Motive. Im Filmstreifenmodus haben wir vier Dateien markiert, die zum Vergleich vergrößert im Vorschau-Bedienfeld erscheinen, zwei davon mit Lupe. **Rechts:** Der Arbeitsbereich »Vorschau« erzeugt eine senkrechte Miniaturenreihe im Inhalt-Bedienfeld. Dort sehen Sie auch mehrere Bildreihen nebeneinander.

Das gibt es nur bei Bridge, nicht bei Mini Bridge:

- Anzeigen von mehr als einer Textzeile pro Miniatur
- IPTC-Texte, Sternewertung und Farbcodes anwenden
- Vielseitig änderbare Oberfläche mit speicherbaren Varianten
- Komplexer **Suchen**-Dialog, Speichern der Abfragekriterien und der Fundliste
- Gestalten und Speichern von PDF-Bildkatalogen und Fotogalerien fürs Internet
- Stapel verwalten (Mini Bridge zeigt gestapelte Bilder als Einzelbilder)
- Manuelle Sortierung (Mini Bridge ignoriert eine manuelle Sortierung aus Bridge)

6.2 Oberfläche

Die Bridge-Oberfläche lässt sich vielseitig gestalten, nützliche Anordnungen des Programmfensters können Sie speichern.

Tipp Sie wollen einen Ordner samt Unterordnern sehen? Wählen Sie **Ansicht: Elemente in Unterordnern anzeigen.** Alternative: Der Rechtsklick auf einen Ordner in der Pfadleiste (nicht im Ordner-Bedienfeld), dort finden Sie ebenfalls den Befehl **Elemente in Unterordnern anzeigen**.

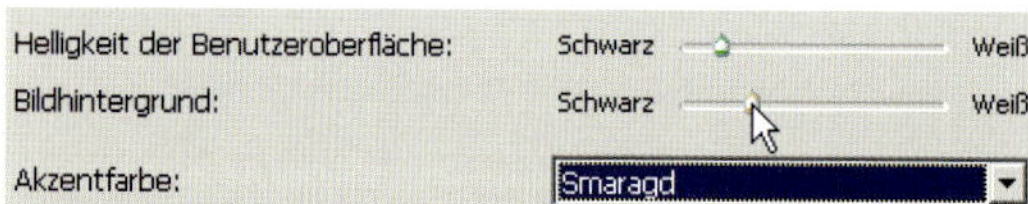

Abbildung 6.3 Die Programmfarben von Bridge steuern Sie in den »Voreinstellungen« (Strg+K). Das Bedienfeld Mini Bridge ändert sich dabei nicht.

6.2.1 Teile von Bridge ausblenden

In Bridge blenden Sie Bedienfelder so ähnlich aus wie in Photoshop:

- Klicken Sie doppelt auf den Namen eines Bedienfelds wie Vorschau, Ordner, Metadaten – sie schließt oder öffnet sich; der Bedienfeldreiter bleibt aber sichtbar.
- Ziehen Sie die Bedienfelder zu Gruppen zusammen.
- Per ⇆-Taste klappen sämtliche Bedienfelder weg – und kommen bei Wiederholung des Befehls schnurstracks zurück.
- Soll nur die rechte oder nur die linke Bedienfeldspalte abtauchen, klicken Sie doppelt auf die senkrechte Trennleiste zum Mittelbereich.
- Sie wollen einzelne Bedienfelder hervorholen oder verbannen? Ein passendes Kontextmenü liefert der Rechtsklick auf einen Bedienfeldtitel wie Filter oder Favoriten; Alternative: das **Fenster**-Hauptmenü.
- Die untere Schaltflächen-Leiste mit dem Ordner-Pfad und Schaltflächen zum Drehen verschwindet mit dem Befehl **Fenster: Pfadleiste**.

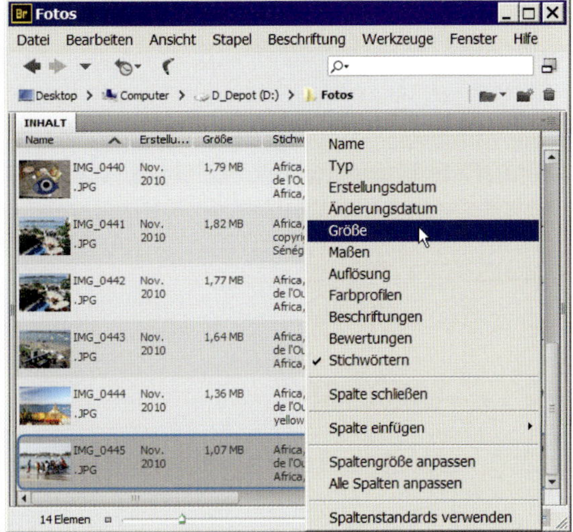

Abbildung 6.4 **Links:** Der Befehl »Ansicht: Als Details« zeigt besonders viele Informationen im Inhalt-Bedienfeld, auch IPTC-Einträge wie Stichwörter oder Copyright. **Rechts:** Wir haben in den Voreinstellungen das hellste Farbtheme gewählt und auf »Ansicht: Als Liste« geklickt. Steuern Sie Breite und Reihenfolge der Spaltenüberschriften wie »Erstellungsdatum« oder »Größe«, per Rechtsklick auf eine Kategorie fügen Sie weitere Kriterien hinzu. »Details« und »Liste« gibt es auch als Schaltfläche rechts unten im Programmfenster.

6.2.2 Kompaktmodus

Beim Wechsel in den Kompaktmodus mutiert Bridge zum schmalen Programmfenster ohne Bedienfelder oder Hauptmenü; es lässt sich zunächst von anderen Programmen nicht überdecken. Klicken Sie auf In Kompaktmodus wechseln.

Nun funktioniert Bridge fast wie ein Photoshop-Bedienfeld: Bridge bleibt jederzeit sichtbar. Ziehen Sie Bilder aus Bridge in Photoshop oder auch in beliebige andere Programme. Zurück in den Vollmodus geht's mit einer eigenen Schaltfläche; auch mit Strg + ↵ wechseln Sie zwischen Kompaktmodus und Vollmodus.

Immer im Vordergrund

Im Kompaktmodus bleibt Bridge zunächst immer im Vordergrund, es wird nicht von anderen Programmen überdeckt. Öffnen Sie das Menü mit dem Schalter und verzichten Sie bei Bedarf auf **Kompaktes Fenster im Vordergrund.** Nun können sich andere Programme vor Bridge drängen.

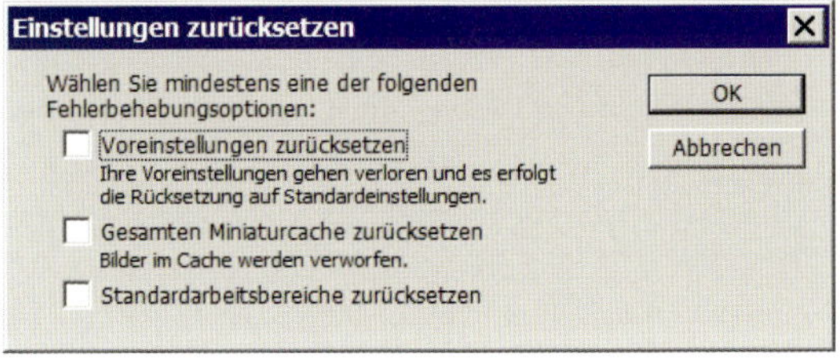

Abbildung 6.5 Probleme? Starten Sie Bridge mit gedrückter Strg + Alt + ⇧-Taste. Sie können »Voreinstellungen« oder Cache zurücksetzen, am besten alles. Danach lässt sich das Programm eventuell wieder normal nutzen. Prüfen Sie anschließend jedoch die »Voreinstellungen« (Strg + K), richten Sie zum Beispiel den »Cache«-Speicherbereich wieder passend für Ihren Computer ein.

6.2.3 Mehrere Bridge-Fenster gleichzeitig

Stellen Sie mehrere Bridge-Fenster nebeneinander (nicht bei Mini Bridge). So vergleichen Sie verschiedene Verzeichnisse und kopieren bequem hin und her; übersichtlich sehen Sie Suchergebnisse und Gesamtverzeichnis nebeneinander. Wählen Sie einfach **Datei: Neues Fenster** (Strg+N).

»Neues synchronisiertes Fenster«

Der Befehl **Fenster: Neues synchronisiertes Fenster** (Strg+Alt+N) erzeugt ein zweites Bridge-Fenster, das jederzeit inhaltliche Änderungen im ersten Fenster mitvollzieht – verwendetes Verzeichnis und aktivierte Datei(en). Zeigen Sie zum Beispiel im ersten Fenster Hunderte kleiner Miniaturen ohne jede Information; im synchronisierten Fenster sichten Sie nach Bedarf

- die aktivierten Bilder im Metadaten-Modus mit ausführlichen Informationen oder
- nur das Vorschau-Bedienfeld; sie zeigt die im ersten Fenster markierten Dateien deutlich größer.

6.2.4 Befehle im Überblick: Bridge-Oberfläche

Taste/Feld	Zusatztasten	Aktion	Ergebnis
Strg+↵			Wechsel Kompaktmodus/Vollmodus
		Klicken	Kompaktmodus
		Klicken	Verhindern, dass Miniaturen nur halb angezeigt werden
		Klicken	Favoriten und übergeordnete Ordner anzeigen
		Klicken	Letzte Dateien in Photoshop öffnen
			Letzte Dateien oder Ordner in Bridge sichten
		Klicken	Zum vorher/nachher genutzten Ordner wechseln
		Klicken	Zu Photoshop wechseln
Strg+⇧	+		Miniaturen vergrößern
Strg+⇧	-		Miniaturen verkleinern
F2 (nicht am Mac)			Markierte Datei umbenennen
Strg+R	⇧		**Stapel-Umbenennung**
Strg+R			Im Camera-Raw-Dialog öffnen
		Klicken	Im Camera-Raw-Dialog öffnen
		Klicken	Sortierreihenfolge umkehren
Pos 1			Zum ersten Objekt
Ende			Zum letzten Objekt
Strg+G			Markierte Dateien **Als Stapel gruppieren**
Strg+F1			Arbeitsbereich GRUNDLAGEN
Strg+F2 bis Strg+F6			Weitere Standardarbeitsbereiche METADATEN, VORSCHAU…
Strg+F			**Suchen**
Strg+K			**Voreinstellungen**

Taste/Feld	Zusatztasten	Aktion	Ergebnis
Strg + L			**Präsentation**
Leertaste			**Vollbildvorschau**
Strg + N			Neues Bridge-Fenster
Strg + N	Alt		Neues synchronisiertes Bridge-Fenster
Strg + T			Textzeilen unter den Miniaturen ein-/ausblenden

6.2.5 Miniaturen und Vorschau

Mit dem Schieberegler unten rechts im Bridge-Programmfenster ändern Sie die Miniaturengröße, alternativ per Strg + ⇧ + + und Strg + ⇧ + -. Das **Ansicht**-Menü steuert, ob Sie Ordner als Symbol anzeigen und ob **Verborgene Dateien** in Erscheinung treten dürfen – alles, was nicht Grafik ist und Bridge nicht richtig anzeigen kann, etwa externe XML-Dateien, Datenbankdateien von Bridge, Textdateien etc. Entscheiden Sie auch, in welcher Größe und Qualität Bridge Bildminiaturen anzeigt (Seite 175).

Mit der Schaltfläche MINIATURRASTER sorgen Sie dafür, dass die Miniaturen im Inhalt-Bedienfeld stets komplett sichtbar sind und nicht halb verschwinden. Per Leertaste zeigen Sie markierte Fotos schirmfüllend (auch in Mini Bridge), der nächste Klick bringt die 100-Prozent-Zoomstufe.

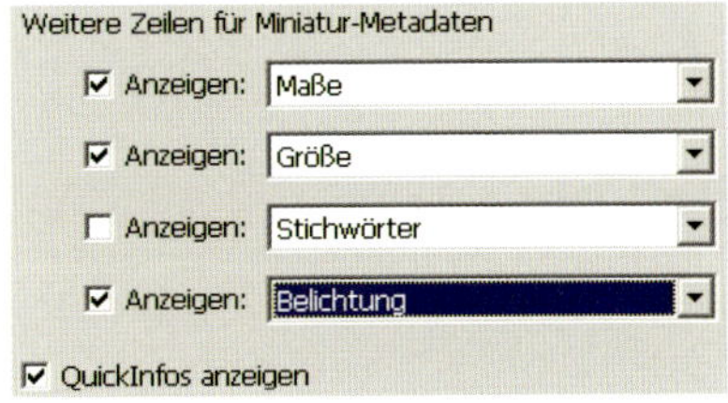

Abbildung 6.6 In den »Voreinstellungen« steuern Sie, welche Dateieigenschaften Bridge direkt unter den Bildminiaturen anzeigt.

Informationen unter den Miniaturen

Unter jeder Miniatur enthüllt Bridge zunächst nur Dateinamen, Wertung und Farbcode. Blenden Sie weitere Eigenschaften mit ein: Wählen Sie **Bearbeiten: Voreinstellungen** oder Strg + K und dann den Bereich MINIATUREN (am Mac wie immer die ⌘ + K oder **Bridge: Voreinstellungen**). Zeigen Sie etwa (Datei-)GRÖSSE, STICHWÖRTER, BESCHREIBUNG, BRENNWEITE oder Belichtungsdaten an.

Sämtliche Zeilen unter allen Miniaturen verbannen Sie auf einen Schlag per Strg + T. So entsteht mehr Platz für die Bildminiaturen. Noch einmal Strg + T und Sie sehen wieder die gewählten Eigenschaften (nicht in Mini Bridge).

Mini Bridge meldet generell nur eine Eigenschaft; welche Eigenschaft, das bestimmen Sie mit der Schaltfläche ANSICHT und dann im Untermenü **Anzeigen**. Dort verzichten Sie auch ganz auf Bildinformation.

Symbole

Bridge und Mini Bridge schmücken Ihre Miniaturen mit diesen Symbolen:

Symbol	Bedeutung
(Schloss)	Die Datei ist schreibgeschützt und kann unter diesem Namen nicht neu gespeichert werden (auch bei Dateien auf DVD). Schreibschutz aufheben mit Rechtsklick und **Sperre für Objekt aufheben**
(Regler)	Tonwerte wurden im Camera-Raw-Dialog eingestellt (verlustfrei)
(Freistellen)	Das Bild wurde im Camera-Raw-Dialog gedreht oder zugeschnitten (verlustfrei)

6.2.6 Vorschau-Bedienfeld und Lupe

Das Vorschau-Bedienfeld zeigt bis zu neun Bilder gleichzeitig an, sofern Sie mehrere Bilder auswählen. Klicken Sie in eine Vorschau – sofort erscheint die Lupe mit einem Bilddetail in der wichtigen 100-Prozent-Ansicht (Seite 76). So arbeiten Sie mit der Lupe:

- Klicken Sie weitere Bilder innerhalb des Vorschau-Bedienfelds an, um zusätzliche Lupen zu öffnen.
- Ziehen Sie die Lupe an andere Bildstellen – vergrößert sehen Sie jeweils die Bildstelle an der »angespitzten« Ecke; die befindet sich zunächst links oben an der Lupe.
- Sie wollen den Inhalt von zwei Lupen parallel bewegen, das geht bei gedrückter Strg-Taste.
- Mit dem Mausrad ändern Sie die Zoomstufe in der Lupe. Auch + und - ändern den Abbildungsmaßstab. Nehmen Sie die Strg-Taste dazu, um in mehreren Lupen gleichzeitig zu zoomen.

Tipp Sie wollen das Vorschau-Bedienfeld mit ihren Bildern größer sehen? Wechseln Sie per Strg+B in den **Betrachtungsmodus** – quasi ein bildschirmfüllendes Vorschau-Bedienfeld.

Abbildung 6.7 Per Strg-Taste bewegen und zoomen Sie die Lupen im Vorschau-Bedienfeld auch parallel, um die beste Aufnahme einer Serie zu finden.

6.2.7 »Präsentation«

Wollen Sie die Bilder vergrößert durchlaufen lassen und dabei Wertung, Farbcode und ein paar andere Dinge ändern, nutzen Sie im **Ansicht**-Menü von Bridge die Befehle **Präsentation** oder **Betrachtungsmodus**. Die Korrektur- und Verwaltungsmöglichkeiten der beiden Befehle ähneln sich, auch Mini Bridge spielt teils mit.

Der Befehl **Ansicht: Präsentation** (Strg+L) schiebt Ihre Bilder als Diaschau über den Monitor; alternativ klicken Sie in Mini Bridge auf Ansicht und dann auf Diashow. Während die Pracht vorüberzieht, können Sie Ihre Exponate en passant mit Tastenbefehlen drehen, zoomen oder Wertung und Beschriftung anbringen – die Taste H verrät die Tastaturbefehle.

Die Schau lässt sich jedoch nicht speichern und weitergeben. Wie Sie Bildfolgen speichern und zum Beispiel als **PDF-Präsentation** oder **Web-Fotogalerie** weiterreichen, besprechen wir ab Seite 925.

So wählen Sie Bilder für die **Präsentation** aus:

- Sind zwei oder mehr Bilder ausgewählt, erscheinen auch nur diese Motive in der Schau.
- Ist nur ein Bild markiert, startet die Vorführung bei diesem Bild, aber danach präsentiert Bridge weitere Motive.
- Kein Bild ausgewählt? Dann führt Bridge das komplette Verzeichnis vor.

Abbildung 6.8 **Links:** Per Präsentationsoptionen zeigen wir das Bild »zentriert« und die Textzeilen »vollständig«. Hier zeigt Bridge die Metadaten, die in den Voreinstellungen für »Miniaturen« ausgewählt wurden, schneidet aber die Stichwörter unglücklich ab. **Rechts:** Wir verwenden die Größe »In Bildschirm einpassen« und zeigen die Metadaten »kompakt«. Auch hier wird nichts vom Foto abgeschnitten, anders als bei »Bildschirmfüllend«. Damit die Umgebung statt grau zum Beispiel schwarz erscheint, ändern Sie den »Bildhintergrund« in den »Voreinstellungen« (Strg+K).

»Präsentationsoptionen«

Mit dem Befehl **Ansicht: Präsentationsoptionen** steuern Sie die Art der Vorführung (Strg+⇧+L, bei laufender Vorführung reicht L). Manche Eigenschaften lassen sich noch bei laufender Schau umstellen. Die **Präsentationsoptionen** peppen die Vorführung mit Effekten auf:

- Vor- und Zurück-Zoomen imitiert den Zoom einer Filmkamera. Beim Zoomen werden die Bildränder leicht abgeschnitten.
- Im Klappmenü der Übergangsoptionen wählen Sie Bildübergänge wie den Flip'n'Fade-Modus oder den Newspaper Spin-Modus. Der Zufallsmodus bringt Abwechslung in die Sache.

Soll die Datei den Monitor generell komplett ausfüllen oder nicht? Sie steuern das in den **Präsentationsoptionen**:

- Der Modus Zentriert umgibt Ihre Bilder mit einem einfarbigen Rahmen. Kleinere Dateien erscheinen dabei in der zuverlässigen 100-Prozent-Zoomstufe (Seite 76).
- In Bildschirm einpassen bedeutet, Bridge zeigt das vollständige Bild an – mindestens zwei Seiten erreichen die Grenze der möglichen Fläche, nichts wird abgeschnitten. Kleinere Dateien werden hochgezoomt und wirken daher pixelig.
- Mit der Vorgabe Bildschirmfüllend zoomt Bridge Ihr Bild so weit hoch, dass es die Monitorfläche vollständig bedeckt, leeren Rand gibt es nicht mehr. Deswegen sehen Sie in diesem Modus oft nur einen Teil des Motivs, bei Querformaten verschwinden die linken und rechten Ränder.

Im Klappmenü Beschriftung der **Präsentationsoptionen** geben Sie an, welche Metadaten zum Bild erscheinen:

- Vollständig zeigt Stichwörter, Sternewertung, Farbcodebeschriftung und den Dateinamen in Zeilen untereinander. Überschrift, Beschreibung oder Copyright tauchen nicht auf.
- Kompakt zeigt Dateinamen, Sternewertung und Farbcodebeschriftung in kleinerer Schrift in einer einzigen Zeile.
- Oder zeigen Sie nur die Seitenzahlen, interessant bei PDF-Dateien.

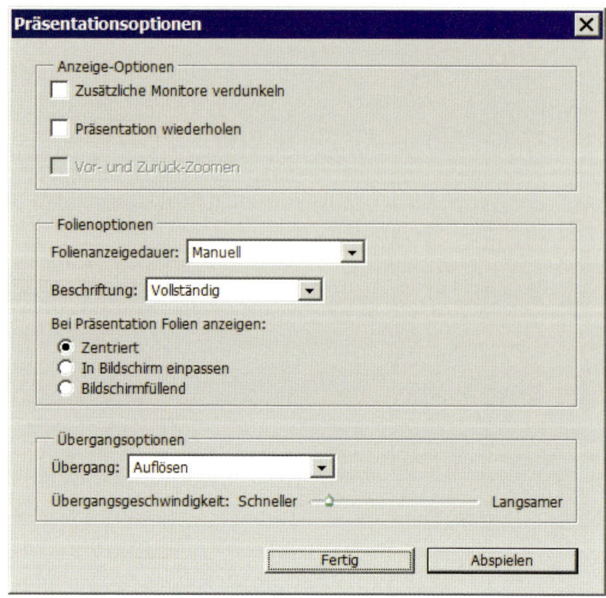

Abbildung 6.9 Legen Sie Tempo und Größe der Vorführung in den »Präsentationsoptionen« fest.

Präsentation abspielen

Die [Leertaste] wechselt zwischen automatischem Abspielen und Pause. Mit den Pfeiltasten wechseln Sie jederzeit zum nächsten Bild. Mit den [+]- und [-]-Tasten ändern Sie die Zoomstufe. Besonders praktisch: Ein Klick ins präsentierte Bild zoomt zur nützlichen 100-Prozent-Stufe. Klicken Sie gleich in die Bildstelle, die Sie interessiert, Sie können den Bildausschnitt aber auch noch verschieben.

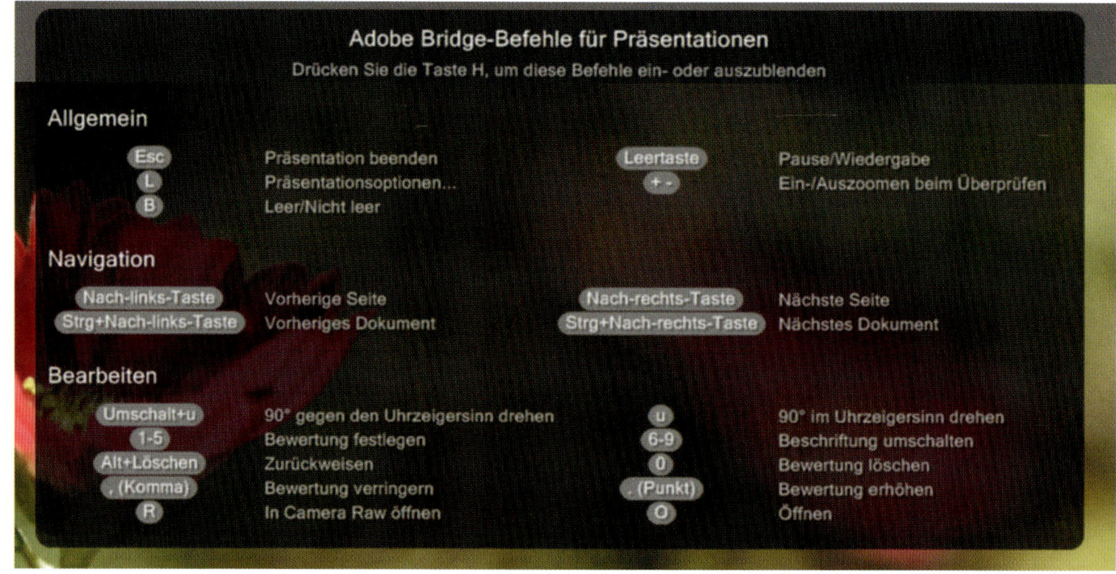

Abbildung 6.10 Während die »Präsentation« läuft, blenden Sie eine Übersicht der Tastenbefehle mit der Taste [H] ein.

Tastaturbefehle, während die Präsentation läuft

Sie können das Bild in der Präsentation drehen, mit Beschriftung oder Wertung ausstatten (also mit Farbbalken oder Sternen) und aus der Schau heraus öffnen. Einige Möglichkeiten:

Präsentation steuern	
+ / -	Zoomen
→ / ←	Zum nächsten bzw. vorherigen Bild, bei mehrseitigen Dateien zur nächsten bzw. vorherigen Seite
Leertaste	Wechsel zwischen automatischer und manueller Weiterschaltung
L	**Präsentationsoptionen**
H	Tafel mit Tastaturbefehlen einblenden
B	Vorführung anhalten, Bild ausblenden
Doppelklick ins Bild/ Ziehen	Auf 100-Prozent-Maßstab zoomen bzw. zurück zur ursprünglichen Zoomstufe/Ausschnitt verschieben

Bearbeiten	
O	In Anwendungsprogramm öffnen
R	Im Camera-Raw-Dialog öffnen
U bzw. ⇧+U	90°-Drehung im bzw. gegen Uhrzeigersinn
1 - 5	Wertung (Sterne)
6 - 9	Beschriftung (Farbcode)
,	Wertung schrittweise senken
.	Wertung schrittweise erhöhen
0	Wertung entfernen
Strg+Alt+⇧+I	**Dateiinformationen** (für IPTC-Einträge etc.)

»Vollbildvorschau« als Alternative zur »Präsentation«

Eine abgespeckte Präsentation ohne Texteinblendung liefert der Befehl **Ansicht: Vollbildvorschau** (schneller per Leertaste). Markieren Sie vorab die Bilder, die Sie sehen möchten. Zoomen Sie mit + und -, wechseln Sie das Motiv mit den Pfeiltasten.

Das funktioniert auch direkt in Photoshop mit Mini Bridge: Klicken Sie die erste gewünschte Miniatur einmal an und drücken Sie die Leertaste, schon sind sie in der **Vollbildvorschau**.

Abbildung 6.11 Der **Betrachtungsmodus** (Strg+B) legt die zuvor gewählten Bilder scheinbar auf einen Schreibtisch. Mit den waagerechten Pfeil-Schaltflächen, mit den Pfeiltasten Ihrer Tastatur oder durch Ziehen oder Anklicken holen Sie eine andere Aufnahme nach vorn. Im Betrachtungsmodus ändern Sie Sternewertung, Farbcode und legen Sammlungen an – so wie in der **Präsentation**. Mit dem H zeigen Sie Tastaturkombinationen an.

6.2.8 Sortieren

Bridge und Mini Bridge sortieren Ihre Bilder nach unterschiedlichsten Kriterien. Verwenden Sie in Bridge neben dem **Dateinamen** auch **Erstellungsdatum** (Aufnahmedatum), **Änderungsdatum**, **Copyright**, **Datei-Größe**, **Beschriftung** (Farbcode) oder **Wertung** (Sterne) als Sortierkriterium. Die Vorgabe **Maße** sortiert nach der Pixelzahl. **Stichwörter** zeigt das Bild mit dem alphabetisch ersten Stichwort zuerst, zum Beispiel kommt das Bild mit den zwei Begriffen Anna und Familie vor dem Bild mit den Begriffen Martin und Familie. Die Vorgaben **Stichwörter**, **Auflösung**, **Farbprofile** und **Manuell** finden Sie nicht bei Mini Bridge. Eine Sortierung nach Seitenverhältnis fehlt, allerdings können Sie per Filter-Bedienfeld (s.u.) Dateien nur mit bestimmten Seitenverhältnissen anzeigen.

Am bequemsten erreichen Sie die Sortierfunktion oben rechts in der Pfadleiste (einblenden mit **Fenster: Pfadleiste**). Alternativ nutzen Sie zum **Sortieren** das Untermenü **Ansicht: Sortieren** oder den Rechtsklick auf ein Ordnersymbol im Ordner-Bedienfeld. MiniBridge bietet eine ähnliche Sortieren-Schaltfläche rechts oben .

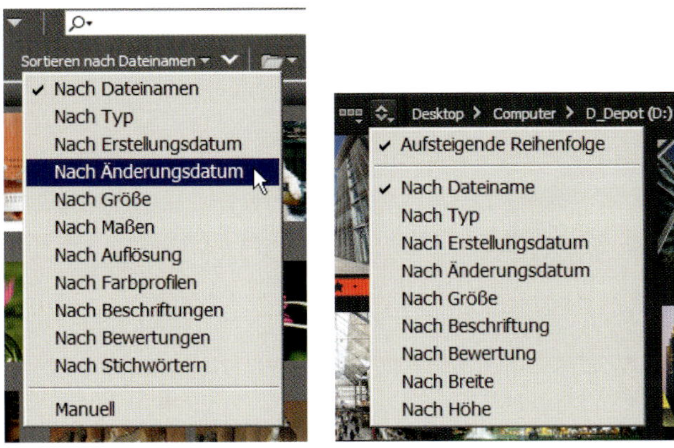

Abbildung 6.12 Bridge (**links**) bietet mehr Sortierkriterien als Mini Bridge.

Sortierung von Hand

Ziehen Sie Ihre Werke in Bridge (nicht in Mini Bridge) von Hand in jede beliebige Reihenfolge - auch mehrere am Stück. So erhalten Sie die gewünschte Anordnung für **Stapel-Umbenennung**, **Präsentation**, **Vollbildvorschau**, PDF-Präsentation oder Web-Fotogalerie. Wechseln Sie ruhig die Sortierung, reihen Sie zum Beispiel nach **Erstellungsdatum** auf, sichten Sie andere Verzeichnisse oder schließen Sie das Programm: Photoshop merkt sich die manuelle Anordnung und stellt sie auf Anfrage wieder her; dazu nehmen Sie **Manuell** im Menü für die Sortierreihenfolge.

Sobald Sie von Hand sortieren, legt Bridge im aktuellen Verzeichnis die neue Datei ».BridgeSort« an; sie listet die Reihenfolge der Bilder auf.

6.2.9 Arbeitsbereiche

Wahrscheinlich ändern Sie die vielseitige Bridge-Oberfläche immer wieder - Größe und Texte der Miniaturen ebenso wie Ausdehnung und Verteilung der Bedienfelder. Sie können verschiedene Entwürfe der Bridge-Oberfläche, sogenannte »Arbeitsbereiche«, speichern und per Menübefehl, Klick oder Tastendruck wieder abrufen. Das Ganze erinnert stark an die Arbeitsbereiche von Photoshop. Bei Mini Bridge gibt es keine unterschiedlichen Arbeitsbereiche.

Gut zu wissen: Bridge liefert bereits einige »Arbeitsbereiche« wie **Grundlagen**, **Metadaten** oder **Vorschau** mit. Diese sehr unterschiedlichen Anordnungen der Bridge-Oberfläche rufen Sie über die Arbeitsbereiche-Leiste rechts oben auf. Ein Menü aller Arbeitsbereiche erhalten Sie auch über das Dreieck ▼ rechts von der Arbeitsbereiche-Liste (links vom Suchfeld) und im Untermenü **Fenster: Arbeitsbereich**.

Abbildung 6.13 Die Leiste bietet Arbeitsbereiche wie »Grundlagen« oder »Mein eigener Arbeitsbereich« an. Der erste Arbeitsbereich hat stets den Tastaturbefehl Strg+F1 (am Mac wie üblich Strg+FN+F1).

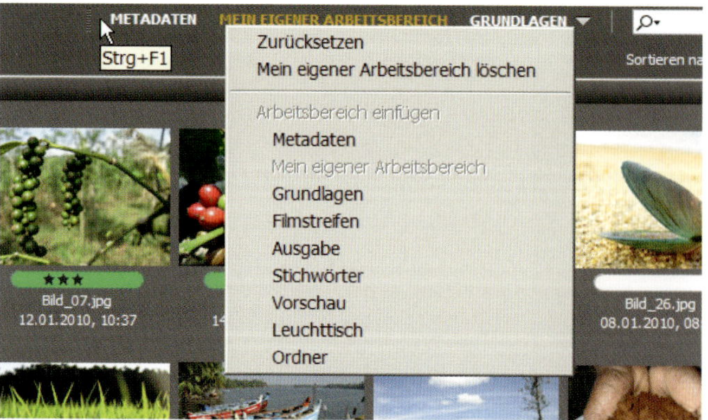

Abbildung 6.14 Wir haben die Leiste für Arbeitsbereiche verlängert und die Reihenfolge geändert. Speichern und löschen Sie eigene Arbeitsbereiche im Menü.

Arbeitsbereiche anordnen

Ziehen Sie am Steg links neben dem ersten Arbeitsbereich, um mehr oder weniger Arbeitsbereiche zu sehen. In der großgeschriebenen Zeile aller Arbeitsbereiche ziehen Sie diejenigen Arbeitsbereiche einzeln nach links, die Sie besonders oft anklicken werden. Weil sie links in der Zeile stehen, bleiben diese wichtigeren Arbeitsbereiche auch bei verkleinertem Programmfenster sichtbar.

Tastaturbefehle für Arbeitsbereiche

Der erste Arbeitsbereich lässt sich Strg+F1 aufrufen - unabhängig von der Bezeichnung. Der zweite Arbeitsbereich in der Leiste hat generell den Tastaturbefehl Strg+F2 usw. Ändern Sie die Reihenfolge, erhalten die einzelnen Arbeitsbereiche neue Tastaturbefehle.

Eigenen Programmfensteraufbau speichern

So sichern Sie Ihren persönlichen Arbeitsbereich:

1. Richten Sie Bridge genau so ein, wie Sie es öfter brauchen. Achten Sie auch auf die Position von Fenstern, Bedienfeldern, Miniaturengröße und Sortierreihenfolge.
2. Klicken Sie rechts in der Leiste der Arbeitsbereiche auf das Dreieck und dann auf **Neuer Arbeitsbereich**.
3. Im Dialogfeld tippen Sie einen Namen für Ihren Arbeitsbereich ein.
4. Klicken Sie auf SPEICHERN.

Der neue Arbeitsbereich erscheint jetzt weit links in der Liste der Arbeitsbereiche. Falls Sie ihn an erster Stelle sehen, hat er den Tastenbefehl Strg+F1.

So nutzen Sie Bridge

1 **Pfadleiste:** Ausblenden per **Fenster: Pfadleiste**; Unterordner per Rechtsklick auf Ordnernamen
2 **Unterordner:** per Klick anzeigen
3 **Eingebettete Miniaturen** verwenden für schnellen Bildaufbau
4 **Miniaturqualität** festlegen
5 **Beschriftung:** Sternewertung und Farbcode mit Tastaturbefehl oder **Beschriftung**-Menü ändern; Beschriftung und gesamte Textinformation mit Strg+T ausblenden
6 **ausgewählte Datei:** Datei wurde per Einzelklick markiert, kann jetzt u.a. kopiert, gelöscht, gezogen oder per ↵-Taste in Photoshop geöffnet werden
7 **Stapel mit drei Miniaturen;** Klick zum Öffnen des Stapels
8 **Linke Bedienfeldleiste:** Ein-/Ausblenden durch Doppelklick auf senkrechten Steg
9 **Miniaturen schrittweise verkleinern** oder Strg+-
10 **Miniaturengröße stufenlos ändern**
11 **Miniaturen schrittweise vergrößern** oder Strg++
12 **Miniaturraster:** Verhindern, dass Miniaturen unvollständig angezeigt werden
13 **Inhalt als Miniaturen** anzeigen ohne Raster
14 **Inhalt als Details anzeigen:** zeigt viele Metadaten
15 **Inhalt als Liste anzeigen:** Kriterien, Spaltenbreite und Reihenfolge selbst festlegen
16 **Rechte Bedienfeldleiste:** Ein-/Ausblenden durch Doppelklick auf senkrechten Steg
17 **Filtern nach Beschriftung:** nur Dateien mit Sternewertung oder Farbcode anzeigen
18 **Sortierkriterium**
19 **Sortierung** auf- oder absteigend
20 **Zuletzt verwendete Dateien** auflisten und in Photoshop öffnen
21 **Kompaktmodus**
22 **Suchbegriffe** eingeben (Stichwörter, Dateinamen), dann ↵-Taste
23 **Arbeitsbereich »Grundlagen« einschalten;** Reihenfolge der Arbeitsbereiche durch Ziehen nach links oder rechts ändern
24 **Arbeitsbereiche anzeigen:** Ziehen, um mehr oder weniger Arbeitsbereiche aufzulisten
25 **Ausgabe:** Webgalerie oder PDF-Katalog anlegen
26 **Raw-Dialog:** gewählte Dateien in Raw-Dialog öffnen
27 **Verfeinern: Betrachtungsmodus, Stapel-Umbenennung, Dateiinformationen** aufrufen
28 **Bilder von Kamera abrufen**, per Foto-Downloader
29 **Zu Photoshop wechseln**
30 **Letzte Objekte:** letzte Dateien oder letzte Ordner anzeigen
31 **Favoriten:** Favoriten- und übergeordnete Ordner auswählen
32 **Zurück:** zuletzt genutzten Ordner anzeigen

6.3 Markieren & Verwalten

So markieren Sie Bilder, um sie anschließend gemeinsam weiterzuverwenden:

- Verschiedene, im Inhalt-Bedienfeld verstreute Fotos wählen Sie bei gedrückter [Strg]-Taste aus.
- Eine geschlossene Bildreihe erwischen Sie so: Klicken Sie auf das erste Bild und dann bei gedrückter [⇧]-Taste auf das letzte Bild. (Ein gewähltes Foto verschwindet per [Strg]-Klick wieder aus der Auswahl.)
- [Strg]+[A] wählt alle angezeigten Bilder im Inhaltbereich aus, auch aktuell hinter den Bildschirmgrenzen versteckte.
- Sie wollen die meisten, aber nicht alle Bilder eines Ordners erfassen? Markieren Sie zunächst nur die nicht gewünschten Aufnahmen. Der Befehl **Bearbeiten: Auswahl umkehren** ([Strg]+[⇧]+[I]) wählt danach nur bisher nicht markierte Bilder aus, Ihre Auswahl steht.
- Manchmal braucht man den Befehl **Bearbeiten: Auswahl aufheben** ([Strg]+[⇧]+[A]); alternativ reicht ein Klick in die leere graue Fläche ganz außen im Miniaturenbereich. (Wie in Photoshop, lässt sich auch in Bridge der Tastaturbefehl [Strg]+[D] für Auswahl aufheben nutzen. Markieren Sie eine Datei, drücken Sie [Strg]+[D] und entscheiden Sie im Dialog, welche Funktion diese Tastenkombination übernehmen soll.)

Tipp Tippen Sie ein [B], springt Bridge sofort zum ersten Foto, das mit diesem Buchstaben beginnt, und markiert es. Tippen Sie zügig [B][o], springt Bridge zur ersten Datei, die mit »Bo« beginnt.

6.3.1 »Beschriftung« und »Wertung«

Kennzeichnen Sie einzelne Dateien mit Beschriftung (Farbbalken) und Sternewertung. So finden Sie später schnell genau die richtigen Bilder für ein Projekt. »Filtern« Sie die Miniaturenanzeige zum Beispiel über die Schaltfläche Elemente nach Bewertung filtern oder per Filter-Bedienfeld, so dass Sie nur die gewünschten Fotos sehen.

Mini Bridge lässt Sie nach Wertung und Beschriftung filtern, Sie können dort aber keine neuen Prädikate zuteilen.

Tipp Beschriftung und Wertung eignen sich vor allem für Ihre interne Bildverwaltung. Weitergeben können Sie Beschriftung und Wertung fast nur an Anwender, die ebenfalls neuere Programme des Photoshop-Herstellers Adobe verwenden, vor allem Bridge und Lightroom. Beschreibung oder Stichwörter nach IPTC-Standard (Seite 180) lassen sich dagegen mit vielen anderen Programmen und auf Foto-Webseiten nutzen.

So wenden Sie »Wertung« und »Beschriftung« an

Markieren Sie die gewünschten Aufnahmen, dann verpassen Sie ihnen in Bridge Wertung oder Farbcode wahlweise so:

- Nutzen Sie Tastenkombinationen.
- Verwenden Sie das Menü **Beschriftung**.
- Sichten Sie die Bilder als **Präsentation** [Strg]+[L], im **Betrachtungsmodus** ([Strg]+[B]) oder in der Vollbildvorschau ([Leertaste]). Dort drücken Sie die Tasten von [0] bis [5] für die gewünschte Sternezahl, die Tasten von [6] bis [9] teilen Farbbalken zu und entfernen sie wieder. Im Betrachtungsmodus gibt es auch ein nützliches Kontextmenü für die »Beschriftung«.

Abbildung 6.15 **Links:** Diese Bilddatei hat bereits eine blaue »Beschriftung«, aber noch keine Wertung. Nach dem Anklicken erscheint eine Reihe von Punkten. Klicken Sie den zweiten Punkt an, um zwei Sterne zuzuteilen. **Rechts:** So ändern Sie die Wertung: Ein Klick auf den dritten Stern hebt die Wertung auf drei Sterne. Ein Klick links neben den ersten Stern entfernt die Wertung ganz.

Weitere Funktionen für die »Wertung« (Sterne)

Speziell für die Sternewertung bietet Bridge weitere Verfahren:

- Strg+1 setzt einen Stern, Strg+2 setzt zwei Sterne, Strg+0 entfernt die Sterne.
- Strg+. erhöht die Wertung schrittweise, mit Strg+, senken Sie den Daumen peu à peu wieder.
- Wenden Sie die Sternewertung auch im Dialog **Dateiinformationen** im Bereich BESCHREIBUNG an.

☑ Beschriftungen und Wertungen über die Strg-Taste anwenden

Abbildung 6.16 Wählen Sie in Bridge Strg+K und dann BESCHRIFTUNGEN. Dort verzichten Sie auf die Vorgabe BESCHRIFTUNGEN UND WERTUNGEN ÜBER DIE STRG-TASTE ANWENDEN. Sternewertungen ändern Sie dann bequem mit den Tasten 0 bis 5 ein, Farbbalken mit 6 bis 9, ohne dass Sie noch die Strg-Taste dazu brauchen. Sie können nun allerdings nicht mehr mit den Tastengriffen 2 oder 0 zu Dateien springen, die mit »2« oder »0« anfangen.

Funktionen speziell für die »Beschriftung« (Farbbalken)

Nur die Farbcodierung bearbeiten Sie in Bridge wie folgt:

- Strg+6 bis Strg+9 sind für die Farbbalken Rot, Gelb, Grün und Blau reserviert. Wiederholen Sie den Tastengriff, um die Farbe wieder zu entfernen.
- Klicken Sie mit rechts in die gewählte Miniatur. Im Kontextmenü erscheint das Untermenü **Beschriftung** für die Farbbalken, aber ohne Sterneangebot.

Einschränkungen

Sie können Beschriftung und Wertung nicht für Bilder zuteilen, die auf der Festplatte schreibgeschützt sind oder zum Beispiel auf DVD liegen. Diese Fotos zeigt Bridge mit dem Schreibschutzsymbol; so heben Sie den Schreibschutz auf: Rechtsklick auf Miniatur, dann **Sperre für Objekt aufheben**.

Farben mit Begriffen verbinden

Im Menü **Beschriftung** und in den vergleichbaren Kontextmenüs etwa im **Betrachtungsmodus** erscheint der rote Farbbalken zunächst mit dem Eintrag **Auswählen**, der gelbe Balken heißt ausgerechnet **Zweite Wahl** und so weiter.

Geben Sie den Farben eine neue Bedeutung: Sie öffnen die **Voreinstellungen** (Strg+K) mit dem Bereich BESCHRIFTUNGEN: Teilen Sie roter Farbe zum Beispiel den Begriff »Korrigieren« zu, gelbe Balken könnten für »Nie zeigen« stehen und so weiter. Die neuen Ausdrücke erscheinen dann im Menü **Beschriftung**, im Kontextmenü zu den Miniaturen wie auch im Filter-Bedienfeld. Die Bezeichnung wird auch innerhalb der Dateien gespeichert und taucht ebenso in anderen Programmen oder nach dem Verschieben wieder auf.

In der Suchfunktion fahnden Sie nach Bildern mit dem Begriff einer Beschriftung, also zum Beispiel nach Korrigieren. Verwenden Sie die Beschriftung als Sortierkriterium, werden die Farbcodes unabhängig von der Reihenfolge der Farben alphabetisch angeordnet - Bilder mit rotem Balken für »Korrigieren« kommen also vor Bildern mit gelbem »Nie zeigen«-Code.

Achtung Ändern Sie die Begriffe für die Farbcodes, erscheinen diese Farbbalken bei bereits beschrifteten Bildern unterschiedslos weiß. Sie müssen die Farbcodes neu zuteilen - und das in sämtlichen Ordnern. Planen Sie also frühzeitig sinnvolle Namen und bleiben Sie dabei.

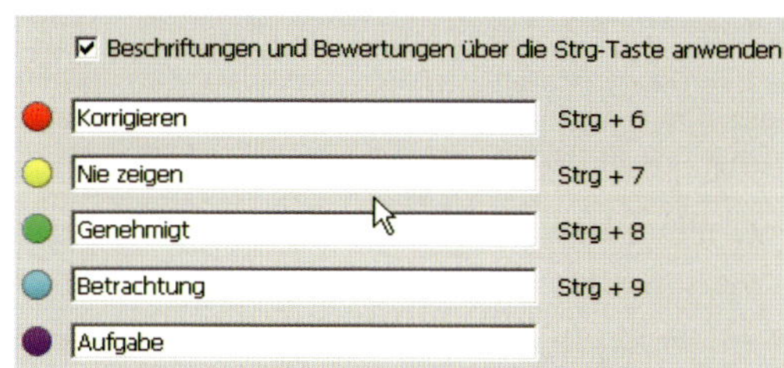

Abbildung 6.17 Verbinden Sie die Farbbalken mit neuen Begriffen. Sie können die Ausdrücke auch beim Suchen und Sortieren verwenden.

6.3.2 »Löschen« und »Zurückweisen«

Das **Zurückweisen** ist eine Sonderform der Wertung. Diese Fotos zeigen dann die rote Zeile Zurück... (auch in Mini Bridge), eine vorhandene Sternewertung verfällt. (Eine Beschriftung, sprich der Farbbalken, bleibt erhalten und lässt sich weiter ändern.)

Zurückgewiesene Dateien zeigt Bridge zunächst weiter an. Klicken Sie auf **Ansicht: Zurückgewiesene Dateien anzeigen**, um die verpönten Motive wirklich vom Schirm zu kegeln - sie bleiben aber im Verzeichnis erhalten.

So verpassen Sie einem gewählten Foto das Prädikat Zurückweisen:

- Sie wählen **Beschriftung: Zurückweisen** oder Alt+Entf.
- Oder Sie drücken die Entf-Taste und klicken dann im Dialogfeld auf Zurückweisen.

Abbildung 6.18 »Zurückgewiesene« Dateien zeigen statt der Sterne das Etikett Zurück.... Sie können solche Fotos wahlweise verbergen, ohne sie zu löschen oder zu verschieben.

So heben Sie die »Zurückweisung« auf

Machen Sie verstoßene Aufnahmen zunächst in Bridge sichtbar, wählen Sie also bei Bedarf **Ansicht: Zurückgewiesene Dateien anzeigen** (oder nehmen Sie die Schaltfläche ELEMENTE NACH BEWERTUNG FILTERN mit dem Befehl **Nur zurückgewiesene Objekte anzeigen**). Markieren Sie die Kandidaten. Danach

- öffnen Sie das Menü **Beschriftung** und klicken Sie auf **Keine Wertung** oder auf einen Befehl wie *** (drei Sterne zuteilen). Oder:
- Drücken Sie zum Beispiel [Strg]+[3], um drei Sterne zuzuteilen; eine Sternewertung hebt die Zurückweisung auf.

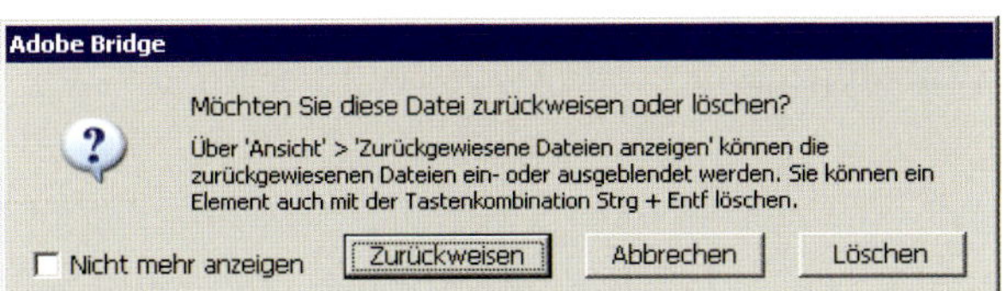

Abbildung 6.19 Nach einem Druck auf die [Entf]-Taste können Sie die gewählten Dateien nach Wahl »zurückweisen« (ausblenden) oder löschen.

Dateien sofort löschen

So werfen Sie ausgewählte Dateien ohne viel Federlesens in den Mülleimer Ihres Betriebssystems:

- Sie klicken oben rechts in Bridge auf OBJEKT LÖSCHEN.
- Sie klicken mit rechts und wählen im Kontextmenü das **Löschen** (am Mac **In Papierkorb verschieben**).
- Sie drücken [Strg]+[Entf].

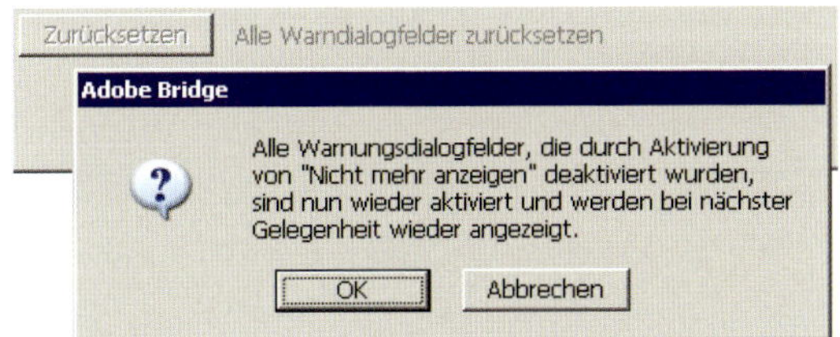

Abbildung 6.20 Haben Sie die Abfrage, ob Sie eine Datei »zurückweisen« oder »löschen« wollen, abgeschaltet? Die Schaltfläche »Zurücksetzen« in den »Voreinstellungen« sorgt dafür, dass Sie das Dialogfeld wieder sehen.

Löschen oder Zurückweisen per Entf-Taste

Sie wählen ein paar Dateien aus und drücken dann nur die [Entf]-Taste. Da hat Bridge eine Gegenfrage: MÖCHTEN SIE DIESE DATEI ZURÜCKWEISEN ODER LÖSCHEN? Sie klicken also nach Bedarf auf die Schaltfläche ZURÜCKWEISEN oder auf LÖSCHEN.

Sie können die Rückfrage aber unterbinden - klicken Sie im Dialogfeld zusätzlich noch auf NICHT WIEDER ANZEIGEN. Danach verhält sich Bridge so:

- Sie drücken die [Entf]-Taste, klicken auf NICHT WIEDER ANZEIGEN und auf LÖSCHEN. Fortan reicht ein Druck auf die [Entf]-Taste, um markierte Dateien ohne Rückfrage zu löschen. Zum Zurückweisen nehmen Sie [Alt]+[Entf].
- Sie drücken die [Entf]-Taste, klicken auf NICHT WIEDER ANZEIGEN und auf ZURÜCKWEISEN. Fortan wirkt die [Entf]-Taste ohne Rückfrage so wie der Befehl **Beschriftung: Zurückweisen**. Zum Löschen nehmen Sie [Strg]+[Entf].

6.3.3 Favoriten und letzte Dateien

Kennzeichnen Sie Ihre wichtigsten Ordner - aber auch Dateien - als FAVORITEN. Sie lassen sich dann besonders schnell aufrufen.

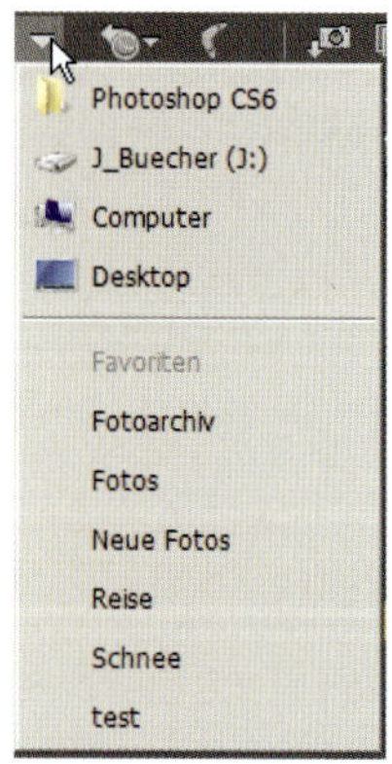

Abbildung 6.21 Die als Favoriten gespeicherten Ordner und Dateien sehen Sie mit der Schaltfläche Zum Übergeordneten Element bzw. zu Favoriten wechseln. Mini Bridge bietet die »Favoriten«-Bilder über den Button im Navigationsbereich an.

Objekte als Favoriten kennzeichnen

Auf unterschiedliche Arten nehmen Sie Dateien oder Ordner in den Kreis Ihrer Favoriten auf:

- Klicken Sie mit der rechten Maustaste (am Mac mit Eintasten-Maus wie immer mit zugleich gedrückter Ctrl-Taste) auf einen Ordner im Ordner-Bedienfeld; dann wählen Sie **Zu Favoriten hinzufügen.**
- Klicken Sie im Miniaturenbereich mit der rechten Maustaste auf Dateien oder Ordner, dann heißt es **Zu Favoriten hinzufügen.**
- Ziehen Sie Dateien oder Ordner in den leeren Bereich des Favoriten-Bedienfelds - nicht in einen Ordner dort.
- Ziehen Sie Ordner oder Dateien aus einer Dateiverwaltung wie Explorer oder Finder direkt ins Bridge-Favoriten-Bedienfeld.
- Ob das Favoriten-Bedienfeld Orte wie Computer, Desktop oder Eigene Bilder zeigt, entscheiden Sie per **Bearbeiten, Voreinstellungen** (am Mac **Bridge, Voreinstellungen**).

Abbildung 6.22 Per Rechtsklick entfernen Sie Dateien aus der Favoritenliste. Die Favoriteneinträge lassen sich innerhalb des Bedienfelds nach oben oder unten verschieben.

Favoriten aufrufen

So rufen Sie die Favoriten wieder auf:

- Öffnen Sie in Bridge das Favoriten-Bedienfeld. (Nicht zu sehen? Dann **Fenster: Favoriten-Fenster.**) Klicken Sie einen Ordner im Favoriten-Bedienfeld an; die Bilder aus dem Ordner zeigt Bridge im Inhalt-Bedienfeld.
- Klicken Sie im Favoriten-Bedienfeld einmal auf eine Bilddatei - sie erscheint umgehend in Photoshop.
- Öffnen Sie mit der Schaltfläche links oben in Bridge das Klappmenü Zum Übergeordneten Element bzw. zu Favoriten wechseln. Es listet übergeordnete Ordner und Ihre **Favoriten** auf.
- In Mini Bridge lassen Sie mit der Bedienfeldansicht den **Bereich Navigation** anzeigen, dort klicken Sie links auf Favoriten.

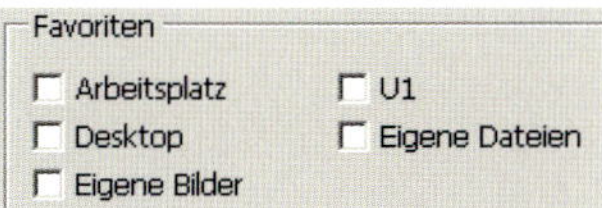

Abbildung 6.23 In den Bridge-»Voreinstellungen« richten Sie bestimmte Ordner besonders einfach als »Favoriten« ein, zum Beispiel »Eigene Bilder« oder »Arbeitsplatz«.

Zuletzt genutzte Ordner und Dateien

Aus Bridge heraus können Sie Ihre zuletzt genutzten Ordner und Dateien sichten – oder sofort in Photoshop laden. Die Pfeile ganz links bringen Sie zu davor oder danach geöffneten Ordnern, Suchergebnissen oder Sammlungen.

Mit der Schaltfläche fast nebenan können Sie die LETZTE DATEI ANZEIGEN ODER ZU LETZTEM ORDNER WECHSELN. Der Menüpunkt **Alle zuletzt verwendeten Dateien anzeigen** präsentiert Ihre zuletzt geöffneten Fotos als Miniaturen aus beliebigen Ordnern – so finden Sie auch Bilder wieder, deren Namen oder Verzeichnis Sie nicht mehr wissen. Auch die letzten Ordner und Suchergebnisse werden hier angeboten.

Ebenfalls ein Menü bietet die Schaltfläche LETZTE DATEI ÖFFNEN. Wählen Sie hier ein Foto aus, erscheint es sofort in Photoshop. Per Klappmenü zeigen Sie auch Mini Bridge **Letzte Ordner** oder **Letzte Dateien** an.

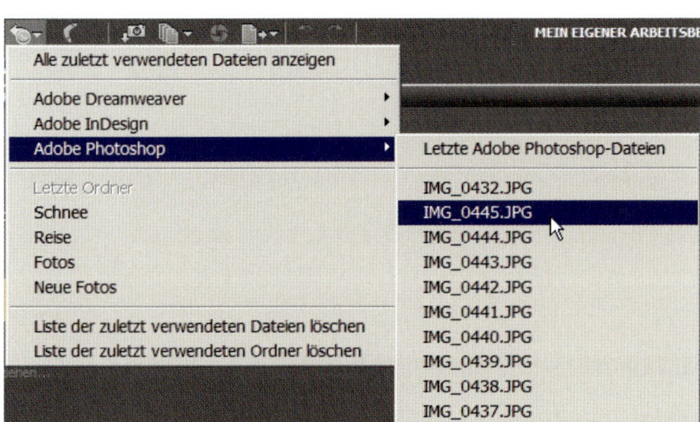

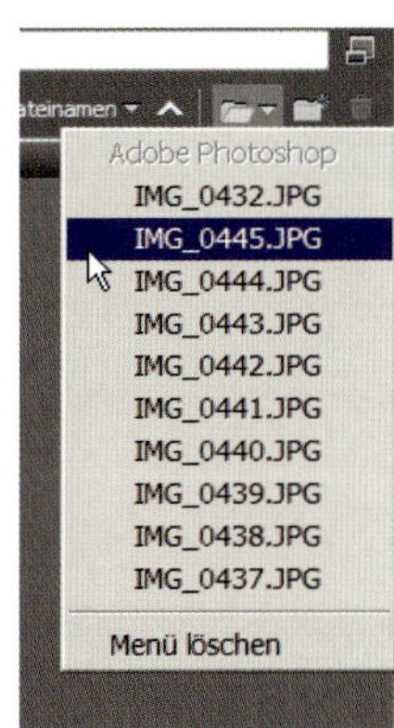

Abbildung 6.24 **Links:** Miniaturen der zuletzt genutzten Fotos zeigt Bridge mit der Schaltfläche LETZTE DATEI ANZEIGEN ODER ZU LETZTEM ORDNER WECHSELN. **Rechts:** Die Schaltfläche LETZTE DATEI ÖFFNEN lädt vor kurzem geöffnete Aufnahmen direkt in Photoshop.

Tipp Bis zu 30 zuletzt geöffnete Dateien bietet Bridge an. Die ANZAHL DER ANGEZEIGTEN ZULETZT VERWENDETEN ELEMENTE steuern Sie in den Bridge-**Voreinstellungen** (Strg+K).

6.3.4 Stapel für Miniaturen

In Bridge fassen Sie Miniaturenreihen zu »Stapeln« zusammen. Die komplette Serie belegt dann nur noch den Platz einer einzelnen Miniatur. Sie können den Stapel jederzeit aufklappen und neu zusammenstellen sowie Panorama- und HDR-Serien automatisch stapeln (Seite 783).

Die Befehle finden Sie im **Stapel**-Menü und im Kontextmenü zu den Miniaturen. In Mini Bridge können Sie Stapel nicht anlegen und Stapel aus Bridge erscheinen als Einzelbilder ohne Hinweis auf Ihre Stapelarbeit.

Stapel anlegen

So entsteht ein Stapel:

1. Ziehen Sie die Bilder in die gewünschte Reihenfolge, denn Bridge verwendet das erste aller markierten Fotos als Stapel-Titelbild (nachträglich änderbar).

2. Markieren Sie die gewünschten Dateien.
3. Wählen Sie **Stapel: Als Stapel gruppieren** oder kurz Strg+G. Die markierte Bildreihe schnurrt zu einer einzigen Miniatur zusammen, durch den Doppelrahmen als Stapel kennzeichnet.

Oben links im Stapelsymbol sehen Sie eine Plakette mit der Zahl der gestapelten Bilder. Klicken Sie auf diese Plakette, um den Stapel auf- und zuzuklappen. Alternativen: die Tastaturbefehle Strg+→ und Strg+←. Im **Stapel**-Menü gibt es noch die Befehle **Alle Stapel auffalten** (Strg+Alt+→) und **Alle Stapel zusammenfalten** (Strg+Alt+←).

Abbildung 6.25 Wir haben drei Miniaturen mit Muscheln ausgewählt und legen mit Strg+G einen Stapel an.

Abbildung 6.26 Bridge fasst die drei Bilder zu einem Stapel zusammen, der als einzelne Miniatur erscheint. Die Zahl »3« signalisiert, dass der Stapel drei Bilder hat. So entsteht Platz für weitere Miniaturen außerhalb des Stapels.

Abbildung 6.27 Wir haben auf die Zahl »3« geklickt, so dass Bridge den Stapel auffaltet, und dann ein Bild außerhalb des Stapels aktiviert. Bridge zeigt die gestapelten Bilder weiterhin umrandet.

Achtung Es gibt kein schnelles Zurück: Der Befehl **Bearbeiten: Rückgängig** annulliert nicht Ihre Änderungen am Stapel.

Stapelinhalt ändern

So nehmen Sie Motive aus dem Stapel heraus, sie erscheinen dann wieder als Solominiaturen:

1. Klappen Sie den Stapel durch einen Klick auf die Plakette mit der Zahl auf.
2. Klicken Sie einmal auf das Bild, das aus dem Stapel heraus soll.
3. Falls Sie mehrere Fotos herausangeln möchten: Markieren Sie die gewünschten Dateien innerhalb des Stapels bei gedrückter Strg-Taste.

4. Ziehen Sie die Bilder aus dem Stapel heraus zwischen andere Miniaturen, auch in einen anderen Stapel hinein. Alternative: der Befehl **Stapel: Aus Stapel-Gruppierung lösen** (Strg+⇧+G).
5. Bei Bedarf ziehen Sie Bilder von außerhalb in den Stapel hinein.

Sie können auch Stapel in andere Stapel ziehen. Dabei entsteht aber kein Stapel im Stapel, sondern nur ein großer Stapel mit mehr Einzelbildern.

Sie wollen den Stapel ein für allemal auflösen? Klicken Sie einmal auf das Symbol des geschlossenen Stapels, dann folgt **Stapel: Aus Stapel-Gruppierung lösen**.

Ändern Sie das »Titelbild«

Welches Einzelfoto erscheint dauerhaft als Stapelminiatur, als Stapeltitelbild? Zuerst dasjenige Motiv, das beim Anlegen des Stapels ganz vorn in der Miniaturenreihe prangte. So ändern Sie das »Titelbild«:

1. Falten Sie den Stapel auf, zum Beispiel durch Anklicken und Strg+→.
2. Zunächst sind alle Bilder ausgewählt. Klicken Sie einmal auf Ihren Titelanwärter und lassen Sie die Maustaste los.
3. Drücken Sie die Maustaste wieder und ziehen Sie das Foto nach links oben an die Pole Position; alternativ wählen Sie **Stapel: Ans obere Stapelende**.

Vorsicht, das Aufmacherbild für Ihren Stapel kann sich ungewollt ändern, wenn Sie den Stapel aufgeklappt lassen und die Sortierung aller Bilder ändern.

Abbildung 6.28 **Links:** Bei diesem Stapel ist nur das erste Bild ausgewählt, Sie erkennen es am helleren äußeren Rahmen. **Rechts:** Wir haben auf den äußeren Rahmen geklickt, jetzt sind auch bei geschlossenem Rahmen alle gestapelten Bilder ausgewählt.

Stapelinhalt bei geschlossenem Stapel auswählen

Ist der Stapel geschlossen und nur als eine einzelne Miniatur sichtbar, wählen Sie entweder nur das oberste Bild oder sämtliche Stapelbilder aus. Das hat Auswirkungen darauf, was bei einer Serien-Umbenennung, im Vorschau-Bedienfeld usw. passiert.

Klicken Sie in den äußeren Rahmen des Stapels, der rechts und unterhalb vom inneren Rahmen sichtbar ist; so wählen Sie abwechselnd nur das oberste Bild oder alle Bilder im Stapel aus. Alternativ klicken Sie die Stapelminiatur bei gedrückter Alt-Taste an. Beispiele:

1. Sie klicken einmal auf den äußeren Rahmen; nun sind alle Bilder im Stapel ausgewählt, auch wenn Sie nur das oberste Bild sehen. Die Motive erscheinen allesamt im Vorschau-Bedienfeld, ein Doppelklick öffnet alle Dateien, eine **Stapel-Umbenennung** ändert alle Dateinamen im Stapel, neue Beschreibungen und Stichwörter gehen auf alle Dateien über.
2. Klicken Sie den äußeren Rahmen noch einmal an, ist nur das oberste Bild, der Stapelstatthalter, ausgewählt. Nur dieses Motiv zeigt Bridge im Vorschau-Bedienfeld, die **Stapel-Umbenennung** bearbeitet nur diese eine Datei usw.

Wie der Stapel als Animation abläuft

Zeigen Sie den Stapel als rasante Animation wie ein Daumenkino. So stellen Sie zum Beispiel fest, ob Ihre Bilder einen einheitlichen Hintergrund haben und damit für Montagen oder Animationen taugen. Zeigen Sie vorab die Miniaturen nicht allzu winzig, sondern mindestens 100 Pixel breit dar. Dann halten Sie den Mauszeiger über die Stapelminiatur und Sie sehen oben in der Miniatur zwei Steuerelemente:

- Mit dem Dreieck ▶ läuft in der Stapelminiatur eine Animation der gestapelten Bilder ab.
- Durch Ziehen im Balken ändern Sie das Stapeltitelbild.

Die Geschwindigkeit für die Stapelanimation steuern Sie im Untermenü **Stapel: Framerate**.

6.3.5 Sammlungen

Eine Sammlung (bis Photoshop CS4 Kollektion) zeigt Dateien aus unterschiedlichsten Ordnern. Die Dateien werden aber nicht kopiert, Sie sehen lediglich einen Platzhalter. Drücken Sie allerdings die [Entf]-Taste, können Sie nach Rückfrage die Originaldatei löschen. Bridge kennt zwei Arten von Sammlungen:

- Tragen Sie von Hand unterschiedlichste Dateien in einer Sammlung zusammen, die immer gleich bleibt.
- Die Smart-Sammlung zeigt stets alle Bilder, die zu einer bestimmten **Suchen**-Abfrage passen. Die Smart-Sammlung wird automatisch aktualisiert.

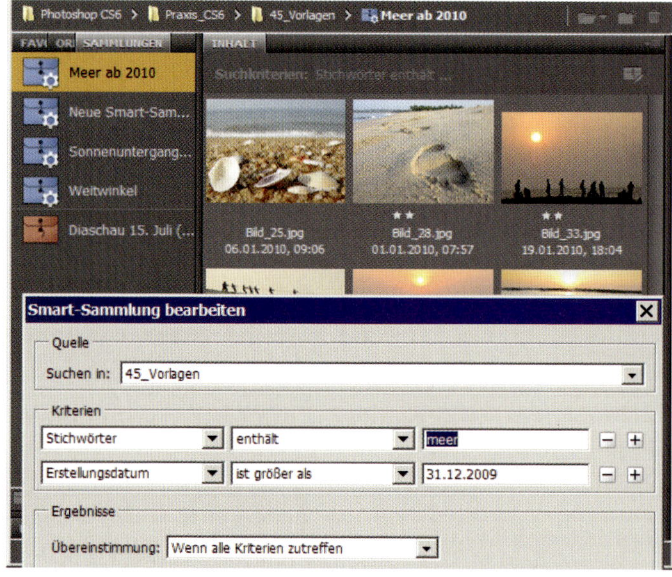

Abbildung 6.29 Diese Smart-Sammlung zeigt immer aktuell alle Bilder, die das Stichwort »Meer« enthalten und ab 2010 entstanden.

In Bridge können Sie Sammlungen anlegen, sichten und verändern. In Mini Bridge lassen sich Sammlungen sichten und teils verändern, aufzurufen im Bereich Navigation.

Feste Sammlungen anlegen

Eine »unsmarte« Sammlung, die sich nicht am **Suchen**-Dialog orientiert, legen Sie auf verschiedene Arten an. In jedem Fall öffnen Sie zunächst das Sammlungen-Bedienfeld (**Fenster: Sammlungen-Fenster**):

- Sie haben keine Bilder ausgewählt? Klicken Sie unten im Sammlungen-Bedienfeld auf die Schaltfläche Neue Sammlung. Im Sammlungen-Bedienfeld entsteht ein neues Symbol, neben dem Sie sofort einen Namen eintippen.
- Wählen Sie mehrere Bilder aus und klicken Sie dann erst auf Neue Sammlung. Nach Rückfrage übernimmt Bridge die markierten Fotos sofort in die Sammlung, die Sie auch gleich benennen.

Aber auch so entsteht eine neue Sammlung: Markieren Sie einige Dateien, starten Sie den **Betrachtungsmodus** mit [Strg]+[B], werfen Sie eventuell noch Bilder heraus und klicken Sie auf die Sammlungen-Schaltfläche unten rechts. Sie landen sofort im Sammlungen-Bedienfeld und benennen Ihre Sammlung.

Sie sehen nun nur noch die Bilder aus der Sammlung; zum ursprünglichen Ordner gelangen Sie mit der Schaltfläche Zurück. Wenn Sie Bilddateien in einen anderen Ordner verschieben, kann die Sammlung nicht mehr voll wiederhergestellt werden.

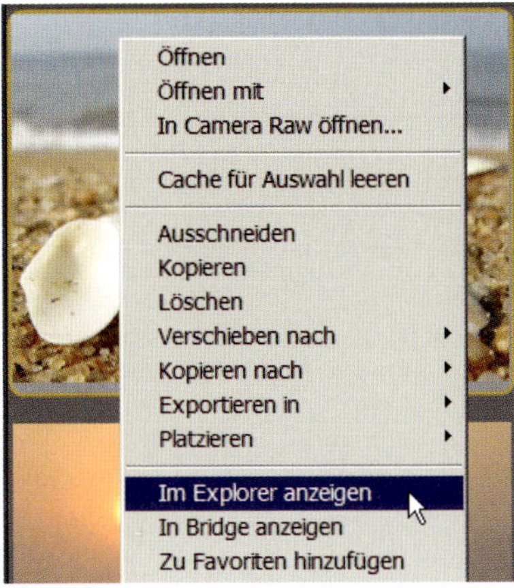

Abbildung 6.30 Sie möchten eine bestimmte Datei nicht innerhalb der Sammlung, sondern im eigentlichen Ordner sehen? Klicken Sie den Kandidaten mit der rechten Maustaste an, dann wählen Sie »**In Bridge anzeigen**« (auch in Mini Bridge) oder »**Im Explorer anzeigen**«. Die Befehle gibt es in beiden Bridge-Varianten.

Feste Sammlungen bearbeiten

Recherchieren Sie innerhalb der Sammlung mit Filter-Bedienfeld oder **Suchen**-Dialog. Ziehen Sie Bilder aus einer Ordner-Übersicht auf ein Sammlungssymbol im Sammlungen-Bedienfeld, so erweitern Sie die Sammlung. Ziehen Sie auch Bilder von einer Sammlung in eine andere, sie werden dabei kopiert. Werfen Sie Fotos aus der Sammlung heraus, indem Sie die Bilder markieren, dann klicken Sie oben rechts auf Aus Sammlung entfernen (auch per Rechtsklick, auch in Mini Bridge).

Nach einem Doppelklick auf ihren Namen taufen Sie die Sammlung um. Klicken Sie unten rechts im Sammlungen-Bedienfeld auf den Mülleimer, um die Sammlung zu löschen. Dabei verschwindet nur die Information über die Zusammenstellung – sämtliche Bilddateien bleiben wohlbehalten in ihren Originalordnern.

Smart-Sammlungen anlegen

Eine Smart-Sammlung zeigt immer aktuell alle Bilder, die bestimmte Kriterien aus dem **Suchen**-Dialog erfüllen. Lassen Sie sich hier zum Beispiel stets alle Fotos mit bestimmten Stichwörtern zeigen.

Mit diesen Verfahren legen Sie eine neue Smart-Sammlung an:

- Sie starten mit einer **Suchen**-Abfrage ([Strg]+[B], Seite 165). Im neuen Fenster mit den Fundstücken klicken Sie oben rechts auf die Schaltfläche Als Smart-Sammlung speichern. Das bringt Sie schnurstracks zum Sammlungen-Bedienfeld, wo Sie einen neuen Namen eintippen.
- Klicken Sie unten im Sammlungen-Bedienfeld auf Neue Smart-Sammlung. Das beschert Ihnen den **Suchen**-Dialog; tippen Sie Ihre Kriterien ein und klicken Sie auf Suchen. Bridge tischt die Fundstücke auf und Sie landen außerdem im Sammlungen-Bedienfeld, in dem Sie Ihre neue Sammlung benennen.

Smart-Sammlungen bearbeiten

Sobald Sie später auf das Symbol der Smart-Sammlung im Sammlungen-Bedienfeld klicken, sehen Sie sämtliche Bilder, die tagesaktuell zu Ihrer Abfrage passen. Wollen Sie die Kriterien der Abfrage ändern, markieren Sie die smarte Sammlung im Sammlungen-Bedienfeld und klicken dann unten rechts auf Smart-Sammlung be-

ARBEITEN (auch per Rechtsklick, nicht in Mini Bridge). Sie landen wieder im **Suchen**-Dialog; ändern Sie dort zum Beispiel im Klappmenü SUCHEN IN das Verzeichnis, in dem Bridge suchen soll.

Abbildung 6.31 Klicken Sie im Sammlungen-Bedienfeld auf die Schaltfläche SMART-SAMMLUNG BEARBEITEN und stellen Sie das Klappmenü SUCHEN IN auf AKTUELLEN ORDNER VERWENDEN. So zeigt die Smart-Sammlung nicht die Fundstücke aus dem Ordner, den Sie ursprünglich verwendet hatten, sondern sie durchsucht den momentan geöffneten Ordner.

6.3.6 Kopieren, Duplizieren, Verschieben

Bridge bietet viele Wege, Dateien zu kopieren oder zu verschieben (Mini Bridge spielt hier nicht mit). Das Kopieren verändert die Zwischenablage Ihres Betriebssystems nicht: Eine Datei, die Sie in Bridge kopieren, können Sie nur in einem Bridge-Ordner wieder einfügen – aber nicht im Windows-Explorer, im Mac-Finder, in Photoshop (schade!) oder einem anderen Programm. Umgekehrt können Sie nicht im Explorer oder Finder ein Bild kopieren und in Bridge wieder einfügen.

Tipp Sie arbeiten mit CR2-, NEF-, ORF- oder anderen Raw-Dateien (außer DNG)? Dann nutzen Sie **Kopieren, Duplizieren** oder **Verschieben** in Bridge, damit XMP-»Nebendateien« automatisch mitbewegt werden.

Kopieren und Verschieben

Wollen Sie Bilder kopieren, verschieben oder duplizieren, dann verwenden Sie Bridge so ähnlich wie den Datei-Explorer oder Finder Ihres Betriebssystems: Ziehen Sie die Dateien schlicht in einen geöffneten Ordner, auch Explorer oder Finder. Es reicht, wenn Sie die Datei auf den Namen des Ordners ziehen – zum Beispiel im Ordner- oder Favoriten-Bedienfeld.

Es spielt beim Ziehen keine Rolle, ob der Zielordner in Bridge oder in einem anderen Programm geöffnet ist. Ebenso gut ziehen Sie auch Bilder aus anderen Programmen in Ordner, die in Bridge erscheinen.

Kopieren versus Verschieben

Achten Sie beim Verschieben oder Kopieren darauf, ob die Datei in ein anderes Laufwerk wechselt:

- Um die Datei in einen anderen Ordner desselben Laufwerks zu verschieben – zum Beispiel von »C:\Bilder« nach »C:\Auswahl« –, ziehen Sie das gute Stück einfach auf den Ordnernamen oder in einen geöffneten Ordner. Es verschwindet damit aus dem ursprünglichen Ordner. Der Mauszeiger erscheint ohne Pluszeichen.
- Wollen Sie die Datei in diesen Ordner desselben Laufwerks kopieren, ziehen Sie mit gedrückter Strg-Taste. Das Motiv existiert anschließend in zwei Dateien, neben dem Mauszeiger sehen Sie ein Pluszeichen.
- Sie kopieren die Datei in ein anderes Laufwerk, zum Beispiel von »C:\Bilder« nach »D:\Programme«, indem Sie einfach ohne Zusatztaste ziehen. Der Mauszeiger hat das Pluszeichen.
- Sie wollen das Foto auf ein anderes Laufwerk verschieben? Drücken Sie beim Ziehen wieder die Strg-Taste, dann bleibt keine Datei im ursprünglichen Verzeichnis zurück. Es gibt kein Pluszeichen beim Mauszeiger.

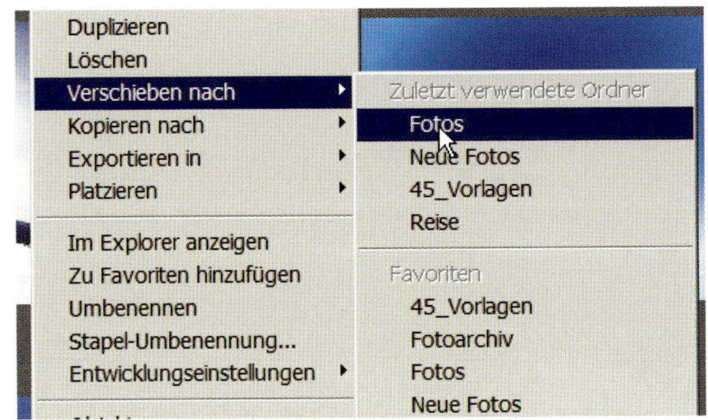

Abbildung 6.32 Im Kontextmenü über den Miniaturen finden Sie die nützlichen Untermenüs »Verschieben nach« und »Kopieren nach« – dort listet Bridge gleich die zuletzt genutzten Verzeichnisse auf (nicht in Mini Bridge).

Kopieren mit Tastaturbefehlen

So kopieren Sie Dateien per Menü- oder Tastenbefehl:

1. Markieren Sie die gewünschten Bilder.
2. Drücken Sie Strg+C oder wählen Sie **Bearbeiten: Kopieren.**
3. Öffnen Sie den gewünschten Zielordner in Bridge.
4. Drücken Sie Strg+V oder nehmen Sie **Bearbeiten: Einfügen** – die Bilder erscheinen als Duplikat im neuen Ordner.

Sie können die Bilder auch mehrfach einfügen. Falls der Name »Beispiel.jpg« im Zielverzeichnis schon existiert, heißt das eingefügte Bild dann »Beispiel (Kopie).jpg«. Sie haben keine Möglichkeit, bei Namenskonflikten eigene Umbenennungen anzugeben oder zum Beispiel die ältere Bildfassung zu überschreiben. Immerhin: Verloren geht so nichts.

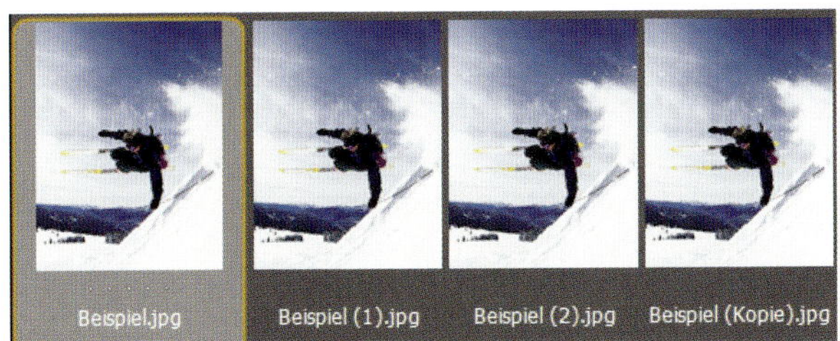

Abbildung 6.33 Die Datei »Beispiel.jpg« wurde mehrfach mit Strg+D dupliziert. Die gleichen Dateinamen entstehen auch, wenn Sie die Datei mit Strg+C kopieren und mit Strg+V mehrfach einfügen.

Duplizieren

Sehr einfach duplizieren Sie Bilddateien in Bridge (nicht in Mini Bridge):

1. Markieren Sie die gewünschten Kunstwerke.
2. Gehen Sie auf **Bearbeiten: Duplizieren** oder drücken Sie Strg+D und klicken Sie dann noch auf **Duplizieren.**

Bridge produziert ohne Rückfragen Dateien wie »Beispiel (Kopie).jpg«. Sie können auch mehrfach duplizieren.

Wollen Sie in der Photoshop-Arbeitsfläche eine geöffnete Datei duplizieren, wählen Sie dort **Bild: Duplizieren** oder klicken Sie unten im Protokoll-Bedienfeld auf die Schaltfläche Erstellt ein neues Dokument. Das Duplikat müssen Sie jeweils noch speichern.

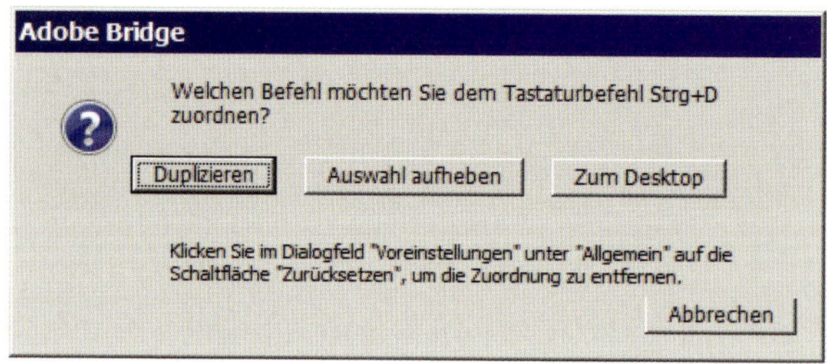

Abbildung 6.34 Drücken Sie das erste Mal [Strg]+[D], bietet Photoshop unterschiedliche Funktionen für diesen Tastaturbefehl an, zum Beispiel Duplizieren oder Auswahl aufheben.

6.4 Exportieren

Mit dem Exportieren-Bedienfeld wandeln Sie Dateien bequem ins JPEG-Dateiformat um, rechnen sie nebenbei noch klein und ändern die IPTC-Daten. Tragen Sie mehrere Aufträge zusammen, ohne sofort die Umrechnung selbst zu veranlassen. Damit ist das Exportieren aus Bridge eine gute Alternative zum **Bildprozessor** (in Bridge **Werkzeuge: Photoshop: Bildprozessor**, ab Seite 112, dort auch eine vergleichende Tabelle). Die Vorgaben stehen bequem als Balken im Bedienfeld zur Verfügung, Sie müssen die Bilder nur darauf ziehen.

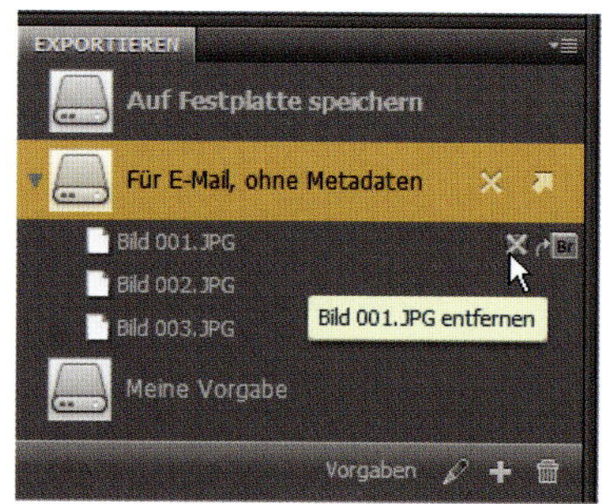

Abbildung 6.35 Das Exportieren-Bedienfeld zeigt die einzelnen Vorgaben. Ziehen Sie die ausgewählten Fotos einfach auf eine Vorgabe. Sie können vorgemerkte Bilder einblenden und in Bridge anzeigen oder einzeln wieder ausschließen.

6.4.1 Das Verfahren im Überblick

So geht's:

1. Im Exportieren-Bedienfeld (**Fenster: Exportieren**) klicken Sie auf Vorgabe hinzufügen.
2. Im Register Ziel legen Sie den Speicherort fest, im Register Bildoptionen machen Sie Vorgaben für JPEG-Qualität, Pixelzahl und Metadaten. Zusätzlich geben Sie der Vorgabe einen Namen.
3. Klicken Sie auf Speichern.

Das Exportieren-Bedienfeld bietet die neue Vorgabe nun als Objekt an. Ziehen Sie Bilder auf den Namen der Exportvorgabe, anschließend klicken Sie dort noch auf Auftrag exportieren, dann beginnt Bridge mit der Umrechnung. Wollen Sie die Einstellungen einer Vorgabe ändern, klicken Sie doppelt auf deren Namen.

Achtung Öffnen Sie die Optionen zu einer Exportieren-Vorgabe und ändern den Vorgabenamen, wird die vorhandene Vorgabe nicht etwa umbenannt. Stattdessen entsteht nach dem Klick auf Speichern eine weitere Vorgabe. Wollten Sie die vorhandene Vorgabe lediglich umbenennen oder ändern und umbenennen, müssen Sie die alte Version noch löschen.

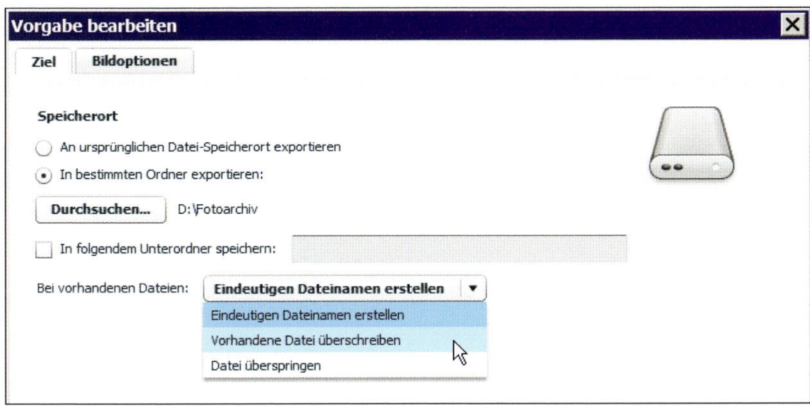

Abbildung 6.36 Legen Sie das Zielverzeichnis fürs »Exportieren« fest und entscheiden Sie, ob bereits vorhandene Dateien bei einem Namenskonflikt überschrieben werden sollen.

6.4.2 Optionen beim Speichern

Bridge zeigt zuerst das Register Ziel. Speichern Sie entweder am ursprünglichen Dateispeicherort oder in einem anderen Ordner.

Wahlweise nennen Sie einen Unterordner – sowohl bei der Vorgabe Am ursprünglichem Speicherort wie auch bei In bestimmtem Ordner veröffentlichen. Der neue Ordner muss nicht bereits existieren, Bridge legt ihn bei Bedarf ohne weitere Rückfrage an.

Bei Namenskonflikten

Mitunter ist eine Datei mit einem bestimmten Namen schon im Zielordner vorhanden, speziell mit der Wahl An ursprünglichem Dateispeicherort veröffentlichen. Entscheiden Sie, was bei Namenskonflikten passiert:

- Bridge kann eindeutige Dateinamen erstellen. Landet also die Datei »Sommer 23« zum zweiten Mal in einem Ordner, wird sie von Bridge umbenannt zu »Sommer 23 (1).jpg«.
- Möchten Sie keine Dubletten, nehmen Sie die Vorgabe Vorhandene Datei überschreiben. Damit verschwindet die ursprüngliche Datei, sofern Sie die Option Am ursprünglichen Speicherort veröffentlichen nutzen.
- Weitere Möglichkeit bei Namenskonflikten: Bridge kann die Datei überspringen. Sie wird also nicht umgewandelt, die vorherige Version bleibt erhalten.

6.4.3 Bildoptionen

Im Register Bildoptionen steuern Sie die JPEG-Qualität, wenden Metadatenvorlagen und zusätzliche Stichwörter an. Sie können gezielt einzelne Metadatenbereiche entfernen und andere behalten. Ein Beispiel: Die Vorwahl Alle ausser Kamera- und Camera-Raw-Infos schützt Ihre IPTC-Einträge, Stichwörter, Ortsangaben und Copyright bleiben erhalten.

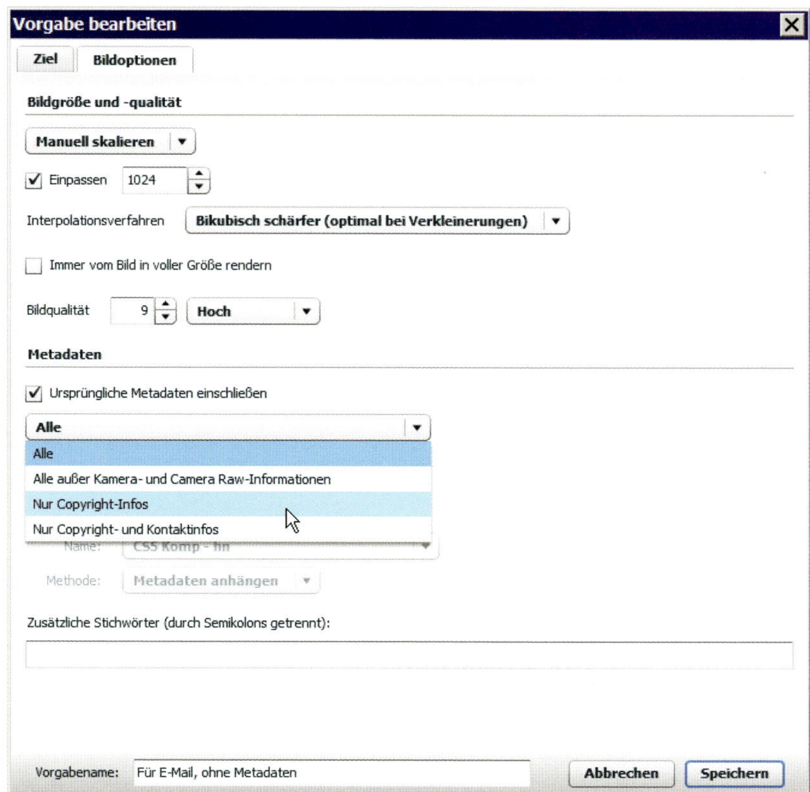

Abbildung 6.37 In den »Bildoptionen« des »Exportieren«-Bereichs steuern Sie JPEG-Qualität und Metadaten.

Manuell skalieren

Oben im Register Bildoptionen gibt es die Vorgabe Manuell skalieren. Damit rechnen Sie die Pixelzahl herunter. Geben Sie im Feld Einpassen zum Beispiel 1024 ein, erhält die längere Seite des Ergebnisbilds 1024 Pixel: Ein Hochformat wird 1024 Pixel hoch, ein Querformat 1024 Pixel breit. Ist das Bild kleiner als 1024 Pixel, wird es nicht großgerechnet, es behält also seine niedrigeren Maße. Als Interpolationsverfahren nehmen Sie in der Regel Bikubisch schärfer (optimal bei Verkleinerungen) (Seite 271).

6.4.4 Anwenden

Wählen Sie Dateien in Bridge aus und ziehen Sie die Kandidaten auf einen Namen wie Auf Festplatte speichern. Damit die Umwandlung beginnt, klicken Sie noch auf Auftrag ... exportieren.

Vorab haben Sie aber noch diese Möglichkeiten:

1. Ein Klick auf Auftrag löschen neben dem Namen der Exportieren-Vorgabe bricht die ganze Sache vollständig ab, bevor noch etwas passiert ist.
2. Mit der Dreieckschaltfläche links vom Exportieren-Symbol blenden Sie die einzelnen Dateien ein, die Sie zuvor auf das Symbol gezogen und so zur Verarbeitung vorgemerkt haben. Ein Doppelklick auf einen Namen zeigt die Datei in Bridge an.

3. Halten Sie den Mauszeiger über einen einzelnen Bilddateinamen, zeigt Bridge rechts zwei Symbole an: IN BRIDGE EINBLENDEN zeigt Ihnen die passende Miniatur in Bridge, nicht anders als der Doppelklick auf den Dateinamen innerhalb des Exportieren-Bedienfelds. ENTFERNEN spart das Bild von diesem Auftrag aus; es bleibt natürlich auf der Festplatte und in Bridge erhalten.

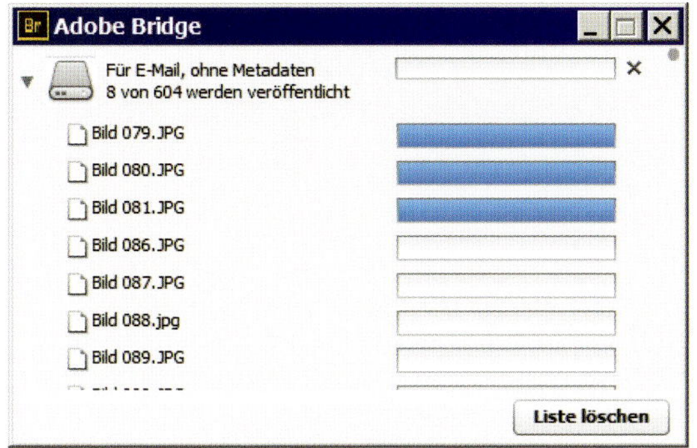

Abbildung 6.38 Bei laufender Verarbeitung meldet Bridge den Fortschritt. Bereits umgewandelte Bildreihen können Sie in Bridge anzeigen lassen.

Während die Verarbeitung läuft

Sie klicken auf AUFTRAG ... EXPORTIEREN, Bridge beginnt sein Werk. Das Programm blendet jetzt ein Fenster ein, das den laufenden und auch erledigte Jobs auflistet. Ihre Möglichkeiten hier:

4. Während die Verarbeitung läuft, brechen Sie das Prozedere mit der Schaltfläche ab. Bei laufender Verarbeitung blenden Sie eine Liste der einzelnen Dateien mit dem Dreieck links vom Exportieren-Symbol ein. Nun sehen Sie für jede einzelne Datei einen Statusbalken, können also die Verarbeitungsdauer abschätzen.
5. Auftrag erledigt? Nun sehen Sie die Schaltfläche AUFTRAG EINBLENDEN. Sie zeigt den Zielordner mit den neu entstandenen Dateien in einem neuen Bridge-Fenster. Das ursprüngliche Fenster mit den Quelldateien bleibt also sichtbar.

Eine Pause-Schaltfläche gibt es nicht, auch können Sie die Ergebnisbilder nicht aus der Ablauf-Übersicht heraus einzeln aufrufen oder löschen.

6.5 Umbenennen

Einzelne Bilder oder ganze Serien benennt Bridge schnell und vielseitig um.

6.5.1 Einzelbilder umbenennen

Ein einzelnes Foto in Bridge braucht einen neuen Namen? Klicken Sie direkt auf den vorhandenen Dateinamen und tippen Sie die neue Bezeichnung ein – fertig (nicht in Mini Bridge). Achten Sie darauf, dass die Dateiendung wie ».tif« oder ».psd« unverändert erhalten bleibt.

Tipp Sie sortieren Ihre Bilder NACH DATEINAME und benennen um? Ändern Sie die ersten Buchstaben, springt die bearbeitete Datei sofort an ihren neuen, alphabetisch korrekten Platz. Stellen Sie die Sortierung darum zeitweilig auf MANUELL, dann ordnet Bridge nach dem Umbenennen nicht blitzartig um. Das gilt für die Einzel- und Stapel-Umbenennung.

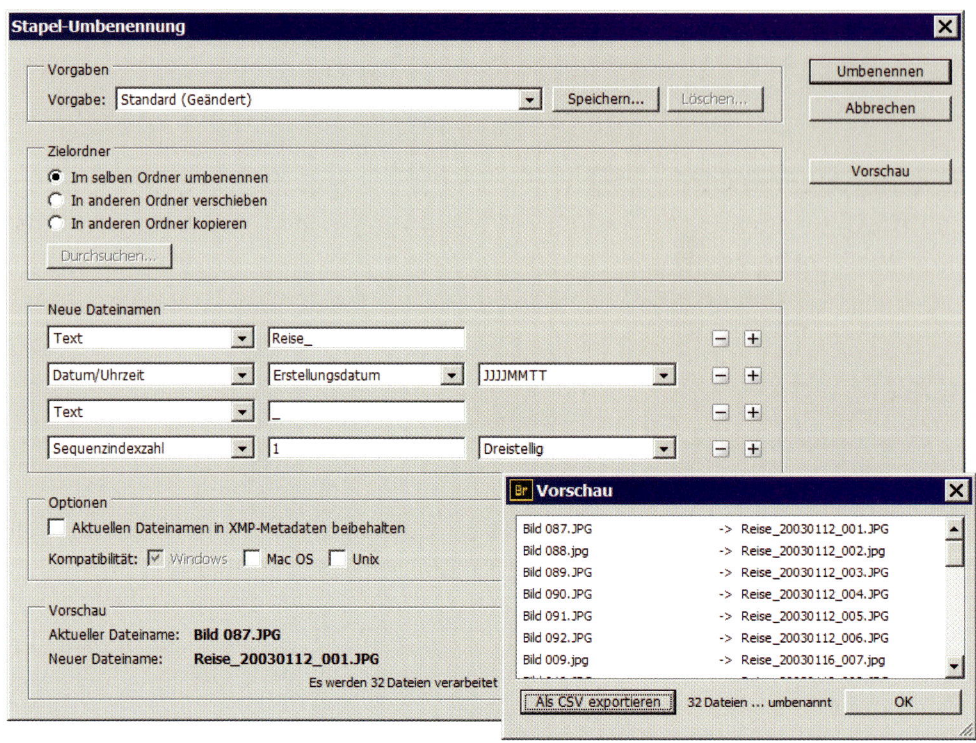

Abbildung 6.39 Bridge benennt Bildreihen automatisch um, der Name besteht aus mehreren Elementen. Die Vorschau-Schaltfläche liefert eine Liste mit allen neu entstehenden Dateinamen.

6.5.2 Stapel-Umbenennung

Der Befehl **Werkzeuge: Stapel-Umbenennung** (Strg+⇧+R) tauft mehrere ausgewählte Motive blitzschnell auf neue Namen.

Ihre Angaben für eine komplexe Umbenennung können Sie SPEICHERN und beim nächsten Mal per VORGABE-Klappmenü bequem wieder abrufen. Dieses Klappmenü liefert auch die nützliche Option ZULETZT VERWENDET.

Tipp Umbenennen können Sie auch bei der **Stapelverarbeitung** in Photoshop sowie im Foto-Downloader.

Umbenennung vorbereiten

Sie wollen mehrere ausgewählte Motive umtaufen? So gehen Sie's an:

1. Ziehen Sie die Dateien eventuell in Bridge in die gewünschte Reihenfolge oder sorgen Sie mit dem Untermenü **Ansicht: Sortieren** für die richtige Reihenfolge.
2. Markieren Sie die gewünschten Fotos.
3. Wählen Sie **Werkzeuge: Stapel-Umbenennung**.

Tipp Markieren Sie einen Ordner im Ordner-Bedienfeld – Bridge benennt den gesamten Inhalt um. Auch Textdateien beliebige andere Objekte erhalten nun neue Namen.

Wo wird gespeichert?

Im Dialogfeld **Stapel-Umbenennung** entscheiden Sie zunächst über den Zielordner:

- Sie können Im selben Ordner umbenennen. So verschwinden die ursprünglichen Bezeichnungen, zurück bleiben nur umbenannte Bilder. Sie können so auch aktuell geöffnete Dateien umbenennen.
- Wenn Sie die umbenannten Dateien In anderen Ordner verschieben, verschwinden die Bilder aus dem ursprünglichen Verzeichnis. Bridge schreibt die umgetauften Motive in ein neues Verzeichnis. Auch das funktioniert mit geöffneten Dateien.
- Wenn Sie In anderen Ordner kopieren, ändert sich im ursprünglichen Verzeichnis gar nichts – die umgetauften Exponate landen im neuen Ordner.

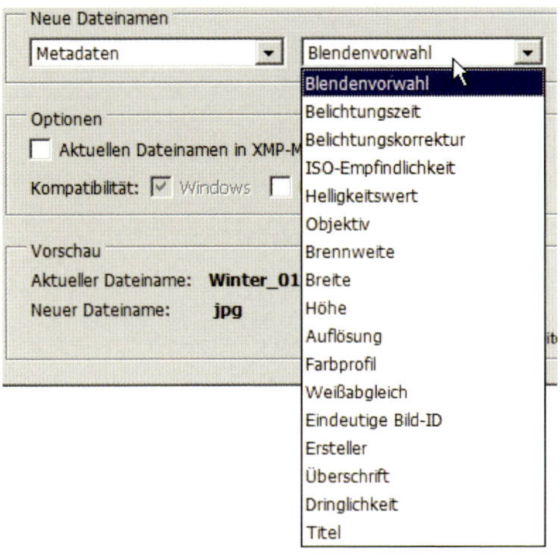

Abbildung 6.40 Informationen wie »Auflösung«, »Überschrift« oder »Brennweite« setzt Bridge in den Dateinamen ein. Sie erkennen hier schon in der Namensvorschau, dass Bridge in der ersten Datei keinen Blenden-Wert findet und darum den Namen »jpg« erzeugen wird.

Andere Betriebssysteme

Setzen Sie Ihre Häkchen neben Unix, Windows oder Mac, damit der Dateiname auch in anderen Betriebssystemen korrekt erscheint – wichtig unter anderem bei der Weitergabe an Internetserver. Schrägstriche, Anführungszeichen oder Doppelpunkte werden sofort ersetzt, Sie sehen es in der Namens-Vorschau.

6.5.3 Elemente für den Dateinamen

Bridge setzt den neuen Dateinamen aus bis zu zehn Bausteinen zusammen. Verändern Sie die Zahl der Namensbausteine mit den Plus- [+] und Minusschaltflächen [–]. Einige Möglichkeiten:

- Verwenden Sie Aktueller Dateiname, wenn der alte Dateiname irgendwo im neuen Namen auftauchen soll. Entscheiden Sie, ob Sie nur den Namen oder Name + Erweiterung übernehmen. Die Erweiterung (etwa »*.jpg«) brauchen Sie meist nicht; sie soll ja nicht mitten im Dateinamen auftauchen.
- Mit der Vorgabe Text tippen Sie einen beliebigen Begriff wie »Kunde Hempel« ein; dieser Text erscheint unverändert in jeder umbenannten Datei.
- Die Sequenzindexzahl könnte man auch Seriennummer nennen. Die Nummerierung muss nicht mit der 1 beginnen.
- Alternativ gibt es Sequenzindexbuchstaben (Folgebuchstaben) wie a, b, c in Groß- und Kleinschreibung.

Verwenden Sie am besten mindestens ein Element, das sich bei jeder Datei ändert, zum Beispiel eine Seriennummer oder den Aktuellen Dateinamen, eventuell auch Datum Uhrzeit mit mehreren Zeilen für Tag und Uhrzeit des Erstellungsdatums, bei schnellen oder mehreren Kameras inklusive Millisekunden (hier setzt Bridge das Aufnahmedatum ein).

Tipp Bei allen Umbenennungen gilt generell: Sollten sich Namensdoppler ergeben, hängt Bridge Zahlen wie »(1)« an den Dateinamen an.

»Metadaten«

Der Bereich Metadaten schreibt Belichtungsinformationen der Digitalkamera und IPTC-Einträge in den Dateinamen. Möglichkeiten:

- Mit der Vorgabe Belichtungszeit entstehen Namensteile wie »1_125 s«.
- Die Brennweite liefert Objektivwerte wie »50 mm«.
- Breite und Höhe liefern nützliche Pixelangaben, müssen aber aus zwei getrennten Angeboten zusammengeklaubt werden.
- Setzen Sie auch Überschrift oder Titel aus den IPTC-Angaben ein.

Abbildung 6.41 Manche Dateien auch aus Digitalkameras liefern nicht alle Exif-Informationen, zumindest nicht so, dass Bridge sie entziffert. Besteht der Zielname nur aus Kameradaten, entsteht mit Pech gar kein neuer Name, nur die Dateiendung ohne Punkt bleibt zurück. Immerhin signalisiert Bridge dieses Ergebnis je nach Situation schon in der Dateinamensvorschau. Diese Dateien wurden in Bridge unter Windows nur mit der Vorgabe »Metadaten/Objektiv« umbenannt; weil Bridge bei diesen Fotos die Objektivangabe nicht lesen kann, bleibt nur die Dateiendung zurück. Die Dateien lassen sich nicht mehr in allen Programmen verwenden.

»Datum Uhrzeit«

Bringen Sie Datumsangaben im Dateinamen unter. Mit der Vorgabe Datum/Uhrzeit stanzen Sie wahlweise Erstellungsdatum (bei Digikam-Fotos das Aufnahmedatum) und/oder Änderungsdatum in den Dateinamen. Um den Tag wie auch die Uhrzeit einzusetzen, brauchen Sie mindestens zwei Zeilen im Dialogfeld. Trennstriche oder die Millisekunden beanspruchen weitere Zeilen. Sie erhalten Dateinamen wie »20081030_16255800_Bielefeld.jpg«.

Abbildung 6.42 Diese Vorgabe erzeugt Dateinamen wie »20081030_16255800_Bielefeld.jpg«, basierend auf dem Aufnahmedatum. Steht die Jahreszahl vorn, gefolgt von Monat, Tag, Uhrzeit und dann weiteren Informationen, kann man die Bilder besonders leicht chronologisch anordnen.

6.5.4 String-Ersetzung

Bei der String-Ersetzung ersetzen Sie einen bestimmten Namensteil durch einen anderen.

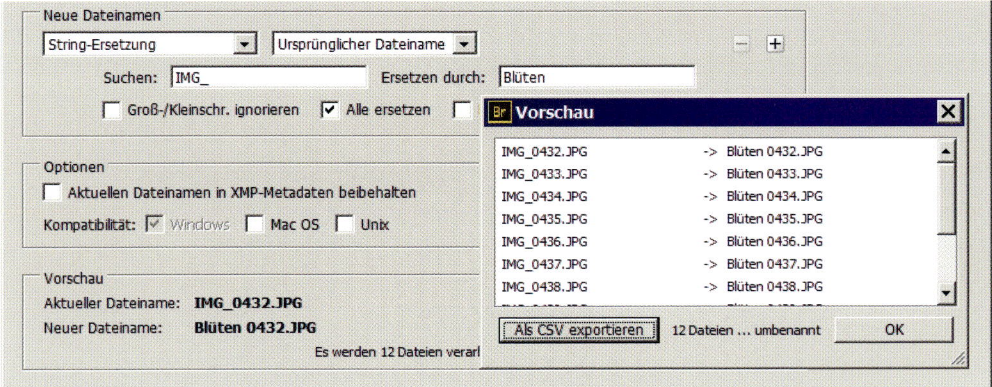

Abbildung 6.43 Die Eingaben aus dieser Abbildung ersetzen den Namensteil »IMG_« durch »Blüten«.

String-Ersetzung mit ursprünglichem Dateinamen

Die String-Ersetzung mit dem Zusatz Ursprünglicher Dateiname ändert einen bereits vorhandenen Teil des Dateinamens. Ein Beispiel: Die Bilder aus Ihrer Serie heißen IMG_0432.jpg, IMG_0433 und so weiter. Sie wollen den »IMG«-Teil durch »Blüten« ersetzen. Die neuen Dateinamen lauten dann »Blüten_0432.jpg«, »Blüten_0433« und so weiter. Dies ist also die einzige Änderung.

Gehen Sie die Aufgabe auf zwei unterschiedliche Arten an:

- Im Dialog **Stapel-Umbenennung** stellen Sie gleich oben das Klappmenü Vorgabe auf String-Ersetzung.
- Im Dialog **Stapel-Umbenennung** verwenden Sie oben eine beliebige Vorgabe wie Standard. Weiter unten im Bereich Neue Dateinamen verwenden Sie nur ein einziges Kriterium und das stellen Sie auf String-Ersetzung, daneben verwenden Sie Ursprünglicher Dateiname.

Im Feld Suchen schreiben Sie dann »IMG«, im Feld Ersetzen durch geben Sie »Blüten« an. So ersetzt Bridge nur den Namensteil »IMG«. Lassen Sie das Feld Ersetzen durch leer, wenn Sie »IMG« einfach nur entfernen wollen.

String-Ersetzung mit temporärem Dateinamen

Die String-Ersetzung mit dem Zusatz temporärer Dateiname verändert eine Vorgabe wie Datum/Uhrzeit oder Metadaten aus dem Bereich Neuer Dateiname noch weiter. Ein Beispiel mit Bildern aus dem Januar 2010:

1. Als erstes Kriterium im Bereich Neue Dateinamen nehmen Sie Datum/Uhrzeit mit dem Erstellungsdatum und dem Format TTMMJJJJ. Sie erhalten also Dateinamen wie »14012010.jpg«.
2. Mit dem Plus-Schalter [+] legen Sie ein zweites Kriterium an. Sie nehmen die String-Ersetzung mit Temporärer Dateiname. Im Suchen-Feld tragen Sie »0122010« ein, also das Ergebnis des ersten Kriteriums für Monat und Jahr. Unter Ersetzen durch schreiben Sie ». Januar 2010«. Jetzt nimmt Bridge das Ergebnis der Umbenennung mit dem ersten Kriterium und benennt es gleich weiter um. Sie erhalten Dateinamen wie »14. Februar 2010«.

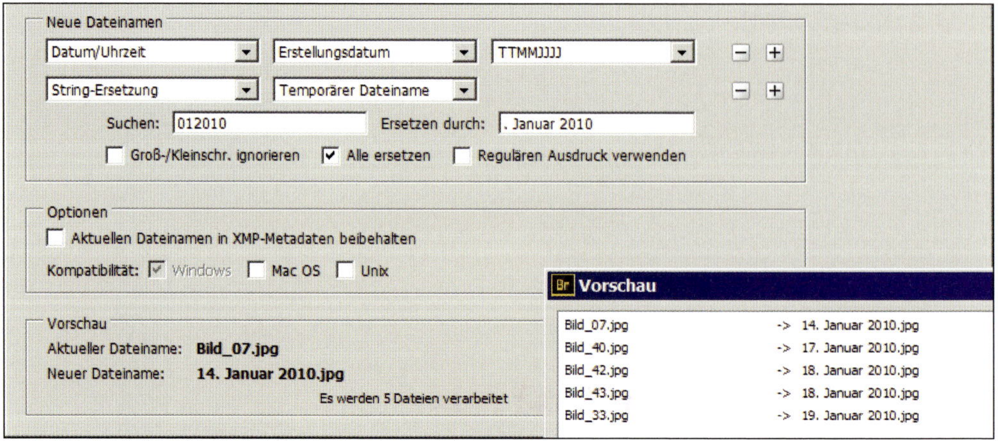

Abbildung 6.44 Diese Vorgabe erzeugt zunächst Dateinamen wie »14012010«, die sich per »String-Ersetzung« sofort wieder ändert. Hier erfassen wir nur Fotos aus dem Januar 2010.

6.5.5 Alte Dateinamen wiederherstellen

Benennen Sie Ihre Schätze um – aber stellen Sie den ersetzten Originaldateinamen später wieder her. Per **Bearbeiten: Rückgängig** geht das nicht. Achten Sie auf die passenden Optionen der **Stapel-Umbenennung.** So geht's:

1. Verwenden Sie in der **Stapel-Umbenennung** die Option Aktuellen Dateinamen in XMP-Metadaten beibehalten. Die Bilddatei »merkt« sich also den ursprünglichen Namen (auch der Foto-Downloader bietet diese Möglichkeit).
2. Benennen Sie die Bilder nun einmal nach Belieben um.
3. Falls Sie weitere Male umbenennen, verzichten Sie auf den Aktuellen Dateinamen in XMP-Metadaten: Sonst ist der allererste Dateiname weg.
4. So stellen Sie den ursprünglichen Namen wieder her: Markieren Sie die Bilder, wählen Sie **Werkzeuge: Stapel-Umbenennung** und nehmen Sie als einziges Namenselement Beibehaltener Dateiname.

Der **Suchen**-Dialog bietet als Kriterium auch den beibehaltenen Dateinamen.

Vorsicht mit der »Erweiterung«

Vielleicht haben Sie zwischendurch den Dateityp gewechselt. Ein Beispiel: Sie benennen DNG-Dateien um, konvertieren diese Dateien dann jedoch zu JPEG. Sie können auch jetzt noch den ursprünglichen Namen wiederherstellen. Verwenden Sie jedoch die Option Beibehaltener Dateiname nun mit der Konkretisierung Name. Nehmen Sie nicht Name + Erweiterung, denn dann bekommen Ihre JPEG-Dateien die ».dng«-Endung des ursprünglichen Namens; viele Programme öffnen solche Bilder nicht mehr.

Ebenfalls nur den Namen, nicht aber die Erweiterung verwenden Sie, wenn der neue Dateiname noch mehr Elemente wie etwa eine Seriennummer oder das Datum enthält. Denn falls Sie hier Name + Erweiterung angeben, entstehen Ausdrücke wie ».JPG« eventuell mitten im Dateinamen – technisch oft unproblematisch, doch selten gewollt.

6.6 Suchen und Filtern

Suchen Sie oder filtern Sie – Bridge zeigt anschließend nur solche Bilder, die Ihren Kriterien entsprechen; alle anderen Motive blendet Bridge vorübergehend aus:

- Konstruieren Sie gezielte Abfragen im **Suchen**-Dialog (nicht bei Mini Bridge).
- Tippen Sie Suchbegriffe ins Suchfeld oben rechts im Bridge-Fenster (auch bei Mini Bridge).
- Filtern Sie mit der Schaltfläche ELEMENTE NACH BEWERTUNG FILTERN nach Sternewertung (auch bei Mini Bridge).
- Filtern Sie komfortabel nach Dutzenden Kriterien mit dem Filter-Bedienfeld (auch nach der Sternewertung, nicht bei Mini Bridge).

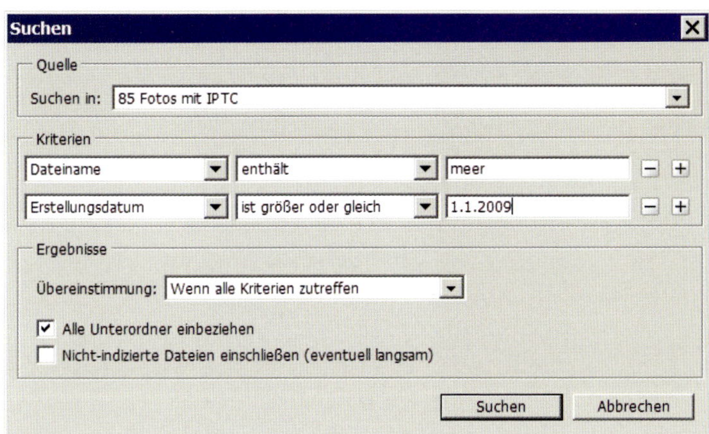

Abbildung 6.45 Pixelfahndung: Bridge sucht hier nach Bildern mit dem Stichwort »meer«, die ab dem 1.1.2009 entstanden. Ordner: 85 Fotos mit IPTC.

6.6.1 »Suchen«

Für flottes Aufspüren einzelner Stichwörter oder Dateinamen nehmen Sie das Suchfeld (siehe unten); aufwändigere Recherchen erledigt der Befehl **Bearbeiten: Suchen** mit dem auch in anderen Programmen üblichen Tastenkürzel Strg+F (»F« wie »Finden«).

Lernen Sie das **Suchen** mit einem ersten Beispiel kennen. Im Verzeichnis »85 Fotos mit IPTC« von der Website zum Buch suchen Sie Bilder, die mehrere Kriterien gleichzeitig erfüllen: das Stichwort »Meer« und aufgenommen ab dem 1. Januar 2009. So spüren Sie die Bilder auf:

1. Klicken Sie auf **Bearbeiten: Suchen**.
2. Richten Sie den Suchdialog wie folgt ein: Gehen Sie im Bereich KRITERIEN auf STICHWÖRTER, im Klappmenü daneben nehmen Sie ENTHÄLT. Ganz rechts geben Sie den Wert »meer« an.
3. Für die Datumseingrenzung fügen Sie ein Suchkriterium hinzu: Klicken Sie rechts auf das Pluszeichen +.
4. Nehmen Sie beim zweiten Kriterium die Vorgabe ERSTELLUNGSDATUM. Rechts daneben geben Sie IST GRÖSSER ODER GLEICH an. Ganz rechts tippen Sie »1.1.2009« ein – Bridge sucht nach allen Bildern ab Neujahr 2009.
5. Im Klappmenü brauchen Sie die Vorgabe WENN ALLE KRITERIEN ZUTREFFEN. Die Datei muss also das Stichwort haben und zugleich aus dem gefragten Zeitraum stammen – sonst wird sie nicht berücksichtigt.
6. Klicken Sie auf SUCHEN.

Tipp Findet Bridge zu wenig? Vielleicht hat das Programm noch nicht alle Dateien komplett eingelesen. Unten links in der Statuszeile und im Filter-Bedienfeld sollten sich keine Hinweise darauf finden, dass das Programm noch mit dem Einlesen beschäftigt ist. Verwenden Sie für zuverlässigere Ergebnisse die Suchen-Option Nicht-indizierte Dateien einschliessen.

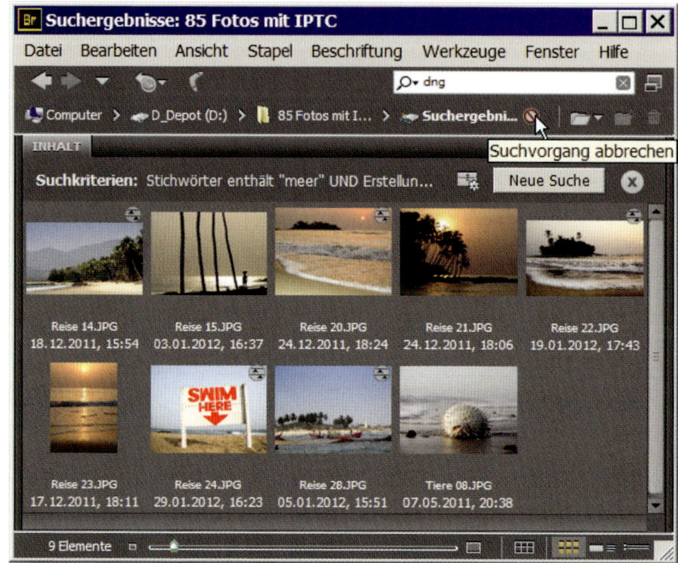

Abbildung 6.46 Fahndungserfolg: Bridge hat neun Dateien aufgespürt, die beide Suchkriterien erfüllen – das Stichwort »meer« und ein Entstehungsdatum ab 2009. Sie erscheinen als neue Zusammenstellung »Suchergebnisse«.

Mit Suchergebnissen weiterarbeiten

Bei unserem Beispiel zeigt Bridge alle Fotos mit dem Stichwort »meer«, die ab 1. Januar 2009 entstanden. Alle anderen Aufnahmen verschwinden von der Bildfläche. Die Pfadleiste meldet nicht mehr das Verzeichnis 85 Fotos mit IPTC, sondern Suchergebnisse: 85 Fotos mit IPTC. Sie befinden sich quasi in einem virtuellen Unterverzeichnis von 85 Fotos mit IPTC.

Per [Strg]+[A] markieren Sie nun alle Motive, um sie beispielsweise umzubenennen, zu löschen oder zu kopieren; oder öffnen Sie einzelne Exemplare per Doppelklick. Die nicht sichtbaren Fotos bleiben voll erhalten und werden nicht verändert.

Ihre Möglichkeiten in der Fundliste ähneln weitgehend den Funktionen von Suchfeld in Bridge und Mini Bridge, teils auch Filter-Bedienfeld, wir beschreiben sie hier für alle Suchverfahren gemeinsam:

- Sie wollen wieder den gesamten Ordner sehen, den Sie durchforstet hatten? Klicken Sie auf den Zurück-Pfeil, auf das Parkverbot oder auf Abbrechen. Noch gezielter: Klicken Sie in der Pfadleiste den Ordner Ihrer Wahl an oder nutzen Sie die Schaltfläche Letzte Datei anzeigen oder zu letztem Ordner wechseln.
- Sie möchten erneut mit anderen Kriterien suchen, dann klicken Sie auf Neue Suche. Auch wenn Sie zuvor im Suchfeld oben rechts – und nicht im **Suchen**-Dialog – gearbeitet hatten, gelangen Sie mit der Schaltfläche Neue Suche auf jeden Fall in den **Suchen**-Dialog, der Ihre letzten Kriterien anbietet.
- Mit der Schaltfläche Als Smart-Sammlung speichern legen Sie eine neue Smart-Sammlung an, einen virtuellen Ordner, der immer alle Dateien mit den gesuchten Kriterien zeigt (nur nach dem **Suchen**-Dialog, nicht nach einer Recherche per Suchfeld).

- Wollen Sie verfeinernd direkt in den Suchergebnissen weitersuchen? Das geht nur, wenn Sie das Ergebnis als Sammlung speichern (Seite 152). Wenn Sie dagegen direkt aus den Ergebnissen heraus die nächste Suche starten, durchforsten Sie wieder den gesamten Ordner. Das gilt für den **Suchen**-Dialog und für das flotte Suchfeld.

Die Liste mit den Suchergebnissen erscheint nicht als »virtueller Ordner« im Ordner- oder Favoriten-Bedienfeld. Sie wird auch nicht gespeichert: Wenn Sie Bridge neu starten, ist sie perdu. Abhilfe: Speichern Sie wichtige Suchergebnisse als Sammlung (siehe unten).

Suchergebnisse speichern

Der **Suchen**-Dialog bietet nicht die üblichen Speichern- und Laden-Schaltflächen, mit denen Sie Fundlisten dauerhaft sichern könnten. Dafür nehmen Sie vielmehr das Sammlungen-Bedienfeld. Wir besprechen Sammlungen ausführlich ab Seite 152, hier eine Kurzanleitung:

- Sie wollen die exakte Zusammenstellung der gefundenen Dateien später wieder sehen – auch wenn sich dann vielleicht Kriterien geändert haben oder neue Dateien mit passenden Kriterien dazugekommen sind. Dazu brauchen Sie eine »normale«, »unsmarte« Sammlung. Markieren Sie alle Bilder im Inhalt-Bedienfeld mit den Fundstücken per [Strg]+[A] und klicken Sie im Sammlungen-Bedienfeld auf Neue Sammlung.
- Sie wollen die Abfrage mit den Kriterien später wiederholen und dann stets auch die neuesten Bilder sehen, die zu Ihrer Abfrage passen. Da brauchen Sie eine Smart-Sammlung. Klicken Sie oben rechts im Inhalt-Bedienfeld auf Als Smart-Sammlung speichern (nur, wenn Sie den **Suchen**-Dialog und nicht Suchfeld genutzt hatten).

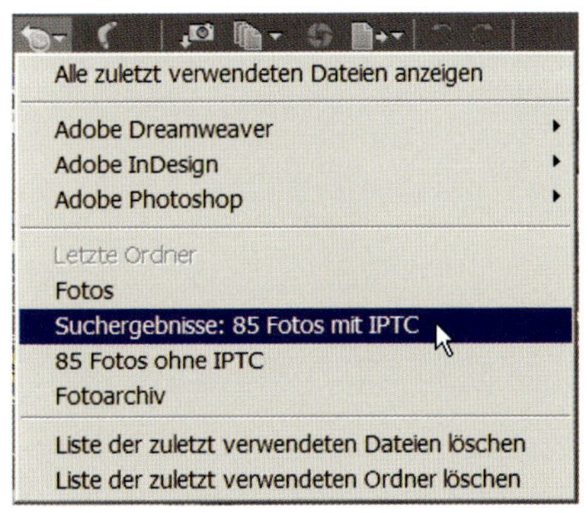

Abbildung 6.47 Sie haben zwischenzeitlich verschiedene Ordner geöffnet und wollen die letzten Suchergebnisse erneut sehen? Bridge bietet die Zusammenstellung Ihrer Fundstücke über die Schaltfläche Letzte Datei anzeigen oder zu letztem Ordner wechseln an. Sie lassen sich auch noch mit den Zurück- und Weiter-Pfeilen erreichen.

Optionen im »Suchen«-Dialog

Der **Suchen**-Dialog bietet interessante Optionen:

- Sie können Alle Unterordner einbeziehen.
- Wenn Sie Nicht-indizierte Dateien einschliessen, durchwühlt Bridge auch Unterverzeichnisse, die bisher noch nicht geöffnet wurden. Hier muss das Programm die Bilder und ihre Metadaten erst noch einlesen, das dauert.

Tipp Möchten Sie Bilder mit einem bestimmten Stichwort und weiteren Kriterien aufspüren? Klicken Sie das Stichwort im Stichwörter-Bedienfeld mit rechts an und wählen Sie **Suchen**. Bridge präsentiert den Suchdialog sofort passend ausgefüllt.

Nach mehreren Kriterien suchen

Fahnden Sie nach Grafiken, die mehrere Kriterien gemeinsam oder eines von mehreren Kriterien erfüllen. Erweitern Sie die Zahl der Kriterien im **Suchen**-Dialog mit der Plus-Schaltfläche [+]. Der Minus-Klicker [−] reduziert die Zahl der Kriterien.

Verknüpfen Sie die Vorgaben:

- Bridge zeigt Fundbilder, Wenn alle Kriterien zutreffen – das ist die UND-Verknüpfung, Sie erhalten eine relativ kleine Fundliste.
- Oder nehmen Sie Wenn ein Kriterium zutrifft, die ODER-Verbindung. Alle Motive, die nur eine der gefragten Eigenschaften haben, figurieren in der Trefferliste.

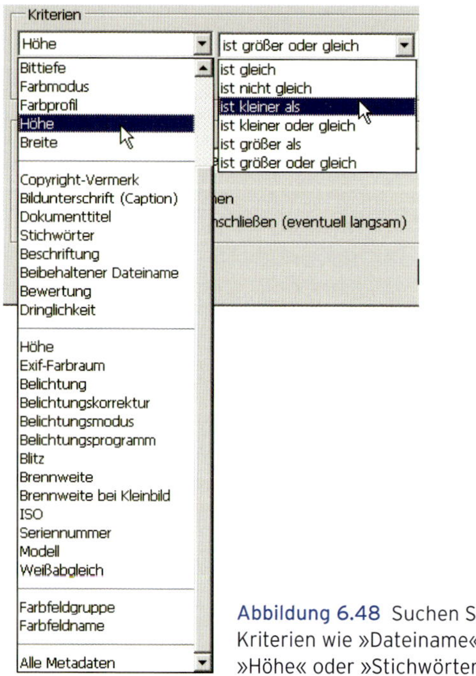

Abbildung 6.48 Suchen Sie nach bestimmten Kriterien wie »Dateiname«, »Dateigröße«, »Höhe« oder »Stichwörter«.

Kriterien nutzen

Legen Sie die Kriterien für ein Bild fest: Suchen Sie etwa nach Dateiname, Dateigrösse, Erstellungsdatum (Aufnahmedatum), Stichwörtern, Beschreibung oder Allen Metadaten.

Mit Dokumenttyp ist der Dateityp gemeint. Wollen Sie etwa alle Dateien mit der Endung ».jpg« finden, geben Sie JPEG-Datei ein; Camera-Raw-Dateien greift Bridge mit der Angabe Camera-Raw-Bild heraus. Damit findet Bridge jedoch nur Raw-Fotos, die nicht im DNG-Format vorliegen; DNG-Dateien geben Sie separat an.

Beachten Sie dabei die unterschiedlichen Einschränkungen für Eigenschaften wie Dokumenttyp, Dateiname oder Stichwörter: Bridge bietet enthält, enthält nicht, ist, beginnt mit sowie endet mit. Einige Möglichkeiten:

- Forschen Sie gezielt nach Teilen oder Anfängen von Dateinamen oder Stichwörtern (enthält, beginnt mit).
- Suchen Sie nach vollständigen Dateinamen oder Stichwörtern (ist gleich).
- Verbannen Sie Dateien aus dem Suchergebnis, deren Name bestimmte Zeichen enthält (enthält nicht).

Tipp Eine Suche in großen Verzeichnissen kann dauern und wirft das aktuelle Verzeichnis vom Schirm. Öffnen Sie eventuell erst ein neues Bridge-Fenster mit Strg + N und starten Sie dort die Suche. Im ursprünglichen Fenster können Sie sofort weiterarbeiten, Ihr Verzeichnis dort bleibt sichtbar.

»Alle Metadaten«

Sie wissen nicht so genau, wie das genaue Kriterium für einen Metadateneintrag heißt? Dann probieren Sie nicht nacheinander die Kriterien Beschreibung, Dokumenttitel oder Stichwörter, bis Bridge vielleicht ein Bild mit dem gesuchten Begriff im richtigen Feld entdeckt.

Nehmen Sie gleich das Kriterium Metadaten mit der Einschränkung Enthält. Dann spielt es keine Rolle, ob der gesuchte Begriff für »Kamerahersteller« oder »Copyright« steht. Sie durchsuchen hier technische Daten der Datei, die Exif-Einträge der Digitalkamera wie auch IPTC-Einträge. Der Dateiname wird aber nicht berücksichtigt. Mögliche Anwendungen:

- Finden Sie alle Digitalfotos, die mit »Powershot«-Kameras entstanden.
- Verwenden Sie das Kriterium Alle Metadaten gleich zweimal in einer Abfrage: Finden Sie alle Fotos, die »Wasser«, aber kein »Meer« zeigen; beachten Sie dabei die Groß- und Kleinschreibung.

Spielen Sie diese Abfragen mit dem Verzeichnis »85 Fotos mit IPTC« von der Website zum Buch durch.

Auch bei der Vorgabe Alle Metadaten spielt die Groß- und Kleinschreibung keine Rolle: Eine Suche nach »meer« findet auch Dateien mit dem Stichwort »Meer«.

Abbildung 6.49 Wir suchen im Testverzeichnis nach Fotos mit Wasser, aber nicht Meerwasser ...

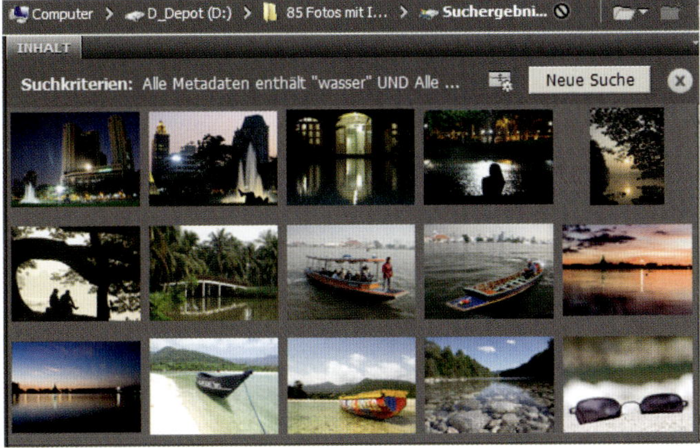

Abbildung 6.50 ... Bridge findet Bilder mit Flüssen, Fontänen, Pools und Seen.

6.6.2 Das Feld »Schnellsuche«

Das Schnellsuchfeld oben rechts in Bridge bietet einen sehr begrenzten Ausschnitt der Talente des **Suchen**-Dialogs (siehe unten). Dieselben Talente hat das Suchfeld in Mini Bridge, das immerhin den sofortigen Wechsel in den ausführlichen **Suchen**-Dialog von Bridge anbietet.

Klicken Sie im Suchfeld auf die Lupe und legen Sie im Menü fest, ob Sie die Bridge-interne Suchfunktion oder die eingebauten Suchdienste von Mac OS oder Windows Vista oder Windows 7 nutzen möchten. Falls Sie den Index Ihres Betriebssystems nutzen, fahnden Sie per Suchfeld nach Dateinamen, Ordnernamen und Stichwörtern im aktuell gewählten Ordner. Um jedoch Stichwörter aus den Filialdateien von Raw-Dateien zu finden, nutzen Sie auf jeden Fall den Bridge-Suchindex und keine Betriebssystemfunktion.

Abbildung 6.51 Wir tippen »sonn« in die Suchleiste und drücken die ↵-Taste. Bridge zeigt nur noch Dateien, die diese Zeichenfolge in einem Stichwort oder im Dateinamen enthalten – hier Fundstücke mit den Stichwörtern »Sonnenuntergang« oder »Sonnenbrille«.

Arbeiten Sie mit der Bridge-Funktion, spüren Sie per Suchfeld Stichwörter oder Dateinamen auf – oder auch nur Teile davon. Das Suchfeld erlaubt keine Abfrage nach mehreren Stichwörtern, die gemeinsam oder einzeln enthalten sein müssten. Andere IPTC-Felder wie Copyright oder Beschreibung lassen sich nicht abfragen, ebenso wenig wie »Beschriftung«, Kameranamen oder sonstige Exif-Werte. Dabei durchforstet die Funktion auch Unterverzeichnisse einschließlich Meine Bilder.

So nutzen Sie das Suchfeld – drei Beispiele aus dem mitgelieferten Ordner »85 Fotos mit IPTC«:

- Tippen Sie Katze ins Suchfeld und drücken Sie die ↵-Taste, findet Bridge mit dem Stichwort oder Namensbestandteil Katze. Je nachdem reicht es, wenn Sie nur kat oder tze tippen.
- Tippen Sie Deutschland, findet Bridge gar nichts. Zahlreiche Bilder enthalten den Eintrag »Deutschland« im IPTC-Feld Land, doch das Schnellsuchfeld schaut dort nicht nach.

Wie Sie mit den Suchergebnissen weiterarbeiten, lesen Sie ab Seite 166.

Tipp Um unterschiedliche Dinge in einem Verzeichnis abzufragen, müssen Sie das Suchergebnis nicht erst aufheben. Starten Sie sofort die nächste Recherche.

Abbildung 6.52 Mini Bridge: Über die Lupenschaltfläche bietet Mini Bridge innerhalb von Photoshop dieselben Möglichkeiten wie das Schnellsuchfeld in Bridge. Sie können auch zum ausführlichen »Suchen«-Dialog in Bridge wechseln.

6.6.3 Das Filter-Bedienfeld

Das mächtige Filter-Bedienfeld (nicht in Mini Bridge) bietet eine Alternative zum **Suchen**-Befehl. Klicken Sie die angebotenen Kriterien an: nur Dateien, welche die Kriterien aus dem Filter-Bedienfeld erfüllen, erscheinen im Inhalt-Bedienfeld (also im Miniaturenbereich).

Bei unserem Testordner »85 Fotos mit IPTC« gibt es als Filterkriterien natürlich Wertung, Beschriftung, alle Stichwörter, Dateitypen, Seitenverhältnis, Ausrichtung (Hoch- versus Querformat), Änderungs- und Erstellungsdatum. Das Filter-Bedienfeld verrät unter anderem, dass der Ordner acht Zwei-Sterne- und 24 Drei-Sterne-Bilder beherbergt, acht Aufnahmen tragen das Stichwort Architektur, fünf Fotos entstanden am 15. März 2012, das Seitenverhältnis 2:3 taucht zehnmal auf (Hoch- oder Querformat), insgesamt gibt es 74 Querformate.

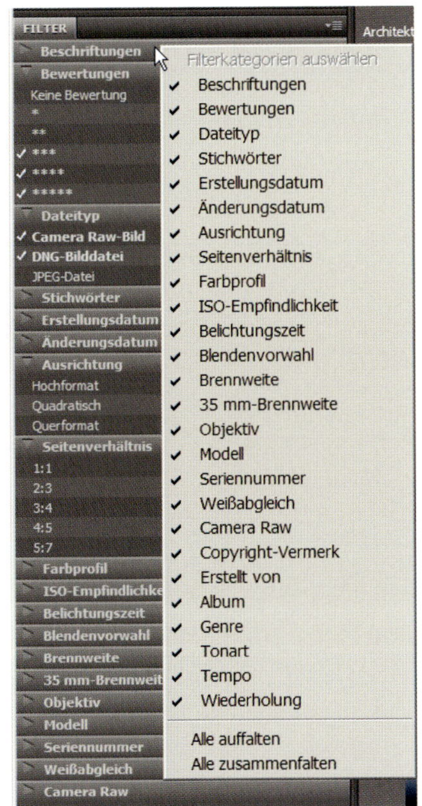

Abbildung 6.53 Abhängig vom Ordnerinhalt zeigt das Filter-Bedienfeld rund zwei Dutzend verschiedene Kriterien an. Nach Rechtsklick auf eine Überschrift wie Beschriftungen blenden Sie beliebige Kriterien aus. Hier zeigen wir alle Camera-Raw-Dateien (einschließlich DNG) mit mindestens drei Sternen an, Sie erkennen die Auswahl an den Häkchen und an den hervorgehobenen Zeilen.

Übergeordnete Befehle

Mit den Schaltflächen unten im Bedienfeld können Sie die Filtereinstellungen konservieren oder aufheben:

- FILTER BEIM DURCHSUCHEN BEIBEHALTEN: Wenn Sie hier klicken, merkt sich Bridge die Filtervorgaben beim Wechsel zu einem anderen Ordner. Sie sehen also den nächsten Ordner nicht unbedingt vollständig, sondern gleich »gefiltert«.
- FILTER LÖSCHEN: Zeigen Sie wieder uneingeschränkt den kompletten Ordner an (Strg+Alt+A).

Abbildung 6.54 Laut Filter-Bedienfeld gibt es 21 Bilder mit dem Stichwort »blauer Himmel« und sechs mit »Boot«. Klicken Sie beide Begriffe an, um die 23 Fotos mit blauem Himmel und/oder Boot zu sehen.

Abbildung 6.55 Klicken Sie im Filter-Bedienfeld bei gedrückter ⇧-Taste auf die Wertungenzeile für vier Sterne; so zeigt Bridge alle Bilder mit vier oder mehr Sternen. Ordner: 85 Fotos mit IPTC.

Nur eine Kategorie verwenden

Erproben Sie das Filter-Bedienfeld zunächst, indem Sie nur eine Kategorie abfragen, zum Beispiel nur die Stichwörter oder nur die Beschriftungen. Die folgenden Abfragen testen wir mit dem Ordner »85 Fotos mit IPTC« von der Website zum Buch:

1. Öffnen Sie im Filter-Bedienfeld die Kategorie Stichwörter.
2. Klicken Sie auf die Zeile Meer. Jetzt sehen Sie nur noch die zwölf Bilder, die das Stichwort Meer enthalten.
3. Wollten Sie wieder alle Bilder sehen, hätten Sie es leicht: Einfach ein zweiter Klick auf die Zeile Meer – der Ordner erscheint wieder komplett. Wir machen aber etwas anderes:
4. Klicken Sie auf die Zeile blauer Himmel: Sie sehen nun Bilder, die entweder blauen Himmel oder das Meer zeigen, oder beides – insgesamt 30 Trouvaillien. Sie erhalten also eine ODER-Verbindung.
5. Sie wollen nur Bilder ohne Hund sehen? Dazu drücken Sie die Alt-Taste und klicken auf diesen Begriff im Filter-Bedienfeld – so wählen Sie das Gegenteil von dem aus, was Sie anklicken.

Achtung Klappen Sie Bilderstapel auf, wenn sie komplett durchsucht werden sollen (**Stapel: Alle Stapel auffalten**, Strg+Alt+→). Bei geschlossenen Stapeln berücksichtigt das Filter-Bedienfeld nur das oberste (generell sichtbare) Bild.

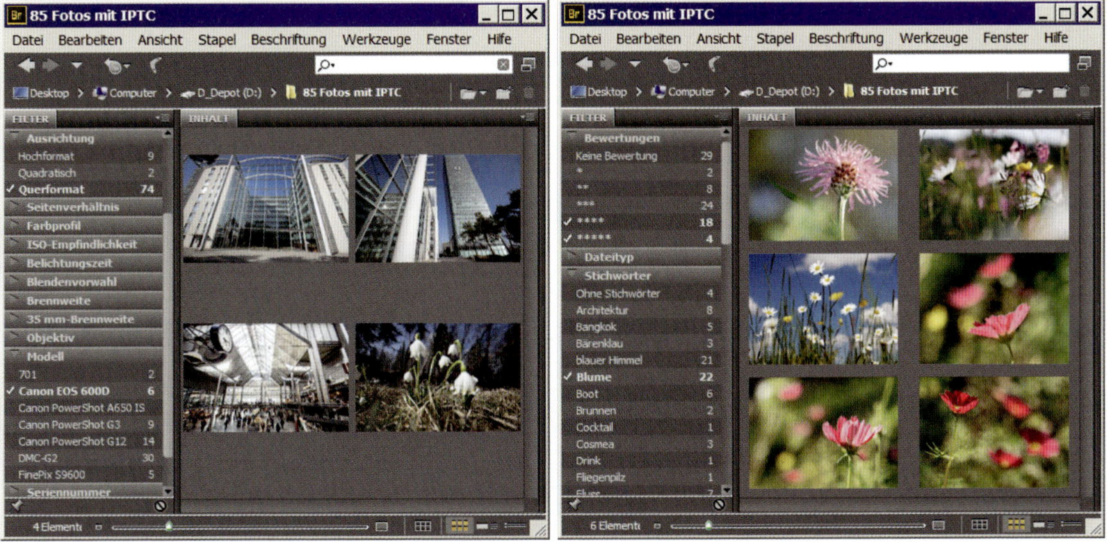

Abbildung 6.56 **Links:** Im Testordner gibt es 74 Querformate, davon entstanden aber nur vier mit der Canon EOS 600D. **Rechts:** Unter den 22 Blumenfotos haben sechs eine Bewertung von vier oder fünf Sternen.

Nach Wertungen filtern

So nutzen Sie den Bereich Bewertungen im Filter-Bedienfeld:

1. Klicken Sie auf die Zeile mit drei Sternen, sehen Sie nur noch Bilder mit drei Sternen.
2. Klicken Sie auf die Zeile mit vier Sternen, sehen Sie zusätzlich Vier-Sterne-Exemplare.
3. Klicken Sie erneut auf die Zeile mit drei Sternen, verschwinden die Drei-Sterne-Motive, Bridge zeigt nur noch Vier-Sterne-Werke.

Wollen Sie alle Bilder ab vier Sternen aufwärts sehen? Halten Sie die ⇧-Taste gedrückt und klicken Sie auf die Zeile mit vier Sternen – nun reiht Bridge Vier- und Fünf-Sterne-Motive auf. Sie können zusätzlich nach **Wertung** sortieren, so dass Sie zum Beispiel Ihre Fünf-Sterne-Schätze zuerst sehen.

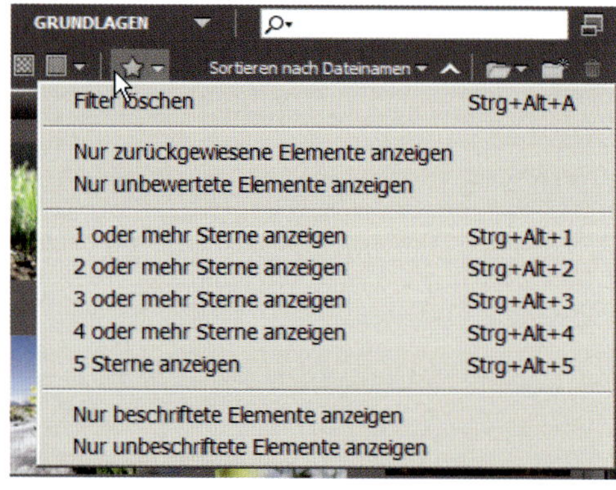

Abbildung 6.57 Wollen Sie nur nach Sternewertung filtern, nutzen Sie alternativ zu Filter-Bedienfeld die Schaltfläche Elemente nach Bewertung filtern. Hier stehen auch eigene Tastaturbefehle zur Verfügung.

Mehrere Kategorien kombinieren

Fragen Sie Kriterien aus mehreren Kategorien ab, entsteht eine UND-Verbindung: Ein Bild muss beide Eigenschaften erfüllen, um es in die Anzeige zu schaffen. Ein Beispiel:

1. In der Kategorie Stichwörter klicken Sie auf blauer Himmel – das Inhalt-Bedienfeld meldet 21 passende Aufnahmen.
2. Schränken Sie die Auswahl ein: In der Kategorie Bewertungen klicken Sie auf die ***-Leiste – Sie sehen nur noch Blauer-Himmel-Bilder mit drei Sternen, insgesamt sieben.
3. Klicken Sie bei gedrückter ⇧-Taste zweimal hintereinander auf die Zeile mit drei Sternen – Bridge zeigt Blauer-Himmel-Fotos mit drei bis fünf Sternen, insgesamt 13 Aufnahmen.

Zeigen Sie mit dem Halteverbot ⊘ wieder alle Bilder an und testen Sie ein anderes Beispiel:

1. In der Kategorie Ausrichtung klicken Sie auf Querformat. Bridge präsentiert 74 querformatige Fotos.
2. Sie brauchen aber nur Querformate, die mit der Kamera Canon EOS 600D entstanden. Öffnen Sie zusätzlich die Kategorie Modell und klicken Sie auf Canon EOS 600D. Jetzt sehen Sie noch vier Exponate – im gewünschten Querformat, von der gewünschten Kamera.
3. Zu wenig Auswahl? Nehmen Sie auch noch Fotos der Panasonic DMC-G2 hinzu: Nun sehen Sie 28 Bilder aus zwei Kameras, sämtlich Querformate.

6.6.4 Befehle im Überblick: Auswählen und Bearbeiten mit Bridge

Taste/Feld	Zusatztasten	Aktion	Ergebnis
Strg+A			Alles markieren
Strg+A	⇧		Auswahl aufheben
Strg+C			Markierte Dateien kopieren
Strg+D			Wahlweise Dateien duplizieren, Auswahl aufheben oder Desktop anzeigen
Strg+I	⇧		Auswahl umkehren
Strg+L	Alt+⇧		Unbeschriftete Dateien auswählen
Strg+N			**Neues Fenster**
Strg+N	Alt		**Neues synchronisiertes Fenster**
Strg+N	⇧		**Neuer Ordner**
			Neuer Ordner
Strg+R	⇧		Stapel-Umbenennung
Strg+V			Kopierte Dateien einfügen
Entf			Markierte Datei(en) löschen
			Markierte Datei(en) löschen
			Markierte Dateien drehen

6.7 Speichertechnik (Cache)

Bridge zeigt Ihre Bilder an und schreibt gleichzeitig verschiedene eigene Dateien auf die Festplatte. Entscheiden Sie, wann und wie viel Bridge in den Zwischenspeicher schreibt. Sie entscheiden damit,

- wie schnell Miniaturen beim ersten Einlesen zur Verfügung stehen,
- wie lange das Zoomen und Recherchieren dauert,
- wie viel Plattenplatz der Zwischenspeicher belegt.

Diese Dateien legt Bridge an:

- ».BridgeSort« für die Reihenfolge manuell sortierter Bilder,
- Cache-Dateien (Zwischenspeicher) mit den Bildminiaturen und anderen Informationen,
- eine XMP-Datei für jedes Bild, das Metadaten wie IPTC-Texte, Camera-Raw-Bearbeitung, aber auch eine Wertung nicht direkt in der Datei aufnehmen kann, etwa für Camera-Raw-Dateien außer DNG.

Ihre Vorgaben zur Miniaturenqualität wirken sich auch auf Mini Bridge aus.

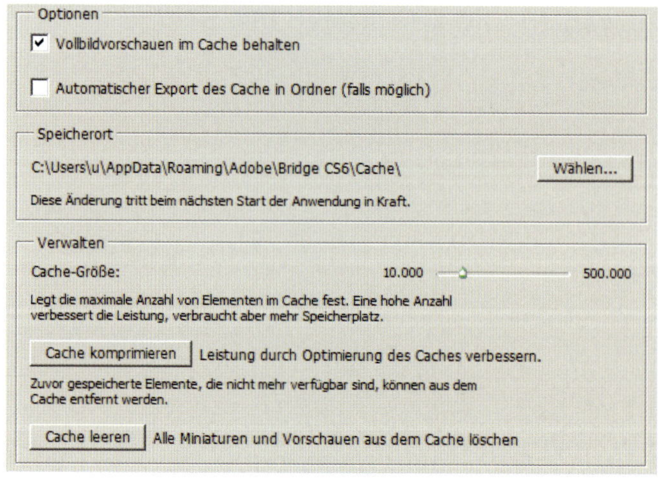

Abbildung 6.58 In den »Voreinstellungen« steuern Sie, wo die Cache-Datei für die Miniaturen gespeichert wird.

6.7.1 Wo wird gespeichert?

Bridge speichert die Bildminiaturen auf der Festplatte. Das Programm muss also nicht jedes Mal erst alle Originaldaten neu einlesen, um den Miniaturenreigen aufzufächern. Dieser Speicher heißt auch »Cache«.

Die Dateien mit den Bildminiaturen und anderen Informationen speichert Bridge in einem zentralen Ordner. Wo, das steuern Sie in den **Voreinstellungen** (Strg+K) im Bereich Cache. Dort legen Sie das Verzeichnis nach einem Klick auf Wählen fest. Ein separater Speicher verwaltet die Informationen aus dem Raw-Dialog; den Speicherort steuern Sie in Bridge per **Bearbeiten: Camera-Raw-Voreinstellungen** im Bereich Camera Raw-Cache.

Cache-Dateien klein halten und löschen

So steuern Sie Cache in den Bridge-**Voreinstellungen** (Strg+K), beginnen Sie im Bereich Cache:

- Verzichten Sie auf Vollbildvorschauen im Cache behalten; diese Option spart Zeit beim Betrachten und Präsentieren, kostet aber sehr viel Festplatte.
- Grenzen Sie die Cache-Grösse generell ein. Ein kleiner Cache wird schneller angezeigt. Natürlich muss Bridge bei einem kleinen Cache öfter Bilder völlig neu wieder aufbauen und das kostet Zeit.
- Mit Cache komprimieren löschen Sie gespeicherte Miniaturen, zu denen längst keine Originalbilder mehr existieren - sie wurden gelöscht, verschoben, existierten nur auf externen Datenträgern. So geben Sie viel Festplatte frei.
- Sie können auch gleich den ganzen Cache leeren. So sparen Sie massiv Speicherplatz im Laufwerk der zentralen Cache-Datenbank. Sie verlieren keine Informationen, die Daten müssen nur bei Bedarf neu eingelesen werden.
- Wechseln Sie in den **Voreinstellungen** in den Bereich Erweitert. Die Option Vorschauen in Monitorgrösse generieren begrenzt die Miniaturen im Speicher auf die Pixelzahl Ihres größten Monitors. Leeren Sie eventuell vorhandenen Cache, wenn Sie bereits einmal gesichtete Verzeichnisse mit dieser Option nutzen wollen.

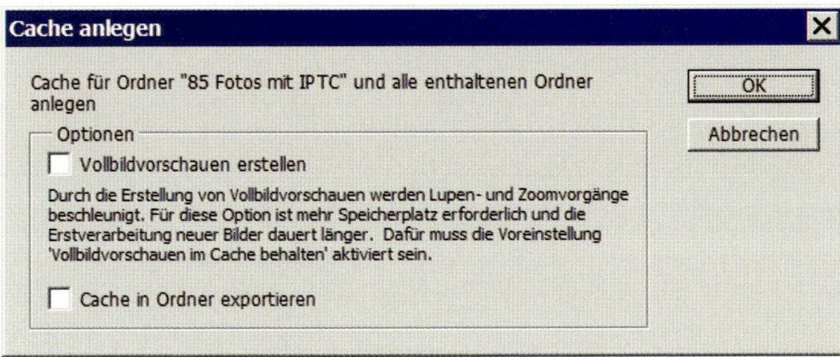

Abbildung 6.59 Legen Sie die Bridge-Miniaturen vorab an, damit sie bei Bedarf parat stehen. Stellen Sie im Ordner-Bedienfeld von Bridge ein übergeordnetes Laufwerk wie G ein. Dann verwenden Sie »Werkzeuge: Cache: Cache generieren und exportieren«; nehmen Sie noch »Vollbildvorschauen erstellen« dazu, wenn Sie oft die Lupe verwenden oder großformatig präsentieren (sofern nicht in den Voreinstellungen unterbunden). Bridge liest jetzt Bilder aller Unterordner ein.

Der Bridge-Befehl **Werkzeuge: Cache: Cache für Ordner leeren** entrümpelt den Zwischenspeicher für den aktiven Ordner.

Tipp Um Raw-Dateien im DNG-Format schnell auf anderen Rechnern einzulesen, nutzen Sie die Option Schnell ladende Dateien (Seite 212).

Einzelne Cache-Dateien direkt im Bilderordner

Sie können Cache-Dateien zusätzlich direkt im Bilderordner anlegen. Das lohnt sich, wenn Sie diesen Ordner auf eine DVD, CD oder tragbare Festplatte übertragen und mit einer anderen Bridge-Installation öffnen – dann stehen Miniaturen und Metadaten flott zur Verfügung:

1. Rufen Sie in Bridge das Verzeichnis auf, das auch eine Cache-Datei aufnehmen soll.
2. Wählen Sie **Werkzeuge: Cache: Cache generieren und exportieren.**
3. Im nächsten Dialogfeld verwenden Sie Cache in Ordner exportieren, dann klicken Sie auf OK.

6.7.2 Schaltflächen für die Miniaturenqualität

Die Bridge-Schaltflächen Schnelle Suche durch Bevorzugung eingebetteter Bilder und Optionen für Miniaturenqualität und Vorschauerstellung steuern die Miniaturenqualität – und damit die Geschwindigkeit beim Bildaufbau und den Speicherbedarf.

Bevorzugung eingebetteter Bilder

Die Vorgabe Bevorzugung eingebetteter Bilder sorgt für wenig Speicherplatzbedarf und schnelles Einlesen – speziell bei großen Ordnern mit Raw-Dateien ein Vorteil: So baut Bridge zunächst keine eigenen Bildminiaturen auf, sondern verwendet diejenigen Miniaturen, die direkt in Digitalkamerabildern oder in DNG-Dateien gesichert sind. Nachteil allerdings: Sobald Sie größere Miniaturen anzeigen, die Lupe nutzen oder eine Präsentation laufen lassen, wird neu in hoher Auflösung gelesen, eine lästige Verzögerung.

Die Bevorzugung eingebetteter Bilder erreichen Sie auf zwei unterschiedlichen Wegen, die beide zum selben Bridge-Verhalten führen:

1. Klicken Sie auf Schnelle Suche durch Bevorzugung eingebetteter Bilder.
2. Nach einem Klick auf Optionen für Miniaturenqualität und Vorschauerstellung wählen Sie Eingebettete bevorzugen.

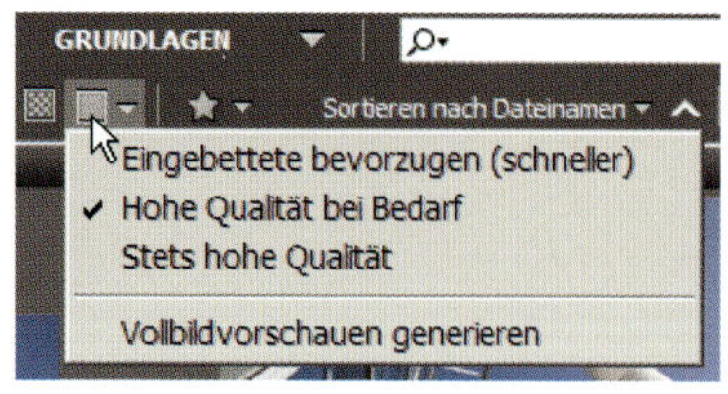

Abbildung 6.60 Mit zwei Schaltflächen in der Pfadleiste steuern Sie die Miniaturen-Qualität. Ist die Schaltfläche Schnelle Suche durch Bevorzugung eingebetteter Bilder aktiviert (links), erscheint auch ein Häkchen neben Eingebettete bevorzugen.

Miniaturen-Optionen insgesamt

Ihre Möglichkeiten in den Optionen für Miniaturenqualität und Vorschauerstellung insgesamt:

- Bridge kann generell **Eingebettete bevorzugen**, zugunsten einer schnellen Sichtung ohne viele Vergrößerungen (siehe vorheriger Punkt).
- Alternativ nehmen Sie **Hohe Qualität bei Bedarf**; eigene Miniaturen werden erstellt, aber zunächst nicht in hoher Auflösung. Das spart beim ersten Erstellen Zeit, Bridge bemüht sich um die hohe Qualität erst, wenn Sie die Miniaturen im Inhalt-Bedienfeld auswählen.
- **Stets hohe Qualität** braucht mehr Zeit beim Erstellen, aber in der laufenden Arbeit muss seltener nachberechnet werden. Hohe Qualität bedeutet auch, dass die Bilder mit Farbmanagement angezeigt werden. Nutzen Sie die Option vor Präsentationen.
- **Vollbildvorschauen generieren**, diese Option lohnt sich, wenn Sie zahlreiche Bilder mit der Bridge-Lupe prüfen oder in einer **Präsentation** einzoomen. Sie kostet beim Erstellen massiv Zeit und Festplattenplatz.

Tipp Die insgesamt nützlichste Einstellung ist wohl Hohe Qualität bei Bedarf. Wollen Sie aber einen neuen Ordner auf die Schnelle sichten, klicken Sie auf Schnelle Suche durch Bevorzugung eingebetteter Bilder.

6.8 Mini Bridge

Hier besprechen wir Besonderheiten von Mini Bridge – innerhalb von Photoshop quasi die Außenstelle des separaten Programms Bridge. Viele Gemeinsamkeiten von Bridge und Mini Bridge haben Sie auf den letzten Seiten bereits kennengelernt. Starten Sie Mini Bridge per **Datei: In Mini Bridge suchen** oder per **Fenster: Erweiterungen: Mini Bridge**.

Die Mini Bridge lässt sich auch wie ein Filmstreifen am unteren Programmfensterrand von Photoshop andocken. Sie zeigt wahlweise die Bilder eines Ordners, einer Sammlung oder die zuletzt genutzten Motive. Miniaturengröße und Sortierung lassen sich etwas weniger vielseitig als bei der großen Bridge einstellen. Direkt aus der Mini Bridge startet man auch schnelle Diaschauen oder Arbeitsreihen, etwa HDR-Umwandlungen oder **Bildprozessor**.

Mini Bridge zeigt je nach Vorgabe im Bedienfeld-Menü auch Verzeichnisstrukturen oder letzte Ordner (**Navigationsfenster**), Suchfeld und Schaltflächen (**Symbolleiste**).

So nutzen Sie Mini Bridge

1 **Zurück:** Früher gesichtete Ordner und Zusammenstellungen anzeigen

2 **Navigationsfenster:** hier mit geöffnetem Menü; über Bedienfeld-Menü ein-/ausblenden

3 **Miniaturengröße:** mit Regler oder Schaltflächen ändern

4 **Bildinformation:** Eigenschaft festlegen über Schaltfläche Ansicht, dann Untermenü **Anzeigen**

5 **Bedienfeld-Menü:** Navigationsfenster und Symbolleiste ein-/ausblenden

6 **Schnellsuche:** Verzeichnis oder PC nach Stichwörtern und Dateinamen durchsuchen

7 **Suchoptionen:** Suchart und Suchradius festlegen, zu Bridge-**Suchen**-Dialog wechseln

8 **Filtern:** nach Sternewertung oder Farbcode; nur Bilder mit einer bestimmten »Beschriftung« anzeigen

9 **Unterverzeichnisse:** per Menü anbieten; gesamte Leiste per Bedienfeld-Menü ein-/ausblenden

10 **Übergeordnetes Verzeichnis:** per Klick öffnen

11 **Sortieren:** nach **Dateiname**, **Erstellungsdatum**, **Größe** etc.

12 Ansicht: Diashow oder Betrachtungsmodus starten, Bildunterschrift per **Anzeigen**-Untermenü steuern, **Auswahl**-Befehle

13 **Bridge starten:** Verzeichnis oder Sammlung in Bridge anzeigen

Kapitel 7
Metadaten (IPTC & Exif)

Bilddateien enthalten zum einen die Pixel, aus denen die Grafik aufgebaut ist, und zum anderen beschreibende Informationen über das Bild, die sogenannten Metadaten.

7.1 Übersicht

Besonders wichtig diese Metadaten:

- Technische Eigenschaften wie Dateigröße, eingespeicherte Druckmaße (dpi), Pixelzahl oder Änderungsdatum. Bridge zeigt diese Informationen im Metadaten-Bedienfeld im Bereich Dateieigenschaften. Bridge blendet die Angaben außerdem für die Miniatur unter dem Mauszeiger ein, sofern Sie die QuickInfos nicht in den **Voreinstellungen**, Bereich Miniaturen, abschalten.
- Anwendernotizen nach IPTC-Standard, etwa Stichwörter, Copyright und vieles mehr; Sie sehen und ändern diese Informationen per **Dateiinformationen** in Photoshop und Bridge sowie in Bridge mit Stichwörter- und Metadaten-Bedienfeld.
- Anwendernotizen, die nicht dem weitverbreiteten IPTC-Standard entsprechen, etwa Sternewertung und Farbcode (»Beschriftung«).
- Geografische Angaben wie Längengrad, Breitengrad und Höhe (»Geotagging«); Sie sehen die Angaben in den **Dateiinformationen**, Bridge zeigt die Werte auch im Metadaten-Bedienfeld.
- Belichtungsdaten der Digitalkamera nach Exif-Standard wie Blende, Aufnahmezeitpunkt oder Kameramodell; Sie sehen diese Informationen mit dem Befehl **Datei: Dateiinformationen** in Photoshop sowie in Bridge mit dem Metadaten-Bedienfeld, Bereich Kameradaten (Exif).
- Korrekturen aus dem Camera-Raw-Dialog.

Dieses Kapitel behandelt Fragen rund um IPTC und Exif. Sternewertung und Farbcode lernen Sie ab Seite 144 kennen.

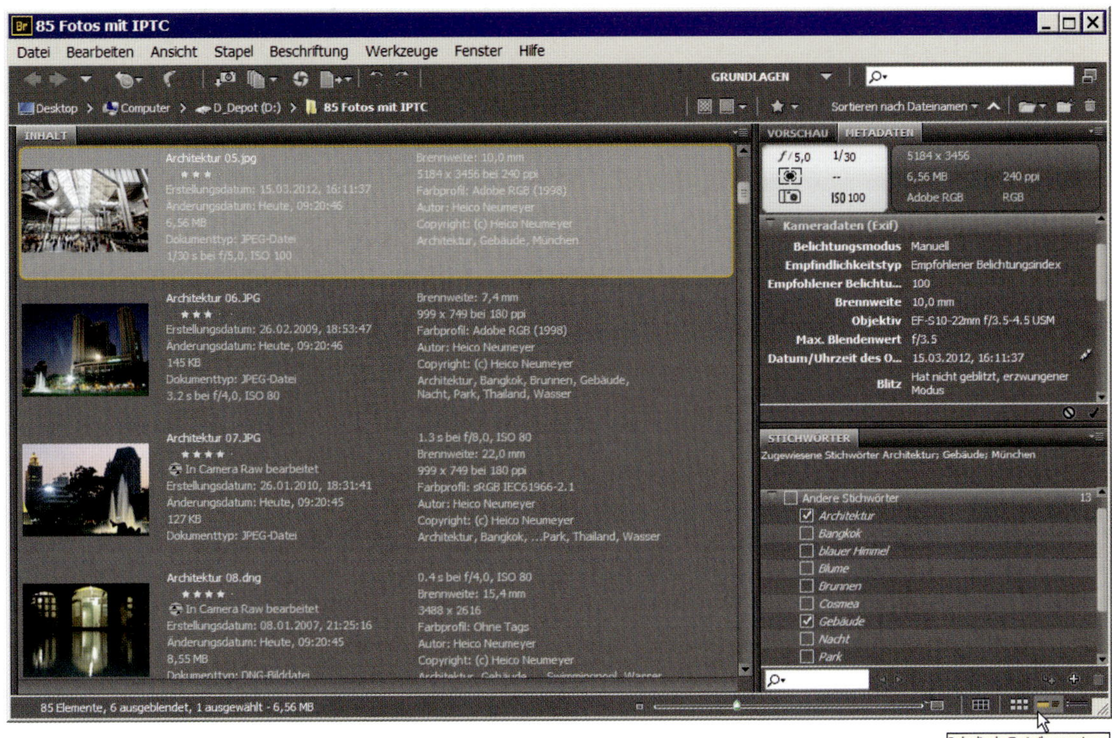

Abbildung 7.1 Metadaten sehen Sie hier in den Bedienfeldern von Bridge. Wir klickten auf »Inhalt als Details anzeigen«, so dass viele Informationen zusätzlich direkt neben dem Bild erscheinen. Fotosammlung: 85 Fotos mit IPTC. Fotos: Lucas Klamert, Heico Neumeyer

7.1.1 Anwendungsbeispiele

Die Metadaten sind in vielen Bereichen nützlich:

- Notieren Sie wichtige Informationen zu Ihren Aufnahmen direkt in der Bilddatei, bevor Sie sie vergessen.
- In Bridge nutzen Sie Metadaten zum Suchen und Sortieren; fahnden Sie in Bridge beispielsweise nach allen Fotos mit dem Stichwort »Hintergrund«, mit dem Wort »Meer« in der Beschreibung, die außerdem mit einer Nikon-Kamera nach 2010 entstanden sind und keinen Copyright-Vermerk enthalten (Seite 165).
- Fotoseiten und -agenturen im Internet wie iStockphoto oder Flickr übernehmen Stichwörter, Überschriften und Beschreibungen automatisch, Sie müssen die Texte also nicht online neu eintippen. Ihre IPTC-Stichwörter funktionieren bei diesen Seiten sofort als »Tags« und werden teilweise sogar in andere Sprachen übersetzt und durch Synonyme ergänzt.
- Setzen Sie mit Bridge Belichtungszeit, Brennweite oder Aufnahmedatum in den Dateinamen ein (Seite 159).
- Sortieren Sie Ihre Bilder zum Beispiel nach Belichtungszeit, Blende oder Stichwörtern.
- Das Exif-Aufnahmedatum verrät das tatsächliche Aufnahmedatum auch dann, wenn Sie die Datei bearbeiten und neu speichern. Sie können jederzeit chronologisch **nach Erstellungsdatum** sortieren.

- Für als urheberrechtlich geschützt gekennzeichnete Bilder zeigt Photoshop das Copyright-Zeichen © unten in der Statusleiste und oben in der Titelleiste.
- Nutzen Sie Beschreibung, Titel oder andere IPTC-Einträge bei Webgalerien, PDF-Präsentationen oder beim **Drucken**.
- In anderen Programmen können Sie IPTC-Einträge direkt als sichtbaren Schriftzug ins Bild montieren.

Website Viele Abbildungen für dieses Kapitel entstanden mit den Bildern aus dem Verzeichnis »Praxis/ Sammlungen/85 Fotos mit IPTC« von der Website zum Buch. Die Bilddateien in diesem Ordner enthalten Texte nach IPTC-Standard sowie Exif-Belichtungsdaten der Digitalkamera.

7.1.2 Exif- und IPTC-Daten entfernen

Photoshop bietet keine bequeme Lösung, Exif- oder IPTC-Informationen schnell aus der Datei herauszuwerfen. Wir besprechen weitere Möglichkeiten, die Informationen zu entsorgen.

Ebenentechnik

Einfacher haben Sie es, wenn Sie Exif- und IPTC-Werte aus einem Bild ohne Ebenen entfernen. Planen Sie eine Ebenenmontage ohne Exif- und IPTC-Werte, bereiten Sie sich so vor:

- Verwenden Sie als Hintergrundebene eine Datei ohne Exif- oder IPTC-Angaben, zum Beispiel auch eine neue, leere Datei.
- Wollen Sie Bildelemente in eine Datei mit Exif- oder IPTC-Daten einsetzen, werfen Sie zunächst die Metadaten wie unten beschrieben raus, schließen Sie die Datei und öffnen Sie sie neu. Dann erst fügen Sie neue Ebenen ein.

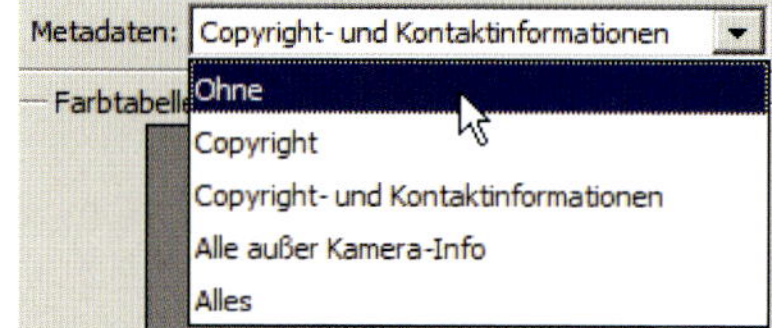

Abbildung 7.2 Der Photoshop-Befehl »Datei: Für Web speichern« entfernt wahlweise alle oder einige Metadaten aus dem Bild, außerdem verschwindet die Information über die Druckauflösung. Wahlweise können Sie im Dialog auch kleinrechnen. Ganz ähnliche Möglichkeiten bietet das Exportieren per Bridge.

Metadaten per Dateiformat entfernen

Die Metadaten sollen aus dem Bild fliegen? Dann speichern Sie zum Beispiel zwischenzeitlich in einem anderen Dateiformat, das keine Metadaten aufnimmt: Speichern Sie etwa im TGA-Dateiformat (also ohne Qualitätsverlust) - dabei verschwinden Exif- und auch IPTC-Daten. Schließen Sie die neue TGA-Datei, um die Daten auch aus dem Bild im Arbeitsspeicher zu verbannen. Öffnen Sie die TGA-Datei neu und speichern Sie sie mit beliebigen Dateitypen. Prüfen Sie, ob ein eventuelles Farbprofil noch vorhanden ist.

Metadaten durch »Kopieren« und »Einfügen« entfernen

Sofern Ihr Bild keine Ebenen hat, wählen Sie es mit Strg+A aus, kopieren es mit Strg+C und legen mit Strg+N eine neue, leere Datei an - Photoshop schlägt oft automatisch die Pixelmaße der Kopie vor. Fügen Sie das Bild mit Strg+V ein und wählen Sie **Ebene: Auf Hintergrundebene reduzieren**; Exif- und IPTC-Werte bleiben außen vor.

Website Die Aktionensammlung von der Website zum Buch liefert die Befehlsfolge »Metadaten per Kopieren entfernen«. Sie kopiert das aktuelle Bild in eine neue Datei und bietet anschließend den **Speichern**-Dialog an. Sie können sich zur Kontrolle auch die **Dateiinformationen** zeigen lassen, der Schritt ist aber nicht aktiviert. Ebenfalls abgeschaltet ist ein Schritt, der in der ursprünglichen Datei eventuell vorhandene Ebenen zu einer einzigen Hintergrund-Ebene verschmilzt.

Metadaten per »Für Web speichern« entfernen

Im Dialog **Datei: Für Web speichern** entfernen Sie wahlweise bei jedem Schreibvorgang einige oder alle Metadaten, werfen Sie zum Beispiel nur die Exif-Kamerainformation heraus oder behalten Sie nur das Copyright bei (Seite 261).

Das lässt sich auch automatisiert auf mehrere Dateien anwenden, Sie müssten jedoch die empfehlenswerten, kostenlosen »Dr. Brown's Services« installieren (Seite 989). Markieren Sie die Bilder in Bridge, dann wählen Sie dort **Werkzeuge: Dr. Brown's Services: Image Processor Pro** (Seite 113), um neue Varianten Ihrer Datei in verschiedenen Dateiformaten zu schreiben. Wählen Sie JPEG vor und nutzen Sie Save for Web; die Funktion entfernt nun diejenigen Metadaten, die Sie per **Datei: Für Web speichern** verwerfen. Wahlweise ändern Sie en passant Farbprofil und Pixelzahl. Ähnliche Möglichkeiten bietet das Exportieren per Bridge.

Tipp Sie wollen Exif- und IPTC-Werte 1:1 von einer anderen Datei übernehmen? Fügen Sie die Datei in Photoshop in das »Vor-Bild« ein, schneiden Sie bei Bedarf zu oder dehnen Sie die Arbeitsfläche aus (**Alles einblenden**), dann speichern Sie. Nur im separat verkauften Programm Lightroom lassen sich IPTC-Informationen auch »kopieren« und »einfügen«.

7.2 IPTC-Daten

Mitentwickelt vom International Press Telecommunications Council (IPTC), speichern Sie nach IPTC-Standard Textinformationen direkt in der Bilddatei. Einige der interessantesten Felder des IPTC-Schemas sind die Beschreibung (bis 2000 Zeichen), Schlüsselwörter (beliebig viele bis 64 Zeichen lang), Copyright-Status und die Felder für Ort, Staat/Provinz und Land.

IPTC-Daten lassen sich mit vielen anderen Programmen lesen und auch von Webseiten auswerten. Sie werden zumeist innerhalb der jeweiligen Bilddatei gespeichert. Sternewertung und Farbcode aus Bridge gehören nicht zu den IPTC-Daten.

7.2.1 Übersicht

Diese Dateiformate nehmen Ihre Informationen direkt in der Datei auf: Photoshop (PSD), TIFF, JPEG, EPS, DNG und PDF. Für Camera-Raw-Dateien außer DNG und eventuell weitere Formate speichert Photoshop die Angaben in einer separaten XMP-Datei (bei DNG-Dateien direkt in der Datei). Wenn Sie innerhalb von Bridge kopieren oder verschieben, wandern diese XMP-»Filialdateien« mit der Bilddatei mit. Verschieben Sie dagegen mit anderen Programmen, trennt man die zusammengehörenden Dateien schnell ungewollt.

IPTC-Standards

Viele Fotografen müssen sich nur um den Standard IPTC Core kümmern, doch Bridge bietet drei verschiedene IPTC-Standards an:

- IPTC (IIM, alt) ist veraltet, Sie brauchen es nicht mehr zu beachten.

- IPTC Core in XMP-Technik (früher »IPTC Kern«) ist der angesagte Standard. Tragen Sie Informationen im Bereich IPTC Core ein, füllt das Programm automatisch auch die entsprechenden Felder für IPTC (IIM, ALT) aus. Ihre Bilder lassen sich also auch mit Programmen oder Dienstleistern verwenden, die das alte IPTC verlangen.
- IPTC Extension stammt in Version 1.1 vom Juni 2009, nur wenige andere Programme unterstützten die Norm bei Manuskriptabgabe. Die Felder hier differenzieren weit genauer als beim üblichen Formular IPTC Core – es ist jedoch eher eine Ergänzung, kein Ersatz für IPTC Core. So gibt es separate Angaben für Kameraposition und abgebildeten Ort und viele weitere Felder für abgebildete Organisationen, Objekte, Fotomodelle samt Alter bei der Aufnahme und Freigabeverträge. Allerdings lassen sich die Angaben aus dem Bereich IPTC Extension nicht mit dem gängigen Bereich IPTC Core abgleichen. Ein paar Felder erlauben leichteres Verkaufen, die entsprechenden Verträge laden Sie über die Importieren-Schaltfläche in den **Dateiinformationen**.

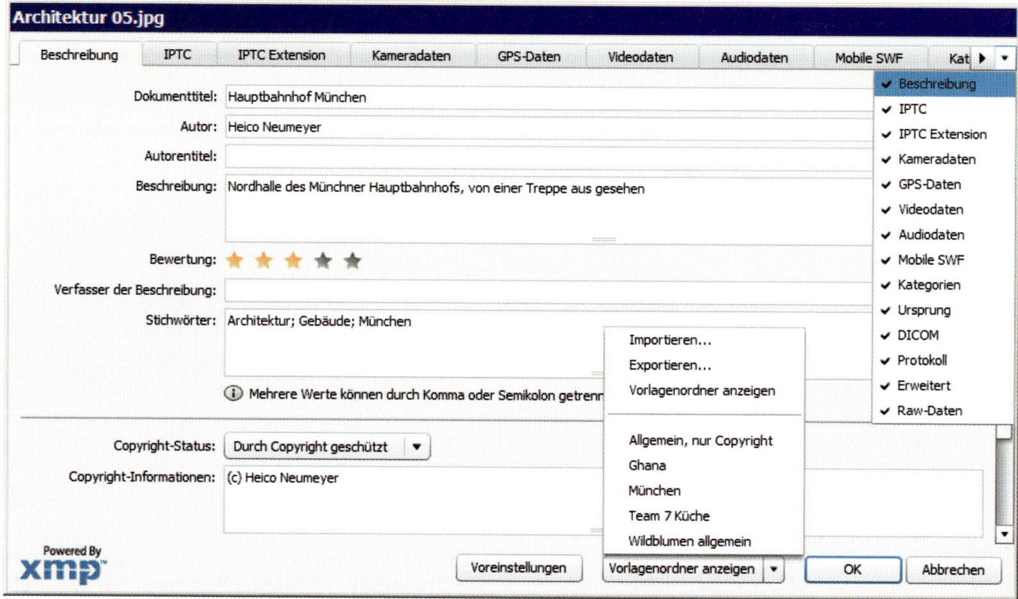

Abbildung 7.3 Der Befehl »Datei: Dateiinformationen« speichert IPTC-Stichwörter und -Texte direkt im Bild. Hier der Bereich Beschreibung für den Standard IPTC Core. Sie können Registerkarten horizontal verschieben oder ganz entfernen. Speichern und öffnen Sie hier auch Metadatenvorlagen.

Tipp Sie geben häufig Fotos mit IPTC-Notizen weiter? Prüfen Sie, ob Ihre Agentur oder Internet-Fotoseite den Bereich IPTC Extension verwendet. Finden Sie heraus, ob IPTC Extension als Ergänzung oder als Ersatz für IPTC Core genutzt wird.

So schreiben Sie IPTC-Informationen in Ihre Bilddateien

Auf mehrere Arten verewigen Sie Ihre IPTC-Texte in der Bilddatei. In der Übersicht:

- Sie aktivieren die gewünschte Datei oder mehrere Dateien in Bridge und bearbeiten das Metadaten-Bedienfeld mit den Bereichen IPTC Core und/oder IPTC Extension und/oder des Stichwörter-Bedienfelds.

Dieses Verfahren eignet sich besonders, wenn Sie nur einzelne IPTC-Felder verändern wollen – für ein Bild oder ganze Serien. (Das Metadaten-Bedienfeld hat IPTC EXTENSION im Test nicht angezeigt, vielleicht gelingt es mit einer späteren Bridge-Version.)

- Sie wählen **Datei: Dateiinformationen** in Photoshop oder Bridge und füllen das Dialogfeld aus. Das Dialogfeld empfiehlt sich besonders, wenn Sie mehrere IPTC-Felder in der Übersicht bearbeiten und eventuell den kompletten Eintrag als Vorlage speichern wollen – in Bridge auch für Serien.
- Sie schreiben gleich einen kompletten gespeicherten Satz an Informationen ins Bild, eine sogenannte Metadatenvorlage – das geht in Bridge und in Photoshop per **Dateiinformationen**, in Bridge per **Werkzeuge**-Menü oder EXPORTIEREN-Funktion, aber auch mit dem Foto-Downloader (**Datei: Bilder von Kamera abrufen** in Bridge).
- Der **Bildprozessor** aus Photoshop schreibt zumindest einen Copyright-Hinweis ins Bild.

Direkt unter seinen Miniaturen zeigt Bridge mehrere IPTC-Werte an; welche das sind, das bestimmen Sie in den **Voreinstellungen** (Strg+K) im Bereich MINIATUREN.

7.2.2 Dateiinformationen

Das Dialogfeld **Dateiinformationen** bearbeitet wohlgemerkt nicht nur ein Einzelbild, Sie können die Einträge in Bridge auch auf ganze Bildserien anwenden.

Sie können in den **Dateiinformationen**

- IPTC-Einträge nach den Standards IPTC CORE und IPTC EXTENSION sichten und ändern,
- IPTC-Einträge als METADATENVORLAGE speichern und solche Vorlagen laden,
- Exif-KAMERADATEN, GPS-Ortsangaben und Camera-Raw-Einstellungen sichten.

Verwenden Sie in Photoshop oder Bridge den Befehl **Datei: Dateiinformationen**. In Bridge greifen Sie alternativ zu Strg+I oder einem Rechtsklick, in Photoshop samt Mini Bridge muss es Strg+⇧+Alt+I sein (Strg+I kehrt das Bild ins Negativ um). Es gibt innerhalb des Dialogs kein ZURÜCKSETZEN und kein Widerrufen per Strg+Z.

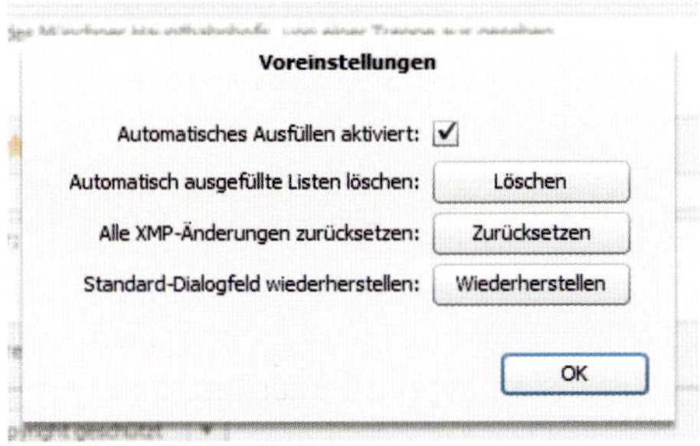

Abbildung 7.4 In den VOREINSTELLUNGEN zu den **Dateiinformationen** können Sie das AUTOMATISCHE AUSFÜLLEN abschalten oder gemerkte Begriffe löschen. Verborgene Registerkarten lassen sich wieder anzeigen. Um sämtliche neu gemachten Änderungen zu verwerfen, klicken Sie auf ALLE XMP-ÄNDERUNGEN ZURÜCKSETZEN.

Mehrere Stichwörter in mehreren Dateien

Wenn Sie mehrere Dateien gleichzeitig bearbeiten und in den **Dateiinformationen** das Feld STICHWÖRTER ändern (es hat also ein Häkchen), dann haben anschließend alle Dateien alle Stichwörter.

Sie können auf diese Art Stichwörter aus vielen Dateien in einer einzigen Datei und dann auch in einer Metadatenvorlage sammeln. Achten Sie allerdings darauf, dass das nicht ungewollt passiert.

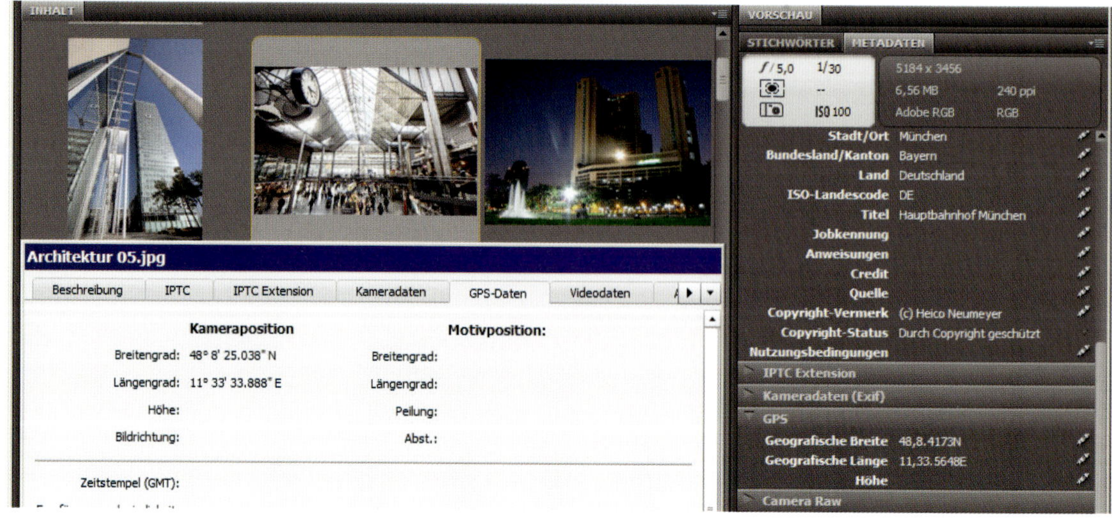

Abbildung 7.5 Die »Dateiinformationen« und das Metadaten-Bedienfeld zeigen GPS-Daten wie Längen- und Breitengrad, sofern die Datei entsprechende Einträge enthält. Sie können Geodaten in Bridge nicht neu einfügen oder ändern, es gibt keine Anbindung an Online-Landkarten wie Google Maps. Separate Programme wie Lightroom helfen bei Bedarf weiter.

Ein Beispiel:

1. Datei »Leute 05« hat das Stichwort »Fluss«. Datei »Leute 06« hat das Stichwort »Meer«. Sie markieren beide Dateien in Bridge.
2. Sie öffnen mit Strg+I die **Dateiinformationen**. Das Feld Stichwörter meldet jetzt (Mehrere Werte:) Fluss; Meer.
3. Sie klicken in das Stichwörter-Feld und tippen Urlaub dazu. Sie lesen also insgesamt Fluss; Meer; Urlaub. Rechts erscheint ein Häkchen.
4. Klicken Sie auf OK. Jetzt haben beide Dateien alle drei Stichwörter Fluss, Meer und Urlaub.

Die Stichworteingabe im Metadaten-Bedienfeld erzeugt ähnliche Verwirrung. Um also ein einzelnes Stichwort zu mehreren Dateien mit gemischten Stichwörtern hinzuzufügen, nehmen Sie das Stichwörter-Bedienfeld.

7.2.3 Metadatenvorlagen

Speichern Sie sämtliche IPTC-Einträge mit Beschreibung, Stichwörtern, Ortsangaben, Copyrighthinweis und so weiter und übertragen Sie den Datensatz komfortabel als sogenannte Metadatenvorlage auf andere Dateien - mit Bridge-Menübefehlen, mit den **Dateiinformationen**, dem Foto-Downloader oder der Exportieren-Funktion in Bridge. Sie können die Metadaten anschließend in einzelnen Dateien immer noch verfeinern.

Metadatenvorlage mit Bridge-Befehlen erstellen

So geht's mit Bridge:

1. Klicken Sie in Bridge ein Bild an, das eventuell schon geeignete IPTC-Einträge hat.
2. Ergänzen Sie weitere IPTC-Einträge, die Sie später en bloc auf viele Bilder anwenden möchten, im Metadaten-Bedienfeld, im Stichwörter-Bedienfeld oder auch per **Dateiinformationen**.
3. Stimmen alle Einträge? Wählen Sie **Werkzeuge: Metadatenvorlage erstellen**.
4. Aktivieren Sie im Dialog **Metadatenvorlage erstellen** die gewünschten oder alle Felder (nächster Abschnitt).

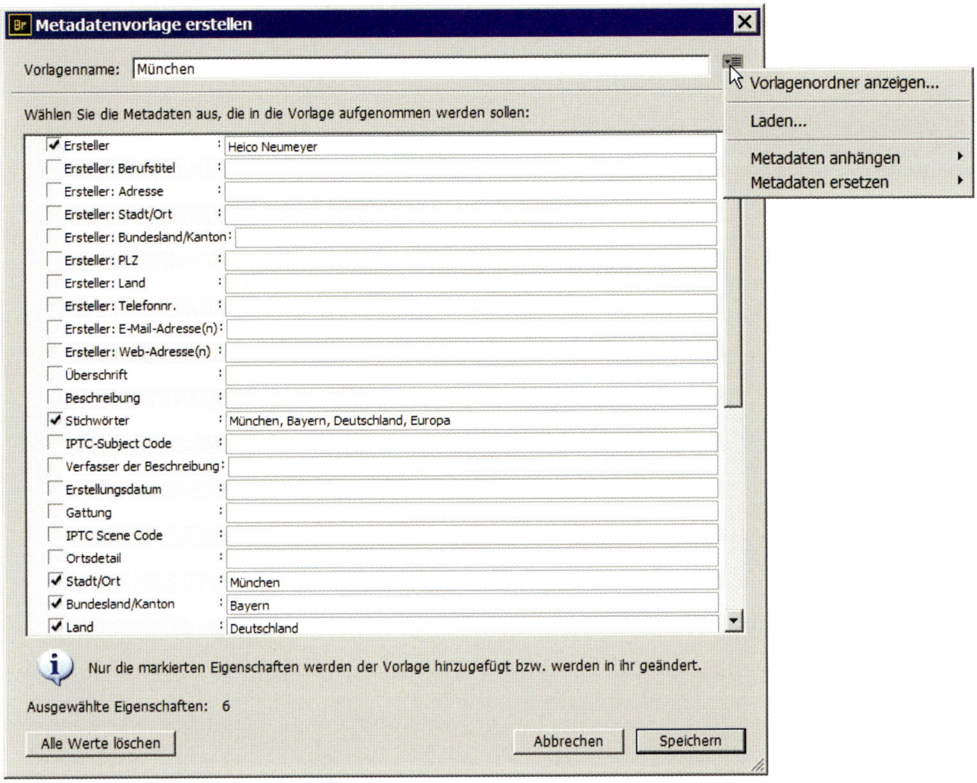

Metadatenvorlage erstellen
Vorlagenname: München
Vorlagenordner anzeigen...
Laden...
Metadaten anhängen
Metadaten ersetzen
Wählen Sie die Metadaten aus, die in die Vorlage aufgenommen werden sollen:
Ersteller : Heico Neumeyer
Ersteller: Berufstitel :
Ersteller: Adresse :
Ersteller: Stadt/Ort :
Ersteller: Bundesland/Kanton :
Ersteller: PLZ :
Ersteller: Land :
Ersteller: Telefonnr. :
Ersteller: E-Mail-Adresse(n) :
Ersteller: Web-Adresse(n) :
Überschrift :
Beschreibung :
Stichwörter : München, Bayern, Deutschland, Europa
IPTC-Subject Code :
Verfasser der Beschreibung :
Erstellungsdatum :
Gattung :
IPTC Scene Code :
Ortsdetail :
Stadt/Ort : München
Bundesland/Kanton : Bayern
Land : Deutschland
Nur die markierten Eigenschaften werden der Vorlage hinzugefügt bzw. werden in ihr geändert.
Ausgewählte Eigenschaften: 6
Alle Werte löschen
Abbrechen
Speichern

Abbildung 7.6 Mit dem Befehl »Metadatenvorlage erstellen« entstehen Datensätze, die Sie auf ganze Bildserien anwenden und dann individuell verfeinern können. Achten Sie darauf, die wichtigen Felder per Häkchen zu markieren.

Ersteller: Web-Adresse(n) :
Überschrift :
Beschreibung :
Stichwörter : München, Bayern, Deutschland, Europa

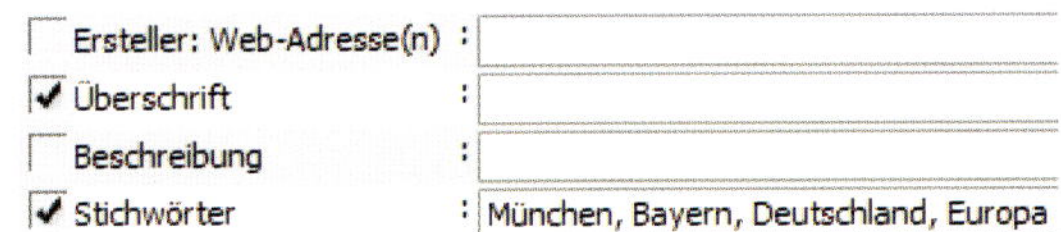

Abbildung 7.7 In dieser Metadatenvorlage ist das Feld Überschrift leer, jedoch aktiviert. Vorhandene Überschriften werden also gelöscht. Das Feld Beschreibung ist auch leer, aber nicht aktiviert. Darum überschreibt die Metadatenvorlage eine bereits vorhandene Beschreibung nicht.

Der Dialog »Metadatenvorlage erstellen«

Achten Sie darauf, dass Sie im Dialog **Metadaten erstellen** im Bereich IPTC-Kern arbeiten, zusätzlich eventuell im Bereich IPTC Extension.

Teilen Sie dem Datensatz einen aussagekräftigen Vorlagennamen zu. Im Dialog **Metadatenvorlage erstellen** bearbeiten Sie die IPTC-Einträge gleich noch weiter.

Auch ohne dass ein Bild aktiviert wäre, legen Sie mit dem Befehl **Metadatenvorlage erstellen** eine Metadatenvorlage an. Dann müssen Sie alle Felder von Hand ausfüllen.

Bevor Sie auf Speichern klicken, prüfen Sie noch einmal:

- Sind alle wichtigen Felder ausgefüllt und wohlgemerkt auch per Häkchen ✔ aktiviert?
- Sind leere Felder, deren Werte Sie in anderen Dateien nicht überschreiben wollen, leer und wohlgemerkt per Kästchen ☐ abgeschaltet?

Um sämtliche Felder zu aktivieren, aktivieren Sie das Kästchen unmittelbar neben IPTC-Kern. Ist jedoch momentan das Feld Überschrift leer, wird ein vorhandener Überschriften-Eintrag in anderen Dateien gelöscht.

Gut zu wissen: Wenn Sie auf Speichern klicken, ändern Sie die IPTC-Daten der aktiven Datei nicht. Wollen Sie aktivierte Bilder bearbeiten, öffnen Sie das Menü des Dialogfelds.

Metadatenvorlage per »Dateiinformationen«

Auch mit dem Befehl **Datei: Dateiinformationen** in Bridge oder Photoshop speichern Sie Metadatenvorlagen. Für Bridge gilt: Nur exakt eine einzige Datei darf aktiviert sein, sonst klappt es nicht. Das Prozedere:

1. Richten Sie das Dialogfeld **Dateiinformationen** so ein, dass sich eine gute Metadatenvorlage ergibt. Verwenden Sie auch Sternewertung und das Feld Copyright-Status – diese beiden Eigenschaften enthält Ihnen der Dialog **Metadatenvorlage erstellen** vor.
2. Öffnen Sie das Menü mit dem Dreieckschalter unten und klicken Sie auf **Exportieren**.
3. Speichern Sie die Vorlage im Verzeichnis, das Photoshop vorschlägt – so lässt sich die Vorlage besonders bequem wieder laden.

Metadatenvorlagen einbinden

Erhalten Sie eine Metadatenvorlage als XMP-Datei per E-Mail, binden Sie die IPTC-Datensammlung auf einem dieser Wege ein:

- Sie wählen in Bridge **Werkzeuge: Metadatenvorlage erstellen**, öffnen das Menü zum Dialog und klicken auf **Laden**.
- Sie wählen in Bridge oder Photoshop **Datei: Dateiinformationen**, öffnen das Menü mit dem Dreieckschalter unten und klicken auf **Importieren**.

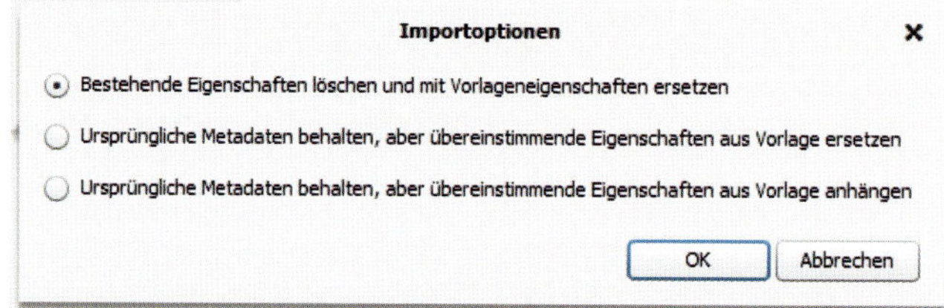

Abbildung 7.8 Mit dem Befehl »Importieren« laden Sie vorhandene Metadatenvorlagen in den »Dateiinformationen«-Dialog. Bereits vorhandene Informationen können Sie ergänzen oder ersetzen.

Metadatenvorlage auf andere Bilder übertragen

So übertragen Sie die gespeicherten Metadatenvorlagen mit Ihren IPTC-Texten auf andere Bilder:

- In Photoshop laden Sie ein Einzelbild, wählen **Datei: Dateiinformationen** und öffnen unten das Menü. Dort erscheint direkt der Name des Datensatzes zum Anklicken; vorhandene Daten werden wahlweise ersetzt oder ergänzt.
- In Bridge markieren Sie ein oder mehrere Fotos, dann wählen Sie im **Werkzeuge**-Menü **Metadaten anhängen** oder **Metadaten ersetzen**. Die Befehle finden Sie auch im Menü zum Metadaten-Bedienfeld.
- Auch im Menü zum Bridge-Befehl **Werkzeuge: Metadatenvorlage erstellen** lassen sich **Metadaten anhängen** oder **Metadaten ersetzen**.

»Metadaten anhängen« versus »Metadaten ersetzen«

Sie können vorhandene Metadaten komplett austauschen oder auch nur ergänzen.

- Mit dem Befehl **Metadaten ersetzen** verschwinden die Einträge in bereits gefüllten Feldern. Sie werden durch den aktuellen IPTC-Datensatz ersetzt.

- Wenn Sie **Metadaten anhängen**, bleiben bereits vorhandene STICHWÖRTER erhalten, die Einträge aus der Metadatenvorlage kommen noch hinzu. BESCHREIBUNG und ÜBERSCHRIFT werden jedoch generell komplett ausgetauscht und nicht etwa durch den neuen Text nur erweitert.

Website Die Metadatenvorlage »IPTC komplett entfernen.xmp« finden Sie im »Praxis«-Ordner der Website zum Buch. Sie wirkt vollständig nur, wenn sie per **Dateiinformationen** und nicht über das Bridge-**Werkzeuge**-Menü angewendet wird.

7.2.4 IPTC-Bedienfelder in Bridge

Mit zwei Bedienfeldern (Fenstern) zeigt Bridge IPTC-Daten an:

- Das Stichwörter-Bedienfeld listet IPTC-Stichwörter auf und bietet Änderungen an.
- Das Metadaten-Bedienfeld zeigt in ihren Bereichen IPTC-KERN und IPTC EXTENSION die von Ihnen gewählten IPTC-Einträge einschließlich der Stichwörter an; alle Einträge samt der Stichwörter lassen sich hier ändern.

7.2.5 Stichwörter Übersicht

Die Stichwörter helfen beim Suchen in großen Sammlungen. Sie sind Teil der IPTC-Daten und damit aller Metadaten. Man redet auch von »Tags« (gesprochen »Tägs«, wörtlich »Etiketten«).

Per **Suchen** oder Filter-Bedienfeld in Bridge zeigen Sie flott nur Fotos mit bestimmten Stichwörtern an; Bildagenturen und Fotoseiten nutzen Ihre Stichwörter als Suchbegriffe für ein weltweites Publikum.

Tippen Sie Stichwörter in den **Dateiinformationen** oder im Metadaten-Bedienfeld ein. Dabei trennen Sie die Stichwörter per Komma oder Semikolon, auch ohne Leerstelle, zum Beispiel so:

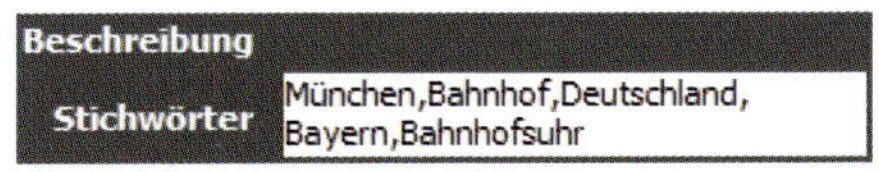

Tipp Möchten Sie nach Bildern mit einem bestimmten Stichwort suchen? Klicken Sie das Stichwort im Stichwörter-Bedienfeld mit rechts an und wählen Sie **Suchen**. Bridge präsentiert den Suchdialog sofort mit der passenden Vorgabe.

Stichwörter in Bilddateien speichern und entfernen

Wenn Sie ein Stichwort öfter brauchen, sollten Sie es nicht jedes Mal neu eintippen, sondern per Stichwörter-Bedienfeld zuteilen. So vergeben Sie ein Stichwort mit dem Stichwörter-Bedienfeld in Bridge:

1. Markieren Sie die gewünschten Bildminiaturen mit der Maus.
2. Klicken Sie links neben dem Stichwort in das leere Kästchen ■, so dass dort ein Haken ☑ erscheint.

Bridge schreibt die angeklickten Stichwörter fast sofort in die gewählten Bilddateien. Bei größeren Bildsammlungen ist das Programm ein paar Sekunden beschäftigt.

Sie möchten Stichwörter wieder aus einzelnen Motiven entfernen? Markieren Sie die gewünschten Aufnahmen und klicken Sie erneut in das Kästchen neben dem Stichwort – der Haken ☑ verschwindet, Sie sehen ein leeres Feld ■. Alternative für einzelne Bilder: Öffnen Sie die **Dateiinformationen** oder das Metadaten-Bedienfeld und löschen Sie die Stichwörter von Hand.

So nutzen Sie IPTC-Daten in Bridge

1. Bedienfelder **öffnen/schließen/auswählen** per Doppelklick, Rechtsklick
2. Feld einheitlich genutzt: Die markierten Bilder haben identische Einträge im Feld »Ersteller«; zum Ändern ins Feld klicken
3. Feld nicht einheitlich genutzt: Die markierten Bilder haben unterschiedliche Einträge im Feld »Überschrift«; nach einem Klick ins Feld tippen Sie einen einheitlichen Eintrag für alle markierten Bilder ein
4. Leeres Feld: Keines der markierten Bilder hat einen Eintrag im Feld »Beschreibung«
5. Stichwörter: kommagetrennt eintippen, gelten für alle markierten Dateien gemeinsam; alternativ per Stichwörter-Bedienfeld
6. IPTC-Eintrag verwerfen: Änderung nicht übernehmen (oder [Esc]-Taste)
7. IPTC-Eintrag bestätigen: Änderung im Bild speichern
8. Bedienfeldmenü öffnen, z.B. Stichwörter importieren/exportieren
9. Untergeordnetes Stichwort: Kein markiertes Bild enthält dieses untergeordnete Stichwort »München«. [⇧]-Klick: Stichwort und übergeordnete Stichwörter »Bayern« und »Deutschland« in Datei schreiben
10. Stichwort: Alle markierten Bilder enthalten dieses Stichwort »Frühling«. Klick: Stichwort aus markierten Bildern entfernen.
11. Stichwort: Einige, aber nicht alle markierten Bilder enthalten dieses Stichwort »Margerite«. Klick: Stichwort in alle markierten Bilder schreiben; zweiter Klick: Stichwort bei allen markierten Dateien entfernen
12. Stichwörter-Bedienfeld durchsuchen: Suchbegriff eingrenzen (**Enthält**, **Ist gleich**, **Beginnt mit**)
13. Suchergebnisse der Reihe nach hervorheben
14. Neues untergeordnetes Stichwort
15. Neues gleichrangiges Stichwort
16. Löschen: Markiertes Stichwort aus Stichwörter-Liste (aber nicht aus Dateien) löschen (auch per [Entf]-Taste)
17. Bearbeitet: Bild wurde im Raw-Dialog verlustfrei zugeschnitten und korrigiert
18. Sternewertung und Farbcode: nicht Teil der IPTC-Daten, nur Sternewertung per **Dateiinformationen** in Metadatenvorlage speicherbar
19. Schreibschutz: Bilddatei nimmt keine neuen IPTC-Daten auf; aufheben per Rechtsklick, dann **Sperre für Objekt aufheben**

Infografik »So nutzen Sie Miniaturen in Bridge« auf Seite 143

Stichwort per Stichwörter-Bedienfeld anlegen

Legen Sie neue Stichwörter, die Sie öfter brauchen, im Stichwörter-Bedienfeld an – egal, ob Sie später eine Hierarchie daraus bauen oder nicht. Mögliche Techniken:

- Klicken Sie mit rechts auf ein bereits angezeigtes Stichwort, dann nehmen Sie im Kontextmenü **Neues Stichwort**.
- Klicken Sie auf die Schaltfläche NEUES STICHWORT unten. Drücken Sie jeweils die Eingabetaste oder klicken Sie an eine andere Stelle im Programmfenster, um die Texteingabe zu beenden.

Abbildung 7.9 Tippen Sie einen Begriff ins Suchfeld und klicken Sie auf »Neues Stichwort«. So nimmt Bridge den Ausdruck ins Stichwörter-Bedienfeld auf.

Stichwörter per »Dateiinformationen« anlegen

Auch so legen Sie Stichwörter im Stichwörter-Bedienfeld an:

- Tippen Sie den Begriff in das STICHWÖRTER-Feld der **Dateiinformationen** oder des Metadaten-Bedienfelds. Er erscheint dann im Bereich [ANDERE STICHWÖRTER] des Stichwörter-Bedienfelds. Nach einem Rechtsklick auf den Begriff wählen Sie **Festlegen**, damit das Stichwort dauerhaft angezeigt wird.

Mit der Taste F2 oder per Rechtsklick benennen Sie Stichwörter um. Dabei ändert sich nur die Stichwörterliste, aber nicht das Stichwort in der Datei. Per Klick auf den Mülleimer verschwinden Stichwörter aus dem Stichwörter-Bedienfeld, aber nicht aus Dateien.

Stichwörter suchen

Welche Stichwörter listet das Stichwörter-Bedienfeld bereits auf? Aufschluss gibt das Suchfeld unten im Stichwörter-Bedienfeld. Klicken Sie zuerst auf die Lupe und legen Sie fest, ob Sie einen exakten Begriff oder nur einen Wortbestandteil suchen. Ein Beispiel, das mit der Fotosammlung »Praxis/85 Fotos mit IPTC« von der Buch-DVD funktioniert:

1. Stellen Sie den Suchmechanismus auf **Beginnt mit**.
2. Tippen Sie G ein. Bridge hebt jetzt alle Stichwörter hervor, die mit »G« beginnen. Das erste Stichwort, GEBÄUDE, erscheint grün hervorgehoben. Die weiteren Stichwörter mit »G« wie GETRÄNK und GRAS sehen Sie zunächst gelb unterlegt.
3. Mit den Pfeiltasten springt die grüne Markierung auf den nächsten Begriff, hier FLUSS. Den jeweils grün markierten Begriff können Sie zum Beispiel mit der Entf-Taste löschen oder mit F2 umbenennen.
4. Klicken Sie auf die X-Schaltfläche, um die gelben und grünen Markierungen zu entfernen.

Abbildung 7.10 Die Suchfunktion hebt hier alle Stichwörter hervor, die mit »F« anfangen.

Informatives fotografieren

Wo habe ich dieses Foto noch mal aufgenommen? Wie schreibt sich dieses Schloss in der Tourraine genau? Solche Fragen kommen auf, wenn man seine Bilder nach langer Reise mit IPTC-Stichwörtern ausstattet. Fotografieren Sie also nicht nur die Motive, sondern auch Schilder oder Visitenkarten - so haben Sie die korrekte Bezeichnung schnell parat.

Gibt es kein Schild, lichten Sie Landkarten oder Seiten aus dem Reiseführer ab. Schreiben Sie wichtige Bezeichnungen notfalls auf Papier oder in den Sand und fotografieren Sie Ihre Notizen; dann sind die Begriffe beim Verschlagworten in Bridge sofort zur Hand.

Alternative für Globetrotter: Nutzen Sie ein Geotagging-Gerät. Längen- und Breitengrade landen später per Software direkt in Ihrer Bilddatei (und im GPS-Bereich des Bridge-Metadaten-Bedienfelds). Sie sehen den Aufnahmestandpunkt (freilich nicht unbedingt ein weit entferntes Hauptmotiv) auf den zoombaren Online-Weltkarten von Google oder anderen Diensten.

Manche Kameras schreiben Geo-Informationen direkt in Ihre Bilder. Manche Geotagging-Programme schreiben Ortsnamen sofort in die Bilder. Prüfen Sie aber, ob es sich um die gängige Schreibweise handelt. Auch Handyfotos haben Geo-Informationen und sind damit eventuell eine nützliche Ergänzung.

7.2.6 Hierarchische Stichwörter

Legen Sie eigene Stichwort-Hierarchien an, arbeiten Sie mit unter- und übergeordneten Stichwörtern, zum Beispiel Pflanze/Blume/Margerite oder Deutschland/Bayern/München.

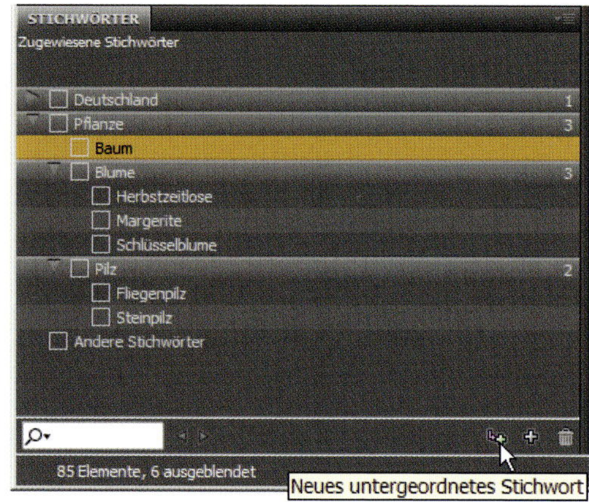

Abbildung 7.11 Neue untergeordnete Stichwörter entstehen bequem mit den Schaltflächen unten im Stichwörter-Bedienfeld. Sie müssen ein eingetipptes Stichwort nicht erst bestätigen, bevor Sie den nächsten Begriff anlegen.

Untergeordnete Stichwörter anlegen

Zunächst brauchen Sie den Überbegriff:

1. Klicken Sie unten rechts auf Neues Stichwort und tippen Sie »Pflanze«.
2. Sie müssen die »Pflanze«-Eingabe nicht bestätigen. Klicken Sie sofort unten auf die Schaltfläche Neues untergeordnetes Stichwort.
3. In das neue, eingerückte Feld tippen Sie »Blume«.
4. Ohne die Texteingabe endgültig zu bestätigen, klicken Sie erneut unten rechts auf Neues untergeordnetes Stichwort und tippen »Margerite« ins neue Feld.

5. Sie fotografieren aber nicht immer nur Margeriten, sondern später im Jahr auch anderes. Klicken Sie rechts unten auf Neues Stichwort und tippen Sie »Herbstzeitlose«. Dieses Stichwort rangiert nun auf derselben Ebene wie Margerite.
6. Noch eine andere Kategorie Pflanzen? Klicken Sie das Stichwort Plfanze an, dann auf Neues untergeordnetes Stichwort und tippen Sie »Baum« ein.

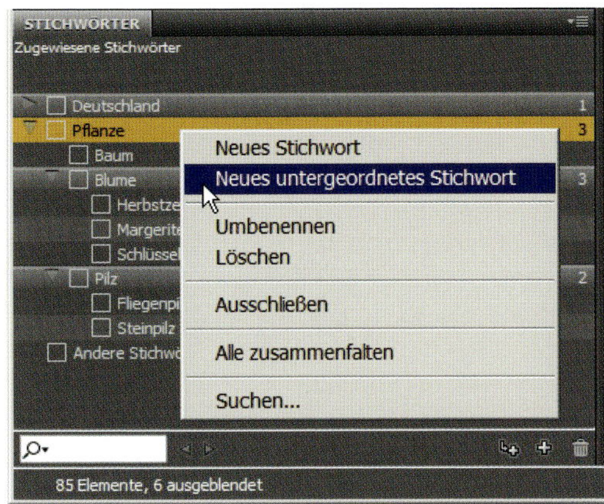

Abbildung 7.12 **Links:** Statt mit den Schaltflächen legen Sie Stichwörter und untergeordnete Stichwörter auch bequem per Kontextmenü an. Neben dem Eintrag Pflanze sehen Sie die Zahl 3, denn momentan gibt es drei Unterkategorien (Baum, Blume, Pilz).

Untergeordnete Stichwörter anwenden

Ein paar Bilder im Ordner »Praxis/85 ohne IPTC« passen zu den Stichwörtern. Sie werden jetzt bearbeitet. Markieren Sie die Fotos mit Margeriten. Ihre zwei Möglichkeiten nun:

- Klicken Sie im Stichwörter-Bedienfeld in das Kästchen neben dem untergeordneten Stichwort Margerite. Bridge schreibt das IPTC-Stichwort »Margerite« in die gewählten Fotos – und wohlgemerkt keine übergeordneten Begriffe wie Blume oder Pflanze.
- Klicken Sie mit gedrückter ⇧-Taste in das Kästchen neben dem untergeordneten Stichwort Margerite. So erhalten markierte Bilder das Stichwort Margerite – und zusätzlich die übergeordneten Stichwörter Blume und Pflanze.

Klicken Sie nun erneut, ohne Zusatztaste, auf das Kästchen neben Margerite, dann verschwindet das Stichwort wieder aus den markierten Dateien. Klicken Sie bei gedrückter ⇧-Taste auf Margerite, dann entfernen Sie Margerite, aber auch Übergeordnetes wie Blume und Hund.

Tipp Ziehen Sie Stichwörter im Stichwörter-Bedienfeld einfach an die gewünschte Position, auch über mehrere Kategorien hinweg. So ändern Sie auch die Hierarchie.

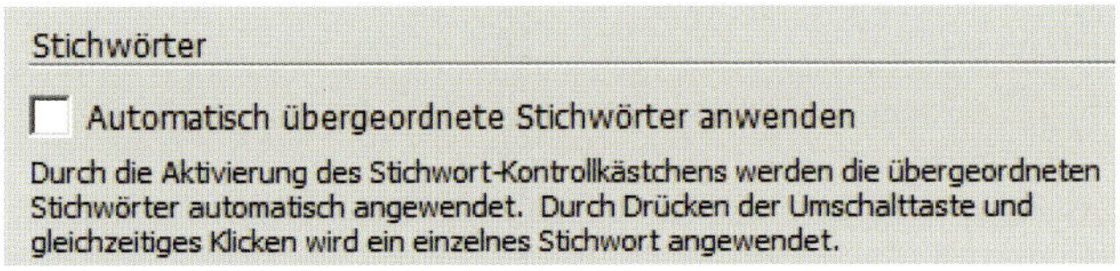

Stichwörter

Automatisch übergeordnete Stichwörter anwenden

Durch die Aktivierung des Stichwort-Kontrollkästchens werden die übergeordneten Stichwörter automatisch angewendet. Durch Drücken der Umschalttaste und gleichzeitiges Klicken wird ein einzelnes Stichwort angewendet.

Abbildung 7.13 Die »**Voreinstellungen**« (Strg+K) bieten im Bereich »Stichwörter« die Option »Automatisch übergeordnete Stichwörter anwenden«. Diese Einstellung kehrt die Wirkung der ⇧-Taste um: Ein normaler Klick aufs Kästchen neben Dalmatiner schreibt übergeordnete Stichwörter wie Tier und Hund mit ins Bild. Nur ein ⇧-Klick schreibt die übergeordneten Begriffe nicht mit hinein.

7.2.7 Stichwörter exportieren

Sichern Sie Ihre Stichwortsammlung aus Bridge heraus als unformatierte txt-Datei. Sie können Stichwörterlisten - auch hierarchische - zudem direkt bequem im Textprogramm verfassen und jederzeit wieder in Bridge verwenden. Die Listen tauschen Sie mit anderen Photoshoppern und Lightroom-Anwendern aus. Stellen Sie die Hierarchie durch Tabulatorzeichen her.

Die Befehle finden Sie im Menü zum Stichwörter-Bedienfeld:

- **Importieren** Sie die Stichwörter, das heißt, laden Sie die Liste aus einer Textdatei, ohne bereits im Stichwörter-Bedienfeld vorhandene Begriffe zu verwerfen.
- **Importieren und Leeren**, das heißt, bereits vorhandene Begriffe fliegen aus dem Stichwörter-Bedienfeld heraus.
- **Exportieren** Sie eine bestehende Stichwörtersammlung; die Stichwörtersammlung aus Bridge wird mit Tabs getrennt in eine txt-Datei geschrieben. Berücksichtigt werden nur nichtkursive (also »festgelegte«) Stichwörter, und dies auch aus der Kategorie ANDERE STICHWÖRTER. Die Aufstellung lässt sich im Textprogramm weiter bearbeiten.

Eine importierte Liste sortiert Bridge im Stichwörter-Bedienfeld alphabetisch nach Oberbegriffen. So kommt zum Beispiel »Deutschland« samt Unterkategorien vor »Pflanze«, auch wenn in Ihrer Textdatei »Pflanze« zuerst erscheint.

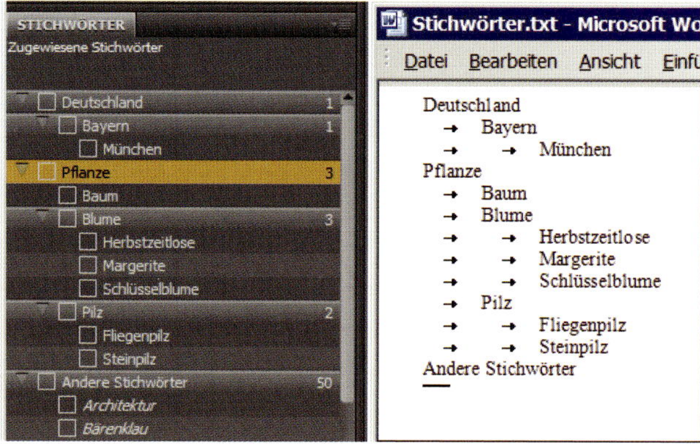

Abbildung 7.14 Tippen und speichern Sie Stichwortlisten als Textdatei. Die Hierarchie steuern Sie mit der ⇥-Taste.

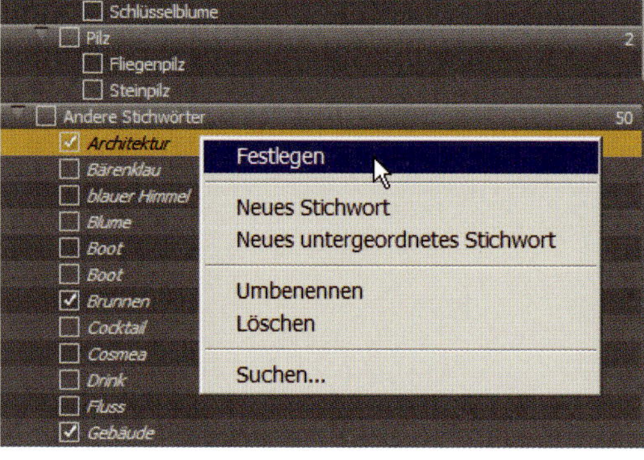

Abbildung 7.15 Stichwörter aus anderen Dateien erscheinen zunächst kursiv in der Kategorie ANDERE STICHWÖRTER, sofern es dafür noch keinen Eintrag im Stichwörter-Bedienfeld gibt. Die neuen Stichwörter lassen sich »festlegen«, so dass sie dauerhaft erhalten bleiben, dann nicht mehr kursiv. Sie können die Begriffe auch nach oben in ein Stichwortset ziehen.

7.2.8 Metadaten-Bedienfeld

IPTC-Werte wie BESCHREIBUNG, ORT oder AUTOR meldet Bridge im Metadaten-Bedienfeld in den IPTC-Bereichen des Metadaten-Bedienfelds; Sie können die IPTC-Werte hier auch ändern.

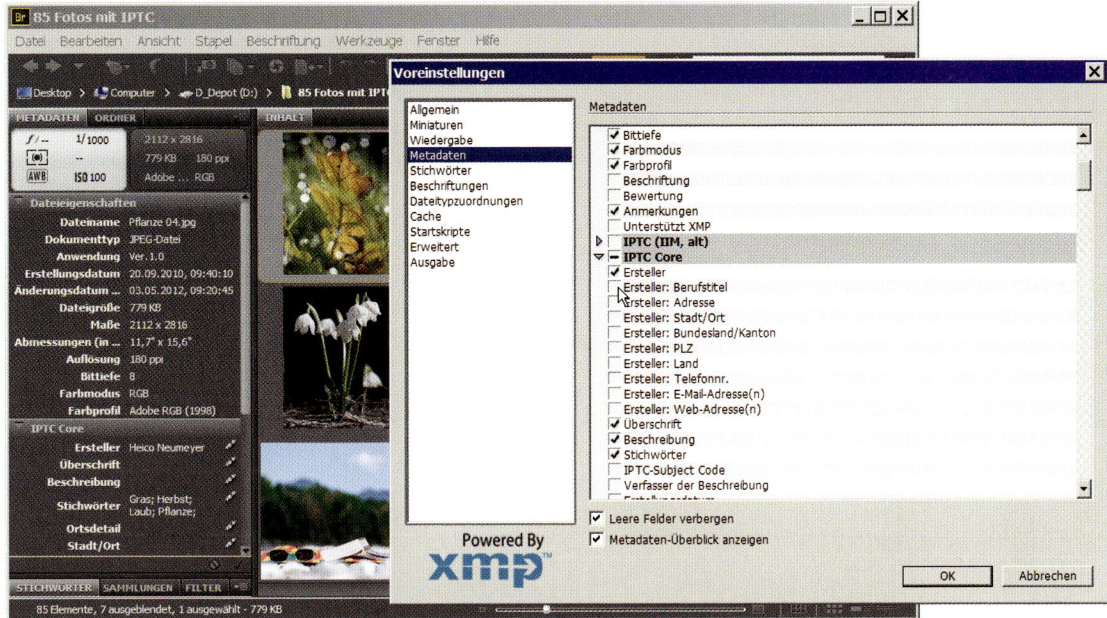

Abbildung 7.16 **Links:** Im Metadaten-Bedienfeld sichten und ändern Sie unter anderem Ihre Bildnotizen nach IPTC-Standard. **Rechts:** Welche Felder Photoshop im Metadaten-Bedienfeld anzeigt, entscheiden Sie in den »Voreinstellungen« (Strg+K). Hier die Metadaten-Bereiche »Dateieigenschaften« und »IPTC Core«.

IPTC-Werte im Metadaten-Bedienfeld ändern

So ändern Sie IPTC-Einträge mithilfe des Metadaten-Bedienfelds:

1. Markieren Sie die gewünschten Dateien.
2. Klicken Sie im Metadaten-Bedienfeld auf das gewünschte Eingabefeld oder daneben auf den Schreibstift ✎.
3. Tippen Sie ein, was zu sagen ist.
4. Um den Text endgültig in die Dateien zu schreiben, klicken Sie in eine Bildminiatur oder Sie klicken unten auf die OK-Schaltfläche ✔. Bridge schreibt die Änderungen fast sofort in die Bilddateien.

Sie wollen Ihren Neueintrag oder Ihre Textänderung noch vor dem endgültigen Anwenden verwerfen? Verwenden Sie die Esc-Taste oder die Schaltfläche zum Abbrechen ⊘. Nach dem Bestätigen der IPTC-Änderung lässt sich der Vorgang nicht mehr annullieren.

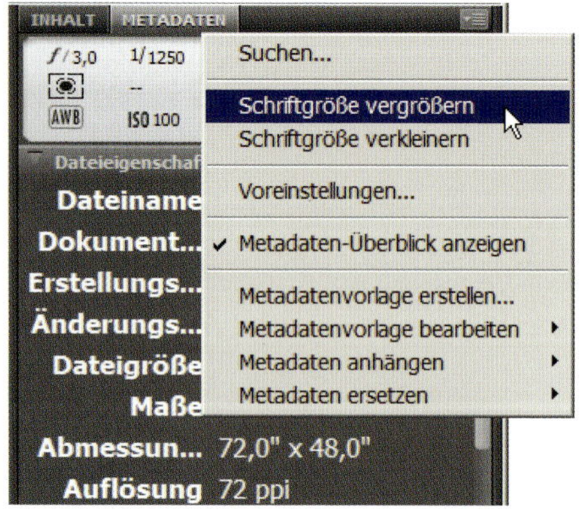

Abbildung 7.17 Die Schriftgröße des Metadaten-Bedienfelds lässt sich über das Bedienfeldmenü ändern. Klicken Sie einmal oder mehrfach auf »Schriftgröße vergrößern«. Hier entscheiden Sie auch über den Metadaten-Überblick, die LCD-Display-artige Anzeige oben im Bedienfeld.

Mehrere Stichwörter in mehreren Dateien

Wenn Sie mehrere Dateien gleichzeitig bearbeiten und im Metadaten-Bedienfeld das Feld Stichwörter ändern, verlieren Sie meist bereits vorhandene Stichwörter. Ein Beispiel:

1. Datei A hat das Stichwort »Fluss«. Datei B hat das Stichwort »Meer«. Sie markieren beide Dateien in Bridge.
2. Das Metadaten-Bedienfeld meldet im Feld Stichwörter jetzt (Mehrere Werte).
3. Sie klicken in das Stichwörter-Feld und tippen Norwegen ein. Sie lesen also insgesamt Norwegen.
4. Bestätigen Sie die Eingabe durch Klicken in eine andere Miniatur. Jetzt haben beide Dateien nurmehr das Stichwort Norwegen, die anderen Begriffe sind perdu.

Die Stichworteingabe in den **Dateiinformationen** führt ebenfalls zu Verwirrung, wenn die markierten Bilder bereits gemischte Stichwörter enthalten. Um also ein Stichwort oder auch mehrere Begriffe in mehrere Dateien zu schreiben, die bereits gemischte Stichwörter enthalten, nehmen Sie das Stichwörter-Bedienfeld.

7.3 Exif-Daten

Im Exif-Bereich (Exchangable Image File Format) einer Bilddatei speichern Digitalkameras Belichtungsinformationen wie Blende, Belichtungszeit, Belichtungsprogramm, Blitzverwendung, Aufnahmezeitpunkt, Farbraum, Kamerahersteller und -modell.

Die wichtigsten Dateitypen speichern Exif-Werte, darunter TIFF, PSD, JPEG und PDF. Photoshop bietet nur begrenzte Möglichkeiten für Exif-Daten: Sie können die Exif-Werte nicht bearbeiten und nur auf Umwegen löschen (Seite 182). Je nach Kameramodell zeigt Photoshop zudem nicht immer alle tatsächlich vorhandenen Werte an. Nicht auszuschließen, dass manche Exif-Werte nach dem Speichern in Photoshop verschwinden. Einige Exif-Informationen wie die Brennweite können Sie automatisch in den Dateinamen einsetzen (Seite 162).

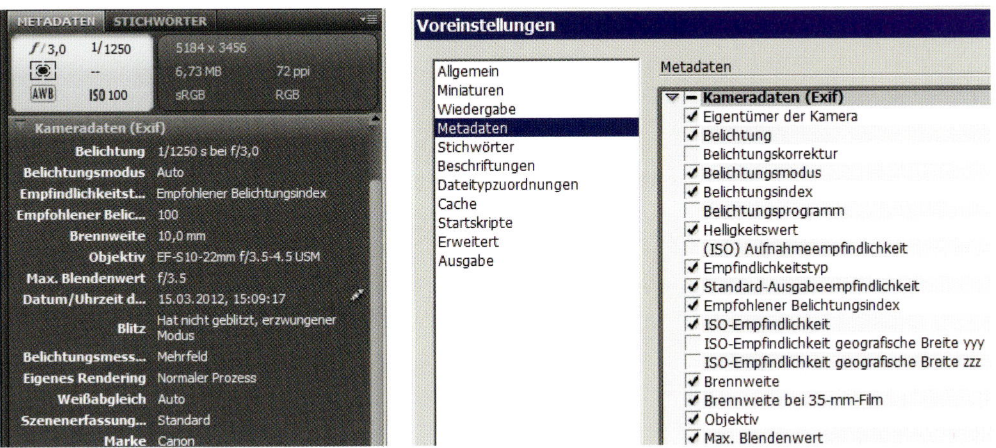

Abbildung 7.18 Bridge meldet Exif-Werte wie Belichtungszeit und Blende im Bereich »Kameradaten (EXIF)« des Metadaten-Bedienfelds und wahlweise unter jeder Miniatur. Welche Exif-Eigenschaften das Metadaten-Bedienfeld anzeigt, steuern Sie in den Bridge-**Voreinstellungen**.

7.3.1 Exif-Daten betrachten

So sichten Sie die Exif-Daten:

- Wählen Sie in Photoshop oder Bridge **Datei: Dateiinformationen**; anschließend verwenden Sie den Bereich Kameradaten. In Bridge sollte exakt eine Datei gewählt sein.
- In Bridge markieren Sie am besten nur eine einzelne Datei. Dann öffnen Sie das Metadaten-Bedienfeld mit dem Bereich Kameradaten (Exif).
- Bridge zeigt einige Exif-Daten auch unter jeder einzelnen Miniatur an; steuern Sie das in den **Voreinstellungen** im Bereich Miniaturen; im Angebot sind Erstellungsdatum, Belichtung (Zeit und Blende) sowie Brennweite.
- Einige Kameradaten erfahren Sie auch im Camera-Raw-Dialog, in der **Objektivkorrektur** und in der **Adaptiven Weitwinkelkorrektur**.

Weitere Funktionen für Exif-Daten

Im **Suchen**-Dialog von Bridge spüren Sie gezielt Bilder mit bestimmten Exif-Daten auf, nutzen Sie Exif-Suchkriterien wie Belichtung, Brennweite oder ISO. Mit wenigen Klicks entdecken Sie per Filter-Bedienfeld bestimmte Fotos, beispielsweise nur 400-ISO-Aufnahmen von Canon-Kameras.

Kapitel 8
Der Camera-Raw-Dialog

Wie ein Programm im Programm wirkt der Camera-Raw-Dialog. Er bietet bequem und sicher zahlreiche starke Korrekturfunktionen ganz ohne Hangeln durch Menüs. Er öffnet und speichert nicht nur Raw-Dateien: Sie können hier auch JPEG- und TIFF-Dateien verarbeiten, die Änderungen sind stets verlustfrei, rücksetzbar und übertragbar.

Die Bildbearbeitung im Raw-Dialog wird auch »Entwickeln« oder »Entwicklung« genannt. Die Raw-Umwandlungstechnik (auch ACR) ist so bedeutend, dass es für sie eine getrennte Versionszählung gibt – bei Manuskriptabgabe im Juni 2012 ACR 7.1.0.354.

Die Korrekturmöglichkeiten im Raw-Dialog von Photoshop sind traditionell identisch mit dem separat verkauften Programm Lightroom, da dasselbe ACR verwendet wird. Die Dateien zum Beispiel sind problemlos zwischen Photoshop CS6 und Lightroom 4 austauschbar.

8.1 Einstieg

Raw-Dateien von Digitalkameras enthalten die unverfälschte Information vom Aufnahmesensor der Kamera:

- Die Datenstruktur unterscheidet sich deutlich von üblichen RGB-Dateien.
- Raw-Dateien sind noch nicht durch die Kamera-Software »industriell veredelt«, haben noch nicht Weißabgleich, Kontrast-, Schärfe- und Verzerrungskorrektur der Kamera durchlaufen (einzelne Hersteller verändern bereits die Raw-Datei).

Aus einer Raw-Datei kitzeln Sie oft mehr Licht- und Schattendetails als aus einer üblichen JPEG- oder TIFF-Datei heraus – Sie gewinnen eine Blende, zwei Blenden oder noch mehr Tonwertumfang. 14-Bit-Raw-Dateien bieten noch mal eine Blende oder mehr Tonwertumfang als Rohkost mit der bisher üblicheren 12-Bit-Datentiefe.

Darum sind Raw-Dateien so beliebt. Freilich machen Raw-Dateien in Photoshop mehr Arbeit, sie kosten mehr Speicherplatz als JPEG-Dateien und lassen sich nur mit wenigen Programmen betrachten. Viele Kameras schreiben auf Wunsch gleichzeitig ein Raw-Original und eine JPEG-Variante.

Wir behandeln zunächst typische Arbeitsabläufe für Einzelbilder und ganze Serien. Dann sehen wir uns die Korrekturmöglichkeiten en detail an.

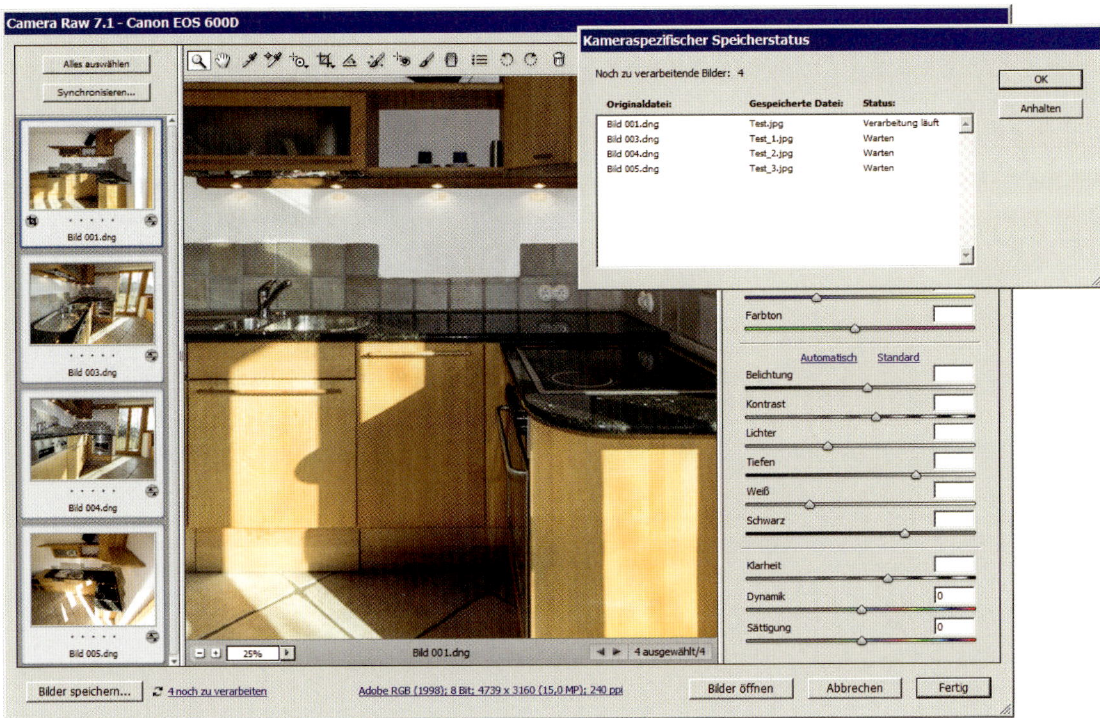

Abbildung 8.1 Der Camera-Raw-Dialog zeigt im Filmstreifen links mehrere Dateien an. Sie können Einstellungen auf andere Aufnahmen übertragen und alle Bilder gemeinsam öffnen oder speichern. Bringen Sie Farbbalken und Sternewertungen an (Seite 143). Während der Verarbeitung erscheint links unten ein Hinweis wie »4 noch zu verarbeiten«. Nach Klick auf diese Zeile zeigt ein Dialogfeld den Fortschritt pro Bild an; dort brechen Sie die Stapelverarbeitung bei Bedarf ab.

8.1.1 Welche Kameras werden unterstützt?

Fast jedes Kameramodell schreibt sein individuelles Rohdatei-Format. Photoshop öffnet Rohdateien der allermeisten Digitalkameras und aktualisiert mehrmals pro Jahr automatisch, eine Liste finden Sie unter *www.adobe.com/de/products/photoshop/cameraraw.html*.

8.1.2 Raw-Dateien verlustfrei in Photoshop korrigieren

Einige Korrekturen bietet der Raw-Dialog nicht oder nicht so differenziert – zum Beispiel **Frei transformieren** mit Verkrümmen, **Tiefen/Lichter** oder die **Adaptive Weitwinkelkorrektur**. Doch auch solche Änderungen können Sie verlustfrei anbringen: Sie »platzieren« die Raw-Datei als Smart-Objekt und wenden dann verlustfreie Kontrastkorrekturen oder Smartfilter im Photoshop-Hauptprogramm an. Das Verfahren in Kürze (ausführlich ab Seite 854):

1. Im Raw-Dialog richten Sie die Raw-Datei perfekt ein.
2. Sie drücken die ⇧-Taste und klicken auf Objekt öffnen. Jetzt öffnet sich die Raw-Datei als Smart-Objekt-Ebene in einer neuen Datei in Photoshop.

Egal, was Sie tun, die aktuelle Ansicht der Datei wird nun immer aus den Original-Raw-Daten berechnet. Per Doppelklick auf die Ebenenminiatur landen Sie wieder im Raw-Dialog. Wenden Sie zum Beispiel **Tiefen/Lichter** als verlustfreien Smartfilter an.

8.2 Arbeitsablauf & Automatisierung

Wir besprechen zunächst, wie Sie Bilder in den Raw-Dialog bringen und wieder speichern.

8.2.1 Dateien per Camera-Raw-Dialog öffnen

Wie kommen die verschiedenen Dateitypen in den Raw-Dialog? Für Raw- und DNG-Exemplare gilt:

- Klicken Sie in Bridge doppelt auf eine oder mehrere markierte Raw- oder DNG-Dateien.
- Ziehen Sie eine Raw- oder DNG-Datei über die Photoshop-Oberfläche.

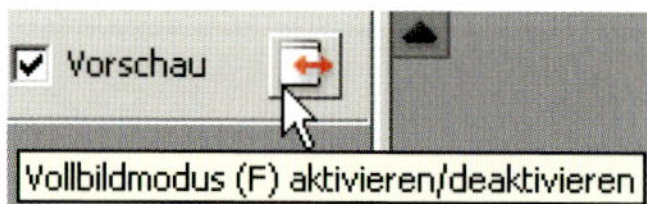

Abbildung 8.2 Mit der Schaltfläche »Vollbildmodus« zeigen Sie den Camera-Raw-Dialog bildschirmfüllend an, alternativ nutzen Sie die Taste F (für full screen). Die Vorschau lässt sich mit P (für preview) aus- und einschalten.

JPEG- oder TIFF-Dateien in den Raw-Dialog laden

Sie wollen eine JPEG- oder TIFF-Datei in den Raw-Dialog hieven und verlustfrei korrigieren? So geht's:

- Markieren Sie die Dateien in Bridge (nicht in Mini Bridge); dann drücken Sie Strg+R oder Strg+O oder klicken oben links in Bridge auf In Camera Raw öffnen.
- Wählen Sie in Photoshop **Datei: Öffnen als** und nehmen Sie im Klappmenü den Typ Camera Raw.

Was passiert, wenn Sie JPEG- oder TIFF-Dateien in Bridge doppelt anklicken oder auch direkt in Photoshop öffnen? Das steuern Sie in den Raw-Voreinstellungen (Strg+K im Raw-Dialog) im Bereich Verarbeitung von JPEG- und TIFF-Dateien. Für JPEG-Dateien (und separat sinngemäß auch für TIFF) gibt es drei Möglichkeiten:

- JPEG-Unterstützung deaktivieren: JPEGs werden generell nicht vom Raw-Dialog angenommen, sie landen sofort in Photoshop. Der Tastengriff Strg+R und die Schaltfläche In Camera Raw sind außer Dienst gestellt.
- JPEG-Dateien automatisch mit Einstellungen öffnen: Zuvor im Raw-Dialog veränderte JPEG-Dateien öffnen sich automatisch wieder im Raw-Dialog, die anderen landen sofort im Photoshop-Hauptprogramm. Diese sinnvolle Einstellung gilt gleich nach der Installation.
- Alle unterstützten JPEG-Dateien automatisch öffnen: JPEGs erscheinen generell im Raw-Dialog.

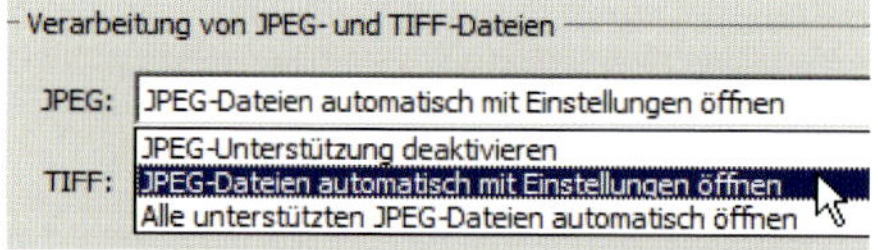

Abbildung 8.3 Entscheiden Sie, ob JPEG- und TIFF-Dateien immer, fallweise oder nie im Raw-Dialog erscheinen sollen.

Vom Raw-Dialog nach Photoshop

Je nach Zusatztaste zeigt die Schaltfläche Bild öffnen im Raw-Dialog eine andere Beschriftung. So geht's:

Zusatztaste	Schaltfläche	Bedeutung
-	Bild öffnen	Bild erscheint in Photohop als normale Hintergrund-Ebene in neuer Datei; Raw-Eigenschaften bleiben in dieser neuen Datei nicht erhalten; letzte Einstellungen aus Raw-Dialog werden als Metadaten beibehalten.
Alt	Kopie öffnen	Bild erscheint in Photoshop als normale Hintergrund-Ebene in neuer Datei; Raw-Eigenschaften bleiben in dieser neuen Datei nicht erhalten; letzte Einstellungen aus Raw-Dialog werden für Raw-Datei als Metadaten nicht beibehalten.

Zusatztaste	Schaltfläche	Bedeutung
⇧	Objekt öffnen	Bild erscheint in Photoshop als Smart-Objekt in neuer Datei; Raw-Eigenschaften bleiben erhalten; Doppelklick auf Ebenenminiatur führt zu Raw-Dialog (Seite 854).

8.2.2 Prozess 2012

Mit Photoshop CS6 hat der Photoshop-Hersteller die Umwandlung von Raw-Dateien in normales RGB – das »Demosaicing« – neu programmiert, dabei neue Korrekturregler eingeführt und alte abgeschafft. Die CS6-Variante (auch in Lightroom ab Version 4.0) ermöglicht mehr Detailzeichnung und weniger Bildrauschen, die Automatik arbeitet oft besser. Laden Sie zuvor unbearbeitete Dateien erstmals in den Raw-Dialog, wendet Photoshop also das neue Verfahren an, die sogenannte Prozessversion 2012.

Tipp Korrigieren Sie auch ältere Raw-Dateien nach dem neueren Verfahren. Die Vorteile überzeugen speziell bei Bildern mit hohen ISO-Werten und extremen Kontrasten; sofern Sie zuletzt mit CS4 oder Vorgängern gearbeitet hatten, ist der Unterschied nochmals deutlicher (vor allem beim Bildrauschen), als wenn Sie von CS5 her kommen. Solange Sie rechts unten in der Raw-Vorschau kein Ausrufezeichen [!] sehen, arbeiten Sie nach der neueren, empfehlenswerten Methode.

Abbildung 8.4 Die Raw-Datei wurde bereits in einer Vorgängerversion von Photoshop CS6 »entwickelt«. Der CS6-Raw-Dialog berechnet die Darstellung zunächst nach dem alten Verfahren. Per Klick stellen Sie um auf den vorteilhaften neueren Prozess.

Wenn bereits früher »entwickelt« wurde

Sie haben ein älteres Foto bereits einmal in einer früheren Version des Raw-Dialogs von Photoshop oder Lightroom korrigiert, zum Beispiel in Photoshop CS5, CS4, in Lightroom 3 oder 2? Laden Sie solche Aufnahmen in den Raw-Dialog von CS6, wendet Photoshop zunächst das alte Raw-Umwandlungsverfahren an – Ihr Foto erscheint also exakt wie zu erwarten. Damit entgehen Ihnen aber die speziellen, empfehlenswerten CS6-Möglichkeiten. Darum gibt es rechts unten ein Ausrufezeichen [!] mit dem Angebot: Auf aktuellen Prozess (2012) aktualisieren.

Klicken Sie das Ausrufezeichen [!] an, berechnet Photoshop Ihr Foto neu nach dem aktualisierten Verfahren.

Abbildung 8.5 Auch im Register Kamerakalibrierung wechseln Sie zwischen alter und neuer Umrechnungsmethode.

Tipp Wenden Sie die neue Prozessversion auf viele Bilder gleichzeitig an. Das geht per Synchronisieren direkt im Raw-Dialog oder mit den Bridge-Befehlen **Bearbeiten, Entwicklungseinstellungen, Camera Raw-Einstellungen kopieren** und **Camera Raw-Einstellungen einfügen**. Als Vorlage verwenden Sie jeweils eine Datei, die bereits auf Prozessversion 2012 umgestellt wurde. Im Synchronisieren-Dialog aktivieren Sie die Prozessversion und schalten alles andere ab.

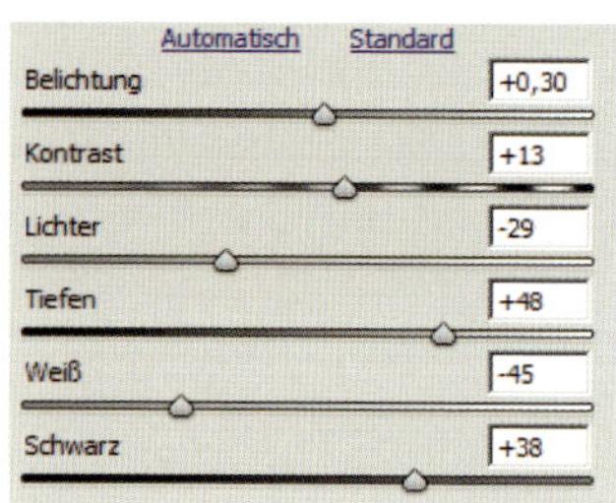

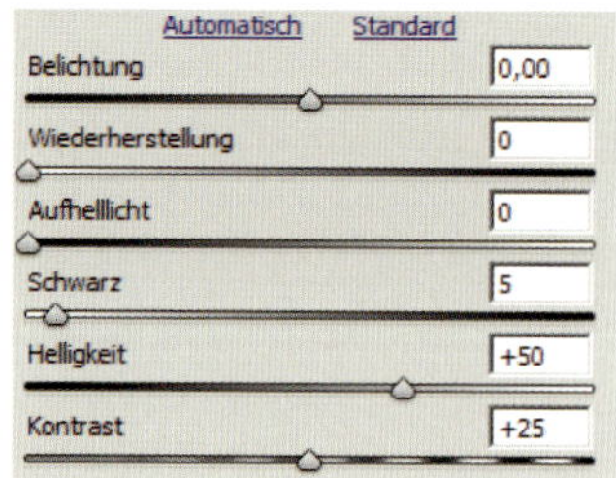

Abbildung 8.6 **Links:** Die »Grundeinstellungen«-Regler der Prozessversion 2012, Standard in Photoshop CS6 mit ACR 7. **Rechts:** Öffnen Sie in Photoshop CS6 ein Bild, das mit der älteren Raw-Prozessversion 2010 in Photoshop CS5 bearbeitet wurde, zeigt auch Photoshop CS6 zunächst die abweichenden »Grundeinstelllungen«-Regler der älteren Verarbeitungsmethode.

8.2.3 Änderungen aus dem Camera-Raw-Dialog heraus sichern

Sie haben Ihr Bild im Raw-Dialog kontrastkorrigiert und zugeschnitten. Ihre Speichermöglichkeiten in der Übersicht:

- Sie klicken auf Bild speichern und sichern im DNG-Dateiformat. Das Bild bleibt in der Urfassung erhalten (außer bei verlustreicher Speicherung), wird jedoch in aktuellen Ausgaben von Photoshop, Bridge und Lightroom einschließlich der Eingriffe angezeigt. Sie können alles wieder zurücksetzen.
- Sie klicken auf Bild speichern und sichern eine neue TIFF-, Photoshop-PSD- oder JPEG-Datei. Ihre Änderungen werden endgültig auf die neue Datei angewendet, vom Original bleibt nichts zurück (höchstens entfernter Bildrand im PSD-Format, siehe unten). Die Datenbank merkt sich Ihre letzten Änderungen am Raw-Original, es erscheint in Bridge mit Korrektursymbolen.
- Sie haben eine DNG-, TIFF- oder JPEG-Datei im Raw-Dialog und klicken auf Fertig. Die Änderungsinformationen werden »als Mathematik« innerhalb der Datei gesichert. Das Bild bleibt in der Urfassung erhalten. Es wird jedoch in aktuellen Versionen von Photoshop, Bridge und Lightroom einschließlich der Eingriffe angezeigt, Sie sehen sofort die veränderten Reglerstellungen.
- Sie haben eine Raw-Datei, zum Beispiel CR2, ORF oder NEF, jedenfalls nicht im DNG-Dateiformat, und klicken auf Fertig. Photoshop sichert die Änderungen in einer separaten XMP-Datei (»Filialdokument«) oder in seiner Raw-Datenbank und zeigt das Bild fortan verändert an. Aber die Originalinformation bleibt erhalten, Sie können die Wiedergabe jederzeit ändern.

8.2.4 Einzelbild bearbeiten

Lesen Sie zunächst in der Übersicht, wie Sie einzelne Dateien öffnen, speichern oder nur die Einstellungen ändern. Danach sehen Sie, wie Sie Einstellungen auf andere Fotos übertragen und ganze Fotoreihen am Stück bearbeiten.

Haben Sie die Tonwerte bereits im Camera-Raw-Dialog korrigiert, zeigen die Miniaturen in Bridge und im Raw-Dialog ein spezielles Symbol; sind Sie dem Foto im Raw-Dialog bereits mit Freistellungswerkzeug oder Gerade-ausrichten-Werkzeug zu Leibe gerückt, gibt es ein weiteres Symbol.

Ein typischer Arbeitsablauf mit einer einzelnen Raw-Datei:

1. Klicken Sie doppelt auf eine Raw-Datei in Bridge. Das Bild erscheint im Camera-Raw-Dialog (ACR).
2. Korrigieren Sie die Bildqualität im Dialogfeld.
3. Ein Klick auf Bild öffnen lädt das Bild in Photoshop.

4. Ab jetzt zeigt die Miniatur in Bridge Ihre Raw-Datei mit Ihren korrigierten Einstellungen für Kontrast, Farbton und Bildausschnitt und die entsprechenden Symbole. Die Bildpixel bleiben wohlgemerkt unverändert - Sie sehen nur eine andere Ansicht.
5. In Photoshop selbst haben Sie keinen Zugriff mehr auf die speziellen Raw-Eigenschaften aus dem Raw-Dialog. Aber alle üblichen Menüfunktionen und Werkzeuge stehen parat. Sie können das Bild in vielen Formaten speichern - aber nicht im Raw-Format ihrer Kamera oder im DNG-Format. Die zugrunde liegende Camera-Raw-Datei bleibt völlig unverändert.

Tipp Klicken Sie die Raw-Miniatur in Bridge doppelt bei gedrückter ⇧-Taste an - das Bild erscheint sofort in Photoshop, ohne dass Sie den Raw-Dialog sehen (auch in Mini Bridge).

8.2.5 Camera Raw als Teil von Photoshop oder Bridge

Öffnen Sie den Camera-Raw-Dialog wahlweise als Teil von Bridge oder als Teil von Photoshop. Das eine Programm ist während der Stapelverarbeitung blockiert, das andere steht weiterhin für Sie bereit. Zunächst gilt Camera Raw als Teil von Photoshop.

Camera Raw als Teil von Photoshop

Direkt nach der Installation ist der Raw-Dialog ein Teil von Photoshop. In den Bridge-**Voreinstellungen** (Strg+K) im Bereich Allgemein gibt es die Option Camera Raw-Einstellungen in Bridge per Doppelklick bearbeiten. Diese Vorgabe ist zunächst abgewählt. Das heißt: Klicken Sie in Bridge eine Camera-Raw-Datei doppelt an oder öffnen Sie markierte Raw-Dateien per Strg+O, dann gilt der Camera-Raw-Dialog als Teil von Photoshop. Daraus folgt für Sie:

- Nach dem Doppelklick wird auf jeden Fall Photoshop gestartet (sofern nicht schon geöffnet); dann erst sehen Sie den Camera-Raw-Dialog.
- Photoshop ist blockiert, solange Sie in den Camera-Raw-Einstellungen arbeiten (oder arbeiten lassen).
- Bei bestimmten Photoshop-Situationen startet der Camera-Raw-Dialog nicht per Doppelklick oder Strg+O in Bridge: zum Beispiel, wenn Sie in Photoshop ein Dialogfeld wie **Bildgröße** geöffnet oder das **Transformieren** gestartet haben (der Dialog taucht aber auf, sobald Sie das Dialogfeld schließen oder das **Transformieren** beenden).
- Sie können in Bridge sofort weiterarbeiten.
- Klicken Sie im Camera-Raw-Dialog auf Bild öffnen, haben Sie das Bild schnell in Photoshop, denn das Programm ist ja schon gestartet.

Camera Raw als Teil von Bridge

Sie können den Camera-Raw-Dialog auch so öffnen: als Teil von Bridge. Sie lassen Raw zum Beispiel eine Stapelbearbeitung bewältigen und erledigen derweil anderes in Photoshop. Das Treiben im Raw-Dialog blockiert nur Bridge. So starten Sie den Raw-Dialog als Teil von Bridge, nicht von Photoshop:

- Dauerhafte Lösung: Aktivieren Sie die Option Camera Raw-Einstellungen in Bridge per Doppelklick bearbeiten und klicken Sie doppelt auf die gewünschten Raw-Dateien.
- Lösung für Einzelfälle: Drücken Sie für markierte Dateien in Bridge Strg+R oder klicken Sie oben links unter der Menüleiste auf In Camera Raw öffnen.
- Weitere Möglichkeit: Rechtsklick auf die Miniatur, dann **In Camera Raw öffnen**.

Photoshop steht nun bei geöffnetem Raw-Dialog weiter zu Diensten, Bridge hat dagegen mit Raw zu tun.

8.2.6 Serienverarbeitung im Raw-Dialog

Bearbeiten und speichern Sie Bildserien zeitsparend. Rechnen Sie ganze Camera-Raw-Serien in andere Dateiformate um und übertragen Sie die Einstellungen einer Datei auf andere Dateien – Tonwertkorrektur, Bildausschnitt und Pixelzahl.

Markieren Sie zunächst mehrere Dateien in Bridge, dann wählen Sie [Strg]+[R] oder klicken auf In Camera Raw öffnen. Das erste Bild erscheint groß im Camera-Raw-Dialog. Der »Filmstreifen« links im Raw-Dialog zeigt die Miniaturen aller geladenen Raw-Dateien. So bearbeiten Sie die Bildreihe:

- Stellen Sie nur ein Einzelbild ein. Dann wechseln Sie zum nächsten Einzelbild und justieren es mit anderen Vorgaben.
- Stellen Sie nur ein Einzelbild perfekt ein. Einige oder alle Änderungen übertragen Sie auf die weiteren Bilder.
- Wählen Sie in der Leiste links mehrere Bilder aus – die Einstellungen für das groß angezeigte Motiv werden sofort auf alle gewählten Dateien übertragen.

Tipp Sie wollen Raw-Sammlungen schnell in ein anderes Dateiformat umrechnen? Dazu eignet sich auch der Bridge-Befehl **Werkzeuge: Photoshop: Bildprozessor** (Seite 112). Weitere Möglichkeit: das Exportieren in Bridge (Seite 156).

Abbildung 8.7 **Links:** Drei Dateien wurden in Bridge ausgewählt, per [Strg]+[R] erscheinen sie im Raw-Dialog. Die erste Datei ist sofort markiert und im Vorschaufenster sichtbar. Sie wurde bereits kontrastkorrigiert und zugeschnitten, erkennbar an den Symbolen unter der Miniatur. **Mitte:** Wir markieren weitere Miniaturen mit gedrückter [Strg]-Taste und klicken auf »Synchronisieren«. Im Dialog wählen wir fast alle Änderungen zur Übertragung, außer »Freistellen« und »Lokale Anpassungen« (Korrekturpinsel und Verlaufsfilter). **Rechts:** Wir haben die »Einstellungen« der ersten Datei auf die weiteren markierten Bilder angewendet. Sie erscheinen bearbeitet und mit Korrektursymbol. Die Bilder können immer noch einzeln verfeinert werden.

Mehrere Bilder verarbeiten

Markieren Sie im Raw-Dialog weitere Bilder von Hand oder klicken Sie auf Alles auswählen. (Alternative: [Alt]-Klick auf die Schaltfläche wählt alle Bilder mit Sternenwertung aus.) Ihre Möglichkeiten jetzt:

- Klicken Sie auf die Schaltfläche Bilder speichern. Sie nutzen Dateiformate wie Digital-Negativ (DNG) oder JPEG in den **Speicheroptionen** und schreiben neue Dateien.

- Klicken Sie auf Bilder öffnen – die Werke landen in Photoshop.
- Klicken Sie auf Synchronisieren. Danach steuern Sie im **Synchronisieren**-Dialog, welche Eigenschaften der blau eingerahmten Datei Sie auf die anderen Bilder übertragen. Blättern Sie mit den Pfeiltasten durch die Ergebnisse, um einzelne Bilder nachzuregeln. Alt-Klick auf Synchronisieren übergeht den **Synchronisieren**-Dialog, der Camera-Raw-Dialog verwendet sofort Ihre letzten Einstellungen.

Danach können Sie Bilder speichern, Bilder öffnen oder Sie klicken auf Fertig – dann merkt sich das Camera-Raw-Programm Ihre Einstellungen, Bridge zeigt die Raw-Miniaturen mit den vereinheitlichten Einstellungen.

Abbildung 8.8 **Links:** Wir haben die erste Datei mit dem Freistellungswerkzeug zugeschnitten; danach zeigt die Miniatur zusätzlich das Symbol für Bildausschnitte. Im Anschluss wählen wir die zweite Datei mit gedrückter Strg-Taste aus und klicken auf »Synchronisieren«; das »Freistellen« wird auf die zweite Datei übertragen. **Rechts:** Jetzt erscheint die zweite Datei ebenfalls zugeschnitten. Der Bildausschnitt passt nicht ganz; Sie können die Miniatur jedoch anklicken und den Freistellrahmen verschieben – der Ausschnitt bleibt auf jeden Fall genauso groß wie beim oberen Bild. Oder ziehen Sie bei gedrückter ⇧-Taste an einem Eckanfasser, um die Rahmengröße bei geschütztem Seitenverhältnis zu ändern. Wählen Sie das obere Bild ab, damit dort der Freistellrahmen nicht mitwandert.

Tipp Versehen Sie die Bilder im Filmstreifen des Raw-Dialogs mit Sternewertung und Farbcode. Verwenden Sie Tastengriffe von Strg+1 bis Strg+9 (Seite 144).

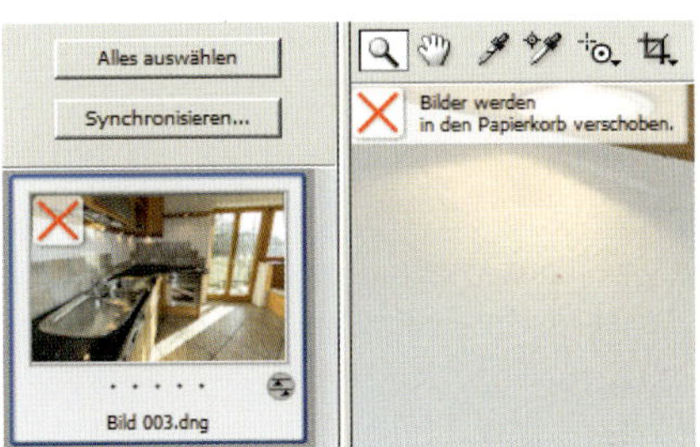

Abbildung 8.9 Die Bilder in der Leiste links merken Sie per Entf- oder ←-Taste zum Löschen vor (alternativ mit dem Mülleimer-Symbol im Raw-Dialog). Sobald Sie auf Bild öffnen, Bild speichern oder Bild fertig klicken, wandern die Motive in den Papierkorb Ihres Betriebssystems. Ein weiterer Druck auf die Entf-Taste hebt den Vormerker wieder auf.

8.2.7 Schnappschuss

Sichern Sie verschiedene Stadien der Raw-Bearbeitung als Schnappschuss. Anders als die Schnappschüsse in Photoshops Protokoll-Bedienfeld (Seite 94) speichert der Raw-Dialog seine Schnappschüsse dauerhaft direkt in der Datei – zeigen Sie diese Zwischenergebnisse viel später wieder an. Das Verfahren:

- Drücken Sie Strg+⇧+S und tippen Sie einen Schnappschuss-Namen ein. Oder:
- Öffnen Sie rechts außen das Register Schnappschüsse und klicken Sie unten auf das Symbol Neuer Schnappschuss.

Klicken Sie Zeilen im Schnappschüsse-Register an, um die verschiedenen Zustände zu zeigen.

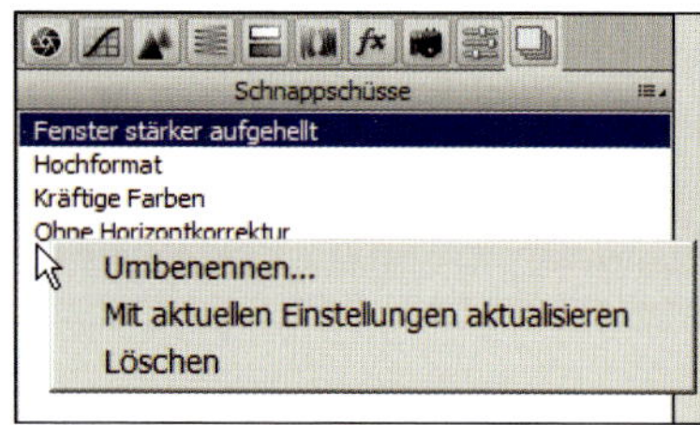

Abbildung 8.10 Speichern Sie wichtige Bildzustände als Schnappschuss in der Datei. Per Klick stellen Sie das Zwischenergebnis wieder her. Den Kontextmenü-Befehl **Mit aktuellen Einstellungen aktualisieren** gibt es nicht, wenn Sie zuletzt auf einen Schnappschussnamen geklickt haben.

8.2.8 Einzelbild neu speichern

Es gibt verschiedene Möglichkeiten, das Raw-Bild als »Entwicklung« zu speichern - entweder mit der Original-Raw-Qualität oder in einem üblichen Dateiformat wie TIFF oder JPEG, also eventuell mit weniger Tonwertreichtum und ohne rücksetzbare Korrekturen. Wie immer im Raw-Dialog gilt: Die Raw-Originale ändern sich nicht dauerhaft, die Korrekturen bleiben »als Mathematik« neben den Originalpixeln erhalten.

Innerhalb des Raw-Dialogs bietet die Schaltfläche Bild speichern oder Bilder speichern diese Möglichkeiten:

- Als Format nennen Sie unten das Digital-Negativ mit der Endung ».dng« (Seite 212). So wahren Sie alle Raw-Eigenschaften (außer bei verlustreicher Speicherung) und das Bild kann mit allen DNG-tauglichen Programmen bearbeitet werden. Ebenso wie Raw-Dateien werden auch JPEG- oder TIFF-Dateien innerhalb der DNG-Datei im Originalzustand konserviert. Die Änderungen aus dem Raw-Dialog werden lediglich rücksetzbar darübergelegt.
- Nennen Sie ein gängiges Format wie Photoshop (PSD), TIFF oder JPEG. Sie erzeugen normale Bilddateien, die nicht mehr den ursprünglichen Tonwertumfang des Raw-Bilds haben.

8.2.9 Speicheroptionen

Klicken Sie im Raw-Dialog auf Bild speichern oder Bilder speichern, landen Sie in den **Speicheroptionen**.

Als DNG speichern

Unten im Dialogfeld wählen Sie zuerst ein Format, also einen Dateityp wie Photoshop-PSD, TIFF, JPEG oder Digital-Negativ (also DNG, Details ab Seite 212).

Gegenüber einer üblichen Raw-Datei hat das DNG-Format wichtige Vorteile: Sie können IPTC-Texte und Photoshop-Änderungsinformationen direkt in der Datei sichern und mit der verlustfreien, problemlosen DNG-Komprimierung braucht die Raw-Datei oft weniger Speicherplatz als das Raw-Pendant direkt aus der Kamera.

Als PSD speichern

Vielleicht haben Sie im Raw-Dialog das Bild gedreht oder zugeschnitten. Wählen Sie in den **Speicheroptionen** den Photoshop-Dateityp, können Sie Freigestellte Pixel erhalten: Die Bildpunkte werden in der Photoshop-PSD-Datei nicht endgültig entfernt, sondern hinter dem Bildrand versteckt; machen Sie die eigentlich abgeschnittenen Teile in Photoshop mit dem Befehl **Bild: Alles einblenden** wieder sichtbar. (Photoshops Freistellungswerkzeug bietet eine vergleichbare Option für Ausserhalb liegende Pixel; Seite 280.)

Tipp Per [Alt]-Klick auf Bild speichern überspringen Sie die **Speicheroptionen**. Photoshop schreibt sofort neue Dateien und verwendet Ihre letzten Einstellungen.

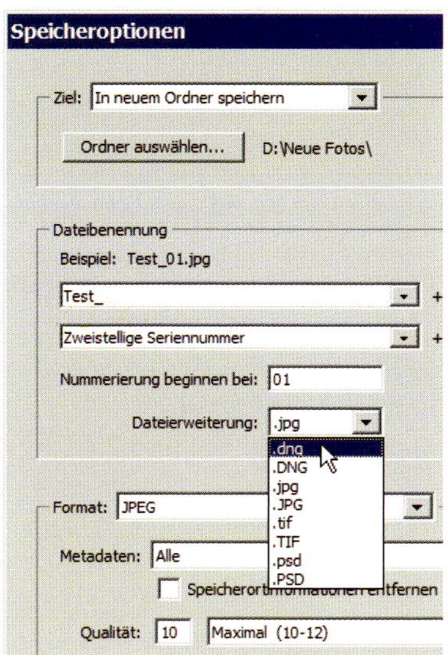

Abbildung 8.11 Die »Speicheroptionen« erscheinen, wenn Sie im Camera-Raw-Dialog auf »Bild speichern« oder »Bilder speichern« klicken; Sie können ganze Bildreihen in andere Dateiformate übertragen und umbenennen.

Speicherortinformationen entfernen

Wenn Sie die Speicherortinformationen entfernen, löscht Photoshop bei den neu entstehenden Dateien einige Metadaten. Im IPTC-Bereich werden Ortsdetail, Stadt/Ort, Bundesland/Kanton, Land und ISO-Landescode gelöscht, im GPS-Bereich verschwinden alle Werte wie Geografische Breite und Geografische Länge. Im aktuell geöffneten Bild bleiben die Angaben wohlgemerkt enthalten; sie können bei Bedarf im Metadaten-Bedienfeld oder in den **Dateiinformationen** gelöscht werden.

8.2.10 Arbeitsablauf-Optionen

Sofern Sie unten im Raw-Dialog auf eine Zeile wie Adobe RGB (1998); 16 Bit;... klicken, zeigt Photoshop die Arbeitsablauf-Optionen. Hier legen Sie Farbraum, Farbtiefe, Pixelzahl und Ausgabeschärfung für den Fall fest, dass Sie die Datei ins JPEG-, TIFF- oder PSD-Format konvertieren oder in Photoshop öffnen.

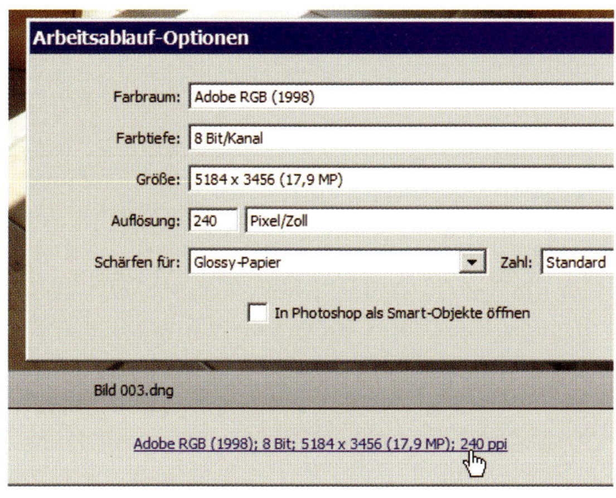

Abbildung 8.12 In den »Arbeitsablauf-Optionen« stellen Sie Farbtiefe und Pixelzahl ein.

Auflösung & Pixelzahl

Die Auflösung entscheidet darüber, in welcher Größe das Bild gedruckt wird; das resultierende Druckmaß verschweigt Photoshop allerdings im Dialogfeld. Verwenden Sie zum Beispiel 300 dpi - in der Regel genug für Tintenstrahler und Offsetdruck (Seite 269).

Allerdings: Auf die Bildqualität selbst hat die Vorgabe keinerlei Einfluss. Sie können beliebige Werte eintragen und die Druckmaße jederzeit verlustfrei ändern (**Bild: Bildgröße**, ohne Interpolationsverfahren). Die Auflösung steuert wohlgemerkt nicht die Zahl der entstehenden Bildpunkte - sondern nur die Verteilung dieser Bildpunkte über mehr oder weniger Druckfläche.

Als Grösse schlägt Photoshop zuerst die Originalauflösung des Kamerasensors vor - bleiben Sie am besten dabei. Sie können das Bild aber auch in ein paar Stufen herauf- und herunterrechnen. Eine Tabelle mit möglichen Druckmaßen und Arbeitsspeicherbedarf für gängige Megapixel-Klassen finden Sie auf Seite 266.

Farbraum & Farbtiefe

So steuern Sie die Farbwiedergabe:

- Im Farbraum-Klappmenü nennen Sie das Zielfarbprofil. Es sollte mit Photoshops RGB-Arbeitsfarbraum übereinstimmen (**Bearbeiten: Farbeinstellungen**, Bereich Arbeitsfarbräume). Für Fotos eignet sich meist Adobe RGB (1998). Alternative: der noch größere Farbraum ProPhoto-RGB, dessen Farbumfang sich freilich so nicht gänzlich drucken lässt.
- Das Klappmenü farbtiefe steuert die Differenzierung der Grundfarben. 8 Bit/Kanal reichen oft aus - vor allem, wenn Sie das Bild im Camera-Raw-Dialog auskorrigiert haben - und Ihnen stehen sämtliche Photoshop-Funktionen zur Verfügung. 16 Bit Farbtiefe nehmen Sie, wenn Sie die Tonwerte in Photoshop weiter korrigieren; Sie haben mehr Korrekturspielraum vor allem bei Schattenzonen und anderen Problembelichtungen; die Dateigröße steigt massig und ein paar weniger wichtige Funktionen stehen in Photoshop nicht zur Verfügung (Seite 119).

Tipp Um höchste Qualität, Flexibilität und Korrekturmöglichkeit zu erhalten, nehmen Sie 16 Bit Farbtiefe und die Originalpixelzahl des Kamerasensors. Die Farbtiefe setzen Sie nach vollständiger Korrektur in Photoshop mit dem Befehl **Bild: Modus: 8-Bit-Kanal** auf acht Bit zurück. Die Pixelzahl reduzieren Sie später per **Bildgröße**.

»Schärfen für«

Unten in den Arbeitsablauf-Optionen stellen Sie im Klappmenü Schärfen für eine Scharfzeichnung für die neu entstehenden Dateien ein, zum Beispiel Ohne, Glossy-Papier oder Matt-Papier. Die Scharfzeichnung gilt zusätzlich zum Schärfen aus dem Raw-Register Details. Im Zweifel verzichten Sie darauf und schärfen direkt in Photoshop.

Das Menü rechts stellen Sie meist auf Standard, sonst aber auf Niedrig oder Hoch. Drucken Sie auf Farbtintenstrahler, testen Sie Glossy-Papier ruhig mit der Variante Hoch, auch wenn das Ergebnis am Bildschirm vielleicht übertrieben aussieht.

8.2.11 Speichern und Übertragen der Korrektureinstellungen

Übertragen Sie alle oder nur ausgewählte Korrekturwerte von der Belichtung bis zu Freistellrahmen und Korrekturpinsel auf weitere Fotos. Sie übertragen die Einstellungen im Raw-Dialog oder in Bridge.

Einstellungen im Raw-Dialog übertragen

Übertragen Sie Korrektureinstellungen im Camera-Raw-Dialog, während Sie mehrere Bilder geladen haben:

- Wählen Sie in der Leiste links ein Einzelbild aus und korrigieren Sie es. Dann markieren Sie weitere Bilder und klicken auf SYNCHRONISIEREN. Oder:
- Wählen Sie links im Raw-Dialog mehrere Bilder aus und ändern Sie die Einstellungen – alle Bilder ändern sich parallel.

Einstellungen speichern und anwenden

Sie können die Korrektureinstellungen der aktuellen Datei im Raw-Dialog dauerhaft speichern und später auf weitere Bilder übertragen:

1. Öffnen Sie das Klappmenü rechts oben im Camera-Raw-Dialog.
2. Klicken Sie auf **Einstellungen speichern**.
3. Wählen Sie die Eigenschaften aus, die Sie konservieren möchten.
4. Behalten Sie das vorgeschlagene Verzeichnis bei und geben Sie dem Kind einen Namen.

So wenden Sie die gespeicherten Einstellungen auf andere Dateien an:

- Öffnen Sie im Raw-Dialog das Register VORGABEN und klicken Sie Ihre Vorgabe an. Oder:
- Markieren Sie mehrere Bilder in Bridge, dann heißt es dort **Bearbeiten: Einstellungen entwickeln**.

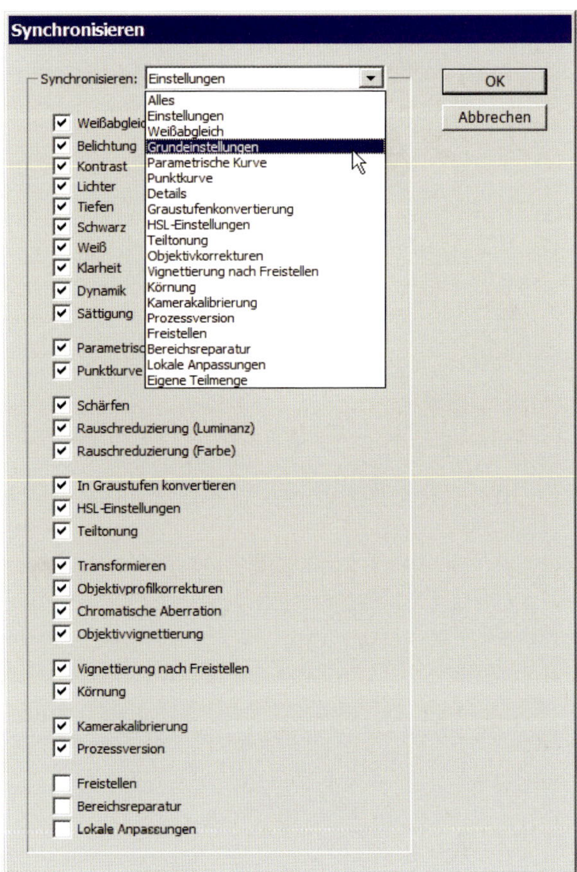

Abbildung 8.13 Übertragen Sie einzelne oder alle Korrekturmerkmale einer Raw-Datei auf andere Aufnahmen.

Einstellungen schnell übertragen

Übertragen Sie Camera-Raw-Vorgaben ruckzuck auf andere Dateien, ohne erst etwas zu speichern. Korrigieren Sie zunächst ein Bild im Raw-Dialog, dann kann es wie folgt weitergehen:

- Laden Sie ein weiteres Bild im Camera-Raw-Dialog, oben rechts im Klappmenü wählen Sie **Vorherige Konvertierung.**
- Markieren Sie weitere Korrekturfälle in Bridge, dann heißt es dort **Bearbeiten: Einstellungen entwickeln: Vorherige Konvertierung.**
- Klicken Sie eine Datei mit vorbildlicher Einstellung in Bridge an und gehen Sie auf **Bearbeiten: Einstellungen entwickeln: Camera Raw-Einstellungen kopieren** (Strg+Alt+C). Danach wählen Sie die Korrekturkandidaten in Bridge aus und nehmen im selben Untermenü **Camera Raw-Einstellungen einfügen** (Strg+Alt+V). Im folgenden Dialogfeld entscheiden Sie, welche Eigenschaften Sie übertragen.

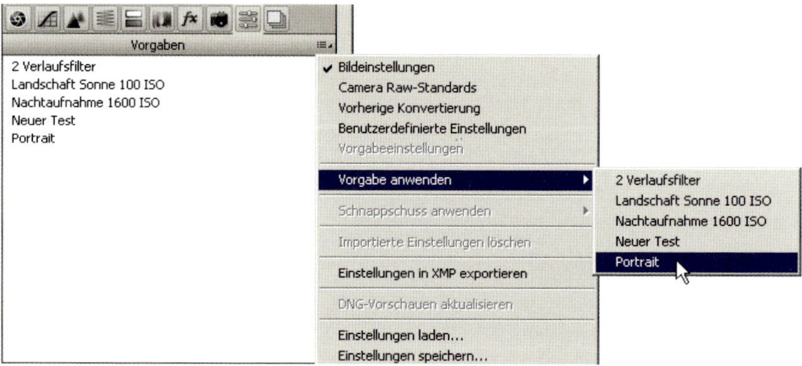

Abbildung 8.14 Im »Vorgaben«-Register und im Menü des Raw-Dialogs speichern und laden Sie Korrektureinstellungen.

Einstellungen für alle Bilder derselben Kamera

Sorgen Sie dafür, dass eine bestimmte Camera-Raw-Einstellung automatisch auf alle Bilder von der gleichen oder sogar derselben Kamera übertragen wird (ausgehend von Kameramodell oder wahlweise Seriennummer). Definieren Sie einen »Camera Raw-Standard«:

1. Bringen Sie alle Regler im Raw-Dialog in die richtige Position.
2. Öffnen Sie das Menü zum Raw-Dialog mit der Schaltfläche rechts oben.
3. Klicken Sie auf **Camera Raw-Standards speichern.**

Bridge zeigt alle Miniaturen mit den neuen Werten und so erscheinen die Bilder auch im Camera-Raw-Dialog. Die Änderung ist wie immer verlustfrei rücksetzbar.

Konveniert der neue **Camera Raw-Standard** nicht mehr, können Sie im Menü die **Camera Raw-Standards zurücksetzen.** Um mehrere Dateien zurückzusetzen, markieren Sie die Kandidaten in Bridge und wählen **Bearbeiten: Einstellungen entwickeln: Einstellungen löschen.**

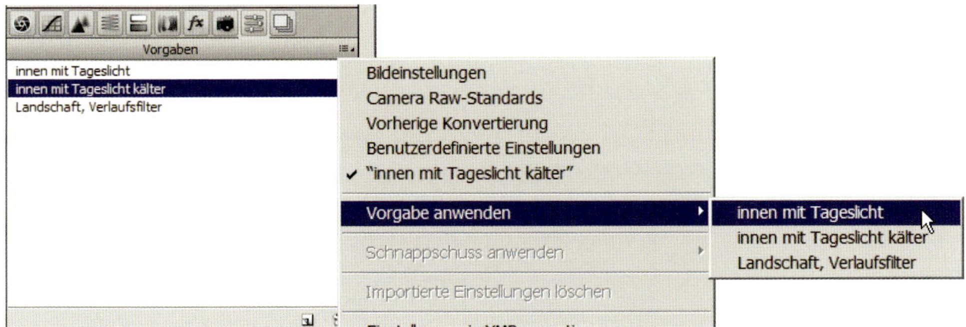

Abbildung 8.15 Legen Sie in den Camera-Raw-Voreinstellungen (Strg+K bei geöffnetem Raw-Dialog) fest, dass für unterschiedliche ISO-Werte und Seriennummern eines Kameramodells separate »Camera Raw-Standards« gespeichert werden.

8.2.12 Raw-Dateien und Filialdokumente

Manche Camera-Raw-Aufnahmen setzen sich aus bis zu drei Dateien zusammen:

- das Pixelbild,
- eine separate Datei mit der Bildminiatur und den Aufnahmedaten der Kamera, geschrieben von der Kamera; diese Dateien werden von Bridge nicht bearbeitet,
- eine XMP-Datei mit Stichwörtern und Beschreibungen aus Bridge sowie Korrekturangaben des Camera-Raw-Dialogs.

Bridge zeigt zunächst nur das Pixelbild, die anderen Dateien sehen Sie nicht. Doch wenn Sie eine Camera-Raw-Datei mithilfe von Bridge verschieben, kopieren, duplizieren oder umbenennen, sorgt Bridge dafür, dass auch die Nebendateien umbenannt werden.

Abbildung 8.16 Zu einer Raw-Bilddatei gehören oft ein bis zwei weitere Dateien: hier noch eine THM-Datei mit der Bildminiatur und technischen Informationen des Kameraherstellers, sie spiegelt nicht die Korrekturen aus dem Raw-Dialog wider und wird von Photoshop nicht verwendet; sowie eine XMP-Datei, die in Photoshop entstand und je nach Voreinstellung IPTC-Textinformationen und die Korrekturwerte aus dem Camera-Raw-Dialog enthält. Klicken Sie auf **Ansicht: Verborgene Dateien anzeigen**, präsentiert Bridge auch die »Nebendateien« eines Camera-Raw-Bilds.

Camera-Raw-Einstellungen speichern

Bei Dateien in den Formaten DNG, TIFF oder JPEG ist alles klar: Die Camera-Raw-Einstellungen werden direkt innerhalb der Datei selbst gespeichert. Nur wenn Sie Ihre Raw-Dateien im Originalformat des Kameraherstellers behalten, zum Beispiel als CR2- oder NEF-Datei, sind die folgenden Absätze wichtig für Sie.

Wie und wo sich Photoshop Ihre Raw-Änderungen für Raw-Dateien außer DNG merkt, steuern Sie in Bridge mit dem Befehl **Bearbeiten: Camera Raw-Voreinstellungen** (oder Strg+K im Raw-Dialog oder in Photoshop **Bearbeiten: Voreinstellungen: Dateihandhabung**). Sie sammeln die Camera-Raw-Informationen wahlweise in einer zentralen Datenbank oder in Einzeldateien pro Bild – sogenannten Filialdokumenten.

Speichern in Filialdokumenten

Speichern Sie die Einstellungen für Raw-Dateien außer DNG in Filialdokumenten, dann erzeugt Photoshop im selben Ordner wie die Rohdatei eine separate XMP-Datei mit allen Korrekturvorgaben. Die XMP-Dateien enthalten auch Ihre IPTC-Bildtexte.

Öffnen Sie Dateien von einer CD oder anderen schreibgeschützten Medien, kann Photoshop keine neuen XMP-Dateien im selben Verzeichnis anlegen. Stattdessen schreibt das Programm in die Camera-Raw-Datenbank.

Abbildung 8.17 In den Camera-Raw-Voreinstellungen legen Sie fest, wo die Informationen über Raw-Dateien gespeichert werden.

Speichern in der Camera-Raw-Datenbank

Setzen Sie das Bildeinstellungen-Klappmenü auf Camera Raw-Datenbank. Der Hersteller verspricht, dass die Einstellungen auch dann erhalten bleiben, wenn Sie die Datei verschieben und umbenennen. Diese Datenbank behält auch Informationen von Bildern, die Sie vor langem gelöscht oder nur per DVD gesichtet haben.

8.2.13 DNG-Dateiformat (»Digital-Negativ«)

Wer weiß schon, ob Bildprogramme die individuellen Raw-Dateien Ihrer speziellen Kamera in ein paar Jahren noch öffnen. Adobes frei zugängliches »Digital-Negativ«-Format nimmt Raw-Dateien aller Hersteller verlustfrei auf und ein paar Kameras schreiben direkt DNG-Dateien. Seit Photoshop CS3 können Sie auch JPEG- und TIFF-Dateien in den Camera-Raw-Dialog laden (Seite 200) und dann als DNG speichern.

Vorteile

Im Vergleich zu üblichen Camera-Raw-Dateien mit Endungen wie .CR2 oder .NEF hat DNG wichtige Vorteile:

- Kompatibilität für Raw-Dateien: Für DNG gibt es vermutlich länger Programme als für das Raw-Format Ihres speziellen Kameramodells. Neue DNG-Dateien von neuesten Kameras öffnen Sie auch mit älteren Photoshop- oder Lightroom-Ausgaben.
- Übersichtlichkeit: DNG speichert technische Daten der Kamera (Exif) wie auch Ihre IPTC-Texte direkt in der DNG-Bilddatei und nicht in separaten »Filialdokumenten« (XMP etc.) oder in der Photoshop-Datenbank.
- Speicherplatz: Eine DNG-Datei mit verlustfreier Komprimierung kostet oft weniger Speicherplatz als eine sonstige Camera-Raw-Datei und spart auf jeden Fall Platz gegenüber 16-Bit-TIFF. Mit verlustreicher DNG-Speicherung sparen Sie weitere 50 Prozent.

Schreiben Sie DNGs, indem Sie Camera-Raw-, JPEG- oder TIFF-Dateien in den Camera-Raw-Dialog laden und dann auf Bild speichern klicken. Alternative: der kostenlose DNG-Converter von Adobe mit identischen Optionen. Auch der Foto-Downloader wandelt in DNG um. In allen Fällen soll der volle Qualitätsumfang der Raw-Dateien erhalten bleiben, es soll keine Umwandlung geben.

Wie vollständig ist eine DNG-Datei?

Das DNG-Format übernimmt viele auch »unverständliche« Informationen von Kameras, zum Beispiel von Canons CR2-Dateien oder von Nikons NEF-Dateien – diese Dateien werden offenbar vollständig in DNG umgesetzt. Allerdings, einige Rohformate werden eventuell nicht komplett übernommen. Sie erhalten auf jeden Fall die vollständigen Bildpunkte – aber eventuell nicht alle intern gesicherten Kameradaten. Die sind aber auch nicht immer wichtig. Wollen Sie alles garantiert vollständig beisammen haben, müssen Sie die Kameradatei einbetten (unten) oder gleich beim kameraeigenen Format bleiben.

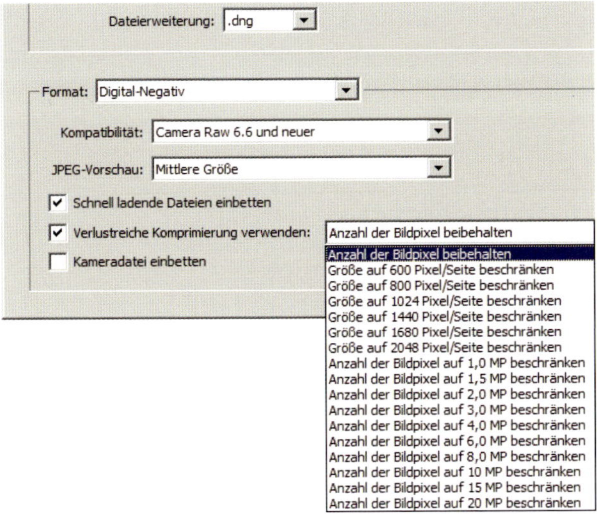

Abbildung 8.18 Mit den DNG-Optionen lässt sich das Laden beschleunigen und die Dateigröße senken. Sofern Sie die Verlustreiche Komprimierung verwenden, senken Sie zusätzlich wahlweise die Pixelzahl.

Schnell ladende Dateien einbetten

Öffnen Sie Ihre DNG-Dateien häufiger mit Photoshop oder Lightroom auf anderen Rechnern? Oder öffnen Sie gelegentlich ältere Raw-Dateien, deren Werte nicht mehr im Raw-Cache von Photoshop parat liegen? Dann muss das Bild erst vollständig neu eingelesen und analysiert werden.

Schneller geht es, wenn Sie beim DNG-Speichern die (schlecht eingedeutschte) Option Schnell ladende Dateien einbetten verwenden (nicht im Foto-Downloader). Dabei packen Sie Daten, die sonst im Raw-Cache vorliegen, direkt in die DNG-Datei; sie lässt sich darum theoretisch schneller öffnen. Meine Praxistests auf mehreren Rechnern haben gezeigt, dass die DNG-Dateien mit Schnelllade-Zusatz rund 0,2 bis 0,9 Megabyte größer werden, aber kaum schneller am Schirm erscheinen.

Die Option Schnell ladende Dateien einbetten erschien erstmals mit DNG-Variante 1.4 in Photoshop CS6 und im fast zeitgleich veröffentlichten Lightroom 4, beide basierend auf ACR 7. Bilder mit Schnelllade-Zusatz lassen sich jedoch problemlos auch in älteren Programmversionen öffnen.

Verlustreiche Komprimierung verwenden

Schalten Sie die Verlustreiche Komprimierung ein (nicht per Foto-Downloader), sinkt die Dateigröße auf 30 oder 40 Prozent gegenüber DNG ohne Verlust. Zwei praktische Testergebnisse: Ein 12-Megapixel-DNG schrumpft von 11,4 auf 5,6 Megabyte; das 21-Megapixel-DNG belegt statt 27 nurmehr 13 Megabyte. Sie bekommen also mindestens die doppelte Bilderzahl auf einen Datenträger.

Allerdings verlieren Sie mit verlustreichem DNG essenzielle Eigenschaften einer Raw-Datei: Die Datei durchläuft das »De-Mosaicing«, also die Umwandlung in normales RGB; die Farbtiefe sinkt zudem von zwölf oder 14 auf acht Bit. Diese acht Bit sind jedoch anders als sonst individuell an jedes Bild angepasst, mögliche Differenzierungsschwächen werden durch Dither-Streuraster ausgebügelt. Farbdifferenzierung wird nach Standard-JPEG-Algorithmen komprimiert, ungefähr mit Photoshop-Qualitätsstufe 10 (die auch bei normalen JPEGs völlig ausreicht). Ein Vorteil: Dank dieser Vorbehandlung lassen sich verlustreich gesicherte DNGs deutlich schneller laden.

In der Theorie ist die Sache damit klar: Verlustreiches DNG ist klar schlechter als echtes Raw (einschließlich DNG ohne Verlust) und klar besser als normales JPEG. Im Test konnte ich den Unterschied zwischen DNG mit und ohne Verlust freilich höchstens bei Zoomstufe 300 Prozent erkennen. Erscheint allerdings irgendwann ein Photoshop mit Prozessversion 2025, können Sie VERLUSTREICH gesicherte DNGs nicht erneut »entwickeln« und auf bisher nicht mögliche Bildqualität hoffen - das »Demosaicing« ist ja schon passiert. Aus verlustfrei abgelegten DNGs lässt sich dagegen womöglich mit Prozessversion 2025 noch Ungeahntes herausholen.

Die VERLUSTREICH-Option erschien erstmals mit DNG-Variante 1.4 in Photoshop CS6 und im fast zeitgleich veröffentlichten Lightroom 4, beide basierend auf ACR 7. Sie brauchen mindestens Photoshop CS5 oder Lightroom 3, um mit Verlust komprimierte DNGs zu öffnen.

Tipp Betrachten Sie VERLUSTREICHE DNGs als Edel-JPEG-Dateien: gut zum Archivieren weniger wichtiger Aufnahmen. Die Option schluckt geringfügig Qualität und Flexibilität. Übrigens: Sie erkennen weder an der Dateiendung noch an einem Hinweis im Raw-Dialog noch im CAMERA RAW-Bereich des Metadaten-Bedienfelds, dass Sie die Datei VERLUSTREICH gesichert haben.

Weitere DNG-Optionen

In den **Speicheroptionen** steuern Sie die Dateigröße der entstehenden DNG-Datei:

- JPEG-VORSCHAU: Bauen Sie eine Vorschau nach JPEG-Speicherverfahren ein; die Vorschau (nicht das eigentliche Bild) hat also leichte Qualitätsverluste, die man mit Blick auf den geringeren Speicherplatzbedarf gern akzeptiert. Die JPEG-Vorschau kann die Darstellung in anderen Programmen erleichtern. Selbst die Vorschau in voller Größe beansprucht kaum mehr als 1 Megabyte Speicherplatz, aber schon die MITTLERE GRÖSSE ist eine gute Wahl.
- KAMERADATEI EINBETTEN: Sichern Sie die komplette Original-Rohdatei innerhalb der DNG-Datei - und zwar zusätzlich zur DNG-Datei. Die Dateigröße steigt etwa um den Speicherbedarf der Originaldatei, also massiv. Wenn Sie DNG nicht trauen oder für juristische Zwecke ist das eventuell wichtig; ansonsten lassen Sie es. Entnehmen lassen sich die Originaldaten zum Beispiel per DNG-Converter mit der Schaltfläche EXTRAHIEREN.
- METADATEN: Sofern Sie TIFF, PSD oder JPEG speichern, geben Sie hier an, welche Metadaten im Bild bleiben sollen - zum Beispiel NUR COPYRIGHT UND KONTAKTINFORMATIONEN; Stichwörter, Ortsangaben und Exif-Kameradaten fliegen dann raus.

Als KOMPATIBILITÄT nehmen Sie das Neueste, bei Manuskriptabgabe CAMERA RAW 7.1 UND NEUER. Sofern Sie im KOMPATIBILITÄT-Klappmenü auf BENUTZERDEFINIERT klicken, erhalten Sie weitere Optionen, die man selten ändert:

- NICHT KOMPRIMIERT: Photoshop komprimiert Ihre DNG-Bilder völlig verlustfrei. Öffnen und Schreiben dauern etwas länger, aber das Verfahren spart oft über 50 Prozent Speicherplatz. Theoretisch können Sie auf diese Komprimierung verzichten.
- LINEAR (MOSAIKFREI): Diese Option vermeiden Sie, solange es im Zielprogramm keine Probleme gibt. Sie kostet mehr Speicherplatz, die Datei durchläuft schon das »De-Mosaicing« in Richtung übliche RGB-Datei, Sie haben also kein echtes Raw mehr.

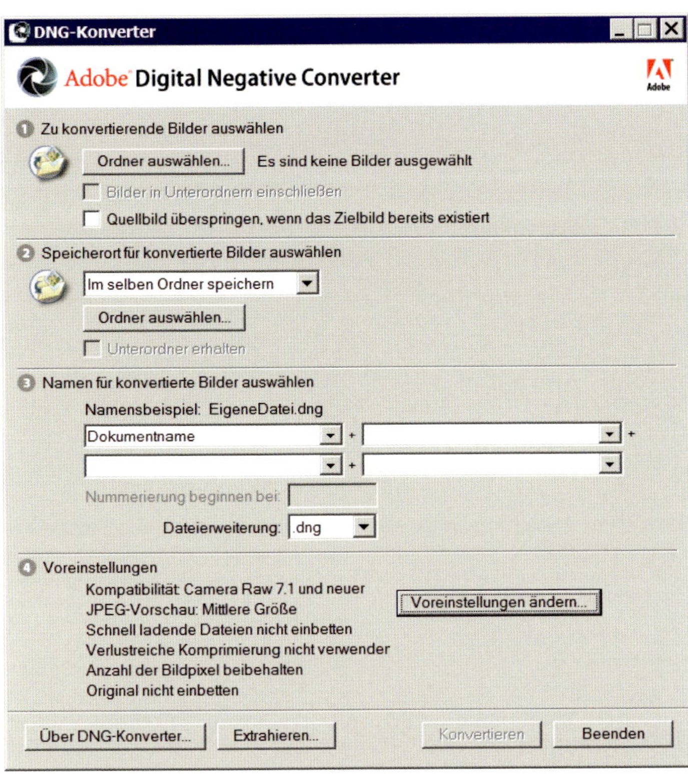

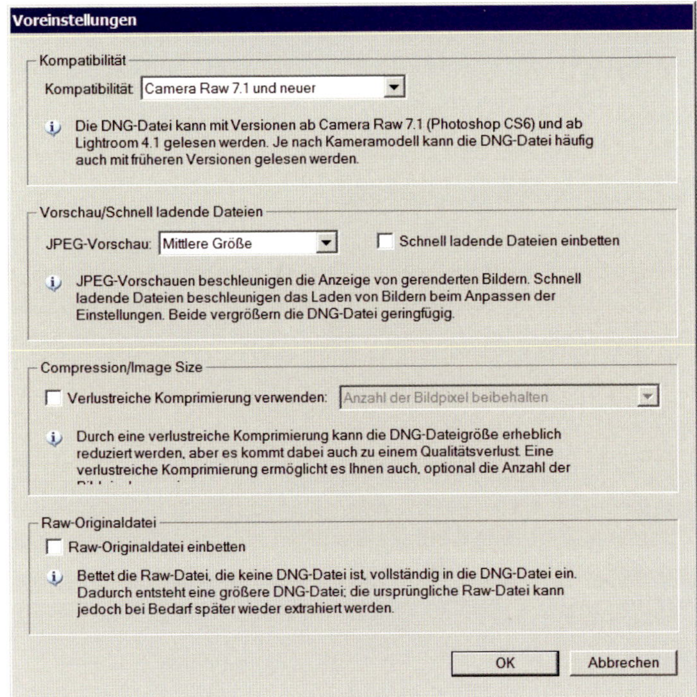

Abbildung 8.19 Der kostenlose »Digital Negativ Converter« von Photoshop-Hersteller Adobe wandelt Raw-Dateien, aber keine TIFFs oder JPEGs, stapelweise ins DNG-Format um. Das kleine Gratisprogramm startet viel schneller als Photoshop oder Bridge. Laden Sie Aufnahmen von der Speicherkarte, sollte der DNG-Converter »Bilder in Unterordnern einschließen« – die Dateien landen dann in einem einzigen Zielverzeichnis ohne die verschiedenen Unterordner Ihrer Speicherkarte, sofern Sie nicht die »Unterordner erhalten«.

Größenvergleich

Für die folgende Tabelle speichern wir die Raw-Datei »Raw_x.CR2« aus dem »Praxis«-Verzeichnis der Buch-DVD in verschiedenen Varianten. Die 18-Megapixel-Datei (5184x3456 Pixel) stammt aus der Canon-Kamera Eos 600D (60D und 550D produzieren vergleichbare Pixelzahlen); die Dateigrößen unterscheiden sich je nach Motiv.

Dateiformat	Vorschau	Komprimiert	Kameradatei einbetten	Dateigröße in MB
CR2 (Original)	-	verlustfrei	(entfällt)	21,62
DNG	voll	verlustfrei	-	19,67
DNG	mittel	verlustfrei	-	18,01
DNG	mittel	verlustfrei	✔	39,11
DNG mit SCHNELL LADEND	mittel	verlustfrei	-	18,26
DNG	mittel	verlustreich	-	5,88
DNG	ohne	verlustfrei	-	17,98
Photoshop-PSD 16 Bit	-	automatisch*		102,53
Photoshop-PSD 8 Bit	-	automatisch*	-	51,28
TIFF 16 Bit	-	ZIP*	-	39,82
TIFF 8 Bit	-	ZIP*	-	23,27
TIFF 8 Bit	-	LZW*	-	26,31
JPEG 8 Bit	-	Stufe 10**	-	3,57
JPEG 8 Bit	-	Stufe 9**	-	2,34

* nach RGB-Umwandlung kein weiterer Qualitätsverlust
** nach RGB-Umwandlung weiterer Qualitätsverlust

8.3 Bildbearbeitung im Camera-Raw-Dialog

Im Camera-Raw-Dialog stellen Sie Farbton, Kontrast und Bildausschnitt ein, Sie korrigieren rotgeblitzte Augen, kleine Flecken und örtliche Tonwertprobleme. Das Bild erscheint anschließend verändert in Bridge - aber Sie können alle Korrekturen an der Raw-Datei verlustfrei zurücksetzen, weil die Korrektur »als Mathematik« neben den Original-Pixeln gesichert wird. Das Dialogfeld bietet die üblichen Werkzeuge und Tastenkürzel für Zoomstufe und Bildausschnitt (Seite 40).

8.3.1 Freistellen und Drehen

Sie können die Datei im Raw-Dialog drehen oder zuschneiden. Das Bild erscheint nach der Bearbeitung im Raw-Dialog freigestellt in Bridge. Die weggeschnittenen Pixel lassen sich jederzeit im Raw-Dialog wieder herholen, nichts geht verloren; Sie können den Zuschnitt zudem auf andere Bilder übertragen. Bridge zeigt die Miniaturen mit neuem Bildausschnitt und mit Freistellsymbol.

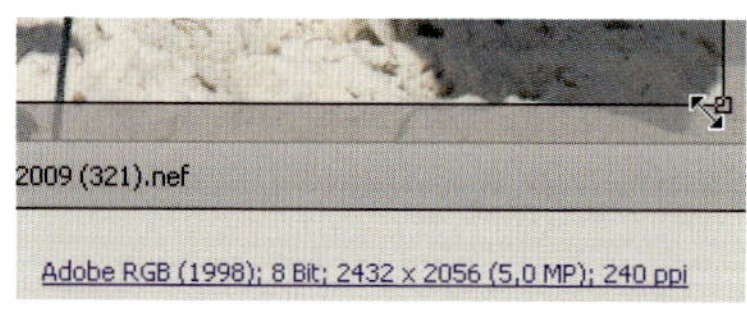

Abbildung 8.20 Während Sie freistellen, meldet der Raw-Dialog die entstehende Pixelzahl.

So nutzen Sie die Camera-Raw-Werkzeuge

1 Zoomwerkzeug
Tastaturbefehl [Z]
[Alt]-Taste zum Verkleinern
jederzeit auch per [Strg]+[Leertaste] (Vergrößern) oder [Alt]+[Leertaste] (Verkleinern)
Doppelklick: 100-Prozent-Zoomstufe

2 Hand-Werkzeug [H]
zum Verschieben im Vorschaufenster
jederzeit auch per [Leertaste]
Doppelklick: Bild auf Gesamtansicht zoomen

3 Weißabgleich-Werkzeug [I]
setzt angeklickten Tonwert auf Neutralgrau
Doppelklick: Weißabgleich auf Wie Aufnahme zurücksetzen

4 Farbaufnahme-Werkzeug [S]
setzt bis zu neun Messpunkte
meist auch per [⇧]-Taste

5 Selektive Anpassung [T]
einzelnen Tonwertbereich durch Ziehen im Bild ändern

6 Freistellungswerkzeug [C]
(verlustfrei)

7 Gerade-ausrichten-Werkzeug [A]

8 Bereichsreparatur [B]
(Fleckenretusche)

9 Rote-Augen-Korrektur [E]

10 Korrekturpinsel [K]
(örtliche Tonwertkorrektur)

11 Verlaufsfilter [G]

12 Camera-Raw-Voreinstellungen [Strg]+[K]

13 90° nach links/rechts drehen [L]/[R]

14 Vorschau (aktuelle Änderungen anzeigen) [P]

15 Vollbildmodus [F]

16 Warnfarben zur Tiefenbeschneidung anzeigen [U]
Warnfarben sind hier eingeschaltet (erkennbar am weißen Rahmen); alle drei Grundfarben haben Tiefenbeschneidung (erkennbar am weißen Dreieck)

17 Warnfarben zur Lichterbeschneidung anzeigen [O]
Warnfarben sind nicht eingeschaltet (da kein weißer Rahmen); Grundfarbe Gelb hat Lichterbeschneidung (erkennbar am gelben Dreieck)

Freistellen

Das Freistellungswerkzeug (Tastaturbefehl [C]) im Camera-Raw-Dialog funktioniert so ähnlich wie sein Pendant aus Photoshops Werkzeugleiste. Sie können den Freistellrahmen auf bestimmte Seitenverhältnisse festlegen und auch drehen, um gleich einen schiefen Horizont zu korrigieren.

Per Doppelklick ins Bild bestätigen Sie die Änderung; danach füllt der freigestellte Bildbereich das komplette Vorschaufenster aus. Praktisch: Die [Strg]-Taste wechselt zum Gerade-ausrichten-Werkzeug.

Klicken Sie im Raw-Dialog auf das Freistellungswerkzeug, so sehen Sie den weggeschnittenen Rand bereits wieder blass angezeigt, er gilt aber noch als entfernt. Wählen Sie im Menü des Freistellungswerkzeugs **Freistellung löschen**, um das Bild endgültig wieder ganz anzuzeigen (alternativ [Esc]- oder [Entf]-Taste, das Freistellungswerkzeug muss aktiv sein.).

> **Tipp** Bequem schneiden Sie ganze Bildserien zu oder Sie rücken reihenweise verrutschten Horizont gerade. Sie laden mehrere Bilder in den Raw-Dialog, von denen mindestens eins einen Freistellrahmen bekommt, dann verwenden Sie das SYNCHRONISIEREN (Seite 204) und geben FREISTELLEN zum Übertragen an.

Freistellen mit fixiertem Seitenverhältnis

In seinem Klappmenü bietet das Freistellungswerkzeug bereits verschiedene Seitenverhältnisse an, die im Kontextmenü wiederkehren. Eine Unterscheidung zwischen Hoch- und Querformat gibt es nicht - ziehen Sie für Querformate nach links oder rechts, für Hochformate nach unten oder oben; die Ausrichtung lässt sich zwischenzeitlich auch wechseln. Die [⇧]-Taste erzeugt Quadrate.

Der Befehl **Benutzerdefiniert** bietet noch mehr Flexibilität: Wählen Sie beliebige Seitenverhältnisse, Druckmaße oder Pixelzahlen.

> **Tipp** Wollen Sie die freigestellten Bilder im Photoshop-Dateiformat SPEICHERN? Dann wählen Sie in den **Speicheroptionen** FREIGESTELLTE PIXEL ERHALTEN: Die Bildpunkte werden in der Photoshop-PSD-Datei nicht endgültig entfernt, sondern nur hinter dem Bildrand versteckt. Mit dem Befehl **Bild: Alles einblenden** locken Sie die entfernten Partien wieder ans Tageslicht.

Drehen

Schiefen Horizont korrigieren Sie komfortabel mit dem Gerade-ausrichten-Werkzeug - ziehen Sie das Werkzeug an einer Geraden im Bild entlang. Dabei entsteht automatisch ein Auswahlrahmen wie beim Freistellungswerkzeug - und mit der [↵]-Taste erscheint die Datei dann auch gedreht im Raw-Dialog. Die [Esc]-Taste hebt alles wieder auf, sofern das Freistellungswerkzeug aktiviert ist.

Zwei Schaltflächen drehen Ihr Bild in 90-Grad-Schritten. Oder drücken Sie einfach die Tasten [L] oder [R]. Die gleichen Schaltflächen finden Sie in Bridge, alternativ drücken Sie dort [Strg]+[U].

8.3.2 Weißabgleich

Beginnen Sie die allgemeine Tonwertkorrektur mit dem Weißabgleich; das Verfahren soll weiße oder neutralgraue Motivteile weiß oder neutralgrau darstellen und korrigiert allgemein die Farbstimmung.

Weißabgleich-Werkzeug

Oft der beste Weg zu einer Farbkorrektur: Klicken Sie mit dem Weißabgleich-Werkzeug einen Bildteil an, der neutralgrau erscheinen soll (fotografieren Sie bei Bildserien eine Graukarte mit). Gefällt Ihnen das Ergebnis nicht, probieren Sie eine andere Bildstelle. Dabei verändern sich rechts die Regler Farbtemperatur und Farbton. Ziehen Sie für einen kurzen Test Sättigung auf den Höchstwert: Bleiben graue Flächen grau?

So etwas wie das Weißabgleich-Werkzeug bietet außerhalb des Camera-Raw-Dialogs die Neutralgrau-Pipette aus den Dialogen **Gradationskurven** und **Tonwertkorrektur** (Seite 321).

Tipp Besonders präzise platzieren Sie das Weißabgleich-Werkzeug, wenn Sie die ⇩-Taste drücken: Statt des Werkzeugsymbols sehen Sie ein Fadenkreuz. Das gilt auch für das Farbaufnahme-Werkzeug, das Gerade-ausrichten-Werkzeug und das Freistellungswerkzeug. Die ⇧-Taste wechselt zum Farbaufnahmegerät.

Abbildung 8.21 **Von links nach rechts:** Die Rohdatei zeigt die »Weißabgleich«-Vorgaben »Wie Aufnahme«, »Automatisch« (entspricht hier fast »Tageslicht«), »Schatten« (etwas stärker als »Trüb«) und »Kaltlicht«. Vorlage: Raw_a.

Das Klappmenü »Weißabgleich«

Ihre Möglichkeiten:

- Stellen Sie das Weissabgleich-Klappmenü auf Wie Aufnahme: Photoshop greift auf die Weißabgleichinformationen der Digitalkamera zurück, die oft in der Datei vorhanden sind (auch per Doppelklick auf das Weißabgleich-Werkzeug). Findet Photoshop jedoch keine Angaben zum Weißabgleich, weicht das Programm auf die Automatik (Auto) aus.
- Automatisch aus dem Weissabgleich-Klappmenü zeigt, was Photoshop aus dem Bild machen würde – oft eine gute Ausgangsbasis.
- Ebenfalls im Weissabgleich-Klappmenü finden Sie Vorgaben wie Tageslicht und Blitz (nur Raw-Dateien, nicht bei JPEG- oder TIFF-Dateien). Diese Vorgaben gehen von kühler Lichtstimmung (also hoher Farbtemperatur) aus und machen das Bild wärmer. Umgekehrt setzen Kaltlicht und Kunstlicht warme Farben voraus und erzeugen ein bläulicheres, kühleres Ergebnis.

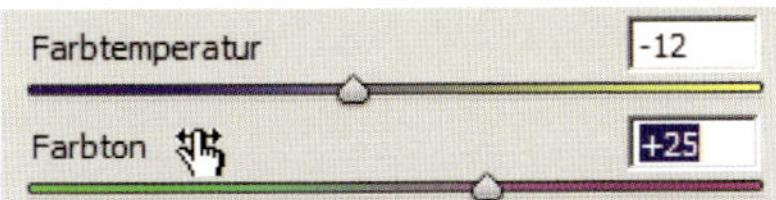

Abbildung 8.22 Mit »Farbtemperatur« und »Farbton« steuern Sie den Weißabgleich. Wie überall in Photoshop ändern Sie die Werte auch durch Ziehen über oder neben einem Begriff, Sie müssen also nicht den Regler treffen. Ändern Sie den zuletzt veränderten Wert auch mit den vertikalen Pfeiltasten mit oder ohne ⇧-Taste (Seite 39).

»Farbtemperatur« und »Farbton«

Sie sehen es schon: Eine Umstellung im Klappmenü Weissabgleich ändert auch die Werte von Farbtemperatur- und Farbton-Regler. Mit den Reglern stellen Sie Ihren Weißabgleich punktgenau ein:

- Der Farbtemperatur-Regler erlaubt beliebige kalte bis warme Farbstimmungen.
- Der Farbton-Regler bekämpft Grün- oder Magentastiche.

Der Korrekturpinsel ändert Farbtemperatur und Farbton auch in einzelnen Bildregionen.

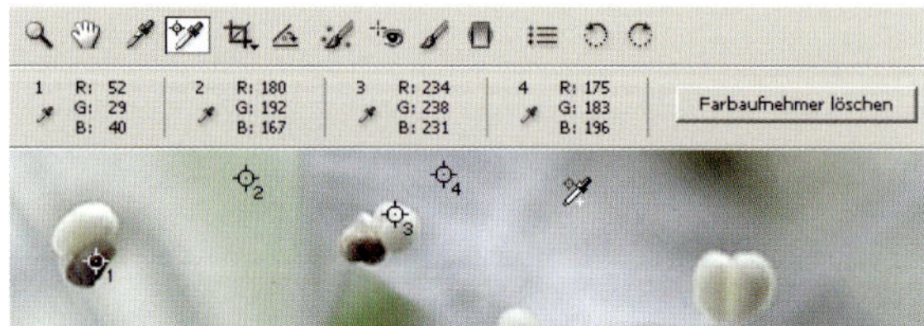

Abbildung 8.23 Der Camera-Raw-Dialog bietet ein ähnliches Farbaufnahme-Werkzeug wie die Werkzeugleiste von Photoshop (Seite 84). Klicken Sie bis zu neun Messpunkte ins Bild, die RGB-Werte erscheinen oben im Dialogfeld. Schalten Sie die »Vorschau« ab, lesen Sie die ursprünglichen Werte. Per [Alt]-Klick mit dem Farbaufnahme-Werkzeug löschen Sie einen Messpunkt. Mit diesen Werten und mit dem Histogramm prüfen Sie den Tonwertumfang.

8.3.3 Kontrast & Farbton

Zahlreiche Regler in mehreren Bereichen steuern Kontrast und Farbton – alles Wichtige finden Sie im ersten Register Grundeinstellungen. Ein guter Ausgangspunkt: Klicken Sie auf das Wort Automatisch über dem Belichtung-Regler. Anschließend verfeinern Sie dieses Automatik-Ergebnis. Bei Bedarf wechseln Sie zurück zum Kamera-Standard.

Gegenüber Photoshop CS5 und Vorgängern zeigt Photoshop CS6 zahlreiche Änderungen bei den Korrekturreglern. Eine sinnvolle Reihenfolge in CS6:

1. Ändern Sie falls erforderlich die Farbstimmung mit dem Weißabgleich-Werkzeug.
2. Stellen Sie die gewünschte mittlere Helligkeit mit der Belichtung ein – auch wenn anschließend tiefe Schatten und hohe Lichter nicht mehr passen.
3. Erzeugen Sie etwas mehr Knackigkeit mit Kontrast und Klarheit.
4. Bringen Sie die Hochlichter und die tiefen Schatten unter Kontrolle, erst mit den Reglern Lichter, Tiefen, zuletzt mit Weiss und Schwarz.
5. Verfeinern Sie mit Belichtung, Klarheit und Dynamik.

Automatische Farbtonkorrektur anwenden

Abbildung 8.24 Wollen Sie ein Bild im Raw-Dialog sofort mit »Auto«-Korrektur sehen, entscheiden Sie sich in den Camera-Raw-Voreinstellungen für »Automatische Farbtonkorrektur anwenden«. Die Änderung tritt beim Öffnen im Raw-Dialog ein.

Von »Belichtung« bis »Schwarz«

Der Schieber für die Belichtung ändert die Mitteltöne. Ziehen Sie mit gedrückter [Alt]-Taste, um Beschneidung (Differenzierungsverlust) zu erkennen (nächster Absatz und Seite 324).

Der Kontrast-Regler ändert seine Wirkung je nach Bildinhalt. Präziser heben Sie den Kontrast an, indem Sie zum Beispiel Tiefen- und Schwarz-Werte senken und/oder Lichter und Weiss anheben. Auch der Klarheit-Regler entscheidet mit über den Kontrasteindruck. Wahlweise wechseln Sie auch in den Bereich Gradationskurve.

Mit Schwarz definieren Sie den Schwarzpunkt: Sie heben oder senken extreme Schatten und ändern den dunkelsten Tonwert. Mit Tiefen heben oder senken Sie dunkle, aber nicht extrem dunkle Helligkeiten.

Entsprechend funktionieren Lichter und Weiss: Der Lichter-Regler macht helle, aber nicht extrem helle Bildstellen dunkler oder heller. Der Weiss-Regler verschiebt den Weißpunkt: Er hebt oder senkt die allerhellsten Bildpartien und bestimmt die Grenze des Tonwertumfangs nach oben.

Tipp Um besonders gezielt einen bestimmten Helligkeitswert zu heben oder zu senken, verwenden Sie das Werkzeug Selektive Anpassung, stellen es auf Parametrische Kurve und ziehen im gewünschten Helligkeitsbereich (s.u.)

Abbildung 8.25 **Links:** Per Filter-Bedienfeld zeigt Bridge Raw-Dateien nach bestimmten Kriterien an. **Rechts:** Die Einstellungen aus Camera Raw meldet Bridge auch im »Camera Raw«-Bereich des Metadaten-Bedienfelds – sofern Sie die Datei bereits im Raw-Dialog verändert haben. Welche Eigenschaften hier erscheinen, steuern Sie in den Bridge-»Voreinstellungen« unter »Metadaten«.

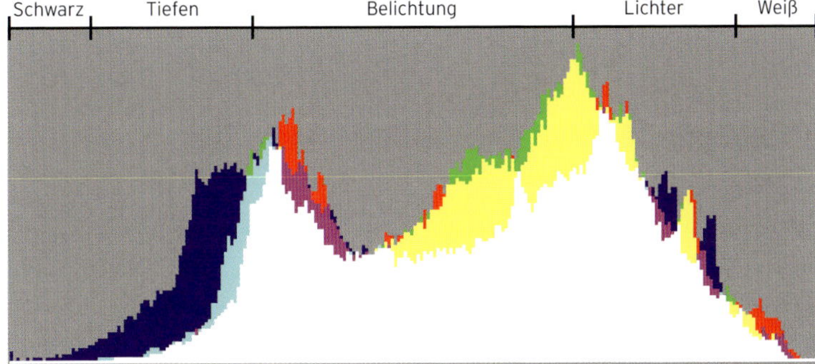

Abbildung 8.26 Die Regler bearbeiten unterschiedliche Helligkeitsbereiche im Histogramm.

Beispiel: zu dunkle Schatten

Ein Gebäude im Vordergrund einer kontrastreichen Aufnahme zeigt zu dunkle Schatten, auch nach Anheben der Mitteltöne per Belichtung. Ihre Maßnahmen:

1. Heben Sie den Tiefen-Wert deutlich an, um dunkle, aber nicht extrem dunkle Bildpunkte in den Mitteltonbereich zu holen. Sie erhalten bereits viel mehr Detailzeichnung.
2. Anheben des Schwarz-Werts für die allerdunkelsten Pixel könnte noch mehr Details herauskitzeln. Aber dann fehlen sehr dunkle Bildpunkte völlig. Machen Sie das Gegenteil: Nach Anheben der Tiefen senken Sie den Schwarz-Wert; so geben Sie dem Bild durch ein paar extrem dunkle Pixel mehr Tiefe und stärken den Kontrast in den Schatten.
3. Testen Sie, wie der Klarheit-Regler auf die Bildpartie wirkt.
4. Erscheinen die aufgehellten Partien zu blass, testen Sie den Dynamik-Regler.
5. Nicht alle Probleme lassen sich mit einer globalen Änderung beheben. Verbessern Sie eventuell einzelne Problemzonen mit dem Korrekturpinsel (Seite 237).

Raw: Tonwertkorrektur Schritt für Schritt

Abbildung 8.27 Das Raw-Bild wirkt insgesamt zu dunkel. Die Schaltfläche Automatisch verwenden wir nicht, denn sie verschlechtert das Foto nur – wie öfter bei kontrastreichen Bildern, die schon das gesamte Tonwertspektrum ausnutzen. Datei: Raw_c

Abbildung 8.28 Wir heben die Belichtung und damit die Mitteltöne auf plus 1,5. Die nun deutlicher ausfressenden Lichter holen wir gleich zurück. Steigern Sie den Kontrast zusätzlich auf plus 20.

Abbildung 8.29 Schalten Sie mit der Taste O die Warnfarbe für Lichterbeschneidung ein, also für reinweiß ausgefressene Bildpartien. Größere Bildbereiche deckt Photoshop jetzt rot ab – hier holen Sie noch Detailzeichnung zurück. Mit dem U zeigen Sie auch die Warnung für Tiefenbeschneidung, also für Detailverlust in Tiefen. Momentan ist entsprechendes Warn-Blau kaum zu entdecken.

Abbildung 8.30 Senken Sie die LICHTER auf minus 70, schon verschwindet viel rote Warnfarbe für die Lichterbeschneidung. Verwenden Sie auch den WEISS-Regler für die extremen Lichter: Ziehen Sie WEISS auf minus 10, so dass die rote Warnfarbe gutteils verschwindet.

Abbildung 8.31 Wir brauchen mehr Details in den Schatten, ohne die Gesamthelligkeit zu steigern. Ziehen Sie die TIEFEN auf plus 35 – so holen Sie Dunkles in den Mitteltonbereich. Den SCHWARZ-Wert senken Sie auf minus 15: Ein paar dunkle Stellen werden schwarz und produzieren so mehr Tiefe und Kontrast; man sieht nun etwas mehr Blau als Warnung vor Tiefenbeschneidung. Eine 30er-KLARHEIT kräftigt den Mittelton-Kontrast, bringt aber auch vereinzelte Hochlichter wieder zum Ausfressen.

Abbildung 8.32 Machen Sie die Uhr mit dem Korrekturpinsel markanter. Heben Sie die BELICHTUNG für den Korrekturbereich auf plus 0,9, den KONTRAST auf plus 40 und die LICHTER ebenfalls auf plus 40; so hellen Sie das Zifferblatt auf. Die TIEFEN sinken auf minus 100, um Zeiger und Striche abzudunkeln. Verhindern Sie jede Farbänderung: Klicken Sie unten auf das FARBE-Feld und setzen Sie die SÄTTIGUNG auf 0. Verwenden Sie AUTOMATISCH MASKIEREN ohne WEICHE KANTE und malen Sie über dem Zifferblatt, um es aufzuhellen.

Beispiel: ausfressende Lichter

Sie haben die Gesamthelligkeit per Belichtung eingestellt, doch nun fressen helle Bildpartien aus, zum Beispiel erscheinen Wolken zu blass. Senken Sie darum die Lichter ab, so erhalten helle Partien mehr Mitteltöne.

Experimentieren Sie mit dem Weiss-Regler. Ein negativer Wert drückt die allerhellsten Pixel Richtung Mitteltöne, lässt Ihr Bild aber eventuell flau aussehen. Heben Sie Weiss vielleicht sogar an: Nur allerhellste Pixel steigen an, Sie dehnen den Tonwertumfang aus und erzeugen mehr Kontrast und Brillanz.

Testen Sie zusätzlich die Wirkung des Klarheit-Stellers.

Beispiel: kontrastarme Aufnahme

Bei Regen und grauem Himmel erscheinen Landschaften kontrastarm. Ziehen Sie den Schwarz-Regler nach links auf negative Werte, bis das Histogramm den linken Rand erreicht. So definieren Sie den Schwarzpunkt neu, dehnen den Tonwertumfang aus, erzeugen mehr Kontrast und Tiefe.

Ziehen Sie den Weiss-Regler nach rechts, bis das Histogramm den rechten Rand erreicht. Damit steigen die vorhandenen hellsten Bildpunkte auf Weiß an, Sie haben Tonwertumfang und Brillanz weiter gesteigert. Prüfen Sie, was der Klarheit-Regler noch bringt.

»Klarheit«, »Dynamik«, »Sättigung«

Klarheit und Dynamik, diese Regler bräuchte man auch fürs richtige Leben. Die Klarheit hieß bei den amerikanischen Entwicklern zunächst »Punch«, denn bereits niedrige Werte lassen Ihre Bildern knackiger wirken. Sie erhalten eine leichte Scharfzeichnung bzw. Kontraststeigerung nur in den Mitteltönen - Werte zwischen 20 und 40 verbessern die meisten Aufnahmen. Darüber entsteht je nach Motiv eine dramatische Verfremdung, die an HDR-Bilder erinnert. Beurteilen Sie die Wirkung in der 100-Prozent-Zoomstufe.

Statt der üblichen Farb-Sättigung sollten Sie zuerst den Dynamik-Regler testen, um Farben zu stärken. Der Dynamik-Regler hebt die Farbsättigung nur in Bereichen, die nicht schon stark gesättigt sind, so vermeiden Sie Quietschtöne. Hauttöne werden automatisch geschützt, blauer Himmel gewinnt dagegen deutlicher hinzu. Im Fall der Fälle bietet das Register HSL/Graustufen noch mehr Feinsteuerung.

Beschneidung anzeigen

Zeigen Sie Bildbereiche in Alarmfarben, die durch Ihre Korrektur an Differenzierung verlieren (also »beschnitten« werden). Ein Beispiel: Sie heben die Belichtung deutlich an. Helle Tonwerte wie 210, 225 oder 240 steigen nun einheitlich auf reinweißes 255 - Sie verlieren Zeichnung und Details in den Lichtern, eventuell nur in einer einzigen Grundfarbe.

Auch **Gradationskurve** und **Tonwertkorrektur** im Hauptprogramm können den Differenzierungsverlust (die »Beschneidung«) durch Alarmfarben hervorheben, wir besprechen das Prinzip allgemein ab Seite 324. Aber so zeigen Sie die Beschneidung im Raw-Dialog an:

- Klicken Sie bei gedrückter Alt-Taste auf die Regler für Belichtung, Wiederherstellung oder Schwarz, um Regionen mit Differenzierungsverlust zu erkennen.
- Klicken Sie oben im Histogramm auf die Schaltflächen für Unter- und Überbelichtung oder drücken Sie die Tasten U (Tiefenbeschneidung) bzw. O. Alarmfarben werden in beschnittenen Bereichen über das normale Bild geblendet.
- Behalten Sie - auch wenn keine Alarmfarben eingeschaltet sind - die Schalter für Tiefen- und Lichterbeschneidung im Auge: Sobald die Schatten der Grundfarbe Rot komplett auf 0 gedrängt werden, leuchtet der linke Schalter rot auf. Er erscheint weiß, wenn alle drei Grundfarben beschnitten werden.

Abbildung 8.33 **Links oben:** Die Vorlage wirkt etwas flau. **Rechts oben:** Wir heben die »Dynamik« auf 50 Prozent an. **Links unten:** »Dynamik« auf 0, »Klarheit« auf 50. 4. **Rechts unten:** »Klarheit« auf 100. Datei: Raw_d

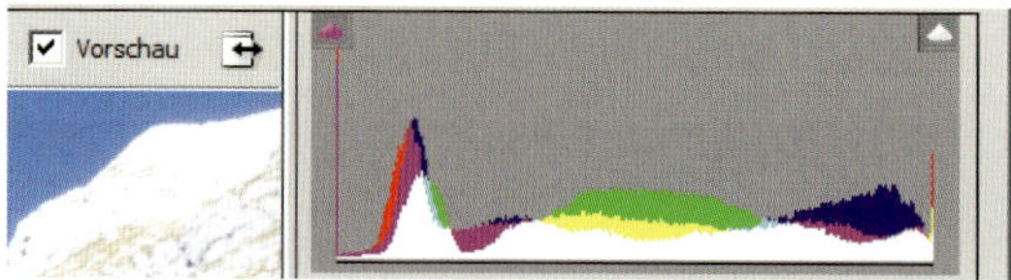

Abbildung 8.34 Sie erkennen es im Histogramm selbst, aber auch an den Dreiecks-Symbolen für die Beschneidung über dem Histogramm: In den Tiefen erzeugt die aktuelle Einstellung Beschneidung bei Blau und Rot (darum ist das linke Dreieck violett und nicht weiß)). In den Höhen verlieren alle drei Grundfarben Differenzierung (darum ist das Dreieck weiß und nicht schwarz). Datei: Raw_f

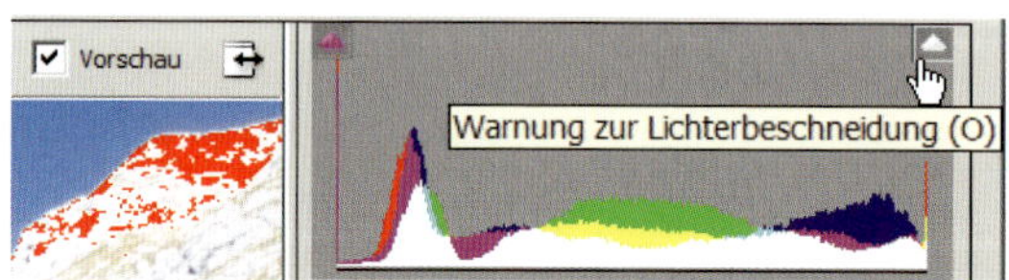

Abbildung 8.35 Wir schalten die WARNUNG ZUR LICHTERBESCHNEIDUNG ein (Tastaturbefehl [O]), das rechte Dreieck erhält darum ein weißes Rähmchen. Ausgefressene Lichter hebt Photoshop nun durch rote Signalfarbe hervor. Wollen Sie die Lichter senken, ziehen Sie zuerst den Weiß-Regler nach links, eventuell auch den »Lichter«-Regler.

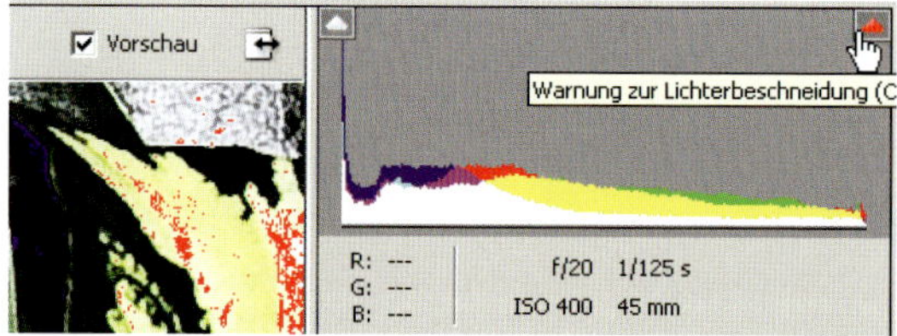

Abbildung 8.36 **Links:** Klicken Sie mit gedrückter [Alt]-Taste auf die Regler für BELICHTUNG, LICHTER oder WEISS, um Bereiche zu sehen, in denen mindestens eine Grundfarbe in den Lichtern beschnitten wird. **Rechts:** [Alt]-Klick auf TIEFEN- oder SCHWARZ-Regler hebt Bereiche hervor, in denen mindestens eine Grundfarbe in den Tiefen Differenzierung verliert. Hier gibt es jedoch keine Tiefenbeschneidung. Korrigieren Sie Tiefenbeschneidung bei Bedarf durch Ziehen des SCHWARZ-Reglers nach rechts.

Tipp Beschnittene Lichter bringen Sie mit dem WEISS-Regler zurück, beschnittene Tiefen mit dem SCHWARZ-Regler.

Gradationskurve

Im Bereich GRADATIONSKURVE justieren Sie den Kontrast durch Zupfen am Graphen, auch für einzelne Grundfarben wie **Rot, Grün, Blau.** Im Unterregister PUNKT funktioniert die Gradationskurve wie die normalen **Gradationskurven** im Hauptprogramm (auch verlustfrei; ausführlich ab Seite 308**).** Per [Strg]-Klick ins Bild setzen Sie Anfasspunkte im gewünschten Helligkeitsbereich (nur im Unterregister PUNKT).

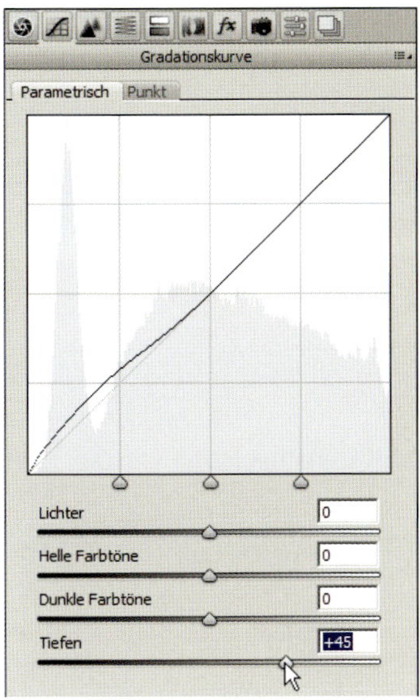

Abbildung 8.37 Im Bereich »Parametrisch« wirkt der »Tiefen«-Regler zunächst nahe der 25-Prozent-Marke am stärksten. Mit den Reglern direkt unter dem Diagramm ändern Sie den Wirkungsbereich von »Tiefen« und anderen Helligkeitsbereichen.

Im Unterregister Parametrisch ziehen Sie dagegen an Schiebereglern für Helligkeitsbereiche wie Tiefen und Dunkle Farbtöne. Diese Technik wird für Einsteiger empfohlen, sie verhindert entstellende Änderungen.

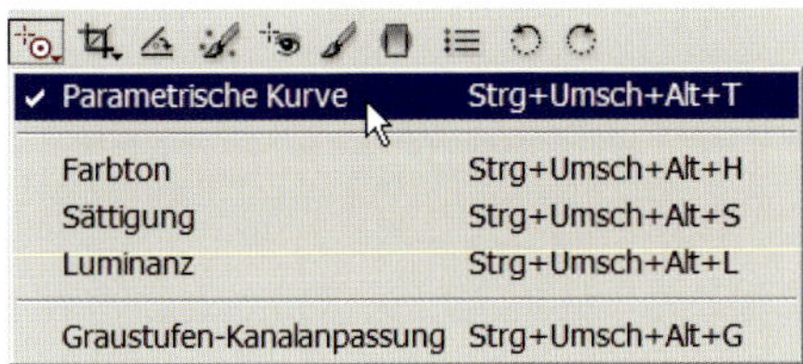

Abbildung 8.38 Schalten Sie das Werkzeug Selektive Anpassung auf Parametrische Kurve und klicken Sie den gewünschten Helligkeitsbereich im Bild an: Durch Ziehen nach links oder unten senken Sie je nach angeklicktem Bildteil zum Beispiel Lichter oder Helle Farbtöne ab. Ziehen nach rechts oder oben hebt die Werte für den angeklickten Tonwertbereich – so, als ob Sie mit den Schiebereglern der Gradationskurve arbeiten.Sie müssen das Register Gradationskurven dafür nicht öffnen.

8.3.4 HSL/Graustufen

Im Register HSL/Graustufen verfeinern Sie die Farbstimmung weiter. Häufig leisten jedoch die Funktionen aus den Grundeinstellungen bereits ganze Arbeit, auch die Bearbeitung einzelner Grundfarben im Register Gradationskurve hilft weiter.

Nutzen Sie auch das Werkzeug Selektive Anpassung:

- Stellen Sie die Selektive Anpassung auf **Farbton**. Klicken Sie nun einen Rotton im Bild an und ziehen Sie, so ändern Sie nur den Farbwert des Rottons.
- Stellen Sie die Selektive Anpassung auf **Sättigung**, steigern oder senken Sie die Sättigung nur der angeklickten Rottöne.

Auch die **Luminanz** (Helligkeit) einzelner Farbbereiche lässt sich so intuitiv einstellen. Beim Ziehen ändern sich Regler in den Unterregistern FARBTON, SÄTTIGUNG oder LUMINANZ.

Tipp Um die SELEKTIVE ANPASSUNG zu nutzen, müssen Sie nicht erst den Bereich HSL/GRAUSTUFEN öffnen.

»Graustufen-Kanalanpassung«

Im Register HSL/GRAUSTUFEN starten Sie auch Tonungen und Graustufenumsetzungen. Für Tonungen wie auch Graustufenvarianten klicken Sie auf IN GRAUSTUFEN KONVERTIEREN.

Besonders bequem: Schalten Sie die SELEKTIVE ANPASSUNG für die **Graustufen-Kanalanpassung** ein. Das Foto erscheint sofort in Graustufen. Ihre Möglichkeiten:

- Klicken und ziehen Sie zum Beispiel über einem Rotton, um nur Rottöne in hellerem oder dunklerem Grau zu zeigen.
- Klicken Sie anschließend in einen Blauton, um diesen Farbbereich in der Graustufenumsetzung heller oder dunkler wiederzugeben.

Eine Alternative zur Graustufenumsetzung im Raw-Dialog liefert Photoshop mit seinem vielseitigen, leicht und verlustfrei nutzbaren **Schwarzweiß**-Befehl (Seite 484) - allerdings hat nur der Raw-Dialog die zusätzlichen Regler für ORANGETÖNE und LILATÖNE.

Tipp Haben Sie GRAUSTUFEN angewählt, wechseln die Arbeitsablauf-Optionen (Seite 207) automatisch zum Farbprofil GRAY GAMMA 2.2 und bieten alternativ GRAY GAMMA 1.8 an - wichtig beim Offsetdruck. Beim Speichern als TIFF oder JPEG oder beim Öffnen in Photoshop entsteht ein Bild im Graustufenmodus.

☑ Beim Konvertieren in Graustufen automatische Graustufen-Kanalanpassung anwenden

Abbildung 8.39 Mit dieser Vorgabe in den Camera-Raw-»Voreinstellungen« (Strg+K im Raw-Dialog) errechnet Photoshop sofort automatisch ein optimiertes Graustufenergebnis. Es sieht meist besser aus als die »Standard«-Variante. Sie müssen also nicht mehr auf »Auto« klicken. Dieses automatische Anwenden der Automatik ist bereits voreingestellt.

8.3.5 Scharfzeichnen und Bildrauschen

Bearbeiten Sie Scharfzeichnung, Bildrauschen, chromatische Aberration und Randabschattung.

Bildrauschen allgemein

Lästiges Bildrauschen entsteht vor allem bei hohen ISO-Werten wie 6400, kleinere Sensoren sind anfälliger (Seite 48). Die Regler zur Rauschreduzierung finden Sie im Bereich DETAILS des Raw-Dialogs. Für präziseste Darstellung schalten Sie zur Zoomstufe 100 Prozent (Strg+Alt+0).

Tipp Ab Photoshop CS5 (und dem damaligen Ableger Lightroom 3) hat sich die Rauschreduzierung deutlich verbessert. Vielleicht haben Sie ältere Raw-Dateien bereits in CS4, Lightroom 2 und Vorgängerprogrammen bearbeitet; »entwickeln« Sie solche Dateien erneut in CS6 - der Aufwand lohnt sich.

Im Raw-Dialog bekämpfen Sie Helligkeits- und Farbrauschen getrennt, also einerseits unschöne feine Helligkeitsunterschiede und zum anderen lästiges mikroskopisches Farbgrieseln, das noch viel mehr stört. Die Rauschreduzierung hier wirkt attraktiver als der Befehl **Rauschen reduzieren** aus dem Photoshop-Hauptprogramm, dort verarzten Sie allerdings einzelne Grundfarben wie den Rot-Kanal individuell (Seite 410).

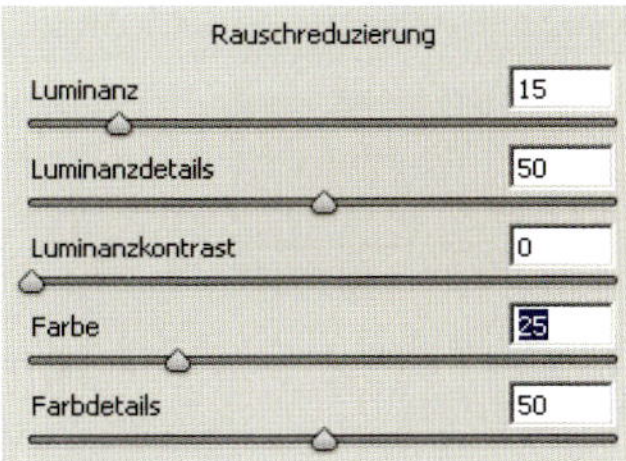

Abbildung 8.40 Mit fünf Reglern sorgt der Raw-Dialog im Bereich DETAILS für Rauschreduzierung. Stehen die LUMINANZ- und FARBE-Werte auf 0, sind die darunterliegenden verfeinernden Regler abgeschaltet.

Helligkeitsrauschen

Drei Regler dämpfen speziell das Helligkeitsrauschen:

1. Der LUMINANZ-Regler steuert die allgemeine Stärke. Ein Wert um 25 ist oft ein guter Kompromiss - Sie glätten die Körnung, behalten aber genug Details. Steht der LUMINANZ-Regler auf 0 (das ist der Standard), bleibt Helligkeitsrauschen komplett unbearbeitet; dann sperrt Photoshop die verfeinernden Regler LUMINANZDETAILS und LUMINANZKONTRAST.
2. Mit den LUMINANZDETAILS steuern Sie den Schwellenwert. Ziehen Sie den Regler nach rechts, kitzeln Sie etwas mehr Details heraus, bremsen das Verwischen - aber Sie sehen auch etwas mehr Rauschen und Störungen.
3. Heben Sie den LUMINANZKONTRAST, verbessern Sie eventuell Kontrast und Struktur in Bereichen, die rauschreduziert wurden. Eventuell wirkt das Ergebnis bei hohen Werten fleckig. Niedrige Werte glätten sehr stark. Dieser Regler wirkt, ebenso wie LUMINANZDETAILS, am auffälligsten bei Bildern mit starkem Rauschen, zum Beispiel 6400-ISO-Aufnahmen.

Tipp Wirken nur einzelne Bildpartien zu körnig? Sie können die Zonen auch mit dem Korrekturpinsel übermalen und die BILDSCHÄRFE senken. Umgekehrt lässt sich mit dem Korrekturpinsel auch RAUSCHREDUZIERUNG ins Bild malen.

Farbrauschen

Farbrauschen entstellt deutlicher als das »fotografisch« anmutende Helligkeitsrauschen. Ihre Möglichkeiten:

1. Der FARBE-Regler steht bereits ab Werk auf dem Wert 25. Dieser Wert eliminiert Farbrauschen bereits deutlich, ohne Details zu versenken. Die Steigerung bis zum Höchstwert 100 bringt oft keinen wesentlichen Unterschied mehr.
2. Der FARBDETAILS-Regler spielt seine Stärken in extrem verrauschten Aufnahmen aus: Hohe Werte von 70 bis 100 schützen winzige Farbdetails, zum Beispiel dünne Linien, allerdings bleiben auch mehr wirkliche Fehler zurück. Niedrige Werte unter 20 löschen mehr Farbinformation, aber feine Farblinien erscheinen nun grau.

Vorlage, Rauschreduzierung auf 0

Farbe 25, Farbdetails 0

Farbe 25, Farbdetails 50 (Camera-Raw-Standard)

Abbildung 8.41 Schon der »Farbe«-Wert 25 allein drosselt das Farbrauschen, der »Farbdetails«-Regler verhindert ein Veschmieren der Farben, wirkt sich hier aber kaum aus. Die »Luminanz«-Werte standen auf 0. Wir drucken mit 200 dpi. Datei: Raw_g

wie vorher, Luminanz 60

wie vorher, Luminanzdetails 90

wie vorher, Luminanzkontrast 100

Abbildung 8.42 Der »Luminanz«-Regler glättet das Bild weiter deutlich. Der Regler »Luminanzdetails« holt Oberflächenstrukturen zurück, die auch Artefakte sein könnten. Anheben der »Farbdetails« macht die Konturen noch geringfügig deutlicher, bringt aber nicht mehr viel.

Scharfzeichnung

Das Schärfen steuern Sie im Details-Bereich. Prüfen Sie das Ergebnis in der Zoomstufe 100 Prozent. Einen gesteigerten Schärfeeindruck liefert auch der Klarheit-Regler aus den Grundeinstellungen.

Die eigentliche Feinsteuerung der Schärfung besprechen wir im Scharfzeichner-Abschnitt ab den Seiten 414 und 421, in Zusammenhang mit anderen Scharfzeichnertechniken. Hier geht es nur um die Darstellung im Raw-Dialog.

In den Arbeitsablauf-Optionen stellen Sie wahlweise noch eine Schärfung nur für die aus dem Raw-Dialog heraus geschriebenen JPEG-, TIFF- und PSD-Dateien ein (Seite 208).

Tipp Der Raw-Dialog wendet eine leichte Scharfzeichnung und Farbrauschreduzierung auf jede Datei an. Wenn Sie die meist nützliche Vorverarbeitung nicht wünschen, ziehen Sie den Betrag-Regler auf 0, den Farbe-Regler auch, klicken auf die Menüschaltfläche und dann auf **Neue Camera Raw-Standards speichern.**

In Photoshop selbst lässt sich das Bild immer noch verlustfrei scharfzeichnen (Seite 414). Darum können Sie wahlweise das Bild im Raw-Dialog zwar scharfgezeichnet anzeigen - aber beim Speichern oder Öffnen in Photoshop wird die Scharfzeichnung nicht angewendet:

1. Drücken Sie bei geöffnetem Raw-Dialog Strg+K für die **Camera-Raw-Voreinstellungen.**
2. Im Klappmenü Scharfzeichnen anwenden auf nehmen Sie Nur Vorschaudarstellungen.

Der Camera-Raw-Dialog wendet also die Scharfstellung aus dem Details-Bereich nur auf die Vorschau im Dialogfeld an, aber nicht auf das endgültige Bild. Der Schärfen-Abschnitt heißt jetzt Schärfen (nur Vorschau).

Tipp Starkes Scharfzeichnen betont Bildrauschen. Mit dem Korrekturpinsel ändern Sie die Schärfe bei Bedarf örtlich.

8.3.6 Objektivkorrekturen

Im Register Objektivkorrekturen bekämpfen Sie Vignettierung, kissen- und tonnenförmige Verzeichnung und chromatische Aberration prinzipiell auf unterschiedliche Arten:

- Sofern ein Profil vorliegt, beheben Sie Verzeichnung (Verzerrung) und Randabschattung (Vignettierung) vollautomatisch im Register Profil, indem Sie Objektivprofilkorrekturen aktivieren. Die Stärke der Korrektur lässt sich immer noch stufenlos zurückfahren oder erhöhen. Liegt kein Objektivprofil vor, können Sie Kameras und Objektive angeben, die den verwendeten Produkten ähneln.
- Ganz ohne Objektivprofil ändern Sie alternativ kissen- und tonnenförmige Verzeichnung, stürzende Linien, Horizont und Vignettierung im Register Manuell.
- Chromatische Aberration (Farbsäume) beheben Sie generell ohne Rückgriff auf ein Objektivprofil im Register Farbe. Meist reicht der Klick auf Chromatische Aberration entfernen.

Ähnliche Funktionen mit und ohne Objektivprofil liefert der Befehl **Filter: Objektivkorrektur** (Seite 377). Die Verzeichnung reparieren Sie noch genauer mit der **Adaptiven Weitwinkelkorrektur** (Seite 373, wie die **Objektivkorrektur** auch verlustfrei für Raw-Dateien als Smart-Objekt, eventuell automatisch für Ihr Objektiv).

Wir besprechen die Korrekturmöglichkeiten im Raw-Dialog und im Photoshop-Hauptprogramm gemeinsam im Kapitel »Aufnahmefehler« ab Seite 379.

Tipp Wollen Sie den Bildrand nicht aufhellen, sondern vielmehr zusätzlich abschatten, nehmen Sie die Raw-Funktion Vignettierung nach Freistellen im Bereich Effekte - auch wenn Sie das Raw-Bild gar nicht zuschneiden (siehe unten).

Abbildung 8.43 Die Raw-Datei zeigt Randabschattung (Vignettierung), etwas Verzeichnung sowie deutliche perspektivische Verzerrung. Wir öffnen den Bereich »Objektivkorrekturen/Profil«. Hier ist die Option »Objektivprofilkorrekturen aktivieren« noch nicht eingeschaltet. Datei: Objektiv_f

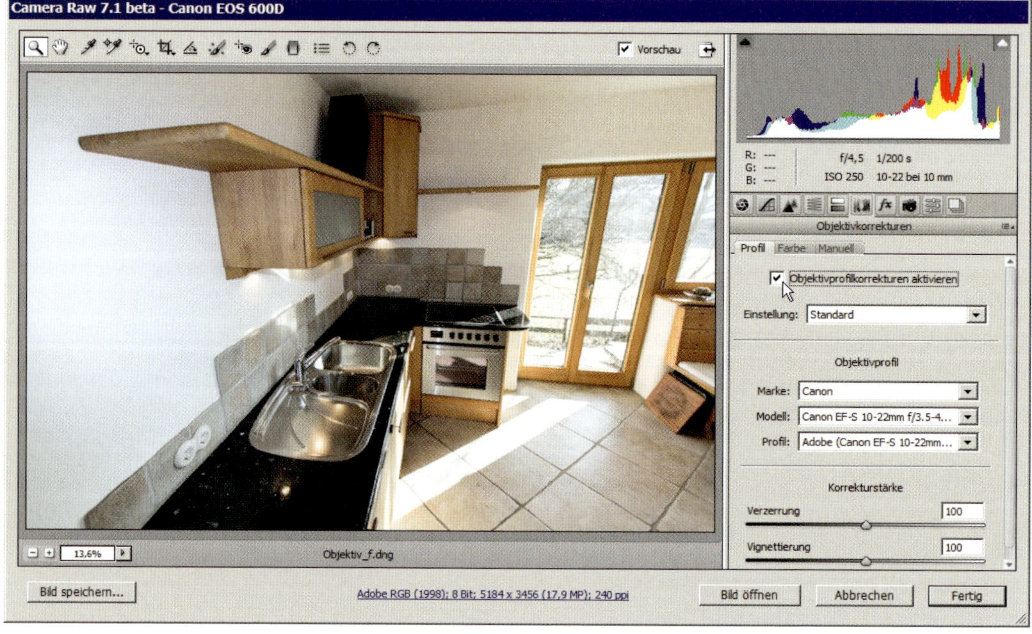

Abbildung 8.44 Wir schalten die »Objektivprofilkorrekturen« ein. Im Bereich »Objektivprofil« sehen Sie, dass Photoshop ein Profil für die Kamera-Objektiv-Kombination besitzt und das Bild passend korrigiert. Vor allem die Randabschattung wird behoben. Soll sie noch stärker ausfallen, ziehen Sie den »Vignettierung«-Regler über 100 Prozent. Sollte Photoshop kein Objektivprofil besitzen, geben Sie vergleichbare Kameras und Objektive von Hand an.

Abbildung 8.45 Die perspektivische Verzerrung vor allem der Fenstertür beheben wir im Unterregister »Manuell«. Der »Vertikal«-Regler geht gegen stürzende Linien vor, leere Bildränder drängen wir mit dem »Skalieren«-Regler nach außen. Ganz ähnlich arbeiten Sie auch mit der »Objektivkorrektur« (zusammen mit dem Raw-Dialog ab Seite 369).

8.3.7 Effekte

Im Effekte-Register zaubern Sie eine leichte Körnung ins Bild, manche Motive wirken so griffiger, schärfer oder nostalgischer. Die Körnung gelingt freilich ebenso vielseitig und verlustfrei auch per **Strukturierungsfilter: Körnung** oder **Rauschen: Rauschen hinzufügen** (Seite 560).

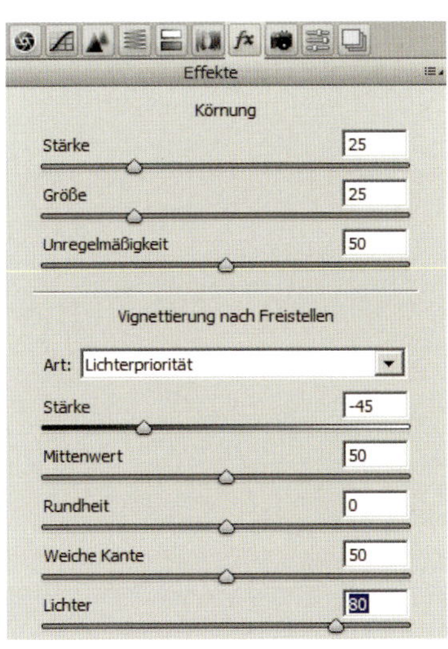

Abbildung 8.46 Im Effekte-Register erzeugen Sie Körnung und ändern die Randhelligkeit.

Vignettierung nach Freistellen

Per Vignettierung nach Freistellen dunkeln Sie den Bildrand stimmungsvoll ab – egal, ob Sie mit dem Freistellungswerkzeug Bildrand gekappt haben oder nicht. Ziehen Sie den Stärke-Regler nach links auf negative Werte, dann testen Sie Verfeinerungen mit Mittenwert und Rundheit.

Abbildung 8.47 **Mitte:** Eine deutliche Vignettierung nach Freistellung mit Lichterpriorität. **Rechts:** Der Lichter-Regler mit dem Wert 80 schützt helle Motivteile gegen Abdunkeln am Bildrand. Datei: Raw_n Foto: TriggerPhoto, iStockphoto, #5944102

Im Klappmenü Art nutzen Sie für beste Wirkung Lichterpriorität oder Farbpriorität. Für Lichterpriorität und Farbpriorität bietet der Raw-Dialog den interessanten Lichter-Regler an: Er schützt hellere Bildteile in der Abdunklungszone gegen das Abdunkeln.

8.3.8 Bereichsreparatur

Das Werkzeug Bereichsreparatur (Schnelltaste B) korrigiert kleinere Flecken, zum Beispiel Sensorstaub. Vorteile dieser Raw-Funktion gegenüber Kopierstempel oder Reparaturpinsel aus Photoshop (Seite 389):

- Die Änderungen lassen sich jederzeit zurücksetzen und verfeinern.
- Schalten Sie nachträglich zwischen Kopieren und Reparieren um.
- Bequem wenden Sie per Synchronisieren eine Retusche auf mehrere Bilder gleichzeitig an – etwa bei Sensorstaub, der immer an der gleichen Stelle nervt.

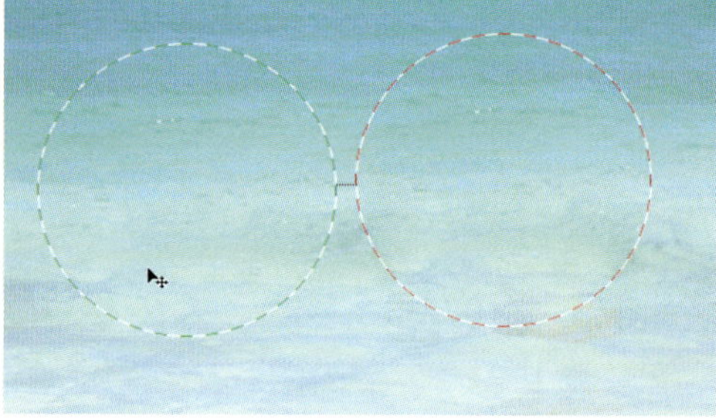

Abbildung 8.48 **Links:** Die Bildstörung wurde bereits mit dem Retuschierwerkzeug ausgewählt, die Retuschewirkung hier jedoch per »Vorschau« ausgeblendet. **Rechts:** Aktivieren Sie einen Retuschebereich durch Anklicken. Die Fehlerstelle kreist Photoshop rotweiß ein, den darüberkopierten Bereich grünweiß. Ziehen die Auswahlkreise unabhängig voneinander an die gewünschte Stelle. Datei: Raw_f

Nachteil allerdings: Es gibt keine clevere »inhaltsbasierte« Korrektur und nur kreisrunde Auswahlbereiche – insgesamt also nichts für komplexe Aufgaben.

»Kopieren« versus »Reparieren«

Das Bereichsreparaturgerät bietet zwei ARTEN:

- Beim KOPIEREN überträgt Photoshop die Pixel 1:1 von der brauchbaren Bildstelle zum Fehlerbereich; so funktioniert auch der Kopierstempel. Das Verfahren ist berechenbar; doch entstehen oft unschön harte Übergänge.
- Beim REPARIEREN gleicht Photoshop Helligkeits- und Farbunterschiede zwischen dupliziertem und kaschiertem Bereich selbstständig aus, so wie beim Reparaturpinsel aus Photoshop. Testen Sie diese ART zuerst.

Anwendung

So nutzen Sie das Retuschierwerkzeug:

1. Klicken Sie in die Mitte der Fehlerstelle und ziehen Sie. Hier entsteht ein rotweißer Kreis.
2. Gleichzeitig produziert Photoshop noch einen grünweißen Kreis. Er umgibt die »gute« Bildzone, die den Fehler übertünchen soll. Ziehen Sie diesen grünweißen Kreis an eine passende Motivpartie, die sich zum Überdecken eignet; der rotweiß eingerahmte Fehler verschwindet.
3. Gehen Sie bei Bedarf weitere Problemstellen an. Die Kreise der nicht aktiven Retuschen erscheinen blasser, Sie wissen also immer, woran Sie arbeiten.
4. Fertig? Schalten Sie zum Beispiel die Lupe ein. Die Kreise verschwinden jetzt, aber sie tauchen wieder auf, sobald Sie die Bereichsreparatur aktivieren.

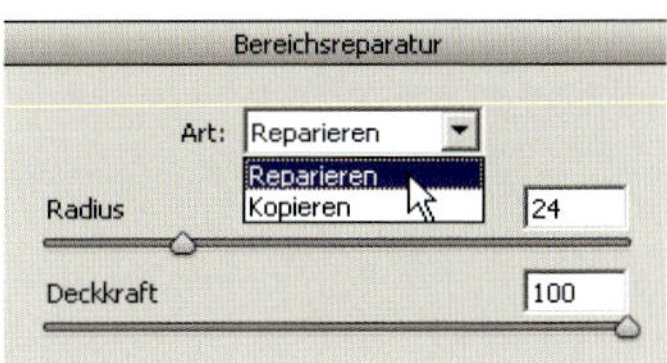

Abbildung 8.49 Größe, Deckkraft, aber auch die Position einer Retusche ändern Sie jederzeit verlustfrei.

Verfeinerung

So verfeinern Sie eine vorhandene Fehlerretusche:

1. Ist ein Kreis zu klein oder groß, ändern Sie den RADIUS.
2. Sitzt ein Kreis nicht genau, verschieben Sie ihn.
3. Immer noch unzufrieden? Wechseln Sie zwischen REPARIEREN und KOPIEREN oder testen Sie reduzierte DECKKRAFT.
4. Zur besseren Beurteilung blenden Sie die Kreise mit der Taste V aus.
5. Sie wollen eine Retusche aufheben? Klicken Sie den Kreis bei gedrückter Alt-Taste an, weg ist er (oder Klick und Entf-Taste). Alle Retuschen en bloc canceln Sie mit der Schaltfläche ALLE LÖSCHEN.

Flecken suchen

Sie wollen Ihr Bild im Raw-Dialog genau und systematisch nach kleinen Störungen absuchen. Ein möglicher Weg:

1. Zeigen Sie den Raw-Dialog mit der Taste [F] bildschirmfüllend an (nicht zwingend erforderlich).
2. Klicken Sie unten links im Raw-Dialog auf das kleine Zoom-Menü und stellen Sie zum Beispiel 200 Prozent ein (also eine Vergrößerung).
3. Drücken Sie die Taste [Pos1]. So zeigt der Raw-Dialog die linke obere Ecke des Bilds.
4. Drücken Sie immer wieder die Taste [Bild↓].

So wandert der Bildausschnitt immer weiter nach unten, Sie erkennen alle Fehler und greifen bei Bedarf zum Retuschierwerkzeug. Am unteren Bildrand angekommen, springt Photoshop mit dem nächsten [Bild↓]-Druck eine Spalte weiter nach rechts und Sie untersuchen den nächsten Bildstreifen.

8.3.9 Rotgeblitzte Augen

Rotgeblitzte Augen entfernt das Rote-Augen-Werkzeug ähnlich komfortabel wie die vergleichbare Funktion (Seite 408) im Photoshop-Hauptprogramm:

1. Mit dem Rote-Augen-Werkzeug rahmen Sie bei gedrückter Maustaste ein Auge ein - nicht zu eng.
2. Rahmen Sie das zweite Auge und warten Sie das Ergebnis ab.
3. Passt alles? Schalten Sie die ÜBERLAGERUNG (also die rotweißen Rahmen) mit der Taste [V] aus, um das Ergebnis besser zu beurteilen. Mit dem [P] verbergen Sie wie immer die Änderung und sehen wieder das ursprüngliche Bild.

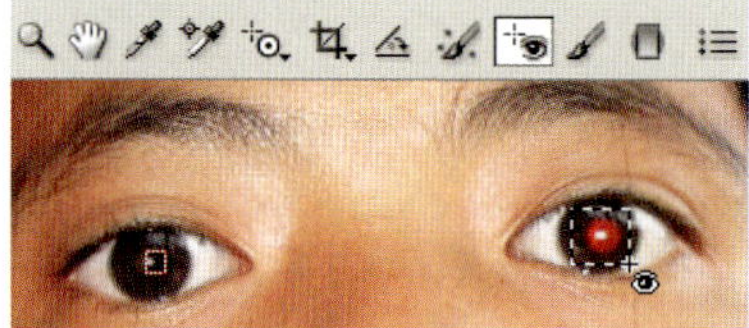

Abbildung 8.50 Die Rahmen des Rote-Augen-Werkzeugs können Sie verschieben, vergrößern und verkleinern. Datei: Rote_Augen_a

Verfeinerung

Es ist nicht oft nötig, aber das Ergebnis des Rote-Augen-Werkzeugs lässt sich verfeinern:

- Sitzt der rotweiße Rahmen nicht richtig? Sie können ihn verschieben und durch Ziehen an den Rändern vergrößern und verkleinern.
- Ändern Sie bei Bedarf rechts im Raw-Dialog die Werte für PUPILLENGRÖSSE und ABDUNKELN.
- Wollen Sie die Korrektur bei einem Auge aufheben, klicken Sie den Rahmen bei gedrückter [Alt]-Taste an.

8.3.10 Korrekturpinsel und Verlaufsfilter

Zwei Funktionen im Raw-Dialog ändern Kontrast und Farbstimmung örtlich, unabhängig vom Gesamtbild. Dabei bringen Sie zunächst eine Maske an und dann steht innerhalb der Maske ein Satz Tonwertregler zur Verfügung. Diese zwei Techniken gibt es, um Masken anzubringen:

- Mit dem Korrekturpinsel (Kurztaste [K]) erfassen Sie beliebige Flächen fast wie beim Schnellauswahlwerkzeug;
- der Verlaufsfilter (Kurztaste [G]) erzeugt über die Breite des Bilds einen stufenlosen Übergang von »volle Änderung« über »etwas Änderung« bis zu »gar keine Änderung«; er verbessert zum Beispiel blasse Himmel.

Die zwei Werkzeuge haben viele gemeinsame Merkmale: Sie können mehr als eine Zone markieren und individuell bearbeiten. Wenden Sie diese Regler auf den ausgewählten Bereich an: Farbtemperatur, Farbton, Belichtung, Kontrast, Lichter, Tiefen, Klarheit (Mitteltonkontrast), Sättigung, Bildschärfe, Rauschreduzierung, Moiré-Reduzierung, Rand entfernen (gegen chromatische Aberration) und Farbe (Farbüberzug).

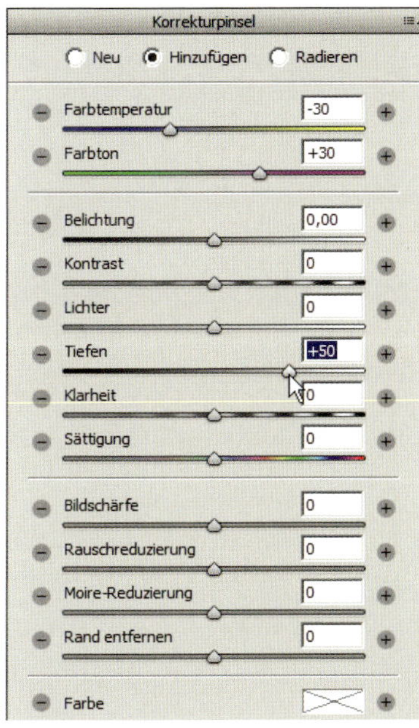

Abbildung 8.51 Sobald Sie einen Bildbereich mit Korrekturpinsel oder Verlaufswerkzeug auswählen, ändern Sie Eigenschaften wie »Farbton«, »Belichtung« oder »Bildschärfe« nur in der gewählten Region.

Alternativen

Korrekturpinsel und Verlaufsfilter erlauben nicht so vielseitige und genaue Auswahlen wie das Photoshop-Hauptprogramm mit Schnellauswahlwerkzeug, **Kante verbessern** und Ebenenmaske. Reicht Ihnen die Auswahltechnik im Raw-Dialog nicht, laden Sie die Raw-Datei als Smart-Objekt ins Photoshop-Hauptprogramm (Sie drücken im Raw-Dialog die [⇧]-Taste und klicken auf Objekt öffnen). In Photoshop bearbeiten Sie die Aufnahme mit maskierten Einstellungsebenen und Smartfiltern örtlich; Sie haben jederzeit wieder Zugriff auf die Raw-Regler, per Doppelklick auf die Ebenenminiatur (Seite 854).

Raw: Örtliche Tonwertkorrektur

Abbildung 8.52 Wir haben die Aufnahme bereits gedreht, die Gesamthelligkeit korrigiert und den Weißabgleich für die rechte Bildhälfte eingerichtet. Wir schalten den Korrekturpinsel ein, stellen die »Größe« auf 8 und die »Weiche Kante« auf 1. Zudem verwenden wir »Automatisch maskieren«, so dass sich die Auswahl an Motivkanten orientiert. Damit sich der Pinselstrich gut abhebt, senken Sie die »Belichtung« vorläufig auf minus 4; alle anderen Werte haben Neutralstellung. Datei: Raw_e

Abbildung 8.53 Malen Sie an der Bildbereichskante im inneren Bildteil entlang. Die Zone erscheint sofort abgedunkelt (Abbildung). Schalten Sie »Automatisch maskieren« mit der Taste M ab und übermalen Sie den restlichen Bereich, so dass schließlich die gesamte gelbliche Bildzone überdeckt ist.

Abbildung 8.54 Photoshop zeigt mit einem grünschwarzen »Pin«, dass Sie eine Bildzone per Korrekturpinsel korrigieren. Wir halten hier den Mauszeiger über den Pin; so wird der bereits ausgewählte Bereich hervorgehoben, hier mit Weiß. Farbe und Deckkraft dieser sogenannten »Maske« ändern Sie rechts unten im Dialog mit dem Farbfeld neben »Maske anzeigen«. Auswahlfehler verbessern Sie jederzeit jetzt oder später.

Abbildung 8.55 Heben Sie die »Belichtung« wieder auf 0 und ziehen Sie auch alle anderen Regler auf den Neutralwert 0. Wichtig: Setzen Sie auch die »Farbe« auf 0. Dazu klicken Sie auf das »Farbe«-Feld und ziehen den »Sättigung«-Regler auf 0. Nun sehen Sie das Bild wie zuvor. Die Regler ändern nur den per Pinsel ausgewählten Bildteil. Ziehen Sie die »Farbtemperatur« auf minus 30 und den »Farbton« auf plus 30. Jetzt hat Ihre Aufnahme eine gleichmäßige Lichtstimmung.

Abbildung 8.56 Heben Sie die »Tiefen« auf plus 20. So bringen Sie etwas mehr Zeichnung in die dunkelsten Partien des ausgewählten Bildbereichs. Fertig ist die eindrucksvolle Kontrastkorrektur!

Gemeinsame Optionen

Korrekturpinsel und Verlaufsfilter haben viele gemeinsame Optionen:

- Egal, ob Sie einen neuen Auswahlbereich anlegen oder eine vorhandene Auswahl verfeinern wollen: Zuerst schalten Sie den Korrekturpinsel (Kurztaste K) ein und klicken in der Bildvorschau auf das Symbol für den Auswahlbereich (also auf einen »Pin« beim Korrekturpinsel und eine Kugel beim Verlaufsfilter). Mit den Optionen rechts entscheiden Sie, ob Sie eine Auswahl NEU definieren oder Fläche zu einer vorhandenen, bereits aktivierten Auswahl HINZUFÜGEN wollen.
- Die Symbole für den Auswahlbereich (»Pins« oder »Überlagerung«) blenden Sie mit der Taste V blitzschnell aus und ein.
- Einen einzelnen aktiven Auswahlbereich löschen Sie mit der Entf-Taste, noch radikaler wirkt die Schaltfläche ALLE LÖSCHEN.
- Die Änderungen lassen sich auf Wunsch mit anderen Korrektureinstellungen speichern und auf andere Dateien übertragen; beide Werkzeuge gemeinsam finden sich in den Dialogfeldern SYNCHRONISIEREN oder EINSTELLUNGEN SPEICHERN unter LOKALE ANPASSUNGEN.
- Wie immer im Raw-Dialog: Mit der P-Taste schalten Sie die VORSCHAU aus und ein, Sie haben einen schnellen Vorher-Nachher-Überblick.

Achtung Einen neuen, weiteren Korrekturbereich erzeugen Sie auch, indem Sie neben zum Beispiel BELICHTUNG oder KONTRAST auf die Minus- und Plus-Schaltflächen + − klicken. Die anderen Werte wie KLARHEIT oder FARBE springen in Neutralstellung. Mit den Minus- und Plus-Schaltflächen ändern Sie nie die Werte des momentan aktiven Korrekturbereichs.

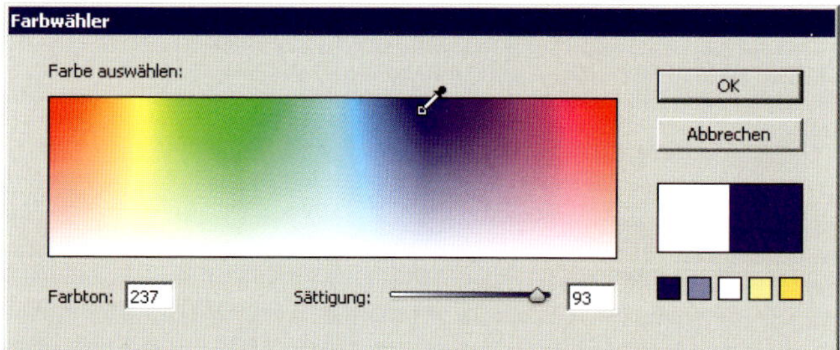

Abbildung 8.57 Klicken Sie auf das FARBE-Feld, um den Auswahlbereich von Korrekturpinsel oder Verlaufsfilter leicht zu tonen. Das eignet sich zum Beispiel für Himmel und Hauttöne. Um die Einfärbung abzustellen, klicken Sie wieder auf das FARBE-Feld und senken die SÄTTIGUNG auf 0; alternativ testen Sie die Regler FARBTEMPERATUR, FARBTON und SÄTTIGUNG.

8.3.11 Korrekturpinsel im Detail

Egal, ob Sie einen neuen Auswahlbereich anlegen oder eine vorhandene Auswahl verfeinern wollen: Zuerst schalten Sie den Korrekturpinsel (Kurztaste K) ein. Um die Auswahlfläche zu verkleinern, klicken Sie auf RADIEREN oder drücken Sie die Alt-Taste.

So nutzen Sie den Anpassungspinsel

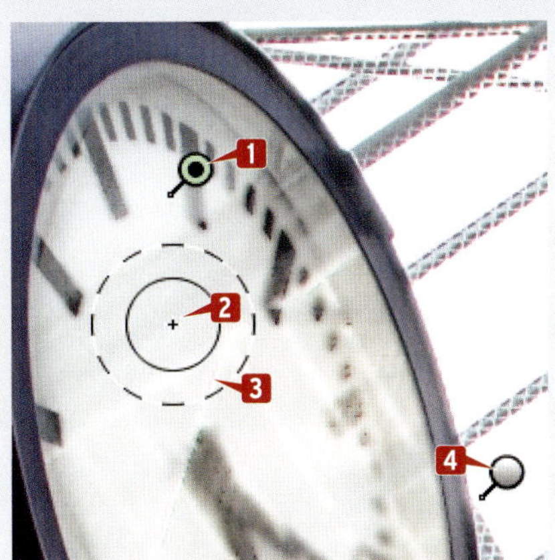

1 »Pin« für aktive Auswahl; Maus über »Pin« halten, um Auswahlbereich hervorzuheben. Löschen mit [Entf]. Ausblenden mit [V]

2 Zentrum, hier wirkt der Korrekturpinsel mit der vollen gewählten Dichte; Größe ändern durch Ziehen mit rechter Maustaste, unter Windows auch mit [ß] und [`]

3 Weicher Übergang zu null Prozent DICHTE; Bereich ändern durch [⇧]-Ziehen mit rechter Maustaste

4 Pin für nicht aktive Auswahl; Anklicken zum Bearbeiten; Maus über Pin halten, um Maske anzuzeigen

Für jeden eigenständigen Auswahlbereich entsteht ein »Pin« im Bild. Klicken Sie einen grauen, nicht aktiven »Pin« zunächst an, um diese spezielle Auswahl zu verändern; der »Pin« für eine aktive Auswahl erscheint grünschwarz.

Pinselsteuerung

Unten rechts im Raw-Dialog regeln Sie Pinseleigenschaften wie GRÖSSE und WEICHE KANTE. Besonders interessant sind diese Einstellmöglichkeiten:

- Der DICHTE-Regler entspricht der DECKKRAFT beim üblichen Pinsel. Senken Sie die DICHTE zum Beispiel auf 50 Prozent, wirkt die Änderung nur noch mit halber Kraft. Kombinieren Sie auch innerhalb einer Auswahl Bereiche mit voller und reduzierter Dichte, um jede Zone optimal zu verbessern.
- Der FLUSS-Regler steuert, wie schnell sich die Korrektur auswirkt: Bei niedrigen Werten müssen Sie länger die Maustaste drücken, bis die Auswahl tatsächlich mit voller DICHTE aufgebaut ist. Sie gehen also behutsamer vor.

Bearbeiten Sie mit dem Korrekturpinsel einen klar abgegrenzten Bereich, nutzen Sie die Option AUTOMATISCH MASKIEREN. Nach Art des Schnellauswahlwerkzeugs erfasst Photoshop dann automatisch ähnliche, zusammengehörende Bereiche. AUTOMATISCH MASKIEREN schalten Sie besonders schnell mit der Taste [M] ein und aus.

Abbildung 8.58 Vorlage. Datei: Raw_h

Abbildung 8.59 Der Verlaufsfilter erstreckt sich über den gesamten Himmel, deutlich verändert erscheinen nur die oberen zwei Drittel.

Abbildung 8.60 Der Verlaufsfilter ändert nur den oberen Teil des Himmels.

Abbildung 8.61 Der Verlaufsfilter erstreckt sich nur über den unteren Bereich des Himmels; die Zone oberhalb der grünweißen Linie wird zu 100 Prozent verändert.

8.3.12 Verlaufsfilter im Detail

Der Verlaufsfilter (Kurztaste G) funktioniert ähnlich wie der Korrekturpinsel: Man definiert einen Bildbereich und innerhalb dieser Zone ändert man jederzeit die gleichen Werte wie beim Korrekturpinsel, also unter anderem Belichtung und Farbe (gemeinsame Optionen Seite 237). Zu Beginn der Verlaufsfilter-Auswahl wirkt die Änderung mit voller Kraft, dann nimmt die Intensität gleichmäßig ab. Damit korrigiert man zum Beispiel blasse Himmel oder man bringt mehr Tiefe in vielleicht farbkräftige, aber montotone Flächen.

Die Verlaufsfilter-Auswahl lässt sich beliebig drehen, erstreckt sich aber stets über die gesamte Breite oder Höhe des Bilds. Wenn Sie das Bild im Raw-Dialog mit dem Freistellungswerkzeug oder mit dem Gerade-Ausrichten-Werkzeug drehen, schwenkt der Verlaufsfilter passend mit.

So nutzen Sie den Verlaufsfilter

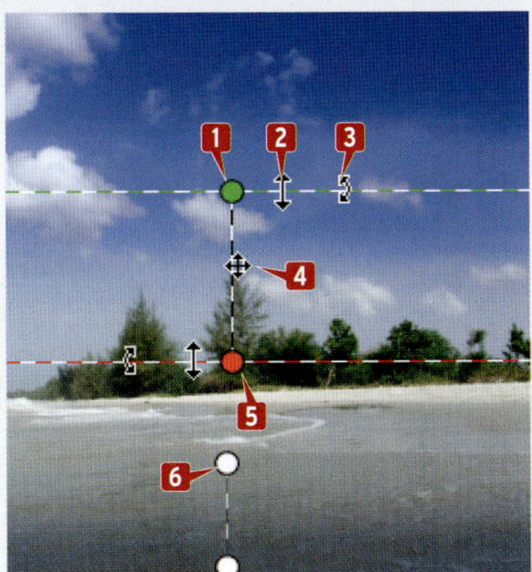

1 Startpunkt für aktiven Verlaufsfilter. Oberhalb wirkt eine Änderung zu 100 Prozent. Startpunkt verschieben und Verlauf drehen. ⇧-Taste verhindert krumme Drehwinkel. Verlauf löschen mit Entf-Taste

2 Ziehen, um Startpunkt zu verschieben, ohne zu drehen

3 Ziehen, um gesamten Verlaufsfilter zu drehen, ohne zu verschieben

4 Senkrecht ziehen, um Verlaufsfilter ohne Größenänderung zu verschieben. Waagerecht ziehen, um senkrechte Achse zu verschieben (für geänderten Mittelpunkt beim Drehen)

5 Endpunkt für aktiven Verlaufsfilter; unterhalb wirkt Änderung zu null Prozent; Ziehen, um Endpunkt zu verschieben

6 Nicht aktiver Verlauf; Aktivieren durch Anklicken

Drehung und Größe

Wenn Sie am grünen oder roten Punkt ziehen, können Sie sowohl den Punkt verschieben als auch den Verlauf drehen – meist aber will man nur eins von beiden. Wollen Sie nur den Punkt verschieben, halten Sie die ⇧-Taste gedrückt, so vermeiden Sie zumindest krumme Winkel. Noch besser:

- Um den Punkt nur zu verschieben, nicht aber den Verlauf zu drehen, ziehen Sie direkt neben dem Punkt an der meist waagerechten gestrichelten Linie.
- Wollen Sie den Verlauf drehen und nichts verschieben, ziehen Sie etwas weiter entfernt vom Punkt an der meist waagerechten Linie.

Örtliche Änderung

Der Verlaufsfilter überzieht zunächst die gesamte Bildbreite: Der Himmel dunkelt ab, doch ein Haus oder ein Berg im Vordergrund dunkeln ungewollt mit ab. Theoretisch können Sie die abdunkelnde Wirkung örtlich mit dem Korrekturpinsel aufheben:

1. Legen Sie einen Verlaufsfilter an und setzen Sie die Belichtung zum Beispiel auf minus 2.
2. Wechseln Sie zum Korrekturpinsel. Bereiche, die der Verlaufsfilter nicht abdunkeln soll, übermalen Sie. Die Belichtung steht auf plus 2.

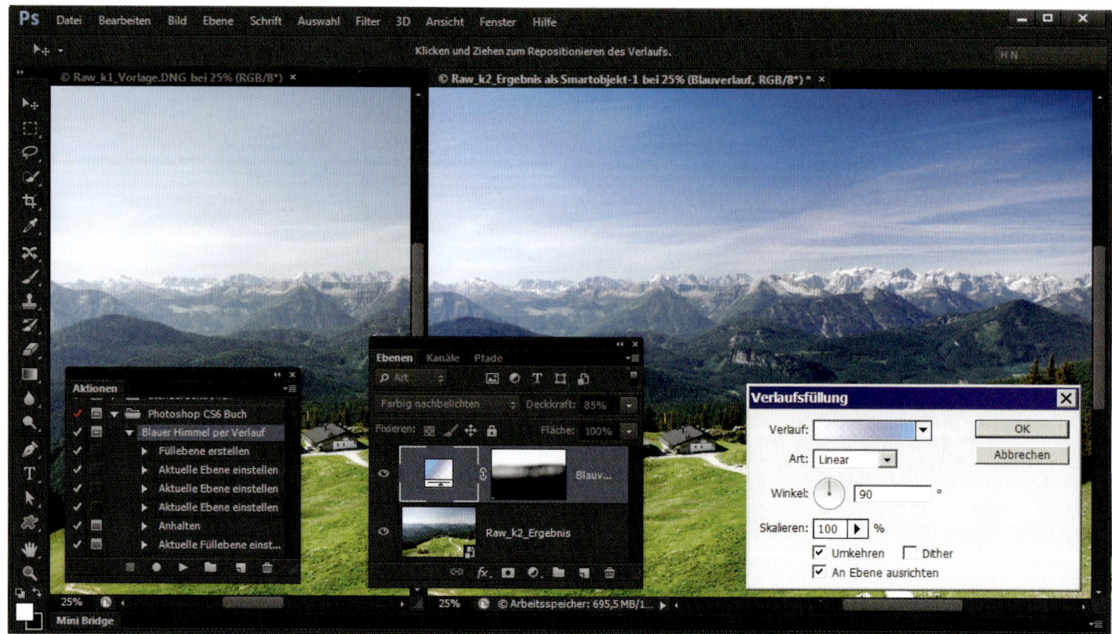

Abbildung 8.62 Dieser Verlaufsfilter entstand direkt in Photoshop – eine Verlaufsfüllebene von Blau nach Transparenz mit dem Mischmodus »Farbig nachbelichten«. Vorteile: Sie können den Verlauf viel genauer definieren, per Ebenenmaske können Sie Bilddetails aussparen, Sie können weitere Kontrastkorrekturen auf den Bereich mit Verlauf anwenden und mit Mischmodi experimentieren. Per Doppelklick auf die Raw-Miniatur landen Sie wieder im Raw-Dialog mit allen Raw-Optionen. Die mitgelieferte Datei »Blauer Himmel per Verlauf.tif« enthält den Verlauf zum Herüberziehen. Auch die mitgelieferte Aktion »Blauer Himmel mit Verlauf« erzeugt den Verlauf. Dateien: Raw_k

Das Verfahren hat jedoch Schwächen:

- Die Randpräzision des Anpassungspinsels, mit oder ohne Automatisch Maskieren, ist nie so gut wie direkt in Photoshop die Schnellauswahl plus **Kante verbessern** plus Masken-Bedienfeld. Schlimmer noch:
- Die Intensität des Verlaufsfilters ändert sich ja über die Strecke, während der Korrekturpinsel unabhängig von der Position im Bild immer gleich wirkt. In unserem Beispiel sollten Sie also nur am Anfang des Verlaufs mit plus 2 arbeiten; weiter unten senken Sie die Belichtung oder die Dichte (bequem mit den Zifferntasten).

Alles in allem: Der Korrekturpinsel kann gegensteuern und die Wirkung des Verlaufsfilters örtlich diffus schwächen. Wollen Sie aber Bildteile sehr präzise vom Verlauf aussparen, arbeiten Sie besser direkt in Photoshop. In einigen Fällen hilft es, im Raw-Dialog mehrere gedrehte Verlaufsfilter anzulegen, die aus verschiedenen Richtungen auf das »Hindernis« zulaufen.

Kapitel 9
Öffnen & Speichern

Photoshop und Bridge bieten vielfältige Möglichkeiten zum Neuanlegen, Öffnen und Speichern von Dateien.

9.1 Bilder laden und neu anlegen

Der Befehl **Datei: Neu** (Strg+N, am Mac wie immer ⌘+N) erzeugt eine leere Bilddatei, die Sie beliebig füllen. Die Schaltfläche VORGABE SPEICHERN verewigt weitere Idealmaße im Klappmenü. Im Bereich ERWEITERT nennen Sie bei Bedarf ein Farbprofil, das PIXEL-SEITENVERHÄLTNIS steht für übliche Bilddateien auf QUADRATISCH.

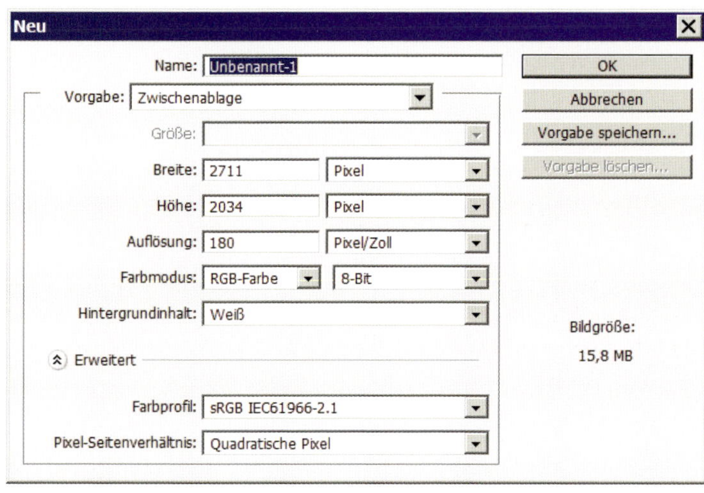

Abbildung 9.1 Beim Anlegen einer neuen, leeren Datei entscheiden Sie über Pixelzahl, Farbe und Farbmodus. Nützliche Einstellungen können Sie speichern und über das Klappmenü abrufen.

9.1.1 Bilddateimaße übernehmen

Legen Sie mit dem **Neu**-Dialog Dateien an, die exakt die Werte vorhandener Bilder oder der Zwischenablage übernehmen:

- Wählen Sie den Namen einer offenen Datei bei geöffnetem Neu-Dialog unten im Vorgabe-Klappmenü. Photoshop übernimmt die Werte in den Neu-Dialog.
- Haben Sie einen Bildteil in die Zwischenablage kopiert, dann zeigt der Neu-Dialog die dazu passenden Größenmaße und den passenden Farbmodus. Das Vorgabe-Menü bietet sofort explizit die Daten der Zwischenablage an.

Sie ignorieren die Werte aus der Zwischenablage, indem Sie den Befehl **Neu** bei gedrückter [Alt]-Taste anklicken. Photoshop greift nun auf die zuletzt verwendeten Werte zurück. Drücken Sie wie üblich die [Alt]-Taste, damit der Neu-Dialog die Schaltfläche Zurück zeigt; damit setzen Sie nach Änderungen das Dialogfeld auf den Wert direkt nach dem Aufruf des Befehls zurück.

Tipp Auch so gelangen Sie schnell zu einem neuen Bild auf Basis eines vorhandenen: Duplizieren Sie das geöffnete Foto per **Bild: Duplizieren** oder mit der Schaltfläche Erstellt ein neues Dokument aus dem Protokoll-Bedienfeld. Die Tastenfolge [D], [Strg]+[←] füllt das duplizierte Foto mit Weiß. Sehr bequem mit Tastenkürzeln duplizieren Sie Einzelbilder oder ganze Serien in Bridge, auch innerhalb eines Ordners mit automatischer Umbenennung (Seite 154).

Website Unsere Aktionensammlung »Photoshop CS6 Buch« dupliziert die aktuelle Datei: Starten Sie die Aktion »Duplizieren, weiß füllen«; das Duplikat besteht aus einer weißen Hintergrund-Ebene. Die Aktion »Duplizieren, Vorlage schließen« dupliziert die aktive Datei und schließt das Original.

9.1.2 Foto-Downloader

Der Foto-Downloader überträgt Bilder und Videos von der Speicherkarte auf die Festplatte. Sie können die Werke umbenennen, auf Unterverzeichnisse verteilen, mit IPTC-Daten spicken, in DNG umwandeln und von der Speicherkarte löschen.

Wählen Sie in Bridge **Datei: Bilder von Kamera abrufen** oder klicken Sie auf die gleichnamige Schaltfläche. Die Übertragung startet generell nicht automatisch, Sie klicken stets erst auf Mediendateien laden.

»Erweitertes Dialogfeld«

In der schmalen, hochformatigen Standard-Ausgabe des Foto-Downloaders überträgt Photoshop auf jeden Fall ausnahmslos sämtliche Bilder, dabei stehen die wichtigsten Optionen zur Verfügung. Klicken Sie auf Erweitertes Dialogfeld, sehen Sie Miniaturen und zusätzliche Optionen.

Mit dem Kästchen ☑ unter jeder Datei wählen Sie ein Bild für die Übertragung aus - oder schließen es davon aus. Sie können auch Alle aktivieren ([Strg]+[A]) oder Alle deaktivieren ([Strg]+[⇧]+[A]).

Alternativ: Rahmen Sie mehrere Miniaturen mit gedrückter Maustaste oder per [⇧]+Pfeiltasten ein, so dass sie mit blauem Rahmen erscheinen. Dann klicken Sie das Kästchen ☑ unter einem Bild an - alle anderen blau gerahmten Fotos ändern sich mit.

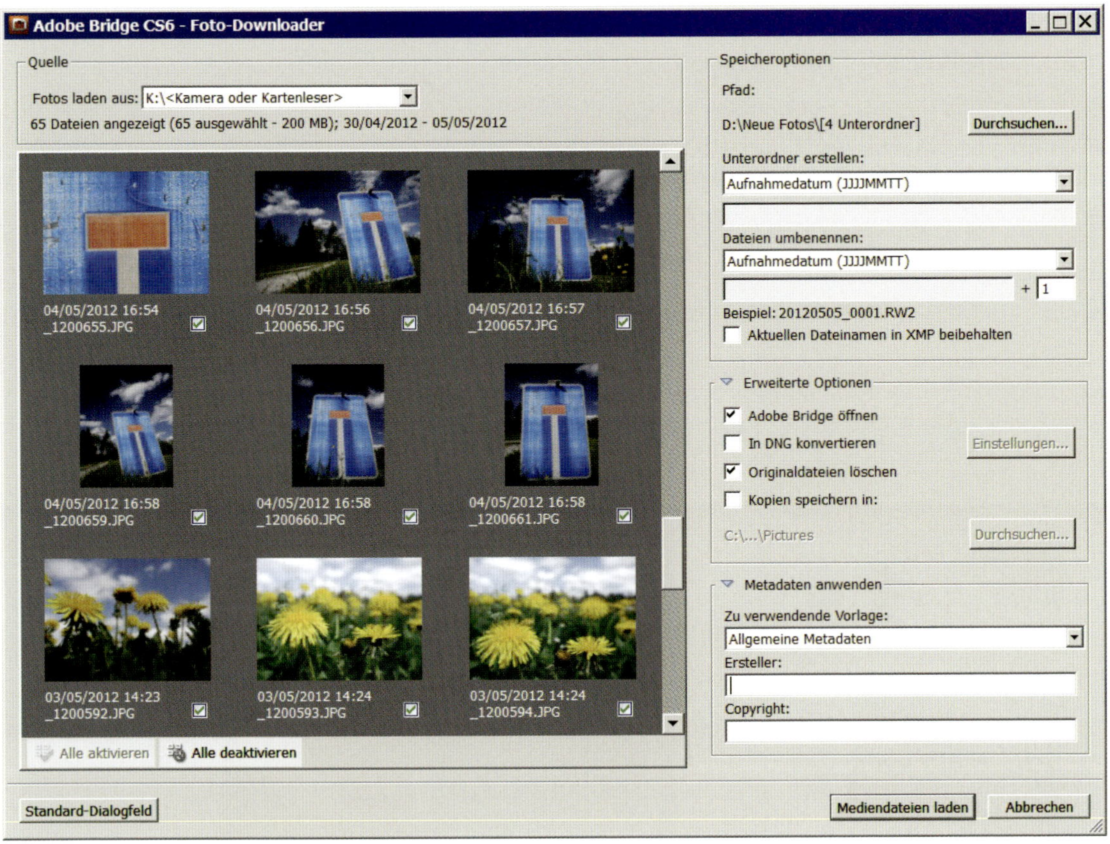

Abbildung 9.2 In der »erweiterten« Variante zeigt der Foto-Downloader Bildminiaturen und zusätzliche Optionen an.

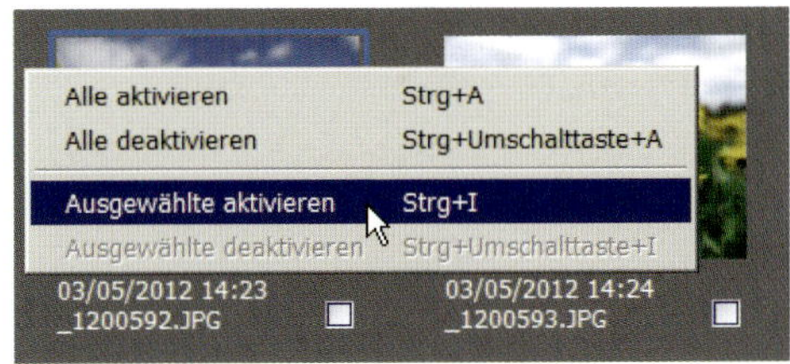

Abbildung 9.3 Zuvor ausgewählte Bilder wählen Sie auch per Kontextmenü oder Tastaturkürzel für die Übertragung aus.

Optionen

Die wichtigsten Optionen:

- Legen Sie einen Zielordner fest und lassen Sie wahlweise noch Unterordner nach Aufnahmedatum erstellen.
- Benennen Sie die Dateien um, zum Beispiel beginnend mit dem Aufnahmedatum. Reichen Ihnen die Möglichkeiten nicht, nutzen Sie die aufwändigere **Stapel-Umbenennung** aus Bridge (Seite 162).
- In DNG konvertieren empfiehlt sich für Raw-Dateien wie CR2 oder NEF aus mehreren Gründen (Seite 212).

Metadaten

Das Metadaten-Klappmenü bietet drei Möglichkeiten:

- Die Vorgabe OHNE schreibt keinerlei Metadaten (also IPTC-Textnotizen) ins Bild.
- Wählen Sie ALLGEMEINE METADATEN und füllen Sie die Felder für ERSTELLER und COPYRIGHT frei aus - jedes Bild enthält dieselbe Information in den entsprechenden IPTC-Feldern.
- Oder wählen Sie eine komplette, gespeicherte IPTC-Metadatenvorlage aus, die Sie in alle Bilder schreiben - also eine Zusammenstellung von Ortsangaben, Schlüsselwörtern und so weiter (Seite 186).

9.1.3 »Fotos freistellen und gerade ausrichten«

Legen Sie mehrere Fotos gleichzeitig auf den Flachbettscanner, um sie zunächst in eine einzige große Datei einzuscannen. Der Photoshop-Befehl **Datei: Automatisieren: Fotos freistellen und gerade ausrichten** trennt Einzelbilder automatisch aus der Sammeldatei heraus und dreht schräg gescannte Motive gerade - und das ganz ohne Dialogfeld.

Abbildung 9.4 **Links:** Wir haben mehrere Papierbilder gemeinsam eingescannt. **Rechts:** Der Befehl »Fotos freistellen und gerade ausrichten« trennt die Einzelbilder aus dem Gesamtscan heraus und richtet sie gerade aus. Vorlage: Fotosfreistellen

Richtig scannen

Der Hintergrund muss sich deutlich von den gescannten Fotos abheben. Bei sehr hellen Zonen am Bildrand verwischt vielleicht der Übergang zur weißen Unterseite des Scannerdeckels: Dann erkennt Photoshop möglicherweise keine Einzelbilder mehr. Decken Sie also Fotos mit sehr hellen Randbereichen dunkel ab.

Die Fotos sollten zudem sehr glatt aufliegen. Sonst entstehen im Scan diffuse Bildränder, die Photoshop dem Bildinhalt zuschlägt. Presst der Scannerdeckel die Bilder nicht plan aufs Scannerglas, nehmen Sie eine Glasscheibe oder eine andere robuste, einfarbige Platte. Damit werden Ihre Bilder eventuell besser angedrückt. Oder beschweren Sie einen schwarzen Fotokarton flächig mit Büchern.

Allerdings: Auch in längeren Tests bekamen wir das Problem nicht vollends in den Griff. Photoshop trennt und dreht die Bilder zwar stets präzise. Unter Umständen bleibt jedoch ein hauchdünner heller Rand an einzelnen Bildkanten zurück, den Sie von Hand wegschneiden müssen.

Website Im Aktionsset »Photoshop CS6 Buch« finden Sie die Befehlsreihen »Fotos zuschneiden und gerade ausrichten - speichern und schließen« sowie »Fotos zuschneiden und gerade ausrichten - speichern«. Die Aktionen speichern die neuen Dateien, die mit dem Befehl **Fotos zuschneiden und gerade ausrichten** entstehen, sofort auf der Festplatte. Testen Sie die Aktionen zum Beispiel mit der Bilddatei »Fotosfreistellen« aus dem »Praxis«-Ordner.

9.2 Bilddateien öffnen

Wenn Sie das schnelle Öffnen beherrschen, läuft alles flotter. Bequem geht es per Bridge, Mini Bridge oder mit anderen Dateiverwaltern, unbequem wirkt der Befehl **Datei: Öffnen**.

Achtung Sie ziehen eine Bilddatei aus dem Explorer, Finder, aus Bridge, Mini Bridge oder einer anderen Bildverwaltung auf die Photoshop-Arbeitsfläche? Hatten Sie in Photoshop schon ein Foto geöffnet, erscheint die zweite Datei nicht als weitere, unabhängige Datei; sie landet vielmehr »platziert« als Montageebene im schon vorhandenen Bild. Dieses Verhalten gibt es erstmals mit Photoshop CS5. Um die zweite Datei nicht als Montage-Ebene, sondern als eigene Datei zu öffnen, ziehen Sie das Bild auf die Bedienfelder oder Menüs von Photoshop.

9.2.1 »Öffnen«

Das Dialogfeld zum Befehl **Datei: Öffnen** (Strg+O) erhalten Sie unter Windows auch per Doppelklick auf die leere Photoshop-Arbeitsfläche (nicht auf den äußeren leeren Bereich eines Dokumentfensters). Markieren Sie im **Öffnen**-Dialog bei Bedarf mehrere Bilder mit gedrückter ⇧- oder Strg-Taste.

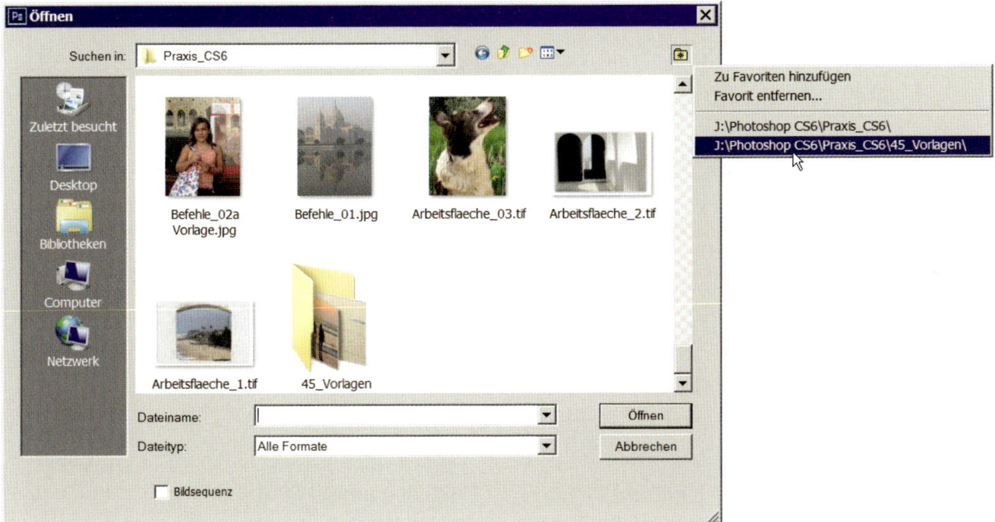

Abbildung 9.5 Speichern und laden Sie im **Öffnen**-Dialog spezielle Verzeichnisse als »Favoriten«. Diese Liste hat nichts mit den Favoriten von Bridge oder Windows zu tun.

»Letzte Dateien öffnen«

Der Photoshop-Befehl **Datei: Letzte Dateien öffnen** listet bis zu 30 Bilder auf. Wie viele Dateien Photoshop hier nennt, steuern Sie in den **Voreinstellungen** (Strg+K) im Bereich DATEIHANDHABUNG.

Auch Bridge und Mini Bridge bieten Ihre letzten Dateien bequem an:

- Klicken Sie in Bridge auf Letzte Datei anzeigen oder zu letztem Ordner wechseln und nehmen Sie **Alle zuletzt verwendeten Dateien anzeigen**. Sie sehen die zuletzt genutzten Bilder – aus beliebigen Verzeichnissen.
- Die Bridge-Schaltfläche Letzte Datei öffnen rechts außen in der Pfadleiste bietet an, eine der letzten bis zu 30 Dateien unmittelbar in Photoshop zu öffnen. (Falls die Pfadleiste nicht da ist, wählen Sie **Fenster: Pfadleiste**.)
- In Mini Bridge nutzen Sie das Klappmenü für Letzte Ordner oder Letzte Dateien; eventuell müssen Sie noch via Bedienfeldmenü das Navigationsfenster einblenden.

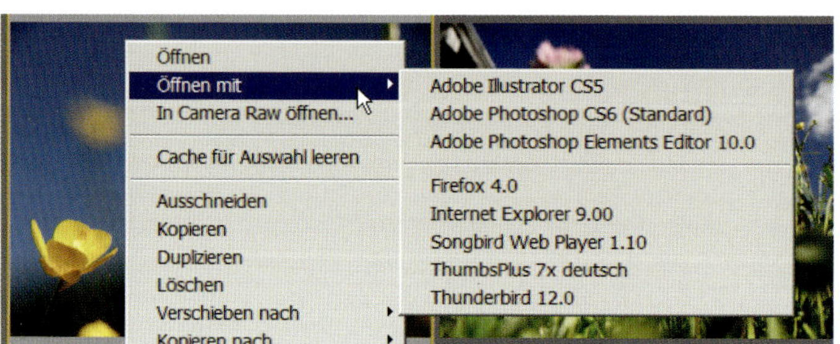

Abbildung 9.6 Reichen Sie Ihre Aufnahmen aus Bridge heraus an andere Programme durch: Klicken Sie mit rechts auf die Bilddatei und dann auf **Öffnen mit**. Hier bietet Bridge Programme an, die sich für den Dateityp eignen – sie müssen nicht vom Photoshop-Hersteller Adobe stammen. Das Programm, das sich direkt per Doppelklick öffnet, gilt als »Standard«, hier ist es Photoshop CS5.

9.2.2 Schnell öffnen mit Bridge, Mini Bridge oder Dateiverwaltung

Bridge, Mini Bridge, der Windows-Explorer, der Mac-Finder oder andere gängige Bildverwalter öffnen Bilder in Photoshop besonders schnell. Es spielt dabei keine Rolle, ob Sie eins der Photoshop-eigenen Programme oder eine andere Dateiverwaltung nutzen.

- Photoshop ist noch geschlossen? Markieren Sie ein Bild oder eine Bildreihe und ziehen Sie alles auf das Photoshop-Programmsymbol – Photoshop startet mit den Bildern.
- Ziehen Sie markierte Bilder auf die Menüleiste, Werkzeugleiste oder Schaltflächenleiste in Photoshop. Sofern gar kein Foto geöffnet ist, ziehen Sie es auf die Arbeitsfläche. Ist ein Dialogfeld wie **Bildgröße** offen, erscheinen die zu ladenden Bilder erst nach Schließen des Dialogs.
- Ziehen Sie Bilder auf den Photoshop-Balken unten in der Windows-Task-Leiste und warten Sie einen Moment: Das Photoshop-Fenster wird geöffnet, dann lassen Sie die Dateien über der Photoshop-Menü- oder Werkzeugleiste los.
- Sofern Sie Dateiformate mit Photoshop verknüpft haben, klicken Sie im Explorer doppelt auf eine solche Datei: Photoshop wird – falls noch nicht geschehen – starten und das entsprechende Bild öffnen. Verwenden Sie im Explorer auch das Rechtsklick-Untermenü **Öffnen mit**.

Besonderheiten bei Bridge und Mini Bridge

Nach Doppelklick auf eine Miniatur öffnen Bridge und Mini Bridge die meisten Bilddateien direkt in Photoshop oder im Raw-Dialog. Andere Dateien – etwa Texte, Layouts oder Grafiken – erscheinen ebenfalls direkt im passenden Programm. Um mehrere Bilder gleichzeitig zu öffnen, markieren Sie die Exponate zum Beispiel bei gedrückter [Strg]-Taste, dann drücken Sie die [↵].

Tipp Sie wollen ein Foto in Bridge oder Mini Bridge nur kurz vergrößert sehen, aber nicht unbedingt bearbeiten. Klicken Sie die Datei einmal an und drücken Sie die [Leertaste]. Mit Mausklicks ins Bild ändern Sie die Zoomstufe.

Abbildung 9.7 Bargeldlos: Geldscheine zeigt der aktuelle Photoshop nicht an. Im Test sperrte sich das Programm sogar gegen diesen mangelhaften Scan. Die Bargeldwarnung führt ins Internet und zur Europäischen Zentralbank; die verspricht, dass professionelle Anwender druckbare, hoch auflösende Dateien von Euro-Noten erhalten. Dort stehen auch niedrig aufgelöste Geldscheine und höher aufgelöste Repros von Euro-Münzen parat. Bridge, Mini Bridge und andere Programme zeigen Bares indes ungerührt. Datei: Geld

9.3 Speichern

Beim Speichern wählen Sie nicht nur Dateiformat und Dateiname aus, Photoshop bietet zahlreiche weitere Optionen.

9.3.1 »Bildvorschau«

Innerhalb der Bilddatei können Sie eine kleine Vorschau speichern, die »Bildvorschau«. Nützlich ist diese Vorschau für einige Bilddatenbanken wie auch für den Datei-Explorer von Windows – dort erscheinen Photoshop-Montagedateien sonst nur als Symbol. Die eingebaute »Bildvorschau« vergrößert die Datei um vier Kbyte. Nach meiner Erfahrung bringt sie keine Probleme, sondern nur Vorteile bei der Bildanzeige in anderen Programmen.

Mit dem Befehl **Bearbeiten: Voreinstellungen: Dateihandhabung** steuern Sie die Bildvorschau (am Mac wie stets **Photoshop: Voreinstellungen**). Im Klappmenü wählen Sie aus, ob ein Vorschaubild Nie, Immer oder nur auf Anfrage gespeichert werden soll.

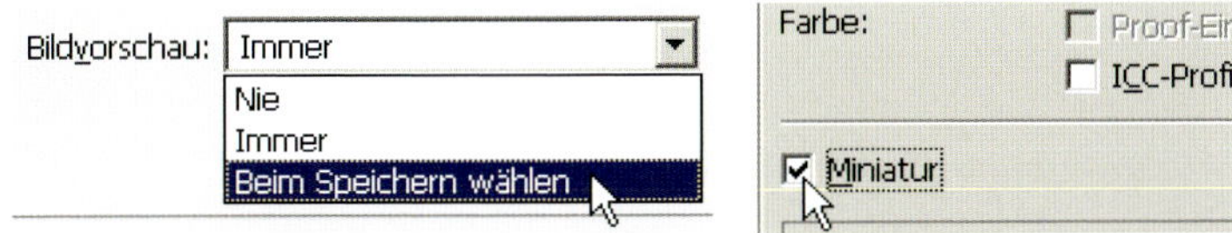

Abbildung 9.8 **Links:** In den »Voreinstellungen« bestimmen Sie, ob Photoshop innerhalb der Dateien noch eine schnelle Vorschauversion des Gesamtbilds anlegt. Rechts: Sofern Sie »Beim Speichern wählen«, bietet Photoshop die »Miniatur«-Option im »Speichern unter«-Dialog.

»Beim Speichern wählen«

Mit der Vorgabe Beim Speichern wählen zeigt Photoshop im Dialogfeld **Speichern unter** eine zusätzliche Option namens Miniatur an. Allerdings nehmen anders als am Mac unter Windows nicht alle Dateiformate eine solche Vorschau auf – so sperren sich etwa Scitex, PNG, RAW, Targa, Pixar, Pict, PCX und BMP. In Frage kommen aber viel genutzte Formate wie Photoshop-PSD, PDF, TIFF und JPEG.

9.3.2 Befehle im Überblick: Dateiverwaltung in Photoshop

Taste/Feld	Zusatztasten	Aktion	Ergebnis
Strg+N (für New)			Neue Datei anlegen, ggf. Werte aus Zwischenablage übernehmen
Strg+N	Alt		Neue Datei anlegen, Werte aus Zwischenablage ignorieren
Strg+O (für Open)			**Datei: Öffnen**
Strg+W			**Datei: Schließen**
Strg+S (für Save)			**Datei: Speichern**
Strg+S	⇧		**Datei: Speichern unter**
Strg+S	Alt+⇧		**Datei: Für Web speichern**
(Bridge, Mini Bridge)			**Letzte Dateien anzeigen in Bridge bzw. Mini Bridge auflisten**
(Bridge)			**Letzte Dateien in Photoshop öffnen**

9.3.3 »Speichern« und »Speichern unter«

Haben Sie die aktuelle Datei so verändert, dass sich das zuletzt verwendete Dateiformat nicht mehr eignet, erlaubt Photoshop das schnelle **Speichern** per Strg+S nicht mehr. Ein Beispiel: Sie öffnen eine JPEG-Datei und fügen eine neue Ebene an. Weil JPEG keine Ebenen unterstützt, können Sie das Bild nicht einfach schnell **Speichern**.

Stattdessen öffnet der **Speichern**-Befehl hier das Dialogfeld des Befehls **Speichern unter** und schlägt das Photoshop-Dateiformat PSD vor, das auch Ebenen verkraftet. Alternativ können Sie jedoch von Hand wieder das JPEG-Format wählen; dabei speichern Sie jedoch zwangsläufig Als Kopie.

»Speichern unter«

Mit dem Befehl **Datei: Speichern unter** (Strg+⇧+S) ändern Sie viele Eigenschaften des Bilds, nicht nur Dateiname oder Dateiformat. Sie verbannen wahlweise auch Ebenen, Farbprofile oder Alphakanäle.

Klicken Sie im Dialogfeld **Speichern unter** auf OK, dann erscheinen die Optionen zum gewählten Format, etwa die TIFF- oder JPEG-Optionen. So wechseln Sie mit dem Befehl **Speichern unter** nicht nur vom TIFF- zum Photoshop-Format, sondern auch von unkomprimiertem TIFF zu TIFF mit LZW-Verdichtung.

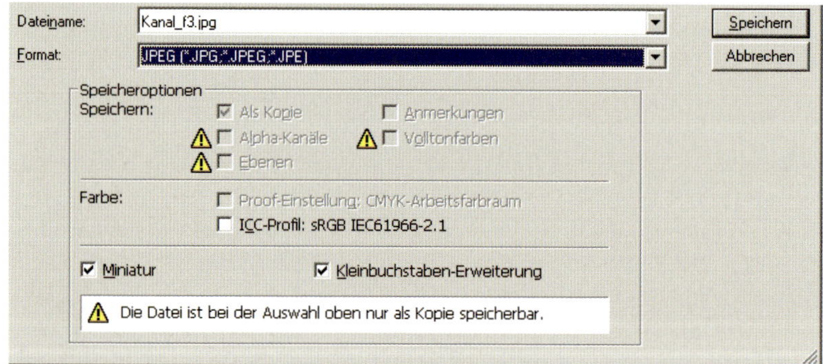

Abbildung 9.9 Die Datei »Kanal_f3.tif« hat einen Alphakanal, einen Volltonfarbkanal und Ebenen. Wir geben im Dialog »Speichern unter« das JPEG-Dateiformat vor, das solche Eigenschaften nicht aufnimmt. Photoshop signalisiert: Ebenen, Alphakanal und Volltonfarbenkanal werden hier nicht mit gespeichert. Sie müssen die Option »Als Kopie« verwenden.

Dateieigenschaften ausschließen

Sie können Dateieigenschaften wie Anmerkungen, ICC-Profil oder Volltonfarben mitspeichern oder bewusst verbannen. Aber wohlgemerkt: Sie schließen vielleicht Ebenen, Alphakanäle und Anmerkungen aus – aber nur für die Datei, die Sie soeben auf die Festplatte schreiben. Die Datei, die auf dem Bildschirm bleibt, enthält weiterhin alle diese Ebenen und Alphakanäle. Sie können also die Grafik später immer noch mit diesen Bildeigenschaften speichern.

Die wichtigsten Möglichkeiten:

- Wenn Sie Ebenen abwählen, verschmilzt Photoshop alle sichtbaren Ebenen in der auf Platte gespeicherten Datei zu einer einzigen Pixelfläche.
- Entfernen Sie das Häkchen neben Alphakanäle, um Alphakanäle herauszulöschen. Das spart Speicherplatz und verhindert Probleme in anderen Programmen, zum Beispiel auch in Layoutprogrammen.

Unter Umständen zwingt Photoshop Sie, das Bild mit der Option Als Kopie (nächster Absatz) zu speichern:

- Sie wählen ein vorhandenes Merkmal ab, beispielsweise Ebenen oder Alphakanäle.
- Sie wählen ein Dateiformat, das bestimmte Eigenschaften nicht aufnehmen kann. Zum Beispiel wollen Sie eine Montage mit Ebenen im JPEG-Format sichern. Ebenen verschmelzen also in der entstehenden JPEG-Datei zu einer Hintergrund-Ebene.

Tipp Im Klappmenü Format listet Photoshop zahllose Dateiformate auf. Um besonders schnell das gewünschte Format zu erhalten, klicken Sie in das Menü und tippen [J] ein, um zum »JPEG«-Eintrag zu gelangen. Tippen Sie unter Windows mehrfach [P], um hintereinander Angebote wie Photoshop, Pict und PCX zu erhalten.

Die Option »Als Kopie«

Der Standardbefehl **Speichern unter** funktioniert so: Sie speichern Datei A unter dem Namen B und fortan bearbeiten Sie Datei B, während Dokument A unberührt auf der Festplatte schlummert.

Machen Sie allerdings Ihr Kreuz neben der Option Als Kopie, funktioniert Photoshop anders: Nun legen Sie die Datei A in einer Variation B ab – um dann weiter an Datei A zu arbeiten.

Mögliche Verwendung: Sie sitzen an einer Fotomontage »A« mit Ebenen und Alphakanälen im TIFF-Dateiformat. Den aktuellen Schaffensstand wollen Sie schnell als lesbare, kleine JPEG-Datei an Kollegen schicken. Speichern Sie Als Kopie mit dem JPEG-Dateiformat unter dem Namen »B« und verschicken Sie das Bild. Auf dem Monitor haben Sie aber immer noch die Datei »A«. Wenn Sie mit [Strg]+[S] zwischensichern, wird die PSD-Datei »A« aktualisiert.

Und wie oben erwähnt: Photoshop zwingt Sie zur Option Als Kopie, wenn das gewählte Dateiformat nicht alle Eigenschaften der aktuellen Datei unterstützt oder wenn Sie ein vorhandenes Merkmal wie Ebenen abwählen.

»'Speichern unter' in ursprünglichem Ordner«

Die Option »Speichern unter« in ursprünglichem Ordner ist im Bereich **Voreinstellungen: Dateihandhabung** zunächst aktiviert. Sobald Sie **Speichern unter** wählen, bietet Photoshop zunächst den ursprünglichen Ordner der Datei an. Wählen Sie die Option ab, bietet Photoshop stattdessen den zuletzt verwendeten Ordner an.

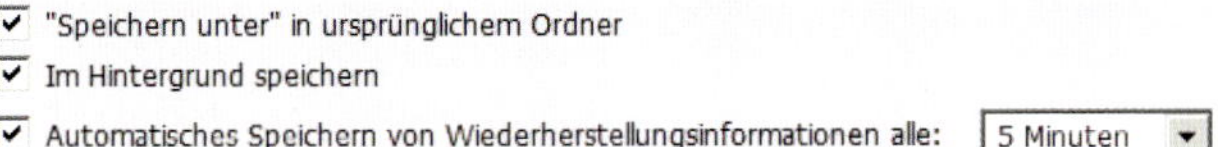

Abbildung 9.10 Im Bereich »Voreinstellungen: Dateihandhabung« entscheiden Sie über Sicherheitskopien und Hintergrundspeichern.

Das ist hilfreich, wenn Bilder in einem neuen, einheitlichen Ordner und nicht im Ursprungsordner gesichert werden sollen. Man muss nicht mehr bei jeder einzelnen Datei zum geplanten Zielordner navigieren.

»Im Hintergrund speichern«

Photoshop CS6 sichert Bilder im Hintergrund, der Speicherprogramm blockiert das Programm nicht. Noch während Photoshop Ihre Arbeit auf Festplatte sichert, kann man im Bild weiterretuschieren oder zu anderen Fotos wechseln. Auf älteren Rechnern verursacht die Hintergrundspeicherung eventuell Geschwindigkeits- oder andere Probleme zumindest bei extrem großen Dateien, darum lässt sie sich per **Voreinstellungen: Dateihandhabung** abschalten.

»Automatisches Speichern«

Photoshop CS6 legt im Hintergrund Sicherheitskopien an. Stürzt das Programm ab, präsentiert Photoshop die Bilder beim nächsten Programmstart automatisch. Die Sicherheitskopie wird je nach Vorgabe alle fünf bis 60 Minuten aktualisiert - nutzen Sie die Option Automatisches Speichern von Wiederherstellungsinformationen per **Voreinstellungen: Dateihandhabung**. Die Sicherungsdatei enthält nur den letzten gespeicherten Zustand des Bilds, keine anderen Varianten.

Photoshop erzeugt die Sicherheitskopien in den »Arbeitsvolumes« (Seite 72). Sollten diese Festplattenbereiche voll sein, entstehen keine Sicherheitskopien.

9.4 Dateiformate allgemein

Sie wechseln das Dateiformat in Photoshop per **Datei: Speichern unter** oder auch mit Stapelverarbeitungsbefehlen wie dem **Bildprozessor**. Die Ursprungsdatei wird dadurch nicht überschrieben, sondern Sie haben das Bild hinterher in zwei Dateiformaten vorliegen.

Welches Dateiformat ist ideal? Das hängt von Ihren Kriterien ab:

- Plattenspeicher und Übertragungszeit sparen
- Schnelles Öffnen und Speichern
- Verwendung auf Webseiten und in E-Mails
- Verwendung mit DTP-Programmen, anderen Betriebssystemen oder Dienstleistern
- Verwendung von Ebenen, Alphakanälen etc.

Besprechen wir hier die wichtigsten Eckpunkte zu Dateiformaten. Details zu allen wichtigen Dateiformaten finden Sie ab Seite 990.

Achtung Photoshop reizt manche Dateiformate weit aus, andere Pixelprogramme erkennen nicht alle Spezialitäten. Haben Sie also etwa eine TIFF-Datei mit mehreren Alphakanälen, Ebenen, Pfaden plus Dateiinformation und JPEG-Komprimierung, dann kann es nach dem Bearbeiten in einem anderen Programm passieren, dass nur ein Alphakanal übrig bleibt und gar kein Pfad. Eventuell wird eine solche Datei von anderen Programmen falsch oder gar nicht angezeigt.

Dateigrößen

Wie viel Kbyte Arbeitsspeicher benötigt eine übliche Bilddatei? Diese Antwort fällt leicht: Pixel hoch mal Pixel quer mal Farbtiefe in Byte (Seite 264).

Und wie viel Platz braucht dieselbe Datei auf der Festplatte und damit auch für den Weg durchs worldweite Web? Diese Antwort ist nicht so einfach. Der Festplattenbedarf hängt stark vom Dateiformat und von den jeweiligen Optionen ab – vor allem von den Vorgaben für die Komprimierung. Unabhängig davon, ob Sie ein komprimierendes Format verwenden oder nicht – zusätzliche Alphakanäle, Ebenen oder Ebenenmasken kosten stets viel Arbeitsspeicher und Festplatte.

Tipp Wollen Sie ganze Bildreihen in die Formate TIFF, JPEG oder PSD umwandeln, nehmen Sie den Photoshop-Befehl **Datei: Skripten: Bildprozessor** (Seite 112) oder in Bridge den Raw-Dialog (Seite 204) oder die Exportieren-Funktion (Seite 156).

Datenkomprimierung

Manche Dateitypen wie TIFF unkomprimiert oder BMP speichern die Bildpunkte einfach 1:1 ab und belegen damit auf der Festplatte etwa so viel Mbyte wie im Arbeitsspeicher. Andere Formate verwenden verschiedene Formen der Datenkomprimierung:

- TIFF-LZW, Photoshop, GIF, DNG verlustfrei und weitere Kandidaten zum Beispiel mit sogenannter ZIP- oder RLE-Komprimierung verdichten verlustfrei. Sie benötigen auf Festplatte weniger Speicherplatz als im Arbeitsspeicher: Einheitliche Farbflächen werden zusammengefasst zu wenigen Bytes, welche die komplette Fläche repräsentieren. Dieses Verfahren spart bei üblichen Fotos rund 20 bis 40 Prozent Speicherplatz und damit Übertragungszeit; es kostet jedoch beim Öffnen und Sichern zusätzliche Zeit. Irgendein Qualitätsverlust entsteht nicht, Sie erhalten Ihr Bild Pixel für Pixel unverändert zurück.
- Die stark komprimierende, meist nicht verlustfreie JPEG-Komprimierung entfernt Bilddetails zugunsten höchster Verdichtungsraten auf der Festplatte. Beim Öffnen werden die Verluste durch Mittelwertbildung wieder hereingerechnet. Photoshop bietet Datenverdichtung nach dem JPEG-Verfahren nicht nur für das JPEG-Dateiformat, sondern auch für TIFF, EPS, DCS und PDF. DNG bietet wahlweise eine VERLUSTREICHE Komprimierung.

Sie steuern die Komprimierung in den Optionen, die nach dem OK-Klick im Dialogfeld **Speichern unter** erscheinen. GIF, DNG verlustfrei und Photoshop-PSD komprimieren meist automatisch.

Nicht jedes Dateiformat für jeden Bildtyp

Photoshop bietet im Klappmenü des Dialogs **Speichern unter** nicht immer sofort alle Dateitypen an:

- Haben Sie ein 8-Bit-Bild im Modus INDIZIERTE FARBEN (also mit maximal 256 Farben), wird JPEG nicht angeboten. Verwenden Sie zunächst den Befehl **Bild: Modus: RGB-Farbe**.
- Fügen Sie in ein JPEG- oder BMP-Bild eine Ebene ein, so bietet Photoshop zuerst einmal das Photoshop-Dateiformat PSD an. Denn im Gegensatz zu JPEG oder BMP unterstützt das Photoshop-Format Ebenen. Sie können dann von Hand zu einem anderen Format wechseln – auch zu Formaten, die Ebenen nicht unterstützen. Photoshop zeigt eine Warnung, wenn Sie die Datei endgültig schließen, ohne sie mit einem ebenenverträglichen Format wie Photoshop-PSD oder TIFF zu sichern.

9.4.1 Überblick: die wichtigsten Dateiformate

Im normalen Gebrauch reichen meist wenige Dokumenttypen – DNG, JPEG, TIFF und PDF, eventuell noch Photoshop und EPS. Alle Details zu BMP, TGA, EPS und Co. finden Sie im »Service«-Teil, alle JPEG-Hintergründe ab Seite 256, eine Besprechung montage-tauglicher Formate ab Seite 658.

Die folgende Zusammenfassung reicht für den Alltag:

- Das JPEG-Dateiformat bietet hochwirksame Datenkomprimierung bei kalkulierbarem Detailverlust. Es wird von den meisten Digitalkameras geschrieben und lässt sich mit jedem Webbrowser und vielen DVD-Playern betrachten. Empfehlungen: Die Qualitätsstufe 9 spart kräftig Speicherplatz und reduziert die Bildqualität sehr maßvoll – es fällt am Monitor nur bei Zoomstufen über 100 Prozent und im Druck überhaupt nicht auf. Die Stufe 5 schrumpft JPEGs bei erträglichem Qualitätsverlust viel kraftvoller – nützlich für WWW-Veröffentlichungen.
- Raw-Dateiformate konservieren die Aufnahme Ihrer Digitalkamera naturbelassen wie vom Chip, sie bieten mehr Qualitätsreserven als übliche JPEG-Dateien. Am besten verlustfrei als DNG speichern.
- Das Photoshop-Dateiformat PSD verwenden Sie für Montagen, Spezialfälle und für den vielseitigen Export in andere Programme des Photoshop-Herstellers Adobe, etwa Illustrator, InDesign oder GoLive; Photoshop-Ebenen, Effekte, Überblendtechniken und andere Spezialitäten werden teilweise übernommen. Alternativen: TIFF und PDF.
- TIFF erlaubt universelles Speichern, Austausch mit anderen Programmen und Rechnerwelten und verlustfreie Komprimierung; es eignet sich gut, um Freisteller in Office-Programmen wie Word oder PowerPoint zu platzieren (Details ab Seite 990).
- TIFF, PDF und EPS sind unerlässlich für die professionelle Druckvorstufe. Stimmen Sie die Optionen mit Ihrem Druckbetrieb ab.

Tabelle: Dateiformate

Für die folgende Tabelle wird die Datei »Format-Test.tif« von der Website zum Buch mit 1536x1024 Punkten in den wichtigsten Dateiformaten gespeichert. Die Vorlage besteht aus einer reinen Hintergrund-Ebene ohne zusätzliche Montageebenen, Alphakanäle, Pfade oder andere Zutaten. Als RGB-Datei mit 3x8 Bit Farbtiefe beansprucht die Testdatei mit ihren 1,59 Megapixel rund 4,7 Mbyte Arbeitsspeicher; als Graustufendatei verlangt sie nur einen einzigen 8-Bit-Kanal, also 1,59 Mbyte Arbeitsspeicher. Druckgröße bei 300 dpi: 13x8,7 cm.

Dateiformat	Erweiterung	Komprimierung	Gesamtgröße in Mbyte	Anmerkung	Zweck
Photoshop	PSD	Immer, ohne Verlust	4,61		Nutzung aller Funktionen
JPEG, Baseline Standard, Qualitätsstufen 9 bzw. 5	JPEG	Immer, mit Verlust	0,52 bzw. 0,22	RGB, CMYK, Graustufen, keine Alphakanäle	Speicherplatz sparen, WWW-Design
Tagged Image File Format (TIFF) ohne/mit LZW-Komprimierung	TIF	Wahlweise, für wichtige Bestandteile immer verlustfrei; bei Ebenen Vorschau der Gesamtansicht (»Composite«, Bereich »Bildkomprimierung«) wahlweise mit Verlust nach JPEG-Verfahren	4,64/3,68	Viele Farbmodi, Ebenen, Pfade, mehrere Alphakanäle in einer Datei	Nutzung aller Funktionen, Kompatibilität mit anderen Programmen

9.5 Das JPEG-Dateiformat

JPEG ist das universelle Bilddateiformat. Es speichert platzsparend – zwar nicht verlustfrei, aber in kontrollierbar guter Qualität – Fotos im Computer und erscheint problemlos auf Internetseiten, in vielen Programmen, auf Handys und DVD-Spielern. Der weit weniger verbreitete Dateityp JPEG 2000 unterscheidet sich grundlegend vom üblichen JPEG, er ist mit JPEG nicht zu vergleichen.

Abbildung 9.11 **Links:** Die Vorlage hat 346x335 Bildpunkte und verwendet den RGB-Modus bei acht Bit Farbtiefe. Das Bild beansprucht rund 340 Kbyte Arbeitsspeicher, als unkomprimierte TIFF-Datei ohne Ebenen rund 368 Kbyte. Als JPEG mit Stufe 9 sieht es praktisch genauso gut aus und benötigt 85 Kbyte Festplatte. Wir drucken hier mit einer leicht vergröbernden Auflösung von 150 dpi (150 Pixel/Zoll). **Mitte:** Die Verkleinerung auf 10 Kilobyte (also drei Prozent des Arbeitsspeicherbedarfs) mit JPEG-Stufe 0 im Dialog »Für Web speichern« führt zu kleineren Qualitätseinbußen; Photoshop verkleinert das Motiv in seiner nicht vergleichbaren Stufe 0 nur bis auf 54 Kbyte, auch weil mehr Metadaten erhalten bleiben, bei ähnlicher Bildwirkung. **Rechts:** Die Stufe 0 im Programm PhotoImpact 12 liefert dieses Ergebnis. Vorlage: JPEG_a

9.5.1 Übersicht

Die Fotos mit der Endung .jpg verzichten auf perfekte Farbdifferenzierung des Bilds, um Speicherplatz zu sparen. Nur die visuell wichtigeren Helligkeitswerte bleiben voll erhalten. Die Bildprogramme rechnen die weggesparten Farbwerte beim Öffnen der JPEG-Datei per Mittelwertbildung so geschickt wieder ins Werk, dass man im Druck und am Schirm oft nichts von der Verdichtung bemerkt. JPEG reduziert ein 30-Mbyte-Titelbild ohne sichtbaren Qualitätsverlust auf 1 Mbyte.

Der Anwender selbst steuert Dateigröße und Qualität: Je kleiner die Datei, desto deutlicher treten Qualitätsverluste hervor. Dabei hängt der mögliche Komprimierungsfaktor nicht nur von der Pixelzahl ab, sondern auch vom Bildinhalt: Je härter die Kontraste, je schärfer die Details, desto mehr Speicherplatz braucht das Motiv; flächige Hintergründe, diffuse Hauttöne komprimieren viel effektiver. Ein Wolkenhimmel kostet im JPEG-Format weit weniger Speicherplatz bei gleicher Pixelzahl als eine gestochen scharfe Architekturaufnahme oder eine Montage mit Text.

Bilder im JPEG-Dateiformat sind problemlos austauschbar zwischen Mac, Windows und weiteren Rechnerwelten. Sie lassen sich in der Zoomstufe 100 Prozent ohne Weiteres auch mit Internetbrowsern, digitalen Rahmen oder DVD-Playern betrachten, der Empfänger muss kein Bildprogramm haben. Verwenden Sie JPEG für übliche Fotos und Grafiken mit nuancierten Farbübergängen und geglätteten Kanten, nicht aber für Grafiken mit harten Konturen ohne Kantenglättung und mit großen einheitlichen Farbflächen – dort sieht man die Qualitätsverluste besonders deutlich. JPEG-Mängel glätten Sie ein bisschen mit dem Befehl **Rauschen reduzieren** (Seite 410).

Der JPEG-Dateityp macht viel mit, neben dem üblichen 8-Bit-RGB auch CMYK, Pfade, IPTC-Texte und Photoshops XMP-Daten für verlustfrei korrigierte Anzeige nach Bearbeitung im Raw-Dialog. Damit eignet sich JPEG ebenso für den Profialltag. Die wichtigsten Einschränkungen: Alphakanäle, Montageebenen und **16 Bit/Kanal** beherrscht JPEG nicht.

Wohlgemerkt, wir besprechen JPEG hier als Dateiformat. Die JPEG-Komprimierungsmethode verwenden auch andere Dokumenttypen, zum Beispiel PDF, TIFF und EPS.

Tipp Sie können JPEG-Dateien auch in den leistungsfähigen Camera-Raw-Dialog laden, dort verlustfrei korrigieren und wahlweise als neue Variante speichern (Seite 200).

JPEGs speichern

Am vielseitigsten speichert man JPEG-Dateien mit dem Befehl **Datei: Für Web speichern**, Sie sehen mehrere Varianten nebeneinander. Doch auch Photoshops üblicher Befehl **Datei: Speichern unter** zeigt die entstehende Qualität und Dateigröße noch vor dem endgültigen Sichern.

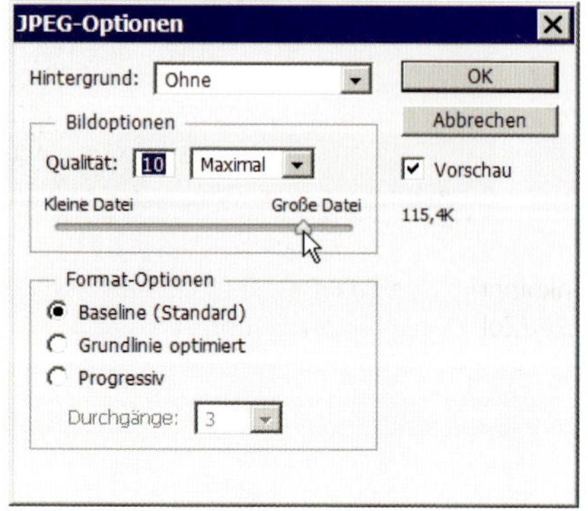

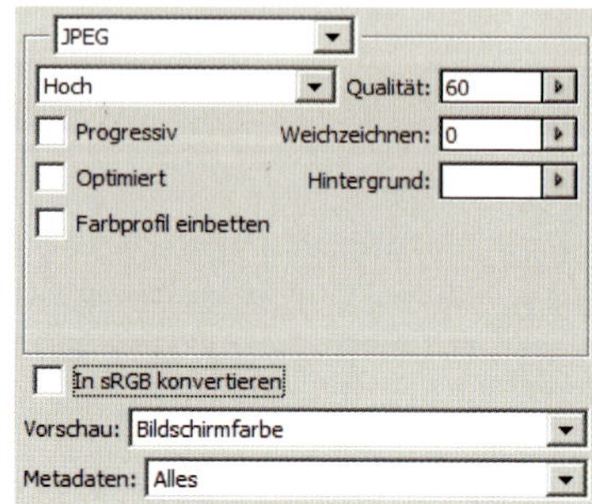

Abbildung 9.12 **Links:** Photoshops JPEG-Optionen und der Exportieren-Dialog in Bridge bieten zwölf Qualitätsstufen an. **Rechts:** Der Dialog »Für Web und Geräte speichern« unterteilt dagegen in hundert Stufen.

9.5.2 Bildqualität

Im JPEG-Dateiformat balancieren Sie das Verhältnis von Dateigröße und Bildqualität selbst aus. Je stärker Sie die Dateigröße herunterschrauben, desto deutlicher treten Bildfehler hervor.

Photoshop bietet in den JPEG-Optionen, die mit dem Befehl **Speichern unter** erscheinen, zwölf Qualitätsstufen an. Das ebenfalls interessante Kommando **Datei: Für Web speichern** teilt die JPEG-Qualität ganz anders auf, nämlich in 100 Stufen. Die höchste Zahl steht jeweils für hohe Bildqualität und hohe Dateigröße.

Faustregeln:

- Verwenden Sie also für hohe Bildqualität in den JPEG-Optionen die Stufen 10 bis 8, im Dialog **Für Web speichern** die Stufen 80 bis 60. Diese Vorgabe eignet sich gut zum Drucken. Sie erreichen eine Verkleinerung auf circa ein Fünftel des Arbeitsspeicherbedarfs und erhalten nur minimale Fehler, die Sie im Druck gar nicht und am Monitor nur in vergrößernden Zoomstufen über 100 Prozent erkennen.
- Für möglichst stark komprimierte Fotos auf Webseiten verwenden Sie in den JPEG-Optionen Stufe 5, in **Für Web speichern** Stufe 54. Sie verkleinern auf circa ein Zehntel des Arbeitsspeicherbedarfs und erhalten kleinere sichtbare Fehler, die nicht massiv stören. (Manche Experten sagen auch: Verwenden Sie je nach Motiv Stufe 4 bis 6.)
- Die Verkleinerung auf ein Fünfzehntel des Arbeitsspeicherbedarfs produziert deutliche, störende Fehler.
- Höchste JPEG-Qualitätsstufen wie 12 in den JPEG-Optionen oder 100 in **Für Web speichern** bringen nichts – nur Speicherplatzverbrauch.

JPEG-Fehler erkennen Sie besonders bei feinen Farbübergängen in Hauttönen oder Verläufen – hier erscheinen grobe Blöcke. Harte Linien, etwa Buchstaben, werfen plötzlich Schatten.

Abbildung 9.13 Alle drei Bilder haben 346x335 Bildpunkte und keine Exif- oder IPTC-Metadaten. Im RGB-Modus bei acht Bit Farbtiefe beanspruchen diese Bilder rund 340 Kbyte Arbeitsspeicher, als unkomprimierte TIFF-Datei etwa 360 Kbyte. Wir drucken hier mit einer leicht vergröbernden Auflösung von 150 dpi (180 Pixel/Zoll). **Links:** In der niedrigsten JPEG-Qualitätsstufe 0 der JPEG-Optionen benötigt das eher flächige Motiv nur 10 Kbyte. **Mitte:** Dieses Motiv hat mehr Details auf gleicher Pixelfläche, es benötigt darum 12 Kbyte bei gleicher JPEG-Qualitätsstufe. **Rechts:** Stark scharfgezeichnete Variante der mittleren Datei. Bei gleichbleibender JPEG-Qualität 0 kostet das Motiv jetzt 17 Kbyte Speicherplatz. Vorlage: JPEG_b

Qualitätsstufen im Vergleich

Wir vergleichen die Qualitätsstufen in Photoshops JPEG-Optionen und im Dialog **Für Web speichern**. Zum Test dient eine detailreiche, aber nicht geschärfte Zwölf-Megapixel-Datei mit 4256x2832 Pixel; sie beansprucht unkomprimiert 34,5 Mbyte. Mit verlustfreier TIFF-LZW-Komprimierung belegt die Datei 28,5 Megabyte, ebenfalls verlustfreie TIFF-ZIP-Komprimierung senkt die Dateigröße um 0,3 Megabyte. Wir verzichten sowohl auf Mehrere Durchgänge als auch auf das Optimieren und entfernen alle Metadaten.

Qualitätsstufe in JPEG-Optionen	Qualitätsstufe in Für Web speichern (1)	Dateigröße in Mbyte (ca.)	Prozentgröße gegenüber Arbeitsspeicherbedarf
10	75	5,7	17 %
9	63	4,2	12 %
5	27	2,0	6 %
0	0	1,0	3 %

(1) Metadaten werden nach Vorgabe entfernt

Risiken und Nebenwirkungen

JPEG zeigt besonders auffällige Schwächen mit plakativen Grafiken, nicht geglätteten Konturen und harten Rastern. Testen Sie hier alternativ das GIF-Dateiformat.

Generell gilt Vorsicht beim wiederholten Speichern im JPEG-Format: Bildteile, die Sie zuvor bearbeitet haben, verfallen eventuell weiter. Datenschwund entsteht auch in nicht manipulierten Zonen, wenn Sie die JPEG-Qualitätsstufe ändern.

Details gehen zudem beim Sichern eines gekappten JPEG-Bilds verloren; ebenso sollte man nicht die Pixelauflösung einer JPEG-Datei umrechnen. Damit eignet sich das JPEG-Format theoretisch nicht zum Zwischensichern während der laufenden Arbeit (für diesen Zweck bietet sich eher das verlustfreie TIFF an). In der Praxis verkraften viele Motive jedoch auch zwei- oder dreimaliges JPEG-Speichern mit zwischenzeitlicher Bearbeitung.

Tipp Sie wollen Raw-Dateien hochwertig speichern, aber nicht so viel Speicherplatz wie für eine echte Raw-Datei opfern? Verwenden Sie DNG verlustreich, eine Art »besseres JPEG« (Seite 212).

9.5.3 Weitere JPEG-Optionen

In den verschiedenen Dialogfeldern finden Sie weitere JPEG-Optionen:

- Baseline (Standard) kann jedes Programm darstellen. Empfohlen.
- Baseline optimiert spart geringfügig Speicherplatz und bringt angeblich bessere Farben, lässt sich aber nicht unbedingt mit jedem Programm öffnen und hat auch schon DVD-Player verwirrt - verzichten Sie darauf.
- Mehrere Durchgänge bringt das Bild nicht Zeile für Zeile auf den Schirm; stattdessen sehen Sie sofort stark verschwommen das Gesamtfoto, schrittweise wird es klarer. Die Datenmenge ändert sich gegenüber dem konventionellen JPEG kaum, die Qualität nur unwesentlich. JPEG-Bilder mit dieser Option werden von älteren Programmen nicht geöffnet. Sie können den geänderten Bildaufbau nur bei Übertragung übers Netz testen, nicht auf einem lokalen Rechner.
- Die Option ICC-Profil schützt ein eventuell im Bild eingespeichertes ICC-Profil. Manche Browser verwenden es zur Farbkorrektur. Der Größenzuwachs liegt eventuell bei wenigen hundert Byte.
- Weichzeichnen eignet sich eventuell für JPEGs mit harten Kanten oder für stark scharfgezeichnete Bilder: Hart konturierte Motive beanspruchen deutlich mehr Speicherplatz als diffusere Vorlagen. Die Werte von 0 bis 2 entsprechen genau den Resultaten des Befehls **Filter: Weichzeichnungsfilter: Gaußscher Weichzeichner**. Doch der Weichspülereffekt empfiehlt sich allenfalls für verschwommene Hintergrundmuster, nicht für gegenständliche Abbildungen. Verwenden Sie im Zweifel eher die JPEG-Fehlerkorrektur des Befehls **Rauschen reduzieren** (Seite 410).
- Hat die Vorlage transparente Bereiche, geben Sie eine Farbe für den Hintergrund an - also die Farbe, die in den transparenten Bereichen eingesetzt wird. (Durchsichtige Bereiche bleiben nie durchsichtig, weil JPEG keine Transparenz erlaubt.)
- Schalten Sie in Photoshops JPEG-Optionen die Vorschau vorübergehend aus - so erkennen Sie den Qualitätsunterschied zwischen aktueller Datei und speichersparender JPEG-Variante. Wählen Sie auch bei geöffnetem Dialogfeld **Ansicht: Tatsächliche Pixel**, um das Bild in der einzig verlässlichen Zoomstufe 100,0 Prozent zu beurteilen.

9.5.4 »Für Web speichern«

Photoshop zeigt mit dem Befehl **Datei: Für Web speichern** (Strg+Alt+⇧+S) ein Bild in bis zu vier Varianten noch vor dem Speichern; zusätzlich können Sie die Pixelzahl herunterrechnen. Klicken Sie eine Variante an, so dass sie blau eingerahmt wird, dann ändern Sie rechts die Einstellungen für diese Variante. Anschließend klicken Sie eine weitere Vorschau an und machen rechts die Dateiformat-Vorgaben. So zeigen Sie zum Beispiel eine JPEG-Datei im Original und in drei verschiedenen Qualitätsstufen - in unserer Abbildung in den Stufen 80, 20 und Null.

Direkt unter den Vorschauen meldet das Programm die entstehende Dateigröße und Übertragungszeit. Von welcher Übertragungsgeschwindigkeit geht Photoshop dabei aus? Das steuern Sie nach einem Klick auf den Menüschalter ▾≡ rechts neben der Tempoangabe.

Im Bereich Bildgrösse stellen Sie wahlweise eine andere Pixelzahl ein - erledigen Sie diesen Schritt zuerst, bevor Sie mit den Feineinstellungen experimentieren, und wählen Sie eine Interpolation wie Bikubisch oder Bikubisch schärfer. Oder rechnen Sie Ihr Foto vorab mit dem Befehl **Bild: Bildgröße** herunter (Seite 270).

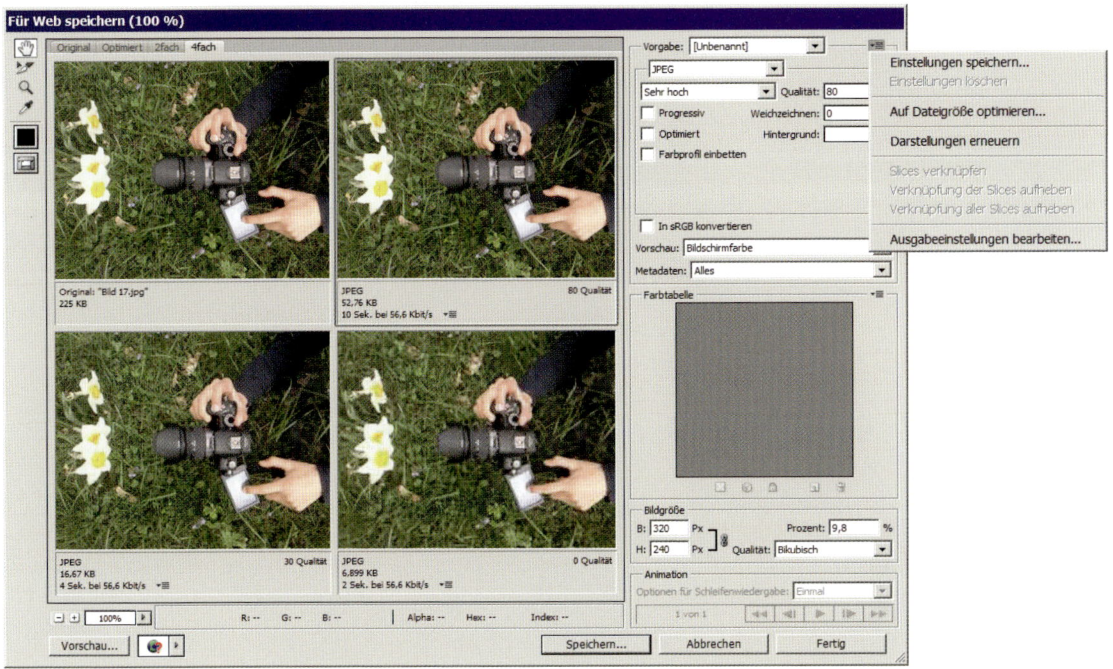

Abbildung 9.14 »Datei: Für Web speichern« stellt mehrere Varianten der Bilddatei dar. Die JPEG-Einstellungen rechts außen gelten für die aktuell hervorgehobene Variante, hier das Vorschaubild rechts oben. Gezieltes Entfernen der Metadaten spart ein paar Kilobyte, der Unterschied wird aber in der Vorschau nicht angezeigt.

Metadaten

Im Bereich Metadaten entscheiden Sie, welche IPTC-Bildbeschreibungen und Exif-Kameradaten die Ergebnisdatei enthalten soll – Alles, Alles ausser Kamera-Info (Exif-Kamera-Info fliegt raus), nur Copyright (Exif entfällt ganz, IPTC großteils) oder Ohne (sämtliche Metadaten verschwinden)? Wie viel Speicherplatz spart man dabei? Wir haben die mit IPTC und Exif gespickte Datei »JPEG_c« aus dem »Praxis«-Verzeichnis der Website zum Buch (999 x 749 Pixel) in allen Varianten mit ordentlicher JPEG-Qualität 60 gespeichert:

Ohne	173,05 Kbyte
Copyright	175,29 Kbyte
Copyright- und Kontaktinformationen	175,85 Kbyte
Alle ausser Kamera-Info	179,37 Kbyte
Alles	180,81 Kbyte

Der vielseitige Image Processor Pro – ein ausgebauter **Bildprozessor** (Seite 113) – schreibt auf Wunsch JPEG-Dateien mit abgespeckten Metadaten, orientiert an Ihrer Metadaten-Vorgabe im Dialog **Für Web speichern**.

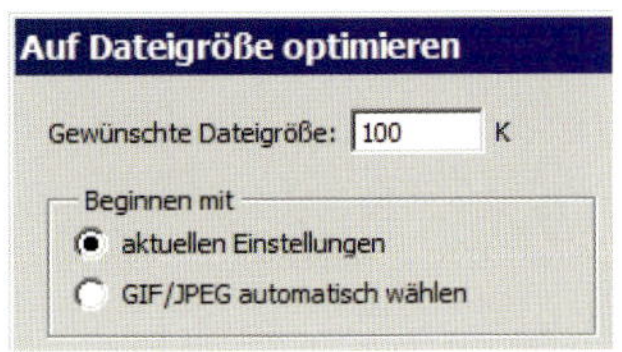

Abbildung 9.15 Der Befehl »Auf Dateigröße optimieren« setzt die aktivierte Bildvariante exakt auf die gewünschte Dateigröße. Sie finden die Funktion im Menü zum Dialogfeld »Für Web speichern«.

Teil 3
Korrektur

Perfektes Imaging – hier kommen die Brot- und-Butter-Techniken für die tägliche Arbeit am Bild: Dieser Teil erklärt, wie Sie Kontraste aufpolieren, Fehler diskret retuschieren und Ihre Dateien für Druck oder Web umrechnen. Raffinierte Verfahren retten selbst hoffnungslose Kandidaten.

Kapitel 10
Auflösung, Bildgröße, Ausschnitt

Korrigieren Sie Bildausschnitt, Dateigröße, Druckmaße und Zahl der Bildpunkte pro Flächeneinheit. Zunächst besprechen wir, wie Sie Pixelzahl und eingespeicherte Druckgröße ändern. Anschließend lesen Sie, wie Sie überflüssigen Rand entfernen und neue Bildfläche anbauen.

10.1 Auflösung, Druckmaße und Dateigröße

Die Zahl der Bildpunkte hoch und quer steht bei jeder Datei fest. In den meisten Dateiformaten – etwa TIFF, Photoshop und JPEG – ist auch schon die Druckauflösung gespeichert, also wie viele Bildpunkte beim Drucken auf einen Zentimeter kommen.

Um eine Datei mit anderen Maßen zu drucken, müssen Sie nicht zwangsläufig die Zahl der Bildpunkte ändern. Sie ändern nur die Druckauflösung, verteilen also mehr oder weniger Pixel auf einen Zentimeter. Beides erledigt der Befehl **Bild: Bildgröße** (Seite 270).

Es lohnt sich selten, die Pixelzahl eines Bilds hochzurechnen: Die vielen neuen Bildpunkte pro Zentimeter entstehen durch Mittelwertbildung (Interpolation) und bieten keinerlei zusätzliche Detailinformation – im Gegenteil, das Umrechnen sorgt für eine leichte Weichspülung oder ausgezackte Kanten.

Sobald Sie Ihr Bild kleiner rechnen – also die Zahl der Pixel pro Längeneinheit verringern –, verlieren Sie Information; und die Bildqualität ändert sich wieder. Natürlich rechnen Sie herunter, wenn die Datei viel zu viele Pixel hat; das spart Speicherplatz, Rechen-, Druck- und Übertragungszeit.

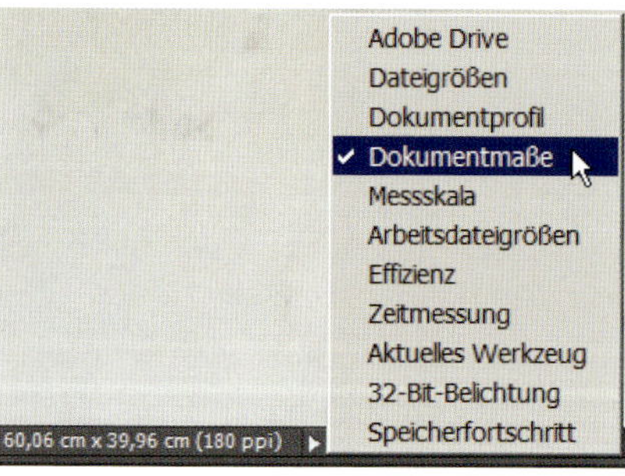

Abbildung 10.1 Richten Sie in den Voreinstellungen »cm« als Maßeinheit ein, dann zeigt die Statusleiste wahlweise das aktuelle Druckmaß und die dpi-Auflösung an.

10.1.1 Nur die Pixelzahl ist wichtig

Man hört Sätze wie: »Bilder im Internet haben 96 dpi.« Oder: »Die Datei ist gut, die hat 400 dpi.« Oder: »Mit einer 72-dpi-Datei kann ich nichts anfangen.«

Solche Betrachtungen sind unvollständig. Die dpi-Zahl allein sagt gar nichts über die Qualität einer Fotodatei. Da muss man schon dpi für eine bestimmte Druckfläche kennen, also zum Beispiel 400 dpi bei 15 Zentimeter Breite. Hat eine Datei »gute« 400 dpi bei nur einem Zentimeter Druckbreite, nützt das wenig.

Unmittelbar informativ wirkt die Zahl der Bildpunkte: 4256x2832 Punkte, das ist eine absolute Angabe, nicht abhängig von Druckflächen. Und das gilt erst recht bei Online-Bildern - dort spielen dpi-Werte endgültig gar keine Rolle mehr, es kommt einzig und allein auf die Zahl der Bildpunkte an.

Bei Druckprojekten fragen Sie: Wie viele Pixel pro Druckzentimeter bzw. pro Druckzoll (Inch) enthält ein Bild? Allgemein gilt: Je mehr Pixel pro Zoll (also dots per inch, dpi), desto höher die Druckauflösung, desto feiner und detailreicher die Darstellung. Freilich: Manche Multimegapixel-Datei ist unscharf und verrauscht und wirkt im Druck schlechter als eine gut digitalisierte Datei mit weniger Bildpunkten.

So berechnen Sie die Druckauflösung:

$$\frac{\text{Anzahl Pixel einer Seitenlänge}}{\text{Seitenlänge in Zoll (Inch)}} = \text{dpi}$$

Ein Beispiel: Ihre Zwölf-Megapixel-Kamera zeichnet 4256 Pixel in der Breite auf. Sie wollen 30 Zentimeter breit drucken, also 11,81 Zoll breit (ein Zoll, englisch Inch, hat 2,54 Zentimeter). So berechnen Sie die Druckauflösung des Beispielbilds bei 30 Zentimeter Breite:

$$\frac{4256}{11{,}81} = 329{,}21 \text{ dpi}$$

Mit rund 360 dpi stehen genug Bildpunkte zur Verfügung.

Sie könnten auch noch etwas größer drucken - wie viel geht bei 300 dpi?

$$\frac{4256}{300} \times 2{,}54 = 36{,}03$$

Die Bilder vom Zwölf-Megapixel-Sensor lassen sich also 36 Zentimeter breit drucken, und das bei hochwertigen 300 dpi. Selbst für hochwertigen Offsetdruck reichen aber oft 250 dpi, dann füllen Sie sogar 43,24 Zentimeter Breite.

10.1.2 Datenmengen

Eine Verdoppelung der Auflösung - zum Beispiel von 100 auf 200 dpi - vervierfacht den Arbeitsspeicherbedarf. Genauso beansprucht eine Verdoppelung der Druckmaße bei gleich bleibender Auflösung viermal mehr Platz auf der Festplatte.

Graustufendateien brauchen allerdings nur ein Drittel des Arbeitsspeichers einer RGB-Farbdatei mit ihren Rot-Grün-Blau-Anteilen und ein Viertel im Vergleich zu CMYK. Beschränken Sie also die Auflösung auf das, was Sie tatsächlich brauchen: Ein hoch aufgelöstes Bild lässt sich am Monitor viel schwerfälliger bearbeiten als eine schlankere Datei, sie braucht mehr Speicherplatz und Übertragungszeit.

Megapixel, Druckmaße und Arbeitsspeicher

Die Tabelle zeigt, wie viel Megapixel rechnerisch zu welchem Druckmaß bei 180 bis 400 dpi führen (ohne Qualitätsfaktor). Natürlich entscheiden andere Eigenschaften wesentlich mit über Bildqualität und mögliche Druckgröße, etwa Sensorgröße, ISO-Empfindlichkeit und Objektiv. Die Tabelle mischt unterschiedlichste Sensorgrößen von Handy bis Vollformat (Seite 48).

Mega-pixel-Klasse	Bildpunkte z. B.	Gerät z.B.	Größe im Arbeitsspeicher in MB (3x8-Bit-RGB)	Druckmaß in cm bei 180 dpi	Druckmaß in cm bei 250 dpi	Druckmaß in cm bei 300 dpi	Druckmaß in cm bei 320 dpi	Druckmaß in cm bei 400 dpi
60	8956 x 6708	Hasselblad H4D-60	171,9	126,4x94,7	91,0x68,2	75,8x56,8	71,1x53,2	56,9x42,6
40	7264 x 5440	Pentax 645D	113,1	102,5x76,8	73,8x55,3	61,5x46,1	57,7x43,2	46,1x34,5
37,5	7500x5000	Leica S2	107,6	105,8x70,6	76,4x50,8	63,7x42,3	59,7x39,7	47,7x31,8
36	7360 x 4912	Nikon D800	103,4	103,9x69,3	74,8x49,9	62,3x41,6	58,4x39,0	46,7x31,19
24	6048 x 4032	Nikon D3200, D3x Sony SLT-A65, A77, Nex-7	69,8	85,3x56,9	61,4x41,0	51,2x34,1	48,0x32,0	38,4x25,6
22	5760 x 3840	Canon Eos 5D Mark III	63,3	81,3x49,1	58,5x35,4	48,8x29,5	45,7x30,5	35,7x22,1
21	5616 x 3744	Canon Eos 5D Mark II, 1Ds Mark II	60,2	79,3x52,8	57,1x38,0	47,5x31,7	44,9x29,7	35,7x23,8
18	5184 x 3456	Canon Eos 7D, 60D, 600D, 1D X, 1D C	51,3	73,2x48,8	52,7x35,1	43,9x29,3	41,2x27,4	32,9x22,0
16 (3:2)	4912x3264	Nikon D5100, D7000, D4 Sony Alpha Nex-5N, Nex-F3, SLT-A57 Pentax K-01	48,1	69,3x46,1	49,9x33,2	41,6x27,6	39,0x25,9	31,2x20,7
16 (4:3)	4592x3448	Panasonic DMC-G3, GF3 Olympus OM-D E5	47,5	64,8x48,7	46,7x35,0	38,9x29,2	36,5x27,4	29,2x21, 9
14 (4:3)	4320 x 3240	Canon PowerShot G1 X, SX210 Panasonic Lumix DMC-FS16EG-K	40,0	61,0x45,7	43,9x32,9	36,6x27,4	34,3x25,7	27,4x20,6
12 (3:2)	4368x2912	Nikon D700, D300s Canon Eos 1100D	36,4	61,6x41,1	44,38x29,6	37,0x24,6	34, 7x23,1	27,7x18,5
12 (4:3)	4000x3000	Canon Powershot SX220 Panasonic DMC-G2, GH2 Olympus Pen E-P3, PL3	34,3	56,4x42,3	40,6x30,5	33,9x25,4	31,6x23,8	25,4x19,1
10 (3:2)	3888x2592	Nikon D3000 Nikon J1, V1	28,8	54,9x36,6	39,5x26,3	32,9x21,9	30,9x20,6	24,7x16,5
10 (4:3)	3648x2736	Canon Powershot G12, S95 Nikon Coolpix 7100	28,6	51,5x38,6	37,1x27,8	30,9x23,2	29,0x21,8	23,2x17,4
8	3264x2448	Apple iPhone 4S Nokia Lumia 800 Samsung Galaxy S III	22,9	46,1x34,5	33,2x24,9	27,6x20,7	25,9x19,4	20,7x15,5

Druckmaße, Auflösung und Dateigröße

Druckmaße in cm	Farbmodus	Auflösung in dpi	Arbeitsspeicherbedarf in Kbyte
7x10	8-Bit-Graustufen	100	108,1
7x10	8-Bit-Graustufen	200	433,8
7x10	24-Bit-RGB-Farbe	200	1.301,4
7x10	48-Bit-RGB-Farbe	200	2.602,8
14x20	24-Bit-RGB-Farbe	200	5.203,6
7x10	32-Bit-CMYK-Farbe	200	1735,2
7x10	64-Bit-CMYK-Farbe (16 Bit pro Grundfarbe)	200	3470,4

1 inch = 2,54 cm; Angaben gerundet

10.1.3 Welche Auflösung für welches Druckgerät?

Letztlich ist alles eine Frage der Pixelzahl pro Kantenlänge; und Sie sollten den Verwendungszweck für Ihre Bilddatei kennen: Im Offsetdruck mit 60 Linien/Zentimeter reichen 225, oft sogar 200 dpi; am Tintenstrahler 200 dpi; ein alter Laserdrucker ist mit weniger auch zufrieden. Für die Fotopapierbelichter der Druckdienste oder für Thermosublimationsdrucker sollten es 300 dpi sein – vorausgesetzt, Sie speichern das Werk bereits in Druckgröße. (Ob Sie dpi, lpi oder ppi sagen, macht letztlich keinen Unterschied.)

Für gute Tintenstrahler reichen oft 200 dpi Auflösung, darüber hinaus erhalten Sie keine sichtbar besseren Ausdrucke mehr. Addieren Sie zu den rechnerisch erforderlichen Bildauflösungen, wie sie die Tabelle zeigt, allerdings noch die Qualitätsreserve hinzu (Seite 269). Im Übrigen hängt das Ergebnis auch vom Rasterverfahren und anderen Faktoren ab.

Tipp Pi mal Daumen kann man sagen: 100 Pixel pro Zentimeter reichen oft für ordentlichen Druck. Dabei entsteht eine Auflösung von 254 dpi (100 mal 2,54). Die 4256-Pixel-Datei aus der 12-Megapixel-Kamera ließe sich demnach gut 42,5 Zentimeter breit aufs Papier printen. Noch etwas sicherer gehen Sie mit 120 Pixel pro Zentimeter (knapp 305 dpi) – aber das lässt sich nicht so leicht im Kopf kalkulieren.

10.1.4 Druckgerät und Auflösung

Ausgabemedium	Druckauflösung in dpi	Pixel pro Zentimeter	Pixelzahl für 15x10 cm Druckmaß (ca.)	Datenmenge für RGB-8-Bit-Bild in Mbyte (ca.)
8000-Linien-Kleinbild-Dia (Halbton)	5645	2222	-	-
4000-Linien-Kleinbild-Dia (Halbton)	2884	1135	-	-
Fotopapierbelichter	max. 400	157	2362*1575	11,16
Thermosublimationsdrucker (Halbton)	300	118	1772*1180	6,27
1440-dpi-Farbtintenstrahler	250	98	1476*984	4,36
Offsetdruck mit 60 Linien/cm	160	63	945*630	1,79
600-dpi-Laserdrucker	100	40	600*400	0,72
Tageszeitung	80	32	473*311	0,44

Neuberechnung durch das Ausgabegerät

Für den Ausdruck wird das Bild zumeist vollautomatisch vom Ausgabegerät – etwa Drucker, Belichter oder Filmrecorder – in ein völlig neues Pixelmuster umgerechnet. Liefern Sie also auf jeden Fall genug Pixel oder ein paar mehr. Es hat meist wenig Sinn, schon im Photoshop eine Bilddatei bis aufs Pixel genau herunter- oder gar hochzurechnen. Das macht das Druckgerät schon allein – und besser.

Pixel: 630x512
Bildauflösung: 400 dpi/157 dpcm
Größe als RGB-8-Bit: 945 Kbyte

Pixel: 551x448
Bildauflösung: 350 dpi/138 dpcm
Größe als RGB-8-Bit: 723 Kbyte

Pixel: 472x384
Bildauflösung: 300 dpi/118 dpcm
Größe als RGB-8-Bit: 530 Kbyte

Pixel: 394x320
Bildauflösung: 250 dpi/98 dpcm
Größe als RGB-8-Bit: 369 Kbyte

Pixel: 315x256
Bildauflösung: 200 dpi/78 dpcm
Größe als RGB-8-Bit: 237 Kbyte

Pixel: 236x192
Bildauflösung: 150 dpi/60 dpcm
Größe als RGB-8-Bit: 133 Kbyte

Pixel: 151x123
Bildauflösung: 96 dpi/38 dpcm
Größe als RGB-8-Bit: 54 Kbyte

Pixel: 113x92
Bildauflösung: 72 dpi/28 dpcm
Größe als RGB-8-Bit: 31 Kbyte

Pixel: 83x68
Bildauflösung: 53 dpi/21 dpcm
Größe als RGB-8-Bit: 17 Kbyte

Abbildung 10.2 Diese Bilder haben alle dieselbe Druckgröße – 4x3,25 Zentimeter –, aber unterschiedliche Druckauflösungen, also unterschiedlich viele Bildpunkte pro Zentimeter. Damit zeigen sie bei identischem Druckmaß unterschiedlichen Arbeitsspeicherbedarf und unterschiedlichen Detailreichtum. Wir drucken hier mit einer Halbtonauflösung von 175 dpi (etwa 69 dpcm), die kleineren Versionen entstehen auf Basis der 400-dpi-Variante mit der Umrechnungsmethode Bikubisch schärfer. Ob dabei 400, 300 oder 250 dpi angeliefert werden, macht kaum einen Unterschied. Erst unter 200 dpi Druckauflösung erkennt man Mängel. Datei: Aufloesung

10.1.5 Der Qualitätsfaktor

Eine Vermutung liegt nahe: Wenn die Halbtonauflösung des Belichters oder Druckers 159 Punkte beträgt, dann liefere ich ihm auch eine Bilddatei mit 159 Bildpunkten pro Zoll.

Doch so einfach ist es nicht. Wird ein Halbtonbild - Graustufen, RGB oder CMYK - an Drucker oder Belichter geschickt, berechnet das Gerät das endgültige, fürs Papier gerasterte Bild nach eigenen Gesetzen. Dabei schlucken zum Beispiel schräge Rasterwinkel wie 45 Grad feine Informationen. Ausgleich schafft man, indem man mehr Bildpixel anliefert, als letztlich in gerasterter Form auf den Film gelangen. Dieser sogenannte Qualitätsfaktor liegt zwischen 1,4 und 2,0. Das heißt, bei einer Halbtonauflösung von 159 lpi liefert man tunlichst 159x1,4 = ca. 223 ppi Bildauflösung; kritische Motive digitalisiert man vorsorglich mit 159x2 = 318 dpi.

In Zentimetern ausgedrückt: Wer mit dem 60er-Raster druckt, liefert mindestens 60x1,4 = 84 ppcm an. Der 2,0er-Faktor ergibt 60x2 = 120 ppcm, ist aber bei aktuellen Rasterprozessoren (RIPs) nicht mehr erforderlich.

Ein hoher Qualitätsfaktor empfiehlt sich besonders bei Bildern mit Texturen, wiederkehrenden Mustern oder dünnen, diagonalen Linien und bei Strichzeichnungen. Freilich steigen durch den Qualitätsfaktor Dateigröße und Belichtungszeit. Auch die Auto-Schaltfläche im Bildgrösse-Dialog bietet verschiedene Qualitätsfaktoren (Seite 269).

10.1.6 Druckmaß anzeigen

Wie finden Sie heraus, wie viele Pixel das Bild enthält und zu welchen Zentimetermaßen die Bildpunkte zusammengefasst werden? Sie wissen: Die Größe, mit der ein Bild am Schirm erscheint, erlaubt keinerlei Rückschluss auf die späteren Zentimetermaße im Ausdruck.

100 Prozent?

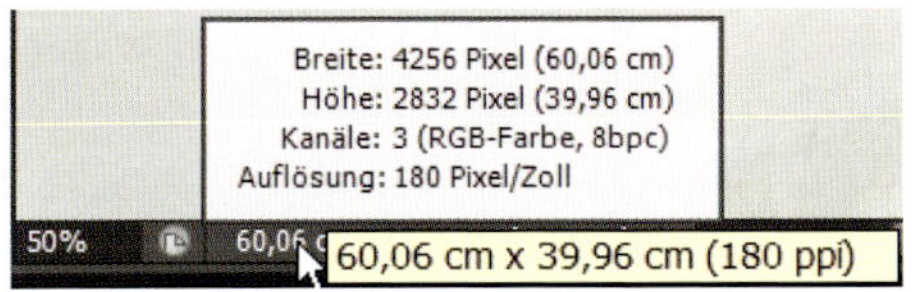

Abbildung 10.3 Per Klick auf die Statusleiste meldet Photoshop die eingespeicherten Druckmaße, sofern Sie »Zentimeter« als Maßeinheit verwenden. Die Werte erscheinen auch als Einblendmeldung. Datei: Neuberechnen_1

Druckmaß erkennen

Unter anderem erkennen Sie das aktuell eingespeicherte Druckmaß so:

- Klicken Sie links unten in der Statuszeile auf das Feld, das zum Beispiel die Dateigröße in MByte verrät, meldet Photoshop die aktuelle Pixelzahl und Druckmaße (sofern Sie Zentimeter oder Prozent als Maßeinheit verwenden) oder nur die Pixelzahl (wenn Sie Pixel als Maßeinheit nutzen).
- Der Befehl **Datei: Drucken** (Strg+P, am Mac ⌘+P) zeigt ein Seitenschema mit dem Druckbild darin; Sie können die Druckmaße für den aktuellen Ausdruck korrigieren und gleich den je nach Größe entstehenden dpi-Wert ablesen.
- Wählen Sie **Bild: Bildgröße**.
- Der Befehl **Ansicht: Druckformat** zeigt die Datei womöglich in der späteren Druckgröße. Weil hierbei meist gebrochene Zoomstufen wie »24,22 Prozent« entstehen, wirkt die Vorschau auf Rechnern ohne OpenGL-Technik eventuell unsauber (Seite 76).

10.1.7 Der Befehl »Bildgröße«

Der Befehl **Bild: Bildgröße** (Strg+Alt+I) ändert Druckmaße und/oder Pixelzahl.

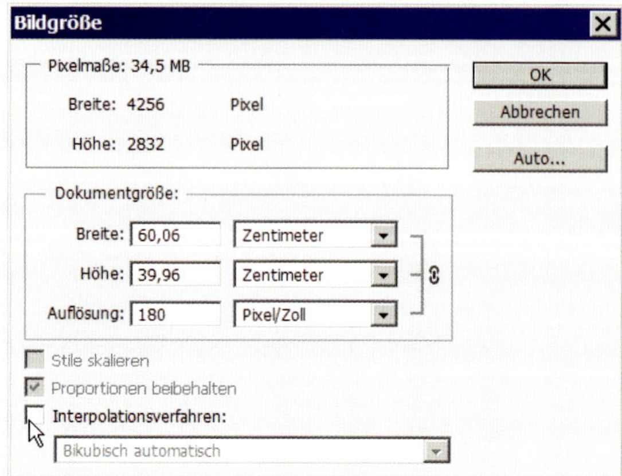

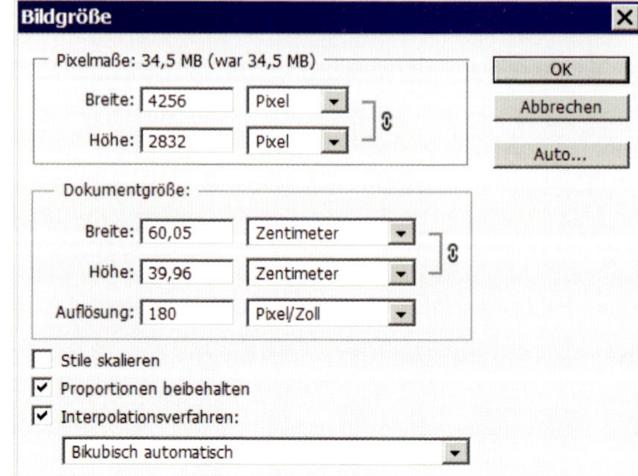

Abbildung 10.4 **Links:** Auflösung und Zahl der Bildpunkte regeln Sie mit dem Befehl »Bild: Bildgröße«. **Rechts:** Wenn Sie im »Bildgröße«-Dialog das »Interpolationsverfahren« (früher »Bild neu berechnen«) abwählen, wird ein Teil der Optionen abgeschaltet, denn Sie können die Pixelzahl nicht mehr verändern.

Anwendung in der Übersicht

Diese Möglichkeiten bietet der **Bildgröße**-Befehl:

- Sie wollen nur die eingespeicherte Druckgröße ändern, aber nicht die Pixelzahl. Dann schalten Sie das Interpolationsverfahren ab und tippen neue Zentimeterwerte ein. Die Auflösung (Bildpunkte pro Zentimeter) ändert sich. Doch die Bildpunktzahl und damit die Qualität bleiben völlig unverändert.
- Sie wollen die Druckauflösung ändern, dabei aber die vorhandenen Bildpunkte in keiner Weise reduzieren oder vermehren. Schalten Sie das Interpolationsverfahren ab und tippen Sie eine neue Auflösung ein. Die Zentimetermaße ändern sich, die Bildpunktzahl und damit die absolute Qualität bleiben unverändert.
- Sie wollen die Zahl der Bildpunkte senken, weil die Vorlage zu groß ist. Dann verwenden Sie die Option Interpolationsverfahren. Die Bildqualität ändert sich.

Alternativen

Photoshops **Bildgröße**-Befehl ist die erste Wahl beim Ändern von Dateigröße oder Druckmaß für Einzelbilder. Nutzen Sie jedoch auch andere Funktionen, etwa die Neuberechnung per Freistellungswerkzeug, den Bildgrösse-Bereich des Photoshop-Befehls **Datei: Für Web speichern**, den Befehl **Datei: Automatisieren: Bild einpassen**, für die Stapelverarbeitung auch **Datei: Skripten: Bildprozessor** und das Exportieren-Dialogfeld in Bridge.

10.1.8 Größenänderung mit Neuberechnung der Pixelzahl

Beim Umrechnen der Pixelzahl ändern Sie auf jeden Fall die Dateigröße, je nach Vorgabe außerdem Druckmaß und/oder Auflösung im Sinn von Pixel pro Zentimeter oder Zoll. Bevor Sie das Bild umrechnen, sollten Sie zusätzliche Optionen im **Bildgröße**-Dialog kennen:

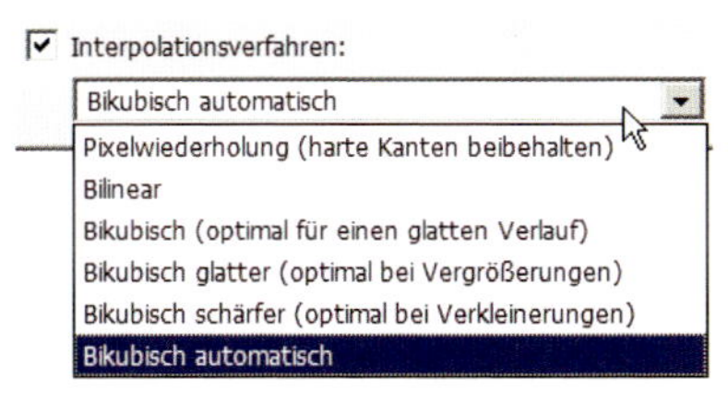

Abbildung 10.5 Jedes Mal, wenn Sie den »Bildgröße«-Befehl aufrufen, zeigt Photoshop zunächst die Interpolationsmethode, die Sie in den »**Voreinstellungen**« vorgeben. Nehmen Sie für übliche Fotos »Bikubisch automatisch«.

Interpolationsmethoden allgemein

Beim Entfernen oder Hineinrechnen von Bildpunkten bietet Photoshop verschiedene Interpolationsmethoden an. Die gewünschte Methode wählen Sie unten im **Bildgröße**-Dialogfeld.

Abbildung 10.6 **Links:** Wir testen die Interpolationsverfahren mit dieser Vorlage, die zunächst 400 dpi hat, der Buchstabe wurde mit Kantenglättung SCHARF eingebaut. Die Ergebnisse werden auf grobe150 dpi heruntergerechnet, so dass die Merkmale der Interpolationsverfahren hervortreten. **Mitte:** Die PIXELWIEDERHOLUNG empfiehlt sich nur bei plakativen Grafiken. **Rechts:** BILINEARE INTERPOLATION. Vorlage: Interpolation

Abbildung 10.7 Die bikubische Interpolation gilt als besonders schonend, bewirkt aber je nach Vorgabe eine leichte Weichzeichnung. **Von links nach rechts:** Bikubisch, Bikubisch schärfer, Bikubisch glatter bei 150 dpi

Abbildung 10.8 **Von links nach rechts:** Bikubisch, Bikubisch schärfer, Bikubisch glatter bei 300 dpi

Aber auch in anderen Situationen werden Pixel neu berechnet, so beim **Transformieren**, also etwa beim Drehen, Verkleinern oder Verzerren. Für diese Aufgaben legen Sie das Interpolationsverfahren in den allgemeinen **Voreinstellungen** fest (Strg+K).

»Pixelwiederholung«

Das Verfahren Pixelwiederholung verdoppelt oder entfernt vorhandene Pixel ohne weitere Finesse; diese Methode spart Rechnerzeit, erzeugt aber schnell Treppen und Zacken im Bild. Sie eignet sich nur für harte Grafiken oder Schriften, die ohne Kantenglättung entstanden sind: Hier schafft die sonst bessere bikubische Interpolation unerwünscht weiche Übergänge. Glatte Neuberechnungsfaktoren wie 50 oder 200 Prozent entstellen Ihr Ergebnis weniger als eine Änderung auf beispielsweise 56,78 Prozent der ursprünglichen Pixelzahl.

»Bilinear«

Bilinear, dieses Verfahren errechnet aus den Farbübergängen zwischen darüber und darunter liegenden Pixeln die neuen Bildpunkte; im Zweifelsfall ist auch hier noch ein leichter Wiederholungseffekt zu erkennen. Es wird selten verwendet.

»Bikubisch«

Bikubisch ist besser als Bilinear, vor allem bei kleineren Dateien. Generell sollten Sie dieses Verfahren für übliche Farbbilder verwenden, auch wenn es eine leichte Weichzeichnung verursachen kann.

Dabei gilt: Wenn Sie eine Datei verkleinern, testen Sie zunächst Bikubisch schärfer. Wirkt die eingebaute Scharfzeichnung jedoch zu stark, nehmen Sie Bikubisch und verwenden anschließend zum Beispiel **Filter: Scharfzeichnungsfilter: Selektiver Scharfzeichner**. Vergrößern Sie die Bildpunktzahl, testen Sie zuerst die Vorgabe Bikubisch glatter. Die Alternative: Mit Bikubisch automatisch wählt Photoshop sofort die ideale Bikubisch-Variante.

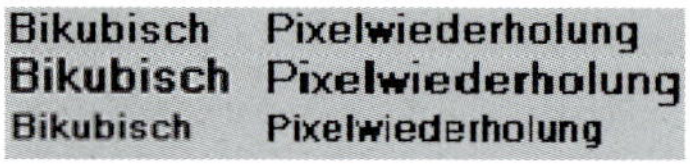

Bikubisch Pixelwiederholung
Bikubisch Pixelwiederholung
Bikubisch Pixelwiederholung

Abbildung 10.9 Bei grafischen Bildern mit nur wenigen Tonwerten wirkt die bikubische Interpolation störend: Die Mittelwertberechnung fügt an den Tonwertkanten neue Zwischentöne ein, die das Bild aufweichen.

Weitere Optionen

Sofern Sie das Interpolationsverfahren einschalten, bietet der **Bildgröße**-Dialog noch weitere Optionen:

- In der Regel sollten Sie die Proportionen beibehalten. Damit wahrt Photoshop automatisch das Höhe-Breite-Seitenverhältnis: Sie geben eine neue Breite ein und Photoshop errechnet die passende Höhe.
- Die sinnvolle Vorgabe Stile skalieren verändert Ebeneneffekte wie etwa die Kontur: Senken Sie die Pixelzahl des Bilds auf 50 Prozent, dann schrumpft die Breite der Kontur ebenfalls um 50 Prozent, zum Beispiel von zehn auf fünf Pixel. Ohne diese Vorgabe bleiben die Pixelwerte der Effekte dagegen erhalten. Beim Verkleinern der Pixelzahl wirken zum Beispiel plastische Kanten, Konturen oder Schatten im verkleinerten Ergebnisbild relativ größer (Seite 767).

Tipp Der Befehl **Bild: Bildgröße** mit der Option Interpolationsverfahren bearbeitet sämtliche Ebenen Ihres Bilds einzeln und benötigt bei komplexen Montagen entsprechend lang. Entfernen Sie vorab überflüssige Ebenen, Masken oder Alphakanäle.

10.1.9 Zwei Bilder auf gleiche Größe bringen

Sie haben ein großes Bild, das Sie mit dem **Bildgröße**-Dialog exakt auf die Maße einer vorhandenen kleineren Datei umrechnen wollen. So geht's:

1. Laden Sie beide Dateien. Aktivieren Sie das Bild, das Sie kleiner rechnen möchten.
2. Wählen Sie **Bild: Bildgröße.** Das Interpolationsverfahren muss eingeschaltet sein.
3. Oben im Photoshop-Hauptmenü klicken Sie auf **Fenster**. Ganz unten im **Fenster**-Menü klicken Sie auf die Datei, die bereits die passenden Pixelmaße aufweist. Nun sehen Sie die Pixel- und Auflösungswerte dieses Fotos bereits im **Bildgröße**-Dialog.
4. Klicken Sie OK - schon schrumpft das größere, zuvor aktivierte Foto auf die Maße des kleineren, das Sie im **Fenster**-Menü angewählt hatten.

Auch so übertragen Sie Bildmaße auf andere Dateien

Mit weiteren Verfahren stutzen Sie ein Foto auf die Seitenverhältnisse oder auf die exakten Pixelmaße eines anderen, kleineren Bilds zurecht:

- Wählen Sie das kleinere Bild mit Strg+A aus, schalten Sie ein Auswahlwerkzeug wie das Rechteck ein, ziehen Sie den Auswahlrahmen in das andere - größere - Bild und wählen Sie **Bild: Freistellen.** Sie erhalten zwei Dateien mit identischer Pixelzahl. Alternativ schalten Sie im Zielbild das Freistellungswerkzeug ein - der Freistellungsrahmen schnurrt sofort auf die Größe der herübergezogenen Auswahl zusammen.
- Aktivieren Sie im Ausgangsbild eine Ebene, die die gesamte Bildfläche bedeckt, zum Beispiel die Hintergrund-Ebene. Ziehen Sie diese Ebene in das andere - größere - Bild. Klicken Sie bei gedrückter Strg-Taste die Miniatur dieser neuen Ebene im Ebenen-Bedienfeld an; so entsteht eine Auswahl in Größe dieser Ebene. Wählen Sie **Bild: Freistellen,** dann ziehen Sie die obere Ebene in den Mülleimer. So entstehen zwei Bilder mit identischer Pixelzahl. Alternativ wechseln Sie wieder zum Freistellungswerkzeug.
- Ziehen Sie die Ebene wie im vorherigen Tipp ins Zielbild; dort verkleinern oder vergrößern Sie die Ebene per Strg+T (Seite 705). Drücken Sie dabei die ⇧-Taste, um das Seitenverhältnis zu wahren. Laden Sie die Auswahl durch Strg-Klick im Ebenen-Bedienfeld, dann nehmen Sie **Bild: Freistellen** - Sie erhalten zwei Bilder mit gleichem Seitenverhältnis, aber unterschiedlicher Pixelzahl.
- Fangen Sie mit einer Datei an, die bereits exakt die gewünschten Pixelmaße hat. Fügen Sie weitere Bilder als neue Ebenen ein; durch **Transformieren** und Verschieben erzeugen Sie genau die gewünschten Bildausschnitte. Dann heißt es **Datei: Skripten: Ebenen in Dateien exportieren.** Sie erhalten pro Ebene eine neue Datei.

10.1.10 Neue Druckgröße ohne Neuberechnung der Pixelzahl

Ändern Sie die eingespeicherte Druckgröße, ohne irgendwelche Bildpunkte rauszuwerfen oder hineinzurechnen - also ohne Einfluss auf die Qualität. Nur die Zahl der Bildpunkte pro Zentimeter ändert sich. Das Vorgehen lohnt sich, wenn Sie das Bild öfter in gleicher Größe drucken oder an ein Layoutprogramm weitergeben wollen - zwingend erforderlich ist es aber nicht.

Dazu schalten Sie das Interpolationsverfahren im **Bildgröße**-Dialog ab. Nun gilt: Korrigieren Sie die Druckmaße, dann ändert sich die Auflösung. Das Programm rechnet also bei einer Vergrößerung der Seitenlängen um 20 Prozent nicht gleich mehr Pixel dazu. Stattdessen verteilt Photoshop die vorhandenen Bildpunkte lockerer über die geänderte Breite und Höhe.

Neuberechnen der Pixelzahl – ein Beispiel

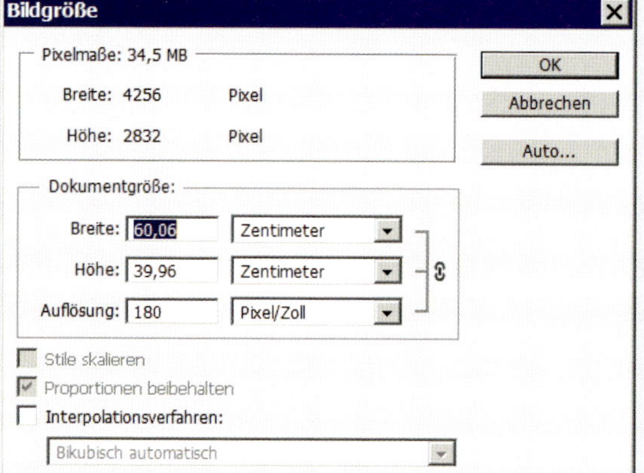

Abbildung 10.10 Die Zwölf-Megapixel-Kamera hat 4256x2832 Bildpunkte geliefert und das Ergebnis mit einer Druckauflösung von 180 dpi (»Pixel/Zoll«) gespeichert. Der Befehl »Bild: Bildgröße« zeigt, wie groß man das Bild mit den vorhandenen Pixeln bei vorgegebener 180-dpi-Auflösung drucken könnte: rund 60x40 Zentimeter. Das »Interpolationsverfahren« ist hier abgeschaltet. Das Photoshop-Lineal in unserer Abbildung zeigt die Pixelzahl. Datei: Neuberechnen_1

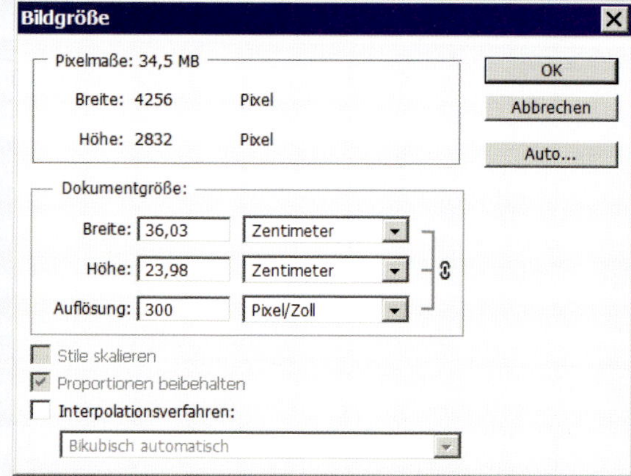

Abbildung 10.11 180 dpi wirken für hochwertigen Fotodruck knapp. Wie groß lässt sich die Datei bei 300 dpi drucken? Das »Interpolationsverfahren« bleibt abgeschaltet, Sie tippen »300« ins Feld »Auflösung«. Photoshop meldet ein Druckmaß von rund 36x24 Zentimeter. Klicken Sie jetzt auf OK, wird dieses Druckmaß im Bild verewigt – es öffnet sich 36,03 Zentimeter breit in einem Layoutprogramm. Die Zahl der Bildpunkte und die Bildqualität ändern sich dagegen nicht.

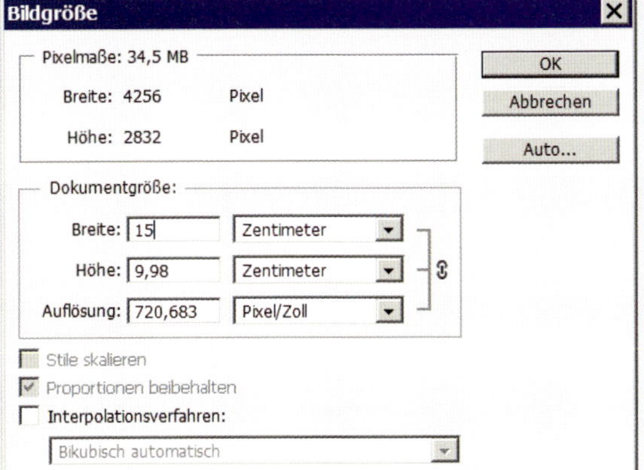

Abbildung 10.12 Sie wollen nur 15 Zentimeter breit drucken – tragen Sie »15« Zentimeter »Breite« ein. Sie packen also viel mehr Pixel auf einen Zentimeter, Photoshop ermittelt automatisch eine Auflösung von rund 720,6 dpi für 15 Zentimeter Breite. Das ist unnötig viel, die Bildpunktzahl ändert sich weiterhin nicht.

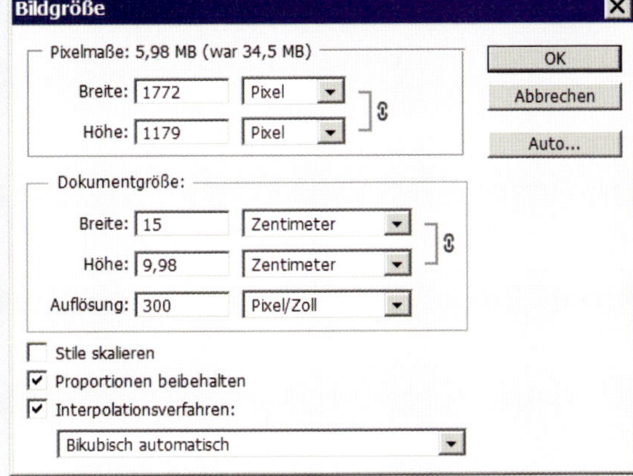

Abbildung 10.13 Für den 15-Zentimeter-Druck verkleinern Sie die Pixelzahl, um die Dateigröße zu senken. Sie schalten das »Interpolationsverfahren« ein, lassen die »15« Zentimeter in der »Breite« stehen und nehmen »300« dpi (»Pixel/Zoll«) als »Auflösung«. Dadurch ändern sich Pixelzahl und Speicherbedarf, wie Sie oben im »Bildgröße«-Dialog erkennen: Das Foto enthält nur noch 1772x1179 Pixel. Der Arbeitsspeicherbedarf sinkt von 34,5 auf 5,98 Mbyte (der Festplattenbedarf liegt je nach Dateityp darüber oder darunter). Klicken Sie jetzt auf »OK«, wirft Photoshop massiv Pixel heraus. Die Datei erscheint darum deutlich verkleinert am Monitor.

Zum Beispiel lässt sich unsere Datei »Neuberechnen« mit ihren 4256x2832 Pixeln je nach Auflösung in verschiedenen Größen drucken:

100 dpi	108,1x71,93 cm	300 dpi	36,03x23,98 cm
150 dpi	72,07x47,96 cm	350 dpi	30,89x20,55 cm
200 dpi	54,05x35,97 cm	400 dpi	27,03x17,98 cm
250 dpi	43,42x28,77 cm		

Dabei bleiben Pixelzahl und Bildqualität ganz und gar unberührt - Sie ändern nur verlustfrei die eingespeicherte Verteilung der Pixel pro Zentimeter.

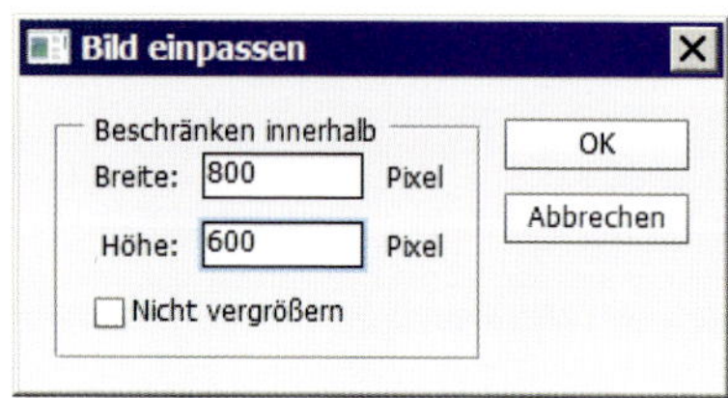

Abbildung 10.14 Der Befehl »Datei: Automatisieren: Bild einpassen« rechnet Ihr Bild auf die gewünschte Pixelzahl herunter, Seitenverhältnis und dpi-Auflösung bleiben erhalten. Berücksichtigt werden nur Pixel-, aber keine Zentimeter- oder Prozentangaben. Wahlweise verhindern Sie, dass kleine Dateien auf höhere Werte »aufgeblasen« werden.

10.1.11 Druckmaße im Layoutprogramm

Sie müssen die Druckmaße nicht in Photoshop umstellen. Verwenden Sie alternativ ein Seitengestaltungsprogramm wie Quark XPress, Word, InDesign, Framemaker, Quark oder CorelDRAW.

Verändern Sie dort die Bildmaße, dann passiert das Gleiche wie im Photoshop-Dialogfeld **Bildgröße** ohne Interpolationsverfahren: Sie ändern die Auflösung, also die Packungsdichte der Pixel pro Zentimeter, und damit (zumindest theoretisch) die Detailzeichnung. Sie ändern jedoch nichts am eigentlichen Bildpunktbestand: Das Layoutprogramm wird keine Pixel hinzu- oder herausrechnen. Die Programme verteilen nur die vorhandenen Bildpunkte mehr oder weniger dicht. Einige Layoutprogramme rechnen zusätzlich, sofern Sie das möchten, auch die Pixelzahl um, um die Gesamtdateigröße zu senken.

Bilddarstellung im Layoutprogramm

Die Layoutprogramme zeigen Ihre Bilddateien nicht pixelorientiert. Die Programme stellen sofort die im Bild gespeicherte Druckgröße dar. Das bedeutet:

- Haben Sie extreme Druckauflösungen eingespeichert, zum Beispiel 72 dpi oder 914 dpi, dann fällt das in Photoshop nicht weiter auf. Im Layoutprogramm erscheint das Werk dagegen absurd groß oder klein.
- Das Layoutprogramm zeigt Ihr Bild selten in Photoshops 100-Prozent-Zoomstufe, Sie sehen also nicht einen Bildpixel auf einem Monitorpixel; das Layoutprogramm presst zur Bilddarstellung zum Beispiel 2,33 Bildpixel auf einen Monitorpixel. Darum wirkt das Bild am Schirm eventuell verzerrt, insbesondere feine Linien und harte Kontraste - die Qualität im Druck leidet deswegen natürlich nicht.

10.1.12 »Auto-Auflösung«

Lassen Sie die Bildgröße von Photoshops Auto-Schaltfläche aus dem **Bildgröße**-Dialog berechnen und legen Sie dabei verschiedene Qualitätsfaktoren zugrunde (Seite 269).

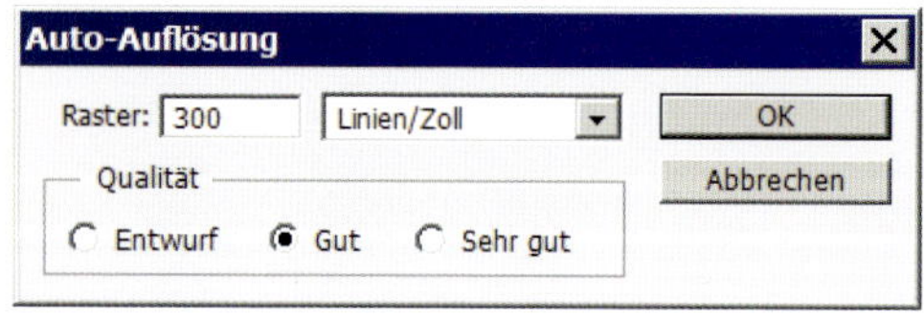

Abbildung 10.15 Die »Bildgröße«-Funktion »Auto-Auflösung« ändert die Pixelzahl im Bild passend zu Druckerauflösung und Druckmaß.

Anwendung

So verwenden Sie die Auto-Auflösung:

1. Stellen Sie im **Bildgröße**-Dialog die Einheiten auf cm, aktivieren Sie Interpolationsverfahren.
2. Tragen Sie bei Breite oder Höhe das gewünschte Maß ein.
3. Klicken Sie auf die Auto-Schaltfläche.
4. Tragen Sie den Rastertonwert Ihres Druckgeräts im Dialogfeld Auto-Auflösung ein. Gemeint ist das Halbtonraster, das Ihr Drucker oder Belichter bietet. Für Offsetbelichter tragen Sie zum Beispiel 160 Linien/Zoll (dpi) ein.
5. Wählen Sie Sehr gut, wenn das Bild optimal erscheinen soll und Speicherplatz bzw. Belichterzeit keine Rolle spielen.
6. Klicken Sie auf OK. Das Dialogfeld Bildgrösse zeigt jetzt in der Zeile Auflösung den per Automatik errechneten Wert. Auch die Angabe der Dateigröße (Neue Grösse) ändert sich.
7. Klicken Sie auf OK. Das Bild erscheint größer oder kleiner auf dem Schirm.

Drei Qualitätsstufen

Im Dialogfeld Auto-Auflösung stehen Ihnen drei Qualitäten zur Wahl:

- Entwurf erzeugt maximal 72 Pixel pro Inch - ein schneller, grober Konzeptausdruck ohne Qualitätsanspruch.
- Die Wahl Gut beschert eine Auflösung, die eineinhalb Mal größer ist als das Halbton-Druckraster - also Qualitätsfaktor 1,5, normalerweise das Minimum für einen Druck ohne Verluste.
- Unter Sehr gut versteht Photoshop eine Auflösung, die doppelt so groß ist wie das Druckraster; das reicht immer.

10.1.13 Übersicht: Wie rechnen andere Funktionen die Auflösung um?

Photoshop hat neben dem Befehl **Bildgröße** noch mehr Funktionen zur Änderung der Pixelzahl. Nicht immer bleibt die eingespeicherte Druckauflösung erhalten:

Befehl	
Freistellungswerkzeug	Ändert Druckauflösung nur, wenn Sie die Option Auflösung nutzen
Für Web speichern	Auflösungsinformation verschwindet, Programme gehen dann eventuell von 72 dpi aus
Bildprozessor	Eingespeicherte Druckauflösung bleibt erhalten
Bild einpassen	Eingespeicherte Druckauflösung bleibt erhalten
Exportieren **(Bridge)**	Eingespeicherte Druckauflösung bleibt erhalten

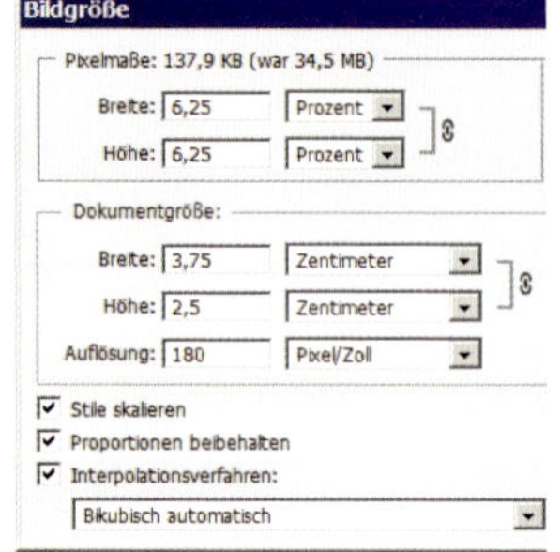

Abbildung 10.16 **Links:** Die Zoomstufe 6,25 Prozent zeigt unsere Zwölf-Megapixel-Datei in einer Ausdehnung, die für die Webseite passt. **Mitte:** Per **Bildgröße** senken wir die Pixelmaße auf 6,25 Prozent des ursprünglichen Werts. Die Zentimeter- und Auflösungsangaben sind uninteressant. **Rechts:** Jetzt zeigt die Datei in der 100-Prozent-Zoomstufe die richtige Ausdehnung, hier 266 Pixel Breite in der Zoomstufe 100 Prozent. Datei: Neuberechnen_1

10.1.14 Übersicht: Welche Methode für welchen Zweck?

Je nach Aufgabe und Bilddatei wenden Sie unterschiedliche Techniken an:

Aufgabe	Lösung
Druckmaße korrigieren, ohne Originalpixel zu verändern	**Bild: Bildgröße**, Interpolationsverfahren abschalten, neue Breite, Höhe oder Auflösung eintippen
Dateigröße reduzieren oder Druckmaße reduzieren	**Bild: Bildgröße**, Interpolationsverfahren einschalten, neue Breite oder Höhe eintippen, eventuell cm-Maßeinheiten verwenden, danach eventuell scharfzeichnen
Druckmaße behalten, Auflösung kleinrechnen	**Bild: Bildgröße**, Interpolationsverfahren n einschalten, neue Auflösung eintippen oder Auto-Funktion verwenden
Dateigrößen für verschiedene Druckmaße und Auflösungen herausfinden	Bei geöffneter Bilddatei und mit Interpolationsverfahren interessierende Bildmaße und Auflösungen eintippen, Werte für Neue Grösse beobachten; funktioniert auch im Dialogfeld **Datei: Neu**
Gezielt neue Bildpunktzahl einrichten	**Bildgröße**-Befehl, Interpolationsverfahren einschalten, als Maßeinheiten Pixel vorgeben; Alternative: **Datei: Automatisieren: Bild einpassen**
Mehrere Dateien auf einheitliche Bildpunktwerte bringen	**Datei: Skripten: Bildprozessor**
Rand entfernen, evtl. drehen und gleichzeitig Auflösung, Druckmaße oder Pixelzahl festlegen	Freistellungswerkzeug einschalten, Eingabefelder in Optionenleiste nutzen

10.1.15 Richtig hochrechnen

In aller Regel sollten Sie Dateien nicht größer rechnen. Ihr Bild hat zu wenig Pixel für die optimale Druckauflösung? Rechnen Sie nichts um, schicken Sie es einfach so, wie es ist, zum Drucker.

Doch manchmal ist ein Bild einfach zu klein – zum Beispiel für einen Bildschirmauftritt oder wenn es bestimmte Pixelschwellen von Druckertreibern oder Bildagenturen unterschreitet. Dann rechnen Sie Ihre Datei größer.

Abbildung 10.17 **Links:** Diese Vorlage wird mit nur 100 dpi gedruckt. **Mitte:** Die Vorlage wurde mit dem Verfahren »Pixelwiederholung« auf 250 dpi hochgerechnet, also von 223x96 auf 557x240 Pixel. Dabei entsteht kein zusätzlicher Detailreichtum. **Rechts:** Die Datei wurde mit bilinearer Interpolation auf 250 dpi hochgerechnet. Vorlage: Neuberechnen_3

Abbildung 10.18 **Links:** Das Foto wurde mit bikubischer Interpolation von 100 auf 250 dpi hochgerechnet; die Varianten »Bikubisch schärfer« und »Bikubisch glatter« ergeben kaum Unterschiede. **Mitte:** Wir bearbeiten das Ergebnis mit dem Scharfzeichner »Unscharf maskieren«. **Rechts:** Der Befehl »Rauschen hinzufügen« raut das Bild auf.

Neue Pixelzahl

Sie verwenden den Befehl **Bild: Bildgröße** mit Interpolationsverfahren. Am besten eignet sich die Interpolationsmethode Bikubisch. Die Varianten Bikubisch schärfer und Bikubisch glatter weisen kaum Unterschiede auf.

Nachbearbeitung

Auf das Hochrechnen folgt die weitere Bearbeitung und wie immer zum Schluss **Filter: Scharfzeichnungsfilter: Selektiver Scharfzeichner**. Stellen Sie die Stärke auf 500 Prozent und experimentieren Sie mit Radius-Vorgaben zwischen 0,5 und 1. Die optimalen Werte hängen stark vom Charakter des Bilds und von der Pixelzahl ab. Wird das Ergebnis zu körnig, wählen Sie im selben Untermenü **Unscharf maskieren** und testen Sie einen Schwellenwert von 4 oder höher. Am Monitor darf das Foto leicht überschärft aussehen.

Allgemein kursiert auch der Tipp, das Bild in mehreren kleinen Schrittchen größer zu rechnen und dabei die Interpolationsmethode Bikubisch (Glatter) zu verwenden. Ich habe das Verfahren noch mal durchgespielt und keine Vorteile entdeckt. Wirkt das hochgerechnete Bild weiter flau, testen Sie nachträgliches Bildrauschen.

10.2 Bildrand entfernen

Kappen Sie überflüssigen Bildrand schnellstmöglich. Sie sparen Speicherplatz und Rechenzeit. Auch Histogramm und **Auto**-Korrekturen würden verfälscht, wenn Photoshop überflüssiges Randgeschehen mit einkalkuliert.

Photoshop schneidet Bildrand auf verschiedene Arten ab: Nutzen Sie das Freistellungswerkzeug, aber auch Auswahlwerkzeuge wie Lasso oder Auswahlrechteck und die Befehle **Bild: Freistellen** oder **Bild: Zuschneiden**.

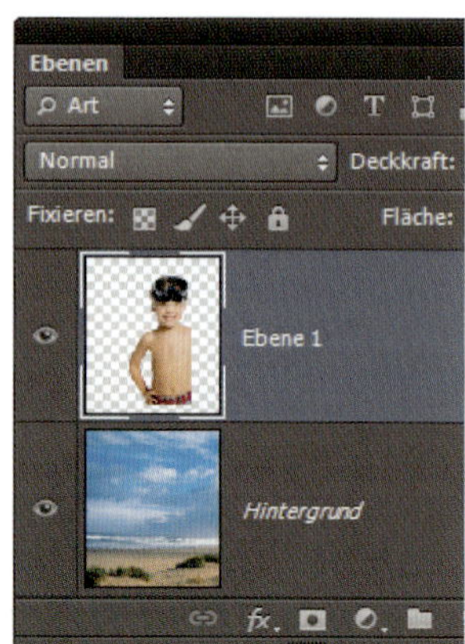

Abbildung 10.19 **Links:** Hier galt beim Freistellen die Option »Außerhalb liegende Pixel löschen« - nicht sichtbare Teile des Montageobjekts wurden endgültig entfernt. **Mitte:** Zieht man die »Ebene 1« wieder ins Bild hinein, sind die Folgen des Freistellens erkennbar. Datei: Bildrand_01a

10.2.1 Rand verbergen statt löschen

Sie können Rand so abschneiden, dass er nicht endgültig verschwindet: Die verbannten Bildstreifen bleiben unsichtbar hinter dem Bildrand erhalten und lassen sich jederzeit wieder anzeigen.

Diese Möglichkeiten haben Sie:

- Verzichten Sie in den Optionen zum Freistellungswerkzeug auf Ausserhalb liegende Pixel löschen (nächster Abschnitt).
- Nutzen Sie die rücksetzbare Freistellfunktion im Camera-Raw-Dialog, auch für TIFF- oder JPEG-Dateien (Seite 216).
- Verwandeln Sie vor dem Zuschneiden eine Ebene, die sich möglichst weit ausdehnt - auch die Hintergrund-Ebene - in ein Smart-Objekt (**Filter, Für Smartfilter konvertieren**). Nach beliebigem Zuschneiden stellt der Befehl **Bild: Alles einblenden** zumindest die volle Fläche des Smart-Objekts wieder her.

Verborgene Bildbereiche wieder anzeigen

Haben Sie mit der Option Ausblenden Randbereiche Ihrer Montage versteckt? Auf verschiedenen Wegen machen Sie das Material wieder sichtbar:

- Ziehen Sie verborgene Bildteile mit dem Verschiebenwerkzeug wieder ins Foto.
- Erweitern Sie die Arbeitsfläche nach Belieben mit **Bild: Arbeitsfläche** oder mit dem Freistellungswerkzeug (Seite 293).
- Erweitern Sie die Arbeitsfläche exakt im erforderlichen Umfang per **Bild: Alles einblenden**.

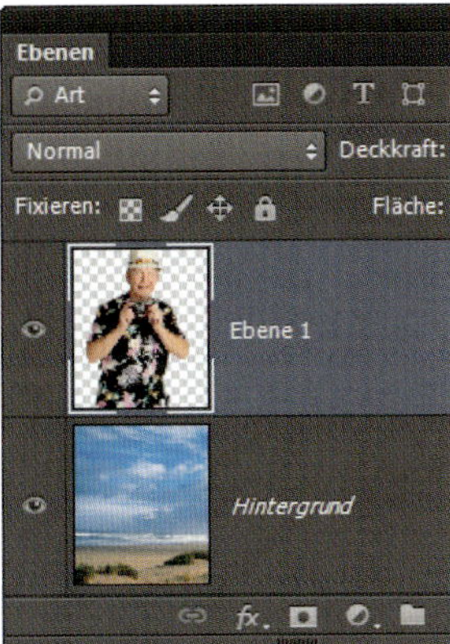

Abbildung 10.20 **Links:** Hier war die Option »Außerhalb liegende Pixel löschen« beim Zuschneiden abgeschaltet. **Mitte:** Bereiche außerhalb der Bildgrenzen bleiben unsichtbar erhalten und können wieder ins Bild gezogen werden. Datei: Bildrand_01b

Verborgene Bildbereiche endgültig löschen

Sie möchten Bereiche, die Sie außerhalb der Bildkanten verborgen haben, endgültig löschen. Dadurch sparen Sie Speicherplatz. Wählen Sie das gesamte sichtbare Bild mit Strg+A aus, dann nehmen Sie **Bild: Freistellen**. Auch der Befehl **Ebene: Auf Hintergrundebene reduzieren** ist zielführend.

10.2.2 Freistellen mit dem Freistellungswerkzeug

In der Regel entfernt man überflüssige Bildränder mit dem Freistellungswerkzeug (Kurztaste C, für Crop Tool). Formen Sie den Freistellrahmen bereits beim Aufziehen:

- Mit gedrückter Alt-Taste ziehen Sie einen Freistellrahmen von der Mitte her auf. Das macht Sinn, wenn ein bestimmter Bildteil exakt in der Mitte erscheinen soll.
- Mit der ⇧-Taste wird ein neu aufgezogener Freistellrahmen quadratisch. (Diese Tastengriffe gelten sinngemäß auch für Auswahlrechteck und Auswahlellipse.)
- Ziehen Sie am vorhandenen Freistellungsrahmen wie immer mit gedrückter ⇧-Taste, wenn Sie das Höhe-Breite-Seitenverhältnis des Freistellrahmens wahren möchten.
- Drücken Sie beim Verschieben des Bilds unter dem Freistellungsrahmen die ⇧-Taste, um das Foto an rechten Winkeln entlangzubewegen. Wie üblich schieben Sie das Bild mit den Pfeiltasten in Pixelschritten durchs Bild; ⇧+Pfeiltaste verhilft zu 10-Pixel-Weitsprüngen.

Tipp Das Freistellungswerkzeug arbeitet in Photoshop CS6 deutlich anders als in früheren Versionen - es wurde übersichtlicher und schneller. Möchten Sie aber das alte Verhalten zurückhaben, schalten Sie in den Optionen zum Classic-Modus (auch mit dem Tastaturbefehl P).

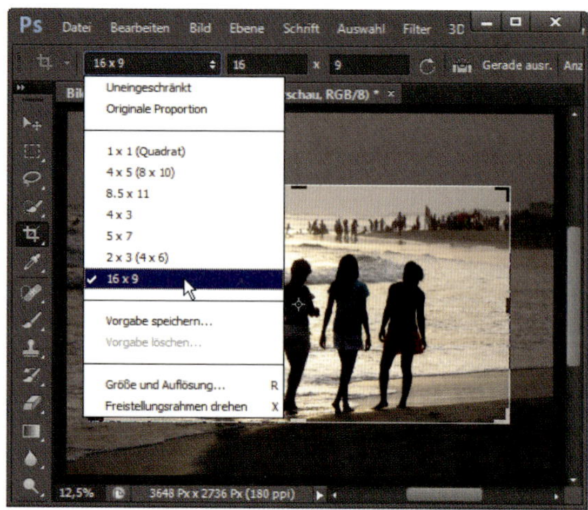

Abbildung 10.21 Wir schneiden das Bild auf das Seitenverhältnis 16:9 zu. Geben Sie das Seitenverhältnis im Klappmenü an oder tippen Sie es in die Breite-Höhe-Felder. Der Bereich außerhalb des Freistellrahmens wird stark abgedunkelt.

Abbildung 10.22 Wir klicken außerhalb des Freistellrahmens. Die Freistellungsabdeckung erscheint nun schwächer, so dass man mehr vom Gesamtbild erkennt. Außerdem zeigt Photoshop eine detailliertere Überlagerung, die auch als Orientierung beim Drehen dient.

Abbildung 10.23 Mit der Taste H verzichten wir auf die Option Freigestellten Bereich einblenden: Photoshop zeigt das Bild wie zugeschnitten, der Außenbereich wird unsichtbar; Sie können den Freistellrahmen aber weiter bewegen und skalieren.

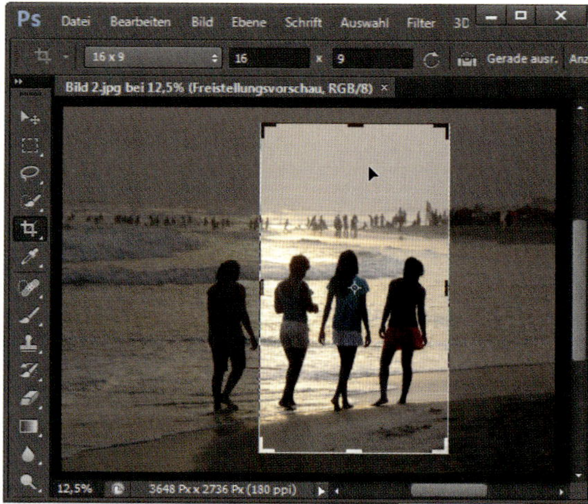

Abbildung 10.24 Mit dem X kehren wir das Seitenverhältnis um. Wir ziehen die Aufnahme unter dem Freistellungsrahmen, um einen passenden Bildausschnitt zu finden. Den Außenbereich haben wir mit der Taste H wieder schwach sichtbar gemacht.

Tipp Das Freistellungswerkzeug bietet noch mehr Talente: Sie können damit die Arbeitsfläche erweitern (Seite 295) und schiefe Horizonte korrigieren (Seite 381).

Über die Arbeitsfläche hinaus

Sie können den Freistellrahmen über die aktuelle Arbeitsfläche hinausziehen. So erweitern Sie die Arbeitsfläche an mindestens einer Bildseite mit der aktuellen Hintergrundfarbe - eine Alternative zum **Arbeitsfläche**-Befehl.

Freistellungsvorgaben speichern

Speichern Sie wichtige Maße wie zum Beispiel 15x10 cm bei 320 dpi zum schnellen Wiederaufruf: Stellen Sie nützliche Werte in der Optionenleiste und/oder im Dialog Grösse und Auflösung ein, dann öffnen Sie das Menü für die Werkzeugvorgaben mit der Dreieck-Schaltfläche oben links (Seite 60). Klicken Sie auf Neue Werkzeugvorgabe erstellen. Beim nächsten Mal rufen Sie diese Vorgabe einfach aus dem Klappmenü auf.

Vollwertige Alternative: Im Dialogfeld Grösse und Auflösung, das Sie aus dem Proportionen-Klappmenü heraus aufrufen, sichern Sie aktuelle Werte genauso gut als Vorgabe.

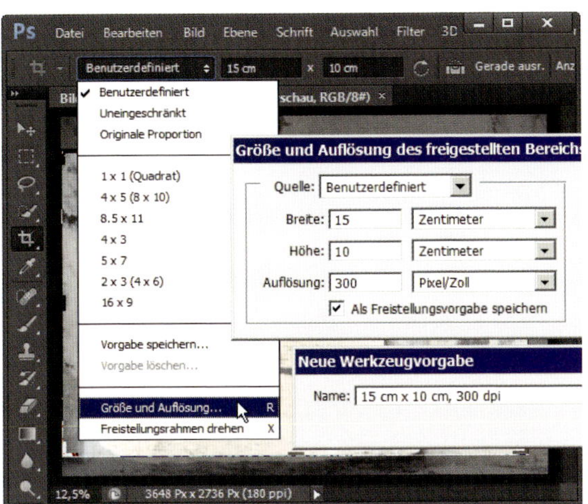

Abbildung 10.25 Wir haben »15 cm« mal »10 cm« Druckmaß in den Optionen eingestellt. Für den Wert »Auflösung« müssen wir jedoch den Dialog »Größe und Auflösung« über das Proportionen-Klappmenü aufrufen. Hier können Sie die Werte auch als bequeme Vorgabe speichern.

Abbildung 10.26 Im Moment ist der Kopierstempel aktiviert. Dennoch lässt sich in der Optionenleiste bereits die Vorgabe »15 x 10 cm, 300 dpi« aufrufen. So schalten Sie zum Freistellungswerkzeug um und haben sofort die gewünschten Maße zur Verfügung.

Überlagerung

Nutzen Sie Orientierungslinien im Freistellungsrahmen, das Anzeigen-Klappmenü in den Optionen bietet zum Beispiel Drittelregel oder Goldener Schnitt. Mit der Taste O spielen Sie die Überlagerungen der Reihe nach durch. Die Angabe Überlagerung automatisch anzeigen präsentiert diese Linien nur, solange Sie in den Rahmen klicken, ansonsten stören sie nicht die Bildbetrachtung.

Website Eventuell brauchen Sie Orientierungslinien nicht nur im Freistellungsrahmen, sondern dauerhaft im gesamten Bild. Nutzen Sie zum Beispiel Raster oder Hilfslinien (Seite 692). Ein Raster nach Drittelregel erzeugt auf die Schnelle die Aktion Raster nach Drittelregel anzeigen vom Aktionensatz auf der Website zum Buch.

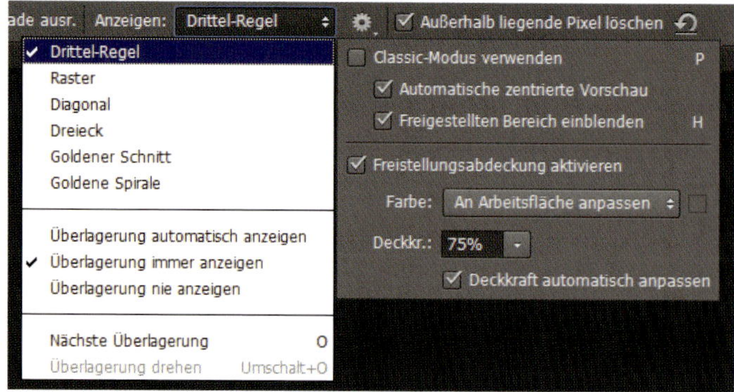

Abbildung 10.27 In den Optionen zum Freistellungswerkzeug richten Sie die Überlagerung und die Freistellungsabdeckung ein.

Freistellungsabdeckung

Photoshop deckt den wegzuschneidenden Außenbereich mit einer Farbe und Deckkraft nach Wahl ab, zu steuern in den Optionen ⚙. So ändern Sie die Abdeckung für den Rand:

- Klicken Sie in den verdeckten Außenbereich, um die Deckfarbe deutlich zu schwächen; so erkennen Sie die zu kappenden Bildstreifen deutlicher.
- Vollständig verbergen Sie den Außenrand mit dem [H]: Sie sehen das Foto so wie nach dem Abschneiden.
- Verzichten Sie in den Optionen auf die Freistellungsabdeckung, um den Rand in Originalfarbe zu sehen.

Freistellen mit neuem Seitenverhältnis

Sie brauchen ein neues Seitenverhältnis. Nehmen Sie eine der Vorgaben aus dem Proportionen-Klappmenü wie 4 x 3. Auch bei aufgezogenem Freistellrahmen schalten Sie mit dem [X] zwischen Hoch- und Querformat um. Oder tippen Sie ein beliebiges Seitenverhältnis in die Felder für Breite und Höhe, zum Beispiel »16« mal »9«. Die Qualität des verbleibenden Bildinhalts ändert sich nicht.

Abbildung 10.28 Mit dieser Vorgabe erhalten Sie ein 3:2-Seitenverhältnis ohne Qualitätsverlust, also ohne Neuberechnung der verbleibenden Bildpixel.

Freistellen und Seitenverhältnis beibehalten

Sie wollen das Bild zuschneiden und das ursprüngliche Seitenverhältnis beibehalten. Schalten Sie das Klappmenü links oben auf Originale Proportion. Mit der Taste wechseln Sie zwischen Hoch- und Querformat.

Eine weitere Möglichkeit, um mit geschütztem Seitenverhältnis zu beginnen, aber später zu beliebigen Seitenverhältnissen zu wechseln:

1. Schalten Sie das Freistellungswerkzeug ein, ein erster Freistellungsrahmen legt sich um das Gesamtbild.
2. Ziehen Sie bei gedrückter [⇧]-Taste an einem Eckanfasser, das Seitenverhältnis ist geschützt.
3. Verschieben Sie das Bild nach Bedarf unter dem Rahmen.
4. Bestätigen Sie den Ausschnitt durch Doppelklick in die Auswahl.

Pixelzahl und Druckmaß mit dem Freistellungswerkzeug ändern

Mit den Optionen zum Freistellungswerkzeug kann man nicht nur Rand kappen, sondern zugleich neue Auflösungen, Druckmaße, Seitenverhältnisse und Pixelzahlen herstellen; damit übernimmt das Werkzeug Aufgaben des Befehls **Bild: Bildgröße**. Die Reihenfolge:

1. Schalten Sie das Freistellungswerkzeug mit der Taste C ein.
2. Tippen Sie in den Optionen erst Breite und Höhe ein. Geben Sie Maßeinheiten mit an, zum Beispiel »15 cm« oder »800 px« (für Pixel).
3. Für die Auflösung öffnen Sie das Dialogfeld Grösse und Auflösung mit dem R (oder **Größe und Auflösung** im Proportionen-Klappmenü).
4. Jetzt formen Sie den Freistellrahmen - je nach Vorgabe erlaubt Photoshop nur bestimmte Seitenverhältnisse. Sie können alle Werte immer noch ändern oder mit dem X umkehren.
5. Schneiden Sie den Rand mit der ↵-Taste weg.

Wollen Sie mit dem Werkzeug einfach nur freihändig ausschneiden, löschen Sie alle Vorgaben per Zurücksetzen.

Neues Druckmaß bei neuem Seitenverhältnis

Sie brauchen ein neues Druckmaß bei neuem Seitenverhältnis - zum Beispiel wollen Sie ein 4:3-Foto als 15x10-Zentimeter-Postkarte drucken. Tippen Sie 15 cm mal 10 cm als Breite und Höhe ein, einschließlich der cm-Maßeinheit.

Das Bild wird zugeschnitten und auf 15x10 Zentimeter umformatiert, der verbleibende Bildinhalt aber nicht neu berechnet. Es findet keine Interpolation statt.

Abbildung 10.29 So stellen Sie die Optionen ein, wenn Sie die Druckgröße, aber nicht die Pixelqualität ändern wollen.

Neues Seitenverhältnis, neue Druckmaße, neue Auflösung

Sie wollen ein 4:3-Foto als 15x10-Zentimeter-Postkarte zuschneiden. Weil das Bild zu viele Megapixel hat, wollen Sie das verbleibende Bild auf übliche 300 dpi herunterrechnen.

1. Tippen Sie 15 cm mal 10 cm als Breite und Höhe ein, einschließlich der cm-Maßeinheit.
2. Für die Auflösung öffnen Sie das Dialogfeld Grösse und Auflösung mit **Größe und Auflösung** im Proportionen-Klappmenü (oder R, wenn Sie schon einen Rahmen aufgezogen haben); Sie könnten hier auch Breite und Höhe eintragen.

Das Bild wird auf 15x10 Zentimeter umformatiert, der verbleibende Bildinhalt auf 300 Pixel pro Zoll umgerechnet. Es findet Interpolation statt, die Bildqualität ändert sich. Photoshop verwendet automatisch die beste Interpolationsmethode.

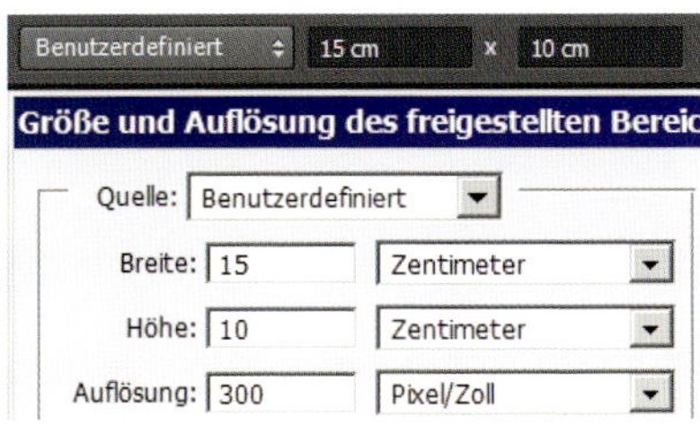

Abbildung 10.30 So stellen Sie die Optionen ein, wenn Sie Druckgröße und -auflösung genau kennen.

Achtung Schneiden Sie das Bild für einen Druckdienst oder für die TV-Vorführung zu? Säbeln Sie nicht zu viel ab. Die Labore kürzen Ihr Bild meist noch um ein paar Prozent - Bildtexte und andere Randdetails bleiben auf der Strecke. Und manche Pantoffelkinos blasen Ihre Fotos auf (»Overscan«), der vorhandene Bildrand gelangt nicht mehr auf den Schirm.

Neue Pixelzahl mit Neuberechnung

Tippen Sie in den Freistelloptionen eine Pixelgröße ohne jede Auflösung ein, rechnet Photoshop den markierten Bildausschnitt neu auf die gewünschte Pixelzahl hoch oder herunter: Tippen Sie zum Beispiel »800 px« mal »600 px« ein. Dann rahmen Sie beliebig große Bildbereiche ein - Photoshop erlaubt nur das 4:3-Seitenverhältnis und rechnet den Ausschnitt so um, dass er 800x600 Pixel enthält.

Abbildung 10.31 Diese Eingabe in den Freistellungsoptionen rechnet das verbleibende Bild auf 800 x 600 Pixel um.

Zuschneiden für HD-Monitor ohne Neuberechnung

Wir wollen die 12-Megapixel-Datei »Neuberechnen_1.jpg« auf das HD-Seitenverhältnis 1920:1080 (16:9) zuschneiden. Tippen Sie 1920 als Breite und 1080 als Höhe ein, jeweils ohne Maßeinheit (oder nehmen Sie die 16:9-Vorgabe). Der Freistellrahmen schnurrt sofort auf die gewünschte längliche Proportion zusammen. Wenn Sie jetzt freistellen, hat das Bild maximal 4256x2394 Pixel. Der verbleibende Bildinhalt wird nicht umgerechnet.

Ein gängiger HD-Bildschirm zeigt zwar nur 1920x1080 Pixel. Doch der Zuschnitt auf ein 16:9-Seitenverhältnis ohne Reduzierung der Pixelzahl erlaubt es Ihnen, bei laufender Präsentation noch ins Bild hineinzuzoomen, ohne dass es pixelig aussieht.

Abbildung 10.32 Mit diesen völlig gleichwertigen Angaben schneiden Sie das Bild auf 16:9 zu, ohne den verbleibenden Inhalt kleiner zu rechnen.

Zuschneiden für HD-Monitor mit Neuberechnung

Wir wollen die 12-Megapixel-Datei »Neuberechnen_1.jpg« auf das HD-Seitenverhältnis und die übliche HD-Pixelzahl 1920x1080 zuschneiden. Tippen Sie 1920 px als Breite und 1080 px als Höhe ein. Der Freistellrahmen schnurrt sofort auf die gewünschte längliche Proportion zusammen. Wenn Sie jetzt freistellen, hat das Bild nurmehr 1920x1080 Pixel. Der verbleibende Bildinhalt wird also kleingerechnet.

Zwar können Sie hier nicht mehr hineinzoomen, ohne dass es »aufgeblasen« wirkt. Doch das Bild lässt sich wegen der geringeren Dateigröße schneller übertragen und laden.

Abbildung 10.33 Diese Einstellung erlaubt nur das 16:9-Seitenverhältnis, der Bildinhalt wird auf 1920x1080 Pixel umgerechnet.

Nur einen Wert eintragen

Manchmal reicht ein einziger Wert in den Freistelloptionen:

- Tippen Sie eine BREITE von »8 cm« ein, HÖHE und AUFLÖSUNG bleiben leer. Das Bild erscheint dann auf jeden Fall acht Zentimeter breit in der Druckvorschau oder im Layoutprogramm, die Höhe bestimmen Sie mit dem Freistellungswerkzeug. Photoshop berechnet die Bildpunkte nicht neu.
- Geben Sie »400 px« BREITE vor, zum Beispiel für E-Mail oder Webseite: Das Ergebnis wird garantiert 400 Pixel breit, die Höhe steuern Sie beliebig mit dem Freistellgerät. Die Pixel des verbleibenden Bildteils werden neu berechnet.
- Tippen Sie im Dialog GRÖSSE UND AUFLÖSUNG »320« dpi AUFLÖSUNG ein. Der Bildausschnitt wird für hochwertigen 320-dpi-Druck formatiert - in welcher Zentimetergröße auch immer. Keine Neuberechnung.

Abbildung 10.34 Tippen Sie nur »400 px« ein, wenn der verbleibende Bildausschnitt 400 Pixel breit erscheinen soll.

Abbildung 10.35 **Ganz links:** Das Hauptmotiv wurde mit der Schnellauswahl ausgewählt. **2. Bild:** Wir schalten das Freistellungswerkzeug ein, der Freistellungsrahmen passt sich sofort an die Auswahl an. Wahlweise ändern Sie den Rahmen noch, dann schneiden Sie per [↵]-Taste zu. **3. Bild:** Wir haben nicht das Freistellungswerkzeug verwendet, sondern das Foto per »Bild: Freistellen« auf die Auswahlgrenzen gestutzt. **Rechts:** Wir haben das ausgewählte Hauptmotiv mit [Strg]+[C] in die Zwischenablage kopiert und »Datei: Neu« gewählt; Photoshop bietet sofort die Größe des Motivs aus der Zwischenablage an, wir können es passend einfügen. Datei: Bildrand_03

Seitenverhältnis oder Pixelzahl von vorhandenem Bild per Kopieren übernehmen

So übernehmen Sie das Seitenverhältnis oder die Originalpixelzahl eines anderen Bilds:

1. Wählen Sie das Bild, das als Vorlage für Seitenverhältnis oder Pixelzahl gilt, mit [Strg]+[A] aus und kopieren Sie es mit [Strg]+[C].
2. Aktivieren Sie das Zielbild und fügen Sie das kopierte Motiv mit [Strg]+[V] ein. (Übersichtlicher ist es, wenn das Zielbild mehr Arbeitsfläche als das »Vor-Bild« hat.)
3. Klicken Sie im Ebenen-Bedienfeld die Ebenenminiatur des Vorbilds (oft EBENE 1) bei gedrückter [Strg]-Taste an, so dass eine Auswahl-Fließmarkierung entsteht.
4. Im Ebenen-Bedienfeld ziehen Sie die neue EBENE 1 oder ähnlich in den Mülleimer.
5. Schalten Sie zum Freistellungswerkzeug - der Freistellrahmen hat automatisch Proportion und Pixelzahl des ursprünglichen Fotos.
6. Ändern Sie eventuell das Seitenverhältnis bei gedrückter [⇧]-Taste, ändern Sie auch den Bildausschnitt.
7. Entfernen Sie den Rand per Doppelklick in die Auswahl.

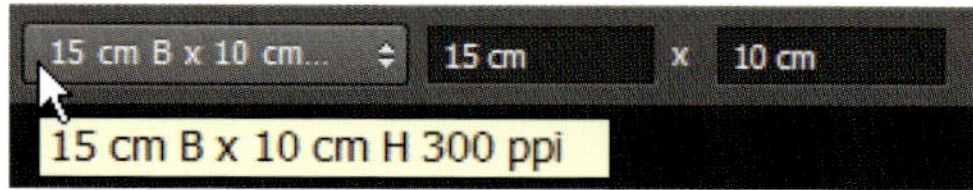

Abbildung 10.36 Nicht immer erkennt man in der Optionenleiste auf Anhieb, dass dem Freistellungswerkzeug eine feste Auflösung wie 300 dpi (ppi) vorgegeben ist – hier wird es nur per Einblendmeldung deutlich. Um garantiert alle Werte zu löschen, klicken Sie rechts in den Optionen auf die Schaltfläche ZURÜCKSETZEN.

10.2.3 Auswahlfunktionen und »Freistellen«

Sie müssen nicht unbedingt das Freistellungswerkzeug bemühen. Sie können auch eine beliebige Auswahl erzeugen und das Bild auf die Außengrenzen dieser Auswahl stutzen. Das funktioniert auch mit unregelmäßig geformten Auswahlen und weicher Kante. Wenn die Auswahl steht, wählen Sie **Bild: Freistellen**. Alternativ schalten Sie jetzt zum Freistellungswerkzeug, dessen Rahmen sich sofort um die Auswahl legt und weiter angepasst werden kann.

Gründe, warum Sie das Freistellen mit einem Auswahlwerkzeug beginnen könnten:

- Sie markieren ein Objekt mit der Schnellauswahl und stutzen das Foto per **Freistellen** auf die reine Größe dieses Hauptmotivs.
- Sie markieren einen Bildbereich mit dem Auswahlrechteck und geben in den Optionen eine feste Pixelzahl vor. Einen entsprechend großen Bildteil trennen Sie nun per **Freistellen** heraus, ohne dass Photoshop Bildpunkte interpoliert – das kann das Freistellungswerkzeug nicht.

Der Befehl **Freistellen** entsorgt die Außenzonen endgültig. Sie können also nicht wie beim Freistellungswerkzeug bei Verzicht auf AUSSERHALB LIEGENDE PIXEL LÖSCHEN Gekapptes wieder in den sichtbaren Bereich ziehen.

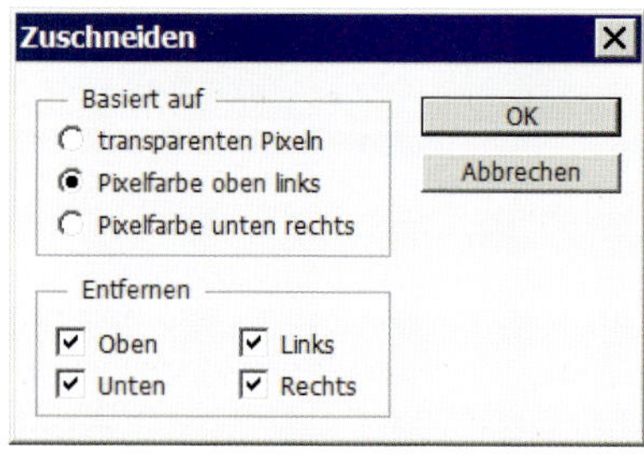

Abbildung 10.37 Der Befehl »Bild: Zuschneiden« kappt transparente oder einheitlich gefärbte Bildbereiche.

10.2.4 »Zuschneiden«

Der Befehl **Bild: Zuschneiden** kürzt Motive, die von komplett einfarbigem oder transparentem Hintergrund umgeben sind. Dabei betrachtet Photoshop das Gesamtbild und nicht nur die aktuelle Ebene. Soll eine bestimmte, große, Ebene ignoriert werden, blenden Sie diese mit dem Augensymbol im Ebenen-Bedienfeld aus.

Möglicherweise liegen Objekte mit den Effekten SCHATTEN oder SCHEIN NACH AUSSEN über transparenter Fläche – die Vorgabe TRANSPARENTE PIXEL begrenzt Ihr Bild auf das Hauptobjekt und erhält den Schatten perfekt. Ihre Möglichkeiten:

- Mit der Vorgabe TRANSPARENTE PIXEL entfernt Photoshop den Bereich, der komplett transparent ist und keinerlei auch nur schwach deckende Bildpunkte zeigt (auch nicht einen SCHLAGSCHATTEN oder andere Effekte).
- Die Vorgabe PIXELFARBE OBEN LINKS kappt Bildteile, die exakt so gefärbt sind wie der äußerste Bildpunkt links oben. Kein einziger Pixel auf der Strecke darf farblich im Geringsten abweichen. Diese Vorgabe erkennt auch Transparenz als PIXELFARBE, Sie müssen also nicht extra auf TRANSPARENTE PIXEL umstellen.

Tipp Eventuell ragen Ebenenteile über die »öffentliche Arbeitsfläche« hinaus und sind darum halb verdeckt. Solche Bereiche verschwinden mit dem Befehl **Bild: Zuschneiden** eventuell auf Nimmerwiedersehen. Im Zweifelsfall wählen Sie erst **Bild: Alles einblenden** und danach **Bild: Zuschneiden**. Wenn Sie die Befehle in dieser Reihenfolge nutzen, geht nichts verloren (außer komplett Einfarbiges).

Abbildung 10.38 **Links:** Das Objekt wurde über Weiß montiert und mit einem »Schlagschatten« unterlegt. **Rechts:** »Zuschneiden« mit der Vorgabe »Farbe Pixel oben links« schneidet den komplett weißen Rand weg. Der Schatten bleibt jedoch unangetastet. Falls Sie den »Schlagschatten« ausblenden oder löschen, schneidet Photoshop das Bild auf den reinen Pixelinhalt zu. Datei: Bildrand_04

Neue Datei statt Randentfernung

Die **Bild**-Befehle **Zuschneiden** und **Freistellen** stutzen Ihr Werk akkurat um das Hauptmotiv herum, überflüssiger Hintergrund verschwindet. Sie möchten jedoch vielleicht das Originalbild gar nicht kappen - stattdessen brauchen Sie das Hauptmotiv in einer neuen, maßgeschneiderten Datei. Treffen Sie die folgenden Vorbereitungen:

- Wenn Sie auf einer reinen »Hintergrund«-Ebene arbeiten, markieren Sie Ihr Hauptmotiv mit Schnellauswahl und Co.
- Befindet sich das Objekt Ihrer Begierde bereits sauber freigestellt auf einer eigenen Ebene, laden Sie die Konturen dieser Ebene als Auswahl; dazu klicken Sie die Miniatur im Ebenen-Bedienfeld bei gedrückter [Strg]-Taste an. Diese Ebene muss nun auch aktiviert sein.

So geht es weiter:

1. Kopieren Sie den Auswahlinhalt mit [Strg]+[C] in die Zwischenablage.
2. Rufen Sie den Befehl Datei: Neu auf. Im Dialogfeld nehmen Sie die Vorgabe Zwischenablage; sie passt exakt zu Ihrem kopierten Bildbereich.
3. Klicken Sie auf OK, so dass eine neue, leere Datei entsteht.

4. Fügen Sie den zuvor kopierten Bildteil mit Strg+V ein.
5. Soll die neue Datei nur eine übliche HINTERGRUND-Ebene enthalten, so dass man sie leicht als JPEG weitergeben kann, wählen Sie noch den Befehl **Ebene: Auf Hintergrundebene reduzieren.**

Abbildung 10.39 Wir haben den »Schlagschatten« ausgeblendet, dann folgte »Bild: Zuschneiden«. Nun schneidet Photoshop das Bild auf den reinen Pixelinhalt ohne Schatten zu.

10.2.5 Pixelgenau nur äußersten Rand abschneiden

Das Freistellungswerkzeug fühlt sich magnetisch angezogen von Hilfslinien, Grundrastern oder auch vom Bildrand. Sie können also den Freistellrahmen exakt an solchen Linien entlangführen.

Manchmal will man jedoch nur ganz wenige Randpixel wegschnipseln, zum Beispiel bei der Arbeit an Grafik, Schriftzügen, Webfotos oder Bildschirmfotos (Screenshots). Mit dem Freistellungswerkzeug gibt es jedoch ein paar Probleme:

- Der Freistellrahmen schnappt automatisch an den Bildrändern ein, genau das soll er aber nicht.
- Bewegt man den Freistellrahmen präzise per Pfeiltasten ins Bildinnere, rutscht er auf der anderen Seite leicht über die Bildränder nach außen. Dort baut Photoshop dann nach dem Doppelklick neue Arbeitsfläche an - nein danke.

Wir besprechen mögliche Abhilfen: Stellen Sie den Magnetismus des Freistellungswerkzeugs am Bildrand ab oder nutzen Sie eine Auswahlfunktion.

Freistellrahmen ohne Magnetismus

Der Freistellrahmen soll nicht mehr automatisch am Bildrand andocken? Dieses Verhalten beenden Sie bei Bedarf komplett mit **Ansicht: Ausrichten**. Wollen Sie die Anziehungskräfte aber nur fallweise bannen, gibt es einen anderen Trick:

1. Führen Sie den Freistellrahmen in die Nähe des Bildrands.
2. Sie wollen den Rahmen leicht verändern, ohne dass er am Rand einrastet? Klicken Sie erst auf den Rahmen und halten Sie die Maustaste fest gedrückt.
3. Drücken Sie zudem die Strg-Taste und lassen Sie es auch dabei.
4. Ziehen Sie den Freistellrahmen - er wandert Pixel für Pixel, ohne zum Bildrand zu springen.

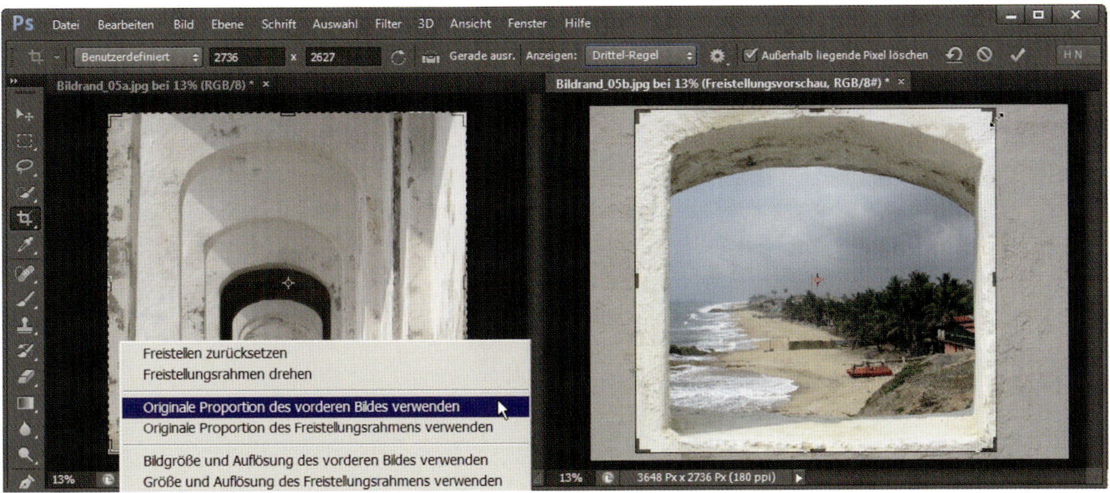

Abbildung 10.40 Links ist das Vorbild, rechts brauchen Sie das gleiche (fast quadratische) Seitenverhältnis. Ein möglicher Weg: Schalten Sie zum Freistellungswerkzeug, klicken Sie mit der rechten Taste ins linke Bild und nehmen Sie im Kontextmenü **Originale Proportion des vorderen Bildes verwenden**. Photoshop trägt das Seitenverhältnis in die Freistellungsoptionen ein, hier 2736:2627. Wechseln Sie zum rechten Bild, bietet der Freistellungsrahmen sofort das gewünschte weniger längliche Format. Wollen Sie rechts die identische Pixelzahl ohne Interpolation heraustrennen, wählen Sie links das Gesamtbild aus, ziehen die Auswahl mit einem Auswahlwerkzeug ins rechte Bild und nehmen dann **Bild: Freistellen**. Dateien: Bildrand_05a, _05b.

Präzise zuschneiden mit Auswahltechnik

Angenommen, Ihr Bild ist links zwei Pixel zu breit und oben drei Pixel zu hoch. So schneiden Sie die Streifen sauber weg:

1. Mit Strg+A wählen Sie das Gesamtbild aus.
2. Schalten Sie ein beliebiges Auswahlwerkzeug ein, zum Beispiel mit der Taste M das Rechteck.
3. Drücken Sie zweimal die →-Taste – die Auswahlmarkierung wandert zwei Pixel nach rechts, der äußerste linke Rand ist nicht mehr ausgewählt.
4. Drücken Sie dreimal die ↓-Taste – die Auswahlmarkierung wandert drei Pixel nach unten, so dass der oberste Bildstreifen aus der Auswahl fällt.
5. Der Befehl **Bild: Freistellen** beseitigt den Rand. (Oder Sie kopieren den letztlich gewünschten Bereich jetzt bequem in die Zwischenablage.)

10.2.6 Befehle im Überblick: Bild zuschneiden

Taste/Feld	Zusatztaste	Aktion	Ergebnis
C			
Esc			Freistellrahmen entfernen
	⇧	ziehen	Quadratischen Freistellrahmen aufziehen
	Alt	ziehen	Freistellrahmen von Mitte aufziehen
	Strg		Vorübergehender Wechsel zu Bild gerade ausrichten
	⇧	innen ziehen	Bild unter Rahmen in festen Winkeln verschieben
		außen ziehen	Bild unter Rahmen drehen
	⇧	an Eckpunkt ziehen	Freistellrahmen bei gleich bleibendem Seitenverhältnis vergrößern oder verkleinern
	Strg	an Anfasspunkt ziehen	Andocken an Ebenen oder Bildrand verhindern
⇧	7		Randabdeckung aus-/einschalten (nur Windows)
		außen klicken	Freistellungsabdeckung abschwächen
			Freistellungsabdeckung steuern
H			Freizustellenden Rand vollständig verbergen
R			Dialog Grösse und Auflösung einblenden (sofern Freistellungsrahmen aktiviert)

10.2.7 Übersicht: welche Freistellmethode für welchen Zweck

Mit unterschiedlichsten Methoden entfernen Sie überflüssigen Rand:

Aufgabe	Lösung
Beliebigen Bildteil heraustrennen	Freistellungswerkzeug, alle Werte in Optionen löschen
Bildteil mit festem Seitenverhältnis 4:3 heraustrennen	Freistellungswerkzeug, »4 « mal »3« eingeben
Wie groß kann der gewünschte Bildteil bei 250 dpi gedruckt werden?	Freistellungswerkzeug, »250« in Dialog Grösse und Auflösung (R) angeben, keine Breite-Höhe-Werte eingeben, während des Freistellens Info-Bedienfeld lesen oder nach Freistellen **Bildgröße** öffnen
Einen Ausschnitt mit festem Druckmaß und fester Auflösung erzeugen	Freistellungswerkzeug, »cm«-Werte eingeben, Auflösung in Dialog Grösse und Auflösung angeben
Variable Teile herausschneiden und auf 800 Pixel Breite umrechnen	Freistellungswerkzeug, als Breite »800 px« angeben, Felder für Höhe und Auflösung leer lassen
Auf vorgegebene Pixelzahl ohne Interpolation beschneiden	Auswahlrechteck mit Art Feste Grösse, dann **Bild: Freistellen**
Bildbereich außerhalb der Auswahl entfernen	Auswahlfunktion, dann **Bild: Freistellen**
Einfarbige oder transparente Umgebung entfernen	**Bild: Zuschneiden**

10.3 Die Arbeitsfläche erweitern

Erweitern Sie Ihre Grafik um leere Fläche mit den **Bild**-Befehlen **Arbeitsfläche** oder **Alles einblenden** oder mit dem Freistellungswerkzeug ⌗. Die bereits vorhandenen Pixel werden nicht verändert. Sie dehnen Montagen weiter aus. Die eingespeicherte Druckauflösung bleibt erhalten, Pixelzahl und eingespeicherte Druckgröße steigen.

Tipp Sie wollen das vorhandene Bild verlängern? Alle Tipps zu dieser Aufgabe im Abschnitt »Leeren Rand überdecken« ab Seite 786.

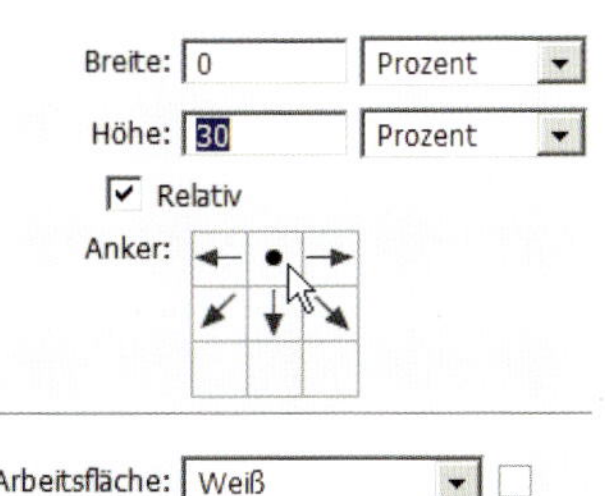

Abbildung 10.41 Anbaumaßnahme: Diese Montage wird mit der »Relativ«-Option um 30 Prozent nach unten erweitert, um Platz für den Text zu schaffen. Photoshop setzt hier Weiß ein, weil diese Farbe im Dialogfeld festgelegt wurde.

10.3.1 »Arbeitsfläche«

Im Dialogfeld zum Befehl **Bild: Arbeitsfläche** (Tastenbefehl Strg+Alt+C) lesen Sie oben die aktuelle Höhe und Breite Ihres Werks. Darunter klicken Sie auf eine Größeneinheit Ihrer Wahl, etwa Pixel, Prozent oder Zentimeter. Sie können als Breite auch Spalten angeben, das Maß für eine Spalte legen Sie in den **Voreinstellungen** (Strg+K) fest. Sofern Sie nichts weiter im Dialogfeld ändern, baut Photoshop so an:

- Enthält Ihr Bild eine Hintergrund-Ebene, fügt Photoshop weiße Fläche hinzu. Mit dem Klappmenü Farbe für erweiterte Arbeitsfläche oder mit dem Farbfeld rechts daneben geben Sie andere Farbtöne vor.
- In Montagedateien ohne Hintergrund-Ebene setzt Photoshop keine farbig gefüllte, sondern eine transparente Fläche an.

Feinsteuerung

Diese Möglichkeiten haben Sie:

- Mit einem Klick in das Neuner-Feld geben Sie an, wo innerhalb der erweiterten Fläche das bisherige Bild stehen soll. Sie klicken zum Beispiel in das Rechteck oben Mitte: Photoshop platziert nun das ursprüngliche Foto mittig oben im vergrößerten Bild. Die neue Fläche entsteht unterhalb sowie gleichmäßig links und rechts - aber nicht oberhalb vom Kernbild.
- Wenn Sie Relativ aktivieren, geben Sie nicht mehr die neue Gesamtzahl an Bildpunkten an. Stattdessen nennen Sie nur noch die Zahl derjenigen Punkte, die Sie zusätzlich an die bereits vorhandene Fläche anbauen; also zum Beispiel 20 statt 120 Prozent, falls Sie mit Prozentwerten arbeiten.

Abbildung 10.42 Auch das Freistellungswerkzeug erweitert die Arbeitsfläche. Ziehen Sie einfach über die bestehende Bildfläche hinaus nach außen. Vorlage: Arbeitsfläche_02

10.3.2 Mehr Arbeitsfläche mit dem Freistellungswerkzeug

Auch mit dem Freistellungswerkzeug erweitern Sie die Arbeitsfläche. Ziehen Sie den Rahmen einfach über den bisherigen Bildrand hinaus. Bietet der Bildschirm zu wenig Platz, drücken Sie Strg+0. Nach dem Druck auf die ↵-Taste vergrößert Photoshop die Arbeitsfläche. Das Neuland erscheint in der aktuellen Hintergrundfarbe oder transparent.

10.3.3 Mehr Arbeitsfläche mit dem Befehl »Alles einblenden«

Eventuell haben Sie Bildteile außerhalb des sichtbaren Bildbereichs verborgen: Sie haben zum Beispiel Objekte nach außen geschoben oder das Freistellungswerkzeug ohne die Option Ausserhalb liegende Pixel löschen verwendet. Ebeneneffekte wie Schlagschatten, Kontur oder Schein nach aussen ragen über den sichtbaren Bildbereich hinaus und werden an der Bildkante abgeschnitten.

Wenn Sie nun die Arbeitsfläche erweitern, kommen diese Bildteile wieder zum Vorschein. Maßgeschneidert erledigt das der Befehl **Bild: Alles einblenden.** Photoshop erweitert die Arbeitsfläche so, dass alle verborgenen Partien wieder vollständig im Bildfenster Platz finden.

Abbildung 10.43 **Links:** Die »Ebene 1« ragt in dieser Montage über den unteren Bildrand hinaus. **Mitte:** Im Ebenen-Bedienfeld erkennen Sie nicht, dass sich Montageobjekte über den Bildrand hinaus erstrecken. **Rechts:** Der Befehl »Bild: Alles einblenden« erweitert die Arbeitsfläche so, dass alle zuvor verborgenen Ebenenteile sichtbar werden. Vorlage: Arbeitsfläche_03

Kapitel 11
Kontrast & Farbstimmung

Sorgen Sie schon bei der Aufnahme für gute Bedingungen: Stellen Sie Kontrast- und Farbkorrekturen Ihrer Kamera ab, sofern Sie nicht ohnehin Raw-Dateien aufnehmen. Arbeiten Sie mit Spotmessung, konsultieren Sie das Kamera-Histogramm und nehmen Sie Graukarten mit auf (mehr Fototipps ab Seite 45).

Aus Raw-Bildern sowie allgemeiner aus Dateien mit 16 oder 32 Bit pro Grundfarbe lässt sich im Zweifelsfall mehr herausholen als aus 8-Bit-Vorlagen.

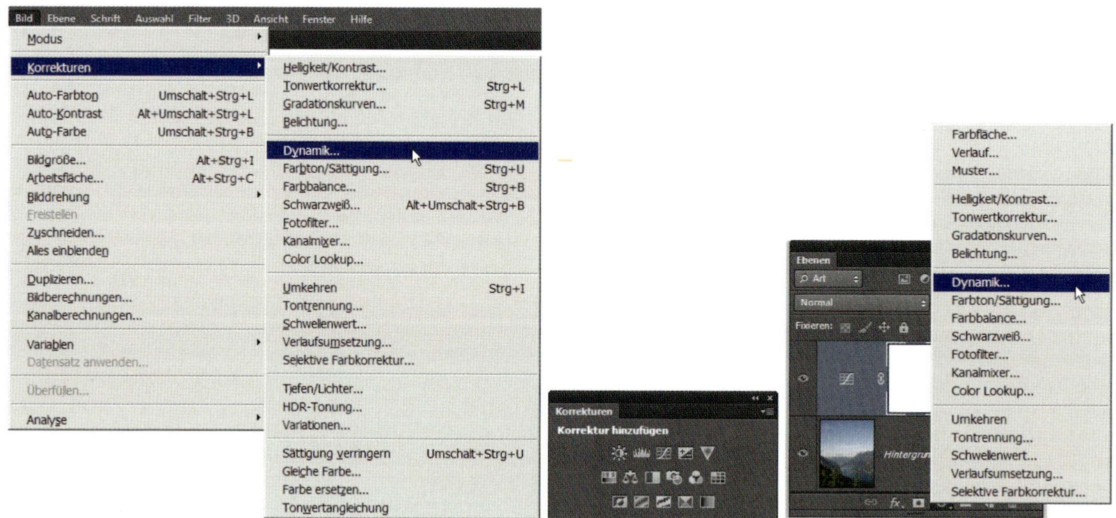

Abbildung 11.1 **Links:** Das Untermenü »Bild, Korrekturen« enthält die Befehle zur Tonwertkorrektur wie die »Gradationskurven«. Sie verändern unmittelbar die Bildpixel. **Mitte, rechts:** Sie können die »Gradationskurven« und andere Befehle aus dem Untermenü »Bild, Korrekturen« auch im Korrekturen-Bedienfeld oder Ebenen-Bedienfeld anwählen. Dann entsteht im Ebenen-Bedienfeld eine neue Einstellungsebene, das Originalbild liegt unverändert darunter.

11.1 Grundlagen

Lesen Sie, welche Befehle den Bildeindruck verbessern und welche Reihenfolge am besten ist.

11.1.1 Übersicht: Wie Sie die Befehle anwenden

Die meisten Tonwertkorrekturen können Sie auf unterschiedliche Art anwenden:

- Empfohlen: Legen Sie mit dem Bedienfeld eine verlustfreie Einstellungsebene an (Seite 838); das erledigen Sie mit dem Korrekturen-Bedienfeld oder mit der Schaltfläche NEUE FÜLL- ODER EINSTELLUNGSEBENE ERSTELLEN unten im Ebenen-Bedienfeld. Die Änderung lässt sich jederzeit annullieren, stufenlos zurücknehmen und per Maskenretusche auf einzelne Bildbereiche eingrenzen. Per Mischmodus und Ausblenden von Helligkeitsbereichen verfeinern Sie die Wirkung weiter. Verschmelzen Sie Einstellungsebene(n) später mit Bildebenen.
- Wählen Sie direkt den gewünschten Befehl aus dem Untermenü **Bild: Korrekturen**. Die Pixel werden dauerhaft verändert, örtliche Rücknahme erlaubt aber noch der Protokollpinsel. Reduzieren Sie die Wirkung des Befehls nachträglich stufenlos per **Bearbeiten: Verblassen**.
- Der Raw-Dialog (Seite 216) bietet ebenfalls hochwertige Kontrastkorrektur, die Sie jederzeit verlustfrei direkt in TIFF-, JPEG- und Raw-Dateien sichern und bequem auf weitere Dateien übertragen.
- Generell sollten Sie einzelne Bildbereiche oft unterschiedlich behandeln, zum Beispiel den Himmel anders als das Gesicht im Vordergrund (Seite 43).

Örtliche Korrekturen in einzelnen Motivregionen erlauben auch der Abwedler (zum Aufhellen), der Nachbelichter (zum Abdunkeln) und der Schwamm (Ändern der Sättigung). Diese Werkzeuge wirken jedoch sehr unflexibel – in aller Regel verbessert man Bildteile lokal mit einer maskierten Einstellungsebene.

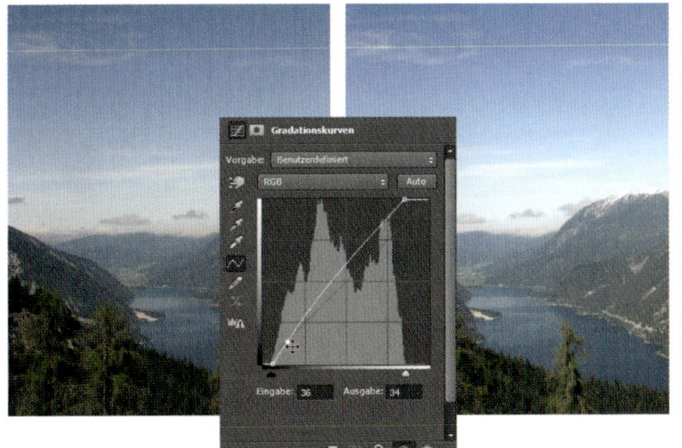

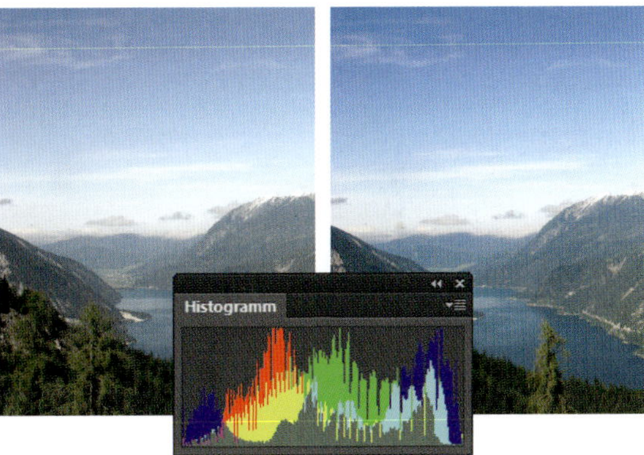

Abbildung 11.2 **1. Bild:** Die Vorlage wirkt dunkel und flau. **2. Bild:** Wir heben die vorhandenen helleren Tonwerte an, indem wir den weißen Regler der »Gradationskurve« im Korrekturen-Bedienfeld nach links ziehen. **3. Bild:** Wir senken die vorhandenen dunkleren Pixel mit dem schwarzen Dreieck auf Schwarz ab, das Bild erhält mehr Tiefe. Gleichzeitig heben wir die unteren Mitten an, so dass der Wald mehr Details zeigt. **4. Bild:** Wir steigern die DYNAMIK, also die Sättigung. Das Eigenschaften-Bedienfeld zeigt nur das Vorher-Histogramm der noch unbearbeiteten Datei. Nur das Histogramm-Bedienfeld meldet Werte passend zur aktuellen Korrektur. Die Risse im Histogramm erscheinen bei jeder Tonwertbearbeitung und stören die Bildwirkung meist nicht. Datei: Tonwertkorrektur_a

11.1.2 Übersicht: Die Befehle

Die meisten Befehle zur Kontrastkorrektur finden sich im Untermenü **Bild: Korrekturen** und auf dem Korrekturen-Bedienfeld.

Diese Funktionen finden Sie im Untermenü **Bild: Korrekturen** und, für Einstellungsebenen, im Korrekturen-Bedienfeld:

- Das kleine Dialogfeld **Helligkeit/Kontrast** eignet sich für schnelle Korrekturen. Auch als Einstellungsebene.
- Mit der **Tonwertkorrektur** erweitern oder begrenzen Sie den Tonwertumfang – ideal, um flauen Vorlagen mehr Brillanz zu verpassen. Dieses Dialogfeld enthält auch die Gammakorrektur, die vor allem mittlere Tonwerte anhebt oder absenkt. Auch als Einstellungsebene (Seite 838).
- Die **Gradationskurven** regeln die Kontraste neu nur für einzelne Helligkeitszonen, können aber auch den Tonwertumfang ausdehnen. Auch als Einstellungsebene.
- Die **Belichtung** korrigiert vor allem HDR-Dateien mit 32 Bit Farbtiefe pro Grundfarbe. Auch als Einstellungsebene.
- Die **Dynamik** hebt oder senkt die Sättigung, jedoch schonender und weniger durchschlagend als **Farbton/Sättigung**. Auch als Einstellungsebene.
- **Farbton/Sättigung** ändert den Farbton oder die Farbsättigung. Auch als Einstellungsebene.
- Die **Farbbalance** entfernt Farbstiche oder ändert die Farbstimmung. Auch als Einstellungsebene.
- Der **Schwarzweiß**-Befehl setzt Farbbilder vielseitig in Graustufen um. Auch Tonungen sind möglich. Auch als Einstellungsebene.
- Der **Fotofilter** rechnet zarte Farbtonungen ins Bild. Auch als Einstellungsebene.
- Der **Kanalmixer** verschiebt den Anteil der einzelnen Grundfarben am Gesamtbild. Auch als Einstellungsebene.
- **Color Lookup** ändert Farben und Kontrast mit zahlreichen nicht feinsteuerbaren Vorgaben teils deutlich. Auch als Einstellungsebene.
- **Umkehren** erzeugt ein Negativ – nützlich in Grafiken oder zum Umkehren der Auswahlwirkung in Ebenenmasken oder Alphakanälen. Auch als Einstellungsebene.
- Die **Tontrennung** reduziert die Vorlage mit plakativer Wirkung auf wenige Tonwerte. Auch als Einstellungsebene.
- Der **Schwellenwert** erzeugt eine reine Schwarz-Weiß-Grafik. Sie entscheiden, welche Helligkeitsstufen schwarz oder weiß erscheinen sollen. Auch als Einstellungsebene.
- Die **Verlaufsumsetzung** sorgt für Farbeffekte: Alle Helligkeitsstufen des Bilds werden in Tonwerte eines Farbverlaufs umgesetzt. Auch als Einstellungsebene.
- Die **Selektive Farbkorrektur** verändert Farben, indem einzelne Grundfarben angehoben oder abgesenkt werden. Auch als Einstellungsebene.
- **Tiefen/Lichter** korrigiert nur besonders helle oder besonders dunkle Bereiche, zum Beispiel stark unterbelichtete Bildteile. Auch als Smart Filter (Seite 862).
- **HDR-Tonung** verbessert und verfremdet auch sehr blasse Vorlagen und ermöglicht die typische HDR-Anmutung mit übersatten Farben, überstrahlten Kanten und surrealem Kontrast.
- Die **Variationen** (nicht am Mac) zeigen ein ganzes Tableau unterschiedlicher Farbstimmungen für ein Bild. Auch als Smart Filter.

- **Sättigung verringern** zieht alle Farbe aus dem Bild und erzeugt eine meist kontrastarme Graustufenanmutung.
- **Gleiche Farbe** gleicht ein Bild oder eine Ebene an die Farbstimmung einer anderen Vorlage an.
- **Farbe ersetzen** fasst zwei Aufgaben zusammen: Auswählen gleichfarbiger Bildteile und Änderung dieses Farbtons.
- Die **Tonwertangleichung** korrigiert das Gesamtbild auf Basis der Auswahl eines schlecht belichteten Bildteils.

Abbildung 11.3 **Links:** Bei Gegenlicht wurde der Vordergrund unterbelichtet. **Mitte:** Der Befehl »Tiefen/Lichter« hebt nur die sehr dunklen Tonwerte an, helle Bildpunkte bleiben fast unverändert. Das Zwischenergebnis lässt sich örtlich weiter verfeinern. **Rechts:** Ein mögliches Ergebnis mit »HDR-Tonung«. Vorlage: Tiefen_a. Foto: Lucas Klamert

11.1.3 Übersicht: Korrekturen schnell wiederholen

Eine gelungene Kontrastkorrektur passt auch zu anderen Bildern derselben Aufnahmereihe. So übertragen Sie eine gelungene **Gradationskurve** oder **Tonwertkorrektur** schnell und einfach auf weitere Bilder:

- Meist können Sie brauchbare Werte als Vorgabe direkt im Dialogfeld speichern.
- Legen Sie die erste Korrektur als Einstellungsebene an (Seite 838). Diese Ebene ziehen Sie aus dem Ebenen-Bedienfeld auf weitere geöffnete Bilder.
- **Tiefen/Lichter** und **Variationen** ziehen Sie nicht als Einstellungsebene, sondern als Smartfilter über andere Bilder. Die wandeln Sie zunächst in Smartobjekte um.
- Starten Sie die **Gradationskurven** nicht mit Strg+M, sondern mit Strg+Alt+M – dann bietet Photoshop sofort die Werte der letzten Korrektur an. Die Alt-Taste belebt das Gedächtnis auch bei anderen wichtigen Befehlen: Strg+Alt+L (statt Strg+L) öffnet die **Tonwertkorrektur** gleich mit der Reglerstellung vom letzten Bild, Strg+Alt+B beschert die **Farbbalance** mit den letzten Vorgaben und Strg+Alt+U den Befehl **Farbton/Sättigung**.
- Arbeiten Sie im Raw-Dialog. Dort und dann auch in Bridge können Sie Korrekturvorgaben übertragen.
- Zeichnen Sie eine Befehlsfolge (Aktion) auf.

Abbildung 11.4 Wir hellen das Gesamtbild mit einer Gradations-Einstellungsebene auf: Wir schalten das Ziehen-Werkzeug ein, klicken in einen Hautton und ziehen nach oben. Vorlage: Tonwertkorrektur_e

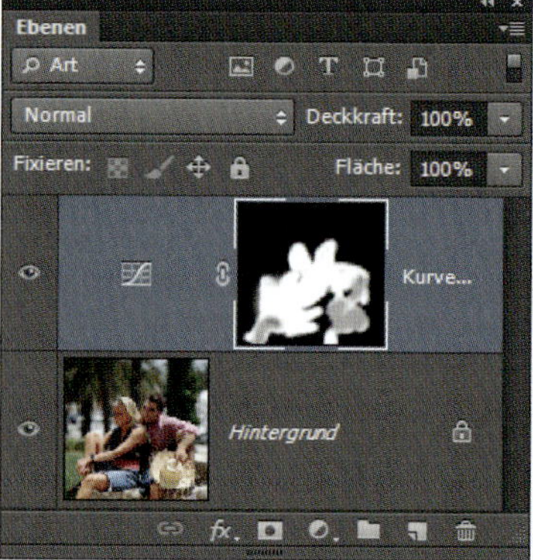

Abbildung 11.5 Wir färben die Ebenenmaske mit Strg+I schwarz und malen weiß über den Personen: So werden nur die Darsteller aufgehellt, die Umgebung bleibt unverändert. Über dem Hut und einigen Hautbereichen senken wir die Pinsel-Deckkraft, damit die Aufhellung nicht zu 100 Prozent wirkt.

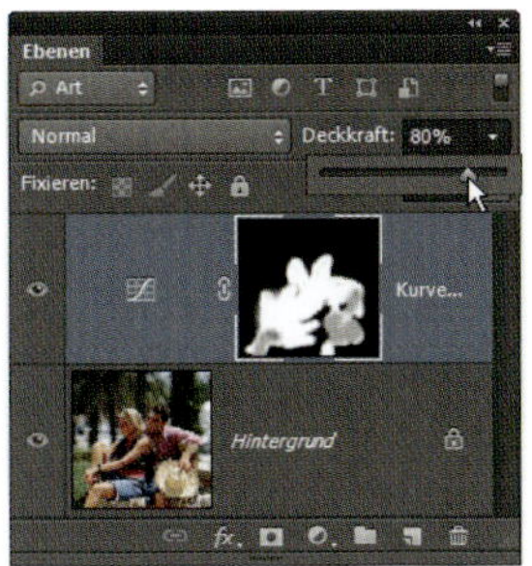

Abbildung 11.6 Im Ebenen-Bedienfeld senken wir die Deckkraft der Einstellungsebene, so dass die Aufhellung nicht so stark wirkt. Im Eigenschaften-Bedienfeld schalten wir auf »Masken« und senken die »Dichte«; so ist die Umgebung nicht mehr vollständig gegen Aufhellung geschützt, sie wird etwas heller.

11.1.4 Übersicht: Arbeitsfolge bei Kontrastkorrektur

Korrigieren Sie Ihre Fotos in dieser Reihenfolge, natürlich sind nicht alle Schritte immer erforderlich:

1. Drehen Sie wenn nötig das Bild.
2. Schneiden Sie überflüssigen Rand ab, falls erforderlich – die Außenbereiche verfälschen sonst die Analyse der Tonwertverteilung, wenn sie ohnehin später wegfallen sollen.
3. Korrigieren Sie Bildrauschen, retuschieren Sie störende Details weg.
4. Sie setzen neue Schwarz- und Weißpunkte mit **Gradationskurven** oder **Tonwertkorrektur**.
5. Sie verteilen Lichter und Schatten neu mit den **Gradationskurven** oder mit dem Gammaregler in der **Tonwertkorrektur**.
6. Sie korrigieren Farbstiche entweder mit der Mitteltonpipette in den Dialogfeldern für **Tonwertkorrektur** oder **Gradationskurven** oder mit dem Befehl für **Farbbalance** oder **Selektive Farbkorrektur**.
7. Ändern Sie gezielt Farben, etwa in Himmelspartien oder Gebäuden, zum Beispiel mit **Farbton/Sättigung** oder **Dynamik**.
8. Rechnen Sie nun in den CMYK-Modus um, falls das für Ihre Produktion erforderlich ist.
9. Erst dann schärfen Sie das Bild zum Beispiel mit dem **Selektiven Scharfzeichner**.

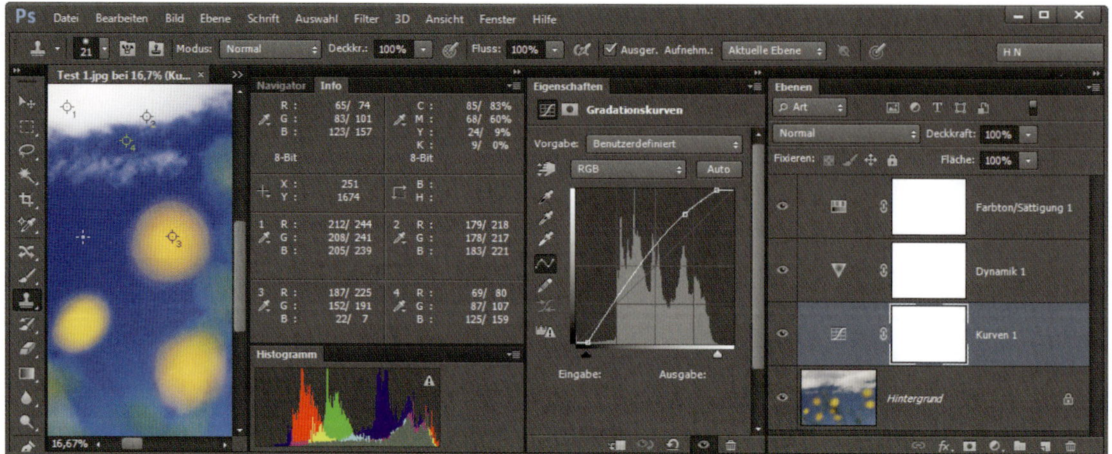

Abbildung 11.7 Alles im Blick: Für den Bildpunkt unter dem Mauszeiger meldet das Info-Bedienfeld (Seite 83) Vorher- und Nachher-Tonwerte in zwei wählbaren Farbmodellen. Das Info-Bedienfeld nennt hier auch die Werte für die maximal vier Messpunkte des Farbaufnahme-Werkzeugs. Das Histogramm-Bedienfeld zeigt die aktuelle korrigierte Tonwertverteilung; das Histogramm im Eigenschaften-Bedienfeld bezieht sich dagegen auf das Originalbild auf der Hintergrundebene.

11.1.5 Histogramm & Histogramm-Bedienfeld

Das Histogramm verrät, welche Helligkeitswerte in Ihrem Bild wie stark vertreten sind. Kommen zum Beispiel dunkle bis schwarze Tonwerte in der Datei vor? Wird das mögliche Helligkeitsspektrum nach Weiß hin ausgenutzt? Sie erkennen Fehlbelichtungen und Kontrastprobleme sofort.

Türmen sich ganz links die Balken besonders hoch, dann hat die Datei mehr dunkle als helle Bildpunkte. Möglicherweise erkennen Sie schon, dass ein bestimmter Tonwertbereich gar nicht ausgenutzt wird - orten Sie zum Beispiel ganz rechts keinen Ausschlag, dann fehlen Lichter.

Ein Histogramm erscheint auch innerhalb der Dialogfelder **Gradationskurven**, **Tonwertkorrektur**, **Schwellenwert** und im Raw-Dialog. Allerdings passt sich das Histogramm-Bedienfeld am schnellsten an Änderungen an. Noch während der Kontrastkorrektur sehen Sie im Histogramm-Bedienfeld neue und alte Werte zusammen; das Histogramm in **Gradationskurven** oder **Tonwertkorrektur** tischt nur die alten Werte auf.

Fotografie Digitalkameras zeigen ein Histogramm auf dem Monitor, vor oder nach dem Belichten. So kontrollieren Sie die Tonwertausnutzung direkt beim Fotografieren, allerdings ist die Histogrammanzeige vor der Belichtung nicht immer zuverlässig. Fotografieren Sie von Anfang an mit hohem Tonwertumfang.

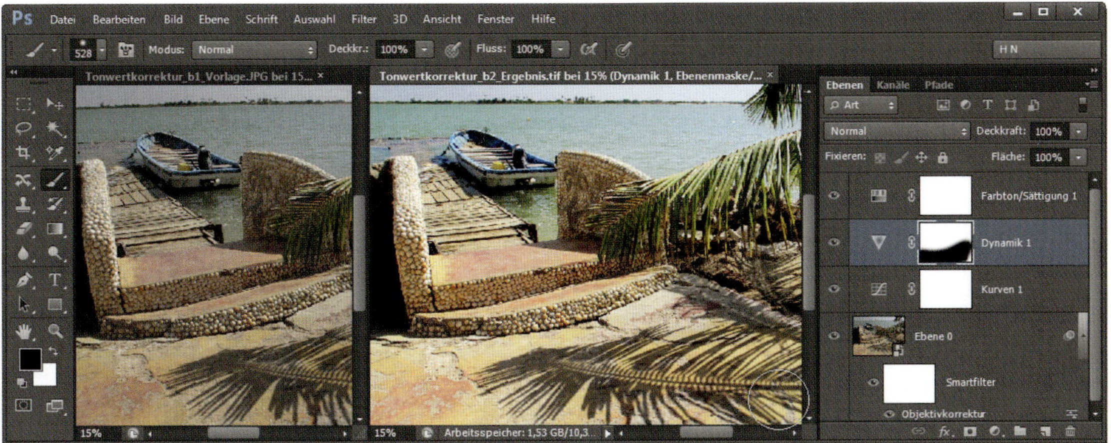

Abbildung 11.8 Der Horizont wurde per Objektivkorrektur gedreht und begradigt. Die Gradationskurven-Einstellungsebene sorgt für Aufhellung und mehr Kontrast, während Farbton/Sättigung die Blau-Grün-Töne ändert. Wir haben eine Dynamik-Ebene zur allgemeinen Sättigungssteigerung angelegt und malen nun mit Schwarz im Motivvordergrund in der Ebenenmaske: Schwarz verhindert, dass sich die Sättigung auch im Vordergrund auswirkt. Vorlage: Tonwertkorrektur_b.

So nutzen Sie das Histogramm-Bedienfeld

1 Kanal: Anzeige von Gesamthelligkeit oder Einzelfarben

2 Quelle: Histogramm für Gesamtansicht oder Einzelebene darstellen (nur bei Bildern mit Montageebenen)

3 Statistik: Bereich kann per Bedienfeldmenü ausgeblendet werden

4 Statistik: rechte Spalte für Tonwert unter Mauszeiger über Bedienfeld oder für Tonwertbereich, den Sie per Mausbewegung im Bedienfeld auswählen

5 Tonwertverteilung: dunkle (aber nicht schwarze) Bildpunkte stark vorhanden

6 **Tonwertverteilung:** mittelhelle Bildpunkte vorhanden

7 **Tonwertverteilung:** keine sehr hellen oder weißen Bildpunkte vorhanden

8 Aktualisieren: Histogramm so aktualisieren, dass es auf allen vorhandenen Bildpunkten und nicht nur auf einer verkleinerten Bildversion basiert

9 Bedienfeldmenü: Darstellung ändern

Darstellungsmöglichkeiten

Photoshop zeigt das Histogramm-Bedienfeld in drei verschiedenen Darstellungsarten und Größen; wechseln Sie die Darstellung über das Bedienfeldmenü:

- Die **Kompakte Ansicht** betrachtet generell das Gesamtbild und keine Einzelebene, Sie haben hier auch keine Klappmenüs für KANAL und QUELLE.
- Die **Erweiterte Ansicht** bietet die Klappmenüs für KANAL und QUELLE.
- Nur die Vorgabe **Alle Kanäle in Ansicht** zeigt zusätzlich zum Gesamtkanal noch einzelne Histogramme für jeden Grundfarbenkanal wie ROT, GRÜN, BLAU. Sie beansprucht weit mehr Monitorfläche. Im Bedienfeldmenü entscheiden Sie, ob Photoshop die **Kanäle in Farbe anzeigen** soll.

Die STATISTIK – also das Zahlenwerk unter dem obersten Histogramm – erscheint nur bei den Vorgaben **Erweiterte Ansicht** und **Alle Kanäle in Ansicht**. Sie können die STATISTIK im Bedienfeldmenü abwählen, um Platz zu sparen.

Abbildung 11.9 Das Histogramm-Bedienfeld zeigt, dass dieses Foto keine sehr hellen Pixel hat und darum flau wirken muss. **Mitte oben:** Bedienfeld in der »Kompakten Ansicht« ohne »Statistik«. **Mitte:** Bedienfeld in der »Erweiterten Ansicht« inklusive »Statistik« und markiertem Bereich innerhalb des Histogramms. Das Klappmenü »Quelle« steht nicht zur Verfügung, weil die bearbeitete Datei nur eine einzige »Hintergrund«-Ebene hat. **Mitte unten:** Wir haben das »Kanal«-Menü auf »Farben« gestellt und wechselten danach zurück zur »Kompakten Ansicht«. **Rechts:** Wir haben »Alle Kanäle in Ansicht« ein- und die »Statistik« ausgeschaltet; für die drei Einzelkanäle verwenden wir »Kanäle in Farbe anzeigen«. Das »Rot«-Histogramm geht am weitesten in den hellen Bereich – das Bild hat einen leichten Rotstich. Datei: Histogramm_a. Foto: Swantje Neumeyer

Die Cache-Stufe ⚠

Photoshop berechnet das Histogramm nicht immer auf Basis des Gesamtbilds – das dauert lange. Stattdessen kalkuliert das Programm nur eine verkleinerte Bildversion. Das Histogramm ist also nicht perfekt genau.

In dieser Situation sehen Sie ein Warndreieck ⚠ im Histogramm-Bedienfeld oder bei **Tonwertkorrektur** und **Gradationskurven** im Korrekturen-Bedienfeld. Klicken Sie das Warndreieck an, um das Histogramm neu auf Basis des gesamten Bilds zu berechnen – nötig ist der Schritt in der Regel nicht.

Stellen Sie nach Bedarf ein, wie präzise Photoshop das Histogramm berechnet; auf langsameren Rechnern wirkt sich diese Vorgabe auf die Geschwindigkeit aus. Mehr zur »Cache-Stufe« ab Seite 71.

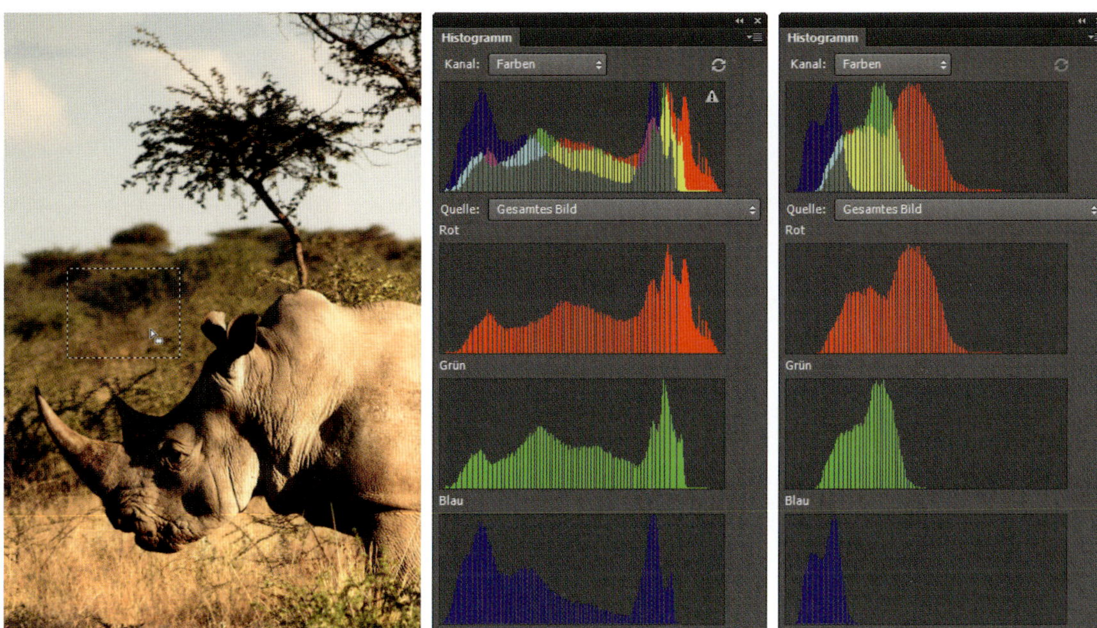

Abbildung 11.10 **Links:** Die Option »Helligkeit und Kontrast verbessern« steigert Helligkeit und Kontrast. **Mitte:** Das Histogramm zeigt weiterhin die stärkste Ausdehnung für Rottöne – die Farbstimmung hat sich nicht geändert. Die Risse im Histogramm sind normal und stören die Bildwirkung meist nicht. **Rechts:** Sobald eine Auswahl im Bild besteht – hier ein Stück Busch –, zeigt das Histogramm die Werte nur für diesen Bereich.

Auswahl der »Quelle«

In der **Kompakten Ansicht** gilt das Histogramm stets für das Gesamtbild einschließlich aller Ebenen. Besteht eine Auswahl, meldet das Histogramm die Helligkeitsverteilung innerhalb der Auswahl. Sofern Ihr Bild Ebenen hat und Sie nicht die **Kompakte Ansicht** verwenden, bietet das Quelle-Klappmenü neben dem Gesamten Bild weitere Darstellungen an:

- Werten Sie nur die **Ausgewählte Ebene** im Histogramm aus.
- Analysieren Sie das **Korrekturcomposite.** Sie sehen die Helligkeitsverteilung so, als ob eine zuvor aktivierte Einstellungsebene (also eine abschaltbare Kontrast- oder Farbtonkorrektur, Seite 838) dauerhaft auf die darunterliegenden Ebenen angewendet worden wäre. Die Einstellungsebene muss aktiviert sein.

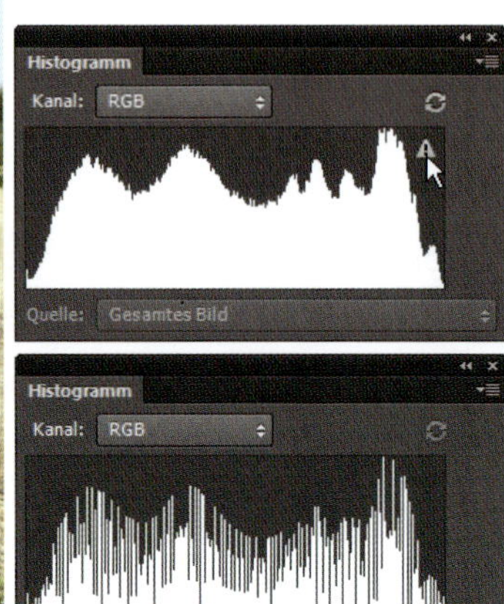

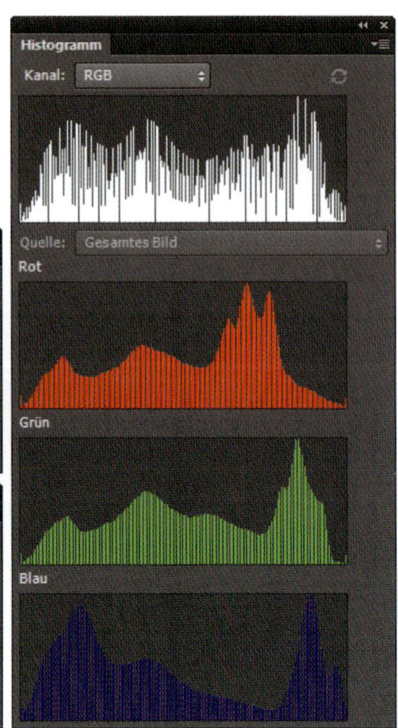

Abbildung 11.11 **Links:** Der Befehl »Bild: Auto-Farbton« (»Kontrast kanalweise verbessern«) hebt den Tonwertumfang und ändert die Farbstimmung. **Mitte oben:** Das Histogramm zeigt: Die Datei nutzt jetzt den ganzen verfügbaren Tonwertbereich. Das Warndreieck signalisiert, dass das Histogramm nur auf einer verkleinerten Vorschauversion basiert und nicht absolut genau ist (»Cache-Stufe« über 1). **Mitte unten:** Wir haben auf das Warndreieck geklickt, so dass Photoshop sämtliche vorhandenen Bildpixel berücksichtigt. Sie sehen die für eine Tonwertspreizung typischen Tonwertlücken. **Rechts:** Bei "Auto-Farbton" dehnt Photoshop jede Grundfarbe einzeln bis zum Maximum aus. Grün und Blau ändern sich hier also stärker als Rot, die Farbstimmung geht von Rot weg Richtung Türkis.

»Statistik«

Sofern Sie die **Statistik** nicht per Bedienfeldmenü ausgeschaltet haben, liefert das Datenfeld unter dem Histogramm sachdienliche Hinweise:

- Der MITTELWERT ist der durchschnittliche Helligkeitswert. Beobachten Sie bei Farbkorrekturen, ob sich der MITTELWERT und damit die Gesamthelligkeit ändern.
- Die ABWEICHUNG sagt, wie weit die Werte variieren.
- Der ZENTRALWERT zeigt den Mittelwert der Farbwerte an, so dass Sie zum Beispiel Rückschlüsse auf die durchschnittliche Helligkeit ziehen können.
- PIXEL nennt die Zahl der Bildpunkte, auf denen das Histogramm basiert.

Halten Sie den Mauszeiger über dem Histogramm oder markieren Sie einen Bereich durch Ziehen mit der Maus, dann informiert Sie der rechte Teil der »Statistik« speziell über den markierten Bereich.

- Der TONWERT verrät den Helligkeitswert oder den Bereich unter dem Mauszeiger.
- Die ANZAHL besagt, wie oft dieser Wert auftaucht.
- Die SPREIZUNG nennt den prozentualen Anteil an Pixeln, die dunkler sind als dieser Wert.
- Die CACHE-STUFE enthüllt, ob Photoshop die Informationen aus sämtlichen Originalpixeln oder bequem aus einer verkleinerten Darstellung errechnet (siehe oben).

Bildbeurteilung mit Histogramm

Das Histogramm gibt oft Aufschluss über Qualität und Brauchbarkeit einer Bilddatei:

- Finden Sie verteilt über das Tonwertspektrum immer wieder dünne Tonwertlöcher, wurde die Datei vermutlich schon einmal mit **Tonwertkorrektur** oder **Gradationskurven** bearbeitet; die Helligkeitssprünge stören die Bildwirkung meist nicht.
- Sehen Sie riesige Lücken und nur wenige Tonwertbalken, dann ist oder war die Datei vermutlich im Modus INDIZIERTE FARBEN und lässt eventuell nicht auf ein ausgewogenes Druckbild hoffen.
- Ist ein größerer Helligkeitsbereich links oder rechts gar nicht vertreten, haben Sie es mit einem schlechten Scan oder einer Fehlbelichtung zu tun. Das Druckbild gerät flau, wenn Tiefen fehlen. Und es wirkt düster, wenn es an Lichtern mangelt. Das lässt sich oft in Photoshop noch deutlich verbessern. Ein Tonwertumfang von 20 bis 240 sollte für einen sauberen Druck ausreichen.

11.1.6 Helligkeitsbereiche auswählen

Mit **Gradationskurven** oder **Tiefen/Lichter** kann man einzelne Helligkeitsbereiche bearbeiten, etwa die Schatten unabhängig von Mitteltönen und Lichtern. Dennoch will man mitunter für feine Korrekturen alle Pixel eines bestimmten Helligkeitsbereichs auswählen, zum Beispiel nur die Schatten. So lässt sich dieser Tonwertbereich völlig unabhängig von anderen Helligkeiten bearbeiten.

Manchmal können Sie einen Helligkeitsbereich mit der Schnellauswahl erfassen. Hilfreicher aber noch sind diese Auswahltechniken, die sofort bestimmte Helligkeiten ohne Rücksicht auf Farben erfassen:

- Öffnen Sie das Kanäle-Bedienfeld. Klicken Sie bei gedrückter Strg-Taste auf die RGB-Miniatur. So entsteht eine Auswahl, bei der Helles stark ausgewählt ist (Weißes vollständig, Hellgraues stark, Dunkles schwach und Schwarzes gar nicht). Kehren Sie die Auswahl mit Strg+⇧+I um, so haben Sie vor allem

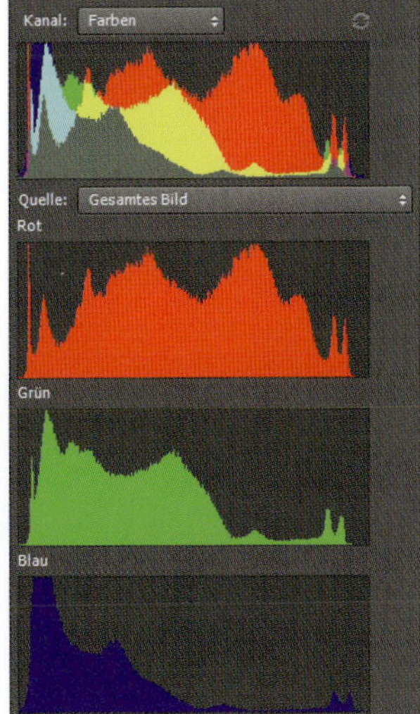

Abbildung 11.12 **Links:** Das Bild ist zu dunkel. **Mitte:** Im Histogramm erkennen Sie, dass das Bild den möglichen Tonwertumfang weitgehend ausnutzt, darum bringen Automatikkorrekturen nicht viel. **Rechts:** Wir legen eine »Gradationskurven«-Einstellungsebene an und schalten das Ziehen-Werkzeug an. Wir klicken auf zu dunkle Haut und ziehen nach oben, um diesen Helligkeitswert im gesamten Bild anzuheben. Datei: Histogramm_c

dunkle Tonwerte ausgewählt. Noch markanter wirken Hell-Dunkel-Unterschiede, wenn Sie **Bild: Modus: Lab-Farbe** wählen und dann bei gedrückter [Strg]-Taste auf den Helligkeit-Kanal im Kanäle-Bedienfeld klicken.

- Klicken Sie bei gedrückter [Strg]-Taste auf die Rot-Miniatur im Kanäle-Bedienfeld. Deutlich Rotes - zum Beispiel Gesichter - ist nun stark ausgewählt. Kehren Sie die Auswahl um, um Rötliches wie Gesichter zu schützen. Klicken Sie die Blau-Miniatur bei gedrückter [Strg]-Taste an, um vor allem Himmel oder andere Blau-Schwergewichte auszuwählen.
- Der Befehl **Auswahl: Farbbereich** erzeugt wahlweise eine Auswahl nur für Lichter, Mitteltöne oder Tiefen.

11.2 »Gradationskurven«

Kein Kontrastbefehl ist wichtiger als die **Gradationskurve** (als verlustfreie Einstellungsebene via Korrekturen-Bedienfeld, als modaler Direktbefehl per **Bild: Korrekturen: Gradationskurven**). Wenn Sie die Funktion beherrschen, brauchen Sie **Helligkeit/Kontrast** oder **Tonwertkorrektur** nicht mehr. Nur für extreme Fehlbelichtungen nehmen Sie **Tiefen/Lichter** und wenn es besonders unkompliziert sein soll **Helligkeit/Kontrast**.

Die **Gradationskurven** bearbeiten gezielt nur einen bestimmten Helligkeitsbereich. Zum Beispiel heben Sie nur die Schatten an, ohne gleichzeitig Mitteltöne und Lichter mit zu verändern. So präzise schafft das keine andere Funktion.

Die Gradationskurve zeigt das Verhältnis zwischen den Helligkeitswerten vor und nach der Bearbeitung, also zwischen Eingabe und Ausgabe. Auf der Gradationskurve ordnen Sie notfalls jedem einzelnen Tonwert von 0 bis 255 seinen eigenen, neuen Tonwert zu.

Hier geht es um gezielte Kontrastverbesserung. Bizarre Effekte per **Gradationskurven** besprechen wir ab Seite 489.

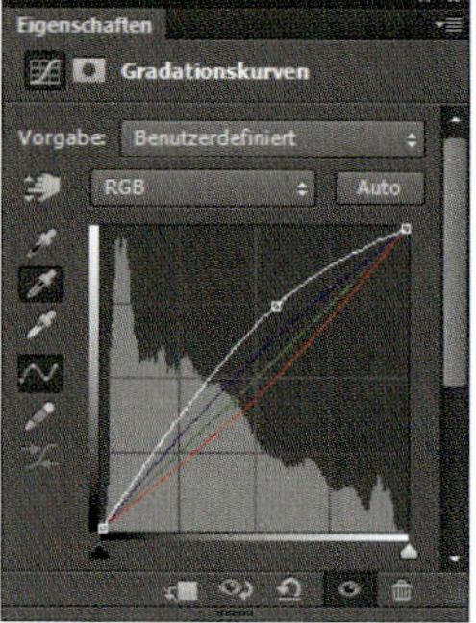

Abbildung 11.13 **Links:** Wir haben nach oben gezogen. Das Bild wirkt deutlich heller, aber etwas rötlich. **Mitte, rechts:** Wir schalten das Mitteltöne-Werkzeug in den Gradationskurven an und klicken auf Augenweiß, um diesen Farbwert neutral zu stellen; das Bild wirkt dadurch weniger rötlich.

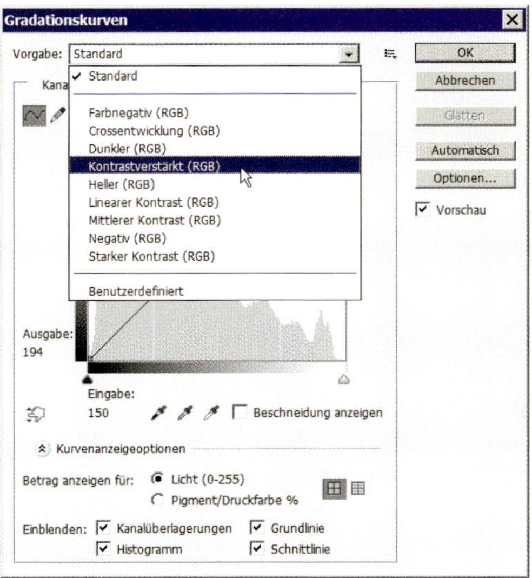

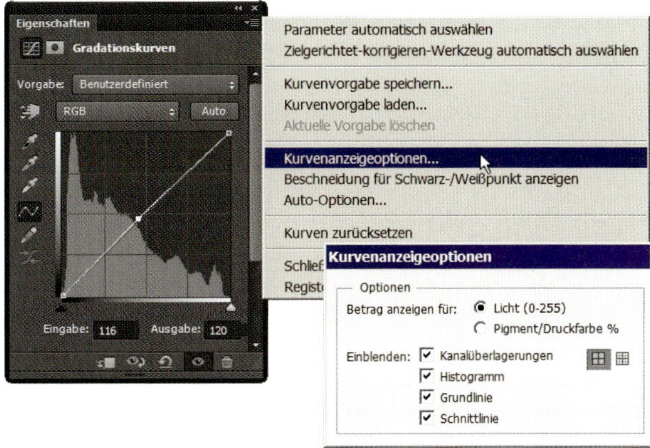

Abbildung 11.14 **Links:** Den modalen Dialog »Gradationskurven« erreichen Sie per »Bild: Korrekturen« oder per Strg + M. (Strg + Alt + M öffnet das Dialogfeld mit den zuletzt verwendeten Werten.) Sie können Vorgaben wie »Mittlerer Kontrast« abrufen, verfeinern und eigene Werte speichern. **Rechts:** Die Gradationskurve als Einstellungsebene im Korrekturen-Bedienfeld. Auch hier können Sie mit Vorgaben arbeiten, das Bedienfeldmenü liefert die »Kurvenanzeige-Optionen« und die »Auto-Optionen«.

11.2.1 Drei Anwendungsbeispiele

Rufen Sie die Gradationskurve frisch auf, läuft die »Kurve« zunächst schnurgerade diagonal durchs Diagramm: Das Bild ist also noch unverändert. Testen wir die Wirkung in drei Beispielen durch; es spielt keine Rolle, ob Sie das normale Dialogfeld oder eine Einstellungsebene nutzen.

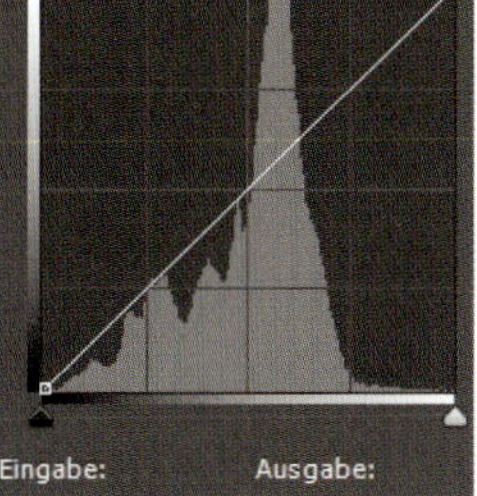

Abbildung 11.15 Das Histogramm innerhalb der Gradationskurve zeigt: Unsere Vorlage hat keine hohen Lichter. Weil noch nichts verändert wurde, läuft der Graph exakt diagonal durchs Diagramm. Datei: Gradation_a

Beispiel 1: Aufhellung

Ihr Foto soll allgemein heller erscheinen? Klicken Sie in die Mitte der Kurve und ziehen Sie nach oben. So heben Sie vor allem die Mitteltöne an. In unserem Beispiel steigt der Tonwert 90 auf hellere 150 an. Sie merken, dass dabei die Kurve in den Ecken unten links und oben rechts verankert bleibt. Das heißt, reines Schwarz und reines Weiß ändern sich gar nicht, tiefe Schatten und hohe Lichter bewegen sich ebenfalls kaum, weit schwächer als die Mitteltöne – und so soll es meist auch sein.

Abbildung 11.16 Wir ziehen die Gradationskurve nach oben, der mittlere Tonwert 90 steigt dabei auf 150 an; die anderen Helligkeitswerte ändern sich auch. Das Bild erscheint heller. Die »Grundlinie« zeigt zur Orientierung weiter den ursprünglichen, streng diagonalen Verlauf an. Eine etwa vergleichbare Wirkung erzielen auch der Befehl »Helligkeit/Kontrast« und der graue Gammaregler in der »Tonwertkorrektur«. Doch hohe Lichter fehlen weiterhin.

Abbildung 11.17 Die Schattenbereiche weiter in den Keller gezogen, die Lichter leicht angehoben - so verstärken Sie den Kontrast. Diese Wirkung erzielt wahlweise auch der Befehl »Helligkeit/Kontrast«, allerdings mit weniger Feinsteuerung.

Abgeschwächt erhalten Sie diese Änderung auch mit einer Vorgabe aus dem Vorgabe-Klappmenü ganz oben im Dialog, sie heißt **Heller (RGB)**. Eine ähnliche Änderung liefert bei Bedarf der Helligkeits-Regler des Befehls **Bild: Korrekturen: Helligkeit/Kontrast** (auch als Einstellungsebene); weitere Alternative: der graue Gamma-Regler in der **Tonwertkorrektur**.

Beispiel 2: Mehr Kontrast

Für eine allgemeine Kontraststärkung sinken dunklere Tonwerte weiter ab, hellere Tonwerte steigen an. Für **Gradationskurve** bedeutet das: Sie ziehen den linken unteren Teil der Kurve ein Stück nach unten; in unserem Beispiel sinkt der ursprüngliche, also der Eingabe-Tonwert 80 bis auf 65 ab. Anschließend klicken Sie in den oberen Bereich und ziehen nach oben; hier steigt der Tonwert 175 bis auf 220.

Eine vergleichbare Änderung erhalten Sie auch über das Vorgabe-Klappmenü ganz oben im Dialog, probieren Sie **Starker Kontrast (RGB)**, **Linearer Kontrast** oder **Kontrastverstärkt**. Eine unkomplizierte, wenn auch nicht völlig identische Alternative bietet **Helligkeit/Kontrast**: Ziehen Sie den Kontrast-Steller nach rechts auf positive Werte.

Abbildung 11.18 Tonwertumfang erweitern: Diese Einstellung senkt vorhandene tiefe Schatten bis auf Schwarz ab und hebt vorhandene hohe Lichter auf reines Weiß an. Diese Steigerung des Tonwertumfangs bietet genauso die Funktion »Tonwertkorrektur«. Das Bild wirkt brillanter.

Beispiel 3: Tonwerterweiterung

Ein letztes Beispiel: Das Histogramm unserer Vorlage zeigt weder ganz links noch ganz rechts Ausschläge – es gibt also weder sehr dunkle noch sehr helle Tonwerte. Ziehen Sie das schwarze Dreieck links bis zu den ersten Erhebungen des Histogramms. Sie sehen den Eingabe-Wert 20 und als Ausgabe schlicht 0: Sie drücken also alle Tonwerte von 20 bis 0 einheitlich auf 0 herunter, das Bild wird dunkler und kontrastreicher.

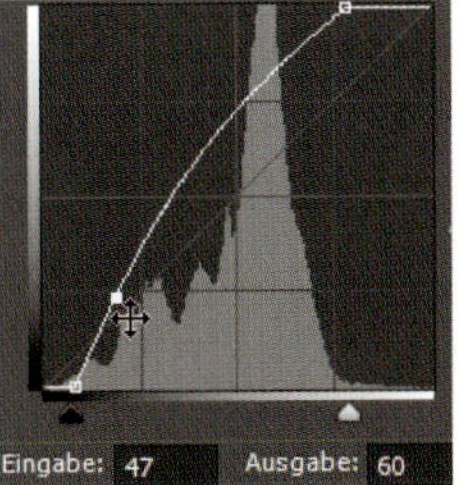

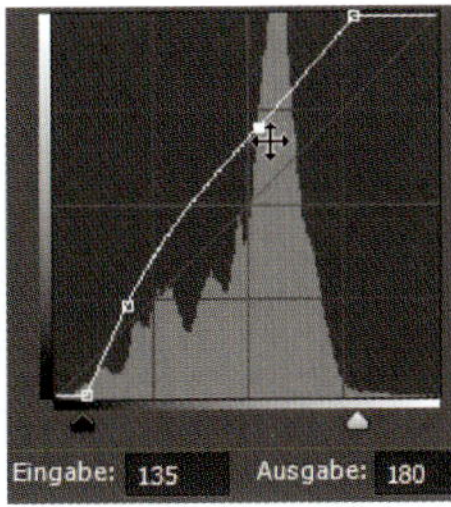

Abbildung 11.19 Wir fahren auf Basis der letzten Änderung (»Tonwertumfang erweitern«) fort: Um die Schatten aufzuhellen, ziehen wir zunächst den unteren Teil der Gradationskurve etwas nach oben. Das hebt jedoch hellere Töne zu sehr mit an, also ziehen wir den oberen Kurvenabschnitt wieder etwas zurück.

Und nun der weiße Regler rechts außen: Ziehen Sie ihn nach innen bis zum tatsächlichen Beginn des Histogramms. Wir kommen hier auf die Eingabe 200 und eine Ausgabe von 255: Ab Tonwert 200 aufwärts wird alles zu reinem Weiß. Ihr Bild sieht nun heller und brillanter aus und es nutzt den kompletten möglichen Tonwertumfang von 0 bis 255 aus. Wirkt das Motiv jetzt noch etwas dunkel, ziehen Sie die Gradationskurve in der Mitte leicht nach oben.

Diese Art der Tonwerterweiterung gelingt exakt genauso auch mit der **Tonwertkorrektur**. Zum späteren Aufhellen ziehen Sie dort den mittleren grauen Regler nach links.

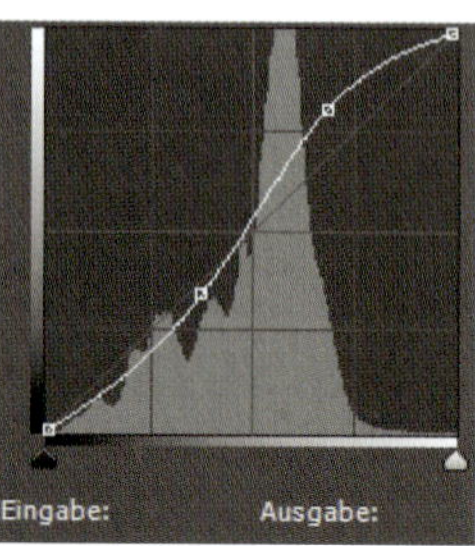

Abbildung 11.20 Die Automatik »Helligkeit und Kontrast verbessern« senkt die Schatten leicht ab und hebt die Lichter deutlich an. Dabei entstehen Anfasspunkte in der Gradationskurve, Sie können das Ergebnis also sofort weiterbearbeiten.

11.2.2 Ankerpunkte und Zahleneingabe

Sie können direkt an der Kurve im Dialogfeld ziehen. Aber dann wissen Sie nicht so genau, welchen Helligkeitsbereich Sie nun verändern.

Ankerpunkte gezielt setzen

Übersichtlicher sind diese Möglichkeiten:

- Schalten Sie das Werkzeug oben links im Korrekturen-Bedienfeld ein. Klicken Sie in einen Helligkeitsbereich, den Sie ändern wollen, und ziehen Sie sofort bei gedrückter Maustaste nach links oder unten, um diesen Helligkeitsbereich im gesamten Bild abzusenken; ziehen Sie nach rechts oder oben zum Anheben. Dabei entsteht ein Ankerpunkt auf der Kurve, mit weiteren Klicks ins Bild lassen Sie weitere Punkte folgen. Sie können den Ankerpunkt auch direkt im Bedienfeld bewegen.
- Wenn Sie mit dem normalen Dialogfeld arbeiten: Klicken Sie im Bild auf einen Tonwert, den Sie verändern wollen: Photoshop signalisiert die Lage dieses Tonwerts auf der Gradationskurve durch einen Kreis. In dieser Gegend der Gradationskurve könnten Sie also ziehen.
- Noch besser beim normalen Dialogfeld: Halten Sie die Strg-Taste gedrückt, dann klicken Sie einen Helligkeitsbereich im Bild an, den Sie gezielt verändern möchten. So entsteht ein erster Ankerpunkt auf der Gradationskurve, den Sie jetzt bewegen. Außerdem entsteht ein Zahlenpaar. Erzeugen Sie bei Bedarf weitere Ankerpunkte.

Punkte, die Sie nicht mehr brauchen, zerren Sie komplett aus dem Diagramm heraus. Alternative: Auch ein Strg-Klick löscht sie.

Zahleneingabe

Erst wenn Sie einen Punkt in die Kurve klicken, oder nach dem Strg-Klick ins Bild, erscheinen die Datenfelder für Eingabe und Ausgabe und Sie können neue Werte auch eintippen. Legen Sie zum Beispiel fest, dass der Tonwert 170 exakt auf 200 ansteigt. Brauchen Sie ein weiteres Vorher-Nachher-Wertepaar? Klicken Sie zunächst einen neuen Punkt in die Kurve.

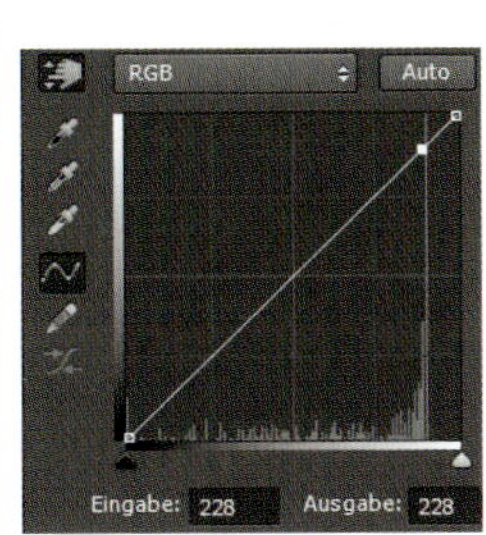

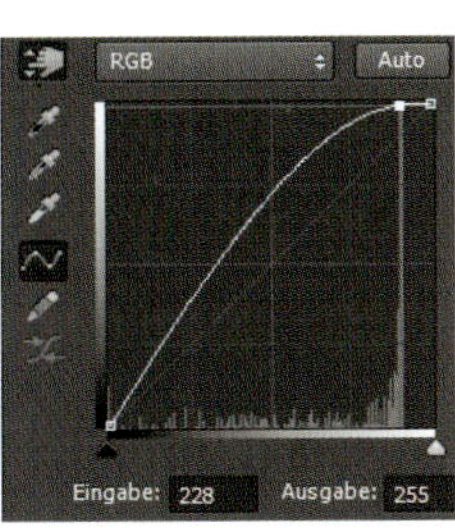

Abbildung 11.21 **Links:** Um nur den hellgrauen Hintergrund zu ändern, schalten Sie in der »Gradationskurve« das Ziehen-Werkzeug ein und klicken in das Hellgrau. Dabei entsteht ein Anfasspunkt auf dem Graphen beim Wert 228. **Rechts:** Ziehen Sie im Bild nach oben, um den Wert 228 auf 255 zu heben, also auf reines Weiß. Sie könnten 255 auch als »Ausgabe«-Wert eintippen. Der Hintergrund ist nun weiß, doch die Kanten wirken etwas hart.

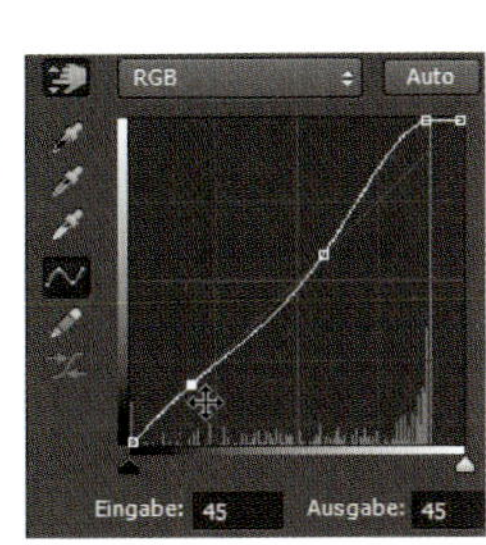

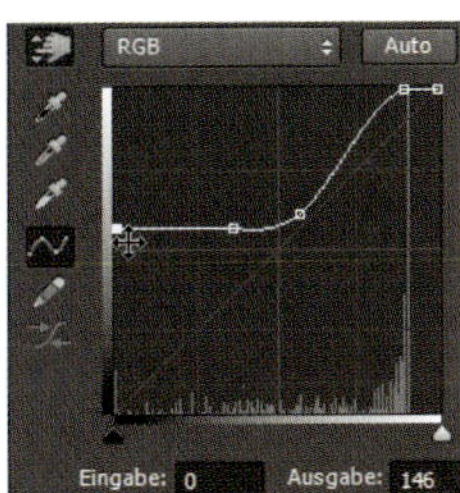

Abbildung 11.22 **Links:** Wir ziehen den unteren Teil der Kurve mit zwei Anfasspunkten wieder auf die diagonale »Grundlinie« zurück, also unveränderte Helligkeit für Mitteltöne und Schatten. Das Grau an den Kanten der Grafik wirkt nun wieder kräftiger, der Hintergrund bleibt Weiß. **Rechts:** Die Skizze soll grau erscheinen. Wir heben den gesamten dunkleren Bereich der Gradationskurve kräftig an – so schließen Sie Schwarz komplett aus, die Linien erscheinen nur noch grau. Sie könnten die Linien auch mit dem Helligkeitsregler der Befehle »Helligkeit/Kontrast« (ohne »Früheren Wert«) und »Farbton/Sättigung« grau machen.

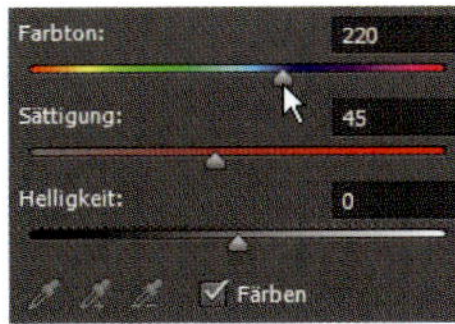

Abbildung 11.23 Das Bild liegt bereits im Farbmodus RGB-Farbe vor. Wir legen eine »Farbton/Sättigung«-Einstellungsebene an. Mit der Option »Färben« kolorieren Sie die Zeichnung, der »Farbton«-Regler steuert die Farbe; experimentieren Sie auch mit der »Sättigung«. Voraussetzungen hier: Die Linien müssen grau, nicht schwarz sein und die Grafik muss sich in einem Farbmodus wie »RGB-Farbe« befinden. Sind die Linien zunächst noch schwarz, werden sie erst einmal mit der »Helligkeit« der Funktion »Farbton/Sättigung« grau gemacht, danach funktioniert das Umfärben.

So nutzen Sie die Gradationskurve

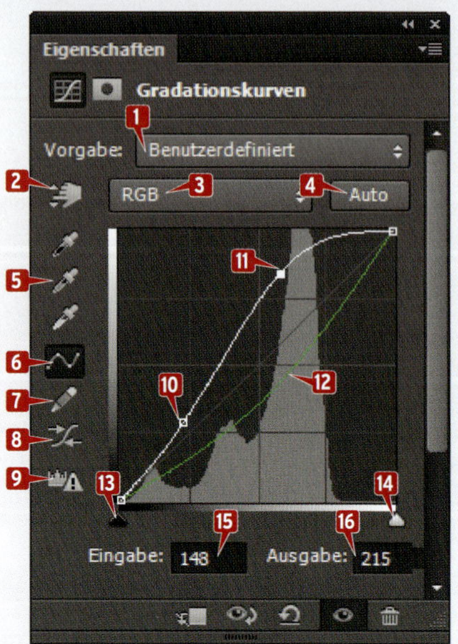

1. **Vorgabe wählen:** z.B. Dunkler, Kontrastverstärkt, Heller u.a.
2. **Ziehwerkzeug:** im Bild vertikal ziehen, nur gewählter Helligkeitsbereich wird verändert; automat. Aktivierung in Bedienfeldmenü vorgeben
3. **Kanal:** Alle Grundfarben (z.B. RGB oder CMYK) oder einzelne Grundfarbe bearbeiten
4. **Auto-Korrektur:** Kontrast und/oder Farbstimmung automatisch ändern (gemäß Optionen); per Alt-Klick auf Auto die Automatischen Farbkorrektur-Optionen aufrufen sowie Zielfarben und Beschneiden definieren
5. **Pipetten:** im Dialog anklicken, dann ins Bild klicken, um gewählten Tonwert auf Schwarz, Neutralgrau oder Weiß zu setzen (gemäß Automatischen Farbkorrektur-Optionen); Doppelklick: Zielfarben definieren
6. **Standardmodus:** für normale Korrekturen, erzeugt Kurven mit weichen Übergängen, verhindert Tonwertsprünge; Bleistiftmodus für Kurven mit harten Sprüngen
7. **Bleistiftmodus:** ermöglicht harte Tonwertsprünge und genaueres Zeichnen der Kurve von Hand
8. **Kurvenwerte glätten:** wandelt harte Tonwertsprünge des Bleistiftmodus um (nur im Bleistiftmodus verfügbar)
9. **Genaueres Histogramm berechnen:** anklicken, damit Histogramm aus Originalpixeln und nicht aus verkleinerter Bildversion errechnet wird
10. **Nicht aktiver Kontrollpunkt**
11. **Aktiver Kontrollpunkt:** Vorher-Nachher-Werte erscheinen beim Ziehen in Eingabe- und Ausgabe-Feldern unten; Löschen: per Strg-Klick oder aus Diagramm herausziehen
12. **Kanalüberlagerung:** hier für Grünkanal; nur änderbar, wenn Grün statt RGB (3) gewählt wird; ausblendbar per Bedienfeldmenü, dann Kurvenanzeigeoptionen (dort auch Histogramm, Grundlinie und Schnittlinie ausblenden und Gitterraster enger einstellen)
13. **Schwarzpunktregler:** nach innen ziehen, um dunkle Töne auf Schwarz zu senken, Tonwertumfang steigt, Bild wird dunkler und brillanter; Alt-Klick auf Schieberegler zeigt Tiefenbeschneidung grafisch an
14. **Weißpunktregler:** nach innen ziehen, um helle Töne auf Weiß zu heben, Tonwertumfang steigt, Bild wird heller und brillanter; Alt-Klick auf Schieberegler zeigt Lichter-Beschneidung grafisch an
15. **Eingabe:** Tonwert (Helligkeitswert) vor der Korrektur, hier 148, neuen zu ändernden Wert eintippen oder durch waagerechtes Ziehen am aktiven Kontrollpunkt (11) ändern
16. **Ausgabe:** Tonwert nach der Korrektur, hier starke Anhebung auf hellere 215, neuen gewünschten Wert eintippen oder aktiven Kontrollpunkt nach oben oder unten ziehen

Einstellungsebenen allgemein ab Seite 838.

Gradationskorrektur für einzelne Farbkanäle

Oben bietet die Gradationskurve ein Einblendmenü, mit dem Sie einzelne Farbauszüge eines RGB- oder CMYK-Bilds bearbeiten können, zum Beispiel nur den **Rot**-Kanal. Beim Lab-Farbmodell werden ohnehin nur Einzelkanäle angeboten. Damit lassen sich Farbstiche korrigieren – eine Alternative zu **Farbbalance** und Co.

Um eine Kombination aus zwei Einzelkanälen zu manipulieren, wählen Sie diese mit gedrückter [⇧]-Taste im Kanäle-Bedienfeld an, bevor Sie die **Gradationskurven** aufrufen. Schalten Sie unten im Dialogfeld die KANALÜBERLAGERUNGEN ein, um die Kurven aller Grundfarben gleichzeitig zu sehen.

Klicken Sie bei gedrückter [Strg]-Taste ins Bild, erzeugen Sie einen Ankerpunkt auf der Gradationskurve des gewählten Kanals. Wenn Sie die [⇧]-Taste dazunehmen, erhalten die Kurven aller Kanäle einen Ankerpunkt bei diesem Tonwert.

11.3 Automatikkorrekturen

Die **Gradationskurve** liefert Möglichkeiten zur automatischen Kontrastkorrektur, die Sie identisch auch bei der **Tonwertkorrektur** und teils bei **Helligkeit/Kontrast** finden:

- Mit der AUTO- bzw. der OPTIONEN-Schaltfläche im normalen Dialogfeld bzw. den Auto-Optionen im Menü zum Korrekturen-Bedienfeld verbessern Sie Bild oder Auswahl automatisch nach verschiedenen Kriterien. Diese Funktionen finden Sie überwiegend auch als **Auto**-Befehle im **Bild**-Menü.
- Mit den Pipetten klicken Sie einen Bildpunkt an, um alle Pixel desselben Tonwerts auf Schwarz abzusenken, auf Weiß anzuheben oder neutralgrau zu stellen; diese Pipetten finden Sie auch beim Befehl **Belichtung**.

Wir besprechen alle Automatiken hier für **Gradationskurven**, **Tonwertkorrektur** und die **Auto**-Befehle aus dem **Bild**-Menü gemeinsam.

11.3.1 »Auto«-Korrekturen

Photoshop korrigiert die Kontraste auf Wunsch vollautomatisch. Dabei wird der Helligkeitsumfang mindestens einer Grundfarbe bis zum möglichen Maximum ausgedehnt. Testen Sie die drei Befehle **Auto-Farbton**, **Auto-Kontrast** und **Auto-Farbe** im **Bild**-Menü oder die entsprechenden Vorgaben in den OPTIONEN zu **Tonwertkorrektur** und **Gradationskurve**.

Diese drei Funktionen richten nichts aus, wenn das Foto schon den kompletten Tonwertumfang ausnutzt. Anders dagegen Helligkeit und Kontrast verbessern, das Sie nur in den Auto-Optionen zu **Tonwertkorrektur**, **Gradationskurve** und **Helligkeit/Kontrast** und nicht als Menübefehl finden: Der Befehl hebt oder senkt auch mittlere Tonwerte und zieht nicht nur Histogramme in die Breite.

Tipp Haben **Auto-Farbton**, **Auto-Kontrast** oder **Auto-Farbe** das Bild etwas zu stark geändert? Rudern Sie via **Bearbeiten: Verblassen** schrittchenweise zurück.

»Auto«-Korrekturen im Vergleich

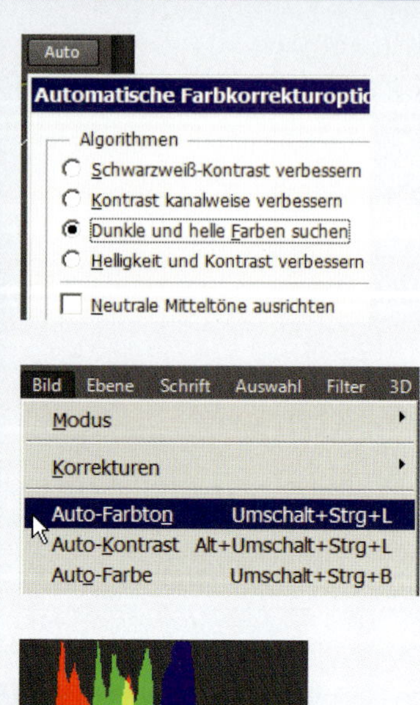

Abbildung 11.24 **Links:** Diese schlecht belichtete Vorlage korrigieren wir mit den »Auto«-Funktionen aus dem »Bild«-Menü bzw. mit den wirkungsidentischen »Automatischen Farbkorrekturoptionen« der Einstellungsebenen »Gradationskurven« und »Tonwertkorrektur« (Alt-Klick auf »Auto«). Das Histogramm zeigt, dass hier helle Tonwerte fehlen und Blau noch am stärksten vertreten ist. Die Automatikkorrekturen dürften die Vorlage also aufhellen und eventuell rötlicher einstellen. Vorlage für die Reihe: Tonwertkorrektur_g. Foto: Swantje Neumeyer

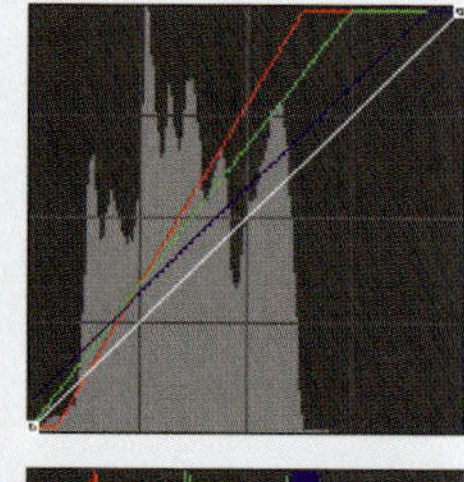

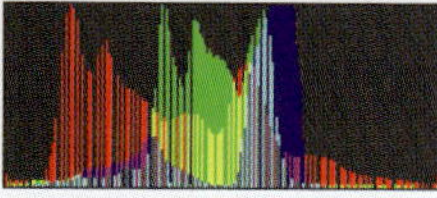

Abbildung 11.25 **Auto-Farbe:** Dieser Befehl entspricht der Option »Dunkle und helle Farben suchen«, hier ohne »Neutrale Mitteltöne ausrichten«. Die Funktion arbeitet schwächer als die anderen »Auto«-Befehle und wahrt den Kontrast. Es gibt weniger »Beschneidung«, also weniger Informationsverlust durch starkes Anheben heller oder dunkler Pixel auf reines Weiß oder tiefstes Schwarz; deshalb wird eventuell auch der Farbstich nicht so stark korrigiert wie bei **Auto-Farbton**.

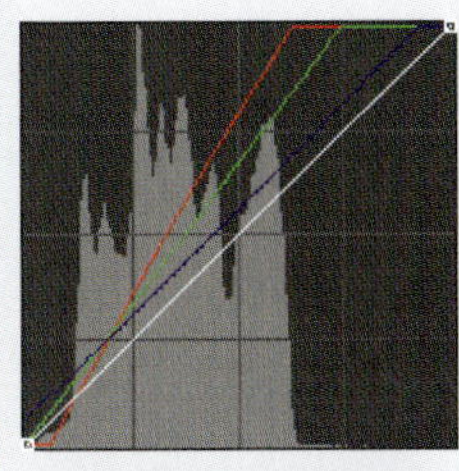

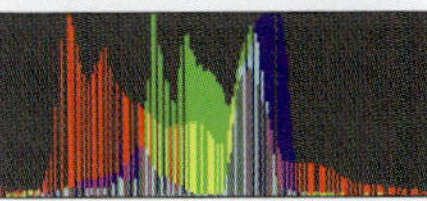

Abbildung 11.26 Die Vorgabe »Dunkle und helle Bereiche suchen« wurde hier zusammen mit der Option »Neutrale Mitteltöne ausrichten« verwendet. Das Bild wird geringfügig rötlicher, auch in der Gradationskurve erkennbar an den Änderungen bei Rot- und Blaukurve.

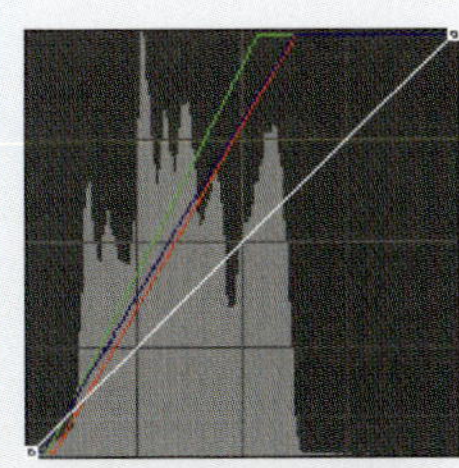

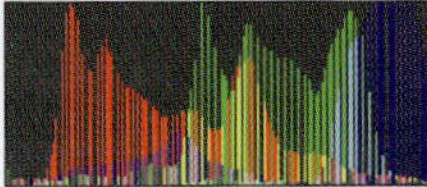

Abbildung 11.27 **Auto-Farbton**: Dieser Befehl aus dem »Bild«-Menü entspricht der Option »Kontrast kanalweise verbessern« in den Optionen zu »Gradationskurven« und »Tonwertkorrektur«. Die Funktion dehnt das Histogramm jeder einzelnen Grundfarbe so weit aus, bis es den vollen Tonwertumfang von 0 bis 255 verwendet. Flaue Vorlagen wirken dadurch deutlich brillanter. Die Farbstimmung ändert sich eventuell. Diese Vorgabe kann Farbstiche korrigieren, aber auch gewünschte Farbstimmungen eliminieren, zum Beispiel bei Sonnenaufgängen oder Mischlicht. Die Funktion »Neutrale Mitteltöne ausrichten« bewirkt hier keinen Unterschied.

»Auto«-Korrekturen im Vergleich

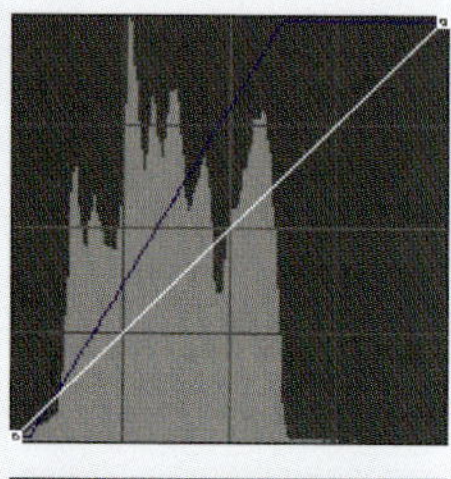

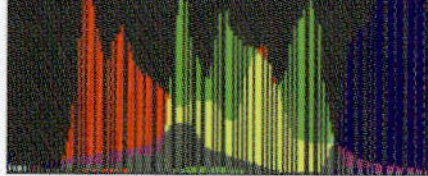

Abbildung 11.28 **Auto-Kontrast:** Der Befehl entspricht der Option »Schwarzweiß-Kontrast verbessern« in den Dialogfeldern. Photoshop dehnt die Histogramme der drei Grundfarben gleichmäßig so weit aus, bis die erste Grundfarbe den kompletten Tonwertbereich abdeckt. Hier gewinnt nur Blau dazu. Die anderen Grundfarben werden dann nicht mehr bis zu ihrem individuellen Maximum gespreizt. Das Kräfteverhältnis der drei Grundfarben bleibt erhalten und damit auch die Farbstimmung. Die Korrektur wirkt eher schwächer als bei anderen Befehlen. Die Funktion »Neutrale Mitteltöne ausrichten« bewirkt bei diesem Foto keinen Unterschied.

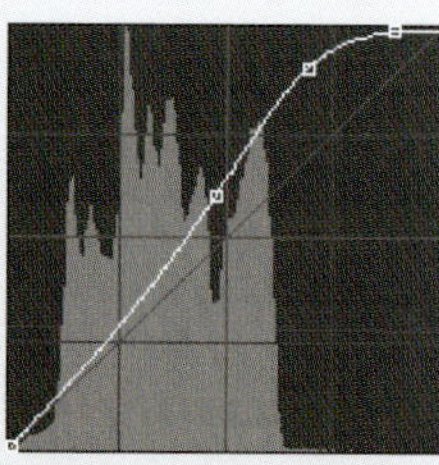

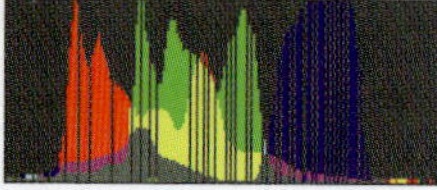

Abbildung 11.29 **Helligkeit und Kontrast verbessern:** Diese Option gibt es nicht im »Bild«-Menü, sondern nur in den »Automatischen Farbkorrekturoptionen« zu »Gradationskurven« und »Tonwertkorrektur« sowie als »Auto«-Schaltfläche bei »Helligkeit/Kontrast«. Anders als der »Auto«-Befehl spreizt diese empfehlenswerte Funktion nicht nur das Histogramm, sondern ändert auch Mitteltöne – in diesem Beispiel werden hellere Töne deutlich angehoben, wie auch die Kurve anzeigt. Das Ergebnis lässt sich sofort weiter verfeinern. Die Farbstimmung bleibt generell unverändert, damit wirkt »Helligkeit und Kontrast verbessern« wie eine clevere Alternative zu »Auto-Kontrast«.

Die »Auto«-Befehle und ihre Pendants

Die Tabelle zeigt, wie die **Auto**-Befehle aus **Bild: Korrekturen** mit den Optionen von **Gradationskurven** und **Tonwertkorrektur** zusammenhängen:

Befehl im Bild-Menü	wirkt so wie Vorgabe in Aut. Farbkorrekturoptionen bei Tonwertkorrektur und Gradationskurve	Wirkung
Auto-Farbton	Kontrast kanalweise verbessern	Tonwertspektrum maximal erweitern, Farbänderung möglich
Auto-Kontrast	Schwarz-Weiß-Kontrast verbessern	Tonwertspektrum erweitern ohne Farbänderung; wirkt schwächer
Auto-Farbe	Dunkle und helle Farben suchen	Tonwertspektrum weniger verändert, vor allem Farbänderung
alle o.g. Befehle	Neutrale Mitteltöne ausrichten	Zusatzoption gegen leichte Farbstiche (nur in Aut. Farbkorrekturoptionen)
	Helligkeit und Kontrast verbessern	verbessert v.a. Mitteltöne ohne Farbänderung (nur in Aut. Farbkorrekturoptionen)

»Optionen« steuern

Wahlweise einen der drei **Auto**-Befehle bietet Photoshop auch über die Auto-Schaltfläche bei **Tonwertkorrektur** oder **Gradationskurven** an - im normalen Dialogfeld wie auch im Korrekturen-Bedienfeld. Die anderen Funktionen sehen Sie nach einem Klick auf die Optionen-Schaltfläche des normalen Dialogs oder per Alt-Klick auf die Auto-Schaltfläche in der Einstellungsebene.

Tipp Nutzen Ihre Bilder schon in allen Grundfarben das Tonwertspektrum aus, so verändern Sie mit den drei **Auto**-Befehlen nichts mehr. Nur Helligkeit und Kontrast verbessern könnte die Bildstimmung noch wesentlich ändern. Alternativen: Schichten Sie die Tonwerte innerhalb des vorhandenen Spektrums von Hand um, ohne noch den Tonwertumfang erweitern zu können. Probieren Sie **Gradationskurven**, **Helligkeit/Kontrast**, **Tiefen/Lichter** oder den grauen Gammaregler der **Tonwertkorrektur**.

»Als Standard speichern«

Verwenden Sie in den Automatischen Farbkorrekturoptionen beim OK-Klick die Vorgabe Als Standard speichern, bieten **Gradationskurve** und **Tonwertkorrektur** die eingestellte Korrektur fortan mit ihrer Auto-Schaltfläche an. Ein Beispiel: Die Vorgabe Kontrast kanalweise verbessern entspricht dem Befehl **Bild: Korrekturen: Auto-Farbton**. Sie ändern bei Bedarf auch die Beschneiden-Werte, klicken auf Als Standard speichern und dann auf OK. Die Folgen:

- Die Auto-Schaltfläche in **Gradationskurve** und **Tonwertkorrektur** verändert das Bild genau mit diesen Vorgaben.
- Auch der Befehl **Bild: Auto-Farbton** nutzt die geänderten Einstellungen.

Wenn Sie nicht ALS STANDARD SPEICHERN, gilt die letzte Änderung nur für das aktuelle Bild, beim nächsten Versuch tischt Photoshop wieder die ursprüngliche Einstellung auf.

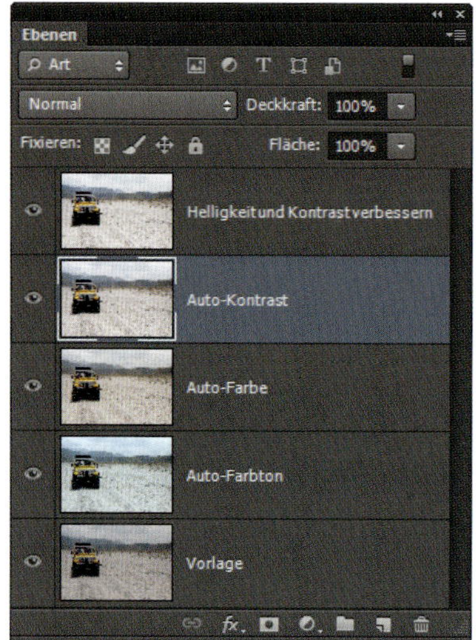

Abbildung 11.30 **Links:** Die mitgelieferte Aktion »Auto-Korrekturen als Ebenen« bearbeitet Duplikatebenen mit den verschiedenen Automatik-Korrekturen. Mit dem Augensymbol können Sie einzelne Ebenen ausschalten. Falls die Wirkung zu stark war, senken Sie die DECKKRAFT und blenden so die unveränderte HINTERGRUND-Ebene stufenlos wieder ein. Per Ebenenmaske mischen Sie Varianten. Sieht das Bild gut aus, wählen Sie »Ebenen: Auf Hintergrundebene reduzieren«. **Rechts:** Die Aktion »Auto-Korrekturen als Tableau« vergleicht das duplizierte Original und vier automatisch korrigierte Varianten. Vorlage: Tonwertkorrektur_h. Foto: Lucas Klamert

Website Die Aktionensammlung zu diesem Kompendium enthält die Aktion »Auto-Korrekturen als Ebenen«. Über der HINTERGRUND-Ebene entstehen vier Duplikatebenen, die mit **Auto-Farbton**, **Auto-Kontrast** und **Auto-Farbe** bearbeitet werden. Eine weitere Aktion heißt »Auto-Korrekturen als Tableau«: Das Original wird zunächst dupliziert, dann entsteht ein übersichtliches Tableau mit der Vorlage und den drei **Auto**-Änderungen für **Tonwertkorrektur**, **Kontrast** und **Farbe**.

11.3.2 Schwarz, Weiß und Neutralgrau per Pipette

Mit den Pipetten bei **Tonwertkorrektur** und **Gradationskurven** legen Sie Tiefen, Lichter und Neutralgrau manuell fest. Gefällt Ihnen das Ergebnis des ersten Klicks nicht, klicken Sie einfach eine andere Bildstelle an.

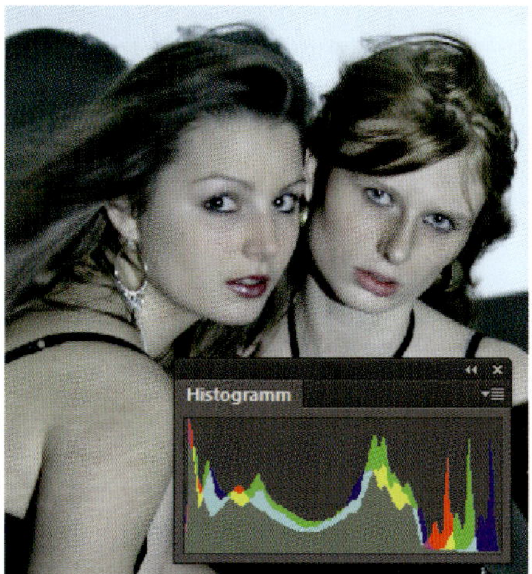

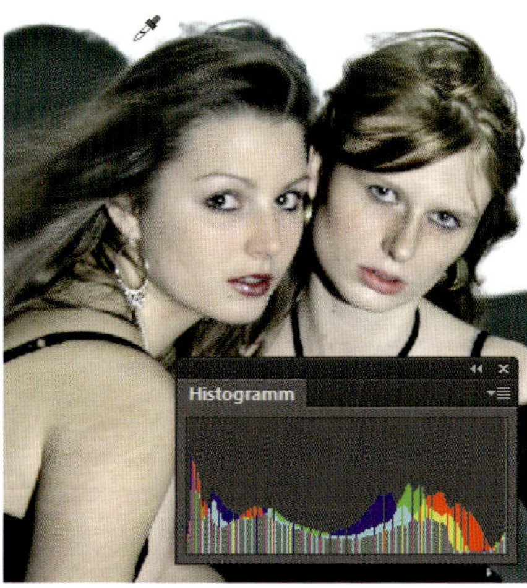

Abbildung 11.31 **Links:** Das Motiv ist zu dunkel und, wie das Histogramm zeigt, blau-grünstichig. **Rechts:** Wir haben eine »Gradationskurven«-Einstellungsebene angelegt, schnappen uns die »Weißpunkt«-Pipette und klicken auf die weiße Wand. Dieser Helligkeitswert steigt im ganzen Bild auf reines Weiß. Das Foto hellt auf, an der Farbstimmung arbeiten wir noch. Vorlage: Tonwertkorrektur_b. Foto: RTcars.de

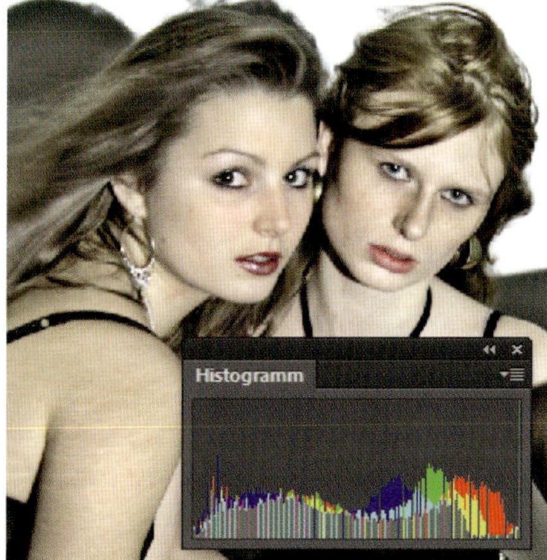

Abbildung 11.32 **Links:** Wir wechseln zur »Mitteltöne«-Pipette, um den Farbstich zu beseitigen. Oft klickt man das Augenweiß an, doch das verbessert die Bildwirkung diesmal nicht. Testen Sie einfach verschiedene neutrale Stellen durch - wir klicken hier letztlich wieder auf die weiße Wand, das Foto erscheint wärmer. **Rechts:** Wir wollen die dunklen Stellen in den Haaren aufhellen. Doch die Pipetten machen Helles heller oder Dunkles dunkler. Um jedoch Dunkles aufzuhellen, verwenden Sie andere Funktionen. Wir aktivieren die »Hintergrund«-Ebene und bearbeiten das Foto mit »Bild: Korrekturen: Tiefen/Lichter«.

Schwarz und Weiß per Pipette

So legen Sie Schwarz und Weiß per Pipette fest:

- Sie klicken mit der Schwarzpunkt-Pipette auf einen sehr dunklen Bildpunkt. Diesen gewählten Helligkeitswert senkt Photoshop quer durchs Bild auf Schwarz ab; alle anderen Tonwerte korrigiert das Programm nach unten. Dadurch wird der Abstand vom hellsten zum dunkelsten Pixel im Bild größer, der Tonwertumfang steigt also. Ihr Bild erscheint dunkler, aber auch brillanter - so werten Sie flaue Überbelichtungen schnell auf.
- Aktivieren Sie die Weisspunkt-Pipette, um einen Bildpunkt Ihrer Wahl per Klick als Weiß zu definieren. Alle Bildpunkte mit dieser Helligkeit wandelt Photoshop in Weiß um; die anderen Bildpunkte justiert Photoshop entsprechend nach oben. Dadurch wird das Bild heller und härter.

Gab es allerdings noch hellere Pixel als jenen, den Sie per Klick auf Weiß setzten, kommt es zu Beschneidung: Verschiedene hellere Tonwerte werden einheitlich auf Weiß gezwungen. Sie verlieren die Differenzierung zwischen diesen hellen Tonwerten, also ein Informationsverlust. Eine Alternative bietet außerdem der Befehl **Bild: Korrekturen: Selektive Farbkorrektur**; dort steuern Sie über Regler den Druckfarbenanteil an Weiss, Grautönen und Schwarz (Seite 363).

Tipp Verwenden Sie möglichst neutralgraue Flächen als Schwarz- und Weißpunkte. Sonst führt der Gebrauch von Schwarz- und Weißpipette zu Farbstichen.

Mitteltöne per Pipette

Die mittlere, graue Mitteltöne-Pipette aus **Tonwertkorrektur** oder **Gradationskurven** entfernt Farbstiche in mittleren Grauflächen: Sie setzt den angewählten Tonwert auf Neutralgrau. Die gleiche Funktion innerhalb des Camera-Raw-Dialogs bietet das Weißabgleichwerkzeug. Scannen oder fotografieren Sie eine Graukarte als Neutralgrau-Referenz (Seite 46) mit.

Relativ neutrale Töne erkennen Sie an folgenden Merkmalen im Info-Bedienfeld oder im Farbwähler:

- Sie haben für die Grundfarben RGB oder CMY sehr ähnliche Werte.
- Nach dem HSB-Modell liegt die Sättigung (»S«) nahe null.

11.3.3 »Zielfarben«

Oft erweitern Sie Ihr Bild automatisch so, dass der Tonwertumfang von schwärzestem Schwarz bis zum weißesten Weiß reicht. Allerdings soll Photoshop dabei nicht tatsächlich den möglichen Tonwertumfang von 0 bis 255 ausnutzen: Die dunklen Tonwerte von 0 bis 21 erscheinen sowieso im Druck einheitlich schwarz - natürlich je nach Ausgabegerät; jegliche Konturenzeichnung, die Photoshop in den Werten von 0 bis 20 belässt, geht also für den Betrachter verloren.

Es reicht darum, wenn die Kontrastautomatik den sogenannten Schwarzpunkt bei 21 ansetzt - darunter muss es nicht mehr gehen, so sichern Sie sich mehr Differenzierung und verhindern allzu starken Kontrast.

Umgekehrt sollte der sogenannte Weißpunkt, den Sie einrichten, nicht auf 255 landen, dem Maximalwert. Stellen Sie den Weißpunkt auf 244 - alles darüber erscheint auf Papier sowieso glattweiß; Sie verlieren nur Lichterzeichnung, wenn Photoshop die helleren Bildpartien bis auf 255 anhebt. Im gleichen Zusammenhang geben Sie Photoshop auch noch vor, welcher Tonwert tatsächlich als Neutralgrau einzurichten ist.

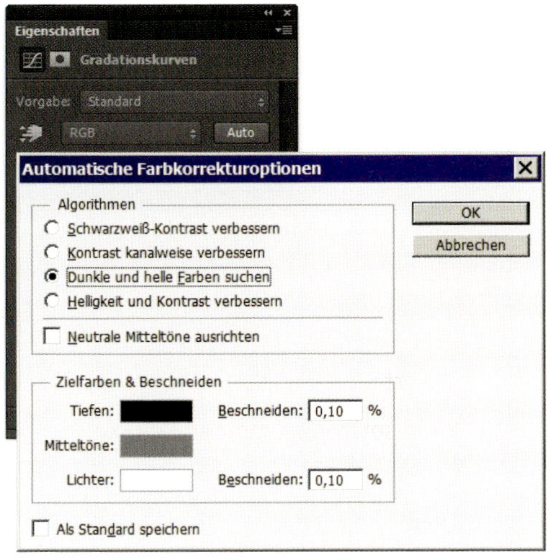

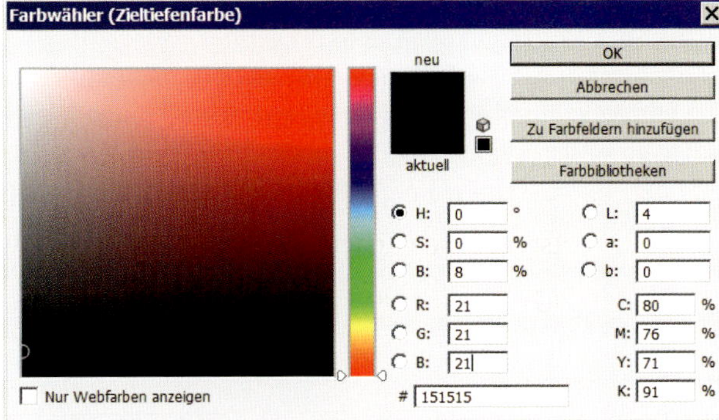

Abbildung 11.33 **Links:** Per Alt-Klick auf die »Auto«-Schaltfläche in den Einstellungsebenen »Gradationskurven« oder »Tonwertkorrektur« sehen Sie die »Automatischen Farbkorrekturoptionen« für Automatiken, Zielfarben und Beschneiden. **Rechts:** Klicken Sie doppelt auf das Zielfarbenfeld für »Tiefen«, um im Farbwähler die Zieltiefenfarbe zu definieren. Sie erhalten diese Auswahlmöglichkeit auch nach einem Doppelklick auf die Schwarzpunkt-Pipette.

Die Funktionen für automatische Tonwerterweiterung von Schwarz bis Weiß haben wir oben bereits besprochen: die Pipetten aus **Gradationskurven** und **Tonwertkorrektur**, die Auto-Funktionen aus diesen Dialogfeldern sowie die damit verbundenen **Auto**-Befehle à la **Auto**-Farbe aus dem Untermenü **Bild: Korrekturen**.

Wo werden die Zielfarben eingerichtet?

Sie richten die Zielfarben für Tiefen, Lichter und Neutralgrau an verschiedenen Stellen in den Dialogfeldern **Gradationskurven** oder **Tonwertkorrektur** ein – egal wo, die Werte gelten für alle hier besprochenen Automatiken, Sie müssen das nur einmal erledigen:

- Wählen Sie **Bild: Korrekturen** und dann **Gradationskurven** oder **Tonwertkorrektur** und klicken Sie auf Optionen. Alternativer Weg:
- Klicken Sie doppelt auf die Schwarzpipette Schwarzpunkt setzen, um den gewünschten Tonwert für Schwarz im Farbwähler festzulegen; ebenso steuern Sie die Zielmitteltonfarbe nach Doppelklick auf die Pipette Mitteltöne setzen und die Ziellichterfarbe nach Klick auf die Pipette Weisspunkt setzen.
- Klicken Sie in den Einstellungsebenen **Gradationskurven** oder **Tonwertkorrektur** bei gedrückter Alt-Taste auf Auto und geben Sie zuerst einen anderen Algorithmus als Helligkeit und Kontrast verbessern vor.

Testen Sie diese Werte:

	Rot	Grün	Blau
Zieltiefenfarbe	21	21	21
Zielmitteltonfarbe	132	132	132
Ziellichterfarbe	244	244	244

11.3.4 »Beschneiden« bei Automatik-Korrekturen

Wenn Sie den Tonwertumfang per AUTO-Schaltfläche ausdehnen, nimmt Photoshop den tiefsten Tonwert im Bild und senkt diesen auf reines Schwarz ab. Photoshop nimmt den hellsten Tonwert im Bild und hebt ihn auf Weiß an.

So weit das Prinzip. In der Praxis agiert das Programm etwas subtiler: Die allerhellsten und die allerdunkelsten Pixel ignoriert Photoshop eventuell bei einer Automatikkorrektur. Denn möglicherweise befinden sich im Bild einzelne versprengte Helligkeitswerte, die durch extrem hohe oder niedrige Tonwerte aus dem Rahmen fallen; zum Beispiel mit dem Tonwert 0 für schwärzestes Schwarz. Streng genommen bräuchte Photoshop jetzt den Tonwertumfang nicht mehr auszudehnen – schließlich gibt es ja schon ein paar schwarze und weiße Pixel hier und da. Doch oft zeigt die große Mehrheit der Bildpunkte ganz und gar nicht Schwarz oder Weiß, sondern siedelt mehr in der Mitte des Spektrums, etwa ab 20 aufwärts.

Weisen Sie Photoshop also an, sich an der Mehrheit der Pixel mit Tonwert 20 zu orientieren – die paar extrem dunklen, aber fürs Gesamtbild nicht ausschlaggebenden Pixel soll das Programm ignorieren. Die wenigen schwarzen Pixel gaukeln zwar einen sehr ausgedehnten Tonwertbereich vor, richten durch ihre Minderzahl aber nichts für die Bildwirkung aus.

Klicken Sie in den Einstellungsebenen **Gradationskurven** oder **Tonwertkurve** bei gedrückter [Alt]-Taste auf AUTO, um das BESCHNEIDEN zu regeln. Von Haus aus setzt Photoshop Schwarz- und Weißpunkt so, dass jeweils 0,1 Prozent der Bildpunkte noch dunkler bzw. noch heller sind. Damit basieren die neuen Schwarz- und Weißwerte nicht nur auf ganz wenigen Maximalwerten im extrem dunklen oder hellen Bereich, sondern auf einer etwas breiteren Grundlage. Wenn Sie hier höhere Werte wie etwa ein Prozent eintragen, beschneidet Photoshop das Bild noch stärker – es werden noch mehr unterschiedliche Tonwerte rigoros auf 0 bzw. 255 gesetzt. Die Korrektur wirkt also kräftiger, Sie erhalten härtere Kontraste. Sie verlieren aber auch noch mehr Detailzeichnung, weil alles auf einem einheitlichen Extremwert landet – das ist die genannte Beschneidung.

Abbildung 11.34 Die Pipetten für Schwarz- und Weißpunkt peppen ein normal belichtetes Bild hier mit harten Kontrasten auf. **Mitte:** Wir klicken mit der Weißpunkt-Pipette in den Spiegel, so steigt Hellgrau im gesamten Bild auf Weiß, das Foto wirkt viel heller. **Rechts:** Mit der Schwarzpunkt-Pipette haben wir die dunkle Verkleidung angeklickt, dieser Helligkeitswert geht auf Schwarz herunter. Bewegen Sie die Pipetten bei gedrückter Maustaste über das Bild, um verschiedene Korrekturen auszuprobieren. Datei: Tonwertkorrektur_j

11.3.5 Beschneidung anzeigen

Verändern Sie verschiedene Helligkeitswerte auf reines Weiß oder Schwarz, durch Automatik oder Schieberegler, so redet man von »Beschneidung«: Durchzeichnung und damit Detailinformation geht verloren. Sie zwingen verschiedene Tonwerte auf einen einheitlichen Extremwert und verlieren Differenzierung.

Ein Beispiel: Der vorhandene Tonwertumfang reicht bis herunter zu 30. Wenn Sie jetzt den Schwarzregler ▲ in **Gradationskurven** oder **Tonwertkorrektur** bis »40« nach innen schieben, senken Sie die unterschiedlichen vorhandenen Tonwerte 30 bis 40 gleichermaßen auf null ab. Sie verlieren die Differenzierung zwischen den Werten von 30 bis 40.

Photoshop kann diese Beschneidung im Bild hervorheben - so wie die Überbelichtungswarnung auf dem Monitor Ihrer Digitalkamera, aber nach einem anderen Schema. Dabei warnt Photoshop nicht erst, wenn Rot, Grün und Blau gemeinsam auf den Extremwerten 0 oder 255 angekommen sind. Schon wenn eine einzige Grundfarbe Extremwerte erreicht, setzt die Warnung ein.

Beschneidung entsteht auch bei anderen Kontrastkorrekturen. Bei den **Variationen** oder im Camera Raw-Dialog kann sie ebenfalls per Alarmfarbe angezeigt werden.

Bedienung

So machen Sie die Beschneidung sichtbar:

- Im modalen **Gradationskurven**-Dialog verwenden Sie die Option Beschneidung anzeigen.
- Alternative: Während Sie in **Gradationskurven** oder **Tonwertkorrektur** am schwarzen oder weißen Dreieck ▲ △ ziehen, drücken Sie die Alt-Taste.
- Weitere Möglichkeit: **Beschneidung für Schwarz-/Weißpunkt anzeigen** im Bedienfeldmenü der Einstellungsebenen **Tonwertkorrektur** und **Gradationskurven**.

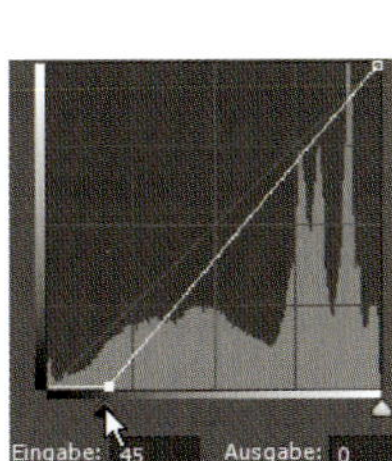

Abbildung 11.35 In der Einstellungsebene »Gradationskurven« ziehen wir den Tiefenregler auf 45, so dass die dunkleren Tonwerte von 45 bis 0 auf 0 absinken. Das Bild wird dunkler und kontrastreicher. Dabei halten wir die Alt-Taste gedrückt, so dass Photoshop »Beschneidung« grafisch anzeigt: Bereiche, die noch Zeichnung enthalten, sehen Sie in Weiß. Zonen, in denen eine oder mehrere Grundfarben auf 0 sinken, so dass die Detailzeichnung verschwindet, werden farblich gekennzeichnet. Datei: Tonwertkorrektur_k

Schattenbeschneidung anzeigen

Anwendungsbeispiel 1: Sie suchen Detailverlust in den Schatten. Sie Alt-klicken auf den schwarzen Schieberegler ▲ in **Tonwertkorrektur** oder **Gradationskurven**. Damit erscheint das komplette Bild zunächst weiß. Befund: Momentan hat kein Bildpunkt und keine Grundfarbe den Tiefstwert 0 erreicht, es gibt kein reines Schwarz. Ziehen Sie zum Beispiel den Schwarzregler nach rechts innen, bis »40«, so dass dunkle Tonwerte auf 0 absinken. Im vormals reinen Weiß der Beschneidungsanzeige erscheinen jetzt rote, gelbe und schwarze Streifen. Das bedeutet:

- In den rot markierten Bereichen gibt es noch verschiedene Rottöne, Grün und Blau sind dort aber schon bei null angekommen.

- Im gelb markierten Bereich gibt es noch verschiedene Rot- und Grünabstufungen - macht zusammen Gelb; aber Blau ist bereits auf 0 abgesunken, also keine volle Differenzierung auch in dieser Zone.
- Schwarz heißt: Rot, Grün und Blau sind auf 0, es gibt keinerlei Differenzierung mehr.

Lichterbeschneidung anzeigen

Umgekehrt loten Sie die Lichterbeschneidung aus. Sie wenden eine Automatikkorrektur an oder ziehen den weißen Regler △ unter **Gradationskurven** oder **Tonwertkorrektur** von rechts außen nach innen, so dass Ihr Bild heller erscheint. Nun ein [Alt]-Klick auf den weißen Schieberegler rechts außen. Zunächst ist alles schwarz, es gibt also nirgends im Bild den höchsten Tonwert 255. Hellen Sie den Tonwertumfang dann aber zu deutlich höheren Werten hin auf, sehen Sie vielleicht wieder rote, gelbe und weiße Zonen. Und das heißt:

- In rot markierten Bereichen stieg Rot auf den Höchstwert 255 an. Blau und Grün sind noch abgestuft vorhanden.
- In gelben Gegenden hat nur Blau noch nicht den Höchstwert erreicht. Grün und Rot - zusammen Gelb - sind dagegen schon beim Maximum 255.
- Weiß heißt, hier wird das Bild tatsächlich weiß, alle drei Grundfarben sind bei 255 angekommen.

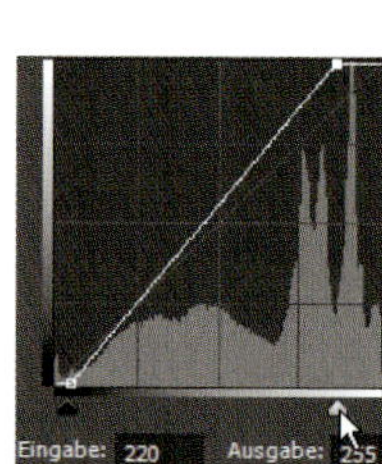

Abbildung 11.36 Wir ziehen den Höhenregler in der Einstellungsebene »Gradationskurven« auf 220, so dass die helleren Tonwerte ab 220 auf reines Weiß (255) ansteigen. Das Bild wird heller und kontrastreicher. Durch Ziehen bei gedrückter [Alt]-Taste wechseln wir wieder in den Modus »Beschneidung anzeigen«: Bereiche, die noch Zeichnung enthalten, zeigt Photoshop schwarz. Zonen, in denen eine oder mehrere Grundfarben auf reines Weiß steigen und jede Detailzeichnung verlieren, erhalten eine Signalfarbe.

11.4 »Tonwertkorrektur«

Die **Tonwertkorrektur** leistet weniger als die **Gradationskurven**, und das ungenauer. Die **Tonwertkorrektur** wirkt jedoch eventuell übersichtlicher. Sie finden die Funktion als Einstellungsebene im Korrekturen-Bedienfeld oder im Untermenü **Bild: Korrekturen** ([Strg]+[L], für Levels; [Strg]+[Alt]+[L] startet den Dialog mit den letzten Korrektureinstellungen).

Die **Tonwertkorrektur** wird vor allem genutzt, um den vorhandenen Helligkeitsbereich weiter auszudehnen: Statt von Tonwert 50 bis 190 erstreckt sich das Bild vom schwärzesten 0 bis zum porentief reinweißen 255 - es wirkt viel brillanter. Bei Kontraständerungen innerhalb des vorhandenen Helligkeitsbereichs bietet die »Tonwertkorrektur« kaum Feinsteuerung.

Beide Dialoge bieten zudem völlig identische Auto-Optionen für automatische Verbesserung (Seite 315) wie auch identische Pipetten für Schwarzpunkt, Mitteltöne (Neutralgrau) und Weisspunkt (Seite 321).

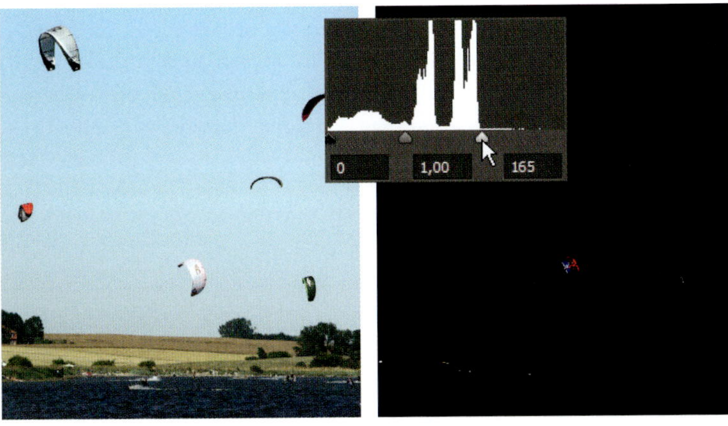

Abbildung 11.37 **Links:** Die Vorlage geizt mit Tonwertumfang, vor allem meldet das Histogramm nur sehr wenig hellere Bildpunkte. **Mitte:** Wir öffnen die »Tonwertkorrektur« als Einstellungsebene und ziehen den Weißpunktregler auf 165. Alle Tonwerte zwischen 165 und 254 steigen so auf 255 an, auf reines Weiß - das Bild erhält viel mehr Dynamik und Kontrast. Allerdings, die wenigen vorhandenen Tonwerte zwischen 165 und 254 rutschen jetzt auf einheitliches Weiß, so dass etwas Detailzeichnung verlorengeht, die sich nicht wieder herstellen lässt. Aber welche Bildbereiche werden gleichmacherisch auf Weiß gesetzt? Dazu klicken Sie bei gedrückter [Alt]-Taste auf den Weißpunktregler: Unser Bild bleibt meist schwarz, es gibt kaum Farbwarnungen für die sogenannte »Beschneidung« (Seite 324). Vorlage: Tonwertkorrektur_c. Foto: Gabi Sieg-Ewe

11.4.1 Tonwertumfang erweitern

Führen Sie den linken, schwarzen Schieber ▲ direkt unter dem Histogramm nach rechts, bis Sie neben TONWERTSPREIZUNG statt der ursprünglichen 0 eine 20 lesen. Folge: Alle Tonwerte von 0 (Schwarz) bis 20 (sehr dunkel) werden auf 0 gesetzt, sind also pechschwarz. Die anderen Tonwerte im Bild werden daraufhin neu verteilt und nach unten gespreizt; denn statt bis 20 müssen sie sich jetzt bis 0 erstrecken. Das Bild sieht dunkler und kontrastreicher aus.

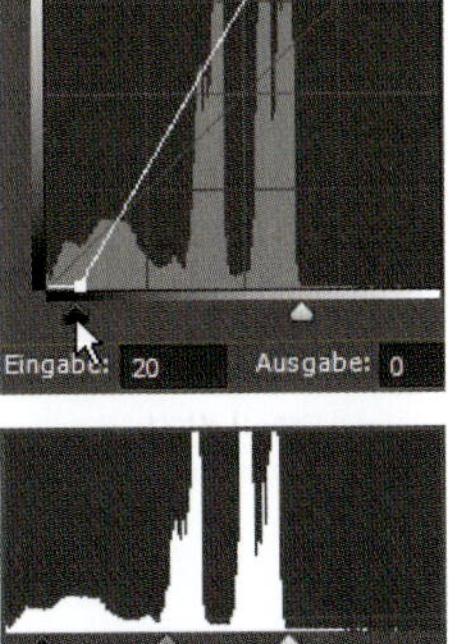

Abbildung 11.38 Tiefe Schatten gibt es auch kaum. Also ziehen wir den Schwarzpunktregler von links außen auf 20. Alle dunklen Farbwerte von 0 bis 20 sinken so auf tiefstes Schwarz (Wert 0) ab; ähnlich dunkle Bildpunkte zieht Photoshop mit nach unten. Die Vorlage wirkt dunkler, aber auch noch brillanter. **Rechts:** Diese Änderung der »Tonwertkorrektur« lässt sich genauso auch mit der »Gradationskurve« erreichen, wie unsere Einstellung zeigt.

Umgekehrt wirkt der weiße Schieber △ ganz rechts unter der Balkengrafik: Ziehen Sie ihn nach links, zum Beispiel von 255 bis 165, wie das Zahlenfeld oben ganz rechts anzeigt; dann klettern alle Tonwerte zwischen 254 und 165 auf 255, also auf absolutes Weiß. Die anderen vorhandenen Tonwerte von 0 bis 165 werden neu nach oben hin angeglichen; das Bild gerät heller und kontrastreicher.

11.4.2 Mitteltonkorrektur

Nachdem Sie den Tonwertumfang nach oben und unten erweitert haben, wirkt das Bild vielleicht zu dunkel oder zu hell. Darum bietet die TONWERTKORREKTUR einen sogenannten Gammaregler ▲. Er hebt oder senkt nur noch den Mitteltonbereich und tastet die neu definierten Eckwerte für Schwarz und Weiß weniger an – Sie ändern den Helligkeitseindruck deutlich, ohne dass ganz dunkle Zonen mit ansteigen und Ihr Foto flau aussieht:

- Ein Gamma unter 1 dunkelt die Mitteltöne ab, es lässt die Gradationskurve quasi durchhängen.
- Gammawerte über 1 hellen den Mittelbereich auf.

Allerdings: Ziehen in den **Gradationskurven** steuert die Mitteltöne allemal genauer als der Gammaregler, speziell wenn Sie mit dem Ziehenwerkzeug direkt in den gewünschten Tonwert im Bild klicken.

So nutzen Sie die Tonwertkorrektur

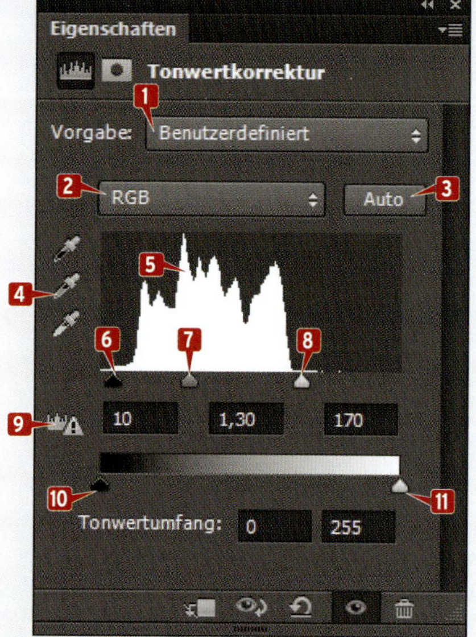

1. **Vorgabe wählen:** z.B. DUNKLER, KONTRAST ERHÖHEN 1, TIEFEN AUFHELLEN u.a.
2. **Kanal:** Alle Grundfarben (z.B. RGB oder CMYK) oder einzelne Grundfarbe bearbeiten
3. **Auto-Korrektur:** Kontrast und/oder Farbstimmung automatisch ändern (gemäß Optionen); per [Alt]-Klick auf AUTO die AUTOMATISCHEN FARBKORREKTUR-OPTIONEN aufrufen sowie ZIELFARBEN und BESCHNEIDEN definieren
4. **Pipetten:** im Dialog anklicken, dann ins Bild klicken, um gewählten Tonwert auf Schwarz, Neutralgrau oder Weiß zu setzen (gemäß AUTOMATISCHEN FARBKORREKTUR-OPTIONEN); Doppelklick: Zielfarben definieren
5. **Histogramm:** die Häufigkeit verschiedener Helligkeitswerte von Schwarz bis Weiß (das abgebildete Histogramm meldet praktisch keine tiefen Schatten, zahlreiche Schattenwerte und keine Lichter)
6. **Schwarzpunktregler:** nach innen ziehen, um dunkle Töne auf Schwarz zu senken, Tonwertumfang steigt, Bild wird dunkler und brillanter (auch per Zahleneingabe). [Alt]-Klick auf Schieberegler zeigt Tiefenbeschneidung grafisch an.
7. **Mitteltöne heller/dunkler:** nach links schieben, um Mitteltöne anzuheben (Gamma über 1,0), nach rechts schieben zum Absenken der Mitteltöne (Gammawert unter 1,0)
8. **Weißpunktregler:** nach innen ziehen, um helle Töne auf Weiß zu senken, Tonwertumfang steigt, Bild wird heller und brillanter. [Alt]-Klick auf Schieberegler zeigt Lichterbeschneidung grafisch an.
9. **Genaueres Histogramm berechnen:** anklicken, damit Histogramm aus Originalpixeln und nicht aus verkleinerter Bildversion errechnet wird
10. **Schatten heller:** nach innen schieben, um Tiefentonwerte links vom Dreieck auf den angezeigten helleren Tonwert anzuheben. Das Bild wird heller und flauer.
11. **Lichter dunkler:** nach innen schieben, um Lichtertonwerte rechts vom Dreieck auf den angezeigten dunkleren Tonwert abzusenken. Das Bild wird dunkler und flauer.

Einstellungsebenen allgemein ab Seite 838.

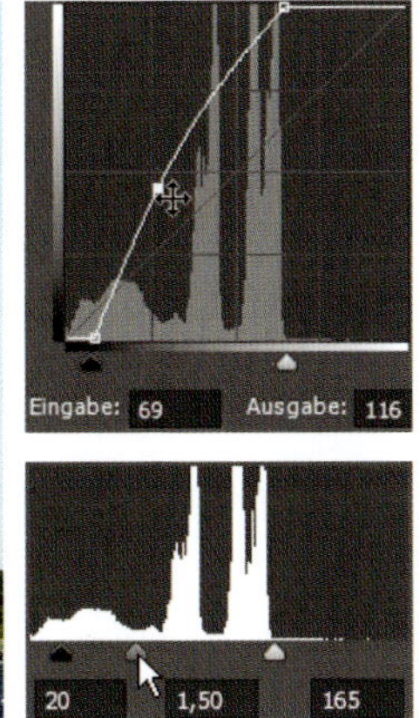

Abbildung 11.39 Wirkt das Bild noch etwas dunkel? Geben Sie die gefundenen Schwarz- und Weißpunkte nicht wieder auf. Ziehen Sie stattdessen den grauen Gammaregler nach links – Gammawerte über 1,00 hellen die Mitteltöne auf, ohne dass Sie die Schwarz- und Weißpunkte wieder verlieren. Alternative in den »Gradationskurven«: Ziehen Sie die unteren Mitten nach oben.

11.4.3 Tonwertumfang begrenzen

Die Etage Tonwertumfang innerhalb der **Tonwertkorrektur** schränkt den genutzten Helligkeitsbereich des Bilds ein, macht es also flauer. Das geht mit den **Gradationskurven** genauso gut, aber die **Tonwertkorrektur** wirkt eventuell übersichtlicher. Beispiele:

- Schieben Sie den linken, schwarzen Regler ▲ nach rechts, bis er, vom ursprünglichen Wert 0 aus, beim Tonwert 170 angekommen ist. Damit hebt Photoshop alle Bildpunkte mit den Werten 0 bis 169 auf 170 an; die Werte darüber werden entsprechend erhöht. Ihr Bild enthält also die dunklen und mittleren Tonwerte von 0 bis 170 nicht mehr, es wirkt flauer.
- Entsprechend lassen sich auch die Höhen kappen: Schieben Sie den rechten, weißen Regler △ für Tonwertumfang nach innen; etwa von 255 (wie im Datenfeld abzulesen) bis auf 230. Die hellsten Punkte – alle zwischen Tonwert 230 und 255 – werden jetzt mit dem Tonwert 230 wiedergegeben; das Bild wirkt stumpfer.

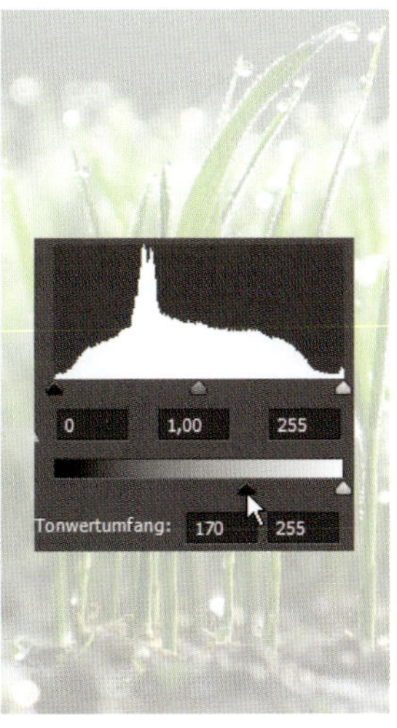

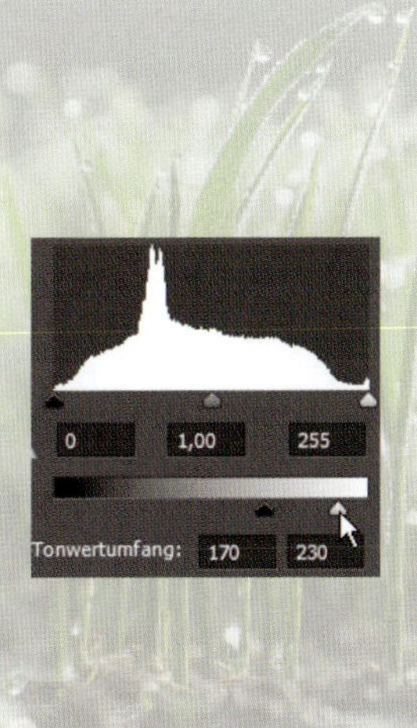

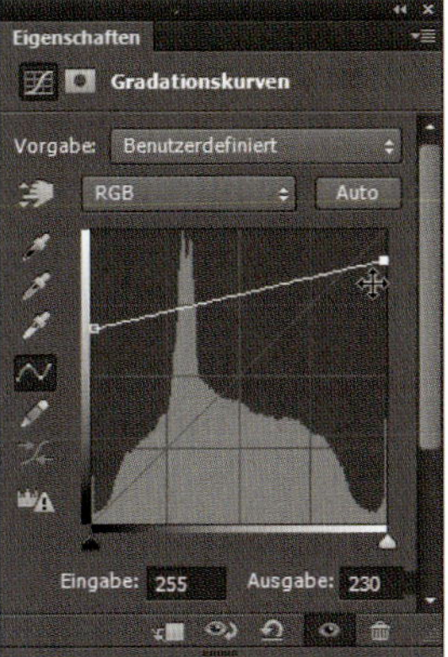

Abbildung 11.40 **1. Bild:** Dieses Motiv soll als Texthintergrund aufgehellt werden. **2. Bild:** Wir heben im Bereich »Tonwertumfang« innerhalb der »Tonwertkorrektur« alle dunkleren Tonwerte einheitlich auf 170, das Bild wird heller und kontrastärmer. **3. Bild:** Die hellsten Tonwerte senken wir auf 230 ab, um den Kontrast noch weiter zu dämpfen. Das Histogramm im Dialogfeld wird nicht aktualisiert. **Ganz rechts:** Die Einstellung aus dem dritten Bild, hier mit den Gradationskurven präzise nachvollzogen. Datei: Tonwertkorrektur_d

Warum Sie den Tonwertumfang einschränken könnten:

- Die Extremtonwerte 255 (absolutes Weiß) bzw. 0 (totales Schwarz) bewältigen Drucker und Druckmaschinen ohnehin nicht, mehr als zum Beispiel vier bis 96 Prozent sind nie gefragt (je nach Gerät). Was mehr drin ist in der Datei, steigert nur die Gefahr, dass das Bild im Druck zuläuft oder ausfrisst. Mit den Reglern für den Tonwertumfang nehmen Sie gleich die entsprechende Anpassung auf dem Monitor vor und können prüfen, ob dennoch genug Differenzierung übrig bleibt.
- Hellen Sie einen Bildteil als Text- oder Multimedia-Hintergrund drastisch auf.

11.4.4 Blasse Hintergrundflächen erzeugen

Mit den Befehlen zur Kontrastkorrektur lässt sich ein Bild nicht nur feinkorrigieren, sondern auch drastisch aufhellen. So erhalten Sie dezente Hintergrundflächen für Textblöcke. Neben dem Aufhellen mit einem Kontrastbefehl bieten sich auch Weichzeichner an oder Effektfilter, die ein Bild flächiger machen (Seite 538). Unter anderem sind die folgenden Kontrastkorrekturen denkbar:

- Der mittlere, graue Gammaregler bei **Tonwertkorrektur** und **Belichtung** (Seite 326) verändert vor allem die Mitten, macht Ihr Foto aber auch blasser.
- Der Tonwertumfang-Regler des Befehls **Tonwertkorrektur** verbannt sehr helle und sehr dunkle Bildtöne, Ihr Motiv erscheint flauer. Verbannen Sie Lichter und/oder Schatten vollständig. Insgesamt wirkt das Bild vor allem grauer und flacher - wie für einen Hintergrund erwünscht. Sie könnten mit dem Gammaregler weiter aufhellen, ohne noch mehr extreme Tiefen und Lichter preiszugeben.
- Nehmen Sie beim Befehl **Helligkeit/Kontrast** die Option Früheren Wert verwenden, dann ziehen Sie am Helligkeit-Regler. So verschieben Sie Höhen und Tiefen gleichermaßen zum Beispiel nach oben und entfernen so deutlich Zeichnung; der Eingriff macht das Bild jedoch nicht sofort flacher, denn ein Teil der Kontraste bleibt erhalten - verschoben in einen helleren Tonwertbereich (Seite 335). Ein negativer Kontrast-Wert allein führt zu einem unattraktiv flauen, grauen Ergebnis.
- Das Dialogfeld Farbton/Sättigung dimmt Hintergrundflächen attraktiv. Sie können einen Hintergrund nicht nur umfärben, sondern mit Rücknahme der Sättigung auch für sanfte Pastelltöne sorgen; per Helligkeit entfernen Sie zügig Tiefen. Auch das Färben (Tonen) eignet sich gut für Hintergründe; nehmen Sie die Sättigung stark zurück und heben Sie die Helligkeit deutlich an.

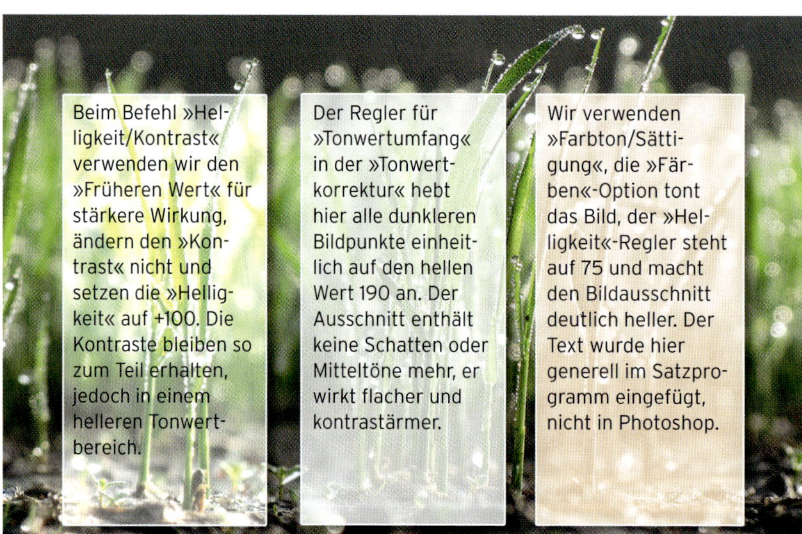

Abbildung 11.41 Mit den Befehlen aus dem Untermenü »Bild: Korrekturen« hellt Photoshop Fotos auch zu Hintergrundflächen auf. Die Aufhellungen wurden hier als maskierte Einstellungsebenen mit Ebeneneffekten angelegt, die Aufhellung lässt sich also jederzeit ändern. Datei: Tonwertkorrektur_d2

11.4.5 Befehle im Überblick (Tabelle): Gradationskurven, Tonwertkorrektur

Taste/Feld	Zusatztaste	Aktion	Ergebnis
			Weiche Gradationskurve ziehen
			Harte Gradationskurve zeichnen
		(ins Bild)	Helligkeit des angeklickten Bildpunkts im ganzen Bild auf Schwarz setzen
		(ins Bild)	Helligkeit des angeklickten Bildpunkts im ganzen Bild auf Weiß setzen
		(ins Bild)	Farbton des angeklickten Bildpunkts im ganzen Bild auf Neutralgrau setzen
			Zieltiefenfarbe (Schwarzton) definieren
			Ziellichterfarbe (Weiß) definieren
			Zielmitteltonfarbe (Neutralton) definieren
Auto			Tonwertumfang automatisch erweitern gemäß Vorgabe in den Automatischen Farbkorrekturoptionen
Auto	Alt		Automatische Farbkorrekturoptionen
	Alt		Beschneidung (Differenzierungsverlust) anzeigen

11.5 »Tiefen/Lichter«

Der Befehl **Bild: Korrekturen: Tiefen/Lichter** hebt sehr dunkle Bildpunkte auf Mittelwerte an, zusätzlich oder alternativ werden sehr helle Pixel ebenfalls auf mittlere Werte gesenkt. Das geht theoretisch auch mit der **Gradationskurve** (siehe oben). Doch wenn Sie tatsächlich nur sehr dunkle oder sehr helle Bereiche korrigieren, dann wirkt **Tiefen/Lichter** vielseitiger als die **Gradationskurve**.

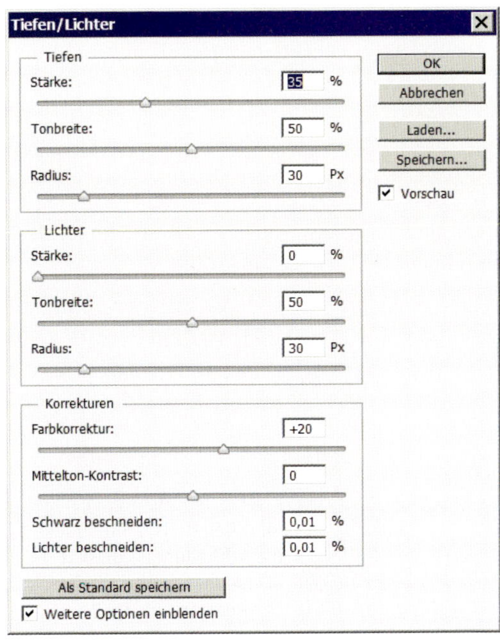

Abbildung 11.42 Hier wurden bereits die »weiteren Optionen« geöffnet. Der Befehl »Tiefen/Lichter« bietet getrennte Bereiche für Schatten, hohe Tonwerte und Mitteltöne plus Sättigung.

Tipp Für beste Ergebnisse bei **Tiefen/Lichter** erzeugen Sie im Raw-Dialog TIFF- oder JPEG-Dateien mit 16 Bit pro Grundfarbe.

11.5.1 Beispiele

In den Tiefen heben Sie die dunklen Bildpunkte zum Beispiel bei folgenden Motiven an:

- Die Landschaft im Hintergrund kommt genau richtig, doch die Person im Vordergrund säuft dunkel ab. Fast wie ein Aufhellblitz an der Kamera zaubert **Tiefen/Lichter** mehr Zeichnung in dunkle Zonen.
- Die angeblitzte Person im Vordergrund kommt genau richtig, doch der Hintergrund versackt in Schwarz. **Tiefen/Lichter** bringt mehr Details in den Hintergrund.

Der Bereich Lichter senkt umgekehrt die hellsten Lichter:

- Das Motiv im Vordergrund kommt klar heraus, doch die Landschaft dahinter ist hell ausgefressen. Dimmen Sie die Helligkeit des Hintergrunds aufs erträgliche Maß.
- Die angeblitzte Person im Vordergrund ist viel zu hell.

Unmögliches schafft jedoch nicht mal Photoshop: Bildpartien aus reinem Schwarz oder Weiß ohne minimale Differenzierung wertet das Programm nicht mehr auf. Sparen Sie sich Fehlbelichtungen, indem Sie von vornherein mit Spotmessung und Messwertspeicher den richtigen Wert für wichtige Bildteile ermitteln (Fototipps ab Seite 45).

Tipp Wenden Sie **Tiefen/Lichter** nicht sofort dauerhaft auf das Bild an. Legen Sie die Korrektur als Smartfilter über das Motiv und ändern Sie die Einstellungen auch nachträglich. Dazu erzeugen Sie zunächst ein Smartobjekt (**Filter: Für Smartfilter konvertieren**), dann erst wählen Sie **Tiefen/Lichter**.

11.5.2 Die Regler für »Tiefen« und »Lichter«

Klicken Sie zunächst auf Weitere Optionen einblenden, damit Photoshop den kompletten Dialog präsentiert. Wir bearbeiten im Folgenden die Bereiche Tiefen und Korrekturen. Daran erkennen Sie auch den richtigen Umgang mit den Lichtern. Zu den Tiefen-Reglern:

- Stellen Sie vorläufig eine hohe Stärke wie 90 Prozent ein und korrigieren Sie den Wert eventuell nach Änderungen an anderen Reglern.
- Experimentieren Sie mit der Tonbreite: Kleine Werte wie 10 oder 20 heben nur die allerdunkelsten Bildpunkte deutlich an. Höhere Vorgaben wie 30 oder 50 liften auch weniger dunkle Pixel und besonders dunkle Bildpunkte steigen stärker an. Hellere Bildbereiche bleiben weitgehend unverändert.
- Der Radius-Regler bestimmt, in welchem Umkreis die Vorlage verändert wird. Experimentieren Sie mit verschiedenen Werten je nach Pixelzahl. Vorsicht: Falsche Vorgaben führen zu Lichthöfen in stark kontrastierenden Bildzonen oder sie bügeln die Differenzierung in fein abgestuften Hauttönen platt.

Vorlage: Tiefen_b

Tiefen-Stärke: 50
Tiefen-Tonbreite: 50
Lichter-Stärke: 0
Farbkorrektur: +20
Mittelton-Kontrast: 0

Tiefen-Stärke: 100
Tiefen-Tonbreite: 50
Lichter-Stärke: 0
Farbkorrektur: +20
Mittelton-Kontrast: 0

Tiefen-Stärke: 100
Tiefen-Tonbreite: 100
Lichter-Stärke: 0
Farbkorrektur: +20
Mittelton-Kontrast: 0

Tiefen-Stärke: 50
Tiefen-Tonbreite: 100
Lichter-Stärke: 15
Farbkorrektur: +20
Mittelton-Kontrast: 0

Tiefen-Stärke: 50
Tiefen-Tonbreite: 100
Lichter-Stärke: 15
Farbkorrektur: 0
Mittelton-Kontrast: 0

Tiefen-Stärke: 50
Tiefen-Tonbreite: 100
Lichter-Stärke: 15
Farbkorrektur: 0
Mittelton-Kontrast: +25

Tiefen-Stärke: 50
Tiefen-Tonbreite: 100
Lichter-Stärke: 15
Farbkorrektur: +15
Mittelton-Kontrast: +25

Tiefen-Stärke: 80
Tiefen-Tonbreite: 80
Lichter-Stärke: 15
Farbkorrektur: +10
Mittelton-Kontrast: +10

Abbildung 11.43 Der Befehl »Tiefen/Lichter« hebt stark unterbelichtete Bildbereiche an, ohne dass hellere Partien zu stark mit angehoben werden. Je nach Vorgabe ändert sich auch die Farbsättigung. Vorlage: Tiefen_b

11.5.3 Der Bereich »Korrekturen«

Durch Anheben der Tiefen oder Absenken der Lichter zaubern Sie neue Mitteltöne ins Bild. Diese mittleren Helligkeiten verfeinern Sie im Bereich Korrekturen:

- Der Regler Farbkorrektur steuert die Farbsättigung. Vorsicht jedoch: Kleidungsstücke oder Geräte vertragen ein deutliches Plus bei der Farbsättigung, Hauttöne verlangen dagegen Zurückhaltung – sonst erstrahlen Gesichter so farbsatt wie eine Kreta-Orange.
- Der Regler Mittelton-Kontrast bringt mehr Kontrast in die neuen Mitteltöne. Bei Porträts empfehlen sich manchmal sogar Minuswerte.
- In den Feldern Schwarz beschneiden und Lichter beschneiden steuern Sie, wie viele Schatten- und Hochlichttöne auf reines Schwarz oder Weiß gesetzt werden dürfen. Je höher der Wert, desto deftiger der Kontrast. Sie verlieren aber auch Differenzierung. Die werkseitigen Vorgaben mit jeweils 0,01 Prozent wirken sinnvoll.

Sättigung per Ebenentechnik regeln

In den aufgehellten Bereichen steigt die Farbsättigung oft zu stark, jedenfalls bei Gesichtern. Fahren Sie also im Dialog **Tiefen/Lichter** den Wert Farbkorrektur zurück. Es gibt noch eine Möglichkeit, die Farbsättigung im Zaum zu halten – Überblendtechnik. Eventuell wirkt das Ergebnis aber schon wieder zu entsättigt.

Zwei verschiedene Wege bieten sich an.

- Wenden Sie **Tiefen/Lichter** direkt auf eine übliche Hintergrundebene an. Die Farbsättigung sticht noch unangenehm ins Auge? Dann wählen Sie unmittelbar nach **Tiefen/Lichter** den Befehl **Bearbeiten: Verblassen Tiefen/Lichter**. Stellen Sie den Mischmodus von Normal auf Luminanz um, so verhindern Sie jede Farbänderung.
- Sie verwandeln Ihr Bild in ein Smartobjekt und legen **Tiefen/Lichter** als Smartfilter darüber. Unten im Ebenen-Bedienfeld klicken Sie doppelt auf die Optionen für Filter-Mischmodus . In den Fülloptionen wechseln Sie clever von Normal zu Luminanz.

Abbildung 11.44 **Links:** Die Kamera belichtete die Personen vor dem hellen Hintergrund zu dunkel. **Mitte:** Wir heben die Tiefen deutlich an. **Rechts:** Ebenfalls im Dialog »Tiefen/Lichter« senken wir die Lichter ab. Vorlage: Tiefen_e1. Foto: RTcars.de

11.5.4 Vorgaben speichern

Sie können sinnvolle Vorgaben speichern und auf andere Bilder übertragen:

- Sie können die aktuellen Einstellungen Als Standard speichern. Nun öffnet sich das Dialogfeld stets mit diesen Vorgaben.
- Die Speichern-Schaltfläche sichert weitere Einstellungen in einer Datei, die Sie später wieder Laden.
- Noch einfacher: Zeichnen Sie die Korrektur mit dem Aktionen-Bedienfeld auf, um sie bequem auf ganze Bildreihen anzuwenden.

Wie immer zeigt die Abbrechen-Schaltfläche bei einem Druck auf die Alt-Taste den Text Zurück - Sie setzen die Standard-Werte wieder ein, die beim Öffnen des Dialogfelds bestanden.

Haben Sie die Standardwerte dauerhaft geändert? Drücken Sie die ⇧-Taste, um unten links die Schaltfläche Standardwerte zurücksetzen zu erhalten. Damit stellen Sie die Photoshop-Werksvorgaben wieder her.

11.6 Weitere Funktionen

Die wichtigsten Korrekturbefehle haben Sie nun kennengelernt. Doch Photoshop bietet noch weitere Techniken wie **Helligkeit/Kontrast** oder **HDR-Tonung**.

11.6.1 »Helligkeit/Kontrast«

Der Befehl **Bild: Korrekturen: Helligkeit/Kontrast** (auch als Einstellungsebene) springt schnell und unkompliziert ein, wenn Sie keine Lust auf die komplexe **Gradationskurve** haben. Ohne die Option Früheren Wert verwenden bearbeitet **Helligkeit/Kontrast** vor allem die Mitteltöne. Sie erhalten also selten ausgefressene Lichter oder zulaufende Schatten.

Helligkeit/Kontrast eignet sich damit vor allem für ordentlich durchgezeichnete Bilder, die den möglichen Tonwertumfang von null bis 255 schon weitgehend ausnutzen, aber noch innerhalb dieses Spektrums Verlagerungen brauchen, insbesondere bei den Mitteltönen. Sie wollen zum Beispiel in einem dunklen Bild die Mitteltöne und Lichter weiter aufhellen - das erledigt **Helligkeit/Kontrast**, ohne dass die hohen Lichter gleich ausfressen.

Abbildung 11.45 **Links:** Im Gegenlicht erscheint das Hauptmotiv unterbelichtet. **Mitte:** Eine örtliche Korrektur hellt die Tasse auf, lässt aber auch deutliche Körnung in den Schatten erkennen. **Rechts:** Ein Aufhellblitz sorgte hier beim Fotografieren für die passende Vordergrundbeleuchtung.

Links: Das Bild wirkt zu dunkel, nutzt aber das Tonwertspektrum schon vollständig aus. Der Messpunkt des Farbaufnehmers kennzeichnet einen 58er-Helligkeitswert (HSB-Skala, 5 Pixel Radius). **Mitte:** Der Befehl »Helligkeit/Kontrast« mit dem Wert 86 hebt den Hautton bis auf 85% an. Tiefe Schatten bleiben unverändert. Mit einem negativen »Kontrast«-Wert ließe sich das Ergebnis noch feiner abstimmen. **Rechts:** Auch hier wurde die Hautpartie per »Helligkeit/Kontrast« auf 85% angehoben. Wir verwenden diesmal den »Früheren Wert«, der Helligkeitsregler steht bei 71. Das Bild wirkt flau, Schatten verschwinden völlig, denn die Funktion hebt nicht nur Mitteltöne an, sondern schiebt das gesamte Histogramm nach rechts; so fehlen tiefe Schatten, die Lichterpartien werden auf reines Weiß gesetzt. Vorlage: Tonwertkorrektur_f. Foto: Lucas Klamert

Mit der Option Früheren Wert verwenden verschiebt der Helligkeitsregler das Histogramm schlicht, ohne es zu erweitern oder umzuschichten. Der Kontrast-Regler erweitert den Tonwertumfang dramatisch. In dieser Funktion eignet sich **Helligkeit/Kontrast** für grafische Aufgaben, für Korrekturen in Ebenenmasken, aber nicht zur Fotoverbesserung.

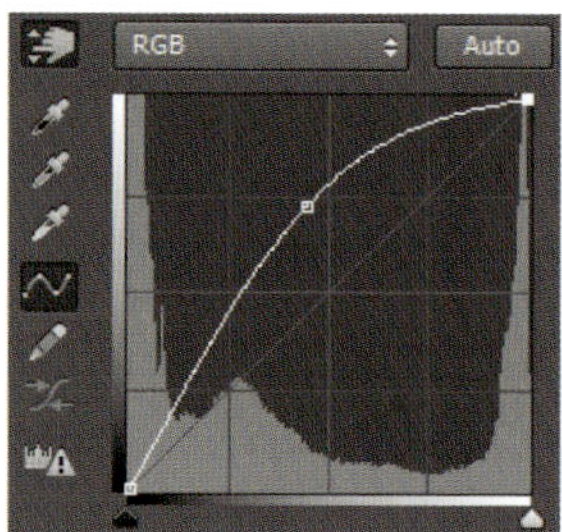

Abbildung 11.46 Wieder heben wir die Hauttöne im Bereich des Messpunkts auf 85. Diesmal starten wir eine Einstellungsebene mit »Gradationskurve«, schalten das Ziehen-Werkzeug oben links ein und klicken und ziehen ab der Stirn aufwärts. So entsteht ein erster Ankerpunkt für die Hauttöne, anschließend wird die Kurve weiter verfeinert. Die »Gradationskurve« erlaubt genauere Verbesserungen als der Befehl »Helligkeit/Kontrast«. Die Werte unter der Gradationskurve folgen einer anderen Skala als die HSB-Werte, sind also nicht direkt vergleichbar.

Automatische Verbesserung

Mit der Schaltfläche AUTO oder AUTOMATISCH wenden Sie eine automatische Kontrastverbesserung nach dem Verfahren HELLIGKEIT UND KONTRAST VERBESSERN an. Sie erkennen anschließend die Regleränderung im Dialog **Helligkeit/Kontrast** und können Photoshops Automatik-Resultat bei Bedarf verfeinern.

Tipp Flexiblere Automatik-Korrekturen erlauben die Einstellungsebenen **Gradationskurven** und **Tonwertkorrektur**. Ein Klick auf AUTO bringt Ihnen dort die Automatik namens HELLIGKEIT UND KONTRAST VERBESSERN, aber wahlweise noch drei weitere Automatiken (Seite 315). HELLIGKEIT UND KONTRAST VERBESSERN ist freilich oft die beste Lösung.

11.6.2 »HDR-Tonung«

Der Befehl **Bild: Korrekturen: HDR-Tonung** soll unter anderem den speziellen, künstlichen Eindruck von HDR-Montagen erzeugen, also leicht surreale Farben und Kontraste. Blässliche Landschaften und Städte lassen sich so massiv aufpeppen und etwas verfremden – farbig oder schwarzweiß.

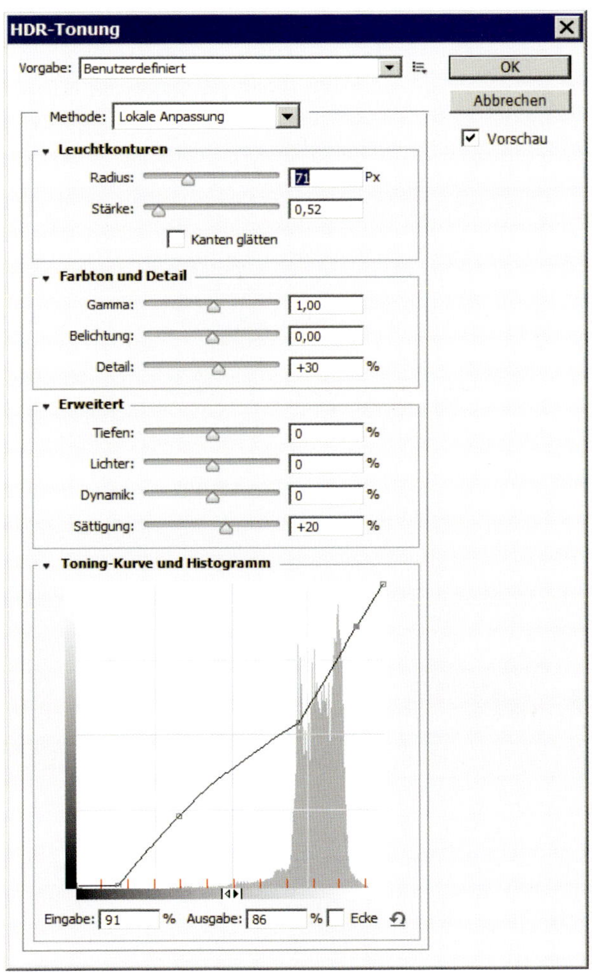

Abbildung 11.47 Die HDR-Tonung bietet die gleichen Regler und Vorgaben wie der Befehl »Zu HDR pro zusammenfügen«.

HDR-Tonung bietet die gleichen Regler und Voreinstellungen wie **HDR pro** (eine genaue Besprechung aller Funktionen ab Seite 348), lässt sich aber auf ein Einzelbild anwenden. Auch hier speichern Sie eigene Einstellungen über das Vorgabenmenü ☰.

Tatsächlich wirkt der Dialog wie ein Bauchladen unterschiedlicher Kontrast- und Farbregler plus Gradationskurve; er kann **Tiefen/Lichter** ersetzen oder ergänzen. Wie auch bei **HDR pro** lässt sich das Ergebnis häufig mit anderen Befehlen verfeinern.

In der Regel steht das Klappmenü METHODE auf LOKALE ANPASSUNG, nur so haben Sie alle Regler zur Verfügung. Wollen Sie nur eine dezente Kontrastkorrektur, wechseln Sie testweise zur METHODE: HISTOGRAMM EQUALISIEREN.

Einschränkungen

Die **HDR-Tonung** arbeitet intern vorübergehend mit gewaltigen 3x32 Bit Farbtiefe. Wegen der 32-Bit-Technik steht die **HDR-Tonung** nur mit Einschränkungen zur Verfügung:

- Haben Sie eine Auswahl im Bild, bietet Photoshop den Befehl gar nicht erst an.
- Die HDR-Tonung verwandelt Montagen nach Vorwarnung in eine einzige Hintergrundebene, Sie können also nicht eine einzelne Ebene bearbeiten, sondern nur die Gesamtansicht. Achtung: Klickt man abschließend auf ABBRECHEN, ohne die Korrektur anzuwenden, kommen die Ebenen nicht zurück. Sie lassen sich aber mit dem Protokoll-Bedienfeld wieder herstellen.
- Smartobjekt-Ebenen mutieren per HDR-Tonung zu normalen Hintergrundebenen; das Ebenen-Bedienfeld bietet die **HDR-Tonung** anschließend nicht als Bedienfeldobjekt an.
- Nach der **HDR-Tonung** steht das sonst übliche **Verblassen** (Seite 92) nicht zur Verfügung.

Vorlage

Vorgabe: Standard

Fotorealistisch

Methode: Histogramm equalisieren

Vorgabe: Monochromatisch, künstlerisch

City Twilight

Surrealistisch, hoher Kontrast

Scott5

Abbildung 11.48 Die »HDR-Tonung« verbessert oder verfremdet blasse Fotos. Datei: Kontrast_k

11.7 Kontrastkorrektur per Ebenentechnik

Nicht nur **Gradationskurven**, **Tonwertkorrektur** und andere Verfahren aus dem Korrekturen-Bedienfeld verbessern die Kontraste. Verblüffend wirksam frischen Sie Ihre Vorlagen auch durch geschicktes Montieren auf. Verschiedene Verfahren sind denkbar:

- Montieren Sie ein und dieselbe Ebene zwei- oder mehrfach übereinander und korrigieren Sie das Gesamtbild durch Wahl eines Mischmodus wie NEGATIV MULTIPLIZIEREN.
- Korrigieren Sie ein Bild mit einer Einstellungsebene. Dann ändern Sie den Mischmodus der Einstellungsebene oder schränken den wirksamen Helligkeitsbereich ein, um die Wirkung zu verfeinern.
- Montieren Sie unterschiedlich helle Belichtungen mehrfach übereinander und mischen Sie die Versionen durch Ebenenmasken oder durch Ausblenden von Helligkeitsbereichen.

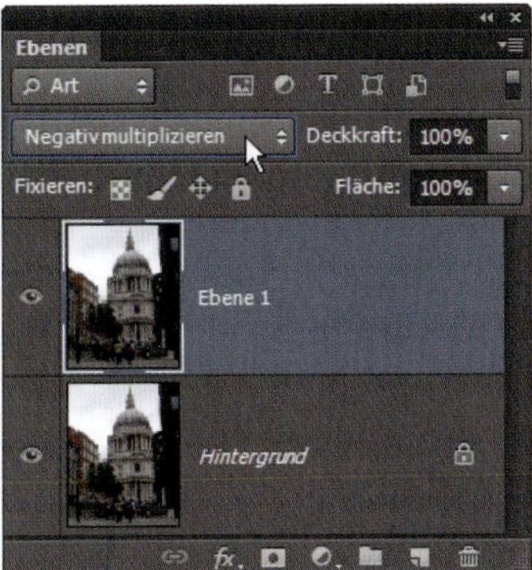

Abbildung 11.49 **Links:** Die Vorlage wirkt zu dunkel. **Mitte, rechts:** Wir duplizieren die »Hintergrund«-Ebene mit Strg+J und stellen oben im Bedienfeld den Mischmodus »Negativ multiplizieren« ein. Das Bild wirkt deutlich heller. Vorlage: Tonwertkorrektur_m1. Foto: Lucas Klamert

11.7.1 Kontrastkorrektur per Mischmodus

Besprechen wir zuerst, wie Sie eine Einzelebene duplizieren und das Gesamtbild mit einem Mischmodus verbessern. Das Verfahren im Überblick:

1. Sie duplizieren die HINTERGRUND-Ebene mit Strg+J,
2. Sie geben für die neu entstandene EBENE 1 einen neuen Mischmodus (Seite 739) an und
3. Sie verfeinern die Kreation eventuell mit Deckkraftregler und Ebenenmaske.

Geeignete Mischmodi

Je nach Aussehen Ihrer Datei wenden Sie im Ebenen-Bedienfeld eines der folgenden Verfahren an:

- NEGATIV MULTIPLIZIEREN hellt zu dunkle Scans deutlich auf und eignet sich nicht zuletzt für unterbelichtete Gegenlichtporträts, wenn Sie nicht **Tiefen/Lichter** verwenden wollen.
- MULTIPLIZIEREN dunkelt überbelichtete und zu helle Scans ab. Noch stärker wirkt LINEAR ABWEDELN (ADDIEREN).

- Weiches Licht frischt flaue Scans behutsam auf. Hartes Licht frischt flaue Scans stark auf und sorgt für Glanzlichter. Probieren Sie Ineinanderkopieren, sofern die Ebenen nicht mehr identisch sind.
- Für deutliche Verfremdung sorgen Strahlendes Licht und erst recht Hart mischen.

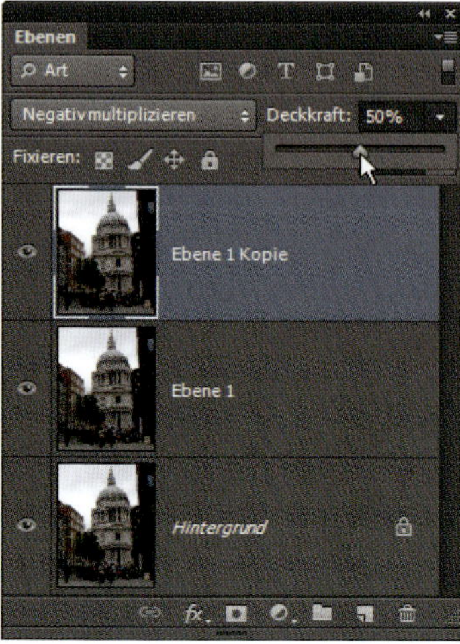

Abbildung 11.50 **Links:** Wir haben die obere Ebene erneut per Strg+J verdoppelt – jetzt wirkt das Bild bereits zu hell. **Mitte, rechts:** Wir senken die Deckkraft der oberen Ebene auf 50 Prozent, jetzt stimmt die Helligkeit der Gebäude. Der Himmel ist zu hell.

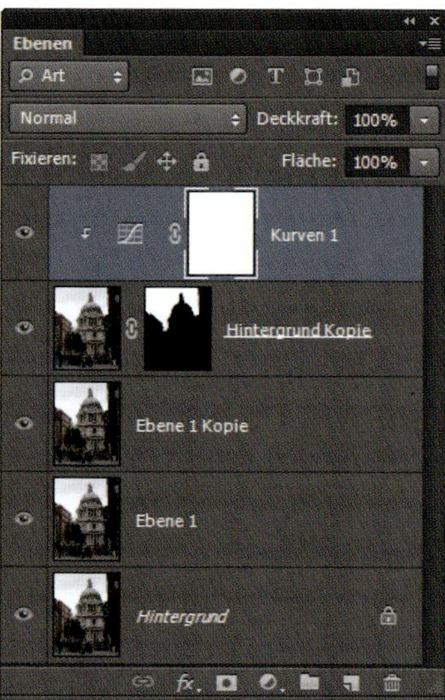

Abbildung 11.51 **Links:** Um den dunkleren Himmel zurückzubringen, klicken wir im Ebenen-Bedienfeld einmal auf die Hintergrundebene, duplizieren sie mit Strg+J und ziehen die neue Ebene »Hintergrund Kopie« ganz nach oben. Wir wählen den Himmel mit der Schnellauswahl aus und klicken unten im Bedienfeld auf »Ebenenmaske hinzufügen«. Von der oberen, dunklen Ebene sieht man nun nur noch den dunklen, ursprünglichen Himmel. **Mitte, rechts:** Mit einer Einstellungsebene »Gradationskurven« dunkeln wir den Himmel ab (Sie könnten auch aufhellen). Wir legen eine Schnittmaske an, so dass die Aufhellung nur auf die oberste Ebene und damit nur auf den Himmel wirkt; die »Gradationskurve« verändert nicht die Gebäude. Ergebnis: Tonwertkorrektur_m2

Verfeinerung

Die Überblendung wirkt häufig zu stark. So korrigieren Sie die Wirkung nach Maß:

- Reduzieren Sie die Deckkraft der oberen Ebene. Das geht besonders schnell mit den Zifferntasten, während ein Auswahl- oder das Verschiebenwerkzeug eingeschaltet ist.
- Bereiche der unteren Ebene, die weniger oder keine Korrektur benötigen, verbergen Sie durch eine Ebenenmaske für die obere Ebene (Seite 818). Graustufen oder weiche Übergänge in der Ebenenmaske sorgen für stufenlose Korrekturen.
- Testen Sie Helligkeits- und Kontraständerungen auf beiden Ebenen.

Reicht die Korrekturwirkung indes noch nicht, duplizieren Sie die obere Ebene mit dem bereits gewählten Überblendverfahren erneut (Strg+J); senken Sie eventuell beim nächsten Duplikat die Deckkraft.

Vorlage: Tonwertkorrektur_n

Multiplizieren

Weiches Licht

Hartes Licht

Abbildung 11.52 Die Vorlage ist zu hell und zu kontrastarm. Wir duplizieren die Hintergrundebene und testen Mischmodi, die abdunkeln oder den Kontrast heben. Sie könnten die Ergebnisse mit Deckkraftregler oder örtlichen Anpassungen verfeinern.

Alternative per Einstellungsebene

Zum Duplizieren der Hintergrund-Ebene bietet Photoshop Alternativen, die Speicherplatz sparen, weil Sie keine Bildpunkte duplizieren. Sie können die duplizierte Ebene dann aber auch nicht weichzeichnen.

Eine Möglichkeit: Legen Sie eine beliebige neue Einstellungsebene an, zum Beispiel **Gradationskurven**. Lassen Sie alle Einstellungen neutral, das Bild bleibt unverändert. Richten Sie für die obere neue Einstellungsebene einen Mischmodus wie das Multiplizieren ein – jetzt sehen Sie die erwartete Korrektur. Verfeinern Sie mit Ebenenmaske und Deckkraft, experimentieren Sie bei Bedarf auch mit Kontraständerungen im Dialogfeld.

Vorteile hier:

- Bei Serien ziehen Sie die Einstellungsebene gleich mit angepasster Deckkraft auf zehn weitere Bilder.
- Durch Änderungen im Korrekturdialog – zum Beispiel in den Gradationskurven – justieren Sie das Ergebnis weiter.

Alternative per Korrekturbefehl

Wenden Sie einen beliebigen Kontrast- oder Effektbefehl auf das Bild an, der keinerlei Änderung auslöst, zum Beispiel **Bild: Korrekturen: Helligkeit/Kontrast** mit allen Reglern in Neutralstellung. Anschließend bietet der Befehl **Bearbeiten: Verblassen** alle Mischverfahren wie das Multiplizieren an - auch ohne duplizierte Ebene. Testen Sie auch gesenkte Deckkraft. Sie erhalten die gleichen Ergebnisse wie mit einer Duplikat- oder Einstellungsebene. Das Bild ist sofort dauerhaft verändert.

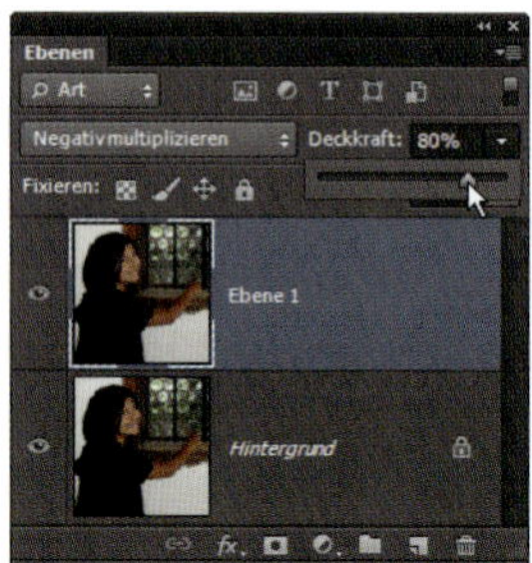

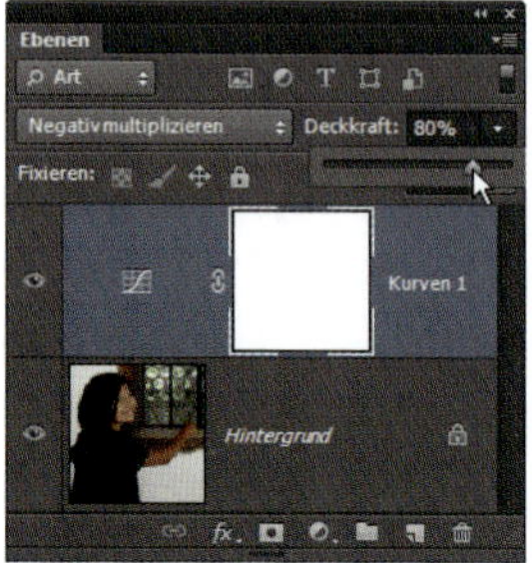

Abbildung 11.53 Das Foto ist zu dunkel und wird mit einem Duplikat und Mischmodus »Negativ multiplizieren« bei 80 Prozent Deckkraft aufgehellt - nach zwei verschiedenen Verfahren. **3. Bild:** Wir haben die »Hintergrund«-Ebene dupliziert und den Mischmodus auf »Negativ multiplizieren« gestellt, so wird es meist gemacht. **4. Bild:** Diese Technik erzeugt die gleiche Wirkung: Wir legen eine beliebige Einstellungsebene über das blasse Original, zum Beispiel »Gradationskurven«, lassen die Regler in Neutralstellung und verwenden auch hier den Mischmodus »Negativ multiplizieren«. Vorlage: Tonwertkorrektur_o

11.7.2 Einstellungsebenen verfeinern

Sie legen per Korrekturen-Bedienfeld eine Einstellungsebene an und sind mit dem Ergebnis noch nicht ganz zufrieden. Ein Beispiel: Sie hellen Ihr Foto mit der **Gradationskurve** deutlich auf. Doch dabei entstehen zu satte Farben. Außerdem fressen nun Bildpartien aus, die schon zuvor hell waren. Einen Ausweg bietet die Ebenentechnik in zwei Varianten, die Sie auch kombinieren können:

1. Stellen Sie den Mischmodus der Einstellungsebene von Normal auf Luminanz.
2. Blenden Sie die hellsten Bereiche der Einstellungsebene per Farbbereich aus.

Verfeinern per Mischmodus

Diese Mischmodi bieten sich zum Verfeinern einer Einstellungsebene an:

- Stellen Sie den Mischmodus der Einstellungsebene von Normal auf Luminanz. So ändert sich garantiert nur die Helligkeit und nicht die Farbstimmung. Allerdings sieht das Ergebnis eventuell zu flau aus.
- Sie haben den Kontrast gesteigert, doch das Gesamtbild soll nur die Aufhellung zeigen, die Abdunklung gefällt Ihnen nicht. Stellen Sie den Mischmodus auf Aufhellen.
- Sie haben den Kontrast gehoben, aber im Gesamtbild wollen Sie von dieser Änderung nur die Abdunklung sehen. Nehmen Sie also den Mischmodus Abdunkeln.

Tipp Nutzen Sie die Mischmodi auch für Smartfilter, etwa auch **Tiefen/Lichter**.

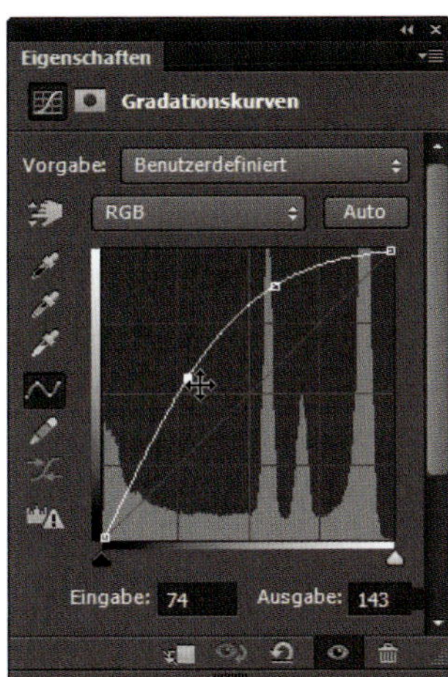

Abbildung 11.54 Wir hellen den Wintersportler mit einer Einstellungsebene »Gradationskurven« kräftig auf. Der Schnee wirkt nun zu hell, das Gesicht rötlich. Datei: Kontrast_h

Abbildung 11.55 **Links:** Den Mischmodus stellen wir von »Normal« auf »Luminanz« um, so dass die Aufhellung farbneutral wird, das Foto erscheint weniger gesättigt. **Mitte:** Diese Einstellung verhindert, dass die Gradationskurve die hellsten Bildpunkte aufhellt. Der Schnee zeigt seine ursprüngliche Helligkeit. **Rechts:** Wir verfeinern das Ergebnis und bringen auch den Himmel in seiner ursprünglichen Tönung zurück. Der Skifahrer bleibt jedoch aufgehellt.

Verfeinern mit Helligkeitsbereichen

Die Aufhellung der dunkleren Bildpartien gefällt Ihnen. Doch was zuvor bereits hell war, frisst nun aus. Sie könnten diesen Bereich mit Ebenenmasken von der Aufhellung aussparen. Testen Sie jedoch auch das Ausblenden von Helligkeitsbereichen, selbst wenn es sich nicht immer eignet. So machen Sie die hellsten Bereiche der Einstellungsebene wirkungslos:

1. Klicken Sie rechts neben der Maskenminiatur der Einstellungsebene doppelt in die leere Fläche des Ebenen-Bedienfelds und wenden Sie sich im Ebenenstil-Dialog dem Farbbereich zu.
2. Unter dem oberen Farbbalken Diese Ebene ziehen Sie den weißen Regler nach links. So kann die Einstellungsebene nicht mehr die hellsten Bildbereiche verändern (Details Seite 751).
3. Bei gedrückter [Alt]-Taste ziehen Sie die rechte Hälfte des weißen Dreiecks etwas nach rechts.

11.8 HDR (Belichtungsserien kombinieren)

Viele kontrastreiche Motive lassen sich nicht mit dem »Dichteumfang« fotografieren, den das Auge wahrnimmt:

- Belichten Sie die helle Bildpartie korrekt, zum Beispiel den Himmel, dann sumpfen die Schatten dunkel ab, zum Beispiel Landschaft und liebe Leute im Vordergrund.
- Belichten Sie indes die Schatten korrekt, fressen die helleren Partien weiß aus.

Doch Sie können die Detailzeichnung kontrastreicher Szenen verbessern: Fotografieren Sie ein und dasselbe Motiv mehrmals halbwegs deckungsgleich - mit Belichtungen, die sich um mehrere Blendenstufen unterscheiden. Dann montieren Sie die beiden Aufnahmen übereinander und holen den jeweils gut durchgezeichneten Teil in der Gesamtansicht nach vorn. Diese Technik heißt auch HDR, für »high dynamic range«, hoher Tonwertumfang, außerdem kursiert der Begriff »DRI« für »dynamic range increase«. Tipps zum Aufnehmen von HDR-Fotoserien finden Sie ab Seite 51.

Allerdings laufen oft zwei verschiedene Auffassungen von »HDR« durcheinander:

- Die Kombination von Belichtungsserien kontrastreicher Motive (darum geht es hier);
- Die Arbeit mit einer extrem hohen Farbtiefe von 3x32 Bit für maximalen Tonwertumfang, zum Beispiel auch, aber nicht nur für Belichtungsserien kontrastreicher Motive (darum geht es ab Seite 120).

Tipp Sie wollen die HDR-Bild-Anmutung mit nur einem einzigen Foto herstellen? Überstrahlende Kanten, supersatte Farben und leicht surreale Kontraste liefert der Befehl **Bild: Korrekturen: HDR-Tonung** (Seite 337); eine Einzelaufnahme reicht. Die **HDR-Tonung** liefert exakt die gleichen Regler und Vorgaben wie **Zu HDR pro zusammenfügen** für Bildserien (Seite 348).

Abbildung 11.56 Innenräume mit Blick nach draußen lassen sich oft nicht mit einer einzigen Aufnahme vollständig durchgezeichnet erfassen. Kombinieren Sie zwei unterschiedliche Belichtungen. Dateien: HDR_1 etc.

HDR mit nur einem Bild

Können Sie nur ein einziges Bild aufnehmen, dann verwenden Sie zwei Varianten ein und derselben Camera-Raw-Datei, die Sie zweimal mit unterschiedlichen Helligkeiten »entwickeln«. Aus Raw-Dateien holen Sie dabei meist mehr Zeichnung heraus als aus JPEGs. Sie können diese Raw-Dateien auch zweimal hintereinander als Smartobjekt **platzieren** (Seite 853); alle Camera-Raw-Eigenschaften bleiben so korrigierbar erhalten. Einige Digitalkameras erzeugen intern bereits HDR-Montagen, dazu müssen Sie je nach Modell mit Stativ fotografieren.

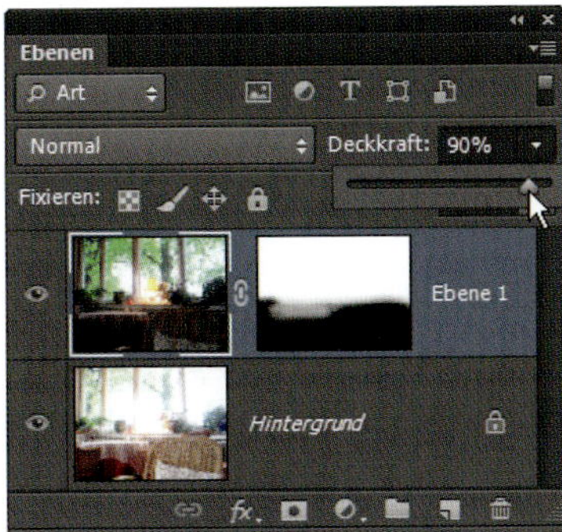

Abbildung 11.57 Die dunklere Belichtung wird über die hellere Variante montiert. Durch Retusche in der Ebenenmaske blenden wir die zu dunklen, unterbelichteten Partien der oberen Ebene aus. Zusätzlich senken wir die Deckkraft auf 90 Prozent.

Abbildung 11.58 Diese Bildmischung entstand ganz ohne manuelle Versuche mit dem Befehl »Ebenen automatisch überblenden«. Sie können das Ergebnis mit den Techniken aus diesem Abschnitt weiter verfeinern.

11.8.1 HDR-Verfahren im Überblick

Wollen Sie mehrere unterschiedlich belichtete Einzelbilder kombinieren, dann bietet Photoshop diese Mischmöglichkeiten:

- Mehrere Belichtungen einer Szene übereinanderlegen und überblenden, das erlaubt automatisch der Befehl **Datei: Automatisieren: Zu HDR pro zusammenfügen** (Seite 348). Diese Funktion arbeitet jedoch auch in Photoshop CS6 nicht optimal.
- Montieren und mischen Sie mehrere Aufnahmen per **Photomerge**-Technik, dabei entstehen automatisch teilmaskierte Einzelebenen (siehe unten).
- Verbergen Sie einzelne Bereiche der oberen Ebenen durch eine manuell nach Maß retuschierte Ebenenmaske. Dieses Verfahren erlaubt die besten Ergebnisse – kostet aber auch mehr Zeit.
- Verbergen Sie einzelne Helligkeitswerte einer Ebene durch die Regler DIESE EBENE und DARUNTER LIEGENDE EBENE im EBENENSTIL-Dialog.

Die letzten zwei Techniken lassen sich auch kombinieren. Eventuell ändern Sie auch noch den Mischmodus.

Deckungsgleiche Dateien montieren

Eine komplette Übersicht, wie Sie Ebenen bequem stapeln und dabei wahlweise automatisch Deckungsgleichheit herstellen, bis hin zur Stapelverarbeitung für ganze Serien, finden Sie ab Seite 779. Hier folgen Kurzanleitungen, wie Sie schnell Bilder gleicher Größe sauber übereinanderlegen - die HDR-Mischung selbst folgt erst danach.

Die Dateien sind gleich groß und bereits völlig deckungsgleich, müssen also nicht mehr ausgerichtet werden? Nutzen Sie unter anderem diese Möglichkeiten:

- Gut geeignet auch für längere Bildreihen: Markieren Sie die Teilnehmer in Bridge und wählen Sie dort **Werkzeuge: Photoshop: Dateien in Ebenen laden.**
- Sofern es nur zwei Ebenen sind: Wählen Sie das zum Beispiel dunklere Bild mit Strg+A aus, kopieren Sie es mit Strg+C in die Zwischenablage und fügen Sie es per Strg+V über der helleren Variante wieder ein.
- Am besten auch für nicht mehr als zwei Dateien: Zeigen Sie beide Bilder in Photoshop, ziehen Sie das eine mit dem Verschiebenwerkzeug ins andere und drücken Sie vor dem Loslassen die ⇧-Taste - sie sorgt für mittige Positionierung.

Nicht ganz deckungsgleiche Dateien montieren

Sie haben aus der Hand fotografiert, die Dateien sind nicht perfekt deckungsgleich. So legen Sie die Aufnahmen bequem übereinander und richten sie deckungsgleich aus:

1. Wählen Sie die Bilder in Bridge aus.
2. Wählen Sie in Bridge **Werkzeuge: Photoshop: Photomerge** (alternativ in Mini Bridge über die Extras-Schaltfläche). Im Dialogfeld schalten Sie Bilder zusammen überblenden ab und klicken auf OK. Sie erhalten eine ausgerichtete Ebenenmontage in Photoshop. Legen Sie je nach HDR-Verfahren noch Ebenenmasken an.

11.8.2 Mischen von Hand

Türmen Sie zwei oder mehr deckungsgleiche Dateien als Ebenen übereinander, im folgenden Beispiel befindet sich die dunklere Ebene oben im Ebenenstapel. Klicken Sie unten im Ebenen-Bedienfeld auf Ebenenmaske hinzufügen . Meist reicht danach ein Druck auf die Taste X, um schwarze Vordergrundfarbe einzurichten; dann malen Sie dort im Bild, wo Sie die obere, dunkle Ebene verbergen wollen - also dort, wo »Ebene 1« schwarz zuläuft und die hellere »Hintergrund«-Ebene hervortreten soll (Details zu dieser Technik ab Seite 818).

Alternative: Wählen Sie Bildbereiche mit der Schnellauswahl aus, dann aktivieren Sie die Ebenenmaske, sagen **Bearbeiten: Fläche füllen** und kippen Schwarz in den Bereich.

Prüfen Sie bei diesem ebenso wie beim folgenden Verfahren zusätzlich, ob sich für die obere Ebene die Mischmodi Abdunkeln oder Multiplizieren eignen oder ob Sie die Deckkraft senken sollten. Verfeinern Sie die Ebenen mit Kontrastkorrekturen.

»Ebenen automatisch überblenden«

Photoshop erzeugt automatisch HDR-Montagen mit teilmaskierten Einzelebenen, wenn auch nicht perfekt. Die Dateien müssen nicht deckungsgleich sein. Ein möglicher Weg:

1. Markieren Sie die Bildreihe in Bridge.
2. Wählen Sie in Bridge **Werkzeuge: Photoshop: Photomerge.** Im Dialogfeld schalten Sie Bilder zusammen überblenden ab und klicken auf OK.

Abbildung 11.59 Diese zwei Belichtungen kombinieren wir durch Ausblenden von Tonwertbereichen. Dateien: HDR_02.

3. Sie erhalten eine Montage in Photoshop, die oberste Ebene ist aktiviert. Klicken Sie im Ebenen-Bedienfeld bei gedrückter ⇧-Taste auf die unterste Ebene; so sind alle Ebenen ausgewählt.
4. Sie wählen **Bearbeiten: Ebenen automatisch überblenden** mit den Optionen BILDER STAPELN und NAHTLOSE TÖNE UND FARBEN.

Photoshop erzeugt eine HDR-Montage mit Ebenenmasken; das Ergebnis geht meist als interessanter Ansatz durch, überzeugt aber nicht vollends. Licht und Schatten verteilen sich nicht perfekt. Wiederholen Sie den Versuch eventuell ohne die Option NAHTLOSE TÖNE UND FARBEN.

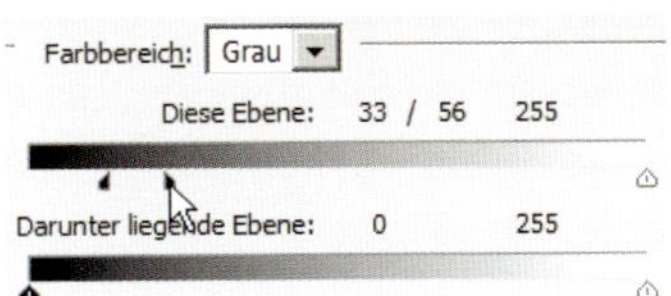

Abbildung 11.60 Von der oberen, dunkleren Ebene blenden wir mit dem »Ebenenstil«-Dialog die dunkelsten, unterbelichteten Bildbereiche aus. Dieses Zwischenergebnis könnten Sie mit weiteren Korrekturen für einzelne Zonen und das Gesamtbild verbessern.

Mischen per Ebenenstil

Zur Methode mit der Ebenenmaske gibt es eine Alternative oder Ergänzung. Diese zweite Methode eignet sich vor allem für Aufnahmen, die wirklich perfekt deckungsgleich übereinander sitzen. In unserem Beispiel befindet sich die dunklere Ebene oben:

1. Klicken Sie mit rechts auf die Miniatur der oberen, dunkleren Ebene.

2. Unter dem Graubalken mit der Überschrift DIESE EBENE ziehen Sie das schwarze Doppeldreieck nach rechts, zum Beispiel bis zum Wert 56.
3. Drücken Sie die [Alt]-Taste, dann ziehen Sie die linke Hälfte des Doppeldreiecks nach links, zum Beispiel bis zum Wert 33/56.

So verstecken Sie die dunkelsten Bildpunkte von 0 bis 33 der oberen Ebene komplett (Seite 751); mittelhelle Bildpunkte von 34 bis 56 erscheinen nur halbdeckend. Ausschließlich die helleren Bereiche dieser insgesamt dunkleren Ebene erscheinen im Gesamtbild; sie verdrängen die ausgefressenen, zu hellen Lichter der unteren, helleren Ebene.

In Bildpartien mit schlechter Mischung legen Sie vielleicht zusätzlich eine Ebenenmaske an. Oder beginnen Sie umgekehrt mit Ebenenmaskentechnik und testen Sie, ob Ausblenden der dunkelsten Tonwerte die Sache verbessert.

11.8.3 »Zu HDR pro zusammenfügen«

Der Befehl **Datei: Automatisieren: Zu HDR pro zusammenfügen** liefert auch in Photoshop CS6 keine perfekten Bilder. Die Funktion biegt Ihre Einzelbilder automatisch deckungsgleich hin. Sie müssen also nicht unbedingt mit Stativ fotografieren. Als Ergebnis erhalten Sie ein Einzelbild ohne Zugriff auf die Ebenen. Innerhalb des Dialogfelds können Sie keine örtlichen Korrekturen vornehmen.

Der Befehl **HDR-Tonung** (Seite 337) bietet für einzelne Dateien exakt die gleichen Regler und Vorgaben wie **HDR pro**.

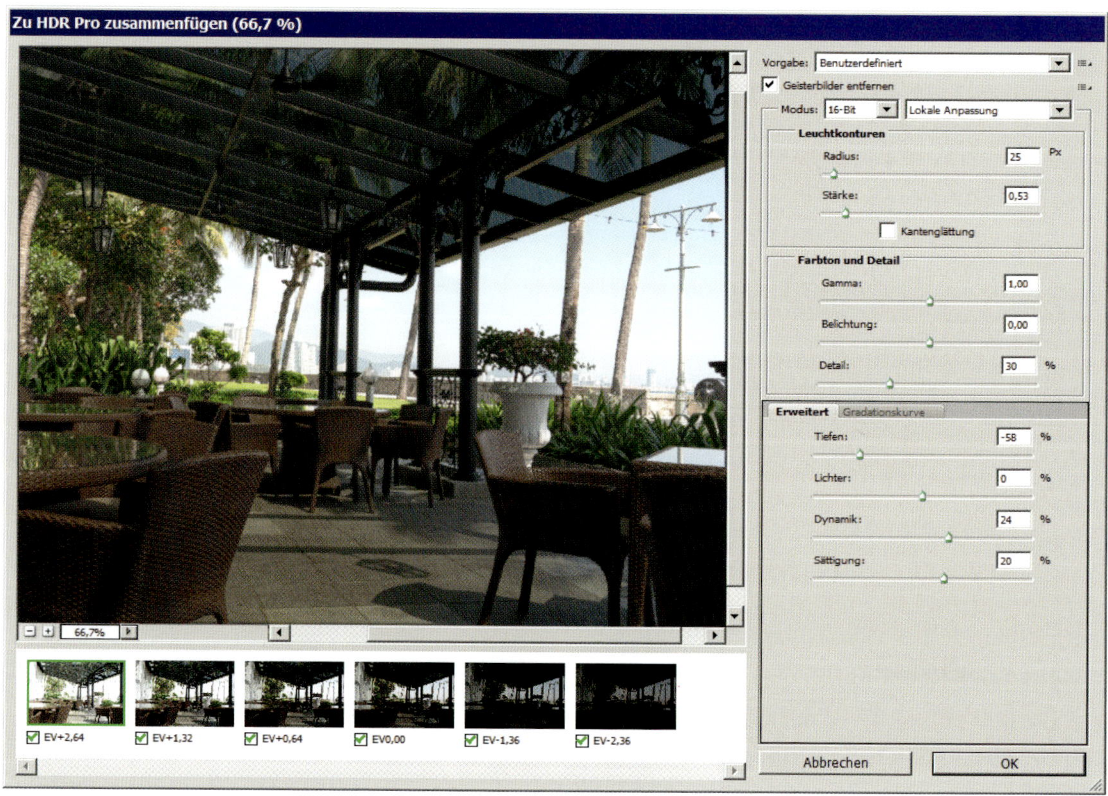

Abbildung 11.61 Im Dialog »Zu HDR pro zusammenfügen« mischen Sie Belichtungsserien von kontrastreichen Motiven, so dass ein in allen Teilen gut durchgezeichnetes Bild entsteht. Datei: HDR_06. Foto: Lucas Klamert

Raw-Dateien vorbereiten

Sofern Sie Raw-Dateien verwenden: Der Befehl **Zu HDR pro zusammenfügen** bringt Sie sofort in den **HDR pro**-Dialog, ohne Umweg über die Raw-Funktionen.

Sie könnten jedoch vorab einige Dinge im Raw-Dialog erledigen. Entfernen Sie alle bisherigen Änderungen, dann korrigieren Sie einheitlich für alle Bilder Rauschen und chromatische Aberration – diese Fehler könnten von der HDR-Prozedur unschön betont werden. Gleichen Sie auch schiefen Horizont und einheitliche Flecken aus. Ein möglicher Ablauf:

1. Wählen Sie die zusammengehörenden Raw-Dateien in Bridge aus.
2. Dem folgt der Bridge-Befehl **Bearbeiten: Entwicklungseinstellungen: Einstellungen löschen**. So verschwinden alle Korrekturen.
3. Mit [Strg]+[R] laden Sie die gesamte Bildserie in den Raw-Dialog.
4. Aktivieren Sie im Filmstreifen links eine Datei mittlerer Helligkeit, die viele Details erkennen lässt.
5. Öffnen Sie das Details-Register und korrigieren Sie Luminanz- und Farbrauschen (Seite 228).
6. Wechseln Sie ins Register Objektivkorrekturen und dort ins Unterregister Farbe. Korrigieren Sie chromatische Aberration, also unschöne Farbkanten (Seite 379).
7. Ihre Bildserie zeigt durchgehend störende Flecken oder einen schiefen Horizont? Dann zücken Sie auch noch Bereichsreparaturwerkzeug und Gerade-ausrichten-Werkzeug.
8. Wenn Sie möchten, ändern Sie im Register Grundeinstellungen diese Vorgaben: Weissabgleich, Farbtemperatur, Farbton, Klarheit, Dynamik und Sättigung – Sie beeinflussen auch das HDR-Endergebnis. Ohne Einfluss aufs Endergebnis bleiben dagegen die anderen Regler aus den Grundeinstellungen, wie Belichtung, Kontrast, Lichter, Tiefen, Weiss, Schwarz.
9. Sie haben das Einzelbild perfekt? Klicken Sie links oben im Raw-Dialog auf Alles auswählen, dann auf Synchronisieren, im Klappmenü Synchronisieren nehmen Sie Alles, dann klicken Sie auf OK.
10. Klicken Sie unter der Bildvorschau im Raw-Dialog auf eine Zeile wie Adobe RGB (1998); 8 Bit... In den Arbeitsablauf-Optionen nehmen Sie für größtmöglichen Bearbeitungsspielraum den Farbraum: Pro Photo RGB und die Farbtiefe: 16 Bit/Kanal. Wollen Sie die Arbeit beschleunigen, verkleinern Sie hier noch die Grösse (also die Pixelzahl).
11. Klicken Sie auf Fertig. Damit schließen Sie den Raw-Dialog, alle Bilder werden mit den einheitlichen Vorgaben neu »entwickelt«.
12. Wählen Sie in Bridge **Werkzeuge, Photoshop, Zu HDR pro zusammenfügen**.

Abbildung 11.62 **Links:** »HDR pro« bringt nicht genug Zeichnung in den Abhang links, der angebotene »Tiefen«-Regler entstellt das Bild nur. **Rechts:** Wir haben den Abhang im »HDR pro«-Dialog dunkel gelassen und erst nachträglich per »Tiefen/Lichter« korrigiert; Sie könnten hier auch ein passend belichtetes Einzelbild einfügen. Den fotografierenden Touristen beseitigen wir auf einer leeren Retuscheebene mit dem Bereichsreparatur-Pinsel. Dateien: HDR_04. Foto: Lucas Klamert

»HDR pro« aufrufen

Auf verschiedenen Wegen bringen Sie Ihre HDR-Aufnahmeserie ins Dialogfeld:

- Markieren Sie die Teilnehmer in Bridge und wählen Sie dort **Werkzeuge: Photoshop: Zu HDR pro zusammenfügen.**
- Wählen Sie in Photoshop **Datei: Automatisieren: Zu HDR pro zusammenfügen**. Anschließend geben Sie die gewünschten Dateien an. Am leichtesten haben Sie es, wenn die HDR-Bildserie bereits geöffnet ist; dann klicken Sie auf Geöffnete Dateien hinzufügen. Zeigt die Liste noch überflüssige Dateien, werden sie angeklickt, dann folgt Entfernen. Über das Klappmenü Verwenden laden Sie auch einen ganzen Ordner.

Oberfläche

HDR pro arbeitet intern mit 3x32 Bit Farbtiefe, rechnet das Ergebnis aber nach dem OK-Klick wahlweise auf flexibler nutzbare Farbtiefen herunter. Meist lässt man anschließend weitere Kontrastkorrekturen folgen, vor allem **Tiefen/Lichter** lohnt sich. Stellen Sie den Modus darum oben im Dialogfeld auf 16-Bit, so haben Sie später in Photoshop mehr Änderungsspielraum. Erst zum Schluss wählen Sie bei Bedarf **Bild: Modus: 8-Bit-Farbe**, so dass die Datei noch vielseitiger nutzbar wird.

Auch in **HDR pro** arbeiten Sie besonders schnell mit den üblichen Tastaturbefehlen zum Zoomen und Ändern des Bildausschnitts (Seite 40), zum Beispiel zoomen Sie per Strg+(+) und Strg+(-).

Achtung **HDR pro** nutzt in der Vorschau eine stark verkleinerte Bildvariante. Die »100 Prozent«-Zoomstufe erscheint im Dialogfeld nicht sonderlich groß und unscharf; damit meint Photoshop nur die interne Zwischenversion, nicht Ihre Originale. Wechseln Sie zur 200-Prozent-Zoomstufe, sehen Sie eine größere Bildpartie erschreckend unscharf - doch das ist wieder nur die Vorschauvariante. In wahrer Größe erkennen Sie Ihr Werk erst nach dem OK-Klick.

Abbildung 11.63 »HDR pro« teilt dem mittelhell belichteten Bild »EV 0« zu, also einen neutralen Lichtwert (»exposure value«). Die rechte Datei hat relativ den Lichtwert -2,0, wurde also zwei Blenden dunkler belichtet, zum Beispiel mit 1/500 statt 1/125 Sekunde. Die Informationen entnimmt Photoshop aus den Exif-Daten; bei Dateien ohne Exif-Werte fragt »HDR pro« nach Belichtungswerten. Mit der Checkbox entfernen Sie wahlweise einzelne Bilder aus der Verarbeitung; in der Regel bringt eine höhere Einzelbildzahl aber bessere Ergebnisse. Foto: Lucas Klamert

»Vorgabe«

Testen Sie zum Einstieg Angebote aus dem Vorgaben-Menü ganz oben, etwa Fotorealistisch. Nützliche eigene Reglerwerte sichern Sie über die Menüschaltfläche als neue Vorgabe.

Direkt darunter gibt es eine Menüschaltfläche , mit der Sie wahlweise **Reaktionskurven laden** und speichern. Gemeint sind Diagramme (englisch »response curve«), die beschreiben, wie Kamerasensoren auf Licht reagieren. In der Regel verlassen Sie sich auf Photoshops Automatik.

Tipp Sie möchten die Vorschau in **HDR pro** nach fruchtlosem Experimentieren wieder auf den ursprünglichen Zustand zurücksetzen? Drücken Sie die Alt-Taste; die Abbrechen-Schaltfläche zeigt dann wie meist die Beschriftung Zurücksetzen, auch so kehren Sie zum Einstiegsangebot des Dialogfelds zurück.

Fotorealistisch

Monochromatisch, künstlerisch

Fotorealistisch, hoher Kontrast

Surrealistisch, hoher Kontrast

Surrealistisch

Scott5

Abbildung 11.64 Die »Vorgaben« im Dialog »Zu HDR zusammenfügen« produzieren häufig übertriebene Effekte, die auffällig nach HDR-Technik aussehen (sollen). Wir testen die Vorgaben jeweils mit der Option »Geisterbilder entfernen«, die »Kantenglättung« steigert bei allen Beispielen den Kontrast. Die Ergebnisse lassen sich leicht weiterverändern, vor allem bei 16-Bit-Farbtiefe oder (auch als 32-Bit-TIFF-Datei) im Raw-Dialog. Dateien: HDR_07

»Geisterbilder entfernen«

Der **HDR pro**-Dialog zeigt Ihre Einzelbilder nicht immer ganz deckungsgleich, aus zwei Gründen:

- Büsche, Gräser, Wellen und Touristen bewegen sich zwischen den Aufnahmen. Sie sehen im HDR-Mix unschöne Schlieren.
- Selbst starre Berg- und Hauskanten montiert der **HDR pro**-Dialog wider Erwarten nicht immer ganz deckungsgleich, sofern Sie aus der Hand fotografiert haben; hässliche Überlagerungen an Kontrastkanten bleiben zurück.

Die störenden Randerscheinungen korrigieren Sie leicht, sofern Sie mindestens drei Aufnahmen verwenden:

1. Klicken Sie oben rechts auf GEISTERBILDER ENTFERNEN. Photoshop wählt sofort in der Leiste unten ein Einzelbild als Referenz aus. Es zeigt einen dünnen grünen Rahmen. Die Randstörungen sind beseitigt.
2. Zoomen Sie im Dialogfeld auf 200 Prozent und zeigen Sie eine kritische Bildstelle an.
3. Klicken Sie in der Leiste unten andere Einzelbilder an und testen Sie, welches Einzelbild den Wischeffekt optimal unterdrückt.

Schatten und Lichtreflexe erscheinen mit der GEISTERBILDER-Maßnahme klarer konturiert. Das Gesamtbild ändert sich jedoch bei wechselnder GEISTERBILDER-Referenz kaum.

Tipp Prüfen Sie bei der Wahl des Referenzbilds, ob zum Beispiel hellere Varianten mehr chromatische Aberration ins Gesamtbild tragen (Seite 379). Wegen der verkleinerten Vorschauversion im **HDR pro**-Dialog erkennen Sie dieses Phänomen aber nicht vollständig im Dialogfeld selbst, sondern erst nach dem OK-Klick in der Photoshop-Arbeitsfläche bei hoher Zoomstufe.

Abbildung 11.65 **Links:** Der »HDR pro«-Dialog hat mehrere Einzelbilder gemischt, die Gräser verwischen. **Rechts:** Die »Geisterbilder«-Funktion behebt das Problem. Klicken Sie unten im HDR-Dialog testweise auch andere Einzelbilder als Referenz an. Dateien: HDR_03. Foto: Lucas Klamert

»Leuchtkonturen«

Oben rechts stellen Sie 8-Bit- oder 16-Bit-Farbtiefe und die Lokale Anpassung ein – nur so erhalten Sie alle Regler.

Typisch für HDR-Montagen ist die Überstrahlung entlang kontrastreicher Kanten. Dieses Phänomen steuern Sie im Bereich Leuchtkonturen:

- Radius: Hohe Werte hier erzeugen breitere Überstrahlungen, das Bild wirkt eventuell weniger scharf, Wolken erscheinen vielleicht gefälliger. Die Wirkung erinnert an den Radius-Regler bei **Selektiver Scharfzeichner** oder **Unscharf maskieren**.
- Stärke: steigert den Kontrast innerhalb der überstrahlenden Zonen und eventuell die Schärfewirkung, kann aber auch entstellen. Steht der Radius auf 0, richten Sie mit dem Stärke-Schieber nichts aus. Die Wirkung der beiden Regler hängt auch von der Pixelzahl und von der Einstellung des Detail-Reglers (siehe unten) ab.
- Kantenglättung: Ändert den Schärfe- und Kontrasteindruck, auch abhängig von anderen Reglern wie Stärke und Detail.

Radius: 25 Stärke: 0,53 Detail: 30	Radius: 25 Stärke: 3,0 Detail: 30	Radius: 90 Stärke: 3,0 Detail: 30

Abbildung 11.66 Wir testen das Zusammenspiel von »Radius« und »Stärke«. Das erste Bild zeigt die »Standard«-Einstellungen direkt nach dem Start im Dialog »HDR pro«. Dateien: HDR_06. Foto: Lucas Klamert

Radius: 25 Stärke: 0,53 Detail: 180	Radius: 25 Stärke: 3,0 Detail: 180	Radius: 90 Stärke: 3,0 Detail: 30

Abbildung 11.67 Der »Detail«-Wert beeinflusst die Wirkung Ihrer Einstellungen für »Radius« und »Stärke«.

Weitere Regler

Die Gradationskurve weiter unten im Dialogfeld arbeitet besonders präzise, doch zunächst bietet der HDR-Dialog für Kontrast und Farbton allgemein diese Funktionen:

- Gamma: Den höchsten Tonwertumfang haben Sie beim Wert 1,0. Höhere Werte betonen Schatten und Lichter - das Bild wirkt kontrastreicher; niedrigere Einstellungen holen mehr Mitteltöne heraus und sorgen für eine flachere Anmutung.
- Belichtung: Hier stellen Sie die Gesamthelligkeit ein - genau wie mit dem gleichnamigen Regler im Raw-Dialog. Nutzen Sie als Ergänzung zu Gamma und Belichtung auch die feiner steuerbare Gradationskurve weiter unten.
- Detail: Eine Art Scharfzeichnung für kontrastreiche Bildteile, die leicht übers Ziel hinausschießt und eventuell Bildrauschen betont. Vorsicht: Weil der **HDR pro**-Dialog Ihr Bild nie in Originalgröße anzeigt, sollten Sie die Wirkung hoher Detail-Werte nach dem OK-Klick noch einmal genau prüfen.
- Tiefen: Positive Werte bringen mehr Zeichnung in sehr dunkle Bildstellen.
- Lichter: Negative Werte dunkeln sehr helle Bildstellen ab, zum Beispiele überstrahlende Wolken.
- Dynamik: steigert die Sättigung schonend und ändert bereits sehr gesättigte Bereiche kaum noch.
- Sättigung: hebt die Sättigung gleichmäßig, unabhängig von bereits vorhandener Sättigung. Damit wirkt dieser Regler stärker als die Dynamik, erzeugt aber auch schneller unschöne Quietschfarben.

Tipp Deutlich mehr Feinsteuerung für Tiefen und Lichter haben Sie mit **Bild: Korrekturen: Tiefen/Lichter**; für die Nachbearbeitung mit diesem Befehl geben Sie das **HDR pro**-Ergebnis mit 16-Bit-Farbtiefe aus. Sie können auch in 32-Bit-Farbtiefe arbeiten - dann allerdings mit wenig Regelmöglichkeit -, als TIFF speichern und das Ergebnis im Raw-Dialog bearbeiten.

Abbildung 11.68 **Links:** Mit der »Standard«-Vorgabe wirkt der Bergrücken noch überbelichtet. **Rechts:** Wir senken »Lichter« auf minus 30 Prozent. Vorgaben wie »Flach« oder »Fotorealistisch, geringer Kontrast« wirken ähnlich. So verbessern Sie auch ausgefressene Wolken. Dateien: HDR_05

»Gradationskurve«

Das Register Gradationskurve hält die präziseste Kontraststeuerung parat. Nutzen Sie die Kurve wie die Pendants in anderen Photoshop-Bereichen auch (Seite 308). So steuern Sie die Anfasspunkte:

- Für besonders tonwertgenaue Steuerung klicken Sie auf Ecke: Damit verläuft die Kurve nicht in einem flüssigen Bogen, sondern knickt am aktuellen Anfasspunkt hart weg. Die Ecke-Option gilt nur für jeweils einen Anfasspunkt und muss für den nächsten Anfasspunkt separat angeklickt werden.
- Überflüssige Anfasspunkte ziehen Sie aus der Kurve heraus. Mit der Schaltfläche Kurve zurücksetzen  erhalten Sie wieder einen neutralen Verlauf, der nichts ändert.

Die roten Striche unten in der Gradationskurve signalisieren Belichtungsstufen.

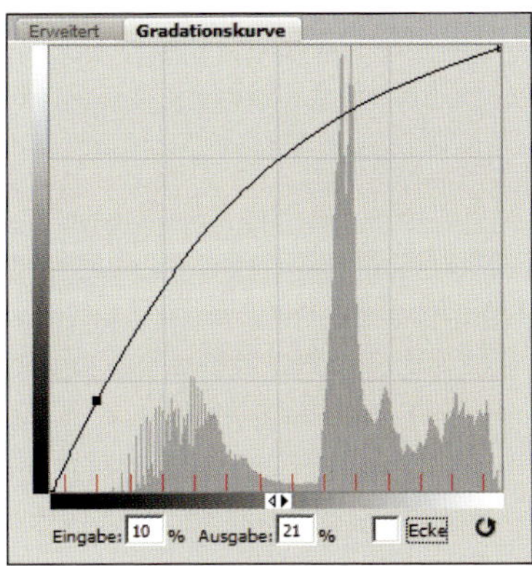

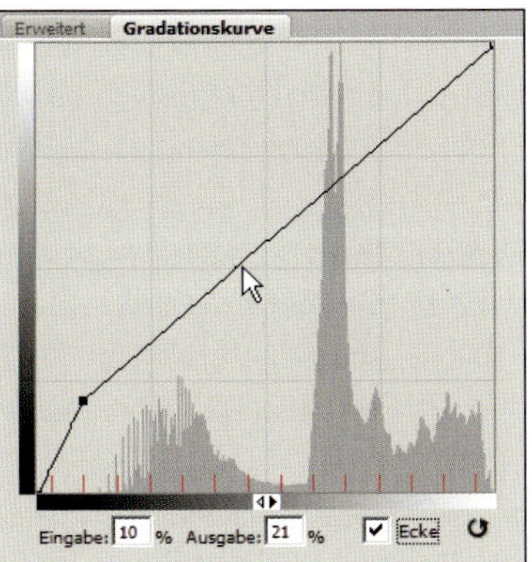

Abbildung 11.69 **Links:** Wir heben die Schattenwerte im Register »Gradationskurven« an. Doch steigen weiter rechts in der Kurve auch Mitteltöne und Lichter zu deutlich mit an. **Rechts:** Wir klicken auf »Ecke«. Die Kurve ist nicht länger gewölbt, Mitteltöne und Lichter steigen bereits weniger an. Falls Sie nun an der Kurve ziehen, entsteht ein neuer Anfasspunkt mit weichem Übergang, solange Sie nicht erneut auf »Ecke« klicken.

11.9 Farbstimmung

Bringen Sie zuerst die Kontraste in Ordnung, danach gehen Sie bei Bedarf Farbsättigung und Farbstiche an. Mögliche Farbprobleme:

- Die Farbsättigung allgemein ist zu blass.
- Die Farbsättigung im Himmel ist zu blass, aber Gesichter sollen sich nicht ändern.
- Das Bild hat einen Farbstich.

Abbildung 11.70 **Links:** Diese Vorlage wird mit verschiedenen Funktionen so bearbeitet, dass der »S«-Sättigungswert im Himmel von 40 auf 55 Prozent steigt. **Mitte:** Der »Sättigung«-Regler des Befehls »Farbton/Sättigung« hebt die Farbsättigung im kompletten Bild, Hauttöne und Gras wirken übertrieben. **Rechts:** »Dynamik« frischt die Farben dezenter auf. Vorlage: Farbsättigung_a. Foto: bravobravo, iStockphoto.com, Nr. 1197187

11.9.1 Farbsättigung per »Farbton/Sättigung« und »Dynamik«

Mit **Bild: Korrekturen: Farbton/Sättigung** oder der entsprechenden Einstellungsebene heben Sie bequem die Sättigung nur in einem bestimmten Farbbereich an, zum Beispiel nur in den Blautönen. Alle anderen Werte bleiben unberührt.

Ändern Sie die Sättigung nicht pauschal

Beim Anheben der Sättigung sollte man selten das Gesamtbild einheitlich ändern: Zwar hebt man die Farbsättigung in Himmel oder Produktoberflächen oft problemlos an, das Bild lebt auf. Doch Hauttöne vertragen die Sättigungsnachhilfe weit schlechter – Ihre Modelle erblühen dann in unzartem Schweinchenrosa.

Also lieber gezielt einzelne Bildbereiche ändern. Dazu könnten Sie natürlich mit Schnellauswahl und Co. einen Bildbereich auswählen, den Sie unabhängig von anderen Zonen verbessern. Aber es geht meist bequemer:

- Beim Befehl **Farbton/Sättigung** konzentrieren Sie die Änderung der Sättigung auf einen einzigen Farbbereich, zum Beispiel Blautöne.
- Der **Dynamik**-Befehl schont Hauttöne und ohnehin stark Gesättigtes – oft die beste Form, dezent die Farben aufzupeppen.
- Der Camera-Raw-Dialog hat im Bereich Grundeinstellungen ebenfalls Regler für Sättigung und Dynamik. Der Bereich HSL/Graustufen steuert die Sättigung für acht einzelne Farbbereiche.

Bei Außenaufnahmen mit Sonnenschein verstärken Sie die Farbsättigung mit einem Polfilter vor dem Objektiv (Seite 45).

Tipp Der Sättigung-Regler wirkt noch nicht ganz optimal? Wandeln Sie das Bild testhalber in den Lab-Modus um (**Bild: Modus: Lab-Farbe**) und testen Sie erneut eine Sättigung-Änderung; sie könnte etwas gefälliger aussehen. Auch der Helligkeit-Regler lässt sich nun besser nutzen. Weitere Möglichkeit für stärkere Farben in Lab: Erhöhen Sie via Kanäle-Bedienfeld den Kontrast in den Kanälen a und b.

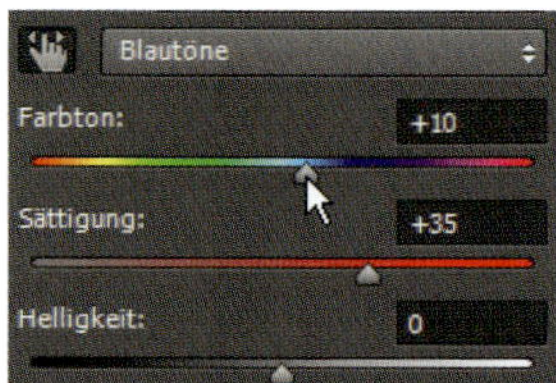

Abbildung 11.71 **Links:** Wir klicken mit dem Ziehwerkzeug aus dem Korrekturen-Bedienfeld ins Bild, Photoshop richtet automatisch »Blautöne« als bearbeiteten Farbbereich ein. Durch Ziehen nach rechts heben Sie die Sättigung nur der Blautöne; Haut, Pullover und Gras ändern sich gar nicht mehr. **Rechts:** Wir lassen den »Sättigung«-Wert unverändert, ziehen aber zusätzlich den »Farbton«-Regler nach rechts.

Farbkorrektur für Hauttöne

Viele Farbkorrektur-Dialoge können Sie speziell auf Hauttöne einstellen, andere Farbtöne bleiben dann unverändert. So gehen Sie etwa bei den Befehlen **Farbton/Sättigung**, **Farbbalance** oder **Selektive Farbkorrektur** gezielt nur die Rottöne und/oder Gelbtöne an, bei **Farbton/Sättigung** präzisieren Sie die Farbauswahl noch per Klick auf einen Hautton. Auch **Gradationskurve** und **Tonwertkorrektur** beackern auf Wunsch exklusiv den Rot-Kanal. Umgekehrt können Sie die Hauttöne auch gegen Änderung sperren, indem Sie zum Beispiel nur die Blautöne in Angriff nehmen.

»Dynamik«

Erste Wahl für übliche Fotos ist eine Sättigungssteigerung per **Dynamik**-Einstellungsebene und mit dem Dynamik-Regler (auch als üblicher Befehl **Bild: Korrekturen: Dynamik**). Diese Funktion verhindert quietschige Hauttöne und legt in ohnehin farbsatten Zonen nicht noch eine Schüppe drauf. Pinseln Sie Dynamik auch direkt örtlich in Bildteile, der Schwamm aus der Werkzeugleiste (quasi ein Sättigungspinsel) hat eine Dynamik-Option.

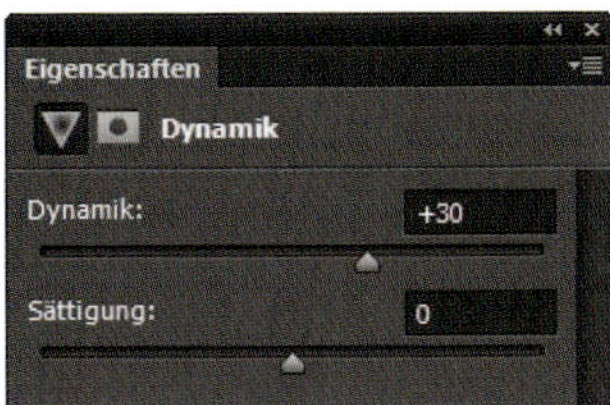

Abbildung 11.72 Der »Dynamik«-Regler ändert die Farbsättigung schonender als die Funktion »Sättigung«.

Nur ein Farbbereich per »Farbton/Sättigung«

Sie müssen nicht erst eine Auswahl anlegen, wenn Sie per **Farbton/Sättigung** nur einen einzelnen Farbbereich wie die Blautöne ändern wollen:

- Bequem und genau: Klicken Sie das Ziehwerkzeug oben links in der Einstellungsebene **Farbton/Sättigung** an und ziehen Sie über dem gewünschten Farbbereich. Klicken und ziehen Sie zum Beispiel über Himmel, stellt Photoshop automatisch den Farbbereich Blautöne oder Cyantöne (Grünblau) ein, durch Ziehen ändern Sie die Sättigung nur für diesen Abschnitt des Farbspektrums. (Nutzen Sie das Ziehenwerkzeug bei gedrückter Strg-Taste, ändern Sie den Farbton, nicht die Sättigung.)
- Stellen Sie direkt oben im Klappmenü von Einstellungsebene oder Dialogfeld einen Farbbereich wie Rottöne ein. Nur noch dieser Bereich lässt sich mit den Reglern ändern.
- Etwas genauer: Stellen Sie im Klappmenü irgendeinen Farbbereich ein, etwa Gelbtöne. Führen Sie den Mauszeiger über das Bild und klicken Sie mit rechts ins Bild. Stellen Sie den Messbereich auf mindestens **5 x 5 Pixel Durchschnitt** oder mehr. Klicken Sie mit der linken Maustaste in den gewünschten Farbton, zum Beispiel in den Himmel. Diesen Farbton übernimmt nun der Dialog, das Klappmenü zeigt jetzt zum Beispiel Blautöne oder Cyantöne an.

Unten im Farbbalken des Dialogfelds ist der gewählte Farbbereich markiert. Für diesen Bereich ändern Sie nun Farbton, Sättigung und Helligkeit, andere Farbwerte bleiben unberührt. Reines Umfärben zum Beispiel von Autos oder Pullovern besprechen wir ab Seite 469.

Tipp Einige Funktionen des Befehls Farbton/Sättigung bietet Photoshop auch in Pinselform: So können Sie mit dem Schwamm (Kurztaste O) über das Bild fahren, um pixelweise Sättigung zu entziehen oder hinzuzufügen; der Abwedler hellt Bildteile unter der Pinselspitze auf, der Nachbelichter macht sie dunkler. Das Farbe-ersetzen-Werkzeug tont ausgewählte Farbwerte einfarbig.

So nutzen Sie Farbton/Sättigung im Korrekturen-Bedienfeld

1. Vorgabe wie Sättigung erhöhen laden
2. **Ziehenwerkzeug:** im Bild waagerecht ziehen, um Sättigung des gewählten Farbbereichs zu ändern; ⇧-Ziehen für schnellere Veränderungen; Strg-Ziehen, um Farbton des gewählten Farbbereichs zu ändern; Strg+⇧-Ziehen, um Farbton des gewählten Farbbereichs mit größeren Schritten zu ändern;
3. **Farbbereich wählen:** wenn nicht alle Farben (»Standard«) bearbeitet werden sollen. Festlegung auch per Ziehenwerkzeug oder Pipetten. Anschließend evtl. mit Farbbereich-Anzeige unten weiter verfeinern
4. **Pipetten:** *Farbbereich mit Pipette im Bild auswählen, erweitern, verkleinern**
5. Färben: Bildbereich einfarbig tonen, Steuerung v.a. über Farbtonregler
6. Korrigierbare Farbtöne v.l.n.r. *:
   erster Wert, der ansatzweise verändert wird;
   erster Wert, der zu 100 Prozent verändert wird;
   letzter Wert, der zu 100 Prozent verändert wird;
   letzter Wert, der noch ansatzweise verändert wird
7. ***Übergangszone** um den Hauptfarbbereich herum, die nur schwach verändert wird. Ziehen: Hauptfarbbereich erweitern oder verkleinern**
8. ***Hauptfarbbereich**, der bearbeitet wird. Ziehen: Hauptfarbbereich verschieben**
9. ***Übergangszone** um den Hauptfarbbereich herum erweitern/verkleinern, gleichzeitig Hauptfarbbereich umgekehrt verkleinern/erweitern**
10. ***Übergangszone** um Hauptfarbbereich herum erweitern/verkleinern**
11. Standard-Farbspektrum, wird immer gleich dargestellt
12. Verändertes Farbspektrum bei aktueller Reglerstellung

*gilt nur, wenn im Klappmenü ein einzelner Farbbereich wie Gelbtöne erscheint, also nicht Standard

Einstellungsebenen allgemein ab Seite 838

11.9.2 Farbstiche mit der »Farbbalance«

Die **Farbbalance** kappt unerwünscht dominante Töne, die einen Farbstich erzeugen (Strg+B oder Strg+Alt+B für die zuletzt genutzten Werte; auch als verlustfreie und maskierbare Einstellungsebene). Dabei wirkt die **Farbbalance** jeweils nur auf TIEFEN, MITTELTÖNE oder LICHTER – entfernen Sie zum Beispiel gezielt Blaustiche aus den Schatten. Sie sollten die LUMINANZ ERHALTEN; so bearbeiten Sie nur die Farben, die Helligkeit ändert sich nicht. Alternativen sind **Fotofilter**, die **Selektive Farbkorrektur** oder Änderungen einzelner Grundfarben per **Gradationskurven**, für deutlichere Eingriffe **Color Lookup**.

Abbildung 11.73 **Links:** Mit dieser Vorlage testen wir die »Farbbalance«. **Rechts:** Nur die »Mitteltöne« werden um 40 Einheiten von Gelb weg in Richtung Blau bewegt, das Bild wirkt kälter. Datei: Farbbalance. Foto: clu, iStockphoto.com, Nr. 8979827

Tipp Wollen Sie einen Farbstich auf die Schnelle ausmerzen, bieten sich **Auto-Farbton** sowie **Auto-Farbe** an (Seite 315).

Abbildung 11.74 **Links:** 25 Prozent mehr Rot nur in den Mitteltönen, so wirkt das Bild wärmer. **Mitte:** Plus 25 Prozent Rot nur in den Lichtern. **Rechts:** Plus 25 Prozent Rot in den Lichtern, dazu minus 26 Prozent Blau (also plus 25 Prozent Gelb) in den Mitteltönen.

Abbildung 11.75 **Links: Minus 25 Prozent Rot nur in den Tiefen. Mitte:** Plus 25 Prozent Blau (also minus 25 Prozent Gelb) nur in den Tiefen. **Rechts:** Nur in den Lichtern plus 50 Grün und plus 100 Blau. In allen Fällen verwenden wir die Option »Luminanz erhalten«.

Aber nicht nur Farbstiche, auch den Charakter eines Bilds verändern Sie durch behutsames Neubalancieren der Farbwerte. So wirkt ein Motiv wärmer, wenn Sie das Farbgewicht nach Rot und Gelb verlagern. Cyan- und Blauschwerpunkte machen die Vorlage kälter.

11.9.3 »Fotofilter«

Der Befehl **Bild: Korrekturen: Fotofilter** (auch als Einstellungsebene) justiert die Farbstimmung subtil, zum Beispiel in Richtung wärmer oder kälter. Im Dialogfeld bietet Photoshop zwei Kategorien an:

- Die klassischen FILTER aus dem Fotoeinzelhandel wie WARMFILTER (85) oder KALTFILTER (82) justieren die Farbstimmung subtil.
- Alternativ legen Sie eine hauchdünne FARBE über das Bild, die Sie wie üblich per Klick auf das Farbfeld bestimmen. Auch das FILTER-Klappmenü bietet Farbnoten wie UNTERWASSER an.

Abbildung 11.76 **Links:** Mit dieser Vorlage testen wir die Wirkung der »Fotofilter« auf die Farbstimmung. **Mitte:** Wir verwenden den »Warmfilter (85)« mit einem »Dichte«-Wert von 35 und »Luminanz erhalten«. Vorlage: Fotofilter_1. Foto: travelphotographer, iStockphoto.com, Nr. 12263833

Abbildung 11.77 **Links:** Das Ergebnis entstand mit dem »Orange«-Filter bei 35 Prozent »Dichte«. **Rechts:** Die Farbe »Blau« mit 35 Prozent Dichte und wie immer »Luminanz erhalten«.

> **Tipp** Korrigieren Sie einzelne Bildzonen mit unterschiedlichen **Fotofiltern**, zum Beispiel den Himmel mit einem Kaltfilter und den Strand per Warmfilter.

Feinsteuerung

Der Dichte-Regler steuert die Stärke des Effekts. Die Vorgabe Luminanz erhalten wahrt die Helligkeit, verhindert also eine Abdunkelung und auch eine Verflachung der Kontraste.

Abbildung 11.78 Die Vorlage wirkt bläulich kalt. Abhilfe schafft der digitale Skylightfilter: Schalten Sie in der Einstellungsebene **Fotofilter** auf Warmfilter (81) mit 70 Prozent Dichte. Den Mischmodus im Ebenen-Bedienfeld stellen Sie auf Weiches Licht. Erscheint das Bild noch zu kontrastreich, regeln Sie die Dichte zurück. Mit höheren Dichte-Werten steigern Sie dagegen Wärme und Kontrast. Verzichten Sie testweise auf die Luminanz-Option. Aktion: Digitaler Skylightfilter. Vorlage: Fotofilter_2

11.9.4 »Variationen«

Besonders leicht regeln Sie die Farbstimmung mit dem Befehl **Bild: Korrekturen: Variationen** (nicht am Mac). Die Änderungen beziehen sich nach Wahl nur auf Tiefen, Mitteltöne, Lichter oder Sättigung. Justieren Sie zuerst die wichtigen Mitteltöne, anschließend gehen Sie an Lichter und Tiefen; danach prüfen Sie die Mitteltöne erneut. Wie stark die Unterschiede zwischen der ursprünglichen Version und den Korrekturvorschlägen ausfallen, das stellen Sie mit dem Fein...Grob-Regler ein.

Die Variationen arbeiten eher grob: Die Bildchen erscheinen nur klein, eine 100-Prozent-Ansicht gibt es gar nicht und das Histogramm-Bedienfeld passt Photoshop erst nach dem OK-Klick an. Weit präziser arbeiten zum Beispiel die **Gradationskurven**.

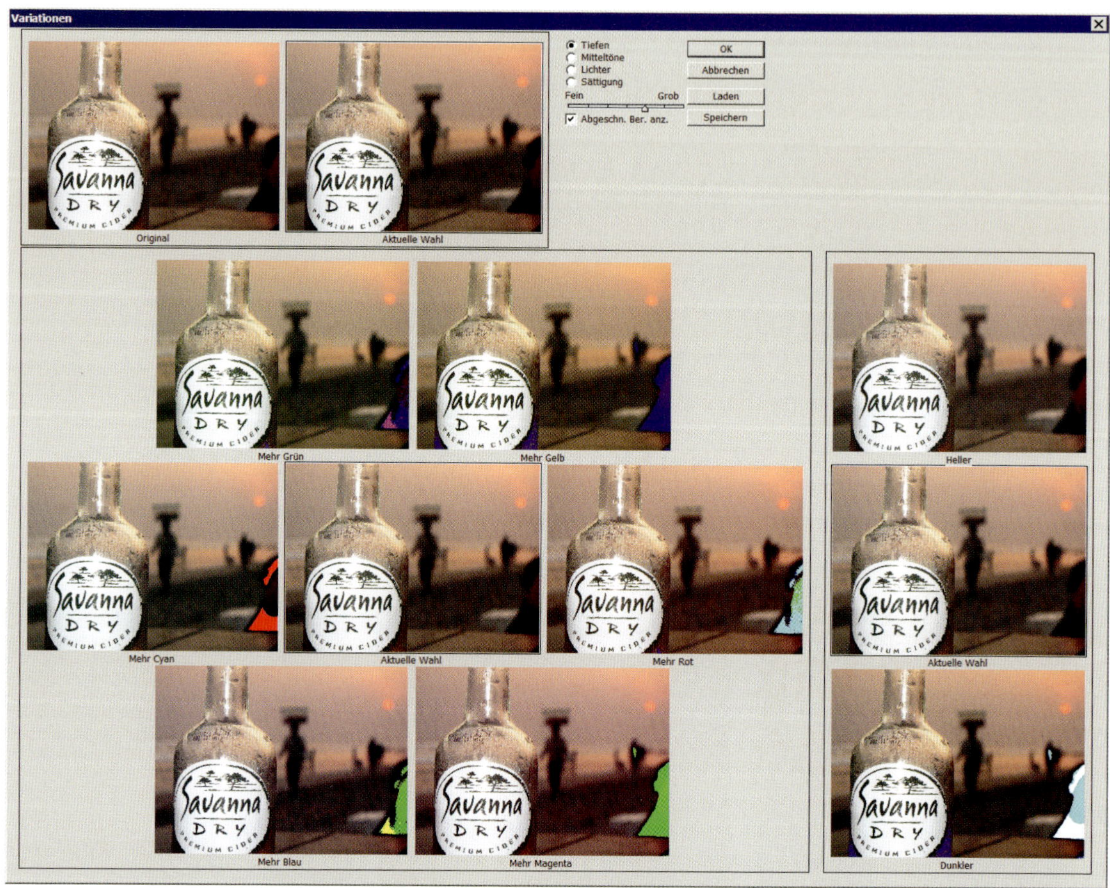

Abbildung 11.79 Variatio delectat: Der »Variationen«-Dialog zeigt verschiedene Varianten einer Korrektur von Farbton, Sättigung und Helligkeit. Alarmfarben kennzeichnen die »abgeschnittene Bereiche«, also Zonen, in denen Differenzierung verloren geht; hier sind es die »Lichter« im Himmel.

Vorgehen

Wollen Sie in Ihrem Bild mehr Grün, dann klicken Sie auf das Bildchen mit der entsprechenden Unterschrift. Die korrigierte Variation erscheint jetzt auch in der Mitte und oben als Aktuelle Wahl. Reicht der Effekt noch nicht aus, klicken Sie erneut auf mehr Grün. Wollen Sie weniger Grün, klicken Sie auf das Farbfeld gegenüber, in diesem Fall mehr Magenta. Mit den Bildchen rechts machen Sie Ihr Lichtbild auch heller oder dunkler.

Wollen Sie alles verwerfen und zurück zum Ursprung, dann klicken Sie auf das Original. Oder Sie drücken wie üblich die Alt-Taste, um aus dem Schalter Abbrechen eine Zurück-Fläche zu machen. Bestätigen Sie jedoch ruhig mit OK und begutachten Sie das Ergebnis am bildschirmgroßen Original.

Tipp Wollen Sie die **Variationen** als änder- und abschaltbare Korrekturebene über das Bild legen? Dann wählen Sie zunächst **Filter: Für Smart Filter konvertieren**, danach **Bild: Korrekturen: Variationen**. Die Korrektur wird als SMARTFILTER angelegt (Seite 862).

Alarmfarben für »abgeschnittene Bereiche«

Heben Sie ABGESCHNITTENE BEREICHE durch Alarmfarben hervor. Die schöne Formulierung meint: Durch die Kontrastkorrektur werden mehrere unterschiedliche Helligkeits- oder Farbwerte auf einen identischen Extremwert geschoben (Seite 324); so verlieren Sie beispielsweise die Differenzierung zwischen den sehr dunklen Tonwerten 0 und 30, weil Ihre Korrektur alle Tonwerte unterhalb 30 gleich auf tiefstes Schwarz, also auf null, drückt. Diesen »abgeschnittenen« Bereich stellt Photoshop in Alarmfarben dar. Die Alarmfarben sehen Sie nur bei Bearbeitung von LICHTER, TIEFEN und SÄTTIGUNG, nicht bei den MITTELTÖNEN.

11.9.5 »Selektive Farbkorrektur«

Noch genauer als mit der FARBBALANCE steuern Sie Tonwerte mit **Bild: Korrekturen: Selektive Farbkorrektur** (auch als verlustfreie, maskierbare Einstellungsebene). Sie greifen unmittelbar auf einen Druckfarbenanteil zu und verändern den Anteil der CMYK-Farben in jeder additiven und subtraktiven Grundfarbe. So meldet etwa das Info-Bedienfeld, dass Sie in einer Gelbfläche etwas zu viel Cyan haben. Wählen Sie im Einblendmenü FARBEN die Gelbtöne und ziehen Sie den CYAN-Regler nach links auf einen negativen Wert. Dabei muss der Gesamtkanal aktiv sein. Der Befehl eignet sich für CMYK- und RGB-Dateien, aber nicht für Lab.

Abbildung 11.80 **Links:** Mit dieser Vorlage testen wir die »Selektive Farbkorrektur«. Sie verändert die Farbanteile in den Druckfarben. **Mitte:** Wir steigern den Schwarzanteil in den Rottönen. Vorlage: Farbkorrektur. Foto: James Bray, iStockphoto.com, Nr. 9536324

Besonderheiten

Da diese Funktion nicht nach Höhen, Mitten und Tiefen unterscheidet, sondern die Grundfarbe insgesamt korrigiert, ist sie mitunter bequemer als die **Farbbalance** (siehe oben). Auch Zugriff auf WEISS, neutrale GRAUTÖNE und SCHWARZ bietet nur die **Selektive Farbkorrektur**. Sie erscheint also als Alternative zu den Weiß-, Schwarz- und Neutralpipetten bei **Tonwertkorrektur** und **Gradationskurven**.

»Absolut« und »Relativ«

Der Modus ABSOLUT verändert die Farben mit absoluten Werten: Heben Sie ein 40-prozentiges Cyan um zehn Prozent an, steigt der Anteil auf insgesamt 44 Prozent. RELATIV berücksichtigt die bereits vorhandenen Werte: Die zehnprozentige Anhebung eines 40-prozentigen Cyantons liftet diesen auf 42 Prozent, die Wirkung ist subtiler und besser abgestuft.

Abbildung 11.81 **Links:** Wir steigern Magenta und Gelb in den Rottönen. **Mitte:** Wir entfernen Gelb aus den Schwarztönen, so dass in den Schatten die Gegenfarbe Blau hervortritt. **Rechts:** Wir heben Gelb in den Grautönen. Vorlage: Farbkorrektur

11.9.6 »Gleiche Farbe«

Der Befehl **Bild: Korrekturen: Gleiche Farbe** verändert Farbstimmungen. Möglichkeiten unter anderem:

- Gleichen Sie die Farbstimmung in Zielbild 2 an die Farbstimmung in Quellbild 1 an; gehen Sie dabei wahlweise nicht vom Gesamtbild, sondern nur von einer Auswahl aus.
- Gleichen Sie die Farbstimmung zweier Ebenen einander an - auch in unterschiedlichen Bildern.
- Korrigieren Sie die Farbstimmung eines Bildteils auf Basis der Farbstimmung eines anderen Bereichs im selben Bild.
- Korrigieren Sie die Farbstimmung in einem Bild unabhängig von anderen Ebenen oder Bildern.

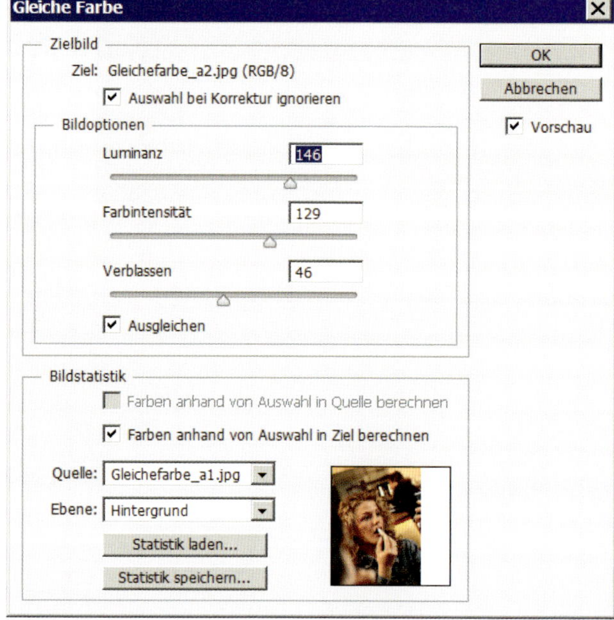

Abbildung 11.82 Der Befehl »Gleiche Farbe« passt die Farbstimmung zwischen zwei Bildern an.

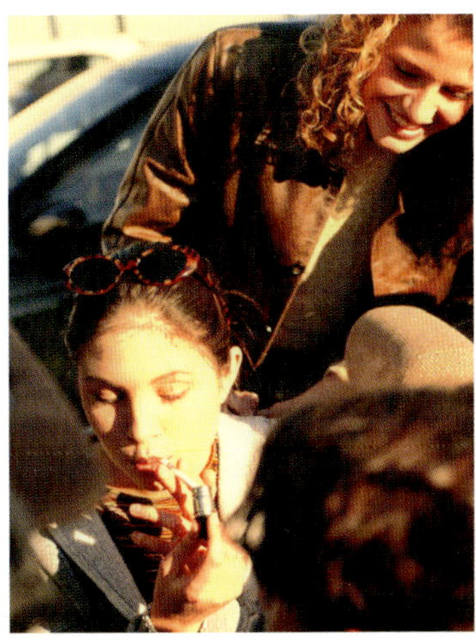

Abbildung 11.83 **Links:** Das Quellbild 1 mit seinen warmen Farbtönen dient als Vorlage für die Farbstimmung; wir verwenden in dieser Bildreihe zunächst das Gesamtbild und nicht nur den Auswahlbereich. **Mitte:** In Zielbild 2 soll die Farbstimmung geändert werden – es soll so wirken wie Bild 1. **Rechts:** Der Befehl »Gleiche Farbe« ändert Bild 2; dieses erste Ergebnis, noch ohne Änderung der »Bildoptionen«, überzeugt nicht. Dateien: Gleichefarbe_a1, Gleichefarbe_a2

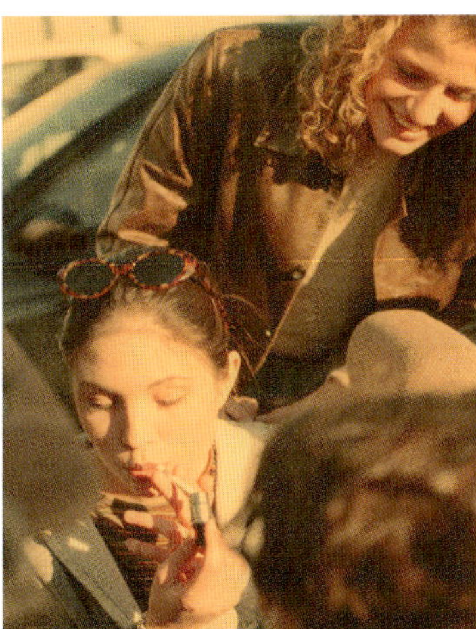

Abbildung 11.84 **Links:** Wir korrigieren Zielbild 2 auf Basis von Bild 1 und ändern diesmal die »Bildoptionen« wie im Dialogfeld oben zu sehen. **Mitte:** Bild 2 wurde nur auf Basis der Auswahl (siehe vorherige Reihe) korrigiert. **Rechts:** Wir verwenden beim Anpassen die Option »Ausgleichen«; »Farbintensität« und »Luminanz« bleiben in Neutralstellung. Weil die Vorlage 1 einen deutlichen Farbstich hat, während Bild 2 eher neutral ist, wirkt die Änderung schwach; der Gelbzuwachs in den Lichtern fällt jedoch auf.

Zwei getrennte Bilder angleichen

Zielbild 2 hat eine unerwünschte Farbstimmung. Sie soll an die Atmosphäre in Quellbild 1 angepasst werden. So geht's:

1. Öffnen Sie die Vorlage 1 und das zu ändernde Zielbild 2.
2. Aktivieren Sie Zielbild 2 durch einen Klick auf die Titelleiste.
3. Wählen Sie **Bild: Korrekturen: Gleiche Farbe.**
4. Unten im Klappmenü Quelle geben Sie das Quellbild 1 an. Zielbild 2 erscheint jetzt bereits verändert, sofern Sie nicht die Vorschau ausgeschaltet haben.
5. Hat das Quellbild Ebenen, so nennen Sie im Klappmenü Ebene die Ebene, an der die Angleichung orientiert ist. Mit der Vorgabe **Zusammengefügt** legt Photoshop eine Gesamtansicht des Bilds aus allen Ebenen zugrunde.
6. Steuern Sie die Bildwirkung mit den Reglern im Bereich Bildoptionen.

Tipp Hat das Quellbild Ebenen, dann verwenden Sie als Quelle wahlweise eine Einzelebene oder eine Gesamtansicht des Bilds mit allen Ebenen.

Zwei Ebenen in einem Bild angleichen

Sie wollen nicht separate Bilder angleichen. Stattdessen möchten Sie die Ebene 2 an die Ebene 1 innerhalb derselben Datei angleichen. So geht's:

1. Aktivieren Sie die Ebene, die sich ändern soll. In diesem Beispiel aktivieren wir die Ebene 2 durch einen Klick auf den Ebenennamen im Ebenen-Bedienfeld.
2. Wählen Sie **Bild: Korrekturen: Gleiche Farbe.**

Im Klappmenü Quelle geben Sie die Bilddatei an, die Sie gerade bearbeiten.

3. Im Klappmenü Ebene benennen Sie die Ebene, die als Vorbild gilt - hier also Ebene 1. Ebene 2 erscheint sofort verändert.
4. Verfeinern Sie die Korrektur mit den Bildoptionen.

Einzelbildkorrektur

Der Befehl **Gleiche Farbe** korrigiert auch ein Einzelbild: Sie aktivieren das Bild und klicken unter Quelle auf Ohne. Einen Farbstich korrigieren Sie auf die Schnelle mit Ausgleichen. Passen Sie bei Bedarf Luminanz (Helligkeit) und Farbintensität an. Der Verblassen-Regler dämpft die Korrekturwirkung, das Original bleibt also stärker erhalten.

»Bildoptionen«

Nicht immer überzeugt die Änderung auf den ersten Blick. Im Bereich Bildoptionen passen Sie das Bild an:

- Verändern Sie die Luminanz (Helligkeit). Der Luminanz-Regler tendiert nicht dazu, zahlreiche Bildpunkte auf reines Schwarz oder Weiß zu setzen, die Differenzierung in den hellen oder dunklen Bereichen bleibt weitgehend erhalten. Behalten Sie dennoch das Histogramm-Bedienfeld im Blick.
- Steuern Sie die Farbwirkung mit dem Schieber Farbintensität.
- Der Verblassen-Regler blendet stufenlos das Original wieder ein, so dass die Korrektur schwächer ausfällt.
- Die Vorgabe Ausgleichen beseitigt Farbstiche.

Soll nicht das Gesamtbild 1 oder eine Gesamtebene als Quelle dienen, sondern nur ein Bildbereich innerhalb einer bereits vorhandenen Auswahl? Dann schalten Sie auf Farben anhand von Auswahl... berechnen. Wählen Sie zum Beispiel Hauttöne aus.

»Ausgleichen«

Die Option Ausgleichen korrigiert Farbstiche und wirkt ähnlich wie **Bild: Korrekturen: Auto-Farbe**. Damit erinnert sie auch an die Optionen zu **Gradationskurve** oder **Tonwertkorrektur**, sofern Sie dort die Vorgaben Dunkle und helle Farben suchen plus Neutrale Mitteltöne ausrichten verwenden (Seite 315).

Übertragung auf weitere Bilder

Sie können weitere Bilder an Quellbild 1 anpassen, ohne dieses Foto jedes Mal zu laden. Speichern Sie die Farbstimmung von Quellbild 1 einmal mit der Schaltfläche Statistik speichern. Öffnen Sie weitere Bilder, klicken Sie auf Statistik laden und öffnen Sie den »Statistik«-Datensatz von Datei 1.

Abbildung 11.85 **Links:** Das Quellbild 1 mit seinen kühlen Farbtönen dient als Vorlage für die Farbstimmung; **Mitte:** Zielbild 2 soll an die Vorlage 1 (links) angepasst werden. **Rechts:** Der Befehl »Gleiche Farbe« gleicht Bild 2 an. Dateien: Gleichefarbe_b1, Gleichefarbe_b2

Alternative: Montage-Ebenen angleichen

Auch so gleichen Sie Montage-Ebenen einander an:

1. Klicken Sie im Ebenen-Bedienfeld einmal auf die oberste Ebene.
2. Halten Sie die Alt-Taste gedrückt und wählen Sie **Ebene: Sichtbare auf eine Ebene reduzieren**. So entsteht ganz oben im Ebenenstapel eine neue Ebene mit einer Gesamtansicht Ihrer Montage (nicht am Mac).
3. Wählen Sie **Filter: Weichzeichnungsfilter: Durchschnitt berechnen**. Die Ebene hat jetzt nur noch eine einzige Farbe – den Durchschnittswert des Gesamtbilds.
4. Ändern Sie den Mischmodus von Normal zu Farbe und senken Sie die Deckkraft auf 20 Prozent.

Wählen Sie eventuell noch **Ebene: Schnittmaske erstellen** und experimentieren Sie mit Deckkraft-Werten.

Website Den oben beschriebenen Ablauf liefern wir auch als Aktion Ebenenfarben angleichen mit. Bevor die Aktion startet, klicken Sie einmal auf die oberste Ebene im Ebenen-Bedienfeld.

Kapitel 12
Aufnahmefehler korrigieren

Beim Fotografieren tauchen immer wieder die gleichen Probleme auf, in diesem Kapitel beseitigen wir sie: schiefer Horizont, Abschattung und Verzerrung am Bildrand, Flecken, Bildrauschen, rotgeblitzte Augen und Unschärfe. Alle Fragen rund um Kontrast, Helligkeit und Farbstimmung haben wir bereits ab Seite 296 geklärt.

Abbildung 12.1 **Links:** Ein typischer Fall für die Objektivkorrektur: Schiefer Horizont, durchgebogene Ränder und stürzende Linien. Mit dem Gerade-ausrichten-Werkzeug nehmen wir Maß für die Horizontkorrektur. **Mitte:** Der Horizont ist korrigiert, der Regler »Vertikale Perspektive« hat die stürzenden Linien aufrechtgestellt. Wir verzichten auf »Automatisch skalieren«, darum entstehen leere Bereiche. **Rechts:** Der Regler »Verzerrung entfernen« glättet tonnenförnige Verzeichnung. Um die Gebäude nicht abzuschneiden, »skalieren« wir das Bild auf 90 Prozent. Datei: Objektiv_h. Foto: Lucas Klamert

Tipp Korrigieren Sie möglichst viele Verzerrungen gleichzeitig in einem Durchgang – dann entsteht nur einmal Qualitätsverlust durch Neuberechnen (Seite 41). Alternativen zur Schadensbegrenzung: Sie bearbeiten das Fehlerbild als Smartobjekt oder im Raw-Dialog; dann bleibt das Originalbild jeweils als Bezugsgröße im Hintergrund erhalten.

12.1 Funktionen gegen Objektivfehler

Photoshop behebt automatisch oder durch manuelle Steuerung Bildstörungen, die man vor allem der Objektivkonstruktion anlastet:

- Vignettierung, also Abdunkelung an den Rändern
- Chromatische Aberration, also unsinnige Farbsäume in kontrastreichen Partien, besonders bei Gegenlicht
- Kissen- und tonnenförmige Verzeichnung, also durchgebogene Geraden speziell, aber nicht nur am Bildrand

Alle oder einzelne dieser Probleme bearbeiten Sie vollautomatisch, komplett manuell oder automatisch mit manueller Verfeinerung im Raw-Dialog, in der **Adaptiven Weitwinkelkorrektur** oder in der **Objektivkorrektur**.

Fotografie Vignettierung (Randabdunkelung) tritt besonders bei offener Blende auf, also bei Werten wie 2,8 oder 4,0. Der Effekt lässt ein, zwei Blenden tiefer oft deutlich nach, also zum Beispiel bei Blende 5,6 oder 8. Durchgebogene Linien verhindern Sie oft mit hochwertigen Objektiven, Verzicht auf die extremeren Brennweiten Ihres Zooms und mit großzügigerem Bildausschnitt. Mehr Fototipps ab Seite 45.

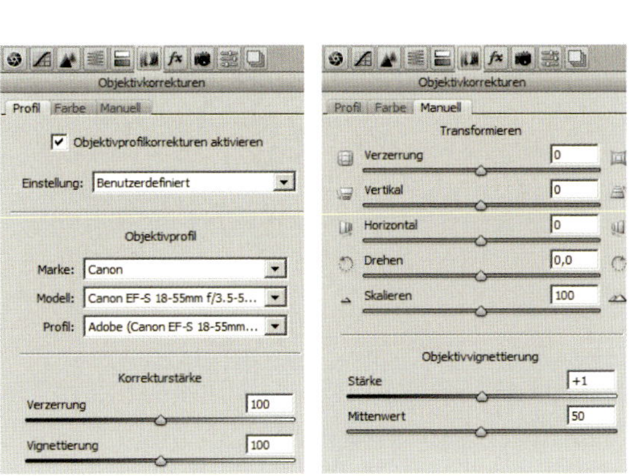

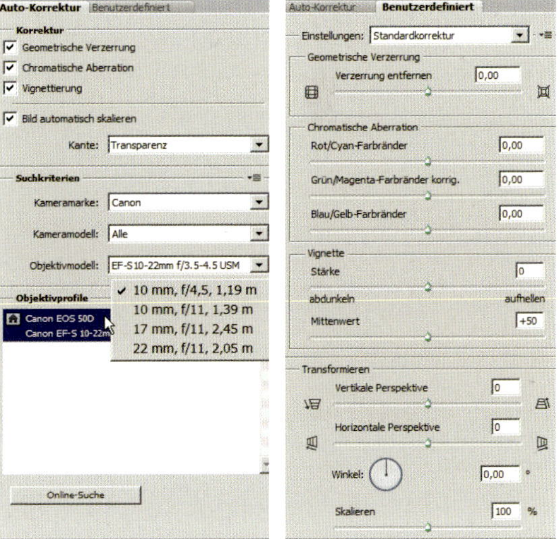

Abbildung 12.2 **Links:** Der Raw-Dialog bietet im Register Objektivkorrekturen getrennte Bereiche für automatische und manuelle Bearbeitung. Eine Besonderheit: Automatische Änderungen lassen sich stufenlos zurücknehmen oder verfeinern. Chromatische Aberration wird separat im Bereich »Farbe« bearbeitet. **Rechts:** Ähnliche Möglichkeiten wie der Raw-Dialog bietet der Befehl »Filter: Objektivkorrektur«, ebenfalls mit getrennten Bereichen für automatische und manuelle Anpassungen.

12.1.1 Wie und wo werden die Objektivfehler behoben?

Korrigieren Sie Objektivfehler manuell durch Ziehen an Reglern. Bequemer jedoch: Sofern Photoshop das verwendete Objektiv aus den Exif-Daten erkennt und/oder für die Objektiv-Kamera-Kombination ein Profil parat hat, lassen sich die Fehler automatisch ausgleichen und bei Bedarf noch manuell verfeinern.

Objektivfehler automatisch korrigieren

Die Dialogfelder bieten sehr ähnliche Möglichkeiten für automatische Objektivfehlerkorrektur:

- Im Raw-Dialog öffnen Sie das Register Objektivkorrekturen mit dem Unterregister Profil; schalten Sie die Objektivprofilkorrekturen ein. Sie können die automatische Änderung hier getrennt für Verzerrung und Vignettierung stufenlos zurücknehmen oder auch über den vorgeschlagenen 100-Prozent-Wert hinaustreiben. Wie immer im Raw-Dialog sind Ihre Manöver verlustfrei (auch für JPEG- und TIFF-Dateien) und auf andere Fotos übertragbar.
- Die Alternative: Nutzen Sie beim Befehl **Filter: Objektivkorrektur** das Register Auto-Korrektur. Hier können Sie das Automatikergebnis nicht stufenlos zurücknehmen oder übertreiben (Sie können aber immer noch im Bereich Benutzerdefiniert weitertüfteln). Das Ergebnis verändert die Bildpixel dauerhaft, sofern Sie nicht ein Smartobjekt bearbeiten.
- **Filter: Adaptive Weitwinkelkorrektur** startet generell mit einer automatischen globalen Bildverbesserung, die Sie anschließend örtlich verfeinern.

Für maximale Qualität fotografieren Sie Raw-Dateien und korrigieren die Objektivfehler im Raw-Dialog.

Tipp Die Automatik funktioniert am zuverlässigsten, wenn das Bild nicht zugeschnitten wurde. Der Raw-Dialog korrigiert generell das Gesamtbild, auch wenn Sie bereits in Raw einen Ausschnitt angelegt haben.

Objektivfehler manuell korrigieren

Alternativ - oder auch zusätzlich - zur Automatik justieren Sie Regler manuell. Dafür nutzen Sie andere Bereiche in den oben bereits genannten Dialogfeldern:

- Egalisieren Sie Objektivfehler manuell im Register Objektivkorrekturen, diesmal mit dem Unterregister Manuell des Raw-Dialogs.
- Oder wählen Sie im Photoshop-Hauptprogramm die **Objektivkorrektur** mit dem Register Benutzerdefiniert und dem Regler Verzerrung entfernen. Alternativ ziehen Sie mit dem Verzerrung-entfernen-Werkzeug direkt in der Vorschau.
- In der **Adaptiven Weitwinkelkorrektur** ändern Sie bei Bedarf die Werte für Brennweite und Crop-Faktor.

Dazu kommen einige weitere Reparaturverfahren. Wir besprechen alles ausführlich.

12.1.2 Objektivprofile nutzen

Sie können Objektivfehler wie kissen- und tonnenförmige Verzeichnung automatisch auf Basis der Exif-Objektivwerte beheben, nutzen Sie **Objektivkorrektur** oder den Camera-Raw-Dialog. Das Verfahren ist in beiden Dialogfeldern sehr ähnlich, wir beschreiben es hier nur einmal. Die besonders raffinierte **Adaptive Weitwinkelkorrektur** erhält eine Extra-Besprechung.

Am leichtesten haben Sie es, wenn es für Ihre Ausrüstung schon Objektivprofile gibt - also Beschreibungen, welches Objektiv bei welcher Brennweite, Blende und Sensorgröße Ihr Bild wie verfremdet. Aber keine Sorge: Auch wenn Sie keine genau passenden Profile finden, gibt es mindestens Profile für ähnliche Objektive, die Sie dann auf Sicht nachjustieren. Eine Liste unterstützter Objektive fanden wir unter *http://kb2.adobe.com/cps/846/cpsid_84666.html*.

Abbildung 12.3 Die Superweitwinkel-Aufnahme zeigt Randabschattung und eine verkantete Perspektive. Kissen-/tonnenförmige Verzeichnung fällt kaum auf. Datei: Objektiv_e

Abbildung 12.4 Im Raw-Dialog im Register »Objektivkorrekturen« öffnen wir das Unterregister »Profil« und verwenden »Objektivprofilkorrekturen aktivieren«. Es gibt ein Profil für die Kamera-Objektiv-Kombination – Photoshop korrigiert die Randabschattung und ändert die Verzerrung geringfügig.

Abbildung 12.5 Im Register »Profil« heben wir den »Vignettierung«-Wert auf 200 für stärkere Randabschattungskorrektur und senken die »Verzerrung« auf 0 Prozent.

Abbildung 12.6 Wir wechseln in den »Manuell«-Bereich, stellen den »Vertikal«-Wert auf 36 und verfeinern mit den Reglern »Horizontal«, »Drehen« und »Verzerrung«. Mit der »Adaptiven Weitwinkelkorrektur« lassen sich die Verzerrungen noch genauer bearbeiten.

Objektivprofile automatisch per Raw-Dialog suchen und speichern

So verwenden Sie vorhandene Objektivprofile im Raw-Dialog: Nutzen Sie das Register Objektivkorrekturen mit dem Bereich Profil und aktivieren Sie die Objektivprofilkorrekturen. Im Klappmenü Einstellung gehen Sie auf Automatisch. Eventuell meldet Photoshop Passendes Objektivprofil kann nicht automatisch gefunden werden. Dann stellen Sie Marke und Modell von Hand ein (s.u.).

Sie möchten das aktuelle Profil weiterhin für die aktuelle Kamera-Objektiv-Kombination verwenden? Klicken Sie im Klappmenü Einstellung auf Neue Standardeinstellungen.

Objektivprofile automatisch per »Objektivkorrektur« suchen und speichern

Im Dialog **Filter: Objektivkorrektur** nehmen Sie das Register Auto-Korrektur und klicken unten auf Online-Suche. Das Angebot erscheint im Bereich Objektivprofile, per Rechtsklick auf einen Profilnamen wählen Sie noch einzelne Brennweiten oder Blenden aus.

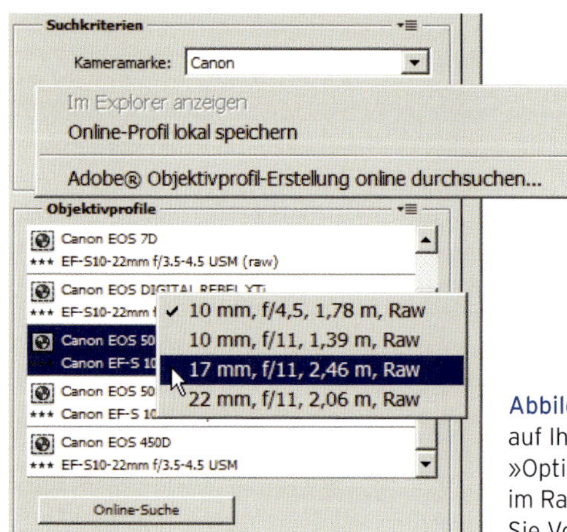

Abbildung 12.7 Sichern Sie ein per »Objektivkorrektur« gefundenes Profil auf Ihrem eigenen Computer. Dazu klicken Sie auf die Menüschaltfläche »Optionen und Befehle für Objektivprofile«. Dieses Profil steht dann auch im Raw-Dialog zur Verfügung. Per Rechtsklick über einem Profil wählen Sie Vorgaben für bestimmte Brennweiten, Entfernungen und Blenden an.

Wenn kein exakt passendes Objektivprofil vorhanden ist

Photoshop findet kein exakt passendes Objektivprofil für Ihre Ausrüstung? Nicht so schlimm: Stellen Sie ähnliche Geräte ein. Das genaue Kameramodell ist ohnehin egal, die Megapixel-Zahl auch.

Wichtig indes: Nennen Sie ein Gehäuse mit passender Sensorgröße. Viele Spiegelreflexkameras haben einen Sensor der Größenklasse APS-C, zum Beispiel sämtliche Pentax-Geräte (Stand Mai 2012) sowie die Nikon-Kameras D300s, D3200, D5100 und D7000; der Cropfaktor ist in etwa 1,5, die Sensorfläche misst also 1/1,5 des Kleinbild-Vollformats (auch KB), das mit 36x24 Millimetern als Maßstab gilt. Weitere Sensorgrößen-Klassen sind Vollformat (auch KB oder FF für »Full Frame«) oder Four Thirds (Seite 49).

Dazu geben Sie ein Objektiv an, dessen Brennweitenbereich in etwa zur verwendeten Optik passt. Häufig erleben Sie bereits eine deutliche Verbesserung. Verfeinern Sie das Ergebnis mit den Schiebereglern. Speichern Sie die gefundene Kamera-Objektiv-Paarung eventuell als Standard.

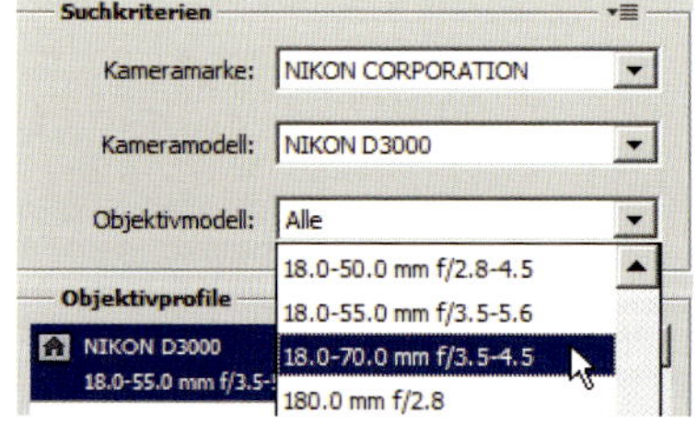

Abbildung 12.8 Findet die »Objektivkorrektur« kein passendes Profil, stellen Sie testweise eine Kamera mit identischer Sensorgröße und ein ähnliches Objektiv ein.

Eigene Objektivprofile anlegen

Sie können eigene Objektivprofile anlegen, in Photoshop nutzen und der Allgemeinheit zur Verfügung stellen. Dazu laden Sie kostenlose Software und PDF-Dateien von Adobe herunter: *http://labs.adobe.com/technologies/lensprofile_creator*; zu dieser Seite gelangen Sie auch im Objektivprofile-Menü der Objektivkorrektur mit dem Befehl **Adobe Objektivprofil-Erstellung online durchsuchen**.

Software und Erklärungen sind englisch, die Prozeduren überschaubar: Sie drucken die PDF-Dateien aus, fotografieren sie mehrfach mit gleichmäßigem Licht und füttern die Bilddateien zur Auswertung in das heruntergeladene Programm Lens Profile Creator.

12.1.3 Korrekturdialoge im Vergleich

Für denkbar beste Ergebnisse fotografieren Sie im Raw-Format und justieren Objektivfehler im Raw-Dialog im Bereich Objektivkorrekturen. Aber auch **Objektivkorrektur** und **Adaptive Weitwinkelkorrektur** liefern gute Ergebnisse ohne auffällige Weichzeichnung. Die Besonderheiten der Funktionen im Vergleich:

	Raw-Dialog	Objektivkorrektur	Adaptive Weitwinkelkorrektur
Vorteile	generell verlustfrei automatische Korrektur lässt sich stufenlos zurücknehmen oder übertreiben wahlweise aufwändigste oder einfachste Korrektur chromatischer Aberration	steuerbares Hilfslinienraster Auto-Skalieren verhindert ohne Aufwand leere Bildränder nach der Entzerrung Schaltfläche Online-Suche für Objektivprofile	örtliche Korrektur in einzelnen Bildregionen für kissen-/tonnenförmige Verzeichnung, schiefen Horizont und stürzende Linien Bildinhalt verschiebbar (zusätzlich oder alternativ zu Skalieren)
Nachteile	keine örtliche Entzerrung Bildinhalt nicht verschiebbar	keine örtliche Entzerrung Bildinhalt nicht verschiebbar	Vignettierung und chromatische Aberration werden nicht bearbeitet

12.1.4 »Adaptive Weitwinkelkorrektur«

Filter: Adaptive Weitwinkelkorrektur (Strg+⇧+A) ist Photoshops präzisestes Instrument gegen kissen- und tonnenförmige Verzeichnung, stürzende Linien und krummen Horizont: Sie korrigieren verbogene Konturen nicht pauschal fürs Gesamtfoto, sondern in einzelnen Bildregionen. Der Befehl setzt OpenGL 2.0 zwingend voraus (Seite 74).

Abbildung 12.9 Die Vorlage zeigt starke Verzeichnung. Mit der »Adaptiven Weitwinkelkorrektur« lässt sich das Bild korrigieren. Nach der automatischen Globalkorrektur durch das Dialogfeld haben wir Linien und Vierecke mit Constraint- und Polygon-Constraint-Werkzeug erzeugt. Datei: Objektiv_k

Effizient arbeiten

Die Taste [P] schaltet die Vorschau wie üblich ab und wieder ein - zum schnellen Vergleich mit dem ursprünglichen Bild. Die Option CONSTRAINTS ANZEIGEN blendet die Korrekturlinien aus und erlaubt eine bessere Beurteilung. Sie können selbst gezogene Korrekturlinien via Dialogfeldmenü als **Constraints speichern**, neu anwenden und in verschiedenen Farben zeigen. Die aktive Korrekturlinie löschen Sie mit [Entf]- oder [←]-Taste.

Photoshop merkt sich auch bei der **Adaptiven Weitwinkelkorrektur** die letzte Filter-Einstellung für das nächste Bild. Nutzen Sie die Funktion auch als verlustfrei änderbaren Smartfilter, dazu wählen Sie vor der **Weitwinkelkorrektur** zunächst **Filter: Für Smartfilter konvertieren**.

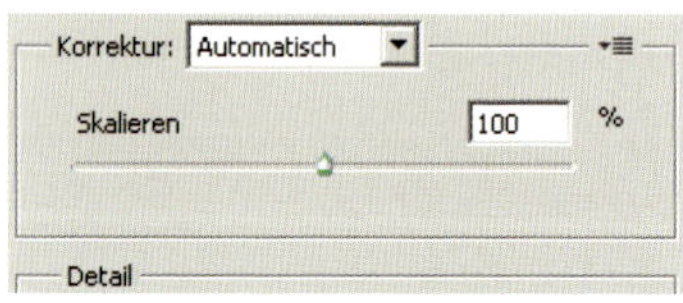

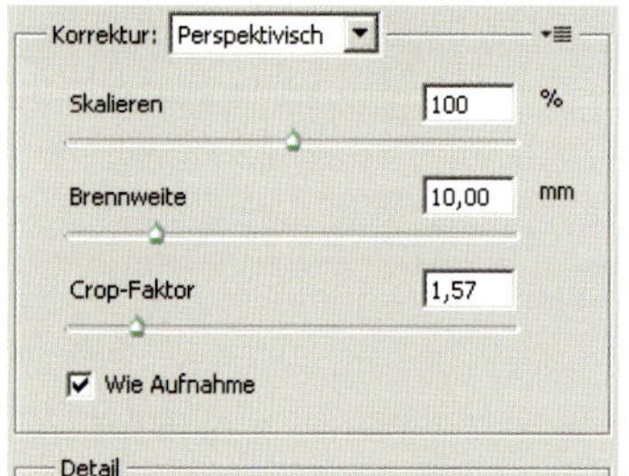

Abbildung 12.10 **Oben:** Photoshop hat Brennweite und Sensorgröße erkannt und ein passendes Objektivprofil vorliegen. Darum zeigt das »Korrektur«-Klappmenü »Automatisch«. Die Funktion wendet eine erste globale Korrektur an, anschließend verfeinern Sie örtlich mit den Constraint-Werkzeugen. **Unten:** Photoshop hat Sensorgröße und Brennweite erkannt, aber kein Objektivprofil vorliegen. Darum zeigt das »Korrektur«-Klappmenü »Perspektive« (für Weitwinkelobjektive) oder »Fischauge«. Die Funktion wendet eine erste globale Korrektur an, Sie verfeinern mit den Constraint-Werkzeugen oder auch mit den Reglern für »Brennweite« und »Crop-Faktor«.

Der Einstieg

Wie Sie die **Adaptive Weitwinkelkorrektur** beginnen, hängt davon ab, ob das Bild Exif-Informationen zu Kamera, Objektiv und Brennweite mitbringt und ob Photoshop für dieses Objektiv bei dieser Sensorgröße und Brennweite ein Objektivprofil vorliegt.

- Objektivangaben und Objektivprofil liegen vor: Das KORREKTUR-Klappmenü meldet AUTOMATISCH, Photoshop korrigiert sofort vollautomatisch.
- Objektivangabe liegt vor, Objektivprofil liegt nicht vor: Das KORREKTUR-Klappmenü meldet PERSPEKTIVISCH oder FISCHAUGE. Photoshop justiert die Regler BRENNWEITE und CROP-FAKTOR (also die Sensorgröße relativ zum Kleinbildformat, Seite 49) und versucht eine erste globale Korrektur.
- Objektivangabe liegt nicht vor: Das KORREKTUR-Klappmenü meldet PERSPEKTIVISCH oder FISCHAUGE, Sie regeln BRENNWEITE und CROP-FAKTOR von Hand.

Bei allen drei Varianten verfeinern Sie anschließend mit Constraint-Werkzeug und Polygon-Constraint-Werkzeug.

Constraint-Werkzeug und Polygon-Constraint-Werkzeug

Nach der ersten automatischen globalen Bildkorrektur bearbeiten Sie einzelne Bildzonen:

- Das Constraint-Werkzeug ist automatisch aktiviert. Klicken Sie mehrere Korrekturlinien (Constraints) ins Bild, die entlang von durchgebogenen Geraden verlaufen. Photoshop korrigiert die Bildstelle sofort.
- Das Polygon-Constraint-Werkzeug (auch per [Y]) klickt keine Linien, sondern komplette Vierecke ins Bild - ideal, um Fenster oder Türen einzurahmen.

Abbildung 12.11 Das Originalbild ...

Abbildung 12.12 ... erscheint in der »Adaptiven Weitwinkelkorrektur« bereits mit einer ersten globalen Änderung.

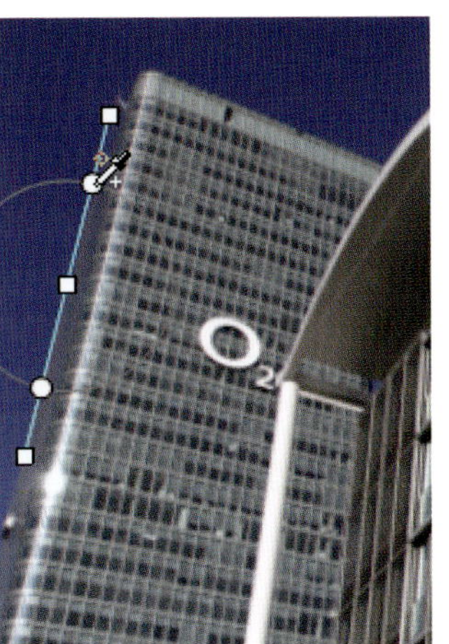

Abbildung 12.13 Wir ziehen mit dem Constraint-Werkzeug, um die Kante weiter zu begradigen. Dann klicken wir bei gedrückter ⇧-Taste auf einen Anfasspunkt ...

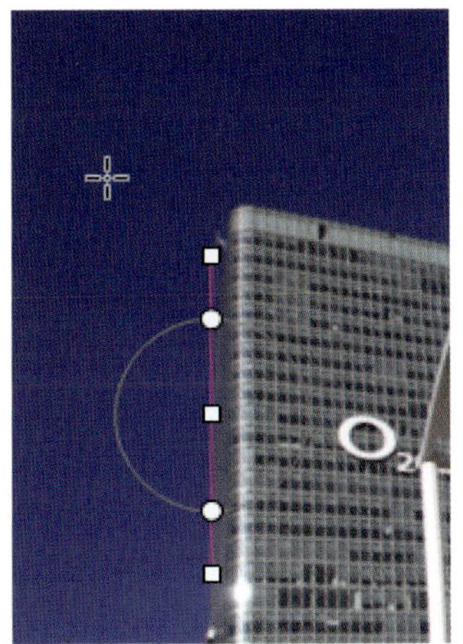

Abbildung 12.14 ... so dass Photoshop die Kante senkrecht ausrichtet - die Linie erscheint darum purpur (auch per Rechtsklick auf die Linie).

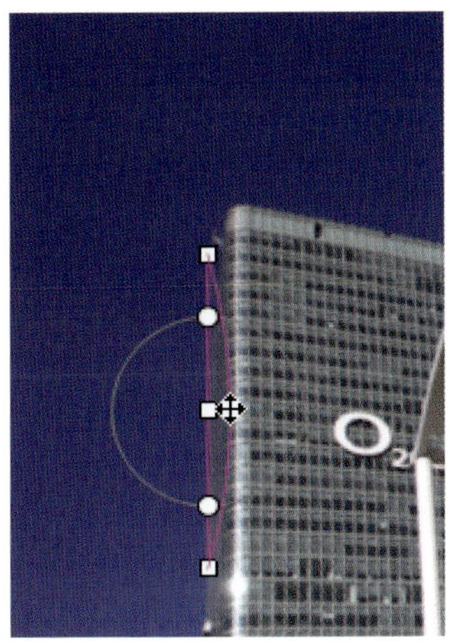

Abbildung 12.15 Falls erforderlich, passen Sie die Linie an eine durchgebogene Motivkontur an (sofern das »Korrektur«-Klappmenü »Fischauge« meldet).

Die Werkzeuge haben gemeinsame Optionen, mit denen Sie auch den Horizont ausrichten:

- Soll die gewählte Linie exakt senkrecht verlaufen, halten Sie die ⇧-Taste gedrückt. Die Linie erscheint purpur. Für exakt waagerechte Linien verwenden Sie ebenfalls die ⇧-Taste, die Linie erscheint gelb. Beim Polygon-Constraint-Werkzeug gilt die Vorgabe nur für jeweils eine der vier Linien.
- ⇧-klicken Sie auf den Ankerpunkt, um eine schräg verlaufende Linie exakt senkrecht oder waagerecht auszurichten. Der nächste ⇧-Klick stellt den ursprünglichen Winkel wieder her. Auch per Rechtsklick auf die Linie bietet Photoshop **Horizontal**, **Vertikal** und **Frei** an.

Verfeinern per Constraint-Werkzeug

Das Constraint-Werkzeug erlaubt zusätzliche Feinsteuerung:

- Ziehen Sie über den runden Anfasspunkten einer Korrekturlinie, um die Linie zu drehen und den Horizont anzupassen. Der Mauszeiger erscheint als gebogener Doppelpfeil.
- Sofern das Korrektur-Klappmenü Fischauge anzeigt, sehen Sie einen quadratischen Anfasspunkt in der Mitte einer Korrekturlinie. Damit ziehen Sie eine ungenau verlaufende Korrekturlinie exakt auf eine Motivkontur. Dabei ändert sich rechts der Brennweite-Wert.

Tipp Stimmt der Bildeindruck auch nach längerer Arbeit noch nicht, ändern Sie testweise die Brennweite rechts oben im Dialog. Der Regler steht zur Verfügung, sofern das Korrektur-Klappmenü nicht Automatisch anzeigt.

»Skalieren« und Verschieben-Werkzeug

Wie die anderen Entzerrungsfunktionen erzeugt auch die **Adaptive Weitwinkelkorrektur** viel leeren Bildrand; andererseits dehnt der Befehl einzelne Bildstellen über die vorhandene Arbeitsfläche hinaus aus. Ihre Möglichkeiten:

- Die leeren Flächen können Sie oft bequem wegretuschieren (Seite 786). Alternativ ziehen Sie den Skalieren-Regler rechts im Bild auf über 100 Prozent. So vergrößern Sie den sichtbaren Bildinhalt und verdrängen den leeren Rand hinter die Dokumentgrenzen.
- Bildteile, die der Dialog hinter die Dokumentgrenzen schiebt, lassen sich nach dem OK-Klick nicht mehr herholen. Um diese Bildteile nicht zu verlieren, brauchen Sie Skalieren-Werte unter 100 Prozent. Damit entsteht freilich noch mehr leere Fläche.
- Mit dem Verschieben-Werkzeug innerhalb der **Adaptiven Weitwinkelkorrektur** bewegen Sie den Bildinhalt in den vorhandenen Dokumentgrenzen.

Weitere Funktionen gegen kissen- und tonnenförmige Verzeichnung

Die **Adaptive Weitwinkelkorrektur** ist erste Wahl bei der Arbeit an kissen- und tonnenförmiger Verzeichnung. Bauchig durchgebogene Linien reguliert Photoshop aber auch automatisch auf Basis der Objektivdaten wie besprochen wahlweise im Raw-Dialog, Bereich Objektivkorrekturen oder per **Filter: Objektivkorrektur**.

Wahlweise können Sie die kissen- und tonnenförmig verzerrten Geraden in diesen Dialogen von Hand zurechtbiegen, wenn auch nur pauschal für das Gesamtbild:

- Nutzen Sie für manuelle Korrektur kissen- und tonnenförmiger Entstellungen im Raw-Dialog das Register Objektivkorrekturen mit dem Unterregister Manuell und dort den Regler Verzerrung.
- Oder wählen Sie **Filter: Objektivkorrektur** mit dem Register Benutzerdefiniert und dem Regler Verzerrung entfernen. Alternativ ziehen Sie mit dem Verzerrung-entfernen-Werkzeug direkt in der Vorschau.

Wirkt die **Entzerrung** zu schwach oder nicht passgenau, testen Sie **Filter: Verzerrungsfilter: Verbiegen** (alle **Verzerrungsfilter** nur für **8 Bit/Kanal**) oder Sie nutzen das **Freie Transformieren**, eventuell mit Verkrümmen, in hartnäckigen Fällen auch das **Formgitter**.

12.1.5 »Objektivkorrektur« allgemein

Der Befehl **Filter: Objektivkorrektur** bekämpft unter anderem schiefe Horizonte und stürzende Linien, aber zusätzlich auch – wie der Raw-Dialog – kissen- und tonnenförmige Verzeichnung, Vignettierung und chromatische Aberration. Wir besprechen dieses Dialogfeld hier zunächst allgemein, unabhängig von einzelnen Bildfehlern. Wie Sie die Mängel mit verschiedenen Methoden einschließlich der **Objektivkorrektur** behandeln, davon handeln ausführlich die anschließenden Abschnitte.

Möglichkeiten in der Übersicht

Im Register AUTO-KORREKTUR beheben Sie Vignettierung, chromatische Aberration und kissen-/tonnenförmige Verzeichnung ohne Herumprobieren mit Reglern. Alternativ – oder zusätzlich – finden Sie diese Korrekturmöglichkeiten im Bereich BENUTZERDEFINIERT der **Objektivkorrektur**:

- Durchgebogene Bildränder bekämpfen Sie mit dem Regler VERZERRUNG ENTFERNEN oder durch Ziehen mit dem Verzerrung-entfernen-Werkzeug direkt in der Vorschau (Seite 376).
- Gegen stürzende Linien ziehen Sie die VERTIKALE PERSPEKTIVE nach links. Laufen obere und untere Motivkante aufeinander zu, dann justieren Sie die HORIZONTALE PERSPEKTIVE (Seite 383).
- Schiefer Horizont? Ziehen Sie das Gerade-ausrichten-Werkzeug am vorhandenen Horizont entlang oder kurbeln Sie am WINKEL-Drehrad unten rechts (Seite 381).
- Bearbeiten Sie außerdem VIGNETTE (eigentlich Vignettierung, also Randabschattung) und CHROMATISCHE ABERRATION (unerwünschte Farbsäume, Seite 379).

Abbildung 12.16 Die Vorlage glänzt durch stürzende Linien horizontal und vertikal, schiefer Horizont und durchgebogene Kanten, wir korrigieren im manuellen Bereich der »Objektivkorrektur«. **Links:** Wir ziehen das Gerade-ausrichten-Werkzeug an einer Gebäudelinie entlang. **Mitte:** Nach der Horizontkorrektur entstehen erste leere Ecken. Wir blenden das »Raster« ein, ändern dessen »Größe« und »Farbe« und bewegen es mit dem Raster-verschieben-Werkzeug. **Rechts:** Wir korrigieren die »horizontale Perspektive« auf minus 27 und beheben so die seitliche Verkantung. Datei: Objektiv_b

Abbildung 12.17 **Links:** Der Regler »Verzerrung entfernen« wandert auf plus 4,6, so dass die Kanten nicht mehr durchgebogen erscheinen. **Mitte:** Die »vertikale Perspektive« bekommt den Wert -23, so gleichen Sie die Verzerrung durch eine nach oben gekippte Kamera aus. **Rechts:** Wir testen hier die »Kantenerweiterung« aus dem »Kante«-Klappmenü, doch das hilft selten. Schneiden Sie leeren Rand weg, retuschieren Sie ihn oder vergrößern Sie das Bild mit dem »Skalieren«-Regler.

Bedienung

Die Tastenbefehle zur **Objektivkorrektur** kennen Sie vielleicht schon aus anderen Dialogfeldern oder von der allgemeinen Photoshop-Oberfläche: Die Verschiebehand erhalten Sie per [Leertaste] oder [H]. Per [Alt]-Taste erscheint wie üblich die Schaltfläche Zurücksetzen, die alle Änderungen aufhebt (Tipps für den schnellen Umgang mit Dialogfeldern ab Seite 39).

Mit den Optionen unten rechts schalten Sie das Gitterraster ab oder ändern Sie Farbe und Maschenweite. Das Raster-verschieben-Werkzeug bewegt Ihr Gitternetz durchs Bild, bis es exakt über einer markanten Linie im Hauptmotiv entlangläuft.

Tipp Falls Sie in der **Objektivkorrektur** ein Bild nur mit Hintergrund-Ebene bearbeiten: Sie erhalten nach dem Klick auf OK stets eine »Ebene 0« oder ähnlich. Um das Bild schnell als JPEG-Datei ohne Ebenentechnik zu speichern, brauchen Sie also noch **Ebene: Auf Hintergrundebene reduzieren.**

12.1.6 Wenn leere Bereiche entstehen

Bei der Bearbeitung erhalten Sie manchmal leere Streifen am Bildrand. Wollen Sie diese Bildstreifen nicht einfach leer lassen, nutzen Sie im Register Manuell der Raw-Objektivkorrekturen den Skalieren-Regler: Ziehen Sie das Bild so groß auf, dass die leeren Randstreifen hinter den Dokumentgrenzen verschwinden.

Tipp Wählen Sie mehrere gleichartig verzerrte Bilder in Bridge aus und klicken Sie auf **Werkzeuge: Photoshop: Objektivkorrektur.** So bearbeiten Sie ganze Bildreihen, dabei entstehen neue Bilddateien. Sie finden den Befehl auch im Photoshop-Untermenü **Datei: Automatisieren.**

Leere Bereiche in der Objektivkorrektur

Den Skalieren-Regler bieten auch **Adaptive Weitwinkelkorrektur** sowie die **Objektivkorrektur** im Bereich Benutzerdefiniert. So füllen Sie leere Bereiche passgenau auf.

Im Register Auto-Korrektur der **Objektivkorrektur** geht es aber komfortabler zu: Dank einem Klick auf Bild automatisch skalieren füllt das Foto die Arbeitsfläche immer vollständig aus – auch wenn Sie nebenan in der Abteilung Benutzerdefiniert massiv verzerren. Druckmaß, Seitenverhältnis und Pixelzahl der bearbeiteten Datei ändern sich also nicht.

Sie wollen das Bild nicht passend ausdehnen, sondern mit dem leeren Rand leben? Dann bietet das Klappmenü Kante in der **Objektivkorrektur** diese Möglichkeiten:

- Füllen Sie die leeren Zonen mit Transparenz, Schwarzer Farbe oder Weisser Farbe. Die neuen leeren Zonen sollten Sie später wegschneiden oder bequem retuschieren (mehr zur Korrektur leerer Ränder ab Seite 786).
- Per Kantenerweiterung duplizieren Sie die vorhandenen Randfarben nach außen.

12.1.7 Vignettierung und chromatische Aberration

An der Bildqualität nagen auch Vignettierung und chromatische Aberration (auch CA, Farblängsfehler oder Farbkanten). Sie vermeiden diese Probleme zum Teil, wenn Sie mit höherwertiger Ausrüstung fotografieren – oder lassen Sie Photoshop ran. Einige neuere Kameras korrigieren chromatische Aberration und Vignettierung direkt beim Schreiben von JPEG-Dateien, abgestimmt auf das verwendete Objektiv.

Lassen Sie Photoshop Vignettierung und chromatische Verirrungen automatisch beheben (und eventuell eine manuelle Verfeinerung folgen) – Sie verwenden also wie oben beschrieben **Filter: Objektivkorrektur** mit dem Register Auto-Korrektur oder den Camera-Raw-Dialog mit dem Register Objektivkorrekturen.

Vignettierung allgemein

Wollen Sie abgeschattete Ränder von Hand und nicht per Automatik eindämmen, helfen die üblichen Verdächtigen mit ihren Reglern:

- Nehmen Sie **Filter: Objektivkorrektur**, Register Benutzerdefiniert mit dem Bereich Vignette: Der Stärke-Regler steuert, wie kräftig Sie die Bildränder aufhellen; der Mittenwert-Schieber bestimmt die Breite des korrigierten Bereichs.
- Die gleiche Funktion finden Sie auch im Camera-Raw-Dialog unter Objektivkorrekturen, Bereich Manuell.

Bei manchen Motiven dunkeln Sie aus gestalterischen Gründen die Bildränder gezielt ab. Dann wandert der Stärke-Regler nach links. Besonders vielseitige Randabdunklung erlaubt der Raw-Dialog im Effekte-Register *fx* im Bereich Vignettierung nach Freistellen (auch wenn Sie gar nichts freistellen wollen).

Tipp Blenden Sie in der **Objektivkorrektur** das Raster ein, zum Beispiel in Grau mit engen Maschen. Der wechselnde Kontrast zum Foto selbst deutet oft schon auf Vignettierung hin.

Abbildung 12.18 **Links:** Die Vorlage zeigt Vignettierung und tonnenförmige Verzeichnung. **Mitte:** Photoshop besitzt ein Objektivprofil für die Sensor-Objektiv-Kombination. In der »Objektivkorrektur« nutzen wir darum den Bereich »Auto-Korrektur« und klicken auf »Geometrische Verzerrung«. **Rechts:** Ein Klick auf »Vignettierung« egalisiert die Randabschattung. Datei: Objektiv_m

Chromatische Aberration (Farblängsfehler)

Einige Objektive produzieren unschöne Farbsäume entlang starker Kontrastlinien, vor allem bei Gegenlicht – die sogenannte chromatische Aberration (kurz CA, auch Farblängsfehler). Preisgünstige Konstruktionen und Weitwinkel gelten als besonders CA-verdächtig; Scharfzeichnung kann die Farbfehler noch verstärken. Wollen Sie die Farbränder nicht automatisch, sondern von Hand egalisieren, nehmen Sie zum Beispiel **Filter: Objektivkorrektur**, Register Benutzerdefiniert. Greifen Sie mit den Reglern Rot/Cyan-Farbränder, Blau/Gelb-Farbränder oder Grün/Magenta-Farbränder ein.

Chromatische Aberration im Camera-Raw-Dialog

Auch der Camera-Raw-Dialog bannt unbotmäßige Farbsäume – wahlweise besonders einfach oder besonders aufwändig, dabei generell ohne Rückgriff auf ein Objektivprofil. Öffnen Sie das Register Objektivkorrekturen, Unterregister Farbe. Die schlichte Option Chromatische Aberration entfernen zielt auf rot-grüne und blau-gelbe Farbspuren; sie erledigt die chromatische Aberration meist schon.

Schwieriger automatisch zu korrigieren sind lilafarbene und grüne Ränder in unscharfen und kontrastreichen Bildzonen. Zusätzlich zur Option Chromatische Aberration entfernen korrigieren Sie Lila- und Grün-Fehler manuell und erhalten eventuell noch bessere Ergebnisse. Die Möglichkeiten am Beispiel von Lila:

- Der Regler für Lila-Intensität steht zunächst auf 0, lila Fehler werden also nicht bearbeitet. Je weiter Sie diesen Regler nach rechts ziehen, umso stärker werden lila Farblängsfehler korrigiert.
- Mit den Reglern für Lila-Farbton entscheiden Sie, welche Farbwerte als Farblängsfehler gelten. Ziehen Sie bei gedrückter ⇧-Taste innerhalb des gewählten Bereichs, um ihn zu verschieben, ohne ihn auszudehnen oder zu verkleinern.
- Ziehen Sie bei gedrückter Alt-Taste an den Reglern, um eine grafische Vorschau auf den bearbeiteten Bildbereich zu erhalten.

Der Korrekturpinsel im Raw-Dialog bietet den Regler Rand entfernen, mit dem Sie störende Farbsäume örtlich wegretuschieren – aber nicht sehr wirkungsvoll. Einen ausführlichen englischen Artikel zur Bearbeitung chromatischer Aberration in Lightroom und Photoshop veröffentlichte Adobe unter *http://blogs.adobe.com/lightroomjournal/2012/04/new-color-fringe-correction-controls.html*.

> **Achtung** Setzen Sie bei einer CA-Korrektur im Raw-Dialog den Schärfe-Betrag in den Details auf null – denn eventuell verstärkt die Scharfzeichnung die Farbfehler deutlich.

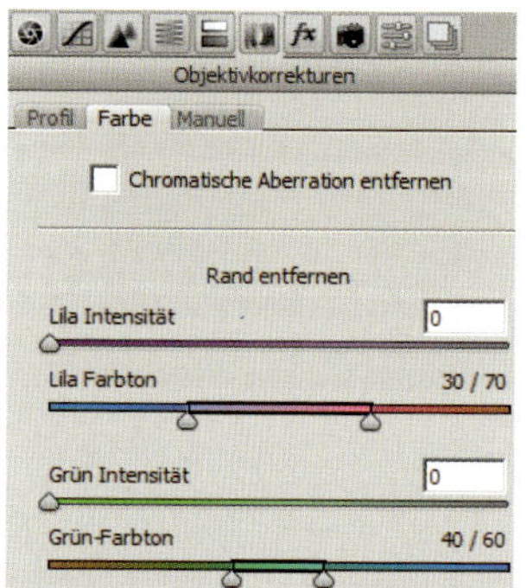

Abbildung 12.19 Im Raw-Dialog in den »Objektivkorrekturen« bearbeiten wir ...

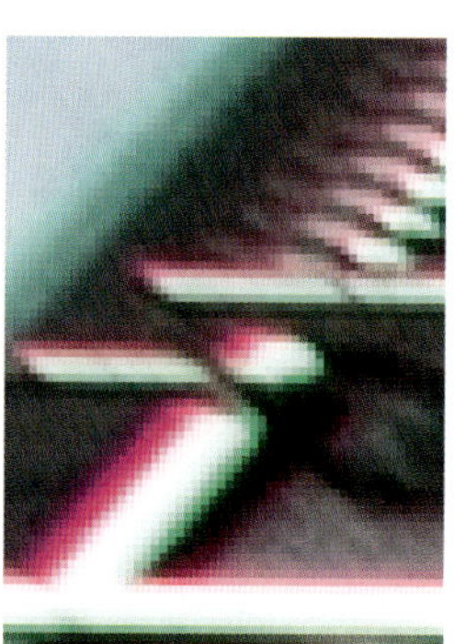

Abbildung 12.20 ... die Vorlage »Objektiv_l« mit chromatischer Aberration.

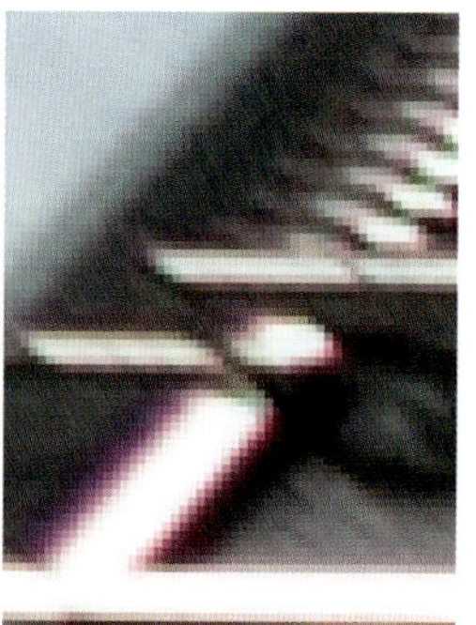

Abbildung 12.21 Wir nutzen »Chromatische Aberration entfernen« ...

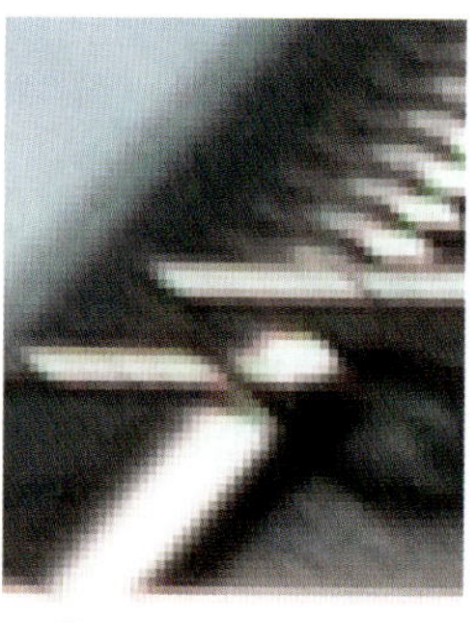

Abbildung 12.22 ... und heben hier zusätzlich die »Lila-Intensität« auf 20.

Weitere Verfahren gegen chromatische Aberration

Die chromatische Verirrung bekämpfen Sie auch mit weiteren Photoshop-Funktionen: Wischen Sie mit dem Schwamm am Farbsaum entlang, natürlich oben mit der Vorgabe Sättigung verringern.

Arbeiten Sie in hartnäckigen Fällen mit einer Auswahl. Erzeugen Sie eine Auswahl entlang der Farbverirrung, am besten mit der Schnellauswahl und der Vorgabe Automatisch verbessern. Verfeinern Sie die Auswahl mit Kante verbessern. Mögliche Anschlussmaßnahmen:

- Sie verwandeln die Auswahl in einen Pfad und lassen den Schwamm an diesem Pfad entlangackern.
- Sie nehmen **Auswahl: Auswahl verändern: Rand**, so dass nur noch die Kontur selbst von der Auswahl eingerahmt wird. In diesem Bereich testen Sie **Farbton/Sättigung** (Strg+U) und ziehen den Sättigung-Regler nach links.

Eventuell sollten Sie die Auswahl minimal mit den Pfeiltasten verschieben, bevor Sie Pfad oder **Rand** anlegen.

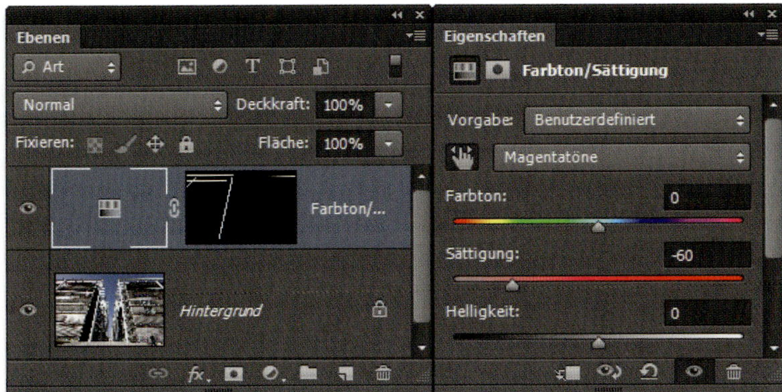

Abbildung 12.23 Auch so verbannen Sie störend schillernde Farbsäume: Legen Sie eine Einstellungsebene »Farbton/Sättigung« an, übermalen Sie den Fehler in der Ebenenmaske mit Schwarz (hier der Rand des Pfostens) und kehren Sie die Ebenenmaske mit Strg+I um. So wirkt sich die Änderung nur noch auf die Farbkante aus. Senken Sie die »Sättigung« im Korrekturen-Bedienfeld und testen Sie auch geänderte Werte für »Helligkeit« und »Farbton«. Sie können die CA-Farbe auch mit dem Ziehen-Werkzeug anklicken, um nur einen Farbbereich wie »Magentatöne« zu bearbeiten. Wirkt die Maske ungenau, verfeinern Sie per »Auswahl: Maske verbessern«.

12.2 Schiefer Horizont

Wollen Sie nur den schiefen Horizont gerade ausrichten, dann bietet Photoshop CS6 zwei schnelle, gute Verfahren:

- Schalten Sie zum Freistellungswerkzeug und klicken Sie oben auf GERADE AUSRICHTEN. Gleichzeitig entfernen Sie überflüssigen Rand, justieren wahlweise Pixelzahl und Druckmaß.
- Im Raw-Dialog ziehen Sie das Gerade-ausrichten-Werkzeug am Horizont lang. Ohne einen weiteren Klick ist das Bild korrigiert, und das verlustfrei immer wieder.

Bei beiden Techniken ändern Sie wahlweise den Bildausschnitt frei und geben zum Beispiel bestimmte Seitenverhältnisse vor.

Photoshop bietet viele weitere Techniken, die meist in Verbindung mit anderen Korrekturen genutzt werden: Justieren Sie den Horizont in Einzelfällen mit dem Linealwerkzeug, aber auch per **Frei Transformieren** (Seite 705), **Drehen**, **Bild: Bilddrehung**, mit **Adaptiver Weitwinkelkorrektur** (Seite 373) oder **Objektivkorrektur** (Seite 377).

Weil Weichzeichnung droht, sollten Sie Ihr Motiv nur ein einziges Mal drehen. Ausnahme: Drehungen um exakt 90, 180 und 270 Grad können Sie beliebig verlustfrei wiederholen. Wollen Sie den Horizont eventuell mehrfach drehen, verwandeln Sie die HINTERGRUND-Ebene in ein Smartobjekt (**Filter: Für Smartfilter konvertieren**); wiederholte Winkeländerungen bringen die Bildqualität dann nicht immer weiter nach unten.

Fotografie Vermeiden Sie schon beim Fotografieren einen schiefen Horizont durch Gitterlinien oder digitalen Horizont im Sucher oder auf dem Monitor oder mit einer klassischen Wasserwaage.

Abbildung 12.24 Mit der Funktion »Bild gerade ausrichten« des Freistellungswerkzeugs ziehen wir am schiefen Horizont entlang. Datei: Horizont_01

Abbildung 12.25 Sobald Sie die Maustaste loslassen, zeigt Photoshop das Bild bereits gedreht. Sie können den Bildausschnitt immer noch frei ändern.

Abbildung 12.26 Nach einem Doppelklick in die Auswahl ist das Bild gedreht, der Außenbereich endgültig entfernt.

12.2.1 Horizont per Freistellungswerkzeug

So rücken Sie schiefen Horizont zurecht:

1. Schalten Sie das Freistellungswerkzeug ein (Seite 281).
2. Klicken Sie oben in den Optionen auf Bild gerade ausrichten.
3. Ziehen Sie eine Linie am schiefen Horizont entlang. Photoshop zeigt das Bild sofort korrekt gedreht. Sie erkennen einen abgedunkelten Außenbereich: Die Bildecken und entstehende weiße Fläche sollen weggeschnitten werden. Mit der Taste H verbergen Sie den äußeren Bereich völlig, eine gute Vorschau aufs Ergebnis.
4. Bei Bedarf ändern Sie Bildausschnitt oder Drehwinkel weiter.
5. Stimmen Drehung und Bildausschnitt? Klicken Sie doppelt in die Auswahl.

Tipp Sobald Sie das Freistellungswerkzeug eingeschaltet haben, wechseln Sie mit der Strg-Taste auch vorübergehend zur Funktion Bild gerade ausrichten.

Abbildung 12.27 Per Alt-Doppelklick auf die »Hintergrund«-Ebene erzeugen wir eine »Ebene 0«. So lässt sich der leere Rand später leichter retuschieren. Datei: Horizont_02

Abbildung 12.28 Wir haben bereits mit der »Bild gerade ausrichten«-Funktion des Freistellungswerkzeugs gedreht und ziehen den Rahmen nach oben in den leeren Bereich. Weil wir im »Anzeigen«-Menü die Option »Überlagerung automatisch anzeigen« verwenden, erscheinen beim Ziehen Orientierungslinien.

Abbildung 12.29 Wir haben doppelt in den Rahmen geklickt, das Bild erscheint gedreht und teils angeschnitten, teils erweitert. Wählen Sie die leere Fläche und einen dünnen Streifen des blauen Himmels aus. Legen Sie noch eine neue leere Ebene an.

12.2.2 Änderungsmöglichkeiten bei vorhandenem Freistellungsrahmen

Der entstandene Freistellungsrahmen ist zunächst so eingerichtet, dass das gedrehte Bild keinerlei leere weiße Fläche zeigt. Sie können jedoch alles noch ändern:

- Ziehen Sie die Auswahl enger oder weiter, so dass weiße Fläche mit hineingelangt.
- Ändern Sie das Seitenverhältnis mit dem Proportionen-Klappmenü links oben oder mit den Breite-Höhe-Feldern.
- Drehen Sie weiter durch Ziehen außerhalb des Rahmens, dabei sehen Sie je nach Vorgabe in der Optionenleiste Orientierungslinien.
- Verschieben Sie den Bildinhalt durch Ziehen.
- Verzichten Sie auf Ausserhalb liegende Pixel löschen. Gekappte Bildpunkte bleiben hinter den Dokumentgrenzen erhalten und werden zum Beispiel per Verschieben-Werkzeug oder **Bild: Alles einblenden** wieder hereingeholt; Sie müssen jedoch als TIFF oder PSD speichern, JPEG scheidet aus.

Tipp Wollen Sie einen Auswahlbereich oder eine Einzelebene drehen, aber nicht das Gesamtbild? Verwenden Sie **Bearbeiten: Transformieren: Drehen** oder Strg+T.

12.3 Stürzende Linien

Haben Sie die Kamera nach oben gekippt, um einen Dom oder ein Hochhaus vollständig aufs Bild zu bekommen? Dann scheint das Bauwerk nach hinten zu kippen, man redet von stürzenden Linien.

Wollen Sie nur stürzende Linien und eventuell den Horizont korrigieren, bearbeiten Sie das Problem per **Frei transformieren** oder mit dem Perspektivischen Freistellungswerkzeug.

Korrigieren Sie stürzende Linien je nach Lage auch auf anderen Wegen, etwa per Raw-Dialog (Register Objektivkorrekturen mit Unterregister Manuell und Vertikal-Regler), per **Adaptive Weitwinkelkorrektur** für einzelne Bildregionen (Seite 373) oder relativ unflexibel mit der **Objektivkorrektur** (Seite 377, Register Benutzerdefiniert, Regler Vertikale Perspektive).

Abbildung 12.30 Schalten Sie zum Ausbessern-Werkzeug mit den Optionen »Inhaltsbasiert« und »Alle Ebenen aufnehmen«. Ziehen Sie die Auswahl über den blauen Himmel. Photoshop gibt bereits eine grobe Vorschau auf die Korrektur.

Abbildung 12.31 Sobald Sie die Maustaste loslassen, berechnet Photoshop die Retusche endgültig.

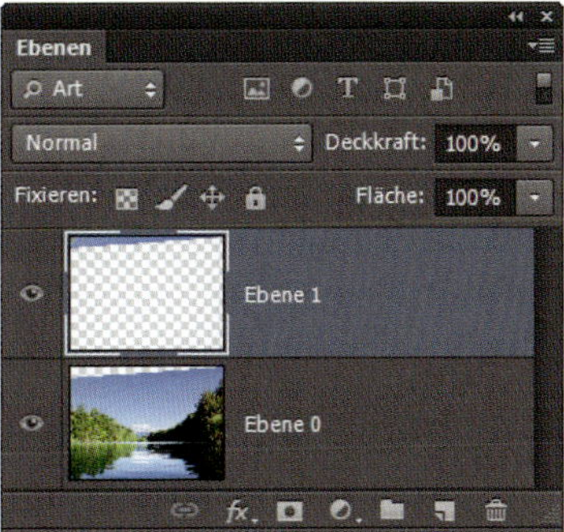

Abbildung 12.32 Der Korrekturbereich erscheint auf einer separaten Ebene. Weitere Korrekturmöglichkeiten für leere Ränder finden Sie ab Seite 786.

12.3.1 Funktionen im Vergleich

Gegenüber dem Perspektivischen Freistellungswerkzeug bietet **Frei transformieren** einige Vorteile:

- Bildteile, die zunächst abgeschnitten erscheinen (zum Beispiele Gebäudespitzen), lassen sich zurück ins Bild holen.
- Sie sehen ein Circa-Ergebnis schon in der Vorschau.
- Sie können zum Beispiel eine ungewollte horizontale Verformung durch weiteres vertikales Transformieren wieder ausgleichen.
- Die Funktion lässt sich verlustfrei auf Smartobjekte anwenden.

Vorteile auf Seiten des Perspektivischen Freistellungswerkzeugs:

- Ein genaueres Raster
- Sie können Eckpunkte einzeln ins Bild klicken, zum Beispiel wichtigen Motivkonturen folgend.

12.3.2 Stürzende Linien mit dem Perspektivischen Freistellungswerkzeug

Mit dem Perspektivischen Freistellungswerkzeug erzeugen Sie ein Viereck, dessen Seiten der perspektivischen Verzerrung im Bild folgen. Sobald Sie in den Freistellungsrahmen klicken, stellt Photoshop die geneigten Seiten senkrecht. Dabei sind beliebige Bildausschnitte und Seitenverhältnisse möglich.

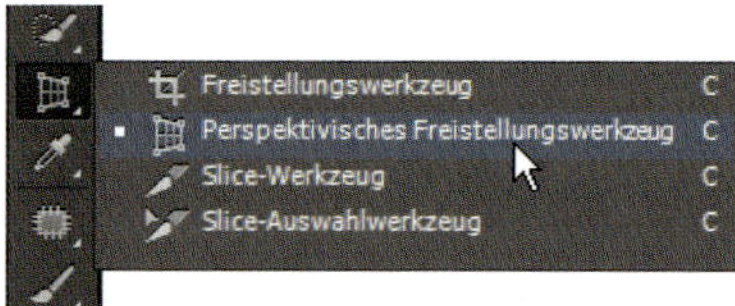

Abbildung 12.33 Freistellungswerkzeug und Perspektivisches Freistellungswerkzeug belegen ein gemeinsames Fach in der Werkzeugleiste. Das zuletzt aktive Werkzeug wird mit dem Tastaturbefehl C eingeschaltet. Per ⇧+C wechseln Sie zwischen den Werkzeugen.

Rahmen erzeugen

Generell sollten Sie den Rahmen in diesen Schritten erzeugen:

1. Erzeugen Sie einen Rahmen, der sich eng um perspektivisch verzerrte Motivkanten legt.
2. Laufen Rahmen- und Motivkanten exakt parallel? Erst jetzt ziehen Sie den Rahmen auf die endgültige Größe.
3. Stimmt der Rahmen, bestätigen Sie per Doppelklick in die Auswahl.

Auf zwei unterschiedliche Arten bringen Sie den ersten Rahmen ins Bild:

- Ziehen Sie sofort einen größeren Rahmen im Bild auf. Anschließend klicken Sie auf Eckanfasser, um einzelne Rahmenkanten zu neigen. Die Alternative:
- Klicken Sie einzelne Eckpunkte neben markante Motivkonturen ins Bild.

Tastaturbefehle

Verschiedene Tastaturbefehle helfen bei der Arbeit:

- Die ⇧-Taste zwingt die Rahmenseite auf strikt waagerechten oder senkrechten Verlauf – nützlich, wenn der Horizont im Bild bereits stimmt.
- Ziehen bei gedrückter Strg+Alt+⇧-Taste an einem Eckpunkt ändert die Rahmengröße, Seitenverhältnis und Winkel sind geschützt.
- Alt-Klick platziert den Referenzpunkt neu (Seite 696).

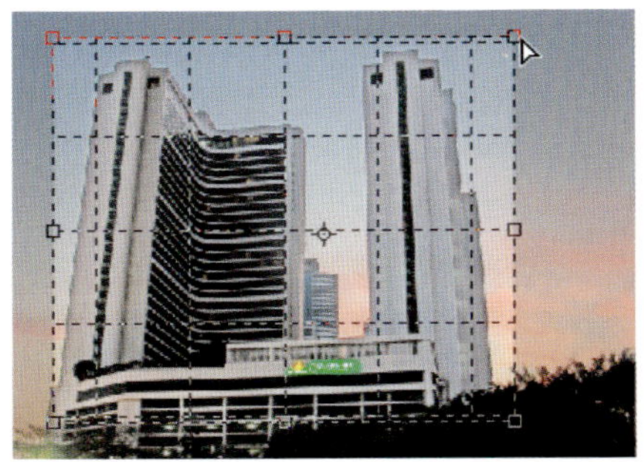

Abbildung 12.34 Mit dem Perspektivischen Freistellungswerkzeug ziehen wir zunächst einen rechteckigen Rahmen um das Gebäude herum auf. Datei: Stürzend_01

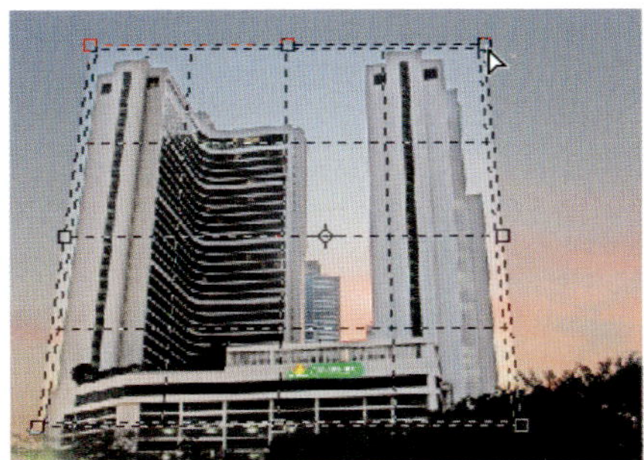

Abbildung 12.35 Mit den Eckanfassern neigen wir Rahmenseiten, so dass sie parallel zu den stürzenden Linien verlaufen.

Abbildung 12.36 Jetzt erst ziehen wir den Rahmen auf die endgültige Größe. Die Neigung der linken und rechten Seite bleibt erhalten.

Abbildung 12.37 Ein Doppelklick in die Auswahl hat den Rand entfernt und die stürzenden Linien korrigiert.

Stürzende Linien per »Transformieren«

Auch per **Frei Transformieren** gleichen Sie stürzende Linien aus:

1. Halten Sie die Alt-Taste gedrückt, dann klicken Sie im Ebenen-Bedienfeld doppelt auf die Hintergrund-Miniatur. Sie verwandelt sich in eine Ebene 0. (Oder wählen Sie **Filter: Für Smartfilter konvertieren**, um ein Smartobjekt zu erzeugen.)
2. Starten Sie das **Transformieren** per Strg+T.
3. Halten Sie gleichzeitig diese Tasten gedrückt: Strg+⇧+Alt. Dann ziehen Sie den Anfasspunkt in der rechten oberen Ecke nach rechts vom Bild weg. Damit ziehen Sie den oberen Bildteil in die Breite – die stürzenden Linien verschwinden.
4. Das Motiv wirkt jetzt etwas zu gedrungen. Lassen Sie alle Tasten fahren und ziehen Sie den oberen mittleren Anfasspunkt nach oben – so wirkt das Bild wieder länglicher.
5. Durch Ziehen außen am Rahmen drehen Sie das Bild bei Bedarf noch.
6. Klicken Sie doppelt in die Auswahl, um die neue Perspektive zu bestätigen.
7. Sind Sie schon zufrieden, wählen Sie jetzt **Ebene: Auf Hintergrundebene reduzieren**. Das Bild hat dasselbe Seitenverhältnis wie zuvor.

Sie ziehen hier den obersten Bildstreifen aus dem Dateifenster heraus, er ist erst mal weg. Wollen Sie diesen Bereich wiedersehen, wählen Sie nach dem Doppelklick in den Rahmen **Bild: Alles einblenden**. Jetzt sehen Sie das nach oben verlängerte Foto, aber auch leere Ecken rechts und links.

Abbildung 12.38 **Links:** Wir haben das Bild in eine »Ebene 0« verwandelt und starten das »Transformieren«. **Mitte:** Wir verzerren das Bauwerk bei gedrückter Strg+⇧+Alt-Taste perspektivisch, so dass die stürzenden Linien fast verschwinden. **Rechts:** Bei gedrückter Strg -Taste ziehen wir nur den rechten Eckanfasser noch etwas weiter nach außen, den linken oberen Eckanfasser wieder etwas nach innen. Vorlage: Stürzend_2

Abbildung 12.39 **Links:** Ohne Zusatztasten ziehen wir den mittleren Anfasspunkt oben in die Höhe, so dass die Gebäude ihre ursprüngliche Proportion zurückerhalten. Man könnte dieses Ergebnis schon verwenden. **Mitte:** Der Befehl »Alles einblenden« zeigt hier noch Bereiche, die außerhalb der ursprünglichen Bildgrenzen entstanden sind, so den nach oben gewanderten Himmel und die Bereiche links und rechts. **Rechts:** Sie könnten die leeren Flächen teils per Retusche füllen. Hier werden sie jedoch mit dem Freistellungswerkzeug entfernt, dabei nutzen wir Hilfslinien nach der »Drittelregel«.

12.4 Details entfernen

Hier entfernen wir störende Bilddetails – Farbsäume, Kratzer, Hautunreinheiten, Stirnfalten, Strommasten und unliebsames Personal. Um Bildrauschen und rotgeblitzte Augen geht es in weiteren Abschnitten.

Abbildung 12.40 Schornstein und Rauchfahne wurden herausretuschiert. Trennen Sie zuerst den Schornstein von der Stadtlandschaft und heben Sie die Turmspitze auf eine separate Ebene, dann fällt die weitere Bearbeitung leicht. Datei: Fehler_s

12.4.1 Verfahren im Überblick

Die besten Retusche-Ergebnisse erhalten Sie meist mit der Option Inhaltsbasiert (früher Inhaltssensitiv): Sie kopieren Bildpunkte über die Störstelle und lassen nicht nur die Ränder nach außen, sondern auch das Innere intelligent kalkulieren. Geisterschatten bleiben aus, harte Konturen werden perfekt nach innen fortgesetzt. Diese Funktionen erlauben inhaltsbasierte Retusche:

- **Bearbeiten: Fläche füllen** mit der Option Inhaltsbasiert
- der Bereichsreparatur-Pinsel mit der Option Inhaltsbasiert
- das Ausbessern-Werkzeug mit Inhaltsbasiert
- das Inhaltsbasiertverschieben-Werkzeug

Weitere Retusche-Techniken:

- Sie kopieren Bildpunkte 1:1 über die Störstelle, ohne jeden Randausgleich. Das erledigen Sie mit dem Kopierstempel oder einer duplizierten Lassoauswahl. Vorteile: Sie haben perfekte Kontrolle, keine Automatik glaubt etwas besser zu können. Nachteile: Sie erhalten schnell auffällig harte Übergänge.
- Sie kopieren Bildpunkte über die Störstelle, lassen die Tonwertunterschiede an den Rändern automatisch ausgleichen, jedoch ohne Ausgleich nach innen. Geeignete Werkzeuge: Der Bereichsreparatur-Pinsel mit der Option Näherungswert, der Reparatur-Pinsel oder das Ausbessern-Werkzeug mit der Ausbessern-Option Normal. Das funktioniert gut, solange die Umgebung der Störstelle homogen ist; in der Nähe von anderen markanten Konturen oder am Bildrand ist das Ergebnis schwer vorhersehbar.

Das Bereichsreparaturwerkzeug im Raw-Dialog eignet sich nur für kleinere Störstellen in einheitlicher Umgebung (Seite 234).

Abbildung 12.41 **Links:** Wir rahmen die Störstelle mit dem Lasso ein. **Rechts:** Wir haben den Befehl »Fläche füllen« mit der Option »Inhaltsbasiert« genutzt. Photoshop kalkuliert die Übergänge nach außen wie auch das Auswahlinnere fast optimal. Datei: Fehler_n

Malen oder Auswahl

Bei allen Retuschetechniken gibt es zwei Grundverfahren:

- Variante 1: Sie malen direkt über der Störstelle. Der Ansatz eignet sich besonders für kleine, aber komplexe Bereiche. Malende Retusche gelingt per Kopierstempel, Bereichsreparatur-Pinsel oder Reparatur-Pinsel.

- Alternative: Sie legen erst eine Auswahl an, zum Beispiel per Lasso, die Sie in einem zweiten Schritt weiterbearbeiten. Dieser Weg empfiehlt sich oft für größere Störzonen, etwa eine Person oder ein Gebäude. Die Retusche selbst erledigen Sie per Ausbessern-Werkzeug oder **Bearbeiten: Fläche füllen** mit INHALTSBASIERT. Alternativ ziehen Sie einfach ein anderes Bildstück über die Störung.

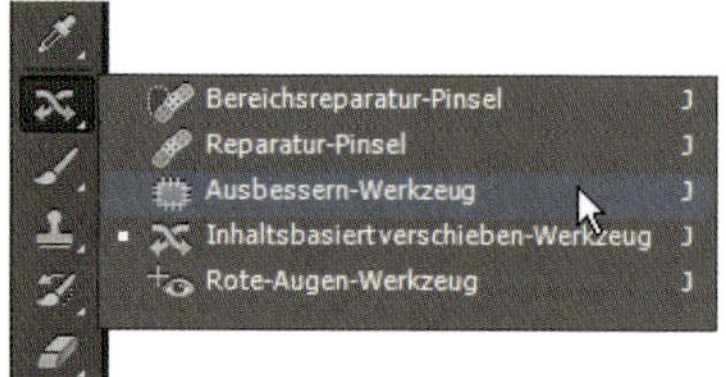

Abbildung 12.42 **Die** Retuschewerkzeuge belegen ein einheitliches Fach in der Werkzeugleiste, das zuletzt genutzte Werkzeug dieser Gruppe wird mit der Taste J aktiviert. Per ⇧+J wechseln Sie zwischen den Werkzeugen, sofern Sie in den »Voreinstellungen« nicht auf »Umschalttaste für anderes Werkzeug« verzichtet haben.

Abbildung 12.43 Der Abwedler hellt Zähne und Augenweiß auf, der Schwamm erhöht die Sättigung in der Iris. In den Haaren malen wir mit Pinsel, brauner Farbe und dem Mischmodus »Farbe«. Dateien: Retusche_03a, b

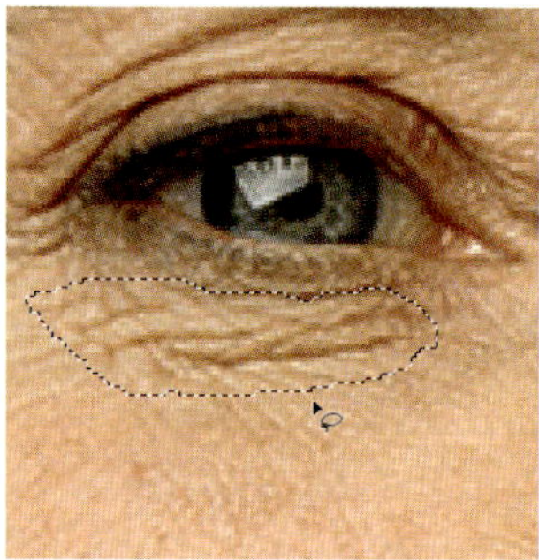

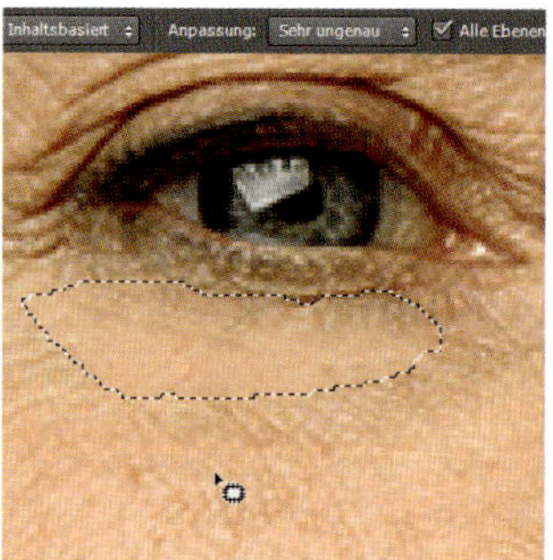

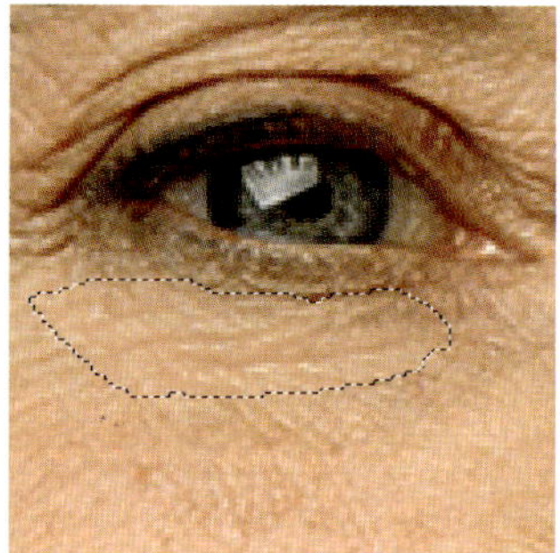

Abbildung 12.44 **1. Bild:** Wir rahmen den Korrekturbereich mit dem Lasso ein und legen eine neue leere Ebene an. **2. Bild:** Wir ziehen die Auswahlmarkierung mit dem Ausbessern-Werkzeug nach unten und verwenden die Optionen Inhaltsbasiert und Alle Ebenen aufnehmen. Photoshop zeigt sofort eine erste Retusche. **3. Bild:** Experimentieren Sie mit Randanpassungen wie STRENG oder SEHR UNGENAU, blenden Sie die Fließmarkierung mit Strg+H aus. **4. Bild:** Im Ebenen-Bedienfeld verbessern wir die Bildwirkung mit dem »Aufhellen«-Modus und reduzierter Deckkraft. Vorlage: Retusche_03

Abbildung 12.45 Zurück zur Natur: Die Telefonmasten rechts stehen in einheitlichem Umfeld, sie verschwinden leicht mit dem Bereichsreparatur-Pinsel. Der dünne Mobilfunkmast in der Mitte lässt sich mit dem Kopierstempel entfernen. Für Häuser und Urlauber haben wir Bildbereiche mit dem Inhaltsbasiertverschieben-Werkzeug auf neue Ebenen und Ränder anschließend gesäubert. Datei: Fehler_h

Welches Verfahren für welchen Zweck?

Bei kleinen Mängeln in homogener Umgebung wirken die pinselartigen Werkzeuge Kopierstempel, Reparatur-Pinsel und Bereichsreparatur-Pinsel praktisch: klick, klack, Fleck weg. Das eignet sich für Staub von Sensoren oder Scannerflächen, Hautunreinheiten und andere eng umrissene Störungen. Den Bereichsreparatur-Pinsel nutzen Sie mit der Option INHALTSBASIERT; wenn das Ergebnis irritiert, testen Sie NÄHERUNGSWERT.

Größere, komplexe Fehler überfordern diese Werkzeuge jedoch. Probieren Sie es vollautomatisch: Rahmen Sie den Fehler mit dem Lasso ein und nehmen Sie **Bearbeiten: Fläche füllen** mit der Option INHALTSBASIERT. Bleiben nur kleinere Fehler zurück, arbeiten Sie mit dem Kopierstempel nach.

12.4.2 Kopierstempel, Reparatur-Pinsel & Bereichsreparatur-Pinsel

Kopierstempel (Tastaturbefehl S), Reparatur-Pinsel und Bereichsreparatur-Pinsel (jeweils Tastaturbefehl J) überdecken einen verunstalteten Bildteil mit benachbarten brauchbaren Bildpunkten:

- Beim Bereichsreparatur-Pinsel haben Sie wenig Feinsteuerung (siehe unten). Der Bereichsreparatur-Pinsel arbeitet noch schneller, denn Sie müssen nicht erst eine Bildzone auswählen, aus der Sie Pixel aufnehmen.
- Im Vergleich zum Kopierstempel ist der Reparatur-Pinsel das intelligentere Werkzeug: Helligkeits- und Texturunterschiede zwischen dem duplizierten Bereich und dem Umfeld der Schadzone gleicht die Funktion nach Kräften aus. Wie beim Kopierstempel gibt es eine sehr nützliche Vorschau.
- Der Kopierstempel produziert schnell harte Übergänge zwischen Umfeld und Reparaturzone. Doch gerade weil das Werkzeug auf jede »intelligente« Übergangsglättung verzichtet, erspart es Ihnen auch Überraschungen.

Tipp Noch bevor Sie klicken, zeigen Kopierstempel und Reparatur-Pinsel eine Vorschau auf das Retuscheergebnis. Sie müssen also nicht erst testweise ins Bild klicken, um die Retuschewirkung zu erkennen; allerdings berechnet Photoshop bei der Reparatur-Pinsel-Vorschau noch nicht die Überblendung zum Rand hin.

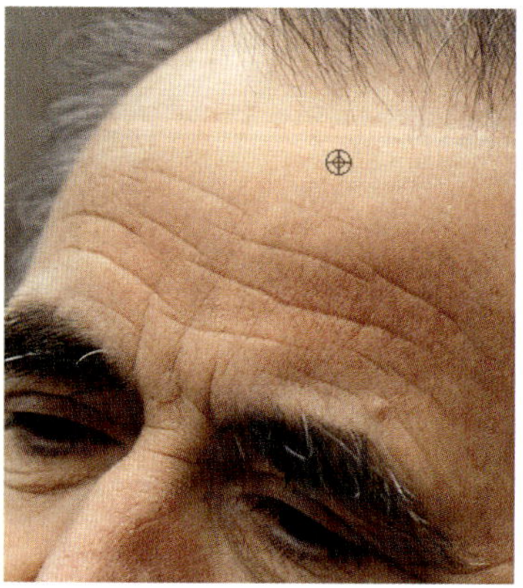

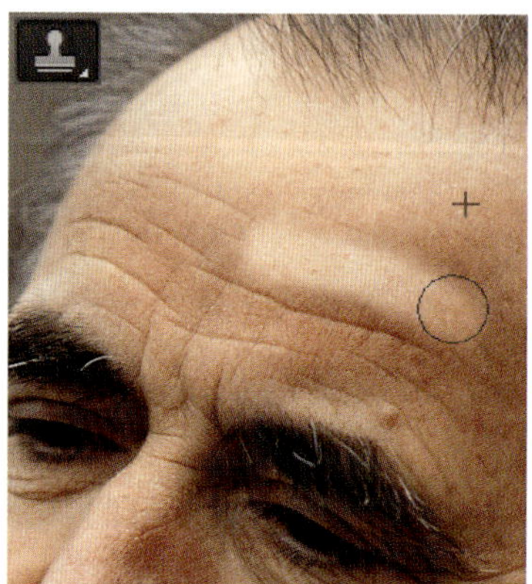

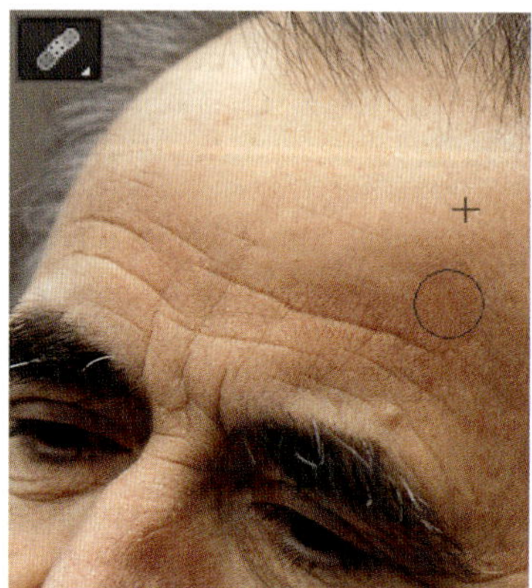

Abbildung 12.46 **Links:** Wir wollen die Falten auf der Stirn glätten. Mit dem Kopierstempel definieren wir per [Alt]-Klick einen Kopierursprung in glatteren Hautbereichen weiter oben; Photoshop zeigt beim Klick ein Fadenkreuz. **Mitte:** Wir klicken mit dem Kopierstempel in den Bildbereich, der bearbeitet werden soll. Oben auf der Stirn zeigt ein Kreuz laufend den aktuellen Kopierursprung an. Allerdings ist der kopierte Bereich zu hell, er sticht unschön hervor. **Rechts:** Statt des Kopierstempels verwenden wir den Reparatur-Pinsel mit einem ähnlichen Kopierursprung; Helligkeitsunterschiede gleicht dieses Werkzeug aus. Vorlage: Fehler_i

Anwendung

So nutzen Sie Kopierstempel oder Reparatur-Pinsel:

1. Aktivieren Sie das Werkzeug.
2. Klicken Sie mit rechts ins Bild und wählen Sie eine Pinselspitze aus, die zur Größe der Fehlerstelle passt.
3. Platzieren Sie das Werkzeug über einer gut erhaltenen Bildstelle, die sich zum Überdecken des Fehlers eignet - dies ist der Kopierursprung.
4. Klicken Sie bei gedrückter [Alt]-Taste. Photoshop zeigt ein Fadenkreuz, damit ist der Kopierursprung markiert.
5. Lassen Sie die Maustaste los und bewegen Sie den Kopierstempel oder Reparatur-Pinsel zu dem Bildstück, das Sie überdecken wollen.
6. Sobald Sie die Maustaste drücken, werden Pixel von dem zuvor definierten Ursprung zur jetzt angesteuerten Bildstelle kopiert. Den Kopierursprung zeigt Photoshop durch ein Kreuz + an.

Tipp Bei Detailretuschen arbeitet man meist mit hohen Zoomstufen. Wie das Ergebnis im Gesamtbild bei normaler Vergrößerung wirkt, ist nicht immer absehbar. Zeigen Sie darum dieselbe Datei in einem zweiten Fenster an - mit geänderter Zoomstufe. Der Befehl heißt **Fenster: Anordnen: Neues Fenster**.

Abbildung 12.47 **1. Bild:** Reparatur- und Bereichsreparatur-Pinsel richten bei der Entfernung des Masts nur Schaden an. Auch Funktionen mit der Option »Inhaltsbasiert« helfen nicht, die Baumlinie wird nicht perfekt. Schalten Sie also den Kopierstempel mit weicher Werkzeugspitze ein und klicken Sie bei gedrückter Alt-Taste genau auf die Wald-Himmel-Grenze. **2. Bild:** Lassen Sie die Alt-Taste los und halten Sie den Zeiger dort hin, wo der Mast aus dem Wald herauswächst. Klicken Sie ein- oder zweimal. Jetzt liegt eine Schicht Himmel zwischen Wald und Mast, das Gestänge scheint in der Luft zu schweben. **3. Bild:** Für die weitere, problemlose Retusche eignen sich unterschiedlichste Verfahren, wir bleiben beim Kopierstempel. Legen Sie per Alt-Klick eine neue Kopierquelle neben der Konstruktion fest. **4. Bild:** Geben Sie die Alt-Taste wieder frei und malen Sie über dem Masten – er verschwindet in den Wolken. Vorlage: Fehler_h1

Andere Ebenen und Bilder

Pixel übertragen Kopierstempel und Reparatur-Pinsel nicht nur innerhalb eines Bilds, sondern auch zwischen verschiedenen Bilddateien – sie ersparen sich so das Herüberkopieren.

Beide Werkzeuge bieten – ebenso wie das Inhaltsbasiertverschieben-Werkzeug – die Option Alle Ebenen: Legen Sie also eine neue leere Ebene an, die bei der Retusche aktiviert ist; das Bild erscheint retuschiert, doch die Originalebene bleibt unverändert. Randfehler lassen sich so ideal nachbessern, ohne dass dem Original irgendetwas zustößt. Schritt für Schritt:

1. Erzeugen Sie im Ebenen-Bedienfeld mit dem Symbol Neue Ebene erstellen eine neue, leere Ebene.
2. Nehmen Sie oben die Option Alle Ebenen.
3. Während noch die neue Ebene aktiviert ist, setzen Sie im eigentlichen Bild per Alt-Klick einen Kopierursprung (überflüssig beim Bereichsreparatur-Pinsel) und tuschen brauchbare Pixel über schadhafte Stellen. Sie duplizieren dabei von der Hintergrundebene oder von mehreren Ebenen auf die neu angelegte Ebene.
4. Missglückte Retuschen in Ebene 1 nehmen Sie mit Radiergummi oder Ebenenmaske pixelweise wieder zurück.

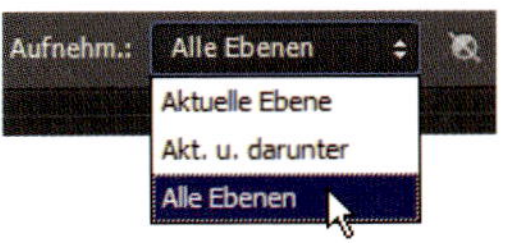

Abbildung 12.48 Entscheiden Sie, ob Kopierstempel, Reparatur-Pinsel, Bereichsreparatur-Pinsel, Ausbessern-Werkzeug und Inhaltsbasiertverschieben-Werkzeug die kopierten Pixel nur aus der aktuellen Ebene oder aus mehreren Ebenen aufnehmen.

Tipp Spiegelungen auf Brillen lassen sich schwer retuschieren. Wenn möglich, fotografieren Sie Ihr Modell ein zweites Mal ohne Brille und kopieren eine passende Stelle in die Aufnahme mit Sehhilfe. Glätten Sie Übergänge mit einer Ebenenmaske und testen Sie die Mischmodi Abdunkeln oder Multiplizieren.

Einstellungsebenen ignorieren

Die Option Einstellungsebenen ignorieren bietet Photoshop, sofern Sie nicht nur die Aktuelle Ebene retuschieren. Wir besprechen die Funktion an einem Beispiel: Per Einstellungsebene **Farbton/Sättigung** stellen Sie ein rotes Auto blau dar. In welcher Farbe liefern Kopierstempel und Reparatur-Pinsel jetzt ihre Korrekturstriche ab – rot oder blau?

- Ist der Schalter zum Ignorieren der Einstellungsebenen nicht eingedrückt, werden Einstellungsebenen mitberücksichtigt: Die Korrekturstriche zeigen den Tonwert, der inklusive Einstellungsebene entsteht. Die ursprünglich roten, aber auf Blau gewandelten Bildpunkte erscheinen also in der Korrekturebene auch blau.
- Ist der Schalter Ignorieren von Einstellungsebenen dagegen eingedrückt (»aktiviert«), spielen Einstellungsebenen keine Rolle: Die Korrekturstriche zeigen den Tonwert von der zugrunde liegenden Pixelebene – egal, was Einstellungsebenen noch daraus machen. Für unser auf Blau eingestelltes, eigentlich aber rotes Gefährt gilt: Die Retuschepixel werden rot.

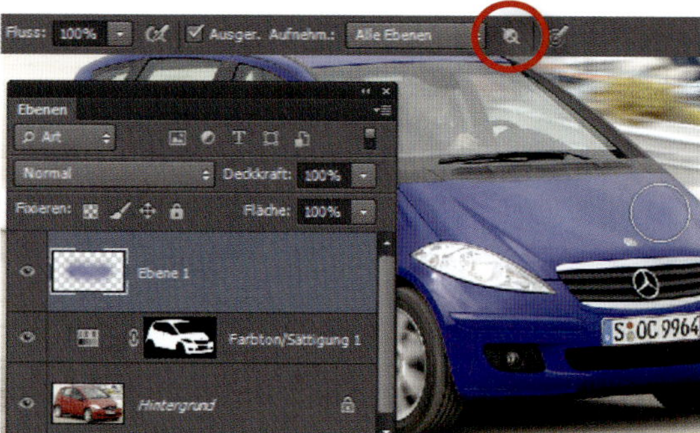

Abbildung 12.49 **Links:** Das rote Gefährt erscheint per Einstellungsebene blau. Bei dieser Stempelretusche wird die Einstellungsebene nicht ignoriert: Der Kopierstempel erzeugt blaue Striche, obwohl die Originalebene rot ist. **Rechts:** Wir ignorieren die umfärbende Einstellungsebene: Obwohl der Wagen blau erscheint, zeigen die Korrekturpixel des Kopierstempels diesmal die rote Originalfarbe, die auch schon direkt im Pinselumriss erscheint. Datei: Fehler_k

Mit Option »Ausgerichtet«

Je nach Aufgabe schalten Sie für Kopierstempel oder Reparatur-Pinsel die Option Ausgerichtet zu. Die Wirkung zeigt sich, sobald Sie die Maus einmal loslassen und neu ansetzen.

Abbildung 12.50 Mit Lasso und Kopierstempel wird die Fassade vom Kabel befreit. Vorlage: Fehler_a

Die Option Ausgerichtet bedeutet: Der Kopierursprung behält immer den gleichen Abstand zum Werkzeug. Sie können zwischendurch die Maustaste loslassen, über das Bild bewegen und andernorts neu anfangen – der Kopierursprung liegt stets zum Beispiel 20 Pixel links vom Kopierstempel. Dies ist die üblichere Vorgabe.

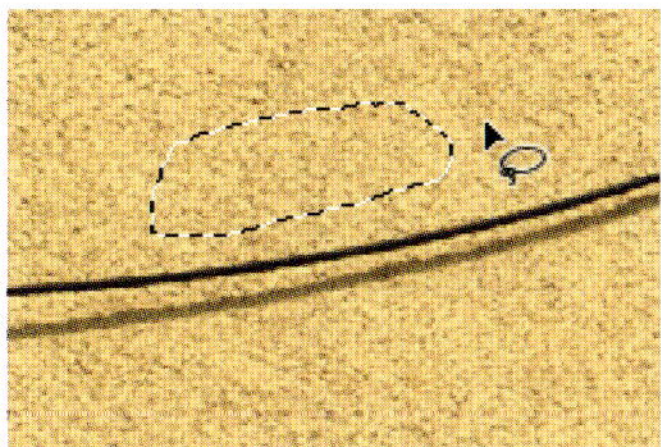

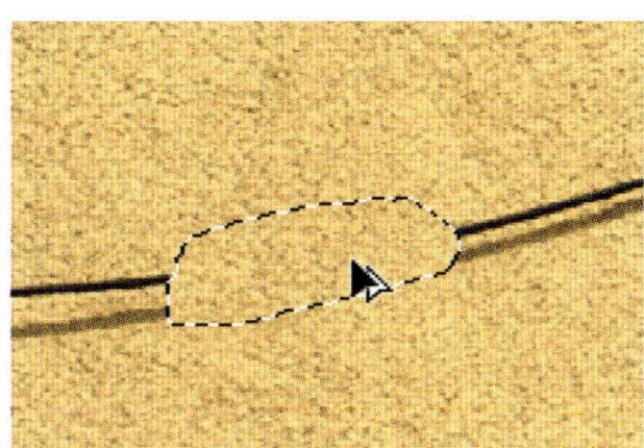

Abbildung 12.51 **Links:** Hier liegen größere freie Bildteile um den Bildfehler herum – ein leichtes Spiel: Das Lasso rahmte bei weicher Auswahlkante ein Mauerstück ein. **Mitte:** Wir halten die Strg+⇧-Taste gedrückt; so können wir mit dem Verschiebenwerkzeug ein Stück Fassade über das Kabel ziehen. Per Rechtsklick bekommen Sie bei Bedarf den »Verblassen«-Befehl, um Deckkraft und Mischmodus der schwebenden Auswahl zu ändern. **Rechts:** In unübersichtlichen Bereichen mit wenig freier Fläche wirkt der Kopierstempel praktischer als das Duplizieren einer Lassoauswahl; ein Kreuz signalisiert, an welcher Stelle Sie Bildpunkte aufnehmen. Wir haben Blumen und Mauersockel zuvor ausgewählt und dann die Auswahl umgekehrt. Der Kopierstempel kann nur die Mauer verändern, die Blumen bleiben geschützt. Die Option »Inhaltsbasiert« hilft hier auch nicht. Verbergen Sie in allen Situationen die Auswahlmarkierung mit Strg+H, um die Übergänge genau zu erkennen.

Ohne Option »Ausgerichtet«

Sie können die Option Ausgerichtet auch ausschalten. Das bedeutet: Nach jedem Loslassen der Maustaste springt der Kopierursprung zurück an die Stelle, die Sie zuerst angeklickt haben. Wann immer Sie Kopierstempel oder Reparatur-Pinsel absetzen und andernorts neu ins Bild tauchen – der Ursprungszeiger blinkt wieder dort auf, wo Sie ihn ursprünglich zuerst per Alt-Klick ansiedelten.

Mit dieser Einstellung übertragen Sie zum Beispiel einen Bildteil mehrfach: Malen Sie ihn einmal, lassen Sie los und starten Sie an anderer Stelle im Bild neu – der Ursprung springt wieder auf das Original zurück, obwohl Sie den Kopierstempel jetzt in einem anderen Bereich der Datei ansetzen.

Sinnvoll ist der Verzicht auf die Option Ausgerichtet auch, wenn Sie neben der Fehlerstelle nur wenig brauchbare Pixel zum Darüberkopieren vorfinden. Bei der »ausgerichteten« Retusche passiert es leicht, dass der parallel zum Kopierstempel mitlaufende Ursprungszeiger in ganz unbrauchbare Pixelregionen gerät. Wählen Sie also Ausgerichtet ab. Dann tasten Sie sich mit dem Kopierstempel so weit vor, bis der Kopierursprung ans Ende des brauchbaren Bereichs gelangt; danach lassen Sie die Maus los und drücken erneut – der Kopierursprung sitzt jetzt wieder ganz am Anfang der verwertbaren Zone, während Sie mit dem Werkzeug am anderen Ende des Bilds weitere Störungen tilgen.

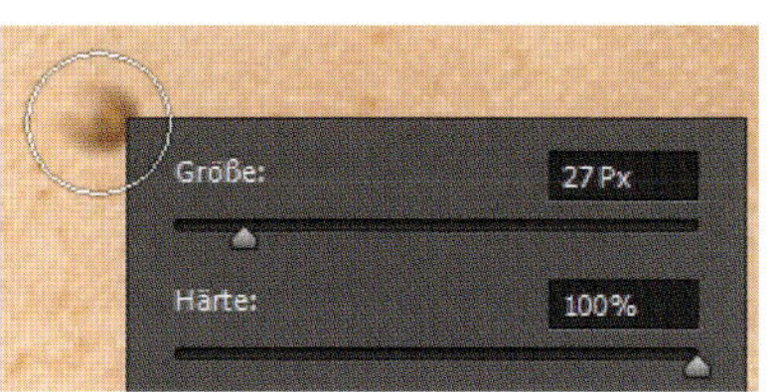

Abbildung 12.52 **Links:** Der Bereichsreparatur-Pinsel zeigt keine Vorschau aufs Retuscheergebnis. Klicken Sie also zum Beispiel mit rechts ins Bild und stellen Sie die Pinselgröße passend zur Fehlerstelle ein. Der Pinselumriss sollte die Fehlerstelle komplett einschließen. **Rechts:** Der Bereichsreparatur-Pinsel entfernt den Pickel mit einem einzigen Klick. Vorlage: Retusche_03b

Abbildung 12.53 **1. Bild:** Vor der Retusche legen wir über dem Foto eine neue, leere Ebene an. **2. Bild:** Wir verwenden den Bereichsreparatur-Pinsel mit der Option »Alle Ebenen aufnehmen«. Das Motiv eignet sich gut für dieses Werkzeug: ein kleiner Fehler innerhalb diffuser Umgebung (Telefonmast an Waldhang). Stellen Sie den Durchmesser größer als die Störung ein. **3. Bild:** Wir malen mit dem Bereichsreparatur-Pinsel über die Störstelle, eine weiche Kante vermeidet Randbildung. **4. Bild:** Nach dem Loslassen der Maustaste ersetzt Photoshop den übermalten Bereich. **5. Bild:** Das Ebenen-Bedienfeld zeigt den Korrekturstrich (hier groß dargestellt im Modus »Ebenenbegrenzungen«). Verfeinern oder löschen Sie die Retusche unabhängig vom Untergrund. Vorlage: Fehler_h1

Der Bereichsreparatur-Pinsel

Noch einfacher als Kopierstempel oder Reparatur-Pinsel arbeitet der Bereichsreparatur-Pinsel: Sie klicken die Fehlerstelle an oder Sie ziehen die Maus darüber - fertig. Einen Quellbereich müssen Sie nicht erst auswählen. Nutzen Sie in der Regel die Option Inhaltsbasiert. Nur bei Irritationen wechseln Sie zum weniger durchgreifenden Näherungswert, sofern die Störstelle in einheitlicher Umgebung liegt.

Nützlich ist die Option Alle Ebenen aufnehmen: Legen Sie eine neue leere Ebene an, erzeugen Sie Korrekturstriche zunächst in der leeren Ebene, später verschmelzen Sie die Ebenen mit Strg+E.

Der Bereichsreparatur-Pinsel eignet sich vor allem für kleinere Störbereiche mit sehr viel homogener Fläche drum herum: Kratzer, Flecken, einzelne Haare. Nehmen Sie zum Bereichsreparatur-Pinsel eine Pinselspitze mit weicher Kante; sie sollte etwas breiter sein als die Störstelle, einzurichten wie immer nach Rechtsklick ins Bild. Nur wenn es um die Störstelle herum sehr wenig Fläche gibt, die sich zum Kaschieren eignet, empfiehlt sich eine härtere Pinselspitze.

Abbildung 12.54 Der Bereichsreparatur-Pinsel soll den Schriftzug entfernen. Doch um die Lettern existiert kaum freie Fläche, die Photoshop nach innen kopieren könnte. Wir verwenden darum eine harte Pinselspitze und stellen den Pinseldurchmesser kaum breiter als den Störbereich ein. Vorlage: Fehler_g

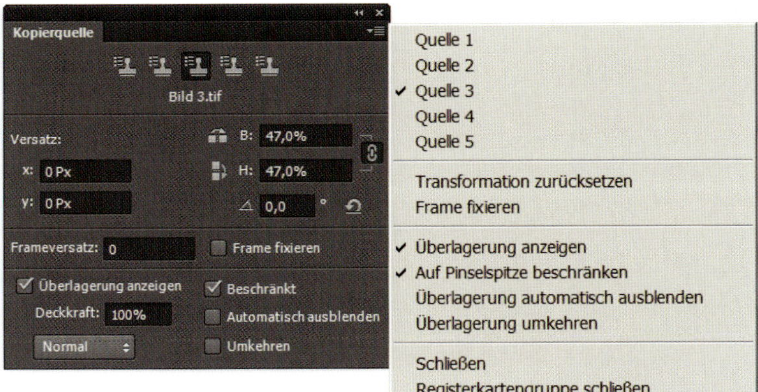

Abbildung 12.55 Das Kopierquellen-Bedienfeld speichert bis zu fünf Kopierquellen für jedes geöffnete Bild. Sie können die Pixel verzerrt, skaliert und gedreht ins Bild setzen.

Abbildung 12.56 **Links:** Die Grashalme sollen verschwinden. Wir rahmen den Bereich mit dem Ausbessern-Werkzeug ein. **Mitte:** Wir ziehen die Auswahllinie über eine Bildstelle, die sich zum Überdecken eignet; Photoshop präsentiert eine Vorschau der Korrektur, sie entspricht aber noch nicht dem Endergebnis. **Rechts:** Sobald Sie die Maustaste loslassen, berechnet Photoshop die Korrektur endgültig. Entfernen Sie auch die Stoppel oben rechts. Vorlage: Fehler_j

Abbildung 12.57 Sie könnten die störenden Leitungen und Masten zwar direkt mit dem Bereichsreparatur-Pinsel im Modus »Inhaltsbasiert« übermalen. Doch es geht bequemer und genauer. **Links:** Wir wechseln mit der Taste Q in den »Maskierungsmodus« und übermalen die Störstellen mit dem Pinsel und schwarzer Vordergrundfarbe. So können Sie die Maustaste jederzeit loslassen, den Werkzeugdurchmesser anpassen, Überflüssiges mit Weiß korrigieren, ohne dass Photoshop bereits die Pixel korrigiert. In den Optionen gilt »Farbe kennzeichnet: Ausgewählte Bereiche«. **Mitte:** Ist die Auswahl fertig, wechseln Sie mit Q zurück in den Standardmodus. Die Auswahl erscheint als Fließmarkierung, der Fehler ist eng eingerahmt. **Rechts:** Mit der Entf-Taste »Fläche füllen« aufrufen, die Vorgabe »Inhaltsbasiert« verwenden und auf »OK« geklickt. Die Leitungen verschwinden. Zur Prüfung blenden Sie die Auswahl aus (Strg+H). Vorlage: Fehler_p

Abbildung 12.58 Viele kleine Störungen mit etwas brauchbarer Struktur drumherum – ideale Bedingungen für den Bereichsreparatur-Pinsel mit der Option »Inhaltsbasiert«. Vor der Retusche haben wir eine neue leere Ebene angelegt. Wir nutzen das Werkzeug mit der Option »Alle Ebenen aufnehmen«. Die Retusche landet auf einer eigenen Ebene und kann mit Radiergummi, Ebenenmaske, Deckkraftregler oder Mischmodi verfeinert werden, das Original bleibt vollständig erhalten. Datei: Fehler_q

Abbildung 12.59 Links: Wir rahmen den störenden Blitzreflex mit dem Lasso ein. Rechts: Der Befehl »Fläche füllen« mit der Option »Inhaltsbasiert« entfernt den Blitzreflex weitgehend, das Ergebnis wirkt fast zu dunkel. Darum klicken wir unmittelbar nach »Fläche füllen« auf »Bearbeiten: Verblassen« und senken die Deckkraft der Retusche auf 90 Prozent. Noch präziser erledigen Sie die Arbeit mit Ausbessern- oder Inhaltsbasiertverschieben-Werkzeug und einer neuen Retusche-Ebene. Datei: Fehler_r

12.4.3 Auswahlbereiche mit Auswahlwerkzeugen duplizieren

Wenn Sie größere Flächen am Stück duplizieren können, um Bildfehler zu tilgen, dann arbeiten Sie nicht mit Kopierstempel oder Reparatur-Pinsel. Stattdessen erzeugen Sie zunächst eine größere Auswahl mit Lasso, Ausbessern-Werkzeug oder Inhaltsbasiertverschieben-Werkzeug. In allen unten vorgestellten Varianten können Sie den duplizierten »Flicken« noch mit **Transformieren**, Helligkeits- oder Kontrastfunktionen, Ebenenmaske und Radiergummi an die neue Umgebung anpassen, bevor er endgültig verschmolzen wird.

Retuschieren mit Auswahlbereich und Verschieben-Werkzeug

Sofern Sie den Bildteil später mit dem Verschieben-Werkzeug bewegen wollen, sollten Sie die Lasso-Auswahl mit Weicher Kante anlegen. Heben Sie den ausgewählten Bildteil mit Strg+J auf eine neue Ebene. Wenn es schnell gehen soll, duplizieren Sie die Auswahl durch Ziehen bei gedrückter Alt-Taste.

Retuschieren mit Auswahlbereich und Retusche-Werkzeug

Erzeugen Sie eine Auswahl, um anschließend mit Ausbessern-Werkzeug oder Inhaltsbasiertverschieben-Werkzeug zu retuschieren, brauchen Sie bei der Auswahl vorab keine WEICHE KANTE – Sie steuern den Übergang anschließend mit dem ANPASSUNG-Klappmenü (Seite 398). Legen Sie jedoch eine neue leere Ebene an und nutzen Sie die Werkzeug-Option ALLE EBENEN AUFNEHMEN.

Abbildung 12.60 **Links:** Wir rahmen die Bildstörung eng mit dem Lasso ein und legen eine neue leere Ebene an. **Rechts:** Wir schalten zum Ausbessern-Werkzeug mit den Optionen INHALTSBASIERT und ALLE EBENEN AUFNEHMEN. Wir ziehen den Auswahlrahmen über freien Hintergrund nach rechts (Ziehen nach links erzeugt auffälligere Wiederholungen). Noch bei gedrückter Maustaste zeigt Photoshop grob, wie die Störung überdeckt wird. Lassen Sie die Maustaste los und testen Sie verschiedene Vorgaben für die Rand-ANPASSUNG. Auffällige Übergänge oder Wiederholungen lassen sich später leicht nachbessern. Vorlage: Fehler_d

12.4.4 Das Ausbessern-Werkzeug

Das Ausbessern-Werkzeug (Kurztaste J) korrigiert Helligkeitsunterschiede an den Bildrändern oder in der gesamten schadhaften Zone. Sie können die Retuschepixel auf eine neue Ebene legen, das Original bleibt voll erhalten. Dies ist das Standardverfahren:

1. Sie schalten das Ausbessern-Werkzeug ein.
2. Legen Sie in der Regel eine neue leere Ebene an.
3. Nutzen Sie in der Regel die AUSBESSERN-Option INHALTSBASIERT und bei neuer leerer Ebene auch ALLE EBENEN AUFNEHMEN.
4. Sie rahmen die fehlerhafte Bildstelle bei gedrückter Maustaste ein; dabei arbeitet das Ausbessern-Werkzeug wie ein Lasso, Sie erhalten also eine schillernde Fließmarkierung. (Sie können auch vorab mit Lasso oder Schnellauswahlwerkzeug auswählen; Sie brauchen keine WEICHE KANTE.)
5. Ziehen Sie den Auswahlrahmen über eine brauchbare Motivpartie, die sich zum Überdecken eignet. Photoshop gibt bereits eine Vorschau, wie der gewählte Bereich den Fehler überdeckt.
6. Lassen Sie die Maustaste los – nun kopiert Photoshop den Bildteil automatisch über den Schadensbereich und gleicht Helligkeitsunterschiede aus.
7. Beurteilen Sie das Ergebnis: Blenden Sie die Fließmarkierung mit Strg+H aus und testen Sie oben im ANPASSUNG-Menü Übergänge wie SEHR GENAU oder SEHR UNGENAU (Seite 398).

Entsteht die Auswahl direkt mit dem Ausbessern-Werkzeug, bietet das Werkzeug Optionen wie andere Auswahlwerkzeuge: Bei gedrückter Alt-Taste verkleinern Sie eine vorhandene Auswahl, mit gedrückter ⇧-Taste ergänzen Sie die vorhandene Auswahl. Strg+H blendet die Fließmarkierung aus, ohne sie zu löschen.

Tipp Ziehen Sie die Auswahl mit großzügigem Abstand um den Bildfehler herum. Nur dann erhalten Sie wirklich nahtlose Ergebnisse.

12.4.5 »Anpassung«

Sofern Sie das Ausbessern-Werkzeug mit der empfehlenswerten Vorgabe INHALTSBASIERT nutzen, sehen Sie in den Optionen das Klappmenü ANPASSUNG. Sie finden dieses Klappmenü auch beim Inhaltsbasiertverschieben-Werkzeug. Für die ANPASSUNG-Technik spielt es keine Rolle, ob Ihre Retusche-Pixel direkt in der Bildebene oder auf einer neuen leeren Ebene landen.

Mit den ANPASSUNG-Vorgaben steuern Sie, wie hart der Übergang von der retuschierten Zone zur Umgebung ausfällt. Der Ablauf:

1. Bewegen Sie die Auswahl zunächst an die gewünschte Stelle.
2. Jetzt erst testen Sie verschiedene Vorgaben wie SEHR STRENG, MITTEL oder SEHR UNGENAU. Sie müssen sich also nicht vorab auf eine Methode festlegen. Blenden Sie dabei die schillernde Fließmarkierung mit Strg+H aus, um den Übergang deutlicher zu erkennen.
3. Sobald Sie die Auswahl aufheben, transformieren oder das Werkzeug wechseln, haben Sie die Rand-ANPASSUNG endgültig angewendet, sie lässt sich nicht mehr ändern.

Tipp Wie immer bei INHALTSBASIERT gilt: Wenn Ihnen das erste Ergebnis nicht gefällt, wiederholen Sie die Funktion und hoffen auf eine bessere Variante. Trifft die ANPASSUNG-Vorgabe UNGENAU Ihre Wünsche fast, aber nicht ganz, dann schalten Sie um zu SEHR STRENG und wieder zurück zu UNGENAU – der zweite Versuch könnte perfekt aussehen.

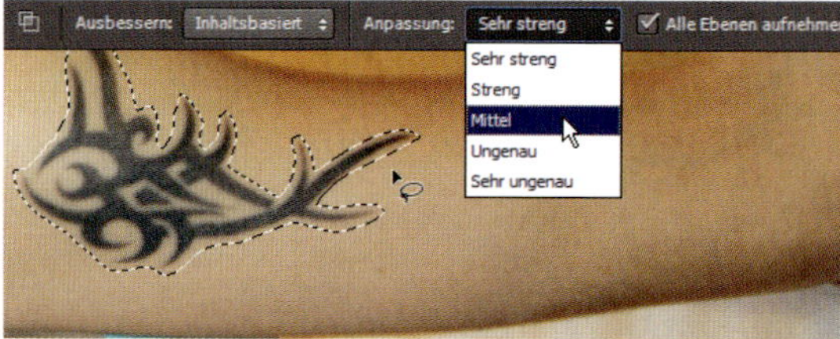

Abbildung 12.61 Wir haben die Tätowierung mit dem Lasso eingerahmt und testen die »Anpassung«-Optionen des Ausbessern-Werkzeugs, die Sie auch beim Inhaltsbasiertverschieben-Werkzeug finden. Datei: Fehler_t. Foto: RTcars.de

Abbildung 12.62 Wir legen eine neue Ebene an und nutzen das Ausbessern-Werkzeug mit den Optionen INHALTSBASIERT und ALLE EBENEN AUFNEHMEN. Wir ziehen die Auswahl nach rechts. Photoshop zeigt zunächst eine grobe Vorschau.

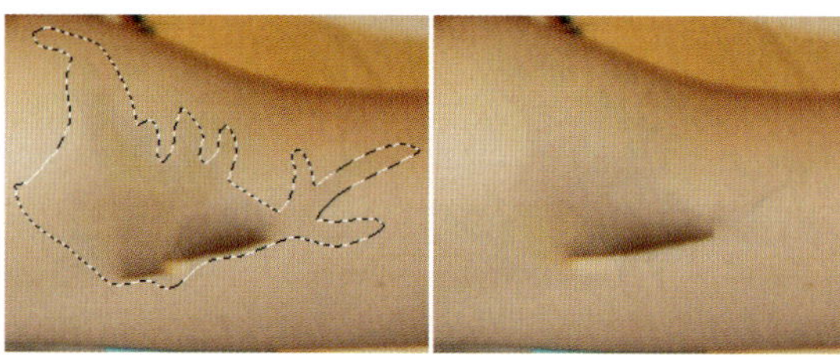

Abbildung 12.63 **Links:** Die Vorgabe SEHR STRENG erzeugt keine gute Retusche. **Rechts:** Wir haben die Auswahl mit Strg+H ausgeblendet und testen MITTEL. Mit einer ausgedehnteren Auswahl könnte sich das Ergebnis verbessern.

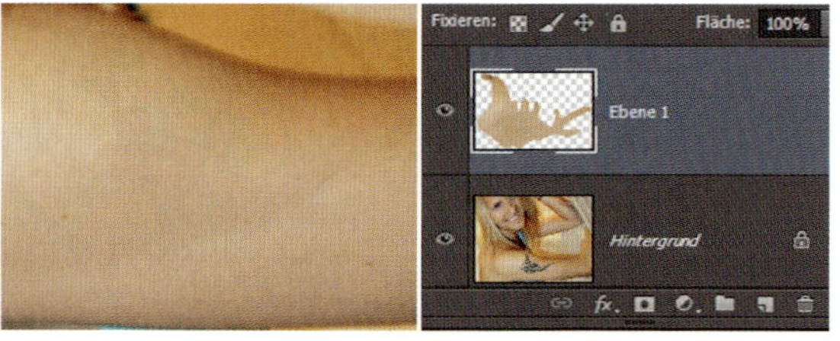

Abbildung 12.64 Die Vorgabe SEHR UNGENAU erzeugt ein brauchbares Ergebnis, das sich leicht weiter verfeinern lässt. Die Retusche landet auf einer separaten Ebene, das Original bleibt unverändert.

Abbildung 12.65 **Links:** Diese Vorlage wird leicht geglättet. **Mitte:** Wir haben die Vorlage mit dem »Gaußschen Weichzeichner« bei Radius 1,4 leicht weichgezeichnet und danach per »Bearbeiten: Verblassen« den Mischmodus »Aufhellen« eingestellt. So entsteht eine allgemeine Hautglättung, der Protokollpinsel radiert hier in detailreichen Partien wie Haare, Mund, Augen zurück zur ursprünglichen Schärfe. **Rechts:** Mit örtlichen Retuschen bearbeiten wir das Porträt weiter. Vorlage: Retusche_03b

Abbildung 12.66 **Links:** Wir haben den störenden Ärmel rechts unten mit dem Lasso eingerahmt. **Rechts:** Wir nutzen **Fläche füllen** mit INHALTSBASIERT. Die Funktion ist eine schnelle Alternative zum Ausbessern-Werkzeug, erlaubt aber weniger Feinsteuerung und die Retuschepixel lassen sich nicht auf eine separate Ebene legen.

12.4.6 Inhaltsbasiertverschieben-Werkzeug

Nutzen Sie das Inhaltsbasiertverschieben-Werkzeug für unauffällige Retuschen oder für starke Änderungen der Bildinformation. Der Ablauf:

1. Legen Sie am besten vorab eine neue leere Ebene an und wählen Sie in den Optionen ALLE EBENEN AUFNEHMEN.
2. Sie wählen einen Bildbereich flüchtig aus, zum Beispiel mit Lasso oder Inhaltsbasiertverschieben-Werkzeug.
3. Ziehen Sie den Bereich an eine neue Bildstelle. Photoshop passt den bewegten Bildteil möglichst nahtlos in die neue Umgebung ein und füllt gleichzeitig (im Modus VERSCHIEBEN) die Lücke am ursprünglichen Ort.
4. Blenden Sie die Fließmarkierung mit Strg + H aus und testen Sie sofort verschiedene ANPASSUNG-Vorgaben wie STRENG oder SEHR UNGENAU (Seite 398).

»Verschieben« oder »Erweitern«

Das MODUS-Menü in den Werkzeugoptionen bietet zwei Varianten:

- VERSCHIEBEN: Sie bewegen den Bildteil an eine neue Stelle; am ursprünglichen Ort wird das Detail entfernt.
- ERWEITERN: Sie kopieren den Bildteil an eine neue Stelle, der ursprüngliche Ort wird nicht verändert.

In der VERSCHIEBEN-Variante funktioniert das Inhaltsbasiertverschieben-Werkzeug damit so wie in der Regel das Ausbessern-Werkzeug, nur mit umgekehrter Ziehrichtung.

Abbildung 12.67 Die Urlauberin soll etwas in die Bildmitte rücken – eine perfekte Aufgabe für das Inhaltsbasiert-verschieben-Werkzeug im Modus Verschieben. Wir legen zunächst eine Lasso-Auswahl und eine neue leere Ebene an. Datei: Fehler_u1

Abbildung 12.68 Wir schalten zum Inhaltsbasiertverschieben-Werkzeug mit Verschieben und Alle Ebenen aufhehmen und ziehen die Urlauberin zehn Prozent nach rechts. Das Duplikat überdeckt das Original teilweise.

Abbildung 12.69 Nach Loslassen der Maustaste entfernt Photoshop das linke Original und fügt die Urlauberin weiter rechts nahtlos ein. Verbergen Sie die Fließmarkierung mit Strg+H, testen Sie eine Rand-Anpassung wie Streng oder ungenau und Verschiebungen. Das Originalbild bleibt unverändert, die Retusche-Pixel landen in der neuen Ebene.

Abbildung 12.70 Wir setzen das Bild zurück und nutzen das Inhaltsbasiertverschieben-Werkzeug diesmal nicht mit Verschieben, sondern mit Erweitern. So sehen Sie Original und Duplikat gemeinsam im Ergebnis.

In andere Dateien verschieben

Das Inhaltsbasiertverschieben-Werkzeug zieht Ihre Bilddetails auch in andere Dateien – dort aber gibt es keinerlei Rand-Anpassung. Wollen Sie ein Motivteil in eine andere Datei ziehen und noch das Klappmenü für die Rand-Anpassung nutzen, gehen Sie so vor:

1. Legen Sie die zwei Dateien als Ebenen in einer Datei nebeneinander.
2. Wählen Sie **Bild: Alles einblenden**, um die neue Ebene vollständig zu sehen.
3. Ganz oben erzeugen Sie eine neue leere Ebene, die aktiviert bleibt.
4. In den Optionen zum Inhaltsbasiertverschieben-Werkzeug nutzen Sie Erweitern und Alle Ebenen aufnehmen.
5. Wählen Sie das Bilddetail aus und ziehen Sie es mit dem Inhaltsbasiertverschieben-Werkzeug über die neue Bildebene.
6. Blenden Sie die Fließmarkierung mit Strg+H aus und testen Sie sofort verschiedene Anpassung-Vorgaben wie Streng oder Sehr ungenau (Seite 398).
7. Bei Bedarf transformieren Sie den verschobenen Bildteil (Strg+T, zum Beispiel verkleinern oder drehen); verfeinern Sie den Übergang mit Radiergummi, Ebenenmaske oder Retuschefunktionen.

8. Klicken Sie bei gedrückter [Strg]-Taste auf die Miniatur der neuen Bildebene. So wählen Sie die Fläche dieser Ebene aus.
9. Um die alte Ebene zu entfernen, wählen Sie **Bild: Freistellen** oder wechseln zum Freistellungswerkzeug .

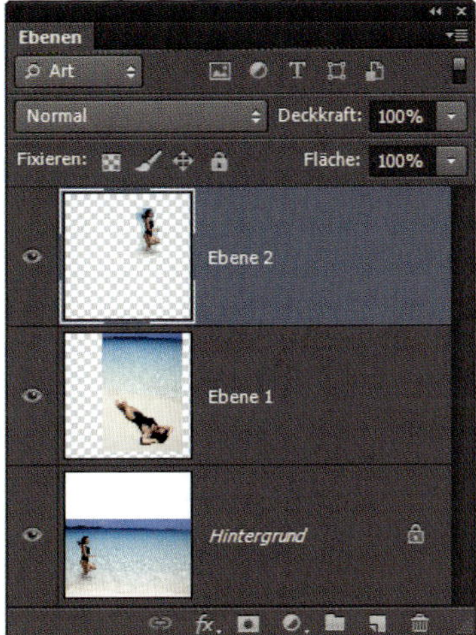

Abbildung 12.71 So bringen Sie Ihr Hauptmotiv mit Rand-Anpassung in eine separate Aufnahme: Ziehen Sie die Zieldatei als neue Ebene in die Datei mit dem Hauptmotiv. Das Hauptmotiv wählen Sie im ursprünglichen Bild aus, dann ziehen Sie es mit dem Inhaltsbasiertverschieben-Werkzeug in die neue Umgebung. Dateien: Fehler_u2, u3

12.4.7 Thema: Porträts ändern

In den nächsten Abschnitten sehen Sie, wie Sie Zähne und Augen aufhellen, Haare umfärben und Lippen betonen. Einige Vorschläge eignen sich nicht nur für Personen, sondern auch für andere Motive. Ideen für markante Porträt-Effektverfremdungen liefern wir ab Seite 476.

Zähne aufhellen

Hellen Sie Zähne flexibel mit einer Einstellungsebene auf. Manchmal kann man mit der Einstellungsebene gleich noch das Augenweiß auffrischen.

1. Schalten Sie das Schnellauswahlwerkzeug ein, stellen Sie die Grösse zum Beispiel auf 16 und nutzen Sie gleich nebenan auch die Option Automatisch verbessern.
2. Ziehen Sie bei gedrückter Maustaste über die Zähne. Photoshop wählt die Zähne aus, erwischt allerdings auch Zahnfleisch.
3. Ziehen Sie bei gedrückter [Alt]-Taste über das Zahnfleisch, um es wieder aus der Auswahl zu verbannen. Der Cursor darf dabei nicht in den Bereich der Zähne kommen.
4. Klicken Sie oben auf Kante verbessern und glätten Sie die Auswahl mit den Reglern Abrunden und Kontrast.

Legen Sie per Korrekturen-Bedienfeld eine Einstellungsebene Farbton/Sättigung an. Sie erhält wegen der Auswahl sofort eine Ebenenmaske, ändert also nur die Zähne innerhalb der Auswahl und nicht das ganze Foto. So geht's weiter:

1. Oben in der Einstellungsebene schalten Sie das Ziehen-Werkzeug ein.
2. Klicken Sie einmal in die Zähne und ziehen Sie nach links. Der Mauszeiger erscheint als Hand mit Doppelpfeil. Damit wählt Photoshop automatisch den Farbbereich Gelbtöne aus und senkt die Farbsättigung, gehen Sie zum Beispiel bis minus 20.
3. Heben Sie die Helligkeit im Korrekturen-Bedienfeld auf plus 20. Voilà – die Zähne sind nun heller und ansehnlicher.

Tipp Statt **Farbton/Sättigung** können Sie beim Zahn-Bleaching auch eine **Schwarzweiß**-Einstellungsebene anlegen. Experimentieren Sie mit den Reglern für Gelb und Rot und mit der Deckkraft.

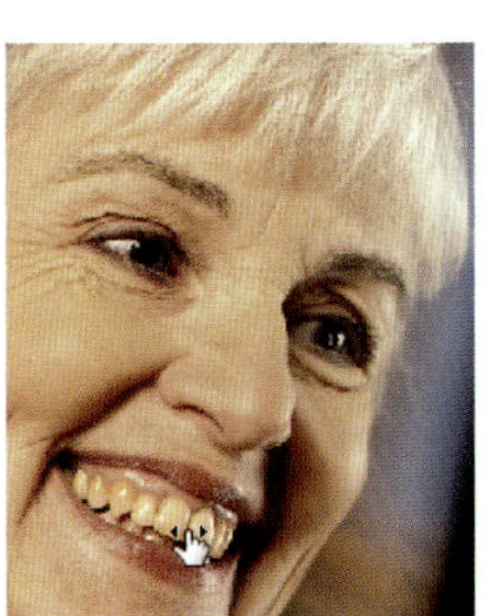

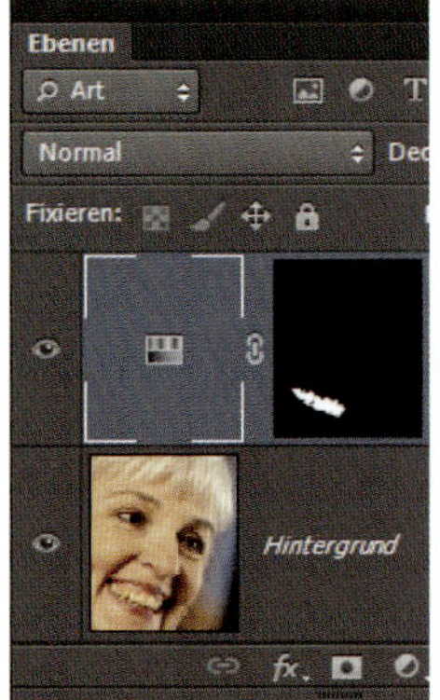

Abbildung 12.72 Zahnretusche: Wir haben die Zähne ausgewählt, dann eine Einstellungsebene »Farbton/Sättigung« angelegt und im Korrekturen-Bedienfeld das Ziehen-Werkzeug eingeschaltet. Ziehen Sie in den Zähnen nach links, senkt Photoshop die Sättigung nur für die »Gelbtöne«. Zusätzlich heben wir die »Helligkeit«. Datei: Portrait_1

Augenweiß aufhellen

Hellen Sie das Augenweiß nur maßvoll auf – sonst blicken Zombies von Ihren Bildern. Viele Verfahren sind denkbar, hier ist eine einfache Variante:

1. Klicken Sie im Korrekturen-Bedienfeld auf Farbton/Sättigung.
2. Die Regler für Farbton/Sättigung verändern Sie gar nicht erst. Suchen Sie die neue Einstellungsebene Farbton/Sättigung im Ebenen-Bedienfeld und stellen Sie den Mischmodus von Normal auf Negativ multiplizieren um. Nun erscheint das Gesamtbild viel zu hell – die Augen für sich sind aber genau richtig.
3. Drücken Sie Strg+I. So kehren Sie die Farbe der Ebenenmaske zur Einstellungsebene um: Die Ebenenmaske ist nun schwarz, die Einstellungsebene kann sich nicht auswirken, das gesamte Bild erscheint wieder wie vorher.
4. Mit der Taste B schalten Sie den Pinsel ein. Senken Sie die Deckkraft auf 50 Prozent und den Hauptdurchmesser zum Beispiel auf 19 Pixel. Der Kreisumriss sollte nicht größer als das Augenweiß sein. Sorgen Sie auch für weiße Vordergrundfarbe.

5. Malen Sie über einem Auge, es erscheint heller. Haben Sie zu viel übermalt, wechseln Sie mit dem X zu Schwarz und tragen Sie wieder Schwarz auf; so erscheint an der korrigierten Stelle wieder das unveränderte Bild.

Wirkt die Aufhellung zu stark, senken Sie die Deckkraft im Ebenen-Bedienfeld zum Beispiel auf 70 Prozent.

Tipp Eventuell bringt die Aufhellung unschöne Farbtöne im Augenweiß hervor, zum Beispiel rote Äderchen. Stellen Sie dann das Klappmenü im Korrekturen-Bedienfeld auf Depthtöne und ziehen Sie den Regler Sättigung nach links.

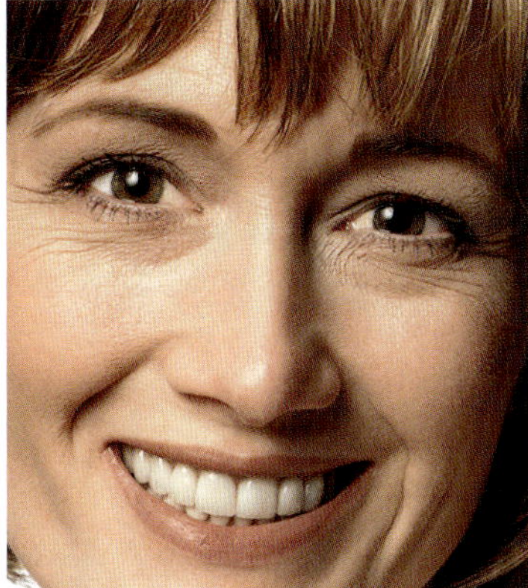

Abbildung 12.73 Eine maskierte Einstellungsebene im Modus »Negativ multiplizieren« hellt das Augenweiß auf.
Datei: Portrait_2

Allgemeine Hautglättung

Große Poren, kleine Pickel, aber auch Bildrauschen oder Fehler durch übertriebenes Scharfzeichnen stören den Eindruck glatter Babyhaut. Diese kleinen Mängel glätten Sie zunächst pauschal, danach retuschieren Sie einzelne größere Falten und Fehler.

Sie duplizieren die Hintergrundebene per Strg+J und wählen **Filter, Für Smartfilter konvertieren**. Auf dem Fuß folgt der Befehl **Filter, Weichzeichnungsfilter, Matter machen**. Je nach Größe und Auflösung des Fotos nehmen Sie etwa Radius 15 und Schwellenwert 15.

Zunächst erscheint das Gesicht zugepudert, mit verschiedenen Kniffen bringen Sie jetzt die Details zurück - aber nur die gewünschten. Meist verwendet man eine Kombination dieser Techniken:

- Klicken Sie im Ebenen-Bedienfeld einmal auf die Smartfilter-Maske und übermalen Sie Bereiche mit Schwarz, die voll konturiert erscheinen sollen - vor allem Augen, Nase, Mund und Haare.
- Klicken Sie doppelt auf die freie Fläche rechts neben der obersten Ebenenminiatur und blenden Sie Helligkeitsbereiche aus (Seite 751). Beim Regler Diese Ebene unterdrücken Sie dunkle Töne, indem Sie das schwarze Dreieck nach links innen ziehen. Mit dem Regler Darunterliegende Ebene zwingen Sie hellere Töne ins Gesamtbild; dazu ziehen Sie das weiße Dreieck nach links innen.
- Wenden Sie diese Auswahl der Helligkeitsbereiche eventuell noch einmal separat auf den Rot-Kanal an.
- Im Ebenen-Bedienfeld im Balken Matter machen klicken Sie auf das Schieberegler-Symbol ganz rechts. Stellen Sie den Mischmodus zum Beispiel auf Aufhellen oder Negativ multiplizieren und senken Sie eventuell zusätzlich die Deckkraft.

Abbildung 12.74 Die Haut wird mit dem Filter »Matter machen« geglättet, eine Filtermaske spart den Effekt von detailreichen Zonen wie Mund, Augen und Haaren aus. Datei: Portrait_3; Aktion: Fehler – Haut glätten

Lippen betonen

Zeigen Sie die Lippen farbkräftiger und mit Gloss:

1. Klicken Sie auf **Filter: Für Smartfilter konvertieren**.
2. Schalten Sie das Schnellauswahlwerkzeug ein. Der Werkzeugumriss darf nicht größer als die Lippen sein (Alt-Ziehen über dem Bild mit der rechten Maustaste). Nutzen Sie wie immer die Option Automatisch verbessern.
3. Ziehen Sie mehrfach über die Lippen, ohne umliegende Haut zu streifen.
4. Klicken Sie oben in den Optionen auf Kante verbessern und stellen Sie die Weiche Kante auf drei Pixel.
5. Wählen Sie **Filter: Filtergalerie**, im Bereich Kunstfilter klicken Sie auf Kunststofffolie. Als Glanz nehmen Sie 18, die Details stellen Sie auf 12 und die Glättung auf 8. Der Mund erscheint nun wie mit Cellophan überzogen.

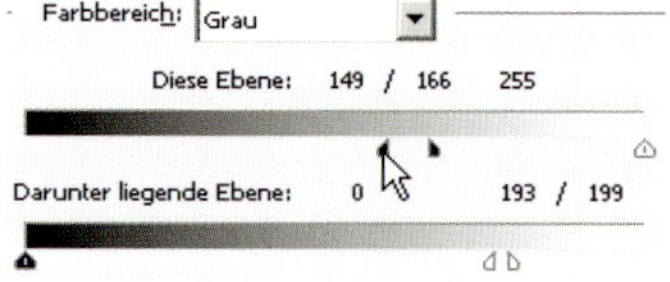

Abbildung 12.75 Im Ebenenstil-Dialog blenden Sie die dunkelsten Stellen der oberen Ebene aus, um mehr Details bei Mund, Augen und Haaren zu zeigen.

Nach dem OK-Klick sehen Sie den neuen Smartfilter **Kunststofffolie** im Ebenen-Bedienfeld. Dort klicken Sie doppelt auf das kleine Symbol für die Smartfilter-Einstellungen. Im Dialogfeld Fülloptionen stellen Sie den Modus von NORMAL auf WEICHES LICHT um. Nun sehen Sie ein mögliches Endergebnis.

So verfeinern Sie das Ergebnis in den FÜLLOPTIONEN noch:

- Wirkt der Effekt etwas zu intensiv, senken Sie die DECKKRAFT zum Beispiel auf 70 Prozent.
- Wollen Sie die Wirkung dagegen verstärken, testen Sie als Modus auch INEINANDERKOPIEREN oder HARTES LICHT.

Möchten Sie noch einmal GLANZ oder DETAILS feinsteuern, klicken Sie unten im Ebenen-Bedienfeld doppelt auf FILTERGALERIE.

Wollen Sie die Lippen noch färben? Bitteschön:

1. Klicken Sie bei gedrückter Strg-Taste auf die fast ganz schwarze SMARTFILTER-Maske im Ebenen-Bedienfeld, so dass wieder eine Auswahl entsteht.
2. Legen Sie per Korrekturen-Bedienfeld eine Einstellungsebene **Farbton/Sättigung** an.
3. Experimentieren Sie mit den Reglern für FARBTON und SÄTTIGUNG.

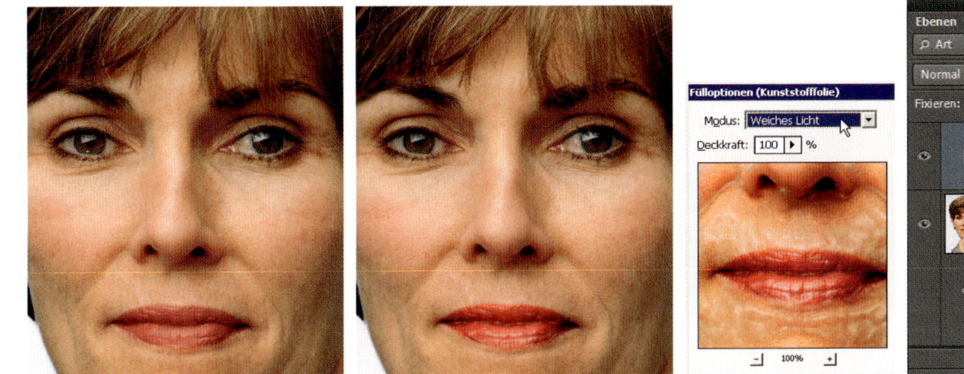

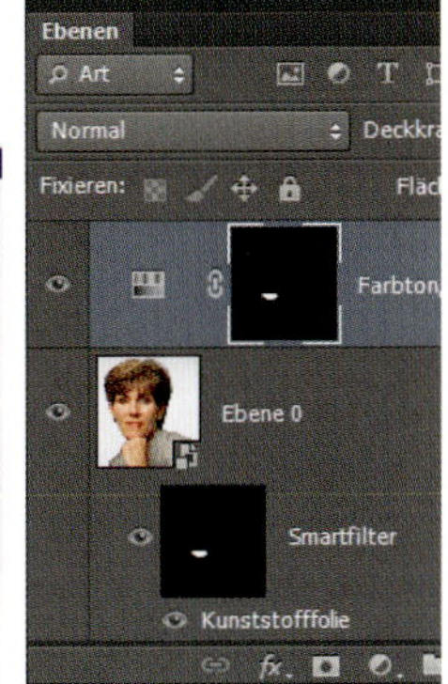

Abbildung 12.76 Der Filter »Kunststofffolie« trägt Lipgloss auf. Mit der Einstellungsebene »Farbton/Sättigung« ändern Sie die Farbe. Datei: Portrait_4

Lächeln erzeugen

Sitzen die Mundwinkel allzu verkniffen gerade, lassen sie sich mit zwei Funktionen in freundlichere Winkel ziehen:

- Nutzen Sie den Befehl **Filter: Verflüssigen** und ziehen Sie gummiartig im Gesicht (Seite 554).
- Vor allem bei sehr gleichmäßigen Mundpartien: Wählen Sie die Zone aus, um sie mit Strg+J auf eine neue Ebene zu heben und in ein Smartobjekt zu verwandeln. Dann nehmen Sie das **Freie Transformieren** (Strg+T) mit dem VERKRÜMMEN.

Abbildung 12.77 Die Mundwinkel wurden mit den Werkzeugen im Dialogfeld »Verflüssigen« bearbeitet. Vorlage: Portrait_04a

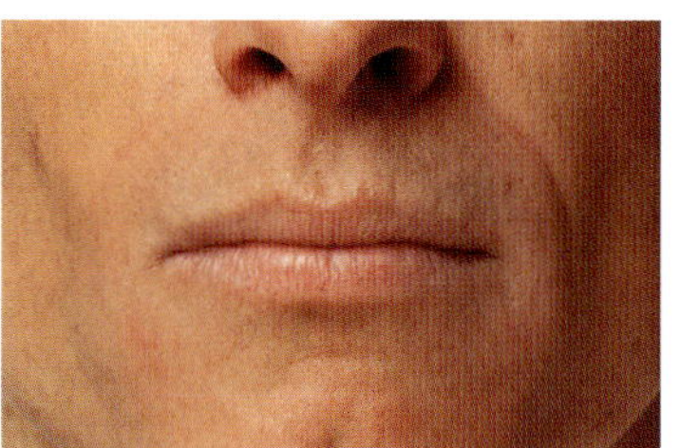

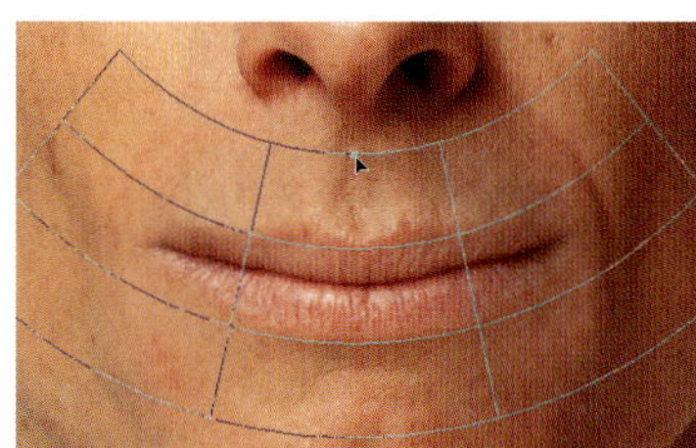

Abbildung 12.78 Die Mundpartie wird auf eine neue Ebene gehoben und mit der »Transformieren«-Funktion verkrümmt. Vorlage: Portrait_10

Haare umfärben

Mit verschiedenen Verfahren färben Sie Haare um. Eine typische Methode:

1. Wählen Sie die Haarpracht zum Beispiel mit der Schnellauswahl aus und verfeinern Sie die Auswahl per Kante verbessern.
2. Wir wollen mehrere Einstellungsebenen mit einer einzigen, gemeinsamen Ebenenmaske steuern. Darum: Klicken Sie unten im Ebenen-Bedienfeld auf Neue Gruppe erstellen. Damit entsteht die neue Gruppe 1.
3. Wieder unten im Ebenen-Bedienfeld klicken Sie auf Ebenenmaske hinzufügen. Die Gruppe 1, noch leer, hat nun eine Ebenenmaske, die nur die Haare zur Bearbeitung freigibt.
4. Oben im Korrekturen-Bedienfeld klicken Sie auf Farbton/Sättigung. Wir ändern hier rötlich zu blond und ziehen dafür den Farbton-Regler auf plus 100 und geben auch bei der Sättigung 10 Prozent zu.
5. Stellen Sie den Mischmodus oben links im Ebenen-Bedienfeld von Normal auf Farbe. Dieser Schritt ist nicht immer zwingend erforderlich.
6. Der Helligkeit-Regler ist nicht zu gebrauchen. Erzeugen Sie also per Korrekturen-Bedienfeld eine Gradationskurven-Einstellungsebene. Sie landet sofort innerhalb der Gruppe und ist damit auch gleich so maskiert, dass sie nur die Haare verändert.
7. Ziehen Sie die Kurve in der Mitte nach oben, um die Haare aufzuhellen.

Tipp Ziehen Sie den Helligkeit-Regler vorübergehend von 0 auf plus 100. Jetzt erscheinen die Haare weiß überdeckt, Sie erkennen Fehler in der Maske der Gruppe 1 sehr deutlich. Klicken Sie einmal auf die Maskenminiatur, dann verfeinern Sie die Maske mit dem Pinsel.

Abbildung 12.79 Die rötlichen Haare werden zunächst umgefärbt und dann aufgehellt. Die beiden Einstellungsebenen »Farbton/Sättigung« und »Gradationskurven« befinden sich in einer gemeinsamen »Gruppe 1«. Sie müssen nur die eine Maske dieser »Gruppe 1« bearbeiten, um die Wirkung der beiden Einstellungsebenen örtlich zu begrenzen. Datei: Portrait_5

Augen vergrößern

In Porträts werden gern die Augen vergrößert, das soll die Sympathiewerte heben. Zwei Ansätze gibt es:

- Vergrößern Sie nur die Pupillen innerhalb der unverändert großen Augenpartie.
- Vergrößern Sie die ganze Augenpartie.

Schon wenn Sie die Pupille unabhängig vom restlichen Auge vergrößern, wirkt das Gesicht ausdrucksvoller und freundlicher:

1. Mit Auswahlellipse, weicher Kante und ⇧-Taste umrahmen Sie die erste Pupille. Fassen Sie die Auswahl eher eng, nutzen Sie die Funktion **Auswahl: Auswahl transformieren**.
2. Heben Sie die Auswahl per Strg+J auf eine neue Ebene und wählen Sie **Filter: Für Smart Filter konvertieren**; so entsteht eine Smartobjekt-Ebene.
3. Drücken Sie Strg+T und vergrößern Sie die Pupille zum Beispiel auf 120 Prozent.
4. Legen Sie eine Ebenenmaske an und malen Sie mit Schwarz den oberen Teil weg, der das Augenlid überdeckt. Ebenfalls durch Maskenretusche glätten Sie die Ränder.
5. Klicken Sie einmal auf die Hintergrund-Miniatur im Ebenen-Bedienfeld, wählen Sie das zweite Auge aus und heben Sie es mit Strg+J auf eine neue Ebene.

6. Vergrößern und retuschieren Sie die Pupille wie beschrieben; wiederholen Sie die erste Größenänderung testweise mit Strg+⇧+T.

Prüfen Sie auch eine Vergrößerung der gesamten Augenpartie.

12.4.8 Das Rote-Augen-Werkzeug

Unkompliziert verschwinden rotgeblitzte Kaninchenaugen mit dem Rote-Augen-Werkzeug, das ganz ähnlich auch im Camera-Raw-Dialog zur Verfügung steht (Seite 236). Ein Klick auf die rote Pupille – und das Problem ist in vielen Fällen erledigt. Nur selten müssen Sie die Optionen ändern:

- Je höher die Pupillengrösse, desto mehr unterschiedliche Farben werden ausgewählt.
- Der Verdunklungsbetrag legt fest, wie dunkel die neue, vormals rote Pupille wird; hohe Werte führen zu schwarzen Pupillen.

Tipp Geblitzte Tieraugen erscheinen manchmal unnatürlich blau oder grün. Hier versagt das Rote-Augen-Werkzeug, doch halten Sie mit dem Farbe-ersetzen-Werkzeug dagegen: als Vordergrundfarbe nehmen Sie Schwarz, dazu die Optionen Farbe und Nicht aufeinander folgend. Ziehen Sie über der Pupille bis leicht über deren Rand hinaus; wird das Ergebnis zu hell, dunkeln Sie per Nachbelichter nach.

Abbildung 12.80 **Links:** Die Blutgefäße in der Netzhaut reflektieren das Blitzlicht der Kamera. **Mitte:** Wir haben mit dem Rote-Augen-Werkzeug ein erstes Mal geklickt. **Rechts:** Drei weitere Klicks beheben die weiteren Probleme bei Mensch und Katze. Vorlage: Rote-Augen. Foto: Werner Kappler

12.5 Bildrauschen

Bildrauschen – also ein gleichmäßiges körniges Störmuster – entsteht zum Beispiel bei hohen ISO-Empfindlichkeiten von Digitalkamera oder Film. Photoshop kann das Problem in Grenzen ausbügeln, dabei droht allerdings Weichzeichnung. Diese zwei Erscheinungsformen unterscheidet man:

- Helligkeitsrauschen (auch Luminanzrauschen) zeigt sich nur durch Körnung mit wechselnder Helligkeit und wird weniger gefürchtet;
- Farbrauschen (auch Chromarauschen) gilt als entstellender, hier entstehen Flecken mit wechselnden Farben.

Auf Rechnern ohne OpenGL-Anzeigetechnik prüfen Sie die verrauschte Vorlage wie auch korrigierte Ergebnisse im Abbildungsmaßstab 100,00 Prozent (Seite 76) oder eventuell vergrößert. Vermeiden Sie Pixelschnee am besten schon beim Fotografieren, zum Beispiel durch niedrige Empfindlichkeit und geeignete Sensoren (Foto-Tipps ab Seite 48).

Wenn möglich, nehmen Sie wichtige Bilder mit Rauschgefahr im Raw-Format auf und beheben das Rauschen direkt im Raw-Dialog (Seite 228). Durch die seit CS5 verbesserte Rauschminderung im Raw-Dialog lohnt es sich sogar, ältere, bereits »entwickelte« Raw-Dateien in CS5 oder CS6 neu zu bearbeiten - sie erscheinen oft mit deutlich weniger Rauschen. Auch JPEG- oder TIFF-Dateien glätten Sie hier. Achten Sie aber darauf, dass Sie auch tatsächlich die aktuelle Prozessversion verwenden, also kein Ausrufezeichen (!) rechts unten sehen (Seite 201).

Tipp Verstärken Sie das Bildrauschen nicht noch beim Scharfzeichnen. Nehmen Sie beim Befehl **Unscharf maskieren** einen hohen SCHWELLENWERT, beim Schärfen im Raw-Dialog ziehen Sie den MASKIEREN-Regler nach rechts: Gering kontrastierende Bildpartien wie etwa reines Bildrauschen stellt Photoshop dann gar nicht erst scharf, nur harte Konturen werden markanter.

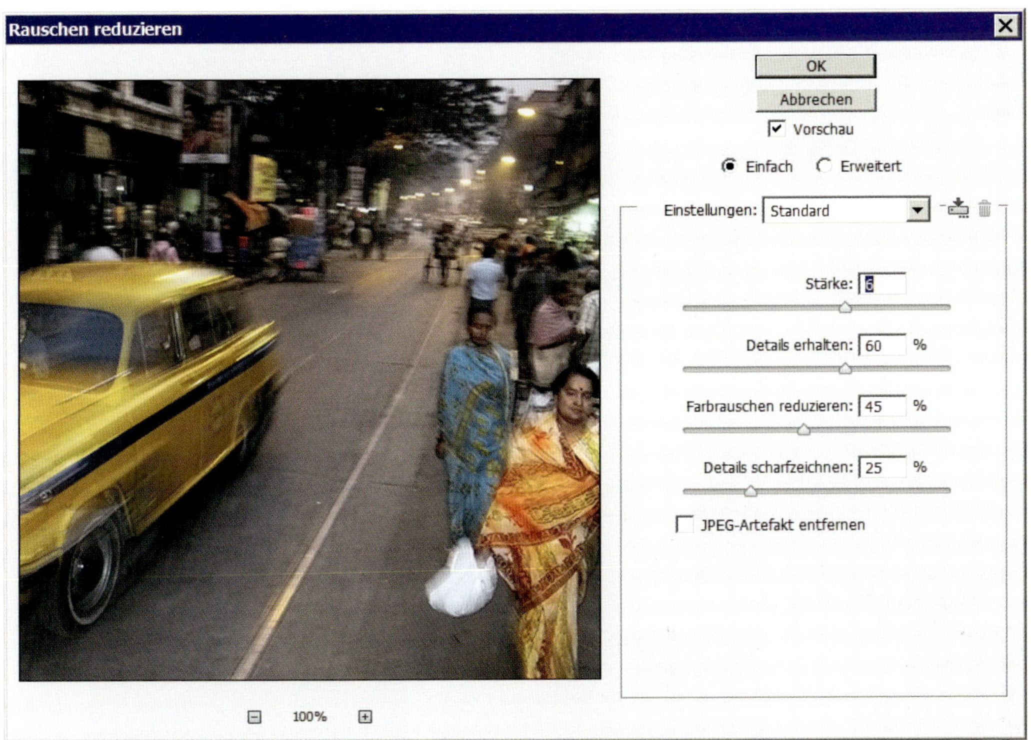

Abbildung 12.81 Der Befehl »Rauschen reduzieren« bekämpft Bildrauschen, führt aber auch zu Weichzeichnung.

12.5.1 »Rauschen reduzieren«

Der Befehl **Filter: Rauschfilter: Rauschen reduzieren** ist die raffinierteste Funktion im **Filter**-Menü (vormals **Störungsfilter: Störungen reduzieren**).

Ihre Möglichkeiten:

- Der STÄRKE-Regler steuert die Gesamtwirksamkeit.
- Mit dem Regler DETAILS ERHALTEN bestimmen Sie, wie stark feine Strukturen gewahrt bleiben – zum Beispiel Strukturen oder Haare (Sie steuern hier das Helligkeits- oder Luminanzrauschen). Hohe Werte wie 80 erhalten viele Details – aber dann wirkt der Gesamtfilter kaum noch.
- Der Regler FARBRAUSCHEN REDUZIEREN bekämpft Pixel mit Farbausreißern, also das sogenannte Farbrauschen; hohe Werte verfälschen das Bild eher mit entsättigten Bereichen und Geisterschatten.
- Leidet die Bildschärfe sichtbar, kann man sie mit dem Schieber DETAILS SCHARFZEICHNEN wieder anheben. Hohe Werte produzieren indes neue Störungen. Alternative: Schärfen Sie mit einem anderen Befehl aus dem Untermenü **Scharfzeichnungsfilter** (Seite 414).

Vorlage

Stärke 8, andere Regler auf 0

Stärke 8, Details erhalten 50

Stärke 8, Details erhalten 50, Details scharfzeichnen 60

Stärke 8, Details erhalten 50, Details scharfzeichnen 60, Farbrauschen reduzieren 100

Stärke 8, Details erhalten 50, Details scharfzeichnen 60, Farbrauschen reduzieren 0, JPEG-Artefakt entfernen ein

Abbildung 12.82 Die Vorlage zeigt deutliches Bildrauschen. Der Befehl »Rauschen reduzieren« begrenzt die Störungen, führt aber auch zu Weichzeichnung. Vorlage: Stoerungen_d

Einzelne Kanäle korrigieren

Oftmals zeigt sich das Rauschen in einem Farbkanal stärker als bei anderen Farben, häufig im Blaukanal. Sie können darum die Grundfarben einzeln bearbeiten. Klicken Sie zunächst auf ERWEITERT, dann öffnen Sie den Bereich PRO KANAL.

Ein Beispiel: Sie wollen das Gesamtbild schwach entrauschen, dem Blaukanal aber eine extrastarke Antirausch-Behandlung verpassen. Stellen Sie im GESAMT-Bereich die STÄRKE auf moderate 3, dann wechseln Sie zum Bereich PRO KANAL mit dem BLAU-Kanal und heben nur dort die STÄRKE auf 8 oder 10. Auch hier gibt es den Regler DETAILS ERHALTEN - hohe Werte schwächen die Filterwirkung. Soll einzig und allein der Blaukanal glatter werden, stellen Sie die GESAMT-Stärke auf 0.

Tipp Es ist denkbar umständlich, die Kanäle einzeln im Dialogfeld **Rauschen reduzieren** zu inspizieren. Erledigen Sie das vorab im Hauptfenster: Klicken Sie die Grundfarben nacheinander im Kanäle-Bedienfeld an. Dabei verwenden Sie die Zoomstufe 100,00 Prozent (Strg+Alt+0) und einen aussagekräftigen Bildausschnitt mit markanten Konturen und homogenen Flächen. Klicken Sie dann auf die RGB-Miniatur, sofern Sie anschließend das Gesamtbild und nicht einen Einzelkanal bearbeiten wollen.

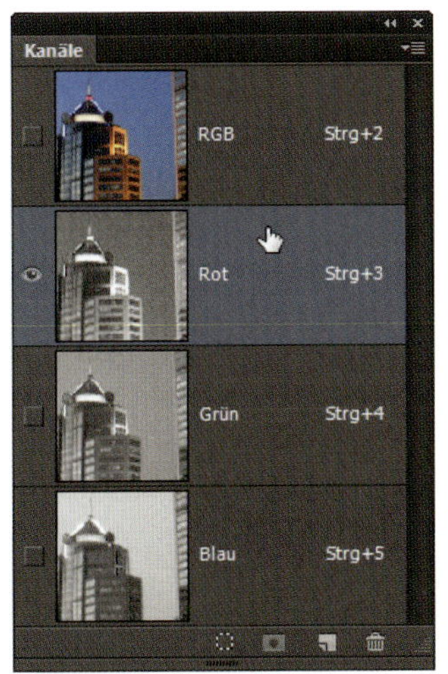

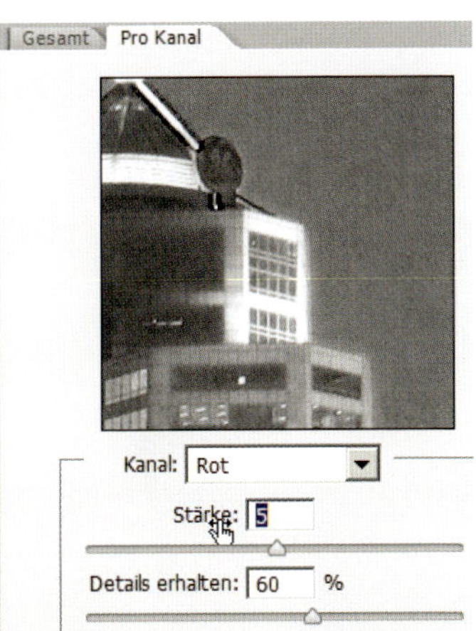

Abbildung 12.83 **Bildrauschen zeigt sich oft besonders stark in einer einzelnen Grundfarbe, hier im Rotkanal. Mitte: Sie prüfen Einzelkanäle durch Klicken im Kanäle-Bedienfeld. Rechts: Der Befehl »Rauschen reduzieren« glättet Einzelkanäle, wenn Sie auf »Erweitert« schalten. Vorlage: Stoerungen_d**

»JPEG-Artefakt entfernen«

Sie können ein JPEG-ARTEFAKT ENTFERNEN. Photoshop versucht nun, die typischen Kästchen, Farbblöcke und Geisterschatten zu tilgen, die bei zu starker JPEG-Komprimierung entstehen (Seite 256). Die Ergebnisse wirken oft weichgespült oder mumifiziert; experimentieren Sie mit den Reglern STÄRKE, DETAILS ERHALTEN und DETAILS SCHARFZEICHNEN. Nutzen Sie die Funktion eventuell auch gegen Bildstörungen, die durch reduzierte Farbtiefe beim GIF-Dateiformat entstanden sind.

Abbildung 12.84 **Links:** Diese Bilddatei zeigt grobe Scannerfehler, die in der vergröbernden Druckauflösung noch deutlicher hervortreten. **Mitte:** Der Filter »Rauschen entfernen« behebt die Probleme teilweise, sorgt aber auch für eine leichte Weichzeichnung; ganz ähnlich wirkt der Filter »Helligkeit interpolieren« mit dem Wert »1«. **Rechts:** »Helligkeit interpolieren« mit dem Wert »2« zeichnet noch stärker weich. Vorlage: Stoerungen_a

12.5.2 Weitere Funktionen gegen Bildrauschen

Rauschen bekämpfen Sie auch direkt im Camera-Raw-Dialog im Bereich DETAILS. Achten Sie jedoch auf die neueste Prozessversion, klicken Sie also ein eventuelles Ausrufezeichen in der Raw-Vorschau weg.

Die weiteren Funktionen gegen Bildrauschen erreichen nicht die Qualität des Befehls **Rauschen reduzieren** und helfen nur in Sonderfällen weiter, so aus dem Untermenü **Filter: Rauschfilter** die Befehle **Rauschen entfernen** und **Helligkeit interpolieren**. Der **Weichzeichnungsfilter: Matter machen** bekämpft ebenfalls die Rauscherscheinungen und liefert nebenbei Softlinsen-Romantik, wahrt aber Bildkonturen; eine Alternative bietet der **Selektive Weichzeichner** mit der Option NORMAL.

Tipp Oft braucht man die Rauschbekämpfung nicht im ganzen Bild, sondern nur in den diffuseren Zonen, die durch Weichzeichnung nichts verlieren. Mischen Sie also korrigierte und unveränderte Bildfassungen. Verschiedene Verfahren dafür stellen wir ab Seite 43 vor.

Abbildung 12.85 **Links:** Das Bildrauschen entstand durch hohe Aufnahmeempfindlichkeit und falsches Scharfzeichnen; es wird durch die niedrige Druckauflösung noch betont. **Mitte:** Der Filter »Helligkeit interpolieren« behebt das Problem teilweise, sorgt aber auch für eine leichte Weichzeichnung. **Rechts:** »Helligkeit interpolieren« mit dem Wert »2« zeichnet noch stärker weich. Vorlage: Stoerungen_b

Bildrauschen per Duplikat korrigieren

Auch Montagetechnik glättet Störungen begrenzt. So dupliziert man das Bild zunächst per Strg+J über sich selbst. Ihre Möglichkeiten anschließend: Zeichnen Sie die obere Ebene kräftig weich. Die Überblendverfahren ABDUNKELN, AUFHELLEN oder FARBE gleichen nun die lokalen Kontrastsprünge aus. Ändert sich die Gesamthelligkeit zu stark, senken Sie die DECKKRAFT oder verbergen Sie Zonen der oberen Ebene per Ebenenmaske.

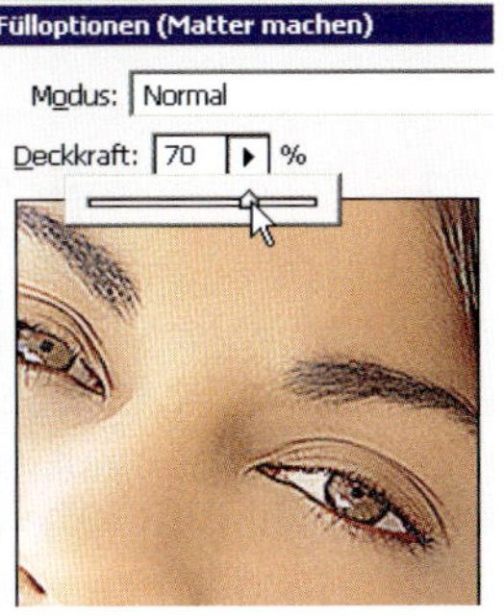

Abbildung 12.86 **Links:** Das Bild ist durch falsche Scharfzeichnung zu körnig. **Mitte, rechts:** Die »Hintergrund«-Ebene wird in ein Smartobjekt verwandelt und mit dem Filter »Matter machen« bearbeitet. In den Fülloptionen zum Smartfilter senken wir die Deckkraft auf 70 Prozent. Grau in der Ebenenmaske sorgt dafür, dass Augen- und Mundpartie gegen Weichzeichnung geschützt sind, das Bild behält hier seine Details. Datei: Stoerungen_c

Deckungsgleiche Varianten mischen

Oder bekämpfen Sie das Rauschen, indem Sie mehrere deckungsgleiche Aufnahmen einer Szene mischen (Verfahren zum Zusammenpacken mehrerer Dateien in einer Ebenenmontage ab Seite 779). Deckungsgleichheit stellt der Befehl **Bearbeiten: Ebenen automatisch ausrichten** bei Bedarf schnell her, nachdem Sie die Ebenen zunächst alle im Bedienfeld markiert haben. Ihre Möglichkeiten jetzt:

- Senken Sie bei der oberen Version die Deckkraft auf 50 Prozent, in der Hoffnung, dass Rauschpixel jeweils unterschiedlich angeordnet sind.

Abbildung 12.87 Wir haben das Motiv fünfmal fotografiert, die Ebenen übereinandergelegt und in Photoshop Extended den Stapelmodus »Arithmetisches Mittel« eingerichtet. Dateien: Stoerungen_e etc

- Sofern Sie den teureren Photoshop Extended nutzen: Sie legen mehrere deckungsgleiche Ebenen übereinander, packen sie miteinander in ein Smartobjekt und lassen Photoshop den Durchschnitt aller Bilder errechnen (Untermenü **Ebene: Smartobjekte: Stapelmodus,** dann **Arithmetisches Mittel** oder eventuell **Median**).

12.5.3 Scans von gerasterten Bildern

Moiré und Falschbilder stören manche Scanergebnisse.

Moiré beseitigen

Moiré entsteht, wenn Sie eine gerastert gedruckte Vorlage erneut scannen - Sie scannen also aus einem Buch oder einer Zeitschrift. Im Bild zeigt sich ein unschönes Wellenmuster, das durch Überlagerungen verschiedener Raster entsteht. Perfekt herausrechnen lässt sich die Störung nicht, aber einige Gegenmaßnahmen wirken zumindest begrenzt:

- Scannen Sie die Vorlage leicht schief, dann drehen Sie das Bild in Photoshop.
- Scannen Sie vier- oder achtmal mehr Pixel als nötig, zeichnen Sie leicht weich, dann rechnen Sie auf die erforderliche Auflösung herunter.

Scans von Drucksachen auf dünnem Papier

Mitunter scheint die Rückseite einer Zeitschrift durch, wenn Sie von dünnem Papier scannen. Legen Sie dann schwarzen Karton zwischen Scanvorlage und Scannerdeckel. Weiße Bereiche wirken anschließend vielleicht grau - halten Sie mit **Gradationskurve** und Weißpunktpipette dagegen.

12.6 Scharfzeichnen

Schalten Sie die Scharfzeichnung in Scandialogen und Kameramenüs ab, überlassen Sie Photoshop die heikle Aufgabe. Auch nach Befehlen wie **Bildgröße** oder **Transformieren** oder einem **Verzerrungsfilter** sollte ein Scharfzeichner folgen. Photoshop bietet für diese Aufgabe die Scharfzeichnung im Camera-Raw-Dialog sowie das Untermenü **Filter: Scharfzeichnungsfilter**; die typische Oberfläche aller **Filter**-Befehle besprechen wir ab Seite 505. Alle Scharfzeichner können Sie auch verlustfrei als Smartfilter anwenden und später ändern.

Photoshop liefert eine verwirrende Zahl von Scharfzeichnern, deren Optionen sich teils, aber nicht vollständig überschneiden. Oftmals die beste Scharfzeichnung liefert der **Selektive Scharfzeichner** mit den Vorgaben OBJEKTIVUNSCHÄRFE (früher TIEFENSCHÄRFE ABMILDERN) und GENAUER. Er teilt sich viele Optionen mit **Unscharf maskieren** und mit dem Scharfzeichnen aus dem Camera-Raw-Dialog. Wir besprechen wiederkehrende Funktionen einmal beim Befehl **Unscharf maskieren** stellvertretend für weitere Dialoge.

Einen Scharfzeichner finden Sie auch als Werkzeug auf der Werkzeugleiste: Das Scharfzeichner-Werkzeug malt Schärfe örtlich ins Bild, zum Beispiel in Augenpartien. Weit genauer arbeiten Sie jedoch mit einem örtlich angewendeten **Filter**-Befehl, den Sie zum Beispiel per Filtermaske oder Protokollpinsel auf einzelne Bildbereiche beschränken (Seite 43).

Achtung Zeichnen Sie nur einmal scharf und zwar am Ende der Bildverbesserung, nach Retusche, Tonwert- und Farbkorrektur und vor allem auch nach Festlegen der endgültigen Bildgröße.

Vorlage

Scharfzeichnen

Stärker scharfzeichnen

Konturen scharfzeichnen

Abbildung 12.88 Die Scharfzeichnungsfilter erhöhen den Kontrast an ohnehin kontrastierenden Bildstellen. Das Bild wird mit 250 dpi gedruckt. Vorlage: Scharfzeichnen_01.

Aufnahme- und Ausgabe-Scharfzeichnung

Man unterscheidet zwei Arten der Scharfzeichnung. In der Regel werden sie beide zu unterschiedlichen Zeitpunkten auf ein Bild angewendet:

1. Die Aufnahme-Scharfzeichnung steht am Ende der regulären Bildbearbeitung. Die Werte orientieren sich am Aufnahmegerät und am Motiv – zum Beispiel nutzen Sie bei Architekturfotos aus Kompaktkameras nicht dieselben Vorgaben im **Selektiven Scharfzeichner** wie bei Porträts vom Trommelscanner.
2. Dagegen folgt die Ausgabe-Scharfzeichnung erst unmittelbar vor dem Druck, angepasst an das jeweilige Druckgerät. Hier nehmen Sie für unterschiedliche Bilder dieselben Werte. Die Ausgabe-Scharfzeichnung wenden Sie auch in den Arbeitsablauf-Optionen des Raw-Dialogs oder per Exportieren in Bridge an.

Manche Anwender setzen nach der Aufnahme-Scharfzeichnung noch die »kreative Scharfzeichnung« an, zum Beispiel örtliches Scharf- oder auch Weichzeichnen.

Die richtige Zoomstufe

Sofern Sie eine Grafikkarte mit OpenGL 2.0 und Shader Model 3.0 nutzen, sind die Zoomstufen nicht so wichtig (Seite 74). Ansonsten aber gilt: Für Druckprojekte oder WWW-Präsentation prüfen Sie das Scharfzeichnen unbedingt in der Zoomstufe 100,00 Prozent (Strg+Alt+0, Seite 76). Andere Zoomstufen zeigen starke Scharfzeichnungen verfälscht; das gilt besonders für krumme Verkleinerungen wie 65,43 Prozent und für Motive mit feinen Strukturen und Diagonalen – Strickpullis, Netze oder komplexe Hausfassaden. Für Druckprojekte testen Sie auch die Zoomstufe 50,0 Prozent; sie entstellt nur wenig und wirkt durch ihre Umberechnung vielleicht realistischer, weil der Druckvorgang das Bild ja auch neu rastert.

Stärke 50

Stärke 100

Stärke 200

Stärke 200, Schwellenwert 10

Abbildung 12.89 Bei »Unscharf maskieren« reichen meist »Stärke«-Vorgaben zwischen 70 und 200 Prozent, darüber hinaus geraten Bildrauschen und Farbsäume eventuell außer Kontrolle. Ein erhöhter »Schwellenwert« reduziert scharfzeichnungsbedingte Störungen. Wir drucken mit 250 dpi. Der »Radius« liegt hier durchgängig bei 1,0, der »Schwellenwert« dreimal bei 0. Vorlage: Scharfzeichnen_01

Bei anderen Bildschirmauftritten erscheint Ihr Motiv mit ganz unterschiedlichen Zoomstufen – etwa per **PDF-Präsentation** oder Photosharing-Seite im Netz, abhängig von Bildschirmgröße oder Vorgaben beim Betrachter. Dann prüfen Sie in mehreren Zoomstufen, wie das scharfgezeichnete Bild auf verschiedenen Systemen wirkt – denn starke Scharfzeichnung wirkt beim 100-Prozent-Zoom knackig, in der Verkleinerung auf 43,21 Prozent entstellt sie jedoch.

Tipp Zeigt Ihre Vorlage starkes Rauschen, wird sie von den Scharfzeichnern weiter verunschönt. Testen Sie alternativ den Befehl **Rauschen reduzieren** mit seinem Regler Details scharfzeichnen.

Empfindliche Stellen schützen

Immer wieder will man konturreiche Bildpartien nachschärfen – und gleichzeitig Übertreibung in weicheren Zonen vermeiden, etwa in flächigen Hautpartien oder Hintergründen. Um solche empfindlichen Stellen global zu schützen, ziehen Sie im Dialog **Unscharf maskieren** den Schwellenwert hoch, im Camera-Raw-Dialog den Maskieren-Regler nach rechts.

Aber Sie können noch mehr tun:

- Mischen Sie unterschiedlich stark scharfgezeichnete Bildvarianten zum Beispiel per Ebenenmaske oder Protokollpinsel.

- Legen Sie die Scharfzeichnung als Smartfilter an und dämpfen Sie die Wirkung örtlich per Filtermaske.
- Prüfen Sie, ob Sie bei Porträts nur den ROT-Kanal scharfstellen sollten.

Weitere Tipps speziell zur Auswahl von Hauttönen lesen Sie ab Seite 582.

Farbänderungen vermeiden

Wie auch bei Kontrastkorrekturen gilt: Der Scharfzeichner ändert eventuell ungewollt die Farbwirkung. Das lässt sich zum Glück leicht eindämmen:

- Sie haben eine normale Bildebene scharfgezeichnet. Wählen Sie unmittelbar anschließend **Bearbeiten: Verblassen** und stellen Sie den Mischmodus von NORMAL auf LUMINANZ.
- Ein Scharfzeichner als Smartfilter verändert eine Smartobjekt-Ebene. Klicken Sie unten im Ebenen-Bedienfeld doppelt auf das Symbol für Fülloptionen und wechseln Sie wieder von NORMAL zu LUMINANZ. In beiden Fällen dämpfen Sie die Filterwirkung noch durch Rücknahme der DECKKRAFT.
- Eine weitere Möglichkeit: Bearbeiten Sie nur den HELLIGKEIT-Kanal eines Bilds im Modus LAB-FARBE.

12.6.1 »Unscharf maskieren«

Unscharf maskieren ist nach einer Dunkelkammertechnik benannt; wirkt der **Selektive Scharfzeichner** zu stark, nehmen Sie **Unscharf maskieren**. Starten Sie zum Beispiel mit diesen Werten: STÄRKE 120, RADIUS 1,2, SCHWELLENWERT 1.

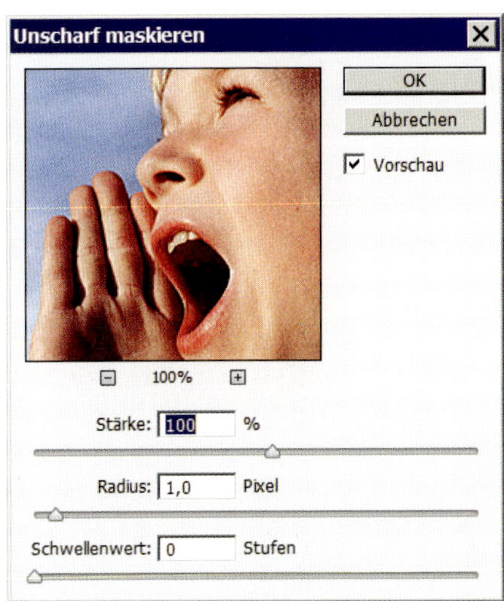

Abbildung 12.90 Die Funktion »Unscharf maskieren« steuern Sie mit drei Reglern.

Der »Stärke«-Regler steuert die Wirkung

Je höher die STÄRKE, desto deutlicher der Effekt - gemeint ist der erzeugte Kontrastunterschied. In der Regel reichen 80 bis 200 Prozent. Probieren Sie jedoch auch einmal 500 Prozent mit einem RADIUS um 0,8 und eventuell angehobenem Schwellenwert.

Tipp Wenden Sie die Unschärfemaskierung mit niedrigen Werten mehrfach hintereinander an (Strg+F). Bildstörungen verhindern Sie durch angehobenen SCHWELLENWERT.

Der »Radius«-Regler kontrolliert Farbsäume

Der Radius-Regler steuert bei **Unscharf maskieren** und **Selektiver Scharfzeichner**, wie breit um eine Kontur herum scharfgestellt wird: Ein hoher Radius erfasst mehr Bildpunkte links und rechts von der Kontur – der Schärfeeindruck steigt und Sie erhalten deutliche Farbränder. Je kleiner die Bildauflösung, desto niedriger sollte der Radius sein. Generell reicht meist ein Wert unter 2,0, höhere Werte führen schnell zu plakativer Wirkung. Arbeiten Sie mit Stärke-Werten über 300 Prozent, testen Sie Radius-Vorgaben um 0,8.

Einen deutlich weichgezeichneten Bildbereich in Alphakanälen oder Ebenenmasken stellen Sie mit hohem Radius teilweise wieder scharf.

Ein hoher »Schwellenwert« unterdrückt Körnung und Bildrauschen

Mit dem Schwellenwert geben Sie an, wie viel Kontrastunterschied zwischen benachbarten Pixeln tatsächlich eine Scharfstellung auslöst. Ein niedriger Schwellenwert führt zu viel Scharfstellung, denn schon niedrige Kontrastunterschiede lassen den Filter anspringen. Dann geraten Photoshop allerdings auch Hautunreinheiten, Filmkorn oder Bildrauschen mit ins Visier – alles wird gnadenlos geschärft und tritt im Ergebnis sehr unschön hervor.

Setzen Sie also den Schwellenwert hoch, um Bildrauschen oder Akne nicht noch weiter zu betonen. Ein hoher Schwellenwert begrenzt die Scharfstellung auf die ganz harten Kontrastlinien im Bild.

Vorlage

Radius 1,0, Schwellenwert 0

Radius 1,0, Schwellenwert 20

Radius 0,5, Schwellenwert 20

Abbildung 12.91 Wir testen »Unscharf maskieren« mit der Höchst-»Stärke« 500: Ein ohnehin knapper »Radius« wie 1,0 erzeugt deutliche Blitzkanten, der niedrige Schwellenwert 0 führt zu verrauschten Hautpartien und Sommersprossenblüte. Heben Sie den »Schwellenwert«, um das Rauschen einzugrenzen. Reduzierter »Radius« hält die Farbkanten im Zaum und lässt das Bild weniger flächig wirken. Wir drucken wieder mit 250 dpi. Vorlage: Scharfzeichnen_02

Fotografie Setzen Sie Ihre Digitalkamera auf möglichst niedrige Empfindlichkeiten wie ISO 100 oder ISO 200. Dabei entsteht weniger Bildrauschen als bei ISO 800 oder 1600, das Ergebnis lässt sich besser scharfzeichnen. Schalten Sie wenn möglich den Scharfzeichner der Digicam ab (Seite 45).

12.6.2 Selektiver Scharfzeichner

Der **Selektive Scharfzeichner** eignet sich optimal für größere Bilder mit mehr als 1000 Pixel Breite, die nicht zu viel Bildrauschen enthalten. Bei diesen Motiven produziert der **Selektive Scharfzeichner** dezentere Lichtsäume als der Filter **Unscharf maskieren**. Kleinere Motive werden eventuell zu stark geschärft.

So richten Sie den Selektiven Scharfmacher für erste Versuche ein: STÄRKE 90, RADIUS 0,8, OBJEKTIVUNSCHÄRFE, Option GENAUER eingeschaltet. Diese Vorgaben garantieren maximale Qualität, wenn auch nicht kürzeste Rechenzeit.

STÄRKE und RADIUS haben Sie bereits oben bei **Unscharf maskieren** kennengelernt. Für übliche Fotos stellen Sie das VERRINGERN-Klappmenü auf OBJEKTIVUNSCHÄRFE. Die Option GAUSSSCHER WEICHZEICHNER entstellt das Bild deutlicher.

Testen Sie die spezielle Vorgabe gegen BEWEGUNGSUNSCHÄRFE mit einem passenden WINKEL (bei Bedarf messen Sie den Winkel vorab mit dem Linealwerkzeug). Die Schaltfläche EINE KOPIE DER AKTUELLEN EINSTELLUNGEN SPEICHERN oben rechts im **Selektiven Scharfzeichner** hält die aktuellen Werte fest, sie lassen sich dann bequem per Klappmenü abrufen.

Tipp Die besten Ergebnisse liefert die zeitfressende Option GENAUER. Verzichten Sie eventuell darauf, während Sie mit Reglern experimentieren. Vor dem OK-Klick sollten Sie dann aber GENAUER werden.

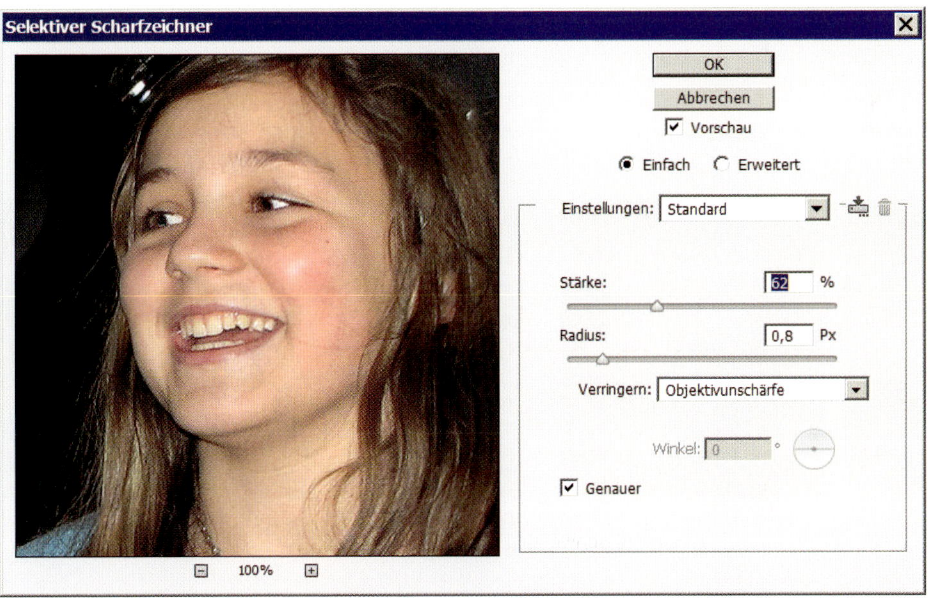

Abbildung 12.92 Der »Selektive Scharfzeichner« beseitigt Unschärfe besonders wirkungsvoll.

Vorlage

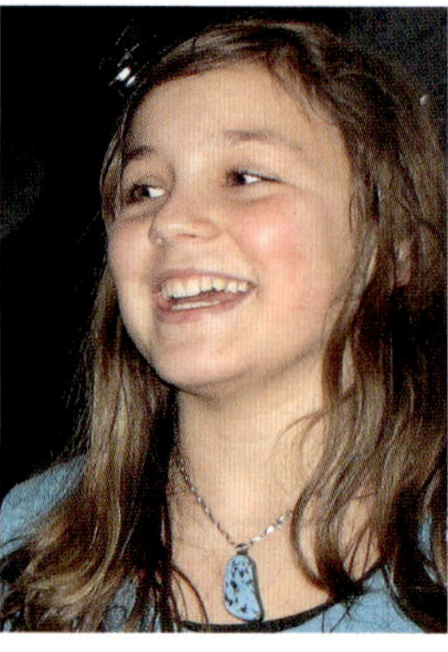
Stärke 100, Radius 0,5

Stärke 100, Radius 1,0

Stärke 150, Radius 1,0

Abbildung 12.93 So arbeitet der »Selektive Scharfzeichner« bei einer niedrigen Druckauflösung von 250 dpi, jeweils mit den Einstellungen »Objektivunschärfe« und »Genauer«. Vorlage: Scharfzeichnen_03

»Tiefen« und »Lichter« schwächer scharfzeichnen

Sie können die Filterwirkung für Tiefen oder Lichter einschränken; dazu klicken Sie auf Erweitert. So vermeiden Sie zum Beispiel schärfungsbedingte Störungen in hellen Gesichtspartien oder in tiefen Schatten. Ein Beispiel für den Bereich Lichter:

- Heben Sie das Verblassen von 0 auf 60 Prozent. Dann werden die Lichter nur zu 40 Prozent scharfgestellt. Sie dämpfen zum Beispiel schärfungsbedingte Körnung in hellen Gesichtern wie auch Lichtsäume.
- Welche Helligkeitswerte meint Photoshop aber mit »Lichter«? Das regeln Sie per Tonbreite: Niedrige Vorgaben dämpfen die Scharfzeichnung nur in sehr hellen Partien; hohe Tonbreite-Werte wie 60 oder 80 entfernen auch solche Tonwerte aus der Scharfzeichnung, die nicht ganz so hell sind.
- Haben Sie Verblassen und Tonbreite eingerichtet, experimentieren Sie mit dem Radius-Regler. Sie steuern hier, wie breit der Bereich ausfällt, in dem Photoshop festlegt, ob ein Bildpunkt zu den Lichtern oder Schatten gehört.

Prüfen Sie umgekehrt auch den Schatten-Bereich: Macht die Scharfzeichnung zum Beispiel Schattenpartien körnig, soll die Wirkung des **Selektiven Scharfzeichners** in diesem Helligkeitsbereich verblassen.

Vorlage

Stärke 150, Radius 1,5

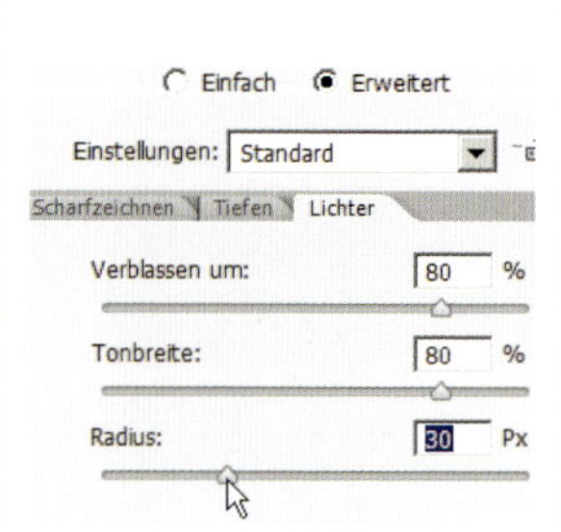

»Lichter«-Bereich

Verblassen und Tonbreite im Lichterbereich mit Wert 80

Abbildung 12.94 Diese Bearbeitung mit dem »Selektiven Scharfzeichner« erzeugt zu viel Körnung vor allem im Gesicht. Wir schließen die Lichter von der Scharfstellung weitgehend aus, so dass die Hautpartie weniger entstellt wirkt. Die Mitteltöne im Hintergrund zeigen weiterhin Körnung. Vorlage: Scharfzeichnen_04

Tipp VERBLASSEN und TONBREITE müssen hohe Werte anzeigen, damit die Scharfzeichnung für TIEFEN oder LICHTER gedämpft wird. Um die Wirkung der TIEFEN- oder LICHTER-Beschränkung aufzuheben, senken Sie den VERBLASSEN-Wert jeweils auf null – es reicht nicht, auf STANDARD zu klicken.

12.6.3 Scharfzeichnen im Camera-Raw-Dialog

Auch im Raw-Dialog können Sie hochwertig scharfzeichnen. Bei Bedarf richten Sie die Scharfzeichnung nur für die Vorschau ein. Das tatsächlich als JPEG gespeicherte oder in Photoshop geöffnete Bild enthält die Scharfzeichnung dann aber nicht (zu den Vorschaumöglichkeiten Seite 230).

Mit Korrekturpinsel und Verlaufsfilter steuern Sie BILDSCHÄRFE, RAUSCHREDUZIERUNG und chromatische Aberration (RAND ENTFERNEN) innerhalb des Raw-Dialogs auch in einzelnen Bildteilen – ohne viel Feinsteuerung. Unabhängig davon gibt es die Ausgabescharfzeichnung, wenn Sie aus dem Raw-Dialog heraus JPEGs, TIFFs oder PSD-Dateien schreiben (Seite 208).

Achtung Prüfen Sie die Raw-Vorschau in der Zoomstufe 100 Prozent (Doppelklick auf die Lupe oben links im Dialogfeld). Mit der Taste [P] wechseln Sie zwischen Vorher- und Nachher-Darstellung.

Feinsteuerung

Die Scharfzeichnung im Camera-Raw-Dialog im DETAILS-Bereich erlaubt gute Ergebnisse. Ihre Möglichkeiten:

- Der BETRAG entspricht der STÄRKE aus den anderen Befehlen (siehe oben), hier steuern Sie die Intensität. Ziehen mit gedrückter [Alt]-Taste zeigt eine reine Helligkeits- bzw. Graustufenversion des Bilds – die Kontraststruktur, die Sie letztlich nur scharfzeichnen. Hohe BETRAG-Werte von 100 bis zum Maximum 150 eignen sich nur, wenn Sie die Wirkung mit DETAILS- und MASKIEREN-Reglern wieder eingrenzen.
- Mit dem RADIUS steuern Sie die Breite der Scharfstellung um eine Kontrastzone herum. Ziehen Sie mit gedrückter [Alt]-Taste, signalisiert der Raw-Dialog die Wirkungsbreite (den Radius) des Scharfzeichners in einer Grafik. Meist reicht ein Wert um 1, bei kleinen Bildern weniger, bei relativ unscharfen Motiven etwas mehr.
- Hohe DETAIL-Werte zeigen mehr Korn und auch mehr Lichthöfe (Halos) um harte Konturen herum, mikroskopische Strukturen werden besser bewahrt. Wenig DETAIL glättet Körnung und vermeidet Lichthöfe. Ziehen bei gedrückter [Alt]-Taste stellt die Änderungen grafisch dar.
- MASKIEREN Sie weniger kontrastreiche Bildpartien: Je höher der MASKIEREN-Wert, desto mehr beschränkt Photoshop die Scharfzeichnung auf harte Konturen und lässt den Rest völlig unversehrt. Wenn Sie mit gedrückter [Alt]-Taste ziehen, sehen Sie die Maske in Schwarzweiß; schwarz unterlegte Bereiche werden nicht scharfgestellt.

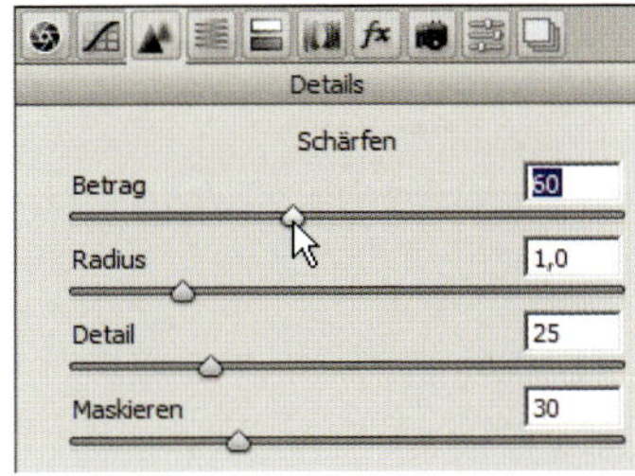

Abbildung 12.95 Auch der Camera-Raw-Dialog bietet eine vielseitige Scharfstellung.

12.6.4 Weitere Scharfzeichnungsfilter

Einige Scharfzeichnungsfilter kommen ganz ohne Dialogfeld aus und eignen sich für die schnelle Korrektur zwischendurch:

- **Scharfzeichnen** und **Stärker scharfzeichnen** erhöhen den Kontrast zwischen ohnehin kontrastierenden Pixeln und sorgen so für gesteigerten Schärfeeindruck.
- **Konturen Scharfzeichnen** lässt das Bild weich und bearbeitet nur harte Konturen. So könnten Sie die unerwünschte Körnung etwa in Hauttönen oder anderen unregelmäßigen Bereichen vermeiden – verstärken Sie die zunächst schwache Wirkung durch Wiederholung per [Strg]+[F]. Differenzierter geht das mit erhöhten SCHWELLENWERTEN des Filters **Unscharf maskieren** (siehe oben). Weitere Alternative: der **Rauschfilter: Rauschen reduzieren** mit seinem Regler DETAILS SCHARFZEICHNEN (Seite 410).

12.6.5 Scharfzeichnen spezial

Nicht immer gelingt es, das Bild knackig scharfzustellen und gleichzeitig unschönes Auskristallisieren, hässliche Kontrastsäume oder überzogene Steigerung des Gesamtkontrasts zu vermeiden. Linderung verschaffen eventuell diese Tricks:

- Geraten die Farben zu satt, wandeln Sie das Bild in den **Modus: Lab** um (Seite 125), klicken Sie im Kanäle-Bedienfeld auf den HELLIGKEIT-Kanal und wenden Sie die Scharfzeichnung nur hier an. Blenden Sie die anderen LAB-Kanäle mit dem Augensymbol ein, um die Gesamtwirkung zu sehen.
- Prüfen Sie, ob das ursprüngliche Bild nur in einzelnen Grundfarbkanälen ausgeprägtes Rauschen zeigt, zum Beispiel im Blaukanal. Dazu klicken Sie die Kanäle einzeln im Kanäle-Bedienfeld an. Anschließend zeichnen Sie die Kanäle einzeln scharf, den verrauschten Kanal filtern Sie schwächer oder gar nicht.
- In CMYK-Bildern könnten Sie nur den Schwarzkanal schärfen.
- Generell soll es helfen, die einzelnen Grundfarbkanäle mit unterschiedlichen Werten scharfzuzeichnen.
- Schärfen Sie kraftvoll per **Selektiver Scharfzeichner** oder **Unscharf maskieren**, danach heißt es **Bearbeiten: Verblassen**; dort ändern Sie den MODUS von NORMAL zu LUMINANZ.
- Sie könnten die zu schärfende Ebene duplizieren, so lautet eine andere Empfehlung, und die obere Ebene mit dem Mischmodus HARTES LICHT ausstatten. Das Bild wirkt nun zunächst sehr kontrastreich. Es folgt **Filter: Sonstige Filter: Hochpass** mit RADIUS-Werten ab etwa 4. Um die Wirkung abzuschwächen, wechseln Sie zum WEICHEN LICHT.

Schärfe-Eindruck durch Bildrauschen

Nachträglich eingefügtes Bildrauschen verstärkt mitunter den Schärfeeindruck, zum Beispiel auch bei Dateien, die Sie größer gerechnet haben oder bei kleinen, transformierten Bilddetails. Allzu glatte Flächen werden per **Filter: Rauschfilter: Rauschen hinzufügen** leicht aufgeraut – der subjektive Schärfeeindruck steigt, auch abhängig von Drucker und Druckraster. Die MONOCHROM-Vorgabe vermeidet Farbflecken.

Mehr Knack für Montagen

Mit einem schnellen Trick zaubern Sie mehr Knack in Ihre Montagen:

1. Klicken Sie im Ebenen-Bedienfeld einmal auf die oberste Ebene.
2. Wählen Sie bei gedrückter [Alt]-Taste **Ebene: Sichtbare auf eine Ebene reduzieren.** So entsteht ganz oben eine neue Ebene mit Ihrem Gesamtbild.
3. Jetzt folgt **Filter: Für Smartfilter konvertieren.**
4. Stellen Sie den Mischmodus von Normal auf Hartes Licht um.
5. Wählen Sie **Filter: Sonstige Filter: Hochpass** mit einem Radius von 9.

Ihre Montage zeigt jetzt unauffällig mehr Kontrast und Schärfe. Experimentieren Sie mit Deckkraft-Regler, geändertem Radius im **Hochpass**-Filter und weiteren Mischmodi wie Ineinanderkopieren oder Weiches Licht.

Abbildung 12.96 Die Variante rechts wurde mit einer Duplikat-Ebene und Hochpassfilter geschärft. Datei: Scharfzeichnen_06. Aktion: Fehler - Mehr Knack für Montage

Teil 4
Verfremdung

Hier geht es um die kreative Änderung: Nutzen Sie Pinsel, Muster und Verläufe, experimentieren Sie mit Filter-Verfremdungen. Kitzeln Sie mit Korrekturbefehlen attraktive Farben und Kontraste aus Ihren Vorlagen. Färben Sie Ihr Hauptmotiv um oder zeigen Sie Buntes in elegantem Schwarzweiß.

Kapitel 13
Füllen & Malen

In diesem Kapitel besprechen wir, wie Sie Farbe auftragen. Sie können

- mit dem Farbeimer, einer Verlaufsfunktion oder dem **Füllen**-Befehl ganze Bildbereiche einfärben oder aber
- per Pinsel & Co per Mausbewegung einzelne Bildpunkte und Linien neu malen oder retuschieren.

Wollen Sie Farbe nur örtlich auftragen, sollten Sie Folgendes kennen:

- die Pipette und die Farbwahl-Dialoge,
- Malwerkzeuge wie Pinsel, Farbe-ersetzen-Werkzeug, Misch-Pinsel und Buntstift sowie
- das Füllwerkzeug und das Verlaufswerkzeug.

Verlustfrei füllen und malen

Malen Sie möglichst nicht direkt auf der Hintergrundebene des Bilds. Erhalten Sie die Originalbildpunkte:

- Pinseln Sie die Farbe auf eine neue, transparente Ebene. Dort experimentieren Sie verlustfrei mit Deckkraft und Füllmethoden; je nach Werkzeug verwenden Sie eine Option wie Alle Ebenen, so dass darunterliegende Ebenen für Auswahlen und Mischungen berücksichtigt werden.
- Statt Muster, Farbe oder Verlauf dauerhaft anzuwenden, legen Sie diese Füllungen auf einer Ebene als korrigierbaren Ebenenstil an.
- Muster, Füllfarbe und Verlauf gibt es zudem als vielseitige Füllebene.
- Um neue Figuren zu malen, müssen Sie nicht freihändig arbeiten. Lassen Sie Malwerkzeuge an Pfaden entlangarbeiten oder nutzen Sie die bequemen Formfunktionen.

13.1 Farbe und Muster wählen

Bevor Sie malen oder ganze Flächen füllen, lernen Sie die Möglichkeiten der Farbwahl in Photoshop kennen. Viele Photoshopper hieven für jeden Farbwechsel den Farbwähler auf den Schirm. Es geht einfacher.

Abbildung 13.1 Pinsel und Pinselvorgaben eignen sich auch für handgemalte Umrandungen. Hier wurde beispielsweise ein Rahmen kreiert, der wie ein Scherenschnitt wirkt. Dazu haben wir einfach den Pinsel mit der Vorgabe »Ahornblätter« in verschiedenen Größen angewandt. Datei: Fuellen_01

13.1.1 Vordergrund- und Hintergrundfarbe

Gemalt wird mit der Vordergrundfarbe – zu sehen auf der vorderen, oberen von zwei Farbflächen in der Werkzeugleiste. Sie steht zunächst auf Schwarz. Auch das Textwerkzeug T produziert Lettern in Vordergrundfarbe, ebenso wie die Befehle **Bearbeiten: Kontur füllen** und **Pfadkontur füllen** auf diesen Tonwert zugreifen.

Die Hintergrundfarbe ist in der Werkzeugleiste als untere Farbe zunächst auf Weiß gestellt. Bei der Arbeit mit dem Verlaufswerkzeug können Sie diesen Tonwert einplanen. Ein Pinselstrich kann von der Vordergrund- in die Hintergrundfarbe übergehen.

Als »Standardfarben« gelten: Schwarz als Vordergrundfarbe, Weiß als Hintergrundfarbe. Schwarz und Weiß sind die wichtigsten Farben, vor allem, wenn Sie Ebenenmasken bearbeiten. (Bei Alphakanälen und Ebenenmasken ist umgekehrt Weiß die Standardvordergrundfarbe.)

Kurztasten

Klicken Sie nicht in die Werkzeugleiste, schalten Sie mit der Tastatur um:

- Die Taste [X] (Exchange) vertauscht Hintergrund- und Vordergrundfarbe. Alternative: ein Klick auf den Doppelpfeil.
- Die Taste [D] (Default Colors) setzt die Vordergrundfarbe auf Schwarz und die Hintergrundfarbe auf Weiß – dies sind die sogenannten Standardfarben. Alternative: ein Klick auf die Standardfarbenschaltfläche.

Mit der Tastenfolge [D][X] richten Sie folglich die Vordergrundfarbe Weiß ein.

13.1.2 Pipette-Werkzeug

Die Pipette nimmt eine neue Vordergrundfarbe direkt aus dem Bild auf (Kurztaste [I], ausgesprochen engl. [Ai], für Eyedropper). [Alt]-Klick lädt den aufgenommenen Tonwert als Hintergrundfarbe. Das Bedienfeld Info zeigt die Farbwerte. Sind Sie mit einem Malwerkzeug beschäftigt, schaltet die [Alt]-Taste vorübergehend zur Pipette um.

Wenn Sie mit der Pipette eine neue Farbe aufgreifen, zeigt Photoshop im abschaltbaren Auswahlring alte und neue Farbe direkt über dem Bild (auf Rechnern mit OpenGL- und Shader-3.0-Technik).

Die Pipette nimmt Farben auch außerhalb des aktuellen Bilds auf, etwa in einem nicht aktiven Bild, im Layout-Programm oder jedem anderen geöffneten Fenster: Klicken Sie in Photoshop auf einen Farbton und ziehen Sie das Werkzeug bei gedrückter Maustaste an eine andere Stelle auf dem Bildschirm. Beobachten Sie die Änderungen im Vordergrundfarbfeld unten links in der Werkzeugleiste.

Abbildung 13.2 **Links:** Die Pipette teilt sich ein Werkzeugfach mit Farbaufnahme-Werkzeug, der 3D-Material-Pipette und dem Linealwerkzeug, Sie erhalten das Werkzeug auch per [Alt]-Klick bei aktivem Malwerkzeug. **Mitte:** In den Werkzeugoptionen oder per Kontextmenü zur Pipette regeln Sie, ob die Pipette nur den Farbwert eines einzelnen Bildpunkts erfasst oder den Farbwert beispielsweise aus dem Durchschnitt eines 11x11 Pixel großen Felds herstellt. Das Kontextmenü gibt es auch, wenn Sie etwa aus dem Bedienfeld Korrekturen heraus mit »Gradationskurven« oder »Farbton/Sättigung« arbeiten. Achtung: Wenn Sie der Pipette einen großen Einzugsbereich geben, verhält sich der Zauberstab bei sehr kleinen Toleranzen nicht mehr wie erwartet. **Rechts:** Nehmen Sie mit der Pipette einen Farbton auf, stellt der »Auswahlring« wahlweise ursprüngliche und neue Farbe gegenüber.

13.1.3 Der Farbwähler

Per Klick auf die Vorder- oder Hintergrundfarbe in der Werkzeugleiste öffnet sich der Farbwähler. Der Farbwähler erscheint in verschiedenen Dialogfeldern immer wieder: Zum Beispiel, wenn Sie in den **Gradationskurven** den Mittelton festlegen (Doppelklick auf die entsprechende Pipette) oder wenn Sie Lichtfarben bei **Beleuchtungseffekten** oder Effekten bestimmen.

Das Farbmusterfeld oben im Farbwähler zeigt die neue und die alte Farbe untereinander. Klicken Sie auf die untere Fläche, um wieder auf die vorherige Farbe zurückzugreifen. (Praktischer im Dauergebrauch erweisen sich jedoch die Bedienfelder Farbe mit Farbregler und die Farbfelder.)

Tipp Wie bei der Pipette nehmen Sie mit dem Farbwähler Tonwerte von beliebigen Bildschirmbereichen auf: Klicken Sie erst in die aktive Bilddatei; dann ziehen Sie den Mauszeiger mit gedrückter linker Taste in andere Zonen des Monitors.

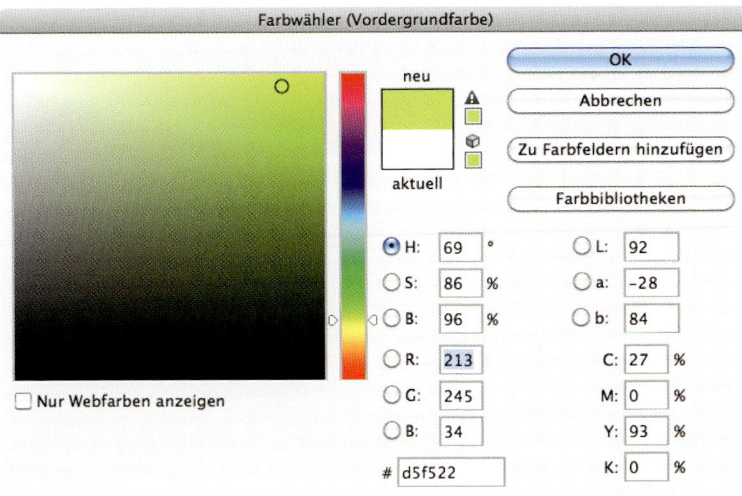

Abbildung 13.3 Im Farbwähler legen Sie den Farbton auf der schmalen Mittelleiste fest, das große Farbfeld links daneben zeigt Variationen der zwei weiteren Eigenschaften.

Steuerung

Besonders übersichtlich wirkt im Farbwähler das HSB-Modell, das »Farbton«, »Sättigung« und »Helligkeit« differenziert. Ist das »H« für Farbton (englisch »hue«) aktiviert, sehen Sie einen bestimmten Farbton, der im großen Feld links mit verschiedenen Sättigungen und Helligkeiten erscheint. Möchten Sie verschiedene Farbtöne und Helligkeiten auf Basis einer festgelegten Sättigung sehen, klicken Sie den »S«-Knopf an. Entsprechend läuft es auch beim RGB-Modell: Klicken Sie beispielsweise »R« an, um verschiedene Tonwerte bei festgelegtem Rotanteil zu sichten.

Aktivieren Sie die Option Nur Web-Farben anzeigen unten im Farbwähler, damit Photoshop nur noch die 217 Tonwerte aus dem Webbedienfeld anbietet. Diese Farben erscheinen auch auf alten Rechnern und verschiedenen Betriebssystemen unverfälscht. Sie können den HTML-Code für diese Farben im Datenfeld rechts kopieren.

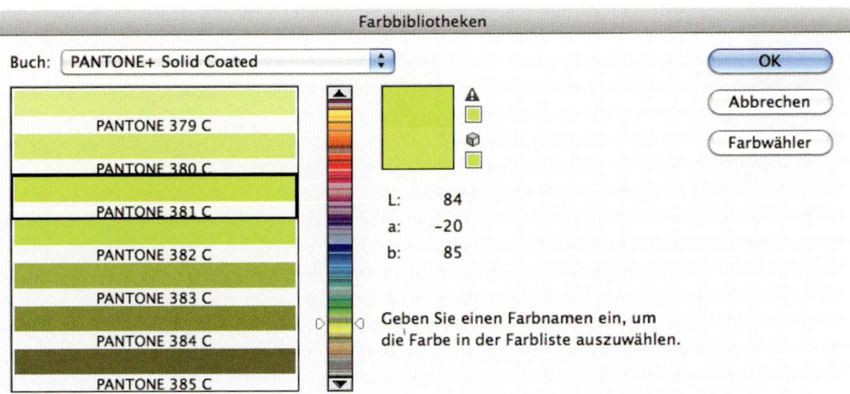

Abbildung 13.4 Im Offsetdruck arbeiten Sie eventuell nicht nur mit Cyan, Gelb, Magenta und Schwarz (CMYK). Sie verwenden vielleicht Sonderfarben (Spotfarben, Volltonfarben, Schmuckfarben) – etwa für Logos in den speziellen Farbtönen. Das Farbenangebot von Herstellern wie Pantone oder HKS öffnen Sie im Farbwähler über die »Farbbibliotheken«. Farbnummern nach Angaben des Herstellers tippen Sie einfach ein – ohne Eingabefeld. Die Schaltfläche »Farbwähler« bringt Sie zum vorherigen freien Farbenangebot. Die Farbtafeln der Druckfarbenhersteller finden Sie zudem übersichtlich in dem Bedienfeld »Farbfelder«.

Tipp Sie brauchen den Farbwähler öfter? Dann rufen Sie ihn mit einem eigenen Tastaturbefehl auf. Sie wählen **Bearbeiten: Tastaturbefehle**, gehen im Klappmenü **Tastaturbefehle** auf **Werkzeuge** und klicken weit unten in die Zeile **Vordergrundfarbwähler**. Tippen Sie als gewünschten Tastaturbefehl zum Beispiel das [N] ein. Ab sofort zaubert das [N] den Vordergrundfarbwähler hervor.

13.1.4 HUD-Farbwähler

Sofern Sie eine Grafikkarte mit OpenGL-Technik und Shader Model 3.0 nutzen, blenden Sie einen Farbwähler auch per [Alt]+[⇧]-Rechtsklick (Windows) ein, am Mac mit [Alt]+[Ctrl]+Befehlstaste-Klick. Vorsicht: [Alt]+[⇧]-Linksklick erzeugt die Messpunkte des Farbaufnehmers. Ob diese Funktion als Kreis oder Rechteck erscheint, steuern Sie in den allgemeinen **Voreinstellungen** ([Strg]+[K]) im Klappmenü HUD-FARBWÄHLER (HUD steht für »Heads-up display«).

Erscheint der Farbwähler, lassen Sie die Tasten los und greifen eine Farbe auf. Sobald Sie auch von der Maustaste lassen, verschwindet dieser Farbwähler.

Tipp Haben Sie Helligkeit und Sättigung festgelegt und wollen Sie ohne weitere Veränderung den Farbton umstellen? Drücken Sie die [⇧]-Taste, dadurch fixieren Sie den Tonwert vorübergehend. Wechseln Sie in die Farbton-Zone, dort erst lassen Sie die [⇧]-Taste los; nun bestimmen Sie den Farbton.

Abbildung 13.5 Die HUD-Farbwähler blenden Sie direkt über dem Bild ein. Photoshop bietet in den »Voreinstellungen« mehrere Formen und Größen an.

13.1.5 Warnungen bei Farbwähler, Farbbibliothek und Farbregler

Farbwähler und Farbregler (siehe nächster Abschnitt) zeigen Warnungen, wenn die gewählte Farbe nicht im druckbaren Bereich oder nicht garantiert internetsicher ist.

»Außerhalb des Farbumfangs« ⚠

Das Warndreieck ⚠ erscheint, wenn Sie eine nicht druckbare Farbe gewählt haben: Sie kommt im RGB- oder HSB-Modell vor, ist aber im CMYK-Farbraum nicht druckbar. Die nächstliegende druckbare Farbe sehen Sie unterhalb des Warndreiecks ⚠. Klicken Sie auf das Warndreieck ⚠ oder auf die Vorschau der druckbaren Farbe, dann setzt Photoshop automatisch diese Farbe ein.

»Keine Web-sichere Farbe«

Klicken Sie eine Farbe ohne die Vorgabe NUR WEB-FARBEN ANZEIGEN an, dann zeigt der Farbwähler meist die würfelartige Webwarnung rechts oben; das heißt: Die aktuell gewählte Farbe erscheint auf älteren Rechnern mit acht Bit Farbtiefe eventuell verfälscht. Darunter sehen Sie bereits die nächstgelegene webkompatible Farbe. Klicken Sie den Würfel an – damit verschiebt sich der zuvor gewählte Tonwert auf den webkompatiblen Wert.

Abbildung 13.6 Dieses Grün kommt im CMYK-Modell nicht vor (Warndreieck) und ist ebenfalls nicht websicher (Würfel unten). Die kleinen Farbmuster unter den beiden Symbolen zeigen eine mögliche Farbe als Alternative an.

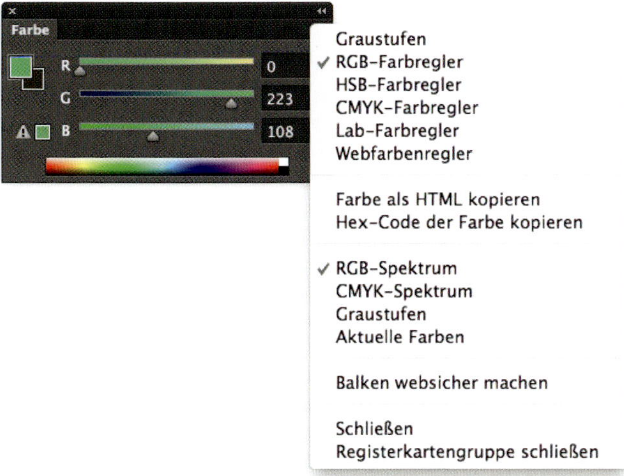

Abbildung 13.7 Der Farbregler bietet Vorder- und Hintergrundfarbe an; besonders schnelle Farbwahl ermöglicht der eingebaute Farbbalken, dessen Farbspektrum Sie per Kontextmenü wechseln.

13.1.6 Bedienfeld Farbe

Das Bedienfeld Farbe rufen Sie per **Fenster: Farbe** oder über F6 auf. Im Vergleich zum Farbwähler zeigt es auf wenig Fläche die wichtigen Informationen kompakt und bleibt bei Bedarf permanent auf dem Schirm. Ohne Umschalten kann man Hintergrund- und Vordergrundfarbe frei einstellen.

Im Farbregler-Menü – erreichbar durch Klick auf den Schalter rechts oben – wählen Sie ein Farbmodell. Anschließend bestimmen Sie neue Farbwerte. Zwischen Vorder- und Hintergrundfarbe entscheiden Sie per Klick auf ein Farbfeld für Vorder- bzw. Hintergrund rechts oben im Bedienfeld, so dass es durch eine Umrandung hervorgehoben wird. Der Farbwähler öffnet sich, indem Sie auf das bereits aktivierte Farbfeld klicken. Der Farbregler bietet ebenfalls die Warnungen für nicht druckbare Farben und nicht websichere Farben.

13.1.7 Bedienfeld Farbfelder

Das Bedienfeld Farbfelder speichert beliebige Tonwerte, die Sie öfter benötigen; einzelne Farben lassen sich hinzufügen oder entfernen. Die Grundfunktionen: Ein einfacher Klick auf ein Farbfeld lädt diesen Tonwert als Vordergrundfarbe. Alt-Klick (Mac: Befehlstaste+Klick) erklärt den gewählten Tonwert zur Hintergrundfarbe.

Farbfelder verwalten

Mit weiteren Griffen gestalten Sie Ihr eigenes Bedienfeld:

- Die aktuelle Vordergrundfarbe zu bestehendem Bedienfeld hinzufügen: Klicken Sie auf das Symbol Neues Farbfeld aus der Vordergrundfarbe erstellen. Falls Sie Kleine Miniaturen oder Grosse Miniaturen anzeigen, halten Sie den Mauszeiger über den freien Bereich in der Bedienfeld rechts unten; er erscheint dort als Eimer. Ein Klick und der Tonwert sitzt im Bedienfeld.
- Im Farbwähler klicken Sie auf Zu Farbfeldern hinzufügen, um einen Farbton einzubauen.

- Um das Farbfeld zu duplizieren, ziehen Sie es auf das Symbol Neues Farbfeld aus der Vordergrundfarbe erstellen. Danach können Sie es umbenennen und verändern.
- Per Strg-Taste (Windows) oder Alt-Taste (Mac) verwandelt sich der Cursor über den Farbfeldern in eine Schere zum Löschen des Farbfelds.
- Die aktuellen Farbfelder sichern Sie als »Bibliothek« mit dem Befehl **Farbfelder speichern** im Bedienfeld-menü.
- Standardfarbfelder wiederherstellen: Wählen Sie **Farbfelder zurückstellen** aus dem Bedienfeldmenü. Dort können Sie auch die **Farbfelder speichern, bereits gespeicherte Farbfelder-Bibliotheken laden, oder durch andere ersetzen**. Farbfelder, die Sie im Unterverzeichnis »Presets/Color Swatches« speichern, bietet Photoshop direkt unten im Bedienfeldmenü an – so wie die bereits mitgelieferten Bedienfelder der Druckfarbenhersteller. **Für den Austausch gespeicherte** Farbreihen können Sie auch in den Adobe-Programmen Illustrator und InDesign nutzen.

Beim Beenden der Programme werden die aktuellen Farbfelder als Grundeinstellung gesichert.

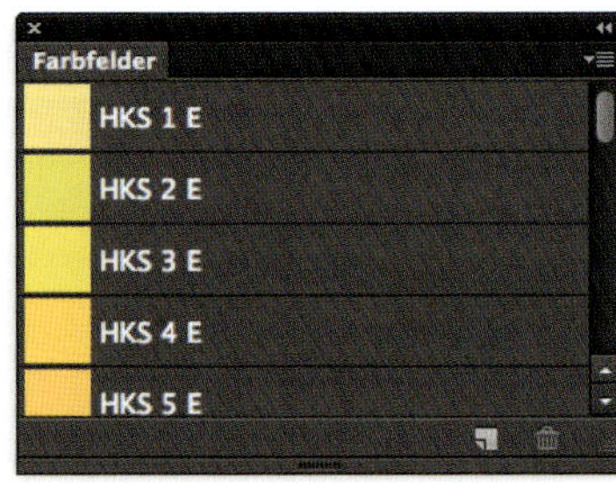

Abbildung 13.8 Das Bedienfeld Farbfelder bietet schnellen Zugriff auf wichtige Tonwerte, auch auf Sonderfarben. Über Bedienfeld- und Kontextmenü ändern Sie Farbzusammenstellung und Anzeige.

13.1.8 Farbpaletten mit Kuler

Um Paletten harmonierender Farben zu suchen, stellen Sie sicher, dass Sie mit dem Internet verbunden sind, und wählen **Fenster: Erweiterungen: Kuler**. Im Register Durchsuchen sortieren Sie die Farbkombinationen nach Beliebtheit, Wertung oder Datum. Klicken Sie eine Farbzeile an, klicken Sie am Ende der Zeile auf den Pfeil und dann auf **Zum Farbfeldbedienfeld hinzufügen** – schon landet die kleine Farbensammlung in Ihrem Farbfelder-Bedienfeld.

Per Klick auf die untere Schaltfläche Farbbedienfelder im Erstellen-Bedienfeld oder über den oberen Reiter Erstellen können Sie eine Farbkombination im Farbkreis anpassen. Oder Sie wählen eine der vorgegebenen Regeln aus dem Klappmenü.

Neue Farbkombinationen anlegen

Aktivieren Sie eine Farbkombination per Einzelklick und blenden Sie mit dem Dreieck rechts das Menü ein; dort nehmen Sie **Dieses Farbschema bearbeiten**, um neue Farbblöcke anzulegen. Photoshop schlägt automatisch harmonierende Farben vor, die Sie ebenfalls in Ihr Farbfelder-Bedienfeld übernehmen und auch an den Kuler-Service hochladen können (dazu brauchen Sie eine Adobe-ID, Sie müssen sich also einmal bei Adobe registrieren).

Die Kuler-Internetseite *http://kuler.adobe.com* bietet mehr Funktionen als das Bedienfeld. Leiten Sie Farbbedienfelder von eigenen Bildern ab: Klicken Sie auf der Startseite auf Create, dann links auf From an Image und unter dem Beispielbild rechts auf Upload. Lassen Sie Farbreihen mit Vorgaben wie Colorful (bunt), Muted (gedämpft) oder Bright (hell) errechnen. Wenn Ihnen die Zusammenstellung nicht gefällt, verschieben Sie die Ringe im Bild.

Farbkombinationen speichern

Haben Sie sich mit einer Adobe-ID angemeldet, speichern Sie die Farbkollektion mit einem Klick auf SAVE rechts und dann auf die Schaltfläche DOWNLOAD THIS THEME AS AN ADOBE SWATCH EXCHANGE FILE. Zuvor geben Sie Ihrer Kreation noch einen TITLE. Dabei entsteht eine .ASE-Datei, die Sie über das Menü des Farbfelder-Bedienfelds in Photoshop, aber auch in Illustrator oder InDesign LADEN.

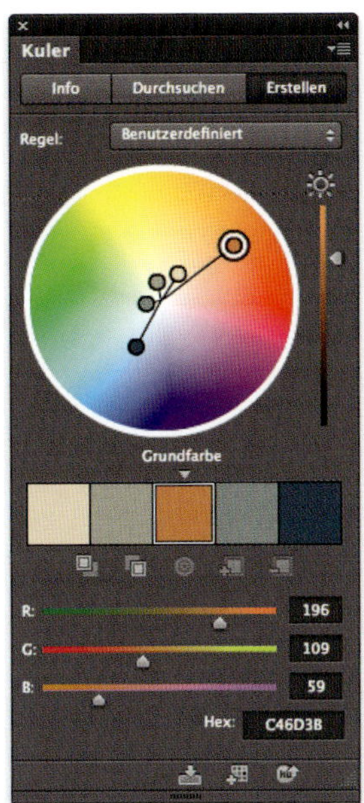

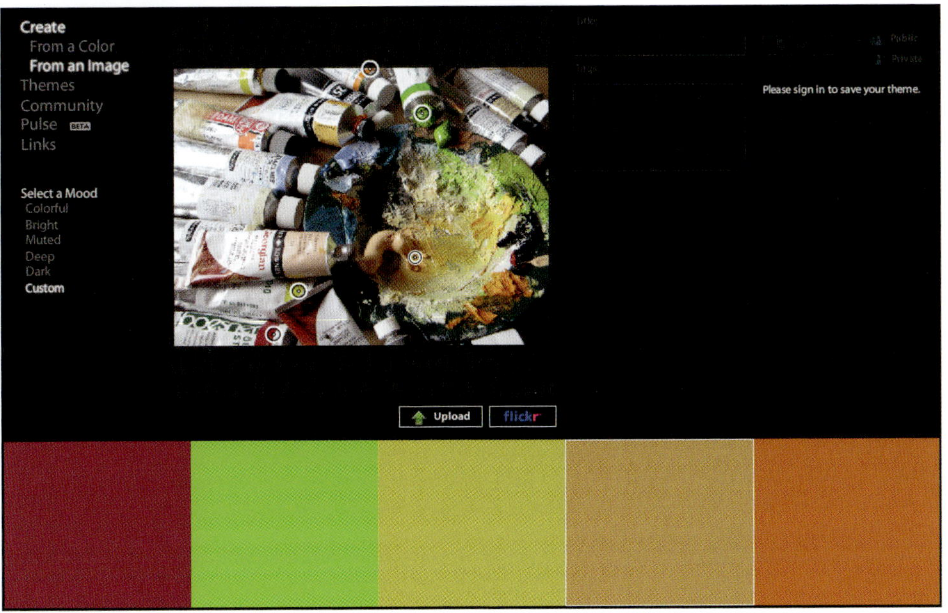

Abbildung 13.9 **Oben links:** Laden Sie Farbkombinationen aus dem Kuler-Bedienfeld herunter. **Oben rechts:** Über Erstellen gelingen eigene Farbkombinationen. **Unten:** Die Kuler-Internetseite leitet aus Ihren Fotos Farbkombinationen ab, die Sie auch in Photoshops Farbfelder-Bedienfeld laden können.

13.1.9 Muster

Verstauen Sie einen Bildteil als »Muster« in der Musterbibliothek. Danach verwenden Sie das Muster vielfach mit dem Farbeimer, mit dem Musterstempel oder per **Füllen**-Befehl oder tuschen Sie es ins Bild.

Abschaltbar und in verschiedenen Größen erhalten Sie Ihr Muster via Füllebene und als Ebenenstil Musterüberlagerung.

1. So nehmen Sie ein neues Muster in die aktuelle Bibliothek auf:
2. Schalten Sie das Auswahlrechteck ein und – wichtig – stellen Sie oben die Weiche Kante auf 0.
3. Rahmen Sie den gewünschten Bildteil mit dem Auswahlrechteck ein. Falls Sie die Gesamtdatei verwenden, reicht **Auswahl: Alles auswählen**.
4. Wählen Sie **Bearbeiten: Muster festlegen**.
5. Benennen Sie Ihre Kreation im Dialogfeld Name des Musters.

Tipp Auch runde oder anders geformte Auswahlbereiche können sogar mit einer weichen Kante als Muster festgelegt werden. Hierzu **kopieren** Sie den gewählten Ausschnitt in die Zwischenablage und fügen ihn auf einer neuen Ebene wieder ein. Wichtig: Schalten Sie die Hintergrundebene unsichtbar. Aktivieren Sie die neue Ebene mit dem Musterelement und führen Sie damit die zuvor beschriebenen Schritte durch. Wird das Muster angewandt, bleiben die Bereiche außerhalb der zuvor gewählten Pixel transparent.

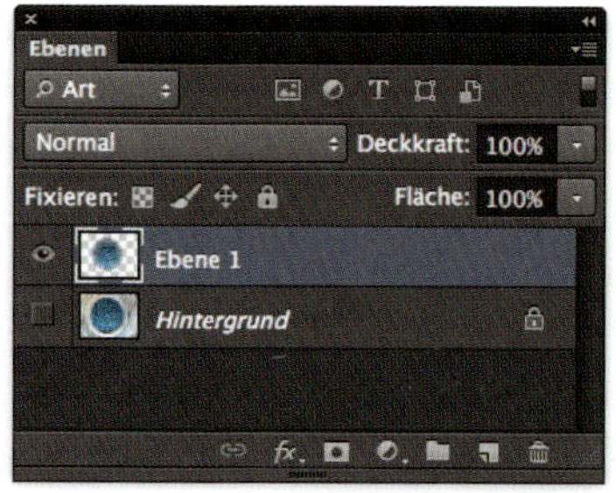

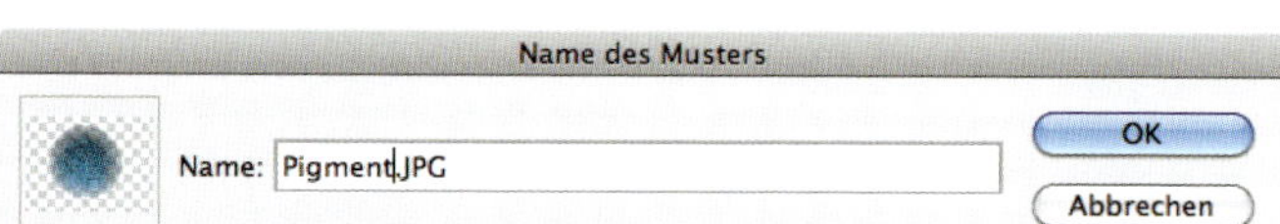

Abbildung 13.10 **Oben links:** Um nahtlose Muster mit transparenten Bereichen zu kreieren, muss der Bildausschnitt auf einer extra Ebene liegen. **Oben rechts:** Das neue Muster wird mit einem schlüssigen Namen versehen. **Unten:** Als Ebenenstil kann das Muster über ein anderes Bild gelegt werden, der Hintergrund erscheint durch das Muster.

Musterbibliothek

Photoshop bietet die aktuelle Bibliothek bei allen Funktionen an, die auf Muster zurückgreifen. Muster können Sie auch über den **Vorgaben-Manager verwalten. Dazu** klicken Sie auf **Bearbeiten: Vorgaben: Vorgaben-Manager** und wählen oben im Klappmenü Vorgabe die Option Muster. Ebenso über das Bedienfeld-Menü der Farbfelder erreichen Sie den Vorgaben-Manager.

Tipp Auch so malen Sie mit einem Muster: Schalten Sie den Mischpinsel ein, heben Sie den Pinseldurchmesser und nehmen Sie bei gedrückter Alt-Taste ein Stück Bild als Muster auf – es erscheint auch in der Malfarbenvorschau oben links. Soll das Muster beim Malen klar herauskommen, setzen Sie Nass- und Mix-Wert auf 0 und nutzen Sie die Schaltfläche »Pinsel nach jedem Strich laden«.

Skriptbasierte Muster

Photoshop bietet fünf verschiedene Skripts an, die die einzelnen Musterelemente auf unterschiedliche Art anordnen – von Ziegelfüllung über Dreherbindung, Spirale, bis hin zu einer symmetrischen Anordnung.

Diese Skriptbasierten Muster sind über den Dialog **Bearbeiten: Fläche füllen** erreichbar. Wählen Sie im Dialog **Fläche füllen** ein beliebiges Muster aus dem Menü **Verwenden** aus. Aktivieren Sie die Option Skriptbasierte Muster, um dann im Klappmenü Skript eine der Optionen zu wählen.

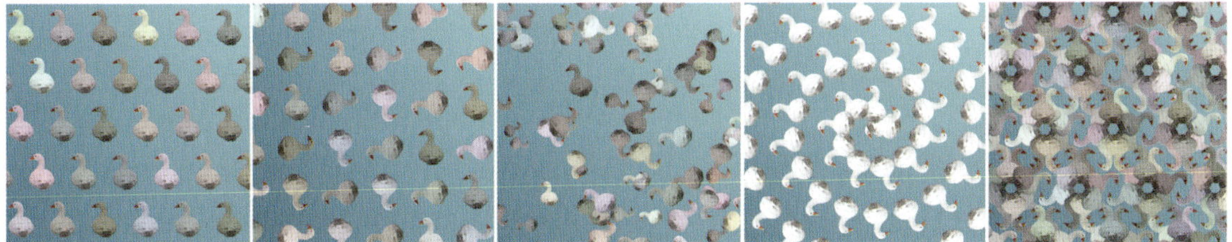

Abbildung 13.11 Photoshop bietet insgesamt fünf Skripts, um eine Fläche mit einem Muster zu füllen. **Von links nach rechts:** »Ziegelfüllung«, »Dreherbindung«, »Zufällige Füllung«, »Spirale«, »Symmetrische Füllung«.

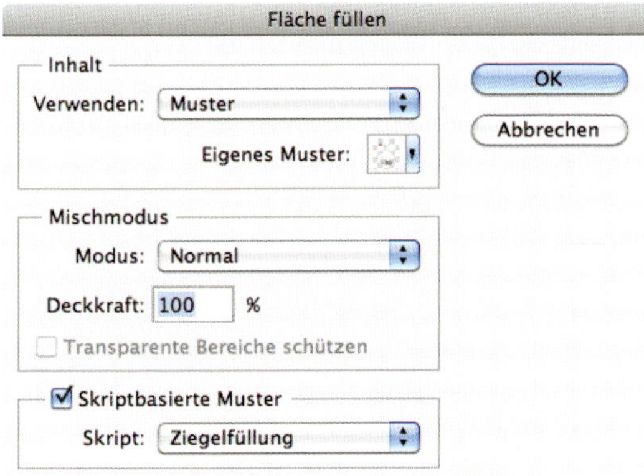

Abbildung 13.12 Das Skriptbasierte Muster ist im Dialog »Fläche füllen« zu finden.

13.2 Flächen und Konturen füllen

Auf den folgenden Seiten geht es um das Füllwerkzeug, das Verlaufswerkzeug und die Befehle **Fläche füllen** sowie **Kontur füllen**.

13.2.1 Einstieg

Bei allen Füllfunktionen haben Sie die Wahl:

- Sie füllen nur die Bereiche einer Ebene, die bereits Bildpunkte enthalten; transparente Bereiche bleiben also unberührt, halbtransparente Bereiche werden nur halbdeckend verändert. Dazu aktivieren Sie die betreffende Ebene auf dem Ebenen-Bedienfeld und klicken auf TRANSPARENTE PIXEL FIXIEREN. Dialogfelder wie FLÄCHE FÜLLEN bieten zusätzlich die Option TRANSPARENTE BEREICHE SCHÜTZEN
- Oder Sie füllen die Ebene über die gesamte, rechteckige Bildfläche, dann arbeiten Sie ohne Transparenzschutz.

Einförmige Flächen gestalten

Verläufe, Farb- und Musterfüllungen wirken oft glatt und erinnern an sterile Computergrafik. Photoshop bietet jedoch genug Computerkosmetik als Mittel gegen aalglatte Farbflächen. Im Beispiel soll ein eintöniger Himmel per Verlauf und Wolkenfilter etwas aufgepeppt werden:

1. Wir arbeiten auf einem Duplikat der Hintergrundebene: Zunächst wählen Sie den Himmel aus, versehen die Auswahl mit einer etwas weicheren Auswahlkante und löschen die Himmel-Auswahl. Dann heben Sie die Landschaft mit Strg+J auf eine neue Ebene.
2. Auf einer weiteren neuen Ebene entsteht der Himmel, zunächst nur als Verlauf in Himmelblau von hell nach dunkel.
3. Der Filter: **Renderfilter: Wolken** liefert auf einer vierten Ebene über dem Verlauf die Struktur des Himmels.
4. Über **Bearbeiten: Transformieren** wird die Wolkenebene nach oben bis zum Horizont gestaucht und über **Bearbeiten: Transformieren: Perspektivisch** gehen die Wolken in die Tiefe. Natürlicher wirken sie im Ebenen-Modus **Weiches Licht.**

Testen Sie auch andere Filter für einen interessanten Hintergrund, so raut etwa die Funktionen **Filter: Rauschfilter: Rauschen hinzufügen** das Bild auf. Mehr Gestaltungsfreiraum geben **Strukturierungsfilter: Körnung** und vor allem **Kunstfilter: Körnung & Aufhellung.** Untermischen könnten Sie auch die Ergebnisse des Befehls **Renderfilter: Fasern.** Kombinationen sind ebenfalls reizvoll, zum Beispiel **Wolken** plus **Struktur** plus **Beleuchtungseffekte**, wobei man dort noch einen Farbkanal mit Textur als RELIEF-KANAL einrichten kann.

Alternativen zur dauerhaften Füllung

Eine elegante Alternative zur dauerhaften Farbfüllung bieten die Ebeneneffekte FARBÜBERLAGERUNG, MUSTERÜBERLAGERUNG, VERLAUFSÜBERLAGERUNG und KONTUR sowie die Füllebenen. Statt also dauerhaft Farbe auf die aktuelle Ebene zu kippen, prüfen Sie die folgenden Alternativen. Zunächst wählen Sie den gewünschten Bereich aus, dann

- heben Sie ihn mit Strg+J auf eine neue Ebene, klicken Sie doppelt auf die Ebenenminiatur, dann nutzen Sie Effekte wie FARBÜBERLAGERUNG, MUSTERÜBERLAGERUNG oder VERLAUFSÜBERLAGERUNG,
- legen Sie mit der Schaltfläche NEUE FÜLL- ODER EINSTELLUNGSEBENE ERSTELLEN unten im Ebenenbedienfeld eine neue Füllebene an, zum Beispiel mit der Vorgabe MUSTER. Sie ist sofort passend maskiert.

Abbildung 13.13 **Von links oben nach rechts unten:** Das Original: sonnige Stimmung, jedoch langweiliger Himmel. Ein Verlauf bildet bereits einen Wolkenlosen Himmel. Hinzu kommt der »Wolken«-Filter. Per Transformation passt sich der Himmel perspektivisch ins Bild ein. Vorlage: Fuellen_02

Tipp Verwandeln Sie die neue Ebene oder Füllebene in ein Smart-Objekt (**Filter: Für Smartfilter konvertieren**). Dann können Sie abschaltbare Filter wie **Struktur** oder **Störungen** auf Farbe, Verlauf oder Muster anwenden und per Fülloptionen sogar mit Deckkraft und Füllmethode der Filter experimentieren. Farb- oder Musterfüllung lassen sich ebenfalls jederzeit umstellen.

13.2.2 Füllwerkzeug

Das Füllwerkzeug (Kurztaste G), schüttet Vordergrundfarbe oder ein »Muster« auf Bildpunkte mit einer über die Toleranz definierten Ähnlichkeit.

Das Füllwerkzeug färbt einzelne, abgegrenzte Teile einer Grafik um. Verwenden Sie die Mischmodi Farbton oder Farbe, um die Untergrundstruktur zu erhalten; wollen Sie dagegen nur eine Struktur einflechten, nutzen Sie den Modus Luminanz. Der Modus Löschen macht eine Ebene transparent.

Tipp Werkelt das Füllwerkzeug in kleinen Flächen, zeigen Sie statt des Eimersymbols übersichtlicher das Präzisionskreuz an; dazu drücken Sie freundschaftlich die ⇩-Taste. Bevor Sie jedoch neue TOLERANZ-Werte eintippen, lösen Sie die ⇩-Taste wieder.

Abbildung 13.14 Füllwerkzeug und Verlaufswerkzeug belegen ein gemeinsames Fach in der Werkzeugleiste, die Extended-Version bietet hier zudem noch die 3D-Materialfüllung. Alle Werkzeuge lassen sich mit der Taste G aufrufen.

Alternativen

Photoshop bietet sehr attraktive Alternativen zum Füllwerkzeug:

- Komplexe Motive wählen Sie mit Schnellauswahl und Co. Erst dann schütten Sie Farbe mit dem Befehl **Fläche füllen** aus (⇧+←-Taste); oder legen Sie mit dem Symbol NEUE FÜLL- ODER EINSTELLUNGSEBENE ERSTELLEN unten im Bedienfeld **Ebenen** eine Farbfüllung an.
- Bei einer Auswahl der HINTERGRUND-Ebene öffnen Sie per Entf-Knopf den Dialog **Fläche** füllen.
- Wollen Sie eine Ebene einfärben, verwenden Sie den flexiblen Ebenenstil FARBÜBERLAGERUNG.
- Um ein Objekt diskret umzufärben, empfehlen sich die Kommandos **Farbton/Sättigung** (Strg+U) oder **Farbe ersetzen** aus dem **Bild**-Untermenü **Korrekturen:** Sie klatschen keinen Einheitsfarbton ins Bild, sondern verschieben die vorhandenen Farben gleichmäßig.

Abbildung 13.15 Das Füllwerkzeug schüttet Farbe oder ein Muster in abgegrenzte Flächen, sofern Sie die Vorgabe »Benachbart« verwenden.

Füllwerkzeugoptionen

Diese Möglichkeiten räumt das Füllwerkzeug ein:

- Die TOLERANZ steuert, wie sehr die zu übertünchenden Bildpunkte jenem Pixel ähneln sollen, auf das Sie mit dem Füllwerkzeug klicken. Bei niedrigen Werten wie 30 werden nur Pixel gefüllt, deren Farbe der angeklickten Farbe stark ähnelt. Bei hohen Zahlen wie 120 füllt das Gerät größere Bildbereiche. Der Maximalwert 255 schüttet Farbe oder Muster ins gesamte Bild.
- Die Option BENACHBART sorgt dafür, dass beim ersten Klick nur benachbarte farbähnliche Bildpunkte gefärbt werden. Wählen Sie die Option ab, erfasst das Werkzeug alle Pixel des angeklickten Tonwerts im Bild.

- Das Glätten erzeugt durch halbtransparente Randpixel einen geschmeidigeren Übergang zwischen gefärbtem und unberührtem Bildteil - zu empfehlen bei Fotos, nicht jedoch bei harten Grafiken ohne Kantenglättung.
- Bringen Sie Vordergrund-Farbe oder Muster an.
- Wenn Sie Alle Ebenen einbeziehen, betrachtet das Füllwerkzeug den Gesamtfarbwert aller Ebenen unter dem Klickpunkt; gefüllt wird aber nur die aktive Ebene.

Abbildung 13.16 Einstellungssache: In den Füllwerkzeugoptionen legen Sie »Toleranz«, Kantenglättung und die Art des Farbauftrags fest.

13.2.3 »Fläche füllen«

Der Befehl **Bearbeiten: Fläche füllen** ⇧+← kippt Farbe (Vorder-, Hintergrundfarbe oder einen beliebigen Farbwert), ein Muster oder Bereiche des Bilds (Inhaltsbasiert) in einen ausgewählten Bildbereich. Das Dialogfeld bietet alle Füllmethoden und eine Deckkraftregelung.

Alternativ füllen Sie mit einem früheren Bildzustand; er muss im Bedienfeld **Protokoll** per Symbol im Kästchen Wählt die Quelle für den Protokoll-Pinsel gekennzeichnet sein. Schalten Sie im Bedienfeld **Ebenen** die Vorgabe Transparente Pixel fixieren ab, falls die Farbe nicht nur auf das Objekt innerhalb einer Ebene, sondern in die gesamte Fläche gegossen werden soll.

Fläche füllen per Kurztasten

In der Regel füllt man flott per Tastenbefehl:

- Alt+Entf deckt die Auswahl (oder das gesamte Bild) ohne weitere Rückfrage mit 100 Prozent Vordergrundfarbe zu.
- Strg+Entf beschert die Hintergrundfarbe.

Drücken Sie zusätzlich die ⇧-Taste, um die Option Transparente Bereiche schützen zu aktivieren. Dann füllt Photoshop nicht den gesamten Bild- oder Auswahlbereich, sondern nur Ebenenteile mit Pixeln. Traktieren Sie vorab das D, wenn Sie Schwarz und Weiß als Vorder- und Hintergrundfarbe einrichten möchten.

13.2.4 »Kontur füllen«

Der Befehl **Bearbeiten: Kontur füllen** malt an einer Auswahllinie oder an der Kante einer Ebene entlang. Neben der Farbe, der Breite und dem Mischmodus legen Sie als Position der Kontur Innen, Mitte oder Aussen fest.

Bessere Alternative: Gefärbte Kanten entstehen ebenfalls über den Ebenenstil Kontur, der mit anderen Ebenenstilen kombiniert werden kann.

Abbildung 13.17 Vielseitiger als der Befehl »Kontur füllen« ist der Ebenenstil »Kontur«, der hier mit der »Reliefkontur« des Stils »Abgeflachte Kante und Relief« plastisch modelliert wird.

13.3 Verläufe

Dieser Abschnitt behandelt die Farbverläufe und das Verlaufswerkzeug. Einen Verlauf brauchen Sie auch für den Ebenenstil Verlaufsüberlagerung sowie bei **Verlauf**-Füllebenen. Unabhängig davon bietet der Raw-Dialog noch seinen Verlaufsfilter, der Tonwertkorrekturen mit fließendem Übergang erzeugt, zum Beispiel für kräftigeren Himmel.

Tipp Schalten Sie das Verlaufswerkzeug ein und drücken Sie die ↵-Taste, schon zeigt Photoshop die Verlaufsbibliothek.

Abbildung 13.18 Verschiedene Verlaufsformen bietet Photoshop in den Optionen zum Verlaufswerkzeug an. Von links nach rechts: »Linear«, »Radial«, »Verlaufswinkel«, »Reflektierter Verlauf« und »Rauteverlauf«.

13.3.1 Verlaufswerkzeug

Das Verlaufswerkzeug erzeugt einen fließenden Übergang zwischen mehreren Farben oder von einer Farbe zu Transparenz. Es eignet sich zum Beispiel für Hintergründe oder Schriftzüge. Graustufenverläufe sind nützlich in Alphakanälen oder Ebenenmasken, um einen Bildteil stufenlos auszublenden; sie lassen sich dort durch Kontrast- und Helligkeitsregler oder Pinselretusche weiter anpassen. Wenn Sie CMYK drucken, erzeugen Sie die Verläufe erst im CMYK-Modus.

Ändert sich die Verlaufsfarbe über längere Strecken nur wenig, entstehen leicht streifige Störungen. Auch sonst wirken Verläufe oft zu glatt, können jedoch aufgeraut werden. Interessante Mischungen entstehen durch mehrere Farbverläufe übereinander, die sich in Richtung und Füllmethode unterscheiden.

Wie bei allen Füllfunktionen gilt: Das Verlaufswerkzeug verändert Bildpunkte endgültig. Alternativen: Der Ebenenstil Verlaufsüberlagerung lässt sich beliebig ändern oder abschalten; auch Füllebenen mit Verlauf bieten Gestaltungsfreiheit und wachsen bei geänderter **Bildgröße** flexibel mit.

Tipp Soll der Verlauf nicht gleichmäßig über die Bildfläche gehen, sondern sich an die Konturen eines Ebenenobjekts anschmiegen? Verwenden Sie den Ebenenstil »Kontur« mit der Füllung »Verlauf« und wählen Sie als Art die »Explosion«.

Anwendung

So bringen Sie einen Verlauf ins Bild: Klicken Sie mit dem Verlaufswerkzeug dort ins Bild, wo der Verlauf beginnen soll. Ziehen Sie mit gedrückter Maustaste an die Stelle, wo der Verlauf enden soll. Drücken Sie die ⇧-Taste, um die Verlaufslinie auf 45-Grad-Winkel einzuschränken.

13.3.2 Optionen für Verläufe

Folgende Möglichkeiten bietet die Optionenleiste zum Verlaufswerkzeug wie auch beim Befehl **Verlaufsumsetzung**:

1. Per Umkehren drehen Sie die Richtung des Verlaufs um.
2. Die Option Dither raut die Farbübergänge durch Streuraster leicht auf, Sie vermeiden Streifenbildung.
3. Schalten Sie im Dialog Verläufe bearbeiten (Klick auf das Verlaufsfeld in den Optionen) die Verlaufsart von Durchgehend zu Rauschen um, erhalten Sie ein Zufallsmuster innerhalb regelbarer Grenzen.
4. Nur beim Verlaufswerkzeug , nicht aber bei der **Verlaufsumsetzung** finden Sie folgende Vorgaben:
5. Um die Transparenzmaske für den Verlauf auszuschalten und alle Farben mit gleicher, per Schieberegler angewählter Deckkraft aufzutragen, verzichten Sie auf die Transparenz.
6. Sie wählen verschiedene Formen wie Radial oder Linear (Beispiele siehe oben).
7. Der Ebeneneffekt Verlaufsüberlagerung und die Füllebene Verlauf bieten ebenfalls das Umkehren und darüber hinaus die Funktion Skalierung; sie staucht oder dehnt den Verlauf:
8. Eine Skalierung auf über 100 Prozent lässt die Anfangs- und Endfarben nicht mehr auf der Ebene erscheinen; die mittleren Tonwerte breiten sich weiter aus.
9. Eine Skalierung auf unter 100 Prozent zieht den Verlauf zusammen, die Anfangs- und Endfarben nehmen an den Rändern der Ebene viel Platz ein, der Übergang zur nächsten Farbe beginnt nicht sofort am Startpunkt. Verläufe mit transparenten Bereichen wirken eventuell kleiner.

Tipp Vor allem mehr als zehn Zentimeter lange Verläufe zeigen leicht Streifen - vielleicht nicht am Monitor, aber im Druck. So halten Sie dagegen: Verwenden Sie die Dither-Option und falls Sie in CMYK ausgeben, legen Sie den Verlauf erst im CMYK-Modus an.

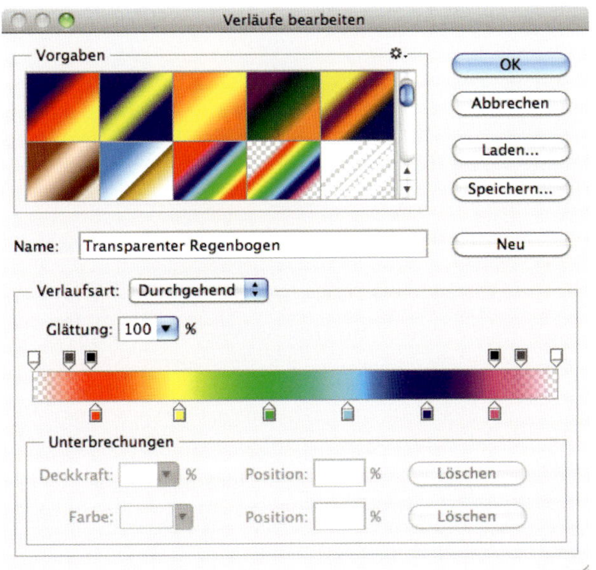

Nur Text
Kleine Miniatur
✓ Große Miniatur
Kleine Liste
Große Liste

Verläufe zurücksetzen...
Verläufe ersetzen...

Farbharmonien 1
Farbharmonien 2
Metall
Neutrale Dichte
Störungsbeispiele
Pastell
Fotografische Tonung
Einfach
Spezialeffekte
Spektrum

Unbekannte Verläufe

Abbildung 13.19 **Links:** Ein Klick auf den Verlaufsbalken öffnet den Dialog »Verläufe bearbeiten«. Dort steuern Sie die Farben und die transparenten Bereiche eines Verlaufs. **Rechts:** Wo immer Photoshop die Verlaufsbibliothek zeigt, können Sie per Menü die Darstellung ändern und weitere Verläufe nachladen.

13.3.3 Farbmarken im Verlauf bearbeiten

Gestalten Sie die mitgelieferten Verläufe vielseitig um. Klicken Sie zunächst auf den sichtbaren Verlauf zum Beispiel in den Optionen zum Verlaufswerkzeug, im Dialogfeld Ebenenstil mit der Abteilung Verlaufsüberlagerung, im Dialogfeld Verlaufsfüllung oder im Dialogfeld zum Befehl **Verlaufsumsetzung**. Sie bearbeiten zwei Haupteigenschaften des Verlaufs:

- Sie legen Farbmarken fest, zwischen denen Photoshop Farbübergänge erzeugt.
- Sie legen transparente, halbtransparente und voll deckende Abschnitte des Verlaufs fest.

Wie immer macht die [Alt]-Taste aus der Abbrechen-Schaltfläche ein Zurücksetzen, [Strg]+[Z] annulliert den allerletzten Eingriff.

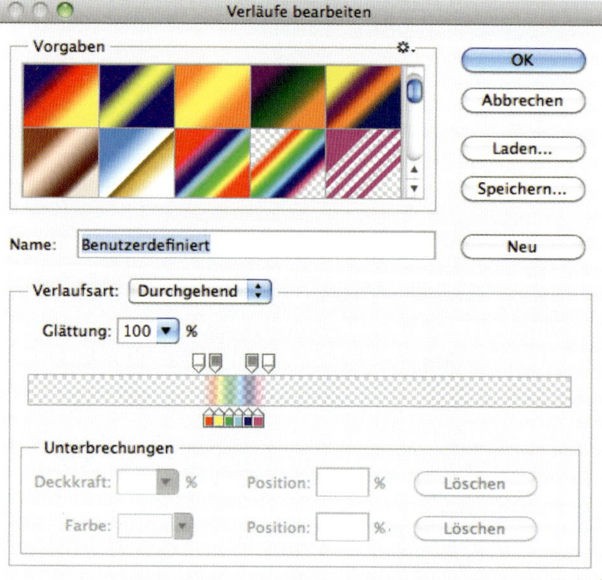

Abbildung 13.20 **Oben links**: Die dramatische Wirkung des Himmels wird hier durch einen Regenbogenverlauf verstärkt. **Oben rechts**: Dieser liegt auf einer extra Ebene, die Wolken schützt eine Maske. Mit der Füllmethode »Ineinanderkopieren« fügt sich der Regenbogan harmonisch in den Hintergrund ein. **Unten**: Dazu wurde der transparente Regenbogenverlauf bearbeitet: Die Farbmarken liegen enger beieinander, auch die Transparenz wurde in Position und Stärke angepasst. Datei: Verlauf_01

Neue Farben

Im Dialogfeld VERLÄUFE BEARBEITEN klicken Sie im VORGABEN-Bereich auf den Verlauf, den Sie weiterbearbeiten möchten. Um den ursprünglichen Verlauf beizubehalten, duplizieren Sie den aktivierten Verlauf mit der Schaltfläche NEU. Wählen Sie als VERLAUFSTYP zunächst DURCHGEHEND, für die GLÄTTUNG 100 Prozent.

Klicken Sie eines der Symbole für FARBUNTERBRECHUNG unter dem Verlaufsbalken an. Das Dreieck über diesem Kästchen füllt sich schwarz: Photoshop signalisiert, dass Sie diesen aktuellen Punkt im Verlauf bearbeiten. So ändern Sie die Farbe für den aktivierten Punkt im Verlauf:

- Klicken Sie doppelt auf eine verschiebbare Farbmarke oder einmal auf das FARBE-Rechteck; nun bestimmen Sie im Farbwähler eine neue Farbe für die aktivierte Farbmarke.
- Öffnen Sie das Menü neben dem FARBE-Feld mit dem Dreieck. Photoshop bietet hier für den aktivierten Punkt des Verlaufs die aktuelle Farbe für den VORDERGRUND und den HINTERGRUND an. Wenn Sie von VORDERGRUNDFARBE oder HINTERGRUNDFARBE wieder umschalten wollen zu einem dauerhaft fixierten Tonwert, entscheiden Sie sich im Menü des FARBE-Felds für die Angabe BENUTZERDEFINIERTE FARBE; sie wird sich bei Bearbeitung von Vorder- oder Hintergrundfarbe nicht mehr verändern.
- Bewegen Sie den Mauszeiger über die Verlaufsleiste oder über ein beliebiges, auch nicht aktives Bild; der Zeiger verwandelt sich in eine Pipette, mit der Sie einen Farbton für die aktive Farbmarke aufnehmen.

Achtung Haben Sie explizit Marken für Vorder- und Hintergrundfarben in den Verlauf eingesetzt? Dann wechselt der Verlauf im Dialogfeld jedes Mal sein Aussehen, sobald Sie Vordergrund- oder Hintergrundfarbe umstellen.

Abbildung 13.21 Im Bildhintergrund liegt ein kreisförmiger Weiß-Blau-Verlauf, ganz links deutet ein Schwarz-Transparenz-Verlauf die Heftwölbung an. Der Effekt »Schein nach außen« wurde in eine eigene Ebene umgewandelt, so dass die Zeile »Birthday« zwischen Person und Lichthof erscheint. Datei: Verlauf_02

Farben hinzufügen, platzieren und kombinieren

So gestalten Sie den Verlauf weiter mit den Farbmarken:

- Verschieben Sie die Marken für die einzelnen Farben unter der Verlaufsleiste beliebig mit der Maus oder mit den Pfeiltasten.
- Neue Farbmarken fügen Sie per Klick an der gewünschten Stelle unter der Verlaufsleiste hinzu. Unerwünschte Farbmarken ziehen Sie aus dem Dialogfeld heraus. Auch die Entf-Taste wirkt entsorgend.
- Zunächst liegt der 50-Prozent-Übergang zwischen zwei Farben genau auf halber Strecke zwischen diesen beiden Tonwerten. Diese Mittelstellung ändern Sie jedoch mit dem Rautensymbol ◇; die Rauten ◇ erscheinen immer links und rechts der aktiven Farbmarke, eine aktivierte Raute stellt Photoshop schwarz gefüllt ◆ dar. Verschieben Sie die Raute ◆ mit der Maus oder tippen Sie eine neue Position ein.
- Hohe Werte bis hin zu 100 sorgen im Feld Glättung für weichere Übergänge über den Verlauf hinweg. Niedrige Werte führen zu geringfügig härteren Übergängen.

Abbildung 13.22 Die Grafik zeigt fünf Standardverläufe aus Photoshop mit den Füllmethoden (v.l.n.r.) »Normal«, »Farbton« und »Farbe«. Datei: Verlauf_04

13.3.4 Transparenz bearbeiten

Die Transparenzmaske bestimmt die Deckkraft des Verlaufs an verschiedenen Punkten. In einzelnen Teilen des Verlaufs scheint also das darunter liegende Foto mehr oder weniger stark durch. Die Transparenzmaske bearbeiten Sie mit den Marken oberhalb, nicht unterhalb des Verlaufsbalkens.

Eine schwarze Marke signalisiert: In diesem Bereich herrscht volle Deckkraft. Ein weißes Kästchen zeigt 0 Prozent Deckkraft an, in diesem Bereich ist der Verlauf komplett durchsichtig. Grautöne stehen für halbtransparente Zonen. Auch die Karos im Verlaufsbalken signalisieren durchsichtige Bereiche. Die aktive Transparenzmarke ist durch ein schwarz gefülltes Dreieck hervorgehoben.

Um die Deckkraft an der aktiven Transparenzmarke zu verändern, tragen Sie einen Wert im Feld Deckkraft ein. Alternative: Führen Sie den Mauszeiger über den Verlauf oder über das Bild. Dort nehmen Sie eine neue Transparenz mit der Pipette auf.

Weitere Möglichkeiten

Per Klick über dem Balken setzen Sie neue Transparenzmarken, die Sie nach Bedarf verschieben, aus dem Dialogfeld herausziehen oder per Entf-Taste löschen. Mit der Raute ◇ platzieren Sie den 50-Prozent-Übergang zwischen zwei festgelegten Deckkraftvorgaben.

Um die Maske komplett auszuschalten und die Farben voll deckend aufzutragen, wählen Sie die Transparenz in den Optionen zum Verlaufswerkzeug ab. Statt lange Transparenzmarken zu verschieben, bringen Sie einen Verlauf ohne Transparenz auf eine eigene Ebene und steuern die Mischung mit dem Hintergrund per Ebenenmaske, Überblendmodus, Deckkraftregler oder Verbergen eines Tonwertbereichs.

Abbildung 13.23 **Links:** Der Verlauf wurde über die Füllebene »Verlauf angelegt« und basiert auf Vorder- und Hintergrundfarbe. **Mitte:** Wir haben den Verlauf auf 170 Prozent skaliert und nach unten gezogen, so dass sich die Blautöne weiter ausdehnen. **Rechts:** Wir schalten auf »Radial« um und verschieben den Verlauf erneut. Datei: Verlauf_03

13.4 Pinselvorgaben

Wie dick oder dünn malen Pinsel und Kopierstempel? Wie weich fällt der Rand aus? Wie unregelmäßig wird das Ganze? Solche Einstellungen regeln Sie mit den Pinselvorgaben – sie gelten für alle Mal- und Retuschewerkzeuge gemeinsam.

13.4.1 Pinselvorgaben auswählen

Ist bereits ein Mal- oder Retuschewerkzeug aktiv, blenden Sie das Pinselbedienfeld so ein:

1. Klicken Sie auf das Symbol für die aktuelle Pinselvorgabe oben links in der Optionenleiste (nicht auf die Werkzeugvorgabe noch weiter links); Sie erhalten eine abgespeckte Form des Pinselbedienfelds.
2. Klicken Sie mit der rechten Maustaste ins Bild (am Ein-Tasten-Maus-Mac [Ctrl]-Klick), um dasselbe abgespeckte Pinselbedienfeld zu sehen.
3. Wählen Sie **Fenster: Pinsel** (für komplette Feinsteuerung) oder **Pinselvorgaben** (dort nur die Pinselspitzen ohne Feinsteuerung).
4. Klicken Sie in der Optionenleiste auf PINSELBEDIENFELD EIN-/AUSBLENDEN, meist hilft auch [F5]. Hier haben Sie alle Kontrollen.
5. Oder gehen Sie ganz oben rechts im Photoshop-Rahmen im Arbeitsbereiche-Menü » auf MALEN; dieses Programmfenster-Arrangement holt alle wichtigen Bedienfelder hervor.

Die aktive Pinselvorgabe erscheint in der Pinsel-Bibliothek eingerahmt. Wo die Spitzen nach Grau hin verblassen, tragen Sie Farbe nur noch mit verminderter Deckkraft auf.

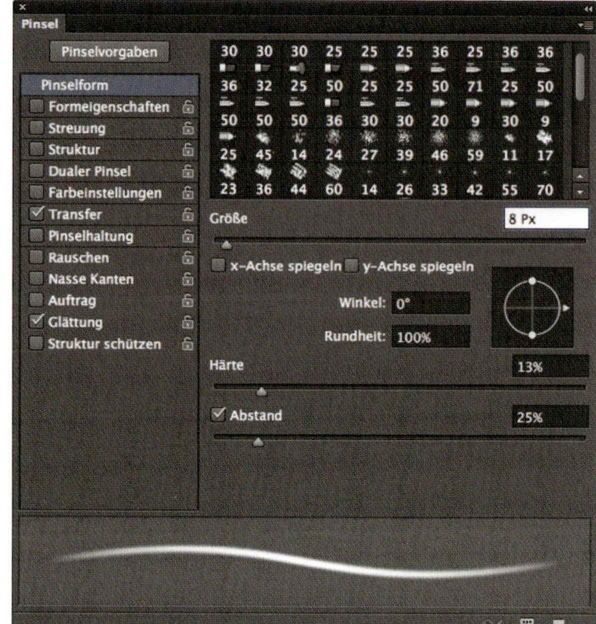

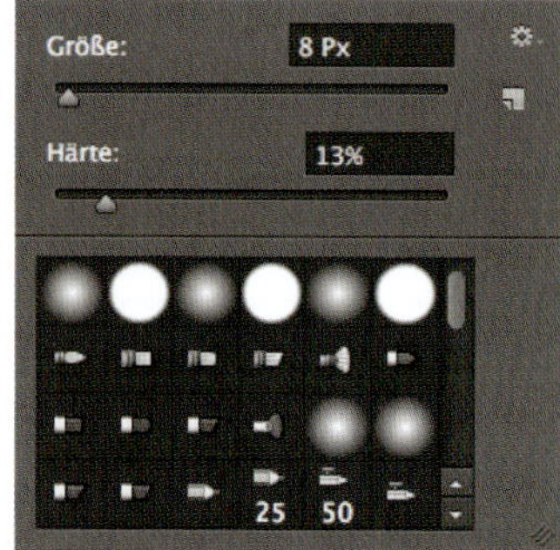

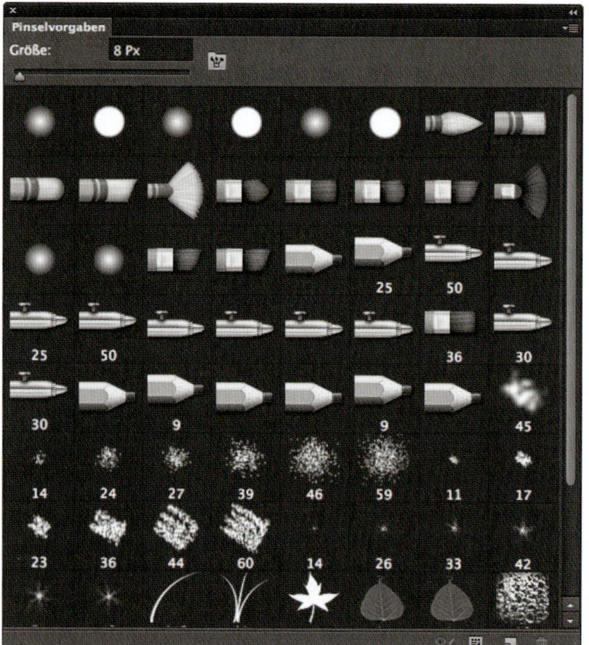

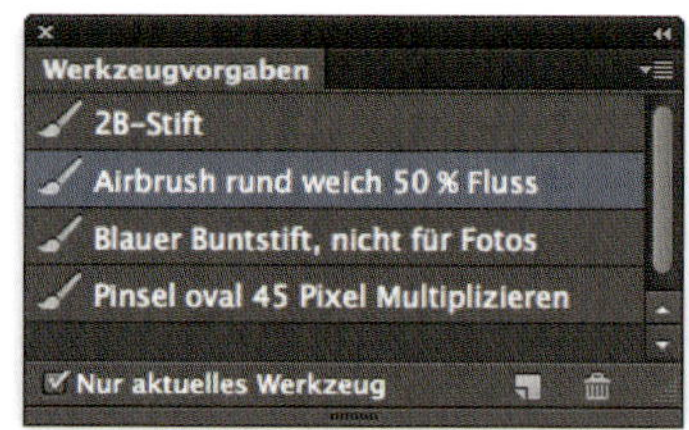

Abbildung 13.24 Von links oben nach rechts unten: Aktivieren Sie eine Pinselspitze wahlweise über die kleinere Variante des »Pinselbedienfelds«, in »Pinselbedienfeld«, im Bedienfeld »Pinselvorgaben« oder – wenn Sie bereits etwas definiert haben – im Bedienfeld »Werkzeugvorgaben«.

Unterschiedliche Typen von Pinselspitzen

Photoshop bietet mehrere Typen von Pinselspitzen an:

- Die Standard-Pinselvorgaben basieren auf einer geometrischen Kreisform. Diesen Kreis können Sie zu Ovalen und Ellipsen stauchen und fast beliebig vergrößern. Die HÄRTE lässt sich regeln. Gemeint sind Pinselvorgaben mit Einblendnamen wie RUND HART oder RUND WEICH.
- Borstenpinsel bieten besonders viel Feinsteuerung, da man hier Zahl und Verhalten einzelner Borsten steuern kann. Zudem kann man bei Bunt- und Pastellstiften eine mehr oder weniger starke Abnutzung der Spitze definieren; je mehr Farbe aufgetragen wurde, desto weniger spitz ist der Stift.
- Sogenannte »aufgenommene Pinselvorgaben« entstehen dagegen durch Kopieren (»Aufnehmen«) eines Bildteils in die Pinselbibliothek. Die HÄRTE lässt sich hier nicht steuern. Adobe liefert bereits »aufgenommene Pinselvorgaben« mit, zum Beispiel CHALK (Kreide) oder SPATTER (Spritzer). Sie können eigene Pinselvorgaben aufnehmen, etwa Logos oder Unterschriften.

13.4.2 Eigene Pinselvorgaben aufnehmen

Leicht leiten Sie eine eigene Pinselvorgabe von einer Bilddatei ab - nutzen Sie etwa ein Piktogramm, ein Firmenlogo, eine Unterschrift oder eine Struktur als Pinselspitze. Je dunkler die verwendeten Bildteile, desto stärker ihre Deckkraft als Pinselvorgabe. Ein grauer Bildteil trägt - als Pinselvorgabe - Farbe nur halbtransparent auf, weiße Pinselzonen verändern Ihr Bild gar nicht. So geht's:

1. Bearbeiten Sie den Bildteil, der zur Pinselvorgabe werden soll, zum Beispiel mit Kontrastkorrektur oder Größenänderung.
2. Wählen Sie den gewünschten Bildteil mit einem beliebigen Auswahlwerkzeug aus.
3. Klicken Sie auf **Bearbeiten: Pinselvorgabe festlegen**. Geben Sie einen Namen für die neue Pinselvorgabe an.
4. Die neue Pinselvorgabe erscheint in der aktuellen Bibliothek als Vorgabe - eventuell erst nach dem nächsten Programmstart.

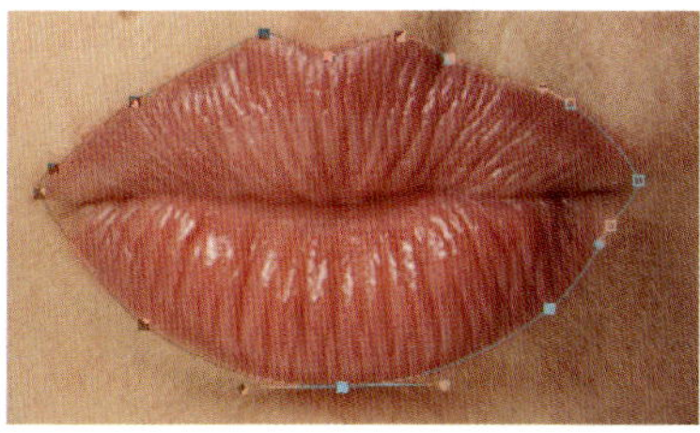

Abbildung 13.25 So entsteht die eigene Pinselvorgabe. **Links:** Der Mund wird mit Auswahl- und Zeichenstiftwerkzeugen ausgewählt und auf eine eigene Ebene gehoben. Wir verkleinern die freigestellte Form deutlich per »Transformieren«. **Rechts:** Wir dunkeln das Motiv zudem ab, so dass später ein stark deckender Farbauftrag entsteht. Bevor wir den Bereich als Pinselvorgabe festlegen können, wählen wir ihn aus - hier per Strg-Klick auf die Miniatur der Ebene im Ebenen-Bedienfeld. Dateien: Pinsel_a1 etc.

Tipps für eigene »aufgenommene« Pinsel

Werfen Sie einen Blick auf unsere Tipps für eigene Pinselvorgaben:

- Die meisten Bildelemente sollten Sie drastisch verkleinern - zum Beispiel per **Bild: Bildgröße** oder, wenn Sie eine Auswahl haben, per Strg+J (hebt die Auswahl auf eine neue Ebene), dann Strg+T (transformieren). Testen Sie nach der Größenänderung einen Scharfzeichner.

- Nur schwarze Partien wirken später zu 100 Prozent deckend. Wechseln Sie erst in den Graustufenmodus, dann schieben Sie in der **Tonwertkorrektur** (Strg+L) den Schwarzregler ▲ von links weit nach rechts – das Bild dunkelt ab, doch Zeichnung bleibt erhalten. Wollen Sie dagegen einen komplett schwarzen Pinsel ohne jede Zeichnung, verwenden Sie **Bild: Korrekturen: Schwellenwert**; Sie vermeiden die krachharten Ränder, wenn Sie alternativ den Befehl **Helligkeit/Kontrast** mit der Vorgabe Früheren Wert verwenden öffnen und Höchstwerte wie »97« für Kontrast testen – aber nur im Graustufenmodus.
- Das Umfeld der Pinselspitze sollte auf Weiß stehen (bedeutet: transparent); so kommt die Kontur gut heraus, der Pinsel malt nicht ein komplettes Quadrat aus. Alternative: Sie wählen nur das Objekt selbst mit einer frei geformten Fließmarkierung.
- Legen Sie die Pinselvorgabe in der Größe an, die Sie besonders häufig verwenden möchten, oder eher zu groß. Der Durchmesser-Regler ändert die Größe zwar frei, doch dann wirken die Umrisse eventuell leicht unscharf.

Tipp Sie wollen ein Motiv aufpinseln, das unabhängig von der aktuellen Vordergrundfarbe immer in den gleichen Originalfarben erscheint? Das erledigt der Musterstempel, verwenden Sie ein Muster mit Transparenz. Eine Pinselspitze als Werkzeugvorgabe merkt sich wahlweise die verwendete Vordergrundfarbe.

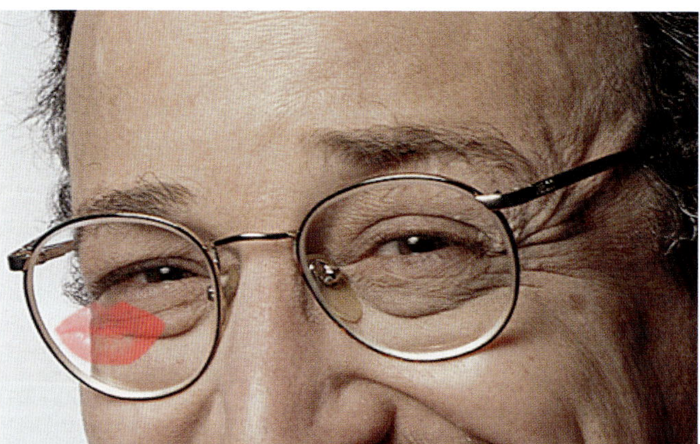

Abbildung 13.26 Der Befehl »Bearbeiten: Pinselvorgabe festlegen« erzeugt eine neue Vorgabe in der aktuellen Pinselbibliothek. Der Pinsel erscheint über der Bilddatei bereits in der tatsächlichen Größe und Form. Vorlage: Pinsel_b

13.4.3 Befehle im Überblick: Malen und Farben

Taste/Feld	Zusatztasten	Aktion	Ergebnis
[Farbfelder-Symbol]		Klick	Farbwähler öffnen, Vordergrundfarbe wählen
[Vertauschen-Symbol]		Klick	Vorder-/Hintergrundfarbe vertauschen
[Standardfarben-Symbol]		Klick	Vorder-/Hintergrundfarbe auf Schwarz und Weiß setzen
D (für Default)			Vorder-/Hintergrundfarbe auf Schwarz und Weiß setzen

Taste/Feld	Zusatz-tasten	Aktion	Ergebnis
[X] (für Exchange)			Vorder-/Hintergrundfarbe vertauschen
[B] (für Brush)			Wechsel zwischen den Werkzeugen mit [⇧]
[G] (für Gradient Tool)			Verlaufswerkzeug oder Farbeimer Wechsel zwischen den Werkzeugen mit [⇧]
			Vordergrundfarbe/Hintergrundfarbe wählen mit [Alt]
[Entf]-Taste (am Mac [←]-Taste)	[⇧]		Dialogfeld Fläche füllen
[Entf]-Taste			bei Hintergrundebenen **Füllen**-Dialog, sonst Auswahl leerlöschen; mit [Alt] Auswahl mit Vordergrundfarbe füllen
Jedes Mal-/Retuschewerkzeug	[⇧]	ziehen oder klicken	Bearbeitung in gerader Linie
Jedes Malwerkzeug	[Alt]		
Jedes Malwerkzeug	[Alt]+[⇧]		
[Zifferntasten]			Deckkraft ändern
[-]	[⇧]		Zur nächsten Füllmethode wechseln
Jedes Mal-/Retuschewerkzeug	[⇧]	an verschiedenen Stellen klicken	Klickpunkte mit gerader Linie verbinden
Jedes Mal-/Retuschewerkzeug	[Alt]	mit r. Taste horizontal/ vertikal ziehen	Durchmesser/Kantenschärfe der Spitze verkleinern bzw. vergrößern
Jedes Mal-/Retuschewerkzeug	[Alt]	mit r. Taste vertikal ziehen	Kantenschärfe der Spitze ändern
[Ö] bzw. [#]			Durchmesser der Werkzeugspitze verkleinern bzw. vergrößern ([Ö] nicht am Mac)
[.] bzw. [,]			Vorherige Pinselspitze bzw. nächste Pinselspitze

13.4.4 Pinselvorgaben verwalten

Photoshop liefert attraktive »Vorgaben« für Pinselspitzen. Sie erscheinen wie immer zum Laden im Pinsel-Bedienfeldmenü, das Sie per Schalter öffnen; Sie können die aktuelle Sammlung ergänzen oder ersetzen.

Haben Sie eine Pinselvorgabe mit verschiedenen Reglern angepasst, können Sie diese individuelle Spitze dauerhaft als eigene Vorgabe in der aktuellen Bibliothek speichern: Dazu klicken Sie unten im Bedienfeld Pinsel auf die Schaltfläche Neuen Pinsel erstellen. Dabei verewigen Sie wohlgemerkt nicht nur die Form, sondern auch alle Vorgaben wie Nasse Kanten, Formeigenschaften oder Farbeinstellungen.

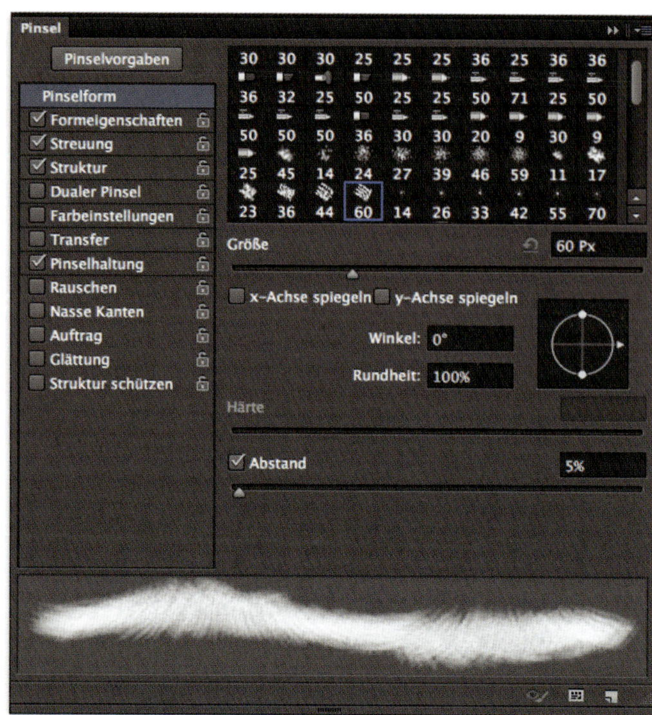

Abbildung 13.27 Im Bereich »Formeigenschaften« des Pinselbedienfelds regeln Sie die Variation von Größe, Winkel oder Rundheit (nicht für Borstenspitzen). Sie erkennen, dass die aktuelle Pinselvorgabe auch durch Einstellungen in den Bereichen »Streuung« und »Farbeinstellungen« beeinflusst wird.

13.4.5 Das Pinselbedienfeld

Sie können viele Eigenschaften des Pinselstrichs variieren, ohne eine neue Pinselspitze anzuklicken. Dazu öffnen Sie das Pinselbedienfeld mit der Schaltfläche Pinsel-Bedienfeld ein-/ausblenden in der Optionenleiste zum Mal- oder Retuschewerkzeug oder per F5. Grundsätzlich gilt für dieses Bedienfeld:

- Wollen Sie die Einstellungen zum Beispiel aus dem Bereich Formeigenschaften verwenden, muss dieser Bereich per Häkchen aktiviert sein. Ist der Bereich abgeschaltet, berücksichtigt Photoshop die Einstellungen nicht.
- Mit den diversen Jitter-Vorgaben etwa für Winkel oder Grösse bringen Sie ein Zufallselement ins Spiel: Null Jitter verändert gar nichts, bei 100 wird die Stricheigenschaft völlig vom Zufall gesteuert und schwankt über die Strichlänge hin stark – zum Beispiel schwanken Winkel oder Grösse der Malpunkte. Das Ergebnis wirkt eventuell »natürlicher« oder »künstlerischer«.
- Verschiedene Bunt- und Pastellstifte sind erodierbar, sie nutzen sich bei jedem Strich weiter ab. Im Pinselbedienfeld unter Pinselforn steuern Sie mit der Weichheit die Abnutzung, die Form bietet Spitzen von flach bis abgerundet. Pinsel anspitzen stellt die ursprüngliche eigentliche Pinselspitze wieder ein. Die Abnutzung der Pinselspitze ist in der Vorschau für die Live-Pinselspitze zu sehen.

Sie wollen alle Änderungen zurücksetzen und das Pinselbedienfeld in Neutralstellung bringen? Öffnen Sie das Bedienfeldmenü mit dem Schalter und wählen Sie **Pinsel-Steuerungen löschen**. Damit kehren Sie zurück zu einer besonders nachvollziehbaren Malweise.

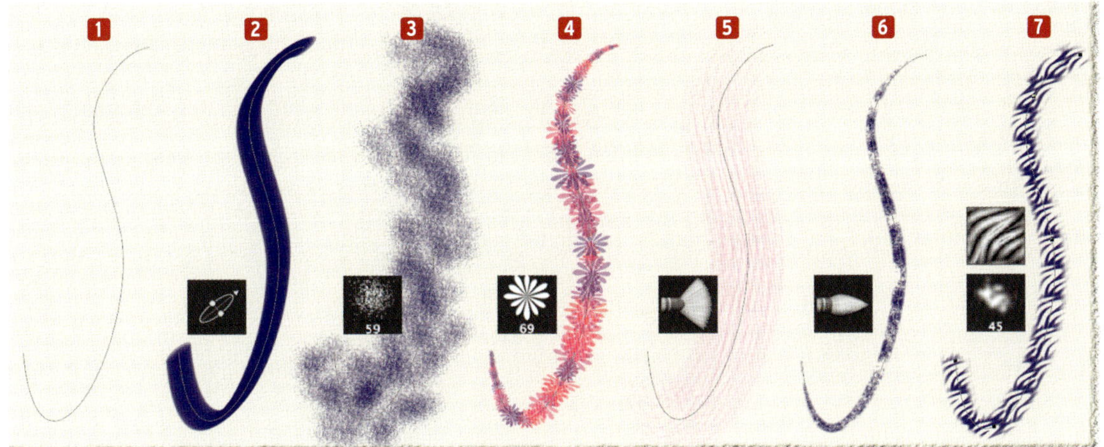

Abbildung 13.28 **Ganz links:** Diesen Pfad verwenden wir für die folgenden Beispiele mit dem Befehl »Pfadkontur füllen«; **2:** elliptische Form ohne Größen-Jitter oder -Verblassen; **3:** freie Form mit Größen-Jitter mit Streuung; **4:** freie Form mit Vordergrund-/Hintergrund-Jitter; **5:** Borstenpinsel mit Sättigungs-Jitter; **6:** Duale Pinsel mit Streuung und Abstand (81%); **7:** Pinsel mit Struktur. Der Rand der Hintergrundfläche entstand ebenfalls mit einer freien Pinselform plus »Abgeflachte Kante«. Vorlage: Pinsel_c1

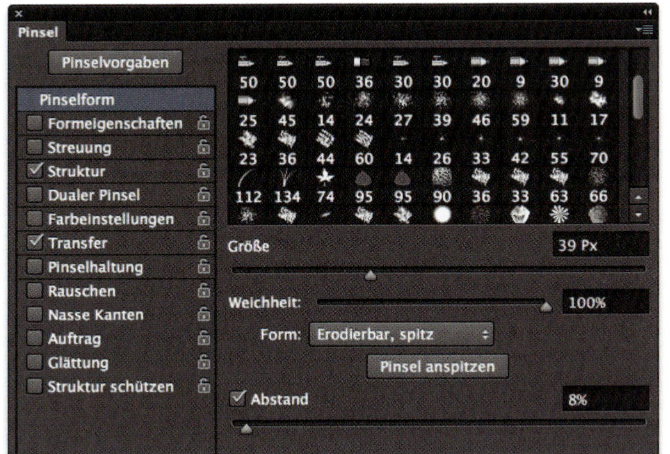

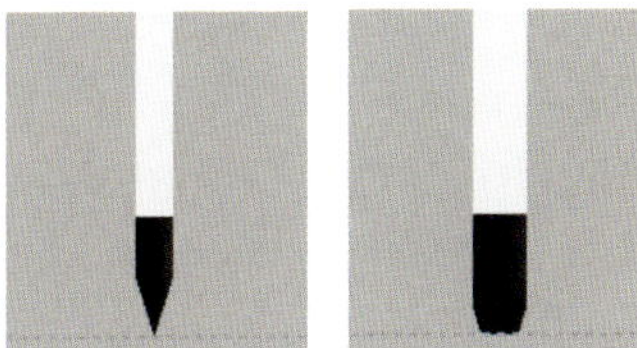

Abbildung 13.29 **Von rechts nach links:** Die erodierbare Pinselspitze Buntstift; im Pinselbedienfeld definieren Sie Weichheit und Form der Spitze und spitzen den Stift nach Gebrauch; die Live-Vorschau zeigt die Abnutzung der Spitze.

Nutzen Sie auch das Werkzeugvorgabenbedienfeld

Nutzen Sie nicht nur Pinselvorgaben, sondern auch die vielseitigeren Werkzeugvorgaben. In einer Werkzeugvorgabe (also nicht Pinselvorgabe) speichern Sie nicht nur Größe und Borstenzahl aus der Pinselbedienfeld ab, sondern zusätzlich Eigenschaften oben aus der Optionenleiste – etwa Deckkraft und Füllmethode sowie bei Pinsel und Mischpinsel wahlweise die Vordergrundfarbe. Bei aktivem Pinsel klicken Sie oben links in den Optionen auf das Pinsel-Symbol, dann auf Neue Werkzeugvorgabe erstellen.

Tipp Sie erreichen die Werkzeugvorgaben mit der Schaltfläche unten rechts im Pinselbedienfeld.

Tipps zum Experimentieren

Sie machen sich gerade erst mit Malwerkzeugen, Pinselvorgaben und dem Pinselbedienfeld vertraut? Unsere Tipps bieten Orientierung:

- Blenden Sie das Pinselbedienfeld mit der Schaltfläche ein und verwenden Sie höchstens eine Kategorie – wenn Sie mit Formeigenschaften experimentieren, verzichten Sie auf Streuung oder Dualen Pinsel. Setzen Sie am besten alles auf null mit dem Befehl **Pinsel-Steuerungen löschen** aus dem Menü zum Pinselbedienfeld und verzichten Sie zunächst auf Jitter oder Steuerung.
- Verwenden Sie für erste Versuche eine übliche runde Standard-Pinselvorgabe, keine freie Form, keine Borsten, nicht den Mischpinsel .
- Legen Sie zum Experimentieren eine neue, weiße Datei an, wählen Sie die gesamte Arbeitsfläche mit Strg+A aus und pinseln Sie nach Bedarf; ist die Datei vollgestrichelt, löschen Sie mit der Entf-Taste alles auf einmal. Dabei sollte die Hintergrundfarbe Weiß sein (Kurztaste D).

Steuerung per »Verblassen«

Mit den zahlreichen Steuerung-Klappmenüs im Pinselbedienfeld kontrollieren Sie Stricheigenschaften wie Durchmesser oder Deckkraft. Die Steuerung-Vorgabe Verblassen verändert den Strich über eine wählbare Zahl von Malpunkten hinweg.

Ein Beispiel: In den Formeigenschaften stellen Sie unter Größen-Jitter die Steuerung auf Verblassen in 350 Schritten. Damit schrumpft der Pinselstrich innerhalb von 350 Malpunkten von der ursprünglichen Pinselbreite zur gewählten Mindestgröße und bleibt danach konstant.

Die Wirkung von Verblassen hängt unmittelbar vom Malabstand ab, den Sie im Hauptbereich Pinselform einstellen. Verwenden Sie etwa einen niedrigen Malabstand wie 5 Prozent; so entsteht ein durchgehender Strich, weil viele Malpunkte eng aufeinanderfolgen. Ein Verblassen-Wert von 50 Malpunkten führt bei einer Strichlänge von 100 Pixeln eventuell zu einem vollständigen Übergang vom einen zum anderen Extremwert.

Bei einem Malabstand von 400 Prozent besteht der Strich hingegen aus einzeln erkennbaren Malpunkten; nun führt die Verblassen-Vorgabe von 50 auf einer kurzen 100-Pixel-Länge kaum einen erkennbaren Übergang herbei – und Sie erkennen auch in der Vorschau nichts von einer Schwankung; nur wenn Sie den Verblassen-Wert stark heruntersetzen, zum Beispiel auf 3, dann wird der geplante Übergang schon auf einer kurzen Pixelstrecke deutlich.

Steuerung per Grafiktablett

Sofern Sie ein druckempfindliches Grafiktablett verwenden, zum Beispiel von Wacom, können Sie die Stricheigenschaften per Steuerung-Klappmenü auch von Zeichenstift-Druck, Zeichenstift-Schrägstellung oder vom Stylus-Rad des Zeichenstifts abhängig machen. Diese Einstellung ist für jede Pinselspitze separat festgelegt.

Sie wird jedoch aufgehoben von den Schaltflächen Druck auf Tablett steuert Grösse und Druck auf Tablett steuert Deckkraft oben in der Optionenleiste. Sind sie aktiviert, reagiert der Strich garantiert auf den Andruck per Grafiktablett; Photoshop erlaubt allerdings keine tablettgesteuerte Größenänderung bei Borstenpinseln.

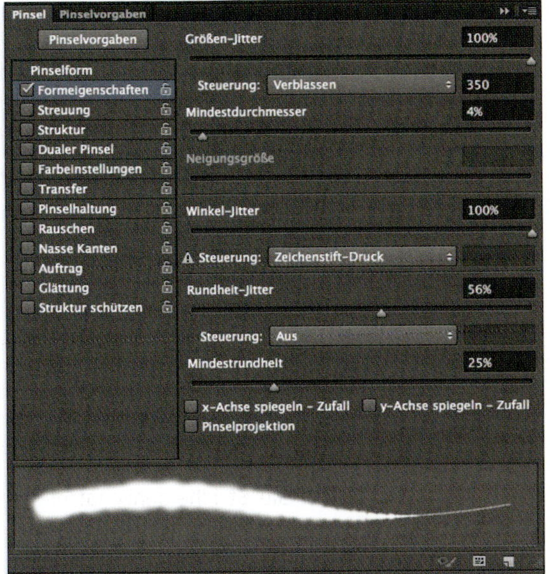

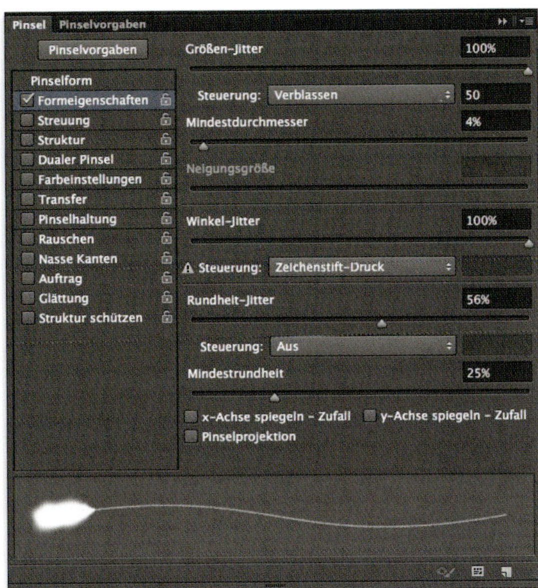

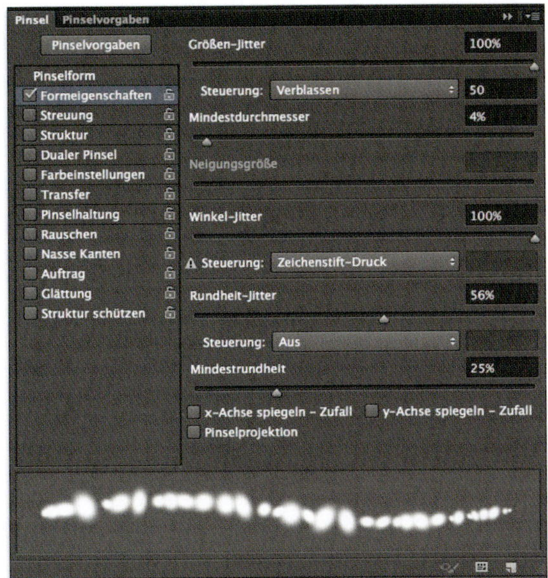

Abbildung 13.30 Die Option »Verblassen« hängt mit dem Malabstand zusammen und verändert den Verlauf des Malstrichs. Oben links: Abstand 5%, Steuerung auf Verblassen bei Größen-Jitter mit einem Wert von 350. Oben rechts: Abstand 5%, Steuerung auf Verblassen bei Größen-Jitter mit einem Wert von 50. Unten: Abstand auf 70% erhöht, bei unverändertem Größen-Jitter (Verblassen, 50).

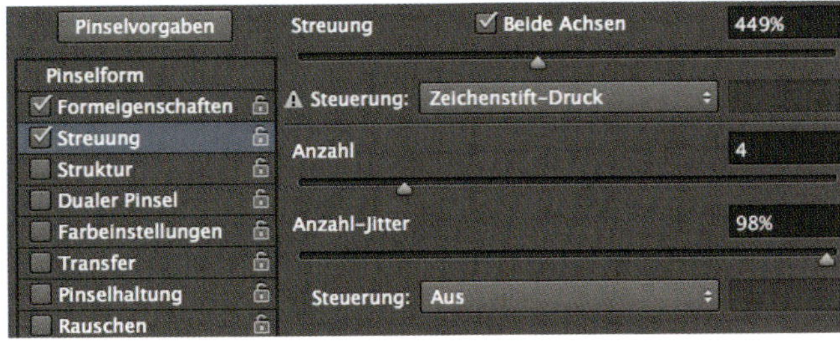

Abbildung 13.31 Photoshop bietet Grafiktablett-Optionen im Pinselbedienfeld auch, wenn gar kein Grafiktablett installiert ist. Sie sehen dann jedoch ein Warndreieck neben dem »Steuerung«-Klappmenü.

Abbildung 13.32 Bei dem Cintiq von Wacom malt der Gestalter direkt auf dem integrierten Bildschirm.

Deckkraft

Die DECKKRAFT des Malstrichs stellen Sie direkt in der Optionenleiste ein. Sofern ein solches Werkzeug aktiviert ist und der Mauszeiger nicht im Datenfeld eines Bedienfelds blinkt, tippen Sie eine einstellige »5« für 50 Prozent Deckkraft, »33« für ebendiese Deckkraft oder »0« für 100-Prozent-Deckung.

Durchmesser

Den Durchmesser der Pinselvorgabe verändern Sie durch Wechsel zu einer anderen Spitze oder Sie verschieben den GRÖSSE-Regler in den verschiedenen Ausgaben des Pinsel-Bedienfelds. Weitaus intuitiver: Ziehen Sie bei gedrückter Alt-Taste mit der rechten Maustaste horizontal (am Mac mit Eintasten-Maus zusätzlich die Ctrl-Taste).

Diese zusätzlichen Möglichkeiten bieten sich im Bereich FORMEIGENSCHAFTEN:

- Sollen einzelne Malpunkte (Spuren) unterschiedlich groß ausfallen, heben Sie den Wert GRÖSSEN-JITTER an.
- Soll der Strich über die Länge hinweg gleichmäßig schrumpfen, stellen Sie die STEUERUNG unter dem GRÖSSEN-JITTER auf VERBLASSEN und wählen Sie eine Pixeldistanz zwischen voller Größe und Mindestmaß per Regler MINDESTDURCHMESSER. Ist die Größen-STEUERUNG per ZEICHENSTIFT-SCHRÄGSTELLUNG gewählt, steht zudem der Regler NEIGUNGSGRÖSSE zur Verfügung.

Die ursprüngliche Größe richten Sie mit einem Klick auf die Schaltfläche IN ORIGINALGRÖSSE WIEDERHERSTELLEN KORREKTURENZURUECKSETZEN2 im Bereich PINSELFORM des Pinselbedienfelds ein; allerdings werden Rundheit und Winkel nicht zurückgesetzt – dafür wählen Sie erst eine andere Spitze, dann klicken Sie zur ursprünglichen Spitze zurück. Bei Standard-Pinselvorgaben und Borstenpinseln fehlt diese Möglichkeit, weil sie in jeder Größe volle Präzision bieten.

Achtung »Aufgenommene« Pinselvorgaben – die aus Pixelbildern destilliert wurden – tragen nur perfekt auf, wenn Sie die Originalgröße verwenden und außerdem RUNDHEIT und WINKEL nicht verändern. Stellen Sie dagegen andere DURCHMESSER oder WINKEL ein, wirkt der Auftrag leicht unscharf. Brauchen Sie nach einer Änderung der GRÖSSE wieder die Originalqualität, klicken Sie im Bereich PINSELFORM auf IN ORIGINALGRÖSSE WIEDERHERSTELLEN KORREKTURENZURUECKSETZEN2.

Härte

Die HÄRTE bestimmt, wie stark die Pinselspitze zu den Rändern hin aufweicht; je kleiner der Wert, desto diffuser der Rand. Photoshop bietet diese Option nur für runde oder elliptische Standardpinsel, nicht jedoch für freie (»aufgenommene«) Formen. Ändern Sie die HÄRTE auch durch vertikales Ziehen bei gedrückter Alt-Taste mit der rechten Maustaste (am Mac mit Eintasten-Maus zusätzlich die Ctrl-Taste).

Selbst bei 100 Prozent HÄRTE erhalten Sie mit üblichen runden Pinselvorgaben noch eine hauchdünne Kantenglättung – ideal zur Bearbeitung von Ebenenmasken, die mit der GLÄTTEN-Option der Auswahlwerkzeuge entstanden. Ränder ohne jeglichen halbtransparenten Übergang produziert Photoshop nur mit rechteckigen Pinselvorgaben oder mit dem Buntstift.

Bearbeitung der Strichkanten

Einige Optionen des Pinselbedienfelds verändern speziell die Kanten des Malstrichs:

- Die Option NASSE KANTEN simuliert Aquarellfarben – der Pinsel trägt innen leicht transparent auf und erreicht nur an den Rändern höhere Deckkraft.
- Die Option AIRBRUSH finden Sie über die Schaltfläche in den Optionen zu Pinsel oder Mischpinsel : Bei aktivem Modus dehnt sich die Farbe immer weiter aus, solange Sie die Maus- oder Grafikstifttaste permanent über einer Bildstelle gedrückt halten.
- Die Vorgabe RAUSCHEN bringt ein unregelmäßiges Streuselmuster in nur halb deckende Bereiche einer Pinselspitze mit Grautönen, also auch in Pinselvorgaben mit geringer HÄRTE.
- Die Option GLÄTTUNG soll glattere Kurven bei schnellen Malstrichen liefern.

Die Form der gerundeten Pinselvorgaben

Als RUNDHEIT tippen Sie ein, ob Sie einen Kreis (100%) oder eine schmale Ellipse wollen. Der WINKEL dreht die Spitze – eine schräge, elliptische Spitze eignet sich für kalligrafische Effekte. Korrigieren Sie die Form und den Winkel direkt durch Ziehen in der Vorschau.

Für WINKEL wie auch RUNDHEIT bietet Photoshop im Bereich FORMEIGENSCHAFTEN den JITTER-Regler und STEUERUNG-Klappmenüs. Per JITTER machen Sie die Eigenschaften vom Zufall abhängig, per STEUERUNG variieren die Eigenschaften zum Beispiel je nach Strichlänge. Legen Sie eine MINDESTRUNDHEIT fest, so dass die Pinselvorgabe nicht zu schmal ausfällt.

»Abstand«

Der ABSTAND reguliert die Dichte des Auftrags über die Länge des Pinselstrichs hinweg. Hohe Werte erzeugen einen gesprenkelten Strich; mit niedrigen Werten wird der Strich durchgehend.

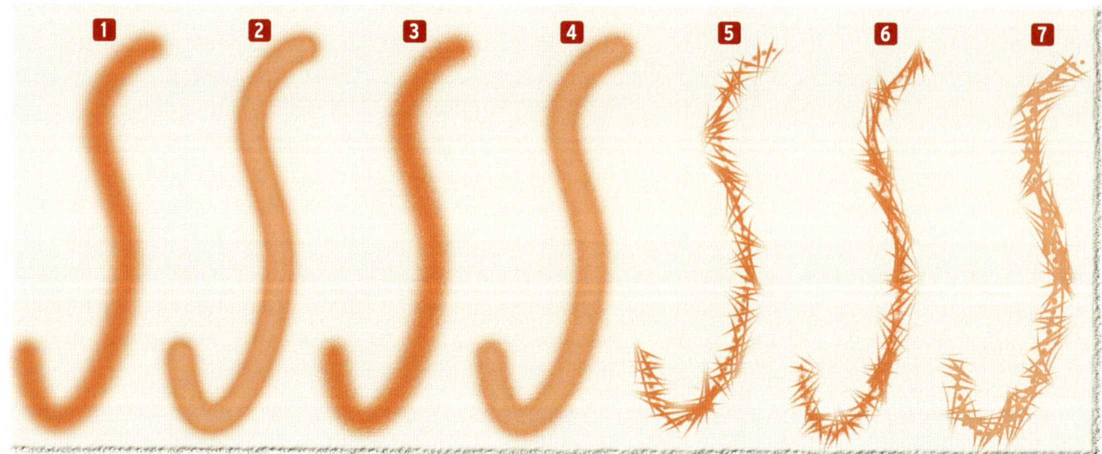

Abbildung 13.33 **Ganz links:** Der Strich entstand mit runder Pinselvorgabe und geringer Härte. Rechts davon sehen Sie Variationen. **2:** Nasse Kante; **3:** Rauschen; **4:** Nasse Kante und Rauschen; **5:** Dualer Pinsel: Die Vorgabe »Dualer Pinsel« zeigt eine zweite Pinselvorgabe in den Umrissen der ersten Vorgabe; **6:** Dualer Pinsel und Rauschen; **7:** Dualer Pinsel und Nasse Kante. Vorlage: Pinsel_c1

»Struktur«

Per Struktur-Bereich weben Sie eine Textur oder ein Oberflächenrelief aus der üblichen Musterbibliothek in den Farbauftrag. Sie können das Muster skalieren, umkehren oder in Helligkeit und Kontrast regeln. Zudem bietet das Bedienfeld eine Reihe von meist abdunkelnden Füllmethoden; Hart mischen führt beispielsweise zu normalem, unstrukturiertem Farbauftrag.

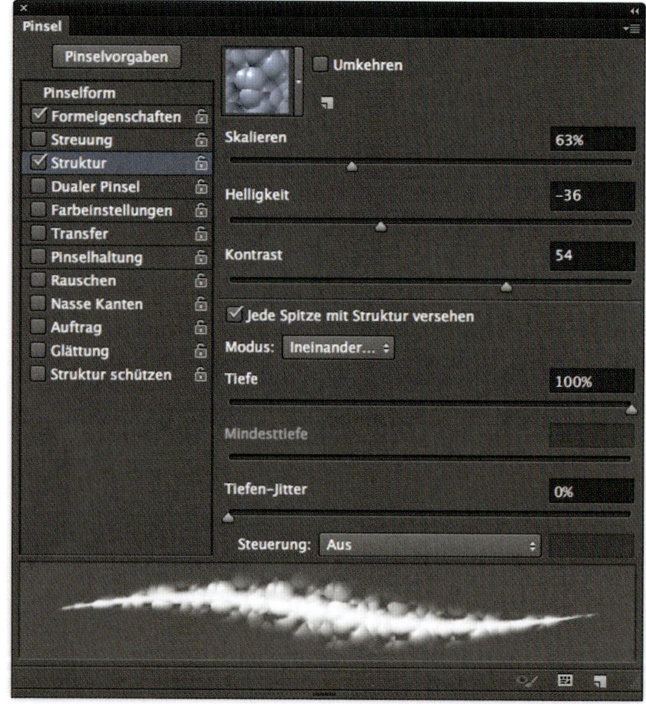

Abbildung 13.34 Eine Struktur fügt einem Pinsel ein Muster hinzu, das über einen Modus mit der eigentlichen Pinselspitze überblendet wird. Ist die Option **Struktur schützen** aktiviert, nehme alle Malwerkzeuge diese Struktur auf.

Nur wenn Sie JEDE SPITZE MIT STRUKTUR VERSEHEN, stehen die Regler für TIEFEN-JITTER und MINDESTTIEFE zur Verfügung. Hohe TIEFE-Werte arbeiten die Struktur deutlich heraus. Der Regler TIEFEN-JITTER bestimmt, wie stark die Tiefe variieren darf. Wählen Sie in der STEUERUNG das VERBLASSEN, hängt die Tiefe von der Länge des Pinselstrichs ab.

Strukturen schützen und übertragen

Um verschiedene Pinselvorgaben mit einheitlicher Struktur zu verwenden, nutzen Sie die Option STRUKTUR SCHÜTZEN unten links im Pinselbedienfeld.

Sie können das aktuelle Muster zudem auf alle anderen Werkzeuge übertragen, die Strukturen unterstützen, darunter Kopierstempel, Musterstempel oder Protokollpinsel. Dazu öffnen Sie das Menü zum Pinselbedienfeld mit der Dreieck-Schaltfläche und wählen **Struktur in andere Werkzeuge kopieren**. Dies ist beispielsweise dann hilfreich, wenn Sie etwa eine einheitliche Leinwandstruktur mit verschiedenen Werkzeugen ins Bild pinseln möchten.

Farbeinstellungen

Im Bereich FARBEINSTELLUNGEN regeln Sie die gewünschte Schwankung des Tonwerts. Für einige Werkzeuge wie Musterstempel, Kopierstempel oder Protokollpinsel steht dieser Bereich nicht zur Verfügung. So verändert sich die Farbe:

- Ein hoher Wert für VORDERGRUND-/HINTERGRUND-JITTER lässt den Pinselstrich zwischen Vorder- und Hintergrundfarbe schwanken.
- Per STEUERUNG machen Sie die Entscheidung für Vorder- oder Hintergrundfarbe zum Beispiel von der Strichlänge (VERBLASSEN) oder vom Grafiktablett abhängig. Sie erhalten einen Farbverlauf.
- Ein hoher Wert für FARBTON-JITTER führt zu freien, bunten Farbschwankungen.

Weitere Möglichkeiten: Die Farbsättigung schwankt mit hohen Vorgaben für SÄTTIGUNGS-JITTER. Der Regler REINHEIT setzt die Farbsättigung dauerhaft hoch oder herunter – unabhängig von der aktuellen Vordergrundfarbe. HELLIGKEITS-JITTER bringt Zufälligkeit in die Helligkeit des Pinselstrichs.

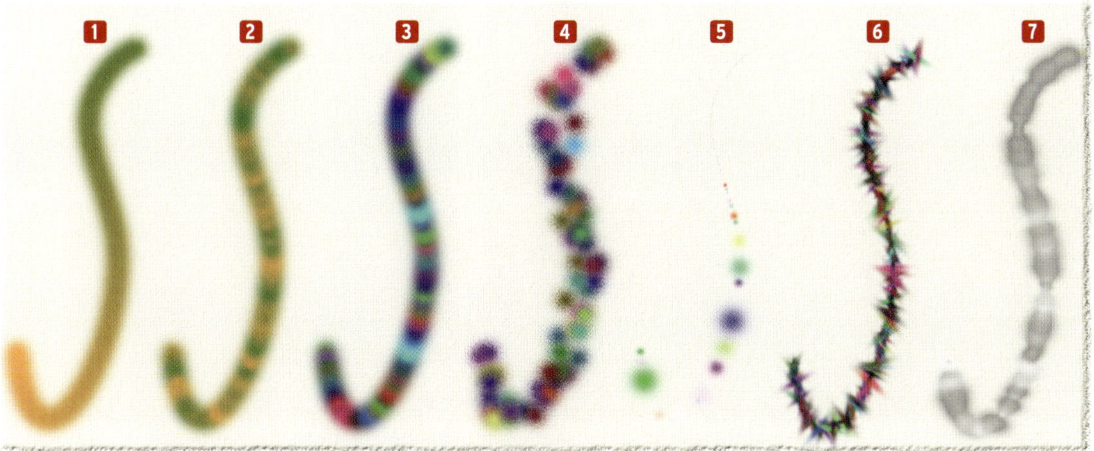

Abbildung 13.35 Farbeinstellungen im Vergleich,**1:** Verblassen mit Vordergrund-/Hintergrundfarbe, Wert: 100; **2:** Jitter mit Vordergrund-/Hintergrundfarbe, Verblassen; **3:** Farbton-Jitter 50%; **4:** Streuung, Rauschen, Farbton-Jitter; **5:** Abstand 100%, Größen-Jitter, Sättigungs-Jitter 100%; **6:Abstand 30,** Winkel-Jitter 40%; Helligkeits-Jitter 100% **7:** Winkel-Jitter 10%, Nasse Kanten, Rundheit wieder 100%, Jitter mit Vordergrund-/Hintergrundfarbe, Verblassen, Reinheit -100%. Vorlage: Pinsel_c1

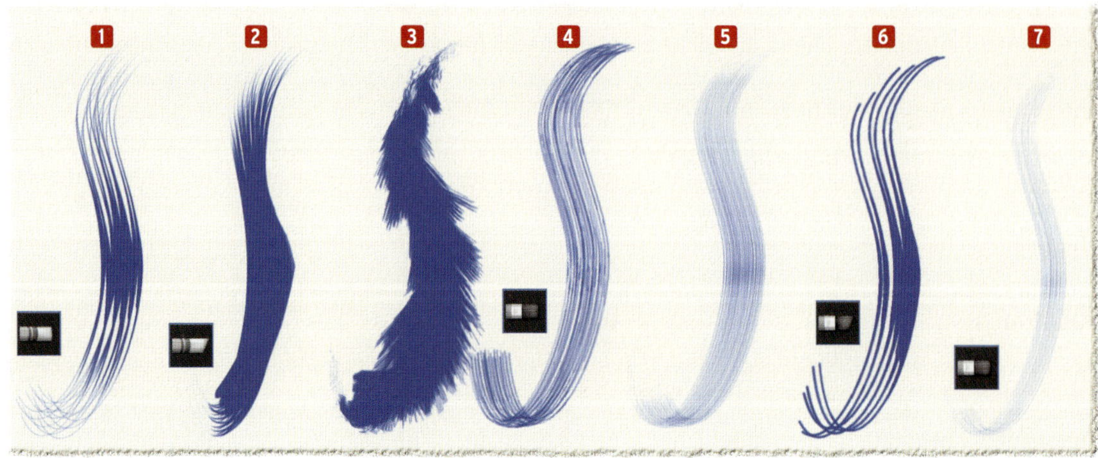

Abbildung 13.36 Borstenspitzen im Vergleich. **1:** rund, stumpf, mittlere Steifheit; **2:** rund, abgewinkelt, geringe Steifheit; **3:** flach, spitz Steifheit 4%; **4:** Flach, stumpf, kurz, steif **5:** Wie 4, zusätzlich Borsten erhöht; **6:** flach, abgewinkelt, geringe Borstenzahl; **7:** Flach, stumpf, kurz, steif. Vorlage: Pinsel_c1

Borstenfunktionen

Die zehn Borstenpinsel sowie ein Wasserfarbenpinsel bieten im Bereich PINSELFORM mehr Feinsteuerung als nur HÄRTE, GRÖSSE, WINKEL und ABSTAND. Hier regeln Sie auch die Zahl der BORSTEN und ihre LÄNGE, STÄRKE und STEIFHEIT. Teilweise sind die Spitzen abgeschrägt oder abgerundet. So treffen je nach Andruck oder Winkel nicht immer alle Borsten einer Spitze auf die Malfläche, so entstehen besonders natürliche Striche.

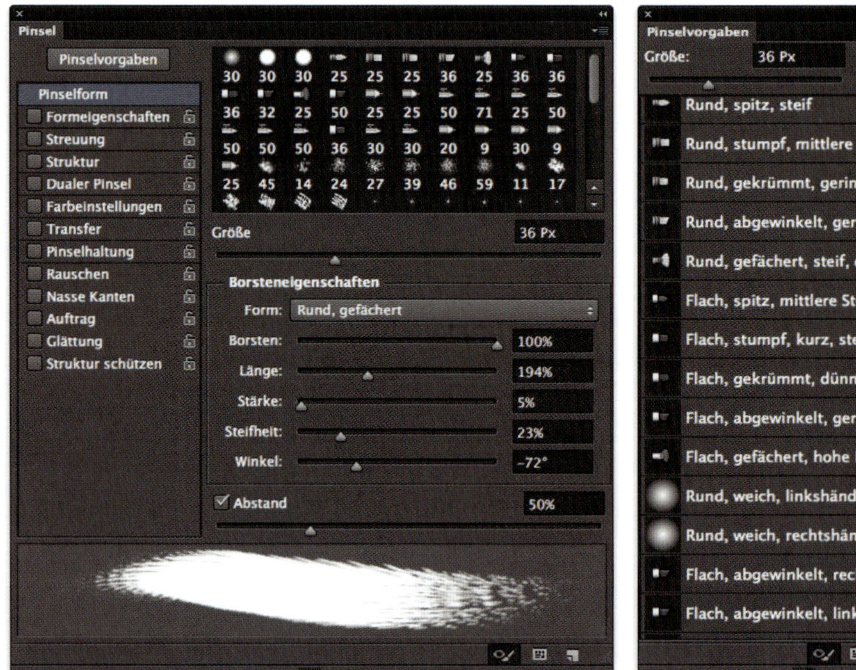

Abbildung 13.37 Die Borstenpinsel erlauben im Bereich Pinselform« vielseitige Steuerung: Ändern Sie nicht nur »Härte«, »Durchmesser« und »Abstand«, sondern auch »Stärke«, »Steifheit« und Zahl der »Borsten«. Wie alle Spitzen ruft man sie wahlweise im Pinsel- oder im Pinselvorgaben-Bedienfeld auf.

Einige Regler sind vor allem fürs Malen per Maus interessant, weniger bei der Arbeit mit einem druckempfindlichen Grafiktablett. Es geht um die Spitzen Rund, spitz, steif bis Flach, gefächert, hohe Borstenzahl.

Eine Grafikanimation verdeutlicht bei der Arbeit die Wirkung der aktuellen Pinselspitze. Sie erkennen Winkel, Länge und andere Eigenschaften in Echtzeit. Steuern Sie die Animation mit der Schaltfläche Borstenpinselvorschau ein-/ausblenden unten im Pinselbedienfeld. Auch über **Ansicht: Extras** steuern Sie die **Pinselvorschau**.

Tipp Sie brauchen »natürliche«, ungleichmäßige Striche? Heben Sie die Länge der Borsten und senken Sie die Stärke und die Steifheit. So verteilen sich einzelne Borsten freier. Schalten Sie testweise Nasse Kanten zu.

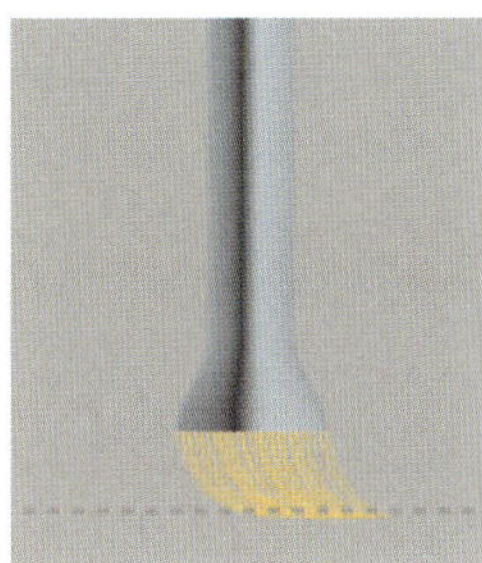

Abbildung 13.38 Die Wirkung der Borstenpinsel zeigt Photoshop mit einer Grafikanimation. Klicken Sie ohne Zusatztaste in die Grafik, um insgesamt drei verschiedene Perspektiven zu sehen, die gestrichelte Linie zeigt die Arbeitsfläche. Per Klick auf die Doppelpfeil-Schaltfläche am oberen Rand der Animationsfläche ändert sich die Größe. Per [⇧]-Klick wird die Darstellung aufwändiger.

13.5 Malwerkzeuge

Malwerkzeuge wie Pinsel oder Buntstift erzeugen in der Grundeinstellung Striche in der aktuellen Vordergrundfarbe. Neben kreativen Arbeiten brauchen Sie den Pinsel beispielsweise auch für die Maskenretusche.

13.5.1 Optionen für Retusche- und Malwerkzeuge

Zahlreiche Einstellungen und Kurztasten gleichen sich bei allen Mal- und Retuschewerkzeugen: Zum einen arbeiten alle Stifte & Co. mit den Vorgaben aus dem Pinselbedienfeld; zum anderen ähneln sich die Einstellmöglichkeiten in der Optionenleiste. Unsere Tipps erleichtern die Arbeit:

- Klicken Sie einen Farbtupfer ins Bild, lassen Sie die Maus los und klicken Sie andernorts erneut mit gedrückter [⇧]-Taste – Photoshop verbindet die zwei Punkte mit einer geraden Linie. Klicken und [⇧]-Ziehen führt zum gleichen Ziel.
- Eine [Alt]-Taste beim Malwerkzeug wechselt vorübergehend zur Pipette, mit der Sie eine neue Vordergrundfarbe aus dem Bild aufgreifen. [Alt]+[⇧] verhilft zeitweilig zum Farbaufnahmewerkzeug.
- Ändern Sie die Deckkraft über die Zifferntasten: [1] steht für den niedrigen Wert »10«, [2][2] für 22, [0] für 100. Achtung: Haben Sie kein Mal- oder Retuschewerkzeug aktiviert, ändern diese Tastengriffe die Deckkraft der aktuellen Ebene, sofern der Cursor nicht im Dateneingabefeld eines Bedienfelds blinkt.
- Die Airbrush-Schaltfläche sorgt dafür, dass sich die Farbe allmählich aufbaut, wenn Sie die Maustaste gedrückt halten – besonders gut zu beobachten, wenn Sie mit deutlich gesenkter Deckkraft malen.

Tipp Um DECKKRAFT und Überblendung flexibel einzusetzen, malen Sie auf einer leeren Ebene mit voller DECKKRAFT und NORMAL-Modus. Anschließend testen Sie verschiedene DECKKRAFT- und Überblendeinstellungen und verbergen Teile per Ebenenmaske. Das ursprüngliche Motiv bleibt so voll erhalten.

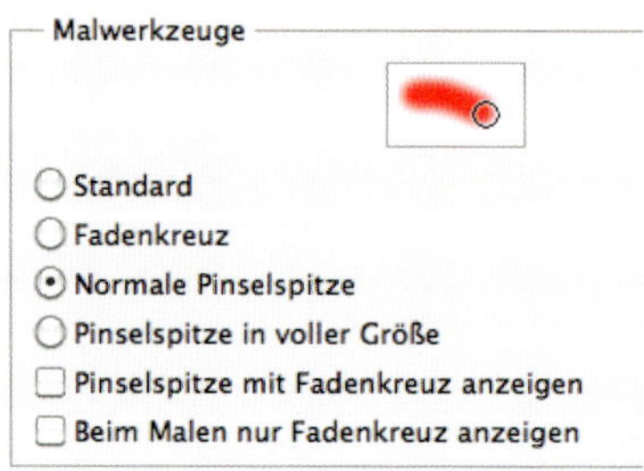

Abbildung 13.39 In den »Voreinstellungen« im Bereich »Zeigerdarstellung« regeln Sie die Anzeige der Pinselspitzen (Strg+K). Die Vorgabe »Normale Pinselspitze« zeigt nur den Bereich einer Pinselspitze, der sofort mit mehr als 50 Prozent Deckkraft aufträgt. Die Vorgabe »Pinselspitze in voller Größe« umfasst hingegen den gesamten Bereich der Pinselspitze; hier ist es sinnvoll, zusätzlich die Option »Pinselspitze mit Fadenkreuz anzeigen« zu verwenden. Die ⇧-Taste schaltet zum Fadenkreuz um.

13.5.2 Pinsel und Buntstift

Der Pinsel (Kurztaste B, für Brush) erzeugt Striche mit geglätteter oder weicher Kante. Verwenden Sie 100 Prozent Härte, um eine geglättete Auswahlkontur in Alphakanal oder Ebenenmaske zu retuschieren. Rechteckige Pinselvorgaben oder der Buntstift erzeugen harte Kanten ohne jeden Übergang.

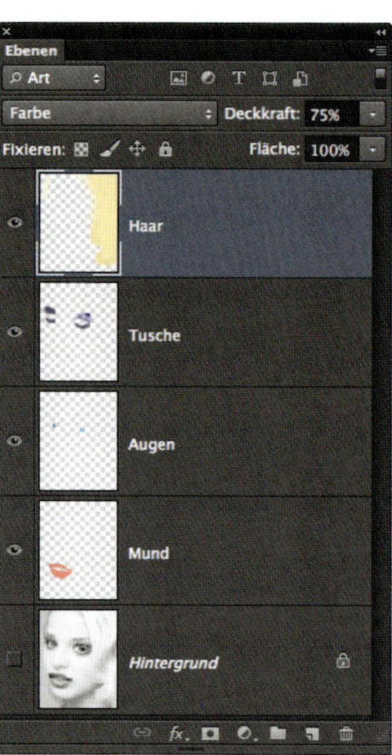

Abbildung 13.40 Das Graustufenbild wurde in den RGB-Modus verwandelt, anschließend haben wir die Kolorierung auf neuen Ebenen aufgetragen; die Ebenen erhalten die Füllmethoden »Farbe« oder »Ineinanderkopieren«. Sie können jedes Element einzeln korrigieren oder umfärben, die Wirkung lässt sich mit »Deckkraft«-Regler, Einstellebenen oder Ebenenmasken weiter steuern, das Graustufenbild auf der Hintergrundebene bleibt unverändert. In der Mitte haben wir die Fotoebene ausgeblendet. Datei: Pinsel_d

Der Buntstift (Kurztaste B) teilt sich ein Fach der Werkzeugleiste mit dem Pinsel. Der Buntstift erzeugt scharfkantige, freie Linien oder Figuren ohne jeden geglätteten Rand. Die Option AUTOMATISCH LÖSCHEN tauscht die Vordergrund- durch die Hintergrundfarbe aus: Beginnen Sie einen Buntstiftstrich auf der Hintergrundfarbe, malt er in der Farbe des Vordergrunds und umgekehrt.

Der Buntstift kommt vor allem bei Bitmap-Bildern zum Zug, die auf schwarze und weiße Bildpunkte beschränkt sind. Aber auch bei anderen hart konturierten Grafiken ohne Kantenglättung eignet er sich zur Retusche, zum Beispiel bei Screenshots.

13.5.3 Mischpinsel

Der Mischpinsel teilt sich ein Werkzeugfach und den Tastaturbefehl B mit dem Pinsel. Er mischt die Vordergrundfarbe »künstlerisch« und fein steuerbar mit dem vorhandenen Bild und weit viel mehr Gestaltungsmöglichkeit als der Wischfinger. Wahlweise

- rühren Sie nur die vorhandenen Bildfarben durcheinander oder
- beginnen Sie ganz ohne vorhandenes Bild in einer neuen leeren Datei

oder Sie kombinieren die beiden Möglichkeiten. Sie steuern den Mischpinsel vor allem mit den wichtigen Reglern Nass, Auftrag und Mix.

Abbildung 13.41 Wir verwenden den Mischpinsel für diese Reihe durchgehend mit den Optionen »Pinsel nach jedem Strich laden« »Pinselfarbe nach jedem Strich entfernen« und »Alle Ebenen«, so dass wir mit jedem neuen Pinselstrich den Anfangszustand haben. **1:** Mischpinsel mit Nass 0, Auftrag 1, Mix 0 und Fluss 20; **2:** Fluss auf 100 angehoben, Auftrag auf 60 angehoben, Nass und Mix weiter bei 0; **3:** Nass jetzt auf 60, Mix weiter bei 0; **4:** Mix auf 70 gehoben, so dass die Umgebungsfarbe stärker ist als die Malfarbe; **5:** Nass und Mix auf 100 Prozent, so wird nur die Umgebungsfarbe verändert, die Malfarbe spielt keine Rolle; **6:** Nass auf 15 Prozent gesenkt, damit die Umgebungsfarbe weniger hineinspielt. **6:** Mix auf 80 Prozent, um etwas Malfarbe hinzuzufügen. Vorlage: Mischpinsel_1

»Alle Ebenen«

Wie auch bei den Retuschewerkzeugen: Legen Sie für unterschiedliche Striche immer wieder neue leere Ebenen an und nutzen Sie die Mischpinsel-Option Alle Ebenen. So können Sie die verschiedenen Striche immer noch mit Deckkraft-Regler, Radiergummi oder Füllmethode auf ihrer eigenen Ebene verfeinern, unabhängig vom Originalbild – dennoch berücksichtigt der Mischpinsel die Farben anderer Ebenen, also das Gesamtbild.

Tipp Wählen Sie die aktuelle Malebene einmal mit Strg+A aus, dann lässt sie sich jederzeit bequem mit Entf- oder ←-Taste leerlöschen.

»Nass«

Der Nass-Wert definiert die Feuchtigkeit des Untergrunds (nicht des Mischpinsels) und lässt sich über die Ziffertasten steuern. Hohe Werte wie 80 oder 100 verschmieren die Farbe stärker. Gestaltungsmöglichkeiten:

- Stehen Auftrag und Mix auf null, können Sie mit einem hohen Nass-Wert immer noch ein vorhandenes Bild neu »kreativ« verrühren.
- Eine Vordergrundfarbe mit niedrigem Mix-Wert und niedriger Nass-Einstellung zeigt besonders viel von dieser Farbe, der Null-Wert für Nass trägt die Farbe voll deckend auf.

Tipp Bei hohen Nass-Werten landet mehr von der Umgebungsfarbe in der Pinselspitze. Wollen Sie wieder unverfälschte Malfarbe, müssen Sie die Spitze »reinigen«.

Abbildung 13.42 In den Optionen zum Mischpinsel entscheiden Sie, wie sich Umgebungsfarbe und Malfarbe mischen.

»Auftrag«

Hier steuern Sie quasi, wie tief Sie den Pinsel in den Farbtopf tunken. Bei hohen Auftrag-Werten hält die Malfarbe über eine größere Strecke durch, bevor sie verblasst. Ist die Farbe ausgeklungen, vermischen Sie allenfalls noch bereits vorhandene Umgebungsfarben.

Arbeiten Sie auf einer leeren Fläche, können Sie demnach nicht mit einem Nullwert für Auftrag beginnen. Verwischen Sie umgekehrt ein vorhandenes Foto, fahren Sie den Auftrag wahlweise ganz zurück, denn Sie nutzen ja auch vorhandene Farben.

Tipp Zum bequemeren Malen drehen Sie die Bilddarstellung – also nicht die Pixel, nur deren Darstellung; so wie Sie vielleicht ein Blatt Papier auf Ihrem Schreibtisch drehen. Dazu muss Photoshop OpenGL-Zugriff haben. Drücken Sie länger die Taste R (für »Rotieren«), klicken Sie ins Bild und drehen Sie Ihr Foto so, dass Sie beispielsweise Ihre Malstriche waagerecht anbringen können. Sobald Sie die Finger vom R lassen, sind Sie wieder beim ursprünglichen Werkzeug.

»Mix«

Die Option **Mix** steuert die Mischung von Umgebung und Pinselfarbe. Niedrige Werte zeigen die Malfarbe stärker, hohe Werte betonen die Umgebungsfarben. Weiterhin entscheidet auch der Nass-Wert mit darüber, wie sich Farbe und Untergrund mischen.

Ändern Sie den Mix-Wert auch mit Alt+⇧+Zifferntaste. Mit 0 0 setzen Sie Mix und Nass auf null. Steht der Nass-Regler auf null, lässt sich der Mix nicht ändern.

»Pinsel laden«

Nach dem ersten Verblassen laden Sie frische Farbe. Klicken Sie auf das kleine Dreieck ▼ neben dem Farbfeld in der Optionenleiste und gehen Sie auf **Pinsel laden**. Oder klicken Sie auf Pinsel nach jedem Strich laden .

»Pinsel reinigen«

Das Klappmenü ▼ neben der AKTUELLEN PINSELLADUNG enthält auch den Befehl **Pinsel reinigen**. Damit verschwindet jegliche Farbe aus der Spitze, sie zeigt reine Transparenz. Hilfe bietet auch der Befehl PINSEL NACH JEDEM STRICH REINIGEN.

Sofern Sie jedoch NASS arbeiten, können Sie immer noch vorhandene Farben verwischen. Dabei baut sich allmählich Farbe aus dem Hintergrund in der Pinselspitze auf. Bei hohem NASS-Wert können Sie also nun die Umgebung verwischen, ohne sie mit Altfarben zu kontaminieren.

Farben aufnehmen

Wie bei allen Malwerkzeugen gilt auch beim Mischpinsel: Mit der [Alt]-Taste wechseln Sie vorübergehend zur Pipette und nehmen eine neue Vordergrundfarbe aus dem Bild auf. Allerdings: In der Grundeinstellung des Mischpinsels nehmen Sie per [Alt]-Taste keine Einzelfarbe auf, sondern das Bild selbst – je größer die Pinselspitze, desto größer wird der aufgenommene Bildbereich.

Alternativ dazu holen Sie eine Einzelfarbe in die Pinselspitze, indem Sie in den Optionen im Klappmenü ▼ neben der AKTUELLEN LADUNG den Eintrag NUR VOLLTONFARBEN LADEN wählen. Nun orientiert sich Photoshop am AUFNAHMEBEREICH, den Sie für das Werkzeug Pipette eingestellt haben (zum Beispiel 31x31 PIXEL DURCHSCHNITT). Allgemein variierende Farbeigenschaften richten Sie auch über die FARBEINSTELLUNGEN im Pinselbedienfeld ein; nehmen Sie hohe Werte für FARBTON-JITTER oder SÄTTIGUNG-JITTER.

Tipp Für Befehle und Optionen wie MISCHPINSEL LADEN, AUTOMATISCHES LADEN DES MISCHPINSELS und weitere können Sie eigene Tastaturbefehle einrichten. Sie wählen **Bearbeiten: Tastaturbefehle**, nehmen im Dialog das Menü TASTATURBEFEHLE FÜR: WERKZEUGE. An unterster Stelle in der Liste finden Sie ebenfalls die Option ERODIERBARE SPITZEN SCHARFZEICHNEN, zu der Sie ebenfalls einen eigenen Tastenbefehl festlegen können.

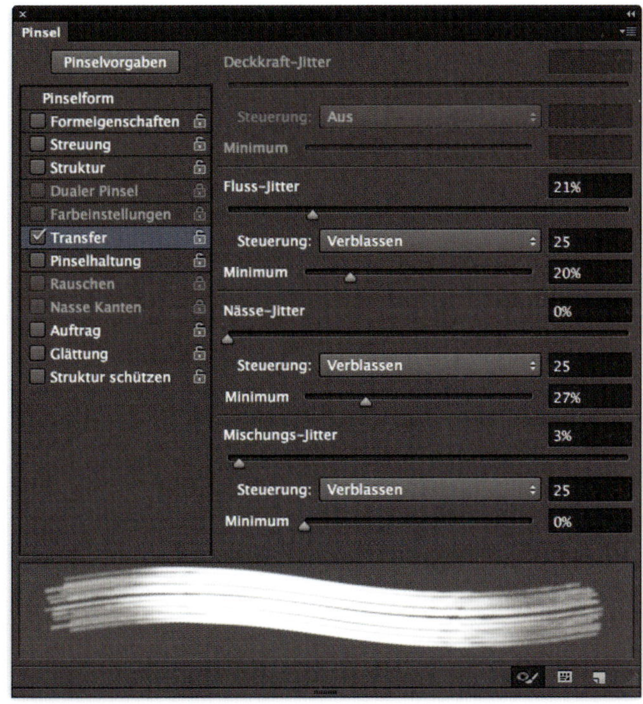

Abbildung 13.43 Das Pinsel-Bedienfeld bietet Einstellungen für den Mischpinsel, die Sie für andere Werkzeuge nicht finden – so die Zufallssteuerung (»Jitter«) für »Fluss«, »Nässe« und »Mischung« im Bereich »Transfer«.

Weitere Optionen

Sie steuern den Mischpinsel mit weiteren Optionen, die Sie vielleicht schon vom Pinsel-Werkzeug kennen:

- Fluss regelt, wie schnell die Farbe vom Pinsel kommt, und erinnert etwas an den Deckkraft-Regler.
- Per Airbrush-Modus fließt Farbe auch dann, wenn Sie bei gedrückter Maustaste auf einer Stelle verharren.
- Sofern Sie ein Grafiktablett besitzen, nutzen Sie die Option Druck auf Tablett steuert Grösse - damit spannen Sie Ihr Grafiktablett selbst dann ein, wenn die aktuellen Pinselspitzen-Einstellungen im Pinselbedienfeld keine Grafiktablett-Steuerung vorsehen.

Voreinstellungen

Nutzen Sie Voreinstellungen oben in den Optionen; sie verändern vor allem die Werte Nass, Auftrag und Mix.

Diese Mischpinsel-Optionen nehmen indes keine eigenen Voreinstellungen auf. Ihr Ausweg: Klicken Sie auf das kleine Dreieck ▼ ganz links in der Werkzeugleiste, neben dem Mischpinselsymbol. Dort klicken Sie auf Neue Werkzeugvorgabe erstellen : Die entstehende Vorgabe merkt sich nicht nur Ihre Werte für Mix und Pinsel nach jedem Strich laden , sondern auch die Pinselspitze selbst, zum Beispiel den Durchmesser. Sie rufen diese Spitze samt allen Mischpinseleinstellungen über dasselbe Symbol in den Optionen zum Mischpinsel wieder auf, alternativ über das Werkzeugvorgabenbedienfeld.

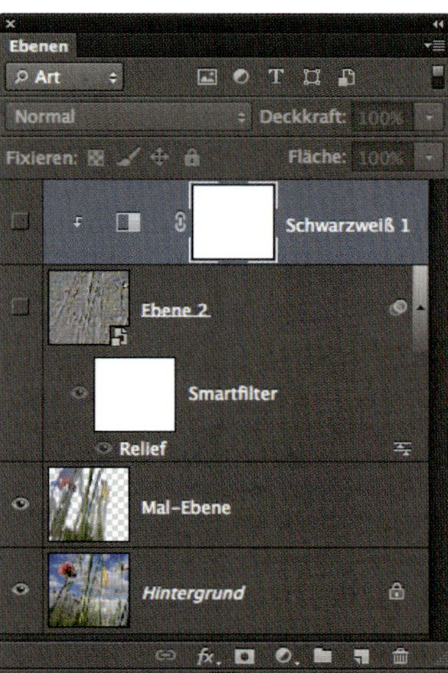

Abbildung 13.44 Die Striche von der separaten Mal-Ebene werden durch eine Relief-Ebene betont. Datei: Pinsel_f.

Relief herausarbeiten

Sie möchten das Relief der Ölfarben stärker herausarbeiten, so dass sie betont glänzen? Speziell in Verbindung mit dem Mischpinsel eignet sich eine altbekannte Technik:

1. Malen Sie Ihre Pinselstriche wie üblich auf neuen leeren Ebenen und klicken Sie im Bedienfeld einmal auf die oberste Ebene (oder aktivieren Sie die oberste Ebene mit ⇧+Alt+.).

2. Halten Sie die Alt-Taste gedrückt, dann wählen Sie **Ebene: Sichtbare auf eine Ebene reduzieren**. Dabei entsteht ganz oben im Ebenen-Bedienfeld eine neue Ebene; sie zeigt Ihr Gesamtbild auf einer einzigen Ebene.
3. Im Menü des Ebenen-Bedienfelds nehmen Sie **In Smart-Objekt konvertieren**.
4. Stellen Sie die Füllmethode dieser Ebene von NORMAL auf INEINANDERKOPIEREN um; das Klappmenü dazu ist links oben im Bedienfeld.
5. Sie wählen **Filter: Stilisierungsfilter: Relief**; experimentieren Sie mit HÖHE und STÄRKE.
6. Der Effekt ist schon gut erkennbar, allerdings produziert der **Relief**-Filter ungewollte Farbkanten. Legen Sie darum eine **Schwarzweiß**-Einstellungsebene an, zum Beispiel mit einem Klick auf das SCHWARZWEISS-Symbol im Korrekturen-Bedienfeld.
7. Je nach Vorgabe im Korrekturen-Bedienfeld zeigt die **Schwarzweiß**-Ebene zunächst das Gesamtbild grau. Dann brauchen Sie noch eine Schnittmaske. Die richten Sie mit Strg+Alt+G ein; nun erscheint Ihr Gemälde in Farben, doch die bunten Kanten des Reliefbefehls sind unterdrückt.

Den **Relief**- und den **Schwarzweiß**-Effekt verfeinern Sie nun nach Belieben. Klicks auf die entsprechenden Icons im Ebenen-Bedienfeld bringen Sie zu den Dialogen.

Tipp Eine schlichte Alternative zum Verfahren per Relieffilter wäre ein starker Scharfzeichner, zum Beispiel **Filter: Scharfzeichnungsfilter: Selektiver Scharfzeichner**, mit hohem Radius-Wert. Klicken Sie auf **Erweitert** und heben Sie in den Tiefen testweise das Verblassen an (so dass es weniger auffällt).

13.5.4 Übersicht: Welcher Malmodus für welchen Zweck?

Einige Überblendverfahren werden bei der Arbeit mit Malwerkzeugen besonders häufig verwendet:

Aufgabe	Lösung
»Künstlerisch« malen	Unter anderem Füllmethode NORMAL, Deckkraft-Jitter, Größen-Jitter, NASSE KANTE, auch Füllmethoden MULTIPLIZIEREN oder HARTES LICHT; Pinselvorgaben wie PINSEL FÜR NASSE FARBE oder Borstenpinsel; auch Mischpinsel oder erodierbare Spitzen verwenden
Einen Bildteil umfärben und die Struktur erhalten	Füllmethode FARBTON, FARBE oder FARBIG NACHBELICHTEN
Graustufenbild kolorieren	Füllmethode FARBE, für stärkere Wirkung INEINANDERKOPIEREN; vorher Vorlage in Farbmodus verwandeln
Einem Bildteil eine neue Struktur geben	Füllmethode LUMINANZ und Musterstempel, Pinsel mit STRUKTUR-Vorgabe in Pinselbedienfeld oder Reparaturpinsel mit MUSTER-Option
»Kreativer«, lebendiger Farbauftrag mit interessanter Mischung	LICHT-, ABWEDELN- oder NACHBELICHTEN-Füllmethoden
Schatten- und Überdeckungseffekte	Füllmethode MULTIPLIZIEREN oder ABDUNKELN

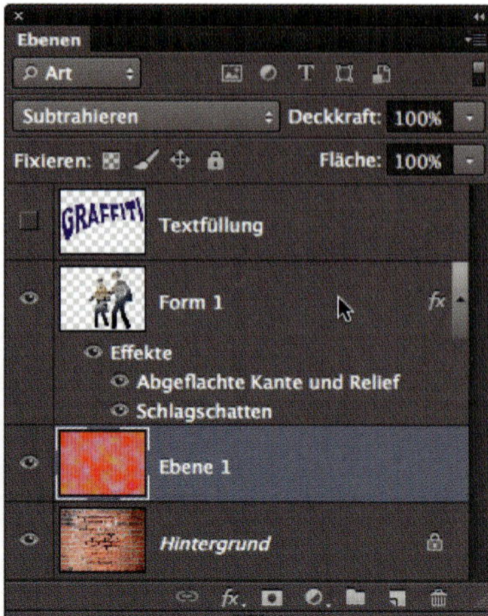

Abbildung 13.45 **Links:** Soll die Hell-Dunkel-Struktur unter dem Farbauftrag erhalten bleiben, arbeitet man mit den Füllmethoden »Farbe« oder »Farbton«. **Mitte:** Wird dagegen eine Farbfläche mit einer Struktur aufgeraut, verwendet man »Luminanz«, hier wurde die Form mit einem Verlauf gefüllt. Die Mauerstruktur dient neben dem Hintergrund zugleich als Muster für den Musterstempel, mit dem wir die Form weiterbearbeitet haben. **Rechts:** Das Ebenen-Bedienfeld zeigt den Zustand der zweiten Variante; hierzu wurde die obere Textfüllung (Bild links) ausgeblendet. Vorlage: Musterstempel_1

13.5.5 Musterstempel

Der Musterstempel – nicht zu verwechseln mit dem Kopierstempel – pinselt einen Bildteil auf, den Sie als »Muster« definiert haben: eine diffus strukturierte Oberfläche, ein Logo oder ein Schriftzug.

»Ausgerichtet«

So nutzen Sie die Option »Ausgerichtet«:

- Mit der Vorgabe Ausgerichtet pinseln Sie stets eine komplette Musterkachel neben die andere, auch wenn Sie zwischendurch loslassen und neu ansetzen. Das eignet sich für Logos, Objekte oder Schriftzüge, die nicht überlappen sollen. Tragen Sie dagegen einen diffusen Hintergrund auf, erhalten Sie schnell unerwünschte harte Kanten zwischen den einzelnen Kacheln.

Abbildung 13.46 **Links:** Wir wählen die freigestellte Zitronenscheibe per Strg+A aus und gehen auf »Bearbeiten: Muster festlegen«. **Mitte:** Der Musterstempel mit der Option »ausgerichtet« setzt eine Musterkachel sauber neben die andere, auch nach Loslassen und Neuansetzen. Sie erhalten jedoch harte Übergänge an den Rändern der Musterbausteine, sofern Sie nicht ein nahtlos kombinierbares Motiv verwenden. **Rechts:** Ohne die Option »Ausgerichtet« überlagern sich die einzelnen Musterbausteine, sobald Sie absetzen und neu beginnen. Wir haben den Modus Luminanz gewählt, wodurch eine interessante Überlagerung der einzelnen Musterelemente entsteht. Vorlage: Musterstempel_2

- Ohne die Option AUSGERICHTET: Sobald Sie den Musterstempel einmal loslassen und neu ansetzen, werden sich die zwei Kacheln überlagern. Bei diesem Verfahren ordnet Photoshop das Muster jedes Mal neu um die Mitte der Pinselvorgabe herum an. Stempeln Sie mit dieser Vorgabe eine Hintergrundstruktur ins Bild, die nicht regelmäßig aussehen soll, am besten mit weicher Pinselspitze.

13.5.6 Das Farbe-ersetzen-Werkzeug

Das Farbe-ersetzen-Werkzeug finden Sie im selben Werkzeugfach wie Pinsel und Buntstift. Es tauscht per Mausbewegung die Farbe unter dem Zeiger gegen die aktuelle Vordergrundfarbe aus.

Das Werkzeug tritt nicht direkt in Konkurrenz zu den Befehlen **Farbton/Sättigung** und dem verwandten **Farbe ersetzen**; denn diese Funktionen verschieben ja mehrere Farbtöne gleichmäßig, so dass die Farbvielfalt erhalten bleibt. Das Farbe-ersetzen-Werkzeug konkurriert schon eher mit dem Füllwerkzeug, wenn es im Modus FARBE arbeitet.

Tipp Behalten Sie den von Photoshop vorgeschlagenen Modus FARBE bei. So beschränken Sie die Korrektur tatsächlich auf den Farbton, während sich die Hell-Dunkel-Verteilung und damit die Struktur des Bilds nicht ändern.

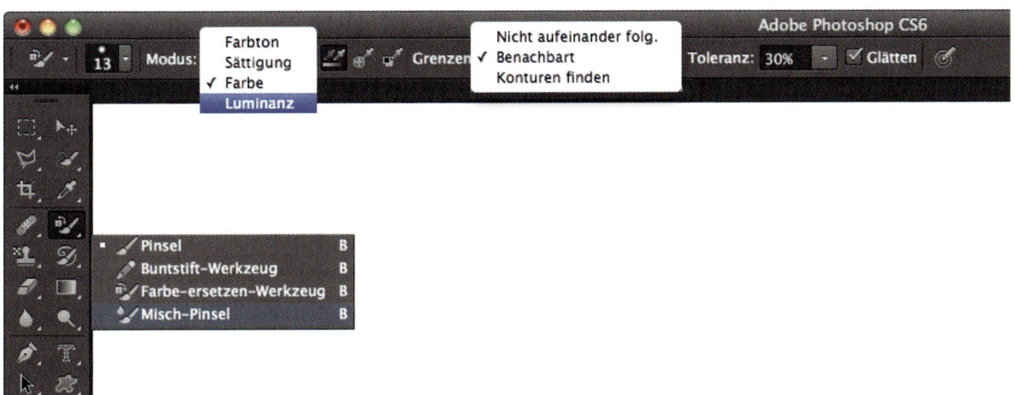

Abbildung 13.47 Das Farbe-ersetzen-Werkzeug finden Sie im selben Werkzeugfach wie Pinsel und Mischpinsel. Die Optionen erinnern an Zauberstab und Hintergrundradiergummi.

Welche Farbtöne werden verändert?

So nutzen Sie die AUFNAHME-Schaltflächen:

- Mit der Vorgabe KONTINUIERLICH ändert Photoshop jeden Farbton, der dem Farbe-ersetzen-Werkzeug ins Fadenkreuz gerät. Deutlich abweichende Farbtöne innerhalb des Pinseldurchmessers, die nicht ins Fadenkreuz gelangen, bleiben unverändert.
- EINMAL, das heißt, Sie klicken einmal einen Farbton an und nur dieser wird fortan bearbeitet. Klicken Sie ruhig andersfarbige Pixel an – nur der zuerst geklickte Farbton wird verändert.
- Alternativ ändern Sie nur Farben, die dem HINTERGRUND-FARBFELD in der Werkzeugleiste entsprechen.

Tipp Um einen Farbton aus dem Bild als Vordergrundfarbe zu definieren, klicken Sie ihn mit der Pipette an. Die Hintergrundfarbe legen Sie mit Pipette und [Alt]-Klick fest.

Wie genau wirkt das Werkzeug?

Der Toleranz-Regler steuert, wie genau Photoshop nur die gewählte Farbe verändert. Bei hohen Werten wie 50 oder 70 Prozent färbt das Werkzeug auch deutlich abweichende Farben mit ein. Beginnen Sie bei normalen Fotos mit 25 oder 30 Prozent.

Diese Möglichkeiten bietet das Klappmenü Grenzen:

- Die Vorgabe Nicht aufeinanderfolgend ersetzt den angeklickten Farbton überall im Bild.
- Benachbart ersetzt nur Farbtöne, die an den gewählten Pixel direkt angrenzen. Ähnliche Farbwerte, die durch andere Farbzonen abgetrennt sind, verändern sich nicht.
- Konturen finden ist die intelligentere Variante von Benachbart; scharfe Ränder sollen besser gewahrt bleiben.

Für übliche Halbtonfotos nehmen Sie außerdem die Option Glätten dazu.

Abbildung 13.48 **Links:** Die Vorgabe »Kontinuierlich« sorgt dafür, dass alle Farbwerte, die das Farbe-ersetzen-Werkzeug beim Ziehen mit dem Zielkreuz erfasst, umgefärbt werden. Als Vordergrundfarbe verwenden wir Magenta. **Mitte:** Wir schalten zu »Aufnahme: Einmal« um; Photoshop färbt nur noch die Farbwerte um, die beim ersten Klick mit dem Werkzeug erfasst wurden, hier ist es der Hintergrund zwischen den Stühlen. **Rechts:** Im »Grenzen«-Klappmenü schalten wir zu »Konturen finden«. So mischt Photoshop die Farben noch subtiler. Vorlage: Farbe ersetzen. Vorlage: Farbe_ersetzen

Kapitel 14

Umfärben, Schwarzweiß, Grafisches

Um starke farbliche und grafische Änderungen geht es in diesem Kapitel: Umfärben, Tonung, Schwarzweißumsetzung und Strichgrafik.

Abbildung 14.1 **Links:** Das Wagenblech wird mit dem Schnellauswahlwerkzeug ausgewählt. **Mitte, rechts:** Wir klicken im Ebenen-Bedienfeld auf »Neue Füll- oder Einstellungsebene erstellen« und wählen »Farbton/Sättigung«. Im Dialogfeld »Farbton/Sättigung« testen wir verschiedene »Farbton«-Werte. Auch nach dem Speichern lässt sich die Färbung jederzeit ändern oder abschalten. Bei diesem Verfahren entsteht automatisch eine Ebenenmaske; sie beschränkt die Umfärbung auf das vorher ausgewählte Chassis. Datei: Farbton_a

14.1 Umfärben mit »Farbton/Sättigung«

Wollen Sie ein Auto, einen Pullover oder Ihre Augen umfärben, dann brauchen Sie eine Einstellungsebene **Farbton/Sättigung**, aufrufbar zum Beispiel über das Korrekturen-Bedienfeld.

Besonders wichtig: Der Farbton-Regler verschiebt alle oder bestimmte Farben um eine bestimmte Gradzahl auf dem Farbkreis. Helligkeit und Sättigung – und damit die Struktur des Motivs – bleiben erhalten. Sofern Sie Standard im **Farbton/Sättigung**-Klappmenü verwenden, verschieben sich alle Farben gleichermaßen: Wird ein rotes Auto blau, verfärbt sich der blaue Himmel grün.

Mit dem Farbton-Regler färben Sie ausgewählte Objekte um. Beim Befehl **Farbton/Sättigung** wahrt der Farbton-Regler die Bandbreite an unterschiedlichen Farben, sie werden nur verschoben. Mit dem Farbton-Regler testen Sie leicht aus, wie Hintergründe oder Objekte in 360 verschiedenen Tonwerten aussehen.

Abbildung 14.2 Um die Plakette herum hatte die Schnellauswahl das Wagenblech nicht vollständig ausgewählt, deshalb reicht die grüne Umfärbung nicht bis an die Plakette heran. Das Problem lässt sich per Maskenretusche leicht beheben: Mit dem Pinsel und weißer Vordergrundfarbe malen wir über dem Bereich, der noch umgefärbt werden muss. Dabei ist die Einstellungsebene »Farbton/Sättigung 1« aktiviert.

Den Farbton stellt man sich auf einem Kreis vor, der alle denkbaren Farbtöne enthält. Sie verschieben den aktuellen Farbton mit dem Schieberegler um maximal 180 Grad im Uhrzeigersinn oder um maximal minus 180 Grad gegen den Uhrzeigersinn. Die beiden Extrempositionen plus 180 Grad und minus 180 Grad führen zum selben Ergebnis, der maximalen Umfärbung.

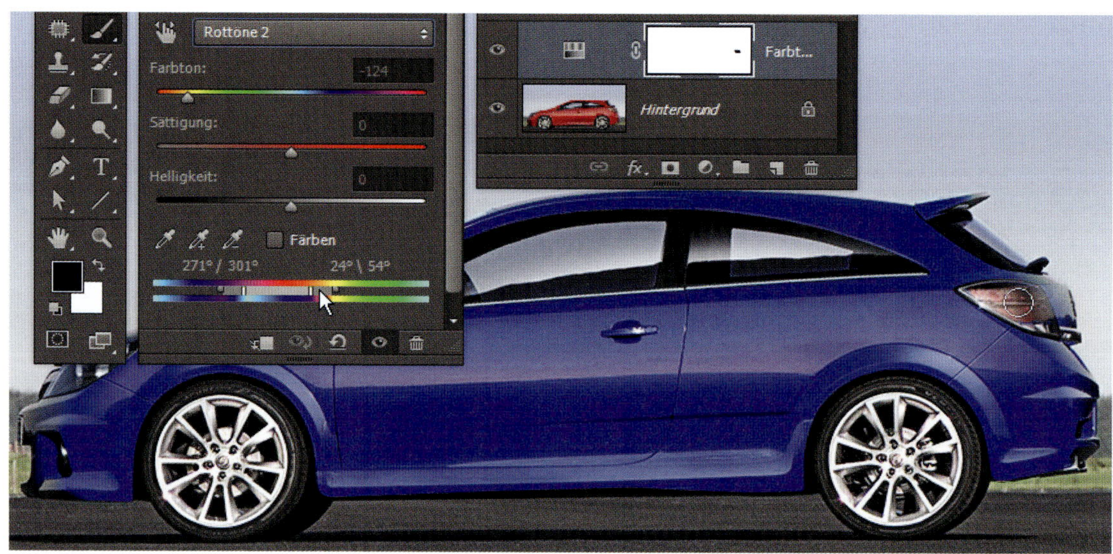

Abbildung 14.3 Der rote PKW wird ohne Auswahl umgefärbt. Wir geben lediglich im Dialog »Farbton/Sättigung« die »Rottöne 2« an. Mit den Pipetten und Schiebereglern unten im Dialogfeld verfeinern wir den Farbbereich so, dass nicht ungewollt Hintergrund mit umgefärbt wird. Das rote Bremslicht wird aber ungewollt mit umgefärbt. Wir malen mit dem Pinsel schwarze Vordergrundfarbe in die Maske über dem Bremslicht, so dass »Farbton/Sättigung« hier nichts bewirkt. Datei: Farbton_b

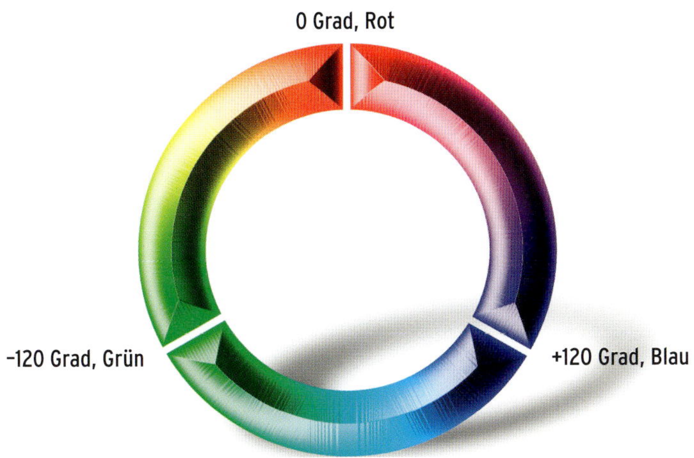

Abbildung 14.4 Die Farbwerte liegen im HSB-Modell auf einem Kreis. Denkt man sich Rot bei 0 Grad, dann sind Grün und Blau jeweils 120 Grad weit entfernt.

14.1.1 Einzelne Bereiche umfärben

Sie wollen ja nur einen klar abgegrenzten Bildteil umfärben, zum Beispiel nur ein Auto-Chassis – und nicht das Gesamtfoto. Um exklusiv nur den gewünschten Bildbereich zu verändern, gibt es zwei Möglichkeiten:

- Sie wählen den Bildbereich erst einmal mit Schnellauswahl und Konsorten aus. Gerät Weißes, Graues oder Schwarzes mit in die Auswahl, ist es oft nicht so tragisch: Neutraltöne verändern sich durch den **Farbton**-Regler nicht.
- Sie legen innerhalb des Dialogfelds **Farbton/Sättigung** einen Farbbereich fest, den Sie umfärben wollen, zum Beispiel nur die Rottöne.

Einzelnen Farbbereich umfärben

Sie wollen nur das rote Chassis umfärben, nicht aber den Rest? Erzeugen Sie eine Einstellungsebene **Farbton/Sättigung**, dann schalten Sie oben links im Eigenschaften-Bedienfeld das Ziehwerkzeug ein; ziehen Sie bei gedrückter [Strg]-Taste im Auto-Chassis. Das Klappmenü im Bedienfeld springt automatisch von Standard auf Rottöne, Sie verändern nur diesen Farbbereich. Mit [Strg]+[⇧]-Taste ändern Sie den Farbton besonders schnell in Zehn-Grad-Sprüngen; ganz ohne [Strg]-Taste manipulieren Sie dagegen die Sättigung, nicht den Farbton.

Verfeinern Sie den gewählten Farbbereich durch Ziehen unten in der Farbbereichsauswahl.

Abbildung 14.5 **Links:** Wir wählen die Karosserie mit der Schnellauswahl aus. **Mitte:** Ein »Farbton«-Wert von minus 113 führt zu einer Blaufärbung, allerdings stechen rötliche Reflexionen weiterhin heraus. **Rechts:** Wir schalten das »Färben« ein und müssen jetzt den »Farbton«-Regler auf 240 schieben sowie die »Sättigung« anheben. So tauchen Sie das Blech komplett einfarbig in Blau verschiedener Schattierungen, andere Farbtöne existieren innerhalb der Auswahl nicht mehr. Datei: Farbton_c

14.1.2 Mit einer Einzelfarbe umfärben

Wenn Sie am Farbton-Regler zupfen, schieben Sie unterschiedliche Farbtöne gleichmäßig über den Farbkreis. Nach der Bearbeitung herrscht also im bearbeiteten Bildteil eine Farbenvielfalt wie zuvor – nur mit anderen Farbtönen.

Nicht immer ist das gewollt. Manchmal stört die Farbenvielfalt. Dann zwingen Sie die Bildpartie auf eine Einzelfarbe. Sie müssen den Bereich also tonen, auch »Färben« genannt. Sie brauchen das Verfahren auch, um Details in Graustufenbildern zu färben, von denen Sie keine Farbversion haben.

Abbildung 14.6 Testen Sie Umfärbungen auch im Modus »Lab-Farbe«. Dabei entstehen andere Ergebnisse als mit »RGB-Farbe« – speziell beim Abdunkeln (wie hier beim grün eingefärbten T-Shirt) oder wenn allgemein alte und neue Farbe unterschiedlich hell erscheinen. Links sehen Sie die Vorlage, in der Mitte eine Umwandlung im RGB-Modus und rechts eine Umwandlung im Lab-Modus bei identischen Regler-Werten. Datei: Farbton_f. Foto: Lucas Klamert

Die passenden Mischmodi

Zum Umfärben gibt es viele Möglichkeiten. Egal, ob Sie malen oder mit Farbe füllen, meist sollten Sie nicht den Mischmodus Normal verwenden, die den Bildbereich komplett mit Farbe zuklatscht. Stattdessen wählen Sie oben links im Ebenen-Bedienfeld

- den Mischmodus Farbton, er ändert nur den Farbwert im Zielbereich, tastet aber Helligkeit und Sättigung nicht an; oder
- den Mischmodus Farbe, er ändert Farbwert und Sättigung, wirkt also etwas stärker.

Beide Mischmodi wahren Zeichnung und Tonwertverlauf des Originalmotivs.

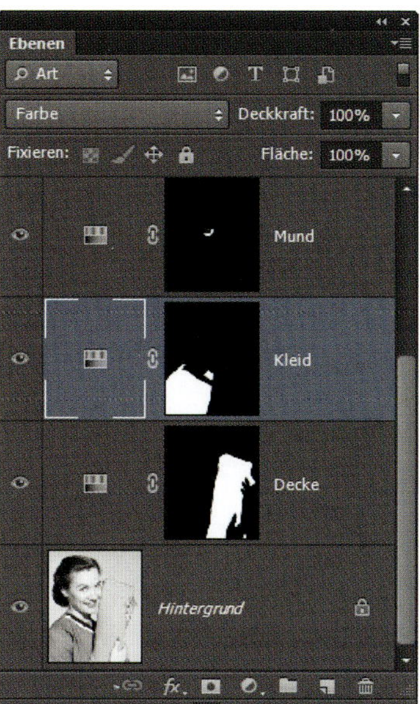

Abbildung 14.7 Wenn Bilddateien in Graustufen vorliegen, wandeln Sie zunächst nach RGB oder CMYK um. Um einzelne Zonen einzufärben, verwenden Sie zum Beispiel den Pinsel auf einer neuen leeren Ebene mit dem Mischmodus »Farbe«. Unsere Alternative hier: Der Befehl »Farbton/Sättigung« mit der Option »Färben« als Einstellungsebene mit Ebenenmaske. Bei sehr hellen oder dunklen Bereichen ändern Sie nicht nur die Regler »Farbton« und »Sättigung«, sondern auch »Helligkeit«. Testen Sie auch den Wechsel zum Mischmodus »Farbe« und reduzierte Deckkraft. Datei: Farbton_d

Mögliche Verfahren

Wie Sie ein komplettes Bild tonen, besprechen wir weiter unten, hier geht es um Änderungen in einzelnen Zonen. Diese Möglichkeiten haben Sie, nur mit einer Einzelfarbe umzufärben:

- Die beste Kontraststeuerung für eine einfarbige, örtliche Tonung haben Sie mit einer **Schwarzweiß**-Einstellungsebene und der Farbtonung-Option - sofern Sie eine Farbvorlage bearbeiten. Der Bereich muss natürlich ausgewählt oder mit einer Ebenenmaske abgegrenzt sein.
- Ebenfalls aus dem Untermenü **Korrekturen**: Stellen Sie im Dialog **Farbton/Sättigung** das Färben ein.
- Malen Sie mit dem Pinsel und der gewünschten Vordergrundfarbe, verwenden Sie dabei die Mischmodi Farbton oder Farbe - am besten auf einer neuen leeren Ebene.
- Mit dem Farbeimer oder mit dem Befehl **Bearbeiten: Fläche füllen** schütten Sie Farbe in abgegrenzte Zonen, dabei den richtigen Mischmodus nicht vergessen.
- Unten im Ebenen-Bedienfeld klicken Sie auf Neue Füll- oder Einstellungsebene erstellen, nehmen die **Farbfläche**, stellen anschließend wieder den richtigen Mischmodus ein und experimentieren eventuell mit der Deckkraft. Vorab Auswahl erstellen und/oder nachträglich mit Ebenenmaske arbeiten.

14.2 Farbtonung

Sie wollen das komplette Bild einfarbig tonen? Eine kalte Blautonung, ein nostalgischer Sepiaeffekt, nichts ist unmöglich. Einige mögliche Verfahren:

- Am übersichtlichsten und vielseitigsten: die **Schwarzweiß**-Einstellungsebene mit der Option Farbtonung.
- Die Einstellungsebene **Farbton/Sättigung** mit der Option Färben (anders als bei **Schwarzweiß** keine Kontraststeuerung).

- Im Camera-Raw-Dialog klicken Sie im Bereich HSL/GRAUSTUFEN auf IN GRAUSTUFEN KONVERTIEREN, danach gehen Sie ins Register TEILTONUNG, um mit ein bis zwei Farben zu tonen (auch verlustfrei, auch für TIFF und JPEG).
- Ihr Foto zeigt nur Graustufen, befindet sich aber in einem Farbmodus, dann nehmen Sie eine **Verlaufsumsetzung**-Einstellungsebene; testen Sie zum Beispiel die Verläufe-Bibliothek FOTOGRAFISCHE TONUNG, die Sie sofort nachladen können.
- Verschiedene Tonungen und Farbänderungen erhalten Sie den Einstellungsebenen **Fotofilter** und **Color Lookup**.
- Ihr Foto befindet sich im **Graustufen**-Modus, dann gehen Sie auf **Bild: Modus: Duplex**. Dabei steuern Sie die Zahl der Druckfarben.
- Sie legen eine einfarbige Ebene über das Bild, zum Beispiel eine **Farbfläche** als Füllebene, dann verwenden Sie die Mischmodi FARBE oder FARBTON und experimentieren mit der DECKKRAFT.

Befindet sich das Foto im Graustufenmodus, brauchen Sie vor dem Färben zunächst einen Befehl wie **Bild: Modus: RGB-Farbe**, außer beim **Duplex**-Befehl.

In üblichen RGB- und CMYK-Bildern werden reines Schwarz und Weiß nicht mitgetont. Wollen Sie Schwarz und Weiß mitbearbeiten, verändern Sie es vorab mit den **Gradationskurven** in Richtung Grau; oder probieren Sie es über die Helligkeitssteuerung im Dialogfeld, zum Beispiel mit dem Regler HELLIGKEIT im Dialog **Farbton/Sättigung**. Weitere Alternative: der Befehl **Bild: Modus: Lab-Farbe**; Sie erhalten im Lab-Modus generell andere Ergebnisse, auch Schwarz und Weiß lassen sich in Grenzen färben.

Abbildung 14.8 Alle Tonungen entstanden mit dem »Schwarzweiß«-Befehl und der Option »Farbton«. **2. Abschnitt:** Farbton 40 Grad, Sättigung 25 Prozent. **3. Abschnitt:** Farbton 220 Grad, Sättigung 25 Prozent. **4. Abschnitt:** Farbton 220 Grad, Sättigung 45 Prozent. Datei: Tonung_a. Foto: Gabi Sieg-Ewe

14.2.1 Tonung mit dem »Schwarzweiß«-Befehl

Der Befehl **Bild: Korrekturen: Schwarzweiß** (Strg+Alt+⇧+B, auch als verlustfreie Einstellungsebene) erzeugt nicht nur fein abgestimmte Schwarzweißumsetzungen, er produziert bestens auch einfarbige Tonungen (allerdings nicht in CMYK- oder Lab-Bildern). Dazu schalten Sie unten die FARBTONUNG ein.

Alle Farbtöne im Bild tauscht Photoshop gegen den gewählten Farbton aus; die unterschiedlichen Helligkeitswerte - verantwortlich für die Unterscheidung von Strukturen und Konturen - bleiben erhalten. Per Ebenenmaske begrenzen Sie den Effekt wahlweise auf einzelne Bildpartien.

Steuern Sie die Farbstimmung

Die Färbung steuern Sie mit dem FARBTON-Regler. Rot liegt in diesem Fall ganz links auf dem FARBTON-Regler, bei 0 Grad; gehen Sie bis zur Mitte, auf 180 Grad, erhalten Sie ein cyan (blaugrün) getontes Bild. Danach geht es über Blau wieder zurück auf Rot zu. Sepia liegt bei etwa 27 Grad.

Der Regler SÄTTIGUNG bestimmt die Farbintensität. Meist reichen 20 bis 25 Prozent, darüber wird es grell.

Alternative: Klicken Sie auf das Farbfeld rechts neben den Reglern und bestimmen Sie Farbton und Sättigung direkt im Farbwähler.

Welche Farbe erscheint hell-, welche dunkelgrau?

Sofern Sie ein Farb- und kein Graustufenbild bearbeiten, regeln Sie die Kontraste nach Maß. Wir besprechen die Kontraststeuerung noch genauer im Abschnitt »Farbe in Graustufen umsetzen«, aber hier ein mögliches Procedere:

1. Wählen Sie oben in den Vorgaben zum Beispiel BLAUFILTER, dann erscheint Blaues hell und Rötliches dunkel; oder nehmen Sie ROTFILTER, damit Haut hell und Himmel dunkel herauskommt.
2. Jetzt erst schalten Sie die Checkbox FARBTON ein.
3. Steuern Sie FARBTON und SÄTTIGUNG nach Bedarf.
4. Soll ein bestimmter Farbton heller oder dunkler herauskommen? Klicken Sie bei geöffnetem Schwarzweißdialog auf den Bildbereich und ziehen Sie nach links oder rechts.

Tipps

Wenden Sie die **Schwarzweiß**-Einstellungsebene auch mit anderen Mischmodi an; zum Beispiel, um Porträts mehr Kontrast und einen Hauch von Goldmetallic zu geben:

- Stellen Sie den Mischmodus der **Schwarzweiß**-Einstellungsebene auf INEINANDERKOPIEREN oder HARTES LICHT. Sie erhalten ein kontrastreiches, farbiges Gesamtbild.
- Klicken Sie im **Schwarzweiß**-Bedienfeld testweise auf AUTO für eine schnelle, oft nützliche Automatik-Korrektur. Oder ziehen Sie direkt an den Reglern für GELBTÖNE und ROTTÖNE.

Behagt Ihnen die Färbung noch nicht, legen Sie noch eine Einstellungsebene **Farbton/Sättigung** dazu und ziehen Sie den FARBTON-Regler behutsam nach rechts oder links. Eine Einstellungsebene **Gradationskurven** hilft bei der Kontraststeuerung.

Abbildung 14.9 Die Aktion »Quadrantfarben« aus den »Photoshop-Standardaktionen« teilt das Bild in vier unterschiedlich getonte Felder auf. Die neue Bildversion entsteht als Duplikat-Ebene, die Sie bei Nichtgefallen bequem löschen. Hier haben wir bereits eine Einstellungsebene »Farbton/Sättigung« darübergelegt, mit der Sie die Farbfelder bequem umfärben. Datei: Tonung_d

14.2.2 Thema: Neue Töne für Porträts

Zeigen Sie die Häupter Ihrer Lieben im neuen Look. Auf den folgenden Seiten finden Sie Vorschläge für markante Porträtänderungen. Wie Sie gezielt Haare oder Lippen korrigieren, lesen Sie ab Seite 401.

»Edelstahl«

Hauttöne schimmern metallisch-markant mit dieser Methode:

1. Klicken Sie auf der Startseite des Korrekturen-Bedienfelds auf Schwarzweiss.
2. Stellen Sie den Mischmodus der neuen Einstellungsebene im Ebenen-Bedienfeld von Normal auf Ineinanderkopieren. Der Stahl-Look ist prinzipiell schon da.
3. Aktivieren Sie das Ziehen-Werkzeug im Korrekturen-Bedienfeld und klicken und ziehen Sie über einem Hautton im Bild, um die Wirkung zu verfeinern.

Die Farbstimmung könnte etwas anders sein? Legen Sie noch eine Einstellungsebene Farbton/Sättigung obendrauf und experimentieren Sie mit dem Farbton-Regler. Eine weitere Einstellungsebene Gradationskurven bringt bei Bedarf den Kontrast auf Vordermann. Ziehen Sie alle Einstellungsebenen einfach gemeinsam aus dem Ebenen-Bedienfeld über ein neues Bild, um dort die gleiche Verfremdung anzuwenden.

Website Die Aktion »Portrait - Kontraststeigerung mit Schwarzweiß-Befehl« von der Website zum Buch legt eine kontraststeigernde **Schwarzweiß**-Einstellungsebene an wie hier beschrieben. Zusätzlich entstehen Einstellungsebenen für Gradationskurven und Farbton/Sättigung, zunächst ohne ändernde Wirkung. Wie für die meisten anderen Aktionen aus diesem Buch gilt: Die ursprüngliche Aufnahme bleibt unverändert in der Datei, alles lässt sich verfeinern und wieder abschalten.

Abbildung 14.10 Die Einstellungsebene »Schwarzweiß« hat hier den Mischmodus »Ineinanderkopieren« mit 70 Prozent Deckkraft. So steigern Sie den Kontrast. Datei: Portrait_06

»Pastell«

Eine Pastellwirkung erzeugt diese Technik:

1. Duplizieren Sie die Hintergrund-Ebene mit Strg + J.
2. Stellen Sie den Mischmodus der Duplikat-Ebene 1 oben im Ebenen-Bedienfeld von Normal auf Hartes Licht oder Ineinanderkopieren (für sanftere Ergebnisse nehmen Sie Weiches Licht).
3. Klicken Sie im Bedienfeld einmal auf die Hintergrund-Ebene.
4. Im Korrekturen-Bedienfeld klicken Sie auf **Schwarzweiß**, so dass eine neue Schwarzweiss-Einstellungsebene direkt über der Hintergrund-Ebene entsteht. Das Bild erscheint in Pastelltönen.
5. Schalten Sie das Ziehen-Werkzeug im Eigenschaften-Bedienfeld ein und klicken und ziehen Sie über einen Hautton im Bild, um die Wirkung zu verfeinern.
6. Einige Bildteile - etwa Lippen und Augen - sollen nicht pastellen, sondern mit der vollen Farbpracht erscheinen? Schalten Sie den Pinsel ein und übermalen Sie die Zonen in der Ebenenmaske schwarz. Weil Sie die Maske der Einstellungsebene bearbeiten, kann sich die Schwarzweiss-Ebene hier nicht mehr auswirken.

Tipp Erscheinen die maskierten Bereiche wie Augen oder Lippen zu farbsatt, ziehen Sie im Masken-Bedienfeld den Dichte-Regler nach links.

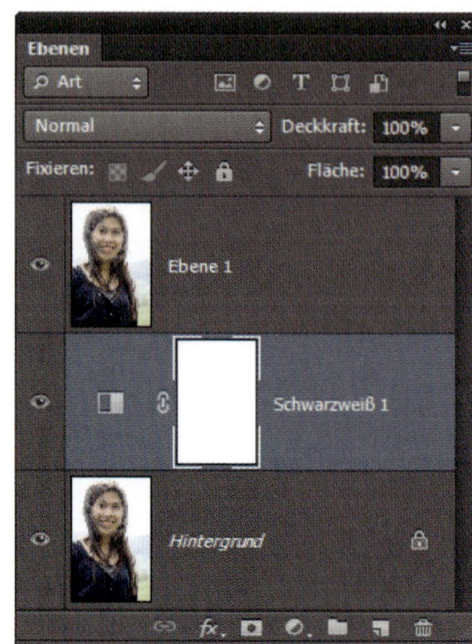

Abbildung 14.11 Die Duplikatebene oben hat den Mischmodus »Hartes Licht«, in der Mitte befindet sich eine »Schwarzweiß«-Einstellungsebene. Datei: Portrait_07; Aktion: Portrait - Pastell

»Blau-braun«

Mit Überblendtricks entsteht eine interessante Blau-Braun-Tonung, die fade Fotos belebt:

1. Duplizieren Sie die Hintergrund-Ebene gleich zweimal mit einem doppelten Strg+J.
2. Die oberste Ebene heißt Ebene 1 Kopie. Deren Mischmodus stellen Sie im Ebenen-Bedienfeld von Normal auf Weiches Licht.
3. Klicken Sie im Ebenen-Bedienfeld einmal auf die mittlere Ebene 1.
4. Auf der Startseite des Korrekturen-Bedienfelds klicken Sie auf **Schwarzweiß**, so dass eine neue Schwarzweiss-Einstellungsebene über der Ebene 1 entsteht.
5. Schalten Sie das Ziehen-Werkzeug im Korrekturen-Bedienfeld ein und klicken und ziehen Sie über einem Hautton im Bild nach rechts, um das Gesicht aufzuhellen. Experimentieren Sie auch mit den Reglern im Korrekturen-Bedienfeld.

Ein Rauschfilter macht das Ergebnis noch etwas körnig-kerniger:

1. Klicken Sie im Ebenen-Bedienfeld einmal auf die oberste Ebene 1 Kopie.
2. Bei gedrückter Alt-Taste klicken Sie unten im Ebenen-Bedienfeld auf Neue Ebene erstellen.
3. Im Dialog Neue Ebene nehmen Sie im Modus-Menü Hartes Licht und gleich darunter optieren Sie auch für das Angebot Mit neutraler Farbe für den Modus Hartes Licht füllen (50% Grau).
4. Wählen Sie **Filter: Für Smartfilter konvertieren**.
5. Wechseln Sie für präzise Anzeige in die Zoomstufe 100 Prozent, zum Beispiel per Doppelklick auf die Lupe in der Werkzeugleiste.
6. Es folgt **Filter: Rauschfilter: Rauschen hinzufügen**. Testen Sie eine Stärke von fünf Prozent mit den Vorgaben Gleichmässig und Monochromatisch. (Noch mehr Variationen bietet **Filter: Strukturierungsfilter: Körnung**.)

Sie ahnen es, das Verfahren bietet Variationsmöglichkeiten en masse:

- Ziehen Sie die graue Ebene 2 mit dem Smartfilter Rauschen hinzufügen einen Schritt nach unten, unter die Ebene 1. So wirkt die Körnung dezenter.
- Soll die Wirkung mehr in Richtung reine Graustufen gehen? Senken Sie Deckkraft der Ebene 1 Kopie. Allerdings geht so auch der Kontrast zurück.
- Für mehr Kontrast stellen Sie die Ebene 1 Kopie von Weiches Licht auf Ineinanderkopieren um.
- Kehren Sie die Farben der Ebene 1 Kopie per Strg+I um und senken Sie die Deckkraft auf 50 Prozent. Nun erscheint das Gesicht bläulich, das Hemd in Brauntönen.

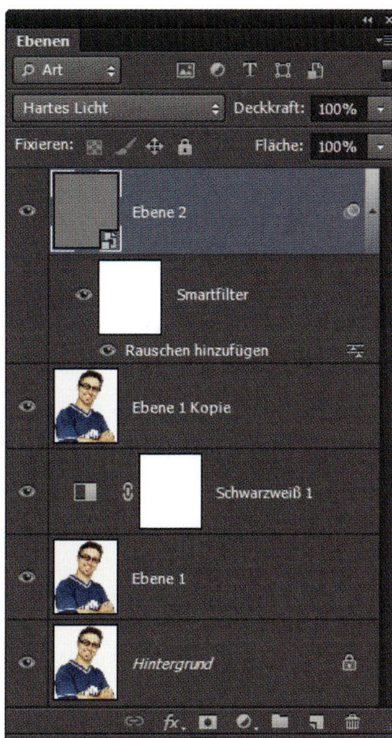

Abbildung 14.12 Vier Pixelebenen, eine Einstellungsebene und ein Smartfilter formen diese Porträtstudie. Datei: Portrait_08; Aktion: Portrait - blau-braun

Harter Kontrast

Ein flaues Porträt peppen wir mit harten Kontrasten auf:

1. Klicken Sie im Korrekturen-Bedienfeld auf Gradationskurven.
2. Im Eigenschaften-Bedienfeld klicken Sie auf die Pipette Schwarzpunkt setzen.
3. Klicken Sie auf eine dunkle Stelle im Haar. Diesen Helligkeitswert senkt Photoshop quer durchs Bild auf reines Schwarz ab; das Foto wirkt dunkler und kontrastreicher.
4. Klicken Sie testweise auch andere Stellen an – ergibt sich eine bessere Bildwirkung?
5. Nun greifen Sie im Eigenschaften-Bedienfeld zur Pipette Weisspunkt setzen. Wir klicken hier in die hellere, rechte Wange, um diesen Helligkeitswert auf reines Weiß zu heben.
6. Die mittleren Hauttöne erscheinen noch etwas dunkel. Schalten Sie das Ziehen-Werkzeug im Eigenschaften-Bedienfeld ein und klicken und ziehen Sie über einem Hautton im Bild nach oben, um die Hauttöne aufzuhellen.

7. Die Hauttöne wirken zu gelblich. Legen Sie darum eine neue Einstellungsebene Farbton/Sättigung an.
8. Schalten Sie das Ziehen-Werkzeug im Eigenschaften-Bedienfeld erneut ein und klicken und ziehen Sie über einem Hautton im Bild nach links; so nehmen Sie die Sättigung aus diesem Farbbereich.
9. Bei unserem Motiv heben wir die Helligkeit noch auf plus 10.
10. Bei der Kontraststeigerung wirken manche Bildteile etwas ausgefressen. Schalten Sie den Pinsel mit schwarzer Vordergrundfarbe ein, senken Sie die Deckkraft auf 50 Prozent und klicken Sie im Ebenen-Bedienfeld einmal auf die weiße Maskenminiatur der Kurven 1. Übermalen Sie Bereiche, die zu stark verändert wurden.

Sie haben noch mehr Verfremdung im Sinn? Experimentieren Sie mit dem Mischmodus der Einstellungsebene Kurven 1. Sie hat zunächst den Mischmodus Normal. Alternativen:

- Hartes Licht oder Ineinanderkopieren verstärken den Kontrast.
- Luminanz verhindert Farbänderungen, Sie bearbeiten nur noch Hell-Dunkel-Werte.
- Multiplizieren dunkelt ab, Negativ multiplizieren hellt stark auf.
- Per Abdunkeln kann die Tonwertkorrektur Ihr Bild nur noch, genau, abdunkeln. Umgekehrt wirkt der Modus Aufhellen.

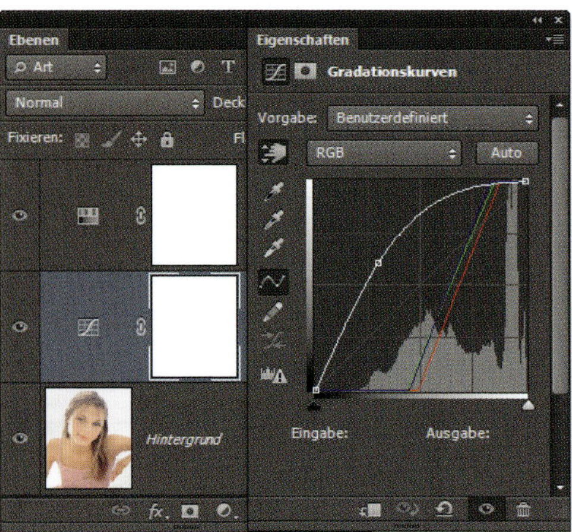

Abbildung 14.13 Die Pipetten für Schwarzpunkt und Weißpunkt sorgen hier für deutliche Kontraststeigerung. Eine weitere Änderung in der Gradationskurve und die zweite Einstellungsebene »Farbton/Sättigung« verfeinern das Ergebnis. Datei: Portrait_09

14.2.3 »Color Lookup«

Die Funktion **Color Lookup** finden Sie im Untermenü **Bild: Korrekturen** oder als bequeme verlustfreie Einstellungsebene im Korrekturen-Bedienfeld. Die Funktion **Color Lookup** bietet Dutzende Vorgaben, die blitzschnell die Farbstimmung in Ihrem Bild ändern – mal subtil, mal sehr deutlich. Ein vorhandener Farbton wird gegen einen Tonwert aus der gewählten Farbtabelle ausgetauscht. Sie können nichts regeln sowie keine eigenen Vorgaben entwickeln und speichern. Bei Manuskriptabgabe existierten keine Angebote für zusätzliche Vorgaben von außen. In Grenzen vereinheitlichen Sie so die Farbanmutung unterschiedlicher Bilder oder auch zwischen Fotos und Videos.

Verfeinern Sie das **Color Lookup**-Ergebnis mit geändertem Mischmodus (zum Beispiel Ineinanderkopieren, Weiches Licht oder Hartes Licht), mit Deckkraftänderung, **Gradationskurven** oder **Farbton/Sättigung**. Alternativen bieten unter anderem **Verlaufsumsetzung** oder **Filtergalerie**.

Vorlage: Color_Lookup

2Strip.look

BleachBypass.look

filmstock_50.3dl

BlacklightPoster

Sienna-Blue

ColorNegative

Pastel & Hues

Abbildung 14.14 Der Befehl »Color Lookup« tauscht alle Farbwerte im Bild nach einer festen Tabelle aus, die Sie nicht verfeinern können. Foto: Swantje Neumeyer

14.2.4 Tonen im Camera-Raw-Dialog

Mit dem Camera-Raw-Dialog stellen Sie ebenfalls Tonungen her, helle und dunkle Bereiche lassen sich sogar unterschiedlich einfärben. Der Camera-Raw-Dialog steht wohlgemerkt auch JPEG- und TIFF-Dateien offen; Sie können die Datei visuell unverändert, aber mit Ihren Korrekturanweisungen für die Tonung, weitergeben (Seite 200).

Zwei grundsätzliche Schritte sind erforderlich:

1. Zunächst öffnen Sie den Bereich HSL/Graustufen und klicken auf In Graustufen konvertieren. Sie erhalten als Zwischenergebnis eine Graustufenumsetzung, die Sie jetzt schon mit den Reglern nach Maß einstellen. Mittlere Helligkeitswerte nehmen am besten Farbe an.
2. Gehen Sie ins Register Teiltonung, um mit ein bis zwei Farben zu tonen.

Tipp Oft verwendet man nur eine sehr dezente Sättigung, die Färbung ist kaum zu erkennen. Um vorübergehend die Farben mit voller Kraft zu zeigen, klicken Sie den gewünschten Farbton-Regler oder das Wort Farbton mit gedrückter Alt-Taste an.

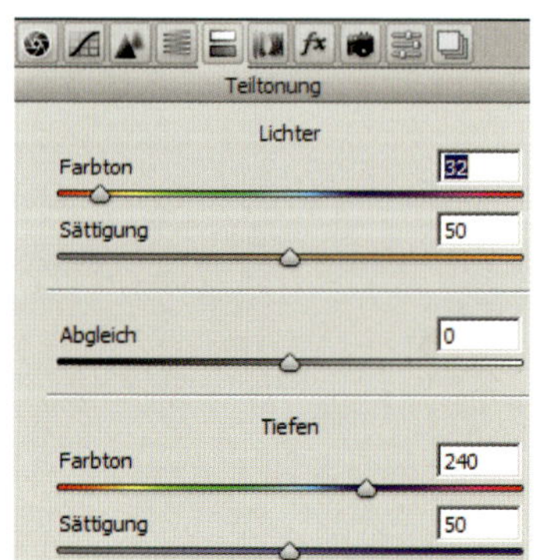

Abbildung 14.15 Die Vorlage wird im Raw-Dialog zunächst im Bereich HSL/Graustufen in Graustufen verwandelt, dann verwenden wir wie abgebildet im Register Teiltonung einen Sepia-Ton für die Lichter und einen Blauton für die Tiefen Rot. Datei: Tonung_b

Zweifarbige Tonung

Sie steuern Farbton und Sättigung separat für Lichter und Tiefen. Lassen Sie Photoshop zum Beispiel die helleren Bildpartien, also die Lichter, mit Rot einfärben. Die dunklen Passagen - die Tiefen - könnten Sie mit Blau färben. Über größere Helligkeitsbereiche hinweg mischen sich die zwei Farbtöne freilich, so dass die Rot-Blau-Kombination zu verschiedenen Lila-Schattierungen führt.

Soll Photoshop genau bei mittleren Helligkeitswerten den Schwenk von Blaufärbung zu Rotfärbung vollziehen? Oder soll der Übergang schon früher einsetzen, bei Tönen, die etwas dunkler als der reine Durchschnitt sind? Das steuern Sie mit dem Abgleich-Regler. Ein negativer Wert wie minus 60 betont die Tiefen-Farbe, sie setzt sich dann stärker im Gesamtbild durch. Positive Zahlen dehnen die Lichter-Farbe auch auf dunklere Helligkeitswerte aus. Wenn Sie mit dem Ergebnis noch nicht zufrieden sind, testen Sie immer auch eine andere Grauabmischung im Bereich HSL/Graustufen.

Schöne mehrfarbige Tonungen entstehen alternativ auch mit der Vorgabenbibliothek **Fotografische Tonung** in der **Verlaufsumsetzung** (Seite 492).

Tipp Sie brauchen nur eine einfarbige Tonung im Raw-Dialog? Steuern Sie die Färbung zum Beispiel allein im Lichter-Bereich. Dazu setzen Sie den Abgleich auf plus 100 und die Sättigung bei den Tiefen auf 0.

14.2.5 Duplexmodus

Duplexdateien erzeugen eine Farbwirkung mit ein bis vier Druckfilmen. Dabei übernehmen die einzelnen Farben nicht unterschiedliche Farbtöne, sondern unterschiedliche Helligkeitsstufen (vergleichbar der Teiltonung im Raw-Dialog). Kombinieren Sie etwa Schwarz und Magenta. So entsteht entweder eine flächige Tonung oder Sie heben nur ein Detail mit der Extrafarbe heraus, zum Beispiel ein Logo. Dagegen brauchen Sie für den üblichen CMYK-Druck vier Filme und Farben - das ist teurer.

Ein Beispiel: Sie drucken eine Datei im Duplexmodus mit Schwarz und Cyan; Schwarz gibt vor allem die dunklen Bildpartien wieder, um Tiefe zu erzeugen, Cyan die helleren Zonen. Sie erhalten einen blaugetonten Schwarzweißabzug.

Abbildung 14.16 **Links:** Um den Duplexmodus zu nutzen, legen Sie zunächst eine Graustufendatei an. **Mitte:** Die Druckfarben Cyan und Schwarz erzeugen eine Blautonung. **Rechts:** Die Druckfarben Magenta und Schwarz färben das Bild rötlich. Vorlage: Tonung_c. Foto: Xaviarnau, iStockphoto.com, Nr. 9644325

Anwendung

Die Funktion in der Übersicht:

1. Wenn Sie eine Farbdatei haben, erzeugen Sie zunächst eine Graustufenabmischung nach Maß, zum Beispiel per **Bild: Korrekturen: Schwarzweiß** oder im Bereich HSL/Graustufen des Raw-Dialogs.
2. Sie wählen **Bild: Modus: Graustufen**.
3. Nun heißt es **Bild: Modus: Duplex**.
4. Sie wählen eine fertige Vorgabe aus dem Klappmenü ganz oben. Alternative: Sie geben im Klappmenü Art etwas wie Duplex oder Triplex vor.
5. Arbeiten Sie mit einer Art wie Triplex, stellen Sie nun die Farben ein, dann speichern Sie im Photoshop-PSD-Dateiformat, für die Weitergabe an Layoutprogramme auch als PDF oder EPS.

Ein Bild mit nur einer einzigen Farbe – die hier auch Sonderfarbe heißt – ist wie ein Graustufenbild, das statt mit schwarzer zum Beispiel mit Magenta-Farbe gedruckt wird. Duplex, Triplex und Quadruplex sind dagegen Graustufenbilder, die mit zwei, drei oder vier Druckfarben zu Papier gelangen, darunter oft Schwarz. Den Anteil der einzelnen Druckfarben steuern Sie über Gradationskurven. Als Extrafarbe verwenden Sie eine der üblichen Prozessfarben Magenta, Cyan oder Yellow oder auch eine spezielle Spotfarbe eines Druckfarbenherstellers, zum Beispiel HSK.

Tipp Sie wollen die Farbwirkung des **Duplex**-Befehls beibehalten, die Bilddatei aber in vielen anderen Programmen zeigen? Dann brauchen Sie einen gängigen Farbmodus, nicht ausgerechnet Duplex. Wählen Sie **Bild: Modus: RGB-Farbe**.

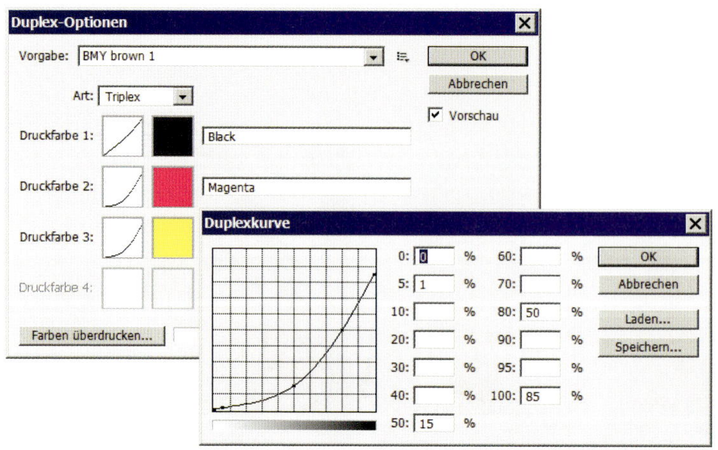

Abbildung 14.17 Mit Magenta und Gelb zusätzlich zu Schwarz entsteht ein Braunton. Klicken Sie auf das Farbfeld, um eine Farbe auszuwählen. Nach einem Klick auf die Gradationskurvenminiatur steuern Sie, welchen Helligkeitsbereich die verwendete Farbe abdeckt. Hier verwenden wir die mitgelieferte Vorgabe »BMY brown 1«.

14.3 Farbe in Graustufen umsetzen

Fotografieren oder scannen Sie Ihre Motive zunächst stets farbig. Stellen Sie die Digitalkamera nicht auf Graustufen. Aus der Farbvorlage kitzeln Sie in Photoshop erstklassige Graustufenergebnisse heraus. Danach - und nicht früher - gehen Sie bei Bedarf in Photoshop auf den Befehl **Bild: Modus: Graustufen**, um Farbiges endgültig auszusperren und Arbeitsspeicher zu sparen.

> **Tipp** Wollen Sie reine Graustufen drucken, kann es sinnvoll sein, von **RGB-Farbe** zu den Farbmodi **Graustufen** oder **CMYK-Farbe** zu wechseln, beide zu finden im Untermenü **Bild: Modus**.

14.3.1 Wege zu Graustufen

Unter anderem bietet Photoshop die folgenden Methoden von Farbe zu Graustufenwirkung:

- Am wichtigsten: Die Einstellungsebene **Schwarzweiß** erlaubt vielseitige Umwandlungen mit guter Kontraststeuerung. Wie stark die einzelnen Grundfarben im Grau-Ergebnis durchschlagen, steuern Sie über Schieberegler oder durch Ziehen in interessanten Farbbereichen.
- Ähnlich zu geht es im Bereich HSL/Graustufen des Camera-Raw-Dialogs, wo Sie die Datei zuerst In Graustufen konvertieren. Im Raw-Dialog haben Sie mehr Feinsteuerung für Hauttöne. Stellen Sie im Raw-Dialog die Selektive Anpassung auf **Graustufen-Kanalanpassung** ein (Strg+⇧+Alt+G); so ändern Sie die Helligkeit einzelner Farbbereiche durch Ziehen im Bild (verlustfrei, auch für TIFF und JPEG).
- **Bild: Korrekturen: HDR-Tonung** bietet Vorgaben für Graustufenwirkung (Monochromatisch), die Sie mit den Reglern noch verfeinern.

14.3.2 Graustufen mit dem »Schwarzweiß«-Befehl

Erste Wahl für den Weg von Farbe nach Graustufen ist eine **Schwarzweiß**-Einstellungsebene. Welche Farbe wie hell im Graustufenergebnis hervortritt, das steuern Sie hier bequem:

- Schon beim Aufrufen schlägt die Funktion automatisch eine sinnvolle Grauabmischung vor. Wollen Sie später zu dieser Einstiegsvariante zurückkehren, drücken Sie wie immer die Alt-Taste und klicken auf Zurücksetzen.

Abbildung 14.18 **2. Bild:** Der »Schwarzweiß«-Befehl setzt die Farbvorlage zunächst nicht gut in Graustufen um. **3. Bild:** In der »Schwarzweiß«-Einstellungsebene schalten wir das Ziehwerkzeug ein und ziehen über der Haut nach rechts: Der »Rottöne«-Wert im Dialogfeld steigt von 40 auf 100 Prozent, Gesicht und Pullover erscheinen deutlich heller. (Mit dem »Gelb«-Regler können Sie den Kontrast zwischen Gesicht und Pullover noch verfeinern.) **4. Bild:** Bei weiterhin offenem »Schwarzweiß«-Dialog klicken wir in den Himmel und ziehen nach links; so wird dieser Farbbereich dunkler, »Cyantöne« sinken im Dialogfeld von 60 auf -60 Prozent. Datei: Schwarzweiss_b. Foto: asiseeit, iStockphoto.com, Nr. 9411276

- Die Auto-Schaltfläche sorgt fix für ein sehr kontrastreiches Ergebnis, das Sie bei Bedarf verfeinern.
- Aktivieren Sie das Ziehen-Werkzeug im Korrekturen-Bedienfeld. Klicken Sie zum Beispiel in blauen Himmel und ziehen Sie nach links, um Blau in dunkleren Grautönen zu zeigen; klicken Sie zum Beispiel in rötlichen Hautton und ziehen Sie nach rechts, um Rottöne in helleres Grau zu übersetzen. Der Mauszeiger erscheint als Hand mit Doppelpfeil. Ein Beispiel: Klicken Sie auf blauen Himmel und ziehen Sie bei gedrückter Maustaste nach links. So wird der Himmel – nein, alles Blaue im Bild – dunkler. Ziehen Sie nach rechts, hellen Sie die Blautöne auf. Die Schieberegler für Cyantöne oder Blautöne ändern sich entsprechend mit.
- Verfeinern Sie das Ergebnis mit den Schiebereglern. Heben Sie den Wert für die Rottöne an, wenn vormals Rotes im Grauergebnis heller erscheinen soll. Blauer Himmel soll dunkler wirken? Dann senken Sie Blautöne und Cyantöne ab.

Vorlage: Schwarzweiß_a

Sättigung 0 Prozent

Bild: Modus: Graustufen

Nur Rotkanal

Nur Grünkanal

Nur Blaukanal

Schwarzweiß-Einstellungsebene, alles 50 Prozent

Schwarzweiß-Einstellungsebene, Auto-Schaltfläche

Schwarzweiß-Einstellungsebene, Blaufilter mit hohem Kontrast

Schwarzweiß-Einstellungsebene, Blaufilter

Schwarzweiß-Einstellungsebene, Gelbfilter

Schwarzweiß-Einstellungsebene, Grünfilter

Schwarzweiß-Einstellungsebene, Infrarot

Schwarzweiß-Einstellungsebene, Maximales Schwarz

Schwarzweiß-Einstellungsebene, Maximales Weiß

Schwarzweiß-Einstellungsebene, Neutrale Dichte

Schwarzweiß-Einstellungsebene, Rotfilter mit hohem Kontrast

Schwarzweiß-Einstellungsebene, Rotfilter

Kanalmixer, Schwarzweiß mit Orangefilter (RGB)

Kanalmixer, Schwarzweiß-Infrarot (RGB)

HDR-Tonung, Monochromatisch künstlerisch

HDR-Tonung, Monochromatisch hoher Kontrast

HDR-Tonung, Monochromatisch geringer Kontrast

HDR-Tonung, Monochromatisch

14.3.3 Der Graustufen-Modus

Sie sind mit Ihrer Grauumsetzung endgültig zufrieden und wollen keinerlei Farbe mehr im Bild verwenden? Keine Tonung, kein buntes Detail? Dann können Sie **Bild: Modus: Graustufen** wählen. Statt der drei Schichten für Rot, Grün und Blau hat Ihr Foto jetzt nur noch eine Grauschicht – zum Beispiel 1x8 Bit statt 3x8 Bit.

Sie sparen also zwei Drittel Arbeitsspeicher (auch wenn das bei modernen Rechnern nicht sehr ins Gewicht fällt). Bei Dateiformaten, die nicht komprimieren, sparen Sie auch zwei Drittel Festplattenplatz. Bei komprimierenden Dateitypen wie JPEG oder TIFF mit LZW-Komprimierung bringt der Wechsel von Farbe zu Graustufen oft nur zehn bis 35 Prozent Gewinn auf der Festplatte, bei PSD-Dateien eventuell mehr.

Soll die Datei doch noch einmal Farbe aufnehmen, wechseln Sie zurück in einen Farbmodus, zum Beispiel per **Bild: Modus: RGB-Farbe**.

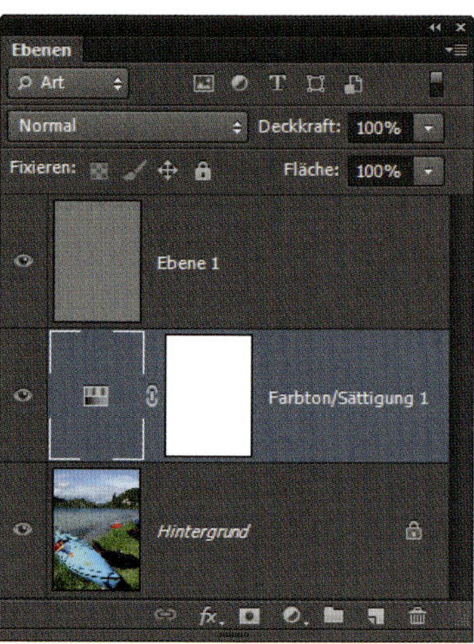

Abbildung 14.19 Auch ein Weg zu flexiblen Graustufen: Über dem Farbbild liegt eine graue Farbfüllung im Modus »Farbe«, dazwischen befindet sich der Befehl »Farbton/Sättigung« als Einstellungsebene. Mit dem »Farbton«-Regler steuern Sie die Schwarzweißumsetzung; je höher die »Sättigung«, desto stärker die Kontraste und die Unterschiede zwischen den »Farbton«-Varianten. Datei: Schwarzweiss_d. Foto: Lucas Klamert

14.3.4 Graustufen mit Farbtupfer (»Color key«)

Sie wollen ein Graustufenbild zeigen, bei dem ein Detail farbig bleibt (»Color keying«). Sofern Sie eine Farbvorlage verwenden und der bunte Bildausschnitt soll die Originalfarben behalten, bietet sich dieser Weg an:

1. Im farbigen Original wählen Sie den Bildteil aus, der Farbe behalten soll.
2. Sie kehren die Auswahl mit Strg+⇧+I um.
3. Sie klicken unten im Ebenen-Bedienfeld auf Neue Füll- oder Einstellungsebene erstellen, nehmen **Schwarzweiß** und steuern die Grauumsetzung nach Maß. Dabei entsteht automatisch eine Ebenenmaske, die Ihr Hauptmotiv farbig lässt.

Egal, ob Sie zu großzügig oder zu eng ausgewählt haben: Sie können die Auswahl in der Ebenenmaske jederzeit verfeinern.

Tipp Sie gehen von einer Graustufenvorlage aus oder der bunte Bildausschnitt soll nicht die Originalfarben zeigen. Dann nutzen Sie unsere Tipps zum Umfärben oder Tonen (Seite 469).

Abbildung 14.20 Die »Schwarzweiß«-Funktion liegt als Einstellungsebene über dem Bild, der bunte Bereich wird durch Schwarz in der Ebenenmaske vor Änderung geschützt. Datei: Schwarzweiß_e. Abbildung: Gabi Sieg-Ewe

14.4 Farbverfremdung

Photoshop bietet viele Möglichkeiten für Falschfarbenspiele, unter anderem verzerrte **Gradationskurven** und die **Verlaufsumsetzung**; beide Funktionen nutzen Sie bequem als verlustfreie Einstellungsebene.

Tipp Kehren Sie die Farbverfremdung in ihr Negativ um, vielleicht sieht das noch besser aus. Am bequemsten ist das als Einstellungsebene: Klicken Sie zunächst einmal auf die oberste Ebene im Ebenen-Bedienfeld, dann oben auf der Startseite des Korrekturen-Bedienfelds auf UMKEHREN. Oder testen Sie eine FARBTON-Verschiebung; dazu nehmen Sie **Farbton/Sättigung** als Einstellungsebene (Seite 469).

14.4.1 Verfremdungen mit den »Gradationskurven«

Die **Gradationskurven**-Einstellungsebene liefert nicht nur feine Kontrastkorrekturen (Seite 308), sondern auch bizarre Solarisationseffekte. Dazu ziehen Sie die Kurve mit harten Ecken durchs Koordinatennetz; Sie verurteilen helle Bildpunkte zum Schattendasein und zerren dunkle Zonen ans Licht. Noch stärkere verfremden Sie, wenn die Grundfarben wie ROT oder GRÜN unterschiedlich bearbeiten – so bringen Sie auch Farbe in Graustufenvorlagen (die Sie zuvor in einen Farbmodus wie **RGB-Farbe** konvertieren).

Soll die Gradationskurve über einen bestimmten Tonwertbereich hinweg linealgerade verlaufen, drücken Sie die ⇧-Taste – dann klicken Sie nur noch Anfangs- und Endpunkte des Tonwertbereichs ins Diagramm – waagerecht, senkrecht oder diagonal. Eine Gradationskurve in Treppenform sorgt für plakative Tontrennung; die bietet handlicher, aber weniger frei auch die Einstellungsebene **Tontrennung** an. Kehren Sie die Kurve komplett um, erhalten Sie ein Negativ nach Art des **Bild**-Befehls **Korrekturen: Umkehren**.

Tipp Nehmen Sie ein paar extreme Lichter und Schatten mit herein, damit das Bild Tiefe und Durchzeichnung erhält. Führen Sie also die Gradationskurve mindestens je einmal an den oberen und unteren Rand des Gradationsdiagramms.

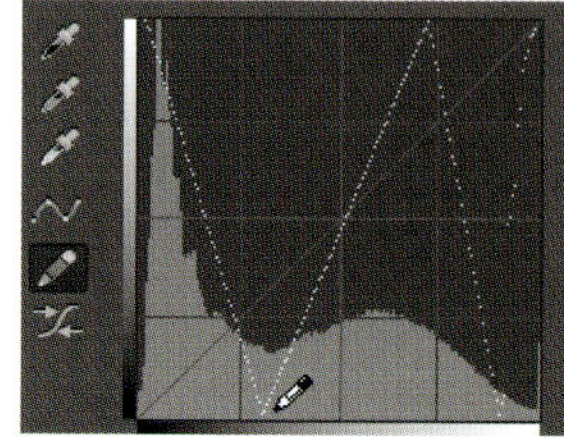

Abbildung 14.21 Starke Verzerrungen mit dem Bleistiftwerkzeug verfremden Farben und Kontraste. Um Geraden wie hier zu ziehen, halten Sie die ⇧-Taste gedrückt und klicken nur die Eckpunkte an. Damit der dunkle Hintergrund hell erscheint, beginnt die Kurve links – bei den Schatten – ganz oben. Vorlage: Gradation_b. Foto: Gabi Sieg-Ewe

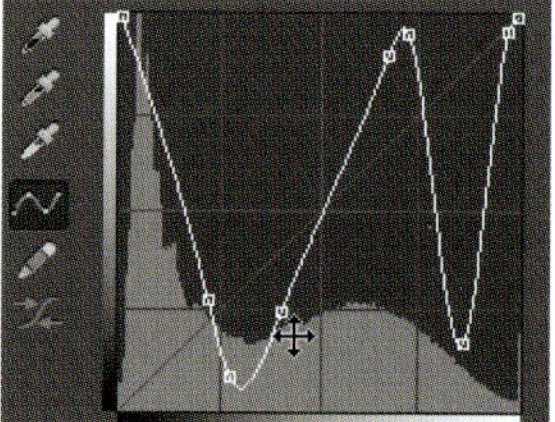

Abbildung 14.22 **Links:** Weichzeichnung der Vorlage führt zu Farbsäumen. Der »Luminanz«-Modus für den Weichzeichner verfeinert die Wirkung leicht. **Mitte, rechts:** Wir haben in der Gradationskurve die Grüntöne angehoben. Der Wechsel vom Bleistift- in den Kurvenmodus glättet die Kontraste weiter. Außerdem entstehen Griffpunkte – überflüssige ziehen Sie aus dem Diagramm heraus. Alternativ klicken Sie im Bleistiftmodus einmal oder mehrfach auf die Schaltfläche »Kurvenwerte glätten«.

Der Bleistiftmodus

Klicken Sie im Gradationsdialog auf den Bleistift, biegt sich die Gradationskurve nicht mehr wie ein Gummiband; stattdessen lässt sie sich für jeden Tonwert einzeln umgestalten. Während Sie bei der Arbeit mit dem Kurvensymbol immer einen recht weiten Tonwertbereich erfassen, malen Sie mit dem Bleistift Ecken und verändern nur handverlesene, einzelne Tonwerte.

Klicken Sie auf Kurvenwerte glätten, wenn die harten Sprünge im Gradationsverlauf allzu harte Kontrastsprünge im Bild erzeugen; diese Schaltfläche gibt es nur bei der Arbeit mit dem Bleistift. Auch ein Klick auf das Kurvensymbol glättet die Gradationsgebirge und versieht die Kurve mit Ankerpunkten, die zu weiteren Anpassungen einladen.

Wollen Sie eine stark veränderte Kurve Schritt für Schritt auf die Standarddiagonale zurückführen, dann klicken Sie im Dialogfeld zunächst das Bleistiftwerkzeug an. Jetzt steht die Schaltfläche KURVENWERTE GLÄTTEN zur Verfügung; mit jedem Klick rückt sie den Graphen ein Stück weit zurück in die ursprüngliche Neutral-Ausrichtung.

Website Im Aktionenset zu diesem Buch finden Sie die Aktion »Verfremdung - Gradationskurve für Fotos«: Das aktive Bild wird dupliziert, in ein Smartobjekt verwandelt, dann mit einer verzerrten Gradationskurve und mit Weichzeichner ausgestattet. Sie können Weichzeichnung und Kurvenverlauf jederzeit ändern, das Original bleibt im Hintergrund erhalten.

Tipp Dramatische Verstärkung von Kontrast und Farbsättigung, aber keine extreme Farbverschiebung, liefert der Befehl **Bild: Korrekturen: HDR-Tonung** (Seite 337).

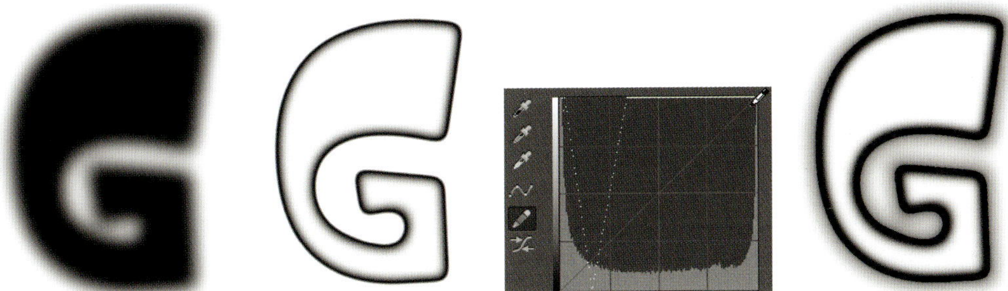

Abbildung 14.23 Die Textebene wird in ein Smartobjekt verwandelt und mit dem »Gaußschen Weichzeichner« abgesoftet. Die Gradationskurve verwandelt die dunkelsten, inneren Töne in Weiß. Wir haben im Bleistift-Modus bei gedrückter ⇧-Taste nur einzelne Eckpunkte ins Diagramm geklickt. Datei: Gradation_c

Abbildung 14.24 Wellenlinien in der Gradationskurve erzeugen Neoneffekte. Harte Knicke in der Gradationskurve, zum Beispiel per Bleistiftwerkzeug, sorgen für harte Kontraste im Ergebnis. Das farbige Bild entstand durch zusätzliche Verzerrungen in der »Rot«-Kurve. Die Textebene wurde in ein Smartobjekt verwandelt, Gradationskurven und Weichzeichner lassen sich jederzeit ändern. Aktion: »Verfremdung - Gradationskurve für Text«

14.4.2 »Verlaufsumsetzung«

Der Befehl **Bild: Korrekturen: Verlaufsumsetzung** (auch als Einstellungsebene per Korrekturen-Bedienfeld) wendet einen Verlauf auf die Helligkeitsstufen Ihres Bilds an: Die Farben links im Verlauf ersetzen die dunklen Tonwerte Ihrer Vorlage, die Farben rechts im Verlauf überlagern die hellen Tonwerte.

Durch einen Klick auf den Verlaufsbalken laden Sie das Dialogfeld VERLÄUFE BEARBEITEN. Die Schaltfläche mit dem gekippten Dreieck zeigt die aktuelle Bibliothek mit Verläufen.

Website Die mitgelieferte Aktion »Verfremdung - Verlaufsumsetzung« legt die **Verlaufsumsetzung** als Einstellungsebene über das Bild. Zusätzlich entstehen die Einstellungsebenen **Gradationskurven** und **Schwarzweiß**, mit denen Sie das Ergebnis verfeinern. Weil Sie meist nur eine dieser zwei Einstellungsebenen brauchen, werden die **Gradationskurven** zunächst ausgeblendet.

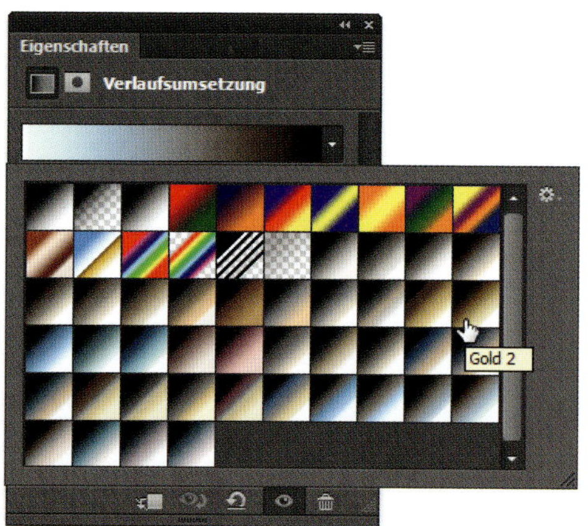

Abbildung 14.25 Die »Verlaufsumsetzung« garantiert verblüffende Farbeffekte in Farbbildern. Sie eignet sich zudem für effektvolles Tonen mit ein oder zwei Farben und für Graustufen-Umsetzung. Hier haben wir bereits die Verläufe-Bibliothek »Fotografische Tonung« angefügt.

Abbildung 14.26 Die »Verlaufsumsetzung« wendet Farbverläufe auf Helligkeitsunterschiede an. Vorlage: Verlaufsumsetzung_a

Variieren Sie die Ergebnisse

Schnelle Variationen schaffen Sie mit der UMKEHREN-Checkbox in der **Verlaufsumsetzung**. Die Ergebnisse lassen sich aber noch weiter verfeinern. Legen Sie die **Verlaufsumsetzung** zunächst als Einstellungsebene über der HINTERGRUND-Ebene an. Dann klicken Sie einmal auf die HINTERGRUND-Ebene im Bedienfeld, so dass die nun folgenden Einstellungsebenen zwischen der HINTERGRUND-Ebene und der Einstellungsebene VERLAUFSUMSETZUNG entstehen. Klicken Sie unten im Ebenen-Bedienfeld auf NEUE FÜLL- ODER EINSTELLUNGSEBENE ERSTELLEN (Seite 838), um mit den folgenden Funktionen zu experimentieren:

- Nehmen Sie die **Gradationskurven** und dehnen Sie den Kontrastumfang des Bilds maximal aus. Nur so nutzen Sie auch den vollen Umfang des Farbverlaufs. Klicken Sie zum Beispiel in der **Gradationskurven**-Einstellungsebene bei gedrückter [Alt]-Taste auf AUTO und dann auf KONTRAST KANALWEISE VERBESSERN (Seite 315). Je nachdem, ob die Einstellungsebene **Gradationskurven** über oder unter der Einstellungsebene **Verlaufsumsetzung** liegt, erhalten Sie unterschiedliche Ergebnisse.
- Nehmen Sie **Schwarzweiß** (Seite 484) und testen Sie verschiedene Umsetzungen wie ROTFILTER – so erscheint rötliches heller – oder BLAUFILTER, um Blaues aufzuhellen. Die **Verlaufsumsetzung** auf der Einstellungsebene darüber reagiert ja ohnehin nur auf Helligkeitsunterschiede; Sie erhalten je nach Vorgabe im **Schwarzweiß**-Dialog ganz unterschiedliche Farbenspiele.

Tipp Setzen Sie die Einstellungsebene VERLAUFSUMSETZUNG auf den Mischmodus FARBE, damit sie sich besser mit dem Bild verbindet. Testen Sie weitere Modi wie INEINANDERKOPIEREN.

Abbildung 14.27 Zwischen der »Verlaufsumsetzung« und dem Foto liegt hier noch die Einstellungsebene »Schwarzweiß«. Die Unterschiede entstehen hier nur durch Änderungen im »Schwarzweiß«-Dialog. Datei: Verlaufsumsetzung_b

14.4.3 »Umkehren«

Bild: Korrekturen: Umkehren ([Strg]+[I]) dreht die Auswahlwirkung von Ebenenmasken oder Alphakanälen um. Wenn Sie aber ein Farbbild in kreativer Absicht umkehren, wirkt der Effekt oft zu stark. Wenn Sie nur die Helligkeitswerte, nicht aber die Farben umkehren, wirkt das Ergebnis besser. So geht's:

1. Wählen Sie **Bild: Modus: Lab-Farbe**.
2. Klicken Sie im Kanäle-Bedienfeld einmal auf den HELLIGKEIT-Kanal.
3. Klicken Sie oben im Kanäle-Bedienfeld auf das Augensymbol neben dem LAB-Gesamtkanal, so dass Sie wieder das normale Bild sehen.

4. Per Strg+I kehren Sie den Helligkeit-Kanal um, die Helligkeitswerte im Gesamtbild werden vertauscht.
5. Das Ergebnis konveniert? Wechseln Sie nun eventuell wieder zum gängigeren RGB-Modus: **Bild: Modus: RGB-Farbe**.

Eine ähnliche, aber nicht exakt gleiche Wirkung erhalten Sie so:

1. Legen Sie eine **Umkehren**-Einstellungsebene an.
2. Den Mischmodus dieser Einstellungsebene setzen Sie von Normal auf Luminanz.

Wollen Sie indes nur die Farben, nicht aber die Helligkeit umkehren, nehmen Sie eine Einstellungsebene **Farbton/Sättigung** und ziehen den Farbton-Regler ganz nach außen.

Website Die Aktionensammlung von der Website zum Buch enthält die Aktion »Verfremdung – Umkehren nur Helligkeit«: Sie verwandelt ein Duplikat der Datei in den Lab-Modus, kehrt die Helligkeit um und bietet zum Schluss den Wechsel zu RGB an.

Abbildung 14.28 **Mitte:** Wir kehren das Gesamtbild um. **Rechts:** Im »Lab«-Modus wird nur der »Helligkeit«-Kanal umgekehrt. Vorlage: Umkehren

14.5 Strichgrafik

Strichgrafiken abstrahieren und reduzieren den Blick auf die wesentlichen Umrisse eines Motivs. Sie wirken wie Handskizze, technische Zeichnung oder alter Stich – Hingucker, geeignet für Porträts, Architektur oder Sachaufnahmen. Allerdings: Wer in Photoshop eine Strichgrafik anlegen will, erhält oft nur grobe schwarze und weiße Flächen. Wir zeigen, wie Sie eine Liniengrafik nach Maß produzieren.

14.5.1 Strichgrafik mit »Hochpass« und »Schwellenwert«

Dies ist der genaueste Weg zu einer Strichgrafik:

1. Wandeln Sie Ihr Bild in den Graustufenmodus um, zum Beispiel über die Befehle **Bild: Korrekturen: Schwarzweiß** (Seite 484) und **Bild: Modus: Graustufen**. Dieser Schritt ist nicht zwingend erforderlich.
2. Wählen Sie **Filter: Sonstige Filter: Hochpass**. Dieser Filter arbeitet helle Stellen und Konturen heraus und betont die Umrisse. Je kleiner der Radius-Wert, umso dünner wird die Kontur; testen Sie Vorgaben wie 1,0 oder 1,5 Pixel.

3. Wählen Sie **Filter: Weichzeichnungsfilter: Gaußscher Weichzeichner** mit einer deutlichen Absoftung, zum Beispiel dem Radius 5. Diese Funktion glättet das Ergebnis, tilgt aber auch Details.
4. Nun folgt **Bild: Korrekturen: Schwellenwert**. Diese Funktion reduziert die Vorlage auf reines Schwarz und Weiß. Testen Sie Werte von 127 bis 129.

Prüfen Sie das Ergebnis unbedingt in der Zoomstufe 100 Prozent (Doppelklick auf die Lupe).

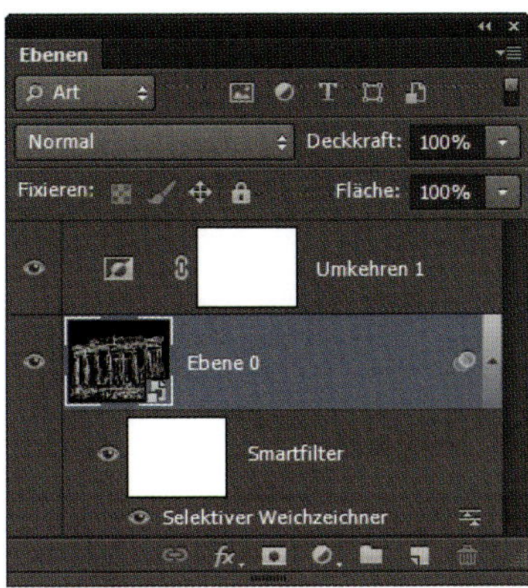

Abbildung 14.29 Der »Selektive Weichzeichner« erzeugt im Modus »Nur Kante« zunächst weiße Linien auf schwarzem Grund. Darum legen wir hier eine Einstellungsebene »Umkehren« über das Ergebnis, so dass eine Strichgrafik mit schwarzen Linien auf Weiß entsteht. Datei: Strichgrafik_b1

Website Unsere mitgelieferte Aktionensammlung enthält die Aktion »Verfremdung - Strichgrafik sofort«. Sie erstellt ein Duplikat Ihrer Vorlage, verwandelt es bei Bedarf in Graustufen und erzeugt dann wie oben beschrieben eine Strichgrafik mit **Hochpass**, **Gaußschem Weichzeichner** und **Schwellenwert** direkt aus den Originalpixeln. Die Variante »Verfremdung - Strichgrafik mit Smartfiltern« legt alle Änderungen als Smartfilter oder Einstellungsebene an. Sie können also die Werte jederzeit ändern. In beiden Fällen können Sie die Linien nach einer Bildschirmmeldung noch einfärben.

14.5.2 Weitere Schritte mit der Strichgrafik

Fegen Sie schwarze Krümel weg, färben Sie Ihre Strichgrafik ein, legen Sie das Ergebnis über Farbgrafiken.

Schwarze Streusel wegretuschieren

Zeigt Ihre Strichgrafik um das Hauptmotiv herum noch störende schwarze Krümel? Die entfernen Sie leicht mit dem Pinsel bei harter Kante und weißer Vordergrundfarbe (Taste D, dann X). Sind die Zonen größer, umfahren Sie die lästigen Punkte mit dem Lasso und nehmen **Bearbeiten: Fläche füllen** mit Weiss.

Strichgrafik färben

Sollen die Linien nicht schwarz, sondern in einer Einzelfarbe erscheinen? Dann geht es so weiter:

1. Falls sich die Grafik im Graustufenmodus befindet, wählen Sie **Bild: Modus: RGB-Farbe**.
2. Per Korrekturen-Bedienfeld entsteht eine **Farbton/Sättigung**-Einstellungsebene. Schalten Sie das Färben ein und heben Sie die Helligkeit zum Beispiel auf 50 Prozent. Der Farbton-Regler steuert nun die Färbung. Senken Sie die Helligkeit auf negative Werte, erhalten Sie eine Skizze in Schwarz auf farbig.

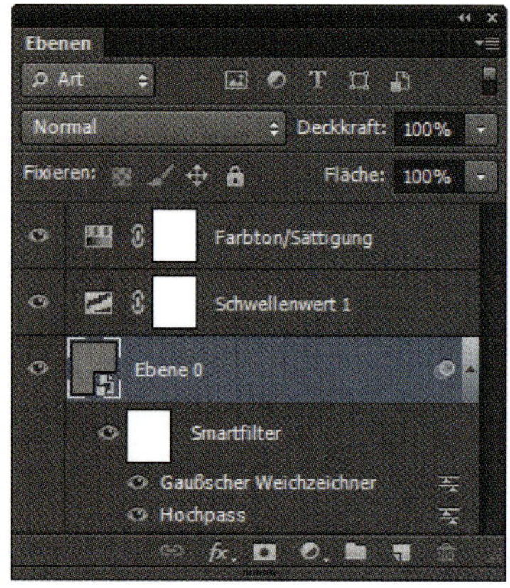

Abbildung 14.30 **Links:** Niedrige Werte für »Gaußschen Weichzeichner« und »Hochpass« erzeugen relativ dünne Linien mit viel Detailzeichnung. **Mitte:** Wir verwenden hohe Werte für »Gaußschen Weichzeichner« und »Hochpass«. So entstehen breite, abgerundete Linien. **Rechts:** Zusätzlich »Farbton/Sättigung« mit Färben. Datei: Strichgrafik_a1

Tipp Produzieren Sie Schwarzweißgrafiken im CYMK-Modus, achten Sie per **Bearbeiten: Farbeinstellungen** unter CMYK: Eigenes CMYK darauf, dass Schwarz nicht in erster Linie aus einer Mischung der Grundfarben Cyan, Magenta und Gelb entsteht. Bauen Sie bei Strichgrafiken die Bildfarbe Schwarz in erster Linie durch die Druckfarbe Schwarz auf – zum Beispiel mit den Vorgaben stark oder Maximum für den Schwarzaufbau. Eine Schwarz-auf-Weiß-Skizze, deren Schwarz eher aus Cyan-Magenta-Gelb als aus reinem Schwarz gemixt wird, wirkt eventuell unsauber.

14.5.3 Plakative Farben & schwarze Kontur (Cartooneffekt)

Sie brauchen einen Cartooneffekt: plakative Farbflächen mit schwarzen Konturen. Der schnellste Weg führt über **Filter: Filtergalerie**, dann klicken Sie auf Kunstfilter und Tontrennung & Kantenbetonung.

Plakative Farben & schwarze Kontur mit dem »Selektiven Weichzeichner«

Eine Alternative zu **Tontrennung & Kantenbetonung**:

1. Kehren Sie das Bild mit Strg + I in ein Negativ um.
2. Wählen Sie **Filter: Weichzeichnungsfilter: Selektiver Weichzeichner**, unten mit der Option Ineinanderkopieren. Sie sehen cartoonartige Negativfarben mit weißen Konturlinien. Klicken Sie auf OK.
3. Kehren Sie erneut mit Strg + I um – Sie haben Ihr Farbbild mit schwarzen Linien.

Abbildung 14.31 **Links:** Wir verzichten auf den »Gaußschen Weichzeichner«. **Mitte:** Der »Schwellenwert« allein erzeugt hart abgegrenzte Flächen, je nach Vorgabe mit mehr Schwarz oder Weiß. **Rechts:** Eine »Schwarzweiß«-Einstellungsebene, darüber »Helligkeit/Kontrast« mit +90 Prozent Kontrast. Dateien: Strichgrafik_a2, a3

Website Die Website zum Buch liefert die oben beschriebene Schrittfolge als Aktion: Die Befehlsfolge »Verfremdung – Farben & Kontur mit Selektivem Weichzeichner« produziert eine Farbgrafik.

Plakative Farben & schwarze Kontur mit viel Feinsteuerung

Ein anderes Verfahren im Überblick:

1. Sie duplizieren die Hintergrundebene mit Strg + J.
2. Die untere Ebene bekommt die plakativen Farben, zum Beispiel mit der **Tontrennung** (Seite 500) oder einem **Filter**-Befehl.
3. Die obere Kopie verwandeln Sie in eine Strichgrafik.
4. Oben im Ebenen-Bedienfeld schalten Sie den Mischmodus für die obere Ebene von Normal auf Abdunkeln um. So setzt sich im Gesamtbild jeweils das Dunklere durch – also die schwarzen Linien der Strichgrafik, ansonsten aber das farbige Bild.

Sie sehen die Farbgrafik mit schwarzen Konturen.

Abbildung 14.32 Farbgrafik und Strichgrafik werden zu einem Bild mit Cartooneffekt kombiniert: Die schwarzen Linien grenzen die Farbflächen ein. Datei: Strichgrafik_d1. Foto: Gabi Sieg-Ewe

Korrekturmöglichkeiten beibehalten mit Schnittmaske

Legen Sie Farbgrafik und Strichgrafik übereinander, müssen Sie nicht unbedingt fertige Grafiken kombinieren, die man nicht mehr ändern kann. Arbeiten Sie mit Einstellungsebenen, Schnittmasken, Smartobjekten und Smartfiltern. Dann ändern Sie im Ergebnis immer noch Strichstärken oder Farben. Ein möglicher Weg:

1. Der Befehl **Filter: Für Smartfilter konvertieren** verwandelt die Hintergrund-Ebene in ein Smartobjekt namens Ebene 0.
2. Sie duplizieren die Ebene 0 mit Strg+J, so entsteht zusätzlich die Ebene 0 Kopie.
3. Sie klicken im Bedienfeld einmal auf die untere Ebene 0 und wenden den Farbeffekt an, zum Beispiel **Filter: Filtergalerie,** dann Kunstfilter und Ölfarbe getupft oder nehmen Sie **Tonwerttrennung** als Einstellungsebene.
4. Sie klicken im Bedienfeld einmal auf die obere Ebene Ebene 0 Kopie und stellen den Mischmodus oben von Normal auf Abdunkeln um.
5. Sie wenden nacheinander die zwei **Filter**-Befehle an: **Sonstige Filter: Hochpass** und **Weichzeichnungsfilter: Gaußscher Weichzeichner**.
6. Oben im Korrekturen-Bedienfeld klicken Sie auf Schwellenwert. Stellen Sie den Schwellenwert auf etwa 127.
7. Nun folgt **Ebene: Schnittmaske erstellen** (Strg+Alt +G).

Auch wenn der Blick ins Ebenen-Bedienfeld vielleicht kein Vertrauen erweckt: Die Originaldatei ist immer noch in der Komposition vorhanden, sogar doppelt, und sämtliche Filter und Einstellungsebenen lassen sich noch anpassen.

Website Die Website zum Buch enthält die Aktion »Verfremdung – Farben & Kontur mit Schnittmaske«. Sie produziert eine Farbgrafik mit schwarzen Konturen auf Basis einer Schnittmaske.

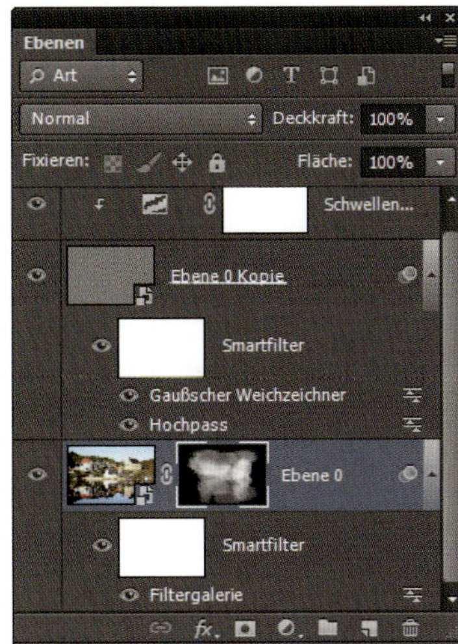

Abbildung 14.33 Die Ebene mit der Farbversion wurde mit einer schwarzen Ebenenmaske ausgeblendet. Dann haben wir mit dem Pinsel, weißer Vordergrundfarbe und wechselnder Deckkraft Teile der Farbversion wieder eingeblendet. Rechts oben der Umriss der Pinselspitze »Spritzer«.

14.6 Plakative Farben

Für plakative, poppige Posterfarben – ohne die Farbmischung komplett zu verfremden – gibt es viele Verfahren:

- Eine **Tontrennung**-Einstellungsebene reduziert das Bild auf nur wenige Tonwertstufen.
- Nehmen Sie eine Einstellungsebene **Helligkeit/Kontrast** mit der Option Früheren Wert verwenden und steigern Sie den Kontrast auf 90 oder mehr Prozent.
- Klicken Sie bei gedrückter ⇧-Taste Treppenstufen in die **Gradationskurven** oder verwenden Sie dort den Bleistiftmodus.
- Wählen Sie **Datei: Für Web speichern**, stellen Sie alle Vorschauen auf GIF oder PNG-8. Prüfen Sie das Ergebnis in der Zoomstufe 100 Prozent.
- Zahlreiche Befehle aus dem **Filter**-Menü erzeugen ebenfalls plakative Farbflächen, darunter **Weichzeichnungsfilter: Selektiver Weichzeichner** oder **Weichzeichnungsfilter: Matter machen** (hoher Radius, kleiner Schwellenwert). Aus der **Filtergalerie** nehmen Sie Malfilter/Kanten betonen, Kunstfilter/Farbpapier-Collage, Kunstfilter/Ölfarbe getupft, Strukturierungsfilter/Körnung mit Körnungsart Sprenkel oder Zeichenfilter/Feuchtes Papier mit niedriger Faserlänge.

Abbildung 14.34 **Links:** Wir reduzieren das Bild mit der »Tontrennung« auf zwei Stufen, also auf nur zwei Werte pro Grundfarbe. So sind nur noch die reinen RGB- und CMY-Farbtöne zu sehen. **Mitte:** Drei Stufen. **Rechts:** Vier Stufen: Vorlage: Tontrennung_a. Foto: theprint, iStockphoto.com, Nr. 4288043

14.6.1 »Tontrennung«

Die **Tontrennung**-Einstellungsebene reduziert das Bild auf nur wenige Tonwertstufen. Das Ergebnis erinnert bei Farbbildern an poppige Plattencover aus den Siebzigern, bei Graustufenwerken an die aufwändige Isohelie-Technik in der traditionellen Dunkelkammer. Ohne die feinen Nuancen üblicher Fotos wirkt das neue Werk mit seinen harten Helligkeits- und Farbsprüngen plakativ. Der Effekt ist auch als »Posterisierung« oder »Posterization« bekannt.

Knappe Werte wie 4 oder 3 wirken besonders stark. Hohe Eingaben wie 60 steigern dagegen scheinbar nur Schärfe oder Brillanz. Photoshop erzeugt die Anzahl der eingetippten Tonwerte separat für jede Grundfarbe; tippen Sie also »3« für ein übliches RGB-Bild mit seinen drei mal drei Grundfarben, erhalten Sie bis zu dreimal drei unterschiedliche Farbtöne.

Abbildung 14.35 **Links:** Mit Weichzeichnung und vier Stufen in der »Tontrennung«. **Mitte:** »Schwarzweiß«-Befehl, vier Stufen in der »Tontrennung«, keine Weichzeichnung. **Rechts:** Das Bild wurde in ein Smartobjekt verwandelt, alle Effekte liegen jederzeit änderbar als Einstellungsebene oder Smartfilter vor. Sie können »Schwarzweiß«-Umsetzung, Gradationskurven, »Tontrennung« oder die Weichzeichnung per »Matter machen« nach Bedarf anschalten und feinsteuern.

Verfeinerung

So variieren Sie die **Tontrennung**:

- Leichtes Weichzeichnen vorab erzeugt ein angenehm glatteres Ergebnis.
- Landen Tonwerte nach der Tontrennung auf einer falschen Stufe, sollten sie mit einer Einstellungsebene **Gradationskurven** gezielt korrigiert werden.
- Bringen Sie ein Farbbild zunächst in den **Modus: Graustufen**, wenn Sie eine Graustufen-Tontrennung wünschen, oder legen Sie eine **Schwarzweiß**-Einstellungsebene an.

Website Das Aktionsset zu diesem Buch enthält die Befehlsfolge »Verfremdung – Tontrennung«: Das Bild wird dupliziert, auf eine Hintergrund-Ebene eingedampft, in ein Smartobjekt verwandelt, weichgezeichnet, dann kommt die **Tontrennung** als Einstellungsebene. Zusätzlich entstehen die Einstellungsebenen **Gradationskurven** (zur Feinsteuerung der Kontraste im Originalbild) und **Schwarzweiß** (Graustufenumsetzung); sie sind zunächst mit dem Augensymbol abgeschaltet. Sie lassen sich ebenso ändern wie die zwei eingerichteten Weichzeichner.

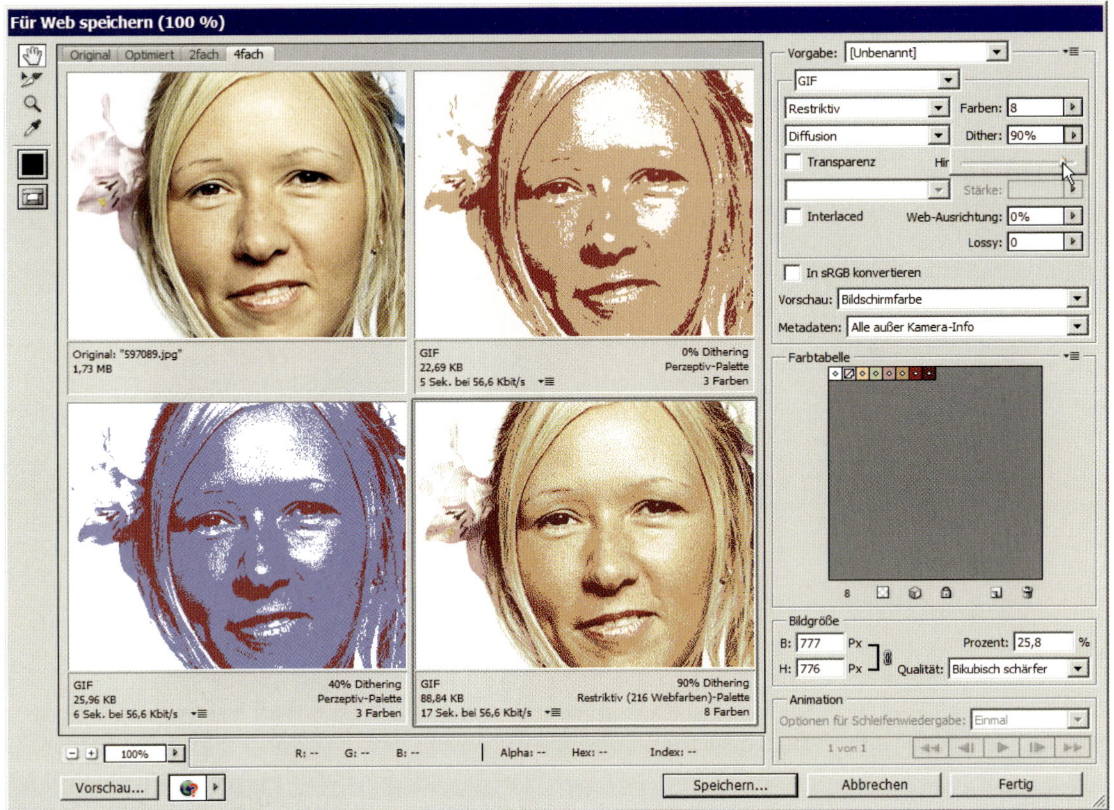

Abbildung 14.36 Auch so entstehen Tontrennungen: Der Befehl »Datei: Für Web speichern« zeigt verschiedene Varianten für eine Umwandlung ins GIF-Dateiformat mit zwei oder nach Bedarf mehr Farbtönen. Testen Sie Dithering-Verfahren zur Farbrasterung, Dither-Werte und verschiedene Tonwerte, die Sie im Bereich »Farbtabelle« austauschen.

Graustufentreppe

Mit der **Tontrennung** erzeugen Sie auch eine Graustufentreppe, um Drucker und Monitor zu testen:

1. Klicken Sie das Werkzeug **Verlauf** an, oben in den Einstellungen nehmen Sie LINEARER VERLAUF und wählen den Verlauf SCHWARZ, WEISS; schalten Sie DITHER ab.
2. Erstellen Sie mit Strg+N eine neue Datei; als MODUS wählen Sie GRAUSTUFEN, für BREITE und HÖHE reichen 600 x 200 Pixel.
3. Klicken Sie mit dem Verlaufswerkzeug ganz ans linke Ende des neuen Bilds und führen Sie es bei gedrückter Maustaste ans gegenüberliegende rechte Ende. Drücken Sie kurz vor dem Loslassen die ⇧-Taste, um das Verlaufswerkzeug auf eine exakt horizontale Linie zu zwingen. Sobald Sie die Maustaste freigeben, füllt sich das Bild mit einem stufenlosen Verlauf von Schwarz nach Weiß.
4. Mit dem **Bild**-Befehl **Korrekturen: Tontrennung** und einem STUFEN-Wert von »11« verwandeln Sie den Verlauf in eine Treppe mit Tonwertsprüngen in 10-Prozent-Schritten.

Website Zu den mitgelieferten Aktionen des Sets »Photoshop CS6 Buch« gehört auch »Graustufentreppe«. Die Befehlsfolge erzeugt zwei neue Dateien mit Graustufentreppen. Die erste Grauskala besteht aus einer Füllebene mit einem Verlauf, den eine »Tontrennung« auf einer Einstellungsebene in einzelne Graustufen umbricht. Variieren Sie dieses Ergebnis durch Bearbeitung der Einzelebenen. Die zweite Variante zeigt dasselbe Ergebnis auf einer reinen Hintergrundebene. Zum Start dieser Aktion müssen Sie nicht erst eine Datei öffnen.

Abbildung 14.37 Ein Verlauf wird mit dem Befehl »Tontrennung« zur Grautreppe in 10-Prozent-Stufen. Vorlage: Tontrennung_c1; Ergebnis: Tontrennung_c2

Alternative per Mischmodus

Duplizieren Sie das Bild über sich selbst (Strg+J) und stellen Sie die obere Ebene auf den Mischmodus HART MISCHEN um (Kurztaste ⇧+Alt+L). Das Ergebnis sieht aus wie die **Tontrennung**. Besonders interessant wirkt HART MISCHEN als Alternative zur **Tontrennung**, wenn Sie zwei verschiedene Motive kombinieren und per HART MISCHEN überblenden; testen Sie auch gesenkte DECKKRAFT.

14.6.2 »Selektiver Weichzeichner« und »Matter machen«

Der **Selektive Weichzeichner** produziert je nach Vorgabe Tontrennungen oder Strichgrafik oder beides gleichzeitig. Mit der Option NORMAL schließt Photoshop Pixelbereiche zu glatten Farbflächen zusammen, so dass eine plakative Grafik entsteht; sie wirkt aber weniger grob als eine **Tontrennung**, erhält die Farbstimmung besser und kaschiert auch mal Bildrauschen oder Hautunreinheiten. Hier ist auch der Weichzeichnungsfilter **Matter machen** eine Alternative; er wirkt aber nicht ganz so plakativ und erhält feine Details deutlich besser, zum Beispiel Haarsträhnen.

Der RADIUS-Regler beim **Selektiven Weichzeichner** kontrolliert die Wirkung, niedrige Werte führen zu glatten Ergebnissen (und erinnern an den Filter **Matter machen** aus demselben Untermenü, eingesetzt mit hohem RADIUS und niedrigem SCHWELLENWERT). Mit der Option NUR KANTEN erhalten Sie eine Weiß-auf-Schwarz-Grafik; anders als beim **Schwellenwert**-Befehl entstehen jedoch keine groben Flächen, sondern fein gezeichnete Konturen.

Abbildung 14.38 **Links:** Der Weichzeichner »Matter machen«, Radius 6 und Schwellenwert 40. **Mitte:** Der »Selektive Weichzeichner« im Normal-Modus mit Radius 10 und Schwellenwert 30. Bei großen Dateien gelten andere Werte. **Rechts:** Die Vorlage wurde in ein Negativ verwandelt, dann folgte der »Selektive Weichzeichner« mit dem Modus »Ineinanderkopieren«, dann wurde erneut umgekehrt. Datei: Tontrennung_d. Foto: peepo, iStockphoto.com, Nr. 8402046

Kapitel 15
Verfremdung mit Filtern

Per Klick mutiert Ihr Foto zum Gemälde, zur Statue, Kreidezeichnung oder Schwarzweißkopie. Diese Funktionen finden Sie im **Filter**-Menü, sie tragen Namen wie **Buntglas-Mosaik**, **Kunststofffolie**, **Schwingungen**, **Fotokopie** oder **Kreide & Kohle**.

In diesem Kapitel besprechen wir **Filter**-Befehle für Verfremdung und effektvolle Illustrationen. Die **Filter**-Befehle zur schlichten Bildverbesserung finden Sie in anderen Kapiteln, darunter sämtliche **Scharfzeichnungsfilter** (Seite 414), **Verflüssigen** (Seite 554) sowie **Helle Bereiche vergrößern** und **Dunkle Bereiche vergrößern** (Seite 595).

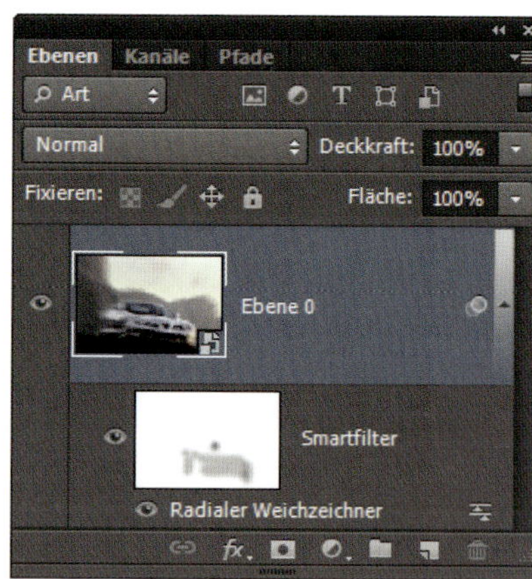

Abbildung 15.1 Der »Radiale Weichzeichner« verzerrt eigentlich das gesamte Motiv inklusive Fahrzeugfront. Wir haben hier jedoch die »Hintergrund«-Ebene in ein Smartobjekt verwandelt, so dass der »Radiale Weichzeichner« als Smartfilter im Ebenen-Bedienfeld erscheint und jederzeit verändert werden kann. Wir malen mit Grau in der »Smartfilter«-Ebenenmaske; die grau übermalten Bereiche werden so wieder deutlicher erkennbar. Dateien: Filter_a etc.

15.1 Grundlagen

Filter verändern einen Auswahlbereich oder - wenn nichts ausgewählt ist - das ganze Bild. Wie Sie die Dialogfelder schnell bedienen und die Vorschau auf den gewünschten Bildbereich einstellen, besprechen wir ab Seite 39.

15.1.1 Flexible Smartfilter

Statt sofort das Originalbild zu verändern, bearbeiten Sie Ihr Bild am besten zunächst mit **Filter: Für Smartfilter konvertieren.** Das Foto mutiert so zum Smartobjekt (Seite 846) und alle folgenden Filter werden Smartfilter (Seite 862): Sie erscheinen als Objekt im Ebenen-Bedienfeld, von dort aus können Sie die Verfremdung ändern oder löschen, das Original steht im Hintergrund bereit.

Vorlage, mit hohem Blendenwert

Objektivunschärfe, offene Blende (hoher Blendenwert)

Objektivunschärfe, geschlossene Blende (niedriger Blendenwert)

Vorlage plus Befehl Feld-Weichzeichnung

Abbildung 15.2 Im Bild ganz rechts wollten wir tatsächliche Objektivunschärfe aus dem zweiten oder dritten Foto mit dem Befehl »Feld-Weichzeichnung« nachbauen. Vorlage: Weichzeichnen_f

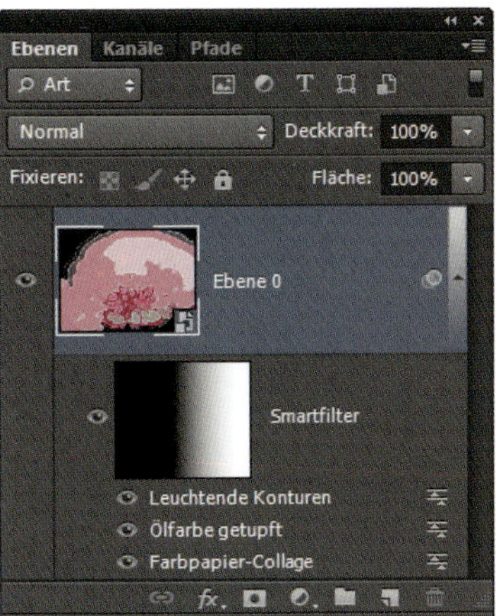

Abbildung 15.3 Das Foto wurde in ein Smartobjekt verwandelt, dann folgten aus der »Filtergalerie« die Befehle »Farbpapier-Collage«, »Ölfarbe getupft« und »Leuchtende Konturen« (Letzterer in den Fülloptionen mit 60 Prozent Deckkraft und Modus »Ineinanderkopieren«). Ein Schwarzweißverlauf in der »Smartfilter«-Ebenenmaske lässt die Filterwirkung erst ab der Bildmitte einsetzen. Datei: Filter_b

15.1.2 Aktionen für Filter-Tests

Die Aktionensammlung auf der Buch-DVD liefert mehrere Befehlsreihen, mit denen Sie **Filter**-Funktionen schnell testen:

- Die Aktion FILTER - VERSUCHE erstellt eine Kopie des aktuellen Bilds und legt zehn Duplikatebenen an, mit denen Sie verschiedene Filter testen und schnell vergleichen.
- Sie brauchen ein paar verkleinerte Duplikate der aktuellen Datei, zum Beispiel für Filterexperimente? Die Aktion FILTER - VERKLEINERTE DUPLIKATE erledigt das für Sie: Sie erhalten drei Duplikate in einer Breite von 800 Pixel in der Zoomstufe 100 Prozent.

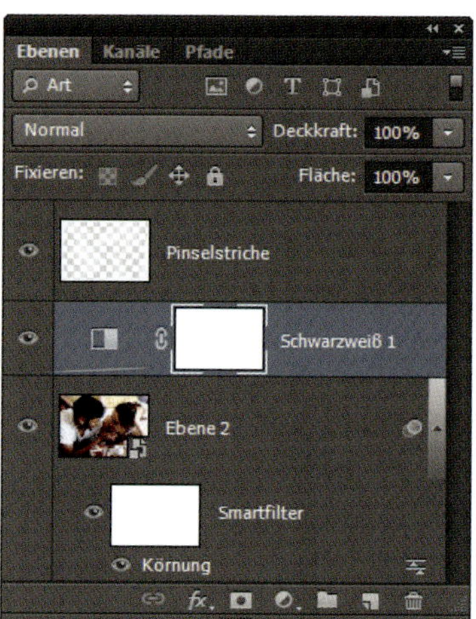

Abbildung 15.4 In dieser Montage liegt jeder Effekt auf einer eigenen Ebene, darunter bleibt das Originalfoto vollständig erhalten. Die obere Ebene »Pinselstriche« enthält den weißen Rand, Entwicklerschlieren und Kratzer. Die Einstellungsebene »Schwarzweiß 1« tont das Bild mit der »Farbton«-Option sepiabraun. Die »Ebene 2« enthält das Foto als Smartobjekt. So lässt sich die »Körnung« als abschaltbarer Smartfilter anwenden. Sie können jeden Effekt abschalten, ändern oder über andere Bilder ziehen. Datei: Filter_k. Foto: Gabi Sieg-Ewe

Abbildung 15.5 **Links:** In der Vorlage »Filter_k« (siehe oben) haben wir die Ebene »Körnung« ausgeblendet und in der Einstellungsebene »Farbton/Sättigung« einen anderen »Farbton« gewählt. **Rechts:** Hier wurden in der »Pinselstrich«-Ebene Schlieren aus der Mitte mit dem Radiergummi entfernt, außerdem wurde diese Ebene um 180 Grad gedreht. Die Ebene »Farbton/Sättigung« haben wir ausgeschaltet, so dass das im Ebenen-Bedienfeld ganz unten liegende Farbbild deutlicher erkennbar wird. Vorlage: Filter_k

- Unsere Aktion FILTER – SMARTOBJEKT & VERKLEINERUNG verwandelt die Datei in ein Smartobjekt von 800 Pixel Breite, wendet einen Filter Ihrer Wahl an und rechnet das Ganze wahlweise wieder auf die Originalgröße zurück. Wie immer wird Ihre Originaldatei nicht verändert gespeichert.
- Die Aktion FILTER – ÜBERGANG erzeugt ein Smartobjekt. Sie wenden einen Filter an, dann wird die Filterwirkung in der linken Hälfte per Ebenenmaske ausgeblendet. Um das gesamte Bild verfremdet zu sehen, klicken Sie im Ebenen-Bedienfeld die Ebenenmaske SMARTFILTER bei gedrückter ⇧-Taste an; Alternative: Per Strg+K kehren Sie die Maskierung um.

15.1.3 Filter schnell wiederholen und übertragen

Auf mehrere Arten wiederholen oder übertragen Sie den letzten Filter blitzschnell:

- Sofern beide Bilder als Smartobjekt eingerichtet sind: Klicken Sie einmal auf die Titelleiste des Bilds, das bereits den passenden Filter hat. Öffnen Sie das Ebenen-Bedienfeld und ziehen Sie den Balken mit dem Filternamen (nicht die Maske namens SMARTFILTER) über das Zielbild.
- Der Griff Strg+F wiederholt einen Filter mit den vorherigen Einstellungen, ohne das zugehörige Dialogfeld noch einmal zu zeigen; einen entsprechenden Menübefehl finden Sie auch im FILTER-Menü und im Kontextmenü der Auswahlwerkzeuge, sofern eine Auswahl im Bild aktiv ist.
- Mit Strg+Alt+F öffnen Sie erneut das letzte **Filter**-Dialogfeld, ändern Werte und filtern das Bild dann neu.
- Und wie immer möglich: Legen Sie eine Aktion (gespeicherte Befehlsfolge) an oder teilen Sie per **Bearbeiten: Tastaturbefehle** ein Tastenkürzel zu.

Wollen Sie eine oder mehrere Reglerveränderungen im Dialogfeld annullieren, dann drücken Sie die Alt-Taste: Die Schaltfläche ABBRECHEN erhält dann meist den Titel ZURÜCKSETZEN: Sie stellen die alten Filtereinstellungen wieder her, ohne das Dialogfeld schließen und neu starten zu müssen.

Abbildung 15.6 Die Effektebenen aus der Datei »Filter_k« (siehe oben) wurden in andere Bilder gezogen. Wenn Sie die »Körnung« mitbewegen, muss das Ziel auch ein Smartobjekt sein. Die Pinselstriche lassen sich meist ohne Probleme durch »Transformieren« an andere Bildgrößen und Seitenverhältnisse anpassen.

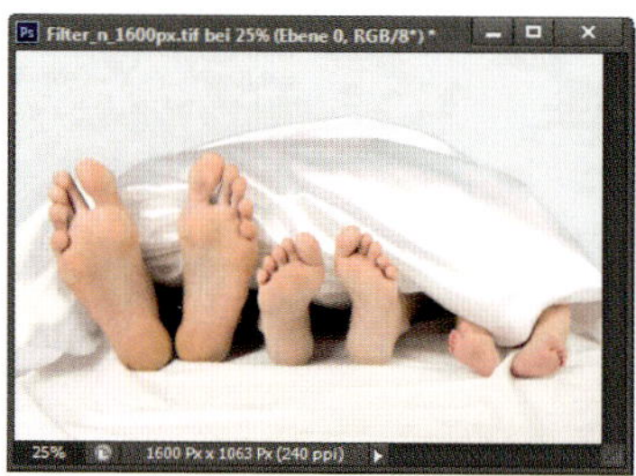

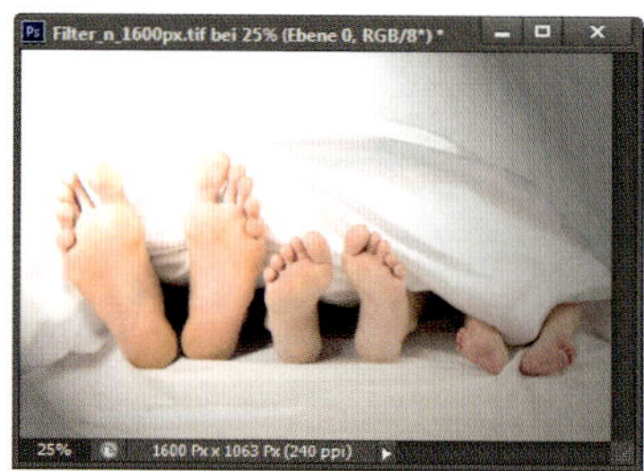

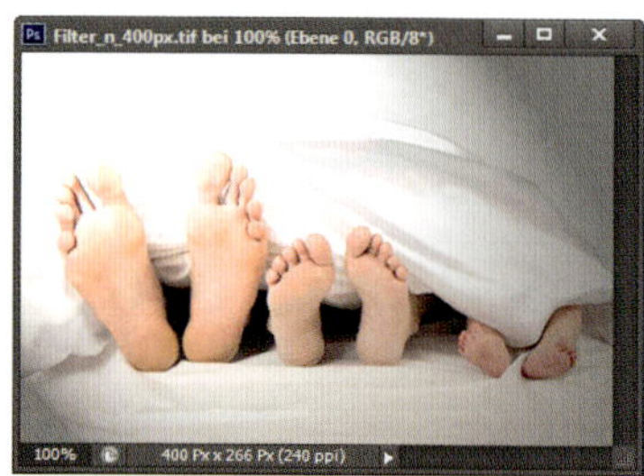

Abbildung 15.7 **Links, Mitte:** Manche Filter berücksichtigen die Bildgröße, andere nicht - sie wirken nur auf der Mikroebene und kümmern sich nicht um das Gesamtbild. Hier die »Beleuchtungseffekte«: Die Datei ist 1600 Pixel breit und erhält mit den »Beleuchtungseffekten« einen dunklen Rand. **Rechts:** Wir wiederholen die »Beleuchtungseffekte« an einer Datei mit nur 400 Pixel Breite. Der Effekt fällt - aufs Gesamtbild betrachtet - genauso aus. Datei: Filter_n. Foto: Gabi Sieg-Ewe

15.1.4 Troubleshooting: Filter

Der Filter richtet bei Ihnen nichts oder das Falsche aus oder er wird gar nicht erst angeboten? Mögliche Gründe:

- Bilder im Modus INDIZIERTE FARBEN und 1-Bit-Strichgrafiken (Bitmaps) werden nicht angenommen. Mitunter sind auch Lab, CMYK, Graustufen und erst recht 64-Bit-CMYK tabu - die Filter werden gar nicht angeboten. Wechseln Sie per **Bild: Modus: RGB-Farbe** zum universellen RGB-Modus.
- Nur die wichtigsten Filter funktionieren in Bildern mit 16 oder gar 32 Bit Farbtiefe pro Grundfarbe (Seite 119); prüfen Sie im Untermenü **Bild: Modus,** welche Farbtiefe wirksam ist; dort wechseln Sie dann auch zum universell nutzbaren **8-Bit-Kanal**.
- Sie filtern ein freigestelltes Objekt auf einer sonst transparenten Ebene und haben im Ebenen-Bedienfeld die Option TRANSPARENTE PIXEL FIXIEREN angeklickt (Seite 704) - unter anderem bei Verzerrungsfiltern oder Weichzeichnungsfiltern beschneidet das den Effekt drastisch.
- Manchmal reicht schlicht der Arbeitsspeicher nicht, weil Photoshop keine Daten auf die Festplatte auslagern möchte. Entfernen Sie zunächst überflüssige Kanäle und Ebenen; geben Sie mit dem Untermenü **Bearbeiten: Entleeren** Arbeitsspeicher frei; notfalls rechnen Sie per **Bildgröße** klein; starten Sie das Programm neu (weitere Problemberatung ab Seite 34).

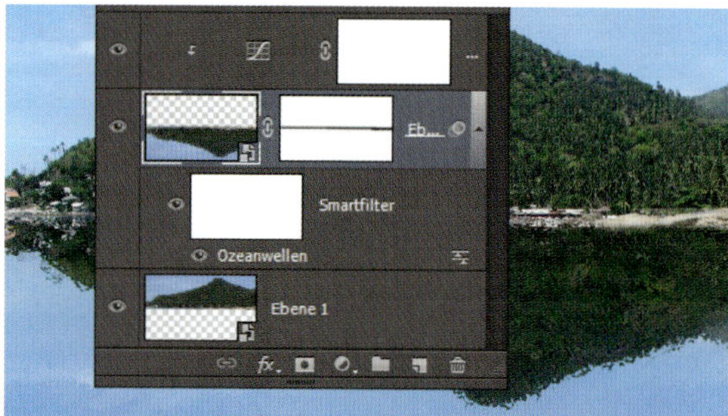

Abbildung 15.9 **Links:** Die Landschaft oben wurde in ein Smartobjekt verwandelt, verdoppelt, senkrecht gespiegelt und mit »Ozeanwellen« bearbeitet. Eine Gradationskurve über der Spiegelung ändert den Kontrast, eine Ebenenmaske in der oberen Ebene glättet den Übergang. **Rechts:** Klicken Sie mit rechts auf die Miniatur einer Bildebene und wählen Sie »Inhalt ersetzen«, tauscht Photoshop sofort obere wie auch untere Bildhälfte passend aus. Die neue Datei sollte das gleiche Seitenverhältnis haben wie das ursprüngliche Einzelbild. Dateien: Verzerrung_h1 etc.

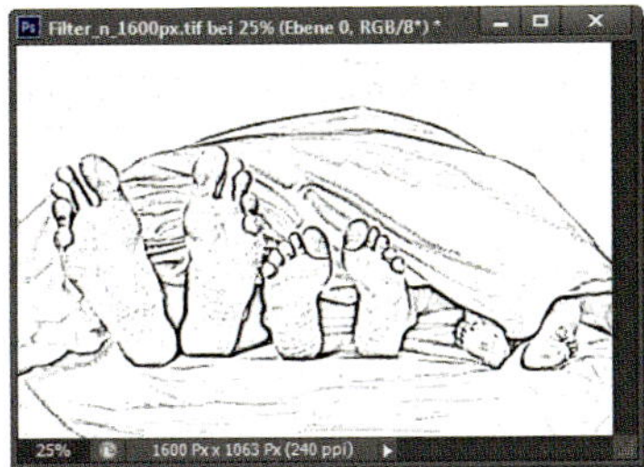

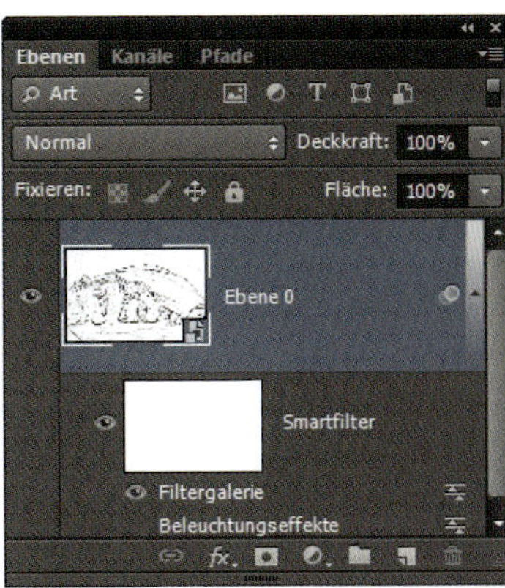

Abbildung 15.8 **Links:** Die 1600-Pixel-Datei wird mit der »Filtergalerie«-Funktion »Fotokopie« bearbeitet. **Rechts:** Auf einer 400-Pixel-Datei wirkt die »Fotokopie« deutlich stärker – anders als die »Beleuchtungseffekte« berücksichtigt dieser Filter also nicht die Gesamtbildgröße.

15.1.5 Zusatzmodule (Plug-Ins)

Sie können Photoshop durch Zusatzmodule von Fremdherstellern erweitern (man redet auch von »Plug-In«). Tatsächlich sind viele Photoshop-eigene Befehle bereits als Zusatzmodul eingebaut.

Plug-Ins von Fremdherstellern erscheinen oft unten im **Filter**-Menü. Zu den bekanntesten kommerziellen Plug-Ins gehören die Produkte von Nik Multimedia und Alien Skin. Dazu kommen zahllose Gratis-Plug-Ins (Seite 510).

Sollten Sie Probleme mit Photoshop haben, starten Sie das Programm versuchsweise ohne Fremdhersteller-Plug-Ins; entfernen Sie dubiose Module aus den verwendeten Ordnern. Prinzipiell lassen sich Zusatzmodule von Fremdherstellern auch verlustfrei als Smartfilter auf Smartobjekte anwenden – in der Praxis klappt es nicht immer.

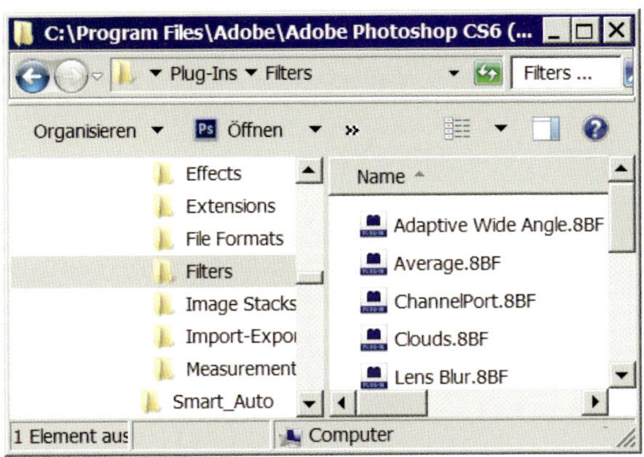

Abbildung 15.10 Einige Photoshop-Funktionen sind als Plug-Ins angelegt. Diese hauseigenen Plug-Ins verstaut Photoshop in verschiedenen Unterverzeichnissen innerhalb des Verzeichnisses »Plug-ins«, so etwa Befehle aus dem »Filter«-Menü.

Plug-Ins installieren

Die Installation eines Plug-In ist denkbar einfach: Sie kopieren Plug-In-Dateien – oft mit einer Endung wie ».8bf« – in ein Verzeichnis, das Photoshop nach Plug-Ins absucht. Beim nächsten Programmstart stehen die Befehle zur Verfügung. Manche Plug-Ins kommen sogar mit einem eigenen Installationsprozess und suchen auf eigene Faust nach dem passenden Verzeichnis. Auch via Extension Manager lassen sich einige Zusatzmodule installieren.

Tipp Sie müssen nicht die Originaldateien der Plug-Ins kopieren: Es reicht, wenn Sie Verknüpfungen (Alias-Dateien) anlegen.

Verzeichnisse für Plug-Ins

Generell sucht Photoshop zwei Verzeichnisse nebst Unterverzeichnissen nach Plug-Ins ab:

- Das Standardverzeichnis »Adobe Photoshop CS6/Required/Plug-ins« (oder »Adobe Photoshop CS6/Plug-ins«) enthält die bereits mitgelieferten Plug-In-Filter für Photoshop. Sie erkennen dort, dass einige Befehle aus dem **Filter**-Menü hier als Zusatzmodule vorliegen. Sie können hier auch weitere Plug-Ins oder Verknüpfungen zu Plug-Ins speichern.
- Wählen Sie **Bearbeiten: Voreinstellungen: Zusatzmodule** (am Mac **Photoshop: Voreinstellungen: Zusatzmodule**) und legen Sie einen weiteren, frei wählbaren Zusätzlichen Zusatzmodule-Ordner fest. Es muss sich nicht innerhalb des »Photoshop«-Verzeichnisses befinden. Auch weitere Programme können auf dieselben Fremdanbieter-Plug-Ins zugreifen.

Tipp Halten Sie beim Programmstart [Strg]- und [⇧]-Taste gedrückt, können Sie zusätzliche Zusatzmodule-Ordner vorgeben. Drücken Sie nur die [⇧]-Taste beim Programmstart, um externe Zusatzmodule-Ordner gezielt nicht zu verwenden.

Plug-Ins aus dem Internet

Links zu meist englischsprachigen Plug-Ins, darunter auch viele kostenlose, finden Sie im Internet. Hier bieten Hobbyprogrammierer ihre Ergebnisse an, Sie finden aber auch Lockangebote kommerzieller Plug-In-Hersteller. Allerdings: Kostenlose Plug-Ins überzeugen und funktionieren mitunter nicht. Eine gute englischsprachige Anlaufstelle für oft kostenlose Zusatzmodule unterschiedlichster Anbieter samt Nutzerwertung und Anwendungsstatistik liefert Photoshop-Hersteller Adobe unter *www.adobe.com/products/plugins/photoshop* oder - dort eventuell mit Werbung - per **Filter: Filter online durchsuchen**. Weitere Übersichten finden Sie unter *www.thepluginsite.com/resources/freeps.htm*, *www.thepluginsite.com/resources/freeff.htm*, *www.foto-freeware.de/filter.php* und *www.freephotoshop.com/html/free_plugins.html*.

Tipp Packen Sie neue Plug-Ins in jeweils eigene Unterverzeichnisse - so kann man sie bei Problemen unkompliziert aus dem Verkehr ziehen.

15.1.6 Befehle im Überblick: Filter

Taste/Feld	Zusatztasten	Aktion	Ergebnis
[Esc] (während Filter läuft)			Filter abbrechen
[Strg]+[F]	-		Letzten Filter sofort neu anwenden
[Strg]+[F]	[Alt]		Letzten Filterdialog aufrufen

15.2 »Struktur«

Einige Filter arbeiten mit STRUKTUR, das heißt, Sie legen ein Relief zum Beispiel aus SANDSTEIN oder LEINEN zugrunde – so etwa bei den **Filtergalerie**-Funktionen CONTÉ-STIFTE, GROBES PASTELL, GLAS und MALGRUND. Die **Filtergalerie**-Funktion STRUKTURIERUNGSFILTER: MIT STRUKTUR VERSEHEN appliziert die Struktur ohne zusätzliche »künstlerische« Verfremdung. Damit rauen Sie glatte Flächen auf – etwa Verläufe oder Produkte des Wolkenfilters – oder Sie gestalten Hintergrundmuster. Viele Filter mit STRUKTUR-Option bietet Photoshop innerhalb der **Filtergalerie** an. Ihre Optionen bei allen Filtern mit STRUKTUR:

- Vier STRUKTUREN sind in Photoshop eingebaut: ZIEGEL, SACKLEINEN, LEINWAND und SANDSTEIN.
- Sie können über das Menü eine beliebige weitere **Struktur laden**.
- Per SKALIERUNG verändern Sie die Ausdehnung des Reliefs.
- Die RELIEFHÖHE steuert die Intensität der Wirkung.
- Sie legen eine LICHT-Position fest – etwa OBEN LINKS oder UNTEN RECHTS – und Sie können das Relief UMKEHREN.

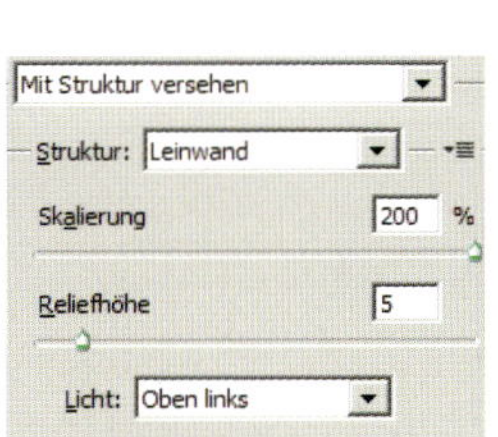

Abbildung 15.11 Die Strukturfunktion hat eine feine Textur ins Bild gewebt, hier »Leinwand«. Der Filter »Mit Struktur versehen« wird innerhalb der »Filtergalerie« angeboten. Er leitet Strukturen aus beliebigen PSD-Dateien ab. Die Struktur wurde in eine neutralgraue Ebene gerechnet, die mit dem Mischmodus »Hartes Licht« überblendet wird; so lässt sie sich leicht verschieben, verzerren und auf mehrere Ebenen anwenden. Datei: Struktur_a. Foto: Carsten Kienle

15.2.1 Struktur laden

Alle Filter mit STRUKTUR-Option enthalten zugleich die Funktionen des Befehls **Mit Struktur versehen** (**Filter: Filtergalerie**, Bereich STRUKTURIERUNGSFILTER). Sie müssen generell nicht die mitgelieferten Strukturen wie SACKLEINEN oder ZIEGELSTEIN verwenden: Klicken Sie auf die Menüschaltfläche und dann auf **Struktur laden**. Hier wählen Sie eine beliebige Photoshop-PSD-Datei. Das Hell-Dunkel-Muster dieser Datei wird als Struktur ins Bild gerechnet. Beim nächsten Verwenden des Filters nennt Photoshop diese Datei auch direkt im Klappmenü für die Standardstrukturen, wie SANDSTEIN oder SACKLEINEN.

Weben Sie Ihr Firmenlogo ein oder eine gescannte Textur. Kleine Motive werden vielfach wiederholt, zu große Motive lassen sich aber nicht zurechtschieben. Auch Farbdateien eignen sich als Strukturdatei – die Helligkeitsinformationen werden als Struktur auf das Bild gelegt. Bilddateien im JPEG-Format müssen Sie vor der Verwendung mit der STRUKTUR-Option ins Photoshop-PSD-Format konvertieren.

Tipp Die PSD-Datei, die Sie als **Struktur laden** möchten, hat mehrere Ebenen und die Verarbeitung klappt nicht? Dann speichern Sie die Datei mit »maximierter Kompatibilität« (Seite 992) oder dampfen Sie das Werk gleich auf eine reine HINTERGRUND-Ebene ein.

Abbildung 15.12 Die Filter mit »Struktur« gehören zur Gruppe der Filter, deren Wirkung von der Bildauflösung abhängt. **Links:** Sie sehen »Leinwand« mit 300 dpi. **Rechts:** Derselbe Filter mit den gleichen Einstellungen, auf eine 200-dpi-Datei angewendet. Bei geringerer Druckauflösung wirkt die »Struktur« größer, bei identischer Zoomstufe erscheint die 200-dpi-Datei dagegen in Photoshop kleiner. Dateien: Struktur_b

15.3 Weichzeichnungsfilter

Die Befehle aus dem Untermenü **Weichzeichnungsfilter** bügeln Bildteile glatt. Generell gibt es diese Anwendungen:

- Sie wollen Übergänge in Alphakanälen, Ebenenmasken oder Montageebenen glätten – meist nehmen Sie den **Gaußschen Weichzeichner**, **Weichzeichnen** oder **Stärker weichzeichnen**.
- Sie wollen fotografische Weichzeichnung in ein Foto zaubern, das in unwichtigen Partien zu viel Schärfe zeigt. Hier klicken Sie auf **Objektivunschärfe**, den Bokeh-Macher, denn dieser Filter verschluckt anders als der **Gaußsche Weichzeichner** keine Lichter; Alternativen: **Feld-Weichzeichnung** oder **Iris-Weichzeichnung**.
- Sie brauchen Spezialeffekte – Wischer, Zoomeffekt oder Überstrahlung; hier nehmen Sie die passenden Filter wie **Bewegungsunschärfe**, **Radialer Weichzeichner** oder **Matter machen**.

Verwenden Sie einen schwachen Filter mehrfach hintereinander, ganz einfach per Strg+F. Einen Weichzeichnerpinsel finden Sie auf der Werkzeugleiste. Allerdings lohnt es sich meist, stattdessen einen **Filter**-Befehl örtlich anzuwenden, zum Beispiel per Filtermaske oder Protokollpinsel.

15.3.1 Schnelle Weichzeichner

Einige Weichzeichnungsfilter arbeiten auf die Schnelle ganz ohne Dialogfeld:

- **Weichzeichnen** dämpft harte Farbübergänge; der Filter hellt Pixel auf, die neben den harten Kanten von vorhandenen Linien oder Schattenzonen liegen.
- **Stärker weichzeichnen** wirkt drei- bis viermal so stark.
- **Durchschnitt berechnen** reduziert Bild oder Auswahl auf einen einzigen Durchschnittstonwert.

15.3.2 Gaußscher Weichzeichner

Der **Gaußsche Weichzeichner** zeichnet mit einem regelbaren Betrag weich; niedrige Werte ab 0,1 zeigen wenig Effekt, hohe Eingaben (bis 250) putzen alles weg. Vor allem weicht der **Gaußsche Weichzeichner** Auswahlen in Alphakanal, Schnellmaske oder Ebenenmaske auf und er gibt handgefertigten Schattenebenen den luftigen Look.

Brauchen Sie statt einer flockig weichen Fläche gleich eine komplett einfarbige Zone, nehmen Sie **Weichzeichnungsfilter: Durchschnitt**. Für fotografische Unschärfe empfehlen wir **Objektivunschärfe**, **Feld-Weichzeichnung**, **Iris-Weichzeichnung** oder **Tilt-Shift** mit visuell ansprechenderen Resultaten.

Vorlage

Weichzeichnen

Stärker weichzeichnen

Stärker weichzeichnen, 200 dpi

Abbildung 15.13 Weichzeichner: Diese Filter glätten Konturen durch Kontrastausgleich. Die Vorlage hat 300 dpi, bei geringerer Druckauflösung wirkt der Filter stärker. Vorlage: Weichzeichnen_a

Radius 1,2

Radius 3

Radius 8

Objektivunschärfe, Radius 15

Abbildung 15.14 **Bilder 1 bis 3:** Der »Gaußsche Weichzeichner« löst scharf konturierte Motive mit regelbarer Stärke zu flächigen Fototapeten auf. **Bild 4:** »Objektivunschärfe« will die Weichzeichnung durch Kameraunschärfe nachbilden. Vorlage: Weichzeichnen_a

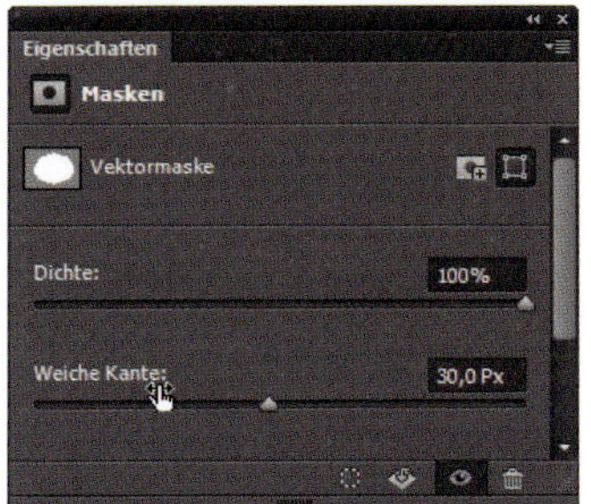

Abbildung 15.15 Kein Weichzeichnungsfilter war hier beteiligt. Wir haben den Sonnenschirm mit der Schnellauswahl ausgewählt und auf eine neue Ebene gehoben. Mit dem Ellipse-Werkzeug entstand eine Vektormaske im Gesamtbild darunter; sie wird mit dem Regler »Weiche Kante« aus dem Masken-Bedienfeld weichgezeichnet. Kantenschärfe und Gesamtumriss lassen sich jederzeit verlustfrei ändern. Datei: Weichzeichnen_b

15.3.3 »Iris-Weichzeichnung«, »Tilt-Shift«, »Feld-Weichzeichnung«

Im Untermenü **Filter: Weichzeichnungsfilter** finden Sie die drei Befehle **Iris-Weichzeichnung**, **Tilt-Shift** und **Feld-Weichzeichnung** für fotografische, visuell ansprechende Unschärfe (Bokeh). Sie erscheinen in einer gemeinsamen Oberfläche; man kann zwischen den drei Funktionen wechseln, sie auch kombinieren und gemeinsame Optionen steuern.

Die drei Befehle zusammen heißen auch Weichzeichnergalerie. Sie bilden eine schnelle, eingängige Alternative zur komplexeren **Objektivunschärfe** mit ihrem feiner steuerbarem Schärfeverlauf, aber weniger vielseitigem Bokeh (nächster Abschnitt). Nehmen Sie am besten Bilder, die weitgehend scharf durchgezeichnet sind; fotografieren Sie also mit hohen Blendenwerten wie f8, f11 oder höher (Fototipps zur Tiefenschärfe ab Seite 47). Realistische Ergebnisse sind oft nur möglich, wenn Sie vorab den weichzuzeichnenden Bereich auswählen und so das Hauptmotiv schützen.

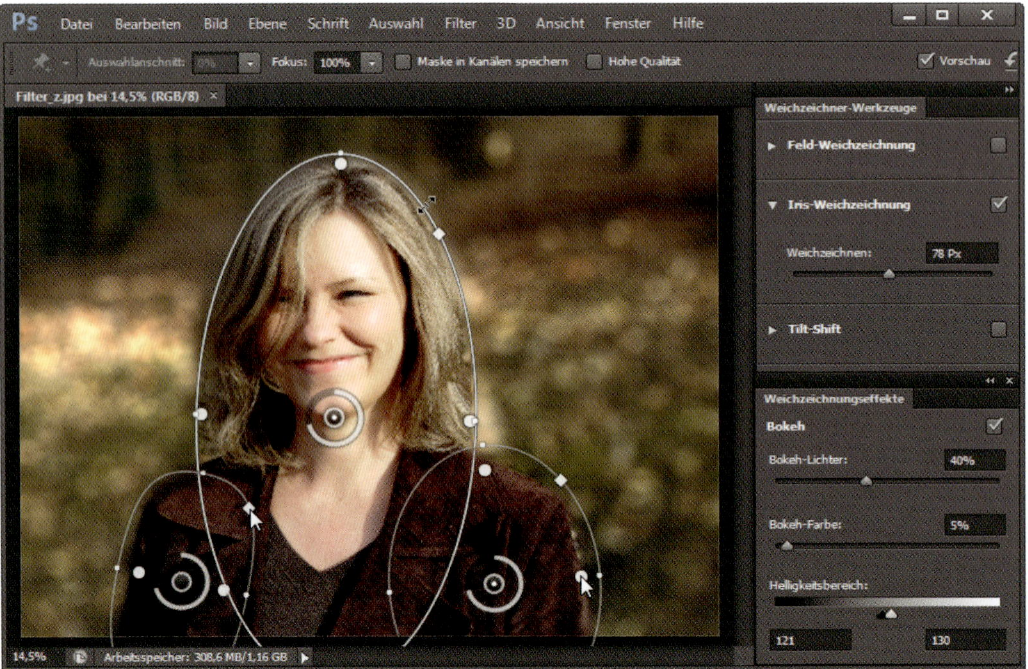

Abbildung 15.16 Per **Iris-Weichzeichnung** haben wir drei Schärfezentren angelegt, um die Person exakt zu erfassen; doch mit Vorab-Auswahl würde es noch genauer. Der Regler Bokeh-Lichter erzeugt die Unschärfe-Kringel, wobei der Effekt nur auf einen mittleren Helligkeitsbereich von 121 bis 130 angewendet wird. Datei: Filter_z. Foto: Werner Kappler

Übersicht

Das bieten die drei Befehle:

- **Iris-Weichzeichnung**: Sie definieren per »Pin« ein Zentrum als scharf, nach außen wird es konzentrisch unschärfer. Sie steuern die Breite der scharfen Zone wie auch die Breite des Übergangs in die Unschärfe. Gut für Unschärfe um ein Porträt oder um eine Blüte herum.
- **Tilt-Shift**: Sie definieren per »Pin« einen Schärfepunkt. Von dort aus gehen jeweils nach oben und unten quer übers Bild Streifen vollständiger Schärfe, Streifen des Übergangs zur Unschärfe und Streifen vollständiger Unschärfe. Vor allem zur Simulation von Miniatur-Landschaften.

So nutzen Sie die Iris-Weichzeichnung

1 **Rechteckpunkt:** Ziehen, um zwischen Kreis- und Rechteckumriss zu wechseln

2 **Kreisregler:** Ziehen, um Weichzeichnen-Wert zu ändern (Alternative zu Weichzeichnen-Schieberegler)

3 **Schärfezentrum:** aktiver Pin, verschiebbar; Strg-Klick, um Überlagerung auszublenden (ausblenden auch per H oder Strg+H)

4 **Übergangspunkt:** Ziehen, um Abstand zwischen scharf bleibendem Bildteil und beginnender Unschärfe an allen Seiten gleichmäßig zu ändern; Alt-Ziehen, um nur einzelnen Übergangspunkt zu bewegen

5 **Begrenzung:** Ziehen, um Kreis-Größe gleichmäßig zu ändern; außerhalb ziehen zum Drehen (Achtung: nur Klicken statt Ziehen erzeugt neuen Pin)

6 **Anfasspunkt:** Ziehen, um Größe, Form und Winkel des Umrisses frei zu ändern

7 **Schärfezone:** vollständig scharfer Bereich

8 **Übergang:** Übergang zu Unschärfe

9 **Weichzeichnung:** vollständig weichgezeichneter Bereich

10 **nicht aktiver Pin:** weiteres Schärfezentrum

- **Feld-Weichzeichnung:** Sie klicken einen »Pin« ins Bild, von dem aus sich regelbare Unschärfe über das gesamte Bild verteilt. Sie können die Ausbreitung nicht mit Ringen steuern.

Bei allen Varianten können Sie mehrere Pins gleichzeitig setzen. Das ist besonders bei der Feld-Weichzeichnung wichtig, deren Ausdehnung Sie nicht durch Orientierungslinien regeln können: Kontrollieren Sie die Unschärfe-Ausdehnung durch Eingrenzen mit weiteren »Pins«, die einen Teil des Bilds (ohne genaue Kontrolle der Region) als scharf definieren.

Kombinieren Sie zudem die Funktionen: Zum Beispiel lässt die **Iris-Weichzeichnung** eine Bildzone scharf, die unscharf erscheinen sollte. Dort setzen Sie einen »Pin« mit der **Feld-Weichzeichnung**; weil dieser eine »Pin« jedoch zunächst das ganze Bild softet, grenzen Sie die Unschärfe durch weitere als scharf definierte »Pins« mit der **Feld-Weichzeichnung** ein. (Sie können jedoch durch **Iris-Weichzeichnung** abgesoftete Bildstellen nicht mehr per **Feld-Weichzeichnung** scharstellen.)

»Iris-Weichzeichnung«

Erzeugen Sie kreisförmige Schärfe-Bereiche und steuern Sie die Größe der scharf verbleibenden Zone, des Übergangs zur Unschärfe und den komplett unscharfen Bereich.

So verfeinern Sie ein erstes Ergebnis:

- Brauchen Sie außen weitere scharfe Bildzonen, klicken Sie einen weiteren »Iris«-Kreis in die Vorschau.
- Benötigen Sie dagegen innerhalb des ersten Schärfe-Kreises einzelne unscharfe Stellen, wechseln Sie zu **Feld-Weichzeichnung** und klicken Sie einen Unschärfe-Pin ins Bild. Sie müssen dann allerdings mindestens einen weiteren Punkt erzeugen, dessen WEICHZEICHNEN-Wert Sie auf 0 herunterregeln – er bremst die Unschärfe, die vom ersten Punkt ausgeht. (Alternative: Ein Unschärfe-Ring per Iris-Weichzeichnung, der per FOKUS-Regler bereits unscharf beginnt.)
- Wollen Sie bereits ab dem Zentrum gleichmäßige Unschärfe zeigen, senken Sie den FOKUS-Wert oben im Filter-Dialog.

»Tilt-Shift«

Der Befehl soll vor allem Miniaturlandschaften simulieren, die durch ein Makroobjektiv fotografiert werden. Er eignet sich aber auch für andere Motive, bei denen die Unschärfe in voller Bildbreite zunehmen soll. In der Grundeinstellung erzeugt der Filter Unschärfe nach oben und unten – oder nach Drehung sowohl links als rechts. Sie können jedoch die Linien einer Seite so weit aus der Vorschau herausziehen, dass diese Seite gar nicht mehr abgesoftet wird und komplett scharf bleibt. Die Linie sehen Sie immer noch zumindest stückweise außerhalb des Bildes (verkleinern Sie die Darstellung eventuell mit [Strg]+[-]).

Der VERZERRUNG-Regler im **Tilt-Shift**-Bereich rechnet zusätzlich eine Objektiv-Verzerrung ins Bild – zunächst nur in der unteren Unschärfe-Zone:

- Ziehen Sie den VERZERRUNG-Regler nach rechts auf positive Werte, erhalten Sie eine strahlenförmige Verzerrung; ziehen Sie den Regler nach links auf negative Werte, verzerrt Photoshop kreisförmig. Dabei verformen sich auch eventuelle Bokeh-Kreise. Je größer die vollständig unscharfe Zone, desto deutlicher wird der Effekt; auf Hochhausfassaden mit waagerechten und senkrechten Linien ist der Effekt deutlicher als in Landschaftsaufnahmen.
- Die Option SYMMETRISCHE VERZERRUNG produziert die zusätzliche Verfremdung nicht nur im unteren, sondern zusätzlich im oberen Unschärfebereich.

»Feld-Weichzeichnung«

Klicken Sie einen ersten Punkt in die Vorschau, von dem aus sich Unschärfe über das gesamte Foto verbreitet und regeln Sie die Unschärfe mit dem WEICHZEICHNEN-Regler. Klicken Sie einen weiteren Punkt zum Beispiel auf Ihr Hauptmotiv und ziehen Sie den WEICHZEICHNEN-Wert auf 0; so wird dieser Bereich scharf, mit allmählichem Übergang zur Unschärfe. Setzen Sie an strategische Bildstellen weitere Punkte, für jeden einzelnen richten Sie den passenden WEICHZEICHNEN-Wert ein.

Es gibt keinerlei Orientierungslinien, Sie können die Ausbreitung nicht exakt steuern. Ob sich die Unschärfe oder Schärfe kreisförmig oder gerade, diagonal, waagerecht oder senkrecht ausdehnt, hängt von Zahl und Position der Pins ab. Blenden Sie die Maske mit [M] ein, um die Schärfe-Unschärfe-Verteilung deutlicher zu erkennen.

> **Tipp** Sie brauchen eine genau umrissene unscharfe Zone? Präzisionsarbeit ist nicht die Sache der **Feld-Weichzeichnung**. Erzeugen Sie lieber mit der **Iris-Weichzeichnung** eine vage kreisförmige Figur, die Sie oben über den FOKUS-Regler komplett unscharf einstellen.

Abbildung 15.17 Ohne Verzerrung. Datei: Filter_x

Abbildung 15.18 Verzerrung -100

Abbildung 15.19 Verzerrung +100

Abbildung 15.20 Symmetrische Verzerrung +100

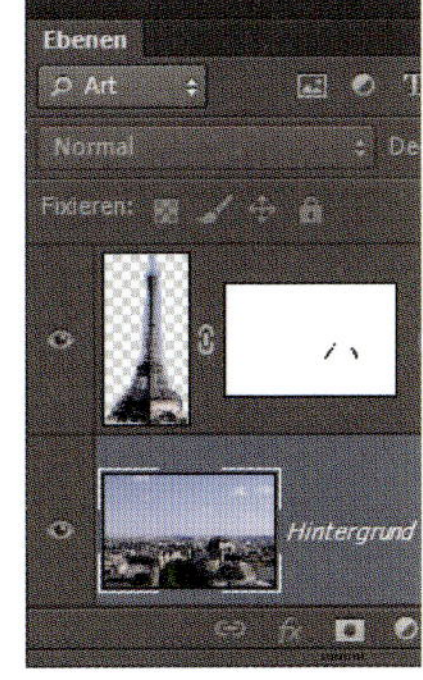

Abbildung 15.21 **Links:** Bei vielen Vorlagen für Spielzeuglandschaften stört ein Detail den Unschärfeverlauf – eine Laterne, ein Fahnenmast, ein Baum, ein Turm. Dieses Detail unterbricht den Blick in die Tiefe. Es sollte nicht mit weichgezeichnet werden. **Mitte, rechts:** Wir haben den Turm mit dem Polygon-Lasso ausgewählt, auf eine separate Ebene gehoben und mit dem Ausbessern-Werkzeug aus der Hintergrund-Ebene entfernt. Dann erst wurde die Hintergrund-Ebene mit Tilt-Shift weichgezeichnet. Bei dieser Lösung können Sie jedoch nicht den Auswahlanschnitt-Regler verwenden, der einen leichten Farbüberlauf zwischen Hauptmotiv und Umgebung ermöglicht.

So nutzen Sie den Tilt-Shift-Filter

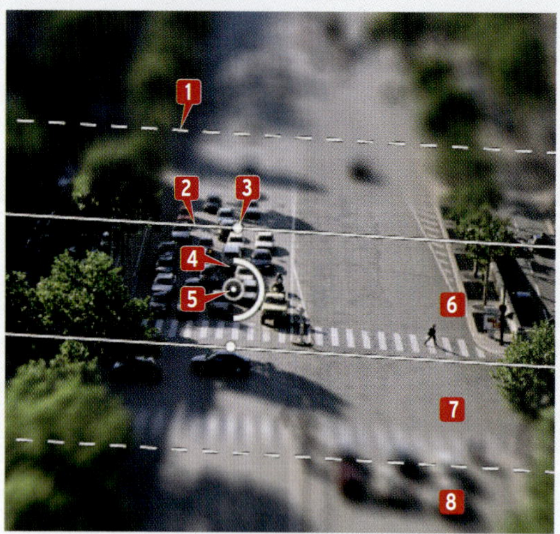

1. **Äußere Begrenzung:** Ziehen, um den Beginn vollständiger Unschärfe zu verlagern
2. **Beginnende Unschärfe:** Ziehen, um Linien für äußere Begrenzung und beginnende Unschärfe gemeinsam zu verschieben;
3. **Linien Drehen:** Ziehen, um Winkel zu ändern; [⇧]-Taste fixiert auf feste Winkel
4. **Kreisregler:** Ziehen, um WEICHZEICHNEN-Wert zu ändern (Alternative zu WEICHZEICHNEN-Schieberegler)
5. **Schärfezentrum:** aktiver Pin, verschiebbar; [Strg]-Klick, um Überlagerung auszublenden (ausblenden auch per [H] oder [Strg]+[H])
6. **Schärfezone:** vollständig scharfer Bereich
7. **Übergang:** Übergang zu Unschärfe
8. **Weichzeichnung:** vollständig weichgezeichneter Bereich, zusätzlich änderbar mit VERZERRUNG-Regler

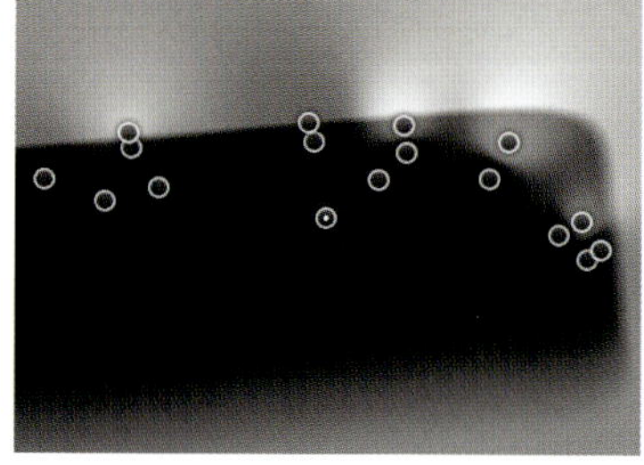

Abbildung 15.22 **Links:** Mit einer rechteckigen, gedrehten **Iris-Weichzeichnung** lässt sich der Tisch nicht perfekt erfassen. **Mitte:** Wir wechseln zur **Feld-Weichzeichnung** und klicken außerhalb des Tischs Unschärfe-Punkte ins Bild. Danach benötigen wir innerhalb der Tischfläche Pins mit dem WEICHZEICHNEN-Wert 0, damit die Weichzeichnung nicht von außen aufs Hauptmotiv ausstrahlt. Die **Iris-Weichzeichnung** ist weiter wirksam, deren Orientierungslinien erscheinen aber nicht in der Vorschau. **Rechts:** Per [M] zeigen Sie die aktuelle Maske, die sich hier aus den Funktionen **Iris-Weichzeichnung** und **Feld-Weichzeichnung** zusammensetzt. Datei: Filter_t

»Bokeh«

Das Bedienfeld WEICHZEICHNUNGSEFFEKTE erzeugt Bokeh (Unschärfe-Kreise) für **Iris-Weichzeichnung**, **Tilt-Shift** und **Feld-Weichzeichnung** sowie für alle Kombinationen daraus. Die stimmungsvollen Unschärfe-Gespinste samt aparten Bokeh-Kringeln können auch langweilige Fotos durchlüften, auffrischen, ja reanimieren. Die allgemeine Effektstärke steuern Sie mit dem Regler BOKEH-LICHTER. Schalten Sie den Effekt jederzeit mit dem Kästchen rechts oben im Bedienfeld ab, Sie müssen also nicht erst BOKEH-LICHTER auf 0 ziehen; die sonstige Weichzeichnung bleibt erhalten, nur die Bokeh-Kreise verschwinden.

Tipp Nicht immer erzeugt eine einzige Reglerstellung schöne Weichzeichnung fürs gesamte Bild. Mischen Sie mehrere Varianten zum Beispiel mit maskierten Duplikatebenen.

Am einfachsten entstehen die reizvollen Unschärfe-Kringel bei einzelnen Lichtquellen in dunkler Umgebung, zum Beispiel in nächtlichen Stadtaufnahmen. Sie können das Bokeh jedoch vielseitig verfeinern: Zunächst wendet Photoshop den Bokeh-Effekt nur auf die hellsten Lichter von 206 bis 255 an (0 ist Schwarz, 255 ist Weiß). Mit dem Regler HELLIGKEITSBEREICH dehnen Sie den Bokeh-Effekt auf weitere helle Bildzonen aus, zum Beispiel von 180 bis 255 – dabei fressen jedoch Lichter vollständig aus.

Selbst wenn es nicht realistisch ist: Wenden Sie BOKEH-LICHTER testweise nur auf Mitteltöne an, zum Beispiel auf den HELLIGKEITSBEREICH von 170 bis 180 oder sogar nur von 170 bis 171. Je enger Sie den HELLIGKEITSBEREICH fassen, desto kräftiger können Sie die Werte für BOKEH-LICHTER und auch WEICHZEICHNEN heben. (Die **Objektivunschärfe** bietet dagegen nicht die Möglichkeit, nur Mitteltöne ohne die höchsten Lichter mit einem Bokeh-Effekt zu bearbeiten.) Verschieben Sie auch den HELLIGKEITSBEREICH: Mit den Helligkeitsbereichen 170 bis 180, 160 bis 170 oder 60 bis 70 erhalten Sie jeweils unterschiedliche Ergebnisse.

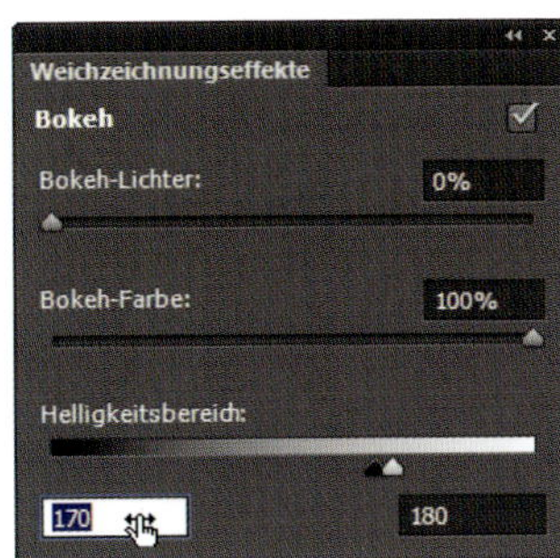

Abbildung 15.23 Das Ziehen an den zwei HELLIGKEITSBEREICH-Reglern ist umständlich, wenn sie bereits sehr eng nebeneinanderliegen. Ziehen Sie stattdessen bei gedrückter [Strg]-Taste über den Zahlenfeldern, zum Beispiel über 170 oder 180.

Der Regler BOKEH-FARBE steigert die Farbsättigung innerhalb der Bokeh-Kringel – vertretbar bei Bildern mit künstlichen Lichtquellen, zum Beispiel Autoscheinwerfern. Zuvor unscheinbare Bokeh-Kreise wirken nach der Einfärbung eventuell aufdringlicher. Frisst der Bokeh-Kreis innen weiß aus, erhält er zumindest einen farbigen Rand.

Vorlage: Filter_t

Weichzeichnen 25 Px

Weichzeichnen 60 Px

Weichzeichnen 25 Px
Bokeh-Lichter 50 %
Helligkeitsbereich 206 - 255 (Standard)

Weichzeichnen 25 Px
Bokeh-Lichter 50 %
Helligkeitsbereich 40 - 65

Weichzeichnen 25 Px
Bokeh-Lichter 50 %
Helligkeitsbereich 85 - 110

Weichzeichnen 60 Px
Bokeh-Lichter 50 %
Helligkeitsbereich 206 - 255 (Standard)

Weichzeichnen 60 Px
Bokeh-Lichter 50 %
Helligkeitsbereich 110 - 121

Weichzeichnen 60 Px
Bokeh-Lichter 70 %
Helligkeitsbereich 68 - 71

Abbildung 15.24 Der Regler Bokeh-Lichter ändert zunächst nur die hellsten Lichter von 206 bis 255, so dass hier die Türöffnung überbelichtet erscheint. Beschränken den Helligkeitsbereich testweise auf Mitteltöne zum Beispiel von Tonwert 110 bis 121. Vorlage: Filter_t

Überlagerungen verbergen

Auswahl-Fließmarkierungen und Orientierungslinien stören die Bildbeurteilung. So sichten Sie das Foto in der Vorschau konzentrierter:

- Per Strg+H blenden Sie Auswahl-Fließmarkierung wie auch Pins und Linien des Filters dauerhaft aus. Nur mit der Taste H verschwinden die Orientierungshilfen für die Dauer des Tastendrucks.
- Strg-Klick auf einen Pin blendet die Linien aus, der Pin bleibt sichtbar. Der nächste Klick auf den Pin ohne Zusatztaste zeigt die Linien wieder an.
- Verbergen Sie eine Auswahlmarkierung mit Strg+H, noch bevor Sie den **Filter**-Befehl aufrufen. Im Dialog ist die Auswahl anschließend dauerhaft verborgen, die Überlagerungslinien sehen Sie dagegen. Innerhalb des Dialogs verbirgt Strg+H oder H nun auch die Überlagerungen.

Abbildung 15.25 **Links:** Helle Lichtquellen in dunkler Umgebung, hier lohnt sich ein Bokeh-Test. **Mitte:** Wir heben die Werte für Bokeh-Farbe und Bokeh-Lichter deutlich an; das gelbe Schild fällt zu sehr auf. **Rechts:** Wir haben das gelbe Schild aus der ersten Bildfassung in die Version mit Bokeh montiert.

»Auswahlanschnitt«

Realistisch werden die Ergebnisse oft nur, wenn Sie vorab den Hintergrund zum Beispiel per Schnellauswahlwerkzeug auswählen; das Hauptmotiv bleibt also vollständig geschützt. (Im Zweifelsfall erlaubt die **Objektivunschärfe**, die sich an Graustufen im Alphakanal orientiert, mehr Feinsteuerung.) Die Auswahl sollte generell nicht knallscharf sein - stellen Sie per **Kante verbessern** zum Beispiel eine Weiche Kante von einem Pixel ein.

Zusätzlich bietet die Weichzeichnergalerie oben links für alle drei Funktionen den Auswahlanschnitt. Der Wert steht zunächst bei 0. Wenn Sie ihn anheben, strahlen Farbtöne des Hauptmotivs über die Auswahlgrenze hinweg in weichgezeichnete Bildpartien. Je stärker der Kontrast an der Auswahlgrenze, desto deutlich erkennen Sie die Wirkung eines hohen Auswahlanschnitt-Werts. In kontrastarmen und sehr hoch aufgelösten Bildern ist der Effekt kaum erkennbar. Blenden Sie die Auswahlmarkierung zur Bildbeurteilung mit Strg+H aus.

»Maske in Kanäle speichern«

Sie können keine Vorgaben speichern. Zwar kann man den zuletzt verwendeten Filter per Strg+F oder Strg+Alt+F wiederholen, doch spätestens nach Schließen des Programms oder nach Verwenden eines anderen Filterbefehls muss man ganz neu ansetzen. Die Datei lässt sich auch nicht mit änderbaren Weichzeichnerpunkten speichern und weiterreichen, denn dieser Filter funktioniert nicht als widerrufbarer Smartfilter.

Kleiner Trost: Photoshop CS6 wandelt den Wirkungsbereich der Schärfezentren in Alphakanäle um, die später als Auswahl geladen werden; nutzen Sie oben in der Weichzeichnergalerie die Option Masken in Kanälen speichern (die Taste M zeigt die Maske bereits im Dialogfeld). Verwenden Sie die Maske, um den weichgezeichneten oder den nicht weichgezeichneten Bereich weiter zu bearbeiten; Sie können aus der Maske keine exakten Vorgaben für den nächsten Trip in die Weichzeichnergalerie ableiten.

Oberfläche

Im Filter-Dialog funktionieren viele aus Photoshop bekannte Tastaturbefehle, zoomen Sie zum Beispiel mit Strg++, Strg+-+F, Strg+0 oder Strg+Alt+0. Zahlreiche Befehle im **Ansicht**- und **Fenster**-Menü stehen weiter zur Verfügung. Rufen Sie etwa Info- oder Histogramm-Bedienfeld auf. Allerdings reflektieren diese Bedienfelder nicht die aktuelle Änderung beim Weichzeichnen, sondern zeigen nur Vorher-Werte an.

Die ⇆-Taste blendet alle Bedienfelder aus, sofern der Cursor nicht gerade in einem Zahleneingabefeld blinkt. Mit Strg+R blenden Sie wie üblich Lineale ein, aus denen Sie Hilfslinien herausziehen. Strg+Z widerruft die letzte Änderung im Dialog.

Abbildung 15.26 Haben Sie die Oberfläche deutlich verändert, klicken Sie rechts oben auf WEICHZEICHNERGALERIE und dann auf ARBEITSBEREICH ZURÜCKSETZEN. So stellen Sie die ursprüngliche Anordnung aller Bedienfelder wieder her.

Vorlage

Auswahlanschnitt 0

Auswahlanschnitt 100

zusätzlich Hohe Qualität

zusätzlich Bokeh-Farbe von 0 auf 50 gehoben

Bokeh-Farbe auf 100 gehoben

Abbildung 15.27 Die Tasse wird mit einer Auswahl gegen Weichzeichnung geschützt. Ein hoher Wert für AUSWAHLANSCHNITT blendet die helle Farbe des Porzellans unauffällig in die weichgezeichnete Umgebung. Der Wechsel zu HOHE QUALITÄT verlangsamt die Bearbeitung deutlich, bringt aber kaum erkennbare Änderung.

Befehle im Überblick

Taste/Feld	Zusatztasten	Aktion	Ergebnis
P			Vorschau aus-/einblenden
M			Maske anzeigen
H			Überlagerung vorübergehend ausblenden
Strg + H			Überlagerung und Fließmarkierung ausblenden
◉	Strg	☝	Überlagerung ausblenden
◉	Entf		Pin entfernen
Strg + Z			letzte Änderung im Dialog widerrufen

»Hohe Qualität«

Die Option Hohe Qualität oben in der Weichzeichnergalerie verlangsamt den Aufbau der Vorschau deutlich und sie verlangsamt zusätzlich die Bildberechnung nach dem OK-Klick – die Wartezeit verdreifacht sich. Der visuelle Gewinn durch Hohe Qualität ist gering und fällt höchstens in den Lichtkringeln auf, die Sie per Bokeh-Lichter produzieren: Die Lichtkreise wirken minimal feiner abgestuft, tendieren weniger zum Ausfressen. Im Druck spielt der Unterschied kaum eine Rolle. Damit es schneller geht, schalten Sie Hohe Qualität wenn überhaupt erst vor dem OK-Klick ein.

15.3.4 »Objektivunschärfe«

Eine gute Alternative zu **Feld-Weichzeichnung**, **Iris-Weichzeichnung** und **Tilt-Shift** liefert **Filter: Weichzeichnungsfilter: Objektivunschärfe**; Sie erhalten per Alphakanal mehr Feinsteuerung für den Schärfeverlauf; mikroskopische Unschärfe-Details wie die Lamellenzahl der Blende lassen sich regeln, aber der Bokeh-Effekt wird generell immer auch auf die hellsten Lichter und nicht wahlweise ausschließlich auf Mitteltöne angewendet – da bieten **Iris-Weichzeichnung** und Co. mehr Gestaltungsmöglichkeit, Sie vermeiden Ausfressen der Lichter und formen fast beliebig Bokeh-Kringel. Schade: **Objektivunschärfe** lässt sich nicht als verlustfreier Smartfilter nutzen (ebensowenig wie **Feld-Weichzeichnung**, **Iris-Weichzeichnung** und **Tilt-Shift**).

Schnelle Vorschau

Für erste Versuche mit dem sehr behäbigen Filter **Objektivunschärfe** nehmen Sie eine Datei von nur 800 Pixel Breite. Verwenden Sie zunächst den Vorschau-Modus Schneller; stellen Sie die Vorschau erst später auf Genauer um – Photoshop zeigt dann direkt das Endergebnis. Um die Feinheiten von Störung oder Iris genau zu beurteilen, richten Sie unten links Zoomstufen wie 100 oder 200 Prozent ein.

Legen Sie einen Alphakanal an

Noch bevor Sie den Befehl aufrufen, legen Sie zunächst einen Alphakanal an, zum Beispiel so:

1. Öffnen Sie mit dem **Fenster**-Menü das Kanäle-Bedienfeld.
2. Klicken Sie unten im Bedienfeld auf das Symbol Neuen Kanal erstellen. Damit entsteht der neue, schwarze Alphakanal Alpha 1.
3. Was Sie im Alphakanal schwarz unterlegen, hält der Filter für nah an der Kameralinse; Weißes gilt als weit entfernt. Letztlich kommt es hier nur auf deutlich unterschiedliche Zonen, aber nicht auf präzise Auswahl an – später verschieben Sie die Wirkung des Alphakanals fast nach Belieben. Legen Sie zum Beispiel mit dem Verlaufswerkzeug einen Graustufenverlauf an. Der Teil, der scharf bzw. unverändert bleiben soll,

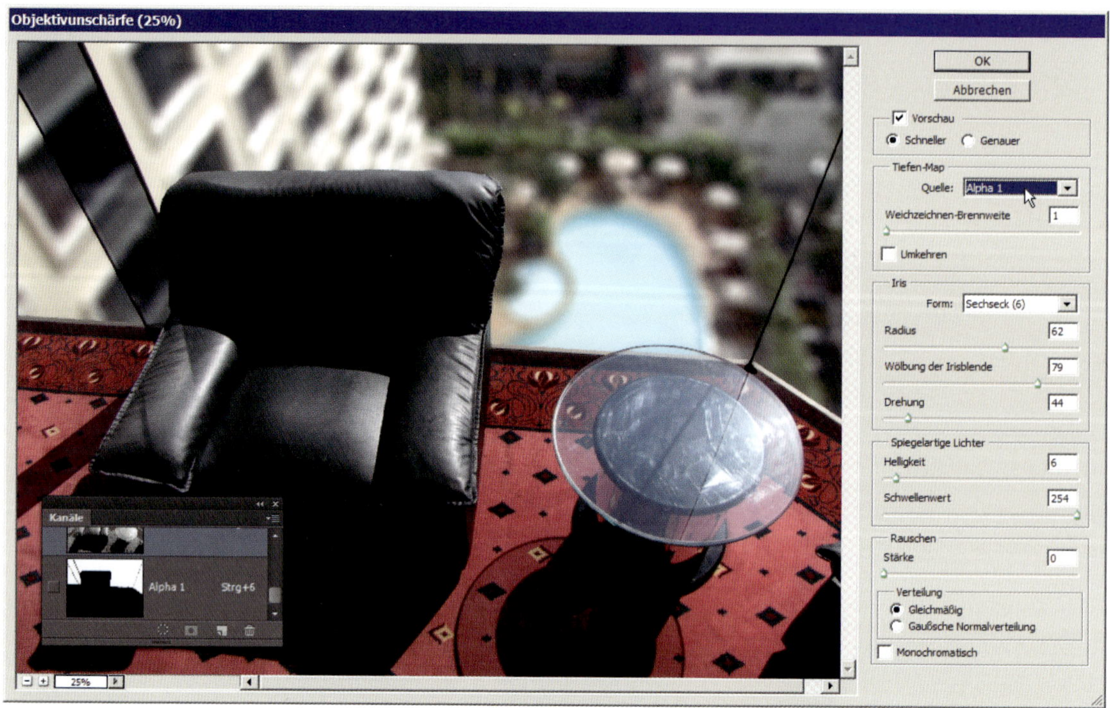

Abbildung 15.28 Der Befehl »Filter: Weichzeichnungsfilter: Objektivunschärfe« rechnet Kameraunschärfe ins Bild. Die nahegelegenen bzw. entfernten Zonen legen Sie über Schwarz- und Weißtöne im Alphakanal fest. Hier wurde schlicht der Vordergrund ausgewählt und im Alphakanal (unten links im Bild) schwarz abgedeckt. Vorlage: Weichzeichnen_c

erhält Schwarz. Alternative zum Verlauf: Malen Sie mit dem Pinsel bei weicher Spitze schwarz in dem Bereich des Alphakanals, der scharf bleiben soll; Richtung und Schwerpunkte lassen sich im Dialogfeld noch leicht ändern.

4. Stimmt der Alphakanal? Klicken Sie oben im Kanäle-Bedienfeld auf die Miniatur fürs Gesamtbild, zum Beispiel auf RGB oder CMYK, so dass der Alphakanal nicht mehr aktiviert ist.

Nun steuern Sie den Schärfebereich im Dialogfeld genauer:

1. Wählen Sie **Filter: Weichzeichnungsfilter: Objektivunschärfe**.
2. Nennen Sie im Klappmenü Quelle den Namen des Alphakanals, den Sie angelegt haben. (Alternativ verwenden Sie Transparenz oder Ebenenmaske.)
3. Richten Sie den genauen Schärfepunkt ein. Am einfachsten klicken Sie dazu auf den Punkt, der in voller Schärfe erscheinen soll – Photoshop präsentiert den Mauszeiger hier als Kreuz. Dabei verändert sich die Stellung des Reglers Weichzeichnen-Brennweite. Sie können diesen Regler auch direkt verändern. Ohne Alphakanal steht Weichzeichnen-Brennweite nicht zur Verfügung.

Website In der Aktionensammlung auf der Website zum Buch finden Sie die Aktion »Filter – Objektivunschärfe«. Die Aktion erzeugt eine auf 800 Pixel verkleinerte Duplikatebene mit duplizierter Hintergrund-Ebene, legt auf gut Glück einen Alphakanal mit Verlauf an und ruft die **Objektivunschärfe** mit Verwendung des Kanals »Alpha 1« auf. Sie können den Verlauf nach einer Anhalten-Meldung ändern.

Abbildung 15.29 Im Kanal »Alpha 1« legen wir zunächst einen Verlauf von Grau nach Weiß an. Dann wählen wir das Mobilar im Vordergrund aus und verewigen die Auswahl sicherheitshalber im separaten Kanal »Stuhl, Tisch«. Wir aktivieren wieder den Kanal »Alpha 1« und füllen den ausgewählten Vordergrundbereich mit Schwarz – so wird der Vordergrund nicht weichgezeichnet. Dann wählen wir »Objektivunschärfe« und verwenden »Alpha 1« als »Quelle«. Vorlage: Weichzeichnen_e

Die »Iris«

Im Bereich Iris steuern Sie die virtuelle Blende des weichzeichnenden digitalen Photoshop-Objektivs:

- Der Radius-Regler steuert die Stärke der Weichzeichnung.
- Das Klappmenü Form bietet verschiedene Bauarten für die Kamerablende an – also die Zahl der Lamellen. Die Form erkennen Sie eventuell nicht auf Anhieb im Bildergebnis. Die Blendenform schält sich am ehesten in weichgezeichneten Hochlichtern aus; die speziellen Kringel von Spiegel-Teles sind mir aber noch nicht gelungen.
- Der Drehung-Regler dreht die Blende – testen Sie Variationen vor allem bei niedriger Wölbung der Irisblende.
- Hohe Werte bei Wölbung der Irisblende glätten die Ecken der Lamellen, Sie erkennen die Iris-Form nicht mehr. Hohe Werte spülen das Bild eventuell deutlicher weich. Niedrige Werte zeigen eine genauer konturierte Iris-Form in den Lichtern, so wie eine Fotografie mit Unschärfe, aber geschlossener Blende (zum Beispiel Blende f11 oder f16). Hohe Werte mit schlicht rundlicher Lamellenform erinnern an fotografierte Unschärfe mit offener Blende (etwa Blende f4 oder f2,8).

Abbildung 15.30 **Links:** Die Vorlage; der Vordergrund wird durch einen Alphakanal geschützt. **Mitte:** Radius 22, fünfeckige Iris und spiegelartige Lichter mit einer Helligkeit von 80 und Schwellenwert 245. **Rechts:** Radius 10, siebeneckige Iris, spiegelartige Lichter mit einer Helligkeit von 100 und Schwellenwert 245. Befehle wie »Iris-Weichzeichnung« aus der Weichzeichnergalerie gestalten den Bokeh-Effekt vielseitiger. Vorlage: Weichzeichnen_c

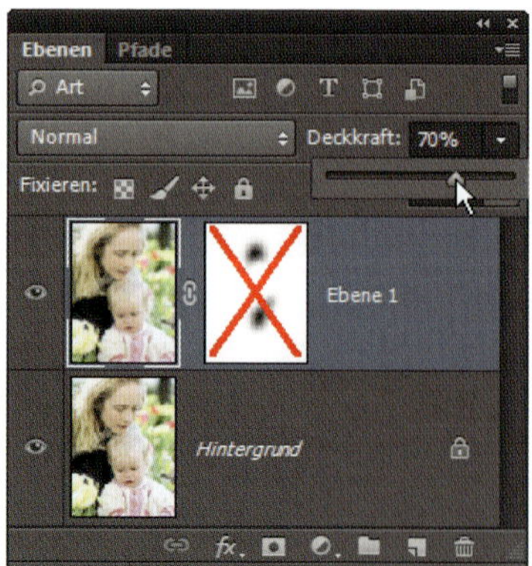

Abbildung 15.31 Die Vorlage wird auf eine neue »Ebene 1« dupliziert und mit »Objektivunschärfe« weichgezeichnet. Anschließend senken wir die »Deckkraft« der oberen Ebene auf 70 Prozent. Eine Ebenenmaske haben wir bereits angelegt, sie wird aber erst in der nächsten Bildreihe genutzt. Datei: Weichzeichnen_g

Tipp Zeigt das Ergebnis unrealistische Partien? Korrigieren Sie mit Protokollpinsel oder Weichzeichnerpinsel nach.

»Spiegelartige Lichter«

Im Bereich Spiegelartige Lichter setzen Sie überstrahlende Glanzlichter. Sie möchten Spitzlichter setzen, unscharfe Bereiche nach Weiß ausbleichen lassen? Ziehen Sie den Schwellenwert auf eine hohe Vorgabe wie 200. Jetzt hebt Photoshop helle Bildpunkte mit Werten von 200 bis 255 stark an – aber nur innerhalb des weichgezeichneten Bereichs. Die Vorgabe von 100 hellt noch mehr Tonwerte auf, nämlich alle Bildpunkte mit Werten von 100 bis 255. So entsteht mehr Glanz. Wie stark Photoshop den gewählten Helligkeitsbereich aufhellt, steuern Sie per Helligkeit. Insgesamt entsteht schnell Überbelichtung, die Weichzeichnergalerie mit **Iris-Weichzeichnung** und Co. bietet mehr Möglichkeiten.

Tipp Legen Sie deutlich auffallende Spiegelartige Lichter an? Dann testen Sie die Auswirkung verschiedener Blendenformen mit dem Klappmenü Form – am deutlichsten zu erkennen, wenn die Wölbung der Irisblende auf 0 steht.

»Rauschen«

Per **Objektivunschärfe** verschwindet zunächst jegliches Filmkorn oder Bildrauschen. Das Ergebnis wirkt eventuell zu glatt, weichgezeichnete Bildteile harmonieren nicht mit naturbelassenen Partien. Der Bereich Rauschen zaubert die erforderliche Unruhe wieder ins Bild, sofern Sie eine Stärke über 0 verwenden.

15.3.5 Sanfte Überstrahlung

Beliebt für Hochzeitsfotos, Babys und Co. ist ein sanft überstrahlender Weichzeichnereffekt. Photoshop bietet mehrere Techniken an. Um den Effekt zu verstärken, hellen Sie das Ergebnis eventuell auf. Dabei betonen Sie speziell die helleren Bereiche, zum Beispiel mit den **Gradationskurven**.

Abbildung 15.32 **Links:** Die obere Ebene bekommt den Mischmodus »Aufhellen« und 90 Prozent Deckkraft. **Mitte:** Wie vorher, auf den Gesichtern wird der Effekt per Ebenenmaske abgeschwächt. Sie können die Bildwirkung jederzeit per Masken-Bedienfeld ändern. **Rechts:** Mischmodus »Negativ multiplizieren«, 100 Prozent Deckkraft, keine Ebenenmaske.

Abbildung 15.33 **Links:** »Weiches Licht« aus der »Filtergalerie«, Bereich »Verzerrungsfilter«. **Mitte:** »Weiches Licht« nur auf dem Rot-Kanal. **Rechts:** »Weichzeichnungsfilter: Matter machen«, Radius 17, Schwellenwert 200, Mischmodus »Negativ multiplizieren«.

Überstrahlung mit Ebenentechnik

Duplizieren Sie die Hintergrund-Ebene mit Strg+J und zeichnen Sie die obere Ebene weich, zum Beispiel mit **Gaußschem Weichzeichner** oder **Objektivunschärfe**, aber durchaus auch mit **Bewegungsunschärfe** oder **Radialem Weichzeichner.** Danach verwenden Sie einen aufhellenden Mischmodus wie Negativ multiplizieren oder schwächer Aufhellen. Alternativ blenden Sie nach einem Doppelklick auf die Ebenenminiatur nur die dunkleren Helligkeitsbereiche aus. Schwächen Sie die Gesamtwirkung mit dem Deckkraft-Regler oder rubbeln Sie lokal in der Ebenenmaske zurück zum schärfer gezeichneten Original.

»Filter«-Befehle für Überstrahlung

Verwandeln Sie die Bildebene zunächst in ein Smartobjekt (**Filter: Für Smartfilter konvertieren**). Testen Sie **Weiches Licht** (**Filter: Filtergalerie**, Bereich Verzerrungsfilter) – eine leicht impressionistische Funktion mit Reglern für Körnung und Überstrahlung, die auch für Pastell- und Nostalgiewirkung gut ist. Eine Alternative bietet noch **Filter: Weichzeichnungsfilter: Matter machen** mit hohem Radius und niedrigem Schwellenwert. Dieser Filter verwischt kontrastarme Flächen, tastet stärker Konturiertes aber kaum an.

Im Anschluss an die **Filter**-Befehle klicken Sie unten im Ebenen-Bedienfeld auf die Schaltfläche Optionen für Filter-Mischmodus rechts neben dem Namen des **Filter**-Befehls. Senken Sie eventuell die Deckkraft des Filters oder hellen Sie das Bild mit einem Mischmodus wie Negativ multiplizieren weiter auf. Örtliche Übertreibungen regulieren Sie mit Schwarz-Retusche in der Smartfilter-Ebenenmaske.

15.3.6 »Bewegungsunschärfe«

Ein paar Befehle aus dem Untermenü **Filter: Weichzeichnungsfilter** dramatisieren Ihre Fotos mit Gestaltungsmöglichkeiten, die Sie auch direkt an der Kamera haben: Imitieren Sie schnelle gerade oder rotierende Bewegungen durch Wischeffekte, simulieren Sie zoomende Objektive. Bei einem fahrenden Auto, das seitlich fotografiert wurde, kombinieren Sie sogar zwei Effekte: **Bewegungsunschärfe** für den Hintergrund und kreisförmigen **Radialen Weichzeichner** für die Räder.

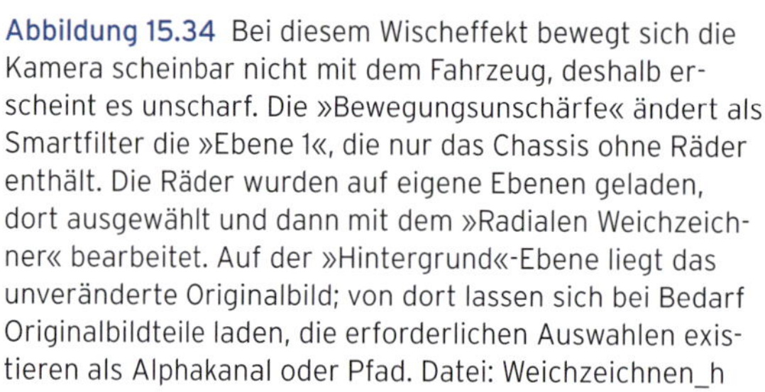

Abbildung 15.34 Bei diesem Wischeffekt bewegt sich die Kamera scheinbar nicht mit dem Fahrzeug, deshalb erscheint es unscharf. Die »Bewegungsunschärfe« ändert als Smartfilter die »Ebene 1«, die nur das Chassis ohne Räder enthält. Die Räder wurden auf eigene Ebenen geladen, dort ausgewählt und dann mit dem »Radialen Weichzeichner« bearbeitet. Auf der »Hintergrund«-Ebene liegt das unveränderte Originalbild; von dort lassen sich bei Bedarf Originalbildteile laden, die erforderlichen Auswahlen existieren als Alphakanal oder Pfad. Datei: Weichzeichnen_h

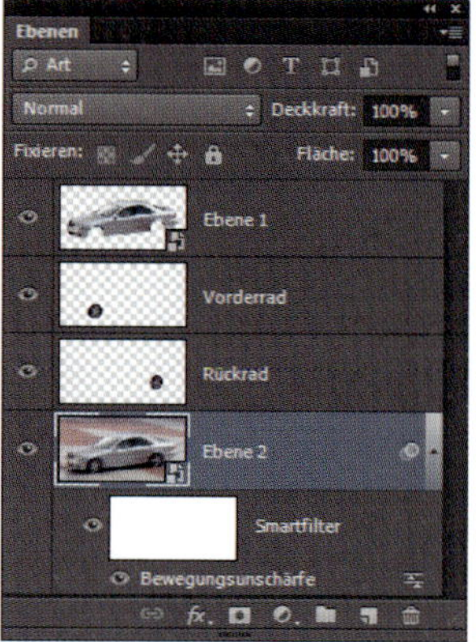

Abbildung 15.35 Wir haben die »Hintergrund«-Ebene in ein Smartobjekt verwandelt, sie heißt danach »Ebene 2«. Die »Bewegungsunschärfe« haben wir von der oberen »Ebene 1« nach unten auf die »Ebene 2« gezogen, so dass jetzt der Hintergrund verwischt wird, während das Fahrzeug scharfgezeichnet bleibt. So simulieren wir den Wischeffekt bei mitgezogener Kamera.

Die **Bewegungsunschärfe** imitiert verwischte Bewegungen. Dieser Filter bietet überdies eine interessante Alternative zum **Gaußschen Weichzeichner**, wenn Sie Schatten anlegen oder Hintergründe glätten: Die Ergebnisse wirken lebendiger. Steuern Sie den WINKEL, also die Bewegungsrichtung, durch Ziehen an der »Uhr«. Der ABSTAND-Regler bestimmt die Stärke des Wischeffekts.

Ebenentechnik

Die **Bewegungsunschärfe** soll oft nur am Rand eines Objekts wirken. Wählen Sie das Hauptmotiv zunächst aus und lupfen Sie es mit Strg+J auf eine neue Ebene. Jetzt haben Sie mehrere Möglichkeiten, die Option TRANSPARENTE PIXEL FIXIEREN muss abgeschaltet sein.

Wenden Sie die **Bewegungsunschärfe** auf der neuen Ebene an, dann radieren Sie mit dem Protokollpinsel zurück zur unverfälschten Version. Alternative: Klicken Sie die Miniatur des Objekts im Ebenen-Bedienfeld bei gedrückter Strg-Taste an, so dass eine Auswahl entsteht, dann folgt **Auswahl: Auswahl verändern: Rand** zum Beispiel mit 40 Pixel BREITE. Nach dem OK-Klick ist nur noch die Objektkontur von einem Rahmen umgeben. Diesen Rahmen schieben Sie mit Lasso oder Pfeiltasten in die Richtung, in die die Bewegungsunschärfe laufen soll. Dann geben Sie ihm per **Auswahl: Kante verbessern** mit dem Regler WEICHE KANTE einen weichen Umriss und lassen den Filter los. Oder Sie kehren die Objektauswahl um (Strg+⇧+I) und verschieben sie leicht. Mitunter überblendet man auch zwei Objekte mit und ohne **Bewegungsunschärfe**, testen Sie zusätzlich Mischmodi wie AUFHELLEN oder NEGATIV MULTIPLIZIEREN.

Für anspruchsvollere ballistische Routen zaubern Sie Kurven in die Schleppen der **Bewegungsunschärfe**, zum Beispiel mit den Verzerrungsfiltern **Verbiegen** oder **Schwingungen** oder per VERKRÜMMEN. Vorab dehnen Sie die weichgezeichnete Ebene eventuell (Strg+T).

15.3.7 »Radialer Weichzeichner«

Mit zwei unterschiedlichen Effekten bringt der **Radiale Weichzeichner** Dynamik in statische Fotos:

- Die Methode KREISFÖRMIG simuliert rotierende Objekte, zum Beispiel Räder, Propeller oder Uhrzeiger.
- Die Methode STRAHLENFÖRMIG erinnert an ein Zoomobjektiv, dessen Brennweite während der Belichtung verstellt wird, das Hauptmotiv scheint auf den Betrachter zuzurasen. Beide Funktionen beleben auch Hintergründe oder Schriftzüge.

Sie erhalten grobkörnige Qualität, wenn Sie den schnellen ENTWURF wählen. Verwenden Sie diese Vorgabe, solange Sie experimentieren, das Zentrum des Effekts nachjustieren und solange Photoshop den Effekt als Smartfilter bei jeder Bildänderung stets neu berechnet. Deutlich besser arbeiten GUT und SEHR GUT, die nur in großen Auswahlen unterschiedliche Ergebnisse bringen – bei großen Bildern ein Geduldsspiel.

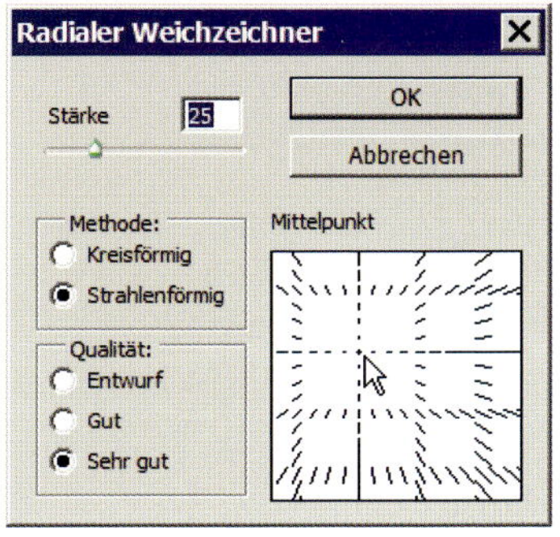

Abbildung 15.36 Beim »Radialen Weichzeichner« platzieren Sie das Zentrum des Effekts durch Ziehen im Vorschauschema. Sie können das Zentrum nicht durch Klicken im Bild festlegen und es gibt keine Sofortvorschau.

Abbildung 15.37 Das Bild wird mit dem »Radialen Weichzeichner«, Option »Strahlenförmig« bearbeitet. Wir legen den Weichzeichner als Smartfilter an, beim dritten Bild dämpfen wir die Verzerrung in der Mitte durch graue Farbe in der Filtermaske. Datei: Weichzeichnen_i

Das Zentrum platzieren

Das Zentrum des Effekts platzieren Sie durch Verschieben des Schemas im Dialogfeld. Wählen Sie den Bereich - zum Beispiel ein Rad oder ein Zifferblatt - am besten zunächst aus, heben Sie ihn auf eine eigene Ebene und erzeugen Sie ein Smartobjekt. Fassen Sie den Bereich bei der Anwendung des Filters in eine Auswahl, damit die komplette Kreisbewegung auch wirklich hier stattfindet und Photoshop nicht noch entlegene weitere Bildteile mit einkalkuliert.

Für die Auswahlellipse ◌ gibt es ein paar nützliche Tastengriffe:

- Drücken Sie die [⇧]-Taste, damit Sie eine kreisrunde Auswahl und kein Ei erhalten.
- Mit gedrückter [Alt]-Taste ziehen Sie die Auswahl von der Mitte des Objekts aus auf.

Drücken Sie also [⇧]- und [Alt]-Taste gemeinsam, um einen perfekten Kreis von der Mitte aus aufzuziehen. Ist das Motiv allerdings oval, wird es schwieriger. Ziehen Sie zum Beispiel eine Kreisauswahl auf, dann korrigieren Sie per **Auswahl: Auswahl transformieren** oder verwandeln Sie die Auswahl in einen Pfad, den Sie über Ankerpunkte korrigieren.

15.4 Beleuchtungseffekte

Der Befehl **Filter: Renderfilter: Beleuchtungseffekte** taucht flaue Motive in wohltuendes Licht, blendet visuellen Schrott gefällig aus, haucht flachen Hintergründen Leben ein, schafft digitales Drama und verleiht Pixelflächen Wärme und Ambiente. Fehlt allerdings OpenGL (Seite 74) oder verwenden Sie Windows XP, funktioniert der Befehl eventuell nicht korrekt.

Sie definieren die Farbe und die Intensität sowohl für Lichtquellen als auch für die Umgebung. Insgesamt stehen Ihnen maximal 16 Lichtquellen, drei Lichtarten und regelbare Eigenschaften wie Glanz, Metall und Belichtung zur Verfügung. Zusätzlich können Sie Textur per Alphakanal einflechten und mit Reliefwirkung ausleuchten lassen.

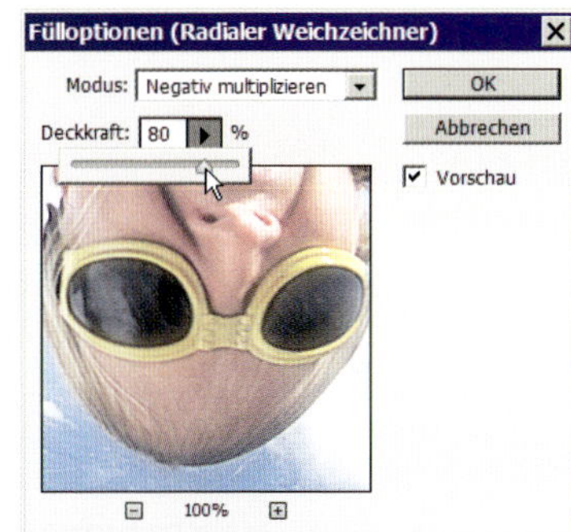

Abbildung 15.38 Wir ändern Mischmodus und Deckkraft des Smartfilters. Dazu klicken wir im Ebenen-Bedienfeld mit rechts auf den Balken »Radialer Weichzeichner« und dann auf »Smartfilter-Fülloptionen bearbeiten«. **1. Bild:** Der Smartfilter erhält den Mischmodus »Aufhellen«, die Ebenenmaske ist abgeschaltet. **2. Bild:** Smartfilter mit Mischmodus »Negativ multiplizieren«, Deckkraft 80 Prozent. Beide Mischmodi lassen von der Verzerrung nur die helleren Bereiche sichtbar.

Tipp Falls Sie Photoshop in der Extended-Version nutzen: Mit der **3D**-Funktion können Sie Fotos nicht nur ausleuchten, sondern auch perspektivisch drehen und auf 3D-Modelle spannen.

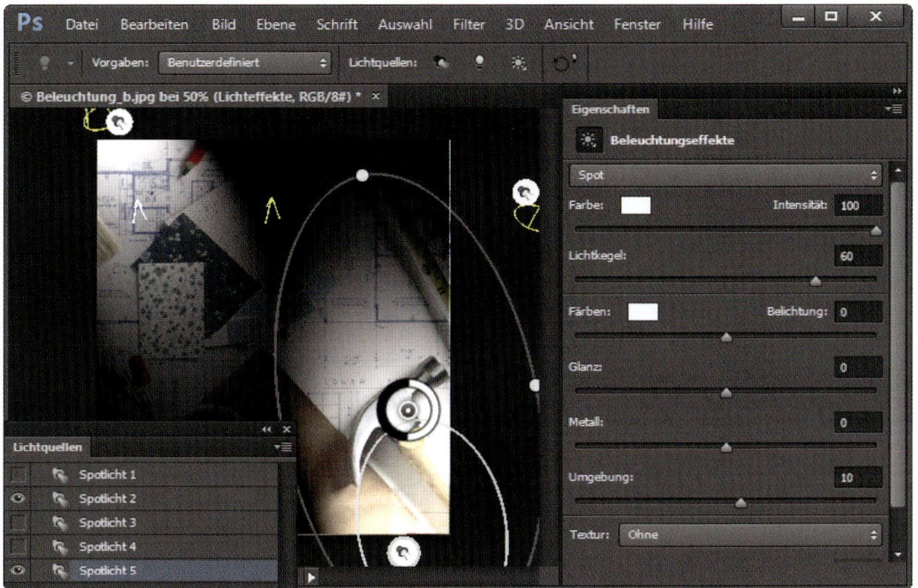

Abbildung 15.39 Die »Beleuchtungseffekte« tauchen Bilddateien in Flutlicht.

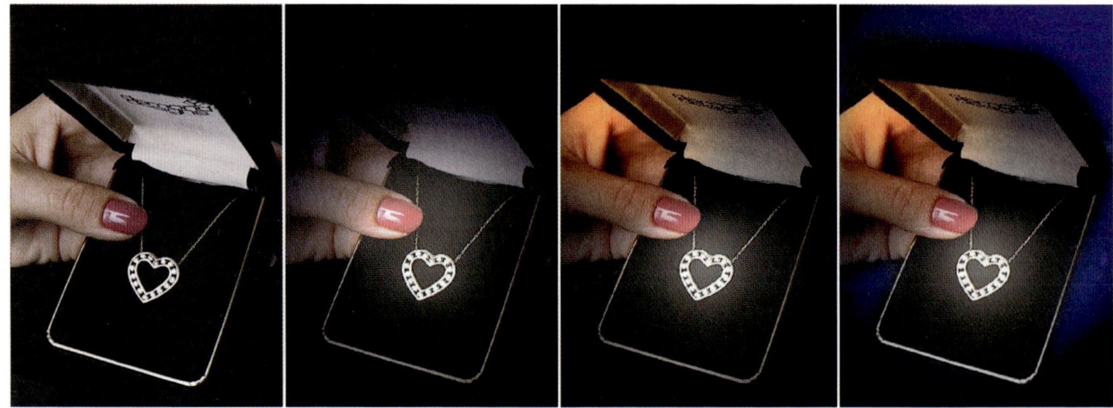

Abbildung 15.40 **1. Bild:** Diese Vorlage bearbeiten wir mit dem Befehl »Filter: Renderfilter: Beleuchtungseffekte«. **2. Bild:** Der erste Strahler betont das Hauptobjekt und blendet unerwünschte Bereiche aus. **3. Bild:** Ein zweiter Strahler setzt orangefarbenes Licht auf den Handrücken. **4. Bild:** Wir wählen den Hintergrund mit Lasso und Zauberstab aus, wenden anschließend den Befehl »Auswahl: Weiche Auswahlkante« an und setzen einen blauen »Spot«; dabei kommt es auf hohe Werte für »Lichtkegel« und »Intensität« an. Vorlage: Beleuchtung_a

15.4.1 Stil und Lichtquellenarten

Im Vorgaben-Klappmenü links oben wählen Sie einen Beleuchtungsstil, der sich aus mehreren Lichtquellen mit individuellen Vorgaben zusammensetzen kann. Mit diesem Klappmenü sichern und laden Sie auch eigene Vorgaben.

Erzeugen Sie neue Lichtquellen mit den Schaltflächen:

- Gerichtetes Licht scheint über die ganze Fläche gleichmäßig hell und ist am wenigsten regulierbar.
- Ein Punktlicht leuchtet direkt von oben auf das Bild. Im Vorschaufeld erscheint deshalb stets ein konzentrischer Kreis. Ändern Sie die Größe durch Ziehen exakt am äußeren, grünen Ring.
- Ein Spot erzeugt ellipsenförmiges Licht, das scheinbar schräg von einem definierbaren Strahlerstandpunkt ausgeht. Winkel und Länge des Lichtstrahls steuern Sie mit den Anfasspunkten.

Für alle Lichtquellen gilt: Ändern Sie die Intensität mit dem Schieberegler rechts oder durch Ziehen am schwarz-weißen Ring. Durch Ziehen am »Pin« in der Mitte ändern Sie die Position. Die Art der aktiven Lichtquelle ändern Sie jederzeit mit dem Klappmenü im Eigenschaften-Bedienfeld direkt unter der Zeile Beleuchtungseffekte. Im Lichtquellen-Bedienfeld schalten Sie die Beleuchtungsmittel ab oder löschen sie ganz. Nutzen Sie auch die Schaltfläche Aktuelle Lichtquelle zurücksetzen; per Alt-Taste bietet die Abbrechen-Schaltfläche die Funktion Zurücksetzen.

15.4.2 Lichtart

Im Eigenschaften-Bedienfeld gestalten Sie die aktive Lichtquelle weiter:

- Ganz oben wechseln Sie den Lichtquellentyp, also Spot, Punkt oder Gerichtet (siehe oben).
- Der Regler Intensität kontrolliert die Stärke des Effekts.
- Der Lichtkegel-Regler bestimmt nur bei der Lichtquelle Spot, wie weit sich das Licht innerhalb der Begrenzung ausbreiten kann - erkennbar auch am inneren Kreis in der Vorschau. So lässt sich ein helles, wenig ausgedehntes Licht ebenso einstellen wie ein schwaches, das sich über die gesamte Begrenzung verteilt.

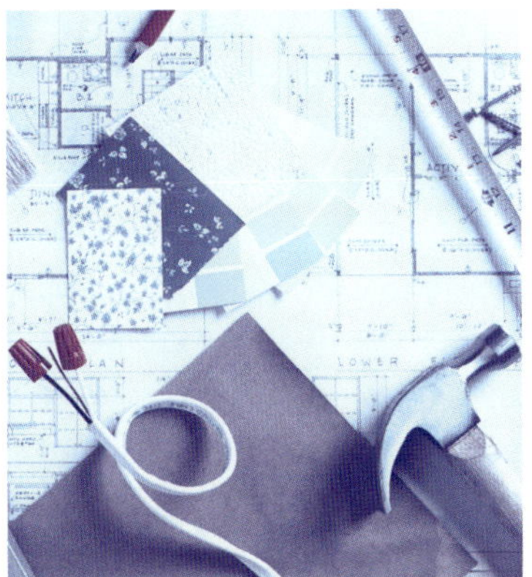

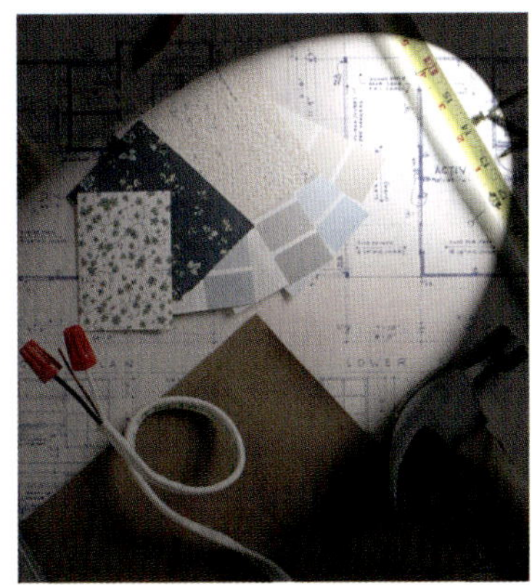

Abbildung 15.41 **1. Bild:** An dieser Aufnahme zeigen wir die verschiedenen Lichtarten. **2. Bild:** Das »gerichtete Licht« scheint über die ganze Fläche gleichmäßig. **3. Bild:** Das »Punktlicht« leuchtet direkt von oben. **4. Bild:** Ein »Spot« leuchtet aus einer festgelegten Richtung. Vorlage: Beleuchtung_b

- Klicken Sie in das Farbe-Feld, um im Farbwähler eine Lichtfarbe zu definieren.
- Das Färben-Feld ändert die Umgebungsfarbe (sofern Sie die Umgebung nicht vollständig abdunkeln).
- Die Belichtung hellt das Bild auf, wenn ein positiver Wert eingestellt ist; bei negativen Werten wird das Motiv abgedunkelt.
- Der Metall-Regler stellt stufenlos Oberflächen von matt bis glänzend her.
- Mit Glanz legen Sie fest, ob die Lichtquelle oder das Objekt stärker reflektiert.
- Die Umgebung steuert den Einfluss des Umgebungslichts. Ein positiver Wert macht die Lichtquelle allein wirksam, ein negativer Wert nimmt ihren Einfluss zurück.
- Nach einem Klick auf das Farbfeld im Abschnitt Eigenschaften stellen Sie im Farbwähler die Farbe des Umgebungslichts ein.

Tipp Stellen Sie die Grundhelligkeit auf Pluswerte und Intensität auf einen Minusbetrag, um einen Schatten zu erzeugen oder um anderweitig abgedunkelte Bereiche zu definieren.

Abbildung 15.42 **1. Bild:** Die gerasterte Verlaufsfüllung entstand mit der »Dither«-Option, die für eine leichte Körnung sorgt. Wir wenden die »Beleuchtungseffekte« mit »Blau« als Textur-Kanal an, so dass die Körnung wie ein Relief ausgeleuchtet wird. **2. Bild:** Als Textur-Kanal (Reliefkanal) dient hier ein Alphakanal mit schwarzer Schrift auf Weiß. **3. Bild:** Die Schrift im Alphakanal wurde weichgezeichnet und mit einem Verlauf überlagert. Datei: Beleuchtung_c

Deckkraft und Mischmodi

Wenden Sie die **Beleuchtungseffekte** auf eine Smartobjekt-Ebene an, dann klicken Sie im Ebenen-Bedienfeld ganz rechts im Balken Beleuchtungseffekte doppelt auf die Optionen für Filter-Mischmodus. In den Fülloptionen nutzen Sie unter anderem diese Möglichkeiten:

- Wirkt der Effekt zu stark, senken Sie die **Deckkraft**.
- Wechseln Sie den Mischmodus von Normal zu Ineinanderkopieren oder Hartes Licht, um den Kontrast zu erhöhen.
- Mit dem Mischmodus Abdunkeln blenden Sie den Außenbereich weiter aus, doch Sie unterdrücken die Aufhellung im Zentrum der Lichtquelle. Umgekehrt sorgt Aufhellen nur für Aufhellung, die Abdunklung der Umgebung findet nicht mehr statt.
- Mit der Luminanz vermeiden Sie jede Farbänderung, zum Beispiel übertriebene Farben.

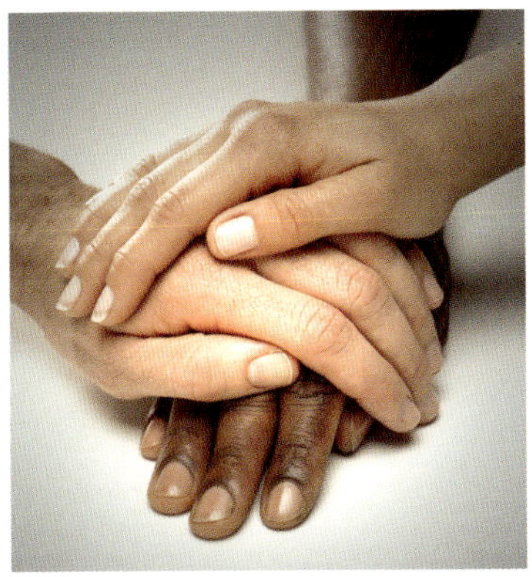

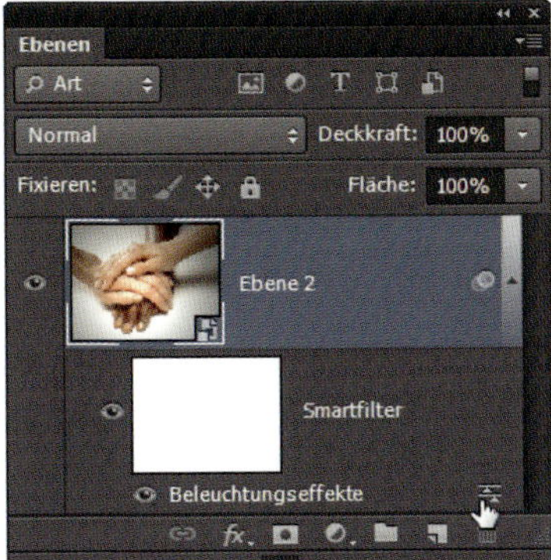

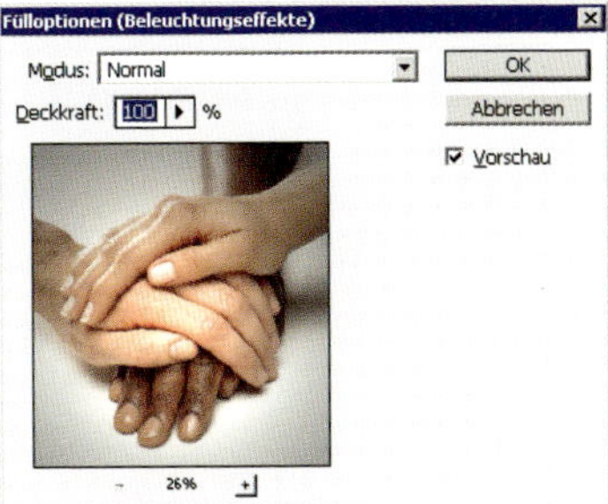

Abbildung 15.43 Die »Beleuchtungseffekte« werden als Punktlicht direkt auf die in ein Smartobjekt verwandelte Foto-Ebene angewendet. Nach einem Doppelklick auf die Schaltfläche für »Filter-Mischmodus« ändern Sie Deckkraft und Mischmodus. Datei: Beleuchtung_d

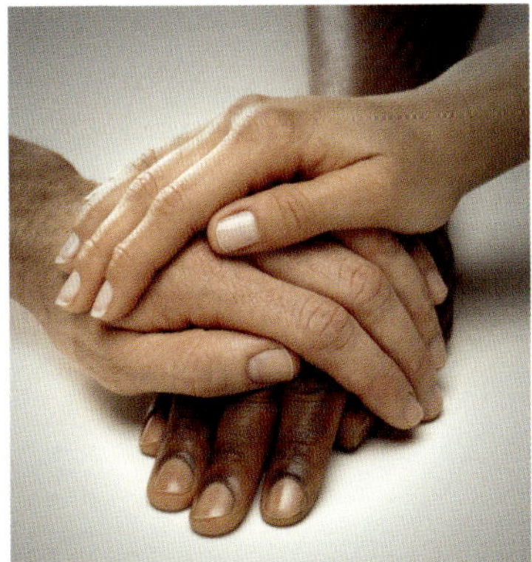

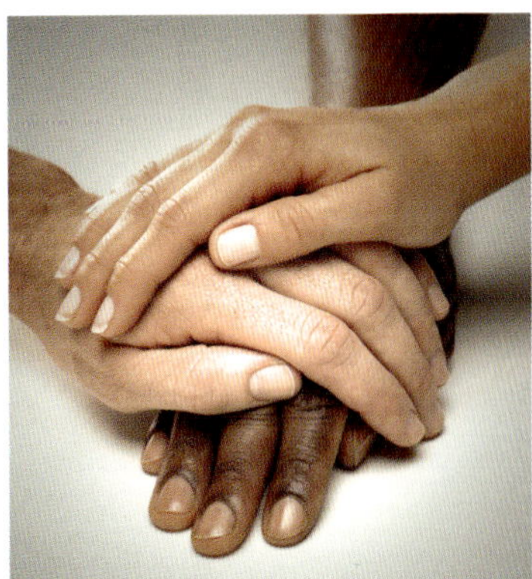

Abbildung 15.44 **Links:** Der Smartfilter »Beleuchtungseffekte« erzeugt mit dem Mischmodus »Ineinanderkopieren« höhere Kontraste. **Mitte:** Der Modus »Abdunkeln« schluckt die Aufhellung im Zentrum der Lichtquelle. **Rechts:** Der »Luminanz«-Modus unterdrückt jede Farbänderung.

15.4.3 Textur-Kanal

Alphakanäle oder Grundfarbenkanäle weben Relief ins Werk. Photoshops Prinzip: Graustufen werden in Höhenwerte umgesetzt. So geht's:

- Als Textur-Kanal (früher Reliefkanal, auch Bumpmap) wählen Sie einen Alphakanal oder einen Grundfarbenkanal, der eine Struktur enthält, die Photoshop als Relief ausleuchten soll.
- Mit dem Höhe-Regler bestimmen Sie, wie markant das Relief hervortritt. Negative Werte kehren die Richtung der Einprägung um.

Als Füllung für die Relief-Kanäle kommen zum Beispiel auch Strukturen von Stoff, Papier, Holz, Stein oder Stoff in Frage.

Tipp Packen Sie gleich mehrere Alphakanäle mit unterschiedlichen Textur-Strukturen voll, so dass man sie im Dialogfeld hintereinander ausprobieren kann.

Abbildung 15.45 **1. Bild:** Diese Grafik verwenden wir für unseren Test. **2. Bild:** Wir nutzen die Vorgabe »RGB Lichter« aus den »Beleuchtungseffekten«. **3. Bild:** Hier wurde der Rotkanal als Relief-Kanal verwendet. **4. Bild:** Diesmal diente ein weichgezeichnetes Duplikat des Rotkanals als Relief-Kanal.

Textur-Kanal variieren

Verwenden Sie auch Objektkonturen als Relief-Kanal. Damit umfließt das Licht Ihr Objekt nur an den Rändern - sollten Sie jedoch Schwarz sehen, ziehen Sie den Höhe-Regler in die entgegengesetzte Richtung. Verkleinern Sie diese Alphakanalauswahl auch einmal mit dem Befehl **Dunkle Bereiche vergrößern** aus dem **Filter**-Untermenü **Sonstige Filter**. Zuvor duplizieren Sie aber den guten Auswahlkanal, indem Sie ihn im Kanäle-Bedienfeld auf das Symbol Neuer Kanal ziehen. Zu harte Ränder zeichnen Sie weich.

Haben Sie keinen Maskenkanal für Ihr Objekt angelegt, tut es mitunter auch der Grundfarbenkanal - sofern sich das Objekt kontrastreich vom Hintergrund abhebt. Klicken Sie vor Aufruf des Filters die Einzelkanäle im Kanäle-Bedienfeld an, um den kontrastreichsten Kanal aufzuspüren.

Man kann sich jede beliebige Graustufendatei in ein Gebirge umrechnen lassen, zum Beispiel Buchstaben. Laden Sie den Text in den Alphakanal und zeichnen Sie ihn weich. Damit der volle Tonwertbereich ausgenutzt wird und große Höhenunterschiede zustande kommen, erweitern Sie mit dem Befehl **Tonwertkorrektur** aus dem **Bild**-Untermenü **Anpassen** das Tonwertspektrum - ein Klick auf die Auto-Schaltfläche spreizt den Tonwertumfang weitgehend von Schwarz bis Weiß; Sie können dort mit dem grau dargestellten Gammaregler die mittleren Tonwerte zusätzlich aufhellen oder abdunkeln - je nachdem, ob das virtuelle Gebirge schnell oder allmählich in die Höhe schießen soll.

15.5 Künstlerische Verfremdung allgemein

Bei den »kreativen« **Filter**-Befehlen gibt es verwirrende Überschneidungen. Freilich arbeitet jede Funktion etwas anders - die eine verwendet Struktur, die andere nimmt nur die Vordergrundfarbe, diese erlaubt Skalierung, jener ändert nur die Intensität. Dennoch könnte man vieles zusammenfassen. Filter mit ähnlichen Wirkungen (teils innerhalb der **Filtergalerie**):

- **Relief**, **Basrelief** und **Stuck** konkurrieren offenbar.
- Groß ist das Angebot an leuchtenden Filtern, erhältlich in Variationen etwa bei **Kanten betonen, Konturen finden**, **Konturwerte**, **Leuchtende Konturen** und **Konturen nachzeichnen**.
- **Rasterungseffekt** und **Farbraster** wirken unterschiedlich; aber die Ähnlichkeit der Namen verwirrt, ein einzelnes Dialogfeld wäre besser.
- **Dunkle Malstriche**, **Fresko** und **Sumi-e** überziehen das Bild mit schwarzem Etwas.
- **Spritzer**, **Verwackelte Striche**, **Kreuzschraffur** und **Feuchtes Papier** wollen mit verzerrten Mikrostrukturen bezaubern, **Malgrund** packt noch Struktur dazu.

- Der Stilisierungsfilter **Facetteneffekt** sorgt für plastikartige, glatte Flächen, die Sie mit mehr Feinsteuerung aber auch im Untermenü **Weichzeichnungsfilter** erhalten: Nehmen Sie **Matter machen** oder den **Selektiven Weichzeichner** mit der Option Fläche; weitere Alternative: die **Ölfarbe**.
- **Risse** und **Kacheln** tendieren in die gleiche Richtung und sind beide nur Ausschnitte dessen, was der universale Filter **Mit Struktur versehen** zu bieten hat.
- **Extrudieren** und **Patchwork** zerlegen das Bild in Bausteine.
- Die Verzerrungsfilter **Ozeanwellen**, **Kräuseln** und **Glas** ähneln sich, aber auch **Wellen** und **Strudel** sind so unterschiedlich nicht.

15.5.1 Wo sind »Kunstfilter«, »Zeichenfilter« und Co.?

Gleich nach der Installation bietet Photoshop CS6 die seit 1996 bekannten **Filter**-Untermenüs **Kunstfilter**, **Zeichenfilter** oder **Malfilter** nicht mehr an. Zudem fehlen bei **Stilisierungsfilter** und **Verzerrungsfilter** einzelne Befehle. Sie erreichen die entsprechenden Befehle jedoch wie gewohnt noch per **Filter: Filtergalerie**; dort öffnen Sie einen Bereich wie Kunstfilter oder Verzerrungsfilter.

Möchten Sie **Kunstfilter** und Co. wieder direkt als Untermenü sehen, um einzelne Filter schneller aufzurufen? Wählen Sie **Bearbeiten: Voreinstellungen: Zusatzmodule** (am Mac **Photoshop: Voreinstellungen: Zusatzmodule**) und nutzen Sie Alle Filtergaleriegruppen und -namen anzeigen. Via **Filtergalerie** erreichen Sie die Befehle aber auch ohne diese Option.

Abbildung 15.46 In der Filtergalerie kombinieren Sie verschiedene Verfremdungen in änderbarer Reihenfolge. Rechts oben erscheinen die Regler für die Funktion, die im Filterstapel rechts unten aktiviert ist. Aktion: Filter - Filtergalerie

15.5.2 Filter verändern und nachbearbeiten

Die Wirkung vieler drastischer Effektfilter lässt sich leicht verstärken und verändern. Typische Maßnahmen: Scharfzeichnen, Kontrasterhöhung mit **Helligkeit/Kontrast** (inklusive Früheren Wert verwenden) oder **Tonwertkorrektur** (Strg+L), **Tontrennung**, **Umkehren** (Strg+I), nachträgliche Anwendung der **Filtergalerie**-Funktion **Mit Struktur versehen** (einzelne Filter haben ohnehin eine eingebaute Struktur-Option), **Renderfil-**

Vorlage

Ölfarbe getupft

Fotokopie

Leuchtende Konturen

Abbildung 15.47 Wir testen die Vorlage mit verschiedenen Einzelfunktionen der »Filtergalerie«. In der nächsten Bildreihe sehen Sie Kombinationen dieser Verfremdungen. Vorlage: Filter_c1. Foto: Gabi Sieg-Ewe

ter: Blendenflecke (Seite 559) oder **Beleuchtungseffekte** (Seite 530) sowie Änderung von Farbton und Sättigung.

Wenden Sie eventuell Filter nur auf Einzelkanäle an, experimentieren Sie mit Mischmodi (Seite 744) und Tonwerteingrenzung (Seite 751). Die meisten Änderungen an der Filterwirkung lassen sich verlustfrei als Smartfilter oder Einstellungsebene anbringen.

15.6 Filtergalerie

Letzte Rettung für fade Pixelhaufen, Computerspiel für Grafikfexe oder ernsthafte Bildbearbeitung? Die zahllosen Effekte der **Filtergalerie** verfremden Ihre Fotos mit künstlerischem oder grafischem Touch. Viele Effekte gestalten glatte Computergrafik »natürlicher«, »rauer«.

Wollen Sie Motivteile aus einer Bildfassung, die im Protokoll-Bedienfeld noch zugänglich ist, mit künstlerischem Touch aufs Bild malen, verwenden Sie den Kunst-Protokollpinsel.

15.6.1 Das Dialogfeld nutzen

Die meisten Kreativverfremdungen präsentiert Photoshop in der **Filtergalerie**, dort lassen sich mehrere Verfremdungen gleich auch kombinieren. Wollen Sie die Einzelfunktionen zusätzlich als **Filter**-Untermenü sehen, nutzen Sie die Option Alle Filtergaleriegruppen und -Namen anzeigen in den Voreinstellungen (s.o.). Wir besprechen zunächst den Umgang mit der **Filtergalerie**, danach einzelne Verfremdungen.

Auf zwei Arten starten Sie die **Filtergalerie**:

- Der Befehl **Filter: Filtergalerie** lädt direkt die zuletzt verwendete Kombination aus mehreren Verfremdungen, außer beim ersten Aufruf.
- Sie nutzen die Option Alle Filtergruppen und -Namen anzeigen? Dann wählen Sie einen Einzelbefehl wie **Malfilter: Kreuzschraffur**; damit startet die Filtergalerie zunächst nur mit dieser einen Verfremdung.

Tipp Nicht immer bietet die **Filtergalerie** die beste Verfremdung. Testen Sie auch **Ölfarbe**, **Color Lookup**, **Verlaufsumsetzung**, stark verzerrte **Gradationskurven** oder **Tontrennung** in Verbindung mit einem Weichzeichner (Beispiele ab Seite 489).

1. Leuchtende Konturen, 2. Fotokopie

1. Fotokopie, 2. Leuchtende Konturen

1. Leuchtende Konturen, 2. Fotokopie, 3. Ölfarbe getupft

1. Ölfarbe getupft, 2. Leuchtende Konturen

Abbildung 15.48 Die Wirkung der Filtergalerie ändert sich, wenn Sie die Reihenfolge der Filter ändern. Vorlage: Filter_c; Aktion: Filtergalerie

Filtergalerie zurücksetzen

Haben Sie in der Filtergalerie nach Kräften experimentiert, setzen Sie das Dialogfeld wie folgt zurück, ohne es zu schließen:

- Drücken Sie die [Alt]-Taste. Die Schaltfläche Abbrechen zeigt nun den Schriftzug Zurücksetzen. Damit stellen Sie die Filterkombination auf den Zustand beim Öffnen des Dialogfelds zurück.
- Ein Druck auf die [Strg]-Taste (am Mac die Befehlstaste) macht aus der Abbrechen-Schaltfläche einen Standard-Schalter. Falls Sie mit dem Befehl **Filter: Filtergalerie** von vornherein eine Filterkombination geladen haben, verwirft der Standard-Schalter alle Filter, Sie stehen vor einem unveränderten Original. Haben Sie indes mit einer Einzelverfremdung begonnen (auf dem Weg über einen Untermenü-Befehl wie **Zeichenfilter: Gerissene Kanten**), stellt Photoshop das Dialogfeld auf den Zustand beim Laden dieses Befehls zurück: Reglerstellungen werden zurückgesetzt, hinzugefügte Filter fliegen raus.

Sie wollten Ihre aktuellen Einstellungen gar nicht per Zurücksetzen oder Standard annullieren? Dann drücken Sie schnell [Strg]+[Z].

Oberfläche

Den mittleren Bereich mit den Filterminiaturen können Sie ausblenden. So haben Sie mehr Platz für den Vorschaubereich. Praktisch dabei: Sie können immer noch unterschiedliche Effekte auswählen. Jetzt verwenden Sie das Klappmenü unterhalb der Schaltfläche Abbrechen.

Mehrere Verfremdungen kombinieren

Ist bereits ein Filter eingeschaltet, packen Sie weitere dazu:

- Klicken Sie den nächsten Filter mit gedrückter [Alt]-Taste an.
- Oder klicken Sie unten rechts auf Neue Effektebene. Dabei wird zunächst der aktuelle Filter dupliziert, so dass sich das Gesamtbild eventuell ändert. Während noch der duplizierte Filter aktiviert ist, klicken Sie eine andere Funktion an – sie ersetzt die duplizierte Verfremdung.

Der Filterstapel erscheint rechts unten. Jeweils nur eine Funktion ist aktiviert, sie wird in der Liste farblich hervorgehoben. Die Regler für diese eine Funktion erscheinen oben rechts.

Filterkombinationen organisieren

Ändern Sie die Reihenfolge der Filter durch Ziehen nach unten oder oben – das Gesamtbild mutiert eventuell deutlich. Wollen Sie einzelne Filter ausblenden, ohne sie endgültig zu verlieren, klicken Sie in das Augenkästchen 👁.

Um eine Verfremdung durch eine andere zu ersetzen, aktivieren Sie diese per Klick im Filterstapel rechts unten. Anschließend wählen Sie die neue Verfremdung an. Nutzlose Filter aktivieren Sie durch einen Klick im Stapel rechts unten, dann folgt ein Klick auf den Mülleimer 🗑.

Filtergalerie und Smartfilter

Sie können die aktuelle Befehlskombination in der **Filtergalerie** nicht Speichern und Laden. Möchten Sie eine Kombination öfter verwenden, zeichnen Sie das Ganze mit dem Aktionen-Bedienfeld auf oder speichern Sie eine **Filtergalerie** als Smartfilter, den Sie auf andere Bilder ziehen. Schade auch: Die einzelnen Befehle innerhalb eines **Filtergalerie**-Stapels können Sie nicht mit Deckkraft oder Mischmodi feinsteuern.

Meist praktisch: Wählen Sie erst **Filter: Für Smartfilter konvertieren**, dann **Filter: Filtergalerie** und dort mehrere Einzelfunktionen. Sie erhalten die Filtergalerie als Objekt im Ebenen-Bedienfeld, per Doppelklick ändern Sie Ein- und Zusammenstellung.

15.6.2 Funktionen im Einzelnen

Lernen Sie die Funktionen der **Filtergalerie** hier kennen!

Kunstfilter

Mal flächig, mal körnig wirken die Verfremdungen im Bereich Kunstfilter der **Filtergalerie.** Sie finden hier schöne Funktionen für flächige Hintergründe, so etwa **Grobes Pastell, Farbpapier-Collage, Malmesser** bei hoher Strichstärke oder **Ölfarbe getupft. Tontrennung & Kantenbetonung** liefert eine vielseitige Variante zu **Bild: Korrekturen: Tontrennung.** Zu den vielen Photoshop-Variationen des Themas »Korn und Kanten« gehören **Grobe Malerei** und **Fresko.**

Buntstiftschraffur

Neonschein

Kunststofffolie

Malmesser

Abbildung 15.49 »Kunstfilter«: Flächige Farbverfremdungen entstehen mit den Verfremdungen aus diesem Bereich der »Filtergalerie«. Vorlage: Filter_d

Malfilter

Die Malfilter aus der **Filtergalerie** setzen den Trend der Kunstfilter fort: Verzerren und Farbe untermischen. Etwas schwarzen Farbauftrag bringen etwa **Dunkle Malstriche** und **Sumi-e** ins Spiel. **Kanten betonen** ist eine diskrete Fassung von **Konturen finden** oder **Leuchtende Konturen**, während **Konturen mit Tinte nachzeichnen** quasi ein **Kanten betonen** mit Farbspritzern ist. **Spritzer** und **Verwackelte Striche** wetteifern um die gleiche, kleinflächige Verzerrung, während die **Kreuzschraffur** kreuzförmig verzerrt.

Sumi-e

Kreuzschraffur

Dunkle Malstriche

Verwackelte Striche

Abbildung 15.50 »Malfilter«: Die Verfremdungen dieser Gruppe aus der »Filtergalerie« arbeiten mit feinen Verzerrungen und Farbspritzern. Vorlage: Filter_e. Foto: Gabi Sieg-Ewe

Zeichenfilter

Die Zeichenfilter aus der **Filtergalerie** bauen meist auf Vorder- und Hintergrundfarbe auf. Oft empfiehlt sich als Hintergrundfarbe Weiß – schnell eingerichtet mit der Taste [D]. Die Resultate färben Sie per **Farbton/Sättigung** mühelos um.

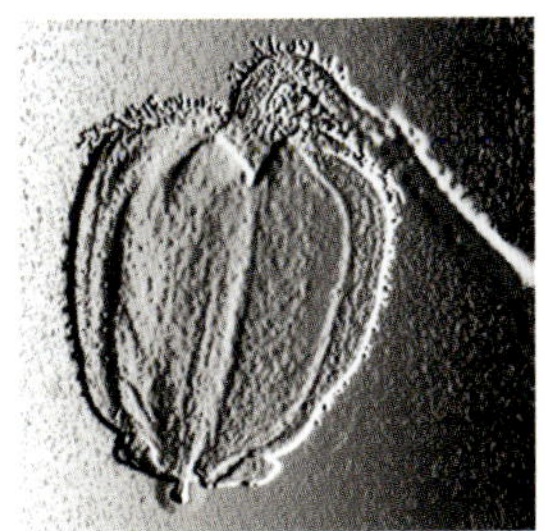
Basrelief

Prägepapier

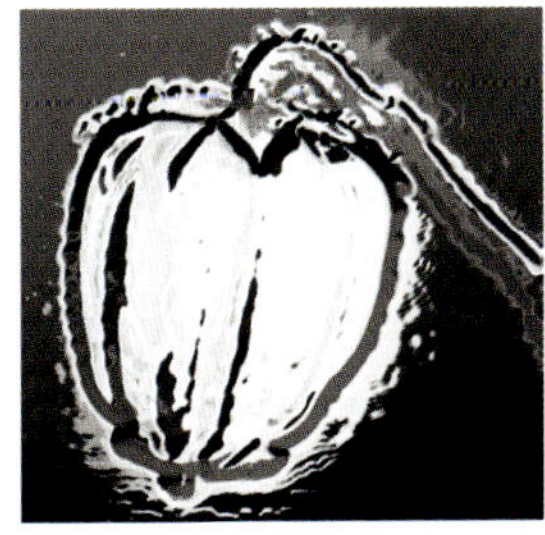
Chrom

Conté-Stifte

Abbildung 15.51 »Zeichenfilter« 1: Einige Funktionen verwenden Vorder- und Hintergrundfarbe, hier Schwarz und Weiß. Vorlage: Filter_e

Als **Alternativen** zum **Relief**-Filter fungieren **Basrelief** und **Stuck**, wenn man mit der Vordergrundfarbe arbeiten möchte. Eine Verstärkung der **Kunststofffolie** bietet der Materialwechsel zu **Chrom**, allerdings verschwindet die Farbe. Der **Stempel**-Befehl mit seinen Strichgrafiken ist einmal mehr eine Alternative zu **Schwellenwert** plus **Hochpass** (Seite 495). Auch der **Rasterungseffekt** basiert auf Vorder- und Hintergrundfarbe und unterscheidet sich damit deutlich vom **Vergröberungsfilter: Farbraster**. Die **Fotokopie** macht perfekte, gelackte Grafiken wieder billiger, gröber und lebendiger. Das **Feuchte Papier** erinnert mit seinen Lichtsäumen und feinen Verzerrungen auf Mikroebene an **Kreuzschraffur** und andere.

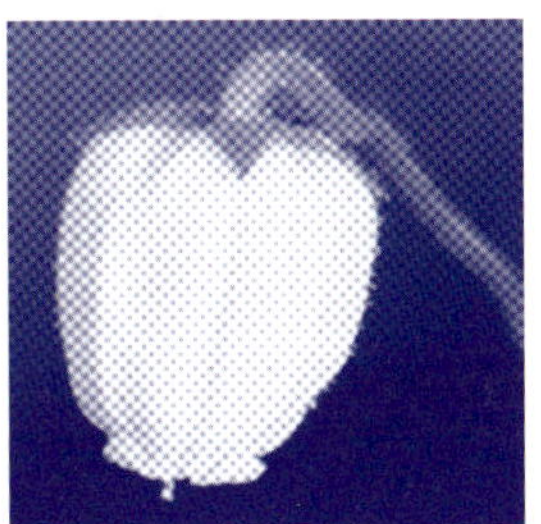
Rastereffekt

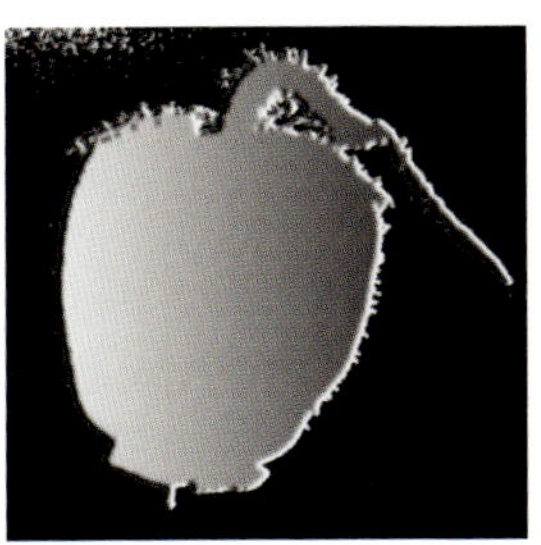
Stuck

Kohleumsetzung

Feuchtes Papier

Abbildung 15.52 »Zeichenfilter« 2: Die Funktionen aus diesem Bereich erzeugen Farbflächen und feine Strukturen. Vorlage: Filter_e

Strukturierungsfilter

Die STRUKTURIERUNGSFILTER aus der **Filtergalerie** rauen Bildoberflächen auf. Die Funktion MIT STRUKTUR VERSEHEN und alle STRUKTUR-Optionen haben wir bereits ab Seite 511 besprochen.

Grobe Mosaiksteinchen mit festgelegter Oberflächenstruktur erzeugt der Filter **Kacheln**. Die Tiefe der Fugen ist regelbar. Ähnlich den **Kacheln** fressen auch die **Risse** Gräben in ein Bild, freilich unregelmäßiger.

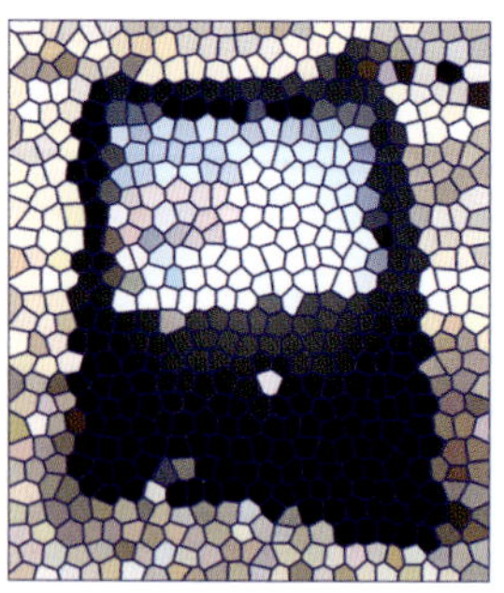

Buntglas-Mosaik

Kacheln

Körnung (klumpig)

Risse

Abbildung 15.53 »Strukturierungsfilter«: Diese Funktionen verändern die Oberfläche der abgebildeten Motive. Vorlage: Filter_g. Foto: Lucas Klamert

Ein sehr abstraktes »Kirchenfenster« produziert der Filter **Buntglas-Mosaik**. Die Größe der Fugen ist regelbar, als Fugenfarbe nimmt Photoshop die aktuelle Vordergrundfarbe. Statt **Rauschen hinzufügen**, können Sie auch eine **Körnung** anbringen. Testen Sie die Überblendung per **Bearbeiten: Verblassen**, zum Beispiel im Modus HARTES LICHT. **Patchwork** erinnert an Legobausteine; verwandte Verfremdungen liefern **Kacheleffekt** oder **Extrudieren**.

15.7 Weitere »künstlerische« Filter-Befehle

Außerhalb der Filtergalerie bietet Photoshop weitere **Filter**-Befehle zur künstlerischen Verfremdung – am wichtigsten wohl die **Ölfarbe**.

15.7.1 Ölfarbe

Filter: Ölfarbe verwandelt Ihr Bild in ein Ölgemälde, kann aber ein bisschen mehr als andere Filter mit der gleichen Aufgabe (auch für Bilder mit **16 Bit/Kanal**, früher auch als Bestandteil von »Pixel Bender« nachinstallierbar). Eine Besonderheit: Die Struktur der simulierten Pinselstriche folgt deutlich den Motivkonturen; besser geht es höchstens von Hand mit dem Misch-Pinsel.

Steuerungsmöglichkeiten

So steuern Sie den **Ölfarbe**-Filter:

- STILISIERUNG: Niedrige Werte erzeugen eher Körnung, hohe Werte simulieren eher langgestreckt fließende Pinselstriche.
- REINHEIT: Niedrige Werte erzeugen mehr bildrauschenartige Details, hohe Werte glätten stärker.
- SKALIEREN: Wechselt zwischen hauchdünnen und sehr breiten Pinselstrichen.

- Borstendetails: Betont oder glättet die Feinstruktur innerhalb eines einzelnen Pinselstrichs. Hohe Werte zeigen das Gesamtbild deutlich glatter.
- Winkelrichtung: Die Richtung der Lichtquelle. Kann bestimmte Details betonen oder unterdrücken.
- Glanzstärke: Regelt die Tiefe des Reliefs und damit weitgehend die Gesamtstärke des Effekts und den Bildkontrast. Der Wert 0 zeigt keinerlei Relief, bei hoher Stilisierung bleibt aber eine Weichzeichnung erhalten.

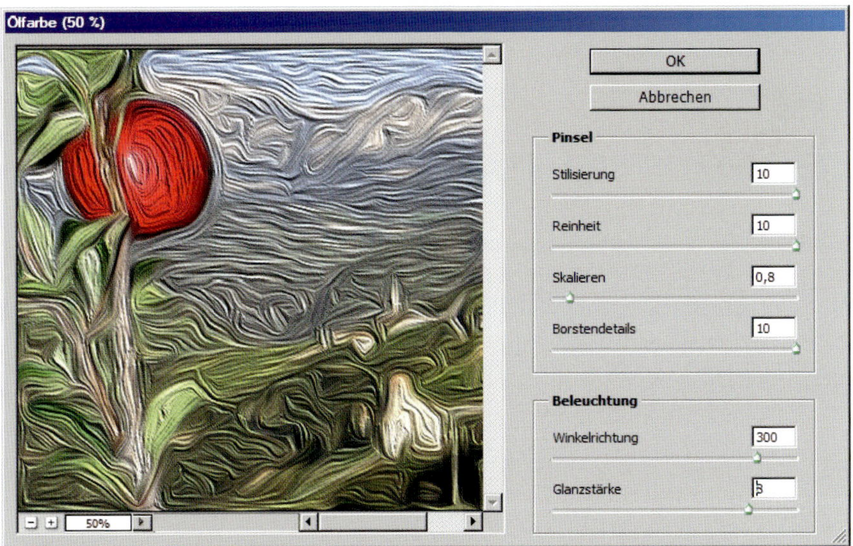

Abbildung 15.54 Die automatisch erzeugten Malstriche des Ölfarbe-Filters folgen den Motivkonturen. Die folgenden Änderungen gehen von den hier verwendeten Reglerwerten aus.

Sofern Sie die Glanzstärke bei 0 lassen, kann der Befehl Bilder auch schlicht auffrischen und verrauschte Handyfotos unauffällig glätten und verschönern; experimentieren Sie mit Stilisierung und Reinheit, die anderen Regler zeigen bei Glanzstärke 0 keine Wirkung mehr. Prüfen Sie die Struktur in der Zoomstufe 100 Prozent an (direkt im **Ölfarbe**-Dialog wählen Sie wie üblich Strg + Alt + 0, ein Rechtsklick ins Bild bringt ein Zoomstufenmenü). Fehlt OpenGL oder verwenden Sie Windows XP, funktioniert der Befehl eventuell nicht.

Glanzstärke 0

Glanzstärke 4

Skalieren 10
Glanzstärke 4

Stilisierung 1
Skalieren 10
Glanzstärke 4

Abbildung 15.55 Die Ölfarbe-Regler »Glanzstärke«, »Skalieren« und »Stilisierung« steuern die Wirkung des simulierten Farbauftrags.

15.7.2 Stilisierungsfilter

Die Verfremdungen aus dem Untermenü **Filter: Stilisierungsfilter** verwandeln Ihre Fotos in poppige Grafiken. Sie arbeiten mit Pixelverschiebung und Kontrastmanipulation. Mit Verzerrungen arbeiten **Kacheleffekt**, **Extrudieren** und **Windeffekt**. **Leuchtende Konturen** erscheint zunächst nur innerhalb der **Filtergalerie**.

Relief

Extrudieren

Kacheleffekt

Konturen finden

Abbildung 15.56 »Stilisierungsfilter«: Diese Funktionen erzeugen grafische Verfremdungen und Pixelverschiebungen. Datei: Filter_d

Relief

Der **Relief**-Filter lässt eine Auswahl erhöht oder geprägt erscheinen. Dazu werden Konturen nachgezeichnet; dabei greift das Programm Farben aus der Datei auf. Geeignet sind homogene Flächen und markante Konturen. Benötigen Sie ein eher graues Bild, reduzieren Sie die Sättigung per **Farbton/Sättigung**. Für extrakräftige Reliefs steigern Sie vorab den Kontrast. Wiederholen Sie den **Relief**-Effekt ein zweites Mal mit niedrigen Werten (Strg+Alt+F bringt den letzten Filterdialog zurück).

Alternativen zum **Relief** auf Basis von Vorder- und Hintergrundfarbe bieten auch **Stuck** und **Basrelief** aus dem Bereich Zeichenfilter der **Filtergalerie**.

Website Eine Befehlsfolge, mit der ein Relief auf Basis von Einzelebenen entsteht, finden Sie in der mitgelieferten Aktionssammlung unter »Filter - Relief Ebenentechnik«.

Konturenfilter

Drei Funktionen aus dem Untermenü Stilisierungsfilter befassen sich mit Konturen: Photoshop kann - ganz ohne Dialogfeld - **Konturen finden** oder mit etwas Feinsteuerung des Filters **Konturen nachzeichnen** (genauere Konturverfahren mit anderen Befehlen ab Seite 494). Der Filter **Leuchtende Konturen** ist die Neonausgabe der anderen **Konturen**-Befehle (zunächst nur per **Filter: Filtergalerie**).

Sie könnten vorab weichzeichnen und/oder die Kontraste anheben. Auch der **Filter: Sonstige Filter: Hochpass** glättet die Konturen. Ändern Sie das Farbenspiel mit **Farbton/Sättigung**.

Tipp Alternativen zu den **Konturen**-Kommandos finden Sie im Untermenü **Malfilter**: Der Befehl **Kanten betonen** ist eine diskrete Fassung von **Konturen finden** oder **Leuchtende Konturen**; er verdrängt nicht die eigentliche Bildinformation. **Konturen nachzeichnen** wirft noch Farbspritzer ein.

Weitere Funktionen

Ebenfalls im Untermenü **Stilisierungsfilter**: Der **Extrudieren**-Befehl verwandelt die Vorlage in ein Feld von dreidimensionalen QUADERN oder PYRAMIDEN. Der **Kacheleffekt** zerbricht das Bild in zahlreiche Platten. Der **Korneffekt**-Filter simuliert sehr unflexibel das Filmkorn eines hochempfindlichen Films, vielseitiger wirkt der **Strukturierungsfilter: Körnung**.

Die **Solarisation** erzeugt poppige Kontraste und Farbverfälschungen. Präziser basteln Sie eine Solarisation mit drastisch verzerrter **Gradationskurve** (Seite 489) und ebenfalls schillernde Verfremdungen erzeugen die Einstellungsebenen **Verlaufsumsetzung** (Seite 492) und **Color Lookup**. Der grobgestrickte **Windeffekt** ahmt mit kleinen horizontalen Linien eine Luftbewegung nach; **Bewegungsunschärfe** (Seite 528) oder **Verwackelungseffekt** (Seite 545) agieren differenzierter.

15.7.3 Vergröberungsfilter

Die Befehle aus dem Untermenü **Filter: Vergröberungsfilter** fassen Bereiche unterschiedlicher Pixel zu geschlossenen Blöcken zusammen. So soll ein malerischer Effekt oder eine Struktur entstehen. Diese Möglichkeiten haben Sie:

- Der **Mosaikeffekt** fasst Bildpunkte zu quadratischen Blöcken zusammen. Das Bildergebnis mutet pixelig und »digital« an. Manche Zeitschriften anonymisieren (»verpixeln«) Augenpartien oder Nummernschilder per **Mosaikeffekt**. Kontrastanhebung verstärkt den Effekt.
- Der **Verwackelungseffekt** erzeugt – ohne Sie erst mit einem Dialogfeld zu behelligen – vier Kopien der Pixel und platziert sie versetzt zueinander. Das eignet sich manchmal auch für einen verwischten Hintergrund. Alternative: manuell mehrere Ebenen hintereinander setzen, mit abnehmender DECKKRAFT und Mischmodi experimentieren.
- Der unauffällige **Facetteneffekt** ebnet feinere Kontrastlinien ein und lässt die Datei flächig wirken. Verstärken Sie die Wirkung durch mehrfache Anwendung. Alternativen mit Regelmöglichkeit finden Sie im Untermenü **Weichzeichnungsfilter: Selektiv weichzeichnen** (Seite 503) mit der Option FLÄCHE oder **Matter machen**, außerdem **Filter: Ölfarbe** mit hoher STILISIERUNG und GLANZSTÄRKE 0.

Prüfen Sie das Ergebnis der **Vergröberungsfilter** in der 100,00-Prozent-Ansicht und beachten Sie die Druckauflösung: Eine bestimmte Filterstärke wirkt sich bei 150 oder 200 dpi deutlicher auf den Gesamteindruck aus als bei 300 dpi. Das gilt auch für die weiteren **Vergröberungsfilter**:

- Beim **Punktieren** bricht die Farbe in zufällig platzierte Punkte auf wie in einem pointilistischen Gemälde. Quasi als Leinwandfläche zwischen den Punkten dient die aktuelle Hintergrundfarbe, am besten Weiß mit dem Tastenbefehl [D]. Dieser Filter raut auch Farbflächen oder Übergänge in Ebenenmasken auf.
- Das **Kristallisieren** fasst Bildpunkte zu flächig eingefärbten »Kristallen« zusammen.
- Schraffurverfremdungen produziert der Befehl **Mezzotint**. Er hat verschiedene Parallelen in den **Zeichenfiltern**. Es kann sinnvoll sein, die Sättigung zurückzunehmen, zu kolorieren oder gleich ein Graustufenbild zu bearbeiten.
- Das **Farbraster** erzeugt ein grobes, stilisiertes Druckraster.

Facetteneffekt

Farbraster, Radius 10

Farbraster, Radius 20

Kristallisieren

Abbildung 15.57 »Vergröberungsfilter« 1: Diese Effekte erzeugen Farbflächen oder lösen sie in Muster auf. Vorlage: Filter_g

Mezzotint

Mosaikeffekt

Punktieren

Verwackelungseffekt

Abbildung 15.58 »Vergröberungsfilter« 2: Die Funktionen werden nicht über die Filtergalerie angeboten. Vorlage: Filter_g

15.8 Verzerrungsfilter

Mit dem Untermenü **Filter: Verzerrungsfilter** wirkt das Bild, als sei es über eine Kugel gespannt, zusammengeknüllt oder auf einer unruhigen Wasserfläche gespiegelt. Damit passen Sie Bildteile an, die Sie auf eine scheinbar dreidimensionale Oberfläche montieren wollen, oder Sie bringen erfrischende Unruhe in allzu gleichförmige Flächen.

Nicht alle Verzerrungsfunktionen erscheinen in diesem Abschnitt. So verzerren Sie Ebenen per **Transformieren** (Seite 705), dazu gehören auch das Verzerren per Verkrümmen (Seite 711) und der Befehl **Inhaltsbasiert Skalieren** (Seite 721). Der **Fluchtpunkt** sorgt für eine Perspektivkorrektur bei Duplizierstempel oder Ebenen (Seite 727). **Objektivkorrektur** und **Adaptive Weitwinkelanpassung** gleichen speziell Objektivverzerrungen aus (Seiten 377 und 373).

15.8.1 Grundlagen

Beachten Sie bei der Arbeit mit den **Verzerrungsfiltern**:

- Wenn Sie nur einen Teil eines Bilds verzerren, setzen Sie eine **Weiche Auswahlkante** ein, um den Übergang zwischen verzerrtem Bereich und Restbild fließend zu gestalten.
- Arbeiten Sie mit einer Auswahl, markieren Sie das Objekt großräumig, damit der Filter Platz zur Ausdehnung hat.

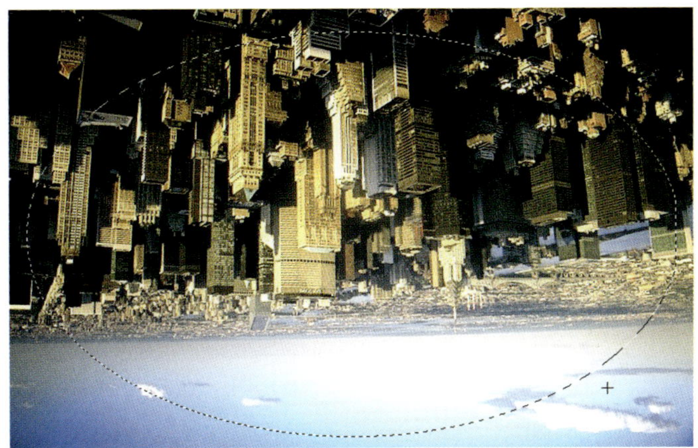

Abbildung 15.59 Das Foto wird zunächst exakt horizontal ausgerichtet, an den Rändern retuschiert und um 180 Grad gedreht. Mit der Auswahlellipse erzeugen wir eine Markierung, anschließend heißt es »Filter: Verzerrungsfilter: Polarkoordinaten« mit der Vorgabe »Rechteckig -> Polar«. Das Ergebnis heben wir mit Strg+J auf eine eigene Ebene, mit Strg+T schieben wir es zu einer Kugel zusammen. Die »Hintergrund«-Ebene wird gelöscht. Anschließend korrigieren wir mit dem Kopierstempel Nahtstellen. Ein Radialverlauf im Modus »Ineinanderkopieren« verstärkt im Rahmen einer Schnittmaske den Kontrast und die Tiefenwirkung. Verwenden Sie Bilder, deren linker und rechter Rand gut aneinanderpassen. Dateien: Verzerrung_a etc.

- Die Option Transparente Pixel fixieren im Ebenen-Bedienfeld muss abgewählt sein.
- Stößt die Verzerrung an einen Bildrand, wird sie nicht über diese Grenze hinaus fortgesetzt; erweitern Sie also die Datei beizeiten per **Bild: Arbeitsfläche** oder mit dem Freistellungswerkzeug. Bei manchen Filtern reißt der Effekt hart ab, bei anderen passt er sich an unterschiedliche Abstände und Größen an.
- Photoshop muss hier massiv Pixel neu erfinden (interpolieren), das kostet Qualität speziell bei kleinen Dateigrößen.
- Eventuell verzerren Sie Objekte oberhalb der Hintergrundebene, die sich mit Effekten wie Schlagschatten, Kontur oder Schein nach aussen weit ausdehnen. Möglicherweise reißen Schatten, Kontur oder Lichthof nach der Verzerrung hart am Bildrand ab. Erweitern Sie die Arbeitsfläche passend per **Bild: Alles einblenden**.

Abbildung 15.60 Wir testen die »Polarkoordinaten« mit der Vorgabe »Rechteckig->Polar«. **1. Bild:** Zuerst fassen wir das Motiv in eine eng anliegende quadratische Auswahl. **2. Bild:** Mit dieser Auswahl entsteht ein vollständiger Kreis. **3. Bild:** Wir haben links und rechts Platz gelassen, so produziert die Funktion einen Halbkreis. **4. Bild:** Fassen Sie das Objekt in eine enge Auswahl mit ungleichmäßigen Seitenverhältnissen, wenn Sie ein Oval erzeugen möchten. Für präzisere Umformung nehmen Sie »Verkrümmen« oder »Formgitter«. Vorlage: Verzerrung_b

Undefinierte Bereiche

Mit Bildteilen, die nicht verzerrt werden, passiert bei den Verzerrungsfiltern, aber auch beim Befehl **Filter: Sonstige Filter: Verschiebungseffekt** Folgendes:

- Die Option Durch verschobenen Teil ersetzen füllt die undefinierten Bereiche durch den verschobenen Teil von der gegenüberliegenden Seite des Bilds.
- Die Option Kantenpixel wiederholen verlängert die Farben der Pixel entlang der Kanten des Bilds. Unterschiedlich gefärbte Randpixel erzeugen einen Streifeneffekt.

Abbildung 15.61 **Links:** Das Bitmapmuster korrigieren wir so, dass es quadratisch ist und linke und rechte Seite nahtlos aneinander anschließen. Dazu wird mit dem Rechteckwerkzeug ein Ausschnitt im Verhältnis 1:2 erzeugt und gespiegelt dupliziert. **Mitte:** Anschließend wird eine Kreisauswahl erzeugt, die bis an die Bildränder reicht. **Rechts:** Der Filter »Polarkoordinaten« mit der Option »Rechteckig->Polar« erzeugt die Spiegelung nach innen. Dateien: Verzerrung_c etc.

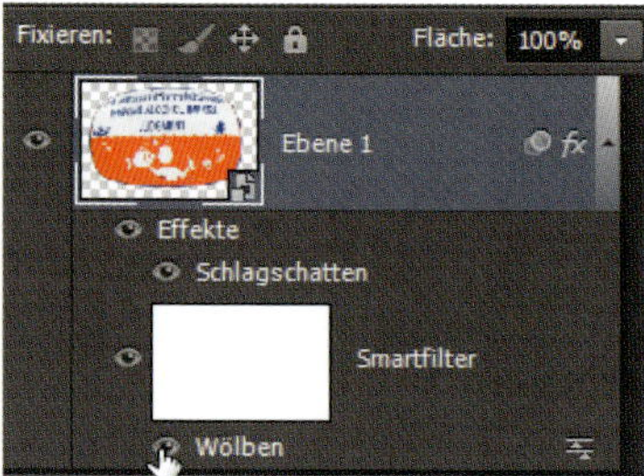

Abbildung 15.62 **1. Bild:** Der Befehl »Wölben« soll die Ebene als Smartfilter verfremden, hier ist er noch ausgeschaltet. **2. Bild:** Die Ebene befindet sich in der linken oberen Ecke der Datei. Wir schalten das Wölben mit dem Augensymbol ein – der Effekt geht nur nach rechts. **3. Bild:** Wir haben die verzerrte Ebene in die Bildmitte gezogen und den Effekt per Augensymbol neben »Wölben« aus- und wieder eingeschaltet. Photoshop berechnet den Effekt neu mit einem anderen Ergebnis. Datei: Verzerrung_g

Position und Größe innerhalb der Arbeitsfläche

Das Ergebnis einiger Verzerrungsfilter schwankt mit dem Abstand der korrigierten Ebene zum Bildrand wie auch mit dem Verhältnis zwischen Größe der Ebene und Gesamtgröße der Arbeitsfläche. Betroffen sind etwa **Wölben**, **Distorsion** und **Verbiegen**. Beispiele:

- Hat die Ebene links viel Platz bis zum Rand und rechts nur wenig, fällt das Ergebnis anders aus, als wenn rechts mehr Platz ist als links.
- Steht die Ebene relativ klein in der Mitte einer großen Arbeitsfläche, fällt die Filterwirkung anders aus, als wenn Sie die Arbeitsfläche eng auf die unveränderte Ebene zuschneiden.
- Photoshop orientiert sich strikt an den Dokumentgrenzen: Ob einige Ebenen hinter den Grenzen weiterlaufen, tut für die Berechnung des Verzerrungsfilters nichts zur Sache.

15.8.2 Polarkoordinaten

Der **Polarkoordinaten**-Filter verwandelt die Koordinaten einer rechteckigen Auswahl in Polarkoordinaten und umgekehrt. In der Einstellung Rechteckig->Polar werden rechteckige Bildbereiche quasi in einem Metallzylinder gespiegelt. In der Praxis können Sie Linien, Text oder Flächen mit den Enden aufeinander zu drehen. Der Modus Polar->Rechteckig kann die Verzerrung umkehren.

Abbildung 15.63 »Versetzen«: Dieser Filter verzerrt ein Motiv auf Basis von Tonwerten in einer zweiten Datei. Neutralgrau bewirkt keine Änderung. Vorlage: Versetzen_b

15.8.3 Versetzen

Der **Versetzen**-Filter verwendet ein zweites Bild, um den Auswahlbereich zu verzerren. Sie projizieren das Bild auf eine dreidimensionale Fläche, lassen es zum Beispiel durchhängen, beulen es aus und modellieren es auf ungleichmäßige Flächen. Die Verzerrungen wirken plastisch.

Die Verschiebung orientiert sich an Grauwerten aus einem zweiten Bild; dieses zweite Bild gilt als Verschiebungsmatrix. Wenden Sie zum Beispiel den **Wellen**-Filter auf eine strukturierte Graufläche an, heben Sie den Kontrast an und laden Sie das Bild als Matrix; damit wellt sich das Objekt.

Trifft der Filter im kontrollierenden Bild – der Verschiebungsmatrix – auf ein weißes Pixel mit Tonwert 255, erhalten Sie die maximale positive Verschiebung; Schwarz mit Tonwert 0 führt zur maximalen negativen Verschiebung; mittleres Grau mit Tonwert 128 lässt das Bild unverändert.

Abbildung 15.64 **1. und 2. Bild:** Eine Mauer dient als Verschiebungsmatrix für diesen Schriftzug, der bereits mit dem »Versetzen«-Filter bearbeitet wurde. **3. Bild:** Die Verschiebungsmatrix wurde mit dem Befehl »Selektiver Weichzeichner« flächig weichgezeichnet, die Umrisse der Steine bleiben dabei erhalten. **4. Bild:** Wir haben die Verschiebungsmatrix vorab mit dem »Gaußschen Weichzeichner« gleichmäßig weichgezeichnet. Dateien: Versetzen_a etc.

Die Bildpunkte im Originalbild können vertikal, horizontal oder diagonal verschoben werden. Besteht die Verschiebungsmatrix nur aus einem Kanal, verschiebt Photoshop das Bild entlang einer Diagonalen, die durch Ihre Vorgaben für Horizontale Skalierung und Vertikale Skalierung definiert ist. Ein Wert von 100 Prozent bewirkt eine Verschiebung um 128 Pixel, also die höchste Abweichung. Besteht die Matrix jedoch aus zwei Kanälen, kontrolliert der erste Kanal die horizontale, der zweite die vertikale Verschiebung.

Sie werden aufgefordert, das Bild für die Verschiebungsmatrix von der Festplatte zu laden. Sie können also nicht mit einer neu erstellten Datei, etwa einem ungespeicherten Duplikat, loslegen.

Tipp Farbvorlagen, die Sie als Verschiebungsmatrix nutzen, sollten Sie der Übersicht halber in Graustufen verwandeln; nutzen Sie dabei alle Photoshop-Finessen (Seite 125). Legen Sie am besten gleich mehrere Varianten mit unterschiedlichen Kontrasten an.

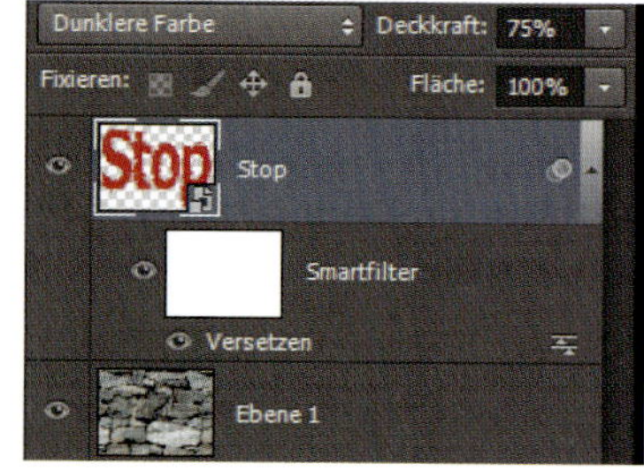

Abbildung 15.65 **Links:** Wir legen das Ergebnis mit dem Mischmodus »Ineinanderkopieren« über die Mauer, die als Verschiebungsmatrix diente. **Mitte:** Wir nutzen den Mischmodus »Dunklere Farbe« mit 75 Prozent Deckkraft. Testen Sie auch Mischmodi wie »Farbe«, »Hartes Licht« oder »Multiplizieren«. **Rechts:** Der »Versetzen«-Befehl liegt als Smartfilter auf der Ebene mit dem Schriftzug. Der Effekt lässt sich also jederzeit anpassen.

Matrix anpassen

Bei ersten Versuchen mit dem trickreichen **Versetzen**-Filter sollte die Verschiebungsmatrix exakt die gleiche Größe haben wie die Bildauswahl, die sie verzerren. Hat die Verschiebungsmatrix jedoch andere Maße als der Zielbereich im Foto, gibt es zwei Möglichkeiten:

- Nutzen Sie die Option Auf Auswahlgrösse skalieren, die die Matrix automatisch in der Größe anpasst.
- Dagegen füllt die Option Wiederholen den Auswahlbereich, indem die jeweilige Matrix wie Musterteile aneinandergesetzt wird.

Die Option Undefinierte Bereiche lernen Sie auf Seite 548 kennen.

Abbildung 15.66 Der »Versetzen«-Filter verzerrt das Wolkenfoto nach dem Relief eines Porträts, das hier als Verschiebungsmatrix dient. Dateien: Versetzen_c etc.

15.8.4 Weitere Verzerrungsfilter

Zahlreiche **Verzerrungsfilter** werfen das Bild in Wellen. Dabei wirken die einen gleichmäßig über die Fläche hin - so etwa **Ozeanwellen**, **Kräuseln** und **Glas**; die Wirkung dieser Filter lässt sich in etwa auch mit dem **Schwingungen**-Dialog erzeugen. Andere Filter ziehen von der Mitte aus ihre Kreise - darunter **Wellen** und **Strudel**.

Der **Schwingungen**-Filter arbeitet ähnlich wie **Kräuseln**, **Glas** oder **Ozeanwellen**, bietet aber weit mehr Wirkung und Kontrollmöglichkeiten. Der Filter eignet sich, um einen Schriftzug oder ein Objekt in Schwingungen zu versetzen oder erzittern zu lassen.

Die **Ozeanwellen** zeigen das Bild in kleineren oder größeren Wellen. Anders als die **Wellen** arbeiten die **Ozeanwellen** gleichmäßig übers Bild hin und nicht von einem Zentrum aus. Das **Kräuseln** ist ein verwandter Effekt, der Effekt simuliert Spiegelungen auf Wasserflächen. Der **Glas**-Filter zeigt die Datei durch verzerrtes Glas. Glassorten wie Blockglas oder Riffelung stehen parat, aber Sie können auch eine eigene Struktur laden (Seite 511). In homogenen Flächen ist von einer Filterwirkung nichts zu erkennen.

Der **Strudel**-Filter zieht eine Auswahl sogartig in die Mitte: Er dreht sie in der Mitte stärker als außen. Kreisförmige Verzerrungen produziert der **Wellen**-Filter. Das entspricht der Vorstellung von einem Stein, der ins Wasser geworfen wurde. Die Vorgabe Diagonal wellenförmig verschiebt die Bildpunkte schräg, Konzentrisch aus der Mitte verschiebt die Pixel gleichmäßig vom Zentrum her, Kreisförmig um die Mitte erzeugt Wellenlinien, die sich vom Zentrum wegbewegen und um das Zentrum drehen.

Der Filter **Distorsion** verzerrt kreisförmig. Sie können die Auswahl bezogen auf die Mitte zusammenschieben oder auseinanderziehen. Bei einer Rechteckauswahl gehen manipulierter Bildteil und Umgebung fließend ineinander über. Bei einer freien Form verwenden Sie eine Weiche Kante, um einen glatteren Übergang zu schaffen.

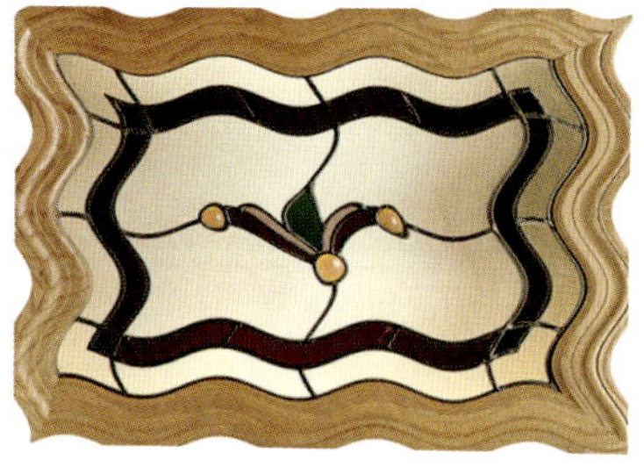

Abbildung 15.67 »Schwingungen«: Dieser Filter eignet sich für sanfte Änderung ebenso wie für komplette Verfremdung. Vorlage: Verzerrung_k

Abbildung 15.68 »Wellen:« Dieser Filter verzerrt von einem Zentrum aus nach außen. **Von links:** »Diagonal wellenförmig«, »Konzentrisch aus der Mitte« und »Kreisförmig um die Mitte«.

Abbildung 15.69 Die Filter »Ozeanwellen«, »Kräuseln« und »Glas« (v.l.n.r.) verzerren die Bildfläche gleichmäßig. Vorlage: Verzerrung_k

Abbildung 15.70 »Strudel« verzerrt kreisförmig. »Distorsion« mit einem positiven Wert zieht das Objekt nach innen, während eine negative Vorgabe das Motiv auswölbt.

Der **Wölben**-Filter spannt das Bild auf eine Kugel und lässt flächige Objekte dreidimensional aussehen – nützlich, wenn Sie auf Litfasssäulen, Flaschen oder Bälle montieren, etwas unter die Lupe nehmen oder nur Dramatik erzeugen wollen – auch bei Text. Die Optionen Vertikal und Horizontal simulieren die Projektion auf einen Zylinder, etwa eine Flasche. Innerhalb einer Rechteckauswahl greift sich der Filter nur einen runden Bereich.

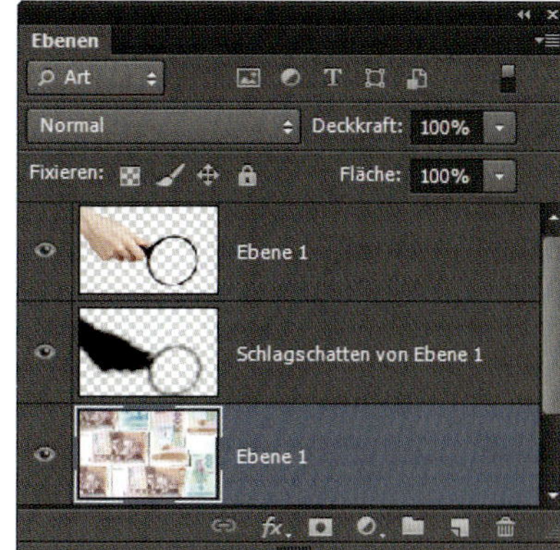

Abbildung 15.71 »Wölben«: Dieser Filter spannt die Auswahl auf eine Kugel. Hier arbeiten wir mit Auswahl und ohne Smartfilter, weil Photoshop die Wölbung sonst über die gesamte Arbeitsfläche und nicht nur über das Lupenglas berechnet. Datei: Verzerrung_e

Der Filter **Verbiegen** verzerrt das Bild entlang einer Kurve, die Sie festlegen können. Im Dialogfeld ziehen Sie an der dargestellten Linie eine Kurve, nach der das Bild verzerrt werden soll. Per Mausklick setzen Sie Punkte, an denen sich die Kurvenrichtung ändert. Nicht benötigte Punkte ziehen Sie aus dem Diagramm heraus. Die Funktion korrigiert auch durchgebogene Horizonte, auch in Panoramen, sofern es **Objektivkorrektur** oder **Adaptive Weitwinkelanpassung** nicht schaffen. **Verflüssigen** oder Verkrümmen bieten je nach Aufgabe mehr Steuermöglichkeit. Eventuell müssen Sie Ihr Foto vorab um 90 Grad drehen (**Bild: Bilddrehung**).

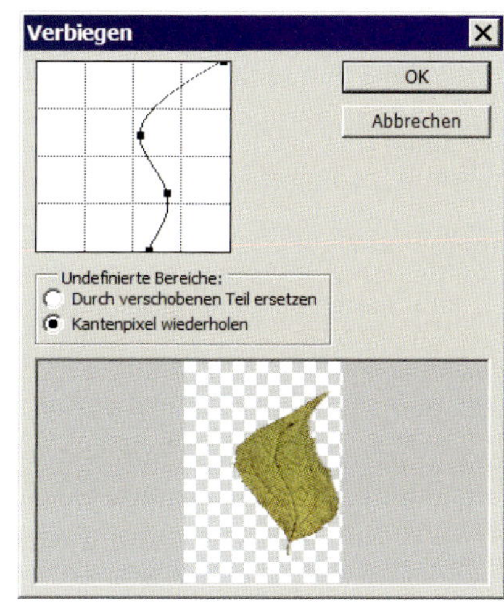

Abbildung 15.72 »Verbiegen«: Mit einer formbaren Linie steuern Sie die Verzerrung des Objekts. Datei: Verzerrung_f

15.8.5 Verflüssigen

Mit dem Befehl **Filter: Verflüssigen** (Strg+⇧+X, nicht als Smartfilter) können Sie Bildteile per Mausbewegung gummiartig knautschen, dehnen oder eindrücken. Bearbeiten Sie nur einzelne Bereiche oder schützen Sie die Zonen stufenlos gegen Änderung. Das entstandene Verformungsschema lässt sich für weitere Anwendungen speichern und wieder laden. Schalten Sie am besten gleich in den Erweiterten Modus.

Die Funktion produziert grinsende Mundwinkel, korrigieren Sie aber auch Motorhauben, Schmerbäuche oder Schriftzüge. Per **Verflüssigen** gleichen Sie die Proportionen von montierten Ebenen einander an.

Der Befehl ergänzt oder ersetzt teilweise den **Versetzen**-Filter, aber auch Verkrümmen und **Formgitter**. Brauchen Sie indes nur eine allgemeine Verzerrung ohne pixelgenaue Feinsteuerung, sind andere Befehle übersichtlicher, so etwa **Schwingungen**, **Verbiegen** oder das **Transformieren** mit Verkrümmen. Textebenen, die im korrigierbaren Textmodus bleiben sollen, können Sie »verkrümmen«.

Werkzeuge zum Umformen

Diese Werkzeuge zum Umformen bietet das Dialogfeld **Verflüssigen**, nachdem Sie den Erweiterten Modus eingeschaltet haben:

	Mitziehen-Werkzeug	W	Das Werkzeug schiebt die Bildpunkte vor sich her. Klicken Sie zweimal bei gedrückter ⇧-Taste, um die beiden Punkte durch eine Gerade zu verbinden.
	Strudel-Werkzeug	C	Das Strudel-Werkzeug verdreht Bildpunkte im Uhrzeigersinn; ein freundlicher Druck auf die Alt-Taste strudelt in Gegenrichtung.
	Zusammenziehen	S	Per Zusammenziehen scheint das Material unter dem Mauszeiger zu schrumpfen, Alt-Klick bläst es auf.
	Aufblasen	B	Das Aufblasen wölbt die Bildpunkte unter dem Mauszeiger, mit der Alt-Taste ziehen sie sich zusammen. Halten Sie den Zeiger bei gedrückter Maustaste länger auf einer Stelle.
	Nach links schieben	O	Nach links schieben heißt ein Werkzeug, das Bildpunkte senkrecht zur Werkzeugrichtung verschiebt. Die Alt-Taste kehrt die Richtung um. Klicken bei gedrückter ⇧-Taste verbindet die Punkte durch eine Gerade.

Werkzeugoptionen

Die Wirkung aller Werkzeuge im Dialogfeld steuern Sie im Bereich Werkzeugoptionen. Einige Möglichkeiten:

- Die Pinselgrösse ändern Sie nicht nur mit dem Eingabefeld, sondern auch mit +- und #-Taste.
- Per Pinseldichte legen Sie fest, ob das aktuelle Werkzeug an den Rändern schwächer wirken soll als im Zentrum oder genauso stark.
- Je höher der Pinseldruck, desto drastischer wirkt die Funktion, desto härtere Kanten entstehen. Sofern Sie ein druckempfindliches Grafiktablett anschließen, verändern Sie den Pinseldruck auch über ein druckempfindliches Grafiktablett; schalten Sie zudem unten den Stiftandruck ein.
- Die Pinselgeschwindigkeit steuert, wie schnell Photoshop eine Verzerrung anwendet, wenn Sie die Maustaste örtlich gedrückt halten - hohe Werte verändern sehr schnell sehr stark.

Achtung Die aktuelle Pinselgrösse gilt für alle **Verflüssigen**-Werkzeuge gemeinsam. Ändern Sie für ein Werkzeug die Größe, behält Photoshop diesen Wert beim nächsten Werkzeug bei. Das Programm schaltet beim Werkzeugwechsel also nicht, wie von der Hauptwerkzeugleiste gewohnt, zu derjenigen Größe zurück, die Sie zuletzt mit diesem speziellen Werkzeug genutzt hatten.

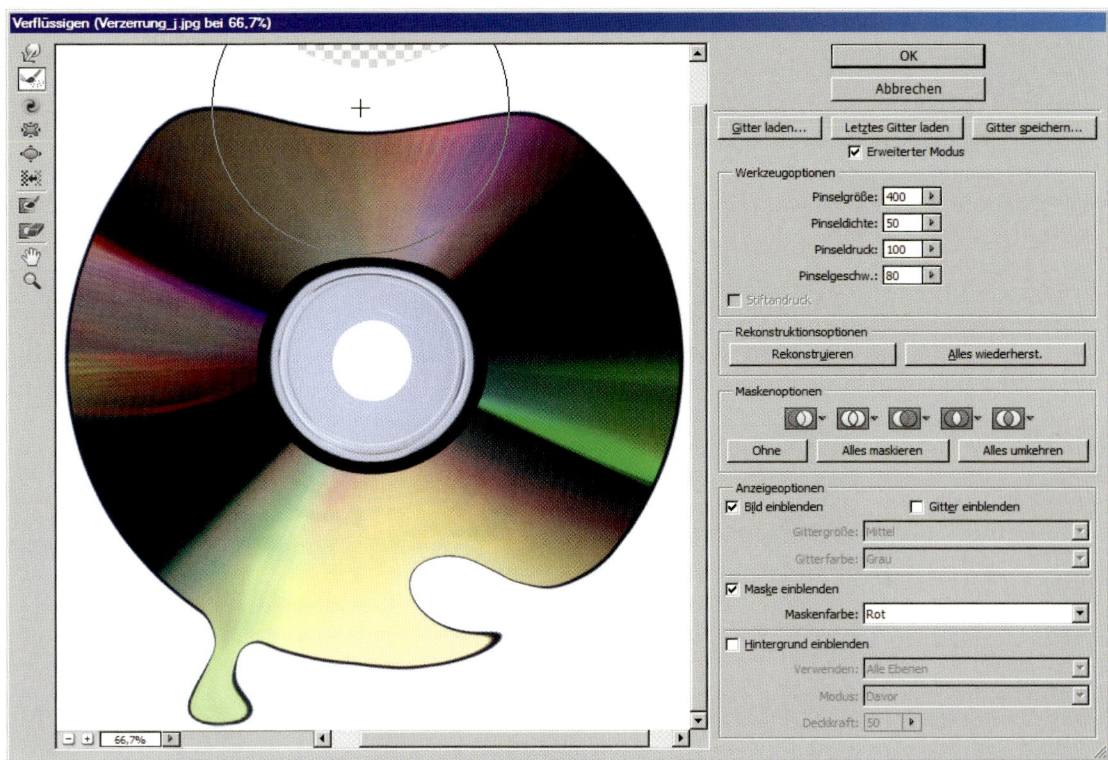

Abbildung 15.73 Der Befehl »Filter: Verflüssigen« dehnt Bildpartien gummiartig per Mausbewegung. Sie können Bildteile schützen und die Verzerrung gezielt zurückfahren. Vorlage: Verzerrung_j

Bildbereiche vor Veränderung schützen

Einzelne Bildbereiche können Sie »maskieren«, also gegen Veränderungen schützen. Folgende Möglichkeiten haben Sie:

- Noch bevor Sie **Verflüssigen** aufrufen, wählen Sie die gewünschte Motivpartie zum Beispiel mit dem Schnellauswahlwerkzeug aus. Im Dialogfeld sehen Sie nur noch den ausgewählten Bereich.
- Verwenden Sie Alphakanäle, Ebenenmasken oder die Umrisse von Montageobjekten. Die Maske oder den Kanal nennen Sie im Bereich Maskenoptionen des **Verflüssigen**-Dialogs. Klicken Sie auf eine der Schaltflächen wie Auswahl ersetzen oder Auswahl erweitern .
- Malen Sie mit dem Fixierungsmaske-Werkzeug über Zonen, die erhalten bleiben sollen. Haben Sie bei niedrigem Pinseldruck begonnen, erhöht mehrfaches Malen die Schutzwirkung. Stärkere Schutzwirkung erkennen Sie an einer stärkeren Maske.

Tipp Legen Sie vor Aufruf des Dialogfelds gleich mehrere Alphakanäle an, so lässt sich bequemer im Dialogfeld experimentieren. Duplizieren Sie einen brauchbaren Alphakanal mehrfach, indem Sie ihn im Kanäle-Bedienfeld auf das Symbol Neuer Kanal ziehen; testen Sie verschiedene Weichzeichnungen und Ausdehnungen.

Fixierten Bereich verkleinern

Malen Sie mit dem Maske-lösen-Werkzeug über die gewünschte Partie, um die Fixierung aufzuheben, und prüfen Sie auch hier wieder den Pinseldruck. Die Schaltfläche Ohne macht das komplette Bild zugänglich. Die Schaltfläche Alles umkehren fixiert bis dato verfügbare Partien und gibt umgekehrt geschützte Zonen zur Bearbeitung frei.

Ziehen Sie zum Beispiel die aktuelle Lassoauswahl von der Schutzzone ab, die Sie mit dem Werkzeug Fixierungsmaske angelegt haben. Dazu klicken Sie auf Auswahl erweitern und dann auf Auswahl.

Tipp Zum »Verflüssigen« benötigen Sie viel Bildfläche, die Sie mit dem Befehl **Bild: Arbeitsfläche** oder mit dem Freistellungswerkzeug anlegen (Seite 293).

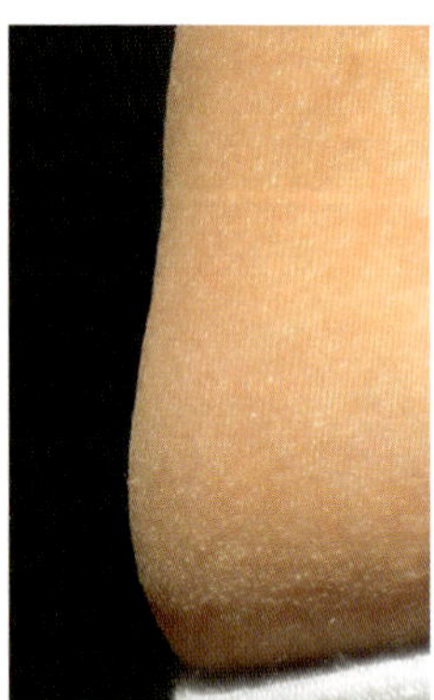
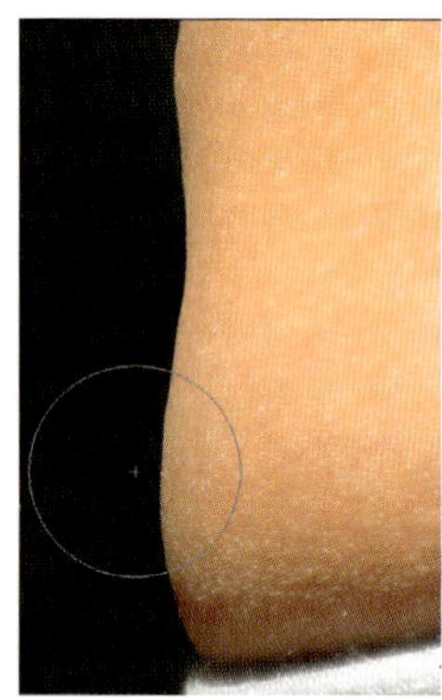
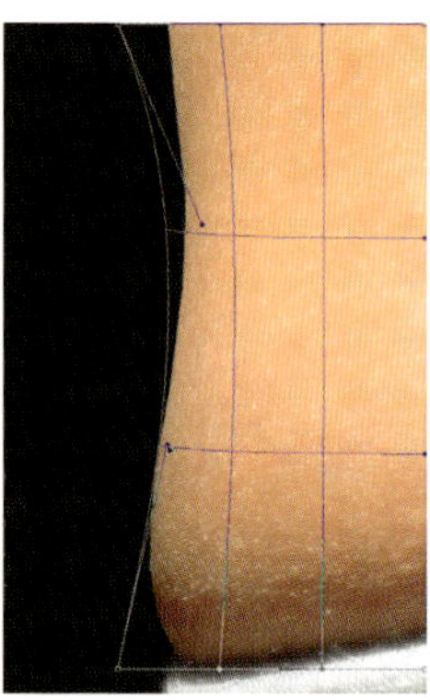

Abbildung 15.74 Mitte: Photoshop verflüssigt Figurprobleme. **Rechts:** Das »Verkrümmen« ist eine Alternative zum »Verflüssigen« (Seite 711). Vorlage: Verzerren_i

Verzerrung zurücksetzen

So nehmen Sie Verzerrungen im Dialogfeld Verflüssigen wieder zurück:

- Mit Strg+Z widerrufen Sie den letzten Pinselstrich.
- Mit Strg+Alt+Z gehen Sie schrittweise zurück bis zum unverzerrten Zustand.
- Drücken Sie die Alt-Taste, damit die Schaltfläche Abbrechen wie fast immer die Beschriftung Zurücksetzen zeigt. Damit setzen Sie das Bild zurück - aber auch alle Werkzeugeinstellungen springen wieder auf die Vorgabe ab Werk.
- Die Schaltfläche Rekonstruieren entfernt die Verzerrung aus nicht fixierten Bereichen schrittweise - mit jedem Klick nimmt die Entstellung etwas mehr ab. Dabei kehrt Photoshop nicht die Reihenfolge Ihrer Bearbeitung um, wie Sie es mit Strg+Alt+Z erreichen. Das Programm führt die Verzerrung gleichmäßig zurück. Beachten Sie jedoch die Einstellungen im Modus-Klappmenü.
- Die Schaltfläche Alles wiederherst. setzt das gesamte Bild auf den Urzustand zurück.
- Malen Sie mit dem Werkzeug Rekonstruktion über Bereiche, die Sie zurücksetzen möchten. Für behutsame Anwendung nehmen Sie den Werkzeugdruck zurück. Fixieren Sie Bereiche, die Sie nicht zurücksetzen möchten, und nutzen Sie im Modus-Klappmenü das Wiederherstellen.

Tipp Der Befehl **Verflüssigen** erzeugt selten auf Anhieb ein perfektes Bild. Bei der Nachbearbeitung helfen vor allem Kopierstempel, Protokollpinsel und Scharfzeichner-Befehle. Mit Wischfinger oder Mischpinsel verstärken Sie die Verzerrung nachträglich.

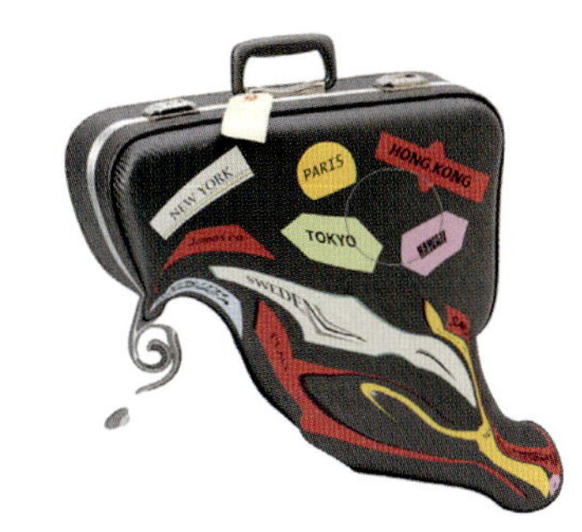

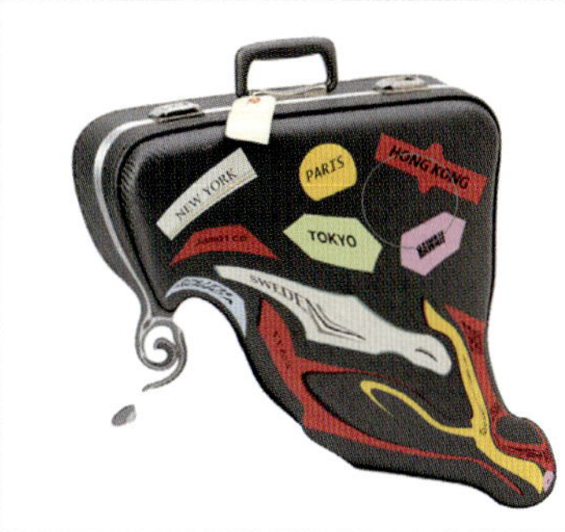

Abbildung 15.75 **Links:** Die Verzerrungen entstanden vor allem mit dem Mitziehen-Werkzeug. **Mitte:** Weitere Verzerrungen mit Werkzeugen wie »Strudel« und »Nach links schieben« kommen hinzu. **Rechts:** Wir glätten die Verzerrung mit dem Werkzeug »Rekonstruktion« im Modus »Steif«.

Verzerrung angepasst zurücksetzen

Beim Verflüssigen empfiehlt sich oft folgendes Vorgehen:

1. Verzerren Sie das Bild stark.
2. Schützen Sie Bereiche, die voll verzerrt bleiben sollen, mit dem Fixierungsmaskenwerkzeug.
3. Stellen Sie die nicht fixierten Bereiche wieder her – mit dem Werkzeug Rekonstruktion oder mit der Schaltfläche Rekonstruieren.

Dabei sollten Sie die ungeschützten Zonen nicht perfekt bis zum Originalzustand rekonstruieren: Der Gegensatz zu den verzerrten Partien wirkt krass und es entsteht ein harter Übergang.

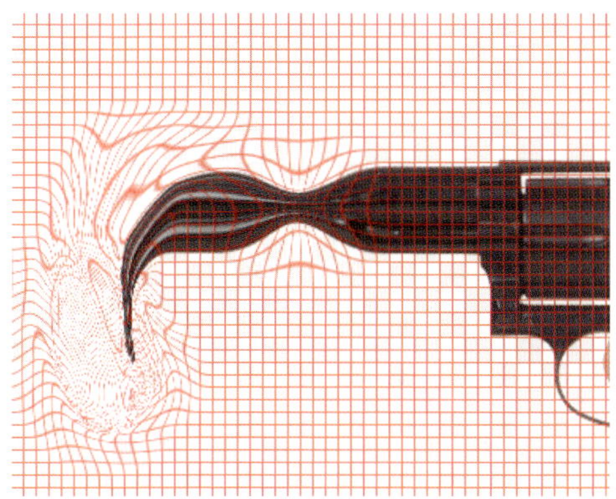

Abbildung 15.76 Die Verformung können Sie als Gitter mit und ohne Originalbild anzeigen. Das Gitter lässt sich speichern und auf andere Dateien übertragen.

Bilddarstellung im Dialogfeld

Wie üblich können Sie zoomen, zum Beispiel auch per [Strg]+[+]-Taste, und das Bild durchs Vorschaufenster schieben. Im Abschnitt Anzeigeoptionen können Sie nach Bedarf die Deckfarbe für Fixierte Bereiche einblenden oder verbergen. Sie können das Original-Bild einblenden oder verbergen sowie zusätzlich oder allein ein Gitter einblenden, das die Verzerrung anschaulich darstellt. Im Bereich Hintergrund entscheiden Sie, ob weitere Ebenen der aktuellen Montage mit in der Vorschau erscheinen sollen.

15.9 Weitere »Filter«-Befehle

Schnelle Effekte haben Sie mit den **Renderfiltern Blendenflecke, Wolken, Differenz-Wolken** und **Fasern** zur Hand. **Rauschen hinzufügen** raut glatte Oberflächen auf.

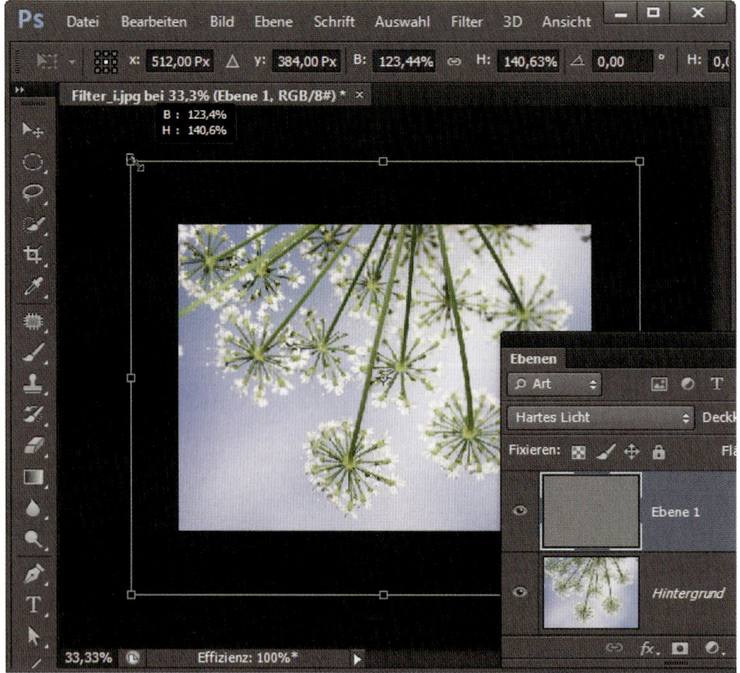

Abbildung 15.77 Wir bereiten verschiebbare »Blendenflecke« vor: Wir legen eine neue, neutralgraue Ebene mit dem Mischmodus »Hartes Licht« über dem Foto an. Mit Strg+T schalten wir zum »Freien Transformieren« und vergrößern die graue Ebene bei gedrückter Alt-Taste in alle Richtungen, dann wählen wir »Filter: Für Smartfilter konvertieren«. Später wird der Beleuchtungseffekt auf dieser Ebene angelegt, er lässt sich dann über dem Bild verschieben. Datei: Filter_i

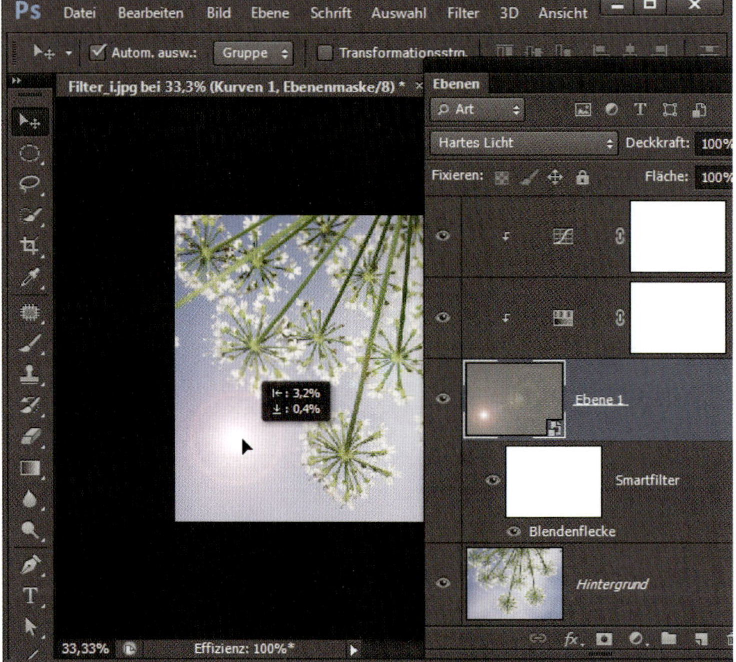

Abbildung 15.78 Wir wenden die »Blendenflecke« als Smartfilter auf die Neutralgrau-Ebene mit dem Mischmodus »Hartes Licht« an. Der Effekt lässt sich jederzeit umstellen. Weil er auf eine separate Grauebene wirkt, kann man ihn hier auch verschieben oder »transformieren«. Sie können auch mit Mischmodi für den Smartfilter experimentieren. Wir haben noch Einstellungsebenen »Farbton/Sättigung« und »Gradationskurven« im Schnittmaskenverbund angelegt. Sie ändern die Licht-Ebene unabhängig vom Foto.

Blendenflecke

Der Filter **Blendenflecke** ahmt die Gegenlichtreflexe nach, die beim Fotografieren in eine Lichtquelle hinein entstehen können. Allzu glatte Oberflächen, ob von Foto oder Photoshop, bekommen mit diesem Filter ein packendes Live-Element, ebenso fade Himmel. Auch für Blitzlichtgewitter und Nachtbilder eignet sich der Effekt. Ganze Bildbereiche können Sie im Gleißen auflösen.

Um die Lichtreflexe frei über dem Bild zu verschieben, zu skalieren und umzufärben, bringt man sie auf einer eigenen, neutralgrauen Ebene im Modus HARTES LICHT an. Nachträgliche Sonnen bauen Sie mit dem Pinsel ein, ebenfalls am besten auf einer separaten Ebene.

Website Die mitgelieferte Aktion »Filter - Blendenflecke« erzeugt Blendenflecke auf einer ausgedehnten Neutralgrau-Ebene als Smartobjekt und legt generös noch zwei Einstellungsebenen für Kontrast- und Farbkorrektur obendrauf.

Abbildung 15.79 Ziehen Sie die »Blendenflecke« Ebene auch in andere Dateien, passen Sie Größe und Position an. Wenn Sie die Neutralgrau-Ebene spiegeln, macht der Effekt nicht mit - die Blendenflecke verharren auf der ursprünglichen Bildseite. Klicken Sie »Blendenflecke« im Ebenen-Bedienfeld, um die Richtung deutlich zu ändern. Dateien: Filter_i3, _i4

Wolken

Per **Renderfilter: Wolken** entsteht ein luftiges Farbgemisch aus Vorder- und Hintergrundfarbe - ganz ohne Dialogfeld. Drücken Sie beim Anwählen die ⇧-Taste, wird das Muster kontrastreicher. Verwenden Sie Seitenlängen von 128 Pixel oder Vielfache davon, um Muster mit einem nahtlos kombinierbaren Rand zu erhalten. Beide **Wolken**-Filter erzeugen bei jedem Anlauf ein neues Muster.

Nachbearbeiten lässt sich das Pixelgespinst mit Tonwert- und Farbreglern, etwa **Farbton/Sättigung** oder **Tonwertkorrektur**. Lösen Sie das Muster mit dem **Gaußschen Weichzeichner** noch auf oder konturieren Sie es mit einer starken Scharfzeichnung. Sie können das Gebilde mit den **Beleuchtungseffekten** beleben, **Mit Struktur versehen** oder mit der **Filtergalerie** einen Picasso daraus machen. Per **Transformieren** oder **Verzerrungsfilter** verändern Sie die Wolkenformationen.

Abbildung 15.80 **Links:** Der Filter »Wolken« erzeugt ein luftiges Muster aus Vorder- und Hintergrundfarbe. **Rechts:** Etwas kräftiger gerät das Bild, wenn Sie den Filter mit gedrückter ⇧-Taste anwählen.

Differenz-Wolken

Differenz-Wolken erzeugt ein den **Wolken** vergleichbares Muster, blendet dies aber nach dem Differenz-Modus in den Hintergrund; das erinnert an ein Negativ. Hell-Dunkel-Gegensätze, also Strukturen, bleiben dabei ansatzweise erhalten. So zaubert der Filter auch ein Licht-Schatten-Spiel auf einförmige Flächen. Blenden Sie den Filter mit Strg+F immer wieder neu ins Bild – das Ergebnis erinnert zunehmend an eine Marmorierung.

Alternative mit Bild-zurück-Garantie: Legen Sie den normalen **Wolken**-Filter auf eine Ebene über der Vorlage und richten Sie den Modus Differenz ein.

Um nur ein Licht-Schatten-Spiel zu erzeugen, bei dem der übrige Bildinhalt gut erkennbar bleibt, testen Sie auch Modi wie Ineinanderkopieren, Hartes Licht oder Weiches **Licht** und gesenkte Deckkraft. Eine Alternative zu solchen Mustern bildet der Ebeneneffekt Glanz.

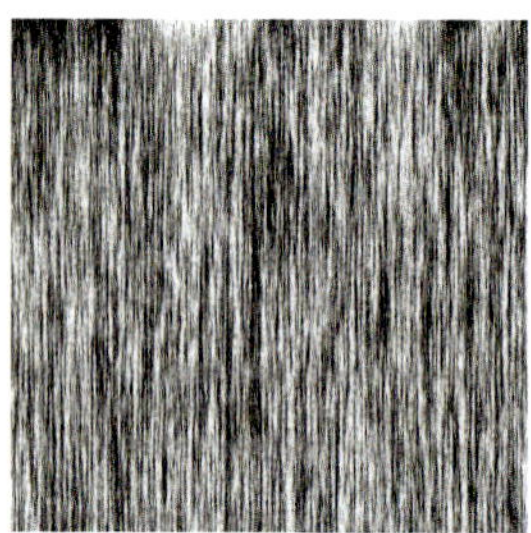

Abbildung 15.81 So wirkt der »Fasern«-Filter. **1. Bild:** Geringe »Varianz« erzeugt schwachen Kontrast, niedrige »Stärke« sorgt für flache Fasern. **2. Bild:** Wir erhöhen »Varianz« und »Stärke« deutlich. **3. Bild:** Wir bearbeiten das erste Bild mit der »Färben«-Option des Befehls »Farbton/Sättigung«. **4. Bild:** Wir nutzen den Befehl »Bild: Korrekturen: Verlaufsumsetzung«.

Fasern

Das Repertoire reicht von Kartoffelsack bis Bühnenvorhang: Das Kommando **Renderfilter: Fasern** erzeugt Gewebe, die sich als Hintergrundfläche eignen.

Das Gespinst basiert auf Vorder- und Hintergrundfarbe. Wie stark die zwei Farben kontrastieren, steuert der Varianz-Regler; niedrige Werte führen zu einem kontrastarmen Ergebnis. Der Stärke-Regler steuert Relief und Form der Fasern – von breit und flächig bis hin zu kurz und dick. Der Schalter Zufallsparameter liefert Zufallsergebnisse.

Das Ergebnis lässt sich leicht einfärben: Verwenden Sie zum Beispiel **Bild: Korrekturen: Farbton/Sättigung** mit der Option Färben. Noch vielseitiger ist die **Verlaufsumsetzung** aus demselben Klappmenü, die Helligkeiten in Farbtöne aus Verläufen übersetzt. In beiden Fällen können Sie mit Einstellungsebenen arbeiten, so dass das Original erhalten bleibt.

»Rauschen hinzufügen«

Der Befehl **Rauschfilter: Rauschen hinzufügen** rechnet kontrastierende Pixel ins Bild und macht so glatte Flächen körniger und rauer. Damit rauen Sie Vektorgrafiken, Gemaltes oder Verläufe auf, aber auch weichgezeichnete oder hochinterpolierte Bildbereiche. Auch wenn Sie einen der vielen »künstlerischen« Filter auf eine glatte Grafik anwenden wollen, empfiehlt sich vorab ein Störungsfilter; so kann sich der Filter kreativ an den Details reiben.

Abbildung 15.82 Rauschangriff: Wir drucken die Tests mit dem Filter »Rauschen hinzufügen« bei 300 dpi. Datei: Filter_j

Ihre Optionen:

- Unter Menge geben Sie an, wie stark die Störpixel von den bereits vorhandenen Farbwerten abweichen dürfen; von 1 bis 999 ist alles möglich.
- Dann wählen Sie, ob die Farbwerte gleichmässig abweichen sollen oder nach der Gaussschen Normalverteilung – diese Variante bevorzugt kleine Abweichungen, lässt aber auch starke zu und wirkt auffälliger.
- Die Option Monochrom wendet den Filter nur auf den Grauanteil des Bilds an und wahrt so die Farbbalance.

Mit Scharfzeichnen oder Kontrastanhebung lässt sich die Wirkung verstärken. Vor **Bewegungsunschärfe** oder einem **Verzerrungsfilter** angewandt, eignet sich die Funktion auch, um Oberflächenstrukturen aus dem Nichts heraus zu schaffen – von Raufasertapete bis gebürstetes Metall. Eine Alternative mit künstlerischen Ambitionen ist der **Strukturierungsfilter: Körnung** (Seite 542), dessen Sparversion **Korneffekt** heißt. Weitere Alternative: der Mal- und Montagemodus Sprenkeln, zu finden im Ebenen-Bedienfeld bzw. bei den Werkzeugoptionen; testen Sie hier verschiedene Deckkraft-Werte unter 100 Prozent. Eine vergleichbare, natürlich verlustfreie Funktion bietet der Raw-Dialog im Effekte-Register fx.

Achtung Die Wirkung des Rauschfilters hängt von der Druckauflösung ab: Ein bestimmter Filterwert wirkt bei 200 dpi stärker als bei 300 dpi. (Bei 300 dpi gibt es mehr Pixel pro Zentimeter, die Wirkung fällt weniger ins Gewicht.)

Teil 5
Auswahl

Ob Montage oder Retusche: Eine präzise Auswahltechnik ist der Schlüssel für perfekte Bildergebnisse. Entdecken Sie die verblüffenden Talente von Schnellauswahl und Kante verbessern. Verfeinern Sie Ihre Ergebnisse mit Maskenretusche und Pfadfunktionen.

Kapitel 16
Auswählen

In diesem Kapitel lernen Sie die wichtige Schnellauswahl und das ebenso wichtige Zubehör, den Dialog **Kante verbessern** kennen. Dazu kommen viele weitere Funktionen wie **Auswahl vergrößern** oder **Ähnliches auswählen.**

Zur Feinkorrektur einer Auswahl eignen sich auch Ebenenmasken oder Pfade - sie sind oft bequemer und vielseitiger; diese Verfahren kommen in den anschließenden Kapiteln zu Ehren.

Nutzen Sie Photoshops Möglichkeiten beim Auswählen konsequent und nehmen Sie sich Zeit dafür. Die Auswahl bereitet zunächst Mühe. Aber Ihr Aufwand wird belohnt durch professionelle Freisteller ohne hässliche »Klebekanten«.

16.1 Die Auswahlwerkzeuge

Häufig entsteht die erste, grobe Auswahl mit den Werkzeugen aus der Werkzeugleiste; als da wären:

- Die Schnellauswahl ist erste Wahl bei üblichen Foto-Jobs. Das Werkzeug fängt zusammenhängende Bildbereiche ein, glättet Auswahlränder und »merkt sich« unerwünschte Farbtöne.
- Der Zauberstab fängt farbähnliche Pixel ein.
- Auswahlrechteck und Auswahlellipse markieren Bildteile mit festgelegter Form.
- Das Lasso führen Sie mit der Maus auf beliebigen Wegen durchs Bild, es markiert freie Formen.
- Dieses Lasso hat zwei Ableger: Mit dem Polygon-Lasso klicken Sie Ecken ins Bild, ohne durchgehend zu ziehen; das magnetische Lasso folgt Bildkonturen in der Nähe des Mauszeigers.
- Der Magische Radiergummi wählt ebenfalls farbähnliche Pixel aus und macht sie transparent.
- Der Hintergrund-Radiergummi macht die Umgebung eines gewählten Objekts im Bereich des Mauszeigers transparent.

Einige Auswahlgeräte teilen sich auf der Werkzeugleiste eine einzige Schaltfläche; Werkzeuge, die in einer Zelle logieren, teilen sich auch denselben Tastenbefehl, zum Beispiel das M für Auswahlrechteck und -ellipse, das W für Schnellauswahl und Zauberstab. Um das Werkzeug zu wechseln, klicken Sie die

Schaltfläche bei gedrückter [Alt]-Taste an oder drücken zum Beispiel [⇧]+[M] für den Wechsel von Rechteck zu Auswahlellipse.

Ausgewählt wird zunächst nur auf der aktiven Ebene. Schnellauswahl, Zauberstab (Seite 571) und Magischer Radiergummi bieten jedoch die Option ALLE EBENEN AUFNEHMEN; dann werden Tonwerte aus allen Ebenen berücksichtigt. Das Info-Bedienfeld ([F8]) nennt Höhe und Breite einer Auswahl in Pixel oder Zentimeter, teilweise meldet Photoshop die Daten auch direkt neben dem Mauszeiger.

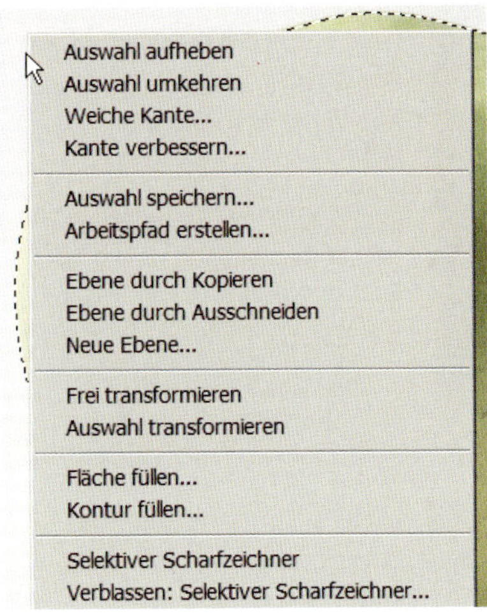

Abbildung 16.1 Das Kontextmenü zu den Auswahlwerkzeugen bietet nützliche Befehle. Sie erhalten dieses Menü unter Windows nach einem Rechtsklick in die Bilddatei, am Mac mit Ein-Tasten-Maus wie immer per [Ctrl]-Klick.

16.1.1 Auswahlen mit Werkzeugfunktionen erweitern oder verkleinern

Eine erste, frische Auswahl ist meist noch nicht perfekt. So verkleinern, vergrößern oder entfernen Sie die Auswahl:

- Um zusätzliche Bildteile in die Auswahl hereinzunehmen, drücken Sie die [⇧]-Taste zusätzlich zum Auswahlwerkzeug oder klicken Sie auf die Schaltfläche DER AUSWAHL HINZUFÜGEN oben in den Werkzeugoptionen. Das Werkzeug zeigt dann über dem Bild ein Pluszeichen. Dieser Modus ist bei der Schnellauswahl bereits voreingestellt.
- Sie verkleinern eine im Bild bereits vorhandene Auswahl mit einem Auswahlwerkzeug, indem Sie die [Alt]-Taste zusätzlich zum Auswahlwerkzeug drücken; oder klicken Sie auf die Schaltfläche VON AUSWAHL SUBTRAHIEREN. Dabei ziert ein Minuszeichen das Auswahlwerkzeug.
- Entfernen Sie eine vorhandene Auswahl per [Strg]+[D] für Deselect, am Mac wie immer [⌘]+[D].

Auswahlmarkierung bewegen

Klicken Sie mit einem Auswahlwerkzeug wie Lasso oder Auswahlrechteck in die Auswahl hinein, können Sie den Auswahlrahmen im Bild verschieben; dabei muss die Schaltfläche NEUE AUSWAHL aktiviert sein. Nur die Auswahllinie bewegt sich dabei, nicht aber der ausgewählte Bildbereich.

Mit den Pfeiltasten schieben Sie die Auswahlkontur pixelweise durchs Bild, [⇧]-Taste plus Pfeiltasten beschleunigt auf 10-Pixel-Sprünge. Klicken Sie in die Auswahl hinein und drücken Sie erst danach auf die [⇧]-Taste, um die Auswahlbewegung schienengleich auf Geraden oder auf 45-Grad-Winkel dazwischen zu beschränken.

Tipp Ziehen Sie einen Auswahlrahmen mit Lasso oder Zauberstab auch in andere geöffnete Dateien. So entstehen gleich große Ausschnitte in verschiedenen Bildern, die Sie zum Beispiel **Freistellen**. Die Auswahl im ursprünglichen Bild bleibt erhalten.

Abbildung 16.2 **Links:** Das Polygon-Lasso erzeugt eine Auswahl außerhalb des sichtbaren Bildbereichs. Setzen Sie Eckpunkte auch außerhalb des Bilds. **Rechts:** Mit der Auswahlellipse entsteht eine teils ovale Auswahl, sie wurde zunächst auch in die leere Arbeitsfläche gezogen.

Auswahlinhalt bewegen

Um den Bildinhalt innerhalb der Auswahl zu bewegen - also nicht nur den Rahmen, sondern auch die Bildpunkte -, drücken Sie erst die Strg-Taste, die vorübergehend das Verschiebenwerkzeug einschaltet. Anschließend ziehen Sie im Auswahlinnern; dabei entsteht ein Loch in der aktuellen Hintergrundfarbe.

Um eine Kopie des Auswahlinhalts zu bewegen, drücken Sie Strg+Alt, der Hintergrund bleibt unverändert (Details ab Seite 667).

Auswahlen übersichtlich darstellen

Die schillernde Fließmarkierung wirkt nicht immer übersichtlich. Stellen Sie die Auswahl zur Abwechslung so dar, dass nicht Gewähltes farblich abgedeckt wird, nur markierte Bildbereiche bleiben sichtbar:

- Diese Aufgabe erledigt der Befehl **Auswahl: Kante verbessern** (Strg+Alt+R). Mit der Taste F richten Sie verschiedene Darstellungsweisen ein.
- Oder wechseln Sie mit dem Q in den Maskierungsmodus und wieder zurück.

Abbildung 16.3 Harte Kante, geglättete Kante, weiche Kante: Eine nicht geglättete Auswahlkante erzeugt zu schroffe Übergänge. Die Option »Glätten« macht nur die äußersten Randpixel transparent, während sich die weiche Auswahlkante über bis zu 250 Pixel erstrecken kann.

Auswahl außerhalb des sichtbaren Bildbereichs

Tummeln Sie sich mit dem Auswahlwerkzeug auch außerhalb der Bilddatei. So entstehen oft erst die gewünschten großen Auswahlrahmen. Ebenenbereiche, die Sie außerhalb des aktuellen Bildrands verstaut haben, lassen sich mit dieser Auswahl erfassen und ins Bild ziehen. Schalten Sie mit [F] in einen Vollbildmodus.

Photoshop tut so, als setze er die Auswahl jenseits der Bildgrenzen fort. Sie können zum Beispiel eine Kreisauswahl aufziehen und dann zur Hälfte aus dem Bild herausschieben. Den verbleibenden Auswahlteil füllen, filtern oder kopieren Sie.

Sinnvoll ist diese Funktion auch, wenn Sie mit dem Polygon-Lasso Bildbereiche am Bildrand einfangen. Die Auswahl lässt sich oft am einfachsten schließen, wenn man das Werkzeug durch die Photoshop-Fläche außerhalb des Bilds zieht. Klicken Sie Eckpunkte auch außerhalb des Bilds in die graue Fläche.

Abbildung 16.4
Zauberstab ohne GLÄTTEN. Datei: Auswahl_08

Abbildung 16.5
Zauberstab mit GLÄTTEN

> **Tipp** Liegen die Auswahlgrenzen außerhalb der Bilddatei, zeigt Photoshop keinen Auswahlrahmen entlang des Bildrands an. Sie können diese übergroße Auswahlkontur zudem nicht als Alphakanal speichern; dort werden nur Markierungen innerhalb der Bildfläche erfasst. Auch bei der Verwandlung in einen Pfad berücksichtigt das Programm nur Auswahlkonturen innerhalb des Bilds.

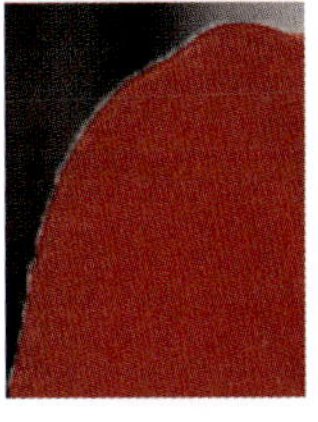

Abbildung 16.6
Schnellauswahlwerkzeug ohne AUTOMATISCH VERBESSERN

16.1.2 Schnellauswahl-Werkzeug

Die zwei wichtigsten Auswahlfunktionen für übliche Fotos sind

- das Schnellauswahlwerkzeug für Motive mit klar abgegrenzten Konturen;
- der Befehl **Kante verbessern**, der das Ergebnis der Schnellauswahl verfeinert und oft sogar Lockenköpfe gut herausarbeitet (Seite 587).

Abbildung 16.7
Schnellauswahlwerkzeug mit AUTOMATISCH VERBESSERN

Sie ziehen das Schnellauswahlwerkzeug einfach über die Bereiche, die Sie auswählen möchten – schon markiert Photoshop die Zonen mit verblüffender Präzision. Die Funktion empfiehlt sich besonders für Sachaufnahmen oder Porträts mit klaren Umrissen.

Abbildung 16.8
zusätzlich KANTE VERBESSERN

Gut zu wissen

Die wichtigsten Aspekte für das Schnellauswahl-Werkzeug:

- Im PINSEL-Klappmenü stellen Sie die HÄRTE auf 100 Prozent, so lässt sich die Wirkung am besten planen.
- Verwenden Sie immer die Vorgabe AUTOMATISCH VERBESSERN. Sie kostet mehr Rechenzeit, verbessert das Ergebnis jedoch deutlich.
- Die Werkzeuggröße ändern Sie nicht nur oben in den Einstellungen, sondern auch durch [Alt]-Ziehen mit der rechten Maustaste (wie bei Pinsel, Stempel und Co.).

Abbildung 16.9 Das Schnellauswahl-Werkzeug belegt gemeinsam mit dem Zauberstab ein Fach der Werkzeugleiste. Ziehen Sie es über den gewünschten Auswahlbereich. Datei: Auswahl_01

Tipp So überzeugend die Schnellauswahl zur Sache geht – komplexe Motive brauchen mehrere unterschiedliche Auswahltechniken. Verfeinern Sie das Ergebnis der Schnellauswahl zum Beispiel per Lasso, Maskenretusche oder **Kante verbessern.**

Aufrufen

Das Schnellauswahl-Werkzeug belegt dasselbe Fach auf der Werkzeugleiste und dieselbe Kurztaste W wie der Zauberstab. Nach der Installation befindet sich das Schnellauswahl-Werkzeug zunächst im Vordergrund.

Drücken Sie also das W, schalten Sie die Schnellauswahl und nicht den Zauberstab ein. Per ⇧+W wechseln Sie wie üblich zwischen den beiden Werkzeugen hin und her.

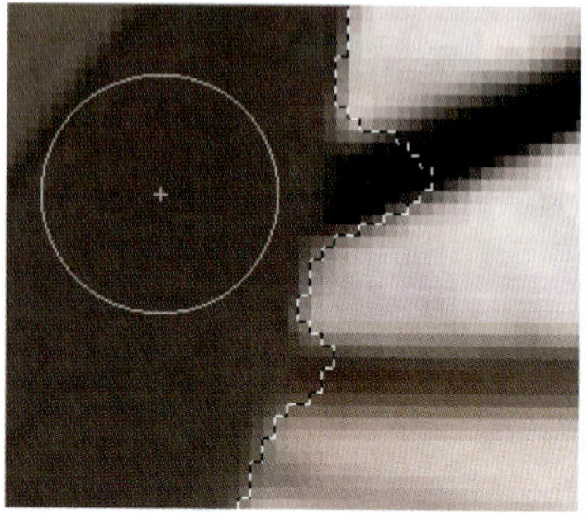

Abbildung 16.10 **Links:** Die Schnellauswahl erfasst ungewollt nicht nur das Druckergehäuse, sondern auch das Stromkabel und dessen Schatten. **Mitte:** Mit dem Lasso werden überflüssige Auswahlbereiche bei gedrückter Alt-Taste eingerahmt. **Rechts:** Die Auswahl lässt sich mit dem Befehl »Kante verbessern« noch weiter verfeinern. Datei: Auswahl_01

Anwendung

Der Schnellauswahlzeiger darf nicht in Bildbereiche hineinragen, die Sie nicht auswählen wollen. Erscheint der Kreis in engen Bildzonen zu groß, verkleinern Sie den Durchmesser – nur die tatsächlich auszuwählenden Bereiche sollen unter dem Kreis erscheinen.

Ziehen Sie das Werkzeug bei gedrückter Maustaste über Ihr Hauptmotiv. In kleinen, unübersichtlichen Zonen reichen einzelne Klicks – dann wählt das Werkzeug weniger aus.

Auswahlen erweitern und verkleinern

Das Schnellauswahlwerkzeug nutzt automatisch den Modus Der Auswahl hinzufügen. Klicken Sie also mehrfach ins Bild, um eine vorhandene Auswahl peu à peu auszudehnen.

Hat das Werkzeug zu viel erfasst, werfen Sie überflüssige Bereiche wieder aus der Auswahl heraus: Dazu halten Sie bei den nächsten Klicks die Alt-Taste gedrückt oder nehmen Sie die Schaltfläche Von Auswahl subtrahieren. Der Zeiger erscheint jetzt mit einem Minuszeichen.

Abbildung 16.11 **Links:** Die Schnellauswahl markiert auch den Bildbereich hinter dem Hauptmotiv. **Rechts:** Wir drücken die Alt-Taste und ziehen über dem Hintergrund – er verschwindet aus der Auswahl. Datei: Auswahl_01

Schließen Sie Hintergrund bewusst aus

Zeigen Sie der Schnellauswahl möglichst früh während Ihrer Arbeit, welche Bildbereiche Sie bewusst nicht in der Auswahl sehen möchten – zum Beispiel den Hintergrund unmittelbar um Ihr Hauptmotiv herum. Wenn Sie nicht ohnehin eine Ausrutscher-Auswahl unter Zuhilfenahme der Alt-Taste korrigieren müssen, machen Sie's so:

1. Klicken Sie einmal mit der Schnellauswahl ins Hauptmotiv, so dass ein erster Bildbereich ausgewählt ist.
2. Stellen Sie im Pinsel-Klappmenü einen kleinen Durchmesser ein, zum Beispiel vier Pixel.
3. Halten Sie die Alt-Taste gedrückt, dann ziehen Sie einen engen Rahmen außen ums Hauptmotiv herum – aber streifen Sie Ihr Hauptmotiv nicht! Photoshop beansprucht eventuell Rechenzeit, doch die Auswahl im Bild ändert sich nicht. Das Werkzeug »merkt sich« jedoch, welche Farbtöne nicht in die Auswahl gehören.
4. Lassen Sie die Alt-Taste los und wählen Sie wieder innere Motivpartien aus.

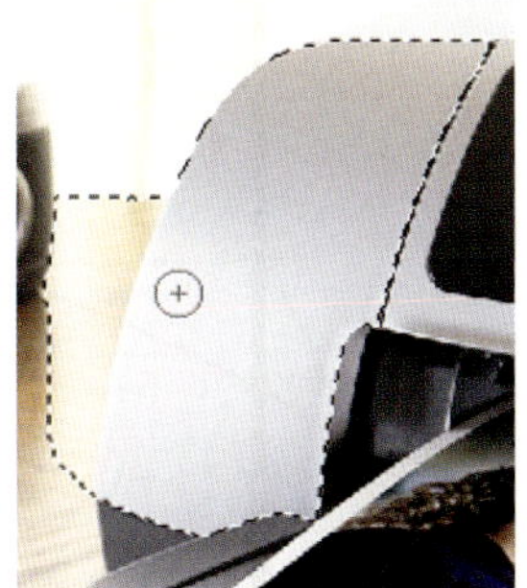

Abbildung 16.12 **1. Bild:** Eine Bewegung mit der Schnellauswahl über dem Druckergehäuse wählt ungewollt auch den Hintergrund aus. **2. Bild:** Wir haben die Auswahl aufgehoben und dann mit der Schnellauswahl einen sehr kleinen dunkleren Bereich ausgewählt. **3. Bild:** Bei gedrückter (Alt)-Taste ziehen wir über den hellen Hintergrund, um diesen Farbton als unerwünscht zu erfassen. **4. Bild:** Eine erneute Bewegung mit der Schnellauswahl erzeugt nun eine bessere Auswahl. Datei: Auswahl_01

Tipp Die Schnellauswahl »merkt sich« Farbbereiche, die bereits in der Auswahl sind oder ausgeschlossen wurden. Eventuell wollen Sie diese »Erinnerung« löschen. Schalten Sie dann kurz ein anderes Werkzeug oder einen anderen Modus ein, zum Beispiel zweimal die Taste [Q] für einen Wechsel in den Maskenmodus und zurück.

Typischer Freistelljob

Für typische Freisteller verwenden Sie Bilder mit Hauptmotiv vor homogenem Hintergrund:

1. Ziehen Sie mehrfach mit dem Schnellauswahlwerkzeug im Hintergrund, bis die Umgebung des Hauptmotivs sauber ausgewählt ist.
2. Der Befehl **Auswahl: Auswahl umkehren** dreht die Auswahlwirkung um – jetzt ist nur noch das Hauptmotiv gewählt.
3. Glätten Sie die Auswahl per Kante verbessern.

Abbildung 16.13 Schneller Freisteller für Produkte. **Links:** Ziehen Sie mit dem Schnellauswahlwerkzeug einmal oder mehrfach über den Hintergrund des Hauptmotivs. **Rechts:** Der Hintergrund ist komplett ausgewählt. Dateien: Auswahl_12

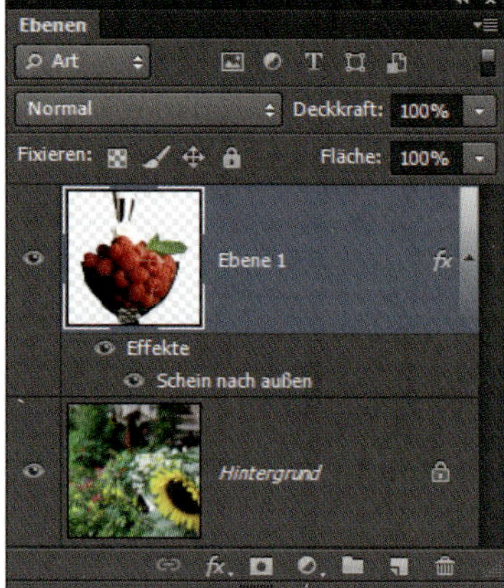

Abbildung 16.14 **Links:** Der Befehl »Auswahl umkehren« ([Strg]+[⇧]+[I]) dreht die Auswahlwirkung um. Jetzt ist nur noch das Hauptmotiv ausgewählt. Verfeinern Sie eventuell mit »Kante verbessern«. **Rechts:** Das Motiv wird mit dem Verschiebenwerkzeug in eine neue Datei gezogen, in diesem Beispiel kommt noch der Ebeneneffekt »Schein nach außen« hinzu.

So könnte es weitergehen:

- Kopieren Sie das Hauptmotiv in die Zwischenablage (Strg+C), um es andernorts wieder einzufügen (Strg+V).
- Ziehen Sie das Hauptmotiv direkt mit dem Verschiebenwerkzeug in ein anderes Bild.
- Heben Sie das Hauptmotiv per Strg+J auf eine eigene Ebene und verändern Sie die Hintergrund-Ebene.
- Erzeugen Sie schon im Kante verbessern-Dialog eine Ebenenmaske und ziehen Sie die vollständige Ebene samt Maske in eine andere Datei.

Tipp Denken Sie schon beim Fotografieren an das spätere Auswählen per Zauberstab oder Schnellauswahl: Achten Sie auf einen homogenen Hintergrund, der sich gut absetzt. Vermeiden Sie Schatten und Unschärfe im Übergang zwischen Hauptmotiv und Hintergrund.

16.1.3 Zauberstab

Das Schnellauswahlwerkzeug ist meist besser. Doch der Zauberstab (Kurztaste W, für Magic Wand) eignet sich noch für Auswahlen in Grafiken ohne Kantenglättung (zum Beispiel auch Bildschirmfotos) oder in sehr engen Bildzonen. Das Werkzeug wählt automatisch Bildteile auf der Basis von farbähnlichen Bildpunkten, zum Beispiel ein gelber Bereich mit schwarzer Umgebung. Sie können hier nur klicken, nicht ziehen, und die Kanten geraten im Zweifelsfall ausgezackter. Bei üblichen Fotos vermeiden Sie harte »Klebekanten« per Glätten-Option. Weitere Möglichkeiten:

- Bei niedrigen Toleranz-Werten wie 5 oder 20 wählt der Zauberstab nur sehr wenige, farblich sehr ähnliche und eng benachbarte Pixel aus. Hohe Werte wie 80 oder 120 fangen einen größeren Bereich ein. (Die Schnellauswahl hat keine Toleranz-Steuerung.)
- Aufnahme-Bereich: Mit 1 Pixel klicken Sie tatsächlich nur einen Bildpunkt an. Stellen Sie zum Beispiel 31 x 31 Pixel Durchschnitt ein, wird sofort ein Umfeld von 31 x 31 Pixeln betrachtet – und Photoshop wählt alles Weitere aus, was diesen 31 x 31 Pixeln ähnelt. Befinden sich innerhalb der 31 x 31 Pixel sehr helle und sehr dunkle Stellen, wählt Photoshop sowohl weitere sehr helle als auch sehr dunkle Zonen aus. Der Wert Aufnahme-Bereich gilt immer auch für den Farbaufnehmer und umgekehrt.
- Mit der Option Benachbart erwischt der Zauberstab nur Bildpunkte, die in Nachbarschaft des angeklickten Pixels liegen und nicht durch abweichende Farbbereiche abgetrennt sind. Liegt also zwischen zwei gelben Stoffteilen ein schwarzer Streifen, wird zunächst nur ein einzelner gelber Teil erfasst. Ohne Benachbart wählt der Zauberstab sofort alle gelben Bildpunkte aus – überall im Bild.
- Der Zauberstab orientiert sich zunächst nur an den Farbwerten der aktiven Ebene. Sie können jedoch Alle Ebenen aufnehmen – dann zieht das Gerät das Gesamtbild aus allen Ebenen in Betracht.

Abbildung 16.15 **1. Bild:** Bei niedriger »Toleranz« 32 erfasst der Zauberstab mit Option »Benachbart« nur einen Teil der roten Flächen. Allerdings bringen höhere »Toleranz« oder Verzicht auf »Benachbart« zu viel ungewollte Bildteile in die Auswahl. **2. Bild:** Die »Toleranz« bleibt bei 32, bei gedrückter ⇧-Taste klicken wir weitere auszuwählende Bereiche an. **3. Bild:** Das »Abrunden« im Dialog »Kante verbessern« sorgt für eine ruhigere Auswahl. **4. Bild:** Vorschau-Darstellung im Dialog »Kante verbessern« mit 40er-Werten für »Abrunden« und »Kontrast«. Datei: Auswahl_10

Alternativen zu Zauberstab und Schnellauswahl

Auf verschiedene Arten lässt sich die Arbeit mit Zauberstab und Schnellauswahl erleichtern - oder vermeiden:

- Erhöhen Sie - nur für Auswahlzwecke - die Kontraste im Bild drastisch, zum Beispiel per **Bild: Korrekturen: Tonwertkorrektur**, per **Helligkeit/Kontrast** (mit Früherem Wert). Legen Sie zunächst die fragliche Ebene oder nur eine Auswahl daraus auf eine neue Ebene; sobald die Auswahl steht, wechseln Sie zurück zur ursprünglichen Ebene.
- In Fotos mit Farbdominanten zeigen Sie via Klick im Kanäle-Bedienfeld nur einen Kanal mit besonders harten Kontrasten, treffen dort die Auswahl und wechseln dann zurück in den Gesamtkanal. So hebt sich zum Beispiel blauer Himmel im Blaukanal deutlich heraus, Hauttöne erwischen Sie gut im Rotkanal.
- Befehle wie **Auswahl: Farbbereich auswählen** (Seite 583) und **Kante verbessern** ersparen viel Arbeit mit der Schnellauswahl, ebenso **Bild: Korrekturen: Farbton/Sättigung**, wenn Sie dort einen Farbbereich auswählen. Auch Hintergrund-Radiergummi (Seite 574) und Magischer Radiergummi arbeiten auf Basis farbähnlicher Zonen.

Abbildung 16.16 **Links:** Das Feld links wurde mit 64er-Zauberstab-»Toleranz« und der Option »Benachbart« ausgewählt. Vom Hintergrund abgetrennte blaue Bereiche wählt Photoshop darum nicht mit aus. Man könnte sie aber schnell per »Auswahl: Ähnliches auswählen« erfassen. **Rechts:** Wir haben die Auswahl aufgehoben, die Option »Benachbart« abgeschaltet und erneut an dieselbe Stelle geklickt: Nun erfasst der Zauberstab sämtliche Bildpunkte der Datei, die innerhalb der »Toleranz« liegen - nicht nur die unmittelbar benachbarten Pixel. Dabei geraten freilich leichter auch unerwünschte Bildteile mit in die Auswahl. Datei: Auswahl_11

16.1.4 Magischer Radiergummi

Die Werkzeugleiste beherbergt den Magischen Radiergummi in einem Fach mit anderen Radiergummivarianten; ⇧+E wechselt zwischen den Geräten. Der Magische Radiergummi wählt farbähnliche Bereiche aus und macht sie sofort transparent. Beachten Sie dabei:

- Bearbeiten Sie eine Ebene mit der Vorgabe Transparente Pixel fixieren (siehe Seite 704), setzt der Magische Radiergummi nicht Transparenz, sondern die aktuelle Hintergrundfarbe ein.
- Hintergrundebenen verwandelt der Magische Radiergummi in eine »Ebene 0«; so entsteht Transparenz in erfassten Bildbereichen.

Optionen

Die Möglichkeiten erinnern an den Zauberstab:

- In den Werkzeugoptionen definieren Sie eine Toleranz so wie beim Zauberstab (Seite 571): Je höher der Wert, desto mehr unterschiedlich gefärbte Bildpunkte werden erfasst.
- Verwenden Sie als Deckkraft 100 Prozent, damit die radierten Bildpunkte komplett transparent werden.
- Die Option Alle Ebenen aufnehmen betrachtet die Farbwerte des Gesamtbilds aus allen Ebenen, nicht nur die aktive Ebene.

Abbildung 16.17 **Links:** Das Bild besteht zunächst aus einer üblichen Hintergrundebene. **Rechts:** Wir klicken mit dem Magischen Radiergummi in den linken Durchblick. Weil wir mit der Vorgabe »Benachbart« arbeiten, entfernt Photoshop die Bildpunkte nur innerhalb der Farbgrenzen. Die Hintergrundebene wird in eine »Ebene 0« verwandelt. Datei: Auswahl_15

Abbildung 16.18 **Links:** Der erste Klick wurde widerrufen, die Option »Benachbart« abgeschaltet. Nun radiert das Programm mit einem einzigen Klick in den linken Durchblick auch abgetrennte, aber farbähnliche Bereiche. **Rechts:** Wir legen einen neuen Hintergrund unter das freigeschnittene Motiv.

- Erst das Glätten sorgt für wirklich nahtlose Retuschen.
- Die Vorgabe Benachbart entfernt nur farbähnliche Bildpunkte, die an den angeklickten Bildpunkt angrenzen. Schalten Sie diese Option aus, werden alle farbähnlichen Pixel im gesamten Bild radiert.

Tipp Ähnlich dem Zauberstab erledigt auch der Magische Radiergummi selten den ganzen Job beim ersten Klick. Beginnen Sie mit niedriger Toleranz, prüfen Sie, ob ein zweiter oder dritter Klick noch Verbesserungen bringt, und tilgen Sie notfalls weitere Bildteile von Hand: mit dem normalen Radiergummi oder durch Auswählen und **Löschen**.

16.1.5 Hintergrund-Radiergummi

Der Hintergrund-Radiergummi radiert Bildpunkte entlang markanter Kanten aus und wandelt sie in Transparenz um. Sie regeln den Grad der Härte und der Transparenz. Der Hintergrund-Radiergummi teilt sich ein Fach mit Magischem Radiergummi und normalem Radiergummi in der Werkzeugleiste.

Abbildung 16.19 **Links:** Wir verwenden den Hintergrund-Radiergummi mit der Option »Nicht aufeinander folgend«; Blau, der Farbton unter dem Zentrum des Mauszeigers, wird also schon beim ersten Klick aus verschiedenen, farblich voneinander getrennten Bildteilen entfernt. **Mitte:** Die Option »Benachbart« erfasst keine abgetrennten Bereiche mehr; der Himmel rechts vom Turm wird beim ersten Klick nicht mitradiert, obwohl das Werkzeug von Beginn an in diesen Bereich hineinragt. **Rechts:** Die Einstellung »Konturen finden« soll besonders schonend sein. In allen Fällen gilt »Aufnahme: Einmal«. Datei: Auswahl_09

Richten Sie mit der Pinselbibliothek eine passende Größe ein. Der Zeiger des Hintergrund-Radiergummis erscheint als Pinsel mit einem Fadenkreuz, das den aktiven Punkt des Werkzeugs anzeigt. Wie der Magische Radiergummi, so verwandelt auch der Hintergrund-Radiergummi übliche Hintergrundebenen in eine »Ebene 0«.

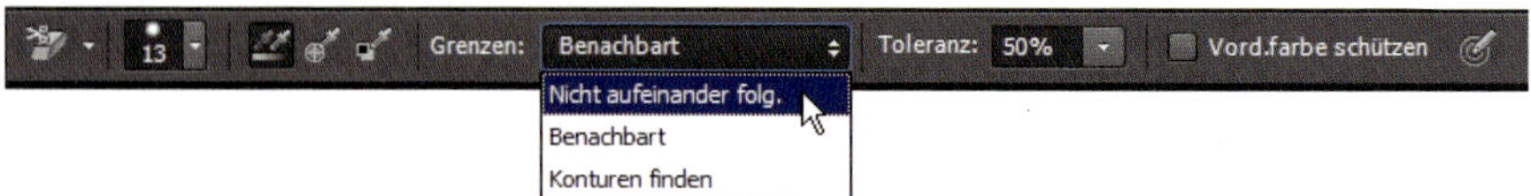

Abbildung 16.20 In den Optionen zum Hintergrund-Radiergummi legen Sie fest, welche Farben ausradiert werden sollen.

»Toleranz«

Wählen Sie in den Optionen zum Hintergrund-Radiergummi eine niedrige Toleranz, dann werden nur solche Bereiche radiert, die der angeklickten Farbe stark ähneln. Ist der Toleranzwert hoch, wird ein größerer Farbbereich radiert. Sie können die Toleranz über die Zifferntasten auf der Tastatur umstellen: Die »1« steht für zehn Prozent, die »2« für 20 Prozent« und die »0« für 100 Prozent.

Tipp Auch wenn Sie im Ebenen-Bedienfeld die Option Transparente Pixel fixieren verwenden (Seite 704), erzeugt der Hintergrund-Radiergummi Transparenz.

Optionen für den Radierumfang

Im Klappmenü GRENZEN bestimmen Sie, in welchem Umfang der Hintergrund-Radiergummi wirksam sein soll:

- NICHT AUFEINANDERFOLGEND radiert Farbe überall in der Ebene – so weit der Pinseldurchmesser reicht.
- BENACHBART radiert nur benachbarte Bereiche, welche auch die aufgenommene Farbe enthalten. Angrenzende Bildteile ohne diese Farbe bleiben erhalten. Verwenden Sie diese Option vor allem in halbdurchsichtigen Motiven, etwa zum Entfernen der Umgebungsfarbe aus einem Glas.
- KONTUREN FINDEN radiert nur in benachbarten Bereichen, welche die aufgenommene Farbe enthalten, und wahrt gleichzeitig die Schärfe der Objektkanten. Sollen angrenzende Motivteile komplett erhalten bleiben, nehmen Sie diese Option.

Abbildung 16.21 **Links:** Wir verwenden den Hintergrund-Radiergummi mit der Option »Kontinuierlich«. Das Werkzeug radiert also permanent die Farbe aus, die unter dem Cursorzentrum liegt. Wir klicken in den grünen Hintergrund, doch auch die Hand verschwindet. **Mitte:** Besser geht es mit der Vorgabe »Einmal«. Nach einem Klick in den hellgrünen Hintergrund werden nur noch solche Bildpunkte entfernt. Beachten Sie, dass der Hintergrund-Radiergummi den grünen Hintergrund auch aus dem Glas entfernt, die Konturen des Glases jedoch erhält. **Rechts:** Ein weiterer Klick in den Schattenbereich ermöglicht es, auch diese dunkleren Bildpartien zu löschen. Datei: Auswahl_17

»Aufnahme«-Optionen

Steuern Sie, an welcher Farbe sich der Hintergrund-Radiergummi orientiert:

- Mit der Vorgabe AUFNAHME: KONTINUIERLICH nimmt das Werkzeug während des Ziehens fortlaufend Farbe auf. Nutzen Sie diese Option, wenn Sie mehrere farblich unterschiedliche Bereiche ausradieren wollen.
- Die Vorgabe AUFNAHME: EINMAL radiert nur Bereiche mit der Farbe, auf die zuerst geklickt wurde. Verwenden Sie diese Option, wenn ein Bereich mit einer einheitlichen Farbe radiert werden soll. Andere Farben, zum Beispiel braune Haare vor weißem Hintergrund, übermalen Sie ohne Schaden. Klicken Sie erneut, um an einem anderen Ort Farbe aufzunehmen.
- Mit der Option AUFNAHME: HINTERGRUND-FARBFELD radiert Photoshop nur Bereiche mit der aktuellen Hintergrundfarbe.
- Sie können die VORDERGRUNDFARBE SCHÜTZEN, damit Bereiche in der aktuellen Vordergrundfarbe nicht radiert werden.

Deckkraft prüfen

Schnell radiert man mit dem Hintergrund-Radiergummi zumindest eine leichte Transparenz auch in erhaltenswerten Bereichen. Öffnen Sie das Info-Bedienfeld mit dem **Fenster**-Menü, rufen Sie per Bedienfeldmenü die **Bedienfeldoptionen** auf und stellen Sie **Deckkraft** als Kriterium für eine Farbwerteanzeige ein. Dann halten Sie den Mauszeiger über eine fragliche Bildstelle und prüfen, ob noch die volle Deckkraft erhalten ist (»Dk 100%«). Eventuell können Sie kleinere Löcher mit dem Protokollpinsel reparieren.

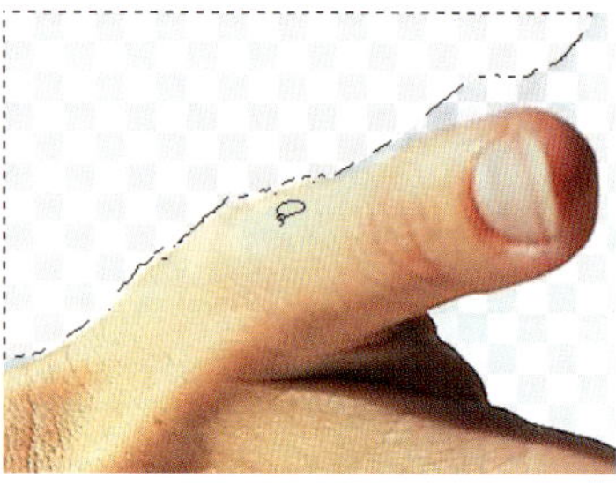

Abbildung 16.22 **Links:** Hier wird eine Zone mit dem Lasso markiert und mit der Entf-Taste gelöscht. **Mitte:** Ist das Motiv sauber ausgeschnitten, kann es mit dem Verschiebenwerkzeug vor einen neuen Hintergrund gezogen werden. **Rechts:** Erst hier stellen wir mit Radiergummi, Magischem Radiergummi, Hintergrund-Radiergummi oder Ebenenmaske noch weitere Transparenz her.

Halbtransparente Bereiche erzeugen

Anders als Radiergummi und Magischer Radiergummi bietet der Hintergrund-Radiergummi keinen Deckkraft-Regler. Letztlich entstehen immer voll transparente Bereiche; nur in den Rändern einer weichen Pinselvorgabe bleibt halb deckendes Material zurück. Sie können jedoch auch an beliebigen anderen Bildstellen Halbtransparenz herstellen:

- Verwenden Sie den Befehl **Bearbeiten: Verblassen: Hintergrund-Radiergummi** (⇧+Strg+F). Damit schwächen Sie den letzten Zug des Hintergrund-Radiergummis stufenlos ab.
- Malen Sie mit dem Protokollpinsel (Kurztaste Y, Seite 97) deckende Pixel ins Bild zurück, nachdem Sie im Protokoll-Bedienfeld eine frühere Bildversion als Quelle festgelegt haben. In den Optionen regeln Sie die Deckkraft nach Bedarf.

16.1.6 Lasso- und Polygon-Lasso-Werkzeug

Das Lasso erzeugt beliebige, frei geformte Auswahlbereiche. Hinzu kommen zwei Varianten:

- Das Polygon-Lasso produziert Auswahlen zwischen einzelnen Eckpunkten, die Sie durch Klicks setzen.
- Das Magnet-Lasso orientiert sich ebenfalls an einzelnen Klicks; es verbindet diese aber nicht unbedingt durch Geraden, sondern folgt Motivkonturen (Seite 577).

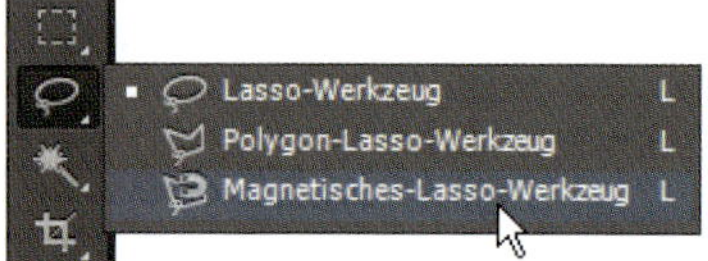

Abbildung 16.23 Drei verschiedene Lassowerkzeuge finden Sie in der Werkzeugleiste. Zwischen Lasso und Polygon-Lasso wechseln Sie auch bequem per Alt-Taste.

Es ist indes nervenaufreibend, per Lasso um eine komplexe Figur herumzumanövrieren: Viel zu schnell schließt Photoshop die Auswahl schon wieder ungewollt. Viel geruhsamer arbeiten Sie mit einer Kombination aus Zeichenstiftwerkzeug, Schnellauswahlwerkzeug, Alphakanal- oder Schnellmasken-Korrekturen und auch mal mit dem Lasso.

In der Regel setzt man das Lasso nur in Kombination mit anderen Werkzeugen ein – zum Beispiel, um zunächst eine grobe Auswahl zu markieren, die dann noch verfeinert wird, oder um einzelne, unruhig gefärbte Bereiche auf einen Schlag zu erfassen, bei denen der Zauberstab keine Chance hat. Nicht zuletzt dient das Lasso dazu, große Bereiche eines Alphakanals oder einer Ebenenmaske einzufangen und einzufärben.

Abbildung 16.24 Das Polygon-Lasso erzeugt mehreckige Auswahlbereiche. Sie klicken lediglich die Eckpunkte ins Bild. Die Auswahl wurde mit Zauberstab und normalem Lasso verfeinert. Vorlage: Auswahl_13

Polygon-Lasso-Werkzeug

Mit dem Polygon-Lasso markieren Sie eckige Figuren. Klicken Sie den Umriss ins Bild; klicken Sie doppelt, wenn Sie den Auswahlumriss schließen wollen. Oder halten Sie die Taste über den Anfangseckpunkt.

Schalten Sie per [Alt]-Taste flexibel zwischen den Lasso-Werkzeugen hin und her:

- Wenn Sie mit dem normalen Lasso arbeiten, drücken Sie die [Alt]-Taste; anschließend setzen Sie im Stil des Polygon-Lassos nur noch Eckpunkte. Lassen Sie die [Alt]-Taste los, um wieder eine freie Lassokontur zu erzeugen.
- Setzen Sie mit dem Polygon-Lasso Eckpunkte ins Bild; dann drücken Sie die [Alt]-Taste, um zwischenzeitlich eine völlig freie Kontur nach Lassoart zu ziehen.

16.1.7 Magnetisches Lasso

Zauberstab und Lasso treffen sich im magnetischen Lasso: Sie klicken Orientierungspunkte ins Bild, ganz wie beim Polygon-Lasso. Photoshop verbindet die Punkte aber nicht auf dem kürzestmöglichen Weg; stattdessen folgt die Linie den Bildkonturen. Alternativ führen Sie den Mauszeiger ganz ohne Klicken am Motiv entlang – Photoshop setzt sich seine Punkte auch selbst. Freilich ist die Schnellauswahl in der Regel wirklich schneller, auch in Verbindung mit Kante verbessern.

Der magnetische Zeichenstift und das magnetische Lasso haben die gleichen Optionen und die gleichen Tastaturbefehle. Die folgende Besprechung gilt für beide Werkzeuge.

Tipp Das magnetische Lasso erwischt nicht immer die Ideallinie. Das gilt auch für Objekte, die durch Scharfzeichnen einen Lichtsaum erhielten und damit mehrere deutliche Konturen nebeneinander zeigen.

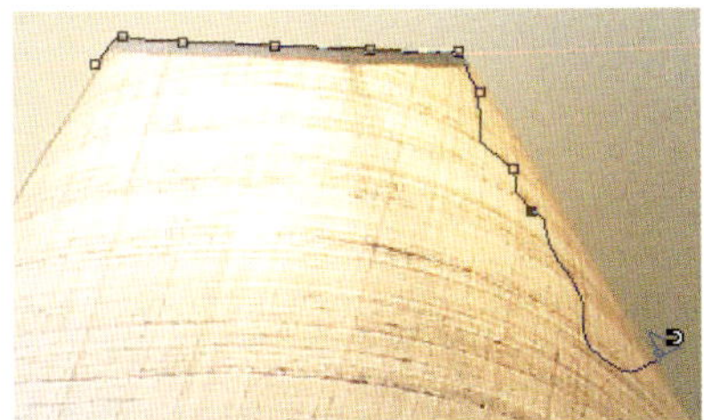

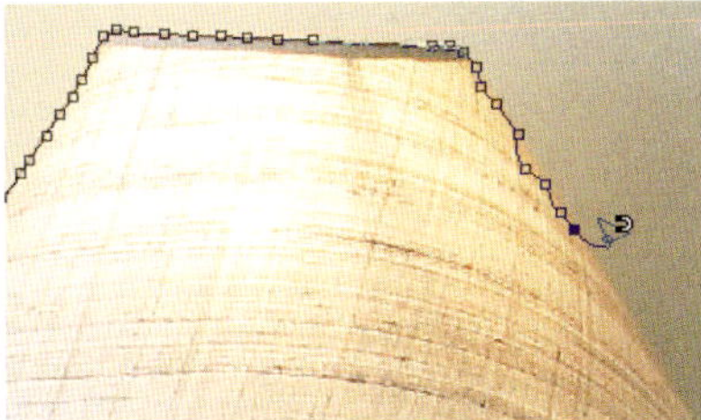

Abbildung 16.25 **Links:** Die Auswahl mit dem magnetischen Lasso gerät in diesem Bereich mit schwachen Kontrasten sehr ungenau. **Rechts:** Präziser wird die Auswahl, wenn man die Zahl der Punkte manuell oder automatisch erhöht und die »Breite« verkleinert. Datei: Auswahl_14

Punkte setzen

Klicken Sie mit Magnet-Lasso oder Magnet-Zeichenstift einen ersten Punkt direkt an der gewünschten Kontur. Nun bewegen Sie den Mauszeiger ohne Drücken der Maustaste weiter - die Auswahlvorschau folgt automatisch einer Kontur im Bild. Weitere Punkte setzen Sie per Klick - oder Photoshop setzt die Punkte auch ohne Sie.

Manchmal reißt die Markierungslinie in die falsche Richtung aus. Dann bewegen Sie den Zeiger ohne Drücken zurück bis zu einer Stelle mit korrekt sitzender Auswahl. Dort klicken Sie einen Punkt hin. Arbeiten Sie sich mit weiteren Klicks vor. Maßnahmen bei Fehltreffern: Sie erhöhen die Frequenz - also die Zahl der Punkte, die Photoshop automatisch setzt - oder Sie senken die Breite, also die Bildbreite, die das magnetische Lasso nach Konturen absucht.

Klicken Sie doppelt, klicken Sie über dem ersten Punkt oder klicken Sie bei gedrückter Strg-Taste, um die Auswahl zu schließen. Auch jetzt bewegt sich die Auswahllinie nicht auf kürzestem Weg zum Startpunkt, sondern folgt Bildkonturen.

Punkte zurücknehmen

Der jeweils neueste Punkt auf dem Monitor erscheint gefüllt, die anderen Punkte sehen Sie als lichtes Geviert. Auch wenn das magnetische Lasso schon wieder weitere Konturen verfolgt hat - bis zum letzten gefüllten Punkt kehren Sie jederzeit durch schlichtes Mausschieben zurück. Und die gefüllten Punkte löschen Sie einfach nach und nach mit der Entf-Taste. Verschieben können Sie die Punkte nur beim Magnet-Pfad, nicht beim Magnet-Lasso.

Abbildung 16.26 Wie genau das Magnetische-Lasso-Werkzeug Mausklicks und Bildkonturen verfolgt, regeln Sie in den Optionen. Vergleichbare Einstellmöglichkeiten bietet auch der Freiform-Zeichenstift mit der Option »Magnetisch«.

Optionen

So steuern Sie Magnet-Lasso und Freiform-Zeichenstift mit der Option Magnetisch:

- Legen Sie fest, auf welcher Breite die Werkzeuge nach markanten Konturen fahnden. Niedrige Werte lotsen die Auswahl eng am Objekt entlang und verhindern Ausreißer. Hat das Motiv aber kleinere Ecken und Kanten, erhöhen Sie die Breite; dann müssen Sie mit dem Mauszeiger nicht jeder Motivkurve hinterherfahren. Drücken Sie die ⇩, erscheinen die Werkzeuge als Kreis in der gewählten Breite; nur innerhalb des Kreises fahndet Photoshop nach Kontrasten.
- Grafiktablett-Nutzer schalten die Option Zeichenstift-Druck ein; Steigerung des Andrucks erhöht die Breite.
- Wenn Sie nicht selber klicken, erzeugt Photoshop seine eigenen Orientierungspunkte. Wie viele, das steuern Sie im Feld Frequenz von 1 bis 100, hohe Werte erzeugen mehr Punkte. Je mehr Punkte das Programm setzt, desto schwieriger wird es, Linien nachträglich durch Rückschritte wieder zu korrigieren.
- Je höher der Kontrast, desto stärker müssen die Tonwertgegensätze sein, denen das magnetische Lasso noch folgt. Bei niedrigen Werten wie »5« findet es alle möglichen Bildteile anziehend. Die .-Taste hebt den Kontrast an, mit der ,-Taste senken Sie den Wert.

16.1.8 Auswahlrechteck und Auswahlellipse

Auswahlrechteck und Auswahlellipse (Kurztaste M) teilen sich zusammen mit der Auswahl von Einzelspalte und Einzelzeile ein Feld auf der Werkzeugleiste. Per Alt+M schalten Sie zwischen Ellipse und Rechteck hin und her.

Die wichtigsten Tastaturbefehle:

- Ziehen Sie die Maus mit gedrückter Alt-Taste, vergrößert sich die Auswahl von der Mitte her in beide Richtungen. So zentrieren Sie die Auswahl rund um ein Hauptmotiv.
- Bei gedrückter ⇧-Taste gerät die Auswahl garantiert nicht länglich rechteckig oder oval, sondern quadratisch bzw. kreisrund.
- Mit Alt+⇧ ziehen Sie exakt Kreis oder Quadrat vom Mittelpunkt auf.
- Ziehen Sie Rechteck oder Kreis auf und drücken Sie unmittelbar danach die Leertaste, um die Auswahlkontur zu verschieben.

Abbildung 16.27 Stellen Sie Auswahlrechteck und Auswahlellipse auch auf feste Seitenverhältnisse oder Größen ein. Maßeinheiten erhalten Sie auch per Kontextmenü. Perfekte Quadrate oder Kreise entstehen überdies bei gedrückter ⇧-Taste.

Optionen

Diese Möglichkeiten finden Sie in den Optionen:

- Geben Sie ein bestimmtes Seitenverhältnis vor, Dezimalwerte sind erlaubt.
- Feste Größe bei Auswahlrechteck oder Auswahlellipse diktiert feste Werte quer mal hoch – Maßeinheiten wie **Pixel**, **Zentimeter** oder **Prozent** bietet Photoshop wie immer per Rechtsklick ins Eingabefeld an. Nützlich ist die feste Pixelgröße, wenn Sie Bilder für Multimediazwecke auswählen und dann **Kopieren** oder per **Bild: Freistellen** den Rand abschneiden; das Freistellungswerkzeug trennt dagegen kaum fixe Pixelzahlen heraus, ohne dass es zu Interpolation kommt.

Die Auswahlen mit Rechteck oder -ellipse können »magnetisch« an Bildrändern, Hilfslinien, Ebenen und anderen »Extras« andocken. Welche »Extras« magnetisch wirken, steuern Sie per **Ansicht: Ausrichten an**.

Tipp Sie wollen genau ein Viertel des Bilds auswählen. Sie könnten nun **Hilfslinien** oder **Raster** mit 25-Prozent-Unterteilung anlegen, es geht aber auch mit dem Auswahlrechteck: Stellen Sie als Art die Feste Grösse ein, dann tippen Sie »25%« in das Feld Breite und »100%« in das Feld Höhe.

Einzelne Zeilen oder Spalten auswählen

Für die waagerechte Auswahl einer einzelnen Pixelzeile verwenden Sie das Werkzeug EINZELNE ZEILE, senkrechte einzelne Pixelbalken erfasst das Werkzeug EINZELNE SPALTE. Wählen Sie nun **Bearbeiten: Fläche füllen**, wird daraus eine Linie in der aktuellen Vordergrundfarbe. Das Werkzeug EINZELNE SPALTE hat nichts mit der Spaltenbreite zu tun, die Sie in den **Voreinstellungen** angeben.

Tipp Wollen Sie eine Gerade ins Bild zeichnen, brauchen Sie nicht unbedingt die Werkzeuge für einzelne Zeilen oder einzelne Spalten. Sie können auch ein Malwerkzeug wie Pinsel oder Buntstift verwenden und zwei Punkte bei gedrückter ⇧-Taste verbinden. Wenn Sie ziehen statt klicken, sind nur rechte Winkel möglich. Noch flexibler sind Sie mit dem Linienzeichner (Seite 634).

16.2 Auswahlbefehle und -optionen

Drei Klicks mit Schnellauswahl oder Lasso reichen meist nicht - die Auswahl muss verfeinert werden.

16.2.1 Auswahlen erkennen

Zuerst aber: Wie erkennen Sie überhaupt, welche Bildteile ausgewählt sind? Eine komplexe Fließmarkierung wirkt oft unübersichtlich; vielleicht haben Sie die Auswahlbegrenzung auch mit Strg+H versteckt. So erkennen Sie Auswahlen schnell:

- Ist nichts ausgewählt, bietet das **Auswahl**-Menü nur wenige Befehle an.
- Wechseln Sie vorübergehend in den Maskierungsmodus mit der Kurztaste Q; Photoshop deckt nicht Gewähltes rötlich ab - sofern etwas ausgewählt ist.
- Im Bereich einer Auswahl verändert sich oft der Cursor eines Auswahlwerkzeugs wie Schnellauswahl.

16.2.2 Auswahlen ausblenden und aufheben

Sie können die Fließmarkierung entfernen oder verstecken.

Auswahlen verbergen

Verbergen Sie die Auswahlmarkierung, um Randübergänge beim Bearbeiten genau zu beurteilen. Die Auswahl-Fließmarkierung zählt - zusammen mit Hilfslinien, Grundraster und weiteren Elementen - zu den sogenannten »Extras« bei der Bilddarstellung.

Sie verbergen die Fließmarkierung mit dem Befehl **Ansicht: Extras** (Strg+H) oder mit dem Untermenü **Ansicht: Anzeigen**, ohne sie zu entfernen. Der Befehl **Ansicht: Anzeigen** und der Tastengriff Strg+H stehen selbst bei geöffnetem Korrekturdialog wie etwa **Selektiver Scharfzeichner** zur Verfügung.

»Auswahl aufheben«

Der Befehl **Auswahl aufheben** (Strg+D, für Deselect) hebt jegliche Auswahl wieder auf. Rasch verschwindet die Auswahllinie auch durch Klick mit einem Auswahlwerkzeug wie dem Lasso außerhalb der Auswahl; dabei muss die Schaltfläche NEUE AUSWAHL gedrückt sein.

Weitere nützliche Funktionen:

- Die letzte Auswahl, die Sie entfernt haben, merkt sich Photoshop. Er gibt sie Ihnen wieder mit dem Befehl **Auswahl: Erneut auswählen** (Strg+⇧+D).
- Wenn Sie die **Auswahl umkehren** (Strg+⇧+I, für Invert), markiert Photoshop alle Bildpunkte, die zuvor nicht markiert waren.

Abbildung 16.28 **1. Bild:** Wir rahmen ein Stück rotlackierte Tür mit dem Rechteckwerkzeug ein. **2. Bild:** Der Befehl »Auswahl: Auswahl vergrößern« wählt farbähnliche Bereiche, die unmittelbar angrenzen, hier bei einer (zu) engen Zauberstab-»Toleranz« von 20. **3. Bild:** Zum Vergleich »Auswahl vergrößern« mit einer Zauberstab-»Toleranz« von 64; so erfasst Photoshop den roten Bereich besser. **4. Bild:** Ausgehend von der Rechteck-Auswahl in Bild 1 verwenden wir »Auswahl: Ähnliches Auswählen« für Rottöne quer durchs Bild, wieder mit einer Zauberstab-»Toleranz« von 64. Die Auswahl wird hier jedoch ungenau. Datei: Auswahl_11

16.2.3 Auswahlen um farbähnliche Bereiche erweitern

Zwei Menübefehle erweitern eine vorhandene Auswahl um farbähnliche Bildzonen. So wirken die Befehle:

- Der Befehl **Auswahl: Auswahl vergrößern** erweitert eine Auswahl nur um farbähnliche angrenzende Pixel; dies entspricht der Option Benachbart von Zauberstab oder Magischem und Hintergrund-Radiergummi (Seite 571).
- Mit **Auswahl: Ähnliches auswählen** fischen Sie dagegen nach farbähnlichen Pixeln im kompletten Bild.

Für beide Befehle gilt:

- Sie müssen die vorhandene Auswahl nicht mit Zauberstab oder Schnellauswahl angelegt haben. Greifen Sie vorab genauso gut zu Auswahlrechteck oder Lasso.
- Bei der Ausdehnung der Auswahl orientiert sich Photoshop an der Toleranz aus den Zauberstaboptionen. Ändern Sie also diese Vorgabe, wenn die Befehle **Auswahl vergrößern** oder **Ähnliches auswählen** zu viel oder zu wenig erfassten.

16.2.4 Auswahl aus Ebenen ableiten

Arbeiten Sie mit Ebenen, dann laden Sie unkompliziert den Umriss eines Objekts als Auswahl. Die Auswahl orientiert sich an den Deckkraftinformationen: Ausgewählt werden nur Bereiche mit Deckkraft, transparente Zonen umgibt Photoshop nicht mit einer Fließmarkierung. Geglättete oder weiche Kanten oder halbtransparente Partien haben nur geschwächte Auswahlwirkung. So geht's:

- Klicken Sie bei gedrückter Strg-Taste direkt auf die Ebenenminiatur im Ebenen-Bedienfeld; so laden Sie die Kontur des Objekts als Auswahl. Eine bereits im Bild vorhandene Auswahl wird dabei ersetzt.
- Wollen Sie eine im Bild vorhandene Auswahl um die Ebenenkontur erweitern, klicken Sie die Ebenenminiatur mit Strg+⇧-Taste an.
- Um von einer vorhandenen Auswahl die Ebenenkontur abzuziehen, klicken Sie die Miniatur mit Strg+Alt-Taste an.

Exakt dieselben Tastengriffe gelten auch beim Klick auf Miniaturen von Ebenenmasken, Grundfarbenkanälen, Alphakanälen und Pfaden. Ein Beispiel: Klicken Sie die Ebenenmasken-Miniatur mit gedrückter Strg-Taste an, wenn Sie die Ebenenmasken-Information als Auswahl laden wollen.

Übersicht: Hauttöne auswählen

Bei Porträtretuschen will man die Hauttöne auswählen, um nur diesen Bildbereich zu bearbeiten, zum Beispiel zum Glätten. Oder Sie kehren die Hautton-Auswahl um ([Strg]+[⇧]+[I]), damit diese Bildpartie nicht mitverändert wird, etwa beim Scharfzeichnen. Natürlich können Sie Hauttöne allgemein mit Schnellauswahlwerkzeug und Co. markieren. Doch zeigt Ihr Foto zum größeren Teil Hauttöne, eignen sich auch diese Methoden, um Haut auf die Schnelle auszuwählen:

- Halten Sie die [Strg]-Taste gedrückt und klicken Sie im Kanäle-Bedienfeld auf die RGB-Miniatur. So laden Sie die helleren Bildbereiche als Auswahl.
- Halten Sie die [Strg]-Taste gedrückt und klicken Sie im Kanäle-Bedienfeld auf die Rot-Miniatur. So laden Sie die helleren Bereiche des Rot-Kanals als Auswahl – mutmaßlich mit hohem Anteil der Hauttöne.
- Der Befehl **Auswahl: Farbbereich** wählt auf Wunsch nur Gelbtöne oder nur Rottöne aus. Weitere Optionen heißen Hauttöne und Gesichter erkennen – wirken jedoch meist nicht wirklich hilfreich.

Je nach Aufgabe verfeinern Sie die erste Auswahl weiter. Heben Sie den Bereich mit [Strg]+[J] auf eine eigene Ebene, um die Zone isoliert vom Gesamtbild zu verarzten.

16.2.5 Befehle im Überblick: Auswahl

Taste/Feld	Zusatztasten	Aktion	Ergebnis
[Q]			Wechsel zwischen Standard- und Maskierungsmodus
			Arbeit im Maskierungsmodus
	[Alt]		Geschützten/gewählten Bereich farblich abdecken
	[Alt]		Auswahl von der Mitte aufziehen
	[⇧]		Nur Quadrat-/Kreisauswahl möglich
	[Leertaste] (beim Erstellen)	(ziehen)	Neuen Auswahlrahmen bewegen
		(Bewegung im Bild)	Freiform-Auswahl
	[⇧]		Zu bestehender Auswahl hinzufügen
	[Alt]		Von bestehender Auswahl abziehen
	[Strg]+[⇧]	Ziehen im Bild	Schnittmenge von Auswahlbereichen wählen
			Zu bestehender Auswahl hinzufügen
			Von bestehender Auswahl abziehen
	[⇧]	erst klicken, dann Taste drücken und ziehen	Auswahlkontur in festen Winkeln bewegen
Pfeil-Taste			Auswahlkontur in 1-Pixel-Schritten bewegen (bei aktiviertem Auswahlwerkzeug)
Pfeil-Taste	[⇧]		Auswahlkontur in 10-Pixel-Schritten bewegen (bei aktiviertem Auswahlwerkzeug)
[Strg]+[A] (für All)			Alles auswählen

Taste/Feld	Zusatztasten	Aktion	Ergebnis
Strg + D (für Deselect)			Auswahl aufheben
⇧ + F6			Weiche Auswahlkante
Strg + H			Auswahlbegrenzung (und andere »Extras«) ein-/ausblenden
Strg + I	⇧		Auswahl umkehren
Strg + J			Ausgewählte Pixel auf neue Ebene duplizieren
[Ebenenminiatur]	Strg	Klick	Deckkraftinformation aus Ebene als Auswahl laden
[Ebenenminiatur]	Strg + Alt	Klick	Vorhandene Auswahl um Deckkraftinformation aus Ebene verkleinern
[Ebenenminiatur]	Strg + ⇧	Klick	Vorhandene Auswahl um Deckkraftinformation aus Ebene erweitern
[Maskenminiatur]	Strg	Klick	Helligkeitsinformation aus Ebene als Auswahl laden
[Maskenminiatur]	Strg + Alt	Klick	Vorhandene Auswahl um Helligkeitsinformation aus Ebene verkleinern
[Maskenminiatur]	Strg + ⇧	Klick	Vorhandene Auswahl um Helligkeitsinformation aus Ebene erweitern

16.3 »Farbbereich«

Der Befehl **Auswahl: Farbbereich** verspricht viel und hält wenig: Die Funktion wählt Farben teilweise fein abgestuft nur zu 90 oder 77 Prozent aus. Bei einer späteren Bearbeitung – etwa mit **Farbton/Sättigung** – wirkt sich der Befehl auf diese Pixel nur teilweise aus, die alte Fassung lugt unter der Bearbeitung hervor. Mehr Erfolg versprechen andere Auswahltechniken wie Schnellauswahl plus **Kante verbessern** plus Maskenretusche.

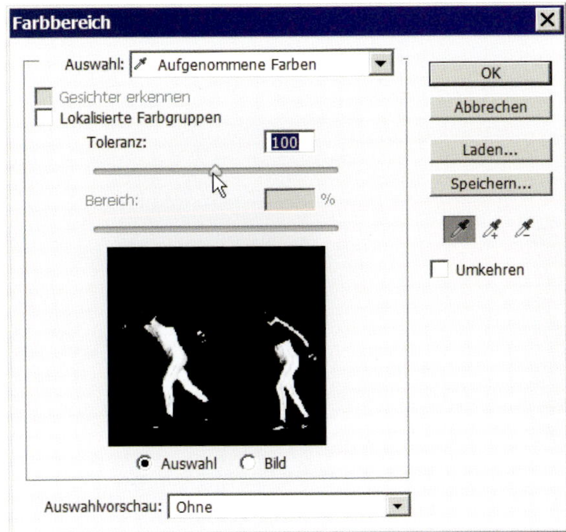

Abbildung 16.29 Der Befehl »Farbbereich« erfasst einzelne Farbtöne oder Helligkeitswerte im gesamten Bild. Die Auswahl wird in Graustufen dargestellt. Sie erkennen schon am mittleren Grau, dass die Auswahl nicht vollständig ist. Datei: Auswahl_16

Der **Farbbereich**-Befehl wählt bestimmte Farbtöne im ganzen Bild mit regelbarer Toleranz aus. Ist bereits eine Ebenenmaske vorhanden, bietet der Masken-Bereich des Eigenschaften-Bedienfelds die Schaltfläche Farbbereich; damit lässt sich die Maske verfeinern oder komplett umbauen.

Im Auswahl-Klappmenü bestimmen Sie, welche Tonwertbereiche Photoshop markieren soll – Rottöne, Lichter oder Bildpunkte Ausserhalb des Farbumfangs. Wählen Sie zum Beispiel die Tiefen, um dunkle Bildpunkte unabhängig von anderen Helligkeitswerten zu verändern.

»Aufgenommene Farben«

Die Option Aufgenommene Farben des Befehls **Auswählen: Farbbereich** funktioniert nach Art des Zauberstabs ohne die Option Benachbart: Sie wählt alle Farben aus, die Sie im Bild oder in der Vorschau anklicken.

Dabei werden stets ähnliche Farbwerte im ganzen Bild erfasst, unabhängig von trennenden Bereichen dazwischen. Darum eignet sich **Farbbereich** vor allem für Motive, in denen der gesuchte Farbbereich sehr homogen und deutlich abgeschlossen ist. Teils abgeschattete Bereiche oder ähnliche Farben außerhalb der gewünschten Zone verhindern gute Ergebnisse. Häufig kommen Sie mit der Schnellauswahl plus Nachbearbeitung flotter zum Ziel.

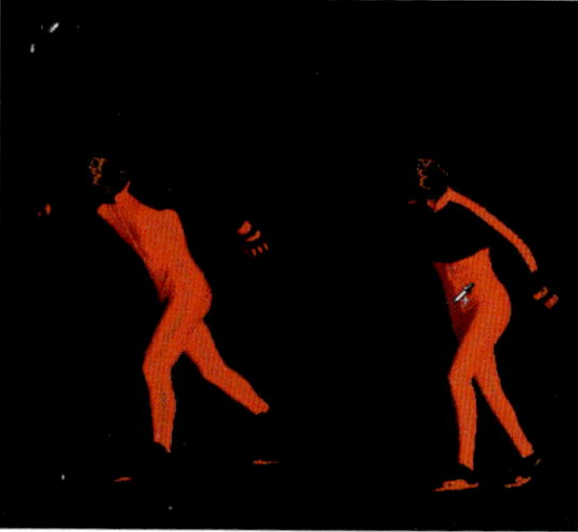

Abbildung 16.30 Wir verwenden den Befehl »Farbbereich« mit der Auswahlvorschau »Schwarzer Hintergrund«. **Links:** Die »Toleranz« von 40 wählt die rote Kleidung nicht sauber aus – erkennbar an den schwarzen Schleiern über der roten Kleidung. **Mitte:** Eine 100er »Toleranz« erfasst immer noch nicht alles. **Rechts:** Mit 40er »Toleranz« und der Pipette »Hinzufügen« nehmen wir zusätzliche Farbnuancen in die Auswahl auf. Allerdings sind auch schon Gesichter und Skibindungen teils ausgewählt. Die Auswahl der »Rottöne« im Klappmenü oben bringt auch kein besseres Ergebnis. Datei: Auswahl_16

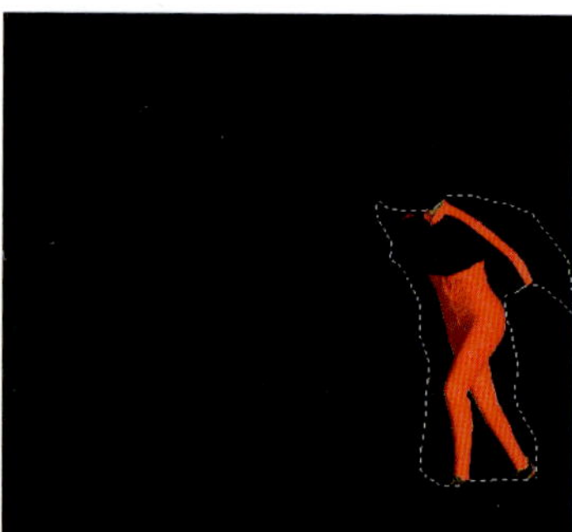
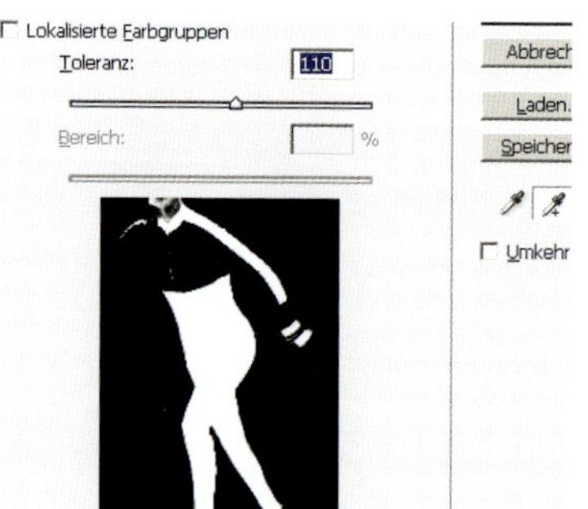

Abbildung 16.31 **Links:** Wir wählen den interessanten Bildbereich mit dem Lasso aus und rufen dann erst den »Farbbereich« auf. Nur innerhalb der gegebenen Auswahl trifft der »Farbbereich«-Dialog jetzt eine feinere Auswahl. **Mitte:** Das Dialogfeld zeigt in der Vorschau nur den ausgewählten Bereich; die Vorgabe »Lokalisierte Farbgruppen« ist überflüssig. **Rechts:** Der endgültige Auswahlbereich wurde umgefärbt.

Tipp Wollen Sie einen **Farbbereich auswählen**, um ihn mit **Farbton/Sättigung** zu verändern? Dazu brauchen Sie nicht diese zwei Funktionen hintereinander aufzurufen. Photoshop fasst die Funktionen unter dem Menüpunkt **Bild: Korrekturen: Farbe ersetzen** zusammen (Seite 586).

Toleranz und Pipetten

Der Toleranz-Regler bestimmt je nach Auswahl-Vorgabe, wie weit die ausgewählten Farbtöne von dem angeklickten Pixel abweichen dürfen. Hohe Werte führen zu großen - vielleicht ungenauen - Auswahlen. So geht's:

- Mit der Pipette - quasi der Zauberstab - klicken Sie auf einen Bildpunkt mit einem Tonwert, den Photoshop markieren soll; erfasst werden farbähnliche Bildpunkte quer durch die Datei, also nicht nur benachbarte.
- Die Pluspipette Hinzufügen ergänzt die Auswahl um neue Tonwerte.
- Die Minuspipette Entfernen zieht Tonwerte von der Auswahl ab; sie funktioniert erst, wenn die Pluspipette einmal eingesetzt wurde.

Per [⇧]-Taste wechseln Sie vorübergehend zur Pluspipette, die [Alt]-Taste verhilft zur Minuspipette. Die eingestellte Toleranz gilt freilich immer für alle mit den Pipetten angepeilten Punkte zugleich. Sie können also zu einer großzügigen Auswahl bei hoher Toleranz von 100 nicht noch eine Randfarbe mit niedriger Toleranz hinzufügen.

»Lokalisierte Farbgruppen«

Der **Farbbereich** wählt den angegebenen Farbton zunächst im gesamten Bild aus - darum geraten im Beispielbild beide rotgewandeten Skifahrer in die Auswahl. Soll der **Farbbereich** jedoch nur in einer bestimmten Bildzone auswählen, markieren Sie die Bildpartie grob mit Lasso oder Rechteck.

Alternativ schalten Sie die Lokalisierten Farbgruppen ein. Jetzt trifft Photoshop bereits eine Vorauswahl (von der Sie allerdings keine Markierungslinie sehen): ein Kreis um den zuerst angeklickten Bildpunkt herum, mit weichem Übergang. Die Wirkung:

- Was weit weg vom ersten Klickpunkt liegt, wird gar nicht ausgewählt.
- Was in der Übergangszone liegt, wird nur schwach ausgewählt.

Das ist so ungenau, dass man nicht damit arbeiten kann, egal wie Sie den Bereich-Regler einstellen.

Vorlage: Filter_z

Hauttöne, Toleranz 5, ohne Gesichter erkennen

Hauttöne, Toleranz 5, mit Gesichter erkennen

Hauttöne, Toleranz 40, ohne Gesichter erkennen

Hauttöne, Toleranz 40, mit Gesichter erkennen

Abbildung 16.32 Der »Farbbereich«-Befehl bietet auch die Optionen »Hauttöne« und »Gesichter erkennen«. Doch egal, wie Sie das Dialogfeld einstellen, die Auswahl überzeugt nicht: einige Bereiche des Porträts werden halbdeckend oder gar nicht ausgewählt; andererseits geraten Kleidung, Laub, Sand, Möbel und Haare leicht mit in die Auswahl. Nicht Gewähltes wird hier weiß verdeckt; gedämpfte Farben deuten auf halbdeckende Auswahl hin.

16.3.1 Auswahl aus Helligkeit ableiten

Sie wollen helle oder dunkle Bildbereiche auswählen, um sie separat von anderen Helligkeitsbereichen zu bearbeiten. Das kann der Befehl **Farbbereich**, aber noch besser geht es mit dem Kanäle-Bedienfeld. Beispiele:

- Halten Sie die Strg-Taste gedrückt und klicken Sie im Kanäle-Bedienfeld auf die Miniatur des RGB-Kanals. So entsteht eine Fließmarkierung, bei der sehr Helles zu fast 100 Prozent ausgewählt ist, sehr Dunkles fast gar nicht und Mittelhelles mit 50 Prozent Intensität. Haben Sie es auf dunkle Tonwerte abgesehen, kehren Sie die Auswahl mit Strg+⇧+I um.
- Sie möchten die Rottöne der Langläufer auswählen? Klicken Sie bei gedrückter Strg-Taste auf die Miniatur des Rot-Kanals.
- Der Strg-Klick auf den Rot-Kanal wählt auch Teile des Schnees mit aus. Entfernen Sie Bildbereiche mit starkem Blauanteil wieder aus der Auswahl: Sie drücken Strg- und Alt-Taste und klicken auf die Blau-Miniatur des Kanäle-Bedienfelds. Helle Bereiche des Blau-Kanals verschwinden so aus der Auswahl. (In diesem Beispiel eignet sich auch ein Strg+Alt-Klick auf die RGB-Gesamtminiatur.)

Achtung Ähnlich wie **Farbbereich** und **Farbe ersetzen** erfasst auch die Auswahl per Kanal-Information Ihr Motiv selten zu hundert Prozent, weil die Kanäleminiaturen kaum reines Weiß enthalten. Die Schnellauswahl ist im Zweifel verlässlicher.

Abbildung 16.33 **1. Bild:** Per Strg-Klick auf die Kanalminiatur laden Sie deren Helligkeitsinformation als Auswahl. **2. Bild:** Ein Strg-Klick auf den RGB-Gesamtkanal wählt vor allem den Schnee aus. **3. Bild:** Der Strg-Klick auf die Rot-Miniatur wählt die roten Trikots aus - sowie auch den Schnee. **4. Bild:** Wie im dritten Bild, haben wir zuerst bei gedrückter Strg-Taste auf die »Rot«-Miniatur geklickt; danach folgte ein Strg+Alt-Klick auf die »RGB«-Miniatur, um diese Helligkeitswerte von der Auswahl abzuziehen. So ist nur noch die Kleidung selbst ausgewählt, der Schnee verschwindet aus der Auswahl. Datei: Auswahl_16

16.3.2 »Farbe ersetzen«

Der Befehl **Bild: Korrekturen: Farbe ersetzen** fasst zwei Befehle aus unterschiedlichen Ressorts zusammen: Er vereint die Auswahltechnik von **Farbbereich auswählen** (Seite 583) mit den Änderungsmöglichkeiten aus **Farbton/Sättigung**. So geht's:

1. Wählen Sie erst die Farbe mit Pipetten und Toleranz aus, so wie Sie es vom Befehl **Farbbereich auswählen** her kennen.
2. Dann ändern Sie Farbton und Sättigung wie beim Befehl **Farbton/Sättigung** (Seite 469).

Tipp Mitunter reicht es, wenn Sie direkt im Dialog **Farbton/Sättigung** nur einen einzelnen Farbbereich mit dem Ziehen-Werkzeug auswählen und umfärben.

Einschränkungen und Alternativen

Der Befehl **Farbe ersetzen** liefert Ihnen keine Auswahlmarkierung. Sie verschieben die Farbe, sagen OK und das war's. Sie können den Farbton-Regler nicht – wie beim Befehl **Farbton/Sättigung** – auf Farbtonbereiche wie etwa Rottöne beschränken. Ohnehin liefert die Auswahltechnik des zugrunde liegenden Farbbereich-Befehls wie besprochen selten präzise Auswahlen.

Nehmen Sie besser die Schnellauswahl und färben Sie dann mit einer Einstellungsebene Farbton/Sättigung um. Farbe und Wirkungsbereich der Umfärbung regeln Sie jederzeit bequem neu.

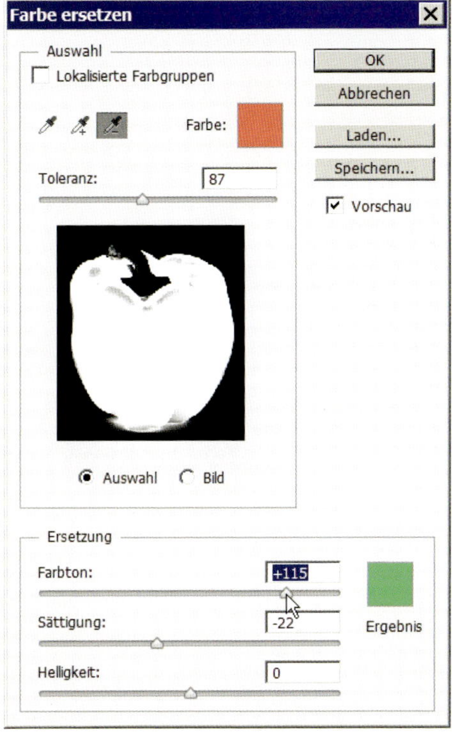

Abbildung 16.34 Der Befehl »Farbe ersetzen« wählt einen Farbbereich aus und ermöglicht danach die Änderung von Farbton, Sättigung und Helligkeit. Datei: Auswahl_18

16.4 Auswahlen verfeinern mit »Kante verbessern«

Sie wollen vorhandene Auswahlen enger oder weiter fassen, eventuell nur örtlich? Stellenweise sind harte Übergänge zu grob? In diesem Hauptabschnitt geben wir einen Überblick über die Verbesserungsmöglichkeiten und besprechen das wichtigste Dialogfeld, **Kante verbessern**, das sich auch für Lockenköpfe und ähnlich schwierige Fälle eignet. Im nächsten Hauptabschnitt entdecken Sie weitere Wege zu perfekt sitzenden Auswahlumrissen.

Wann und wie Sie **Kante verbessern** in einer typischen Montage optimal einsetzen, lesen Sie kurz und bündig ab Seite 664.

16.4.1 Übersicht: So verfeinern Sie Auswahlränder

Photoshop lieferte unzählige Wege, Auswahlränder so zu verfeinern, dass sie wirklich nahtlos wirken:

- Besonders wichtig: der Befehl **Kante verbessern**. Diesen Befehl lernen Sie auf den nächsten Seiten kennen. Danach folgen die weiteren Funktionen.
- Bequemer als **Kante verbessern** ist oft die Arbeit in Ebenenmasken oder Schnellmasken. Sollen Alphakanal oder Schnellmaske gleichmäßig schrumpfen, nehmen Sie die **Filter**-Befehle **Helle Bereiche vergrößern** oder **Dunkle Bereiche vergrößern**, für Ebenenmasken wiederum **Kante verbessern**.
- Wandeln Sie Auswahlen in Pfade um, die Sie geschmeidig formen und wieder als Auswahl laden (Seite 644).
- Sie wollen nur einen Teil der Maske enger oder weiter fassen? Dann rahmen Sie den wichtigen Teil der Maske mit dem Lasso ein, stellen Sie eine WEICHE KANTE ein, danach folgen **Helle Bereiche vergrößern** oder **Dunkle Bereiche vergrößern**; weitere Möglichkeit: bearbeiten Sie einen Pfadabschnitt.
- Die Ebene ist bereits ausgeschnitten und von Transparenz umgeben, ein Spiel mit der Maske nicht mehr möglich? Wählen Sie nur den Ebenenrand aus, um ihn zu kürzen oder anzusoften.

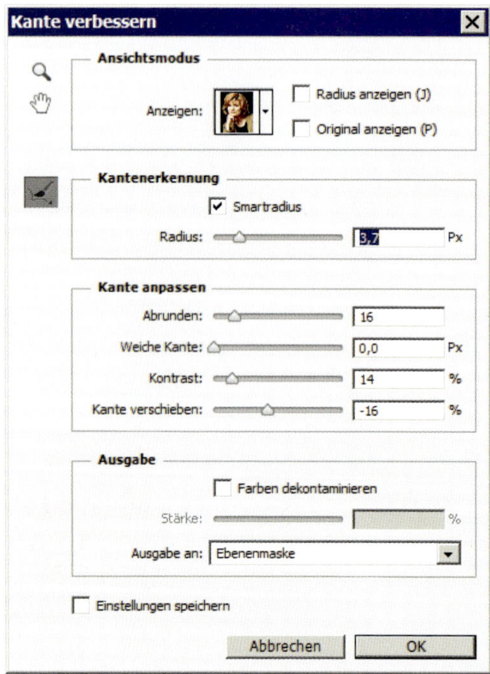

Abbildung 16.35 Das Dialogfeld »Kante verbessern« verfeinert Auswahlumrisse.

16.4.2 »Kante verbessern« allgemein

Besonders vielseitig ist der Befehl **Kante verbessern**. Er verändert Auswahlen, aber auch Ebenenmasken. Sofern noch ein Auswahlwerkzeug wie Lasso oder Schnellauswahl aktiv ist, erreichen Sie das Dialogfeld über die Schaltfläche KANTE VERBESSERN oben, aber immer auch per **Auswahl: Kante verbessern** oder **Auswahl: Maske verbessern** (jeweils Strg+Alt+R) oder über die Schaltfläche MASKENKANTE im Masken-Bereich des EIGENSCHAFTEN-Bedienfelds. Einige Möglichkeiten:

- Fassen Sie die Auswahl allgemein enger oder weiter.

- Machen Sie die Auswahllinie ruhiger und den Übergang weicher.
- Lassen Sie komplexe Auswahlkanten mit regelbarer Breite automatisiert neu berechnen.
- Ändern Sie die Auswahl in einzelnen Bildteilen und entfernen Sie bei Bedarf jede Raffinesse.
- Klebt noch Farbe des alten Hintergrunds am Rand? Diese Farbe können Sie übertünchen.
- Während der Arbeit im Dialogfeld zeigen Sie den aktuellen Auswahlbereich zum Beispiel vor Schwarz, Weiß, vor halbdeckendem Schutzlack, als Auswahlumriss oder direkt vor der neuen Hintergrundebene.
- Das Ergebnis erhalten Sie wahlweise als Auswahl, als Ebenenmaske, als neue Ebene mit oder ohne Ebenenmaske, auch in einer neuen Datei.

Abbildung 16.36 Auf verschiedene Arten zeigt der Dialog »Kante verbessern« die Auswahl, Sie sehen das Zwischenergebnis auch direkt vor dem neuen Hintergrund. Mit der Taste F schalten Sie durch die verschiedenen Darstellungen. Das X zeigt die unveränderte Ebene ohne Auswahlwirkung an. Die Tastaturbefehle, mit denen Sie bestimmte Vorschau-Darstellungen sofort erhalten, nennt Photoshop im Klappmenü »Anzeigen«. Datei: Auswahl_24

Tipp Bei geöffnetem Dialog **Kante verbessern** will man immer wieder in verschiedene Bildteile zoomen. Nutzen Sie dazu die Werkzeuge direkt im Dialogfeld, auch per Doppelklick, sowie die üblichen Tastaturbefehle wie Strg+Leertaste (Seite 64) und die Rollbalken.

»Einstellungen speichern«

Mit der Option Einstellungen speichern bietet **Kante verbessern** beim nächsten Aufruf exakt Ihre Einstellungen vom letzten OK-Klick an. Sie finden nicht nur Radius- oder Dekontaminieren-Regler in der vertrauten Stellung vor, sondern treffen auch auf die bekannten Vorgaben in den Klappmenüs Anzeigen und Ausgabe an.

Ändern Sie die Werte beim nächsten Bild. Wollen Sie dann wieder zu den gemerkten Einstellungen zurückkehren, drücken Sie wie – wie so oft in Photoshop – die Alt-Taste. Die Schaltfläche Abbrechen heißt dann Zurückkehren. Ein Klick bringt die gespeicherten Einstellungen wieder her.

Achtung Sie haben Einstellungen frisch gespeichert und nutzen Kante verbessern oder Maske verbessern erneut. Die Option Einstellungen speichern bleibt nun zunächst eingeschaltet. Wenn Sie etwas ändern und auf OK klicken, verlieren Sie die ursprünglichen Ideal-Werte.

16.4.3 Nützliche Einstellungen

Sie tüfteln an einer schwierigen Auswahl und finden keine passende Einstellungen im Dialog **Kante verbessern**? Die folgenden Maßnahmen verhelfen oft zu plausiblen Montagen:

- Schalten Sie Smartradius ein und ziehen Sie den Radius-Regler auf etwa 10.
- Übermalen Sie kritische Bereiche mit dem Radius-verbessern-Werkzeug.
- Verkleinern Sie den Auswahl-Umriss um etwa zehn Prozent, dazu ziehen Sie den Regler Kante verschieben nach links.
- Sieht man noch störende Ränder? Nutzen Sie Farben dekontaminieren mit zum Beispiel 20 Prozent.

16.4.4 »Radius« und »Smartradius«

Der Radius-Regler soll komplexe Auswahlumrisse oder weiche Übergänge verfeinern. Je weiter Sie den Wert erhöhen, in desto breiteren Zonen forscht Photoshop nach dem perfekten, auch weichen Übergang.

In aller Regel nutzen Sie den Radius-Regler mit zwei weiteren Funktionen:

- Dank Smartradius-Zusatzintelligenz erkennt Photoshop viel besser, ob eine harte oder weiche Kante angebracht ist.
- Übermalen Sie komplexe Randzonen mit dem Radius-verbessern-Werkzeug. Danach spielt der Radius-Wert oft keine wesentliche Rolle mehr.

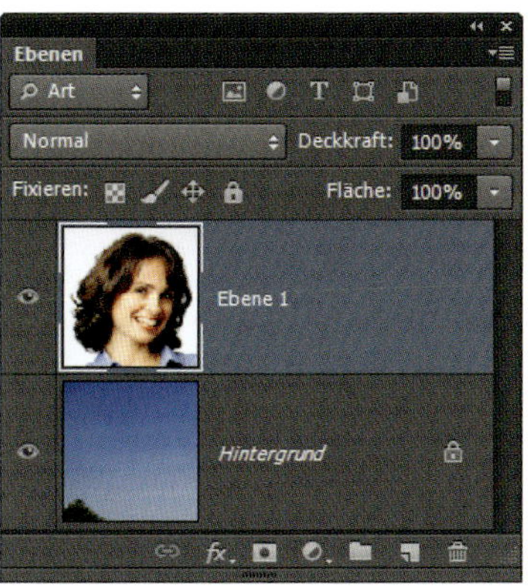

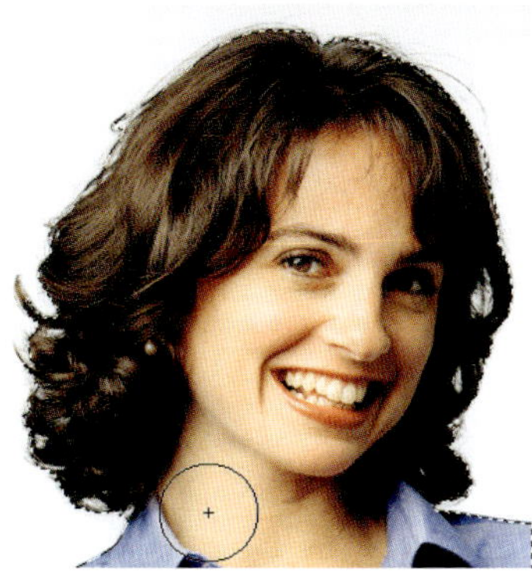

Abbildung 16.37 **Links:** Mit dieser Montage testen wir den Dialog »Kante verbessern«. **Mitte:** Das Hauptmotiv wird mit der Schnellauswahl ausgewählt. **Rechts:** Wir nutzen den Befehl »Kante verbessern« mit der Vorgabe »Auf Ebenen«, so dass man bereits in der Vorschau die Hintergrundebene sieht. Zunächst stehen alle Regler auf Null, das Zwischenergebnis muss noch verbessert werden. Datei: Auswahl_25

Abbildung 16.38 **Links:** Option »Smartradius« eingeschaltet und »Radius«-Regler auf 5 Pixel gestellt. **Mitte:** »Radius«-Wert auf 30 Pixel gehoben. **Rechts:** »Radius«-Wert auf 250 Pixel gehoben.

Abbildung 16.39 **Links:** Wie vorher Option »Smartradius« eingeschaltet, »Radius«-Regler auf 30 Pixel, Umriss mit dem Radius-Verbessern-Werkzeug übermalt. **Mitte:** Zusätzlich »Kante verschieben«-Regler auf minus 30 Prozent. **Rechts:** »Kante verschieben« wieder auf 0, »Farbe dekontaminieren« auf 90 Prozent.

Abbildung 16.40 **Links:** Die Option »Radius anzeigen« (J) verrät hier, in welchem Bereich der Befehl »Kante verbessern« nach Übergängen sucht. **Rechts:** Ergebnis auf Basis der Einstellungen links. Datei: Auswahl_24

16.4.5 Radius-verbessern-Werkzeug

Radius und Smartradius allein reichen meist nicht - vor allem nicht, wenn ein Motiv gleichzeitig sehr glatte und dann wieder komplexe Umrisse hat, zum Beispiel eine glatt abgegrenzte Schulter und weiter oben diffuse Haarsträhnen. In diesen Fällen definieren Sie die Übergangsbereiche von Hand:

- Zonen, in denen Photoshop tatsächlich nach Übergängen fahnden soll, übermalen Sie mit dem Radius-verbessern-Werkzeug. Es ist aktiv, sobald Sie den Dialog **Kante verbessern** öffnen.
- Zonen, in denen Photoshop 1:1 die ursprüngliche harte Auswahl von Schnellauswahl oder anderen Geräten verwenden soll, überziehen Sie mit dem Verfeinerungen-löschen-Werkzeug. So korrigieren Sie sinnlos angefressene und aufgeweichte Konturen.

Tipp Malen Sie mit dem Radius-verbessern-Werkzeug keine unnötig breiten Zonen ins Bild, halten Sie die Grösse niedrig. Übermalen Sie nur tatsächliche Übergangszonen. Haben Sie eventuell zu viel übermalt, überziehen Sie über eindeutige Hintergrundbereiche oder eindeutige Hauptmotivpartien mit dem Verfeinerungen-löschen-Werkzeug. So sucht Photoshop dort gar nicht mehr nach Übergängen - Sie schließen Fehlerquellen aus.

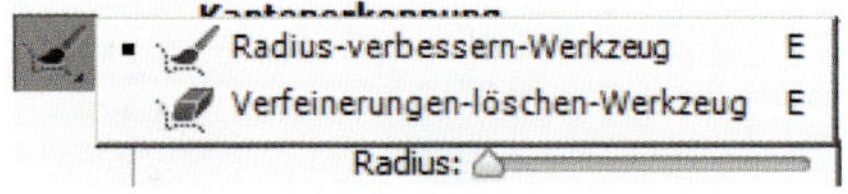

Abbildung 16.41 Mit zwei Werkzeugen aus dem Dialog »Kante verbessern« verfeinern Sie einzelne Abschnitte der Auswahl.

Werkzeuge anwenden

Wenn das Radius-verbessern-Werkzeug aktiv ist, wechseln Sie jederzeit bei gedrückter Alt-Taste zu Verfeinerungen-löschen-Werkzeug; der Werkzeugzeiger präsentiert dann ein Minus-Zeichen. Oder schalten Sie das Verfeinerungen-löschen-Werkzeug dauerhaft ein - direkt im Dialogfeld oder oben links in der Optionenleiste. Auch mit ⇧+E wechseln Sie dauerhaft von einer Gerätschaft zur anderen.

Passen Sie den Werkzeugdurchmesser immer ans Motiv an, erzeugen Sie vor allem nicht sinnlos große Übergangsbereiche. Den Durchmesser ändern Sie wie bei Mal- und Retuschewerkzeugen auch durch waagerechtes Alt-Ziehen bei rechter Maustaste oder oben links in den Werkzeugoptionen.

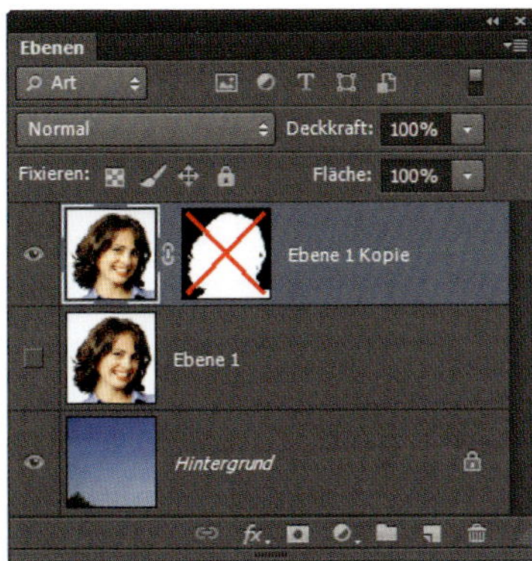

Abbildung 16.42 **Links:** Die Montage entstand mit 90 Prozent »Farben dekontaminieren«. Die störenden Farben des alten Hintergrunds verschwinden so aus den Randpixeln der Auswahl. **Mitte:** Wegen der »Dekontamination« hat Photoshop die Original-»Ebene 1« ausgeblendet und eine »Kopie«-Ebene mit Ebenenmaske angelegt. Wir blenden die Ebenenmaske per ⇧-Taste aus. **Rechts:** Bei abgeschalteter Ebenenmaske erkennen Sie, dass durch das »Dekontaminieren« die Randpixel verändert wurden; ohne Maske ist diese Ebene nicht zu gebrauchen. Vorlage: Auswahl_25

16.4.6 »Farben dekontaminieren«

Mitunter klebt noch überflüssige Hintergrundfarbe an den Rändern des Hauptmotivs. Sie lässt sich nicht immer durch Engerziehen der Auswahl eliminieren. In diesem Fall gehen Sie einen anderen Weg: Nehmen Sie nützliche Farbe von innen und überdecken Sie damit die Randpixel der Auswahl.

Dazu ziehen Sie den Regler Farben dekontaminieren nach rechts. Photoshop schreibt jetzt Farbwerte von innen auf die äußersten Randpixel. So verschwinden unerwünschte Farbnoten des alten Hintergrunds, die Randpixel tragen auch dicker auf. Eine weniger flexible Alternative bietet das Untermenü **Ebene: Basis** (Seite 595).

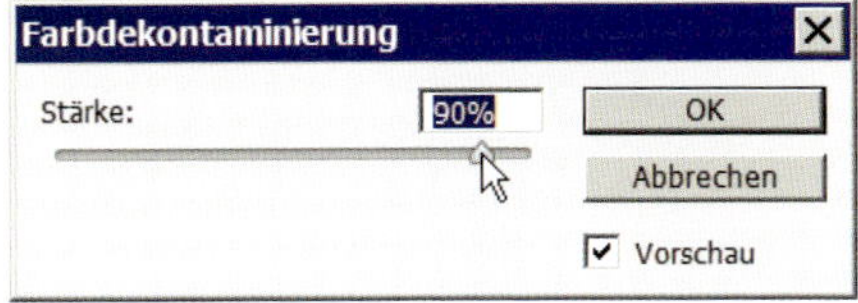

Abbildung 16.43 Die »Farbedekontaminierung« liefert Photoshop auch separat im Untermenü »Ebene: Basis«. Die aktive Ebene muss eine Ebenenmaske haben, aktiviert ist jedoch die Bildebene und nicht die Maske. Hier entsteht keine Duplikatebene.

Ebenentechnik

Häufig verwendet man die Vorgaben Auswahl oder Ebenenmaske aus dem Klappmenü Ausgabe an. So erhält die aktive Ebene eine verfeinerte Auswahl oder – noch viel bequemer – eine Ebenenmaske.

Diese Optionen haben Sie nicht, wenn Sie den Dekontaminieren-Regler nutzen. Hier schaltet das Dialogfeld im Klappmenü Ausgabe an automatisch zu Neue Ebene mit Ebenenmaske. Sie erhalten also eine duplizierte Ebene mit Ebenenmaske. Die Ebene, auf der Sie ursprünglich gearbeitet hatten, wird mit dem Augensymbol 👁 unsichtbar geschaltet. Sie bleibt ansonsten völlig unverändert, auch eine dort schon vorhandene Ebenenmaske ändert sich. Alles neu Erreichte spielt sich in der Duplikatebene ab.

Warum das? Die Funktion Farbe dekontaminieren ändert nicht nur die Auswahl oder die Ebenenmaske. Sie verschiebt direkt die Bildpixel – ein schwerwiegender Eingriff, den Photoshop sicherheitshalber auf eine Duplikatebene verlegt. Die ursprüngliche Ebene bleibt also weiterhin ausgeblendet erhalten.

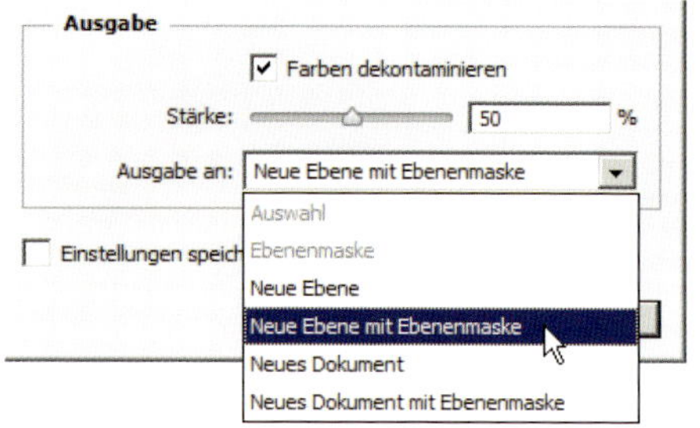

Abbildung 16.44 Photoshop liefert den per »Kante verbessern« verfeinerten Auswahlumriss als neue Auswahllinie. Noch komfortabler: Lassen Sie die Änderung gleich in eine Ebenenmaske umsetzen, die besonders vielseitig korrigiert werden kann. Allerdings: Verwenden Sie den »Dekontaminieren«-Regler, stehen die ersten zwei Möglichkeiten des »Ausgabe«-Klappmenüs allerdings nicht zur Verfügung, Wählen Sie stattdessen »Neue Ebene und Ebenenmaske«.

16.4.7 Weitere Regler

Der Dialog **Kante verbessern** bietet weitere Regler, die eine Auswahl verfeinern:

- Der Abrunden-Regler des Befehls **Kante verbessern** glättet Ecken und Sprünge im Verlauf einer Auswahl; ein Versuch lohnt sich oft, speziell nach Schnellauswahl.
- Per Kontrast sorgen Sie für härtere Auswahlkanten, denn manche Ergebnisse, etwa der Schnellauswahl, wirken zu weich. Testen Sie auch die Wechselwirkung mit der Weichen Kante und mit Abrunden.
- Per Kante verschieben ziehen Sie die Auswahl enger, wenn noch störender Hintergrund um das Hauptmotiv herum erscheint oder Lichtsäume nicht anders zu verbannen sind. Benötigen Sie nur diese Funktion allein, gibt es mehrere Alternativen wie **Auswahl: Auswahl verändern: Erweitern** oder **Helle Bereiche vergrößern** und **Dunkle Bereiche vergrößern** aus dem Untermenü **Sonstige Filter**.
- Weiche Kante: Mit leicht aufgeweichter Kante kaschieren Sie manch leicht missglückte Auswahl. Sofern bereits eine Ebenenmaske existiert, bietet der Masken-Bereich des Eigenschaften-Bedienfelds die gleiche Wirkung – und diesmal völlig verlustfrei zurücksetzbar.

Tipp Der Abrunden-Regler im Dialog **Kante verbessern** sorgt für ruhigere Auswahlränder und schluckt Auswahllücken, weicht die Auswahlkante aber auch ungewollt auf. Heben Sie darum zusätzlich zum Abrunden-Wert auch den Kontrast.

Abbildung 16.45 **Links:** Die Auswahl entstand mit dem Schnellauswahlwerkzeug. Der Befehl »Kante verbessern« deckt hier den Hintergrund weiß ab, alle Regler stehen auf 0. **Mitte:** Wir stellen den »Abrunden«-Wert auf 25, die Ecken und Sprünge verschwinden aus der Auswahl. **Rechts:** Der »Kontrast« steigt auf 40 Prozent, die Auswahlkante ist schärfer umrissen. Datei: Auswahl_03

16.5 Sonstige Auswahlverfeinerung

Oft, aber nicht immer verfeinert **Kante verbessern** eine Auswahl ideal. Photoshop bietet viele weitere Befehle, die **Kante verbessern** teils ergänzen, teils aber auch die gleiche Funktion bieten.

16.5.1 Auswahlumriss gleichmäßig verkleinern und vergrößern

Sie wollen eine Auswahl gleichmäßig enger oder weiter fassen, verschmähen aber den Regler KANTE VERSCHIEBEN aus dem Dialog **Kante verbessern**? Es geht ja auch so:

- Bei Auswahlfließmarkierungen nehmen Sie das Untermenü **Auswahl: Auswahl verändern** mit den Befehlen **Erweitern** und **Verkleinern** (ohne die nützliche Vorschau von **Kante verbessern**, aber mit mehr Reichweite).
- Sie arbeiten in Maske oder Alphakanal? Da gibt es die Befehle **Helle Bereiche vergrößern** und **Dunkle Bereiche vergrößern** aus dem Untermenü **Filter: Sonstige Filter**.
- Drehen, stauchen oder dehnen Sie die Auswahlmarkierung - ohne Bildinhalt - per **Auswahl: Transformieren** nach Maß. Sie agieren genauso wie beim **Transformieren** von Ebenen (Seite 705).

Abbildung 16.46 **Links:** Die Brille wurde vor Weiß fotografiert, in Photoshop mit geglätteter Kante ausgewählt und vor einen Verlauf montiert. Dabei zeigt sich, dass ein weißer Rand um das Objekt herum verbleibt. **Mitte:** Abhilfe schafft der Befehl »Ebene: Basis: Rand entfernen« mit einem Pixel »Radius«. Er entfernt die hellen Überreste weitgehend. **Rechts:** Wir testen »Ebene: Basis: Weiß entfernen«, hier bereits zweimal hintereinander angewendet. Datei: Auswahl_19

16.5.2 Nur Auswahlabschnitte verkleinern oder erweitern

Nicht immer wollen Sie die komplette Auswahl ausdehnen oder verjüngen - Sie möchten zum Beispiel lediglich in Teiletappen den Umriss enger fassen. Hier spielt der sonst so talentierte Dialog **Kante verbessern** nicht mit. Denkbare Verfahren in der Übersicht:

- Greifen Sie zum Lasso und rahmen Sie überflüssigen Auswahlinhalt bei gedrückter [Alt]-Taste und noch fehlende Auswahlteile bei gedrückter [⇧]-Taste ein.
- Bearbeiten Sie Schnellmaske, Ebenenmaske oder Alphakanal, dann malen Sie auf Bildpartien, die eigentlich nicht in die Auswahl gehören, mit schwarzer Vordergrundfarbe. Motivzonen, die Sie noch in der Auswahl brauchen, bekommen Weiß ab.
- Zeigen Sie die Auswahl als Schnellmaske oder Ebenenmaske, rahmen Sie den schlecht sitzenden Teil zum Beispiel mit dem Lasso ein und nutzen Sie die Befehle **Dunkle Bereiche vergrößern** oder **Helle Bereiche vergrößern** (siehe unten).

Abbildung 16.47 **Links:** Die Auswahl erfasst nicht das ganze Brillenglas, weil durch übertriebene Scharfzeichnung ein Farbsaum entstand. **Mitte:** Der Befehl »Auswahl: Auswahl verändern: Erweitern« dehnt die Auswahl gleichmäßig aus. **Rechts:** Per »Auswahl: Transformieren« stauchen oder dehnen Sie die Auswahlmarkierung nach Maß; dabei können allerdings die Auswahlkanten aufweichen. Datei: Auswahl_05

Auswahlkorrektur per »Filter«-Befehl

Der Befehl **Filter: Sonstige Filter: Dunkle Bereiche vergrößern** dehnt Dunkles aus und lässt helle Bereiche schrumpfen – ein Auswahlbereich in Schnellmaske, Ebenenmaske oder Alphakanal schrumpft also. Das Pendant **Helle Bereiche vergrößern** verschafft Hellem oder Weißem mehr Raum, die Auswahl wird also ausgedehnt.

In diesen Situationen wirken die Befehle nützlich:

- Sie wollen eine komplette Auswahl in Schnellmaske oder Alphakanal gleichmäßig verkleinern oder ausdehnen (anders als bei Ebenenmaske oder Fließmarkierung verweigert der Dialog **Kante verbessern** mit seinem KANTE VERSCHIEBEN-Regler hier den Dienst).
- Sie wollen nur einen Ausschnitt der Auswahl gleichmäßig enger oder weiter fassen.

So verfeinern Sie nur einen Ausschnitt einer Auswahl:

1. Falls Sie an einer Fließmarkierung arbeiten: Wechseln Sie mit dem [Q] in die Schnellmaske; bei Ebenenmasken oder Alphakanälen ist der Schritt überflüssig.
2. Wählen Sie den Korrekturbereich zunächst mit dem Lasso aus; sorgen Sie am besten für eine **Weiche Auswahlkante**.
3. Wenden Sie **Dunkle Bereiche vergrößern** oder **Helle Bereiche vergrößern** an, bis die Maske in der gewählten Zone besser passt.
4. Hatten Sie eine Fließmarkierung in eine Schnellmaske umgewandelt? Dann wechseln Sie nach dem OK-Klick im **Bereiche vergrößern**-Dialog per [Q] zurück in den Auswahl-Standardmodus. Sie sehen die verbesserte Fließmarkierung.

16.5.3 Der »Rand«-Befehl

Eine Auswahllinie rechnet Photoshop auch in einen Rahmen um. Dazu dient der Befehl **Auswahl: Auswahl verändern: Rand.** Ausgewählt ist danach nur noch ein schmaler Bereich um die vormalige Auswahlkante herum. Verwenden Sie innerhalb des neuen Rahmens einen Filter oder einen Tonwertbefehl, wenn Sie nur eine Objektkontur bearbeiten möchten.

Interessante Alternativen:

- Schillert eine Auswahlmarkierung über Ihrer Bilddatei, dann verwenden Sie etwa **Bearbeiten: Kontur füllen** oder den Ebeneneffekt KONTUR, um mit Farbe, Muster oder Verlauf an einer Auswahlkante entlangzugehen.

Abbildung 16.48 **Links:** Nach dem Schärfen wird die Figur von einem Kontrastsaum umgeben, der nur schwer auszuwählen ist. **Mitte:** Wir wechseln mit der Taste [Q] in den Maskierungsmodus und erkennen ebenfalls, dass die Auswahl noch nicht passt. **Rechts:** Wir fassen die Auswahl gleichmäßig um drei Pixel enger, doch sie gerät in einigen Bereichen zu groß. Datei: Auswahl_06

- Verwandeln Sie die Auswahl in einen Pfad; dann lässt der Pfad-Befehl **Pfadkontur füllen** Mal- und Retuschewerkzeug mit beliebigen Pinsel- und Überblendeinstellungen an der Auswahl entlang arbeiten (Seite 648).

16.5.4 Auswahlsprünge glätten

Speziell die Umrisse von Zauberstabauswahlen zeigen oft ungewollte Ecken und Kanten sowie – auf unruhigen, körnigen Bildern – zahlreiche Auswahllücken. So entstehen flüssigere Konturen:

- Der ABRUNDEN-Regler des Befehls **Kante verbessern** glättet Ecken und Sprünge im Verlauf einer Auswahl, ein Versuch lohnt sich oft.
- Alternative: Der Befehl **Auswahl: Auswahl verändern: Abrunden** wirkt prinzipiell ähnlich, hat aber keine Vorschau und ändert die Auswahl bei gleichem Nominalbetrag deutlich stärker. Er tilgt dann Auswahlinseln in unruhigen, körnigen Flächen besser.

Allerdings: Spitze Auswahlecken werden beim ABRUNDEN schnell zu rundlich.

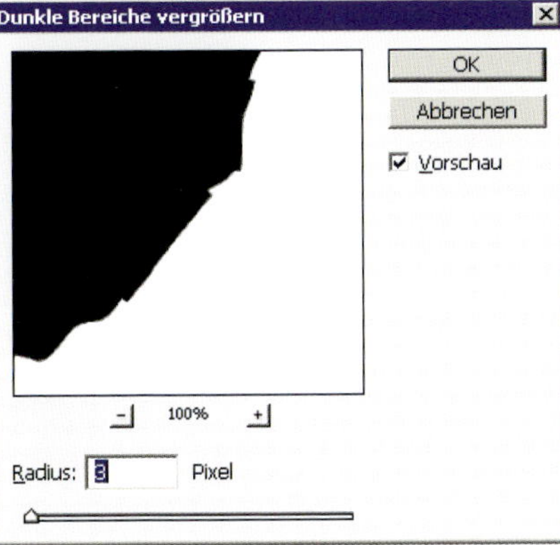

Abbildung 16.49 Wir widerrufen die vorherige Maskenausdehnung und wählen mit dem Lasso diejenigen Bereiche, die sich für eine Ausdehnung um 3 Pixel eignen. Dann verwenden wir »Dunkle Bereiche vergrößern«. In einigen Bereichen passt die Maske jetzt, andere müssen noch weiterbearbeitet werden.

Abbildung 16.50 **Ganz links:** Die Zauberstabauswahl ist sehr unruhig. **2. Bild:** Wir stellen das »Abrunden« beim Befehl »Kante verbessern« auf 80. Ähnlich wirkt der Befehl »Auswahl: Auswahl verändern: Abrunden« mit einem Wert von 13. **3. Bild:** Wir schalten das Lasso ein, drücken die [⇧]-Taste und rahmen ein, was zur Auswahl hinzukommen soll - hier auch am Bildrand entlang. Sobald Sie die Maustaste loslassen, erweitert Photoshop die Auswahl um den eingerahmten Bereich. **Ganz rechts:** Nach einem Druck auf die Taste [Q] erscheint die Auswahl als rötliche Schnellmaske. Mit Pinsel und weißer Vordergrundfarbe tilgen Sie die roten Stellen, nach erneutem Druck aufs [Q] sehen Sie die erweiterte, verbesserte Auswahl. Datei: Auswahl_04

Auswahlen speichern

In diesem Kapitel haben Sie gelesen, wie man Auswahlen erzeugt und verfeinert. Sofern Sie mit Auswahlen arbeiten, können Sie diese speichern, um später darauf zurückzukommen. Dazu bietet Photoshop zwei Verfahren:

- Entweder Sie wandeln die Maske in einen Pfad um - dazu mehr im »Pfade«-Kapitel ab Seite 618.
- Oder Sie konservieren die Maske als Graustufenbild in einem zusätzlichen Alphakanal oder in einer Ebenenmaske. Davon handelt das folgende Kapitel.

Kapitel 17
Kanäle & Masken

In verschiedenen Situationen arbeiten Sie mit Kanälen und Masken:

- Sie bearbeiten einzelne Grundfarbkanäle eines Bilds, zum Beispiel einen Kanal wie Cyan, Magenta, Gelb oder Schwarz in einem CMYK-Bild oder Rot, Grün, Blau in einem RGB-Bild.
- Sie speichern eine Auswahl als sogenannten Alphakanal, der Ausgewähltes weiß und nicht Gewähltes schwarz darstellt; diesen Alphakanal bearbeiten Sie mit Mal-, Retusche- und Füllfunktionen, mit Filtern und Kontrastkorrekturen, um die Auswahl zu verändern. Der Alphakanal lässt sich dann wieder in eine Auswahl-Fließmarkierung umsetzen.
- Sie stellen eine Auswahl im Maskierungsmodus dar, also als vorübergehenden Alphakanal.
- Auch Ebenenmasken (Seite 818) funktionieren so: In der Ebene weiß Unterlegtes erscheint voll deckend, schwarz Unterlegtes wird verborgen, Zwischentöne erzeugen Halbtransparenz.

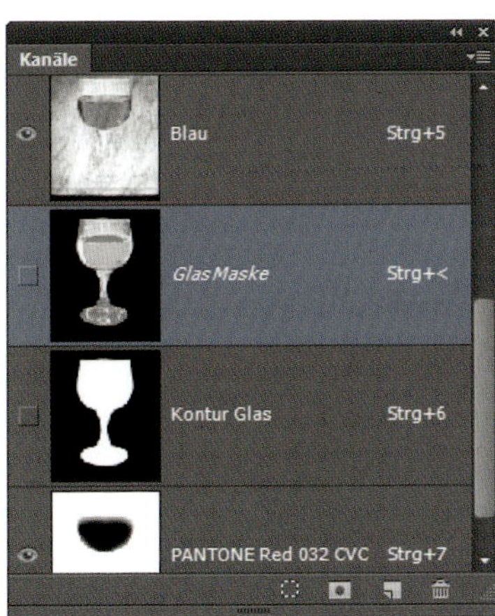

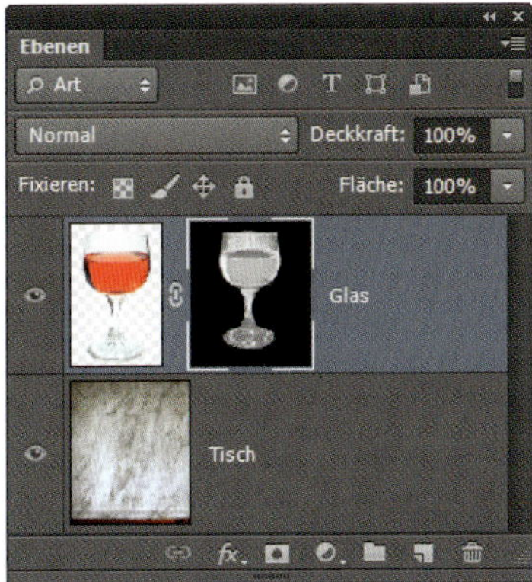

Abbildung 17.1 Das Kanäle-Bedienfeld zeigt, dass dieses Bild einen Alphakanal, eine Ebenenmaske und einen Schmuckfarbenkanal enthält. Die momentan sichtbare Auswahl wurde im Alphakanal »Kontur Glas« gespeichert, den Sie auch per Strg+6 aktivieren könnten. Datei: Kanal_f3

17.1 Einstieg

Beachten Sie bei der Arbeit mit Grundfarbkanälen, Alphakanälen, Maskierungsmodus und Ebenenmasken:

- Der Alphakanal speichert Auswahlen in einem zusätzlichen Graustufenkanal innerhalb der Bilddatei.
- Auf dem Weg über den Alphakanal, Schnellmaske oder Ebenenmaske bearbeiten Sie Auswahlen mit Mal- und Retuschewerkzeugen und laden sie wieder als Auswahl.
- Alphakanal, Schnellmaske und Ebenenmaske erzeugen Auswahlen mit 256 unterschiedlichen Intensitäten.
- Eine spezielle Form, der Schmuckfarbenkanal, steuert die Verteilung zusätzlicher Druckfarben.
- Ebenenmasken und Alphakanäle können Sie nicht in JPEG-Dateien speichern. In der Regel sichert man im TIFF- oder Photoshop-PSD-Format.
- Die Ebenenmaske ist oft die bequemste Variante der Auswahlspeicherung in Graustufen, Alphakanal und Schnellmaske wirken umständlicher. Interessante Alternative sind manchmal Vektormasken oder Schnittmasken.
- Dateien mit Alphakanälen oder Ebenenmasken werden von anderen Programmen eventuell nicht korrekt angezeigt und neu gespeichert. Ein mitgespeicherter Alphakanal wird eventuell ungewollt als Freistellpfad genutzt, Bereiche außerhalb der Auswahl erscheinen dann nicht mehr im Layout. Vor der Weitergabe an Layoutprogramme sollte also der Alphakanal verschwinden.

17.1.1 Eigenschaften im Detail

In Ebenenmasken oder Alphakanälen lassen sich Auswahlen oft einfacher korrigieren als mit den Auswahlwerkzeugen selbst. Typisches Verfahren: Eine Grundauswahl wird als Ebenenmaske oder Alphakanal gespeichert; dann erzeugen Sie mit Lasso und Schnellauswahl weitere, kleine Auswahlen, die Sie von Alphakanal oder Ebenenmaske abziehen oder hinzufügen.

Stufenlose Auswahlen

Das Besondere: Alphakanal oder Ebenenmasken unterscheiden mehr als nur »Ausgewählt« und »Nicht ausgewählt«. Alphakanäle und Ebenenmasken haben eine 8-Bit-Farbtiefe wie ein normales Graustufenbild, sie nehmen also 2^8 gleich 256 unterschiedliche Tonwerte auf.

Der Alphakanal kennt damit auch Stufen wie »ein bisschen ausgewählt«, »ein bisschen mehr ausgewählt« oder »ziemlich stark ausgewählt, aber noch nicht zu 100 Prozent«. Wollen Sie zum Beispiel ein Objekt von oben nach unten stufenlos einblenden, erzeugen Sie zunächst in Alphakanal oder Ebenenmaske einen Verlauf von Schwarz nach Weiß.

Wenn Sie ein Bild per Alphakanal teiltransparent auswählen und über einen neuen Hintergrund ziehen, transportieren Sie tatsächlich nur die markierten Pixel; was Sie teiltransparent übertragen haben, lässt sich nicht mehr voll deckend wiederherstellen. Praktische Alternative: die Ebenenmaske – ein Alphakanal für eine einzelne Ebene; sie verbirgt, auch teiltransparent, ohne dass irgendetwas dauerhaft gelöscht wird.

Arbeitsspeicherbedarf

Ein Alphakanal kostet so viel Arbeitsspeicher wie eine Graustufenversion des Bilds, wie ein Drittel einer 24-Bit-RGB-Datei oder wie ein Viertel einer 32-Bit-CMYK-Datei. Auf Festplatte kostet der Alphakanal deutlich weniger Speicher, wenn Sie ein komprimierendes Dateiformat wie TIFF-LZW oder PSD wählen: Die oft einheitlichen Farben im Alphakanal lassen sich bestens zu komprimierten Blöcken verdichten. (Noch speichersparender ist ein Pfad.)

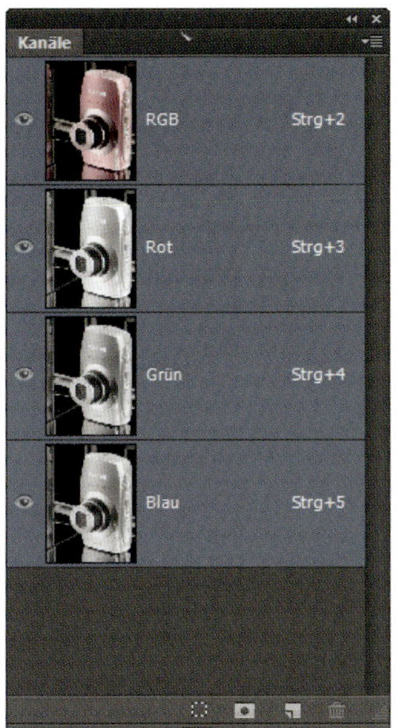

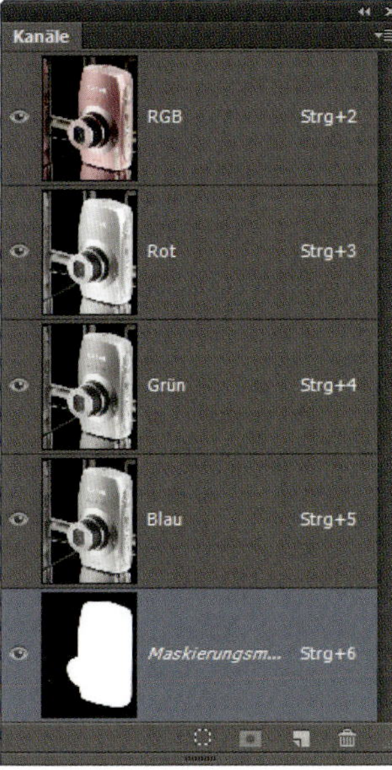

Abbildung 17.2 **Oben:** Auswahlen im Standardmodus ohne Alphakanal zeigt Photoshop als schwarzweiße Fließmarkierung an. Im Kanäle-Bedienfeld erscheinen nur die RGB-Grundfarben. **Unten:** Im Maskierungsmodus stellt Photoshop eine Auswahl vorübergehend als Alphakanal (Schnellmaske) dar, der hier rot halbdeckend über dem nicht ausgewählten Bereich liegt. Der Kanal erscheint als »Maskierungsmodus« im Kanäle-Bedienfeld. Dateien: Kanal_a

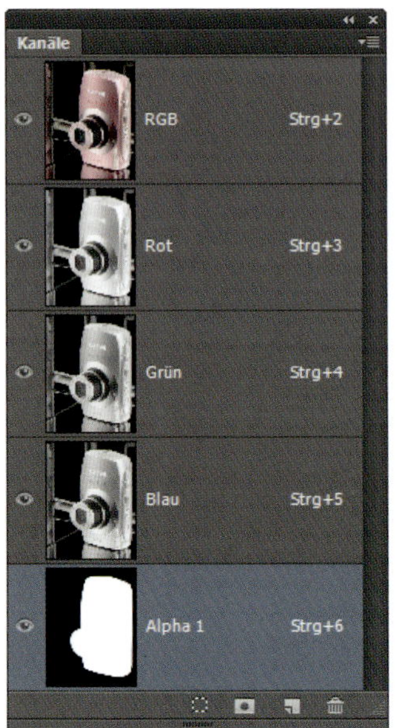

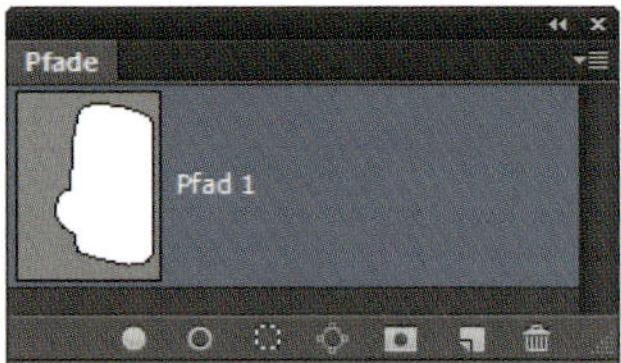

Abbildung 17.3 **Oben:** Eine gespeicherte Auswahl erscheint als Alphakanal im Kanäle-Bedienfeld. Der Alphakanal ist hier sichtbar geschaltet, er deckt nicht gewählte Bildbereiche rötlich ab; Farbe und Deckkraft können Sie ändern - unabhängig von der Auswahlwirkung. Sie erkennen im Bedienfeld, dass der Kanal zur Bearbeitung aktiviert ist. Die RGB-Grundfarbkanäle sind sichtbar, aber nicht aktiviert. Eine Retusche verändert also nur den Alphakanal, nicht das Bild selbst. **Unten:** Alternative zum Alphakanal: Die Auswahl lässt sich auch als Pfad ablegen und über Ankerpunkte korrigieren. Das spart Speicherplatz, eignet sich aber nicht für örtlich halbtransparente oder sehr komplexe Auswahlbereiche. Datei: Kanal_a1

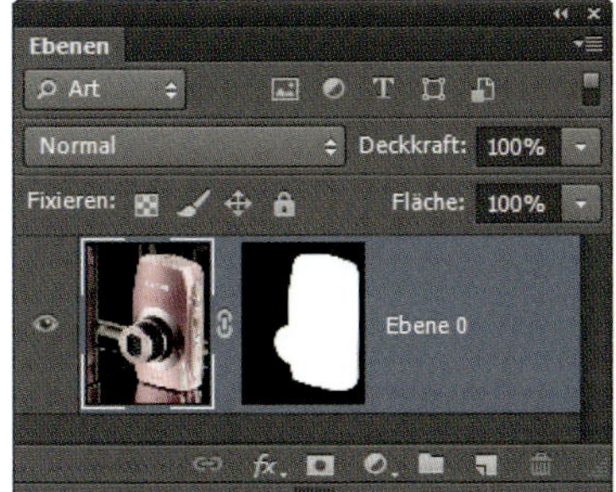

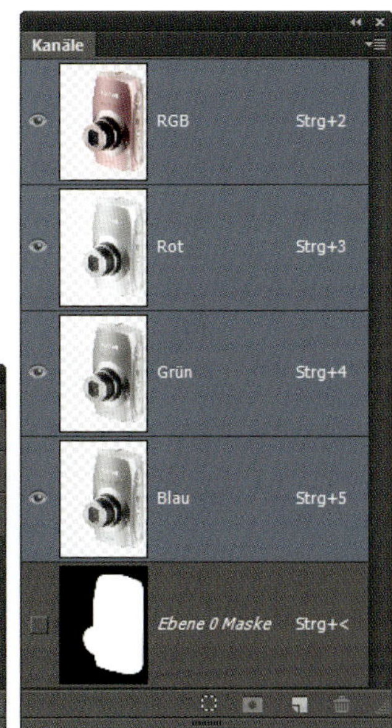

Abbildung 17.4 Das Bild befindet sich auf der Montage-»Ebene 0«, nicht auf einer »Hintergrund«-Ebene. Wir machen den Außenbereich per Ebenenmaske unsichtbar, das Karomuster signalisiert transparente Bereiche ohne Bildpunkte. **Mitte:** Schwarze Bereiche in der Maske verbergen die entsprechenden Bildpunkte. Durch Maskenretusche mit Pinsel und vielen anderen Funktionen lässt sich jederzeit mehr oder weniger von der Ebene anzeigen, das Bild steht immer komplett zur Verfügung. **Rechts:** Die Ebenenmaske erscheint auch im Kanäle-Bedienfeld, sofern die entsprechende Ebene aktiviert ist. Datei: Kanal_a2

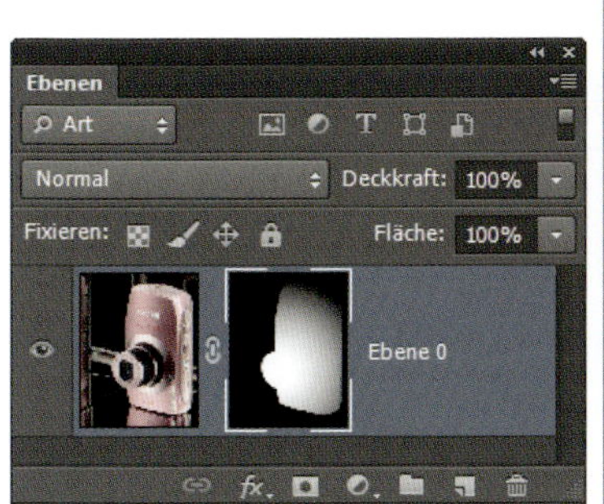

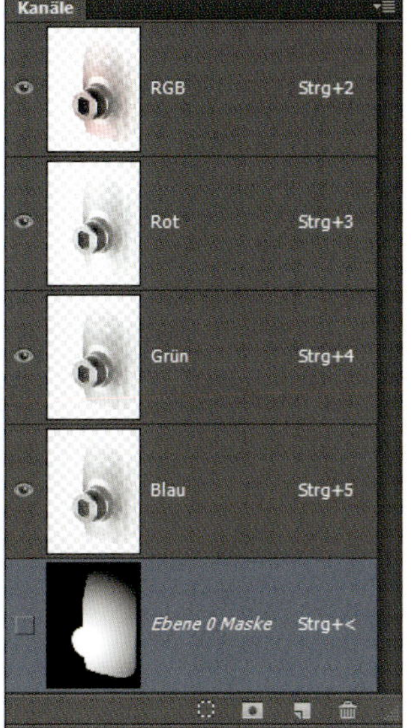

Abbildung 17.5 Wir haben die Ebenenmaske mit dem Verlaufwerkzeug bearbeitet. Je dunkler das Grau, desto mehr wird das Hauptmotiv ausgeblendet. Datei: Kanal_a3

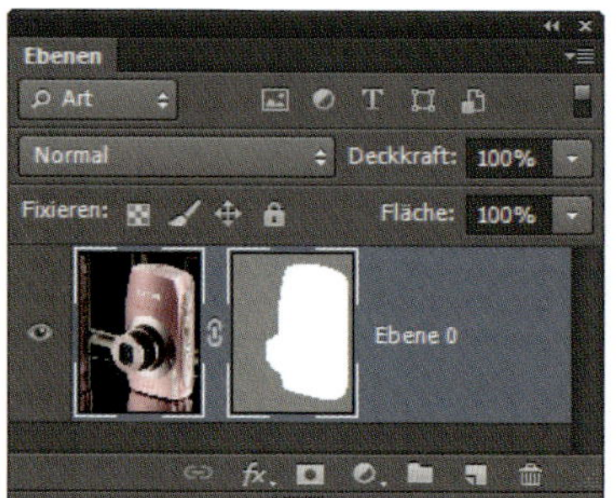

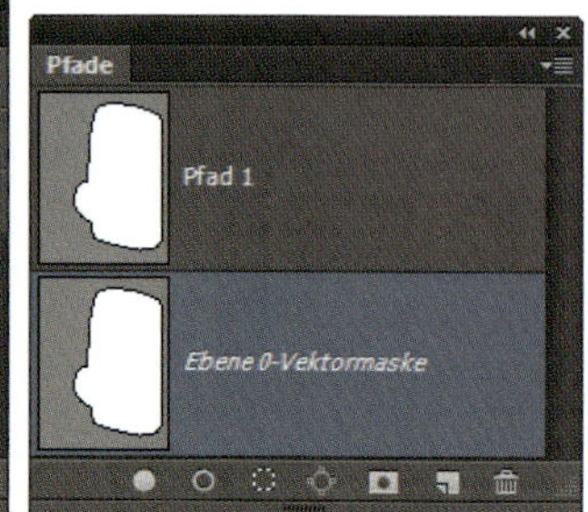

Abbildung 17.6 Eine Vektormaske wurde aus dem Pfad abgeleitet und verbirgt den Außenbereich, so dass das Umfeld des Hauptmotivs transparent erscheint. Die Vektormaske lässt sich auch über das Pfade-Bedienfeld aktivieren und einblenden, sofern die Ebene mit der Vektormaske aktiviert ist. Der Pfad wurde hier mit dem Pfadauswahl-Werkzeug aktiviert, so dass Photoshop Pfadumriss und -ankerpunkte einblendet. Den »Pfad 1« könnten Sie jetzt löschen, die Vektormaske allein reicht. Datei: Kanal_a4

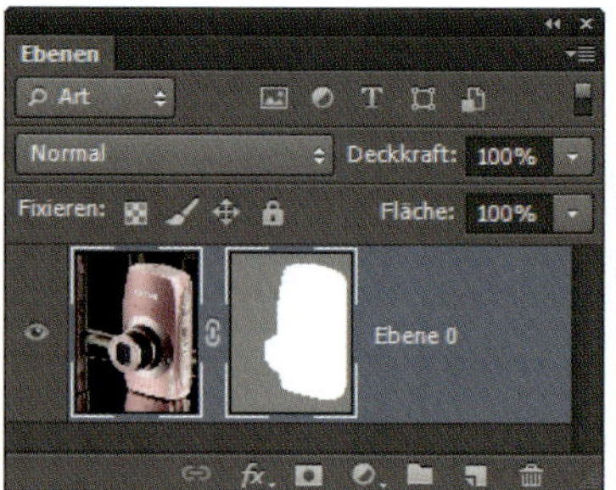

Abbildung 17.7 Der Regler »Weiche Kante« im Masken-Bereich des Eigenschaften-Bedienfelds sorgt für einen sanften Übergang. Die ursprüngliche harte Kante lässt sich jederzeit in alter Präzision wieder herstellen. Der Regler lässt sich gleichermaßen auf Ebenenmasken und Vektormasken anwenden. Sie sehen den Pfad hier als dünne Kontur, er lässt sich mit Strg+H ausblenden.

17.2 Auswahlen als Alphakanal speichern

Sie können Auswahlen speichern und wieder laden. In der Regel legen Sie die Auswahl in einem sogenannten Alphakanal ab: Diese zusätzliche Bildschicht unterlegt Ausgewähltes durch Weiß, nicht Ausgewähltes ist schwarz gekennzeichnet. Statt als Alphakanal lässt sich die Auswahl als Ebenenmaske speichern, sofern es mehr als nur die Hintergrund-Ebene im Bild gibt; Sie haben mit einer Ebenenmaske genauso viel oder sogar mehr Möglichkeiten als beim Speichern als Alphakanal.

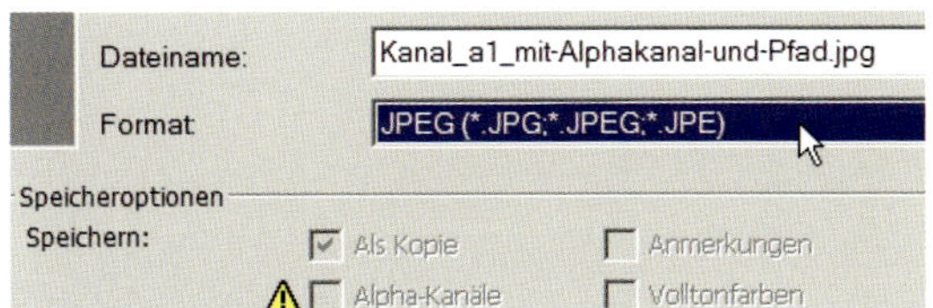

Abbildung 17.8 JPEG-Dateien nehmen keine Alphakanäle auf. Wollen Sie eine Datei mit Alphakanälen in diesen Dateitypen speichern, erscheint im Dialogfeld »Speichern unter« die Option Alpha-Kanäle automatisch blass und abgewählt – das Bild gelangt ohne Alphakanäle und Als Kopie auf den Datenträger (Seite 252). Pfade bleiben jedoch in der JPEG-Datei erhalten.

17.2.1 »Auswahl speichern«

Auf zwei Wegen speichern Sie eine vorhandene Auswahl-Fließmarkierung als Alphakanal:

- Blitzschnell: Sie klicken im Kanäle-Bedienfeld auf das Symbol Auswahl als Kanal speichern. Damit entsteht sofort ein neuer Alphakanal, Sie sehen ihn unten im Kanäle-Bedienfeld.
- Vielseitig: Wählen Sie bei vorhandener Markierung **Auswahl: Auswahl speichern.** Im Dialogfeld können Sie die aktuelle Auswahl mit der Auswahlinformation aus dem Alphakanal verrechnen.

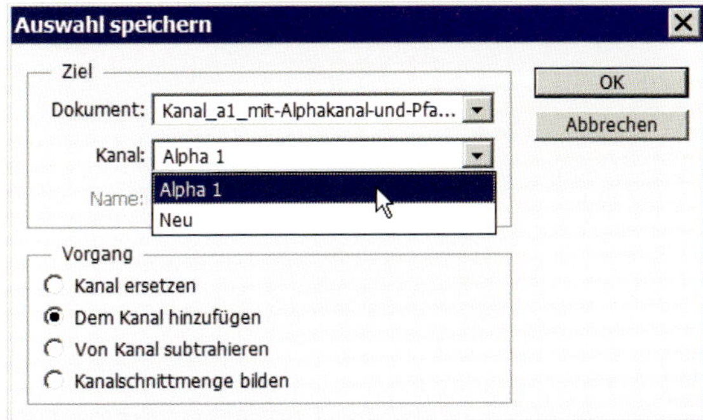

Abbildung 17.9 Beim »Speichern« einer Auswahl als Alphakanal bietet Photoshop verschiedene Verfahren an, sofern bereits ein Alphakanal existiert.

Tipp Brauchen Sie Ihre Auswahl nur für kurze Zeit als Alphakanal? Legen Sie die Auswahl an, dann richten Sie per Taste Q den Maskierungsmodus ein; so erscheint die Auswahl als vorübergehender Alphakanal. Dieses Verfahren bietet exakt dieselben Möglichkeiten und Optionen zur Auswahlbearbeitung wie ein üblicher Alphakanal.

Auswahl schnell mit Ebenen-Funktionen speichern

Besonders flott und ohne Kanäle-Bedienfeld speichern Sie die Auswahl so: Drücken Sie Strg+J. Damit heben Sie den ausgewählten Bereich auf eine neue Ebene. Blenden Sie die neue Ebene bei Bedarf mit dem Augen-Symbol aus. Um die Auswahl zu laden, klicken Sie bei gedrückter Strg-Taste auf die Miniatur der neuen Ebene.

17.2.2 »Auswahl laden«

Der Befehl **Auswahl: Auswahl laden** hievt die Alphakanalinformation als Fließmarkierung ins Bild. Sie können im Dialogfeld Auswahl laden oder im Menü zum Masken-Bereich des Eigenschaften-Bedienfelds vorhandene und neue Auswahlinformationen verrechnen - erweitern Sie zum Beispiel eine im Bild vorhandene Auswahl um die Informationen aus dem Alphakanal. Schneller geht das freilich durch Klicken im Kanäle-Bedienfeld:

- Klicken Sie die Miniatur von Alphakanal oder Ebenenmaske mit gedrückter Strg-Taste an, um diesen Kanal als neue Auswahl zu laden. Eine vorhandene Auswahl verfällt. Alternative: Ziehen Sie den Kanal auf das Symbol Kanal als Auswahl laden.
- Klicken Sie Kanal- oder Maskenminiatur mit Strg+⇧-Taste an, um eine bereits aktive Auswahl um diesen Kanal zu erweitern.
- Klicken Sie Kanal- oder Maskenminiatur mit Strg+Alt-Taste an, um die aktive Auswahl um diesen Kanal zu verkleinern.
- Klicken Sie Kanal- oder Maskenminiatur mit Strg+⇧+Alt-Taste an, wenn Sie als Auswahl die Schnittmenge aus aktiver Auswahl und Alphakanal benötigen.

Routiniers klicken weder in Bedienfeldern noch in Dialogfeldern: Mit Strg+Alt+6 laden Sie bei RGB-Bildern den ersten Alphakanal als Auswahl, mit Strg+Alt+7 den zweiten. Bei CMYK-Dateien beginnt es mit Strg+Alt+7.

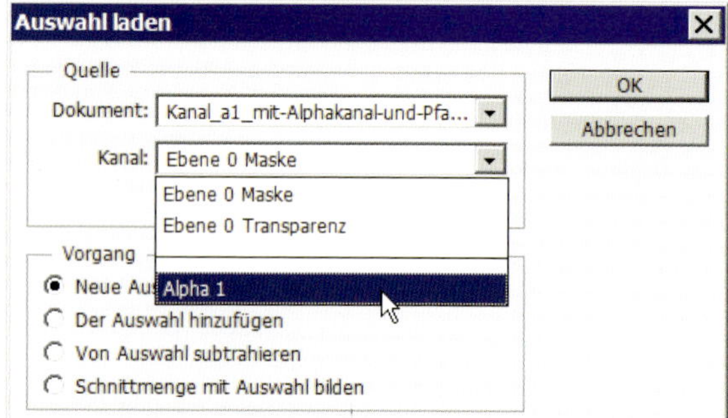

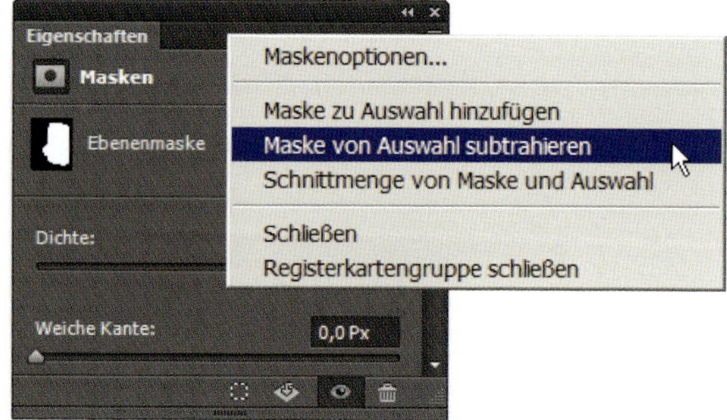

Abbildung 17.10 **Links:** Beim Laden einer Auswahl aus dem Alphakanal per »Auswahl laden« verrechnen Sie die Informationen Alphakanal-Informationen mit einer vorhandenen Auswahl. **Rechts:** Im Masken-Bereich des Eigenschaften-Bedienfelds können Sie Auswahlen aus Ebenen- und Vektormasken laden und ebenfalls mit schon vorhandenen Auswahlen verrechnen.

17.3 Das Kanäle-Bedienfeld

Das Kanäle-Bedienfeld rufen Sie über das **Fenster**-Menü auf.

17.3.1 Kanäle anzeigen und aktivieren

So lassen sich einzelne Kanäle anzeigen und aktivieren:

- Klicken Sie auf die Miniatur eines Kanals, um diesen Kanal anzuzeigen und zu aktivieren, so dass er bearbeitet werden kann. Alle weiteren Alphakanäle und Grundfarbkanäle werden ausgeblendet und deaktiviert. Das gewählte Feld im Kanäle-Bedienfeld erscheint hervorgehoben.

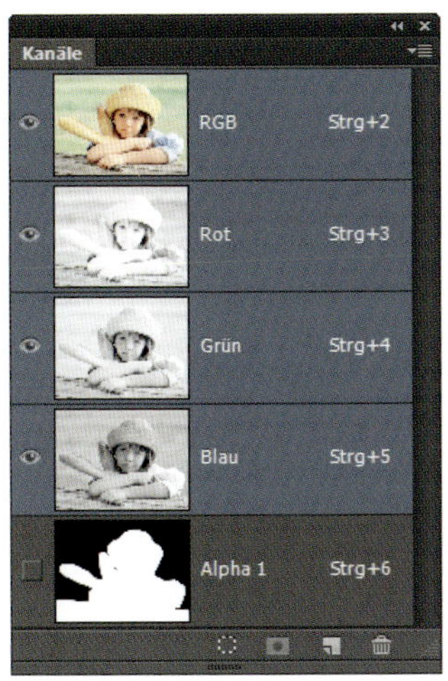

Abbildung 17.11 Wir haben das Hauptmotiv ausgewählt und als Alphakanal »Alpha 1« gespeichert. Die Grundfarbenkanäle sind weiterhin zur Bearbeitung und zur Ansicht freigegeben, der Alphakanal wird momentan weder bearbeitet noch in der Bilddatei eingeblendet. Datei: Kanal_j

- Mit [Strg]+[6] aktivieren Sie bei RGB-Bildern den ersten Alphakanal, mit [Strg]+[7] den zweiten. Bei CMYK-Dateien beginnt es mit [Strg]+[7].
- Klicken Sie auf das Augensymbol neben nicht aktiven Kanälen, um diese Kanäle anzuzeigen, ohne dass sie bearbeitet werden.
- Ziehen Sie in der Augenleiste, um mehrere Kanäle gleichzeitig auszublenden oder wieder hervorzuholen.
- Klicken Sie auf den Namen des Gesamtkanals – etwa RGB –, um das Gesamtbild anzuzeigen und alle Alphakanäle auszublenden und zu deaktivieren, oder drücken Sie [Strg]+[2].
- Aktivieren Sie einen Einzelkanal und fügen Sie dieser Auswahl weitere Kanäle mit gedrückter [⇧]-Taste hinzu.
- Klicken Sie doppelt auf den Namen des Kanals, den Sie umbenennen wollen.

17.3.2 Kanäle verwalten

So organisieren Sie die Kanäle:

- Doppelklick auf die Miniatur eines Auswahlkanals öffnet die Kanaloptionen. Dort ändern Sie die Darstellung.
- Die Reihenfolge der Auswahlkanäle verändern Sie durch Verschieben innerhalb der Kanäleliste; die Grundfarbenkanäle stehen allerdings immer oben.
- Ziehen Sie einen Kanal auf den Mülleimer, um ihn ohne Rückfrage zu entsorgen.
- Klicken Sie einmal auf das Symbol Neuen Kanal erstellen, um ohne Rückfrage einen neuen, leeren Kanal zu erstellen. Ein Klick mit gedrückter [Alt]-Taste präsentiert vorab die Kanaloptionen.
- Klicken Sie bei gedrückter [Strg]-Taste auf das Symbol Neuen Kanal erstellen, um einen neuen Schmuckfarbenkanal zu erzeugen.
- Ziehen Sie einen vorhandenen Kanal auf das Symbol Neuen Kanal erstellen, um diesen zu duplizieren. Das macht Sinn, wenn Sie den Kanal verändern, aber eine Sicherheitskopie zurückbehalten möchten.

Einige dieser Funktionen listet auch das Bedienfeldmenü auf, das Photoshop wie üblich über die Schaltfläche anbietet. Sie sind überdies im Kontextmenü über den Kanalminiaturen zu finden.

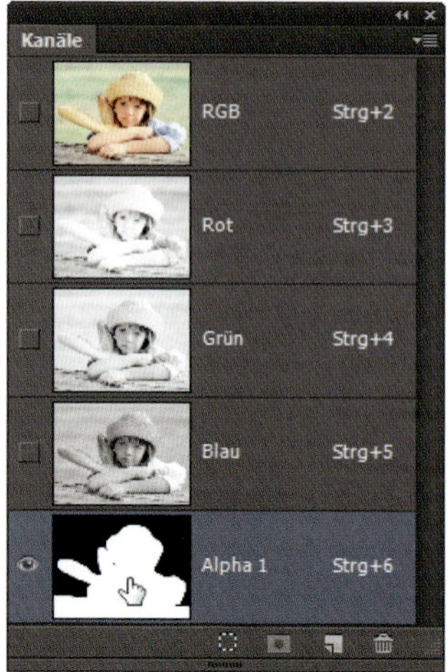

Abbildung 17.12 Ein Klick auf die Miniatur des Alphakanals (hier »Alpha 1«) zeigt und aktiviert ausschließlich diesen Auswahlkanal. Bearbeiten Sie den Auswahlkanal mit Mal- und Retuschewerkzeugen oder mit Korrekturbefehlen. Die Grundfarbkanäle werden hier nicht angezeigt und nicht verändert.

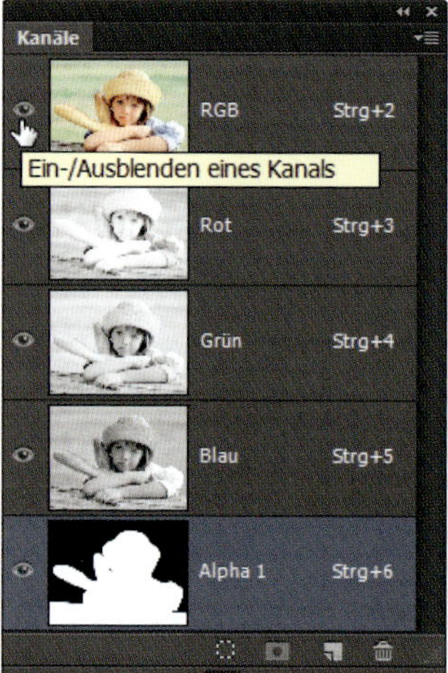

Abbildung 17.13 Ein Klick auf das Augensymbol neben dem Gesamtkanal (hier »RGB«) blendet das Bild zur Orientierung mit ein. Der Alphakanal erscheint jetzt als Schutzlack in der Farbe, die Sie in den »Kanal-Optionen« wählen. Er kann weiterhin bearbeitet werden, das Grundbild ist weiterhin vor Bearbeitung geschützt. Hier erscheint der Alphakanal mit der voreingestellten Option »Farbe kennzeichnet: Maskierte Bereiche« - nicht ausgewählte Bereiche werden also abgedeckt.

17.3.3 Kanäle duplizieren

Vielleicht wollen Sie einen Alphakanal in einem anderen Bild verwenden. Nichts leichter als das:

- Verwenden Sie den Bedienfeld-Befehl **Kanal duplizieren**. Achtung: Diese Datei muss hoch mal quer exakt die gleichen Pixelzahlen aufweisen wie das Ursprungsbild. Sie können als Datei aber auch Neu angeben, um den Kanal in einer neuen Datei abzulegen.
- Einfacher: Ziehen Sie den Alphakanal aus dem Kanäle-Bedienfeld auf ein neues Bild. Die Pixelmaße von Quelle und Zielbild müssen hier nicht übereinstimmen.

- So geht es auch: Laden Sie die Auswahl aus dem Alphakanal im aktuellen Bild per [Strg]-Klick auf die Kanalminiatur. Schalten Sie ein Auswahlwerkzeug wie das Lasso ein, achten Sie oben in den Optionen auf die NEUE AUSWAHL, dann ziehen Sie die Fließmarkierung einfach in die neue Datei.

17.3.4 Befehle im Überblick: Kanäle-Bedienfeld

Taste/Feld	Zusatztasten	Aktion	Ergebnis
			Vorhandene Auswahl in neuem Alphakanal sichern
		Kanal auf Symbol ziehen	Kanal ohne Rückfrage löschen
			Neuen, leeren Kanal ohne Rückfrage erstellen
	[Alt]		Neuen, leeren Kanal erstellen, vorher Optionen sehen
	[Strg]		Neuen Volltonfarbkanal erstellen
			Aktiven Kanal als Auswahl laden
[Kanalminiatur]	[Strg]		Kanal als Auswahl laden
[Kanalminiatur]	[Strg]+[⇧]		Vorhandene Auswahl um Kanalinformation erweitern
[Kanalminiatur]	[Strg]+[Alt]		Vorhandene Auswahl um Kanalinformation verkleinern
[Kanalminiatur]	[Strg]+[⇧]+[Alt]		Auswahlschnittmenge aus vorhandener Auswahl und Kanalinformation bilden
[Strg]	[2]		Gesamtkanal auswählen (z.B. RGB- oder CMYK-Gesamtkanal)
[Strg]	[6] bis [9]		Alphakanal 1 bis 4 aktivieren (bei RGB-Bildern)
[Strg]+[Alt]	[6] bis [9]		Alphakanal 1 bis 4 als Auswahl laden (bei RGB-Bildern)
[Strg]+[Alt] +[⇧]	[6] bis [9]		Alphakanal 1 bis 4 als Auswahl zur vorhandenen Auswahl hinzufügen (bei RGB-Bildern)

17.3.5 Optionen für Alphakanäle

Klicken Sie doppelt auf die Miniatur eines Alphakanals im Kanäle-Bedienfeld, um an die KANALOPTIONEN zu gelangen. Die Vorgaben hier verändern weder das Bild noch den Alphakanal, sondern nur die Darstellung. So steuern Sie FARBE und DECKKRAFT.

Besonders wichtig sind die Optionen unter FARBE KENNZEICHNET.

- MASKIERTE BEREICHE: Diese Vorgabe zeigt den ausgewählten Bildteil im Alphakanal weiß, nicht ausgewählte Partien sind schwarz. Blenden Sie den Alphakanal über das Grundbild, dann wird der nicht ausgewählte Bereich mit Farbe abgedeckt. Nur der Teil innerhalb der Auswahl ist voll sichtbar. Dies ist Photoshops Einstellung ab Werk; bei den eng verwandten Ebenenmasken gibt es keine andere Darstellung. Im Buch verwenden wir durchgängig die Darstellung MASKIERTE BEREICHE.
- AUSGEWÄHLTE BEREICHE: Diese Option zeigt den ausgewählten Bildteil im Alphakanal schwarz, nicht Gewähltes ist weiß. Blenden Sie den Alphakanal über das Grundbild, ist der ausgewählte Bildteil mit der Schutzfarbe abgedeckt.

Fast die gleichen Optionen bietet auch der Maskierungsmodus.

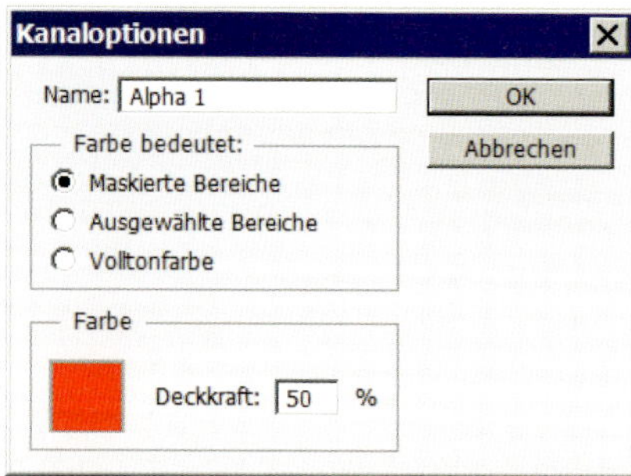

Abbildung 17.14 In den Kanaloptionen regeln Sie die Darstellung des Alphakanals. Hier sehen Sie die Grundeinstellung von Photoshop.

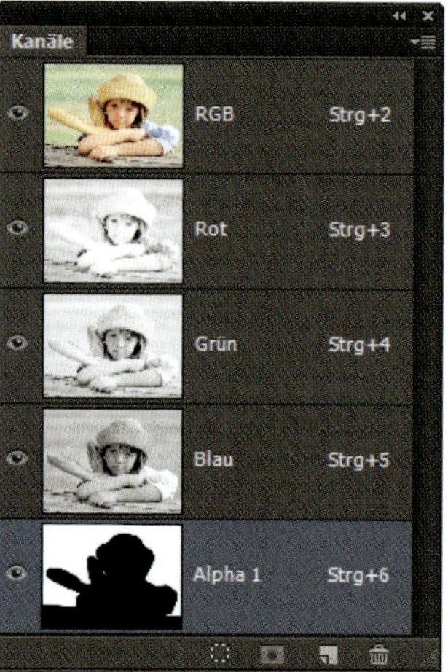

Abbildung 17.15 Wir haben auf »Farbe kennzeichnet: Ausgewählte Bereiche« umgeschaltet. Die Auswahlinformation bleibt unverändert, doch diesmal wird der ausgewählte Teil abgedeckt. Manchmal findet man Auswahlfehler so besser. Das ausgewählte Hauptmotiv erscheint in der Miniatur nun schwarz.

17.4 Retuschen in Alphakanal, Schnellmaske oder Ebenenmaske

Um die Auswahl oder den sichtbaren Bereich zu korrigieren, können Sie in Alphakanal oder Maske malen, füllen, filtern und Kontraste verändern. Klicken Sie zuerst auf den Namen des Alphakanals oder der Maske. Je nach Situation stellen Sie den Alphakanal allein dar oder blenden ihn halbdeckend über das Bild.

Freilich ist Kanalretusche nur zweite Wahl - legen Sie am besten schon die Auswahl so an, dass Sie möglichst wenig Arbeit damit haben: Häufig liefert das Schnellauswahl-Werkzeug mit der Option AUTOMATISCH VERBESSERN exzellente Ergebnisse; ziehen Sie dieses Werkzeug auch bei gedrückter [Alt]-Taste über nicht gewünschte Bereiche. Diese Auswahl verfeinert man dann global per **Kante verbessern** (Seite 587, auch mit weiteren Tipps zur Auswahlveredlung). Nur wenn es dann örtlich noch hapert, rücken Sie Alphakanal oder Ebenenmaske mit Pinsel und Co. auf den Pelz. Denken Sie daran, dass sich der leistungsfähige Befehl **Kante verbessern** auch für Ebenenmasken eignet (dann heißt er Maske verbessern).

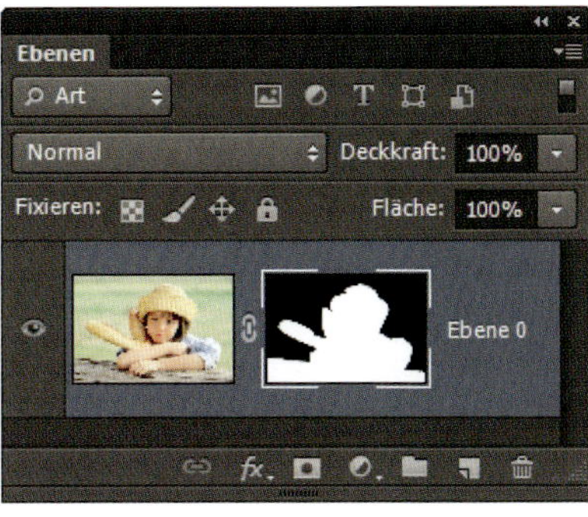

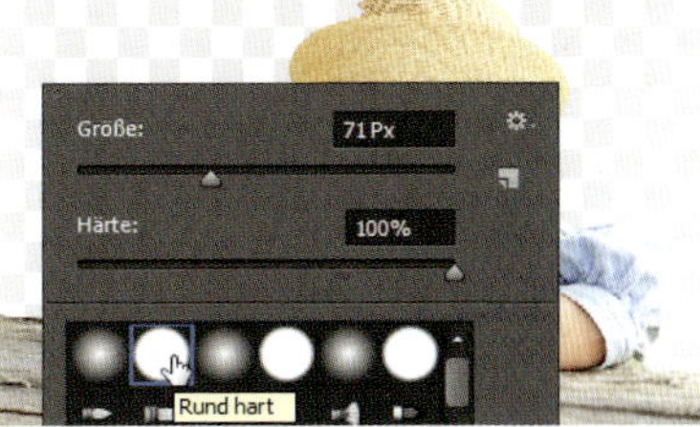

Abbildung 17.16 **Links:** Das Schnellauswahl-Werkzeug wählt das Hauptmotiv flüchtig aus. **Rechts oben:** Wir legen Ebenenmaske an, die »Hintergrund«-Ebene verwandelt sich in eine »Ebene 0«. Die Ebenenmaske ist sofort aktiviert, erkennbar an dem weißen Rahmen um die Miniatur; für die folgenden Maskenretuschen bleibt sie aktiviert. **Rechts unten:** Mit dem B schalten Sie den Pinsel ein. Per Rechtsklick ins Bild liefert Photoshop die Pinselvorgaben, noch schneller geht es per Tastaturbefehl. Für die folgenden Arbeiten an Motivkonturen verwenden Sie eine runde, harte Spitze. Datei: Kanal_j

17.4.1 Übersicht

So retuschieren Sie im Alphakanal oder in der Ebenenmaske, wenn Sie die übliche Vorgabe Farbe kennzeichnet: Maskierte Bereiche verwenden:

- Pinseln oder füllen Sie mit Schwarz: Die Auswahl wird kleiner oder der sichtbare Bereich der Ebene nimmt ab.
- Pinseln oder füllen Sie mit Weiß: Sie vergrößern die Auswahl, von der Ebene ist mehr zu sehen.
- Erstellen Sie im Auswahlkanal einen Verlauf von Schwarz nach Weiß, ist das Bild von Schwarz nach Weiß stärker ausgewählt oder sichtbar.

Abbildung 17.17 Diese Kante müsste eigentlich schnurgerade verlaufen. Wir klicken einmal ganz links, bewegen den Mauszeiger nach rechts, drücken die ⇧-Taste und klicken ein zweites Mal: Photoshop verbindet die beiden Klickpunkte durch eine Gerade. So markieren Sie Geraden in Verpackungs- und Architekturfotos. Wollen Sie etwas vom per Maske verborgenen Bildteil sehen, senken Sie die »Dichte« im Eigenschaften-Bedienfeld; später heben Sie die »Dichte« wieder auf 100 Prozent.

Tipp Bevor Sie einen gelungenen Auswahlkanal weiter manipulieren, duplizieren Sie ihn und arbeiten Sie mit der Kopie weiter. Dazu ziehen Sie die Kanalminiatur auf das Symbol NEUEN KANAL ERSTELLEN unten im Kanäle-Bedienfeld.

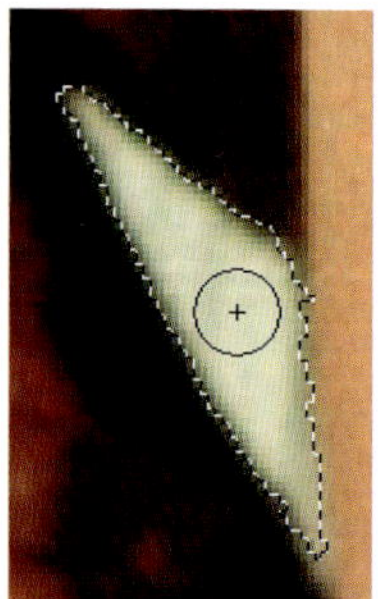

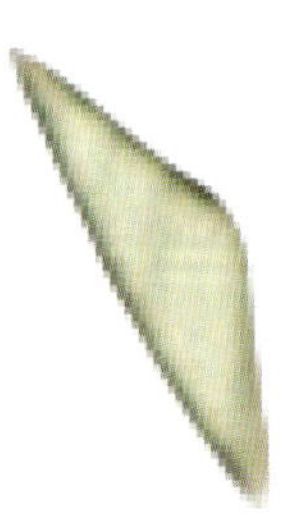
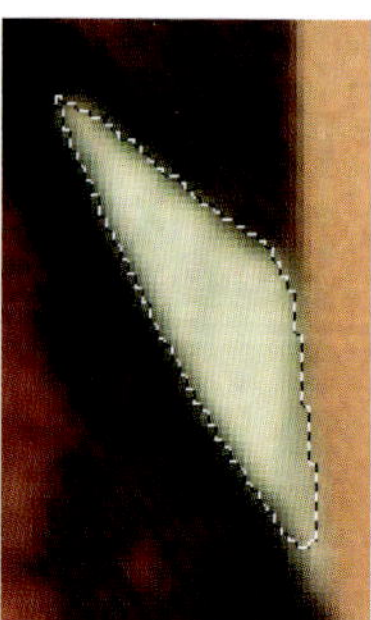

Abbildung 17.18 **Ganz links:** Dieser Bereich muss noch transparent werden. Wir wählen ihn mit der Schnellauswahl aus. Spitze Ecken sind allerdings nicht die Stärke dieses Werkzeugs. **2. Bild:** Wir öffnen »Kante verbessern« und stellen den Außenbereich weiß überdeckt dar. **3. Bild:** Wir heben die Werte für »Abrunden« und »Kontrast« in »Kante verbessern«. **4. Bild:** Wir haben in »Kante verbessern« auf »OK« geklickt. **Ganz rechts:** Die Ebenenmaske war noch aktiviert und wurde im ausgewählten Bereich schwarz gefüllt, so dass dort Transparenz erscheint. Die Ecke unten muss noch mit Pinsel und Schwarz nachgearbeitet werden. Alternativ legen Sie die gesamte Auswahl gleich mit dem Polygon-Lasso an.

Abbildung 17.19 Wir haben das Hauptmotiv vor eine neue Datei gezogen. Dabei wandert die Ebenenmaske automatisch mit. Sie könnten auch das gesamte nicht freigestellte Foto ins Zielbild ziehen und dann erst mit Auswählen und Freistellen beginnen – so erkennen Sie den Übergang in die geplante Umgebung von Anfang an.

Farbwahl

Sobald Alphakanal oder Ebenenmaske aktiviert sind, gilt Weiß als Standard-Vordergrundfarbe: Drücken Sie also das D (für Default Colors, Standardfarben), richtet Photoshop ausnahmsweise nicht Schwarz, sondern Weiß als Vordergrundfarbe ein. Damit vergrößern Sie den ausgewählten Bereich in einem Alphakanal. Um Schwarz zu erhalten, drücken Sie X (für Exchange), die Kurztaste für den Austausch von Vorder- und Hintergrundfarbe.

Retusche bei eingeblendetem Originalbild

Wenn Sie den Alphakanal bei eingeblendetem Original bearbeiten, erscheint er rötlich über der Datei. Doch auch jetzt retuschieren Sie den Kanal mit Weiß und Schwarz. Es gilt:

- Pinseln Sie mit Weiß ins Bild, um weitere Bereiche in die Auswahl hineinzunehmen – das Rot schwindet.
- Pinseln Sie mit Schwarz, um die ausgewählte Zone zu verkleinern. Sie sehen mehr Rot über der Datei, aber Kanal oder Maske erhalten tatsächlich schwarze Farbe.

17.4.2 Der bequemste Weg?

Viele Wege führen zur Auswahl, doch welcher ist der bequemste? Fließmarkierung, Schnellmaske, Pfad, Alphakanal oder Ebenenmaske? Eine Ebenenmaske lässt sich komfortabler retuschieren als Alphakanal oder Schnellmaske. In diesem Beispiel wählen wir in einem normalen Bild, das nur aus einer Hintergrund-Ebene besteht, einen komplexen Bereich aus:

1. Je nach Vorlage wählen Sie grob das Hauptmotiv oder seinen Hintergrund aus, zum Beispiel mit der Schnellauswahl.
2. Letztlich sollte der Motivhintergrund ausgewählt sein. Haben Sie also bisher ins Hauptmotiv selbst geklickt, wählen Sie **Auswahl: Auswahl umkehren** (Strg+⇧+I).
3. Klicken Sie auf Kante verbessern, um die Auswahl weiter zu glätten.
4. Letztlich ist eine Ebenenmaske am bequemsten. Wandeln Sie die Auswahl also direkt aus dem Kante verbessern-Dialog heraus in eine Ebenenmaske um (auch bei Hintergrund-Ebenen). Alternativ klicken Sie unten im Ebenen-Bedienfeld auf Ebenenmaske hinzufügen.
5. Sie sehen Ihr Hauptmotiv nun eventuell vor dem Karomuster, mit dem Photoshop Transparenz signalisiert. Wenn Sie das Karomuster stört, ändern Sie es (Strg+K, Transparenz/Farbumfang-Warnung) oder legen Sie eine weiße oder graue Füllebene unter die Bildebene.
6. Bearbeiten Sie die Ebenenmaske. Sie können den aktuellen Stand jederzeit mit Strg+S zwischenspeichern.

Tipp Ziehen Sie komplizierte Motive als ganzes Bild über den geplanten neuen Hintergrund, legen Sie dort eine Ebenenmaske an und beginnen Sie erst jetzt mit dem Freistellen per Ebenenmaskenretusche. Sie erkennen so frühzeitig, was noch unschön auffällt und wo sich weitere Detailarbeit nicht unbedingt lohnt.

17.4.3 Pinsel- und Füllfunktionen bei Masken und Alphakanälen

Wollen Sie zusammengehörende Flächen in die Auswahl hineinnehmen, so markieren Sie diese rasch mit dem Auswahlrechteck oder mit dem Polygon-Lasso. So füllen Sie die Auswahl im Auswahlkanal besonders zügig:

- Die Entf-Taste setzt die Hintergrundfarbe ein, in Maske und Alphakanal zunächst Schwarz, die Auswahl verkleinert sich.
- Alt-Taste+Entf setzt die Vordergrundfarbe ein, in Maske und Alphakanal zunächst Weiß, die Auswahl wird größer.

Abbildung 17.20 Das Porträt wird samt grauem Studiohintergrund vor die Sportszene gezogen, in ein Smartobjekt verwandelt und dann bei gedrückter ⇧-Taste auf die passende Größe transformiert. Wir verfeinern die erforderliche Maske hier ohne Pinselretusche. Datei: Kanal_d

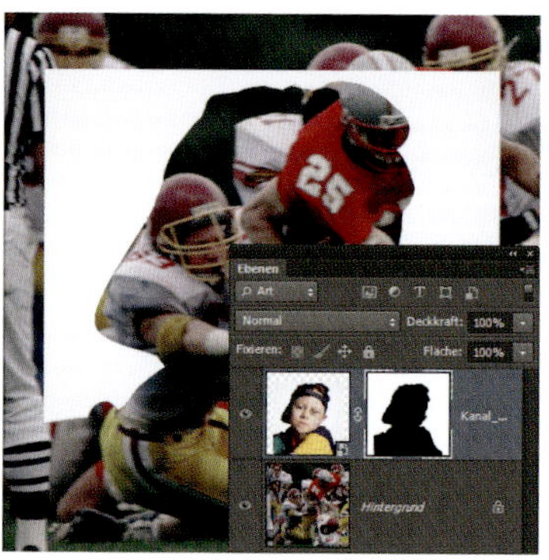

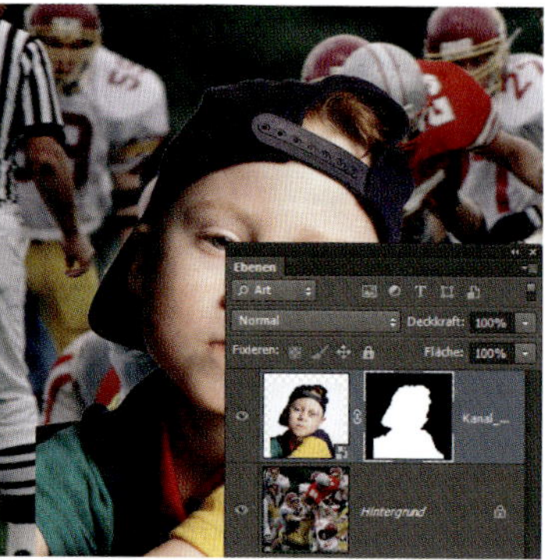

Abbildung 17.21 **Links:** Wir wählen den Studiohintergrund mit dem Schnellauswahlwerkzeug bequem aus. **Mitte:** Ein Klick auf die Schaltfläche »Ebenenmaske hinzufügen« unten im Ebenen-Bedienfeld erzeugt eine Maske, die das Gesicht verdeckt. **Rechts:** Wir haben die Maske mit Strg+I umgekehrt, nun steht wie gewünscht das Porträt freigestellt. Dies könnte schon fast unser Endergebnis sein, allerdings sieht man noch weiße Nahtkanten zum Beispiel rund um die Kappe.

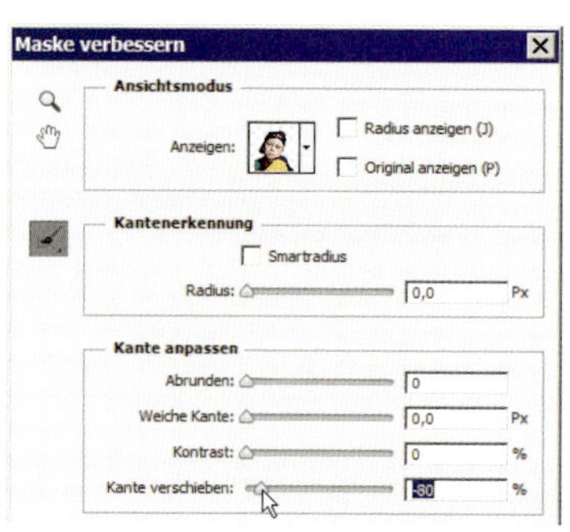

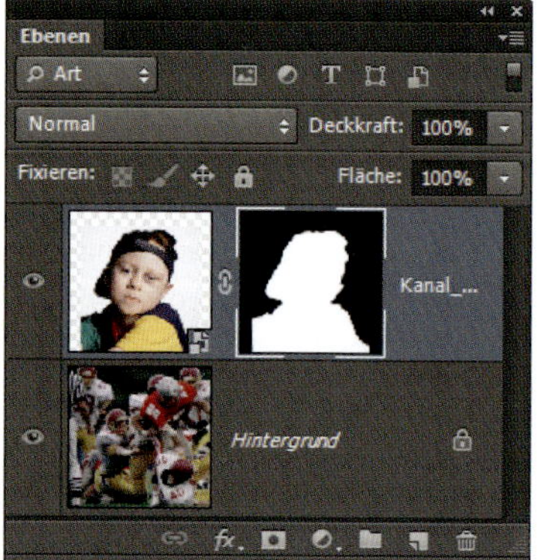

Abbildung 17.22 Wählen Sie »Auswahl: Maske verbessern« mit der »Anzeigen«-Option »Auf Ebenen« (L). So sehen Sie die Originalmontage ohne störende Überlagerungen. Ziehen Sie den Regler »Kante verschieben« auf minus 80 Prozent. So verschwindet die weiße Schnittkante; verfeinern Sie eventuell mit den anderen Reglern. Die Änderung per »Kante verbessern« lässt sich allerdings nicht verlustfrei zurückregeln. Außerdem: Sie können zwar die Größe des Porträts verlustfrei klein- und wieder großtransformieren. Die Ebenenmaske verändert sich mit, aber nicht verlustfrei. Nach einer Verkleinerung kann man sie nicht mehr auf die alte Präzision vergrößern. Datei: Kanal_d

Geglättete und weiche Kanten retuschieren

Bei normalen Fotomontagen arbeiten Sie mit geglätteten Auswahlkanten (Seite 566); die erkennen Sie in Alphakanal oder Maske an dem hauchdünnen grauen Übergang zwischen Schwarz und Weiß. Retuschieren Sie einen Auswahlrand in Kanal oder Ebenenmaske, müssen Sie die gleiche Glättung erreichen: Zu harte Pinselvorgaben lassen die Auswahl an der retuschierten Stelle abrupt enden, zu weiche Spitzen stellen allzu sanfte Übergänge her.

So retuschieren Sie geglättete Konturen im Alphakanal oder in der Ebenenmaske besonders unauffällig:

- Entstand die Auswahl mit der GLÄTTEN-Funktion von Lasso oder Zauberstab? Dann verwenden Sie den Pinsel (Kurztaste B) mit 100 Prozent HÄRTE. Nur so entsteht der hauchdünne weiche Rand, der zur geglätteten Auswahl passt. Die Härte einer Pinselvorgabe stellen Sie nach Rechtsklick ins Bild ein. Die Kanten der Schnellauswahl wirken eventuell etwas weicher.
- Retuschieren Sie an einer harten Auswahl ohne jede glatte Kante, zum Beispiel bei Grafiken, Screenshots oder Strichzeichnungen, dann bearbeiten Sie die Maske mit dem Buntstift.
- Zu Auswahlen mit sehr weicher Kante: Hier probieren Sie es mit reduzierter HÄRTE in den Pinseloptionen; oder Sie malen erst mit harter Pinselvorgabe, markieren den noch aufzuweichenden Bereich mit dem Lasso bei WEICHER KANTE und soften den Übergang später mit dem **Gaußscher Weichzeichner** ab. Alternative: Verlängern Sie eine weiche Auswahlkante im Alphakanal durch Pixelkopie per Kopierstempel (Seite 389) oder durch Duplizieren eines Auswahlbereichs, den Sie seinerseits mit weicher Kante erstellt haben.

Achtung Wollen Sie halbtransparente Übergänge erzeugen, liegt es scheinbar nahe, für die Maskenretusche per Pinsel zum Beispiel reines Schwarz zu wählen und dann per Zifferntaste oder Grafiktablett permanent niedrigere DECKKRAFT-Werte wie 30 oder 70 Prozent einzustellen. Übermalen Sie nun aber Stellen mehrfach, addieren sich dort Helligkeitswerte auf; Sie erhalten ungleichmäßige Ergebnisse mit wechselnder Deckkraft. Abhilfe: Arbeiten Sie nicht mit Schwarz, sondern direkt mit verschiedenen Grautönen; die klicken Sie bequem auch im Farbfelder-Bedienfeld an.

17.4.4 Motivteile in Alphakanal oder Ebenenmaske

Mitunter ist es zu aufwändig, ein Objekt mit Schnellauswahl, Lasso und Maskenretusche zu markieren. Stattdessen überträgt man gleich das ganze Foto in die Maske und passt es dort an. Auf verschiedene Arten bringen Sie den kompletten Bildinhalt in Alphakanal oder Ebenenmaske:

- Wählen Sie das Gesamtbild mit Strg+A aus, kopieren Sie es mit Strg+C in die Zwischenablage, legen Sie einen neuen, leeren Alphakanal oder eine neue Ebenenmaske an und fügen Sie das Bild aus der Zwischenablage mit Strg+V ein; es erscheint in Graustufen.
- Alternative: Laden Sie die Bildinformation als Auswahl, indem Sie bei gedrückter Strg-Taste auf die Miniatur des Gesamtkanals im Kanäle-Bedienfeld klicken, zum Beispiel auf RGB (also nicht auf die Miniatur im Ebenen-Bedienfeld). Mit einem Auswahlwerkzeug wie dem Lasso ziehen Sie diese Fließmarkierung über das Zielbild und erzeugen dort einen neuen Alphakanal oder eine neue Ebenenmaske.

Setzen Sie zum Beispiel Wolken in den Alphakanal oder in die Ebenenmaske ein. Wo Weiß im Alphakanal oder in der Maske ist, werden die Wolken ausgewählt bzw. sie sind sichtbar. Wo Kanal oder Maske dunkel erscheinen, weil das Original dort blauen Himmel zeigte, wird wenig oder nichts ausgewählt oder angezeigt.

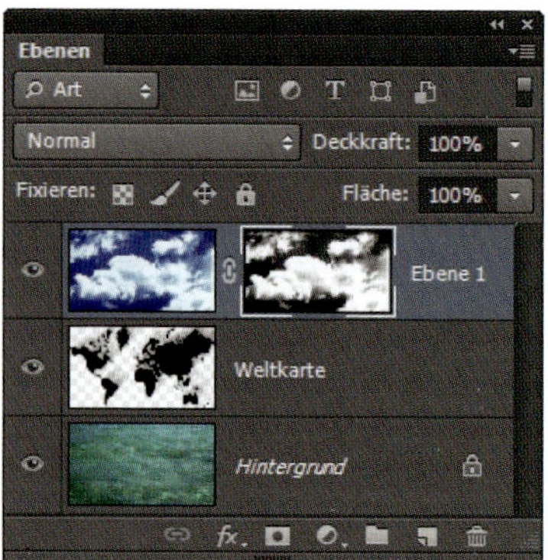

Abbildung 17.23 Das Wolkenfoto wurde über die Montage mit der Weltkarte gelegt, so dass es zunächst die gesamte Bildfläche überdeckte. Im Kanäle-Bedienfeld haben wir bei gedrückter Strg-Taste auf den Grünkanal geklickt, in dem Wolken und blauer Himmel besonders stark kontrastierten. Anschließend haben wir die Wolkenebene aktiviert und auf die Schaltfläche »Ebenenmaske hinzufügen« geklickt. Die Wolken erscheinen jetzt als Ebenenmaske. Weil der blaue Himmel in der Graustufen-Ebenenmaske dunkel ist, wird dieses Blau im Gesamtbild unterdrückt, während die helleren Wolken gut herauskommen – Karte und Wasser scheinen durch. Die Kontraste in der Ebenenmaske wurden noch mit der »Tonwertkorrektur« verstärkt, so dass die Maske tatsächlich reines Schwarz und Weiß enthält. Datei: Kanal_g

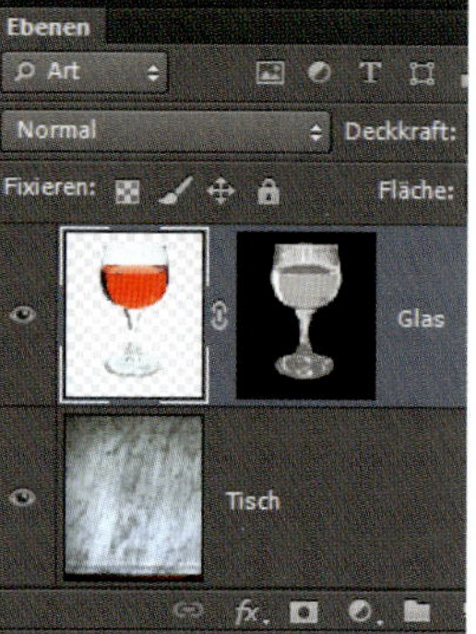

Abbildung 17.24 **Links:** Das Weinglas wurde ohne transparente Bereiche ausgewählt und montiert. **Mitte:** Wir kopieren das Glas in die umgekehrte Ebenenmaske und verwenden es als Auswahl; aber auch dieses Bild überzeugt nicht. **Rechts:** Wir haben einzelne Helligkeitsbereiche der Ebenenmaske kontrastkorrigiert. Datei: Kanal_f1

17.4.5 Teiltransparente Auswahlen

Graustufen in Alphakanälen oder Ebenenmasken sorgen für halbtransparente Bereiche. Sie helfen nicht nur bei geglätteten Kanten, sondern auch bei halbdurchsichtigem Glas, bei durchscheinendem Haar und wenn Sie etwas stufenlos ein- oder ausblenden möchten.

Ist ein Bildteil mit einem grauen Bereich im Alphakanal unterlegt und laden Sie diesen Kanal als Auswahl, dann wirkt sich ein Filter oder eine Montage dort nur teilweise aus: Das Originalbild bleibt blass erhalten, die gefilterte Version liegt transparent darüber.

Abbildung 17.25 **Links:** Wir wählen die linke obere Ecke der Uhrenebene mit dem Zauberstab aus. **Mitte:** Wir aktivieren die Ebenenmaske und füllen den zuvor ausgewählten Bereich mit Schwarz; so wird auch in diesen Ecken die Uhren-Ebene verborgen, der Hintergrund erscheint. Dateien: Kanal_e

Kapitel 18
Pfade & Formen

Pfade liegen über dem eigentlichen Bild und werden unabhängig von den Pixeln selbst korrigiert. Pfade können Sie in Photoshop vielseitig verwenden:

- als Grundlage für das Auswählen eines Bildteils,
- als Kontur, die Photoshop mit einem beliebigen Mal- oder Retuschewerkzeug umrandet oder füllt,
- als Vektormaske, die einer Ebene zugeordnet ist und die Ebene außerhalb des Pfadumrisses verbirgt.

Dabei können Sie übliche Bildpunktbereiche eingrenzen oder – als »Form« – Figuren nur aus Farbflächen und Ebeneneffekten aufbauen. Verwenden Sie einen offenen Pfad als Grundlinie für Punkttext, einen geschlossenen Pfad als Rahmen für Absatztext oder als Beschneidungspfad, der einem Layoutprogramm die Begrenzungen eines frei ausgeschnittenen Bildteils angibt – Objekte erscheinen freigestellt und ohne Rechteckkasten auf der Seite.

18.1 Einstieg

Pfade sind nur Hilfslinien, sie werden nicht gedruckt. Sie setzen sich vielmehr zusammen aus Ankerpunkten und den Linien dazwischen.

Pfade entstehen auf verschiedene Arten:

- Sie erstellen einen Pfad mit Zeichenstift oder Freiform-Zeichenstift .
- Sie erstellen eine Form (also einen sofort geschlossenen Pfad) mit einem Formwerkzeug wie »Abgerundetes Rechteck« oder »Eigene Form« .
- Sie wandeln die aktive Auswahl in einen Pfad um.
- Sie verwandeln eine Textebene mit dem Untermenü **Schrift: In Form umwandeln** oder **Schrift: Arbeitspfad erstellen**.

Abbildung 18.1 Pfade eignen sich besonders für geschwungene Formen, für harte Ecken und Geraden. Der Pfad definiert hier die Konturen des zuvor ausgewählten Bildobjekts. Als Vektormaske, die auf dem zuvor gespeicherten »Pfad 1« basiert, verbirgt er die Bereiche im Hintergrund. Zusätzlich wurde die Ebene noch mit einem Ebenenstil versehen, der ebenfalls die Kontur der Vektormaske berücksichtigt. Datei: Pfad_01

Mit Pfadtechniken erstellen Sie einfach fließende und präzise Formen, die sich gut nachbearbeiten lassen; diese Formen bekommen Sie mit pixelorientierten Werkzeugen wie Lasso oder Pinsel kaum hin. Auch Auswahlkanten, die unschön ausfransen, lassen sich mit einem Pfad elegant glätten. Besonders empfiehlt sich die Pfadtechnik für flüssige Umrisse, Geraden und harte Ecken. Keinesfalls eignen sich Pfadfunktionen für weiche Übergänge oder komplexe Umrisse, etwa einen Haarschopf.

Tipp Die Figuren der Pfad- und Formwerkzeuge docken bei Bedarf magnetisch an Hilfslinien, Grundraster oder Bildgrenzen an. Die entsprechenden Vorgaben machen Sie im Untermenü **Ansicht: Ausrichten an** und mit dem Befehl **Ansicht: Ausrichten**.

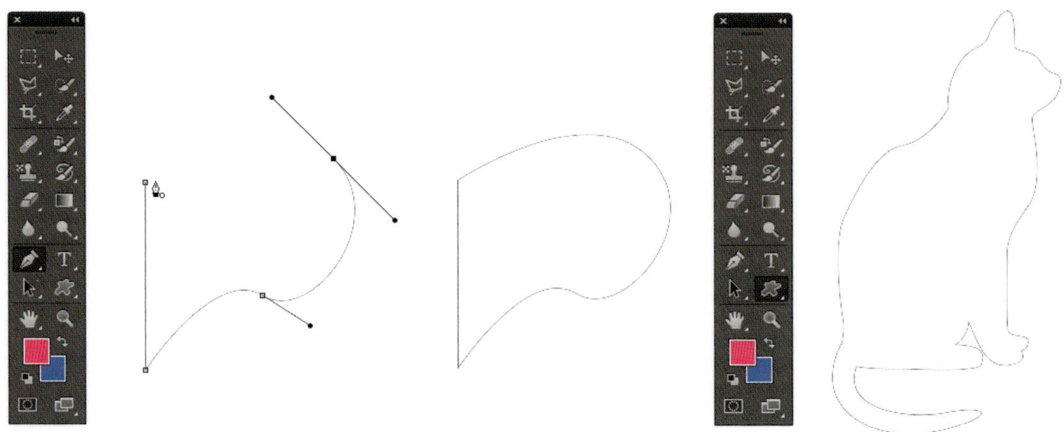

Abbildung 18.2 **Links:** Dieser offene Pfad kann nur mit einem Pfadwerkzeug wie Zeichenstift oder Freiform-Zeichenstift entstehen. Der Kreis neben dem Werkzeugsymbol zeigt, dass der Zeichenstift sich über dem ersten Punkt des Pfads befindet, er kann per Klick geschlossen werden. **Mitte:** Hier wurde der offene Pfad mit dem Zeichenstift geschlossen; eine solche Figur könnte auch als Form gespeichert und mit dem Werkzeug »Eigene Form« ins Bild gesetzt werden. **Rechts:** Die Figur wurde als Vorgabe aus der Formenbibliothek gewählt und mit dem Werkzeug »Eigene Form« und der Option »Pfad« aufgezogen. Sie könnte jedoch auch Ankerpunkt für Ankerpunkt mit einem Zeichenstiftwerkzeug gezeichnet werden.

18.1.1 Dateiformate

Am Mac können Sie Pfade in vielen Dateiformaten speichern, unter Windows sind Sie auf die Formate PSD, JPEG, EPS, DCS, PDF und TIFF beschränkt. Allerdings: Der Pfad kann verloren gehen, wenn Sie eine Datei mit Pfad in einem anderen Programm neu speichern. Gegenüber einem Alphakanal bietet ein Pfad die Möglichkeit, Auswahlen besonders speichersparend zu sichern.

Tipp Ein schlichter Pfad, den Sie noch nicht als Beschneidungspfad definiert haben, wird von Layout-Programmen mitunter als Freistellpfad interpretiert; Bildteile außerhalb des Pfads erscheinen also nicht mehr auf der Seite. Löschen Sie den Pfad im Zweifelsfall.

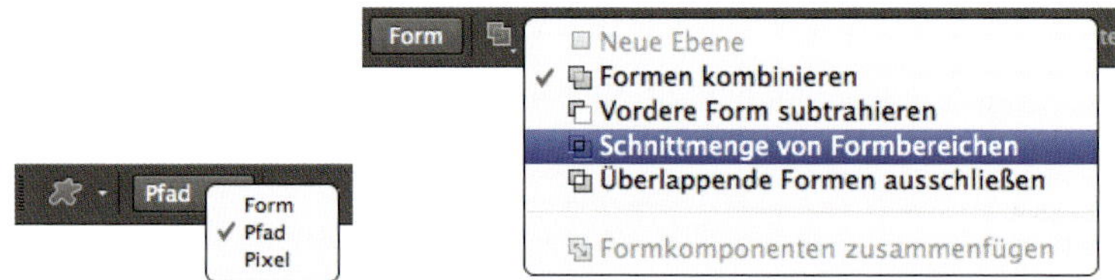

Abbildung 18.3 **Links:** So beginnt die Arbeit mit einem Pfad: Sie haben ein Pfad- oder Formwerkzeug gewählt, aber noch keine Figur ins Bild gesetzt. In der Optionenleiste wählen Sie, ob Sie eine »Form«, einen »Pfad« oder eine mit »Pixel« gefüllte Fläche erstellen. **Rechts:** So geht die Arbeit mit dem Pfad weiter, wenn eine erste Figur bereits im Bild ist. Entscheiden Sie, wie Sie neue Pfadteile mit dem vorhandenen Pfad kombinieren.

18.2 Pfade oder Formen beginnen

In diesem Abschnitt besprechen wir, wie Sie einen Pfad neu anlegen.

18.2.1 Verschiedene Pfadergebnisse

Schon bevor Sie den Pfad ins Bild klicken, bestimmen Sie in den Optionen zum Pfad- oder Formwerkzeug Ihr Ziel:

Form ✓ Pfad Pixel	Ein neuer Arbeitspfad: Sie wählen im Klappmenü Werkzeugmodus auswählen die Option Pfad. Die aktuelle Ebene bleibt unverändert.
✓ Form Pfad Pixel	Eine neue Form: Es entsteht eine neue Vektorform, die automatisch mit der eingestellten Vordergrundfarbe gefüllt ist. Sie wählen also nun im Klappmenü Werkzeugmodus auswählen die Option Form. Die aktuelle Ebene bleibt unverändert, die Form erscheint auf einer eigenen Vektor-Ebene.
Form Pfad ✓ Pixel	Eine gerasterte, gefüllte Figur auf der aktuellen Ebene: Nutzen Sie die Option Pixel im Klappmenü Werkzeugmodus auswählen. Die aktuelle Ebene wird verändert, Sie können das Ergebnis nicht mit Pfadtechnik umformen.

18.2.2 Einen Pfad oder eine Form beginnen

Planen Sie einen neuen Pfad oder eine neue Form, rufen Sie zuerst mit dem **Fenster**-Menü das Pfad-Bedienfeld auf. Vorhandene Pfade werden dort aufgelistet. So zeichnen Sie einen Pfad oder eine Form:

1. Falls Sie soeben an einem Pfad gearbeitet haben, schließen Sie die Bearbeitung per ↵ ab.
2. Falls bereits ein Pfad aktiviert ist, heben Sie diese Auswahl auf, indem Sie in den Freiraum des Pfad-Bedienfelds klicken; der Pfad verschwindet.
3. Entscheiden Sie in den Optionen, ob Sie einen Pfad oder eine Form auf neuer Ebene anlegen wollen (siehe vorhergehender Abschnitt).
4. Klicken Sie unten im Pfade-Bedienfeld auf das Symbol Neuen Pfad erstellen. Im Pfade-Bedienfeld erscheint eine Miniatur für den neuen Pfad.
5. Wählen Sie in der Werkzeugleiste eines der Pfad- oder Formwerkzeuge, mit denen man einen Pfad beginnen kann (nächste Abschnitte).
6. Setzen Sie Punkte für den Pfad oder ziehen Sie eine neue Form auf.
7. Falls Sie einen offenen Pfad schließen möchten, klicken Sie wieder auf den zuerst gesetzten Punkt; dabei erscheint ein Kreis neben dem Zeichenstift.

Tipp Wollen Sie lange Geraden anlegen, helfen magnetische Raster oder Hilfslinien bei der Pfadarbeit.

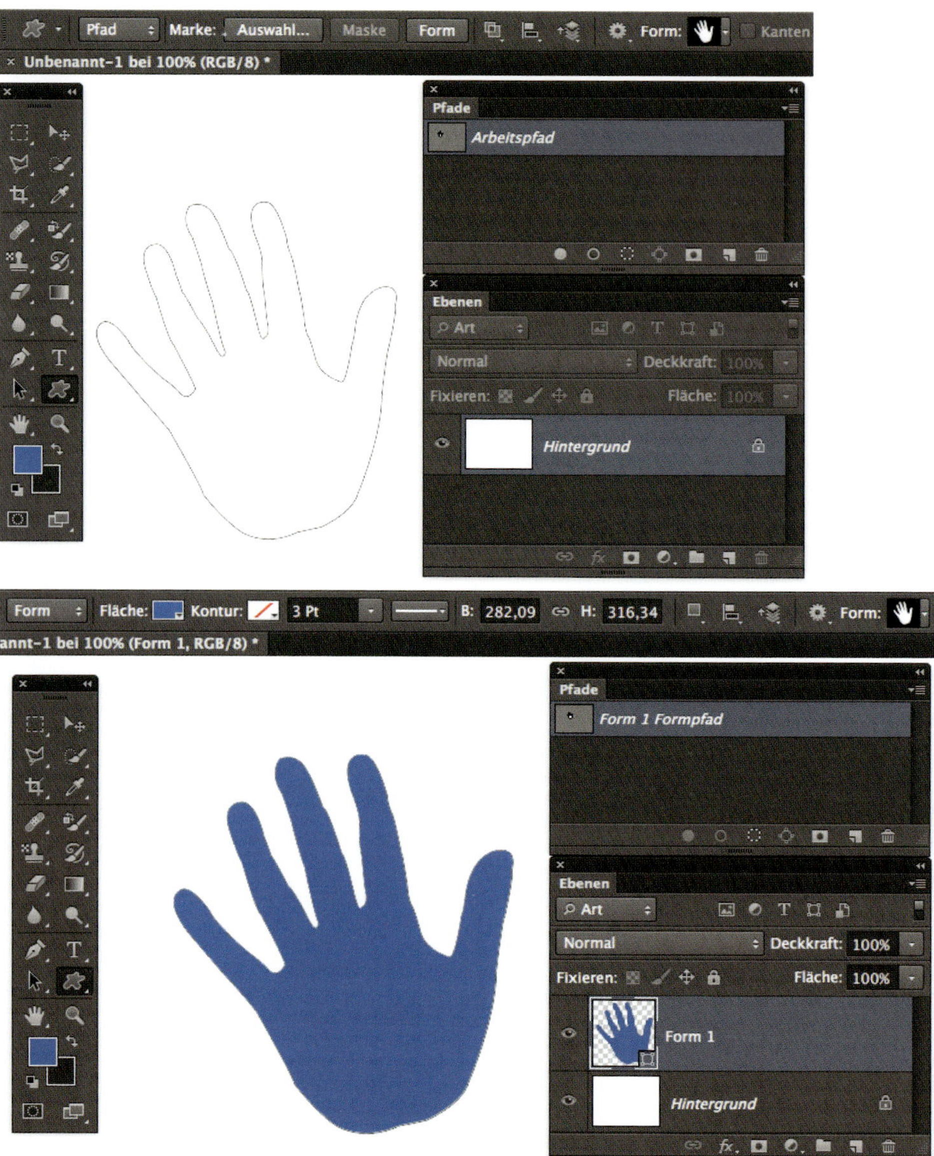

Abbildung 18.4 **Oben:** Ausgangsbasis für dieses Bild war eine weiße Hintergrundebene. Wir haben das »Eigene-Form-Werkzeug« eingeschaltet. In der Optionenleiste wählten wir die Vorgabe »Pfad« und eine Figur im Klappmenü »Form«. Das Pfade-Bedienfeld zeigt einen neuen »Arbeitspfad«. Sie können den Arbeitspfad füllen, nachzeichnen, als Auswahl verwenden oder in eine Vektormaske umwandeln. **Unten:** Dieses Bild entstand ebenfalls mit dem »Eigene-Form-Werkzeug«. Hier wurde die Vorgabe »Form« gewählt. Das Ebenen-Bedienfeld zeigt die neue Ebene »Form 1«. Im Pfade-Bedienfeld erscheint der »Form 1 Formpfad«.

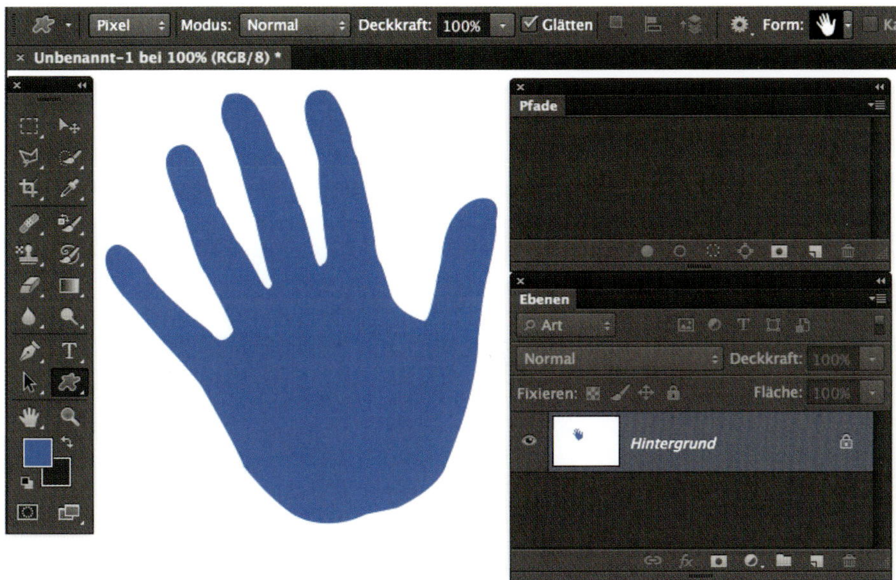

Abbildung 18.5 Dieses Bild begann mit weißer Hintergrundebene und dem »Eigene-Form-Werkzeug«. In den Optionen klicken wir auf »Pixel«, bevor wir den Mauszeiger diagonal über das Bild ziehen. Photoshop füllt die »Hintergrund«-Ebene sofort mit der aktuellen Vordergrundfarbe, hier mit Blau; die ursprünglichen Bildpunkte an dieser Stelle sind verloren. Es entstehen kein Pfad und keine neue Ebene.

Beginnen ohne »Neuen Pfad«

Sie können auch mit einem Zeichenstift- oder Formwerkzeug loslegen, ohne zuerst einen neuen leeren Pfad zu erstellen. Es gilt:

- Erstellen Sie den neuen Pfad, während ein anderer Pfad aktiv ist, ergänzt der neue Pfad den vorhandenen als Pfadsegment; bisheriger Pfad und neues Pfadsegment erscheinen also in einer einzigen Miniatur im Bedienfeld.
- Ist kein Pfad aktiv, entsteht beim ersten Klick ein »Arbeitspfad«.

Achtung Vorsicht: Ein »Arbeitspfad« kann leicht mit späteren Pfaden vermischt werden. Sie sollten ihn deshalb über das Menü des Pfade-Bedienfelds als »Pfad speichern«, alternativ durch Doppelklick auf die Miniatur des »Arbeitspfads« im Bedienfeld.

18.2.3 Formebenen rastern

Möchten Sie Formen mit Pinseln, Füllfunktionen, Korrekturbefehlen (**Bild: Korrekturen**) oder mit **Filter**-Befehlen bearbeiten, müssen Sie den Pfad in eine neue Pixelebene verwandeln. Photoshop bietet das Rastern automatisch an, wenn Sie bei aktivierter Form- oder Textebene einen **Filter**-Befehl wählen.

Im Zusammenhang mit Formebenen interessieren uns die folgenden Befehle aus dem Untermenü **Ebene: Rastern**:

- Der Befehl **Ebene: Rastern: Form** wandelt die Form in Pixel um. Sie können also die Umrisse nicht mehr mit dem Zeichenstift korrigieren.

- Der Befehl **Ebene: Rastern: Füllfläche** verwandelt die bisherige eigene Form in eine neue Bildpunktebene, die dauerhaft in voller Fläche mit Pixeln der eingestellten Vordergrundfarbe gefüllt wird – je nach bisheriger Füllebene mit einer Einzelfarbe, mit Verlauf oder Muster. Zudem legt Photoshop eine Vektormaske an, wodurch die bisherige Form sichtbar bleibt; Sie können die Farben aber jetzt mit Pixelfunktionen wie Pinsel, Kontrastkorrektur oder Filter bearbeiten.
- **Ebene: Rastern: Vektormaske** verwandelt die Vektormaske in eine Ebenenmaske. Diese steuert ebenso wie die Vektormaske die Sichtbarkeit einzelner Ebenenpartien; sie lässt sich jedoch mit Pinseln, Füllfunktionen, **Filter**- und Kontrastbefehlen verändern oder für sanftere Übergänge auch weichzeichnen (Seite 818).

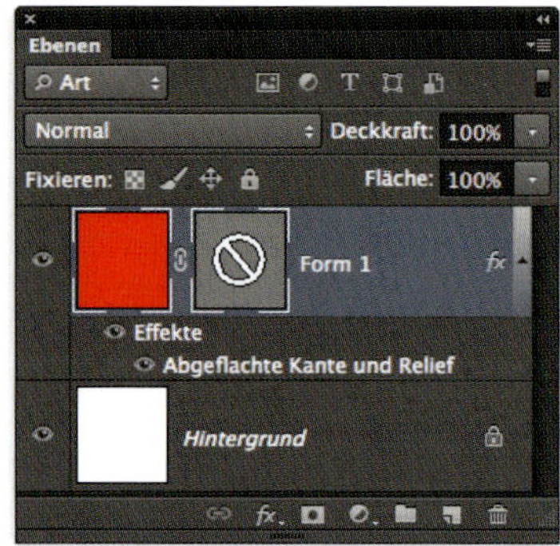

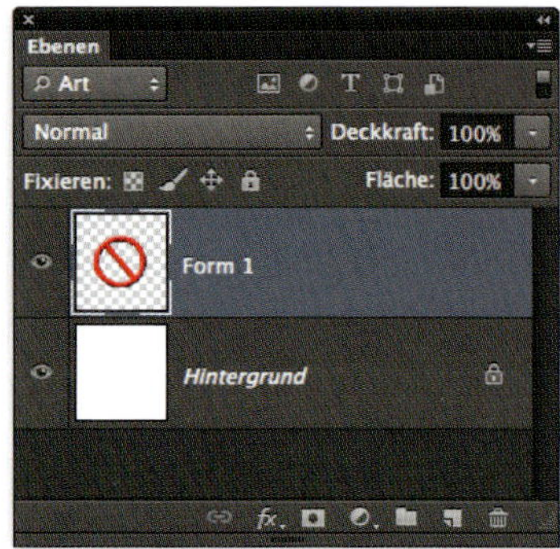

Abbildung 18.6 Wir verwandeln eine Formebene, auf die wir zuvor einen Ebenenstil angewandt haben, mit Funktionen aus dem Untermenü »Ebene: Rastern«. In allen Fällen sieht die Grafik unverändert aus. **Links:** Der Befehl »Form« wandelt die Form in Pixel um, die jedoch noch auf einer eigenen Ebene liegt. Ebenenstile bleiben erhalten. **Mitte:** Per »Füllfläche« verwandeln Sie die bisherige eigenständige Form in eine normale Pixelebene, auf der die Form als Vektormaske erscheint. Sie sehen also weiterhin die bisherige Figur. Die Füllfläche lässt sich mit Pinseln, Filtern oder Verläufen bearbeiten; die Ebenenstile bleiben erhalten, **Rechts:** Der Befehl »Ebenenstil« wandelt die Form in Pixel um, die Ebenenstile werden ebenfalls gerastert und lassen sich nicht mehr bearbeiten. Vorlage: Pfad_02

Tipp Per Strg+H blenden Sie alle sogenannten »Extras« aus – Pfade, Auswahlumrandungen und Hilfslinien. Wollen Sie nur den Pfad allein verstecken, drücken Sie Strg+⇧+H.

18.2.4 Gemeinsame Optionen der Zeichenstiftwerkzeuge

Mit den Werkzeugen Zeichenstift und Freiform-Zeichenstift legen Sie Pfade an. Die Korrekturwerkzeuge wie Ankerpunkt hinzufügen eignen sich zur Bearbeitung von Pfaden und Formen (also geschlossenen Pfaden).

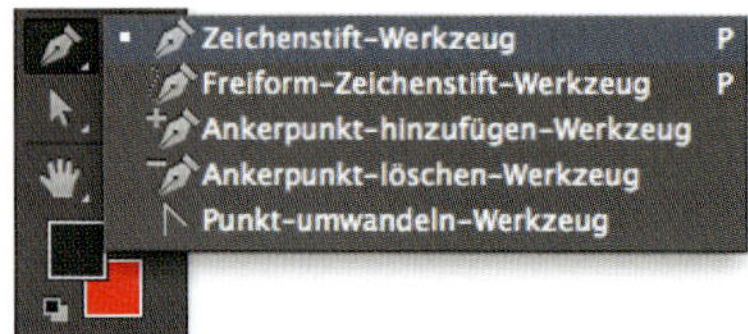

Abbildung 18.7 Mit Zeichenstift und Freiform-Zeichenstift erzeugen Sie Pfade. Die anderen Werkzeuge aus diesem Klappmenü korrigieren vorhandene Pfade.

Pfad beenden, ohne ihn zu schließen

Möchten Sie einen Pfad beenden, ohne ihn zu schließen, klicken Sie doppelt auf das Werkzeugsymbol in der Werkzeugleiste oder wechseln Sie das Werkzeug. Halten Sie das Zeichenstiftwerkzeug über den ersten Punkt, den Sie gesetzt haben, erscheint ein kleiner Kreis neben dem Werkzeugsymbol. Damit signalisiert Photoshop, dass die Auswahl geschlossen werden kann.

Pfadkomponente fortsetzen

Halten Sie ein Werkzeug über den letzten Punkt eines nicht geschlossenen Unterpfads. Sofern Sie den Pfadabschnitt nicht unmittelbar zuvor erstellt haben, erscheint ein Kästchen mit zwei Strichen neben dem Werkzeug; Sie befinden sich also über dem Endpunkt eines Unterpfads. Klicken Sie den Ankerpunkt an, es erscheint ein Schrägstrich neben dem Werkzeug. Knüpfen Sie jetzt an den Pfad an und setzen Sie diesen fort.

Vorübergehender Werkzeugwechsel

So schalten Sie vorübergehend zu einem anderen Werkzeug um:

- Halten Sie Zeichenstift oder Freiform-Zeichenstift über eine Stelle des Pfads, die keinen Ankerpunkt hat, erscheint ein kleines Pluszeichen neben dem Werkzeug. Durch Klicken fügen Sie weitere Ankerpunkte ein. Sie können darauf verzichten, wenn Sie die Option AUTOMATISCH HINZUFÜGEN/LÖSCHEN abwählen.
- Halten Sie Zeichenstift oder Freiform-Zeichenstift über einen Ankerpunkt, erscheint ein kleines Minuszeichen neben dem Werkzeug. Per Klick entfernen Sie diesen. Die Automatik lässt sich mit der Option AUTOMATISCH HINZUFÜGEN/LÖSCHEN abschalten.
- Drücken Sie die [Strg]-Taste, um vorübergehend das Werkzeug DIREKT-AUSWAHL zu erhalten. Damit markieren Sie durch Einrahmen Pfadpunkte, die Sie bewegen oder löschen können.
- Die [Alt]-Taste liefert Ihnen vorübergehend das Werkzeug PUNKT UMWANDELN. Damit verwandeln Sie harte Eckpunkte in weiche Übergänge und umgekehrt.

18.2.5 Der Zeichenstift

Der Zeichenstift ist das traditionelle Pfadwerkzeug, mit dem Sie einen neuen, offenen Pfad beginnen. Es eignet sich für gerade wie für geschwungene Pfade. Dabei haben Sie mehrere Möglichkeiten, die Linien zu gestalten:

- Per Klick entstehen harte Eckpunkte, die durch Linien verbunden sind.
- Um diese Linie auf die nächste 45-Grad-Achse einzuschränken, drücken Sie beim nächsten Klick die [⇧]-Taste.
- Klicken Sie Eckpunkte an und ziehen Sie gleichzeitig mit gedrückter Maustaste, um den nachfolgenden Punkt mit einer weichen Kurve anzuschließen.

Ankerpunkte löschen

Mit der [Entf]-Taste löschen Sie den letzten aktiven Ankerpunkt; zweimal [Entf]-Taste löscht den zuletzt gezeichneten Pfad; dreimal [Entf]-Taste löscht alle Pfadkomponenten im aktuellen Pfad.

Kurven zeichnen

Wollen Sie mit dem Zeichenstift Kurven ins Bild setzen, ziehen Sie die Maus in die geplante Richtung; dabei verwandelt sich der Zeiger in eine Pfeilspitze. Beim Ziehen erscheint außerdem eine Grifflinie, deren Griffpunkte sich um den feststehenden Ankerpunkt bewegen; Länge und Neigung der Linie bestimmen die Größe und Biegung der Kurve. Setzen Sie den zweiten Punkt, werden die Punkte mit einer geschwungenen Kurve verbunden. Alternative: Um sofort eine Vorschau auf die entstehende Kurve zu erhalten, öffnen Sie die Optionen mit dem Zahnrad und wählen Sie das Gummiband an. Hier erhalten Sie eine Vorschau auf das kommende Segment, noch bevor Sie den Punkt ins Bild klicken.

Wie besprochen, Sie müssen den Pfad noch per Klick auf Esc abschließen - sonst verbindet Photoshop den folgenden Ankerpunkt mit dem zuvor gesetzten durch eine Linie.

18.2.6 Der Freiform-Zeichenstift

Der Freiform-Zeichenstift bietet folgende Optionen:

- Ziehen Sie bei gedrückter Maustaste beliebig geformte Pfade ins Bild.
- Wenn Sie die Maustaste loslassen und später neu ansetzen, beginnt ein neues Pfadsegment; die Strecke, die Sie ohne Maustaste zurückgelegt haben, wird nicht verbunden.
- Drücken Sie bei gehaltener Maustaste auf Strg, um den Pfad auf dem kürzestmöglichen Weg zu schließen.
- Drücken Sie die Entf-Taste, um den bisherigen Pfad komplett zu löschen.

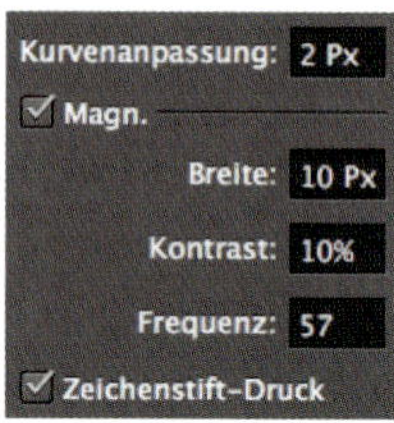

Abbildung 18.8 Mit der Vorgabe »Magnetisch« orientiert sich der Freiform-Zeichenstift an Bildkonturen. Die Empfindlichkeit und andere Eigenschaften des Freiform-Zeichenstifts regeln Sie in den Einblendoptionen; Sie gleichen dem magnetischen Lasso.

Kurvenanpassung

Die Vorgaben zum Freiform-Zeichenstift öffnen Sie durch einen Klick auf das Zahnrad in der Optionenleiste. Als Kurvenanpassung stellen Sie ein, wie genau die Ankerpunkte gesetzt werden sollen. Photoshop produziert zunächst eine grobe Vorschau für den Kurvenverlauf und erzeugt den exakten Pfad erst zum Abschluss, etwa nach Doppelklick auf das Werkzeugsymbol in der Leiste. Eine niedrige Kurvenanpassung wie 0,5 (Mindestwert) oder 1,5 erzeugt viele Ankerpunkte; die Änderung des Pfads ist dann jedoch mühsam, da der Pfad zu oft unterteilt ist. Der Höchstwert ist 10.

Magnetisch

Mit der Option Magnetisch verbindet das Freiform-Zeichenwerkzeug die Pfadpunkte entlang von markanten Bildkonturen. Setzen Sie per Mausklick einen ersten Punkt direkt an der gewünschten Kontur. Nun bewegen Sie den Mauszeiger ohne Drücken der Maustaste weiter - die Auswahlvorschau folgt automatisch der Kontur. Per ↵-Taste oder Doppelklick schließen Sie den Pfad.

Die Regelmöglichkeiten zu dieser speziellen Funktion erhalten Sie nach einem Klick auf das Zahnrad in der Optionenleiste. Sie gleichen den Einstellungen für das magnetische Lasso.

Mit der Alt-Taste schalten Sie den Magnetismus vorübergehend aus und ziehen bei gedrückter Maustaste beliebig geformte Umrisse. Klicken Sie bei gedrückter Alt-Taste, wenn Sie Geraden durch Eckpunkte verbinden wollen.

Die Sequenz zeigt, wie die Arbeit mit einem Pfad oder einer Form beginnen könnte.

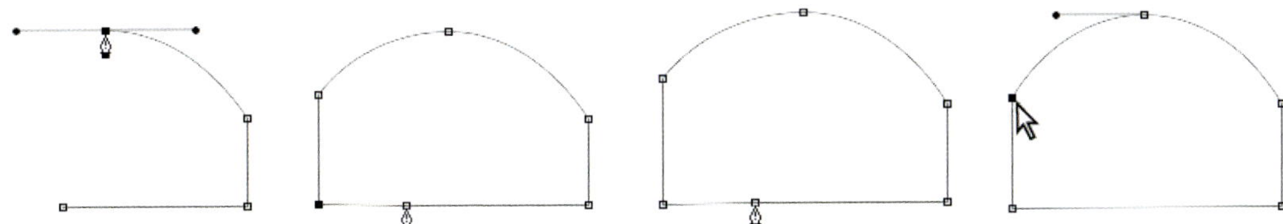

Abbildung 18.9 Die Sequenz zeigt, wie die Arbeit mit einem Pfad oder einer Form beginnen könnte. **Bild 1:** Das Zeichenwerkzeug setzt beim Klicken Ankerpunkte, die Photoshop durch Geraden verbindet. Durch Ziehen des Zeichenwerkzeugs beim Klicken entsteht ein Ankerpunkt mit Grifflinien, der Scheitelpunkt einer Kurve. Wir bearbeiten hier ein Pfadsegment, der letzte Ankerpunkt wird durch Ziehen zur Kurve. **Bild 2:** Befindet sich das Zeichenwerkzeug wieder über dem ersten Ankerpunkt, signalisiert ein Kreis neben dem Zeiger, dass der Pfad geschlossen wird. **Bild 3:** Das Werkzeug »Ankerpunkt löschen« mit dem Minuszeichen löscht den überflüssigen Ankerpunkt auf der unteren Linie. **Bild 4:** Mit dem »Direktauswahl- Werkzeug« klicken wir auf den Ankerpunkt, der noch zu weit oben sitzt, und ziehen ihn an die passende Stelle. Aktivierte Ankerpunkte zeigen sich schwarz gefüllt.

18.3 Pfade korrigieren

Zu den Stärken der Pfadtechnik gehört das vielfältige und präzise Umformen von Pfaden - ein völlig anderes Arbeiten als mit Auswahlen, Ebenenmasken oder Alphakanälen.

18.3.1 Schritte rückgängig machen und speichern

Mit Strg+Z machen Sie den letzten Schritt rückgängig, mit der Entf-Taste löschen Sie den letzten Punkt oder alle - annullierbar wiederum per Strg+Z. Das Protokoll-Bedienfeld notiert akribisch, was Sie mit den Zeichenstiftwerkzeugen anrichten: Hier können Sie die Entstehung des Pfads stufenweise nachvollziehen und zurücksetzen. Auf dem Aktionen-Bedienfeld können Sie ganze Pfade speichern.

Abbildung 18.10 **Links:** Die Bearbeitung dieses Pfads wurde vorübergehend unterbrochen. Hält man danach den Zeiger des Zeichenstifts über einen äußeren Ankerpunkt, erscheint das Zeichen, dass es sich um einen Endpunkt handelt. Klicken Sie einmal darauf, um den Pfad fortzusetzen. **Mitte:** Nun erscheint neben dem Werkzeug der Schrägstrich; er signalisiert, dass Sie beim nächsten Klick den vorhandenen Pfad fortsetzen und nicht etwa einen neuen Pfad beginnen. **Rechts:** Hier wurde der Pfad bereits fortgesetzt. Er wird durch Klick auf das OK-Symbol in der Optionenleiste vorerst nicht weiter verlängert.

18.3.2 Ankerpunkt hinzufügen

Sie wollen weitere Ankerpunkte einfügen, wenn Sie auf dem Pfad einen weiteren Kurven- oder Eckpunkt brauchen. Wählen Sie das Werkzeug »Ankerpunkt hinzufügen« und klicken Sie mit diesem Werkzeug an die gewünschte Stelle im Pfad. Ein Ankerpunkt mit den entsprechenden Grifflinien erscheint.

18.3.3 Ankerpunkt löschen

Umgekehrt geht es genauso - Sie können mit dem Werkzeug »Ankerpunkt löschen« einzelne Ankerpunkte herausnehmen, um sich beispielsweise einer Ecke zu entledigen und fließendere Übergänge zu erstellen.

Tipp Wollen Sie viele Ankerpunkte gleichmäßig entfernen, verwandeln Sie den Pfad über das Menü des Pfad-Bedienfelds in eine Auswahl und diese verwandeln Sie zurück in einen Pfad - mit höherer Toleranz.

Vorübergehend einblenden

Auch das Werkzeug »Ankerpunkt hinzufügen« lässt sich bequem nur vorübergehend einblenden: Halten Sie ein Zeichenwerkzeug wie Freiform-Zeichenstift oder Zeichenstift über den Ankerpunkt. Dann erscheint ein Minuszeichen neben dem Werkzeug; Sie können den Ankerpunkt nun entfernen. Wiederum bewahrt Sie die [⇧]-Taste oder Abwahl der Option Automatisch hinzufügen/Löschen vor dem automatischen Wechsel zu diesem Werkzeug.

Abbildung 18.11 **Links:** Klicken Sie den mittleren Ankerpunkt mit dem Punkt-umwandeln-Werkzeug an und ziehen Sie, um die zwei Pfadabschnitte zu verformen. Dabei erscheinen zwei Griffpunkte. **Mitte:** Schieben Sie einen der Griffpunkte auf den Ankerpunkt zurück, damit das zweite Pfadsegment seine ursprüngliche Richtung wieder erhält. **Rechts:** Oder bewegen Sie den Griffpunkt in Gegenrichtung, um das zweite Pfadsegment so auszurichten wie das erste.

18.3.4 Das Werkzeug »Punkt umwandeln«

Das »Punkt umwandeln«-Werkzeug verwandelt harte Eckpunkte in geschwungene Übergänge und umgekehrt. Klicken Sie mit dem Werkzeug auf einen Eckpunkt und ziehen Sie: Jetzt erscheinen die Grifflinien, mit denen Sie die zwei umliegenden Kurventeile bauchig ausformen. Schieben Sie einen Griffpunkt ganz zurück auf den Eckpunkt, erhalten Sie ein gerades Teilstück. Noch ein Klick mit dem Umwandler macht den Übergangspunkt bei Bedarf wieder zum harten Eckpunkt.

Tipp Ist das Direktauswahl-Werkzeug aktiviert, halten Sie es über einen Ankerpunkt und drücken [Strg]+[⇧]+[Alt] – Photoshop bietet nun das Werkzeug »Punkt umwandeln«.

Abbildung 18.12 **Links:** Klicken Sie den mittleren Ankerpunkt mit dem Werkzeug »Punkt umwandeln« an, um wieder einen harten Eckpunkt herzustellen. **Mitte:** Ziehen Sie diesen Punkt mit dem Direktauswahl-Werkzeug, so dass ein Dreieck entsteht. **Rechts:** Wechseln Sie zum Werkzeug »Punkt umwandeln« zurück, um eine Rundung herzustellen.

18.3.5 Transformieren (Skalieren, Drehen, Verzerren)

Sie können Pfade, Pfadkomponenten oder einzelne Pfadabschnitte mit den typischen **Transformieren**-Befehlen dehnen, stauchen oder verzerren. Ihre Möglichkeiten im Überblick:

- Das Untermenü **Bearbeiten: Pfad transformieren** bietet Befehle wie **Skalieren**, **Drehen** oder **Verzerren**. Sofern nur Pfadsegmente, also einzelne Punkte, aktiviert sind, heißt es **Punkte frei transformieren** und **Punkte transformieren**.
- Der Befehl **Bearbeiten: Pfad frei transformieren** ([Strg]+[T]) bietet über die entsprechenden Kurztasten die Möglichkeit, den Pfad zu verzerren, zu skalieren oder zu drehen.
- Sobald Sie eine **Transformieren**-Funktion gestartet haben, erscheint auch die spezielle Bearbeitungsleiste. Hier können Sie neue Werte für Größen oder Drehwinkel eintragen, der Pfad verändert sich sofort mit.

Das **Transformieren** von Pfaden gleicht dem Transformieren von Ebenen und Auswahlen.

Tipp Die Befehle zum Transformieren von Pfaden stehen nur bereit, wenn ein Pfad existiert und aktiviert wurde. Sonst finden Sie an derselben Stelle im Menü Befehle zum Transformieren von Ebenen.

Abbildung 18.13 Mit den Optionen zum Befehl »Pfad frei Transformieren« (Strg+T, sofern ein Pfad aktiv ist) lässt sich der Pfad verformen oder per Zahleneingabe drehen, vergrößern und neigen.

Um die Änderung endgültig anzuwenden, klicken Sie doppelt in die Box, auf das OK-Häkchen ✔ oder drücken Sie die ↵-Taste. Die Esc-Taste beendet die Bearbeitung, der Pfad bleibt der alte. Mit Strg+Z annullieren Sie nur Ihren letzten Zug an den Griffpunkten.

Änderungen der Bilddaten

Der Pfad wächst oder schrumpft mit, wenn Sie mit dem Befehl **Bild: Bildgröße** die Pixelgröße neu berechnen. Auch wenn Sie die Arbeitsfläche drehen oder spiegeln, hat das Konsequenzen für den Pfad. Vergleichbare Änderungen einer einzelnen Ebene tangieren den Pfad indes nicht. Ein Pfad orientiert sich in keiner Weise an Einzelebenen.

18.3.6 Pfadoperationen

Sie können Pfadsegmente bzw. Formen miteinander verrechnen – so ziehen Sie eine Form von einer anderen ab oder zeigen nur die Schnittmenge beider Pfade. Die Vorgabe lässt sich bereits vor dem Erstellen der zweiten Pfadkomponente machen; alternativ schalten Sie die Verrechnung nachträglich um.

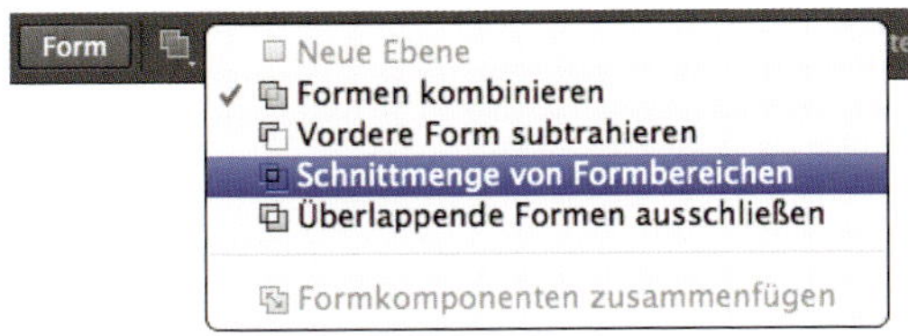

Abbildung 18.14 Legen Sie fest, welche Bereiche von zwei überlappenden Pfaden oder Formen Sie zeigen möchten.

Markieren Sie eine oder mehrere Pfadkomponenten mit dem Pfadauswahl-Werkzeug, so dass die Ankerpunkte sichtbar werden. Zum Mischen von Pfaden bietet Photoshop nun folgende Möglichkeiten:

- Die Option Formen kombinieren baut den neuen Pfad an die vorhandene Fläche an. Die Option lässt sich auch mit der +-Taste einschalten.
- Vordere Form subtrahieren zeigt nur den Bereich der ersten Fläche, in dem die zweite Fläche nicht zu sehen ist. Wählen Sie diesen Modus mit der --Taste.
- Die Vorgabe Schnittmenge von Formbereichen zeigt nur den Bereich, in dem sich zwei Flächen überschneiden.
- Wählen Sie Überlappende Formen ausschliessen, um nur den Bereich anzuzeigen, in dem sich die Pfade nicht überlagern.
- Die Option Formkomponenten zusammenfügen kombiniert zwei Flächen und löscht zugleich die Pfadsegmente in der Mitte, die nicht mehr benötigt werden.

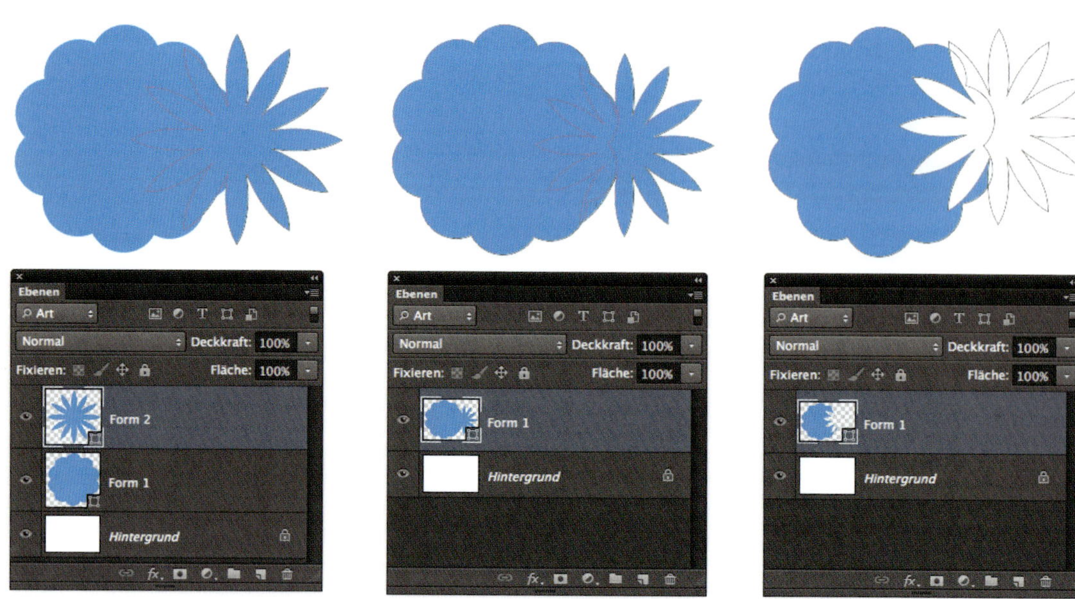

Abbildung 18.15 **1. Bild:** Mit der Option »Form« erzeugt das Eigene-Form-Werkzeug die neue Ebene »Form 2«. **2. Bild:** Die Option »Formen kombinieren« legt die neue Form auf dieselbe Formebene, die beiden Pfade lassen sich jedoch weiterhin getrennt voneinander bearbeiten. **3. Bild:** Die Vorgabe »Vordere Form subtrahieren« zieht die neue Form von der vorhandenen ab, die beiden Pfade bleiben jedoch vollständig erhalten.

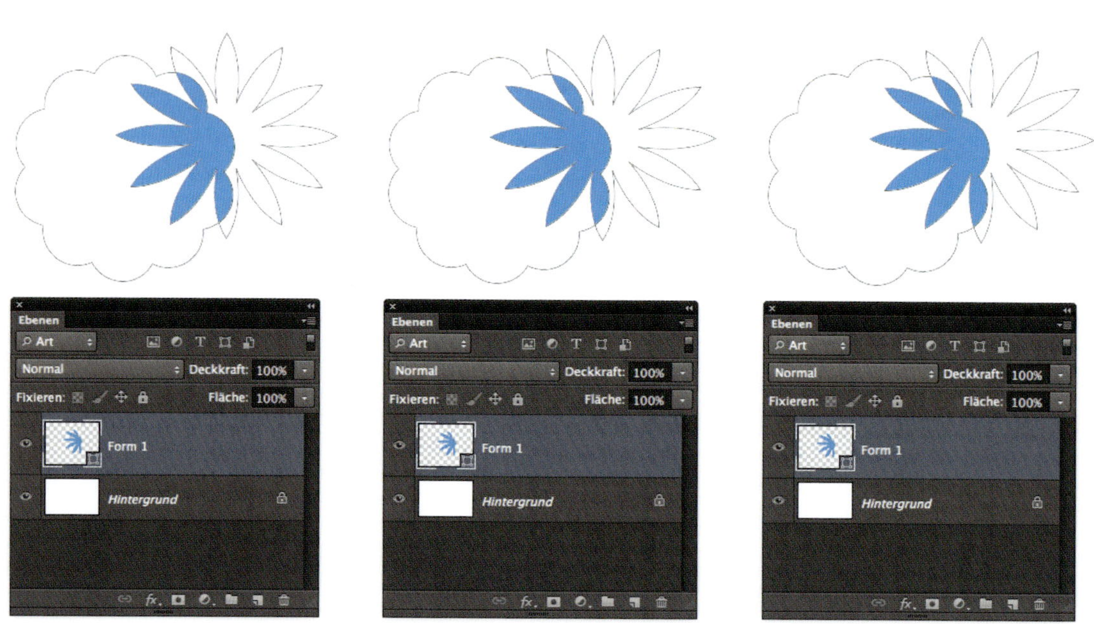

Abbildung 18.16 **1. Bild:** »Schnittmenge von Formbereichen« zeigt die Zone, in der sich die Pfade überlagern. **2. Bild:** »Überlappende Formen ausschließen« zeigt nur die Zone, in der sich die Pfadsegmente nicht überlagern. **3. Bild:** »Formkomponenten zusammenfügen« löscht die Pfadsegmente, die für die kombinierte Form nicht mehr benötigt werden. Es ist eine neue, mit den üblichen Mitteln bearbeitbare Form entstanden.

18.4 Pfade und Pfadteile auswählen

Mit zwei Werkzeugen wählen Sie Pfade, Pfadkomponenten oder einzelne Ankerpunkte eines Pfads aus. Die Werkzeuge dienen überdies dazu, die ausgewählten Pfade oder Pfadbereiche zu bewegen oder umzuformen.

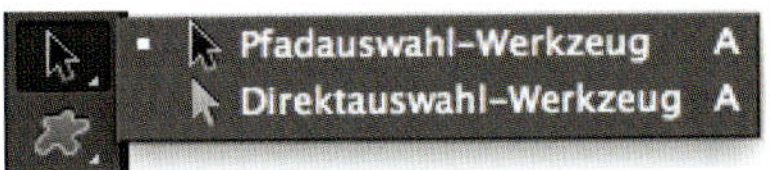

Abbildung 18.17 Photoshop bietet zwei Werkzeuge zur Auswahl von Pfadbereichen.

18.4.1 Das Werkzeug »Direktauswahl«

Markieren Sie mit dem Direktauswahl-Werkzeug beliebige Segmente eines Pfads, um sie zu löschen, zu duplizieren, umzuformen oder als »Unterpfad« nachmalen zu lassen. Klicken Sie den Ankerpunkt an oder rahmen Sie gleich eine Reihe von Punkten ein. Markierte Punkte zeigt Photoshop als gefülltes Quadrat, nicht markierte Punkte stellt das Programm als lichtes Geviert dar.

Tipp Sind andere Zeichenstiftwerkzeuge aktiv, schalten Sie jederzeit mit der Strg-Taste zum Direktauswahl-Werkzeug .

Pfadauswahl erweitern

Leicht erweitern Sie die Auswahl um zusätzliche Pfadsegmente:

- Benachbarte Segmente nehmen Sie mit gedrückter ⇧-Taste in die Auswahl auf.
- Mit gedrückter Alt-Taste markieren Sie ein komplettes Pfadsegment (alternativ verwenden Sie das Pfadauswahl-Werkzeug). Dabei erscheint ein Pluszeichen neben dem Werkzeug.
- ⇧-Taste+Alt markieren mehrere Pfadsegmente hintereinander.
- Ziehen Sie mit dem Direktauswahl-Werkzeug , um beliebige Ankerpunkte einzufangen.

Außerdem verschieben Sie mit dem Direktauswahl-Werkzeug einzelne Punkte, markierte Pfadbereiche oder den gesamten Pfad – je nachdem, was markiert ist. In 1-Pixel-Schritten lassen Sie den Pfad oder markierte Pfadteile per Richtungstasten wandern, zehn Pixel bewegt sich der Pfadabschnitt bei zugleich gedrückter ⇧-Taste weiter.

Pfadteile duplizieren

Ziehen Sie mit gedrückter Alt-Taste, um das markierte Pfadsegment zu duplizieren und zu bewegen. Dabei erscheint ein Pluszeichen neben dem Direktauswahl-Werkzeug .

18.4.2 Das Pfadauswahl-Werkzeug

Das Pfadauswahl-Werkzeug wählt per Anklicken eine komplette Pfadkomponente aus. Anschließend lässt sich der markierte Bereich bewegen. Ihre Optionen:

- Die Auswahl erweitern Sie bei gedrückter ⇧-Taste.
- Die Schaltfläche Kombinieren verschmilzt mehrere Pfadkomponenten zu einer einzigen Pfadkomponente.
- Um alle Punkte auf einem Pfad auszuwählen, klicken Sie mit gedrückter Alt-Taste auf die Pfadminiatur im Pfade-Bedienfeld.

Pfade ausrichten und anordnen

Zwei Klappmenüs in der Optionenleiste erleichtern Ihnen die Ausrichtung mehrerer Pfade und Formen zueinander sowie deren Anordnung:

- Über das Klappmenü Pfadausrichtung in der Optionenleiste können Sie Unterpfade gleichmäßig verteilen oder ausrichten. Diese Optionen stehen Ihnen bei dem Pfadauswahl-Werkzeug wie auch beim Direktauswahl-Werkzeug zur Verfügung.
- Um die Reihenfolge der Pfade zu bestimmen, können Sie auf die Optionen des Klappmenüs Pfadanordnung zugreifen. Auch diese Optionen sind gleichermaßen bei den Werkzeugen Pfadauswahl und Direktauswahl aktiv. Diese Optionen stehen nur dann bereit, wenn lediglich ein Pfad gewählt ist.

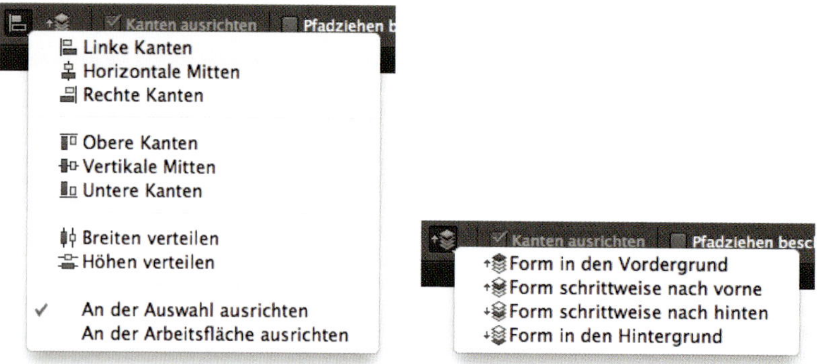

Abbildung 18.18 **Links:** Über das Klappmenü »Pfadausrichtung« verteilen Sie mehrere Formen oder Pfade auf der Arbeitsfläche oder richten sie an den entsprechenden Kanten aus. **Rechts:** Mit den Optionen bei »Pfadanordnung« regeln Sie, ob sich die aktivierte Form über oder unter den anderen vorhandenen Formen befinden soll.

18.5 Formfunktionen

Mit den Formwerkzeugen wie »Abgerundetes Rechteck« oder »Eigene Form« erzeugen Sie sofort einen fertigen, geschlossenen Pfad, etwa Rechtecke, Pfeile und andere Figuren.

Tipp Sie können auch Vektordateien als Smartobjekt in einer Photoshop-Montage **Platzieren** (Seite 853). Das Werk lässt sich in Photoshop transformieren oder mit Effekten ausstatten, aber Sie können es zwischenzeitlich auch im Vektorgrafikprogramm bearbeiten.

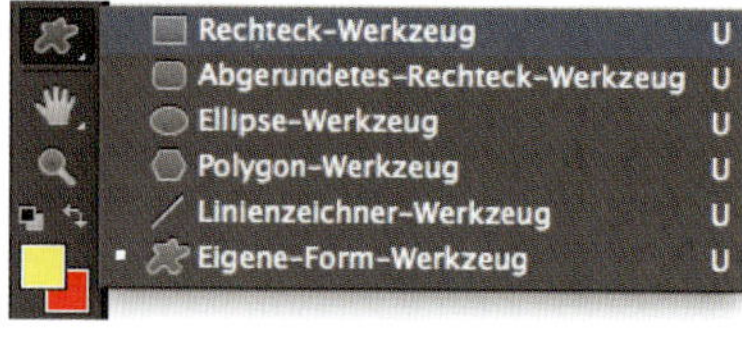

Abbildung 18.19 Mit Photoshops Formwerkzeugen entstehen sofort geschlossene Pfade oder Pfadkomponenten.

Sie wählen das Werkzeug und eine Option wie Form und ziehen bei gedrückter Maustaste diagonal über die Bilddatei. Auf der Arbeitsfläche erscheint die gewünschte Form – als Form, Pfad oder als mit Pixeln gefüllte Figur.

Sie können die Formen jederzeit mit allen Pfadfunktionen korrigieren – zum Beispiel einzelne Punkte bewegen oder mehrere Punkte oder den gesamten Pfad dehnen, drehen und verzerren.

18.5.1 Übersicht: Formwerkzeuge

Die folgenden Formwerkzeuge bietet Photoshop:

- »Rechteck« und »Abgerundetes Rechteck« produzieren Rechtecke.
- Das Ellipsenwerkzeug produziert Ovale oder Kreise.
- Das Polygonwerkzeug setzt mehreckige Figuren in die Welt.
- Der Linienzeichner steuert Linien und Pfeile bei.
- Das Werkzeug »Eigene Form« übernimmt Formen aus der Formenbibliothek, darunter auch Pfeile.

Per Klick auf das Zahnrad in der Optionenleiste blenden Sie die Optionen für das aktuelle Werkzeug ein.

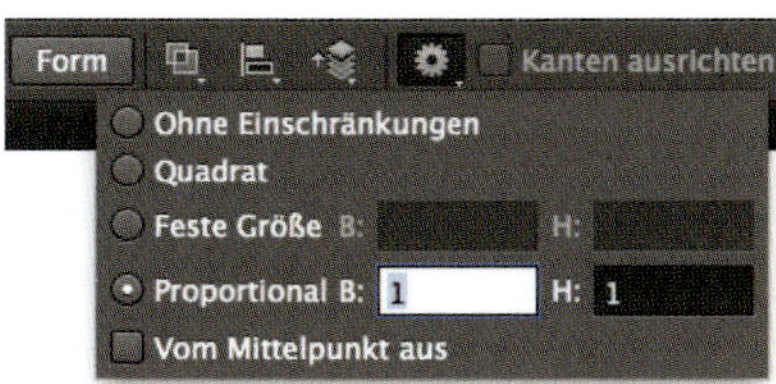

Abbildung 18.20 In den Optionen zu Rechteck, Abgerundetem Rechteck oder Ellipse bestimmen Sie das Seitenverhältnis oder eine festgelegte Größe.

Ellipsen, Rechtecke und abgerundete Rechtecke

Photoshop bietet die Formwerkzeuge für Ellipsen, Rechtecke und abgerundete Rechtecke. Folgende Option finden Sie mit der Schaltfläche:

- OHNE EINSCHRÄNKUNGEN erlaubt Figuren in jeglicher Größe und ohne festgelegtes Verhältnis.
- QUADRAT erlaubt nur Figuren, die die gleiche Höhe und Breite haben, der KREIS verhindert elliptische Formen. Alternativ ziehen Sie die Formebene bei gedrückter [Alt]-Taste auf.
- Sie bestimmen eine FESTE GRÖSSE. Tippen Sie die gewünschte Maßeinheit wie »px« oder »cm« hinter den Zahlen ein.
- Mit der Vorgabe PROPORTIONAL legen Sie ein Seitenverhältnis nach Wahl fest.
- Zudem besteht die Möglichkeit, die Figur von der Mitte aufzuziehen.
- Beim Abgerundetes-Rechteck-Werkzeug steuern Sie zudem die Kantenrundung als RADIUS. Statt in der Optionenleiste zu tippen, heben Sie den Radius auch mit der Taste [Ä] an (nur Windows).

Polygon

Beim Polygonwerkzeug bestimmen Sie die Zahl der gewünschten Seiten direkt in den permanent sichtbaren Optionen. Weitere Einstellungen bieten die folgenden Optionen:

- Der RADIUS definiert in Pixel- oder Zentimeterwerten den Abstand von der Objektmitte bis zu einem Außenpunkt.
- ECKEN ABRUNDEN sorgt für weichere Außenecken.
- STERN mit SEITEN EINZIEHEN knickt die Außenecken nach innen, so dass ein Stern entsteht. Je höher der Prozentwert, desto spitzer geraten die Strahlen.
- EINZÜGE GLÄTTEN glättet die Innenecken, die mit der Vorgabe SEITEN EINZIEHEN entstanden sind.

Abbildung 18.21 Die Figuren entstanden mit dem Polygonwerkzeug bei einheitlich sechs Seiten und einem Zentimeter Radius; über das Stile-Bedienfeld wurde jedem Objekt der gleiche Effekt zugewiesen. **2. Figur von links:** Die Vorgabe »Seiten einziehen« mit einem Wert von 50 Prozent erzeugt Strahlen. **3. Figur:** Die Option »Einzüge glätten« sorgt für gerundete Innenecken. **Rechts:** »Ecken abrunden« entschärft die Außenecken. Datei: Pfad_e

Linienzeichner

Der Linienzeichner erzeugt gerade Linien sowie Pfeile. Die ⇧-Taste beschränkt den Winkel der Linie auf 45 Grad oder ein Vielfaches davon. Sie können die Linienbreite in Pixel- oder Zentimeterwerten einstellen. Die Pfeilspitzen stellen Sie in den Optionen ein:

- Klicken Sie Anfang, Ende oder beides an – je nachdem, wo Sie den Pfeil sehen möchten.
- Geben Sie für die Breite der Pfeilspitze Werte in Prozent an. Dies ist die Relation zur Breite der Linie. Verwenden Sie eine 20-Pixel-Linie und eine Vorgabe von 200 Prozent für die Breite der Pfeilspitze, so wird die Spitze 40 Pixel breit.
- Benennen Sie auch die Länge der Pfeilspitze, ebenfalls in Prozent, bezogen auf die in der Optionenleiste genannte Breite.
- Bestimmen Sie einen Prozentwert zwischen +50 und –50 für die Rundung. Damit nehmen Sie Einfluss auf jene Stelle, an der Spitze und Linie aufeinandertreffen. Je höher der Rundungswert, desto spitzer wird der innere Winkel zwischen Pfeilflanken und Linie.

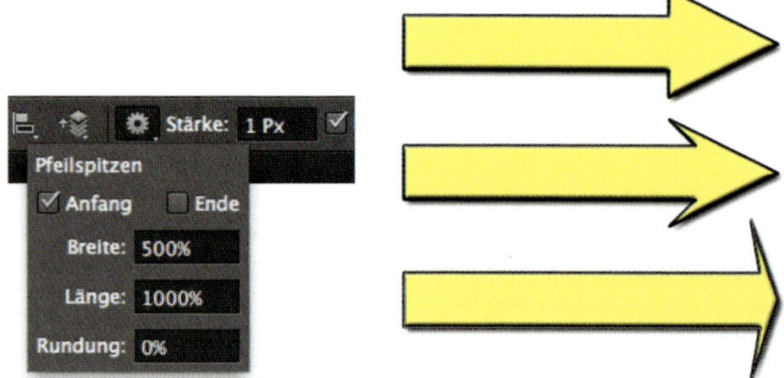

Abbildung 18.22 **Links:** Der Linienzeichner erzeugt Geraden und Pfeile, die über die Optionen einzustellen sind. **Rechts:** Alle Pfeile entstanden mit derselben Vorgabe für die Linienbreite und mit der Vorgabe »Ende«. **Oben:** Für die Pfeilspitze verwenden wir die Werte 200 Prozent bei »Breite« und »Länge«. Die Spitze wird also doppelt so breit und doppelt so lang wie die Grundlinie. **Mitte:** Hier wurde zusätzlich die »Rundung« auf +50 Prozent gesetzt. **Unten:** Wir nutzen eine »Breite« von 300 Prozent und eine »Länge« von nur 50 Prozent. Alle Pfeile wurden nachträglich noch mit einem Ebenenstil versehen.

Tipp Weitere Pfeilformen liefert das Eigene-Form-Werkzeug: Öffnen Sie in der Optionenleiste zu diesem Werkzeug das Klappmenü Form und laden Sie über das Bedienfeldmenü die Bibliothek Pfeile. Die Ergebnisse modellieren Sie mit dem Zeichenstift und anderen Pfadfunktionen nach Bedarf weiter – oft unkomplizierter als mit dem Linienzeichner.

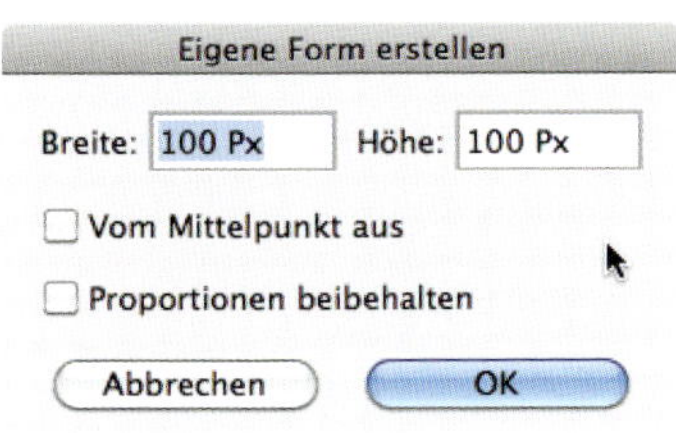

Abbildung 18.23 Per Klick auf die Arbeitsfläche mit einem der Formenwerkzeuge erscheint eine Dialogbox für Optionen und Maße. Hier können Sie auch direkt einstellen, ob die Form aus der Mitte aufgezogen wird und ob sie proportional sein soll.

Das Werkzeug »Eigene Form«

Das Werkzeug »Eigene Form« setzt Figuren aus der aktuellen Formenbibliothek als Pfad ins Bild. Die Optionen sind mit Rechteck, Abgerundetem Rechteck und Ellipse vergleichbar (siehe oben): Sie können also Außenmaße oder Seitenverhältnisse fixieren oder die Figur von der Mitte her aufziehen. Vorhandene Formen korrigieren Sie nach Belieben und verewigen sie neu in der Formenbibliothek.

Eigene Formen anlegen und verwalten

So legen Sie in Photoshop eigene Formen an, die Sie später über die Formenbibliothek abrufen:

1. Erzeugen Sie einen Pfad mit beliebigen Werkzeugen, zum Beispiel mit **Eigene Form** oder mit Zeichenstift, oder importieren Sie einen vorhandenen Pfad, etwa aus Illustrator. Ob der Pfad als gefüllte Formebene erscheint oder ob Sie bloß die Pfadkonturen sehen, spielt keine Rolle.
2. Korrigieren Sie den Pfad nach Bedarf, zum Beispiel durch **Transformieren** oder Verändern einzelner Ankerpunkte.
3. Wählen Sie **Bearbeiten: Eigene Form festlegen**. Geben Sie einen Namen im Dialogfeld NAME DER FORM an.

Damit lässt sich der Pfad über die Formenbibliothek abrufen; er erscheint in der Optionenleiste zum Werkzeug »Eigene Form« oder mit dem Befehl **Bearbeiten: Vorgaben: Vorgaben-Manager**. Dort sichert Photoshop wohlgemerkt nur die Pfadkontur, aber nicht die Größe, Füllfarbe oder den Ebenenstil.

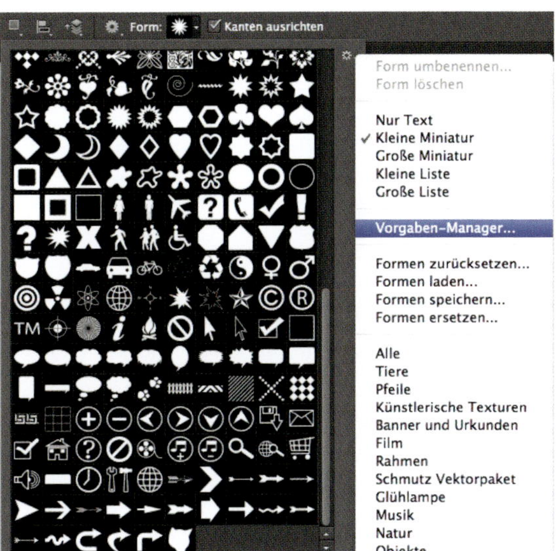

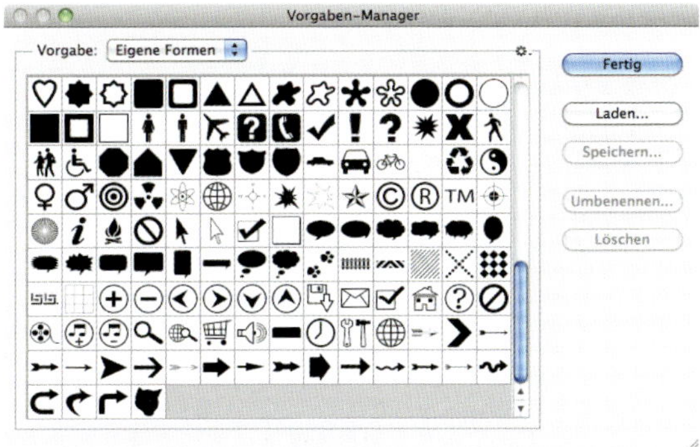

Abbildung 18.24 **Links:** Die Formenbibliothek listet Ihre »Eigenen Formen« auf. Erst der Befehl »Alle« holt sämtliche mitgelieferten Formen in die aktuelle Bibliothek. Per Klick auf »Vorgaben-Manager« öffnet sich dieser (**rechts**) und zeigt im Klappmenü »Eigene Formen« alle nachträglich geladenen und selbst erstellten Formen, hier ändern Sie auch die Reihenfolge durch Ziehen. Die Arbeitsdatei »Pfad_04« liefert den Katzenkopf-Pfad, dessen Form an unterster Stelle in der Bibliothek zu sehen ist.

Pfadkomponenten in der Formenbibliothek

Legen Sie eine Form in der Formenbibliothek ab, die aus mehreren Pfadkomponenten besteht, so verschmelzen alle Pfadkomponenten zu einem Gesamtpfad. Sie können also einzelne Pfadkomponenten nur noch mit dem Direktauswahl-Werkzeug einfangen. Dieses Verfahren können Sie auch verwenden, wenn Sie Pfadkomponenten mit der Option KOMBINIEREN aus den Optionen verschmolzen haben.

Die Formenbibliothek

Die Formenbibliothek listet Ihre »Eigenen Formen« auf. Mit der Schaltfläche erhalten Sie das Bedienfeldmenü. Sie haben verschiedene Darstellungsmöglichkeiten für diese Galerie und Sie können neue »Bibliotheken« anlegen und laden. Die Bearbeitung ähnelt weitgehend dem Umgang mit »Vorgaben« für Verläufe oder Pinselvorgaben.

Tipp Bei der Beurteilung einer Form in der Formebene stören oft die eingeblendeten Pfade. Blenden Sie die Pfade fix mit Strg+H aus.

18.6 Flächen und Konturen bearbeiten

Die Fläche und die Kontur einer Form können Sie über die Optionenleiste weiterbearbeiten. Die einzelnen Optionen dazu stehen bei allen Formwerkzeugen, dem Pfadauswahl-Werkzeug und dem Direktauswahl-Werkzeug bereit. Die gewählte Form übernimmt direkt alle Änderungen. Zudem haben diese Einstellungen Vorrang gegenüber der Vorder- und Hintergrundfarbe aus der Werkzeugleiste. Ist also beispielsweise als Vordergrundfarbe in der Werkzeugleiste Gelb gewählt, bei der Option »Fläche« hingegen Grün, erscheint eine neu aufgezogene Form mit grüner Fläche.

Zur Verfügung stehen Dialoge zum Einstellen der Flächen- und Konturenfarbe sowie weitere Optionen zur Kontur.

Abbildung 18.25 Flächen und Konturen lassen sich über die Optionenleiste einstellen.

Tipp Möchten Sie eine Kontur eines Pfads bearbeiten oder die durch ihn umfasste Fläche füllen? Dann klicken Sie in der Optionenleiste auf die Schaltfläche FORM.

18.6.1 Flächen- und Konturenfarbe

Ist eines der oben genannten Werkzeuge gewählt und eine Form oder ein Pfad aktiv, erscheinen im linken Bereich der Optionenleiste die Dialoge für die Flächen- und Konturenfarbe. Beide liefern sie die gleichen Optionen:

- Im oberen Bereich des Dialogs FLÄCHE oder KONTUR stehen die verschiedenen möglichen Füllungen bereit. Dazu gehören »Ohne Füllung«, »Farbe«, »Verlauf« und »Muster«. Über die bunte Schaltfläche rechts oben öffnet sich der Farbwähler.
- Darunter listet Photoshop die zuletzt verwendeten Farben, Muster oder Verläufe auf und stellt zudem alle Farben, Verläufe oder Muster bereit, die auch in den jeweiligen Bedienfeldern oder Dialogen zu sehen sind.
- Per Klick auf das Zahnrad rechts öffnen Sie das Menü. Hier haben Sie Zugriff auf den VORGABEN-MANAGER, können Farbfelder laden oder speichern und das Aussehen des Klappmenüs bestimmen.

Abbildung 18.26 Fläche und Kontur einer Form sind über die Optionenleiste direkt einzustellen. Die beiden Dialoge erhalten identische Einstellungen.

Verlauf bearbeiten

Für Füllungen und Konturen legen Sie über die Optionenleiste neue Verläufe an. Wie der Dialog Verläufe bearbeiten erscheint auch hier der Verlaufsbalken zum Einstellen von Farbe und Deckkraft; Verläufe können skaliert, gedreht und ausgerichtet werden. Über das Menü (Klick auf das Zahnrad) speichern Sie den neuen Verlauf – dieser erscheint fortan ebenfalls im Dialog Verläufe bearbeiten.

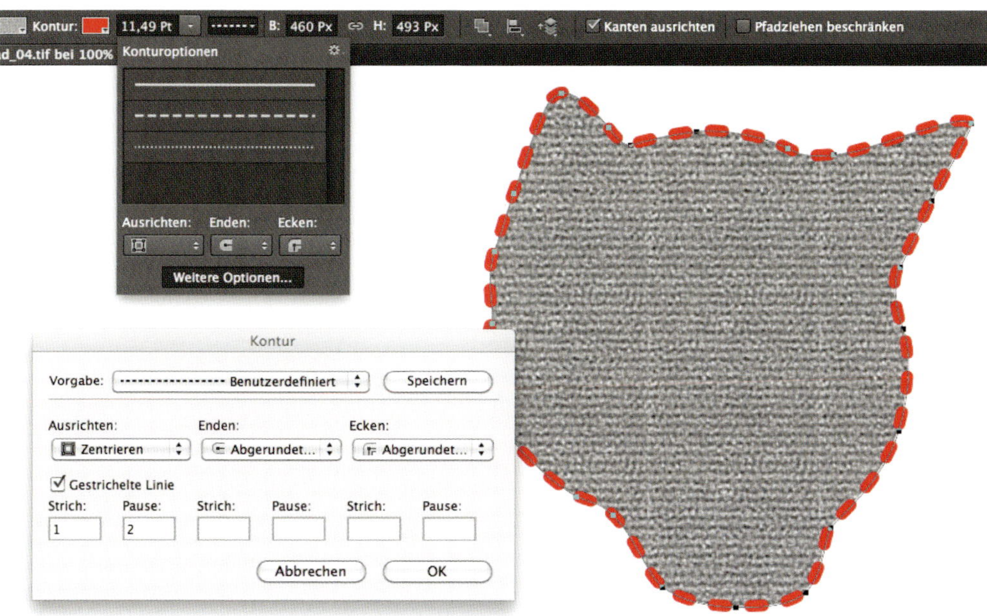

Abbildung 18.27 Fläche und Kontur der Katzenkopf-Form sind über die Optionenleiste direkt eingestellt worden. Als Füllung haben wir das Muster »Horizontal gerippt« gewählt und auf 63 Prozent skaliert. Die Kontur zeigt eine gestrichelte Linie, die wir im Dialog Kontur weiterbearbeitet haben. Vorlage: Pfade_04

18.6.2 Konturoptionen einstellen

Um der Kontur ein bestimmtes Aussehen zu verleihen, geben Sie zunächst die Konturenstärke direkt in der Optionenleiste in das Eingabefeld ein. Öffnen Sie dann die Konturoptionen. Folgende Einstellungen stehen bereit:

- Verschiedene gestrichelte Linien,
- Optionen zum Ausrichten der Linie (Innen, Zentriert und Außen),
- Einstellungen zu den Enden und Ecken der Kontur (Abgerundet, Eckig)
- und die weiteren Optionen, die einen zweiten Dialog Kontur öffnen. Hier bestimmen Sie die Länge der Striche und die Pausen dazwischen; per Klick auf »Speichern« steht Ihnen die neue Konturenform auch für weitere Formen zur Verfügung.

18.7 Pfade verwalten

Via **Pfade**-Bedienfeld, zu finden im **Fenster**-Menü, können Sie Pfade speichern, neu erstellen, duplizieren, anzeigen, verbergen und löschen; außerdem werden hier Auswahlen in Pfade verwandelt und umgekehrt sowie Pfade und Pfadkonturen gefüllt. Das Bedienfeldmenü erreichen Sie wie stets über die Schaltfläche . Viele Befehle aus dem Bedienfeldmenü liegen als Symbol unten im Bedienfeld. Die Reihenfolge der aufgelisteten Pfade ändern Sie durch Verschieben. Arbeitspfad und Vektormaske sind allerdings unverrückbar.

Bedienfeldoptionen

Über die **Bedienfeldoptionen** entscheiden Sie, ob Photoshop Pfade im Bedienfeld nur namentlich auflisten oder auch in einer von drei Größen darstellen soll. Photoshop stellt Pfade in der Bedienfeldminiatur immer relativ zur Gesamtdatei dar. Erstreckt sich der Pfad also nur über wenig Bildfläche, erscheint er in der Miniatur besonders klein.

18.7.1 Pfade umbenennen, duplizieren und löschen

Die Techniken zum Löschen, Duplizieren oder Umbenennen von Pfaden ähneln den Verfahren, die Sie auch für Ebenen, Alphakanäle oder Aktionen verwenden:

- Um einen Pfad umzubenennen, klicken Sie doppelt auf den Pfadnamen im Bedienfeld.
- Um einen Pfad ohne weitere Rückfragen zu löschen, ziehen Sie ihn in den Mülleimer .
- Bevor Sie einen gelungenen Pfad weiterbearbeiten, bunkern Sie ein Duplikat – ziehen Sie den Pfad auf das Symbol Neuen Pfad erstellen .
- Ziehen Sie bei gedrückter Alt-Taste mit dem Pfadauswahl- oder dem Direktauswahl-Werkzeug an einem markierten Pfadbereich oder einem kompletten Pfadsegment – die Zone wird innerhalb des aktiven Pfads als neues Pfadsegment dupliziert.

Ohne Weiteres lassen sich Pfade oder Pfadbereiche in andere Dateien übertragen:

- Ziehen Sie den Pfad aus dem Bedienfeld in das Fenster einer anderen Bilddatei. Damit wird der Pfad in dieses Dokument kopiert.
- Markierte Pfadteile lassen sich mit Strg+C über die Zwischenablage in eine andere Datei per Strg+V kopieren; sie erscheinen dort zunächst als »Arbeitspfad«.

Tipp Ist beim Übertragen eines Pfads im Zielbild bereits ein Pfad aktiv, fügt Photoshop den Neuankömmling dem vorhandenen Pfad als neues Pfadsegment an. Schalten Sie im Zielbild zunächst alle Pfade aus - etwa durch Klick in den grauen Bereich des Pfad-Bedienfelds. Oder legen Sie einen neuen Pfad an.

18.7.2 Pfade anzeigen und aktivieren

Der aktive Pfad ist im Pfade-Bedienfeld hervorgehoben. Klicken Sie einen anderen Pfad an, wenn Sie diesen bearbeiten wollen. Photoshop zeigt immer nur einen Pfad auf einmal. So werden Pfade ausgeschaltet oder verborgen:

- Um einen Pfad zugleich auszublenden und auszuschalten, ziehen Sie das Pfad-Bedienfeld so weit auf, dass zwischen dem letzten Pfad und der Symbolleiste noch freier Raum ist, und klicken Sie in diesen leeren Raum. Klicken Sie auf den Pfadnamen, um den entsprechenden Pfad zu aktivieren.
- Sie können die Pfade ausblenden, ohne sie abzuschalten: Dies erledigt der Befehl **Ansicht: Anzeigen: Zielpfad.** Alternativ wählen Sie **Ansicht: Extras** ab (Strg+H). Bildergebnisse lassen sich ohne die Pfadlinien oft besser beurteilen.

Tipp Vorsicht: Drücken Sie bei aktiviertem Pfad die Entf-Taste, ist der Pfad gelöscht. Das passiert leicht ungewollt. Schalten Sie einen nicht benötigten Pfad zügig aus, zum Beispiel durch Klick in die graue Fläche unten im Pfade-Bedienfeld.

18.8 Verschiedene Pfadtypen

Photoshop erfreut Einsteiger mit einem vielseitigen Angebot aus Pfaden, Unterpfaden, Beschneidungspfaden, Arbeitspfaden, Pfadkomponenten und Vektormasken.

18.8.1 Arbeitspfade und Pfade

Wenn Sie einen neuen Pfad anlegen, müssen Sie den Unterschied zwischen »Pfad« und »Arbeitspfad« kennen.

Mit einem Arbeitspfad beginnen

Sobald Sie den ersten Klick mit einem Pfadwerkzeug tun und die Option Pfad verwenden, zeigt Photoshop im Pfade-Bedienfeld einen Arbeitspfad - dies ist ein vorübergehender, nicht gesicherter Pfad. Auch wenn Sie eine Auswahl in einen Pfad verwandeln, entsteht zunächst ein Arbeitspfad. Dieser Arbeitspfad wird zwar je nach Dateiformat mitgespeichert, legen Sie jedoch einen weiteren Pfad an, ist der erste weg. Sie haben die volle Kontrolle über den Pfad erst, wenn Sie das Ergebnis als normalen Pfad sichern.

Vom Arbeitspfad zum Pfad

Einen Arbeitspfad verwandeln Sie in einen regulären Pfad per Doppelklick auf den Arbeitspfad im Pfade-Bedienfeld. Jetzt können Sie das Kind beim Namen nennen. Oder ziehen Sie den Arbeitspfad auf das Symbol Neuen Pfad erstellen unten im Bedienfeld. Damit erhält der Pfad automatisch eine Nummer.

Mit einem regulären Pfad beginnen

Besser ist es, mit einem »echten« Pfad zu beginnen. Dazu wählen Sie vor jedem neuen Pfad den Bedienfeld-Befehl **Neuer Pfad** oder klicken auf das Symbol NEUEN PFAD ERSTELLEN im Pfade-Bedienfeld. Diese Maßnahme verhindert auch, dass Sie eine neue Zeichnung ungewollt als Komponente in einem größeren Pfadgebilde unterbringen. Beenden Sie die Arbeit an einem Pfad deshalb sicherheitshalber auch durch Wechsel des Werkzeugs.

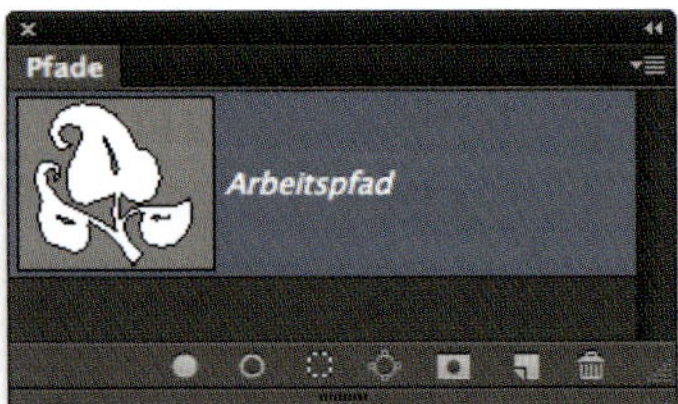

Abbildung 18.28 **Links:** Wenn Sie einen neuen Pfad anlegen, entsteht zunächst meist ein »Arbeitspfad«. **Rechts:** Sie sollten den Pfad schnellstmöglich sichern, um an einem regulären Pfad zu arbeiten.

18.8.2 Pfade und Pfadsegmente

Sie arbeiten zunächst immer am selben Pfad. Selbst wenn Sie zwischendurch doppelt auf das Zeichenwerkzeug klicken und zu einer neuen Figur ansetzen, die mit der vorherigen nicht verbunden ist - Sie haben damit nicht zwei neue Pfade, sondern nur zwei neue Pfadkomponenten innerhalb eines Pfads. Wollen Sie nur eine dieser Pfadkomponenten separat bearbeiten, dann klicken Sie diese mit dem Pfadauswahl-Werkzeug an. Sie können die Gesamtfigur über die Optionenleiste mit dem Befehl FORMKOMPONENTEN ZUSAMMENFÜGEN verschmelzen.

Pfadfiguren, die Sie getrennt verwenden, sollten Sie auch als getrennte Pfade anlegen und nicht zusammen in einem Pfad. Um einen neuen Pfad anzulegen, klicken Sie auf das Symbol NEUEN PFAD ERSTELLEN im Pfade-Bedienfeld.

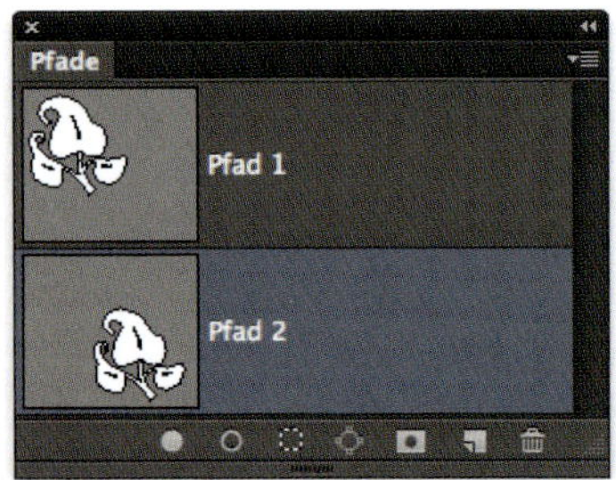

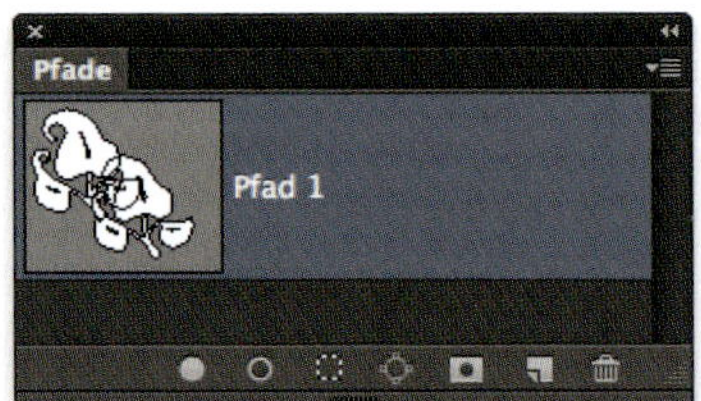

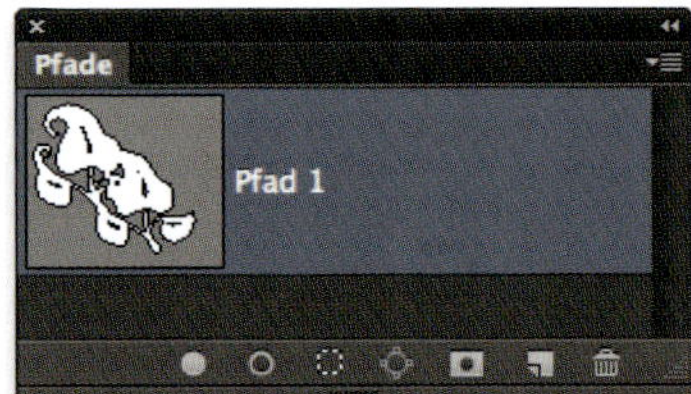

Abbildung 18.29 **Links:** In der Regel legen Sie getrennte Konturen auch als getrennte Pfade an; dazu klicken Sie vor dem Erstellen der zweiten Figur auf die Schaltfläche »Neuen Pfad erstellen« unten im Bedienfeld. **Mitte:** Die beiden Figuren liegen als Pfadkomponenten innerhalb eines einzigen Pfads. **Rechts:** Die Pfadkomponenten wurden per »Formkomponenten zusammenfügen« verschmolzen.

18.8.3 Beschneidungspfad

Eine Besonderheit ist der »Beschneidungspfad« (Clipping-Pfad, Freistellpfad), er ist nicht mit der Vektormaske zu verwechseln. Der Beschneidungspfad hilft bei der Weitergabe eines Motivs an ein Layoutprogramm. Die Umgebung eines ausgewählten Objekts wird hier ausgeblendet; so erscheint nur das freigestellte Objekt auf der Seite.

Neuere Layoutprogramme brauchen den speziellen Beschneidungspfad allerdings nicht: Beliebige Pfade oder Alphakanäle lassen sich als Beschneidungspfad einsetzen, und das mit verschiedenen Bilddateiformaten wie PSD, TIFF oder JPEG. So übernehmen InDesign und Quark Xpress direkt die Transparenz von Photoshop-Ebenen.

Achtung Einige Layoutprogramme interpretieren Pfade oder Alphakanäle in TIFF- und JPEG-Dateien als Beschneidungspfad. Äußere Bildteile werden also eventuell nicht gedruckt. Wollen Sie das alles zeigen und auf Nummer Sicher gehen, löschen Sie alle Pfade und Alphakanäle vor der Weitergabe.

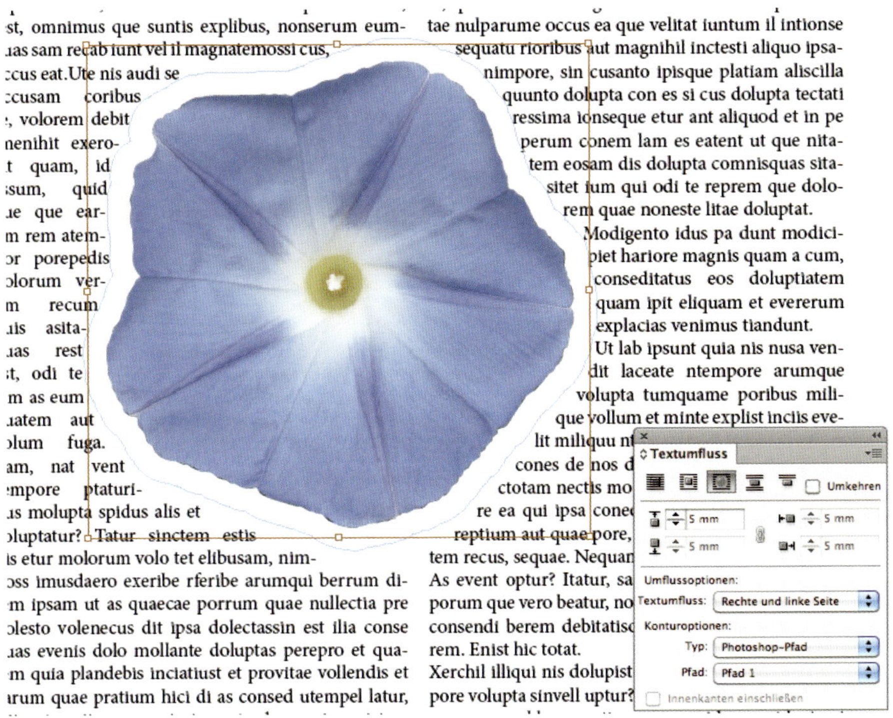

Abbildung 18.30 Das Beispiel stammt aus dem Programm InDesign. Bei diesem Programm leiten Sie die Freistellung zum Beispiel aus Pfaden, Alphakanälen oder direkt aus den Kontrasten im Bild ab. Die Blüte hat einen Beschneidungspfad, an dem sich auch der Textumfluss orientiert. Datei: Pfad_04

Vorgehen

So legen Sie einen speziellen Beschneidungspfad an:

1. Erzeugen Sie einen geschlossenen Pfad, der das gewünschte Objekt präzise umgibt.
2. Verwandeln Sie einen »Arbeitspfad« in einen regulären Pfad, indem Sie den »Arbeitspfad« auf das Symbol Neuen Pfad erstellen im Pfade-Bedienfeld ziehen.
3. Wählen Sie im Bedienfeldmenü **Beschneidungspfad**.
4. Wählen Sie im Dialogfeld Beschneidungspfad den gewünschten Pfad und eine Kurvennäherung.
5. Klicken Sie auf OK. Nun erscheint der Pfadname im Bedienfeld in Fettschrift.

6. Speichern Sie das Bild im Dateiformat Photoshop oder TIFF. Der im Pfade-Bedienfeld benannte Beschneidungspfad wird dabei automatisch übernommen.

Kurvennäherung

Für den Beschneidungspfad kann man eine Kurvennäherung vorgeben. Eine niedrigere Kurvennäherung führt zu gröberen Freistellpfaden, vermeidet aber auch Belichtungsfehler. In der Regel verwendet man eine Kurvennäherung von acht bis zehn für hoch auflösende Bilder über 1200 dpi, Werte zwischen eins und fünf empfehlen sich zwischen 300 und 600 dpi. Am besten trägt man gar nichts ein; dann wird die Voreinstellung des Druckgeräts verwendet.

Probleme mit der Kurvennäherung

Es kann passieren, dass ein komplexer Freistellpfad auf einem niedrig auflösenden Drucker korrekt ausgegeben wird, weil der Drucker den Pfad automatisch vereinfacht hat; bei der endgültigen hoch auflösenden Wiedergabe erscheinen aber Fehlermeldungen. In diesem Fall erhöht man den Wert für Kurvennäherung (Flatness) im Dialogfeld für den Freistellpfad. Hohe Werte der Kurvennäherung erzeugen im Drucker eine flachere Kurve; für Drucker über 1200 dpi eignen sich Werte von 8 bis 10. 300 oder 600 dpi werden mit einer Kurvennäherung von 1 bis 3 angesteuert. Setzt man die Kurvennäherung auf hohe Werte wie 25, kann die freigestellte Kontur grob wirken. Geben Sie keinen Wert ein, erscheint das freigestellte Motiv nach Vorgabe des Druckers - meist die beste Wahl. Erhöhen Sie den Wert eventuell für sehr lange Kurven, um überhaupt einen Druck zu ermöglichen.

Abbildung 18.31 Die Umrisse einzelner Buchstaben lassen sich im Textmodus nicht gezielt verändern. Verwandeln Sie den Text jedoch in eine Form (»Schrift: In Form umwandeln«), können Sie Buchstabenteile mit Pfadtechniken verschieben, vergrößern oder verzerren. Datei: Text_22

Ankerpunkte verringern

Bringt der Pfad wegen zu zahlreicher Ankerpunkte den Belichter aus dem Takt, reduzieren Sie die Ankerpunkte eines Pfads nachträglich, beispielsweise so:

1. Mit dem Pfade-Bedienfeldbefehl **Auswahl erstellen** laden Sie den Beschneidungspfad noch einmal als Auswahl.
2. Rechnen Sie die Auswahl jetzt mit dem Pfade-Bedienfeldbefehl **Arbeitspfad erstellen** wieder in einen Pfad um - mit einer hohen Toleranz von etwa 6.
3. Definieren Sie diesen Pfad als **Beschneidungspfad**.

»Beschneidungspfade« für Word und PowerPoint

Sie können »Beschneidungspfade« auch für die Office-Programme Word und PowerPoint anlegen. Mehrere Objekte lassen sich ohne Rechteckbox als Rahmen übereinander montieren und Word erlaubt Formsatz – Text fließt direkt an den Objektkonturen entlang. Dazu brauchen Sie die Auswahl als Alphakanal in einer TIFF-Datei ohne jede Komprimierung und ohne Farbprofil. So geht's:

1. Sie wählen den gewünschten Bildbereich zum Beispiel mit der Schnellauswahl aus.
2. Sie sichern die Auswahl als Alphakanal (**Auswahl: Auswahl speichern** oder die Schaltfläche Auswahl als Kanal speichern).
3. Sie sichern das Bild als TIFF-Datei: Für Office XP (2002) und frühere Versionen nehmen Sie TIFF ohne jede Komprimierung (auch nicht LZW). Entfernen Sie vor dem Speichern Farbprofile (per **Bearbeiten: Profil zuweisen** oder im Dialog **Speichern unter**). Aktuellere Office-Versionen sind weniger heikel.

Ziehen Sie die TIFF-Datei in das Word-Fenster. Um das Bild entlang der Grenzen umfließen zu lassen, klicken Sie doppelt auf das Bild, klicken dann im Bereich Bild formatieren auf die Schaltfläche Freistellen und wählen unter Zeilenumbruch die Option Umbruchsgrenze bearbeiten.

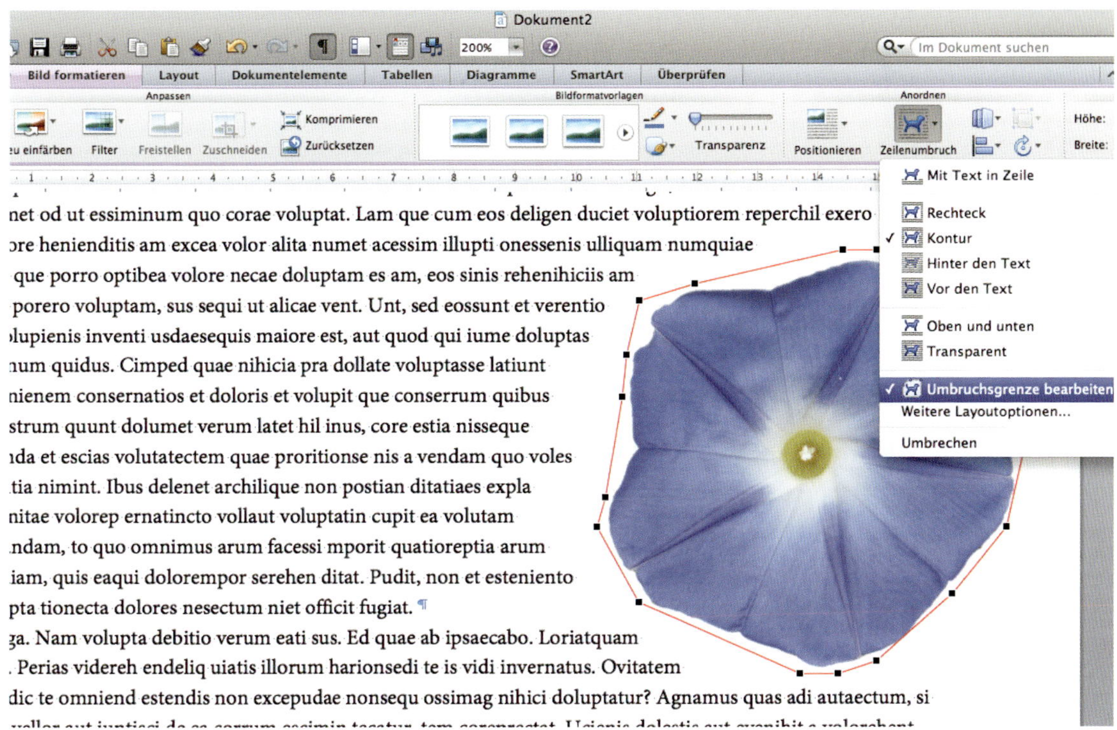

Abbildung 18.32 Das Motiv wird in Photoshop ausgewählt, die Auswahl als Alphakanal angelegt, das Ergebnis als TIFF gespeichert. In Word oder PowerPoint lässt sich der Alphakanal als Freistellpfad für Formsatz verwenden und weiterbearbeiten. Dateien: Datei: Pfad_04

18.9 Auswahlen und Pfade

Sie können Auswahlen in Pfade umrechnen und Pfade wieder in Auswahlen verwandeln. Dies ist oft eine elegante Möglichkeit, Auswahlen zu korrigieren, und es spart Platz gegenüber der Auswahlspeicherung im Alphakanal.

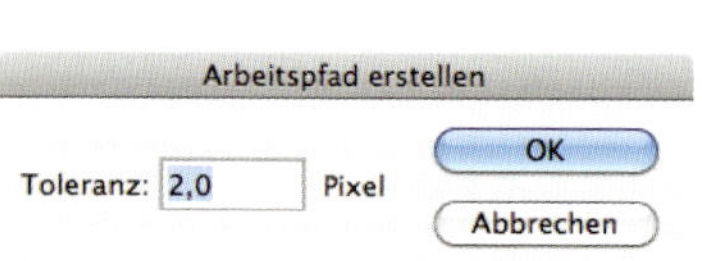

Abbildung 18.33 Photoshop rechnet Auswahlen mit unterschiedlicher »Toleranz« in Pfade um. Je höher die »Toleranz«, umso ungenauer, aber auch fließender gerät der Pfad; er hat dann weniger Ankerpunkte. Die Toleranz betrug links 2, rechts 10.

18.9.1 Auswahl in Pfad verwandeln

Um die aktuelle Auswahl in einen Pfad zu verwandeln, klicken Sie im Pfade-Bedienfeld unten auf das Symbol Arbeitspfad aus Auswahl erstellen. Dabei verwendet Photoshop eine Toleranz:

- Niedrige Werte wie 0,5 oder 1 erzeugen einen genauen Pfad mit vielen Ankerpunkten.
- Hohe Werte (Höchstwert 10) produzieren fließende, aber ungenauere Pfade mit wenig Ankerpunkten.

Der Toleranz-Pegel übernimmt den zuletzt gewählten Wert. Um diesen zu ändern, klicken Sie Arbeitspfad aus Auswahl erstellen mit gedrückter Alt-Taste an; Alternative: Sie wählen im Menü des Pfade-Bedienfelds **Arbeitspfad erstellen**.

Auswahlen laufen grundsätzlich an Pixeln entlang; dagegen orientieren sich Pfade nicht an Pixeln, sondern an Kurven und Ankerpunkten. Eine als Pfad gespeicherte Auswahl, die Sie wieder in eine Auswahl zurückverwandeln, hat nicht unbedingt den exakt selben Verlauf wie zu Beginn. Arbeiten Sie indes mit niedriger Toleranz, kann man Pfade in der Regel problemlos als Auswahlen speichern und man spart eine Menge Speicherplatz gegenüber einem Alphakanal. Allerdings kennt ein Pfad keine weichen Übergänge.

Tipp Soll sich der Pfad exakt an den Pixelgrenzen ausrichten, können Sie das in den »Voreinstellungen« bei »Allgemein« einstellen: Aktivieren Sie hierzu die Option Vektorwerkzeuge und Transformationen am Pixelraster ausrichten. Ziehen Sie dann eine neue Form auf, so rasten deren Kanten – wann immer es die Form erlaubt – an einer Grenze zwischen zwei Pixeln ein. Der Vorteil: Die Ränder der Form erscheinen nach dem Raster etwas schärfer.

Auswahlkorrektur per Pfad

Insbesondere wenn Sie eine Auswahl abschnittweise enger oder weiter fassen und dabei Befehle verwenden wie **Auswahl verändern: Erweitern**, empfiehlt sich die Pfadtechnik als handliche Alternative:

1. Als Reserve sichern Sie die aktuelle Auswahl in einem Alphakanal per **Auswahl: Auswahl speichern**.
2. Verwandeln Sie die Auswahl mit dem Befehl **Arbeitspfad erstellen** aus dem Pfad-Bedienfeld in einen Arbeitspfad. Verwenden Sie keine ganz niedrige Toleranz, da viele Ankerpunkte unübersichtlich wirken. Testen Sie einen Wert wie 3,0.

3. Ziehen Sie diesen Arbeitspfad im Pfade-Bedienfeld auf das Symbol Neuen Pfad erstellen.
4. Bewegen oder **transformieren** Sie den markierten Pfadbereich mit dem Direktauswahl-Werkzeug wie erforderlich.
5. Entfernen Sie eventuell einzelne Ankerpunkte oder fügen Sie einzelne Ankerpunkte hinzu und korrigieren Sie mit den Grifflinien den Kurvenverlauf. Ist diese Korrektur zu aufwändig, verwandeln Sie die Auswahl mit einer anderen Toleranz neu in einen Pfad.
6. Verwandeln Sie den korrigierten Pfad zurück in eine Auswahl, indem Sie ihn auf das gepunktete Symbol Pfad als Auswahl laden ziehen.

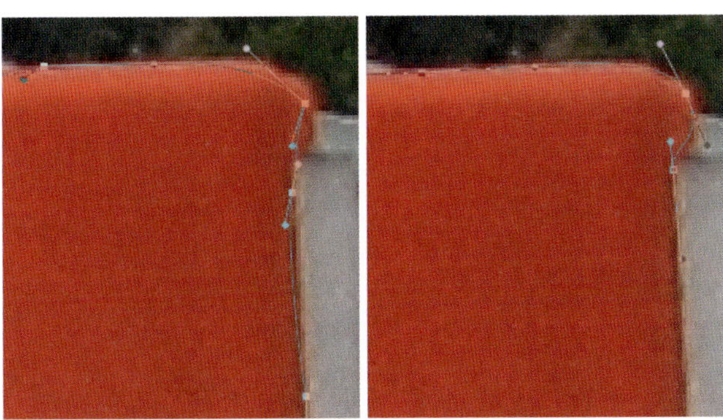

Abbildung 18.34 **Links:** Der Zoom zeigt, dass der Pfad ungenau sitzt. **Rechts:** Durch Verschieben der Ankerpunkte und Ziehen lässt sich die Form sauber einrahmen. Der korrigierte Pfad wird per »Auswahl erstellen« in eine geglättete Auswahl verwandelt.

Unsaubere Ränder glätten per Pfad

Oft entstehen bei Auswahltechniken mittels Zauberstab oder Alphakanalretusche unsaubere, gezackte Ränder. In diesen Fällen verwandeln Sie die unschöne Auswahl bei niedriger bis mittlerer Toleranz von zum Beispiel »2« oder »3« in einen Pfad. Den konvertieren Sie zurück in eine Auswahl, wobei Sie das Glätten anwählen – Sie erhalten eine saubere Kante. Eine Auswahlverfeinerung per **Kante verbessern** bringt oft ähnliche Ergebnisse, allerdings nicht so präzise steuerbar.

18.9.2 Pfad in Auswahl verwandeln

Einen vorhandenen Pfad können Sie in eine Auswahl verwandeln. Dazu gibt es verschiedene Wege:

- Wählen Sie **Auswahl erstellen** im Bedienfeldmenü oder im Kontextmenü über einer Pfadminiatur; dabei sehen Sie jeweils das Dialogfeld Auswahl erstellen.
- Per Klick auf das gepunktete Symbol Pfad als Auswahl laden übernehmen Sie die letzten Einstellungen aus dem Dialogfeld. (Alt-Klick zeigt die Optionen an.)
- Klicken Sie bei gedrückter Strg-Taste auf die Pfadminiatur im Bedienfeld.
- Ist der Pfad im Pfade-Bedienfeld aktiviert, also auch im Bildfenster sichtbar: Drücken Sie Strg+↵-Taste.

Offene Pfade schließt Photoshop auf direktem Weg zwischen den beiden Pfadenden.

Weiche Kante

Im Dialogfeld Auswahl erstellen machen Sie unter Rendern folgende Angaben:

- Sie definieren einen Radius; damit blendet der Rand weich aus. Übersichtlicher weichen Sie die Auswahl jedoch nachträglich mit dem Befehl **Kante verbessern** auf.
- Die Option Glätten erstellt einen hauchdünnen weichen Übergang unmittelbar am Auswahlrand - meist die ideale Einstellung für übliche Montagen.

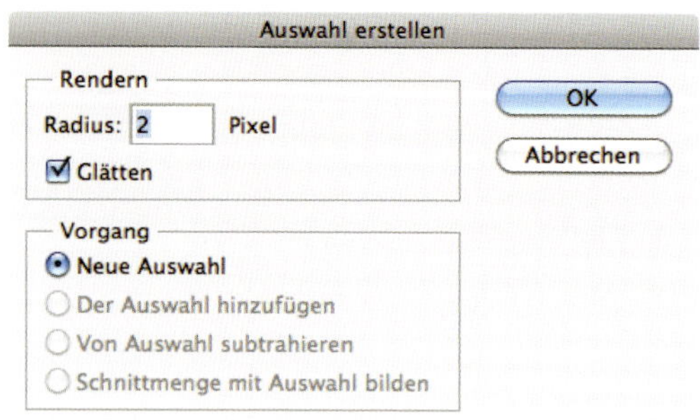

Abbildung 18.35 Sie können den Pfadumriss als Auswahl laden und dabei mit einer vorhandenen Auswahl verrechnen. Eine vergleichbare Funktion gibt es auch für Alphakanäle.

Auswahlen verrechnen

Im Bereich Vorgang des Dialogfelds Auswahl erstellen geben Sie an, ob Sie die neue Auswahl von einer bereits bestehenden Markierung abziehen oder die Auswahl vielmehr erweitern.

- Gibt es gar keine Auswahlbereiche im Bild, erstellen Sie beim Umwandeln des Pfads eine Neue Auswahl.
- Haben Sie dagegen bereits einen Bildteil markiert, können Sie die per Pfad erstellte weitere Markierung Der Auswahl hinzufügen.
- Setzen Sie die neue Auswahl dagegen in eine schon bestehende Auswahl hinein, können Sie den neu markierten Bereich von der Auswahl abziehen.
- Überkreuzt sich eine vorhandene Auswahl mit dem aktiven Pfad, dann lässt sich beim Umwandeln auch die Schnittmenge bilden.

18.9.3 Befehle im Überblick: Pfade

Taste/Feld	Zusatztasten	Aktion	Ergebnis
P (für Pen Tool)			Letztes Zeichenstiftwerkzeug
A			
			Formen kombinieren (+)
			Vordere Form subtrahieren (-)
			Schnittmenge von Formbereichen
			Überlappende Formen ausschliessen
+-Taste			Dem Formbereich hinzufügen (+)
--Taste			Vom Pfadbereich subtrahieren (-)
			Geraden Pfad zeichnen
	⇧-Taste		Geraden Pfad mit 45-Grad-Winkeln zeichnen

Taste/Feld	Zusatztasten	Aktion	Ergebnis
		ziehen	Kurvenpfad zeichnen
	Strg		
		auf markierten Ankerpunkt, Griffpunkt	Ankerpunkt, Griffpunkt bewegen
		ziehen	Pfadbereich markieren
	⇧		Zusätzliche Pfadsegmente/Ankerpunkte markieren
	Alt		Gesamte Pfadkomponente auswählen
			Gesamte Pfadkomponente auswählen
	Alt	ziehen	Duplikat des gewählten Bereichs bewegen
	Alt	ziehen	Duplikat des gewählten Bereichs bewegen
	Strg	über Ankerpunkt	
		auf Ankerpunkt	Kurven-Ankerpunkt in harten Eckpunkt umwandeln und umgekehrt
		auf Ankerpunkt ziehen	Harten Eckpunkt in Kurven-Ankerpunkt umwandeln
			Ankerpunkt hinzufügen
			Ankerpunkt entfernen
		Pfad auf Symbol ziehen	Pfad löschen
			Pfad neu erstellen
		Pfad auf Symbol ziehen	Pfad duplizieren
			Auswahl mit aktuellen Einstellungen in »Arbeitspfad« verwandeln
			Pfad mit aktuellen Einstellungen in Auswahl verwandeln
[Pfadminiatur]	Strg		Pfad mit aktuellen Einstellungen in Auswahl verwandeln
Richtungstasten			Markierte Punkte in 1-Pixel-Schritten verschieben
Richtungstasten	⇧		Markierte Punkte in 10-Pixel-Schritten verschieben
			PfadBedienfeldmenü
			Pfadkontur mit Pinsel füllen
	Alt		Dialogfeld PFADKONTUR/UNTERPFADKONTUR FÜLLEN
			Pfadfläche mit aktuellen Einstellungen füllen
	Alt		Dialogfeld PFADFLÄCHE FÜLLEN

18.10 Malen nach Pfaden

Photoshops Mal- und Retuschewerkzeuge können sich an den Pfaden entlangarbeiten, um die Pfadkontur nachzumalen. Dazu wählen Sie den Bedienfeld-Befehl **Pfadkontur füllen**. Sie können auch nur einen Teil des Wegs gehen. Soll die Fläche innerhalb des Pfads komplett mit Farbe zugeschüttet werden, nehmen Sie **Pfadfläche füllen**. Haben Sie eine Pfadkomponente innerhalb eines Pfads mit dem Direktauswahl-Werkzeug markiert, heißen die Befehle **Unterpfadfläche füllen** und **Unterpfadkontur füllen**. Dann wird auch nur der ausgewählte Teil bearbeitet. Die Befehle **Pfadkontur füllen** und **Pfadfläche füllen** funktionieren nicht auf Textebenen und auf Formebenen.

Tipp Legen Sie die Farbfüllungen zunächst auf einer neuen, leeren Ebene an, so dass das Originalbild unverändert bleibt.

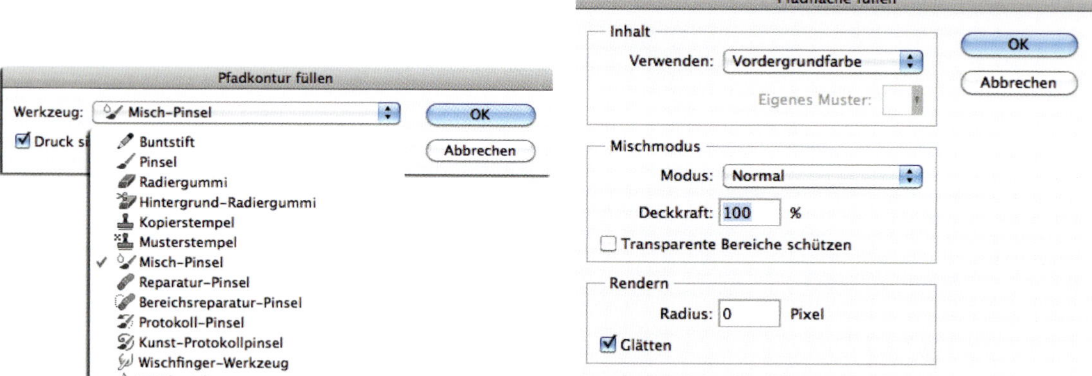

Abbildung 18.36 **Links:** Der Befehl »Pfadkontur füllen« aus dem Pfad-Bedienfeld lässt ein beliebiges Mal- oder Retuschewerkzeug am Pfad entlangarbeiten. **Rechts:** Der Befehl »Pfadfläche füllen« füllt die Ebene innerhalb des Pfads mit Farbe, Muster oder einem Bildzustand aus dem Protokoll-Bedienfeld.

18.10.1 Pfadkontur füllen

Sie können den Pfad mit einem beliebigen Mal- oder Retuschewerkzeug nachmalen lassen, etwa Pinsel oder Musterstempel. Sie geben ein Werkzeug vor und Photoshop führt es mit den aktuellen Optionen dieses Geräts am Pfad entlang.

Ist ein Pfad aktiviert? Dann startet das Geschehen mit einem Klick auf das Symbol PFADKONTUR FÜLLEN unten im Pfade-Bedienfeld. Der Alt-Klick blendet wie immer die Optionen ein. Alternative: der Befehl **Pfadkontur füllen** im Bedienfeldmenü.

Tipp Auch so füllen Sie die Pfadkontur: Aktivieren Sie den Pfad, schalten Sie den Pinsel ein und drücken Sie die ↵-Taste. Natürlich muss eine taugliche Ebene aktiviert sein, also keine Form- oder Textebene.

Vorteile

Der Befehl **Pfadkontur füllen** bietet mehrere Vorteile gegenüber dem **Bearbeiten**-Befehl **Kontur füllen** wie auch gegenüber dem Ebenenstil Kontur:

- Sie können Retuschewerkzeuge wie etwa den Abwedler (Aufheller) verwenden, mit denen Sie nicht Farbe auftragen, sondern vorhandene Tonwerte verändern.
- Verschiedenste Pinselvorgaben stehen zur Verfügung, etwa elliptische, sternförmige, weitere ungleichmäßige und halbdeckende Varianten.
- Sie können den Pinsel über die Strecke hin variieren, zum Beispiel lassen Sie »Spurtreue«, Abstand, Größe und Farbe der Malpunkte schwanken.

Nachteile und Alternativen

Bei den Funktionen **Bearbeiten: Kontur füllen, den per Hand eingestellten Form-Konturen über die Optionenleiste,** wie auch beim Ebeneneffekt Kontur kommt dagegen zum Füllen einer Kontur ein harter Einheitspinsel zum Einsatz, nur die Breite ist wählbar (bei den Formen-Optionen auch die Strichlänge einer gestrichelten Kontur). Vorteile dennoch:

- Sie lassen die Farbe gezielt nur Innen oder Aussen laufen.
- Der Ebeneneffekt Kontur passt sich sofort geänderten Umrissen zum Beispiel in der Vektormaske an. Sie können jederzeit Farbe, Breite und Position des Rahmens verändern und sogar Verläufe oder Muster einsetzen.

Gelegentlich bietet sich auch die Alternative an, eine Auswahl um eine Objektkontur herum mit dem Befehl **Ändern: Rand** in einen Rahmen zu verwandeln. Ausgewählt und zur Bearbeitung freigegeben ist nun nur noch eine schmale Zone um das Objekt herum.

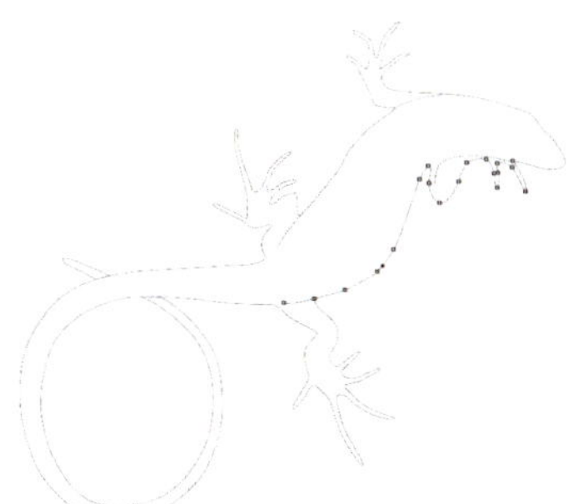

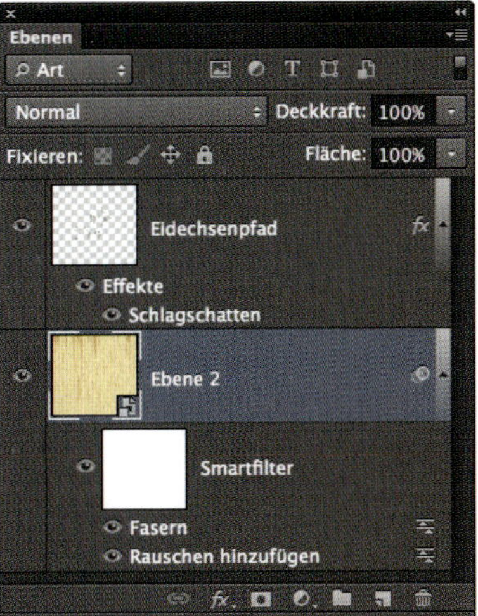

Abbildung 18.37 **Links:** Der Eidechsenpfad besteht aus mehreren Pfadkomponenten, die sich jedoch in einer Pfadebene sammeln; hier ist beispielsweise eine untere Linie selektiert. Wir haben über die weiße Hintergrundebene eine leere zweite Ebene gelegt, auf der wir im nächsten Schritt die Kontur des Pfads nachzeichnen. **Mitte:** Zum Nachzeichnen haben wir einen Borstenpinsel gewählt. Der Pinsel färbt jede einzelne Pfadkomponente des Pfads neu, dadurch entstehen die interessanten Linienstrukturen. **Rechts:** Die Hintergrundebene haben wir über das Filtermenü »Für Smartfilter konvertiert«. Über die Filter »Fasern« und »Rauschen hinzufügen« entsteht die Holzstruktur. Die Ebene mit der nachgezeichneten Eidechse haben wir zudem mit dem Ebenenstil »Schlagschatten« versehen. Datei: Pfad_07

Nur Pfadkomponenten füllen

Um nur einen Teil einer Pfadfläche zu füllen, kann man eine einzelne Pfadkomponente anwählen. Die Figuren des Eigene-Form-Werkzeugs beispielsweise bestehen jedoch nur aus einem einzigen Pfad. Es reicht nicht, ein paar Ankerpunkte mit dem Direktauswahl-Werkzeug zu aktivieren: Photoshop bearbeitet immer noch den kompletten Pfad.

So isolieren Sie nachträglich einen Teil eines geschlossenen Pfads:

1. Rahmen Sie den benötigten Pfadbereich mit dem Direktauswahl-Werkzeug ein.
2. Drücken Sie Strg+C zum Kopieren.
3. Klicken Sie unten im Pfade-Bedienfeld in den grauen Bereich unter der letzten Miniatur, so dass alle Pfade abgeschaltet sind.
4. Drücken Sie Strg+V zum Einfügen.

Der gewünschte Pfadbereich erscheint als neuer Pfad.

Druck simulieren

Mit der Option Druck simulieren im Dialogfeld Pfadkontur füllen variiert Photoshop über die Pfadstrecke hin diejenigen Stricheigenschaften, die Sie im Pinsel-Bedienfeld auf Zeichenstift-Druck gestellt haben - auch wenn Sie gar kein Grafiktablett verwenden.

Unabhängig von der Option Druck simulieren übernimmt Photoshop alle weiteren Vorgaben aus dem Pinsel-Bedienfeld (F5), zum Beispiel auch Änderungen der Stricheigenschaften per Jitter oder Verblassen.

18.10.2 Pfadfläche füllen

Ähnlich läuft es, wenn Sie die ganze **Pfadfläche füllen**. Im Dialogfeld Pfadfläche füllen machen Sie Angaben, die Sie zum Teil beim Befehl **Bearbeiten: Fläche füllen** wiederfinden:

- Zum Füllen stehen Vorder- und Hintergrundfarbe, Schwarz, Weiß und Grau, Muster und das aktuell vorgemerkte Stadium im Protokoll-Bedienfeld bereit.
- Als Mischmodus geben Sie eine Deckkraft und einen Modus vor.
- Wählen Sie Transparente Bereiche schützen, wenn Sie innerhalb einer Ebene nur das eigentliche Objekt, nicht aber die transparente Fläche drum herum füllen wollen.
- Schließlich können Sie den Rand durch Radius oder Glätten absoften.

Arbeit mit der Schaltfläche

Das Symbol Pfadfläche füllen unten in der Werkzeugleiste erspart Ihnen den Weg ins Bedienfeldmenü:

- Mit einem Klick auf das Symbol füllen Sie den Pfad. Photoshop orientiert sich an den zuletzt verwendeten Fülloptionen.
- Ziehen Sie einen Pfad auf das Symbol, um die Fläche automatisch füllen zu lassen.
- Klicken Sie das Symbol mit der Alt-Taste an, erhalten Sie das Dialogfeld Pfadfläche füllen und verändern die Optionen.

Alternativen

Zum Befehl **Pfadfläche füllen** bietet Photoshop eine Reihe von Alternativen:

- Wenn Sie nicht eine Pfad-, sondern eine Auswahlfläche füllen möchten, verwenden Sie den Befehl **Bearbeiten: Auswahl füllen** (⇧+←).
- Das Füllwerkzeug füllt eine farblich abgegrenzte Fläche, ohne dass Sie vorab eine Auswahl erstellen müssten.
- Besonders attraktiv ist der Ebenenstil FARBÜBERLAGERUNG: Diese Farbe lässt sich jederzeit ändern, auch Deckkraft oder Überblendmodus bleiben variabel und Sie können auch Füllungen wie MUSTERÜBERLAGERUNG oder VERLAUFSÜBERLAGERUNG verwenden. Voraussetzung: Der gewählte Bereich befindet sich auf einer eigenen Ebene.
- Wenn die Ebene außer der einfarbig gefüllten Fläche keinerlei Bildpunkte enthält, können Sie gleich eine Form auf Basis eines Pfads anlegen. Er lässt sich jederzeit umformen und umfärben.

Teil 6
Ebenen

Tauchen Sie ein in Photoshops faszinierende Ebenentechnik. Entdecken Sie, wie Sie Bildteile montieren, verschieben und raffiniert überblenden. Die Ebenentechnik ist auch der Schlüssel für verlustfreie Korrekturen – erfahren Sie alles über Einstellungsebenen, Schnittmasken und Smartobjekte.

Kapitel 19 Ebenen organisieren

Selbst wenn Sie mit Fotomontage nichts zu tun haben und Ihre Bilder in erster Linie nur auskorrigieren - die Ebenentechnik brauchen Sie auch zum Bildverfeinern:

- Verlustfreie Kontrast-, Schärfe- und Fleckenkorrektur funktioniert fast nur mit Ebenen.
- In kontrastreichen Szenen korrigiert man dunkle Bildbereiche eventuell anders als helle Bildbereiche - am besten auf getrennten Ebenen oder mit Ebenenmasken, die einzelne Bildzonen von der Veränderung aussparen.

Grund genug also, hier die Ebenentechnik zu inspizieren. Dieses Kapitel schildert zunächst, wie Sie ausgewählte Ebenen in andere Motive einsetzen und so organisieren, dass Sie auch komplexe Montagen immer im Griff behalten.

19.1 Ebenentechnik im Überblick

Mit Photoshops Ebenentechnik können Sie

- Bildteile zerstörungsfrei montieren und immer wieder neu arrangieren,
- Bildteile teilweise verbergen und jederzeit wieder komplett nach vorn holen,
- Bildbereiche kontrastkorrigiert oder mit **Filter**-Effekt anzeigen, ohne sie tatsächlich zu verändern,
- Ebenen mit korrigierbarem Schatten, Lichthof oder 3D-Effekt ausstatten,
- verschiedene Anordnungen Ihrer Montage innerhalb einer Datei speichern und bequem wieder abrufen,
- Objekte verkleinern und verzerren und jederzeit wieder in Originalqualität anzeigen,
- Camera-Raw-, Vektordateien oder Photoshop-Montagen in Originalqualität als Datei in der Datei speichern und zwischenzeitlich zum Beispiel wieder mit dem Camera-Raw-Modul oder mit einem Vektorgrafikprogramm bearbeiten,
- Schriftzüge anlegen und jederzeit ändern.

Wie immer gilt: Klicken Sie unsere Beispiele mit den Dateien aus dem »Praxis«-Verzeichnis der Buch-DVD nach.

Abbildung 19.1 Ebenentechnik für die Kontrastkorrektur: Der Vordergrund ist unterbelichtet, der Hintergrund zu hell. Eine »Gradationskurven«-Einstellungsebene hellt die Personen auf, eine zweite dunkelt den Himmel ab. Ebenenmasken begrenzen die Helligkeitskorrektur jeweils auf einzelne Bildzonen. Datei: Ebene_01

Abbildung 19.2 Hier haben wir zusätzlich den Hintergrund weichgezeichnet. Auch dies geschieht verlustfrei mit einem Smartfilter »Gaußscher Weichzeichner«, eine Maske spart die Kinder und etwas Vordergrund von der Weichzeichnung aus. Das Ebenen-Bedienfeld zeigt, dass im Hintergrund das unveränderte Originalbild paratsteht. Sie können alle Kontrast- und Schärfeänderungen verfeinern und die Zone der Veränderung bearbeiten.

19.1.1 Dateiformate für Ebenenbilder

JPEG- oder DNG-Dateien können Sie nicht mit mehreren Ebenen speichern. Wollen Sie über der normalen Hintergrund-Ebene weitere Montageebenen türmen, sichern Sie meist in den Dateiformaten Photoshop-PSD oder TIFF, auch PDF ist möglich.

Unsere Tabellen auf diesen Seiten nennen Vor- und Nachteile wie auch unterschiedliche Dateigrößen je nach Vorgabe und Dateiformat. Dabei geht es nur ums Speichern von Ebenen; weitere Eigenschaften dieser und anderer Dateitypen und zusätzliche Testergebnisse liefern wir ab Seite 990.

Photoshop-PSD für Ebenen

Falls eine Photoshop-PSD-Datei in einem anderen Programm nicht korrekt erscheint, verwenden Sie in Photoshop die speicherfressende Kompatibilität (Seite 992). Falls die Kompatibilität nicht weiterhilft, nehmen Sie das TIFF-Dateiformat. Das ist auch für Lightroom 4 erforderlich. Für Dateien über zwei Gigabyte Größe nehmen Sie die PSD-Weiterentwicklung PSB.

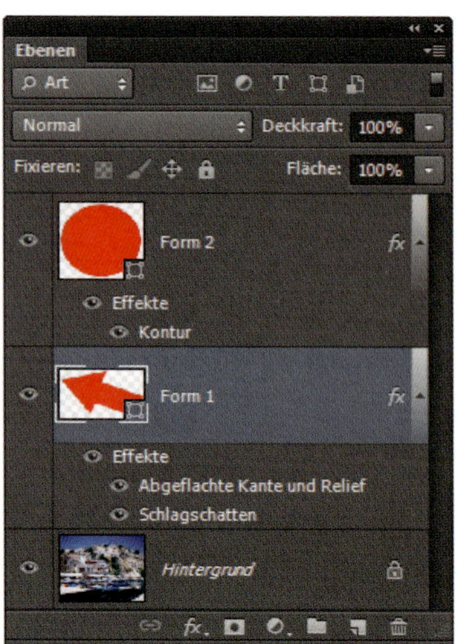

Abbildung 19.3 Wegweisende Ebenentechnik mit Formebenen: Der Pfeil mit dem Eigene-Form-Werkzeug, der Kreis mit dem Ellipse-Werkzeug. Farbe und Strichstärke können Sie jederzeit verlustfrei ändern. Datei: Ebene_33

Abbildung 19.4 Auch so heben Sie Bilddetails hervor: Wählen Sie die wichtigen Bereiche mit Auswahlrechteck oder Auswahlellipse aus, kehren Sie die Auswahl um und hellen Sie die Umgebung stark auf, hier mit einer Einstellungsebene »Tonwertkorrektur«. Die Umrisse sind per Vektormaske definiert. So lassen sie sich bequemer umd mit weniger Qualitätsverlust verschieben und umformen als bei einer üblichen Ebenenmaske. Datei: Ebene_34

TIFF für Ebenen

Bei TIFF- und PDF-Dateien schalten Sie im **Speichern-unter**-Dialog explizit die Ebenen mit ein. Die meisten anderen Programme zeigen bei TIFFs mit Ebenen zwar das korrekte Gesamtbild an – so auch Lightroom 4 –, geben aber keinen Zugriff auf die Einzelebenen; und sie verschmelzen alle Ebenen dauerhaft, sobald Sie neu speichern. Soll die Montage nur angezeigt, aber nicht bearbeitet werden – auch in anderen Bilddatenbanken –, lässt sich TIFF vielseitiger nutzen als PSD.

Der TIFF-Dialog bietet oben den Bereich Bildkomprimierung. Dort geht es wohlgemerkt nicht um die einzelnen Ebenen, sondern nur um die zusätzlich mitgespeicherte Gesamtansicht der Montage. Die sehen Sie in Photoshop gar nicht, aber eventuell in anderen Programmen, die sonst kein TIFF mit Ebenen anzeigen könnten. Verwenden Sie im Bereich Bildkomprimierung die LZW-Komprimierung, sparen Sie gegenüber dem Photoshop-

Dateiformat eventuell 10 oder 20 Prozent Speicherplatz auf der Festplatte, mit ZIP noch etwas mehr. Wenn Sie mit Plattenplatz knappsen müssen und das Bild Photoshop nicht verlässt, geben Sie ruhig JPEG mit Stufe 0 an – die Originalebenen selbst sind davon nicht betroffen, nur die Vorschau für nicht kompatible Programme. Prüfen Sie jedoch, ob Ihr Layoutprogramm die ZIP- und JPEG-Varianten einer TIFF-Datei noch verarbeitet.

Im Bereich Ebenenkomprimierung nehmen Sie ZIP für eine bessere Datenverdichtung. Hier geht es um die Einzelebenen selbst, nicht um die mitgespeicherte Gesamtansicht. Datenverlust entsteht nicht.

PDF für Ebenen

Die PDF-Dateigrößen erinnern an TIFF und PSD; welche Acrobat-Kompatibilität Sie wählen, spielt für die Dateigröße keine Rolle. Im PDF-Dialog verwenden Sie Photoshop-Bearbeitungsfunktionen erhalten. Auch ohne diese Option – aber mit vorher angewählten Ebenen – erscheinen Text und Vektorgrafik im Adobe Reader als Text und Vektorgrafik in hoher Qualität und das auch bei hohen Zoomstufen.

Dateiformate für Ebenenbilder

Dateiformat	Vorteile	Nachteile
Photoshop-PSD	Schnelles Öffnen und Schreiben, kein Nachdenken über Optionen	Braucht mit Kompatibilität viel Speicherplatz; erscheint in Bildverwaltungen nicht immer korrekt
TIFF	Spart je nach Vorgabe etwas Speicherplatz; Gesamtbild erscheint korrekt in vielen Bildprogrammen und Bilddatenbanken	Bei Komprimierung längeres Öffnen und Speichern; meist kein Zugriff auf Einzelebenen in anderen Programmen
PDF	Spart je nach Vorgabe Speicherplatz; Text und Vektorgrafik erscheinen im Programm Reader wahlweise im Text- bzw. Vektormodus, also hohe Qualität auch bei vergrößernden Zoomstufen	Bei Komprimierung längeres Öffnen und Speichern; kann in anderen Programmen kaum bearbeitet werden

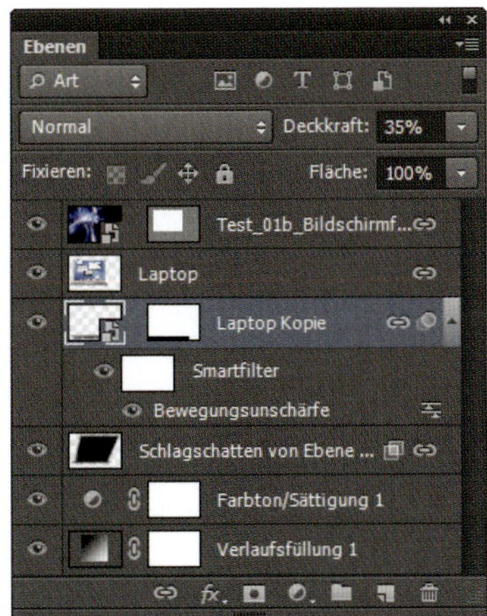

Abbildung 19.5 Als Hintergrund bei unserer Testdatei dient eine Verlaufsfüllung, die mit einer »Farbton/Sättigung«-Einstellungsebene noch korrigiert wird. Der nach unten gespiegelte Laptop wurde in ein Smartobjekt verwandelt und dann verlustfrei transformiert und weichgezeichnet. Als Bildschirminhalt »platzieren« wir eine weitere PSD-Datei, die aus isoliert korrigierbaren Ebenen besteht und je nach Dateiformat mindestens neun Megabyte belegt. Datei: Test

Speichern »als Kopie«

Sie arbeiten an einer Ebenen-Montage und wählen mit dem Befehl **Datei: Speichern unter** ein anderes Format vor, etwa JPEG. Damit verschmelzen zwangsläufig sämtliche Montageebenen zu einer starren Hintergrund-Ebene, die Komposition lässt sich nicht mehr umarrangieren.

Allerdings: Verschmolzen wird nur die JPEG-Datei auf der Festplatte. Sie arbeiten auf der Programmoberfläche weiterhin an der unveränderten Ebenenmontage unter dem ursprünglichen Namen; Sie können also die Datei immer noch samt Ebenen in einem passenden Format verewigen. Das Dialogfeld **Speichern unter** zwingt Sie beim Speichern in einem nicht ebenentauglichen Format dazu, die flachgelegte Montage Als Kopie zu speichern.

Dateigrößen im Vergleich

Welches Dateiformat frisst wie viel Speicherplatz? Die Empfehlungen sind klar:

- Sie wollen maximal Speicherplatz sparen und brauchen die interne, oft überflüssige Gesamtansicht der Datei nicht. Dann nehmen Sie TIFF, im Bereich Bildkomprimierung geben Sie JPEG mit Qualität 0 an; die Originalebenen behalten wohlgemerkt ihre Originalqualität.
- Sie wollen verlustfrei Speicherplatz sparen, relativ kompatibel sein und eventuell die interne Vorschau in hoher Qualität nutzen. Dann nehmen Sie TIFF mit LZW-Bildkomprimierung und Zip-Ebenenkomprimierung; das dauert auf dem Testrechner 3,7 Sekunden.
- Sie wollen flott speichern und nicht über Optionen nachdenken. Sie greifen zum PSD-Dateiformat, zeit- und platzsparend ohne Kompatibilität; das hält den Test-PC nur 1,4 Sekunden lang beschäftigt.

In diesem Vergleich betrachten wir nur Dateiformate mit Ebenen und wir nehmen nur die interessantesten möglichen Kombinationen von Eigenschaften (nichts, was drei Zehntelsekunden spart, aber 20 Prozent mehr Festplatte verbraucht). Unsere Datei »Test« ist im 8-Bit-RGB-Modus gespeichert, sie hat 1772x1184 Pixel, also rund zwei Megapixel, sie lässt sich damit bei 300 dpi 15x10 Zentimeter groß drucken. Die Datei besteht aus zahlreichen Ebenen – darunter ein Smartobjekt, das eine weitere Datei voller Einzelebenen enthält und als TIFF mit Ebenen knapp 10 Mbyte belegt.

Bei allen Formaten entsteht kein Qualitätsverlust in den Einzelebenen. Nur TIFF mit JPEG-Option zeigt Qualitätsverlust in der zusätzlich mitgespeicherten Gesamtansicht; das ist jedoch meist nicht tragisch, da diese Version nicht zum Druck oder zur Umwandlung in ein JPEG-Format verwendet wird.

Welches Dateiformat bringt welche Dateigröße?

Dateiformat	Dateigröße auf Festplatte (Mbyte)
TIFF; Bk. ohne, Ek. ZIP [1)]	24,36
TIFF; Bk. LZW, Ek. ZIP [1)]	18,99
TIFF; Bk. ZIP, Ek. ZIP [1)]	18,94
TIFF; Bk. J-9, Ek. ZIP [1)]	17,96
TIFF; Bk. J-0, Ek. ZIP [1)]	17,46
PSD; mit Kompatibilität	25,41
PSD; ohne Kompatibilität	22,48
PDF; mit Zip-Komprimierung, Acrobat 4	24,23
PDF; mit JPEG »Hoch«	22,48
PDF; mit JPEG »Niedrig«	20,78

1) Bk. = Bildkomprimierung, Ek. = Ebenenkomprimierung, J = JPEG-Qualitätsstufe

»Platzierte« Ebenendatei

Sie können eine Datei voller Ebenen **platzieren** – also innerhalb einer weiteren Datei als Smartobjekt speichern und alle Ebenen erhalten. Wer Speicherplatz sparen muss, sollte auch die zu platzierende Datei platzsparend sichern. Denn Photoshop speichert die platzierten Bits und Bytes 1:1 weg: **Platzieren** Sie ein speicherfressendes PSD mit Kompatibilität, wird die Gesamtmontage weit größer als beim **Platzieren** einer weniger Plattenplatz fressenden, aber pixelidentischen TIFF-Datei.

Wir testen das **Platzieren** mit der Grafik, die in unserer Montage als Bildschirmfüllung dient: Diese »Montage in der Montage« braucht als TIFF-Datei einzeln 9,8 Mbyte, als PSD ohne Kompatibilität dagegen 24 Mbyte. Sie wird in die bekannte Laptop-Montage eingefügt. Wie immer finden Sie alle Dateien auch auf der DVD zum Buch. Die Gesamtmontage speichern wir in den zwei interessantesten Dateiformaten: als platzsparende TIFF- und als schnelle PSD-Datei.

Testdatei	PSD ohne Kompatibilität (MB)	TIFF Bk. LZW, Ek. ZIP (MB)
ohne platzierte Datei	9,44	8,33
mit platzierter PSD-Datei (24 Mbyte)	36,9	34,21
mit platzierter TIFF-Datei (9,8 Mbyte)	22,48	18,99

Speicherplatz sparen

Die Tabelle zeigt, welche Sparmaßnahmen bei zu großen Ebenenmontagen etwas bringen: Rastern Sie Smartobjekte und verschmelzen Sie Ebenen. Entfernen Sie Ebenenmasken und Alphakanäle, die differenzierte Information enthalten. Dagegen schont das Löschen von reinweißen Ebenenmasken die Festplatte nicht.

Wir testen die Speicherplatzersparnis bei unserer »Test«-Datei – in den bekannten TIFF- und PSD-Varianten. Wir ermitteln die neue Mbyte-Dateigröße für eine Einzelmaßnahme, dann setzen wir die Datei auf den ursprünglichen Zustand zurück und probieren etwas anderes.

Maßnahme	PSD-Datei ohne Kompatibilität (MB)	TIFF-Datei Bk. LZW, Ek. ZIP (MB) [1]
Dateigröße vor der Bearbeitung	22,48	18,99
Ebene Laptop Kopie rastern (war vorher Smartobjekt)	18,11	14,62
Ebene Laptop Kopie rastern und überstehende Teile wegschneiden (Ebene ragt über Bildgrenzen hinaus nach unten)	16,94	14,18
Ebene Test_Bildschirmfüllung rastern (bestand aus mehreren Ebenen)	12,88	9,65
Ebene Test_Bildschirmfüllung rastern, Ebenenmaske löschen und anwenden (Bildbereiche außerhalb vom Monitorrahmen werden entfernt)	10,98	8,77
Ebenen Laptop und Test_Bildschirmfüllung dauerhaft verschmelzen (dabei wird Test_Bildschirmfüllung gerastert und überstehender Bildbereich gelöscht)	9,18	7,63
Die drei reinweißen Ebenenmasken löschen	22,47	18,99
Ebenen Farbton/Sättigung 1 und Verlaufsfüllung rastern und verschmelzen	22,62	19,01
Befehl Ebene: Auf Hintergrundebene verschmelzen	3,00	1,28

1) Bk. = Bildkomprimierung, Ek. = Ebenenkomprimierung

19.1.2 Pixelmaße und Dateigröße

Erkennen Sie schon vorab die tatsächlichen Größenverhältnisse zwischen Bildteilen, die Sie zusammensetzen wollen, und halten Sie die Dateigröße in Schach.

Bei Montagen richtet sich Photoshop allein nach der Pixelzahl und nicht nach eingespeicherten Zentimetergrößen - dpi-Zahlen spielen hier keine Rolle. Um zu beurteilen, in welchen Größenverhältnissen sich zwei Bilder kombinieren lassen, stellen Sie Werke in derselben Zoomstufe nebeneinander, zum Beispiel per **Fenster: Anordnen: Gleiche Zoomstufe**. Sie können einzelne Elemente vor oder nach der Montage immer noch verändern.

Übernahme der Werte aus der Zieldatei

Nach der Montage gelten in der Zieldatei die Werte dieser Datei, zum Beispiel die Druckauflösung. Auch der Farbmodus der Zieldatei bleibt erhalten: Fügen Sie ein RGB-Objekt in ein Graustufenbild ein, wird es dort nur in Graustufen erscheinen. Um es farbig montieren zu können, bringen Sie das Graustufenbild zunächst in einen Echtfarbmodus (zum Beispiel **Bild: Modus: RGB-Farbe**).

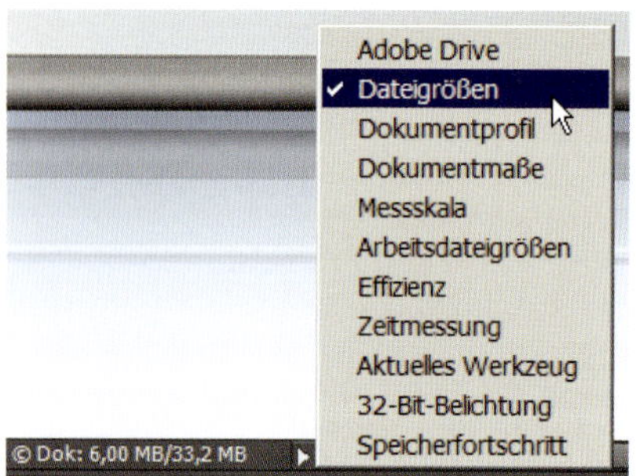

Abbildung 19.6 Diese Anzeige der »Dateigröße« links unten im Dateirahmen gilt für die Datei »Test.tif« aus dem »Praxis«-Verzeichnis der Buch-DVD. Die Datei beansprucht mit allen Einzelebenen und Ebenenmasken 21,9 Mbyte Arbeitsspeicher. Der innerhalb der gespeicherten Bildränder sichtbare Bereich, auf eine Ebene reduziert, beansprucht dagegen nur sechs Mbyte Arbeitsspeicher (Seite 73).

19.2 Bildteile einsetzen

In diesem Abschnitt besprechen wir, wie Sie

- Bildteile und Ebenen in ein anderes Bild bringen
- Bildteile und Ebenen innerhalb eines Bilds verdoppeln

19.2.1 Auswahlbereiche und Ebenen in ein anderes Bild einsetzen

So bringen Sie meist Bildbereiche oder Ebenen von einer Datei in die andere:

- Sie wählen den Bildbereich zum Beispiel per Schnellauswahl aus, **kopieren** mit Strg+C, dann aktivieren Sie die Zieldatei und fügen mit Strg+V ein. Nur dieses Verfahren verbraucht Arbeitsspeicher für die Zwischenablage.
- Sie wählen den Bildbereich aus, wechseln mit der Strg-Taste vorübergehend zum Verschiebenwerkzeug und ziehen den Bereich ins neue Bild.
- Sie ziehen eine Ebene aus dem Ebenen-Bedienfeld heraus ins neue Bild.
- Sie ziehen eine Ebene mit dem Verschiebenwerkzeug aus der Bilddatei heraus ins neue Bild.
- Sie ziehen eine Bilddatei aus Bridge, Mini Bridge, aus Explorer, Finder oder einer anderen Dateiverwaltung in ein in Photoshop geöffnetes Bild. Dabei wird »platziert«, Sie erhalten je nach **Voreinstellung** ein Smartobjekt.

- Ziehen Sie einen Zustand oder einen Schnappschuss aus dem Protokoll-Bedienfeld in das Zielbild. Damit verwandelt sich das Zielbild in eine 1:1-Kopie der Vorlage; die ursprünglichen Ebenen sind fort.
- Das Menü des Ebenen-Bedienfelds wie auch das **Ebene**-Menü bieten den Befehl **Ebene duplizieren**. Hier nennen Sie für die aktive Ebene als Ziel eine geöffnete oder eine neue Datei; der Befehl kann bei Aktionen (gespeicherten Befehlsfolgen) nützlich sein.
- Ziehen Sie direkt aus Bridge, Mini Bridge, aus Explorer, Finder oder einer anderen Dateiverwaltung in ein geöffnetes Bild.

Nachteile beim **Kopieren**:

- **Kopieren** belastet die Zwischenablage und damit den Arbeitsspeicher, Photoshop kann langsamer werden. Der Befehl **Bearbeiten: Entleeren: Zwischenablage** gibt anschließend Arbeitsspeicher wieder frei.
- Wenn Sie eine Ebene mit Ebeneneffekt, also mit Schatten, Lichthof oder 3D-Kante kopieren und andernorts einfügen, erscheint im Zielbild nur die flache Ebene ohne Ebeneneffekt.
- Vorteil jedoch: Sie können mehrfach hintereinander einfügen, und das auch in anderen Programmen.

Tipp Der Rand einer eingefügten Ebene ist oft noch nicht perfekt und zeigt unschöne Nähte. Wie Sie Randbereiche verfeinern, besprechen wir ab Seite 588.

Auf eine Ebene reduziert kopieren

Beim üblichen Kopieren überträgt Photoshop nur die aktive Ebene in die Zwischenablage. Pixel, die sichtbar sind, aber nicht auf der aktiven Ebene liegen, werden nicht mit kopiert.

Möchten Sie das gesamte sichtbare Bild von allen beteiligten Ebenen innerhalb der Auswahl kopieren, nehmen Sie Bearbeiten: **Auf eine Ebene reduziert kopieren** (Strg+⇧+C). Dabei kopieren Sie quasi eine Bildschirmkopie, aber in voller Auflösung. Im Zielbild kommt nur eine Ebene an – die Gesamtansicht des markierten Bildbereichs aus der Vorlage; Effekte sind als Pixel dauerhaft eingerechnet.

Achtung Kopierte Teile von Textebenen lassen sich nur in andere Textebenen einsetzen. Formebenen lassen sich gar nicht per Auswählen und Zwischenablage übertragen. Um die Text- oder Formeigenschaften voll zu erhalten, ziehen Sie das Gesamtobjekt mit dem Verschiebenwerkzeug in die Zieldatei.

Einsetzen durch Ziehen aus der Dateiverwaltung

Ziehen Sie eine Datei aus einer Dateiverwaltung über ein in Photoshop geöffnetes Bild, landet es dort sofort als neue Ebene. Ziehen Sie zum Beispiel aus Bridge, Mini Bridge, aus Finder, Explorer oder jeder anderen Dateiverwaltung über ein Bild in Photoshop – schwupps, haben Sie eine neue Ebene.

Wie ist die neue Ebene beschaffen? Darüber entscheiden Sie in den **Voreinstellungen** (Strg+N):

- Bild beim Platzieren skalieren: Verzichten Sie auf Bild beim Platzieren skalieren, dann wendet Photoshop die eingespeicherten Druckgrößen unabhängig von der Pixelzahl an. Eine Datei mit wenigen Pixeln, aber großem Druckmaß (dank niedriger dpi-Zahl) erscheint dann eventuell größer als ein 24-Megapixel-Bild mit kleinerer Druckgröße (wegen hoher dpi-Zahl). Das platzierte Foto ragt vielleicht auch über die Bildgrenzen hinaus. (Passen Sie die Zoomstufe mit Strg+O optimal an.)

Abbildung 19.7 **Links:** Wir verwandeln die Hintergrundebene zuerst in ein Smartobjekt und wählen die Umgebung mit der Schnellauswahl aus. **Mitte:** Wir verfeinern die Auswahl per »Kante verbessern«. Sie müssen noch nicht perfekt arbeiten, letzte Anpassungen gelingen verlustfrei auch im Zielbild. Wichtig aber: Stellen Sie das »Ausgabe«-Klappmenü auf »Ebenenmaske«. **Rechts:** Das Smartobjekt samt Ebenenmaske ziehen Sie vor den geplanten neuen Hintergrund - entweder mit Verschiebenwerkzeug direkt aus der Bilddatei heraus oder aus dem Bedienfeld heraus. Dateien: Ebene_02 etc.

Abbildung 19.8 **Links:** Die neue Ebene erscheint vor dem Hintergrund noch zu groß. **Mitte:** Wir drücken Strg+T und ändern die Größe. **Rechts:** Sie können die Maske immer noch vielseitig verfeinern; dazu aktivieren Sie die Ebenenmaske im Bedienfeld und wählen »Auswahl: Maske verbessern« (mit denselben Funktionen wie »Kante verbessern«). Häufig beginnt man mit dem Freistellen erst, nachdem das Vordergrundmotiv vor die neue Datei gezogen wurde (Seite 664), aber nicht hier: Weil das Hauptmotiv wegen größerer Pixelfläche zunächst über die Zieldatei hinausragt, wird das vollständige Freistellen umständlicher.

- Aktivieren Sie dagegen die Vorgabe Bild beim Platzieren skalieren, erscheint die neue Ebene zunächst generell nicht größer als das Zielfoto - Pixelzahl und Auflösung spielen keine Rolle. Das ist in der Regel übersichtlicher, Sie sehen die hereinbugsierte Datei in ihrer gesamten Pracht. Oben in den Optionen können Sie immer noch die 100-Prozent-Ausdehnung einstellen.
- Rasterbilder als Smartobjekte ablegen oder ziehen: Nutzen Sie diese empfehlenswerte Vorgabe. Sie erhalten Smartobjekt-Ebenen, die Sie beliebig oft verkleinern oder vergrößern, ohne dass die Qualität jedes Mal weiter sinkt.

Tipp Wollen Sie die hereingezogene Datei nicht als neue Ebene, sondern als eigenständige Datei öffnen, ziehen Sie die Datei über Photoshops Menüleiste oder Bedienfelder.

Ebenenmontagen durch Ziehen aus der Dateiverwaltung einsetzen

Ziehen Sie aus einer Dateiverwaltung wie Bridge oder Explorer heraus eine Datei mit mehreren Ebenen in eine Datei hinein, die bereits in Photoshop geöffnet ist. Je nach Voreinstellung landet im Zielbild eine neue flache Ebene oder ein Smartobjekt mit allen ursprünglichen Einzelebenen. Beide Alternativen sehen zunächst völlig gleich aus, unterscheiden sich aber deutlich in den Möglichkeiten und im Speicherbedarf:

- Sie nutzen in den allgemeinen **Voreinstellungen** die Option Rasterbilder als Smartobjekte ablegen oder ziehen: Die hereingezogene Montage erscheint im Zielbild als Einzelebene, zeigt aber im Ebenen-Bedienfeld das Smartobjekt-Zeichen. Und das heißt: Nach Doppelklick auf die Ebenenminiatur öffnen sich die ursprüngliche Montage mit allen Einzelebenen als Datei-in-der-Datei; arrangieren Sie die Montage um und schließen Sie; das Ergebnis erscheint als aufgefrischte Einzelebene im Zielbild.
- Sie verzichten auf Rasterbilder als Smartobjekte ablegen oder ziehen: Sie erhalten wieder ein Abbild Ihrer ganzen Montage als Einzelebene. Diesmal ist es aber kein Smartobjekt, alle ursprünglich separaten Ebenen sind hier auf eine einzige Ebene eingedampft und lassen sich nicht mehr verschieben. Das kostet deutlich weniger Speicherplatz.

Ebenen als Einzeldateien

Sie brauchen die Ebenen als Einzeldateien? Diese Wege gibt es:

- Sie wählen die Ebene oder einen Teil davon aus und **kopieren** sie in die Zwischenablage. Der Befehl **Datei: Neu** (Strg+N) schlägt anschließend exakt die passenden Pixelmaße vor, Sie können die kopierte Ebene exakt einfügen.
- Nehmen Sie **Ebene duplizieren** aus **Ebene**- oder Bedienfeldmenü. Hier stellen Sie das Listenfeld Datei auf Neu, um eine neue Datei zu erzeugen.
- Klicken Sie bei gedrückter Alt-Taste auf das Augensymbol der gewünschten Ebene. So wird nur diese Ebene angezeigt, alle anderen tauchen ab. Verwenden Sie **Bild: Duplizieren**, im Dialogfeld nehmen Sie Auf eine Ebene reduzieren. Wählen Sie noch **Bild: Zuschneiden** mit der Option **Transparente Pixel**.
- Der Befehl **Datei: Skripten: Ebenen in Dateien exportieren** setzt die Ebenen einer Montage in Einzeldateien um. Wählen Sie dabei ein ebenentaugliches Dateiformat wie PSD oder TIFF vor, bleibt Transparenz in freigestellten Ebenen erhalten, sie werden nicht mit einem Hintergrund verschmolzen - auch Ebenenmasken und Ebeneneffekte landen in der neuen Datei.

Abbildung 19.9 So kann's gehen: Wir öffnen erst das Hintergrundmotiv »Ebene_03a«. Aus Mini Bridge heraus ziehen wir das Porträt »Ebene_03b« als neue Ebene hinein. Wir verwenden in den »Voreinstellungen« die Optionen »Bild beim Platzieren skalieren« und »Rasterbilder als Smartobjekte ablegen oder ziehen«; darum erscheint die neue Ebene sofort in einer brauchbaren Größe und als Smartobjekt. Wir wählen den Porträt-Hintergrund mit der Schnellauswahl aus, kehren die Auswahl um, verfeinern die Auswahl mit »Kante verbessern« und lassen dort im Dialogfeld eine »Ebenenmaske« erstellen.

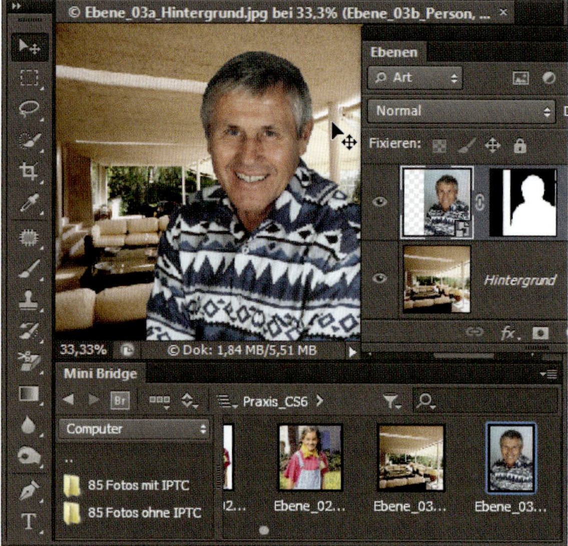

Abbildung 19.10 Im Ebenen-Bedienfeld sehen Sie die neu entstandene Ebenenmaske. Sie steuert die sichtbaren Bereiche der Porträtebene und lässt sich jederzeit verfeinern. Mit dem Verschiebenwerkzeug bewegen wir die Ebene noch, mit Strg+T können Sie skalieren. Falls Photoshop die neue Ebene beim Hereinziehen deutlich verkleinert hat, ist die Ebenenmaske eventuell beim Vergrößern auf die Originalmaße der Ebene nicht mehr so genau. Dateien: Ebene_03 etc.

19.2.2 Typische Montage - der ideale Weg

Für die typische Fotomontage - Hauptmotiv vor neuem Hintergrund - gibt es viele Wege, zahlreiche davon sehen Sie in diesem Buch. Die folgende Technik ist sehr vielseitig und erlaubt nachträgliche Korrekturen. Sie eignet sich besonders, wenn die neue Vordergrundebene nicht mehr Pixel als die Ebene mit der Umgebung hat:

1. Mit dem Auswahlrechteck ziehen Sie einen engen Rahmen um das Hauptmotiv in seiner ursprünglichen Datei.
2. Ziehen oder **kopieren** Sie das rechteckig ausgewählte Hauptmotiv in die Datei mit der neuen Umgebung.

3. Verwandeln Sie die Ebene in ein Smartobjekt, zum Beispiel per **Filter: Für Smart-Filter konvertieren.** (Der Schritt ist nicht zwingend erforderlich, empfiehlt sich aber vor allem bei Größenänderungen per Strg+T.)
4. Wählen Sie die Umgebung des Hauptmotivs mit der Schnellauswahl aus. Verzichten Sie auf die Option Alle Ebenen aufnehmen, nutzen Sie aber wie stets Automatisch verbessern. Das neue Motiv sollte vollständig sichtbar und nicht teils hinterm Bildrand versteckt sein.
5. Kehren Sie die Auswahl mit Strg+⇧+I um. Nur das Hauptmotiv ist nun ausgewählt.
6. Wählen Sie **Auswahl: Kante verbessern**. Oben im Dialogfeld stellen Sie das Anzeigen-Klappmenü auf Auf Ebene (L). Unten im Ausgabe- Klappmenü nehmen Sie die Ebenenmaske. So sehen Sie bereits das Endergebnis. Mit den Reglern und Werkzeugen des Dialogs verfeinern Sie die Auswahl.
7. Nach dem OK-Klick sehen Sie Ihre Montage. Wenn es noch Mängel gibt, bearbeiten Sie weiter die Ebenenmaske; die Vordergrundebene samt Umgebung ist ja noch voll erhalten.

Tipp Statt eine Rechteckauswahl anzulegen, können Sie auch die gesamte Vordergrund-Datei aus Bridge, Mini Bridge oder einer anderen Dateiverwaltung heraus in die bereits geöffnete Hintergrunddatei ziehen. Das wirkt sinnvoll, wenn das Hauptmotiv innerhalb seiner Datei den größten Teil der Fläche bedeckt.

Wenn die Vordergrundebene mehr Pixel als die Hintergrundebene hat

Manchmal hat die Vordergrundebene mehr Pixel als die Hintergrundebene. Das fällt nicht immer sofort auf - zum Beispiel, wenn Sie die komplette Vordergrunddatei in die Datei mit der neuen Umgebung ziehen und Photoshop das Hauptmotiv automatisch passend herunterverkleinert (wegen der Option Bild beim Platzieren skalieren in den **Voreinstellungen**). Verkleinerte Smartobjekte können Sie zwar verlustfrei vergrößern, doch die begleitende Ebenenmaske zeigt sich weniger elastisch - wenn Sie mehrfach skalieren, weichen die Ränder auf. So erhalten Sie eine Ebenenmaske mit perfekter Randschärfe:

1. Öffnen Sie das Vordergrundbild allein und verwandeln Sie die Hintergrundebene in ein Smartobjekt (**Filter: Für Smartfilter konvertieren**).
2. Legen Sie Auswahl und Ebenenmaske an.
3. Dann erzeugen Sie erneut ein Smartobjekt, wählen Sie wieder Filter: Für Smartfilter konvertieren. Sie packen also ein Smartobjekt mit Ebenenmaske in eine weitere Smartobjekt-Hülle.
4. Das Ganze ziehen Sie mit Verschiebenwerkzeug oder aus dem Ebenen-Bedienfeld heraus in die Datei mit der Umgebung.

Die Ebenenmaske bleibt beim Skalieren randscharf und lässt sich nach Doppelklick auf die Ebenenminiatur noch bearbeiten.

Wenn Sie den Hintergrund noch vergrößern oder verkleinern wollen

Sie stellen nach dem **Einfügen** fest, dass der Hintergrund eine andere Größe braucht? So ändern Sie das:

1. Klicken Sie im Ebenen-Bedienfeld einmal auf die Hintergrundebene.
2. Wählen Sie **Filter: Für Smartfilter konvertieren**.
3. Transformieren Sie per Strg+T.

Falls die untere Ebene nun über den Bildrand hinausreicht: Noch beim Transformieren drücken Sie Strg+0 für eine übersichtliche Zoomstufe. Haben Sie die Größenänderung bestätigt, wählen Sie **Bild: Alles einblenden**, so dass garantiert nichts hinter den Bildrändern versteckt bleibt.

Die Ebene mit dem Hintergrund ist zu klein?

Die untere Ebene mit dem Hintergrund füllt die Bildfläche nicht mehr aus? Klicken Sie im Ebenen-Bedienfeld bei gedrückter Strg-Taste auf die Miniatur des Hintergrundmotivs. So laden Sie dessen Umriss als Auswahl. Der Befehl **Bild: Freistellen** schneidet Ihre Montage nun genau auf das Maß der unteren Ebene zu. Dabei werden überstehende höher rangierende Ebenen angeschnitten.

Alternativ wählen Sie die Hintergrundfläche wie beschrieben per Klick auf die Ebenenminiatur aus und schalten zum Freistellungswerkzeug. Der Freistellungsrahmen legt sich sofort um den Hintergrundbereich; Sie müssen nur noch in die Auswahl klicken, um das Bild auf die Größe der unteren Ebene zuzuschneiden. Wenn Sie dabei auf die Option Ausserhalb liegende Pixel löschen verzichten, werden überstehende Bereiche der oberen Ebenen nicht endgültig gekappt, sondern nur hinter den Dokumentgrenzen verborgen.

Abbildung 19.11 **Links:** Die Sonnenblume wird mit Schnellauswahl und anderen Werkzeugen ausgewählt. Dann drücken wir Strg und Alt-Taste, um den Auswahlbereich zu duplizieren. **Rechts:** Die ausgewählten Pixel lassen sich als schwebende Auswahl über die Arbeitsfläche ziehen. Es entsteht keine neue Ebene, die Bildpunkte verschmelzen bald mit dem Untergrund. Datei: Ebene_04

19.2.3 Im selben Bild verschieben oder kopieren

Sie können einen markierten Bildteil innerhalb eines Bilds verschieben, zum Beispiel bei Fehlerretuschen. Haben Sie einen Bildbereich mit Lasso und Co. ausgewählt, gibt es diese gängigen Verfahren:

- Sie heben die Auswahl per Strg+J auf eine eigene Ebene. Sie verschieben und verändern das Duplikat nach Bedarf. Sie verschmelzen die Auswahl per Strg+E wieder mit der darunterliegenden Ebene.
- Ist kein Bildbereich ausgewählt, dupliziert Strg+J die komplette aktive Ebene, aber auch mehrere aktivierte Ebenen gemeinsam oder eine Ebenengruppe.
- Brauchen Sie den Bereich mehrfach, drücken Sie mehrfach hintereinander Strg+J. Oder kopieren Sie die Auswahl mit Strg+C und fügen Sie mit Strg+V sofort wieder ein - beliebig oft.

Die Alternative: Sie arbeiten mit einer schwebenden Auswahl - einer Ebene auf Zeit, die nicht dauerhaft als eigene Ebene fortbestehen soll. Darum geht es in den nächsten Absätzen.

Schwebende Auswahl anlegen

So arbeiten Sie mit einer schwebenden Auswahl:

1. Markieren Sie einen Bildbereich mit Schnellauswahl, Lasso und Co.
2. Versuchen Sie nicht, den Bildteil mit einem Auswahlwerkzeug zu verschieben. Dabei bewegt sich nur der Auswahlrahmen, aber kein Bildinhalt. Wechseln Sie zum Verschiebenwerkzeug mit der Kurztaste V (für Move) oder indem Sie vorübergehend die Strg-Taste drücken.
3. Klicken Sie in die Auswahl und halten Sie die Maustaste gedrückt.
4. Halten Sie die Alt-Taste gedrückt und ziehen Sie den markierten Bildteil an die gewünschte Stelle im Bild. (Falls Sie die Alt-Taste nicht drücken, bleibt ein Loch in der aktuellen Hintergrundfarbe zurück, zum Beispiel in Weiß.)
5. Sie können nun die **Auswahl aufheben** - durch den Menübefehl oder durch die Kurztaste Strg+D (für Deselect). Damit ist der verschobene Bildteil im Untergrund verankert. Die vormals schwebende Auswahl ist in die Ebene eingedampft, der überdeckte Abschnitt ist weggelöscht.

Diese schwebende Auswahl erscheint nicht als eigenes Objekt im Ebenen-Bedienfeld. Ziehen Sie mehrfach bei gedrückter Alt-Taste, um immer neue Kopien zu erstellen - zum Beispiel, um Bildfehler zu überdecken. Die ursprüngliche Kopie verschmilzt dann allerdings schon mit der darunterliegenden Ebene.

Tipp Wollen Sie bei vorhandenem Auswahlrahmen eine komplette Ebene mit dem Verschiebenwerkzeug verschieben - und nicht nur den ausgewählten Bereich -, dann klicken Sie mit dem Verschiebenwerkzeug außerhalb des Auswahlrahmens, nicht innerhalb. Dabei wandert die Auswahl mit.

Wann haben Sie mit schwebenden Auswahlen zu tun

Mit »schwebenden Auswahlen« bekommen Sie es in den folgenden Situationen zu tun:

- Sie wählen einen Bildbereich aus und ziehen mit dem Verschiebenwerkzeug (wie oben beschrieben).
- Sie bearbeiten Bilder in einem Modus wie Indizierte Farben, der keine Ebenen zulässt. Eingefügte Bildteile landen hier als schwebende Auswahlen, die Sie kurzum mit dem Hintergrund verschmelzen müssen.
- Keine Ebenen erlaubt Photoshop Standard auch bei 32-Bit-Farbtiefe pro Grundfarbe, auch hier müssen Sie schwebende Auswahlen sofort korrekt anordnen und verschmelzen. (Photoshop in der Extended-Version erlaubt Montagen bei 32 Bit Farbtiefe.)
- Auch wenn Sie Bildteile in Alphakanäle oder Ebenenmasken einsetzen, begegnen Sie schwebenden Auswahlen.

Risiken und Nebenwirkungen

Eine schwebende Auswahl verschmilzt leicht ungewollt mit dem Hintergrund. Das passiert, wenn Sie mit einem Auswahlwerkzeug wie Lasso oder Zauberstab außerhalb der Auswahl ins Bild klicken und nicht gerade den Modus Der Auswahl hinzufügen verwenden. Auch der verlockende Befehl Kante verbessern dampft die schwebende Auswahl in den Untergrund ein. Darum sollten Sie meist mit einer eigenen Ebene arbeiten, nicht mit schwebenden Auswahlen.

Abbildung 19.12 Ein Duplikat der ersten Ebene wird leicht gedreht, bewegt und verkleinert. Diese Änderung haben wir per [Strg]+[Alt]+[⇧]+[T] auf viele weitere Duplikate angewendet. Für das dritte Bild wurde die Ebenenreihenfolge umgekehrt; dazu wählen Sie alle Ebenen gemeinsam aus und klicken auf »Ebene: Anordnen: Umkehren«. Datei: Ebene_24

19.2.4 Bildteil vielfach wiederholen

Sie können eine im Bild vorhandene Ebene vielfach wiederholen und jede einzelne Kopie ein Stück weiter bewegen, drehen, verkleinern. So arrangieren Sie zum Beispiel ein Objekt auf einer Kreisbahn. Oder bauen Sie – wie im folgenden Beispiel – einen Münzstapel auf:

1. Das Hauptmotiv befindet sich auf einer eigenen Bildebene? Duplizieren Sie es mit [Strg]+[J].
2. Starten Sie das **Freie Transformieren** mit [Strg]+[T].
3. Klicken Sie in den Rechteckrahmen und bewegen Sie das Objekt etwas nach rechts oben. Ziehen Sie außerhalb des Rahmens, um es ein bisschen zu drehen. Bei gedrückter [⇧]-Taste ziehen Sie an einem Eckpunkt nach innen, damit die Ebene etwas schrumpft.
4. Besiegeln Sie die Änderung durch einen Doppelklick in den Rechteckrahmen.
5. Jetzt wird's interessant: Halten Sie [Strg]-, [Alt]- und [⇧]-Taste gedrückt.
6. Während Sie noch die Sondertasten drücken, drücken Sie zehnmal hintereinander die Taste [T]. So erhalten Sie zehn weitere Kopien der Ebene, jede ein Stück weiter verformt als die vorhergehende. Hier entsteht ein Münzstapel, die kleinste Münze oben.
7. Vielleicht sind einige neue Ebenen aus dem sichtbaren Bildbereich herausgewandert. Wählen Sie **Bild: Alles anzeigen**, um die Arbeitsfläche passend zu vergrößern.

Arbeiten Sie mit großen Abständen zwischen den einzelnen Kopien, entstehen so auch Kreise.

Tipp Sie können die erste Ebene noch vor dem **Transformieren** in ein Smartobjekt verwandeln. Wenn Sie das Smartobjekt dann gegen ein anderes Motiv austauschen (**Inhalt ersetzen**, Seite 858), übernehmen sämtliche anderen Ebenen sofort das neue Motiv – jeweils mit der individuellen Drehung, Verkleinerung und Verschiebung. Tauschen Sie den Euro zum Beispiel gegen eine 50-Cent-Münze.

Ebenentechnik

Im Ebenen-Bedienfeld ist nun die oberste Ebene aktiviert, zum Beispiel Ebene 1 Kopie 10. Halten Sie die [⇧]-Taste gedrückt, dann klicken Sie im Ebenen-Bedienfeld einmal auf die unterste Montageebene. So sind alle Einzelebenen aktiviert. Ihre Möglichkeiten jetzt unter anderem:

- Per [Strg]+[E] dampfen Sie die Ebenenreihe zu einer Einzelebene ein.
- Verbinden ⊖ Sie die Ebenen, um sie problemlos gemeinsam zu transformieren oder zu bewegen.
- Wählen Sie **Ebene: Anordnen: Umkehren.** So kehren Sie die Reihenfolge im Stapel um, in unserem Beispiel rückt die größte Münze in den Vordergrund.

Einfaches Duplizieren

Sie können die Ebenen pixelweise verschieben und mit jeder Bewegung eine neue Duplikatebene anlegen: Schalten Sie das Verschiebenwerkzeug ein, halten Sie die [Alt]-Taste dauerhaft gedrückt und verwenden Sie die Pfeiltasten.

Dabei entstehen ganze Bildstapel. Vervielfältigen Sie nach diesem Verfahren auch mehrere ausgewählte Ebenen gleichzeitig.

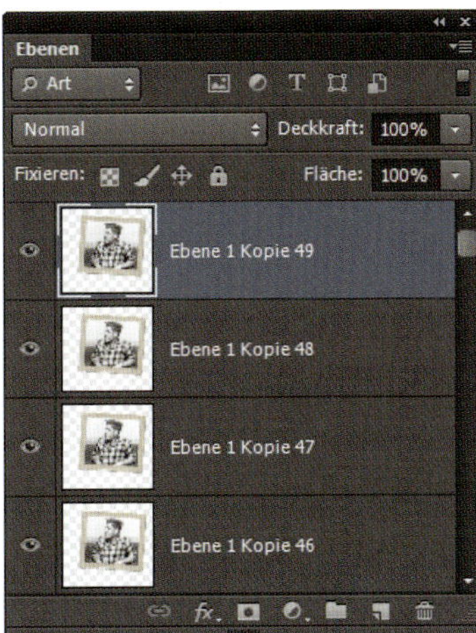

Abbildung 19.13 Bewegen Sie eine Ebene mit den Pfeiltasten bei gedrückter [Alt]-Taste, entstehen vielfache Kopien (mittleres Bild). Auch schwebende Auswahlen lassen sich auf diese Art vervielfältigen. Datei: Ebene_25

Etwas größere Abstände zwischen den Einzelebenen schaffen Sie, wenn Sie der [Alt]-Taste für einzelne Hiebe auf die Pfeiltasten eine Verschnaufpause gönnen. Bei Bedarf können Sie die Ebenenreihe in eine Gruppe packen oder verbinden ⊖. Statt die Pfeiltasten zu verwenden, können Sie auch mit dem Verschiebenwerkzeug bei gedrückter [Alt]-Taste ziehen; nach jedem Duplikat lassen Sie die [Alt]-Taste kurz los, dann ziehen Sie erneut mit [Alt]-Taste.

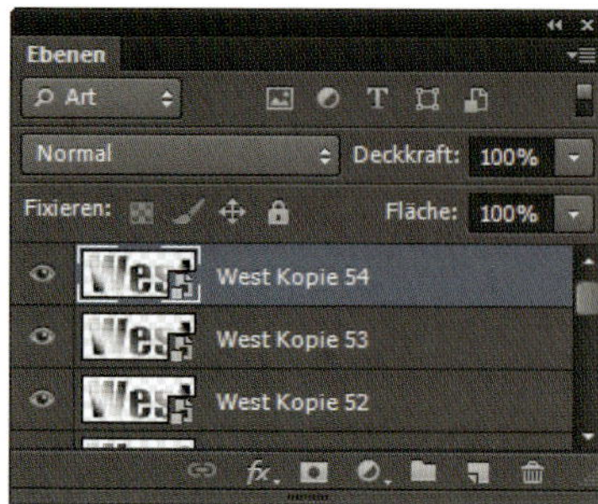

Abbildung 19.14 Die Ränder der vielfach wiederholten Ebene sollten ungleichmäßig sein, um die Wirkung zu betonen. Legen Sie die erste Textebene samt Filter-Effekt als Smartobjekt an, reicht es, später eine einzige Textebene in Wort oder Format zu ändern - Photoshop passt sämtliche weiteren Ebenen an. So können Sie immer noch mit der Randverfeinerung experimentieren. Datei: Ebene_05

19.2.5 Objekte außerhalb des Bildrands

Sie können Ebenen über den Bildrand hinausragen lassen; von diesen Ebenen sehen Sie nichts mehr, aber gelöscht werden die Außenposten auch nicht - sie lassen sich immer wieder ins Bild ziehen. Auch wenn Sie per Freistellungswerkzeug Rand kappen und dabei auf Ausserhalb liegende Pixel löschen verzichten (Seite 280), entsteht Bildfläche außerhalb der Dokumentbegrenzung. Speichern müssen Sie in den ebenentauglichen Dateiformaten Photoshop-PSD, TIFF oder PDF.

Mehr Bildfläche anbauen

So sorgen Sie für eine größere Bildfläche, um Außenstände wieder sichtbar zu machen:

- Erweitern Sie die Bildfläche exakt passend zu den Außenkanten mit **Bild: Alles einblenden**.
- Bauen Sie Bildfläche nach Belieben mit dem Freistellungswerkzeug oder mit **Bild: Arbeitsfläche** an. Praktisch: Das Freistellungswerkzeug zeigt Bildteile jenseits der Dokumentgrenzen schon in der Vorschau an.

Tipp Wenn Sie Arbeitsfläche anbauen, füllt die ursprüngliche Hintergrundebene nicht mehr die ganze Arbeitsfläche aus, in den neuen Zonen entstehen weiße Pixel. Verwandeln Sie die Hintergrundebene noch vor dem Ausdehnen der Arbeitsfläche in eine Ebene 0 (Alt-Doppelklick auf die Hintergrundminiatur). Dann entsteht nicht Weiß, sondern Transparenz in angebauten Bildflächen. So lässt sich der Bildinhalt der ursprünglichen Hintergrundebene später leicht auswählen (Strg-Klick auf die Ebene-0-Miniatur), sie dient auch als »magnetische« Orientierung beim Verschieben oder Zuschneiden.

Ausgeblendete Bildteile endgültig löschen

Die aus dem Bild herausragenden Pixel kosten Speicher. So entsorgen Sie die Außenstände endgültig:

- Wählen Sie **Auswahl: Alles auswählen** (Strg+A), anschließend **Bild: Freistellen**. Photoshop stutzt die Datei auf die Grenzen des aktiven Auswahlrahmens.
- Verwenden Sie das Freistellungswerkzeug mit der Option Ausserhalb liegende Pixel löschen.
- Speichern Sie in einem Dateiformat, das keine Ebenen unterstützt, beispielsweise JPEG; dabei fallen auch Bildpunkte außerhalb des sichtbaren Bereichs unter den Tisch.

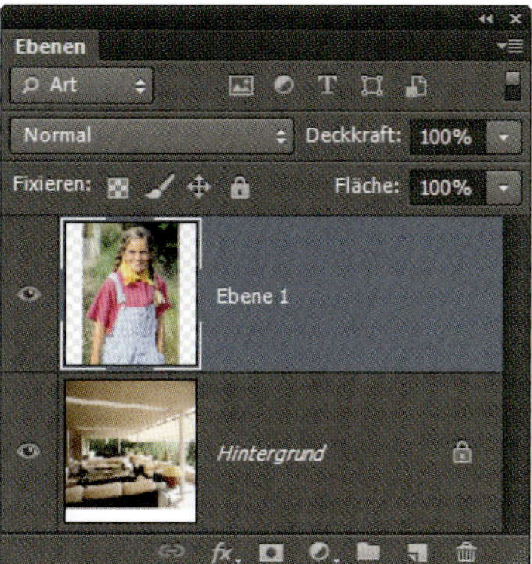

Abbildung 19.15 Direkt nach dem »Einfügen« des Porträts haben wir »Bild: Alles einblenden« gewählt. Photoshop vergrößert die Arbeitsfläche so, dass sämtliche noch verborgenen Bildteile sichtbar werden. Dateien: Ebene_02a, Ebene_03a

19.2.6 »Einfügen spezial«

Sie sparen einige Montageschritte, wenn Sie nicht normal **einfügen**, sondern die Befehle aus dem Untermenü **Bearbeiten: Einfügen spezial** nutzen.

»In die Auswahl einfügen«

Wählen Sie ein Motiv aus, **kopieren** Sie es in die Zwischenablage, dann können Sie es im Zielbild **In die Auswahl einfügen** (Strg+Alt+⇧+V). Sie setzen das eingefügte Motiv in einen Rahmen. Typische Anwendungen:

- Ein Motiv soll nur innerhalb eines Fensters, Plakats, Bildrahmens oder Monitors zu sehen sein.
- Sie markieren den Himmel und tauschen ihn gegen einen anderen aus, der Vordergrund bleibt unverändert.

Erzeugen Sie im Zielbild zunächst eine Auswahl – zum Beispiel eine eingerahmte Zone oder den Himmel. Das eingefügte Objekt lässt sich nur innerhalb der Auswahlgrenzen bewegen – außerhalb der Grenzen erscheint es nicht.

Das neue Objekt landet als neue Ebene im Zielbild. Dazu erzeugt Photoshop automatisch eine Ebenenmaske; sie unterdrückt den Bereich der neuen Ebene außerhalb der Auswahl. Mit dem Verschiebenwerkzeug bewegen Sie den eingefügten Bildteil hin und her, mit Strg+T passen Sie die Größe an. Die Ebenenmaske ist nicht mit der Ebene verbunden, bewegt sich also nicht mit – so soll es hier auch sein.

Fügen Sie ruhig sehr große Bildbereiche ein, die deutlich über die Dokumentgrenzen des Zielbilds hinausgehen. In den Dateiformaten PSD, TIFF und PDF lässt sich dieser Überstand mitspeichern. Er kostet freilich Speicherplatz.

Falls der Transformationsrahmen über die Bild- oder Programmränder hinausragt – mit Strg+0 sorgen Sie für eine praktischere Zoomstufe. Der Befehl **Gleiche Farbe** (Seite 364) passt unterschiedliche Farbstimmungen eventuell an.

Abbildung 19.16 **Links:** Der Himmel ist zu blass und der Bildausschnitt zu knapp. **Rechts:** Wir verlängern das Bild per »Arbeitsfläche« und wählen den Himmel sowie die neue Fläche mit der Schnellauswahl aus. Nutzen Sie bei diesem Foto die Schaltfläche »Kante verbessern« und fahren Sie mit dem Radius-verbessern-Werkzeug über Palmweldel und Dachkante. Dateien: Ebene_07 etc.

Abbildung 19.17 **Links:** Wir wählen ein Wolkenfoto mit dem Rechteck grob aus und kopieren die Auswahl mit Strg+C in die Zwischenablage. **Rechts:** Im Zielbild wählen wir »Bearbeiten: Einfügen Spezial: In die Auswahl einfügen«. Der kopierte Himmel wird mit Strg+T passend verkleinert. Hier eine Zwischenansicht mit falscher Küste.

Abbildung 19.18 Auch horizontales Spiegeln und unproportionales Verzerren sind hier erlaubt. Das Ebenen-Bedienfeld zeigt: Photoshop hat für den neuen Himmel eine Ebenenmaske angelegt. Sie verbirgt das obere Foto im Bereich des Vordergrunds. Die Ebenenmaske lässt sich jederzeit verfeinern, um den Übergang zu perfektionieren, zum Beispiel per »Auswahl: Maske verbessern«.

»Außen einfügen«

Der Befehl **Bearbeiten: Einfügen spezial: Außen einfügen** ist das Gegenteil von **In die Auswahl einfügen**. Sie fügen das Bild aus der Zwischenablage jetzt nicht innerhalb, sondern umgekehrt nur außerhalb der Auswahl ein. Nützlich wirkt die Funktion, wenn Sie nicht das Rahmeninnere, sondern den Rahmen selbst ausgewählt haben. Dann müssen Sie die Auswahl oder später die Maske nicht mehr umkehren.

»An Originalposition einfügen«

Sie wählen links oben im Bild etwas aus, **kopieren** es und wollen es in einem anderen Bild wieder links oben einfügen, am besten mit identischen Koordinaten? Dann klicken Sie nach dem **Kopieren** auf **Bearbeiten: Einfügen Spezial: An Originalposition einfügen** (Strg+⇧+V).

Dieser Befehl erleichtert die Arbeit mit Bildserien, aber auch beim Grafik- und Webdesign.

Abbildung 19.19 **Links:** Wir markieren zunächst das Motiv, das wir einsetzen wollen, mit dem Auswahlrechteck und kopieren es mit Strg+C. **Rechts:** Wir wählen die Bögen mit der Schnellauswahl aus. Dateien: Ebene_06

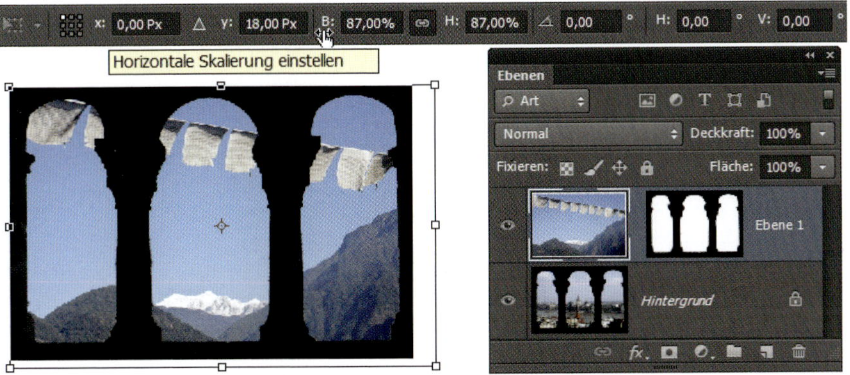

Abbildung 19.20 Wir wählen »Bearbeiten: Einfügen spezial: Außen einfügen«. So landet das Landschaftsmotiv außerhalb der gewählten Bögen, also genau im Fensterrahmen. Hier hat das kopierte Landschaftsfoto mehr Bildpunkte als die Auswahl im Zielbild; darum erscheint zunächst nur ein Ausschnitt, der links und oben bündig an das Zielbild anschließt. Wir starten das »Freie Transformieren« mit Strg+T. Statt jedoch an den Anfasspunkten zu ziehen, nutzen wir eine bequeme Alternative: In der kleinen Grafik zur »Lage des Referenzpunktes« links oben in den Optionen klicken wir auf das linke obere Kästchen; außerdem schalten wir »Seitenverhältnis erhalten« ein. Nun ziehen wir waagerecht über dem »B« für die »Horizontale Skalierung« und testen so stufenlos verschiedene Landschaftsgrößen.

19.2.7 Vektorgrafiken einfügen

Auf verschiedene Arten setzen Sie Vektorgrafiken aus anderen Programmen wie CorelDRAW oder Illustrator in Ihre Montage ein:

- Der Befehl **Datei: Platzieren** setzt die Vektorgrafik als Smartobjekt ein; dabei bleibt die Grafik als Vektordatei erhalten - sie kann in Photoshop transformiert oder mit Ebeneneffekten ausgestattet und nach Doppelklick auf die Miniatur in kompatiblen Vektorprogrammen bearbeitet werden.
- Auch durch Ziehen und Ablegen oder durch **Kopieren** und **Einfügen** zwischen Programmen können Sie Vektormaterial zumindest in gerasterter Form übertragen, teils auch als Vektoren.
- Ziehen Sie Vektordateien direkt aus einer Dateiverwaltung wie Bridge, Mini Bridge oder Explorer in ein geöffnetes Bild in Photoshop.

Details zu Vektorgrafiken als Smartobjekt finden Sie ab Seite 858, Hinweise auf wichtige **Voreinstellungen** ab Seite 661.

19.2.8 Befehle im Überblick: Bildteile bewegen und einsetzen

Taste/Feld	Zusatztasten	Aktion	Ergebnis
Strg+X			**Ausschneiden** des ausgewählten Bildteils in die Zwischenablage; im Quellbild entsteht ein Loch.
Strg+C (für Copy)			**Kopieren** des ausgewählten Bildteils in die Zwischenablage
Strg+C	⇧		**Auf eine Ebene reduziert kopieren**
Strg+V			**Einfügen** aus der Zwischenablage
Strg+V	⇧+Alt		**In die Auswahl einfügen**
Strg+V	⇧		**An Originalposition einfügen**
Strg+J			Ohne Auswahl: Duplikat der Ebene; mit Auswahl: Duplikat des ausgewählten Bereichs auf neue Ebene
V (für Move Tool)			
Fast jedes Werkzeug außer Pfadfunktionen und Freistellungswerkzeug	Strg		Vorübergehend
		ziehen	Auswahlinhalt/Ebene bewegen
	Alt	ziehen	Duplikat des ausgewählten Bildteils oder der Ebene bewegen
	⇧	ziehen	Auswahlbereich/Ebene in 45-Grad-Winkeln bewegen
	⇧+Alt	ziehen	Duplikat des markierten Bildteils oder der Ebene in 45-Grad-Winkeln bewegen
aktiviert		Pfeiltasten	Ebene in 1-Pixel-Schritten bewegen
aktiviert	⇧	Pfeiltasten	Ebene in 10-Pixel-Schritten bewegen

19.3 Ebenen organisieren

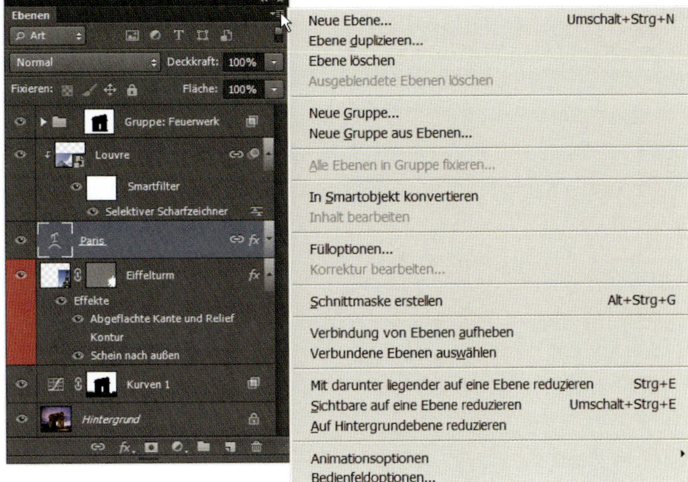

Abbildung 19.21 Mit dem Ebenen-Bedienfeld kontrollieren Sie Anordnung und Sichtbarkeit der einzelnen Ebenen. Nutzen Sie auch das umfangreiche Bedienfeldmenü und die verschiedenen Kontextmenüs über unterschiedlichen Bereichen des Bedienfelds. Datei: Ebene_08

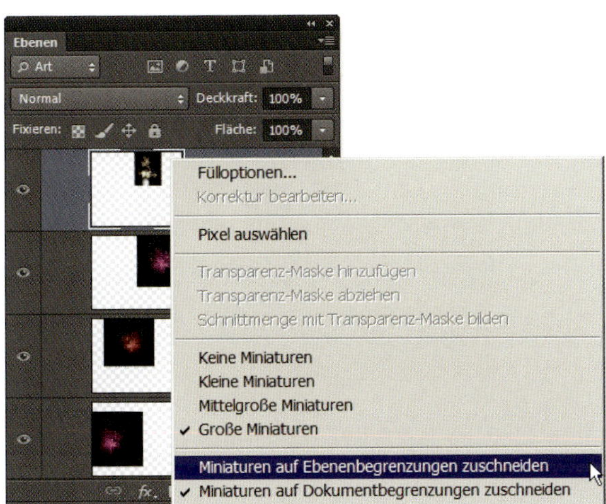

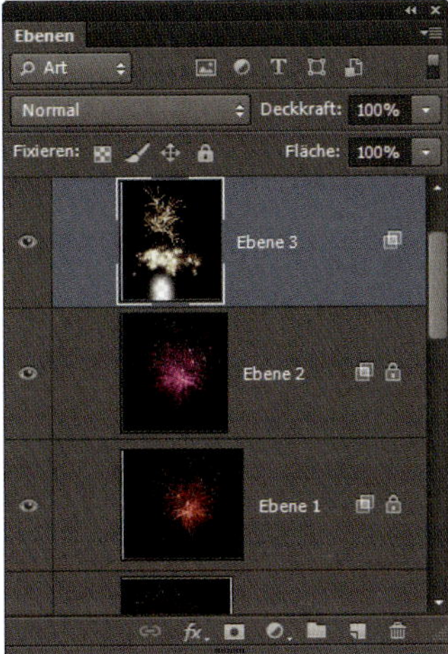

Abbildung 19.22 **Links:** Wir zeigen die Miniaturen mit der Vorgabe »Miniaturen auf Dokumentbegrenzungen zuschneiden«; weil sich diese Ebenen nur über einen Teil des Gesamtbilds erstrecken, zeigen die Miniaturen teils leere Fläche. Wir schalten jedoch per Kontextmenü um zu »Miniaturen auf Ebenenbegrenzungen zuschneiden«. **Rechts:** Mit der Vorgabe »Ebenenbegrenzungen« zeigt Photoshop jede Ebene in der vollen Miniaturbreite, sie wird größer dargestellt. Auch sehr kleine Ebenen erscheinen nun gut erkennbar. Datei: Ebene_08

So nutzen Sie das Ebenen-Bedienfeld

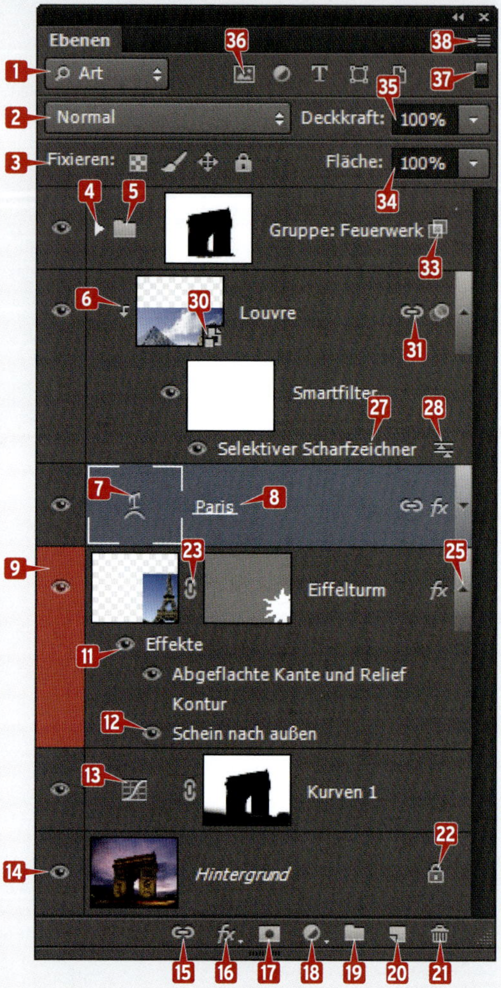

1. **Ebenenfilterung nach Art:** nach Namensbestandteil, Mischmodus, Ebeneneffekt, Attribut, Farbcode (nur Miniaturen mit der gewählten Eigenschaft werden gezeigt)
2. **Mischmodus** (Überblendverfahren) der aktiven Ebene
3. **Ebene fixieren:** Transparenzschutz, Pixelschutz, Bewegungsschutz und kompletter Schutz (vgl. 22)
4. **Gruppe:** Einzelebenen der Gruppe anzeigen oder ausblenden
5. **Gruppe:** weitere Bedienfeldobjekte auf Gruppe ziehen, um sie aufzunehmen
6. **Schnittmaske:** Pfeil zeigt an, dass Ebene nur in den Umrissen der darunterliegenden Ebene sichtbar ist.
7. **Textebene:** hier mit Symbol »Verformung«; Doppelklick: kompletten Text auswählen
8. **Basisebene der Schnittmaske**, gekennzeichnet durch unterstrichenen Ebenennamen
9. **Farbkodierung:** Anlegen per Rechtsklick; auch für mehrere gewählte Ebenen gemeinsam
10. **Transparenz:** Karierte Bereiche signalisieren Bereiche ohne Pixel.
11. **Effekte-Leiste:** Doppelklick für »Ebenenstil«-Dialog; alle Effekte mit Augensymbol ausblenden; wichtiges Kontextmenü
12. **Effekt einzeln**; Doppelklick für »Ebenenstil«-Bereich zu diesem Effekt; Einzeleffekt mit Augensymbol ausblenden
13. **Einstellungsebene:** hier »Gradationskurven« (meist automatisch mit Ebenenmaske); Klick, um Einstellung in Eigenschaften-Bedienfeld zu bearbeiten
14. **Objekt anzeigen/ausblenden:** auch für Effekte
    Alt-Klick: diese Ebene allein anzeigen
    2. Alt-Klick: wieder alle Ebenen anzeigen
    (auch per Rechtsklick)
15. **Verbindung von Ebenen:** mehrere Ebenen auswählen, dann klicken (zum dauerhaft gemeinsamen Verschieben, Transformieren)
16. **Ebeneneffekte** anlegen oder ändern
17. **Ebenenmaske anlegen**, nichts verborgen bzw. nicht Ausgewähltes verborgen;
    Alt-Klick: Ebenenmaske anlegen, alles verborgen bzw. Ausgewähltes verborgen
    (wenn Ebenenmaske bereits vorhanden, entsteht Vektormaske)
18. **Einstellungsebene** oder Füllebene neu anlegen

19 **Gruppe** neu anlegen
Gruppe auf Symbol ziehen: Gruppe innerhalb der Datei duplizieren

20 **Neue Ebene** ohne Inhalt anlegen
bjekt auf Symbol ziehen: Ebene innerhalb der Datei duplizieren
[Alt]-Klick: Optionen zeigen

21 **Löschen:** Objekt auf Symbol ziehen

22 **Ebene fixiert:** zeigt, dass alle Ebene gegen alle Änderungen gesperrt ist (vgl. 3); bei »Hintergrund«-Ebene: Symbol auf Mülleimer ziehen, um »Hintergrund«-Ebene in »Ebene 0« zu verwandeln

23 **Verbindung Ebene/Maske:** Verbindung mit/Trennung von Ebene oder Ebenensatz mit Ebenenmaske oder Vektormaske (zum gemeinsamen Verschieben und Umformen von Bild und Maske)

24 **Vektormaske** begrenzt Sichtbarkeit der Ebene
[Strg]-Klick: als Auswahl laden;
[⇧]-Klick: abschalten

25 **Ebeneneffekte-Liste ein/ausblenden:** [Alt]-Klick, um alle Ebeneneffekte-Listen der Datei ein-/auszublenden

26 **Aktivierte Ebene**, darum hervorgehoben (nur diese Ebene kann voll bearbeitet werden)

27 **Smartfilter**, hier »Selektiver Scharfzeichner«, Wirkung mit Augensymbol ausblenden, nach Doppelklick Einstellungen ändern

28 **Optionen für Filter-Mischmodus:** per Doppelklick Mischmodus und Deckkraft des Smartfilters ändern

29 **Smartfilter-Ebenenmaske**, für alle Smartfilter einer Ebene gemeinsam

30 **Smartobjekt-Symbol**: Doppelklick, um hier geänderte Ebene im ursprünglichen Originalzustand zu bearbeiten

31 **Verbindung:** Ebene ist mit einer anderen Ebene verbunden (vgl. 15)

32 **Ebenenmaske** begrenzt Sichtbarkeit von Ebene oder hier Gruppe (schwarz unterlegte Bereiche werden verborgen)
Klick: Ebenenmaske statt Ebene bearbeiten;
[Strg]-Klick: als Auswahl laden;
[⇧]-Klick: abschalten
[Alt]-Klick: als Schwarzweißbild anzeigen
[⇧]-[Alt]-Klick: halbdeckend über Bild blenden

33 **Erweiterter Mischmodus:** Ebene oder eine Ebene der Gruppe verwendet Optionen aus »Erweitertem Mischmodus« in Ebenenstil-Dialog, z.B. Ausblenden von Helligkeitsbereichen (»Fläche«-Änderung wird nicht berücksichtigt)

34 **Fläche:** Deckkraft der aktiven Ebene (nur Füllung; Effekte bleiben voll sichtbar)

35 **Deckkraft** der aktiven Ebene (Füllung und Effekte); teilweise per Zifferntaste änderbar

36 **Ebenenfilterung nach Typ:** für Pixelebenen, Einstellungsebenen, Textebenen, Formebenen, Smartobjekte (kombinierbar; nur Miniaturen der gewählten Ebenentypen werden gezeigt)

37 **Ebenenfilterung** aus-/einschalten

38 **Bedienfeldmenü**

»Ebenenbegrenzung« oder »Ganzes Dokument«?

Zunächst stellt jede Ebenenminiatur das Gesamtbild dar, denn Photoshops Ebenen-Bedienfeld verwendet ab Installation den Modus Ganzes Dokument. Das heißt:

- Montageobjekte, die nur einen geringen Teil des Gesamtbilds bedecken, erscheinen in der Miniatur winzig.
- Ragen Ebenenteile über die Bildgrenzen hinaus, zeigen die Ebenenminiaturen diese versteckten Bildbereiche nicht.

Wählen Sie in den **Bedienfeldoptionen** oder per Rechtsklick über einer Miniatur **Miniaturen auf Ebenenbegrenzungen zuschneiden**, dann sieht das Ebenen-Bedienfeld eventuell anders aus: Jedes Ebenenobjekt füllt die Ebenenminiatur komplett aus, also gilt:

- Auch kleinste Ebenenobjekte füllen die Miniatur komplett aus, sie wirken also nicht mehr winzig.
- Ebenenteile außerhalb der Bildgrenzen werden in der Miniatur angezeigt.

19.3.1 Ebenen verlagern

Welches Motiv in Ihrer Montage »ganz vorn« oder »ganz oben« rangiert, also voll sichtbar ist, und welches »ganz hinten« durch andere Ebenen überdeckt wird, das bestimmen Sie durch Ziehen der Ebenen im Ebenen-Bedienfeld; ziehen Sie die Felder bei gedrückter Maustaste hoch oder nach unten.

Alternativ bemühen Sie das Untermenü **Ebene: Anordnen:** Hier können Sie unter anderem die aktive Ebene **In den Vordergrund** bringen, also ganz nach oben hieven, oder **Schrittweise nach vorne** expedieren, um sie nur eine Ebene pro Schritt aufsteigen zu lassen. Oder wählen Sie mehrere Ebenen aus und vertauschen Sie die Positionen – per **Umkehren**.

Neu erstellte oder eingefügte Ebenen siedelt Photoshop über der zuletzt aktiven Ebene an.

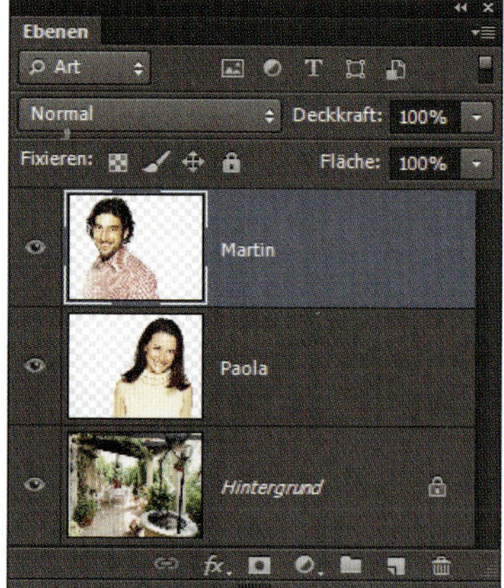

Abbildung 19.23 Nach einem Rechtsklick mit dem Verschiebenwerkzeug bietet Photoshop alle Ebenen unter dem Mauszeiger zum Aktivieren an; die vorderste Ebene erscheint dabei ganz oben. Ebenen, die im Bedienfeld oben liegen, erscheinen im Bild vorne; die momentan aktivierte Ebene ist hervorgehoben. Durch Ziehen der Miniaturen nach oben oder unten ändern Sie die Rangfolge. Das Ebenen-Bedienfeld zeigt den Aufbau der rechten Montage. Datei: Ebene_09

19.3.2 Ebenen aktivieren

Bevor Sie eine Ebene bearbeiten, aktivieren Sie diese, so dass sie im Bedienfeld hervorgehoben wird. Die meisten Befehle etwa aus den Menüs **Filter** oder **Bild: Korrekturen** wirken sich nur auf eine einzelne Ebene aus. So aktivieren Sie die gewünschte Ebene:

- Klicken Sie einmal auf den Ebenennamen im Ebenen-Bedienfeld.
- In der Optionenleiste zum Verschiebenwerkzeug finden Sie das Angebot AUTOMATISCH AUSWÄHLEN: EBENE Wenn diese Option aktiviert ist, aktivieren Sie eine Ebene durch Anklicken mit dem Verschiebenwerkzeug im Bildfenster. Das funktioniert nicht, wenn die Ebene mit dem Augensymbol ausgeblendet ist.
- Klicken Sie per Verschiebenwerkzeug mit der rechten Maustaste (am Mac Ctrl-Taste) in das Bild. Ein Kontextmenü bietet die unter dem Zeiger liegenden Ebenen an. (Wechseln Sie von anderen Werkzeugen schnell per Strg-Taste zum Verschiebenwerkzeug.)
- Klicken Sie bei aktiviertem Verschiebenwerkzeug mit rechter Maus- und gedrückter Alt-Taste in einen Bildteil; Photoshop aktiviert die oberste Ebene unter dem Zeiger.

Photoshop bearbeitet meist nur die eine aktive Ebene. **Transformieren**-Befehle verändern jedoch alle ausgewählten oder »verbundenen« Ebenen, der DECKKRAFT-Regler steuert alle gewählten Ebenen. Auch wenn die aktive Ebene per DECKKRAFT ausgeblendet, hinter einem anderen Objekt oder außerhalb der Dokumentgrenzen versteckt ist – bearbeitet wird diese aktivierte Ebene und keine andere.

Die wichtigsten Tastengriffe:

Alt+. nächsthöhere Ebene aktivieren

Alt+, nächsttiefere Ebene aktivieren

Alt+- unterste Ebene aktivieren

Abbildung 19.24 Mit den Optionen zum Verschiebenwerkzeug lassen sich Ebenen schneller erkennen und aktivieren.

Darstellung der aktiven Ebene

So erkennen Sie, welche Ebene aktiviert ist:

- Die aktive Ebene erscheint im Bedienfeld farblich hervorgehoben.
- Die Titelleiste im Dateirahmen nennt die aktive Ebene und Maske.
- Der Befehl **Ansicht: Anzeigen: Ebenenkanten** umgibt die aktive Ebene mit einem blauen Rahmen.
- Bei eingeschaltetem Verschiebenwerkzeug blenden Sie die TRANSFORMATIONSSTEUERUNGEN ein, die nur für die aktive Ebene erscheinen (ja, sie eignen sich auch zum **Transformieren**; Seite 705).

19.3.3 Ebenen und transparente Bereiche anzeigen

Sie können eine einzelne Ebene zur Bearbeitung und unabhängig davon zur Ansicht freigeben. Schicken Sie zur leichteren Orientierung einige oder fast alle Ebenen auf Tauchstation:

- Klicken Sie auf das Augensymbol ganz links im Ebenen-Bedienfeld, um eine Ebene oder eine komplette Ebenengruppe aus- und beim nächsten Klick wieder einzublenden. Eventuell ist es aber übersichtlicher, nur Deckkraft oder Mischmodus mehrerer Ebenen zu bearbeiten.
- Um mehrere Ebenen gleichzeitig ein- und auszublenden, ziehen Sie die Maus in der Augenleiste.

- Klicken Sie bei gedrückter [Alt]-Taste in die Augenleiste, um nur diese eine Ebene zu sehen. Ein neuerlicher [Alt]-Klick zeigt wieder tutti frutti. Diese Funktionen bietet auch das Kontextmenü über dem Augensymbol.

Photoshop druckt nur Ebenen, die zur Ansicht eingeblendet sind. Bei den Befehlen **Bild: Duplizieren** sowie **Datei: Speichern unter** mit der Option ALS KOPIE gehen auch verborgene Ebenen nicht verloren. Wenn Sie allerdings alles zu einer Hintergrundebene verschmelzen, fallen verborgene Ebenen nach Rückfrage endgültig unter den Tisch.

Darstellung von Transparenz

Photoshop zeigt transparente Flächen ohne Pixel nicht weiß, sondern mit einem Karomuster an. Im Dialogfeld **Bearbeiten: Voreinstellungen: Transparenz & Farbumfang-Warnung** bestimmen Sie Größe und Farbe dieser Karos. Durch Klicken auf die Farbfelder wählen Sie den Farbton für Ihr Karomuster frei aus. Die Transparenz des Bildpunkts unter dem Mauszeiger meldet Photoshop auf Wunsch auch im Info-Bedienfeld an: Als FARBWERTEANZEIGE geben Sie in den **Bedienfeldoptionen** die DECKKRAFT an, abgekürzt DK.

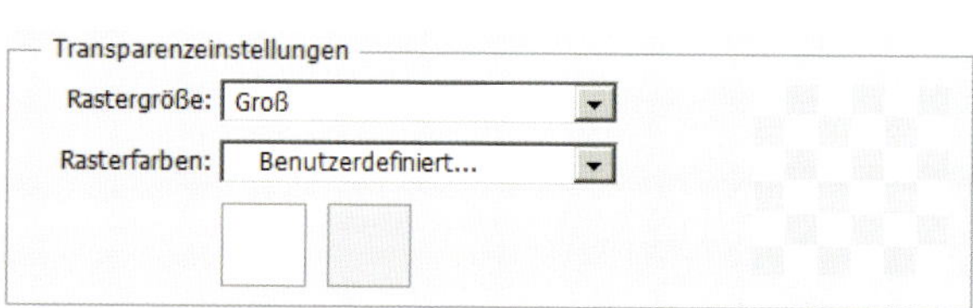

Abbildung 19.25 **Links:** Transparente Flächen ohne jeden Pixelinhalt kennzeichnet Photoshop durch ein Karomuster. Die Abbildung zeigt auch die »Transformationssteuerungen« aus den Optionen zum Verschiebenwerkzeug. **Rechts:** Größe und Farbe des Transparenzmusters regeln Sie mit dem Befehl »Bearbeiten: Voreinstellungen: Transparenz & Farbumfang-Warnung«.

19.3.4 Ebenenfilter

Auf Wunsch zeigt das Ebenen-Bedienfeld nur noch Ebenenminiaturen mit ganz bestimmten Merkmalen. Alle nicht zum Kriterium passenden Miniaturen werden ausgeblendet. Die Montage im Bildfenster bleibt dabei vollständig sichtbar. Wer also Miniaturen im Bedienfeld ausblendet, sieht weiterhin die komplette Arbeit.

Die Ebenenfilterung erzeugt damit mehr Übersicht im Bedienfeld, ändert aber nicht die Bildwirkung. Die Ebenenfilterung zeigt auch Ebenen an, die vorher in einer zugeklappten Ebenengruppe nicht sichtbar waren.

Nach Ebenentypen filtern

Mit den Schaltflächen ganz rechts oben im Ebenen-Bedienfeld filtern Sie nach Ebenenart. Beispiele:

- PIXELEBENE: Klicken Sie auf PIXELEBENE, erscheinen im Ebenen-Bedienfeld nur noch Pixelebenen - Formebenen, Einstellungsebenen oder Textebenen zeigt das Bedienfeld nicht mehr. Diese weggefilterten Ebenen sehen Sie aber weiterhin in der Bilddatei.
- TEXTEBENE: Klicken Sie auf TEXTEBENE, damit das Ebenen-Bedienfeld nur noch Textebenen zeigt.

Sie können mehrere Ebenenarten kombinieren: Klicken Sie sowohl TEXTEBENE als auch SMARTOBJEKTE an, damit Sie Miniaturen für Textebenen wie auch Smartobjekte im Bedienfeld sehen. Weitere Ebenentypen sind EINSTELLUNGSEBENE und FORMEBENEN. Jegliche Filterung nach Ebenentypen wird aufgehoben, sofern Sie nach Ebenenart filtern (nächster Absatz).

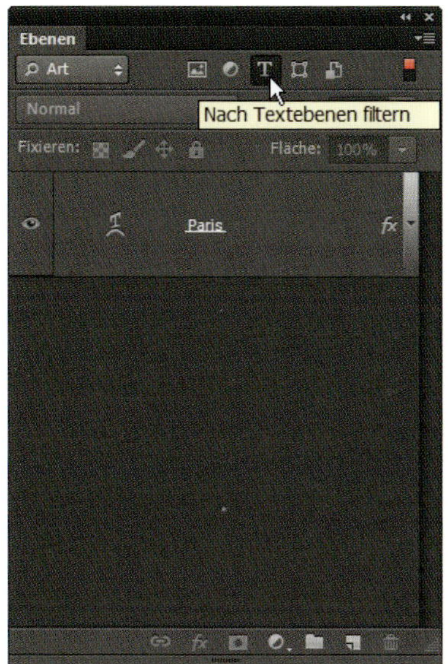

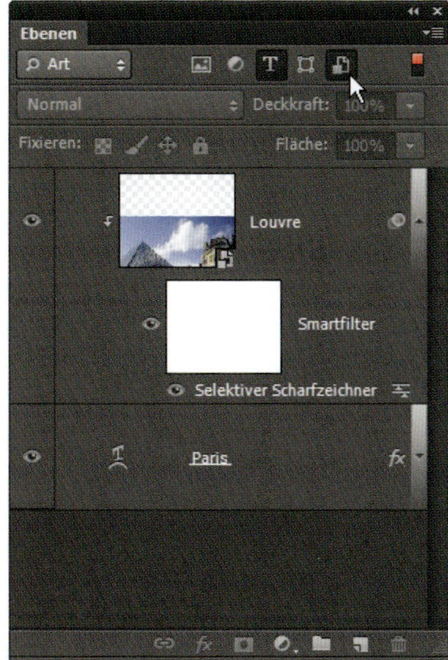

Abbildung 19.26 **Links:** Wir filtern nach »Textebenen«, alle anderen Miniaturen werden ausgeblendet. **Rechts:** Wir filtern nach »Textebenen« oder »Smartobjekten«.

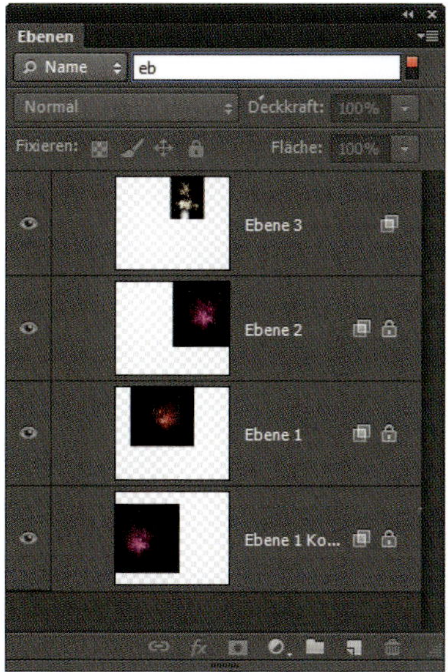

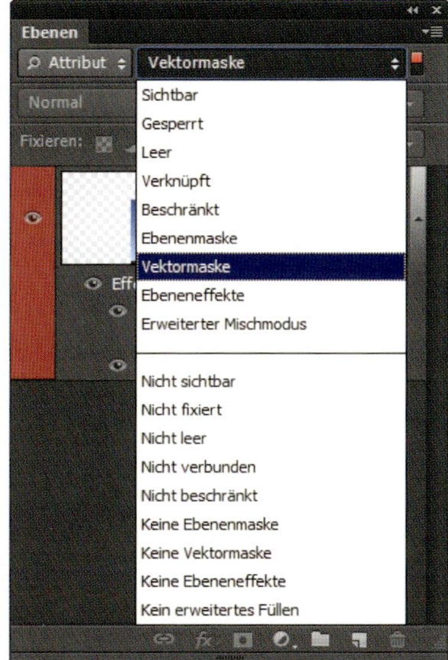

Abbildung 19.27 **Links:** Wir filtern nach »Name«; zu sehen sind nur Miniaturen, deren Name die Zeichenfolge »eb« enthält. **Rechts:** Die Filterung nach »Attribut« bietet besonders viele Kriterien. Datei: Ebene_08

Nach Ebenenart filtern

Das Klappmenü links oben im Ebenen-Bedienfeld zeigt zunächst Art. Ihre Möglichkeiten:

- Name: Wählen Sie diese Vorgabe und tippen Sie eb ein, zeigt das Bedienfeld nur noch Ebenen an, deren Ebenenname die Zeichenfolge »eb« enthält.
- Effekt: Zeigen Sie nur noch Miniaturen der Ebenen, die einen bestimmten Ebeneneffekt wie Schlagschatten enthalten. Ist der Effekt eingerichtet, aber per Augensymbol deaktiviert, wird die Miniatur nicht angezeigt.
- Modus: zeigt nur Ebenen, die einen bestimmten Mischmodus wie Hartes Licht oder Negativ multiplizieren haben.

- Attribut: zeigt nur Miniaturen von Ebenen, die zum Beispiel Gesperrt oder Ausgeblendet sind, Keine Ebenenmaske oder Keine Ebeneneffekte enthalten.
- Farbe: zeigt nur Miniaturen, die einen bestimmten Farbcode wie Rot oder die keinen Farbcode enthalten.

Filterung aktivieren

Sobald Sie eine Filterung verwenden, leuchtet der Schalter Ebenenfilter aktivieren/deaktivieren rechts oben im Ebenen-Bedienfeld rot. Per Klick schalten Sie die Filterung ab - Sie sehen wieder uneingeschränkt alle Miniaturen.

Mit dem nächsten Klick schalten Sie die vorherige Filterung wieder ein. So stellen Sie die zuletzt verwendete Filterung wie etwa Attribut: Nicht verbunden mit einem Klick wieder her. Sie müssen diese Filterung nicht erneut einrichten.

19.3.5 Ebenen auswählen und verbinden

Wollen Sie mehrere Ebenen zusammenfassen, um sie en bloc zu bearbeiten oder um sie als zusammengehörend darzustellen? Ihre Möglichkeiten:

- Wählen Sie Ebenen gemeinsam aus.
- Sie können Ebenen »verbinden«, das ist dauerhafter als nur Auswählen.
- Sie können Ebenen in eine Gruppe stecken; diese Ebenen müssen aufeinanderfolgen.
- Packen Sie mehrere Ebenen gemeinsam in ein Smartobjekt.

Mögliche Gründe für ein gemeinsames Auswählen:

- Die Verzerrungen beim **Transformieren** (Verkleinern, Drehen, Verzerren, aber nicht Verformen) werden auf alle verbundenen Ebenen übertragen.
- **Kopieren** Sie die Effekte einer Ebene, um sie gemeinsam auf mehrere ausgewählte Ebenen zu übertragen.
- Wählen Sie zwei oder mehr Ebenen aus, um sie gleichmäßig anzuordnen (Seite 698), zu verschmelzen oder zu rastern.
- Die gemeinsame Auswahl bereitet Schnittmasken (Seite 834) und Gruppen (Seite 684) vor.
- Der Befehl **Ebene: Ebenen fixieren** schützt die ausgewählten Ebenen gegen verschiedene Eingriffe (Seite 703).
- Ändern Sie Mischmodus, Fixierung oder Farbcode für alle gewählten Ebenen.
- Duplizieren Sie mehrere ausgewählte Ebenen wie üblich mit Strg+J.

Achten Sie auf das Ebenen-Bedienfeld: Ausgewählte Ebenen sind farblich hervorgehoben. Sind mehrere Ebenen ausgewählt, stehen übliche Korrekturbefehle etwa aus den Menüs **Filter** oder **Bild: Korrekturen** nicht mehr zur Verfügung.

Tipp Eine Alternative zum Verbinden bieten Smartobjekte: Änderungen wie Pinselretusche oder Kontrastkorrektur überträgt Photoshop automatisch auf Duplikate (Seite 859). Außerdem können Sie mehrere Ebenen in ein Smartobjekt packen und fast wie eine Einzelebene weiterverwenden, aber auch wieder einzeln ansprechen.

Mehrere Ebenen mit dem Verschiebenwerkzeug auswählen

So wählen Sie mehrere Ebenen mit dem Verschiebenwerkzeug direkt in der Bilddatei aus:

- Verwenden Sie die Option Automatisch auswählen, dann rahmen Sie mit dem Verschiebenwerkzeug die gewünschten Ebenen im Bild ein. Dabei muss der Auswahlvorgang über der Hintergrund-Ebene oder über dem Karomuster für Transparenz beginnen. Blenden Sie eventuell Ebenen, die die Hintergrund-Ebene verdecken, mit dem Augensymbol aus. Fügen Sie eine weitere Ebene bei gedrückter ⇧-Taste hinzu.
- Ebenfalls mit der Option Automatisch auswählen klicken Sie die gewünschten Ebenen im Bild bei gedrückter ⇧-Taste an.

Abbildung 19.28 Die zwei Ebenen werden gemeinsam ausgewählt, sie erscheinen im Ebenen-Bedienfeld farblich hervorgehoben. Nun können Sie die Ebenen bereits gemeinsam bewegen, vergrößern, drehen oder in der Deckkraft ändern – Kontrastkorrektur oder Filterbefehle stehen jedoch nicht mehr zur Verfügung. Wollen Sie die Ebenen dauerhaft gemeinsam bewegen und »transformieren«, werden sie verbunden; dann müssen Sie nicht jedes Mal alle Ebenen gemeinsam auswählen. Vorlage: Ebene_09

Mehrere Ebenen im Ebenen-Bedienfeld auswählen

Auch im Ebenen-Bedienfeld wählen Sie mehrere Ebenen gemeinsam aus:

- Mehrere im Ebenen-Bedienfeld benachbarte Ebenen wählen Sie aus, indem Sie zunächst die erste Ebene im Bedienfeld anklicken und dann bei gedrückter ⇧-Taste auf die letzte Ebene klicken.
- Sollen weitere Ebenen mit ausgewählt werden? Klicken Sie das leere Feld rechts neben der Miniatur – nicht die Miniatur selbst – bei gedrückter Strg-Taste an. Ebenso entfernen Sie mit gedrückter Strg-Taste einzelne Ebenen aus der Auswahl.
- Sind die Ebenen bereits verbunden (nächster Abschnitt), bietet das Menü des Ebenen-Bedienfelds den Befehl **Verbundene Ebenen auswählen**.
- Wollen Sie alle Ebenen ohne die Hintergrund-Ebene auswählen, drücken Sie Strg+Alt+A.

Passt die Auswahl? Sie können die Ebenen jetzt gemeinsam bewegen, drehen, skalieren, verzerren oder in andere Dateien ziehen.

Ebenen verbinden

Das Auswählen allein reicht nicht immer – Sie haben die Kombination der Ebenen schnell verloren, wenn Sie zum Beispiel eine Einzelebene kontrastkorrigieren wollen. Darum können Sie die ausgewählten Ebenen verbinden; dann bleibt die Kombination dauerhaft erhalten. Die Verbindung lässt sich zum Glück jederzeit stressfrei lösen. So geht's:

1. Wählen Sie mehrere Ebenen wie oben beschrieben aus.
2. Sie denken an eine dauerhafte Verbindung? Klicken Sie im Ebenen-Bedienfeld unten links auf Ebenen verbinden. Jede verbundene Ebene zeigt im Bedienfeld das Verbindensymbol.

Verbindung abschalten und aufheben

Wollen Sie eine einzelne Ebene nur vorübergehend aus der Verbindung herausnehmen? Klicken Sie bei gedrückter [⇧]-Taste auf das Verbindensymbol – es erscheint rot durchgestrichen.

Um eine Ebene endgültig aus der Verbindung herauszulösen, klicken Sie die verbundenen Ebenen einmal im Bedienfeld an; dann klicken Sie unten auf EBENEN VERBINDEN. Alternative: Ein [Strg]-Klick auf das Verbinden-Symbol neben der Ebene.

Achtung Ziehen Sie verbundene Ebenen aus der Bilddatei heraus in ein neues Dateifenster, so kommen sämtliche verbundenen Ebenen in der Zieldatei an. Ziehen Sie dagegen aus dem Ebenen-Bedienfeld heraus, übertragen Sie nur die angeklickte Ebene; andere verbundene Ebenen bleiben zurück.

19.3.6 Gruppen für Ebenen

Fassen Sie mehrere Ebenen in einer sogenannten »Gruppe« zusammen, sie stecken dann quasi in einem Unterordner. Sie haben so noch mehr Möglichkeiten als beim »Verbinden«:

- Im Ebenen-Bedienfeld klicken Sie alle Miniaturen einer Gruppe mit dem Dreieck en bloc weg, um mehr Übersicht zu schaffen.
- Richten Sie für alle Ebenen eines Sets ein gemeinsames Überblendverfahren oder gemeinsame Deckkraft ein.
- Richten Sie gemeinsame Ebeneneffekte wie SCHLAGSCHATTEN ein oder verwenden Sie die gesamte Gruppe als Schnittmaske; in diesen Fällen wirken mehrere Einzelebenen wie eine einzige Ebene, Sie erhalten andere Gestaltungsmöglichkeiten.
- Mit einer Ebenenmaske (Seite 818) begrenzen Sie die Sichtbarkeit einer kompletten Gruppe auf eine beliebige Zone innerhalb der Dokumentgrenzen. Aktivieren Sie die Gruppe, dann klicken Sie im Ebenen-Bedienfeld auf das Symbol EBENENMASKE HINZUFÜGEN.
- Ebenen aus der Gruppe lassen sich bequem zu einer einzigen Ebene verschmelzen: **Gruppe zusammenfügen** heißt dieser Befehl aus dem Bedienfeldmenü; dazu muss die Miniatur der Gruppe aktiviert sein.
- Sie können die komplette **Gruppe duplizieren** oder **löschen**; diese Möglichkeiten finden Sie – wie die weiteren Befehle – im Menü zum Ebenen-Bedienfeld und im Menü **Ebene**.
- Per **Alle Ebenen in Gruppe fixieren** schützen Sie sämtliche Ebenen zum Beispiel gegen Verschieben oder gegen jegliche Änderung (Seite 703).
- Umgekehrt lassen sich alle Ebenen gemeinsam **transformieren**, dazu aktivieren Sie nur den Namen der Gruppe.
- Verschachteln Sie Gruppen ineinander, indem Sie eine Gruppe auf das Gruppensymbol ziehen.

Allerdings: Befehle wie **Tonwertkorrektur**, **Scharfzeichnen** oder auch Ebeneneffekte lassen sich nicht auf alle Ebenen einer Gruppe gemeinsam anwenden. Dazu öffnen Sie die Gruppe mit dem Dreieck und aktivieren Sie zur Bearbeitung eine Einzelebene.

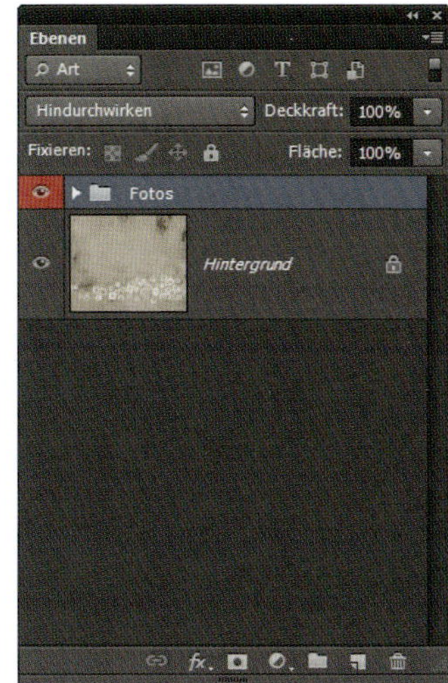

Abbildung 19.29 **Linkes Bedienfeld:** Die Einzelebenen mit den Fotos wurden in einer Gruppe zusammengefasst und haben eine rote Farbkodierung erhalten. **Rechtes Bedienfeld:** Die Gruppe wurde aufgeklappt, Sie erkennen die Einzelebenen. Datei: Ebene_10

Gruppen anlegen und ergänzen

Sie wollen eine neue, leere Gruppe anlegen. Klicken Sie auf das Symbol Neue Gruppe erstellen im Ebenen-Bedienfeld. Alternatives Verfahren:

1. Wählen Sie mehrere Ebenen aus oder verbinden Sie mehrere Ebenen.
2. Ziehen Sie die ausgewählten oder »verbundenen« Ebenen auf das Symbol Neue Gruppe erstellen (oder wählen Sie **Neue Gruppe aus Ebenen** im Bedienfeldmenü).

Wollen Sie die Gruppe um neue Ebenen erweitern? Ziehen Sie den Kandidaten einfach innerhalb des Bedienfelds in eine geöffnete Gruppe oder auf das Feld einer geschlossenen Gruppe. Umgekehrt können Sie auch Ebenen aus einer Gruppe herausziehen in den Bereich der weiteren Ebenen ohne Gruppenzugehörigkeit.

Mischmodus bei Gruppen

Zunächst gilt für alle Ebenen einer Gruppe der Mischmodus Hindurchwirken. Das heißt: Jede Ebene behält ihre individuelle Überblendmethode und Deckkraft wie zuvor. Ändern Sie jedoch bei aktivierter Gruppe die Überblendmethode für die Gruppe, erscheinen alle Ebenen mit diesem einen Mischmodus. Ändern Sie die Deckkraft für die Gruppe, sehen Sie alle Ebenen der Gruppe mit derselben Deckkraft. Die individuellen Vorgaben pro Ebene behält Photoshop dennoch bei: Ziehen Sie die Ebene aus der Gruppe heraus, sieht man sie wieder mit dem ursprünglichen Mischmodus und der ursprünglichen Deckkraft.

Sie können jederzeit die Gruppe im Ebenen-Bedienfeld öffnen, eine Einzelebene aktivieren und hier spezielle Eigenschaften nur für eine Ebene wählen. Besonderheiten dabei:

- Einstellungsebenen (Seite 838) innerhalb der Gruppe beeinflussen zunächst auch Ebenen außerhalb der Gruppe. Verlassen Sie mit der Gruppe jedoch den Modus Hindurchwirken, korrigiert die Einstellungsebene nur noch Ebenen innerhalb der Gruppe.
- Das Verhalten von Gruppen in Verbindung mit der Aussparung aus dem Dialogfeld Ebenenstil ändert sich gleichfalls, wenn Sie den Mischmodus Hindurchwirken verlassen.

19.3.7 Ebenenkompositionen

Sichern Sie verschiedene Arrangements einer Montage in einer einzigen Datei als Ebenenkompositionen. Sie müssen also nicht drei Dateien speichern, um drei verschiedene Anordnungen Ihrer Ebenen zu sehen. Mit Ebenenkompositionen planen Sie auch Trickfilme.

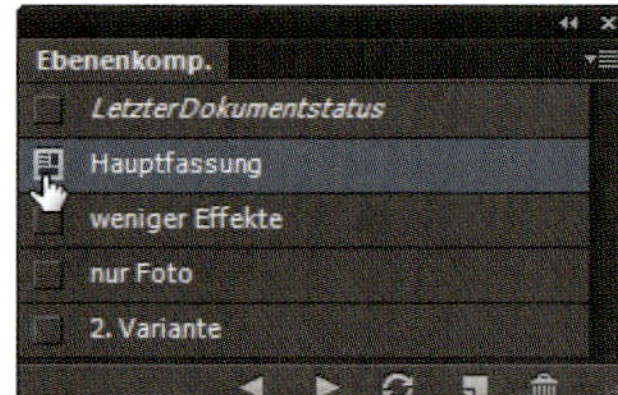

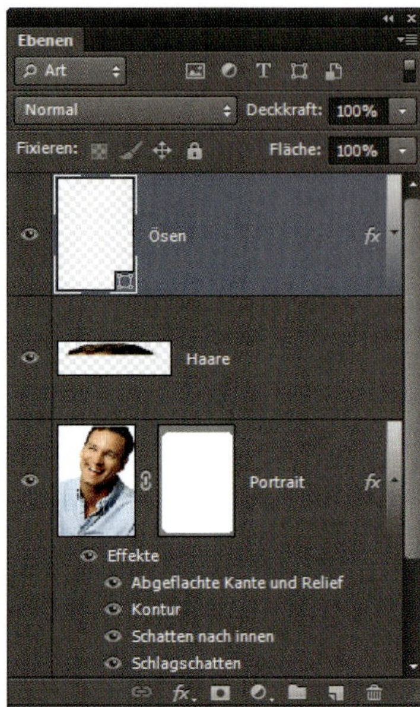

Abbildung 19.30 Von dieser Montage gibt es verschiedene Varianten, die links im Ebenenkomp.-Bedienfeld angeklickt werden. Hier zeigen wir den Entwurf »Hauptfassung«. Datei: Ebene_11

Möglichkeiten

Manche Änderungen einer Ebene, die sich verlustfrei zurücksetzen lassen, verewigt Photoshop in verschiedenen Ebenenkompositionen:

- Wechsel der Position
- Änderungen des Ebenenstils – also Deckkraft, Mischmodus, ausgeblendete Helligkeitsbereiche und Effekte wie Schein nach Aussen oder Schlagschatten
- Abschalten der Ebenensichtbarkeit mit dem Augensymbol
- Ein- und Ausschalten von Ebenenmasken

Durch Ein- und Ausblenden von Einstellungsebenen wie **Gradationskurven** oder **Farbton/Sättigung** variieren Sie auch Farbton oder Helligkeit per Ebenenkomposition.

Hinweis Ebenenkompositionen lohnen sich vor allem, wenn Sie die Versionen auch nach dem Speichern und Schließen wieder sehen möchten. Wollen Sie jedoch lediglich bei einer einzigen Sitzung mehrere Zwischenfassungen abrufen, dann wirken die Schnappschüsse des Protokoll-Bedienfelds praktischer.

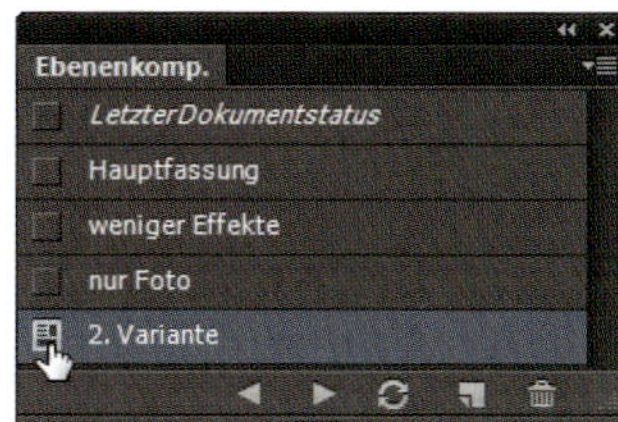

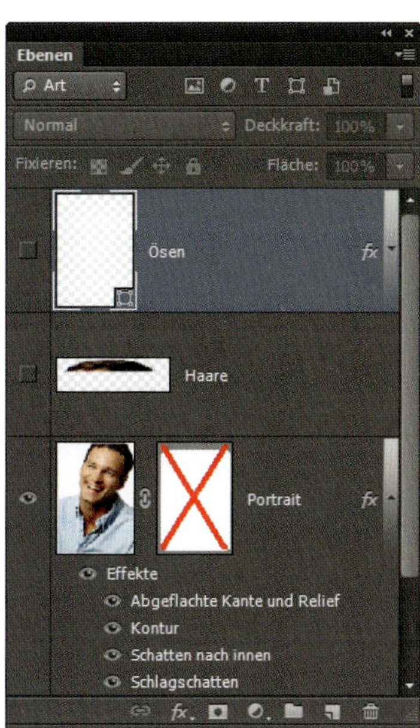

Abbildung 19.31 Wir ändern den Ebenenstil, blenden die Ösen und das Haarteil aus und speichern diese Fassung als Ebenenkomposition »2. Variante«. Beide Versionen sind in einer Datei gespeichert.

Ebenenkompositionen anlegen und löschen

So legen Sie eine neue Ebenenkomposition an:

1. Arrangieren Sie die Montage nach Bedarf.
2. Rufen Sie im Fenster-Menü das Ebenenkomp.-Bedienfeld auf.
3. Klicken Sie im Bedienfeld auf die Schaltfläche Neue Ebenenkomp. erstellen.
4. Im Dialogfeld Optionen für Ebenenkomp. geben Sie der Ebenenkomposition einen schönen Namen. Vermeiden Sie Doppelpunkte, Kommata oder andere Zeichen, die nicht in einen Dateinamen gehören, sofern Sie Ihre Ebenenkompositionen noch in Einzeldateien umwandeln wollen.
5. Sollen Änderungen bei den Effekten – zum Beispiel Änderung oder Abschalten des Schlagschattens – auch als Eigenschaft der Ebenenkomposition gemerkt werden? Dann aktivieren Sie auch die Option Aussehen (Ebenenstil).

Nun verändern Sie die Ebenen weiter. Verschieben Sie Elemente, experimentieren Sie mit Mischmodi und Effekten, schalten Sie einzelne Ebenen ganz aus. Speichern Sie bei Bedarf eine weitere Komposition durch einen Klick auf Neue Ebenenkomp. erstellen.

Überflüssige Ebenenkompositionen ziehen Sie in den Mülleimer unten im Bedienfeld. Dabei verlieren Sie wohlgemerkt keine Ebenen oder sonstiges Bildmaterial – nur die gespeicherte Anordnung der Ebenen geht verloren.

Ebenenkompositionen anzeigen

Wollen Sie eine ältere Ebenenkomposition wieder sehen, klicken Sie im Ebenenkomp.-Bedienfeld neben dem Namen des Entwurfs in das leere Kästchen Ebenenkomp.. Dort erscheint dann das Symbol Ebenenkomp.. Es reicht nicht, auf den Namen selbst zu klicken, es muss schon das kleine Kästchen sein.

Mit den Dreieckschaltern ◀ ▶ klicken Sie sich der Reihe nach durch Ihre Layouts. Wollen Sie nur einige Entwürfe Revue passieren lassen, markieren Sie die gewünschten Ebenenkompositionen mit gedrückter [Strg]- oder [⇧]-Taste; danach nehmen Sie die Dreieckschalter ◀ ▶.

So kehren Sie wieder zum neuesten, noch nicht als Komposition gesicherten Zustand Ihrer Montage zurück: Klicken Sie oben im Bedienfeld in das leere Kästchen ☐ neben LETZTER DOKUMENTSTATUS.

Ebenenkompositionen ändern

Ein Beispiel: Sie haben die Ebenenkomposition »Hauptfassung«. Dann bauen Sie die Montage um, der neueste Entwurf gefällt Ihnen noch besser, darum möchten Sie diese Anordnung jetzt als Entwurf »Hauptfassung« speichern. Die ursprüngliche Version brauchen Sie nicht mehr. So aktualisieren Sie die Ebenenkomposition »Hauptfassung«:

1. Bringen Sie Ihre Montage in den Zustand, den Sie als Ebenenkomposition »Hauptfassung« behalten wollen.
2. Klicken Sie im Ebenenkomp.-Bedienfeld auf den Namen »Hauptfassung« - aber nicht auf das leere Kästchen ☐ daneben. Der Name erscheint farblich hervorgehoben.
3. Klicken Sie unten im Bedienfeld auf die Schaltfläche EBENENKOMP. AKTUALISIEREN. Damit erscheint das Symbol EBENENKOMP. neben dem Namen der Ebenenkomposition, der aktuelle Bildzustand ist also jetzt als »Hauptfassung« gesichert.

Klicken Sie doppelt auf den Namen einer Komposition, um den Entwurf umzutaufen.

Risiken und Nebenwirkungen ⚠

Mitunter lassen sich Ebenenkompositionen nicht wiederherstellen. Das gilt zum Beispiel, wenn Sie Ebenen löschen, verschmelzen, in »Hintergrund«-Ebenen verwandeln oder ihre Reihenfolge ändern, wenn Sie **Arbeitsfläche** hinzugeben oder entfernen - aber auch, wenn Sie den Farbmodus wechseln. Sobald Sie eine wichtige Ebene löschen, zeigt das Ebenenkomp.-Bedienfeld ein Warnsignal ⚠ neben allen Ebenenkompositionen, in denen diese Ebene verwendet wird.

Ebenenkomposition als Einzeldatei, als PDF und Web-Galerie

Photoshop setzt einzelne Ebenenkompositionen in neue Dateien um, die Sie bequem weitergeben. Sie gehen auf **Datei: Skripten: Ebenenkomp. in Dateien**. Verwenden Sie TIFF, PDF oder Photoshops PSD als DATEITYP, bleiben die Ebenen Ihrer Montage erhalten. Wollen Sie die Ebenen auf eine HINTERGRUND-Ebene eindampfen, speichern Sie von vornherein in einem Format ohne Ebenen, etwa JPEG oder BMP.

Der Befehl **Datei: Skripten: Ebenenkomp. in PDF** setzt alle Ebenenkompositionen einer Datei in eine PDF-Präsentation - ein Bild pro Seite, wahlweise mit Start als Diaschau.

Den Befehl **Datei: Skripten: Ebenenkomp. in WPG** für Webgalerien aus Ebenenkompositionen bot unser Test-Photoshop zwar an, jedoch ohne Funktion. Der Ausweg: Sie wählen **Ebenenkomp. in Dateien** und hieven die einzelnen Bilder ins Ausgabemodul von Bridge für Webgalerien und PDF-Kataloge nach Maß.

19.3.8 Ebene und Hintergrundebene

Beginnen Sie mit einem üblichen Bild zum Beispiel im JPEG-Dateiformat, so besteht es nur aus einer HINTERGRUND-Ebene. Sie erkennen das im Ebenen-Bedienfeld. Fügen Sie über der HINTERGRUND-Ebene neue Objekte ein, erscheinen diese als EBENE 1 oder ähnlich. Jedes Bild kann nur eine HINTERGRUND-Ebene haben - quasi das Grundbrett für eine Montage, das ganz unten liegt.

Im Vergleich zu normalen Ebenen gelten für die Hintergrundebene wesentliche Einschränkungen, die Photoshop im Bedienfeld auch durch das Vorhängeschloss signalisiert:

- Sie können per Löschen oder Radiergummi keine »Löcher« erzeugen (stattdessen bringen diese Funktionen auf Hintergrundebenen die aktuelle Hintergrundfarbe ins Bild).
- Sie können die Hintergrundebene nicht im Ebenen-Bedienfeld nach oben schieben.
- Modus- oder Deckkraftänderungen sind Ihnen ebenso verwehrt.
- Die **Transformieren**-Befehle bietet Photoshop gar nicht erst an.
- Fehlanzeige auch bei den Ebeneneffekten.

All dies ist erst möglich, wenn Sie die Hintergrundebene in eine normale Ebene verwandeln – am schnellsten per Alt-Klick auf die Miniatur der Hintergrundebene, so entsteht die Ebene 0. Alternative: Ziehen Sie das Schloss der Hintergrundebene auf den Mülleimer.

Tipp Einige Photoshop-Funktionen verwandeln die Hintergrund-Ebene automatisch in eine normale Ebene 1 oder ähnlich – so die **Objektivkorrektur**, die **Adaptive Weitwinkelkorrketur**, der magische Radiergummi, der Hintergrund-Radiergummi und die Schaltfläche Ebenenmaske hinzufügen.

»Hintergrund«-Ebene neu erstellen

Ihr Bild hat keine Hintergrund-Ebene, Sie hätten aber gern eine? Ihre Möglichkeiten:

- Wollen Sie sämtliche Ebenen zu einer Hintergrundebene zusammenfassen, wählen Sie **Ebene: Auf Hintergrundebene reduzieren**.
- Machen Sie die im Bedienfeld aktivierte Einzelebene zur Hintergrundebene und behalten Sie die übrigen Ebenen wie gehabt. Dies erledigt **Ebene: Neu: Hintergrund aus Ebene**.

Abbildung 19.32 **Ganz links:** Die zwei oberen Ebenen wurden gemeinsam ausgewählt. **2. Bedienfeld:** Per Strg+E haben wir die ausgewählten Ebenen verschmolzen. **3. Bedienfeld:** Der Befehl »Auf Hintergrundebene reduzieren« hinterlässt nur noch eine Hintergrundebene. **Ganz rechts:** Die zwei oberen Ebenen waren gewählt, dann haben wir bei gedrückter Alt-Taste auf »Ebene: Sichtbare auf eine Ebene reduzieren« geklickt. Dabei entsteht eine neue Ebene mit einer Gesamtansicht der Montage oberhalb der obersten aktivierten Ebene (nicht am Mac). Das Bild sieht immer gleich aus, doch Dateigröße, Bearbeitungs- und Speichermöglichkeiten ändern sich. Vorlage: Ebene_09

Tipp Eine spezielle Hintergrund-Ebene in der Montage wirkt eventuell übersichtlich und sie lässt sich nicht irrtümlich verschieben oder transformieren. Einen echten Vorteil gegenüber einer Ebene 0 oder ähnlich bringt die Hintergrund-Ebene jedoch nicht.

19.3.9 Ebenen verschmelzen und löschen

Löschen Sie überflüssige Ebenen und verschmelzen Sie mehrere unabhängige Ebenen zu einer - so halten Sie die Dateigröße klein und die Gesamtkonstruktion überschaubar. Die zuvor verdeckten Pixel sind danach fort. Ebenso zementieren Sie bei diesem Vorgang Mischmodus und Deckkraft: Haben Sie eine Ebene mit 50 Prozent Deckkraft halb durchscheinend gestaltet, so können Sie diese mit der darunterliegenden Ebene verschmelzen - dort kommt die Ebene aber nur blass an und die ursprüngliche, ganzheitliche Ebeneninformation ist passé. Sie finden die genannten Befehle im **Ebene**-Menü, aber auch im Menü zum Ebenen-Bedienfeld.

So reduzieren Sie die Zahl der Ebenen:

- Wählen Sie zwei oder mehr Ebenen aus (Seite 682) und drücken Sie einfach Strg+E (**Ebene: Auf eine Ebene reduzieren**); die zwei gewählten Ebenen verschmelzen zu einer einzigen Bildschicht.
- Der Befehl **Ebene: Sichtbare auf eine Ebene reduzieren** (Strg+⇧+E) fasst ebenfalls zwei oder mehr Ebenen zu einer zusammen. Verstecken Sie vorab mit dem Augensymbol alle Ebenen, die Sie nicht vereinigen wollen.
- Der Befehl **Ebene: Mit darunter liegender auf eine Ebene reduzieren** (Strg+E, für Merge down) verschmilzt die aktuelle Ebene mit der darunterliegenden. Photoshop verweigert diesen Befehl, wenn auf der unteren Ebene Text oder eine Formebene rangiert. Wenn Sie die Miniatur einer Gruppe angeklickt haben, wird mit Strg+E die komplette Gruppe verschmolzen.
- Nur noch eine Hintergrund-Ebene hinterlässt der Befehl **Ebene: Auf Hintergrundebene reduzieren**. Damit sind alle Einzelebenen perdu, Sie haben ein »flaches« Pixelbild vor sich, wie es als JPEG-Datei leicht gespeichert werden kann. Löschen oder verbergen Sie zuvor nicht benötigte Ebenen. Vormals transparente Zonen füllt Photoshop mit Weiß.

Tipp Es gibt noch eine schnelle Möglichkeit, ein flaches Bild zu erzeugen. Verwenden Sie den **Bild**-Befehl **Bild duplizieren** und die Option Auf eine Ebene reduzieren; dabei entsteht allerdings keine spezielle »Hintergrund«-Ebene, sofern die Ausgangsdatei auch keine hatte. Wollen Sie eine Gesamtansicht aller Ebenen in die Zwischenablage kopieren, drücken Sie Strg+A und nutzen danach **Bearbeiten: Auf eine Ebene reduziert kopieren** (Strg+⇧+C).

Neue, leere Ebene erstellen

Sie erstellen eine neue, leere Ebene über dem Hintergrund - zum Beispiel, um Bildretuschen zunächst auf einer separaten Schicht anzubringen, die man jederzeit verlustfrei löscht. Klicken Sie einfach unten im Ebenen-Bedienfeld auf das Symbol Neue Ebene erstellen. Die neue Ebene entsteht hier ohne Rückfrage. Ist jedoch das Dialogfeld Neue Ebene erwünscht, klicken Sie wie immer mit gedrückter Alt-Taste; Sie können dann sofort Name, Mischmodus und »neutrale Farbe« bestimmen.

Die neue Ebene landet über der zuletzt aktiven Ebene. Drücken Sie indes beim Klick auf Neue Ebene erstellen zusätzlich die Strg-Taste, erscheint die neue leere Ebene unterhalb der zuvor aktiven Ebene.

Ziehen Sie überflüssige Ebenen auf den Mülleimer, sie verschwinden ohne Rückfrage.

19.3.10 Befehle im Überblick: Ebenen verwalten

Taste/Feld	Zusatztasten	Aktion	Ergebnis
			Bedienfeldmenü
		Ebene hierhin ziehen	Aktivierte Ebene nach Rückfrage löschen
			Neue, leere Ebene oberhalb aktiver Ebene erstellen
	Alt		Neue, leere Ebene oberhalb aktiver Ebene erstellen, Dialogfeld Neue Ebene anzeigen
Strg + N	⇧		Neue, leere Ebene oberhalb aktiver Ebene erstellen, Dialogfeld Neue Ebene anzeigen
	Strg		Neue, leere Ebene unterhalb aktiver Ebene erstellen
Strg + N	⇧ + Alt		Neue, leere Ebene erstellen, kein Dialogfeld sehen
			Ebenenmaske erstellen, nichts maskiert oder ausgewählter Bereich sichtbar
	Alt		Ebenenmaske erstellen, alles maskiert oder ausgewählter Bereich nicht sichtbar
			Neue, leere Gruppe erstellen
	Alt		Neue, leere Gruppe erstellen mit Dialogfeld Neue Gruppe
fx			Dialogfeld Ebenenstil
			Einstellungsebene oder Füllebene hinzufügen
[Ebenenminiatur]	Strg		Ebenenkontur als Auswahl (Transparenzmaske)
[Ebenenminiatur]	Strg + ⇧		Auswahl der Ebenenkontur zu vorhandener Auswahl hinzufügen
[Ebenenminiatur]	Strg + Alt		Auswahl der Ebenenkontur von vorhandener Auswahl abziehen
[Ebenenminiatur]		auf ziehen	Ebenendeckkraft als Ebenenmaske für aktive Ebene
[Ebenenmasken-Miniatur]	Strg		Ebenenmasken-Information als Auswahl
[Ebenenmasken-Miniatur]	Strg + ⇧		Ebenenmasken-Information zu vorhandener Auswahl hinzufügen
[Ebenenmasken-Miniatur]	Strg + Alt		Ebenenmasken-Information von vorhandener Auswahl abziehen
Alt	.		nächsthöhere aktivieren
Alt	,		nächsttiefere aktivieren
Alt + ⇧	.		nächsthöhere mit auswählen
Alt + ⇧	,		nächsttiefere mit auswählen
Strg + Ä			Ebene im Ebenenstapel eine Stufe höher anordnen
Strg + Ä	⇧		Ebene im Ebenenstapel ganz oben anordnen
Strg + #			Ebene im Ebenenstapel eine Stufe tiefer anordnen
Strg + #	⇧		Ebene im Ebenenstapel ganz unten anordnen

19.4 Ebenen bewegen und anordnen

Bewegen Sie Ebenen mit dem Verschiebenwerkzeug (Kurztaste [V]). Bei den meisten anderen Werkzeugen drücken Sie einfach die [Strg]-Taste, schon haben Sie vorübergehend das Verschiebenwerkzeug. Um eine Ebene nur in 45-Grad-Winkeln zu bewegen, drücken Sie wie immer die [⇧]-Taste. Es gibt viele Wege, ein Objekt besonders genau zu positionieren.

Für alle Erläuterungen in diesem Abschnitt gilt natürlich: Die Ebenen dürfen nicht »fixiert« sein, etwa mit der Option Position sperren aus dem Ebenen-Bedienfeld (Seite 703). Bevor wir das eigentliche Bewegen besprechen, behandeln wir wichtige Hilfsmittel zur präzisen Ausrichtung - Hilfslinien und Raster.

Achtung Befindet sich eine Auswahl im Bild, bewegt sie sich mit der Ebene mit - auch wenn die Auswahl eigentlich auf einer anderen Ebene angewendet werden sollte. Sichern Sie die Auswahl vor dem Bewegen der Ebene als Alphakanal oder als Pfad.

19.4.1 Hilfslinien

Sie können Hilfslinien automatisch passend einblenden lassen oder von Hand einrichten. Diese Linien, die nicht mitgedruckt werden, ziehen Objekte bei Bedarf magnetisch an. Sie klicken einfach in die Linealleiste (einzublenden mit [Strg]+[R]) und ziehen eine Hilfslinie ins Bild. Der Befehl **Ansicht: Hilfslinien sperren** schützt die Linien gegen weitere Änderung.

Tipp Horizontale, vertikale oder auch diagonale Hilfslinien produzieren Sie mit dem Linienzeichner auch als dauerhafte Ebene. Anders als normale Hilfslinien sehen Sie die Linienzeichner-Linien bei Bedarf auch in der **Verflüssigen**-Vorschau. Auch Linienzeichner-Hilfslinien wirken in der Regel magnetisch.

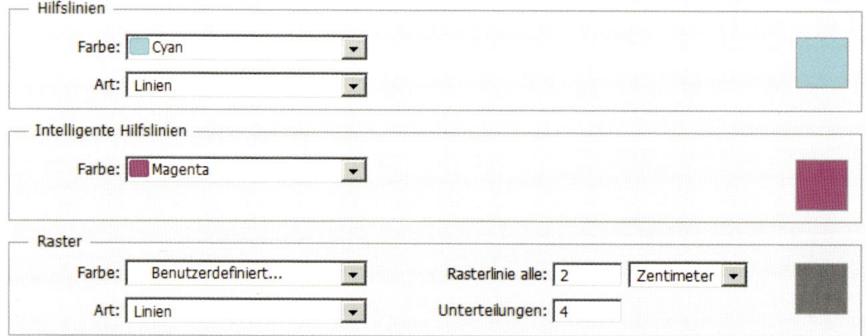

Abbildung 19.33 Farbe und Stil für Hilfslinien und Raster bestimmen Sie per »**Datei: Voreinstellungen: Hilfslinien, Raster und Slices**«.

Hilfslinien speichern

In vielen Dateiformaten, darunter TIFF, JPEG und PSD, werden Hilfslinien mitgespeichert - sie sitzen also beim nächsten Öffnen der Datei wieder an Ort und Stelle. Natürlich muss der **Ansicht**-Befehl **Einblenden: Hilfslinien** ([Strg]+[,]) gewählt sein.

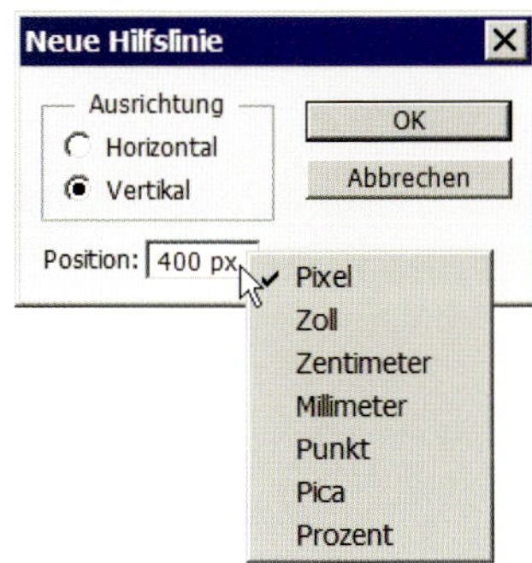

Abbildung 19.34 Der Befehl **Ansicht: Neue Hilfslinie.** produziert Hilfslinien mit einem festen Abstand zum oberen oder linken Bildrand. Rufen Sie den Befehl mehrfach hintereinander auf, um mehrere Linien zu erzeugen. Wählen Sie aus dem Kontextmenü die passende Maßeinheit wie »cm« oder tippen Sie das Kürzel einfach ein.

Hilfslinien einrichten und bewegen

Die Hilfslinien haften an den magnetischen »Raster«-Linien, sofern diese angezeigt sind. Bei gedrückter ⇧-Taste docken die Hilfslinien auch an den Linealeinteilungen an. Sie können eine Hilfslinie verschieben, wenn Sie ihr mit dem Verschiebenwerkzeug acht Monitorpixel nah kommen; der Zeiger verwandelt sich dann in einen Hilfsliniencursor. Ein beherzter Alt-Klick verwandelt horizontale in vertikale Hilfslinien und umgekehrt.

Hilfslinien verbergen und löschen

Ausgediente Hilfslinien ziehen Sie mit dem Verschiebenwerkzeug aus dem Bild. Der **Ansicht**-Befehl **Hilfslinien löschen** macht tabula rasa. Per (Strg+H) verbergen Sie Hilfslinien.

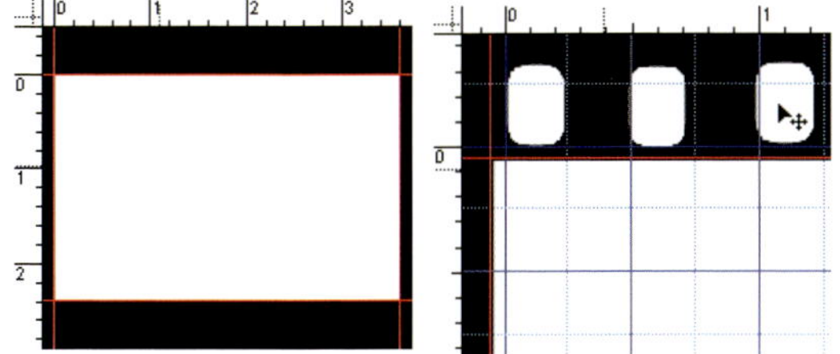

Abbildung 19.35 **Links:** Um einen Filmstreifen zu gestalten, werden zunächst Hilfslinien über das Bild gezogen. **Rechts:** Bei der Anlage der Perforation hilft das regelmäßige Raster in 0,5-Zentimeter-Abständen. Der Nullpunkt der Lineale wird jeweils passend verschoben; dazu klickt man in den Bildwinkel oben links und zieht den Nullpunkt auf die gewünschte Stelle. Datei: Ebene_23

Ausrichten an Hilfslinien

Auf Wunsch docken Ebenen, schwebende Auswahlen, aber auch Werkzeuge magnetisch an Hilfslinien an. So eignen sich die Striche gut, um allgemein gleichmäßige Layouts vorzubereiten, zum Beispiel Multimedia-Oberflächen.

Die anziehende Wirkung erreichen Sie mit dem Befehl **Ansicht: Ausrichten an: Hilfslinien.** Gerät ein Objekt näher als acht Monitorpixel an die Hilfslinie heran, ordnet es sich dort automatisch an – und lässt sich nur mit einer gewissen Willenskraft darüber hinaus bewegen.

Auch weitere Bildschirm- und Bildelemente können anziehend wirken: Das Untermenü **Ansicht: Ausrichten an** bietet dafür neben den **Hilfslinien** auch **Raster**, **Ebenen**, **Slices** und **Dokumentbegrenzungen** (Bildränder). Eine gleichmäßige Verteilung von Montageobjekten erlauben außerdem die Befehle **Ausrichten** und **Verteilen** aus dem Ebene-Menü (Seite 698).

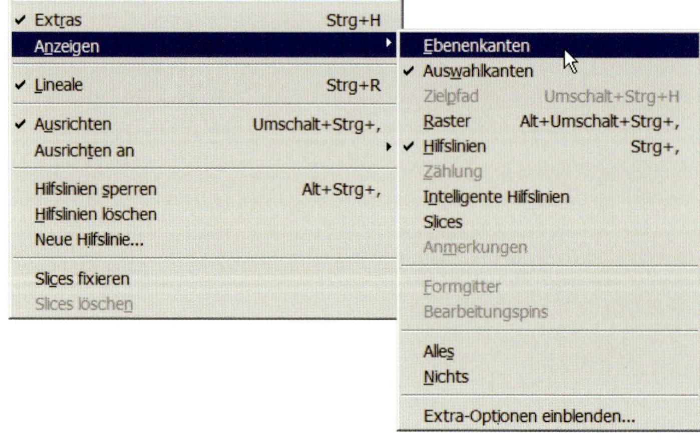

Abbildung 19.36 Mit dem Untermenü »Ansicht: Anzeigen« entscheiden Sie, ob Photoshop Hilfslinien oder Raster anzeigt.

»Intelligente Hilfslinien«

Intelligente Hilfslinien blendet Photoshop beim Verschieben vorübergehend ein. Sie erkennen an den rosafarbenen Linien, dass ein Objekt zum Beispiel exakt mittig oder parallel zur Oberkante einer anderen Ebene ausgerichtet ist. Der zuvor schwarz gefüllte Verschiebencursor erscheint weiß. Die Ebene rastet in dieser Position vorübergehend ein.

Der Befehl **Ansicht: Anzeigen: Intelligente Hilfslinien** unterbindet das Auftauchen und lässt es beim nächsten Aufruf wieder zu. Die **Voreinstellungen** (Strg+K) bieten weitere Farbnoten an.

Abbildung 19.37 Photoshop blendet automatisch »intelligente Hilfslinien« beim Verschieben und Platzieren ein. Sie signalisieren, dass ein Objekt zum Beispiel exakt mittig oder parallel zur Oberkante einer anderen Ebene ausgerichtet ist. Vorlage: Effekte_02

19.4.2 Raster

Ein gleichmäßiges Gitternetz legt der Befehl **Ansicht: Anzeigen: Raster** über das Bild, per **Ansicht: Ausrichten an** wirkt dieses »digitale Millimeterpapier« zudem magnetisch. Stil und Farbe steuern Sie mit dem Befehl **Bearbeiten: Voreinstellungen: Hilfslinien, Raster und Slices** im Bereich Raster.

Zeigen Sie das Raster an, bevor Sie den Dialog aufrufen - Sie sehen dann jede Änderung des Rasters sofort in der Datei. Sie definieren, in welchem Abstand die Linien aufeinanderfolgen sollen. Als Einheit stehen etwa Pixel, Zentimeter oder Prozentwerte zur Verfügung. Wenn Sie den Nullpunkt der Lineale verschieben, wandern zentimeterorientierte Rasterlinien mit.

Zu den Hauptrasterlinien bietet Photoshop Unterteilungen an; sie zerlegen die Felder des Grundrasters noch einmal in kleinere Felder. Die Häufigkeit der Unterteilungen bestimmen Sie mit einer ganzen Zahl zwischen 1 und 100. »1« bedeutet, dass Photoshop die Quadrate des Grundrasters gar nicht unterteilt; »2« heißt, dass zu den vorhandenen Hoch- und Querlinien noch mal jeweils auf halber Strecke Unterlinien hinzukommen; »3« drittelt die Abstände.

Tipp Mit Prozentwerten verteilen Sie die Gitterlinien gleichmäßig über das Bild. Der Wert 20 Prozent erzeugt je vier Linien horizontal und vertikal; das Bild wird also in 5 x 5 gleich große Felder zerlegt. Ebenfalls gleich große Segmente erzeugen Sie zum Beispiel mit Vorgaben wie 5, 10 oder 25 Prozent.

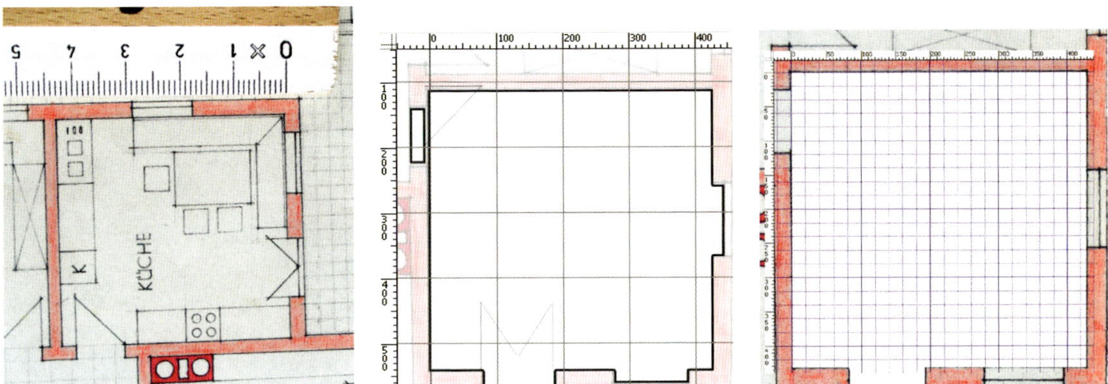

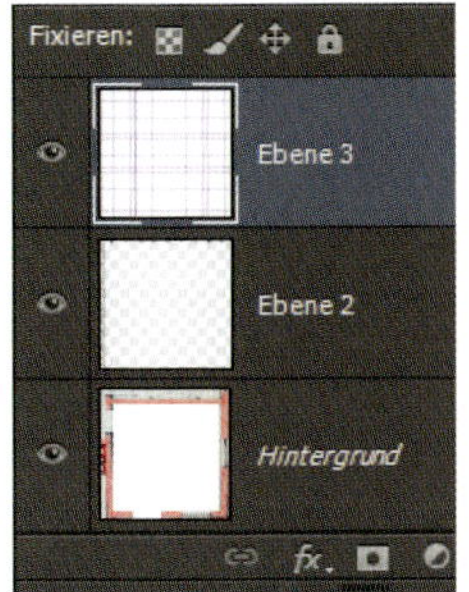

Abbildung 19.38 **1. Bild:** Der Grundriss wird mit Lineal fotografiert. **2. Bild:** Der Grundriss ist entkernt und mit Formebenen nachgezeichnet. Die Datei wurde auf Originalraummaße formatiert, darüber liegt ein Raster in Ein-Meter-Abständen, der Nullpunkt wurde verschoben. **3. Bild:** Wir haben Photoshop-Lineale und -Raster als Bildschirmfoto (Screenshot) aufgenommen und als Pixelebenen in die Datei eingebaut. Dateien: Grundriss etc.

19.4.3 Bewegen mit den Pfeiltasten

Bewegen Sie schwebende Auswahlen und Ebenen mit den Pfeiltasten der Tastatur – um einen Pixel je Tastendruck. Vorab schalten Sie das Verschiebenwerkzeug ein (Kurztaste V). Nehmen Sie die ⇧-Taste dazu, um das Objekt in 10-Pixel-Etappen durchs Bild zu bewegen.

19.4.4 Bewegen per »Transformieren«

Sie können die Ebene auch durch Eintippen von Zahlen verschieben. Dazu drücken Sie Strg+T (für **Bearbeiten: Frei transformieren**) und achten auf die Optionenleiste oben. Hier interessiert uns nur der Bereich links mit den Angaben für die Position auf der X- und Y-Achse (Weiteres ab Seite 705). Geben Sie in den X- und Y-Feldern eine neue Position in »px«- oder »cm«-Einheiten an. Weitere Maßeinheiten bietet das Kontextmenü über dem Eingabefeld.

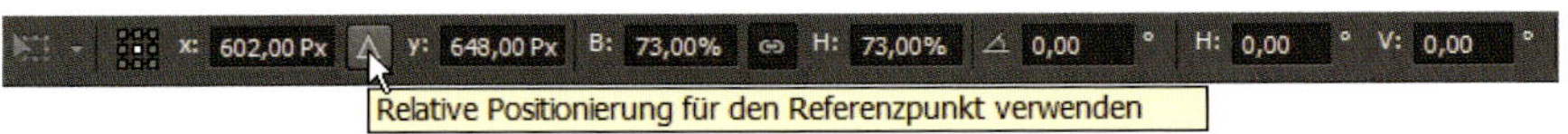

Abbildung 19.39 Mit der Optionenleiste zum Befehl »Bearbeiten: Frei transformieren« positionieren Sie Ebenen exakt im Bild. Die Kästchen ganz links steuern die Position des Referenzpunkts.

Referenzpunkt

Sobald Sie den Befehl **Frei transformieren** wählen, erscheint die aktuelle Ebene in einem Begrenzungsrahmen. Besonders wichtig ist hier der Referenzpunkt, den Sie zunächst in der Mitte der Ebene sehen.

Beim Positionieren nach Zahlenvorgabe orientiert sich Photoshop an diesem Referenzpunkt. Ein Beispiel: Sie haben die Option Relative Positionierung ausgeschaltet und wollen das Objekt in die linke obere Ecke verschieben: Dazu tippen Sie eine »0« in das X- und Y-Feld. Tatsächlich platziert Photoshop den Referenzpunkt auf der Nullposition; damit rutscht der linke obere Bereich Ihrer Ebene aus dem Bild heraus. Auch wenn Sie drehen oder skalieren, ist der Referenzpunkt der Mittelpunkt aller Dinge.

Darum können Sie den Referenzpunkt verschieben. Ziehen Sie das Ding an eine beliebige Stelle, auch außerhalb des Rahmens, oder verwenden Sie die Eingabefelder für die Position des Referenzpunktes. Häufig benötigt man den Referenzpunkt in den äußersten Bildecken – er dockt dort magnetisch an. Besonders bequem platzieren Sie den Referenzpunkt durch Klicken in die entsprechenden Kästchen des Symbols Lage des Referenzpunktes links oben in der Optionenleiste.

Tipp Sie können die Ebene auch bei sichtbarem Begrenzungsrahmen jederzeit mit Pfeiltasten oder Maus bewegen. Photoshop meldet die neue Position sofort in den X- und Y-Feldern.

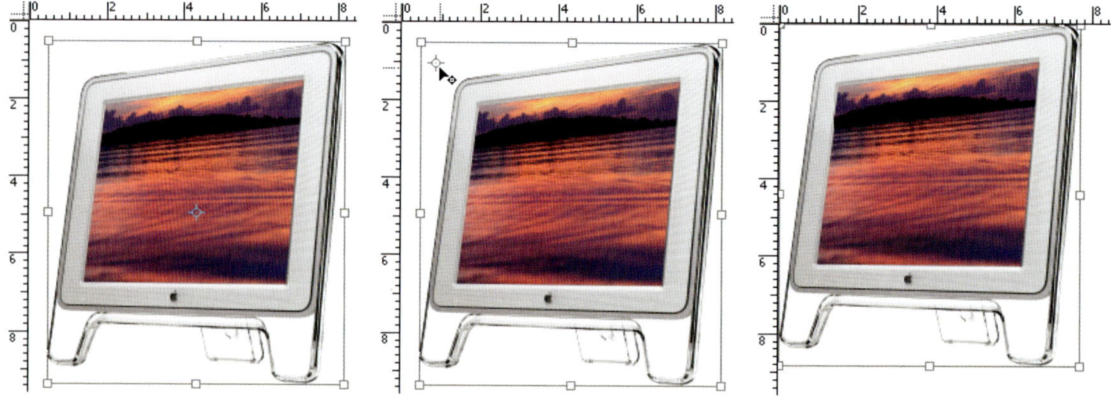

Abbildung 19.40 **Links:** Wir wollen die Monitorebene exakt in die linke obere Ecke des Bilds setzen und starten das »Freie Transformieren« mit (Strg+T). Photoshop umgibt die Ebene mit einem Begrenzungsrahmen und mit einem Referenzpunkt in der Mitte. **Mitte:** Wir schieben den Referenzpunkt in die linke obere Ecke (alternativ klicken Sie auf das linke obere Kästchen des Symbols »Lage des Referenzpunktes«). **Rechts:** Wir schalten in der Optionenleiste die »Relative Positionierung« aus und tippen eine Null für X- und Y-Position ein. Der Monitor landet exakt in der Ecke links oben. Säße der Referenzpunkt in der Mitte, würde das obere linke Viertel des Monitors abgeschnitten. Datei: Ebene_12

Relative Positionierung

Wollen Sie per **Transformieren** das Objekt präzise bewegen, klicken Sie in der Optionenleiste eventuell auf den Schalter Relative Positionierung; er erscheint dann eingedrückt. Nun geht Photoshop von der aktuellen Position des Objekts aus. Tippen Sie zum Beispiel für die X-Achse einen Wert von plus 150 Pixel ein, für die Y-Achse den Wert 0, dann rutscht das Objekt 150 Pixel nach rechts – ganz unabhängig von Bildrändern oder Linealen. Verwenden Sie dagegen für X- und Y-Achse den Wert 0, bewegt sich das Objekt horizontal und vertikal um 0 Pixel, also gar nicht. Mit Minuswerten bringen Sie das Objekt nach links bzw. nach unten.

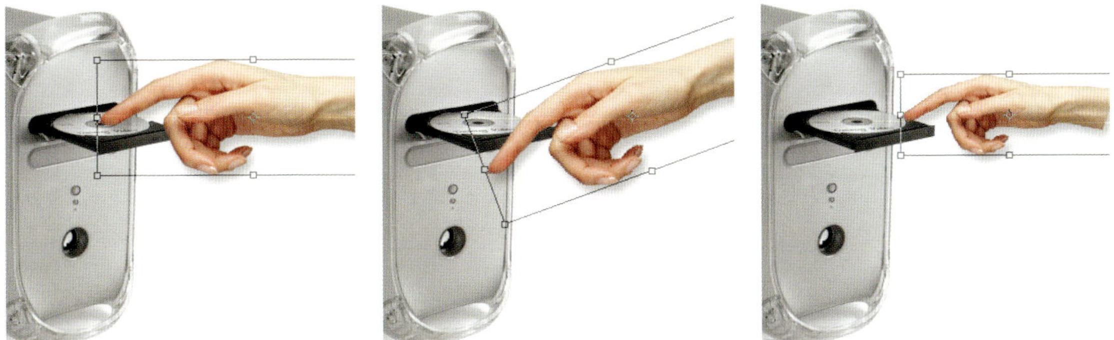

Abbildung 19.41 **Links:** Der Referenzpunkt erscheint wie üblich in der Mitte. **Mitte:** In der Optionenleiste geben wir eine 20-Grad-Drehung vor. Die Ebene dreht sich um den Mittelpunkt, die Hand zeigt nicht mehr auf die CD. **Rechts:** Beim Verkleinern per Optionenleiste schrumpft die Ebene von allen Seiten her auf den Mittelpunkt zu, die Fingerspitze bleibt nicht am Platz. Datei: Ebene_13

Abbildung 19.42 **Links:** Wir schieben den Referenzpunkt nach links, auf die Fingerspitze. **Mitte:** In den Optionen tippen wir eine Drehung um 20 Grad ein. Die Ebene dreht sich um die Fingerspitze, die weiterhin auf die CD zeigt. **Rechts:** Auch beim Verkleinern bleibt die Fingerspitze am Platz.

Orientierung am Gesamtbild

Schalten Sie oben die Relative Positionierung △ aus; die Schaltfläche in der Leiste erscheint also nicht eingedrückt. Nun orientiert sich Photoshop an den Nullpunkten der Lineale, in der Regel also an der linken oberen Bildecke. Verwenden Sie zum Beispiel für die X- und für die Y-Achse den Wert 0, setzt Photoshop das Objekt mit seinem Referenzpunkt in die linke obere Ecke der aktuellen Nullpunkte. Verwenden Sie für die X-Achse den Wert 100, dann landet der Referenzpunkt der Ebene 100 Pixel unter der Oberkante der Datei (sofern dies die Nullposition des Lineals ist). Minuswerte bringen das Objekt zwangsläufig zumindest teilweise aus dem sichtbaren Bereich heraus, es wird freilich nicht gelöscht.

So beenden Sie die Arbeit, wenn Sie per **Transformieren** eine Ebene bewegt haben:

- Drücken Sie die Esc-Taste, um die Korrektur aufzuheben; alles bleibt beim Alten.
- Oder bestätigen Sie die Verschiebung mit der ↵-Taste.

Wenn Sie die Ebene nur bewegen und keine andere Transformieren-Funktion nutzen, verändern Sie die Bildpunkte nicht, es entsteht keinerlei Qualitätsverlust.

Tipp Den Nullpunkt der Lineale können Sie verschieben; klicken Sie in die linke obere Ecke, wo sich die Lineale treffen, dann ziehen Sie nach rechts und/oder unten. Photoshop orientiert sich nun im nichtrelativen Modus nicht mehr an der linken oberen Bildecke, sondern am verschobenen, aktuellen Nullpunkt. Um die Lineale wieder auf den Standardnullpunkt ganz links oben zurückzusetzen, klicken Sie doppelt in den Dateifenster-Eckpunkt links oben.

19.4.5 Ebenen gleichmäßig anordnen

Photoshop verteilt ausgewählte Pfadkomponenten, Ebenen oder die Ebenen einer Gruppe gleichmäßig über das Bild. Das ist meist leichter, als sich an einem gleichmäßigen Raster zu orientieren.

Abbildung 19.43 Die Funktionen zum gleichmäßigen Anordnen von verbundenen Ebenen finden Sie in den Untermenüs »Ebene: Ausrichten« und »Ebene: Verteilen«. Zwei oder drei Ebenen müssen mindestens ausgewählt sein. Photoshop bietet die Befehle außerdem in der Optionenleiste zum Verschiebenwerkzeug an, wie hier zu sehen. Die Schaltfläche ganz rechts steht für den Befehl »Ebenen automatisch ausrichten«.

Übersicht

Diese Verfahren zur gleichmäßigen Anordnung finden Sie vor:

- Das Untermenü **Ebene: Ausrichten** verteilt Ebenen gleichmäßig im Dokumentfenster und orientiert sich dabei am Inhalt der aktiven Ebene oder an einer Auswahlbegrenzung; am besten gruppieren Sie die Ebenen zunächst.
- Befindet sich eine Auswahl im Bild, erhalten Sie das Untermenü **Ebene: An Auswahl ausrichten**; die Veränderung orientiert sich an der Auswahlmarkierung.
- Das Untermenü **Ebene: Verteilen** platziert verbundene oder ausgewählte Ebenen in gleichmäßigen Abständen und orientiert sich an den Bildrändern, nicht an einer Ebene.

Entsprechende Schaltflächen finden Sie auch in der Optionenleiste zum Verschiebenwerkzeug, sofern Ebenen verbunden oder ausgewählt wurden. Vergleichbare Verfahren hält Photoshop auch für Slices, Image-Maps und Pfadkomponenten parat.

»Ausrichten«

Mit dem Befehl **Ausrichten** orientieren sich die verbundenen Ebenen an einer Seite der aktivierten Ebene. Einige Beispiele:

- Der Befehl **Obere Kanten** orientiert die Oberkante aller verbundenen Ebenen an der Oberkante der Orientierungsebene (also der zuletzt aktivierten Ebene oder der aktivierten Ebene, wenn Sie mehrere Ebenen verbunden haben).
- Der Befehl **Linke Kanten** bringt die Linksaußenseite der verbundenen Ebenen auf eine Flucht mit der linken Kante der Orientierungsebene.
- Der Befehl **Vertikale Mitten** holt die verbundenen Ebenen vom oberen und unteren Bildrand auf eine Höhe mit der Orientierungsebene, der Abstand zum linken und rechten Bildrand ändert sich nicht.
- Der Befehl **Horizontale Mitten** holt die verbundenen Ebenen vom linken und rechten Bildrand auf eine Linie mit der Orientierungsebene, der Abstand zum oberen und unteren Bildrand ändert sich nicht.

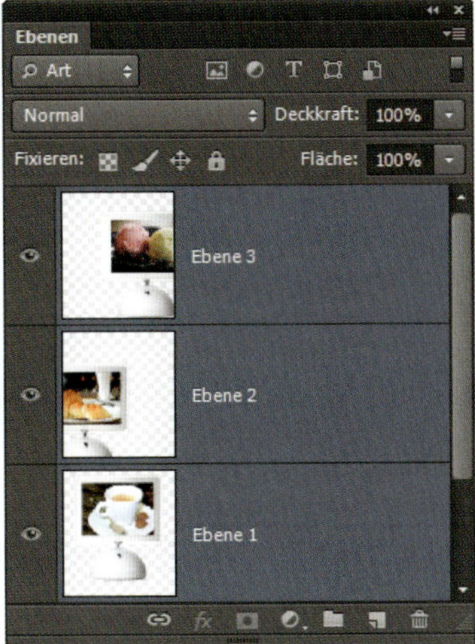

Abbildung 19.44 **Oben links:** Wir haben mehrere Ebenen in ein neues Dateifenster gezogen. **Oben rechts:** Die drei Ebenen werden gemeinsam ausgewählt. **Unten:** Das Verschiebenwerkzeug ist eingeschaltet, der Befehl »Obere Kanten ausrichten« bringt die Objekte auf eine Höhe. Vorlage: Ebene_15

Abbildung 19.45 **Oben:** Wir haben die Arbeitsfläche auf 250 Prozent verbreitert. Wir ziehen eine Ebene an den linken Rand. Die andere Ebene wird bei gedrückter [⇧]-Taste an den rechten Rand gezogen, so dass die Bewegung exakt horizontal bleibt. »Intelligente Hilfslinien« signalisieren hier übereinstimmende Ober- und Unterkanten sowie Mittelachsen. **Unten:** Wir schalten das Verschiebenwerkzeug ein, nutzen die Option »Automatisch auswählen« und klicken jede Ebene einmal bei gedrückter [⇧]-Taste an. Der nächste Klick geht auf die Schaltfläche »Um horizontale Mittelachse verteilen«. Photoshop verteilt die Ebenen gleichmäßig. Vorlage: Ebene_15b

Sofern eine Auswahl im Bild existiert, heißt das Untermenü **Ebene: An Auswahl ausrichten**. Die Ebenen orientieren sich bei der Neuausrichtung an den Auswahlkanten, nicht an der aktivierten Ebene.

»Verteilen«

Der Befehl **Ebene: Verteilen** streut verbundene Ebenen in regelmäßigen Abständen über die Datei. Drei Ebenen müssen mindestens ausgewählt oder verbunden sein. Welche Ebene aktiviert ist, spielt keine Rolle. Einige Beispiele:

- **Obere Kanten** verteilt verbundene Ebenen gleichmäßig ab dem obersten Pixel auf jeder Ebene.
- **Vertikale Mitten** verteilt verbundene Ebenen gleichmäßig ab dem vertikal mittleren Pixel auf jeder Ebene.
- **Linke Kanten** verteilt die verbundenen Ebenen gleichmäßig ab dem äußersten linken Pixel auf jeder Ebene.
- **Horizontale Mitten** streut die verbundenen Ebenen gleichmäßig ab dem horizontal mittleren Pixel auf jeder Ebene über das Bild.

Abbildung 19.46 **Oben:** Der Abstand zwischen den einzelnen Ebenen war zu groß. Wir aktivieren nur die rechte Ebene und ziehen sie nach links. **Unten:** Wir wählen wieder alle drei Ebenen aus und klicken erneut auf »Um horizontale Mittelachse verteilen«. Jetzt passt der Abstand besser. Die leere Bildfläche rechts und unten entfernen Sie bequem mit dem Befehl »Bild: Zuschneiden«.

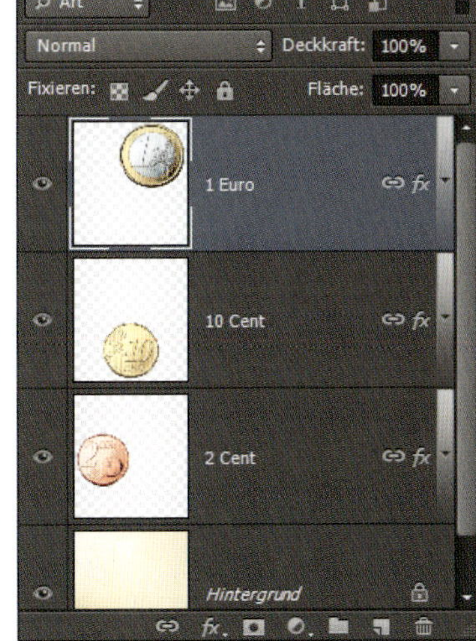

Abbildung 19.47 **Links:** Die drei Münzen sind »verbunden«, das 1-Euro-Stück ist aktiviert – auch zu erkennen an der hier blauen »Ebenenkante«. Der Euro gilt damit als Orientierung für das »Ausrichten«. **3. Abbildung:** Wir schalten das Verschiebenwerkzeug ein und klicken in den Optionen auf »Untere Kanten ausrichten«; Photoshop reiht die drei Ebenen an der Unterkante der markierten 1-Euro-Münze auf. **4. Abbildung:** Wir widerrufen den letzten Klick und nehmen »an horizontaler Mittelachse ausrichten«; die kleineren Münzen landen mittig unter dem 1-Euro-Stück. Vorlagen: *www.ecb.int/euro/html/hires.en.html* oder Ebene_16

Kapitel 20
Ebenen retuschieren & transformieren

Ebenen ändern Sie auf vielfältige Art, zum Beispiel durch Retuschieren, Löschen von Bereichen, Verkleinern oder Verzerren. Zunächst zeige ich aber, wie Sie transparente Bereiche einer Ebene erkennen und wie Sie bestimmte Aspekte einer Ebene gegen Änderungen schützen. Wir besprechen anschließend die **Transformieren**-Befehle einschließlich Verformen und danach komplexe Funktionen wie das **Verflüssigen**.

20.1 Transparenz erkennen

So erkennen Sie, welche Teile einer Ebene durchsichtig sind und welche deckend:

- Klicken Sie mit der Alt-Taste neben der gewünschten Ebene in die Augenleiste, um nur diese Ebene allein anzuzeigen und alle anderen auszublenden. Das Karomuster signalisiert, welche Bereiche transparent sind. Ein neuerlicher Alt-Klick zeigt wieder die Gesamtkomposition.
- Das Info-Bedienfeld nennt die Deckkraft (DK) des Pixels unter dem Zeiger, sofern Sie Deckkraft in den Bedienfeldoptionen anwählen. Sind Ebenenbereiche per Deckkraft-Regler oder Ebenenmaske verborgen, erkennt das Info-Bedienfeld auf verminderte Deckkraft; solche Ebenen lassen sich natürlich jederzeit wieder auf 100 Prozent bringen.

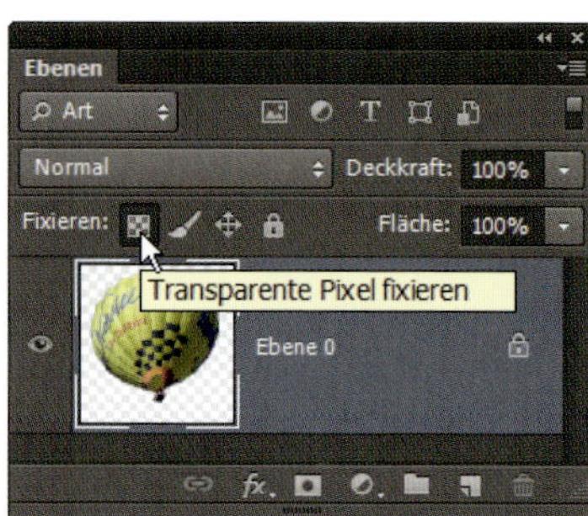

Abbildung 20.1 Sperren Sie bestimmte Eigenschaften der aktivierten Ebene gegen weitere Bearbeitung. Am Schloss-Symbol rechts neben dem Ebenennamen erkennen Sie, ob die Ebene bereits »fixiert« wurde.

Eine Ebene kann im Gesamtbild transparent erscheinen, weil Sie das mit Deckkraft, Mischmodus, Ebenenmaske, Schnittmaske oder Vektormaske so eingerichtet haben. Dennoch muss die Ebene nicht transparent sein;

im Dateifenster erkennen Sie das erst, wenn Sie Deckkraft, ausgeblendete Helligkeitsbereiche, Mischmodus usw. auf Normalwerte stellen.

20.2 Ebenen fixieren

Sie können bestimmte Eigenschaften einer Ebene oder einer Gruppe gegen weitere Bearbeitung schützen. Die Schaltflächen finden Sie oben im Ebenen-Bedienfeld im Bereich FIXIEREN. Wollen Sie ein Werkzeug auf eine fixierte Eigenschaft anwenden, erscheint statt des üblichen Werkzeugsymbols ein Parkverbot ⊘ über dem Dateifenster.

20.2.1 Fixierbare Ebeneneigenschaften

Unsere Tabelle zeigt, welche Eigenschaften Sie fixieren können und welche Schaltflächen und Symbole Photoshop dafür bereithält.

Schaltfläche oben in Bedienfeld	Bezeichnung und Funktion	Symbol neben Name der Ebene
▦	TRANSPARENTE PIXEL FIXIEREN: Transparente Bereiche können nicht mehr verändert werden.	🔒
🖌	BILDPIXEL FIXIEREN: Die Ebenenfüllung kann nicht bearbeitet oder verschoben werden. Ebenenmasken oder Vektormasken bleiben im Zugriff.	🔒
✥	POSITION SPERREN: Die Ebene lässt sich nicht verschieben, andere Retuschen sind möglich.	🔒
🔒	ALLE SPERREN: Auf dieser Ebene geht gar nichts mehr. Auch Überblendmodus, Deckkraft oder Ebenenstil behält die Ebene hartnäckig bei.	🔒

HINTERGRUND-Ebenen (Seite 688) sind von Haus aus mit POSITION ✥ und TRANSPARENZ ▦ fixiert. Verwandeln Sie die HINTERGRUND-Ebenen bei Bedarf durch [Alt]-Doppelklick in eine normale Ebene.

Abbildung 20.2 Wir arbeiten mit der Vorgabe »Transparente Pixel fixieren«. Änderungen wirken sich nur auf gefüllte Bildpunkte aus, nicht auf die transparenten Bereiche drum herum. **Links:** Bei der Pinselretusche gelangt Farbe nur auf das Objekt, nicht in die Umgebung. **Rechts:** Die Wirkung von Unschärfe- oder Verzerrungsbefehlen wird am Objektrand abgeschnitten, hier »Bewegungsunschärfe«. Datei: Ebene_17c

Wann Sie die Transparenz fixieren sollten

Besonders wichtig ist das Fixieren – oder Freigeben – der Transparenz. Ein Beispiel: Sie retuschieren eine Einzelebene mit einem Mal- oder Retuschewerkzeug wie Pinsel oder Kopierstempel und wollen nicht über den Rand des Objekts hinaus stricheln; die ursprüngliche Form soll also erhalten bleiben. In dieser Situation sollten Sie Transparente Pixel fixieren.

Tipp Auch wenn Sie die Transparenz fixieren, können Sie die Ebene per **Transformieren** wie üblich ausdehnen.

Wann Sie die Transparenz nicht fixieren

In einigen Situationen fixieren Sie die Transparenz ganz bewusst nicht:

- Sie verwenden einen Filter, der die Kontur des Objekts verändert – zum Beispiel Weichzeichner- oder Verzerrungsfilter. Der Filtereffekt würde sonst an den Rändern der bisherigen Kontur unschön abgeschnitten.
- Sie wollen auf der Ebene in der gesamten Fläche des Bilds frei malen oder Bildpunkte einfügen.

Wenn Sie ein Objekt per **Transformieren** verzerren (siehe Seite 705), funktioniert Photoshop unabhängig von Ihrer Vorgabe so, als ob Sie die Transparenz freigegeben hätten.

Abbildung 20.3 Hier haben wir die Transparenz nicht fixiert. Nun wirken sich alle Befehle und Werkzeuge auf die gesamte Ebene aus, auch in den transparenten Bereichen. **Links:** Der Pinsel trägt jetzt auch in den transparenten Zonen auf. **Rechts:** Die »Bewegungsunschärfe« kann das Objekt über die bisherigen Grenzen des Objekts hinaus verzerren.

20.3 Teile einer Ebene löschen

Wollen Sie eine Lücke in die Ebene schneiden – und den Bereich nicht nur verbergen, sondern dauerhaft leerlöschen –, bieten sich zwei Verfahren an:

- Markieren Sie den Bereich mit einem Auswahlwerkzeug und lassen sie ihn mit der [Entf]-Taste verschwinden. Wählen Sie **Auswahl: Alles auswählen** ([Strg]+[A]), wenn die gesamte Ebene durchsichtig werden soll.
- Rubbeln Sie unerwünschte Zonen mit dem Radiergummi weg.

Tipp Sie müssen Ebenenbereiche nicht dauerhaft entfernen - mit Ebenenmasken (Seite 818), Vektormasken (Seite 829) oder Schnittmasken (Seite 834) lassen sich Objektteile auch vorübergehend verbergen und bei Bedarf wieder hervorholen.

20.3.1 Radiergummi

Der Radiergummi (Kurztaste [E], für Eraser) macht Ebenen - nicht HINTERGRUND-Ebenen - transparent, die darunterliegende Ebene scheint durch. Das MODUS-Klappmenü oben in den Optionen stellen Sie auf PINSEL, dann können Sie beliebige Pinselspitzen verwenden.

Tipp Auch Magischer Radiergummi und Hintergrund-Radiergummi löschen Bildpunkte und tauschen sie gegen Transparenz aus - und das gleich auf HINTERGRUND-Ebenen (Seite 574); dabei wählen diese Werkzeuge gleich bestimmte farbähnliche Bildpunkte aus.

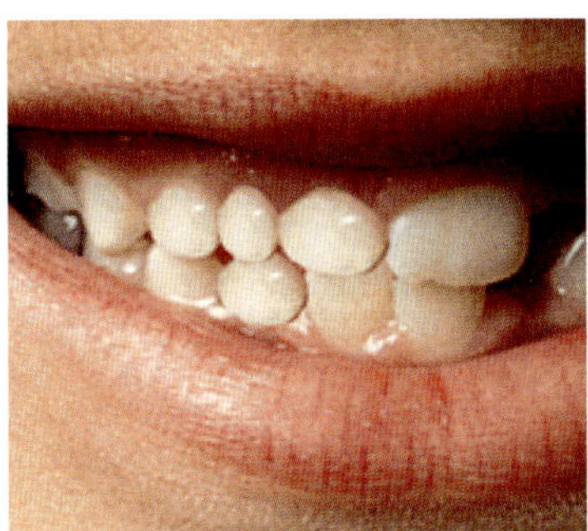

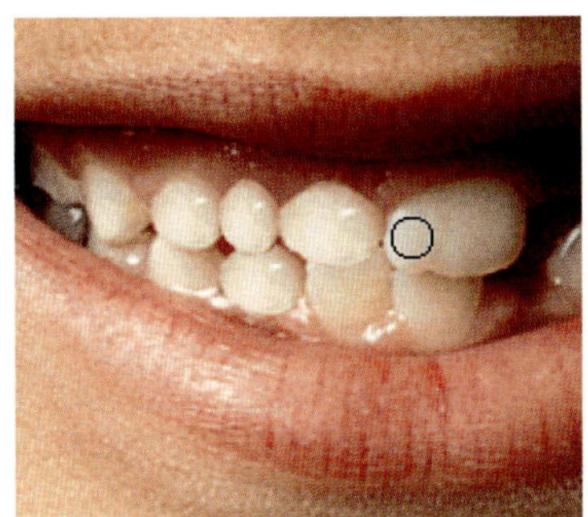

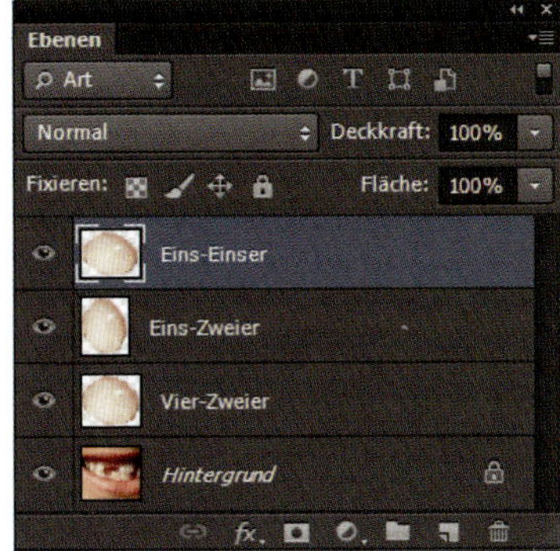

Abbildung 20.4 Der Radiergummi macht Objekte über der Hintergrundebene transparent. Hier wurden Zähne dupliziert; die unschönen Ränder feilte der Radiergummi ab. Datei: Ebene_18

20.4 Transformieren

Vergrößern und Verkleinern (Skalieren), gleichmäßiges Verzerren, Drehen oder Verformen von Ebenen oder Auswahlbereichen - diese Korrekturen bietet Photoshop mit dem Befehl **Bearbeiten: Frei Transformieren** ([Strg]+[T]) an. Nutzen Sie diese Befehle bei schwebenden Auswahlen, Auswahlumrissen, bei Smartobjekten, Pfaden, Pixel-, Form- und teils bei Textebenen.

Die **Transformieren**-Änderungen bei Smartobjekten (Seite 846) setzen Sie jederzeit verlustfrei zurück - ein wichtiger Vorteil gegenüber Verzerrungen, die Sie dauerhaft in eine Ebene rechnen. Wenn Sie das Smartobjekt-Bild durch ein anderes ersetzen, übernimmt es sofort die vorhandene Verzerrung.

Von Haus aus verlustfrei sind auch Änderungen bei Form- und Textebenen sowie bei 3D-Ebenen in Photoshop Extended.

Tipp Bei Textebenen bietet Photoshop **Verzerren** und **Perspektivisch verzerren** nicht an, doch sobald Sie die Textebene in ein Smartobjekt verwandeln (**Filter: Für Smartobjekt konvertieren**), geht es wieder.

Aktivieren Sie zunächst die gewünschte Ebene und heben Sie eine vorhandene Auswahl auf. Ist ein Pfadwerkzeug wie Zeichenstift oder Eigene-Form-Werkzeug aktiv, beziehen sich die **Transformieren**-Funktionen aus dem **Bearbeiten**-Menü auf den Pfad und nicht mehr auf die aktuelle Pixelebene. Ist jedoch kein Pfad aktiviert, bietet Photoshop den Befehl nicht an. Wechseln Sie zu einem beliebigen anderen Werkzeug, wenn Sie die Pixelebene und nicht den Pfad verändern möchten.

Während Sie transformieren, stehen die meisten Photoshop-Befehle solange nicht zur Verfügung, bis Sie die Änderung zum Beispiel durch Doppelklick ins Bild besiegeln. Direkt beim **Transformieren** können Sie jedoch immer noch Deckkraft und Mischmodus ändern sowie einige Befehle aus den Menüs **Ansicht** und **Fenster** nutzen.

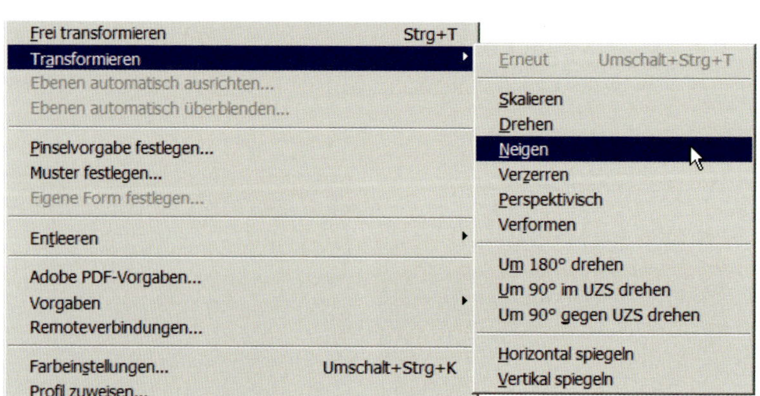

Abbildung 20.5 **Links:** Das Untermenü »Bearbeiten: Transformieren« bietet seine Funktionen auch dann noch an, wenn Sie bereits einen Transformieren-Rahmen mit Anfasspunkten sehen; wechseln Sie also hier bequem die Transformationsart. **Rechts:** Die Befehle sehen Sie auch per Rechtsklick in den Transformierenrahmen, wenn Sie das »Transformieren« bereits gestartet haben.

Interessante Alternativen zu den **Transformieren**-Techniken bieten die **Filter**-Befehle **Adaptive Weitwinkelkorrektur** und **Fluchtpunkt**. Der **Fluchtpunkt** eignet sich indes nicht für Smartobjekte. Noch vielseitiger sind

Abbildung 20.6 Um eine Seite der Ebene, eines Pfads oder einer Auswahl zu vergrößern, ziehen Sie beim »Freien Transformieren« (Strg+T) an einem der Griffpunkte.

Abbildung 20.7 Drücken Sie zusätzlich die ⇧-Taste, um das Seitenverhältnis zu schützen. Alternativ nutzen Sie die Schaltfläche »Seitenverhältnis wahren« oben in den Optionen.

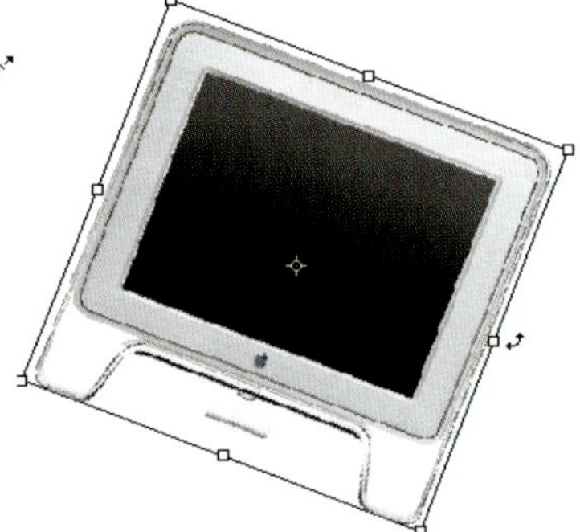

Abbildung 20.8 Ziehen Sie außerhalb der Begrenzungsbox, wenn Sie das Objekt drehen möchten. Alternativ verwenden Sie die entsprechenden Schaltflächen in der Optionenleiste. Datei: Ebene_19

Sie in der Version Photoshop Extended mit den 3D-Befehlen. Wollen Sie nur diffuse Bildbereiche stauchen oder dehnen, zum Beispiel den Himmel, während das Hauptmotiv geschützt bleibt, nehmen Sie **Bearbeiten: Inhaltsbasiert skalieren** (Seite 721).

Auf verschiedene Arten »transformieren« Sie:

- Änderung durch Eingabe von Zahlen;
- Änderung durch Ziehen an Griffpunkten.

Achtung Das **Transformieren** von Einzelebenen, Auswahlinhalten und Pfaden geht stets vom Bearbeiten-Menü aus. Oder wollen Sie das Gesamtbild mit allen Ebenen auf einmal korrigieren? Dann nehmen Sie das **Bild**-Untermenü **Bilddrehung**. Möchten Sie nur die Konturen einer Auswahl-Fließmarkierung verändern, ohne die ausgewählten Bildpunkte selbst zu manipulieren, heißt es **Auswahl: Auswahl transformieren**.

20.4.1 Ablauf im Überblick

So arbeiten Sie mit den **Transformieren**-Funktionen (hier am Beispiel einer Ebene):

1. Aktivieren Sie die gewünschte Ebene zum Beispiel durch einen Klick im Ebenen-Bedienfeld.
2. Wählen Sie **Bearbeiten: Frei transformieren** (Strg+T). Um die Ebene herum erscheint nun ein Rechteckrahmen mit Griffpunkten. Durch Ziehen verändern Sie die Proportionen. Gleichzeitig können Sie das Objekt durch Zahleneingabe in der Optionenleiste verändern. Photoshop stellt alle Änderungen sofort in einer Grobvorschau dar. Strg+Z annulliert Ihren letzten Zug an den Griffpunkten. Solange die Begrenzungsbox erscheint, können Sie in Photoshop nichts anderes unternehmen, etwa eine neue Datei laden oder eine Kontrastkorrektur beginnen.
3. Um die Änderung dauerhaft anzuwenden, klicken Sie entweder doppelt in die Rechteckbox, einmal auf die OK-Schaltfläche ✔ oder Sie drücken auf die ↵-Taste.

Oder soll alles beim Alten bleiben? Drücken Sie Esc – die Vorschau für die Änderungen springt zurück, nichts ändert sich.

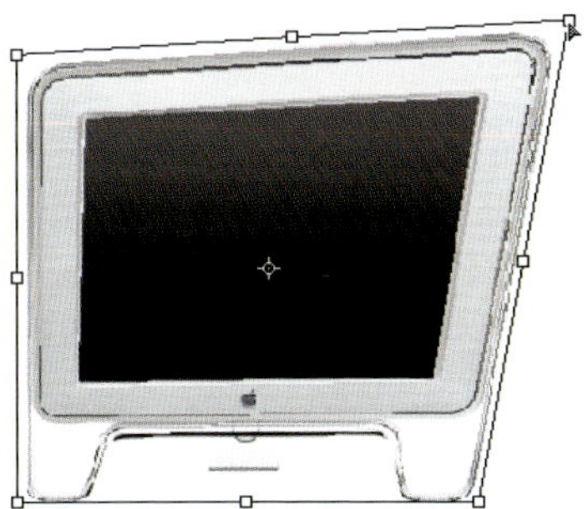

Abbildung 20.9 Um Ebene, Auswahl oder Pfad frei zu verzerren, drücken Sie beim Ziehen eines Eckgriffs die Strg-Taste (nicht bei Textebenen).

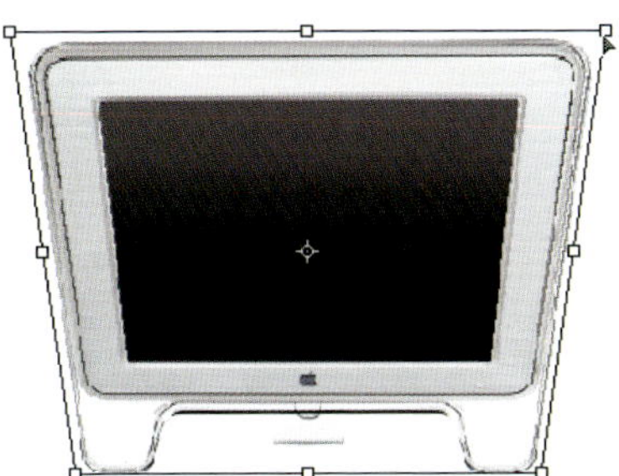

Abbildung 20.10 Ziehen an einem Eckgriff mit Strg+Alt+⇧-Taste verzerrt das Element perspektivisch (nicht bei Textebenen).

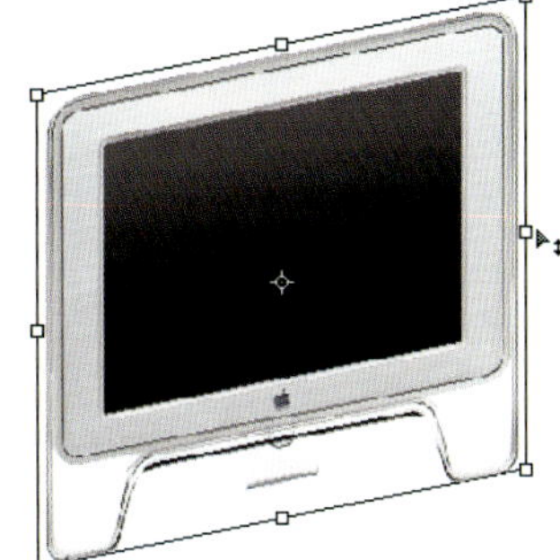

Abbildung 20.11 Ziehen am Seitengriff mit Strg+⇧-Taste neigt die Ebene.

Tipp Mit den Optionen zum Verschiebenwerkzeug blenden Sie die Transformationssteuerungen ein. Dieser Rahmen bleibt dauerhaft sichtbar und gibt Ihnen jederzeit Zugriff auf die **Transformieren**-Funktionen, ohne dass Sie erst den Menübefehl wählen müssen.

Duplizieren und Wiederholen

So sparen Sie Zeit:

- Starten Sie das Freie Transformieren nicht mit Strg+T, sondern per Strg+Alt+T. Dabei verzerren Sie ein Duplikat der zuvor aktiven Ebene. Die bleibt unverändert. Bei Smartobjekten entsteht jedoch kein Duplikat, Sie ändern die ursprünglich gewählte Ebene.
- Eine gelungene Verzerrung lässt sich leicht auf andere Ebenen übertragen - und genauso gut auch von einer Ebene auf einen Pfad oder umgekehrt. Aktivieren Sie die gewünschte Ebene und wählen Sie **Bearbeiten: Transformieren: Erneut** (Strg+⇧+T). Es ist in Ordnung, wenn Sie zwischenzeitlich andere Werkzeuge benutzt oder das erste Verzerren widerrufen haben. Sie können auch in andere Dateien wechseln und dort Ebenen oder Pfade »erneut« verzerren.
- Klicken Sie **Erneut** mit gedrückter Alt-Taste an, transformiert Photoshop ein Duplikat des Objekts, die aktive Ebene selbst bleibt unverändert; dabei darf nur eine Ebene aktiviert sein, keine »Verbindung«. Alternativ Fingerakrobatik: Strg+Alt+⇧+T.

Wollen Sie eine erfolgreiche Verzerrung auf Dauer behalten, speichern Sie den Vorgang mit dem Aktionen-Bedienfeld oder als Smartobjekt, dessen Bildinhalt Sie ja ersetzen können (am besten mit Aufnahmen des gleichen Seitenverhältnisses).

Tipp Bei großen Ebenen verschwinden die Anfasspunkte des Transformieren-Rahmens manchmal hinter den Bildrändern. Abhilfe: Starten Sie das Transformieren per Strg+T, dann drücken Sie Strg+0 - Photoshop ändert die Bilddarstellung so, dass Sie alle Anfasspunkte sehen.

Qualitätsprobleme beim Drehen, Skalieren und Verzerren

Beim Drehen, Skalieren oder Verzerren muss Photoshop Bildpunkte hinzurechnen, neu berechnen oder rauswerfen - nicht ohne Qualitätsverlust. Daraus folgt: »Transformieren« Sie eine Ebene möglichst nur einmal. Erledigen Sie alle Änderungen in einem Rutsch im Vorschaumodus - Drehen, Verzerren, Skalieren - und bestätigen Sie das erst zum Schluss. Nach einer zweiten Transformation wirkt das Bild noch unsauberer als nach der ersten. Darum sollten Sie eine bestätigte, aber noch nicht perfekte Transformation schnell aufheben und die Ebene komplett neu zurechtzurücken - und nicht mehrere Transformationen aneinanderreihen. Verlustfrei sind nur reines Verschieben und Drehungen um exakt 90, 180 und 270°C.

Mit welcher Interpolationsmethode (Seite 271) die neu entstehenden Pixel berechnet werden, darüber entscheiden Sie im Interpolation-Klappmenü oben in den Einstellungen, während Sie bereits transformieren. Sofern Sie übliche Fotos bearbeiten, nehmen Sie am besten Bikubisch automatisch - Photoshop wählt dann automatisch unterschiedliche Methoden für Vergrößerungen und Verkleinerungen.

Tipp Sie transformieren Computergrafik, die ohne jede Kantenglättung entstand, zum Beispiel auch Bildschirmfotos? Dann sollten Sie das Interpolation-Klappmenü auf Pixelwiederholung stellen.

So vermeiden Sie Qualitätsverlust durch mehrfaches Transformieren:

- Am besten: Wählen Sie **Filter: Für Smartfilter konvertieren**. So verwandeln Sie die Ebene in ein Smartobjekt (Seite 846).
- Alternative: Duplizieren Sie die Ebene, so dass Sie eine Reserve zurückbehalten.
- Weitere Alternativen, wenn möglich: Nutzen Sie die 3D-Funktionen von Photoshop Extended oder das Drehen im Raw-Dialog.

Tipp Der Transformieren-Rahmen Begrenzungsbox lässt sich auch über die Bildgrenzen hinausziehen. Auch Bildpunkte, die außerhalb des sichtbaren Bereichs liegen, werden in den Dateiformaten TIFF, PSD und PDF gespeichert und lassen sich wieder ins Bild ziehen.

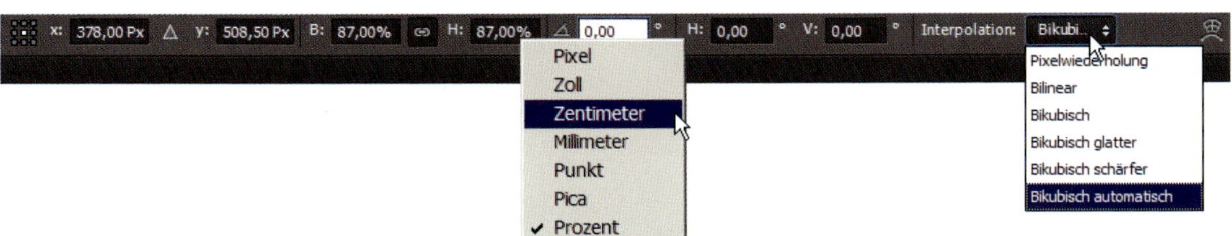

Abbildung 20.12 Während Sie per »Frei transformieren« einen Bereich umformen, erscheinen die Werte in der Optionenleiste. Statt mit der Maus zu ziehen, können Sie hier auch direkt neue Angaben eintippen oder über Buchstaben wie »B« für »Breite« ziehen. Verwenden Sie Maßeinheiten wie »Pixel«, »%« oder »cm«, die Photoshop auch per Kontextmenü anbietet. Eine sinnvolle Vorwahl im »Interpolation«-Klappmenü ist »Bikubisch automatisch«.

20.4.2 Transformierenfunktionen im Einzelnen

Ich beschreibe die folgenden **Transformieren**-Funktionen am Beispiel von Ebenen; der Text gilt aber sinngemäß auch für **Auswahl: Auswahl transformieren**, für **Bearbeiten: Pfad frei transformieren**, für das **Platzieren** von Vektorgrafiken und anderen Objekten zum Beispiel auch durch Hereinziehen einer Datei aus Bridge oder einer anderen Dateiverwaltung in eine bereits geöffnete Datei. Diese Möglichkeiten bieten Ihnen die **Transformieren**-Funktionen:

- Sie bewegen das Objekt, indem Sie innerhalb der Box mit dem Mauszeiger ziehen oder die Pfeiltasten nutzen. Alternative:
- Sie positionieren das Objekt neu durch Angaben für X- und Y-Achse (Details zum gezielten Positionieren ab Seite 695).
- Sie vergrößern oder verkleinern ein Element, indem Sie an einem Griffpunkt ziehen. Um bei diesem sogenannten Skalieren das Seitenverhältnis zu wahren, drücken Sie erst die ⇧-Taste, dann ziehen Sie. Lassen Sie danach erst die Maustaste los, dann die ⇧-Taste. Alternativ klicken Sie auf die Schaltfläche Seitenverhältnis erhalten in der Optionenleiste.
- Um Auswahl oder Ebene zu drehen, setzen Sie den Zeiger außerhalb des Begrenzungsrechtecks an und ziehen. Mit der ⇧-Taste legen Sie die Umdrehung auf 15-Grad-Schritte fest. Verschieben Sie den Referenzpunkt, wenn Sie die Ebene um einen bestimmten Fleck in der Datei drehen möchten.
- Um nur an einer einzelnen Ecke zu verzerren, drücken Sie die Strg-Taste beim Ziehen eines Eckgriffs – also kein Griff in der Mitte einer Seite (nicht bei Textebenen oder Smartobjekten).
- Sie verzerren Auswahl oder Ebene symmetrisch von der Mitte ausgehend, wenn Sie die Alt-Taste drücken.

- Um eine Auswahl oder Ebene zu neigen, ziehen Sie an einem Seitengriff - nicht an einem Eckgriff - und drücken Strg+⇧-Taste. Dabei verzerrt Photoshop gegenüberliegende Seiten parallel.
- Um eine Auswahl oder Ebene perspektivisch zu verzerren, drücken Sie Strg+Alt+⇧ und ziehen an einem Eckgriff (nicht bei Textebenen oder Smartobjekten).
- Klicken Sie oben in den Optionen auf die Schaltfläche VERFORMEN, um eine Verzerrung per Gitternetz herzustellen (Details unten).

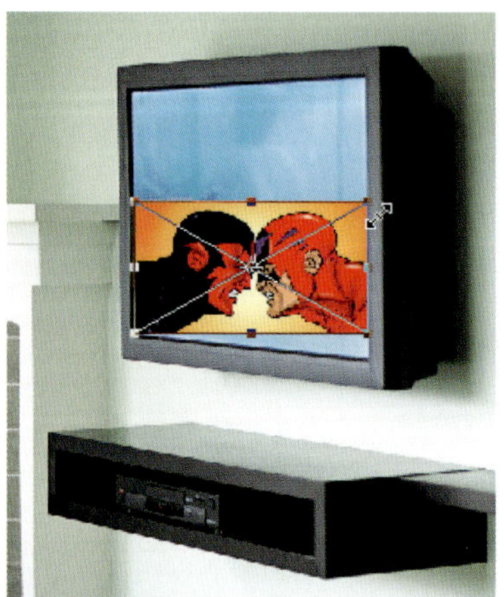

Abbildung 20.13 **Links:** Das einzusetzende Bild wird vorab mit dem Freistellungswerkzeug auf das Bildschirm-Seitenverhältnis von 16:9 gestutzt. Wir fügen es ein, erzeugen ein Smartobjekt, skalieren per »Frei transformieren« bei geschütztem Seitenverhältnis in etwa auf Monitormaße und schieben es in die linke untere Monitorecke. **Rechts:** Wir drücken die Strg-Taste, um einzelne Bildecken so zu verzerren, dass sie zur Perspektive der Mattscheibe passen. Dann bestätigen wir die Änderung mit der ↵-Taste. Dateien: Ebene_20 etc.

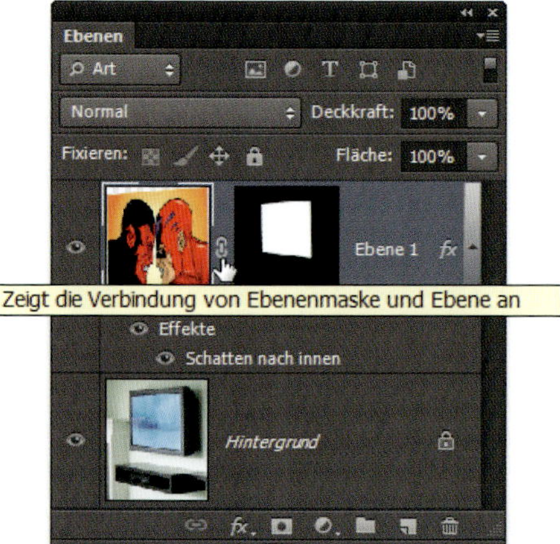

Abbildung 20.14 Wir haben das Filmbild ausgeblendet, das Wohnungsfoto aktiviert und die Mattscheibe mit der Schnellauswahl ausgewählt. Anschließend haben wir die Hafenebene eingeblendet, aktiviert und auf »Kante verbessern« geklickt, um die Auswahlkante zu glätten. Unten im Dialog »Kante verbessern« nehmen Sie die »Ausgabe« als »Ebenenmaske«. Dadurch erscheint das Motiv nur noch innerhalb der Mattscheibe. Ein leichter »Schatten nach innen« glättet den Übergang. Heben Sie noch die Verbindung zwischen Maske und Bildebene auf; dann können Sie das Bild innerhalb des Fernsehers bewegen, die Maske wandert nicht mit. Auch Ausdehnung und Umriss des Filmbilds können Sie immer noch verlustfrei korrigieren.

Tipp Die Daten in der Optionenleiste ändern Sie wie immer auch mit den Pfeiltasten - oder in Zehnerschritten mit ⇧-Taste plus Pfeiltaste. Die Ebene wandelt sich sofort. Mit der ⇥-Taste springen Sie von einem Datenfeld zum nächsten und mit ⇧+⇥ wieder zurück. Mehr zur Bedienung von Optionsleisten ab Seite 39.

20.4.3 Verformen

Legen Sie einen Gitterrahmen über eine Ebene und verzerren Sie das Motiv durch Ziehen an den Gitterlinien, Griffpunkten und Anfasspunkten. Sie verbiegen Ihr Objekt gummiartig, das Verfahren ist oft übersichtlicher als beim **Verflüssigen** (Seite 554). Biegen Sie Körper und Produkte in Idealform, passen Sie Ebenen an Litfasssäulen oder gewölbte Buchseiten an, lassen Sie rechteckige Motive als Fahne wehen oder eifern Sie Dalì nach.

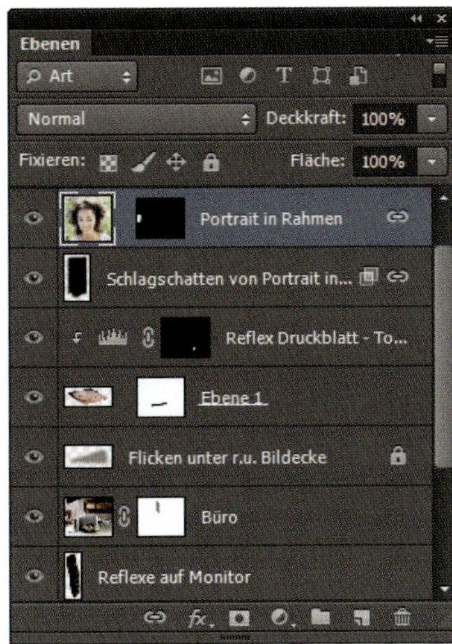

Abbildung 20.15 Die Porträts werden in die Rahmen mit unterschiedlichen Perspektiven hineintransformiert. Darüber liegen Ebenen oder Einstellebenen, die Reflexionen und Lichtspuren herstellen. Ebenen- oder Vektormasken begrenzen die Porträts in Monitor und Holzrahmen. Datei: Ebene_21

Wählen Sie zunächst Strg+T, dann klicken Sie oben rechts auf die Schaltfläche Zwischen den Modi »Frei transformieren« und »Verformen« wechseln (früher »Verformen«). Wie auch für die anderen **Transformieren**-Funktionen gilt: Ändern Sie das Objekt nur einmal, weil mit jeder Bearbeitung die Schärfe leidet; verwenden Sie jedoch Smartobjekte, lässt sich die Verfremdung jederzeit verlustfrei zurücksetzen. Mit den **3D**-Funktionen der Version Photoshop Extended sind Sie noch flexibler.

Tipp Das eingeblendete Gitternetz stört bei der Bildbeurteilung. Mit Strg+H verstecken Sie es.

Abbildung 20.16 Beim »Verformen« können Sie vorgegebene Formen wie »Bogen unten« verwenden und die Wirkung durch Ziehen am Anfasspunkt oder durch Zahleneingabe verfeinern. Hier steuern wir den Effekt jedoch individuell durch Ziehen im Gitterrahmen (»Benutzerdefiniert«). So entsteht die leichte Wölbung des Druckblatts; »Filter: Verflüssigen« wäre eine Alternative.

Verzerren mit Vorgaben

Wahlweise verwenden Sie beim Verzerren Vorgaben wie Bogen, Welle oder Fisch. Zwischen horizontaler und vertikaler Ausrichtung wechselt danach die Schaltfläche Ausrichtung der Verformung ändern.

Zur Feinsteuerung der Verformung

- ziehen Sie in der Optionenleiste über den Feldbezeichnungen wie Biegung oder H oder
- ziehen Sie am Anfasspunkt des eingeblendeten Gitterrahmens.

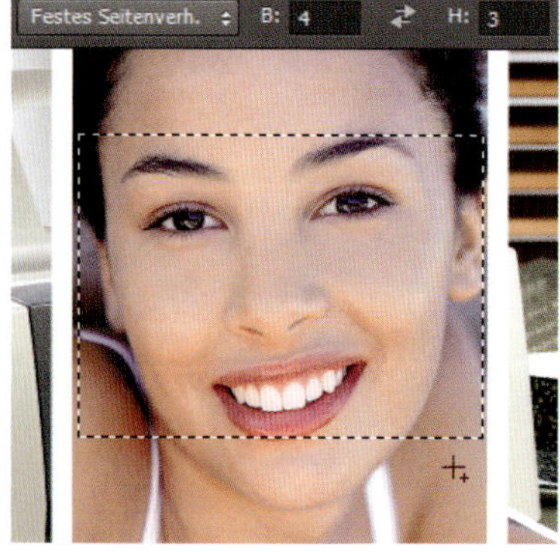

Abbildung 20.17 **Links:** Für das Einfügen in die Monitorfläche ist es hilfreich, wenn der Bildausschnitt schon das Seitenverhältnis 4:3 hat. Einen Bildbereich mit dieser Proportion wählen wir mit dem Auswahlrechteck aus der unverzerrten Druckblattebene aus. **Rechts:** Mit freiem Transformieren werden die Ecken an die Bildschirmumrisse angepasst und später durch eine Ebenenmaske genau eingegrenzt.

Freie Verformung

Gehen Sie im VERFORMEN-Menü auf BENUTZERDEFINIERT, können Sie das Gitternetz frei formen. Ziehen Sie in beliebigen Bereichen innerhalb der Auswahl, an den Eckpunkten oder an den Griffpunkten, die aus den Eckpunkten herauswachsen. Möchten Sie die Ebene zwischendurch drehen oder verkleinern, schalten Sie das VERFORMEN vorübergehend ab.

Tipp Die genaue Anpassung an einen vorhandenen, ungleichmäßigen Untergrund fällt nicht immer leicht. Fotografieren Sie eventuell Orientierungslinien mit - zum Beispiel Objektkanten, die Sie eigentlich nicht im Bild brauchen. Alternativen: Zeichnen Sie eine dünne Linie auf einen Untergrund, den Sie fotografieren, oder legen Sie einen sauber ausgerichteten Faden aus. Später orientieren Sie eine Kante der »verformten« Ebene an dieser Linie.

Photoshop bietet indes nicht mehr als je vier Linien hoch mal quer. Feine örtliche Korrekturen sind so kaum möglich. Abhilfe: Wählen Sie den Bereich, den Sie verzerren möchten, relativ eng aus und heben Sie ihn mit Strg+J auf eine neue Ebene; der verpassen Sie dann eine »Verformung«.

Eventuell entstehen unschöne Kanten zwischen Korrekturbereich und Umgebung. Solche Übergänge glätten Sie mit einer Ebenenmaske, in der Sie mit Schwarz und ebenfalls weicher Pinselkante malen.

Abbildung 20.18 **Links:** Die eingefügte Ebene wird zunächst in ein Smartobjekt verwandelt und dann im Modus »Frei transformieren« skaliert und gedreht; dabei setzen wir den Referenzpunkt (Seite 696) in die linke untere Ecke der Ebene und richten die Ebene genau an den senkrechten und horizontalen Linien des Papiers aus; das erleichtert die Anpassung im nächsten Schritt. **Rechts:** Wir klicken auf die Schaltfläche für das »Verformen« und biegen das Motiv passend zur Wölbung des Papiers. Vorlage: Ebene_22

20.4.4 Auswahlbereiche oder Ebenen spiegeln und drehen

Spiegeln oder drehen können Sie jeweils einen Auswahlbereich oder ein ganzes Bild. Für einzelne Ebenen verwenden Sie das Untermenü **Bearbeiten: Transformieren**; für das Gesamtbild, das dazu nicht ausgewählt sein muss, ist es das Untermenü **Bild: Bilddrehung**. Bietet die aktuelle Datei nicht genug Raum zum Drehen, erweitern Sie das Foto per **Bild: Arbeitsfläche** oder mit dem Freistellungswerkzeug (Seite 293).

20.4.5 »Formgitter«

Bearbeiten: Formgitter bietet eine exzellente Alternative zu **Frei transformieren** samt Verformen sowie zum **Verflüssigen.** Sie klicken Gelenkpunkte in eine Ebene und drehen einzelne Ebenenbereiche wie Teile einer Marionette; der gewählte Abschnitt lässt sich zudem auch strecken oder stauchen.

Drehen Sie zum Beispiel Arme oder Beine. Biegen Sie aber auch Verzerrungen in Weitwinkelaufnahmen oder Panoramamontagen zurecht und zupfen Sie Retuscheflicken in die passenden Proportionen. Das **Formgitter** lässt sich dank Smartobjekt-Technik verlustfrei anwenden und nachträglich umgittern. Es verbiegt auch Textebenen (am besten als Smartobjekt) oder Ebenenmasken.

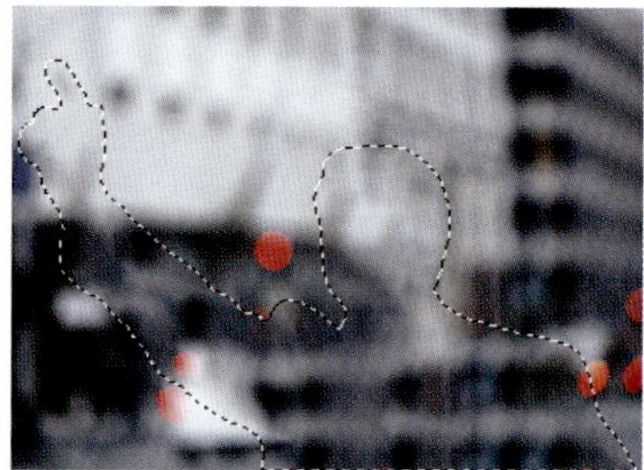

Abbildung 20.19 **Links:** Die Figur befindet sich auf einer üblichen Hintergrundebene. Sie wird mit der Schnellauswahl ausgewählt, auf eine neue »Ebene 1« gehoben und in ein Smartobjekt verwandelt. **Mitte:** Wir haben die »Ebene 1« ausgeblendet, die »Hintergrund«-Ebene aktiviert, die Auswahl etwas erweitert und die Figur mit »inhaltsbasiertem Füllen« weggezaubert. **Rechts: Wir heben die Auswahl auf und zeigen und aktivieren wieder die »Ebene 1«. Sie lässt sich jetzt komfortabel per »Formgitter« bearbeiten.** Datei: Formgitter_1

Abbildung 20.20 **Links:** Wir verwenden die »Drehen«-Funktion mit insgesamt nur zwei Pins (also Alt-Ziehen neben einem Pin). Dabei ändert sich nicht nur der Arm, sondern ungewollt die gesamte Ebene. **Mitte:** Wir haben den Oberkörper mit mehreren Pins besser fixiert. Jetzt dreht sich nur der Arm, dabei wechselt das »Drehen«-Klappmenü zu »Fixiert«. Die Hand verschwindet hinter dem Kopf. **Rechts: Wir klicken auf »Pin nach vorne holen«. So erscheint die Hand vor dem Kopf.** Datei: Formgitter_1

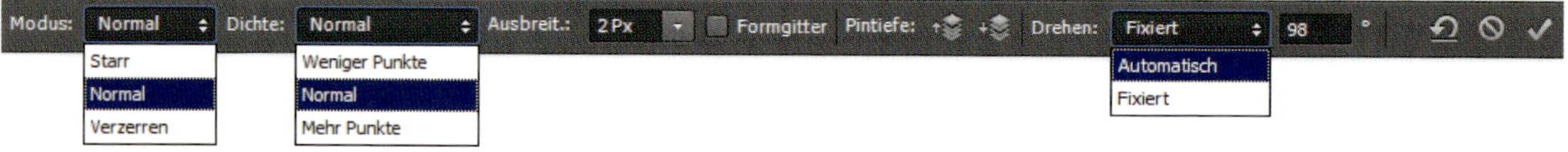

Abbildung 20.21 In der Optionenleiste steuern Sie die Wirkung des »Formgitters«.

Ablauf im Überblick

So könnte es ablaufen:

1. Sie wählen den Bildbereich mit der Schnellauswahl aus, heben ihn auf eine neue Ebene und verwandeln ihn in ein Smartobjekt.
2. Sie wählen **Bearbeiten: Formgitter** und klicken mehrere »Pins«, also Gelenkpunkte, ins Bild.
3. Formen Sie die Ebene durch Ziehen an den Pins um. Testen Sie direkt danach Änderungen in der Optionenleiste.
4. Zufrieden? Bestätigen Sie Ihren Eingriff mit der [↵]-Taste.
5. Sie retuschieren spätestens jetzt die darunterliegende Ebene so, dass Sie später Ihr verzerrtes Hauptmotiv nicht mehrfach sehen.
6. Immer noch zufrieden? Per [Strg]+[E] verschmilzt die verformte Ebene wieder mit der ursprünglichen Umgebung.

Nach der [↵]-Taste zeigt das Ebenen-Bedienfeld den neuen Balken Formgitter unter der Smartobjekt-Ebene. Per Doppelklick darauf zeigen Sie das Gitter wieder an und arrangieren Ihr Motiv neu.

Abbildung 20.22 **Links:** Vorlage. **Rechts:** Wir verwenden »Normal« im »Modus«-Menü.

Abbildung 20.23 **Links:** Der Wechsel zu »Starr« bringt etwas geradere Konturen. **Rechts:** Der Modus »Verzerren« vergrößert weiter entfernte Ebenenteile. Für alle Beispiele gelten die Standardwerte bei »Dichte« und »Ausbreitung« des Gitters. Datei: Formgitter_2

Vorbereitung

Sie starten mit einem normalen Foto, das aus einer ganz normalen Hintergrundebene besteht? Dann bereiten Sie Ihr Bild zum Beispiel so vor:

1. Wählen Sie das Hauptmotiv mit der Schnellauswahl aus.
2. Heben Sie den Bereich mit Strg+J auf eine neue Ebene 1.
3. Klicken Sie mit rechts neben die Miniatur der Ebene 1 und wählen Sie **In Smartobjekt konvertieren**.

Sie brauchen das Smartobjekt nicht zwingend, doch die Maßnahme erleichtert Ihre spätere Arbeit.

Tipp Wollen Sie nur einen Arm drehen, lassen Sie Kopf und Oberkörper großteils aus der Auswahl heraus. Sie müssen diese Bereiche dann später nicht mehr gegen ungewollte Änderungen sperren.

Abbildung 20.24 **Links:** Wir stellen die »Dichte« auf »Weniger Punkte«. **Rechts:** Wir verwenden »Mehr Punkte«.

Abbildung 20.25 **Links:** Wie vorher, jetzt mit einer »Ausbreitung« von 80 statt wie üblich zwei Pixeln. **Rechts:** Wir senken die »Ausbreitung« auf minus 5.

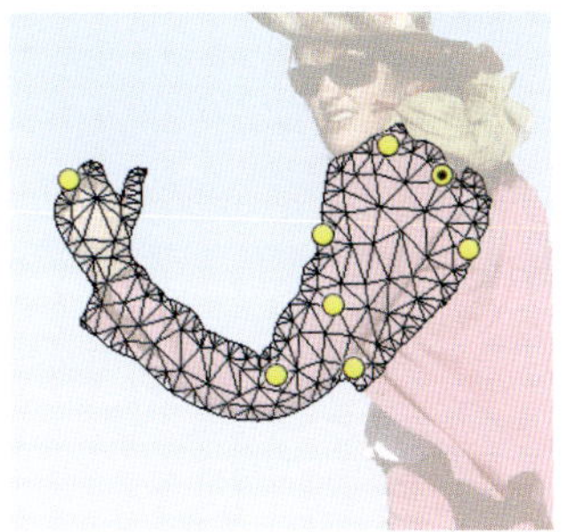
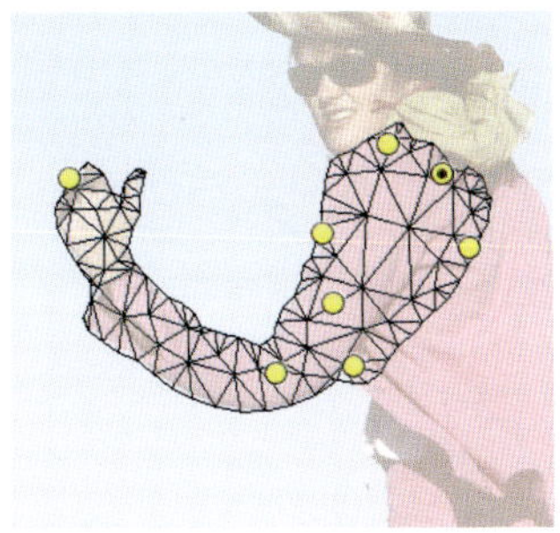

Abbildung 20.26 Links: Wir haben das Formgitter eingeblendet; Sie erkennen die Verbundenheit aller Bildteile. Hier die Standardvorgaben: Dichte »Normal« und »Ausbreitung« 2 Pixel. **Rechts:** Dichte »Weniger Punkte«. Diese Einstellung erzeugt je nach Bild gerundetere Übergänge.

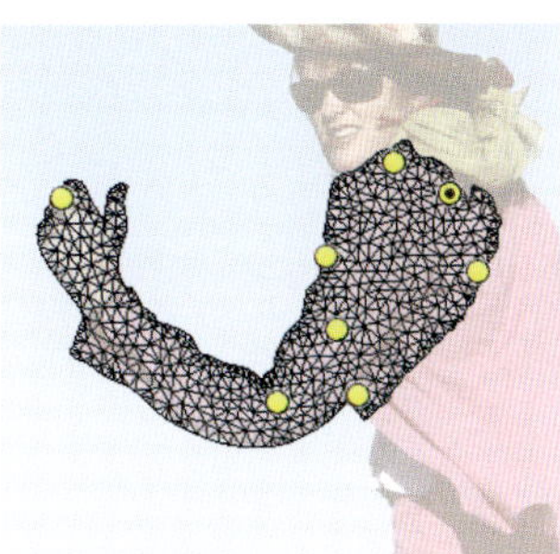
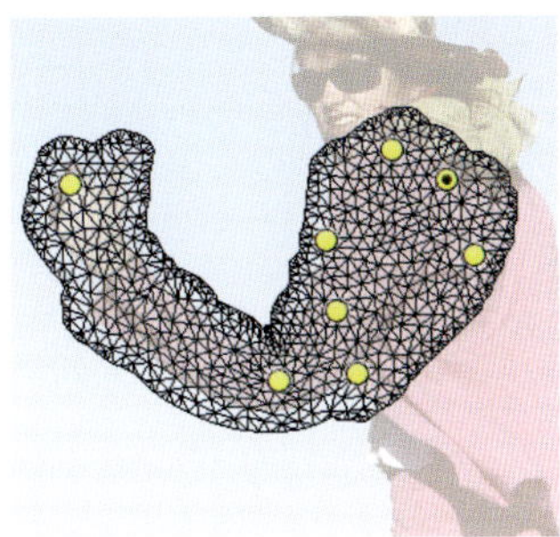

Abbildung 20.27 Links: Dichte »Mehr Punkte«. Die Einstellung kostet mehr Rechenzeit, erlaubt aber auch präzisere Platzierung der Pins. **Rechts:** »Ausbreitung« auf 26 Pixel angehoben.

Meist müssen Sie noch den Untergrund retuschieren und das Hauptmotiv aus der Hintergrundebene herauslöschen. Steht das Hauptmotiv vor einer homogenen Umgebung, so dass es sich leicht wegretuschieren lässt? Dann arbeiten Sie zum Beispiel so weiter:

1. Klicken Sie bei gedrückter Strg-Taste auf die Bildminiatur der Ebene 1. So laden Sie den Umriss dieser Ebene als pulsierende Auswahllinie.
2. Blenden Sie die Ebene 1 mit dem Augensymbol aus.
3. Klicken Sie einmal auf die Miniatur der Hintergrundebene. Sie bearbeiten also wieder diese Ebene.
4. Wählen Sie **Auswahl: Auswahl verändern: Erweitern** mit rund 20 Pixeln Ausdehnung. Die Auswahl wird etwas breiter.
5. Mit der Entf-Taste laden Sie den Dialog **Fläche füllen.** Im Verwenden-Menü stellen Sie Inhaltsbasiert ein und klicken auf OK. Das Hauptmotiv verschwindet von der Hintergrundebene, Photoshop verlängert dort die Motivumgebung.
6. Heben Sie die Auswahl zunächst mit Strg+D auf.
7. Sehen Sie noch Störungen im Hintergrund? Retuschieren Sie mit Reparatur-Pinsel und Co. Oder warten Sie mit der Feinretusche, bis Sie das **Formgitter** endgültig angewendet haben – dann sehen Sie, welche Hintergrundpartien tatsächlich sichtbar bleiben und perfekt korrigiert werden müssen.
8. Die Hintergrundebene passt einstweilen? Aktivieren Sie wieder die Ebene 1 durch einen Klick auf ihre Miniatur.
9. Zeigen Sie die Ebene 1 mit dem Augensymbol auch wieder an. Sie sehen wieder Ihr Hauptmotiv.
10. Fertig! Wählen Sie **Bearbeiten: Formgitter** und setzen Sie »Pins« ein.

Tipp Während der Arbeit am Formgitter ist Photoshop halb blockiert. Sie kennen das vielleicht schon vom Transformieren oder vom Freistellungswerkzeug: Sie können kaum Befehle aufrufen, **schließen**, **einfügen** oder **öffnen**. Erst wenn Sie das **Formgitter** mit der ↵-Taste bestätigen oder mit der Esc-Taste verwerfen, ist Photoshop wieder ganz zugänglich.

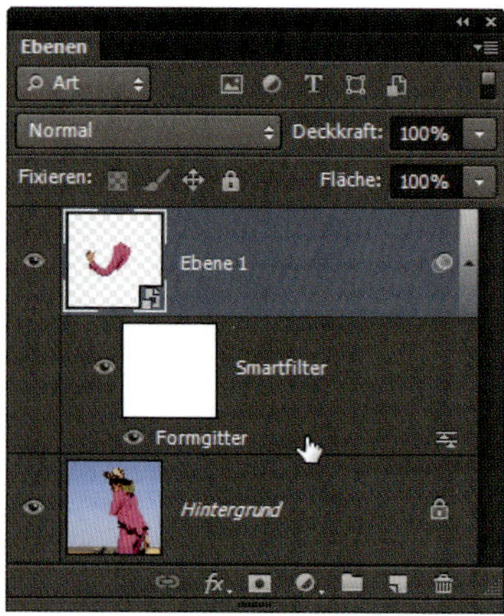

Abbildung 20.28 Wir haben den Arm zum Verzerren per »Formgitter« als Smartobjekt auf eine eigene Ebene gehoben und in der Hintergrundebene entfernt. Das Ebenen-Bedienfeld zeigt nun die Zeile »Formgitter«. Sie können die Verzerrung ändern, komplett ausblenden oder durch Maskenretusche teilweise ausblenden.

»Pins« setzen

Sobald Sie **Bearbeiten: Formgitter** wählen, zeigt Photoshop das komplizierte Gitternetz an. Schalten Sie es mit der Option FORMGITTER ab.

Abbildung 20.29 Im Kontextmenü zu den Pins bietet Photoshop nützliche Befehle.

Sie klicken gelbe Gelenkpunkte ins Bild – sogenannte »Pins« –, die später als Dreh- und Angelpunkt dienen. Sie drehen Ebenenteile um die Pins; oder Sie dehnen und stauchen mit einem Pin als Fixpunkt. Ihre Möglichkeiten:

- Solange Sie nur einen Pin einsetzen, können Sie die gesamte Ebene lediglich bewegen.
- Sobald Sie zwei Pins nutzen, können Sie die Ebene um die Achse des nicht aktiven Pins drehen oder vom nichtaktiven Pin ausgehend dehnen und stauchen.

Meist aber brauchen Sie mehr als zwei Pins. Wichtig vor allem: Manche Bereiche sollen sich gar nicht verändern. Zum Beispiel wollen Sie einen Arm drehen, aber Schultern, Kopf und Oberkörper sollen auf der Stelle bleiben. Solche Zonen nageln Sie mit ganzen Pin-Reihen regelrecht fest.

Tipp Sitzt der Pin einmal auf der Ebene, können Sie ihn nicht unabhängig von der Ebene neu platzieren: Sobald Sie den Pin bewegen, verbiegen Sie auch die Ebene. Abhilfe: Löschen Sie den fehlplatzierten Pin per Alt-Anklick und pflanzen Sie einen ganz neuen Pin an eine bessere Stelle.

Mit Pins arbeiten

Aktive Pins erkennen Sie am schwarzen Punkt in der gelben Fläche. Stimmt die Verzerrung grundsätzlich, dann korrigieren Sie kleinere Fehlentwicklungen durch Klicken und Ziehen in der Ebene, dabei entstehen weitere Pins.

Mitunter aktiviert man mehrere Pins gleichzeitig, um komplexe Bereiche geschlossen zu verschieben. Wählen Sie die Pins dann bei gedrückter ⇧-Taste aus.

Die Taste H versteckt die Pins vorübergehend. Überflüssige Pins löschen Sie durch punktgenaues Anklicken bei gedrückter Alt-Taste. Aktivierte Punkte verschwinden auch via Entf-Taste; tabula rasa macht die Schaltfläche Alle Pins entfernen oben in den Optionen.

Tipp Besonders präzise in Ein-Pixel-Schritten bewegen Sie die Pins mit den Pfeiltasten. Wie üblich nehmen Sie für Zehn-Pixel-Schritte die ⇧-Taste dazu.

Drehen

Bequem lässt sich ein Bereich auch gleichmäßig drehen – garantiert ohne ungewollte Verzerrung als Kollateralschaden:

1. Halten Sie die Maustaste in die Nähe eines Pins – aber nicht direkt darüber – und drücken Sie dabei die Alt-Taste. Dabei zeigt Photoshop einen Kreis um den Pin herum, der Cursor erscheint als gebogener Doppelpfeil (und wohlgemerkt nicht als Schere).
2. Durch Ziehen drehen Sie den Ebenenteil um den soeben gewählten Pin.

Achten Sie dabei oben in den Optionen auf den Bereich Drehen: Das Klappmenü wechselt von Automatisch zu Fixiert, daneben meldet Photoshop den Drehwinkel. Sie können Ihren Bildteil alternativ auch gleich so drehen:

1. Aktivieren Sie den gewünschten Pin.
2. Schalten Sie oben im Drehen-Menü von Automatisch zu Fixiert.
3. Tippen Sie einen Drehwinkel zwischen 180 und -180 ein und drücken Sie eventuell noch die ↵-Taste.

Tipp Wenn Sie drehen, sollten Sie bereits mindestens zwei Pins in der Ebene haben. Drehen Sie erst und lassen dann Pins folgen, verformt sich die Ebene unberechenbar.

Davor oder dahinter

Ein Beispiel: Sie biegen einen Arm so weit, bis er sich mit dem Kopf des Darstellers überschneidet. Soll der Arm vor oder hinter dem Kopf erscheinen? Beides geht:

- Der Arm mit dem aktiven Pin befindet sich ganz »hinten« oder ganz »unten«? Klicken Sie in der Optionenleiste einmal oder mehrfach auf Pin nach vorne holen. Schon rückt der Ebenenteil mit dem aktiven Pin in den Vordergrund.
- Der Arm mit dem aktiven Pin befindet sich ganz »vorn« oder ganz »oben«, soll aber überdeckt werden? Klicken Sie in der Optionenleiste einmal oder mehrfach auf Pin nach hinten stellen.

Gitternetz

Im Klappmenü Dichte steuern Sie die Zahl der Maschen im Gitternetz:

- Die übliche Vorgabe Normal eignet sich für die meisten Aufgaben.
- Schalten Sie zu Mehr Punkte, wenn Sie Pins sehr eng nebeneinander setzen wollen. Das nun engmaschigere **Formgitter** kostet mehr Rechenaufwand, bringt aber vielleicht präzisere Ergebnisse.
- Umgekehrt gilt: Arbeitet der Rechner allzu langsam oder verformt sich das Hauptmotiv zu stark, wechseln Sie im Dichte-Klappmenü zu Weniger Punkte.

Das Gitternetz dehnt sich in der Grundeinstellung zwei Pixel über die Ebene hinaus aus. Wirkt die Umformung noch zu hart, heben Sie die Ausdehnung mit dem Regler Ausbreiten testweise an. Die Änderungen lassen sich dann schwerer vorhersehen. Für stärker gerade gerichtete Konturen senken Sie den Ausbreiten-Wert, auch auf negative Werte; dann verschwinden die Ränder der Ebene.

Tipp Sie wollen Pins ins Bild klicken, aber es passiert nichts? Dann haben Sie es eventuell außerhalb der Pixelfüllung der aktiven Ebene probiert, zum Beispiel außerhalb der Person. In transparenten Bereichen können Sie keine Pins erzeugen.

Modus

Das Modus-Menü oben in den Formgitter-Optionen steht zunächst auf Normal. Verzerrte Ebenenstrecken zeigen damit schnell Rundungen – Sie verbiegen eher Gummi als Holz.

Zu diesem Verfahren bietet Photoshop zwei Alternativen:

- Die Vorgabe Starr erzeugt etwas härtere Knicke, Ihr digitales »Material« hat mehr Verwindungssteife.
- Die Vorgabe Verzerren wirkt wie ein Weitwinkelobjektiv oder eine verzerrende Lupe: Ziehen Sie Ebenenteile weit von der Basis weg, erscheinen sie größer; Ebenenteile nah am Drehpunkt schrumpfen. Je nach Motiv berücksichtigen Sie so auch Fluchtpunkte.

Tipp Die Härte der Knicke und Biegungen steuern Sie nicht nur per Modus-Klappmenü: Testen Sie auch geänderte Werte beim Ausbreiten-Regler (höhere Werte runden flüssiger). Stellen Sie zudem testweise die Dichte um.

Anschlussfehler und ungewollte Verzerrungen korrigieren

Sie haben per **Formgitter** verzerrt, doch es gibt noch ungewollte Verzerrungen und eventuell störende Nähte zwischen der bearbeiteten Ebene und dem darunter liegenden Gesamtbild. Zwei Korrekturmöglichkeiten bieten sich an.

Sofern Sie auf einem Smartobjekt gearbeitet haben, aktivieren Sie die Filtermaske im Ebenen-Bedienfeld und malen Sie mit Pinsel und Schwarz. So verbergen Sie die Verzerrung örtlich und blenden Teile der unverfremdeten Version ein.

20.4.6 »Inhaltsbasiert skalieren«

Stauchen ohne Verstauchung: Per **Bearbeiten: Inhaltsbasiert skalieren** dehnen oder stauchen Sie Ihre Bilder fast wie beim normalen **Freien Transformieren**. Das Besondere jedoch: Verzerrt werden nur diffuse Hintergründe wie Himmel oder weiße Wand; Hauptmotive wie Personen oder Produkte behalten ihre natürliche Proportion. So macht sich die Funktion nützlich:

- Zwischen Personen oder anderen Hauptmotiven ist zu viel »Luft« (diffuse Fläche). Stauchen Sie das Bild, um die Szene zu verdichten. Oder dehnen Sie es aus, wenn Sie noch mehr Leerraum schaffen wollen.
- Ihr Foto passt nicht ins Layout. Stauchen oder dehnen Sie, bis das gewünschte Seitenverhältnis oder die erforderliche Pixelzahl erreicht ist.
- Digitalisierte Dokumente, Grafiken oder Bildschirmfotos haben zu viel leere Fläche, etwa zu viel Weiß. Nehmen Sie »die Luft« raus.

Falls es nicht auf Anhieb klappt, schützen Sie Wesentliches mit einem flotten Alphakanal. Für Smartobjekte bietet Photoshop die Funktion nicht an.

Abbildung 20.30 **Links:** Unser Beispielfoto zeigt zu viel »Luft« zwischen den beiden Fußballern wie auch zwischen den Fußballern und ihrem Sportgerät. **Mitte:** Wir stauchen das Bild unproportional auf nur 85 Prozent seiner ursprünglichen Höhe. Die Jungen erscheinen nicht gequetscht, stattdessen schrumpft nur der dunkle Hintergrund zwischen Ball und oberem Spieler – der Ball rutscht nach unten. Das Bild ist bereits verdichtet und hat andere Proportionen. **Rechts:** Wir schieben das Foto waagerecht auf nur 62 Prozent der ursprünglichen Breite zusammen. Wieder bleiben Spieler und Ball ganz unverändert; nur der Zwischenraum schrumpft massiv. Das Bild wurde deutlich verdichtet. Datei: Ebene_26

Dieses unproportionale Skalieren ohne Kollateralschaden funktioniert immer dann exzellent, wenn sich das Hauptmotiv trennscharf vom Hintergrund abhebt. Gehen jedoch zum Beispiel Haare in den Hintergrund über, werden sie schnell mitskaliert. Und je diffuser der Hintergrund, desto besser. Ideal sind Gras, Meer oder Himmel – unscharf. Strukturierte Architektur oder Bergrücken werden als Hauptmotiv interpretiert und lassen sich nicht gut quetschen.

Abbildung 20.31 **Mitte:** Wir haben auf 60 Prozent gestaucht, Herr und Hund zeigen erste Verunstaltungen. **Rechts:** Wir stauchen wieder auf 60 Prozent, diesmal mit der Option »Hauttöne bewahren«. Datei: Ebene_30

So stauchen Sie ein Bild

Sie wollen ein Foto, das nur aus einer Hintergrundebene besteht, stauchen (nicht ausdehnen). Nutzen Sie zum Beispiel dieses Verfahren:

1. Sie wählen das Gesamtbild mit Strg+A aus.
2. Sie gehen auf **Bearbeiten: Inhaltsbasiert skalieren** (Strg+⇧+Q).
3. Stauchen Sie das Motiv durch Ziehen an den Anfasspunkten.
4. Klicken Sie doppelt in die Auswahl, um die Änderung zu bestätigen.
5. Der Befehl **Bild: Freistellen** kappt die entstandene leere Fläche weg.

Abbildung 20.32 Der Befehl »Inhaltsbasiert skalieren« eignet sich auch zum Strecken von Bildern. Wir haben die Vorlage um 60 Prozent verbreitert, die Option »Hauttöne bewahren« verhindert Deformationen. Datei: Ebene_30

Ausdehnen ohne genaue Vorschau

Sie möchten die Aufnahme ausdehnen (nicht quetschen), ohne dass Sie eine genaue Vorschau über die Bildränder brauchen? Ein mögliches Verfahren:

1. Sie verwandeln die HINTERGRUND-Ebene in eine EBENE 0 (Alt-Doppelklick auf die Ebenenminiatur)
2. Sie wählen **Bearbeiten: Inhaltsbasiert skalieren** und dehnen Ihr Foto. Dabei verschwinden Außenbereiche hinter den Rändern des Bildfensters. Bestätigen Sie die Änderung durch einen Doppelklick ins Bild.
3. Der Befehl **Bild: Alles einblenden** erweitert die Arbeitsfläche so, dass die verdeckten Bildränder wieder sichtbar werden.

Ausdehnen mit Vorschau

Sie möchten die Aufnahme ausdehnen (nicht quetschen) und wollen das Ergebnis schon in der Vorschau genau sehen? Ein mögliches Verfahren:

1. Sie verwandeln die HINTERGRUND-Ebene in eine EBENE 0.
2. Mit **Bild: Arbeitsfläche** erweitern Sie die Arbeitsfläche großzügig, zum Beispiel auf 200 Prozent.
3. Sie dehnen Ihr Foto per **Bearbeiten: Inhaltsbasiert skalieren** und klicken abschließend doppelt ins Bildfenster.
4. Mit **Bild: Zuschneiden** säbeln Sie überflüssigen Rand weg.

Achtung Falls Sie das Foto doch an einer Seite über den vorhandenen, bereits ausgedehnten Dateifensterrand hinausgezogen haben, wählen Sie zuerst **Bild: Alles einblenden** und danach dann **Bild: Zuschneiden.**

Abbildung 20.33 Personenschutz: Verhindern Sie ungewollte Deformation per Alphakanal oder mit der Option »Hauttöne bewahren«.

Bildbereiche mit Optionen schützen

Den STÄRKE-Regler in der Optionenleiste lassen Sie auf 100 Prozent – es sei denn, Photoshop soll auch das Hauptmotiv mehr oder weniger anknabbern. Bei Problemen testen Sie, ob es besser mit oder ohne die Option HAUTTÖNE BEWAHREN funktioniert: Mitunter erhalten Sie auch bei Porträts bessere Ergebnisse, wenn Sie die Vorgabe abschalten; andererseits bewährte sich die Option im Test auch bei Hunden und Hühnern.

Tipp Sie haben das Bild schon verzerrt, experimentieren mit den Anfasspunkten und bemerken erst jetzt, dass Sie Alphakanal oder die Option HAUTTÖNE BEWAHREN noch nicht zugeschaltet haben? Macht nichts: Diese Vorgaben lassen sich noch umstellen, wenn Sie das **Skalieren** bereits gestartet haben.

Bildbereiche per Alphakanal schützen (mit Auswahl)

Photoshop quetscht, was nicht gequetscht werden soll? Ein Alphakanal mit weicher Kante schützt den Bildbereich garantiert. Dabei gilt: Was Sie schützen wollen, wird ausgewählt und erscheint im Alphakanal weiß. Verwenden Sie immer eine weiche Kante, bei großen Megapixelbildern auch 50 oder mehr Pixel breit. Legen Sie den Kanal zum Beispiel per Lasso-Auswahl an:

1. Schalten Sie das Lasso ein und stellen Sie in den Optionen zehn Pixel Weiche Kante ein.
2. Rahmen Sie Ihr schützenswertes Hauptmotiv plus ein bisschen Umgebung mit dem Lasso ein.
3. Wählen Sie **Auswahl, Auswahl speichern** und klicken Sie sofort auf OK, ohne irgendeinen Namen zu tippen.
4. Heben Sie die noch vorhandene Auswahl mit Strg+D auf.
5. Sofern Sie auf einer Hintergrund-Ebene arbeiten, wählen Sie das Gesamtbild mit Strg+A aus.
6. Wählen Sie **Bearbeiten: Inhaltsbasiert skalieren**.
7. Im Bewahren-Klappmenü oben in den Optionen klicken Sie auf den Namen des Alphakanals, meist Alpha 1.
8. Jetzt erst ziehen Sie an den Anfasspunkten - der Bereich im Alphakanal bleibt geschützt.

Bei schwierigen Motiven legen Sie gleich mehrere Alphakanäle an, mit unterschiedlichen Größen und Weichzeichnungen. Sie können den Alphakanal direkt beim »Inhaltsbasiert skalieren« wechseln. Zeigen Sie das Kanäle-Bedienfeld an, damit Sie den Inhalt der Alphakanäle erkennen.

Tipp Sie geben Ihr Foto in einem Format weiter, das Alphakanäle dauerhaft speichert, zum Beispiel TIFF oder PSD? Dann löschen Sie den Alphakanal gleich nach dem Stauchen. Er kostet nur Speicherplatz und kann Probleme in Layoutprogrammen bereiten. Im Kanäle-Bedienfeld ziehen Sie den Alphakanal in den Mülleimer oder wählen Sie ihn im Dialogfeld **Speichern unter** ab.

Abbildung 20.34 **Links:** Bei der Stauchung auf 65 Prozent zeigen sich die Sportler nicht ganz formstabil. **Mitte:** Wir schützen die Akteure mit einer weichgezeichneten Auswahl im Alphakanal. Jetzt verzerrt allerdings das Netz deutlicher. Datei: Ebene_28

Abbildung 20.35 **Links:** Wir haben das Gesamtbild ausgewählt und dann »Inhaltsbasiert skalieren« gewählt; dabei wird der Muschel indes übel mitgespielt. Sie könnten das Strandgut per Alphakanal schützen, wir verwenden hier eine andere Methode. **Mitte:** Wir wählen mit dem Auswahlrechteck den linken Bildteil ohne die Muschel aus. **Rechts:** Photoshop staucht nur den linken Bildteil, wie gewünscht schrumpft nur die Sandfläche. Datei: Ebene_27

Grafik stauchen

Sie haben eine harte Grafik, ein Layout oder ein Bildschirmfoto mit völlig einheitlicher Hintergrundfarbe, zum Beispiel Weiß. Sie wollen die grafischen Elemente näher zusammenrücken, nur die einheitliche Hintergrundfläche soll dabei schrumpfen. Eventuell klappt das auf Anhieb, eventuell wird das Ergebnis aber mit einem Alphakanal besser. Dann testen Sie diesen Weg:

1. Falls erforderlich, verschmelzen Sie die Elemente der Grafik auf eine Ebene.
2. Schalten Sie den Zauberstab ein. Verzichten Sie oben in den Optionen auf Weiche Kante und Glätten. Stellen Sie Benachbart ein und die Toleranz auf etwa 1. (Bei Bildfehlern durch JPEG-Komprimierung muss die Toleranz höher sein.)
3. Wenn noch nötig, nehmen Sie per ⇧-Klick weitere Bildpartien mit Weiß in die Auswahl auf.
4. Kehren Sie die Auswahl mit Strg+⇧+I um. Jetzt sind nur noch Texte und Bilder gewählt.
5. Wählen Sie **Auswahl: Auswahl verändern: Erweitern**, tippen Sie 3 Pixel Radius ein und klicken Sie auf OK. Eventuell können Sie auf diesen Schritt verzichten.
6. Per **Auswahl: Auswahl speichern** sichern Sie die Auswahl als Alphakanal.
7. Falls Sie auf einer reinen Hintergrund-Ebene arbeiten, wählen Sie jetzt das Gesamtbild mit Strg+A aus.
8. Falls Sie andererseits auf einer Einzelebene (nicht Hintergrund-Ebene) arbeiten: Heben Sie die noch vorhandene Auswahl mit Strg+D auf.
9. Gehen Sie auf **Bearbeiten: Inhaltsbasiert skalieren.**
10. Oben im Bewahren-Klappmenü klicken Sie auf den Namen des frisch gesicherten Alphakanals.
11. Ziehen Sie an den Anfasspunkten – Sie stauchen nur die leere Fläche, Bild- und Textbereiche bleiben vollständig in Form.

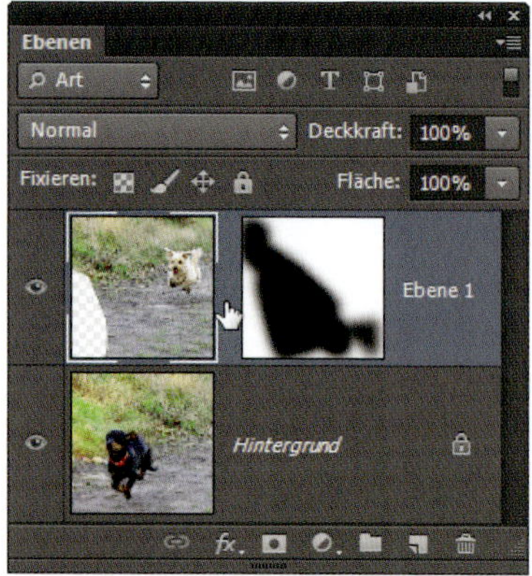

Abbildung 20.36 Die Hunde lassen sich nicht durch »Inhaltsbasiert skalieren« zusammenrücken – der Zwischenraum mit Gräsern und Weg ist zu unruhig. Erledigen Sie die Aufgabe stattdessen mit einer schnellen Montage: Wählen Sie den hinteren weißen Highland-Terrier mit dem Lasso sehr großzügig aus, heben Sie ihn mit Strg+J auf eine neue Ebene und schieben Sie ihn nach links. Legen Sie eine Ebenenmaske an und übermalen Sie den Übergang zwischen den Hunden mit Schwarz und weicher Pinselspitze. Die Verbindung zwischen Bildebene und Maske heben Sie auf: So können Sie den weißen Hund weiter nach Geschmack verschieben. Datei: Ebene_32. Foto: Gabi Sieg-Ewe

Kapitel 21
Der »Fluchtpunkt«-Filter

Der Befehl **Filter: Fluchtpunkt** (Strg + Alt + V) blendet Ebenen, Pinselstriche oder Korrekturstriche des Kopierstempels perspektivisch korrekt in schräg fotografierte Motive ein. Die Funktion hilft bei Änderungen an rechteckigen, schräg fotografierten Flächen – Wände, Böden, Verpackungen, Schilder und Plakate.

Mit diesem Filter lassen sich beispielsweise die Oberflächen austauschen, Beschriftungen auf einen LKW projizieren oder auch abknickende Flächen gestalten. Sie können auch in begrenztem Umfang 3D-Objekte konstruieren, die Sie mit den 3D-Techniken der Extended-Version weiterbearbeiten.

Der Befehl bietet eine gute Alternative zu den **Transformieren**-Funktionen **Verzerren** und **Frei verzerren**. Smart-Objekte werden indes nicht bearbeitet. Wollen Sie eine Ebene auf einen ungleichmäßig gewölbten Untergrund modellieren, nehmen Sie das Verkrümmen.

In der teureren Version Photoshop Extended hat der **Fluchtpunkt**-Befehl ein paar Extratalente für Bemaßung und Datenexport; diese Spezialitäten besprechen wir am Ende dieses Kapitels. Sämtliche gestalterischen Möglichkeiten bietet jedoch auch die CS6-Normalausgabe.

21.1 Übersicht

Im Dialogfeld legen Sie zuerst ein Gitternetz über eine oder mehrere Seiten eines Motivs – zum Beispiel über einen Karton. Ihre Möglichkeiten danach:

- Fügen Sie ein Objekt ein; Photoshop passt es automatisch korrekt verzerrt an den Hintergrund an.
- Duplizieren Sie einen Bildbereich mit dem Auswahlrechteck direkt im Dialogfeld und legen Sie ihn über eine störende Bildzone.
- Retuschieren Sie mit dem Stempelwerkzeug direkt im Dialogfeld **Fluchtpunkt**; Bildpunkte, die das Werkzeug aufnimmt, erscheinen perspektivisch korrigiert im Zielbereich.
- Der Pinsel malt einfarbig mit perspektivischer Korrektur.

Abbildung 21.1 Links: Das Schild soll auf eine schräg fotografierte Wand montiert werden. Wählen Sie das Objekt zunächst aus und kopieren Sie es in die Zwischenablage; da das Bild mehrere Ebenen beinhaltet, haben wir den Befehl »Auf eine Ebene reduziert kopieren« aus dem Bearbeiten-Menü gewählt. Rechts: Im Zielbild legen Sie eine neue, leere Ebene an, die auch aktiviert ist; dort erscheint später das Schild. Starten Sie den Fluchtpunkt-Befehl und legen Sie ein Raster an. Dateien: Fluchtpunkt01, Fluchtpunkt02

21.2 Vorbereitungen

Bevor Sie den **Fluchtpunkt** aufrufen, treffen Sie folgende Vorbereitungen:

- Das Hintergrundbild muss sich im Modus **RGB-Farbe** befinden. CMYK-Vorlagen verändern Sie per **Bild: Modus: RGB-Farbe**. (Die einzufügende neue Oberfläche kann in CMYK bleiben.)
- Legen Sie für die Retusche im Ebenen-Bedienfeld per Klick auf das Symbol NEUE EBENE ERSTELLEN eine neue Ebene an. So bleibt die Originalebene unverändert und Sie können Original und Korrekturbereich mit Füllmethoden, Deckkraft-Regler, Radiergummi oder Ebenenmasken vielseitig mischen. Die neue leere Ebene muss aktiviert sein, wenn Sie den **Fluchtpunkt** ergreifen.
- Wollen Sie eine vorhandene Szenerie verlängern, bauen Sie zuvor Neuland per **Bild: Arbeitsfläche** oder mit dem Freistellungswerkzeug an.
- Wollen Sie einen Bildausschnitt perspektivisch korrekt einsetzen, dann **kopieren** Sie ihn in die Zwischenablage, bevor Sie den **Fluchtpunkt** aufrufen.
- Sie wollen nur bestimmte Bildteile bearbeiten und andere verschonen? Legen Sie vor Gebrauch des Filters eine Auswahl an.

21.3 Bedienung

Das Dialogfeld lässt sich bedienen wie der übrige Photoshop-Arbeitsbereich: Schalten Sie die Werkzeuge mit den üblichen Tasten ein - [S] für den Stempel oder [Strg]+Leertaste für die schnelle Vergrößerungslupe. Eine Besonderheit: Die Taste [X] zoomt vorübergehend ins Bild, so finden Sie den richtigen Platz für die Eckpunkte des Gitternetzes.

Abbildung 21.2 **Links:** Das Schild erscheint nach dem Einfügen über die Zwischenablage zunächst unverzerrt und in Originalgröße oben links am Bildrand. **Rechts:** Ziehen Sie das Bild in das zuvor angelegte Raster – es passt sich nun der Perspektive an, hat aber noch nicht die richtige Größe und ist in der Breite gestaucht.

21.3.1 Raster anlegen

So entsteht das Raster:

1. Vier Klicks mit dem Ebene-erstellen-Werkzeug setzen ein Gitternetz auf die erste Ebene; ein falsch gesetzter Punkt verschwindet mit der ←-Taste. Orientieren Sie sich mit den ersten zwei Klicks an im Bild vorhandenen Geraden – zum Beispiel die Kanten eines Hauses. Falls Sie leere Arbeitsfläche angebaut haben, gehen Sie erst mit den weiteren Klicks in die leere Fläche.
2. Ziehen Sie an den Anfasspunkten, um das Gitternetz zu korrigieren, oder verschieben Sie es durch Ziehen in der Mitte.
3. Wollen Sie um die Ecke herum eine zweite Fläche anlegen, zum Beispiel die zweite Seite eines Kartons? Halten Sie die Strg-Taste gedrückt, dann ziehen Sie über dem mittleren Anfasspunkt, der an die geplante zweite Seite angrenzt – so entsteht eine zweie Fläche.
4. Zunächst schließen die neuen Flächen immer im 90-Grad-Winkel an. Sie brauchen spitzere oder stumpfere Winkel? Ziehen Sie mit gedrückter Alt-Taste an der neuen Fläche oder melden Sie Ihren Wunsch im Winkel-Eingabefeld.

Ändern Sie eventuell die Position des Gitters oder die Rastergrösse, damit die Linien exakt an Motivkanten entlanglaufen. Das entscheidet nicht über die Bildqualität, bietet aber mehr Orientierung für eine perfekte Ausrichtung.

An einem blauen Gitternetz erkennen Sie, dass alles passt. Erscheint der Maschendraht aber rot oder gelb, dann müssen Sie einzelne Eckpunkte korrigieren.

Abbildung 21.3 **Links:** Ziehen Sie das Schild aus dem Raster. Zwar behält es jetzt die perspektivische Verzerrung, ist jedoch noch viel zu groß und befindet sich an der falschen Stelle. **Rechts:** Mit dem »Transformieren-Werkzeug« passen Sie die Größe an und schieben das Schild an seine richtige Position.

Tipp Legen Sie die Flächen etwas zu groß an, damit die neue Oberfläche keinesfalls zu knapp ausfällt. Überschüssige Ränder schneiden Sie später in der Montage leicht weg: Sie laden die Auswahl der unteren Ebene per [Strg]-Klick auf deren Ebenenminiatur, aktivieren die Ebene mit der neuen Oberfläche, kehren die Auswahl um und drücken die [Entf]-Taste.

21.3.2 Gitternetz speichern

Das Gitternetz lässt sich nicht speichern. Sie finden es aber bei der nächsten Photoshop-Session wieder vor, wenn Sie die Dateitypen PSD, TIFF oder JPEG nutzen.

Allerdings: Sichern Sie Ihr Motiv zwischenzeitlich mit einem anderen Programm als Photoshop, kann das Gitternetz verloren gehen. Gitternetze aus Photoshop CS5 lassen sich auch nach einer Änderung in CS6 weiter in Photoshop CS5 bearbeiten. Gitter aus früheren Versionen hingegen lassen sich später nicht mehr in den Vorgängerfassungen nutzen.

Achtung Ändern Sie die Bildpunktzahl zum Beispiel durch Neuberechnen mit dem **Bildgröße**-Befehl oder durch Zuschneiden mit dem Freistellungswerkzeug, ist das Gitternetz anschließend nicht mehr korrekt im Motiv platziert.

21.3.3 Mehrere Gitternetze

Befindet sich das erste Gitternetz im Bild, schaltet Photoshop zum Ebene-bearbeiten-Werkzeug. Um jedoch weitere Gitternetze anzulegen, schalten Sie erneut das Ebene-erstellen-Werkzeug ein (Tastenbefehl C):

1. Klicken Sie ein weiteres, unabhängiges Gitternetz ins Bild.
2. Ziehen Sie bei gedrückter Strg-Taste an einem mittleren Anfasspunkt (also nicht an einem Eckpunkt). So entsteht eine neue, abgeknickte Gitterebene. Per Strg-Taste bauen Sie noch weitere Ebenen im rechten Winkel an.

Wirksam ist allerdings immer nur ein einziges Netz. Überflüssige Gittergebilde klicken Sie einmal an, sie verschwinden per ←-Taste. Überlappende Gitternetze aktivieren Sie nacheinander per Strg-Klick.

Tipp Sie haben schon ein Gitternetz im Bild, doch dann müssen Sie das Dialogfeld noch einmal schließen, weil Sie zum Beispiel erst noch ein Objekt in die Zwischenablage kopieren wollen? Klicken Sie im Dialog **Fluchtpunkt** nicht auf ABBRECHEN, sondern auf OK. So steht Ihnen das Gitternetz beim nächsten Mal sofort zur Verfügung - und wenn Sie speichern, sogar nach dem nächsten Programmstart.

Abbildung 21.4 Klicken Sie zunächst vier Eckpunkte ins Bild. Sie können die Ecken noch korrigieren. Wollen Sie eine zweite Fläche anlegen, halten Sie den Mauszeiger über den angrenzenden mittleren Anfasspunkt. Datei: Fluchtpunkt03

Abbildung 21.5 Ziehen Sie bei gedrückter Strg-Taste die zweite Fläche auf. Sie schließt zunächst im rechten Winkel an.

Abbildung 21.6 Vom mittleren oberen Anfasspunkt aus legen wir bei gedrückter Strg-Taste eine dritte Fläche an. Eine zuvor kopierte neue Oberfläche können Sie jetzt einfügen.

Abbildung 21.7 **Links:** Wir haben auf einer neuen Ebene (Modus Ineinanderkopieren) das Perspektiv-Raster mit einem Muster belegt, welches wir zuvor in einer neuen Photoshop-Datei erstellt haben. **Mitte:** Zugrunde liegt eine Grafik aus Illustrator, die wir in Photoshop als Smart Objekt auf einer leeren Ebene eingefügt haben. Dieses Muster füllt dann eine Fläche, die deutlich größer sein muss als die Kiste in der Zieldatei. Im Dialog »Fläche füllen« haben wir bei »Skriptbasierte Muster« die »Zufällige Füllung« gewählt. **Rechts:** Das Bananenmuster erscheint auf der Ebene »Bananen«. Hier haben wir die Bildpunkte über dem Aufkleben »Fragile« gelöscht. Dateien: Fluchtpunkt03, Fluchtpunkt03b

21.4 Objekte einfügen

Auf zwei Arten verwenden Sie neue Objekte innerhalb des Dialogfelds:

Um Teile aus einem anderen Bild perspektivisch korrekt einzufügen, kopieren Sie zuerst den Bereich mit Strg+C in die Zwischenablage. Aktivieren Sie dann das Zielbild, laden Sie den **Fluchtpunkt** und legen dort ein Gitternetz an. Per Strg+V sehen Sie den kopierten Bildteil im Dialogfeld.

Sie wollen einen Teil aus dem Bild selbst perspektivisch korrigiert verschieben? Erzeugen Sie mit dem AUSWAHLRECHTECK eine Auswahl innerhalb eines Gitternetzes; soll die Auswahl genauso groß wie das Gitternetz ausfallen, klicken Sie eine Außenkante des Netzes doppelt an. Ziehen Sie ein Duplikat dieser Auswahl bei gedrückter Alt-Taste ins Bild. Das gilt für die Vorgabe ZIEL rechts oben. Ziehen Sie dagegen mit der Vorgabe QUELLE (oder bei gedrückter Strg-Taste), bewegt sich die Auswahl nicht; stattdessen wandern Bildbereiche von außerhalb in die Auswahl hinein.

Ziehen Sie das duplizierte oder eingefügte Objekt ins Einzugsgebiet eines Maschendrahts, richtet es sich an der Perspektive aus. Verschieben Sie Ihr Objekt nach Bedarf, es schrumpft und dehnt sich perspektivisch korrekt. Auch wenn Sie das Objekt über weitere Gitternetze ziehen, richtet es sich neu aus.

Achtung: Nachträgliche Korrekturen am Gitternetz wirken sich jedoch nicht auf bereits eingefügte Objekte aus!

Tipp Legen Sie vor dem Einfügen der Objekte in jedem Fall eine neue Ebene an und aktivieren Sie diese. So können Sie die eingefügten Details später noch weiter getrennt vom Original bearbeiten, sie in einen anderen Ebenen-Modus versetzen oder nachträglich die Übergänge an den Kanten anpassen.

21.4.1 Die »schwebende Auswahl«

Richten Sie das Objekt zügig perfekt aus, bevor Sie andere Dinge unternehmen: Der **Fluchtpunkt**-Dialog lädt das eingefügte oder duplizierte Objekt nicht als dauerhaft unabhängige Ebene, sondern als »schwebende Auswahl« – und die verschmilzt allzu schnell mit dem Hintergrund.

Sobald Sie das Objekt einfügen, wechselt das Dialogfeld zum AUSWAHLRECHTECK. Sie können das Objekt zwar verschieben, klicken Sie jedoch nur einmal außerhalb des Objekts oder wechseln Sie das Werkzeug, verschmilzt Photoshop die eingefügte Ebene dauerhaft mit dem Hintergrund. Sie müssen dann mit wiederholtem Strg+Z bis zu einem Arbeitsschritt zurückgehen, der das eingefügte Objekt separat anbietet.

Auch wenn Sie dasselbe Objekt erneut einfügen, verschmilzt die erste Variante mit dem Untergrund. Unabhängig davon landet jedoch der eingefügte und perspektivkorrigierte Bildteil auf einer neuen Ebene, sofern Sie diese zuvor in der Ebenenpalette angelegt haben.

Bei manchen Retuschen brauchen Sie immer wieder neue Duplikate der schwebenden Auswahl – dazu ziehen Sie mit gedrückter Alt-Taste.

Tipp Während die Ebene noch schwebt, stören die Auswahllinien oft bei der Beurteilung. Verbergen Sie die Gebilde per Strg+H.

21.4.2 Das Transformierenwerkzeug

Sie können die schwebende Auswahl nicht nur durch Verschieben auf dem Gitternetz korrigieren. Schalten Sie bei Bedarf das Transformieren-Werkzeug des **Fluchtpunkt**-Dialogs ein (Tastenbefehl T); es bietet einige Funktionen des üblichen **Transformieren**-Befehls aus dem **Bearbeiten**-Menü:

Ziehen an den Eckpunkten vergrößert das Objekt, die ⇧-Taste wahrt dabei das Seitenverhältnis.

Ziehen außerhalb der Auswahl dreht Ihr eingefügtes Motiv.

Durch Ziehen innerhalb der Auswahl bewegen Sie Ihr Objekt.

In der Optionenleiste oben im Dialogfeld finden Sie zudem die Funktionen horizontales Spiegeln und vertikales Kippen.

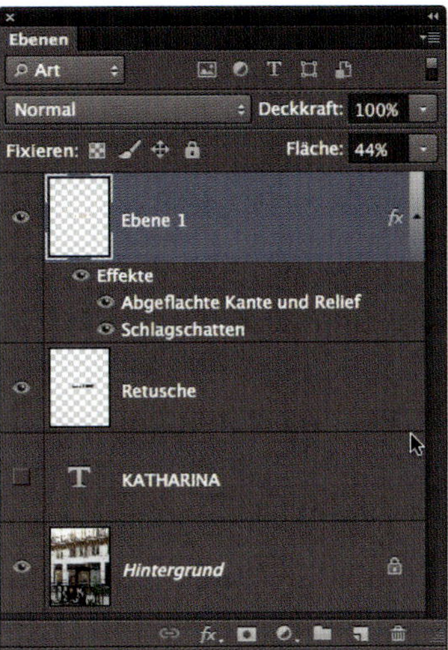

Abbildung 21.8 Sie möchten den Namen austauchen? So geht's: **Links:** Das Original. **Mitte:** Hier haben wir den Schriftzug ausgetauscht, die plastische Wirkung entsteht per Ebenenstil. Den originalen Schriftzug verdeckt die Ebene »Retusche«. **Rechts:** Wir legen eine normale Textebene über das Original. Während die Textebene noch aktiviert ist, wählen wir das Gesamtbild mit Strg+A aus und kopieren den Schriftzug mit Strg+C in die Zwischenablage. Bevor wir den Befehl »Fluchtpunkt« aufrufen, erzeugen wir über der Textebene eine weitere, leere Ebene, die aktiviert bleibt. Die Textebene blenden wir mit dem Augensymbol aus. Im Dialogfeld »Fluchtpunkt« wird ein Raster angelegt, danach fügen wir die Lettern ein und ziehen sie in die richtige Perspektive. Datei: Fluchtpunkt04.

21.4.3 Text einfügen

Per **Fluchtpunkt** setzen Sie auch Schriftzüge passgenau auf schräge Wände, Plakate, Packungen und Produkte. Aktivieren Sie eine Textebene, wählen Sie mit Strg+A alles aus und kopieren Sie die Lettern mit Strg+C in die Zwischenablage. Anschließend fügen Sie den Schriftzug im **Fluchtpunkt**-Dialog mit Strg+V wieder ein. Die originale Textebene wird dann per Klick auf das Augen-Symbol ausgeblendet.

Allerdings: Im Zielbild kommt der Text nicht mehr im Textmodus an, sondern wird in Pixel gerastert. Schriftart oder Wortlaut können Sie also nicht mehr ändern. Vergrößern oder verzerren Sie den Text, werden die Kanten unscharf oder pixelig. Da ist es eventuell sinnvoller, Lettern als Text oder Pfad zu behalten und dann zu verzerren.

Tipp Vergrößern Sie Ihre Textebene vor dem Kopieren; das ist verlustfrei. Müssen Sie den Schriftzug dagegen im Dialogfeld **Fluchtpunkt** vergrößern, erhalten Sie schnell entstellte Kanten.

Hat Ihre Textebene Effekte wie Farbfüllung oder Abgeflachte Kante und Relief? Die Effekte werden nicht mit ins Dialogfeld kopiert, die Lettern erscheinen schlicht mit der ursprünglichen Textfarbe. Auf verschiedene Arten bringen Sie die Effekte mit ins Spiel:

- Kopieren Sie den Ebenenstil vorab, um ihn später auf den Textzug anzuwenden.
- Legen Sie im Zielbild eine neue Ebene an, auf der der verzerrte Text landet. Dort wenden Sie die Ebeneneffekte an.

21.5 Objekt an Hintergrund angleichen

Mit verschiedenen Optionen oben im Dialogfeld passen Sie Objekte an den Hintergrund an. Das gilt für schwebende duplizierte oder eingefügte Objekte sowie für die Korrekturen von Kopierstempel und Pinsel:

- Die Weiche Kante sorgt für sanfte Übergänge - aber nur bei Auswahlen, die innerhalb des Dialogfelds entstanden sind. Sie können das ausgewählte, duplizierte Objekt auch verschieben und dann erst eine Weiche Kante einstellen. Legen Sie dagegen neue Objekte nicht im Dialogfeld an, sondern kopieren Sie diese über die Zwischenablage per Strg+V, funktioniert die Weiche Kante des **Fluchtpunkt**-Dialogs nicht; hier stellen Sie die **Weiche Kante** schon im Ausgangsbild her.
- Der Deckkraft-Regler lässt den Hintergrund nach Belieben durchscheinen.
- Das Reparieren-Klappmenü steht zunächst auf Aus, es gibt also keinen speziellen Überblendmodus. Die Luminanz-Vorgabe mischt nur die Lichter. Ein mischt Lichter, Schatten und Farbtöne, das schwebende Objekt fügt sich noch realistischer in den Untergrund ein.

Falls Sie eine neue Ebene angelegt haben, testen Sie geänderte Deckkraft, Füllmethoden wie Ineinanderkopieren, Hartes Licht, Farbe oder Luminanz sowie weiche Kanten bequem auch nachträglich per Ebenen-Bedienfeld. Legen Sie im Dialogfeld neue Pixel über neu angebauter weißer oder transparenter Fläche an, muss das Reparieren-Menü Aus anzeigen.

21.6 Die Werkzeuge

21.6.1 Stempelwerkzeug

Der Stempel im **Fluchtpunkt**-Dialog (Tastenbefehl S) funktioniert genauso wie der Kopierstempel aus Photoshops Werkzeugleiste:

1. Sie klicken bei gedrückter (Alt)-Taste einen Bildbereich ohne Störung an, der sich zum Überdecken des Fehlers eignet.
2. Dann klicken Sie in den Bildteil, den Sie retuschieren wollen - Photoshop überträgt die Pixel, die Sie zuvor bei gedrückter Alt-Taste markiert haben.

Die kopierten Bildpunkte werden perspektivisch angepasst. Richten Sie Durchmesser, Härte und Deckkraft nach Bedarf ein. Die Option Ausgerichtet bringt den Ausgangspunkt Ihrer Kopie jederzeit an den Punkt zurück, den Sie zuerst mit der Alt-Taste angeklickt haben - auch wenn Sie zwischenzeitlich von der Maustaste lassen. Das Reparieren-Klappmenü haben wir bereits oben behandelt.

21.6.2 Pinsel

Der Pinsel (Tastenbefehl B) malt perspektivisch ausgerichtet mit einer beliebigen Farbe. Das eignet sich zum Beispiel für wegknickende Schatten oder Handschriftliches auf geknicktem Untergrund. Die Farbe legen Sie mit dem Feld Pinselfarbe oben rechts fest. Alternative: Greifen Sie mit der eingebauten Pipette einen Farbton aus der Vorschau auf.

Abbildung 21.9 **Soll ein Bild erweitert werden, das eine Perspektive im Randbereich zeigt, hilft auch die »Inhaltssensitive Füllung« nicht weiter. Wir lösen das Problem über den »Fluchtpunkt«-Dialog. 1. Bild:** Ein Raster spannt sich großzügig über den gesamten Straßenzug, die unteren Bereiche, die ergänzt werden sollen, befinden sich ebenfalls im Raster. **2. Bild:** Wir kopieren das mittlere parkende Auto über das angeschnittene und passen es mit dem »Transformieren«-Werkzeug an. **3. Bild:** Die Bereiche rechts neben den parkenden Autos übertragen wir per Stempel in den zu füllenden unteren Bereich.

21.7 Bemaßung in Photoshop Extended-Version

In Photoshop Extended können Sie im **Fluchtpunkt**-Dialog zusätzlich Entfernungen messen. Dazu klicken Sie im Dialogfeld mit dem Messwerkzeug Anfangs- und Endpunkte einer Strecke ins Bild, deren Länge Sie kennen. Dann tragen Sie oben im Feld LÄNGE die Entfernung ein. Klicken Sie jetzt weitere Distanzen ab, blendet Photoshop automatisch Winkel und Längen ein.

Bequeme Alternative: Halten Sie das Messwerkzeug im **Fluchtpunkt**-Dialog über eine Fläche, so dass diese grün erscheint. Dann klicken Sie doppelt an dieser Stelle – Photoshop meldet die Außenmaße dieser Fläche. Klicken Sie mehrere Flächen an, um ein komplettes Messgerüst mit allen Kanten zu erhalten.

Die Option Messungen mit Raster verknüpfen erzeugt ein Raster, das sich an den Maßeinheiten orientiert – zum Beispiel ein Kästchen pro Längeneinheit. Überflüssige Messlinien klicken Sie mit dem Messwerkzeug an, dann folgt die [←]-Taste.

Tipp Fotografieren Sie je nach Motiv ein Lineal oder Maßband mit, um die Maße leichter in Photoshop übernehmen zu können.

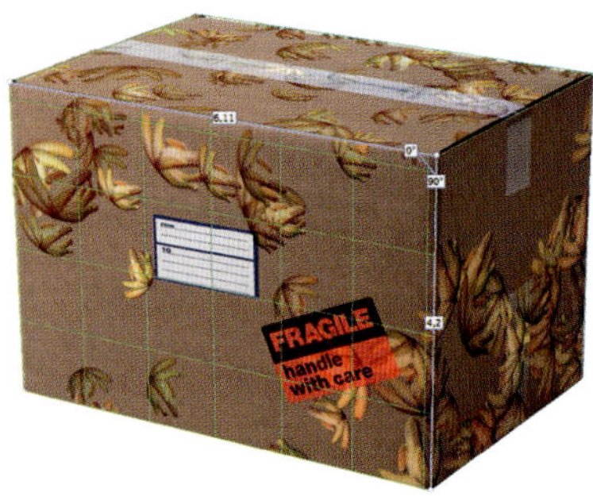

Abbildung 21.10 Photoshop Extended liefert im »Fluchtpunkt«-Befehl ein Messwerkzeug, mit dem exakte Bemessungen am Raster angebracht werden können.

21.7.1 Ausgabemöglichkeiten

Das Menü zum Dialogfeld bietet weitere interessante Möglichkeiten: So können Sie festlegen, dass nur eine einzelne Fläche bearbeitet wird oder dass die Bearbeitung über die Grenzen des Gittermusters hinausgehen darf. Außerdem:

- Der Befehl **Raster in Photoshop rendern** rechnet das Gittermuster direkt ins Bild.
- **Messungen in Photoshop rendern** setzt die Linien und Ziffern der Bemaßung ins Bild – auch gemeinsam mit dem **Raster**.

Wählen Sie die Vorgaben jedes Mal neu an. Die Ergebnisse sehen genauso aus wie Raster und Messlinien im Dialogfeld. Legen Sie vorab eine neue leere Ebene an, sonst landen die Linien direkt auf der Bildebene.

Der Befehl **3D-Ebene an Photoshop zurückgeben** erzeugt dagegen eine neue, spezielle 3D-Ebene: Dort blenden Sie die Seiten eines dreidimensionalen Objekts einzeln ein und aus. Außerdem können Sie in die Formate DXF, 3DS und VPE für After Effects exportieren.

Abbildung 21.11 In der Ausgabe Photoshop Extended bietet der »Fluchtpunkt«-Befehl zusätzliche Möglichkeiten zum Rendern und Exportieren.

Kapitel 22
Ebenen überblenden

Mischen und manipulieren Sie Ebenen vielseitig mit Mischmodi (Überblendverfahren), DECKKRAFT-Regler, Effekten und Ebenenstilen.

22.1 Deckkraft, Fläche und Mischmodus

Oben im Ebenen-Bedienfeld steuern Sie die Mischung der aktiven Ebene mit den darunterliegenden Ebenen: mit Reglern für DECKKRAFT und FLÄCHE sowie mit dem Einblendmenü für den Mischmodus (früher Füllmethode genannt), also für Überblendverfahren. Die Funktionen tauchen im Dialogfeld EBENENSTIL wieder auf. Alle drei Eigenschaften lassen sich gemeinsam als Ebenenstil speichern (Seite 756) und somit leicht auf andere Dateien übertragen.

22.1.1 Deckkraft

Der DECKKRAFT-Regler oben rechts im Ebenen-Bedienfeld macht eine Ebene mehr oder weniger blass, so dass der Untergrund durchscheint; niedrige Werte blenden eine Ebene nur blass in den Untergrund ein, 100 Prozent bedeutet volle Deckung. Freilich: Oft bringt nicht eine DECKKRAFT-Änderung, sondern nur ein anderer Mischmodus die gewünschte Wirkung.

Die Pixel auf der Ebene ändern sich durch eine DECKKRAFT-Regulierung nicht dauerhaft; sie werden nur anders dargestellt. Sie können völlig verlustfrei eine Ebene auf 30 Prozent Deckkraft stellen, speichern und dann wieder zu 100 Prozent zurückkehren. Verschmelzen Sie allerdings eine erblasste Ebene mit einer anderen, übertragen Sie nur blasse Pixel; die bekommen Sie nicht hundertprozentig wieder.

Tipp Den Übergang zwischen unterschiedlichen DECKKRAFT-Werten setzt Photoshop unkompliziert in einen Trickfilm um. Ebenen lassen sich also über einen Zeitabschnitt hinweg aus- oder einblenden.

Deckkraft ändern

Die Deckkraft für die aktivierte Ebene stellen Sie mit dem DECKKRAFT-Regler ganz oben im Ebenen-Bedienfeld ein. Ändern Sie auch mehrere ausgewählte Ebenen gleichzeitig. Alternative: ganz oben im Dialogfeld EBENENSTIL im Bereich ALLGEMEINER MISCHMODUS der DECKKRAFT-Regler.

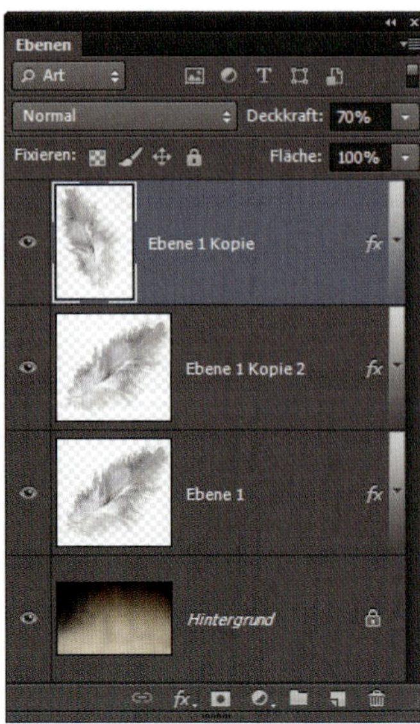

Abbildung 22.1 Sie sehen Beispiele für, von links, 100, 70 und 40 Prozent Deckkraft; der Schatteneffekt deckt mit 50 Prozent der Hauptebene. Als Mischmodus gilt jeweils »Normal«. Das Ebenen-Bedienfeld zeigt, dass die aktive Ebene 40 Prozent Deckkraft erhält. Sie können auch die Deckkraft mehrerer gewählter Ebenen gleichzeitig ändern. Datei: Deckkraft_01

Die Deckkraft-Werte ändern Sie zudem bequem über die Zifferntasten, sofern das Verschiebenwerkzeug oder ein Auswahlwerkzeug wie das Lasso aktiv sind: Tippen Sie 1 für zehn Prozent Deckkraft, 2 für 20 Prozent, 0 sorgt für 100 Prozent Deckkraft; auch Zwischenwerte von 01 bis 99 sind möglich, wenn Sie die Tasten schnell hintereinander erwischen.

Abbildung 22.2 **Links:** Die »Deckkraft« der weißen Textebene wurde auf 50 Prozent gesenkt, so dass sie nur blass erscheint. **Rechts:** Die Deckkraft steht auf 100 Prozent, doch der »Fläche«-Regler zeigt 0 Prozent. Die weiße Textfüllung verschwindet darum, stattdessen erscheint hier der Hintergrund. Die Schattierungen durch die Ebeneneffekte »Abgeflachte Kante« und »Schein nach außen« bleiben jedoch voll sichtbar. Datei: Deckkraft_02, Foto: bkindler, iStockphoto, #1775106

Achtung Ist ein Mal- oder Retusche-Werkzeug wie Pinsel oder Kopierstempel aktiv, dann korrigieren die Zifferntasten nicht mehr die Ebenen-Deckkraft. Stattdessen ändern Sie die Deckkraft dieser Werkzeuge. Auch wenn der Mauszeiger noch in einem Eingabefeld blinkt, etwa oben in den Werkzeugoptionen, ändern Sie die Deckkraft nicht per Tastatur.

22.1.2 Fläche

Die Fläche-Funktion ist nur interessant, wenn Sie Ebeneneffekte wie Schlagschatten oder Abgeflachte Kante und Relief verwenden. So ändern Sie den Fläche-Wert:

- Ziehen Sie im Ebenen-Bedienfeld am Fläche-Regler unter dem Deckkraft-Regler.
- Im Ebenenstil-Dialog klicken Sie links auf Fülloptionen: Standard oder Fülloptionen: Eigene, dann nehmen Sie rechts im Bereich Erweiterter Mischmodus den Deckkraft-Regler (nicht den Deckkraft-Regler ganz oben im Bereich Allgemeiner Mischmodus).

Die Fläche-Funktion blendet allein die in der Ebene dauerhaft vorhandenen Bildpunkte aus. Nicht ausgeblendet werden dagegen die Schattierungen von Ebeneneffekten wie Verlaufsüberlagerung, Kontur, Schlagschatten oder Abgeflachte Kante.

In unserem Beispiel verschwindet die weiße Farbe des Textobjekts. Die Auswirkung der Ebeneneffekte bleibt dagegen voll erhalten: Sie sehen auch weiterhin die Schattierungen der plastischen Kanten, den Schatten nach innen und die Abgeflachte Kante – eingeblendet in die darunterliegende Ebene.

Abbildung 22.3 **Links:** Die Fläche wurde auf 50 Prozent eingestellt, so dass die weiße Textfarbe schwach erhalten bleibt. Dazu kommt der Ebeneneffekt »Schatten nach innen«. **Rechts:** Wollen Sie den Hintergrund ausblenden und den Bildinhalt nur innerhalb der Schrift zeigen, legen Sie eine Schnittmaske an.

22.1.3 Mischmodus

Oben links im Ebenen-Bedienfeld steuern Sie den Mischmodus (früher die »Füllmethode«) für die aktivierte Ebene, auch für mehrere gewählte Ebenen gemeinsam; die Vorgabe lautet zunächst meist Normal. Per Mischmodus blenden Sie Ebenen einer Montage raffiniert übereinander. So erscheinen nur bestimmte Aspekte der Ebeneninformation im Gesamtbild – zum Beispiel nur Hell-Dunkel-Strukturen oder nur Farbwerte unabhängig von der Helligkeit. Simulieren Sie Überbelichtung oder übermalte Farben.

Die meisten Modi sind auch beim Malen und Retuschieren von Bedeutung, da Sie auch dort Bildpunkte übereinanderlegen. Ausführlich stelle ich die Mischmodi auf den folgenden Seiten vor. Spezielle Hinweise zum Malen finden Sie außerdem auf Seite 744. Die Eignung der Mischmodi für die Kontrastkorrektur zeigen unsere Tipps ab Seite 339.

Mischmodi auf einen Blick

Das Tableau zeigt alle Mischmodi auf einen Blick. Wir verwenden die Datei »Mischmodus_01« aus dem »Praxis«-Verzeichnis der Website zum Buch; wenn nicht anders erwähnt, beträgt die Deckkraft 100 Prozent. Weitere Beispiele für Mischmodi finden Sie auf den nächsten Seiten und im gesamten Buch.

Normal

Sprenkeln, 50% Deckkraft

Abdunkeln

Multiplizieren

Farbig nachbelichten

Linear nachbelichten

Dunklere Farbe

Aufhellen

Negativ multiplizieren

Farbig abwedeln

Linear abwedeln (Addieren)

Hellere Farbe

Ineinanderkopieren

Weiches Licht

Hartes Licht

Strahlendes Licht

Lineares Licht

Lichtpunkt

Hart mischen

Differenz

Ausschluss

Subtrahieren

Dividieren

Farbton

Sättigung

Farbe

Luminanz

Duplizierte Ebene mit Mischmodus

Wenn Sie die vorhandene Ebene duplizieren und die obere Kopie mit einem anderen Mischmodus ausstatten, ergibt sich – je nach Mischmodus – eine andere Bildwirkung. Wir zeigen Beispiele für diejenigen Mischmodi, die das Gesamtbild tatsächlich verändern. Foto: RichVintage, iStockphoto, #2342763

Normal

Multiplizieren

Farbig nachbelichten

Linear nachbelichten

Negativ multiplizieren

Farbig abwedeln

Linear abwedeln (Addieren)

Ineinanderkopieren

Weiches Licht

Hartes Licht

Strahlendes Licht

Lineares Licht

Hart mischen

Differenz

Ausschluss

Subtrahieren

Dividieren

22.1.4 Mischmodi im Einzelnen

Photoshops Mischmodi gelten für Malwerkzeuge, Füllwerkzeuge und Füllbefehle und die meisten treffen Sie im Ebenen-Bedienfeld beim Montieren wieder.

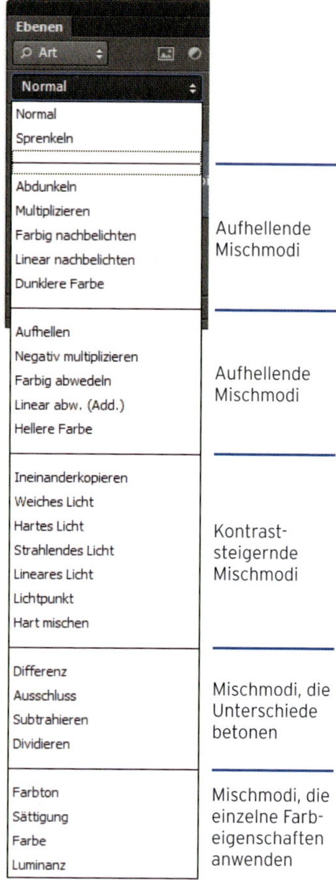

Abbildung 22.4 Die erste Gruppe der Mischmodi dunkelt das Gesamtbild ab, die zweite hellt es auf. Testen Sie Varianten: Passt »Multiplizieren« für Ihre Montage, dann wirkt »Farbig nachbelichten« vielleicht noch besser.

Normal

Dieser Mischmodus ist der Normal-Fall beim Malen und bei der Montage: Die unter dem Pinsel oder unter der Ebene liegenden Pixel werden komplett überdeckt, von den Tonwerten darunter bleibt nichts erkennbar (Tastaturbefehl ⇧+Alt+N).

Sprenkeln

Das Sprenkeln verteilt Farbe (oder Bildteile) pünktchenförmig über den Untergrund, abhängig von der Deckkraft (Kurztaste ⇧+Alt+I). Je weiter Sie die Deckkraft senken, desto weniger bleibt vom Originalbild sichtbar. Die Wirkung des Sprenkelns hängt aber wie immer auch von der Druckauflösung ab.

Die einzelnen Streusel fallen allerdings durch harten Rand unangenehm auf. Arbeiten Sie, wenn es etwas geschmeidiger aussehen soll, mit ausfransenden Pinselspitzen oder mit einer aufgerauten Ebenenmaske.

Abdunkeln und Aufhellen

Im Modus Abdunkeln setzt sich nur das Dunklere durch (Kurztaste ⇧+Alt+K). Damit montieren Sie Strichzeichnungen oder Unterschriften, die auf Weiß stehen, in andere Bilder – der weiße Hintergrund erscheint

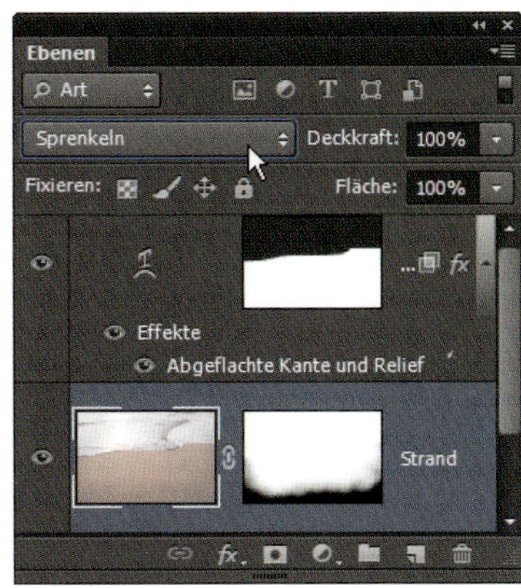

Abbildung 22.5 Die Sandebene wird durch eine weiche Ebenenmaske nach unten ausgeblendet. Weil wir den Modus auf »Sprenkeln« gesetzt haben, sorgt die Ebenenmaske hier nicht für weiche Ausblendung, sondern für den Streuseleffekt nach außen. Von der Textebene sind nur die per Ebeneneffekt gewölbten Kanten sichtbar; die Textfarbe selbst wird mit dem »Fläche«-Regler ausgeblendet. Die Ebenenmaske auf der Textebene blendet die Schrift unter den Wellen aus. Datei: Mischmodus_17

nicht im Gesamtbild. Im Farbmodus Lab funktioniert der Modus nicht. Alternative bei Ebenentechnik: die maßgenaue Ausblendung von Helligkeitsbereichen (Seite 751). Stärker wirkt Multiplizieren, genau umgekehrt das Aufhellen.

Beim Aufhellen setzt sich jeweils das Hellere durch; dort, wo die untere Ebene heller ist als die aktive Aufhellen-Ebene, ändert sich nichts (Kurztaste ⇧+Alt+G). Damit kann man etwa mehrere Alphakanäle übereinanderlegen, um Auswahlen zusammenzuführen – die weiß ausgesparten Auswahlbereiche bleiben allesamt erhalten. Der Modus Negativ multiplizieren bewerkstelligt das Aufhellen auf stärkere Art. Als Alternative bietet sich ein Ausblenden von Helligkeitsbereichen in Ebenentechnik an (Seite 751).

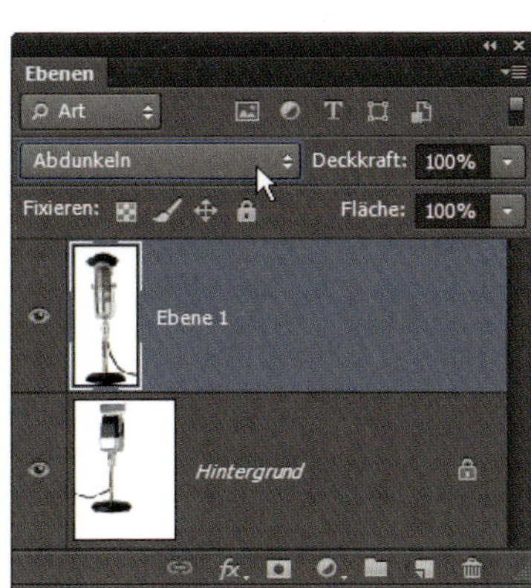

Abbildung 22.6 **Links:** Wir haben die zwei Objekte samt weißem Hintergrund übereinandergelegt; die untere Ebene wird so teilweise verdeckt. **Mitte, rechts:** Die rechte, obere Ebene erhält den Mischmodus »Abdunkeln«. Photoshop zeigt diese Ebene also nur dann an, wenn sie dunkler ist als darunterliegende Pixel; die weiße Umgebung kann sich über dem linken Motiv von der Hintergrundebene nicht mehr durchsetzen. Datei: Mischmodus_03

Tipp Gut zu wissen: Mit den Tastengriffen ⇧+- oder ⇧+0 spielen Sie die Mischmodi der Reihe nach durch. Mal- oder Retuschewerkzeuge dürfen zu dem Zeitpunkt nicht aktiviert sein.

Dunklere Farbe und Hellere Farbe

So ähnlich wie Aufhellen arbeitet Hellere Farbe - nur die hellere Farbe setzt sich durch. Anders als beim Aufhellen entstehen jedoch keine weiteren Farbtöne.

Ähnlich wie Abdunkeln wirkt Dunklere Farbe; hier setzt sich nur die dunklere Farbe durch. Im Gegensatz zu Abdunkeln entstehen keine neuen Farbtöne. Nutzen Sie Dunklere Farbe und Hellere Farbe auch für Einstellungsebenen wie die **Gradationskurven**, wenn Sie tatsächlich nur einen Teil des Helligkeitsspektrums verändern wollen.

Multiplizieren

Beim Multiplizieren werden die Farbwerte übereinanderliegender Bildpunkte multipliziert, das Bild dunkelt deutlich ab - als ob Sie mit Filzstiften mehrfach übereinandermalen oder zwei Dias übereinanderlegen und gemeinsam projizieren (Kurztaste ⇧+Alt+M). Je öfter Sie übermalen, desto dunkler wird es. Der Modus mischt Bildpunkte nach dem subtraktiven CMY-Schema: Montieren Sie Cyan auf Gelb, erhalten Sie Grün; Magenta und Gelb vereinen sich zu Rot. Pinseln Sie indes Hell auf Dunkel, ändert sich gar nichts.

Mit dem Multiplizieren wird Schatten angelegt - selbst dunkler Untergrund sinkt im Multiplizieren-Modus bei nur mittlerem Schattengrau noch mehr ab, doch Farben verschwinden nicht vollständig. Stark überbelichtete Fotos kopiert man per Multiplizieren mehrfach übereinander, um mehr Zeichnung zu erhalten (Seite 339). Auch geeignet, um Strichgrafik über farbige Untergründe zu montieren.

Abbildung 22.7 Dekorieren Sie Fotos mit einer Unterschrift oder Grafik - ohne kompliziertes Auswählen. **Links:** Wir fügen eine gescannte Unterschrift ein, ändern Größe und Kontrast und wählen den rechten Teil aus. Der Befehl »Ebene, Neu, Ebene durch Ausschneiden« hebt den Nachnamen auf eine separate »Ebene 2«, die wir dann noch verschieben. **Mitte, rechts:** Beide Teile der Unterschrift werden gemeinsam ausgewählt und erhalten zeitgleich den Modus »Multiplizieren«. So erscheint nur noch die dunkle Schrift über der »Hintergrund«-Ebene. Auch Grafik, Logos, Musiknoten und gescannte Zeilen bauen Sie so ein. Die Mischmodi »Abdunkeln« oder »Linear nachbelichten« wirken ähnlich. Datei: Mischmodus_05 etc.

Negativ multiplizieren

Der Modus Negativ multiplizieren hellt die Farben auf - wie zwei Spotlights oder Dias, die Sie übereinanderprojizieren (Kurztaste ⇧+Alt+S). Damit setzen Sie Spitzlichter oder montieren Feuerwerk in einen Nachthimmel. Simulieren Sie Überstrahlung, indem Sie das obere Duplikat einer Ebene mit Gaußschem oder Radialem Weichzeichner bearbeiten (Seite 526). Die Methode hieß früher Umgekehrt multiplizieren. Reicht die Wirkung nicht, nehmen Sie Farbig abwedeln.

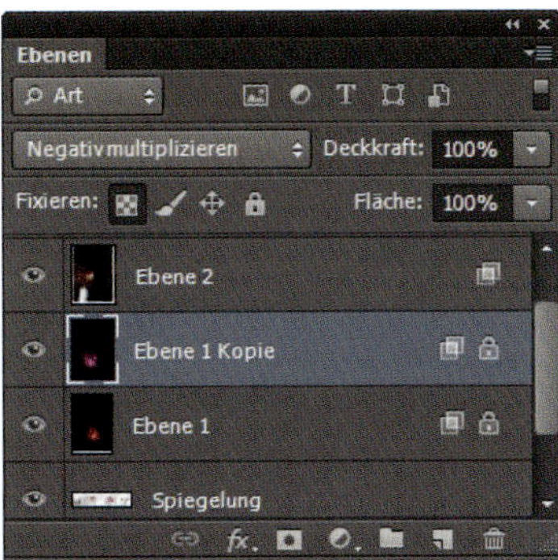

Abbildung 22.8 Die Feuerwerkdetails wurden mit den Mischmodi »Negativ multiplizieren« oder »Aufhellen« über den Nachthimmel gelegt. Nur das Hellere setzt sich durch. Zusätzlich haben wir Helligkeitsbereiche ausgeblendet. Datei: Mischmodus_04

Ineinanderkopieren

Der Modus Ineinanderkopieren hieß in einer früheren Version Überlagern; er multipliziert, abhängig von der Originalfarbe, die normalen oder die umgekehrten Farbwerte (Kurztaste ⇧+Alt+O). Mittlere Farbtöne werden geändert, Lichter und Schatten des Originals bleiben jedoch erhalten. Photoshop ersetzt die Originalfarbe nicht, sondern mischt sie mit dem Farbauftrag, um helle und dunkle Zonen zu erhalten. In experimentellen Situationen macht der Modus das Gesamtbild oft frischer und lebhafter, teilweise dem Harten Licht vergleichbar.

Die »Licht«-Methoden

Photoshop bietet eine Reihe von »Licht«-Methoden, die jeweils den Kontrast steigern:

- Weiches Licht simuliert das Beleuchten eines Bilds mit diffusem Licht: Ist die Malfarbe heller als 50 Prozent Grau, wird das Bild aufgehellt; ist die Malfarbe dunkler als 50 Prozent Grau, dunkelt Photoshop das Bild ab (Kurztaste ⇧+Alt+F). Am stärksten wirkt der Modus bei Schwarz und Weiß. Mehrfache Anwendung verstärkt den Effekt; oder nehmen Sie gleich die kräftigeren Alternativen Hartes Licht und Ineinanderkopieren.
- Hartes Licht wirkt stärker als Weiches Licht: Ist die Malfarbe heller als 50-prozentiges Grau, hellt Photoshop das Bild auf, indem er es mit den umgekehrten Farbwerten multipliziert (Kurztaste ⇧+Alt+H). Dunklerer Farbauftrag jedoch sorgt für ein deutliches Abdunkeln nach dem Schema des Modus Multiplizieren. Extreme Schatten und Lichter ändert dieser Modus stärker als die verwandten Methoden Weiches Licht und Ineinanderkopieren. Neutralgrau ändert sich nicht. Mit diesem sehr lebhaften Modus pinseln Sie Glanzlichter oder Schatten und sorgen für frische Farben bei Überblendungen. Hartes Licht und Weiches Licht eignen sich auch für Kontrastauffrischung (Seite 339).
- Strahlendes Licht sorgt durch »Abwedeln« oder »Nachbelichten« des Kontrasts für kräftige Auffrischung (Kurztaste ⇧+Alt+V). Ist die Füllfarbe heller als Neutralgrau, wird das Bild durch Kontrastverringerung stark aufgehellt; ist sie dunkler, erfolgt durch Kontrastabsenkung eine starke Abdunkelung. Extreme Schatten und Lichter ändern sich stärker als Mitteltöne. Strahlendes Licht eignet sich ebenso wie Lineares Licht für kraftvolle, attraktive Grafiken.

- LINEARES LICHT (Kurztaste ⇧+Alt+J) sorgt durch »Abwedeln« oder »Nachbelichten« der Helligkeit für Auffrischung. Ist die Füllfarbe heller als Neutralgrau, wird das Bild durch Steigerung der Helligkeit aufgehellt; ist sie dunkler, führt das zu einer Abdunkelung. Damit ähnelt die Methode dem STRAHLENDEN LICHT, steigert aber in sehr dunklen oder hellen Bereichen den Kontrast weniger und wirkt darum weniger auffällig.
- LICHTPUNKT ersetzt Farben (Kurztaste ⇧+Alt+Z). Ist die Füllfarbe heller als Neutralgrau, werden Bildpunkte ersetzt, die dunkler als die Füllfarbe sind, während hellere Bildpunkte unverändert bleiben. Ist die Füllfarbe dunkler als Neutralgrau, werden hellere Bildpunkte ersetzt.

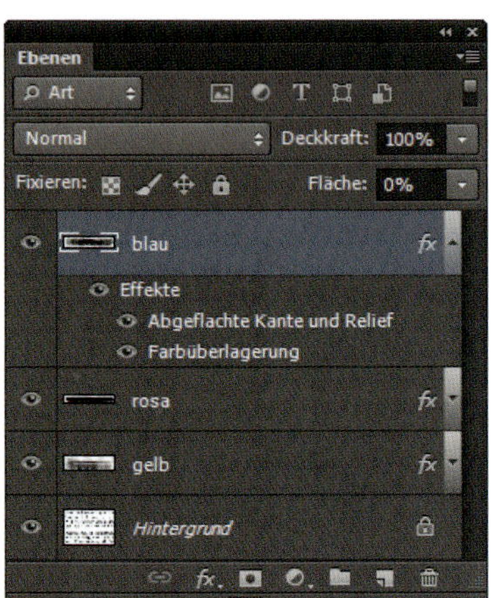

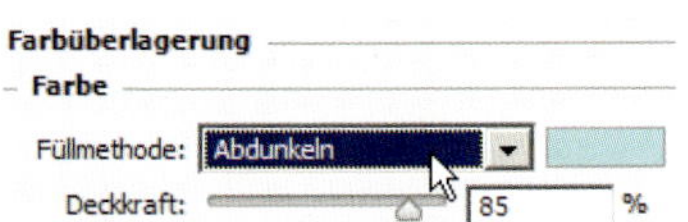

Abbildung 22.9 Wir malen die Striche mit Schwarz, die Leuchtfarbe entsteht durch den Ebeneneffekt »Farbüberlagerung«. Die »Fläche« der Ebene hat null Prozent Deckkraft. So verbirgt Photoshop die schwarzen Pixel, nur die Farbe des Effekts tritt in Erscheinung. Der Effekt »Farbüberlagerung« erhält im »Ebenenstil«-Dialog den Modus »Abdunkeln«, damit die schwarzen Buchstaben nicht überdeckt werden; für die Feinabstimmung sorgt der »Deckkraft«-Regler. Datei: Mischmodus_07

Hart mischen

HART MISCHEN lässt nur noch reine subtraktive und additive Grundfarben zurück (Kurztaste ⇧+Alt+L) und erzeugt so ein sehr plakatives Ergebnis, das stark an eine **Tontrennung**-Einstellungsebene erinnert (Seite 500).

Differenz

Der DIFFERENZ-Modus arbeitet Unterschiede zwischen zwei Ebenen heraus – nur komplett schwarze Resultate deuten auf identische Pixel in der oberen und unteren Ebene (Kurztaste ⇧+Alt+E) hin. Ebenso wie der verwandte AUSSCHLUSS-Modus funktioniert DIFFERENZ nicht im Lab-Farbmodus.

Mitunter sollen zwei teils identische Ebenen deckungsgleich übereinandergelegt werden; der DIFFERENZ-Modus zeigt akkurat, wann es passt. Sie können auch großzügige und engere Masken vergleichen und den Unterschied aus beiden als neue Maske verwenden.

Tipp Ähnlich wie DIFFERENZ signalisieren auch die Modi DIVIDIEREN und SUBTRAHIEREN Unterschiede und Gleichheit zwischen zwei Ebenen.

Ausschluss

Weicher als die Differenz arbeitet der Ausschluss (Kurztaste ⇧+Alt+X). Obenliegende weiße Pixel kehren die Werte der darunterliegenden Farbe um, Schwarz oben verändert nichts. Der Modus funktioniert nicht bei Lab-Vorlagen. Ausschluss wie Differenz eignen sich auch für grafische Experimente.

Subtrahieren

Der Mischmodus erzeugt meist eine starke Abdunkelung - häufig Schwarz - und dient auch als Alternative für Differenz (keine Kurztaste).

Subtrahieren eignet sich für grafische Effekte mit abdunkelnder Wirkung, spielt aber in üblichen Fotoaufgaben keine Rolle. Die umgekehrte Wirkung erzielen Sie mit Linear nachbelichten.

Dividieren

Beim Dividieren (früher Unterteilen) entsteht meist eine starke Aufhellung - häufig Weiß -, auch Ebenenunterschiede kommen kraftvoll heraus; Sie haben also eine weitere Alternative für Differenz (keine Kurztaste). Ähnlich wie Subtrahieren spielt auch Dividieren keine große Rolle in der üblichen Bildbearbeitung.

Abbildung 22.10 **1. Bild:** Die Vorlage. **2. Bild:** Wir duplizieren die Hintergrundebene und setzen den Mischmodus »Dividieren« ein. Das Bild erscheint zunächst komplett weiß. Ein »Gaußscher Weichzeichner« mit »Radius« 14 erzeugt eine helle Grafik. Gleichzeitig verstärken wir die Tiefen und damit den Kontrast per »Gradationskurven«. **3. Bild:** Hier der »Gaußsche Weichzeichner« mit dem »Radius« 60, die »Gradationskurven« bleiben unverändert. **4. Bild:** Dank Smart-Filter und Einstellungsebenen bleibt das Originalbild vollständig erhalten, Sie können Grafikwirkung und Kontrast weiter verändern. Aktion: Verfremdung - Grafik per Dividieren-Modus. Datei: Mischmodus_06

Die »Abwedeln«-Methoden

Abwedeln, das bedeutet bei Photoshop Aufhellen. Beide Methoden zeigen keine Wirkung mit Schwarz:

- Farbig abwedeln hellt die Untergrundfarbe auf, so dass die Malfarbe oder Ebene hell aufscheint (Kurztaste ⇧+Alt+D). Der Modus eignet sich für Leuchteffekte und bildet eine kraftvollere Alternative zu Negativ multiplizieren.

- LINEAR ABWEDELN (ADDIEREN) hellt die Ausgangsfarbe auf, um die Füllfarbe oder Ebene zu reflektieren (Kurztaste ⇧+Alt+W). Die hellsten Tonwerte steigen stärker als bei NEGATIV MULTIPLIZIEREN, die Kontraste fallen aber nicht so stark aus wie bei FARBIG ABWEDELN.

Die »Nachbelichten«-Methoden

Mit NACHBELICHTEN, also Abdunkeln, bietet Photoshop die folgenden Mischmodi, die bei Weiß keine Wirkung zeigen:

- FARBIG NACHBELICHTEN dunkelt die Untergrundfarbe ab, so dass die Malfarbe oder Ebene sich dunkel darüber mischt (Kurztaste ⇧+Alt+B); gleichzeitig wirken Farben kräftiger. Das Mischverfahren eignet sich für lebendig leuchtenden Farbauftrag, es wirkt bei Mitteltönen deutlicher als bei Schatten- oder Lichterwerten.
- LINEAR NACHBELICHTEN dunkelt die Ausgangsfarbe ab, um die Füllfarbe zu reflektieren (Kurztaste ⇧+Alt+A). Dieser Mischmodus verstärkt Farben weniger als FARBIG NACHBELICHTEN und wirkt insgesamt kraftvoller als MULTIPLIZIEREN. Die umgekehrte Wirkung erzielen Sie mit SUBTRAHIEREN.

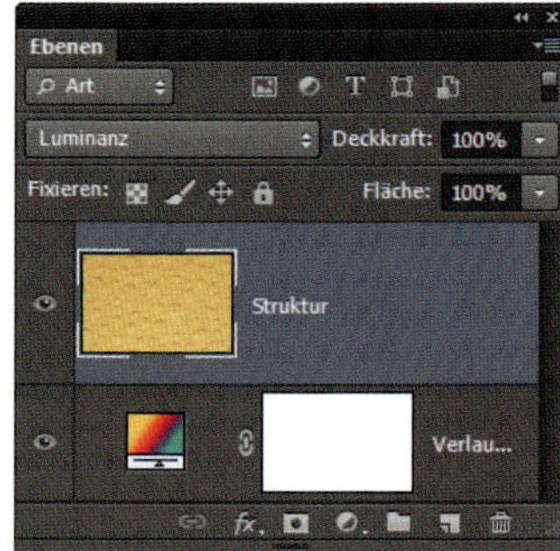

Abbildung 22.11 **Links:** Dieses Bildergebnis erreichen Sie identisch mit zwei unterschiedlichen Montagewegen. **Mitte:** Hier liegt der Verlauf über der Struktur; im Modus »Farbe« wirkt der Verlauf als reine Färbung, die Textur des Untergrunds bleibt erhalten. **Rechts:** Dasselbe Bildergebnis erhalten Sie, wenn sich die Struktur oben befindet und im Modus »Luminanz« überblendet wird; so überträgt Photoshop nur die Helligkeitsunterschiede, behält aber die Farbinformation des darunterliegenden Verlaufs. Datei: Mischmodus_10

Farbton

Mit dem FARBTON-Modus ändern Sie nur den Farbwert (Kurztaste ⇧+Alt+U), Helligkeit und Farbsättigung bleiben erhalten. Er eignet sich zum Umfärben bei Erhalt der Strukturen. Vergleichbar ist der Effekt mit der Option FÄRBEN im Dialogfeld des **Bild**-Befehls **Farbton/Sättigung** (Seite 469). Schwarz, Weiß und Graustufen ändern sich nicht. Wirkt FARBTON zu schwach, verwenden Sie FARBE.

Farbe

Der Mischmodus FARBE lässt nur die Helligkeit unverändert (Kurztaste ⇧+Alt+C). Sie wahrt Strukturen und Konturen des Untergrunds und eignet sich besonders zum Einfärben von Graustufenbildern (die Sie vorab in einen Farbmodus verwandeln). FARBE verfremdet stärker als der FARBTON-Modus.

Tipp Bei Graustufenbildern wird der Modus FARBE nicht angeboten. Wollen Sie Graustufenbilder umfärben, wandeln Sie diese zunächst in einen Farbmodus um, zum Beispiel per **Bild: Modus: RGB-Farbe**.

Sättigung

Der Modus Sättigung ändert nur das Verhältnis zwischen Grau- und Farbanteil in jedem Bildpunkt, Farbwert und Helligkeit bleiben unberührt (Kurztaste ⇧+Alt+T). Das Gesamtbild zeigt die Farbsättigung, aber nicht den Farbton, des oberen Bilds. Farbauftrag über völlig neutralen Bildbereichen verändert gar nichts. Grau im oberen Bild entfärbt einen bunten Hintergrund.

Luminanz

Der Luminanz-Modus bearbeitet nur die Helligkeit der Bildpunkte und bildet damit den Gegenpol zum Farbton-Modus: Hiermit übertragen Sie eine Struktur, also die Helligkeitswerte, ohne die Farbe zu ändern (Kurztaste ⇧+Alt+Y). Damit stanzen Sie Strukturen ins Bild.

Tipp Eine Einstellungsebene oder ein Smartfilter ändern ungewollt die Farben im Bild, obwohl Sie nur die Kontraste verbessern wollen? Dann stellen Sie den Mischmodus auf Luminanz um.

22.1.5 Helligkeitsbereiche ausblenden

Eine Alternative zu Mischmodi wie Abdunkeln oder Aufhellen bietet Photoshop im Ebenenstil-Dialog: Blenden Sie gezielt handverlesene Helligkeitswerte einer Ebene aus, zum Beispiel nur das Weiß eines Blatts Papier – was aber auf dem Papier geschrieben steht, bleibt weiterhin im Bild sichtbar. Dass Sie an den Helligkeitsbereichen geschraubt haben, signalisiert Photoshop auch durch ein Symbol neben dem Ebenennamen.

Abbildung 22.12 Die Zeitung lag zunächst voll deckend über dem Stadtfoto. Im Dialog »Ebenenstil« blenden wir die hellsten Töne von 255 bis 201 (das Papierweiß) aus. Der Effekt wirkt zunächst grob. Das Symbol rechts neben »Ebene 1« signalisiert, dass Helligkeitsbereiche geändert wurden. Datei: Effekte_17. Foto Zeitung: jgroup, iStockphoto, #4517396 (verändert)

So holen Sie sich den Ebenenstil-Dialog für die gewünschte Ebene: Klicken Sie im Ebenen-Bedienfeld doppelt auf die leere Fläche neben einer Ebenenminiatur (nicht auf den Ebenennamen und außer bei normalen Pixelebenen auch nicht auf die Ebenenminiatur).

Im EBENENSTIL-Dialog muss links der Balken FÜLLOPTIONEN aktiv sein. Konzentrieren Sie sich auf die Zone FARBBEREICH ganz unten in der Mitte. Möglichkeiten im Überblick:

- Sie blenden mit dem Regler DIESE EBENE einzelne Helligkeitsbereiche aus, zum Beispiel nur die Lichter.
- Mit dem Regler DARUNTERLIEGENDE EBENE sorgen Sie dafür, dass sich bestimmte Helligkeitsbereiche der darunterliegenden Ebenen in der aktuellen Ebene auf jeden Fall durchsetzen, zum Beispiel nur die Schatten.

Alles lässt sich verlustfrei zurücksetzen.

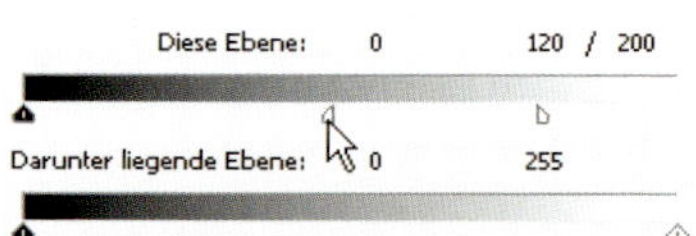

Abbildung 22.13 Wir ziehen bei gedrückter [Alt]-Taste am weißen äußeren Dreieck, so dass die Helligkeitswerte von 120 bis 200 halbdeckend im Gesamtbild erscheinen. Die Pixel der oberen Ebene gehen damit weicher in die darunterliegende Ebene über.

Abbildung 22.14 Um die dunkleren Partien des Hintergrunds komplett auszublenden, ziehen wir den schwarzen Regler des Bereichs »Darunterliegende Ebene« nach innen bis auf den Wert 100, dann ziehen wir die linke Hälfte dieses Reglers bei gedrückter [Alt]-Taste wieder zurück nach links auf den Wert 50. Dunkle Tonwerte von 0 bis 50 setzen sich vollständig gegenüber der darüberliegenden Ebene durch, zum Beispiel das Gebäude links.

Tipp Mischen sich die zwei Ebenen noch nicht perfekt, steigern Sie den Kontrast der oberen Ebene – auch, wenn Sie schon mit den Reglern für Diese Ebene und Darunter liegende Ebene gespielt haben.

The Daily News 50c

CITY FINAL VOL 32 NO.10

House Passes Trade Bill

Critics Site Troubles for Some Energy Producers/Manufacturers

The Daily News 50c

CITY FINAL VOL 32 NO.10

House Passes Trade Bill

Critics Site Troubles for Some Energy Producers/Manufacturers

Abbildung 22.15 Eine Alternative zum Ausblenden von Helligkeitsbereichen bieten Mischmodi. Bei diesen Beispielen haben wir die Regler für die Helligkeitsbereiche nicht verwendet. **Links:** Der Mischmodus »Abdunkeln« verbannt helle Pixel aus der oberen Ebene. Ähnlich, aber dunkler, wirkt das Ergebnis mit »Multiplizieren«. **Rechts:** »Ineinanderkopieren« sorgt für eine interessante Mischung mit Kontraststeigerung. Vorlage: Effekte_k

»Diese Ebene«

Der Regler Diese Ebene legt fest, welche Tonwerte sichtbar sind; nur Tonwerte innerhalb der beiden Regler erscheinen überhaupt in der Komposition. So blenden Sie zum Beispiel die hellen Bereiche aus: Ziehen Sie den rechten Regler für die hellen Tonwerte △ auf 200; damit werden nur die Tonwerte zwischen 0 und 200 übertragen, die Lichter zwischen 201 und 255 erscheinen nicht mehr in der Montage. So lässt sich schnell ein weißer Hintergrund ausblenden, etwa Papierweiß.

»Darunterliegende Ebene«

Der Regler Darunterliegende Ebene gibt an, welche Tonwerte der darunterliegenden Ebenen auf jeden Fall im Gesamtbild erscheinen – und zwar Tonwerte außerhalb des Reglerpaars. Schützen Sie zum Beispiel Konturen und Tieftöne auf der darunterliegenden Ebene vor Überdecken: Ziehen Sie den schwarzen, linken Regler bei Darunterliegende Ebene auf 100; damit zeigen sich die dunklen Tonwerte 0 bis 100 der tieferen Ebenen auf jeden Fall auch in der Ebene darüber.

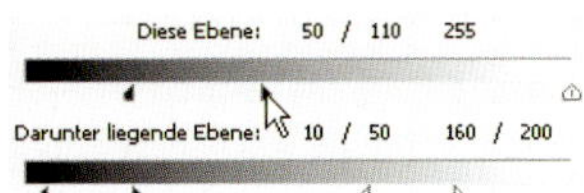

Abbildung 22.16 Die »Ebene 1« mit der Abflugtafel büßt sämtliche Tiefen von 0 bis 50 ein – der schwarze Hintergrund wird ausgeblendet. Von der unteren Ebene zwingen wir die dunklen Werte bis 50 nach vorne – so erscheinen die Silhouetten vor der weißen Schrift. Mit von der Partie sind auch die Lichter bis zum Wert 160, also einige Sonnenstrahlen. Datei: Mischmodus_13

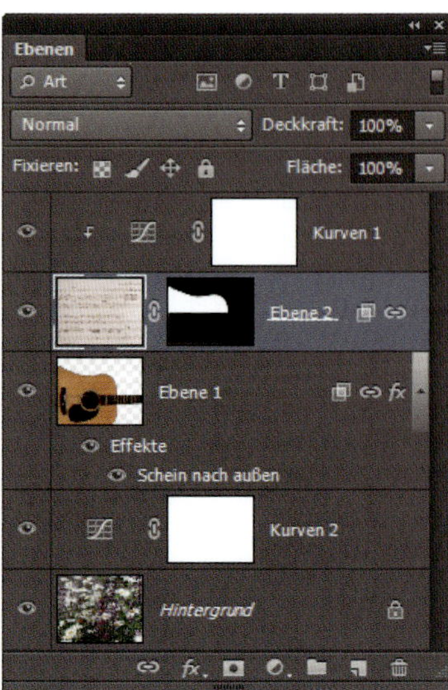

Abbildung 22.17 Wir blenden die dunkelsten Bildpunkte der Gitarre und die helleren Bereiche des Notenblatts aus. Einstellungsebenen passen die Kontraste auf einzelnen Ebenen so an, dass die beste Mischung entsteht. Datei: Mischmodus_14

Halbtransparente Bereiche

Die Überblendung lässt sich noch verfeinern. Denn Übergänge zwischen der aktuellen Ebene und dem Darunterliegenden geraten oft zu hart, wenn die Übertragung bei einem bestimmten Tonwert abrupt endet. Sie können darum einen Bereich von Tonwerten halbtransparent einrichten - hier nimmt die Deckkraft stufenlos ab oder zu. So geht's: Bewegen Sie eine Hälfte eines Reglerdreiecks mit gedrückter Alt-Taste; wenn Sie jetzt ziehen, bewegt sich nur das halbe Dreieck mit. Der Bereich zwischen den beiden Halb-Dreiecken wird halbtransparent übertragen.

Beschränken Sie zum Beispiel die Lichter der aktuellen Ebene, um hellen Hintergrund auszublenden, dann lesen Sie jetzt etwa eine Anzeige wie »120/200«. Das bedeutet: Die helleren Tonwerte zwischen 201 und 255 werden überhaupt nicht übertragen; Tonwerte zwischen 120 und 200 erscheinen abgeschwächt im Bild. Erst Tonwerte unter 120, bis herunter zu Schwarz, werden voll im Gesamtbild gezeigt. So vermeiden Sie hart abgerissene Kanten und erzeugen luftige Überblendungen.

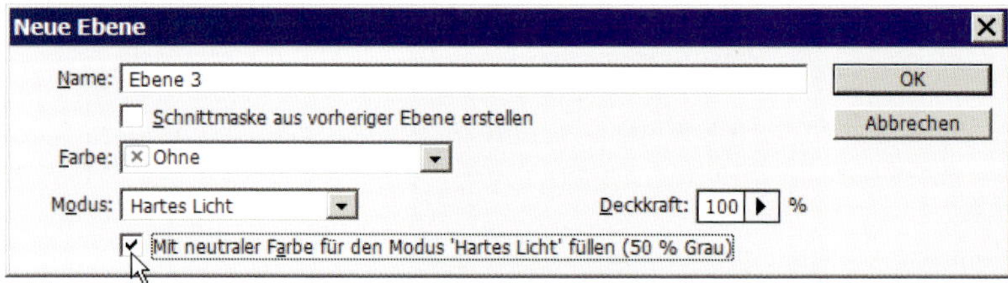

Abbildung 22.18 Schon wenn Sie eine neue Ebene anlegen, können Sie Mischmodus und eine Farbfüllung festlegen. Dazu klicken Sie die Schaltfläche »Neue Ebene erstellen« mit gedrückter Alt-Taste an. Hier nehmen wir den Mischmodus »Hartes Licht«; Photoshop bietet an, die Ebene sofort mit der »neutralen Farbe« zu füllen, in diesem Fall »50 % Grau«.

Tipp Ausblenden der Helligkeitsbereiche hilft nicht immer allein. Blenden Sie bei Bedarf auch Bildbereiche per Ebenenmaske aus (Seite 818) oder testen Sie die Mischmodi (Seite 744): Wollen Sie Helles ausblenden und nur Dunkles zeigen, nehmen Sie den Mischmodus ABDUNKELN. Soll Dunkles verborgen bleiben, prüfen Sie den Mischmodus AUFHELLEN.

22.1.6 Neutrale Farbe

Sie haben die Farbe Weiß auf einer Ebene mit abdunkelndem Mischmodus wie MULTIPLIZIEREN. Im Gesamtbild sehen Sie diese Farbe mit diesem Mischmodus nicht. Darum gilt Weiß als sogenannte NEUTRALE FARBE beim MULTIPLIZIEREN.

So verteilen sich die neutralen Farben:

Abdunkelnde Mischmodi wie MULTIPLIZIEREN	Weiß
Aufhellende Mischmodi wie NEGATIV MULTIPLIZIEREN	Schwarz
Kontraststeigernde Mischmodi wie INEINANDERKOPIEREN	Grau

Was das bringt? Sie können zum Beispiel **Körnung**, **Beleuchtungseffekte** oder **Blendenflecke** nicht direkt auf die Bilddatei, sondern auf eine geschützte Ebene darüber anwenden. Legen Sie eine neue leere Ebene an, die Sie per **Bearbeiten: Flächen füllen** mit einer bestimmten Farbe füllen – der sogenannten NEUTRALEN FARBE für den verwendeten Mischmodus. Dieser neutrale Tonwert allein ist im Gesamtbild unsichtbar. Wenn Sie jetzt den Filtereffekt auf die neutrale Ebene anwenden, erscheint nur der Filtereffekt im Gesamtbild, zum Beispiel die Körnung oder das Spotlicht. Diese neutrale Ebene können Sie nun verschieben, vergrößern, verkleinern, kontrast- oder farbkorrigieren; diese Möglichkeiten haben Sie mit einem (ebenfalls verlustfreien) Smartfilter nicht.

Tipp Besonders flexibel drehen und verschieben Sie den Filtereffekt auf der neuen Ebene, wenn Sie die Ebene mit der neutralen Farbe vorab weit über die Bildgrenzen hinaus ausdehnen.

22.2 Ebenenstil und Ebeneneffekte

Mit den Ebeneneffekten aus dem Dialogfeld EBENENSTIL stellen Sie Ebenenbereiche verändert dar: Sie wenden Konturen, Farb- oder Musterfüllungen, plastische Kanten oder Schatten auf die Ebenen an. Alle Änderungen lassen sich jederzeit umgestalten, verbergen, abschaffen, auf andere Ebenen übertragen und en bloc als Stil speichern; die ursprüngliche Ebene bleibt voll erhalten. Effekte wie SCHLAGSCHATTEN oder ABGEFLACHTE KANTE sind nichts anderes als Rechentricks, die Photoshop nur vorübergehend über die unveränderte Datei blendet – ebenso wie geänderte Mischmodi oder DECKKRAFT lassen sich auch die Ebeneneffekte verlustfrei zurücksetzen.

Abbildung 22.19 Die »Ebene 1« erhielt den Mischmodus »Hartes Licht«, die »neutrale Farbe« Grau (und wurde in ein Smartobjekt verwandelt); reines Neutralgrau ist damit im Bild nicht sichtbar. Dann wenden wir die »Blendenflecke« auf die »Ebene 1« an. Die Lichtreflexe lassen sich so umfärben, verschieben, skalieren oder spiegeln. Datei: Mischmodus_11

22.2.1 Ebenenstil

Eine Kombination mehrerer Ebeneneffekte zusammen mit den Vorgaben der Fülloptionen für Deckkraft, Mischmodus oder Aussparung (ab Seite 739) bezeichnet man als »Stil« oder »Ebenenstil«. Sie können diesen Stil speichern und unkompliziert auf andere Ebenen in beliebigen Bildern übertragen. Der Hersteller liefert bereits fertige Stile mit. So verwendet der Stil Farbziel (Schaltfläche), den Sie ganz vorn im Stile-Bedienfeld finden, die Ebeneneffekte Schlagschatten, Abgeflachte Kante und Relief, Verlaufsüberlagerung und Kontur.

Manche Stile blenden die »Fläche«, also die Pixelfüllung, aus, andere überlagern die »Fläche« mit Farbe oder Strukturen; genauso gut kann die »Fläche« - im Beispielbild eine CD -, mehr oder weniger sichtbar bleiben.

Ebenenstil anwenden

So wenden Sie einen gespeicherten Ebenenstil an:

- Aktivieren Sie die gewünschte Ebene im Ebenen-Bedienfeld und klicken Sie einen Stil im Stile-Bedienfeld an - die Ebene erscheint sofort verändert, im Ebenen-Bedienfeld sehen Sie eventuell veränderte Mischmodi und neue Ebeneneffekte.
- Ziehen Sie die Stilminiatur auf eine Ebene im Ebenen-Bedienfeld. Ziehen Sie bei gedrückter ⇧-Taste, um bereits vorhandene Ebeneneffekte, die nicht im Stil enthalten sind, beizubehalten; aktuelle Effekte, die der Stil auch enthält, werden durch den Stil ersetzt.

Abbildung 22.20 Die aktive Ebene enthält als »Fläche« nur das freigestellte Foto einer CD. Sie wird aber durch Ebeneneffekte wie »Schatten nach innen«, »Schein nach innen« oder »Glanz« ausgestaltet; die Effekte sind im Bedienfeld zu erkennen und bilden mit weiteren Merkmalen wie »Deckkraft« und Mischmodi den sogenannten »Ebenenstil« oder »Stil«. Datei: Effekte_01

- Ziehen Sie die Stilminiatur auf Bildpunkte in der Datei – die oberste Ebene erhält diesen Stil. Ziehen bei gedrückter ⇧-Taste wahrt auch hier bereits vorhandene Effekte.
- Klicken Sie die Ebenenminiatur mit rechts an (am Mac mit gedrückter Ctrl-Taste) und gehen Sie auf **Fülloptionen**. Wählen Sie in der Leiste links die oberste Vorgabe Stile. Das Dialogfeld erhalten Sie bei normalen Pixelebenen auch nach Doppelklick auf die Miniatur (nicht bei Textebenen und Smartobjekten).
- Erstellen Sie eine Formebene mit einem Werkzeug wie Linienzeichner oder »Eigene Form«, verwenden Sie also in der Optionenleiste die Vorgabe Form. Damit erscheint das Klappmenü Stil in der Optionenleiste.

Abbildung 22.21 Der Klick auf ein Symbol im Stile-Bedienfeld reicht: Schon hat die aktuelle Ebene einen neuen Stil, also eine Kombination aus Effekten wie »Schlagschatten«, »Abgeflachte Kante« etc. Neue Stilsammlungen laden Sie über das Bedienfeldmenü nach.

Ebenenstil speichern

Eine gelungene Kombination von Effekten und Mischmodi lässt sich leicht als eigener Stil speichern und immer wieder verwenden. Am einfachsten ist es, wenn Sie das Dialogfeld Ebenenstil nicht mehr benötigen – dann klicken Sie einfach im Stile-Bedienfeld auf die Schaltfläche Neuer Stil; wollen Sie das Dialogfeld Neuer Stil sehen, drücken Sie wie immer zusätzlich die Alt-Taste.

Photoshop bietet einen weiteren Weg aus dem Dialogfeld Ebenenstil heraus:

1. Klicken Sie doppelt rechts neben eine Miniatur im Ebenen-Bedienfeld.
2. Stellen Sie im Dialogfeld Ebenenstil die gewünschten Ebeneneffekte und Mischmodi zusammen.
3. Klicken Sie auf die Schaltfläche Neuer Stil rechts oben.
4. Geben Sie im Dialogfeld Neuer Stil einen Namen an und klicken Sie auf OK. Sie entscheiden hier separat, ob der Stil Informationen über Ebeneneffekte und über die Ebenenfüllung enthalten soll.

Der neue Stil steht fortan dauerhaft in der aktuellen Stilebibliothek parat. Das Menü zum Stile-Bedienfeld erreichen Sie wie immer über die Schaltfläche rechts oben. Hier bietet Photoshop auch viele weitere interessante Stilesammlungen an, die Sie in die aktuelle Bibliothek laden können.

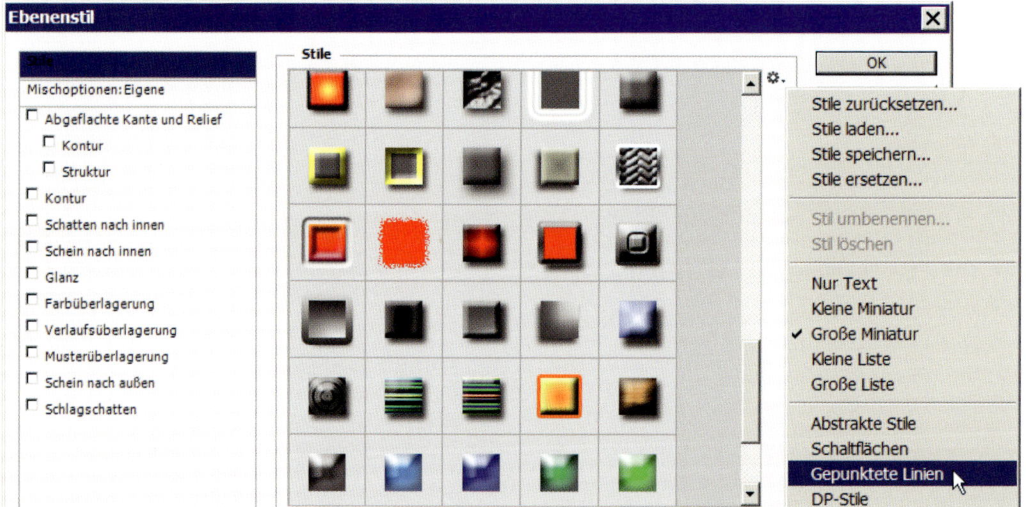

Abbildung 22.22 Klicken Sie im Ebenenstildialog links oben auf »Stile«, können Sie auch hier Stile zuteilen, speichern und nachladen. Praktisch: Mit den Optionen für einzelne Effekte wie »Schlagschatten« oder »Musterüberlagerung« verfeinern Sie die Wirkung sogleich.

22.2.2 Ebeneneffekte anlegen, verbergen, löschen

Photoshop bietet viele Wege, um Ebeneneffekte neu anzulegen:

- Der universelle Weg für alle Ebenentypen: Klicken Sie im Ebenen-Bedienfeld doppelt rechts in das leere Feld neben der Miniatur – aber nicht auf den Ebenennamen. Damit erscheint das Dialogfeld Ebenenstil, in dem Sie einzelne Effekte oder komplette Stile auswählen.
- Ebenfalls für alle Ebenentypen gilt: Klicken Sie mit rechts in die Ebenenminiatur und wählen Sie **Fülloptionen** im Kontextmenü. Der Ertrag: wiederum das Dialogfeld Ebenenstil.
- Übliche Pixelebenen, aber nicht Smartobjekte, Form- oder Textebenen: Klicken Sie doppelt direkt auf die Miniatur der gewünschten Ebene.

- Alle Ebenentypen außer Smartobjekte: Gibt es Ebenen- oder Vektormasken, klicken Sie doppelt rechts neben der Maskenminiatur, aber nicht auf den Ebenennamen.
- Wählen Sie mit der Schaltfläche Ebenenstil hinzufügen *fx* unten im Ebenen-Bedienfeld einen Effekt aus.
- Klicken Sie auf einen Stil im Stile-Bedienfeld.

Die neuen Effekte werden in der Effekteleiste unter der jeweiligen Ebene genannt. Überdies erscheint neben dem Ebenennamen das Effektesymbol *fx*. Mit dem Dreieck ▷ neben dem Effektesymbol klappen Sie die Auflistung der Effekte auf oder zu.

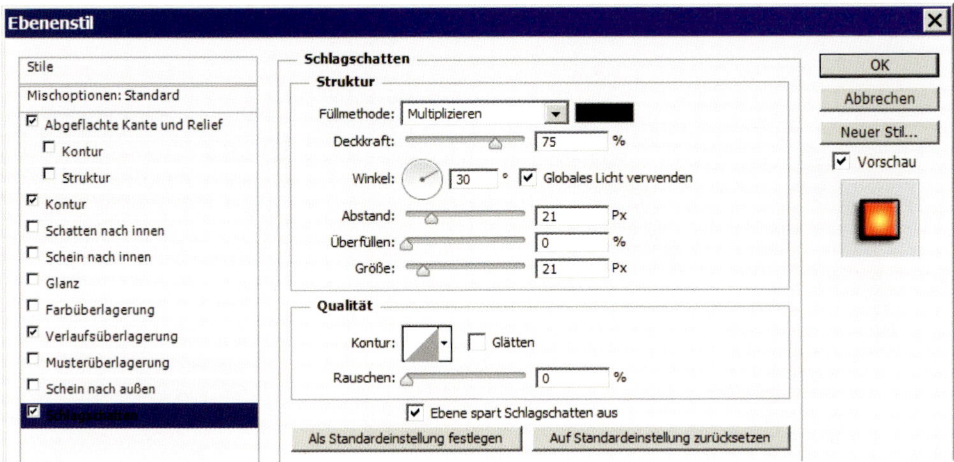

Abbildung 22.23 Photoshop zeigt die Einstellmöglichkeiten für Effekte im Dialogfeld »Ebenenstil«. Sie erkennen in der Leiste links, dass sich der aktuelle Ebenenstil aus den Effekten »Schlagschatten«, »Abgeflachte Kante«, »Verlaufsüberlagerung« und »Kontur« zusammensetzt. In der Mitte sehen Sie die Regelmöglichkeiten für den momentan geöffneten Effekt »Schlagschatten«.

Effekte bearbeiten

Wollen Sie einen vorhandenen Effekt bearbeiten? Unter anderem gibt es diese Wege:

- Klicken Sie doppelt auf den Effekte-Schriftzug unter der Ebene oder auf den Balken für einen Einzeleffekt wie Schlagschatten.
- Bei normalen Pixelebenen, aber nicht bei Form- oder Textebenen oder Smartobjekten, klicken Sie doppelt auf die Miniatur.
- Klicken Sie mit rechts auf das Effektesymbol *fx* oder auf die Ebenenminiatur und wählen Sie **Fülloptionen**.
- Wählen Sie die Effekte-Schaltfläche *fx* unten im Ebenen-Bedienfeld.

Effekte verbergen 👁

So verbergen Sie Effekte, ohne sie zu löschen:

- Mit dem Augensymbol 👁 neben dem Effektnamen blenden Sie einen einzelnen Effekt aus, ohne ihn zu löschen.
- Klicken Sie wie üblich mit gedrückter Alt-Taste ins Auge, um nur diesen einen Effekt zu sehen und alle anderen auszublenden. Ein erneuter Alt-Klick zeigt wieder alle Effekte an.

- Klicken Sie im Ebenen-Bedienfeld auf das Augensymbol neben der Überschrift Effekte, um alle Effekte mit einem Klick zu verbergen.
- Entfernen Sie das Häkchen neben dem Effekt im Dialogfeld Ebenenstil. Stellen Sie den Effekt später in bekannter Form wieder her.

Effekte löschen

Wenn Sie endgültig genug von einem Effekt haben, ziehen Sie ihn in den Mülleimer. Sollen alle Effekte gleichzeitig verschwinden, ziehen Sie den Effekte-Balken in den Mülleimer. Auch per Palettenmenü lassen sich **Alle Effekte löschen**. Weitere Möglichkeit: Klicken Sie im Stile-Bedienfeld auf das Symbol Stil entfernen. Das entsorgt ebenfalls alle Effekte der aktuellen Ebene; dabei verschwindet wohlgemerkt kein gespeicherter Stil aus dem Bedienfeld.

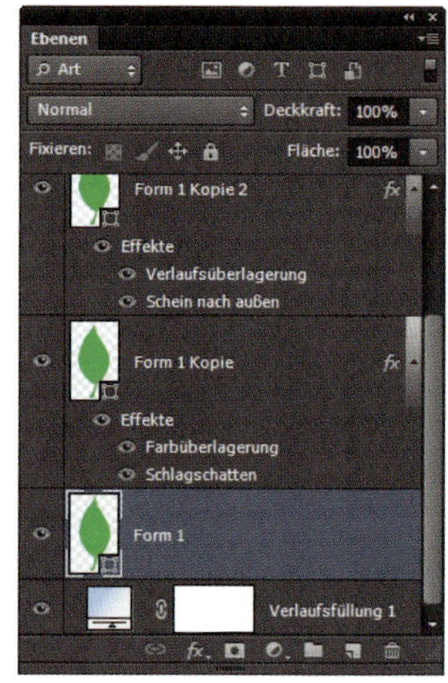

Vorlage: Ebene Form 1 in Effekte_02a	Farbüberlagerung, Schlagschatten	Verlaufsüberlagerung, Schein nach außen	Musterüberlagerung

Standardeinstellung festlegen

Beim Aufruf des Ebenenstil-Dialogs für unbearbeitete Ebenen bietet Photoshop die Effekte zunächst immer gleich an: So hat der Schlagschatten 75 Prozent Deckkraft, die Kontur erscheint schwarz und drei Pixel breit. Sie aber würden lieber von Anfang an andere Einstellungen sehen.

Die können Sie auch leicht einrichten:

1. Bearbeiten Sie eine Ebene mit dem Ebenenstil-Dialog und öffnen Sie den Effekt, den Sie dauerhaft neu einrichten möchten, zum Beispiel die Kontur.
2. Bei unbearbeiteten Ebenen soll Photoshop die Kontur immer weiß, mit 5 Pixel Grösse und Innen-Einstellung anbieten. Richten Sie also genau diese Werte ein, die Sie in der täglichen Arbeit öfter brauchen.
3. Die Werte für den Effekt Kontur passen? Klicken Sie auf Als Standardeinstellung festlegen.

Jetzt gilt:

- Sie bearbeiten eine Ebene ohne vorhandenen Kontur-Effekt. Photoshop bietet immer zuerst Ihre Standardeinstellung an, hier also Weiß in fünf Pixel Breite.
- Die Ebene hat schon einen Kontur-Effekt oder Sie haben andere Werte eingerichtet? Richten Sie ganz leicht wieder Ihre Wunschwerte ein, mit der Schaltfläche Auf Standardeinstellung zurücksetzen.

Tipp Sehr bequem speichern Sie bestimmte Vorgaben für Effekte auch als »Stil« im Stile-Bedienfeld (s.o.) – auch wenn Sie nur einen einzigen Effekt wie KONTUR verwenden. Solche Vorgaben stehen dann mit einem schnellen Klick zur Verfügung.

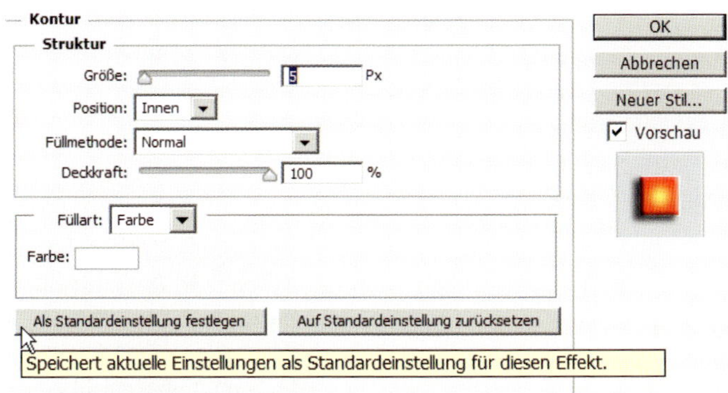

Abbildung 22.24 Speichern Sie die Werte für einen Effekt als »Standardeinstellung«. Photoshop bietet die Vorgabe dann automatisch an, wenn Sie eine noch unbearbeitete Ebene gestalten.

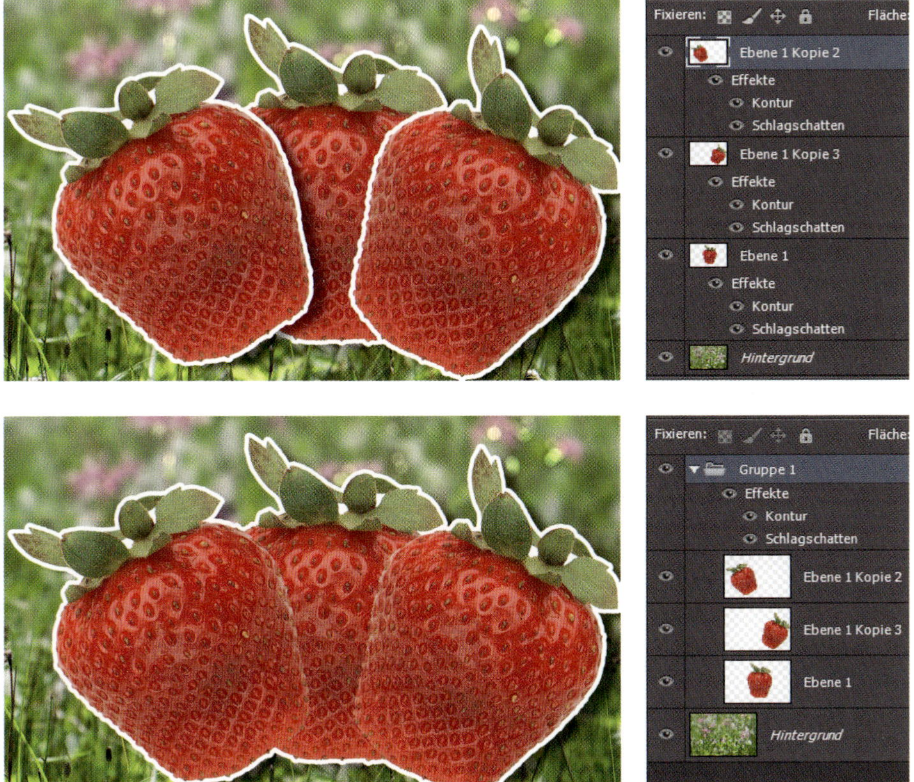

Abbildung 22.25 **Oben:** Jede Ebene wurde einzeln mit den Effekten Kontur und Schlagschatten bearbeitet. **Unten:** Die Ebenen wurden in einer Gruppe angelegt, die Gruppe bekam die Effekte »Kontur« und »Schlagschatten«. So erscheinen die Effekte nur außen um die Gruppe herum, die gruppierten Ebenen werden wie eine Einzelebene behandelt. Datei: Effekte_20

22.2.3 Effekte übertragen

Übertragen Sie Ebeneneffekte bequem per Kopieren und Einfügen oder durch Ziehen. Bei Bedarf gestalten Sie mehrere »verbundene« Ebenen (Seite 682) mit einem einzigen Klick neu. Auch eine Ebenengruppe (Seite 684) lässt sich mit Effekten ausstatten.

Effekte durch Kopieren übertragen

Kopieren Sie Effekte einer Ebene, um sie auf andere Ebenen zu übertragen. Suchen Sie im Ebenen-Bedienfeld die Miniatur derjenigen Ebene, die bereits geeignete Effekte besitzt. Dann klicken Sie mit der rechten Maustaste rechts neben der Miniatur auf das Effektesymbol *fx* und wählen **Ebenenstil kopieren**.

Danach aktivieren Sie die Ebene, die Sie auf die gleiche Art verändern wollen, klicken mit rechts neben den Ebenennamen und verwenden **Ebenenstil einfügen**. Wählen Sie mehrere Ebenen aus und dann **Ebenenstil einfügen**, peppen Sie gleich mehrere Ebenen auf.

Diese und andere Befehle gibt es wie zu erwarten auch im Menü zum Ebenen-Bedienfeld und im Untermenü **Ebene: Ebenenstil**. Bildteile, die Sie in die Zwischenablage kopiert haben, werden durch das Kopieren der Effekte nicht entfernt. Der Befehl **Bearbeiten: Entleeren: Alle** berührt den Speicher der Ebeneneffekte nicht.

Schatten nach innen, Kontur	Schein nach innen (Mitte)	Schein nach innen (Kante)	Glanz

Effekte durch Ziehen übertragen

Ziehen Sie die Effekte einfach durch den Photoshop:

- Einzeleffekt kopieren: Drücken Sie zuerst die Alt-Taste, alsdann ziehen Sie den Einzeleffekt über eine andere Ebenenminiatur - so kopieren Sie den Effekt, die ursprüngliche Ebene behält ihr Aussehen.
- Einzeleffekt verschieben: Ziehen Sie den Namen des Einzeleffekts im Ebenen-Bedienfeld über eine andere Ebenenminiatur. So verschieben Sie den Effekt auf diese Ebene, er verschwindet aus der ursprünglichen Ebene.

Diese zwei Möglichkeiten gibt es auch für den kompletten Ebenenstil, also die Zusammenstellung aller Effekte: Halten Sie die Alt-Taste gedrückt, dann ziehen Sie die Überschrift EFFEKTE im Ebenen-Bedienfeld über eine andere Ebenenminiatur. Die Ebene erhält sämtliche aufgelisteten Effekte, die Ursprungsebene bleibt, wie sie war. Soll der Effekt bei der neuen Ebene landen und aus der ursprünglichen Ebene verschwinden? Dann verzichten Sie auf die Alt-Taste.

Sie können die EFFEKTE-Überschrift oder einen Einzeleffekt aus dem Ebenen-Bedienfeld auch über ein anderes Bild ziehen; damit erhält die oberste Ebene an der Stelle, an der Sie loslassen, den Einzeleffekt oder den Ebenenstil. Die ursprüngliche Ebene bleibt ganz die alte.

Tipp Wenn Sie ein Objekt mit Ebeneneffekten per Auswahlwerkzeug auswählen, in die Zwischenablage kopieren und in einem neuen Bild einfügen, so erscheint es am Ziel ohne jeden Ebeneneffekt. Abhilfe: Ziehen Sie das Objekt mit dem Verschiebenwerkzeug, aber ohne jede Auswahl, in das neue Bild; so nehmen Sie die Ebeneneffekte mit. Oder ziehen Sie die Ebenenminiatur aus dem Bedienfeld über das Zielbild.

Abbildung 22.26 Die Reihe zeigt »Stile« des Effekts »Abgeflachte Kante und Relief«. **Von links nach rechts:** »Abgeflachte Kante innen«, »Abgeflachte Kante außen«, »Relief« und »Relief an allen Kanten«. Nur »Abgeflachte Kante innen« bezieht die darunterliegende Ebene nicht mit ein. Datei: Effekte_15

22.2.4 Effekte in Einzelebenen verwandeln

Wie gesagt: Die Schatten und Kanten sind zunächst nichts als ein Rechentrick; die vorhandenen Bildpunkte erscheinen zwar verändert – Sie können die Effekte selbst aber nicht mit Pinsel oder **Transformieren**-Befehlen bearbeiten.

Bei Bedarf verwandeln Sie die Effekte jedoch in normale, frei korrigierbare Pixelebenen; nutzen Sie den Befehl **Ebene: Ebenenstil: Ebenen erstellen**. Dabei entstehen neue, mit Pixeln gefüllte Ebenen; sie tragen Namen wie SCHLAGSCHATTEN FÜR EBENE 1; sie sind oft klein, halbtransparent, mit Überblendverfahren wie dem MULTIPLIZIEREN ausgestattet und in Schnittmasken organisiert. Allerdings erhalten Sie mitunter keine perfekte Nachbildung des ursprünglichen Effekts.

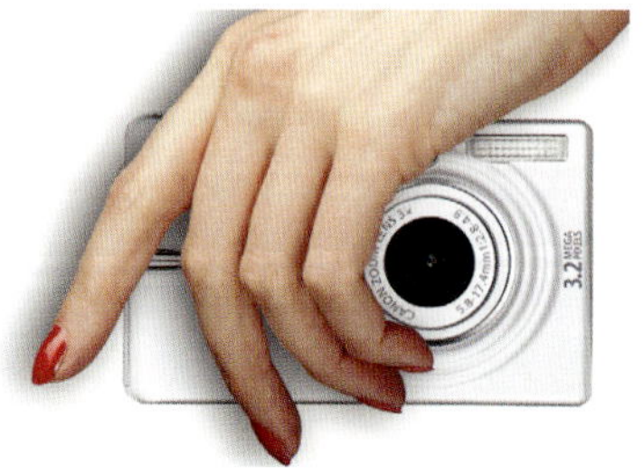

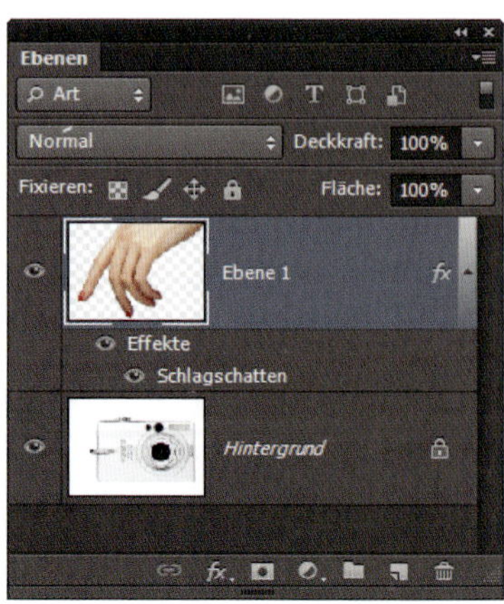

Abbildung 22.27 **Links:** Die Montage hat zunächst keinen Schatten. **Mitte, rechts:** Die Hand erhält einen »Schlagschatten«-Effekt. Der Schatten zeigt sich aber nicht nur auf der Kamera, sondern ungewollt auch auf dem weißen Hintergrund und reißt dort unschön ab. Datei: Effekte_03

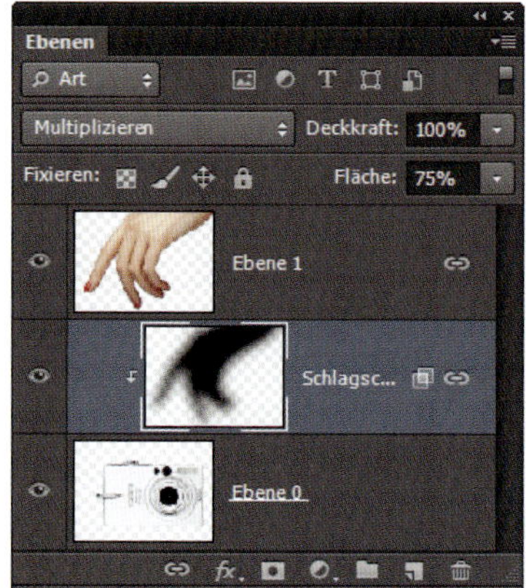

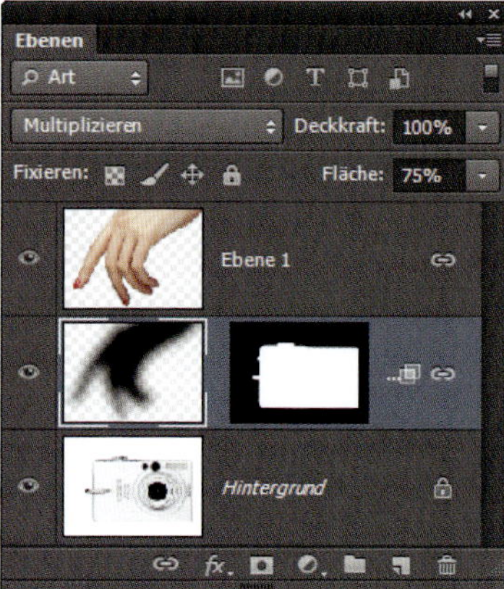

Abbildung 22.28 Der Befehl »Ebenen erstellen« hat den Schlagschatten in eine Einzelebene verwandelt. **Linkes Bedienfeld:** Das weiße Umfeld der Kamera wurde entfernt. Eine Schnittmaske (Seite 834) zeigt den Schatten nur noch innerhalb der Kamera. **Rechtes Bedienfeld:** Diese Montagen liefern das gleiche Bildergebnis. Wir steuern die Sichtbarkeit der Schattenebene hier durch eine nicht verbundene Ebenenmaske. In beiden Montagen wurden Hand und Schatten verbunden, man kann sie gemeinsam bewegen, drehen oder skalieren.

Gründe für Einzelebenen

In diesen Situationen möchte man die Ebeneneffekte auf konventionellen, separaten Ebenen haben:

- Sie wollen die Montage mit getrennten Ebenen an ein Programm weitergeben, das zwar Photoshop-Ebenen anzeigt, aber nicht die Ebeneneffekte.
- Sie wollen die **Effekte** in einer Weise ändern, die mit dem Dialogfeld nicht möglich sind. Vielleicht möchten Sie den Schatten perspektivisch verzerren oder die Flutlichtstrahler der **Beleuchtungseffekte** über ein 3D-Objekt legen.
- Schlagschatten oder Schein nach aussen sollen nur einzelne Bereiche der darunterliegenden Ebenen abdecken, aber nicht überall gleichermaßen sichtbar sein.

Tipps zum Befehl »Ebenen erstellen«

Die Einzelebenen ragen unter Umständen aus dem sichtbaren Bildbereich heraus - zum Beispiel ein Schlagschatten oder ein Schein nach aussen, den Sie weit ausgedehnt haben. Doch selbst wenn die separate Schattenebene, die mit dem Befehl **Ebene erstellen** entsteht, nur zur Hälfte im Bild ist: Photoshop speichert in den Formaten PSD, TIFF und PDF auch die unsichtbaren Teile mit. Erweitern Sie die Arbeitsfläche passgenau mit dem Befehl **Bild: Alles einblenden.**

Und Vorsicht: Die neuen Ebenen, die per **Ebenen erstellen** entstehen, sind mit der Ursprungsebene nicht verbunden (Seite 682). Das heißt: Bewegen oder skalieren Sie eine dieser Ebenen, verharren alle anderen, zugehörigen Ebenen an ihrem Platz. Sie verschieben ein Objekt, doch der Schatten klebt fest - die Bildwirkung zerbricht. Sie sollten also die Ebenen verbinden, indem Sie in die Verbindenleiste des Ebenen-Bedienfelds klicken, so dass Sie das Verbindensymbol ⛓ sehen. Alternativ fassen Sie das Motiv und seinen Schatten als Gruppe oder Smartobjekt zusammen.

Tipp Verwandeln Sie eine neue Schlagschatten-Ebene sofort in ein Smartobjekt (**Filter, Für Smartfilter konvertieren**). So lassen sich Weichzeichnungen oder Verzerrungen jederzeit verlustfrei annullieren.

Ebeneneffekte mit aktueller Ebene verschmelzen

Sie können alle Ebeneneffekte auch dauerhaft in die aktuelle Ebene einbrennen - also nicht auf drumherum liegende Pixelebenen verteilen. Die Bildwirkung verändert sich fürs Auge nicht, doch technisch erhalten Sie eine Ebene ohne Effekte, Sie können den Effekt also nicht mehr im Ebenenstil-Dialog verfeinern. Dazu wählen Sie **Ebene: Rastern: Ebenenstil**.

Wollen Sie mehrere Ebenen mit Effekten gleichzeitig so verarbeiten, nehmen Sie den Befehl **Datei: Skripten: Alle Ebeneneffekte reduzieren.** Der Befehl knöpft sich generell alle Ebenen einer Datei vor, Sie können keine Auswahl treffen.

Andere Situation: Sie haben die »Effekte«-Ebene bereits per **Ebenen erstellen** in Einzelebenen zerlegt. Wählen Sie diese Ebenen gemeinsam im Bedienfeld aus, dann nehmen Sie **Ebene: Auf eine Ebene reduzieren** (ebenfalls Strg+E).

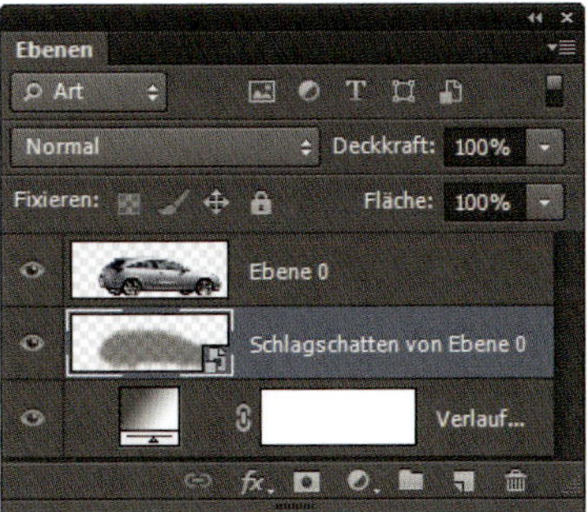

Abbildung 22.29 Möchten Sie einen Schatten unabhängig von der Ebene drehen oder verzerren, verwandeln Sie ihn mit dem Befehl »Ebene erstellen« in eine übliche Ebene und dann in ein Smartobjekt. Hier starten wir das Transformieren mit Strg+T und neigen den Schatten durch Ziehen nach links unten bei gedrückter Strg-Taste. Datei: Effekte_04

22.2.5 Konturoptionen

Die Ab- oder Zunahme eines Effekts steuern Sie über die Gradationskurven für Kontur oder Glanzkontur im Ebenenstil-Dialog. Bei Schein oder Schlagschatten steuern Sie per Kontur-Option die Verteilung der Hell-Dunkel-Zonen – Sie legen zum Beispiel weiche Übergänge, harte Stufen oder Ringe an. Ähnlich verändern Sie auch beim Effekt Abgeflachte Kante und Relief die Lichter und Schatten auf den plastischen Kanten; im Unterbereich Kontur dieses Effekts regeln Sie die Berg- und Talverteilung per Kontur-Kurven. Der Schein nach aussen verteilt sich je nach Kontur-Variation auf mehrere Ringe.

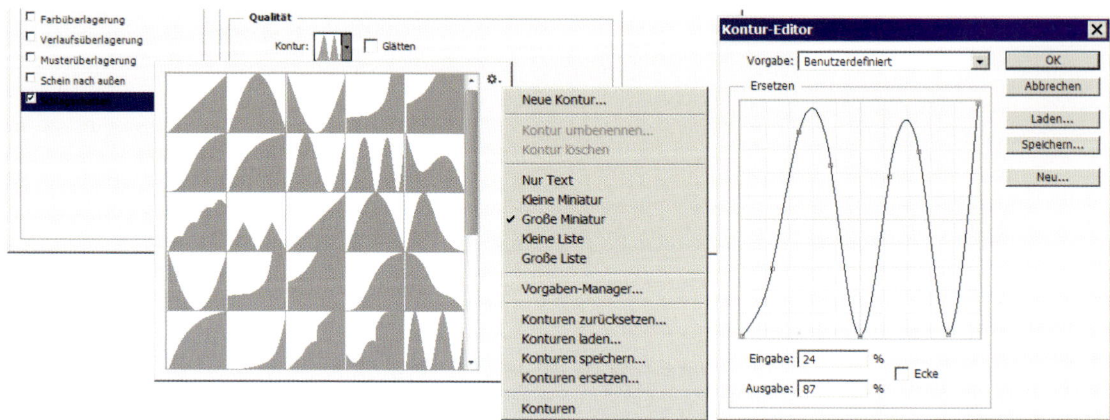

Abbildung 22.30 Mit den »Kontur«-Vorgaben bestimmen Sie, wie gleichmäßig sich ein Effekt verändert. Photoshop liefert verschiedene »Konturen« mit, im »Kontur«-Editor formen und speichern Sie die Kurve. Über den Menüschalter der Konturenbibliothek laden Sie den »Konturen«-Satz mit weiteren Varianten nach.

»Kontur« verändern

Voreingestellt ist zunächst außer beim Glanz die lineare 45-Grad-Kurve – sie steht für gleichmäßige Veränderung. So ändern Sie die Kontur:

- Klicken Sie auf das Dreieck ▼, um andere Kontur-Kurven aus der Bibliothek zu laden.
- Klicken Sie auf die Gradationskurve neben Kontur – einmal reicht –, um im Kontur-Editor die Kurve von Hand zu formen. Die Option Ecke verwandelt weiche in harte Übergänge.

Tipp So testen Sie die Konturen bequem durch: Öffnen Sie den Konturenwähler mit dem Dreieck ▼ und klicken Sie einmal auf die erste Kontur links oben, so dass sie angewendet wird. Jetzt wechseln Sie mit der ⇥ nach und nach zu allen weiteren Vorgaben.

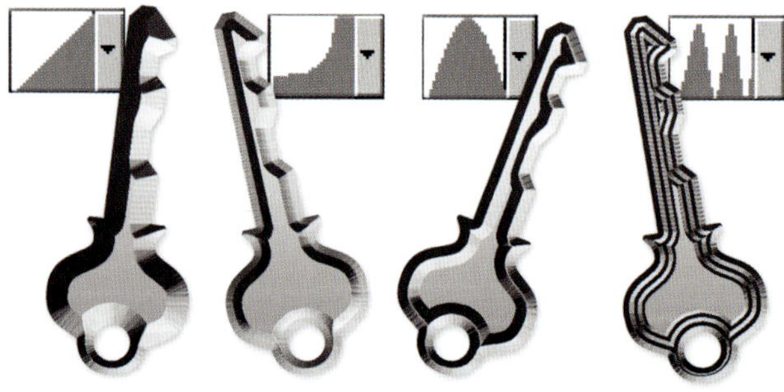

Abbildung 22.31 Die Reihe zeigt den Ebeneneffekt »Abgeflachte Kante und Relief« mit den Optionen »Abgeflachte Kante innen« und »Weich meißeln«. Im Unterbereich »Kontur« haben wir verschiedene »Kontur«-Kurven gewählt, **von links nach rechts:** »Linear«, »Einbuchtung - stark«, »Kegel« und »Doppelter Ring«. Vorlage: Effekte_06

22.2.6 Optionen für »Muster«

Nicht nur die Musterüberlagerung, auch Kontur sowie Abgeflachte Kante und Relief im Bereich Struktur bieten Muster an. Hier greifen Sie auf die aktuelle Musterbibliothek zu. Folgende Optionen haben Sie:

- Klicken Sie auf das Symbol Neue Vorgabe aus aktuellem Muster erstellen, um die aktuelle Mustereinstellung dauerhaft zu sichern.
- Ziehen Sie bei geöffnetem Ebenenstil-Dialog über der Datei, um das Muster zu bewegen. Setzen Sie das Muster bei Bedarf mit der Schaltfläche An Ursprung ausrichten zurück.
- Bewegen Sie die Ebene, bewegt sich normalerweise die Musterfüllung mit. Wählen Sie die Option Mit Ebene verbinden jedoch ab, schieben Sie die Bildpunkte der Ebene quasi über das feststehende Muster; der sichtbare Musterinhalt ändert sich. Die Option An Ursprung ausrichten lässt das Muster exakt in der linken oberen Bildecke beginnen, sofern Sie Mit Ebene verbinden abwählen. Dies ist vor allem interessant, wenn Sie keine diffusen Strukturen, sondern zum Beispiel Schriften oder Logos als »Muster« nutzen.
- Per Skalierung steuern Sie die Größe des Musters.

Achtung Ein »Muster« wirkt bei einer Skalierung von genau 100 Prozent gestochen scharf. In allen anderen Größen kommt es zu leichter Weichzeichnung, besonders entstellend wirken Werte deutlich über 100 Prozent. Das fällt bei diffusen Mustern weniger auf als bei Mustern mit klaren Konturen.

22.2.7 Weitere gemeinsame Aspekte der Ebeneneffekte

Die folgenden Aspekte gelten für mehrere oder alle Ebeneneffekte.

Globaler Lichteinfall

Zu vielen Effekten wählen Sie eine Lichtrichtung und Sie norden bei Bedarf alle Effekteebenen innerhalb einer Ebene und gleichzeitig innerhalb einer Datei auf die gleiche Lichtrichtung ein – dies besorgt die Option Globalen Lichteinfall verwenden. Allerdings stellten die Programmierer keinen Zusammenhang zu Filtern wie **Beleuchtungseffekte** oder **Mit Struktur versehen** oder zu den **3D**-Funktionen der Extended-Version her, die ebenfalls Licht und Schatten verteilen.

Bewegen Sie also bei einer Ebene den Schatten, wird er sich bei allen anderen Ebenen mitdrehen. Und auch die Licht- und Schattenseiten eines Reliefs an allen Kanten passen sich an. Ziehen Sie eine effektbeladene Ebene in eine andere Datei, die schon Ebeneneffekte enthält, verpasst Photoshop dem Neuankömmling den bereits herrschenden Globalen Lichteinfall.

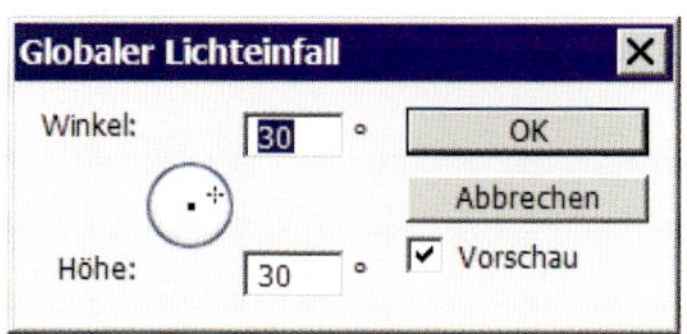

Abbildung 22.32 Der Befehl **»Ebene: Ebenenstil: Globaler Lichteinfall«** ändert den Lichteinfall in allen Ebenen einer Datei. Nicht nur der Winkel steht hier zur Disposition, sondern auch die Höhe: Ein niedriger Höhe-Wert erzeugt härtere Übergänge zwischen Licht- und Schattenseiten.

Ebeneneffekte skalieren und verzerren

Beim Drehen oder Spiegeln einer Ebene voller Effekte bleiben Licht- und Schattenfall konstant: Ein Schatten rechts unten verharrt rechts unten – auch wenn Sie die Ebene um 180 Grad drehen oder horizontal spiegeln.

Wichtiger jedoch: Skalieren Sie das Objekt per **Transformieren**, so behalten Schatten- oder Kanteneffekte stur ihr definiertes Pixelmaß. Das heißt: Eine Kante, die fünf Pixel breit definiert wurde, misst auch nach einer 200-Prozent-Verkleinerung der Ebene fünf Pixel Breite. Das heißt weiter, die Wirkung des Effekts im

Vergleich zum Objekt ändert sich: Eine vormals schmale Kante, ein bis dato dezenter Schatten stechen nach einer Verkleinerung der Ebene deutlicher hervor.

Beim Befehl **Bild: Bildgröße** mit der Option Interpolationsverfahren haben Sie dagegen die Wahl:

- Verzichten Sie auf die Vorgabe Stile skalieren, geht es den Effekten wie beim **Transformieren**: Die absolute Größe wird nicht angetastet, die Ausdehnung relativ zu einer vergrößerten oder verkleinerten Ebene ändert sich dagegen.
- Schalten Sie Stile skalieren ein, wird nicht nur die Pixelzahl verringert oder heraufgerechnet; gleichzeitig ändern sich auch die Pixel-Vorgaben für Schlagschatten und Co. Der Effekt wirkt nach einer Verkleinerung oder Vergrößerung der Ebene nicht relativ größer oder kleiner als zuvor.

Wollen Sie alle Effekte auf einen Schlag verstärken oder verkleinern? Dies erledigt der Befehl **Ebene: Ebenenstil: Effekte skalieren.**

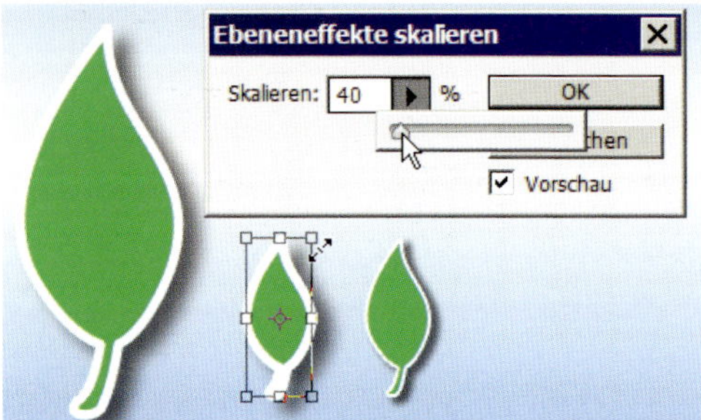

Abbildung 22.33 **Mittlere Figur:** Wir transformieren das Objekt auf 40 Prozent seiner Größe. Doch die Pixelwerte für »Kontur« und »Schlagschatten« verringern sich nicht mit; darum wirken die Effekte im verkleinerten Objekt relativ größer als zuvor. **Rechte Figur:** Mit dem Befehl »Effekte skalieren« senken wir die Effektgröße auf 40 Prozent; so schlagen die Effekte nicht stärker durch als im Original. Vorlage: Effekte_02c

Weitere wiederkehrende Optionen

Diese Möglichkeiten gibt es jeweils bei mehreren Ebeneneffekten:

- Ein Klick auf das Farbfeld öffnet jeweils den Farbwähler, mit dem Sie eine neue Farbe etwa für Schlagschatten oder Schein nach aussen herauspicken; Sie können die Farbe bei geöffnetem Farbwähler auch aus der Bilddatei aufnehmen.
- Verschiedene Effekte bieten Farbverläufe an, neben der Verlaufsüberlagerung etwa auch Kontur oder die Schein-Funktionen. Das Dreieck ▼ ermöglicht den Zugriff auf die aktuelle Bibliothek mit Verläufen, ein Doppelklick auf den Verlaufsbalken öffnet das Dialogfeld Verlauf bearbeiten.
- Das Glätten sorgt nur bei komplexen Figuren für geringfügige Verbesserung.
- Die Störung bricht den Farbauftrag in weniger deckenden Bereichen von Schein oder Schlagschatten nach Art des Mischmodus Sprenkeln streuselig auf und sorgt für eine rauere Wirkung.
- Die Vorgabe Überfüllen bestimmt, um wie viel größer ein Schein oder ein Schatten gegenüber dem eigentlichen Objekt ist, bevor der Effekt weichgezeichnet wird. Unterfüllen verkleinert Schatten nach innen oder Schein nach innen, bevor die Effektebene weichgezeichnet wird. Prüfen Sie jeweils die Wechselwirkung mit dem Grösse-Regler.
- Eine Alternative zu den Effekten Farbüberlagerung, Musterüberlagerung oder Verlaufsüberlagerung könnte eine entsprechende Füllebene sein (Seite 846), eventuell in Verbindung mit Vektormaske, Ebenenmaske oder Schnittmaske.
- Den Übergang zwischen zwei Vorgaben für einen Ebeneneffekt verwandeln Sie in einen Trickfilm – lassen Sie Verläufe schillern, Konturen und plastische Kanten anschwellen, Lichter und Schatten wandern.

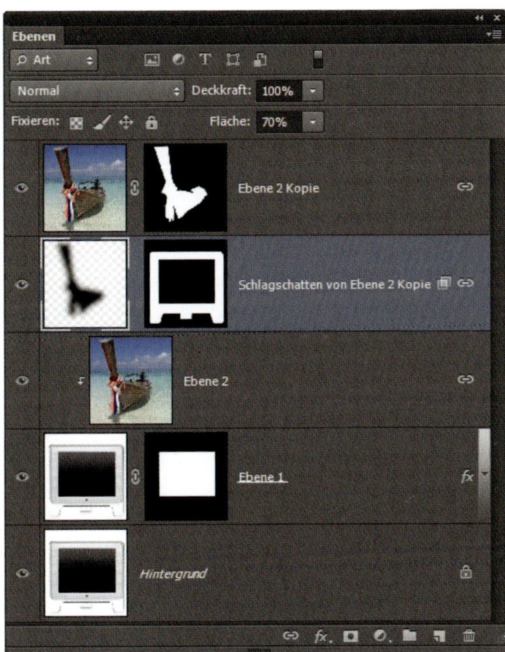

Abbildung 22.34 Der Schlagschatten gehörte zur »Ebene 2 Kopie«. Er wurde per »Ebene erstellen« auf eine eigene Ebene gelegt. Eine Ebenenmaske sorgt jetzt dafür, dass der Schatten nur über dem Monitor erscheint, aber nicht auf dem weißen Hintergrund und im inneren Bild. »Ebene 2 Kopie« und deren Schatten-Ebene sind verbunden. Wir haben jedoch die Verbindung zwischen Maske und Schatten aufgehoben; so lassen sich Boot und Schatten synchron verschieben, die Maske verharrt aber wie erforderlich auf der Stelle. Datei: Effekte_05

22.2.8 »Schlagschatten«

Lernen Sie die Ebeneneffekte nun einzeln kennen. Ich bespreche hier nur noch Funktionen, die in den vorhergehenden, übergreifenden Absätzen noch nicht vorkamen. Bildbeispiele für Ebeneneffekte finden Sie quer durchs Buch.

Zusammen mit Abgeflachte Kante und Relief und Schatten nach Innen gehört der Schlagschatten zu denjenigen Effekten, die plastische, dreidimensionale Wirkung erzeugen. Winkel und Distanz des Schattens regeln Sie nicht nur per Dialogfeld: Bei geöffnetem Schlagschatten-Bereich im Ebenenstil-Dialog ziehen Sie den Schatten einfach in Position. Dämpfen Sie den Schatten mit dem Deckkraft-Regler und experimentieren Sie mit dem Verhältnis von Überfüllen zu Grösse. Für eine lebhaftere Wirkung über farbigen Hintergründen probieren Sie direkt im Dialogfeld die Mischmodi Ineinanderkopieren und Farbig nachbelichten, jeweils bei deutlich reduzierter Deckkraft.

In aller Regel nutzen Sie dabei die Option Ebene spart Schlagschatten aus. Denn manchmal ist das Hauptobjekt halb durchsichtig, etwa durch einen Mischmodus oder Deckkraft-Senkung; wenn Sie die Option Ebene spart Schlagschatten aus verwenden, zeigt sich dennoch keinerlei dunkler Schatten innerhalb der Bildpunktfüllung – Sie sehen die Verdunkelung nur außerhalb der Objektgrenzen, unabhängig von der Transparenz des Objekts. Der Schatten wird nicht durch die vorhandenen Bildpunkte hindurch sichtbar.

Achtung Stellen Sie die Schlagschatten-Wirkung vor dem endgültigen Hintergrundbild ein. Je nachdem, ob darunterliegende Ebenen hell, dunkel, gemustert oder homogen sind, wirkt sich eine bestimmte Schlagschatten-Einstellung ganz unterschiedlich aus.

Schatten von Hand malen

Perspektivisch verzerrte Schatten gibt es nicht als Ebeneneffekt, hier müssen Sie von Hand arbeiten. Eine Möglichkeit: Legen Sie erst einen Schlagschatten-Effekt an, den Sie in eine Einzelebene verwandeln (Rechtsklick auf Effektminiatur, **Ebenen erstellen**, Seite 763). Diese Ebene können Sie nach Bedarf verzerren, weichzeichnen und bemalen.

Bei einigen Montagen muss man perspektivisch korrekten Schatten von Hand malen. Malen Sie aber nicht dunkelgrau in eine neue Ebene. Stattdessen:

1. Legen Sie eine Einstellungsebene **Gradationskurven** unter dem schattenspendenden Objekt an.
2. Ziehen Sie die Gradationskurve in der Mitte nach unten. Der komplette Bereich unter der schattenwerfenden Ebene zeigt also die Helligkeit des geplanten Schattens (vergleichen Sie mit vorhandenen Schatten).
3. Machen Sie die Ebenenmaske der Einstellungsebene mit [Strg]+[I] schwarz, so dass die Abdunkelung verschwindet.
4. Mit Pinsel und Weiß malen Sie den Schatten jetzt als weiße Spur in der Ebenenmaske. Die Härte (Kantenschärfe) der Pinselspitze muss zu vorhandenen Schatten im Hintergrund passen.

Die Schatten-Tonwerte verfeinern Sie jederzeit im Korrekturen-Bereich des Eigenschaften-Bedienfelds; im Masken-Bereich des Eigenschaften-Bedienfelds weichen Sie die Kontur auf. Schwächen Sie den Schatten mit dem Deckkraft-Regler im Ebenen-Bedienfeld ab. Während Sie in der Einstellungsebene arbeiten, können Sie das **Transformieren** starten und so den weißen Strich in der Ebenenmaske verzerren.

Testen Sie für die Einstellungsebene auch den verstärkenden Mischmodus Multiplizieren. Entstehen Farbverfälschungen, nehmen Sie Luminanz.

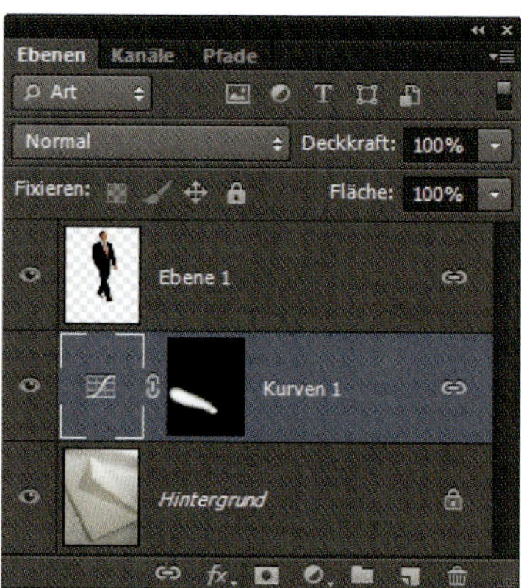

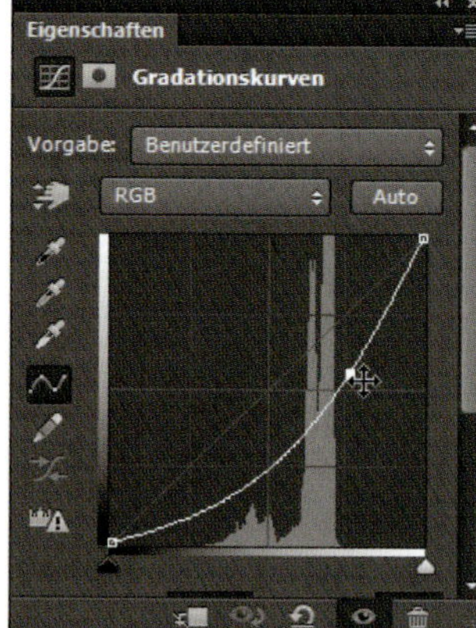

Abbildung 22.35 Kein »Schlagschatten« und kein Schwarz-auf-Transparent erzeugt hier den Schatten: Für den Schatten sorgt eine abdunkelnde Gradationskurve auf einer Einstellungsebene. Die Ebenenmaske wurde zuerst schwarz gefüllt, dann malen wir mit Weiß in der Ebenenmaske den Schatten. Datei: Effekte_19

22.2.9 »Schein nach außen«

Der Effekt SCHEIN NACH AUSSEN umgibt Objekte oder Schriften mit einem Lichthof, der Objekte auf dunklem Hintergrund hervorhebt. Er kann auch Bestandteil einer Neonschrift sein - experimentieren Sie mit verschiedenen Farben, Verläufen und KONTUR-Vorgaben. Für harte Wirkung wechseln Sie zum Ebeneneffekt KONTUR.

Dunkeln Sie den Hintergrund eventuell noch mit einer Einstellungsebene (Seite 838) ab, so dass der SCHEIN stärker herauskommt. Verwenden Sie zum Beispiel die **Tonwertkorrektur** und ziehen Sie den grauen Regler nach rechts (Seite 326).

Tipp Wenden Sie SCHEIN NACH AUSSEN und SCHEIN NACH INNEN nicht einfach mit dem vorgegebenen Gelb an. Klicken Sie im **Ebenenstil**-Dialog auf das Farbfeld und während der Farbwähler geöffnet ist, klicken Sie einen hellen Tonwert in der Bilddatei an - so nutzen Sie diese Farbe aus dem Bild selbst für den SCHEIN. Oft empfiehlt sich auch Reinweiß als SCHEIN-Farbe.

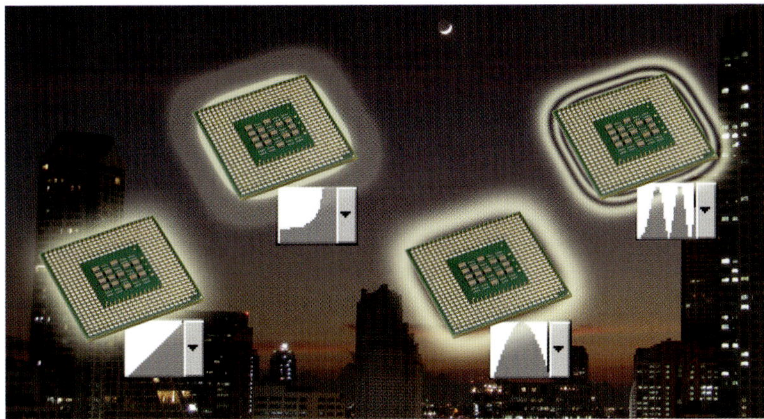

Abbildung 22.36 Das ist der »Schein nach außen« mit den »Kontur«-Vorgaben, **von links nach rechts:** »Linear«, »Einbuchtung - stark«, »Kegel« und »Doppelter Ring«. Datei: Effekte_07

22.2.10 »Schein nach innen«

Der SCHEIN NACH INNEN leuchtet in zwei Varianten:

- MITTE lässt das Objekt von innen her warm erstrahlen.
- KANTE lässt zuerst die Ränder des Objekts leuchten und greift auf das Innere erst über, wenn Sie höhere Werte einstellen.

Mitunter peppt SCHEIN NACH INNEN den Effekt ABGEFLACHTE KANTE UND RELIEF zusätzlich auf. Testen Sie generell höhere Werte und auch andere Farben als vom Hersteller vorgegeben. Um die Wirkung deutlich zu verstärken, wechseln Sie zum Mischmodus FARBIG ABWEDELN. Zumeist verwenden Sie im Bereich TECHNIK die Vorgabe WEICHER, nur bei komplexen Figuren eventuell PRÄZISE.

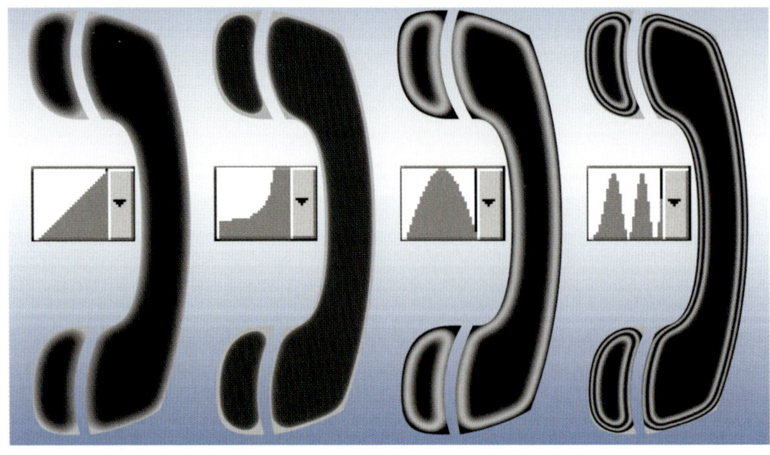

Abbildung 22.37 Die Reihe zeigt den Ebeneneffekt »Schein nach innen« mit der Option »Kante« und den »Kontur«-Vorgaben, **von links nach rechts:** »Linear«, »Einbuchtung - stark«, »Kegel« und »Doppelter Ring«. Vorlage: Effekte_08

22.2.11 »Abgeflachte Kante und Relief«

Der Ebeneneffekt Abgeflachte Kante und Relief rechnet knackig-dreidimensionale Kanten an Pixelobjekte, Texte oder Formebenen. Dröge geometrische Flächen und abgehangene Schriften schießen hier so plastisch ins Kraut, dass sie fast aus dem Bild kullern: Lüftlmalerei digital und zeitgeistkompatibel.

Die Abgeflachte Kante produziert in Verbindung mit einem Schlagschatten gefällig rundliche, sinnliche Objekte in angenehm plastischer Tiefenwirkung. Bildbeispiele finden Sie quer durchs Buch.

Abbildung 22.38 Der Schriftzug verwendet die »Abgeflachte Kante außen«, dabei bezieht Photoshop die darunterliegende weiße Ebene mit in den Effekt ein. Für die Schrauben haben wir das Polygonwerkzeug genutzt und den Stil »Eingedelltes dünnes Aluminium« aus der Bibliothek »Texteffekte 2« leicht verändert. Datei: Effekte_09

Stile

Sie formen Ihre räumlichen Figuren mit unterschiedlichen Stilen:

- Die Vorgabe Abgeflachte Kante aussen erzeugt eine räumliche Wirkung, indem sie Teile der darunterliegenden Ebene so aufhellt und abdunkelt, als ob sie Kanten der darüberliegenden, aktiven Ebene bilden. Die Pixelfüllung der aktiven Ebene erscheint völlig unverändert. Damit kommt quasi ein fremdes Material von der darunterliegenden Ebene ins Spiel; Abgeflachte Kante innen wirkt oft sinnvoller, Relief steigert die Wirkung noch.
- Die Option Abgeflachte Kante innen formt dreidimensional wirkende Figuren, deren Kanten aus der aktiven Ebene selbst, nicht aus der darunterliegenden Ebene geformt werden. Niedrige Weichzeichnen-Werte erzeugen flache Objekte mit harten Kanten, hohe Zahlen in diesem Eingabefeld führen zu sanften Hügeln. Abgeflachte Kante innen lässt sich gut mit dem Schlagschatten-Effekt kombinieren.
- Das Relief kombiniert Abgeflachte Kante innen und Abgeflachte Kante aussen: Die Wölbung beginnt auf der darunterliegenden Ebene und setzt sich im eigentlichen Objekt fort. Der Übergang überzeugt nicht immer.

- Die Option Relief an allen Kanten kerbt quasi einen Graben zwischen Objekt und darunterliegender Ebene ein: Der Hintergrund scheint sich zu vertiefen, dann wächst das Objekt heran, bis es dieselbe Höhe erreicht wie die darunterliegende Ebene. Relief an allen Kanten eignet sich gut, um Figuren in Sand, Holz, Metall oder andere Untergründe zu stanzen.
- Die Vorgabe Reliefkontur ist nur wirksam, wenn Sie auch den Ebeneneffekt Kontur verwenden. Mit der Reliefkontur formen Sie den Kontur-Effekt plastisch aus, ohne den Rest der Ebene zu verändern.

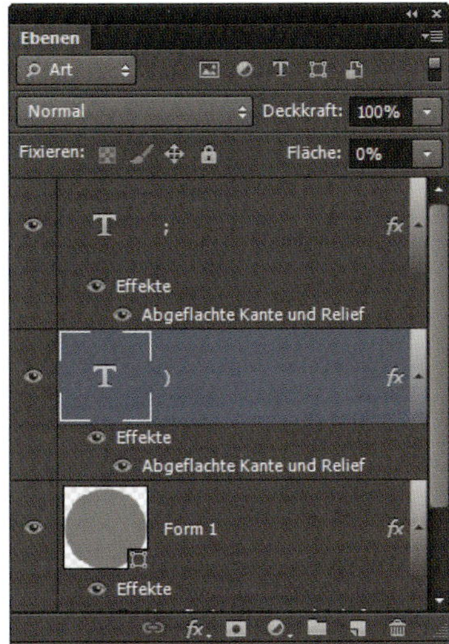

Abbildung 22.39 Wir hatten eine kreisrunde Formebene und haben im Stile-Bedienfeld auf die Vorgabe »Schmelzendes Metall« aus der Stilbibliothek »Texteffekte 2« geklickt. So erhält die Ebene Effekte wie »Schlagschatten« und »Abgeflachte Kante und Relief«. Die Satzzeichen darüber verwenden die »Abgeflachte Kante« mit dem Stil »Relief an allen Kanten«; die »Fläche«, also die Farbfüllung, wurde auf 0 Prozent gesenkt. Datei: Effekte_10

Licht und Schatten gestalten

Für die aufgehellten und für die abgedunkelten, gegenüberliegenden Kanten des Effekts Abgeflachte Kante und Relief stellen Sie im Bereich Schattierung Farben und Deckkraft separat ein, eventuell passend zur weiteren Umgebung. Der Tiefe-Regler bestimmt den Kontrast zwischen aufgehellten und schattierten Zonen. Wenn der Effekt nicht stark genug herauskommt – zum Beispiel bei größeren Objekten oder ungünstigem Untergrund – erhöhen Sie die Deckkraft der beiden Farben. Testen Sie außerdem zusätzlich einen Schein nach innen.

Jedes Mal wählen Sie außerdem zwischen Nach oben und Unten. Damit kehren Sie die Lichtrichtung um. So stellen Sie zwei verschiedene Zustände einer Schaltfläche dar.

Weitere Optionen

Das Dialogfeld bietet weitere, starke Gestaltungsmöglichkeiten:

- Im Unterbereich Kontur formen Sie das Berg-und-Tal-Relief des Effekts.
- Im Unterbereich Struktur weben Sie ein Relief in Ihr Objekt (Details jeweils ab Seite 766).
- Das Abrunden aus dem Klappmenü Technik erzeugt besonders weiche Kanten, während Weich meisseln und Hart meisseln schärfere Konturen und sogar Relief in Diagonalen errechnen; mit dem Regler Weichzeichnen dämpfen Sie diese Wirkung.

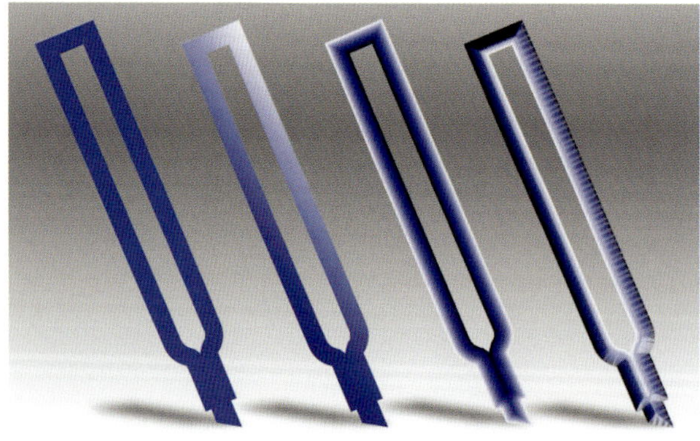

Abbildung 22.40 Der Ebeneninhalt wurde mit dem »Fläche-Regler« im Ebenen-Bedienfeld ausgeblendet, Sie sehen nur noch den Ebeneneffekt »Kontur« (und separate Schattenebenen). **1. Bild:** Wir verwenden für die »Kontur« die Füllung »Farbe«; **2. Bild:** Füllung »Verlauf«, »linear«; **3. Bild:** Füllung »Verlauf«, »Explosion«; **4. Bild:** Zusätzlich Ebeneneffekt »Abgeflachte Kante und Relief« mit dem Stil »Reliefkontur«. Datei: Effekte_11

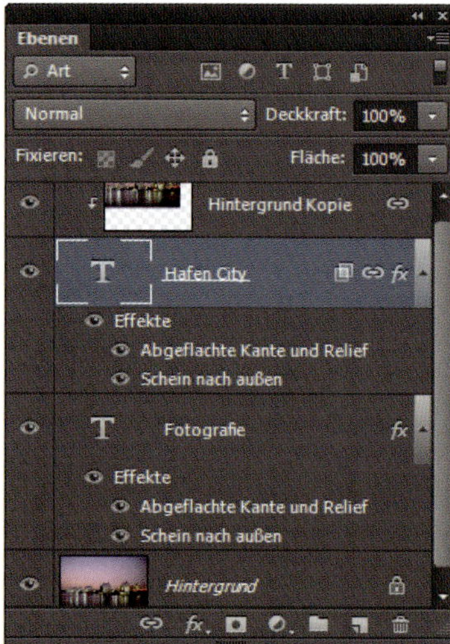

Abbildung 22.41 Die Schrift wird mit »Abgeflachte Kante und Relief« sowie »Schein nach außen« gestaltet. Per Schnittmaske zeigt sich eine »Spiegelung« der Szenerie in der Schrift. Datei: Effekte_18

22.2.12 »Kontur«

Per Ebeneneffekt Kontur fassen Sie Ihr Ebenenmotiv in ein Rähmchen, das wahlweise aus einer Einzelfarbe, einem Muster oder einem Verlauf besteht. Wichtig sind die Optionen zur Position:

- Lassen Sie die Konturlinie Innen entlanglaufen, können Sie bisherige Auswahlen oder Masken weiterverwenden, denn die Farbe geht nur nach innen, nicht aber über den alten Maskenrand hinaus. Die ursprüngliche Größe des Objekts verändert sich nicht - auch Buchstaben gehen nicht unschön aus dem Leim. Allerdings überdecken sie den Rand der Ebenenfüllung. Harte Ecken bleiben hart.
- Die Option Aussen lässt dagegen den markierten Bildbereich gänzlich unberührt - die Kontur zieht sich nur außerhalb der Außenkante entlang. Die Objekte werden also größer, Buchstabenränder können überlappen. Harte Ecken werden rundlich.
- Die Mitte erstreckt sich halb aufs Innere, halb auf die Umgebung der Ebene.

Abbildung 22.42 Ebeneneffekte wie »Kontur«, »Schatten nach innen« und »Schein nach außen« eignen sich für vielseitige Linienrahmen.

Harte oder abgerundete Ecken

Benötigen Sie ganz spitze Ecken, verwenden Sie die Vorgabe Innen – das gilt für den Kontur-Effekt und für den Befehl **Bearbeiten: Kontur füllen** gleichermaßen. Etwas weicher werden die Ecken, wenn Sie die Mitte füllen, noch minimal rundlicher mit der Aussen-Anwahl.

Der Ebeneneffekt Kontur erzeugt geringfügig rundlichere Ecken als der Befehl **Bearbeiten: Kontur füllen**, sofern Sie die Vorgaben Aussen oder Mitte verwenden. Noch etwas rundlicher wird das Ergebnis mit der Funktion **Pfadkontur füllen**; legen Sie vorab eine Pinselspitze für den Pinsel in der gewünschten Breite fest. Diese Funktion deckt zur Hälfte das Innere und die Umgebung der Ebene ab, entspricht also der Position Mitte.

Sie brauchen eine Konturwirkung wie mit der Position Mitte, aber härtere Außenecken als beim Kontur-Effekt und beim Befehl **Kontur füllen**? Dann leiten Sie aus dem Ebenenumriss einen Pfad ab, schalten den Pinsel ein, wählen im Menü zur Pinselspitzenauswahl die **Quadratischen Spitzen**, stellen den gewünschten Durchmesser ein und die gewünschte Vordergrundfarbe. Dann nehmen Sie im Pfade-Bedienfeld die Schaltfläche Pfadkontur füllen.

Besonderheiten

Beachten Sie beim Kontur-Effekt:

- Wenn Sie als Füllung den Verlauf und anschließend die Art Explosion verwenden, geht der Verlauf nicht mehr wie üblich gleichmäßig über die Bildfläche. Stattdessen schmiegt er sich den Objektpixeln an. Vom Regenbogenrähmchen bis zur metallischen Einfassung ist alles möglich.
- Wollen Sie nur den Kontur-Effekt einer Ebene mit einem Reliefeffekt und mit Struktur verfeinern, dann wählen Sie den Ebeneneffekt Abgeflachte Kante und Relief mit der Vorgabe Reliefkontur. Die Bildfüllung selbst bleibt unverändert. So erzeugen Sie plastische Rahmen.

»Kontur«-Effekt »innen«. Datei: Effekte_12	»Kontur«-Effekt »Mitte«	»Kontur«-Effekt »außen«	»Pfadkontur füllen« mit quadratischem Pinsel	»Bearbeiten: Kontur füllen«, »außen«	Formebene mit »Kontur« außen, »Ecken« auf »Gehrung«

Alternativen

Eine reizvolle Alternative zum Kontur-Effekt bilden die Befehle **Pfadkontur füllen** oder **Unterpfadkontur füllen** aus dem Pfad-Bedienfeld (Seite 648). Ihre Vorteile:

- Beim Füllen einer Pfadkontur wird das aktuelle Werkzeug mit den aktuellen Einstellungen aus dem Pinsel-Bedienfeld angewandt – auch ungleichmäßige Spitzen und weiche Pinselkanten stehen zur Verfügung.
- Haben Sie nur Teile eines Pfads markiert und ausgewählt, werden auch nur diese Teile gefüllt.
- Nur für Form-Ebenen (auf Pfadbasis) bietet Photoshop auch gestrichelte und gepunktete Konturen an sowie Außenkonturen mit harten Ecken und andere Feinheiten. Bei Pixelebenen nutzen Sie die reizvollen Möglichkeiten auf einem Umweg (s.u.).

Weitere Alternativen:

- Der Befehl **Bearbeiten: Kontur füllen** zeichnet eine Auswahl unmittelbar auf der aktuellen Ebene nach und verwendet nur runde Spitzen. Ein Vorteil des Befehls **Kontur füllen**: Statt Pixel können Sie auch Zentimeter- oder Millimeterwerte verwenden. Sie können die neue Kontur – wie auch beim Füllen einer Pfadkontur – sofort auf einer separaten Ebene erzeugen.
- Manchmal ist es am besten, nur den Rand eines Objekts auszuwählen und mit einem **Filter**- oder **Korrekturen**-Befehl zu bearbeiten. Laden Sie den Ebenenumriss als Auswahl, indem Sie bei gedrückter Strg-Taste auf die Miniatur im Ebenen-Bedienfeld klicken, und verwenden Sie den Photoshop-Befehl **Auswahl: Auswahl verändern: Rand.**

Gepunktete und gestrichelte Ränder für Pixelebenen

Für Formebenen auf Pfadbasis bietet Photoshop vorzügliche gestrichelte, gepunktete und allgemein fein steuerbare Konturen an. Diese Konturen lassen sich auf einem Umweg auch auf Pixelebenen aus normalen Fotos anwenden.

Am besten liegt Ihr Hauptmotiv auf einer eigenen Ebene. Wählen Sie es also mit der Schnellauswahl 3eck aus und heben Sie es mit Strg+J auf eine eigene Ebene. Um eine Auswahl-Fließmarkierung zu laden, klicken Sie nun die Ebenenminiatur bei gedrückter Strg-Taste an.

So geht's weiter:

1. Unten im Pfade-Bedienfeld klicken Sie auf Arbeitspfad aus Auswahl erstellen.
2. Schalten Sie ein Form-Werkzeug ein, zum Beispiel Abgerundetes-Rechteck-Werkzeug oder Eigene-Form-Werkzeug.

Abbildung 22.43 Gestrichelte und gepunktete Konturen für Pixelebenen erhalten Sie auf dem Umweg über eine Formebene. Datei: Effekte_21

3. Das Klappmenü links oben in den Optionen stellen Sie auf Pfad (nicht Form oder Pixel).
4. Weiter rechts in den Optionen klicken Sie auf Form. Dabei entsteht eine neue Formebene, die Ihr Hauptmotiv vermutlich verdeckt.
5. Die neue Formebene ist schon aktiviert. Klicken Sie bei gedrückter ⇧-Taste im Ebenen-Bedienfeld auf die Miniatur des Hauptmotivs selbst. Jetzt sind beide Ebenen aktiviert.
6. Unten links im Ebenen-Bedienfeld klicken Sie auf Ebenen verbinden. (Dieses Verbinden ist nicht zwingend erforderlich.)
7. Klicken Sie im Ebenen-Bedienfeld einmal auf die Miniatur der neuen Formebene, so dass sie allein aktiviert ist.
8. Stellen Sie die Optionen links oben von Pfad auf Form um.
9. Öffnen Sie direkt neben Form das Klappmenü Fläche und klicken Sie ganz links oben auf das durchgestrichene Symbol; so entfernen Sie die Farbfüllung; das Hauptmotiv wird wieder sichtbar.
10. Öffnen Sie das Klappmenü Kontur und stellen Sie eine Kontur nach Maß ein. Um die dünne Pfadmarkierung auszublenden, drücken Sie Strg+H oder klicken Sie in die leere Fläche unten im Pfade-Bedienfeld.

22.2.13 »Glanz«

Glanz zaubert dunkle Schattierungen auf die Ebene, die sich an den Umrissen der Ebene orientieren. Stellen Sie Grösse und Abstand ein.

Achtung Bei geöffnetem Glanz-Dialog ziehen Sie direkt über dem Bild, um Grösse und Abstand des Glanz-Effekts per Mausbewegung einzustellen.

Der Effekt ergänzt nicht zuletzt texturierte Bilder, niedrige Deckkraft reicht oft aus. Variieren Sie das Schattenspiel mit den Kontur-Vorgaben und dem Abstand- bzw. Grösse-Regler.

Um einen hellen »Glanz« zu erzeugen, rufen Sie mit dem Farbfeld den Farbwähler auf, geben eine helle Farbe an und stellen den Mischmodus auf NEGATIV MULTIPLIZIEREN oder sogar FARBIG ABWEDELN. Für diffusen verteilten »Glanz« testen Sie den Ebeneneffekt SCHATTEN NACH INNEN bei sehr weicher Kante.

Weitere Alternative: Legen Sie eine neue Ebene im Modus HARTES LICHT über der Zielebene an, stellen Sie die Standardfarben Schwarz und Weiß mit der Taste D her, wenden Sie den Befehl **Filter: Renderfilter: Wolken** an (Seite 559) und klicken Sie bei gedrückter Alt-Taste auf die Trennlinie zwischen beiden Ebenen, um mit dem Doppelkreiszeiger eine Schnittmaske herzustellen (Seite 834). Der DECKKRAFT-Regler dämpft die Wirkung.

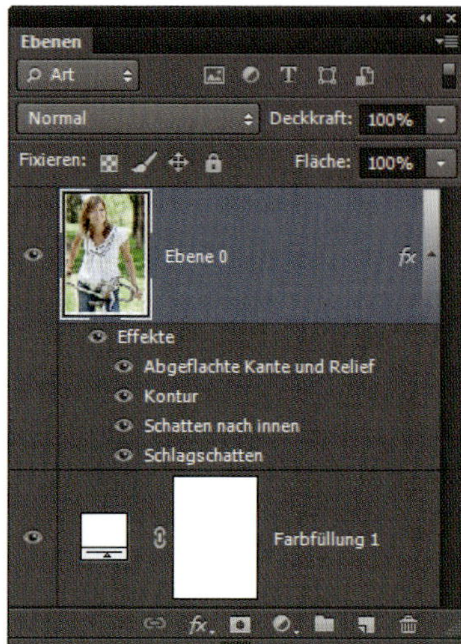

Abbildung 22.44 **Links:** Der »Kontur«-Effekt dient oft für Bildrahmen, heben Sie jedoch zuvor »Hintergrund«-Ebenen auf eine neue »Ebene 0« oder ähnlich (Alt-Doppelklick auf HINTERGRUND-Miniatur). **Rechts:** Der Effekt »Abgeflachte Kante und Relief« wirkt wie ein Rahmen. Dateien: Effekte_14a, b; Aktion: Rand - Plastischer Rahmen mit Metallic-Effekt 1. Fotos: iStockphoto.de, RonTech2000 Nr. 10306393 und Stalman Nr. 9714891

22.2.14 Weitere Ebeneneffekte

Photoshop bieten weitere Ebeneneffekte an - die meisten Optionen kennen Sie schon aus den vorhergehenden Abschnitten:

- Der SCHATTEN NACH INNEN legt einen Schatten von den Objektkanten aus nach innen. Die aktive Ebene wirkt dann eventuell hohl, der SCHATTEN NACH INNEN verdunkelt scheinbar die darunterliegende Ebene. Oder die Ebene wirkt wie versenkt, man blickt durch ein Loch auf den Ebeneninhalt. Arbeiten Sie hier mit geringer DECKKRAFT und weicher Kante, beleben Sie allzu einförmige Objekte unaufdringlich. Bei geöffnetem EBENENSTIL-Dialog ziehen Sie den Schatten mit der Maus direkt über der Datei. Bei schwarzen Objekten sehen Sie von diesem Effekt nichts.
- Die FARBÜBERLAGERUNG deckt eine Ebene komplett einfarbig ab. Sie können beliebige Ebenen also einfarbig anzeigen und diese Darstellung jederzeit ändern oder abschalten. Nutzen Sie eine weiße FARBÜBERLAGERUNG mit gesenkter Deckkraft, um zum Beispiel eine MUSTERÜBERLAGERUNG aufzuhellen.
- Der Ebeneneffekt MUSTERÜBERLAGERUNG ziert die Ebene mit einem Muster. Verwenden Sie den Mischmodus HARTES LICHT, um das Muster quasi in die Ebene einzustanzen. Beachten Sie die Hinweise zu den Musteroptionen allgemein ab Seite 767.

- Die Verlaufsüberlagerung überzieht Ihr Bild mit einem Farbverlauf. Das Dreieck ▼ bietet Zugriff auf die aktuelle Bibliothek mit Verläufen, ein Doppelklick auf den Verlaufsbalken öffnet das Dialogfeld Verlauf bearbeiten. Wenn Sie den Verlauf An Ebene ausrichten, bewegt er sich beim Verschieben der Bildpunkte mit. Bei geöffnetem Dialog Verlaufsüberlagerung ziehen Sie über dem Bild, um Anfangs- oder Endpunkt des Verlaufs zu verschieben.

22.3 Photomerge und Panorama

Die **Photomerge**-Technik verschmilzt mehrere Einzelbilder zu einem neuen Gesamtbild und bügelt dabei auch ungenaue Passung oder Helligkeitsabweichungen aus. Sie erhalten Panoramen, erweitere Tiefenschärfe oder HDR-Montagen. Die Aufgabe besteht aus drei wichtigen Schritten, die Sie mit unterschiedlichen Dialogen gehen können:

1. Mehrere Einzeldateien werden als Ebenen in einer Gesamtdatei übereinandergelegt.
2. Die überlappenden Bereiche von zwei oder mehr Ebenen werden so verschoben und eventuell verzerrt, dass sie wirklich hundertprozentig deckungsgleich übereinander sitzen; es gibt also keine Knicke oder Sprünge in den Strukturen.
3. Photoshop überblendet die überlappenden Bereiche durch Ebenenmasken so zu einem Gesamtbild, dass keine Helligkeits-, Farb- oder Schärfeunterschiede auffallen.

Der **Photomerge**-Befehl liefert alle drei Schritte in einem Dialog, alternativ nutzen Sie Befehle für nur eine oder zwei der drei genannten Aufgaben. Die folgenden Besprechungen gelten für Panoramen und weitere »Photomerge«-Fälle gleichermaßen. Tipps zum deckungsgleichen Fotografieren finden Sie ab Seite 51.

22.3.1 Mögliche Anwendungen

Nutzen Sie Photoshops »Photomerge«-Talent unter anderem für diese Aufgaben, die meisten besprechen wir gleich anschließend:

- Erzeugen Sie nahtlose Fotopanoramen.
- Fotografieren Sie eine Szene mehrfach und stellen Sie immer auf einen anderen Punkt scharf. Photoshop errechnet automatisch ein Gesamtbild, das nur die schärfsten Details aus jeder Aufnahme zeigt. So entstehen Bilder mit mehr Tiefenschärfe, als es eine einzelne Aufnahme erlaubt.
- Sie fotografieren eine kontrastreiche Szene mehrfach und belichten jedes Mal anders. Photoshop verrechnet die Serie automatisch zu einem Gesamtbild, das in allen Partien tendenziell nur die besser belichteten Varianten zeigt (HDR-Technik, Seite 344).
- Richten Sie mehrere Gruppenfotos einer Serie deckungsgleich aus, dann zeigen Sie aus jeder Einzelaufnahmen die besten Gesichter im Gesamtbild.
- Ist der Hintergrund von Fotoserien deckungsgleich, kann man Animationen daraus ableiten.
- Fotografieren Sie eine belebte Szene mehrfach; montieren Sie die Einzelbilder deckungsgleich und zeigen Sie ein neues, menschen- oder autofreies leeres Gesamtbild.
- Fotografieren Sie eine belebte Szene mehrfach und zeigen Sie ein Gesamtbild mit mehr Leuten als auf jedem Einzelbild – die beliebten Doppelgängerfotos.
- Sie duplizieren Teile einer Ebene, verschieben sie und überblenden dann, um dem Bild mehr Inhalt oder ein anderes Seitenverhältnis zu geben.

Abbildung 22.45 Fotopanoramen sind nur ein Aspekt der Photomerge-Technik. Photoshop biegt überlappende Bereiche deckungsgleich zurecht und sorgt per Ebenenmaske für nahtlose Überblendung. Sie können das Ergebnis vielseitig retuschieren. Dateien: Photomerge_16

Wohlgemerkt: Die verschiedenen Aufgaben wie Panorama, HDR-Montage oder Tiefenschärfeausdehnung erfordern nicht unterschiedliche Befehle. Die »Photomerge«-Technik erkennt in der Regel automatisch, wie die Ebenen zurechtzurücken und zu überblenden sind.

Schneller arbeiten

Die **Photomerge**-Funktion kostet Rechenpower, vor allem bei großen Bilddateien und Montagen aus zahlreichen Einzelbildern bei womöglich 16 Bit Farbtiefe. Da wird der Blick auf den Statusbalken zum Geduldsspiel.

Laden Sie bei Problemen zunächst nur einige Teilstücke, prüfen Sie das Ergebnis, dann legen Sie weitere Segmente nach. Verwenden Sie die Layout-Vorgabe repositionieren statt Auto, sparen Sie Rechenzeit.

Weitere Alternative: Rechnen Sie für erste Tests ganze Bildserien auf kleine Maße herunter, zum Beispiel per Exportieren oder **Bildprozessor** auf rund 800 Pixel Breite. So etwas bearbeitet der **Photomerge**-Dialog weit schneller als Kaskaden von 36-Megapixel-Boliden. Der Bridge-Befehl **Werkzeuge: Photohop: Sammlungen in Photoshop verarbeiten** sucht automatisch Photomerge-Serien und setzt sie automatisch zusammen, ohne dass Sie auch nur zugucken müssten (Seite 783).

22.3.2 Wege zu Photomerge-Montagen

Viele Wege führen zu Photomerge-Montagen. Der wohl bequemste beginnt in der Bildverwaltung Bridge:

1. Markieren Sie die Einzeldateien für Ihr Kombi-Bild in Bridge durch Klicken bei gedrückter Strg- oder ⇧-Taste.
2. Wählen Sie in Bridge **Werkzeuge: Photoshop: Photomerge**.

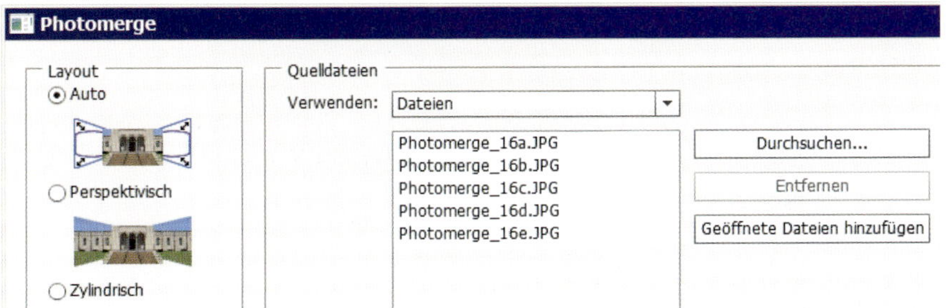

Abbildung 22.46 Im Photomerge-Dialog entscheiden Sie über Dateiauswahl, Perspektive und Ebenenmasken.

3. Im **Photomerge**-Dialog nehmen Sie in aller Regel die Option Bilder zusammen überblenden. Beim Layout testen Sie zuerst die Option Auto, bei Panoramen eventuell auch Zylindrisch.

Nach dem OK-Klick stapelt Photoshop die Bilder als Ebenen in einer neuen Datei, schiebt und biegt sie deckungsgleich und überblendet nahtlos mit Ebenenmasken.

Photomerge via Photoshop

Sie haben die Einzelbilder bereits in Photoshop geöffnet? Dann arbeiten Sie von dort aus weiter:

1. Sie wählen **Datei: Automatisieren: Photomerge**.
2. Im Dialogfeld klicken Sie auf Geöffnete Dateien hinzufügen. Überflüssige Bilder können Sie markieren, dann Entfernen.
3. Für die komplette **Photomerge**-Dienstleistung nehmen Sie die Option Bilder zusammen überblenden und klicken auf OK.

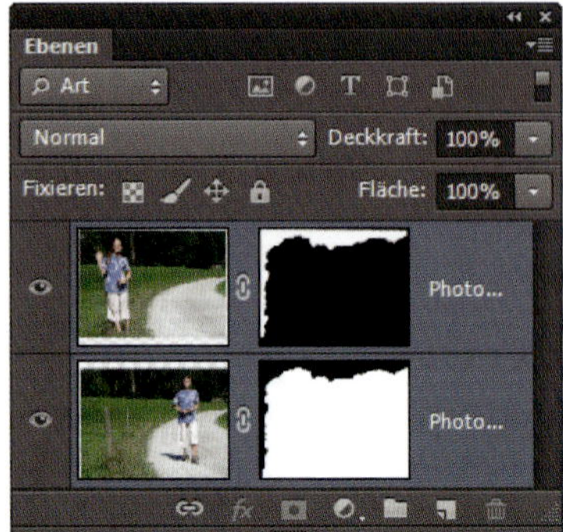

Abbildung 22.47 Photomerge hat sich entschieden, bei diesem Doppelgängerporträt nur die Person rechts außen im Gesamtbild zu zeigen. Dateien: Photomerge_02

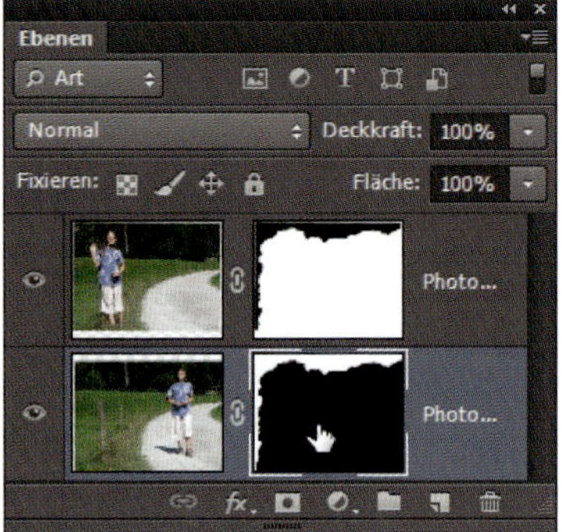

Abbildung 22.48 Wir haben die Ebenenmasken im Bedienfeld einzeln angeklickt und mit Strg+I umgekehrt. So erhalten Sie oft das entgegengesetzte Ergebnis, hier also nur eine Person in der linken Hälfte. Die Übergänge sind nicht perfekt, lassen sich jedoch durch Maskenretusche schnell verbessern.

Korrekturen an Aufnahmefehlern

Bestimmte Aufnahmefehler korrigieren Sie mit zwei Optionen in den Dialogen **Photomerge** oder in dessen Teilfunktion **Ebenen automatisch ausrichten**:

- Vignettierungsentfernung: Klicken Sie die Option an, wenn Sie Randabschattung ausgleichen wollen.
- Korrektur der geometrischen Verzerrung: gleicht in Grenzen kissen- und tonnenförmige Verzerrung sowie Entstellungen durch Fisheye-Objektive aus. Fisheye-Objektive werden aus den Exif-Daten erkannt.

Alternativ korrigieren Sie die Ergebnismontage zum Beispiel mit der **Adaptiven Weitwinkelkorrektur** (Seite 373). Dazu legen Sie zuerst ein Smartobjekt an (siehe unten).

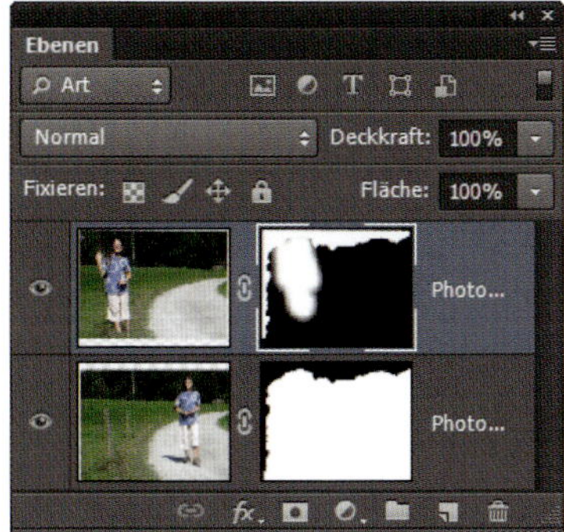

Abbildung 22.49 Ausgehend vom ersten Bild, bevölkern wir die die Aufnahme per Maskenretusche. Malen Sie mit Weiß über der verdeckten Person, während die obere Ebenenmaske aktiviert ist.

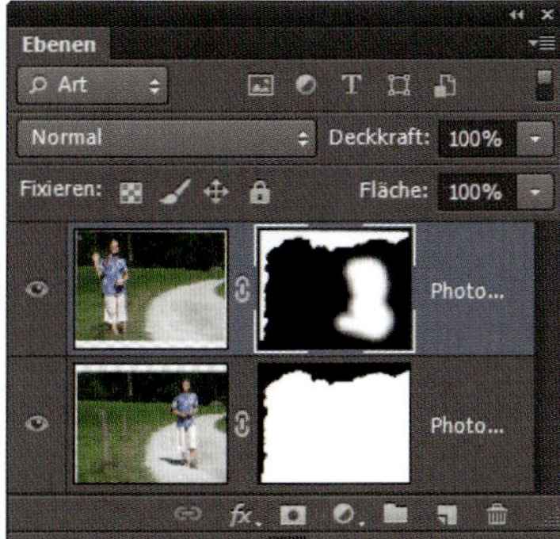

Abbildung 22.50 Wieder auf Basis der ersten Variante machen wir die Szene menschenleer. Dazu malen Sie mit Weiß in der oberen Ebenenmaske.

22.3.3 Photomerge-Stapelverarbeitung

Bridge bietet noch einen besonderen Service, wenn Sie mehrere Bildserien in einem Ordner lagern, zum Beispiel Panoramen, Tiefenschärfe-Serien oder HDR-Serien:

- Packen Sie jede Serie automatisch in einen Bridge-Stapel (Seite 149). Dazu wählen Sie in Bridge **Stapel: Automatische Stapelanordnung für Panorama/HDR**. Sie sehen also pro Serie nur noch eine Miniatur mit einem einzelnen Bild.
- Verarbeiten Sie alle Serien eines Ordners automatisch zu Ebenenmontagen. Wohlgemerkt: Die Bildreihen müssen dazu nicht erst in Stapeln stecken oder ausgewählt sein. Wählen Sie einfach in Bridge **Werkzeuge: Photoshop: Sammlungen in Photoshop verarbeiten**. Die fertigen Montagen landen als PSD-Dateien wieder im ursprünglichen Ordner und erscheinen sogleich in Bridge. Bridge verwendet offenbar immer die Auto-Projektion. Auch hier gilt, dass Bridge nicht unbedingt alle zusammengehörenden Bilder wirklich erkennt und verarbeitet.

Bridge orientiert sich beim Zusammenstellen der Panoramaeinzelbilder und anderer »Photomerge«-Kandidaten sowohl am Bildinhalt wie an den Exif-Belichtungsdaten der Digitalkamera. Das Programm kombiniert treffsicher, aber nicht immer ganz perfekt. Laut Hersteller dürfen die Aufnahmezeitpunkte höchstens 18 Sekunden auseinanderliegen. Lassen Sie sich beim Fotografieren darum nicht zu viel Zeit.

Tipp Der Befehl **Sammlungen in Photoshop verarbeiten** ist praktisch. Stößt Photoshop im Ordner allerdings auf unpassende Bilder, pausiert das Programm mit einer Fehlermeldung. Erst wenn Sie auf OK geklickt haben, montiert Bridge weitere Panoramen. Entfernen Sie also vorab unpassende Dateien aus dem Ordner. Außerdem muss viel freie Festplatte zur Verfügung stehen.

22.3.4 Einzelbefehle für Photomerge-Funktionen

Sie brauchen nur einzelne Aspekte der »Photomerge«-Kunst? Dazu eignen sich die folgenden Befehle.

Ebenen stapeln ohne Ausrichten und Überblenden

Wollen Sie eine Ebene mit dem Verschiebenwerkzeug in eine andere geöffnete Datei ziehen, halten Sie die ⇧-Taste gedrückt - sie landet dann genau mittig. Oder nehmen Sie die Befehlsreihe **Alles auswählen**, **Kopieren** und dann im Zielbild **Einfügen**. Ziehen Sie Gleichgroßes direkt aus Bridge, Mini Bridge oder einer Dateiverwaltung in die geöffnete Datei, landet der Neuzugang auch mittig und je nach **Voreinstellung** als Smartobjekt (Seite 661).

So legen Sie noch leichter mehrere Bilddateien als Ebenen übereinander:

- Der Photoshop-Befehl **Datei: Skripten: Dateien in Stapel laden** türmt geöffnete Dateien als Ebenen einer Datei übereinander und kann diese wahlweise AUTOMATISCH AUSRICHTEN (also deckungsgleich hinbiegen). In der teureren Extended-Version kann man die Dateien zusätzlich zu einem Smartobjekt zusammenfassen.
- Auch Bridge stapelt Einzeldateien in Ebenen einer neuen Sammeldatei, ohne die Aufnahmen auf Deckungsgleichheit hinzubiegen oder zu überblenden; Sie markieren die Probanden in Bridge und wählen ebendort **Werkzeuge: Photoshop: Dateien in Photoshop-Ebenen laden**.

Ebenen ausrichten, aber nicht überblenden

Sie wollen Ebenen präzise deckungsgleich ausrichten, aber nicht überblenden; vielleicht möchten Sie das Überblenden durch Maskenretusche von eigener Hand erledigen, zum Beispiel bei Gruppenfotos. Ihre Möglichkeiten:

- Die Einzelbilder liegen schon in einer Montage übereinander? Wählen Sie mindestens zwei Ebenen aus, dann klicken Sie in Photoshop auf **Bearbeiten: Ebenen automatisch ausrichten.** Die Funktion verschiebt und verbiegt ausgewählte Ebenen so, bis zumindest einige Bildzonen nahtlos aufeinandersitzen. Kontrastsprünge können sichtbar bleiben.
- **Datei: Automatisieren: Photomerge** setzt Einzelbilder zu Montagen zusammen und biegt sie deckungsgleich hin. Wenn Sie die Überblendung nicht benötigen, verzichten Sie auf die Option BILDER ZUSAMMEN ÜBERBLENDEN; so entstehen keine Ebenenmasken. Sie erreichen den Befehl auch in Bridge via **Werkzeuge: Photoshop: Photomerge**.
- Um Kontrast- oder Motivsprünge in überlappenden Bereichen zu glätten, ohne dass sich Position und Proportion der beteiligten Ebenen ändern, nehmen Sie **Bearbeiten: Ebenen automatisch überblenden.**

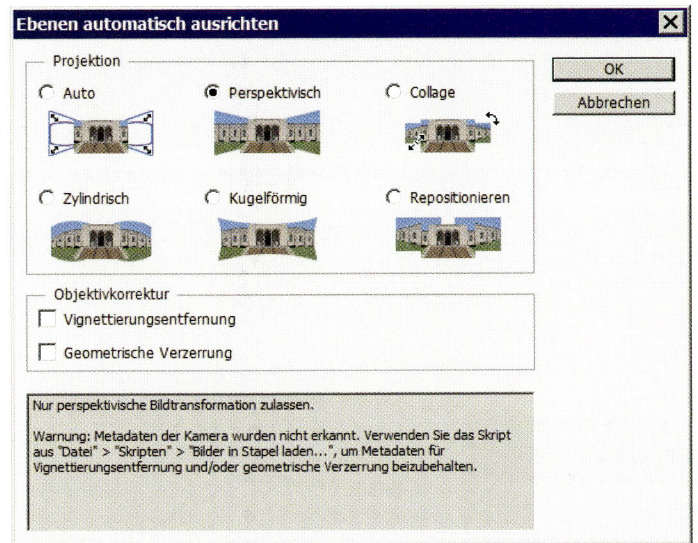

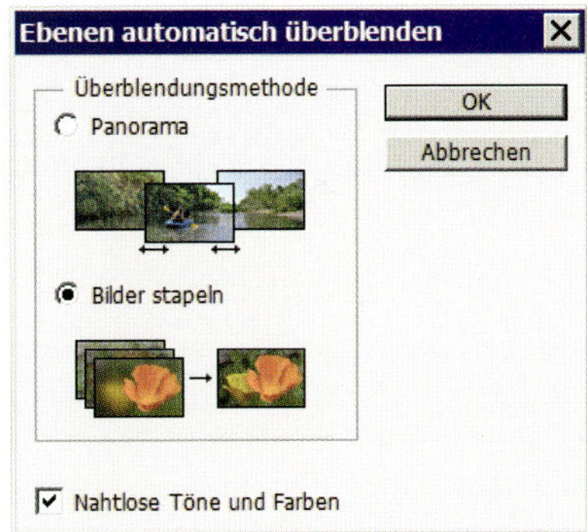

Abbildung 22.51 **Links:** Der Befehl »Ebenen automatisch ausrichten« verschiebt oder staucht Ebenen deckungsgleich. **Rechts:** Die Funktion »Ebenen automatisch überblenden« sorgt für nahtlose Übergänge zwischen mehreren Ebenen. Für beide Befehle müssen mindestens zwei Ebenen im Bedienfeld ausgewählt sein. Beide Verfahren sind gemeinsam im »Photomerge«-Befehl enthalten, doch der Einzelbefehl »Ebenen automatisch überblenden« liefert oft bessere Ergebnisse als die Option »Bilder zusammen überblenden« im »Photomerge«-Dialog.

Ebenen nicht ausrichten, aber überblenden (»Ebenen automatisch überblenden«)

Sie wollen Ebenen nicht mehr zur Deckungsgleiche verschieben oder gar biegen; aber Sie möchten per Ebenenmaske nahtlose Übergänge herstellen. Wählen Sie im Ebenen-Bedienfeld mindestens zwei Ebenen aus und nehmen Sie dann **Bearbeiten: Ebenen automatisch überblenden**. Entscheiden Sie zwischen Bilder stapeln und Panorama und verwenden Sie auf jeden Fall die wohlklingende Option Nahtlose Töne und Farben. Nun erzeugt Photoshop nahtlos wirkende Überblendungen – auch dann, wenn die Ebenen gar nicht deckungsgleich sind.

Deckungsgleiche Dateien aus Ebenen

Mitunter will man Ebenen nicht nur deckungsgleich ausrichten, sondern daraus wieder einzelne Dateien machen. So erzeugen Sie deckungsgleiche Einzelbilder:

1. Wählen Sie die zusammengehörenden Dateien in Bridge aus.
2. Dem folgt in Bridge der Befehl **Werkzeuge: Photoshop: Photomerge**.
3. Im **Photomerge**-Dialog schalten Sie Bilder zusammen überblenden ab und klicken auf OK.
4. Sie erhalten eine Montage mit deckungsgleichen Einzelebenen in Photoshop. Schneiden Sie unsaubere Ränder mit dem Freistellungswerkzeug weg.
5. Bahnen Sie sich den Weg ins Untermenü **Datei: Skripten** und zum Befehl **Ebenen in Dateien Exportieren**.

Photoshop macht Dateien aus den deckungsgleich hingebogenen Ebenen.

22.3.5 Leeren Rand retuschieren

Immer wieder entstehen leere Randstreifen. Schneiden Sie die blanken Zonen nicht voreilig weg – sie lassen sich oft bequem mit kopierter Pixelware kaschieren. In diesem Abschnitt erfahren Sie, wie Sie die Randpartien retuschieren. Die Techniken eignen sich genauso, um Bildflächen ohne Randfehler schlicht auszubauen.

Transparente oder weiße Randstreifen erhalten Sie unter anderem in diesen Situationen:

- Sie montieren per **Photomerge** Panoramen, HDR- oder Tiefenschärfe-Serien.
- Sie korrigieren Verzerrungen mit **Objektivkorrektur**, **Adaptiver Weitwinkelkorrektur** oder Raw-Dialog.
- Sie begradigen schiefen Horizont durch Drehen einer Ebene oder per Linealwerkzeug und Alt-Klick auf Gerade ausrichten.

Auf welchem Weg der Randbereich entstand, spielt keine Rolle – die folgenden Retuschetipps gelten generell.

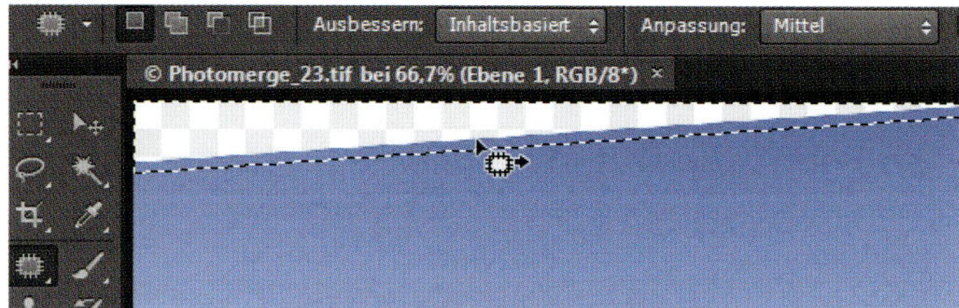

Abbildung 22.52 Wir haben den leeren Bereich ausgewählt und die Auswahl in den blauen Himmel hinein erweitert. Wir schalten zum Ausbessern-Werkzeug mit den Optionen »Inhaltsbasiert« und »Alle Ebenen aufnehmen«. Datei: Photomerge_23

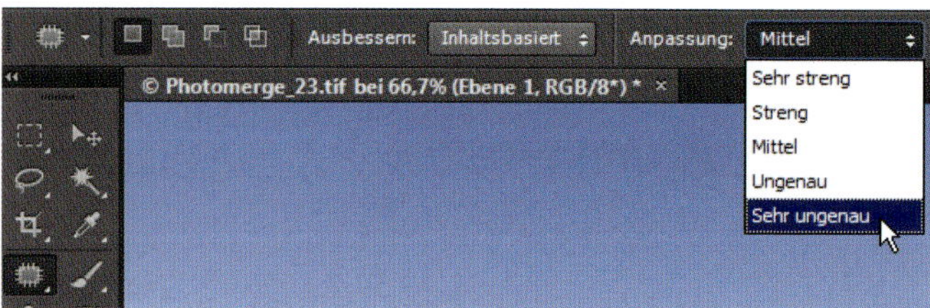

Abbildung 22.53 Wir ziehen nach unten in den Bildteil, der die Lücke überdecken soll. Photoshop zeigt sofort eine erste Retusche. Die neu erzeugten Pixel landen auf der neuen »Ebene 1«, die wir vorab angelegt und aktiviert gelassen hatten.

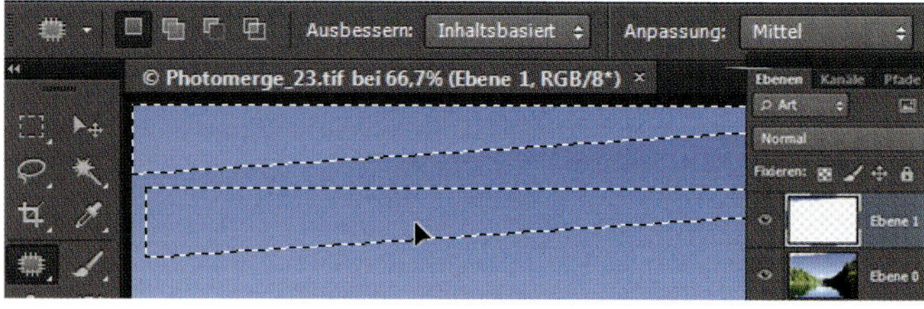

Abbildung 22.54 Blenden Sie die Auswahlmarkierung mit Strg+H aus. Suchen Sie im »Anpassung«-Klappmenü nach dem besten Randübergang von »Sehr streng« bis »Sehr ungenau«. Verschmelzen Sie die Ebenen mit Strg+E.

Auf neuer Ebene arbeiten

Der leere Randbereich ist entweder weiß oder transparent. Beides lässt sich gut retuschieren. Im Zweifel haben Sie es mit transparenten Zonen leichter, weil man sie bequemer auswählen kann. Die verschiedenen Ebenen einer Panorama- oder HDR-Montage sollten Sie zu einer Ebene, aber nicht Hintergrund-Ebene, eingedampft haben.

Legen Sie für die Retusche eine neue leere Ebene an (Strg+⇧+N oder ein Klick auf Neue Ebene erstellen). Die Ebene liegt im Ebenenstapel ganz oben. So entfernen Sie eine missratene Korrektur spurenfrei, das Original bleibt erhalten, Sie verfeinern den Übergang wahlweise mit Ebenenmasken, Radiergummi oder Deckkraft-Regler. Nutzen Sie bei den Retuschewerkzeugen Optionen wie Alle Ebenen aufnehmen. Sofern Sie Smartobjekte bearbeiten, retuschieren Sie ohnehin auf einer neuen leeren Ebene.

Retuschefehler korrigieren

So korrigieren Sie eine misslungene Retusche auf die Schnelle, wenn Sie auf einer aktivierten Retuscheebene arbeiten:

- Die Retusche ist ganz missraten? Wählen Sie das Gesamtbild mit Strg+A aus, dann folgt die Entf-Taste.
- Die Retusche überdeckt ungewollt Teile des Hauptmotivs von der darunterliegenden Ebene? Klicken Sie im Ebenen-Bedienfeld die Miniatur der Bildebene bei gedrückter Strg-Taste an, um ihre Auswahl zu laden. Dann drücken Sie die Entf-Taste: So löschen Sie die Retuscheebene im Bereich der Bildebene leer.

Leeren transparenten Rand auswählen

Das Foto liegt auf einer freien Ebenen mit Transparenz außenherum? So wählen Sie für die Retusche nur den leeren Rand aus.

1. Klicken Sie bei gedrückter Strg-Taste auf die Miniatur der Foto-Ebene. So laden Sie den Bildinhalt ohne leere Ecke als Auswahlmarkierung.
2. Kehren Sie diese Auswahl mit Strg+⇧+I um. Damit sind nur noch die transparenten Außenbereiche gewählt.
3. Nun folgt **Auswahl: Auswahl verändern: Erweitern**. Je nach Bildgröße nehmen Sie zum Beispiel 20 Pixel. Die Auswahl ragt damit aus dem leeren Bereich minimal in das Foto hinein.

Achten Sie für die weitere Retusche darauf, dass die oberste, leere Sicherheitsebene aktiviert ist, und nicht die Foto-Ebene.

> **Tipp** Eventuell hat Ihr Bild leeren Rand an allen vier Seiten. Dann werden auch alle vier Seiten gleichzeitig ausgewählt. Sie wollen aber vielleicht nicht alle vier Seiten in einem Zug retuschieren. Sobald die Auswahl im Bild ist, entfernen Sie darum einige Seiten aus der Auswahl: Überziehen Sie den nicht benötigten Bereich bei gedrückter Alt-Taste mit dem Auswahlrechteck.

Leeren Rand mit dem Ausbessern-Werkzeug füllen

Leerer Rand lässt sich gut mit dem Ausbessern-Werkzeug überdecken. Der Weg ist etwas umständlicher als per **Fläche füllen** oder Bereichsreparatur-Pinsel, ermöglicht aber mehr Präzision - Sie steuern genau, wo die Pixel zum Kaschieren der Lücken aufgenommen werden.

1. Schalten Sie zum Ausbessern-Werkzeug mit der Option INHALTSBASIERT. Nutzen Sie auch ALLE EBENEN AUFNEHMEN (sofern Sie wie oben empfohlen eine neue leere Ebene angelegt haben).
2. Ziehen Sie die Auswahl aus dem leeren Bereich in den blauen Himmel. Photoshop überdeckt die Leerzone sofort mit einer ersten Retusche.
3. Verbergen Sie die Fließmarkierung mit Strg+H.
4. Experimentieren Sie oben in den Optionen mit Randübergängen von SEHR STRENG bis SEHR UNGENAU.

Leeren Rand mit Inhaltsbasiertverschieben-Werkzeug füllen

Beim Ausbessern-Werkzeug wählen Sie also wie oben beschrieben die Lücke aus und ziehen in vorhandene Pixel. Es geht auch genau umgekehrt: Wählen Sie bereits vorhandene Pixel aus, die Sie mit dem Inhaltsbasiertverschieben-Werkzeug über die Lücke ziehen. Das MODUS-Klappmenü stellen Sie auf ERWEITERN. Arbeiten Sie wieder auf einer neuen leeren Ebene, nutzen Sie ALLE EBENEN AUFNEHMEN und testen Sie ANPASSUNG-Optionen wie STRENG oder UNGENAU.

Abbildung 22.55 **Links:** Wir haben das Bild per [Alt]-Doppelklick auf die Miniatur der Hintergrundebene in eine »Ebene 0« verwandelt und mit dem Freistellungswerkzeug gedreht. Dann haben wir bei gedrückter [Strg]-Taste in die Miniatur der »Ebene 0« geklickt. So wählen Sie das gedrehte Bild aus. **Mitte:** Mit [Strg]+[⇧]+[I] kehren Sie die Auswahl um. Jetzt sind nur noch die transparenten Ecken ausgewählt. Nehmen Sie »Auswahl: Auswahl verändern: Erweitern« zum Beispiel mit 15 Pixel »Radius«. Nun dehnt sich die Auswahl knapp ins Bild hinein aus. Danach folgt »Bearbeiten: Fläche füllen« und verwenden »Inhaltsbasiert«. **Rechts:** Photoshop füllt den leeren Rand nahtlos aus. Datei: Retusche_06

Leerer Rand und »Fläche füllen«

Wollen Sie homogenen Himmel anbauen, geht nichts über **Fläche füllen** mit der Option Inhaltsbasiert. Sogar Laubwerk oder Wasser zaubern Sie so nachträglich ins Bild. Kleiner Nachteil: Photoshop erlaubt die Technik nicht auf einer neuen leeren Ebene.

1. Zunächst wählen Sie wie oben beschrieben die leeren Randbereiche aus - und zusätzlich ein kleines bisschen vom Bild selbst dazu, damit Photoshop eine Orientierung hat.
2. Danach folgt **Bearbeiten: Fläche füllen** mit der Verwenden-Vorgabe Inhaltsbasiert. Bleiben kleinere Randfehler zurück, glätten Sie mit Reparatur-Pinsel und Co.

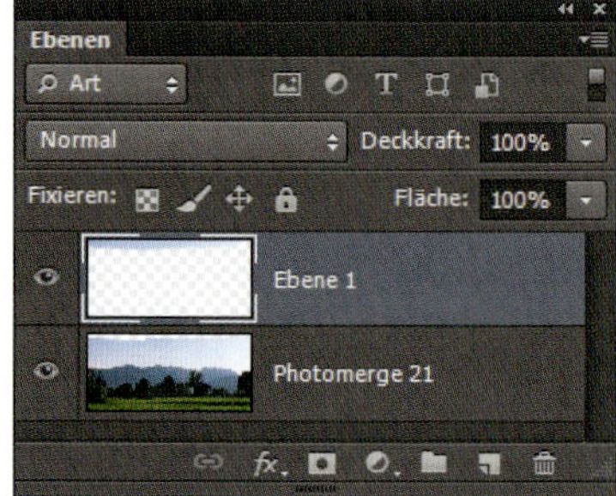

Abbildung 22.56 **Links:** Wir ziehen mit dem Bereichsreparatur-Pinsel über die ungefüllte Stelle. Wir verwenden die Optionen »Inhaltsbasiert« und »Alle Ebenen«. **Mitte:** Beim ersten Durchgang füllt Photoshop nur den unteren Teil des Randstreifens. Erst beim zweiten Übermalen verschwindet die Lücke gänzlich. **Rechts:** Die Retusche landet auf einer separaten Ebene 1 und kann jederzeit unabhängig vom Bild bearbeitet werden. Datei: Photomerge_21

Tipp Sie wollen INHALTSBASIERT arbeiten, jedoch auf einer neuen leeren Ebene? Legen Sie die neue Ebene an, wählen Sie die Randstreifen aus (oder auch nicht) und nehmen Sie den Bereichsreparatur-Pinsel; nutzen Sie die Optionen INHALTSBASIERT und ALLE EBENEN AUFNEHMEN.

Leeren Rand mit Bereichsreparatur-Pinsel füllen

Überziehen Sie den leeren Bereich alternativ auch per Bereichsreparatur-Pinsel mit der Option INHALTSSENSTIV. Sie brauchen in diesem Fall keine Auswahl, sollten aber eine neue leere Ebene anlegen und ALLE EBENEN AUFNEHMEN verwenden.

Der Pinselcursor sollte den bereits gefüllten Bildbereich nur knapp streifen. Malen Sie eventuell mehrmals über die Randstelle.

Abbildung 22.57 Normale Retusche gelingt bei diesem Panorama nicht, sogar das »Formgitter« versagt. Wir testen für den Himmel eine andere Technik. Die Vorarbeit: Wir entfernen ein paar Wölkchen, die bei der späteren Verzerrung leiden würden. Dann wählen wir den größeren Teil des nur-blauen Himmels mit dem Lasso aus (etwas Transparenz in der Auswahl stört nicht) und heben ihn mit Strg+J auf eine eigene Ebene. Datei: Photomerge_18

Abbildung 22.58 **Links:** Wir starten das »Freite Transformieren« mit Strg+T und dehnen den Himmel nach oben aus. **Rechts:** Wir klicken in der Optionenleiste auf »Verformen« und biegen das Gitter, um ein paar Lücken zu füllen. Der Übergang sticht noch unschön ins Auge, doch wir bestätigen mit der ↵-Taste.

Abbildung 22.59 Wir wählen beide Ebenen gemeinsam aus und klicken auf »Bearbeiten: Ebenen automatisch überblenden« mit »Bilder stapeln« und »Nahtlose Töne und Farben«. Photoshop blendet den Ersatzhimmel praktisch nahtlos in die Umgebung. Sie sehen hier noch dünne Blitzkanten im Bild und in den Masken. Das ist nur ein Darstellungsproblem: In der Zoomstufe 100 sieht man keine Kanten. Wir verschmelzen die zwei Ebenen noch mit Strg+E, auch dabei verschwinden die Blitzkanten aus der Anzeige. Verbleibende Fehler lassen sich leicht vertuschen.

Abbildung 22.60 **Links:** Wir wählen das leere Bildstück unten aus und erweitern die Auswahl knapp ins Bild hinein. Zudem legen wir eine neue leere »Ebene 1« an. Wir schalten zum Ausbessern-Werkzeug mit den Optionen »Inhaltsbasiert« und »Alle Ebenen aufnehmen«. **Rechts:** Wir ziehen die Auswahl in die benachbarte Bildfläche. Sobald Sie die Maustaste loslassen, schlägt Photoshop eine Retusche des Rands vor; experimentieren Sie mit Übergängen wie »Streng« oder »Ungenau«.

Abbildung 22.61 Letzte Fehler lassen sich leicht retuschieren.

Leeren Rand durch duplizierte Teile überdecken

Kaschieren Sie leere Randstreifen auch mit duplizierten Auswahlbereichen. Übersichtlich wirkt das, wenn das Bild nur noch aus einer einzigen Ebene besteht, Panoramen und HDR-Montagen sind also bereits zu einer Einzelebene eingedampft. Ein möglicher Weg:

1. Mit dem Lasso und Weicher Kante wählen Sie einen Bildbereich aus, der die Lücke kaschieren kann.
2. Heben Sie die Zone mit Strg+J auf eine eigene Ebene.

3. Ziehen Sie den Bereich über die Lücke. Dazu brauchen Sie das Verschiebenwerkzeug, vorübergehend erhalten Sie es mit gedrückter Strg-Taste.
4. Passt noch nicht ganz? Eventuell können Sie den Lückenfüller per Strg+T passend **frei transformieren**.

Das beschriebene Verfahren ist besonders sicher, weil eine neue Ebene entsteht, die sich nicht so schnell mit dem Bild darunter mischt. Es geht aber auch eine Nummer schneller:

1. Wählen Sie wieder per Lasso und Weicher Kante einen Bildbereich aus, der als Lückenfüller dienen kann.
2. Halten Sie Strg+Alt-Taste gedrückt. So können Sie ein Duplikat der ausgewählten Pixel über den leeren Randstreifen ziehen. Dabei entsteht keine neue Ebene, vielmehr arbeiten Sie mit einer »schwebenden Auswahl« (Seite 667).
3. Falls erforderlich, transformieren Sie die Umrisse noch.
4. Lassen Sie die Zusatztaste los und klicken Sie einmal neben der Auswahl ins Bild. Original und Lückenfüller verschmelzen auf einer einzigen Ebene, es gibt keine separate Retuscheebene.

Tipp Sie brauchen den duplizierten und bewegten Bildschnipsel gleich noch einmal? Egal, welches Werkzeug eingeschaltet ist, bei gedrückter Strg+Alt-Taste ziehen Sie ein Duplikat hervor. Das funktioniert mit normalen Ebenen ebenso wie mit »schwebenden Auswahlen«.

Leeren Rand durch Umformen überdecken

Oft reicht es, wenn man einen Bildteil nur gezielt streckt oder verzerrt – bis Sie die Lücke am Bildrand überdeckt haben. Dazu bieten sich verschiedene Techniken an, zum Beispiel **Frei Transformieren** mit oder ohne Verformen oder das **Formgitter**.

Egal, welches Verfahren Sie nutzen: Achten Sie darauf, dass Sie nur diffuse Bildzonen verzerren und detailreiche Hauptmotive nicht mit aus dem Leim geraten. Ein möglicher Weg:

1. Wählen Sie den Bildbereich, den Sie verzerren wollen, mit dem Lasso aus. Nehmen Sie Diffuses wie Himmel oder Studiohintergrund großzügig mit hinein; sparen Sie aber Personen, Architektur und andere Hauptmotive aus.
2. Lupfen Sie die Zone mit Strg+J auf eine eigene Ebene.
3. Verwandeln Sie den Bereich in ein Smartobjekt, zum Beispiel per Rechtsklick im Bedienfeld unter den Namen der neuen Ebene und dann auf **In Smartobjekt konvertieren**.
4. Verzerren Sie den Bildschnipsel mit dem Verfahren Ihrer Wahl, zum Beispiel **Frei transformieren** (Strg+T), bis die Randlücke geschlossen ist.
5. Sitz, passt, wackelt und hat Luft? Per Strg+E verschmelzen Sie den Lückenfüller mit der darunterliegenden Bildebene.

Tipp Schritt 3 mit dem Smartobjekt können Sie auch auslassen. Dann sollten Sie aber nur ein- oder zweimal Umformen, weil bei jeder Änderung die Qualität abnimmt.

22.3.6 Weitere Korrekturen an Photomerge-Montagen

Sie haben eine Photomerge-Montage vor sich, die Sie noch korrigieren wollen, ohne schon die Ebenen zu verschmelzen. Dieser Abschnitt verrät, wie es geht. Korrekturen, die sich in erster Linie für Panoramen eignen, finden Sie weiter unten im Panoramaabschnitt.

Abbildung 22.62 Sehen Sie die »Risse« im Bild? Sie erscheinen nach den Befehlen »Photomerge« oder »Ebenen automatisch überblenden« in stark verkleinernden Zoomstufen. Das ist nur ein Problem der Anzeige, das Bild selbst ist in Ordnung: Wenn Sie das Bild in der Zoomstufe 100 Prozent zeigen, drucken oder wenn Sie die Ebenen verschmelzen, zeigt Photoshop die Risse nicht mehr. Sie müssen hier nichts retuschieren. Datei: Photomerge_24

Wiederholung mit anderen Vorgaben

Konveniert das erste **Photomerge**-Ergebnis noch nicht, steigen Sie nicht sofort in die Detailretusche ein. Probieren Sie es mit geändertem Verfahren: Wählen Sie im ersten **Photomerge**-Dialog nicht Auto, sondern legen Sie gezielt zum Beispiel Perspektivisch oder Zylindrisch fest.

Noch eine Möglichkeit: Statt **Photomerge** zu wählen, können Sie ja auch

1. die Einzelbilder zu einem Ebenenstapel türmen, zum Beispiel per **Datei: Skripten: Dateien in Stapel laden**, Sie nehmen dann
2. **Bearbeiten: Ebenen automatisch ausrichten** (mit Auto) und anschließend
3. **Bearbeiten: Ebenen automatisch überblenden.**

Dieses Verfahren liefert zum Teil andere - und bessere - Ergebnisse als der Weg über **Photomerge.** Auch wenn Sie alle Bilder um 90 Grad drehen (in Bridge schnell erledigt) und dann erneut **Photomerge** nutzen, entstehen leicht geänderte Gesamtansichten.

Hat Photoshop eine Ebene grob daneben gesetzt oder per schwarzer Ebenenmaske komplett aus dem Spiel gelassen? Ziehen Sie die Ebene ungefähr an die gewünschte Position, dann markieren Sie sämtliche Ebenen im Bedienfeld und wählen **Bearbeiten: Ebenen automatisch ausrichten.** Dem folgt **Bearbeiten: Ebenen automatisch überblenden.** Weitere Möglichkeit: Setzen Sie erst einige der Teile zusammen, später folgen die Problemkinder.

Kontrast und Farbstimmung im Gesamtbild korrigieren

Sie wollen das gesamte Panorama kontrastkorrigieren, die Ebenen aber noch nicht verschmelzen. So geht's:

1. Klicken Sie zunächst auf die oberste Ebene im Ebenen-Bedienfeld.
2. Legen Sie eine Einstellungsebene wie **Gradationskurven** an.

Die neue Einstellungsebene entsteht an oberster Stelle, verändert also das Gesamtbild. Sie können die Korrektur immer wieder neu justieren und mit Ebenenmaske oder Mischmodus verfeinern.

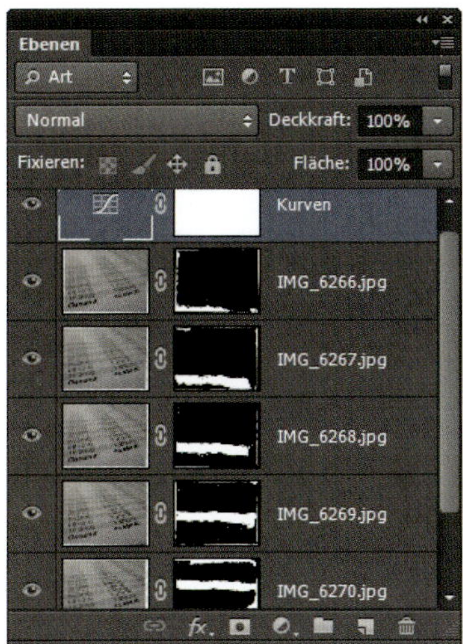

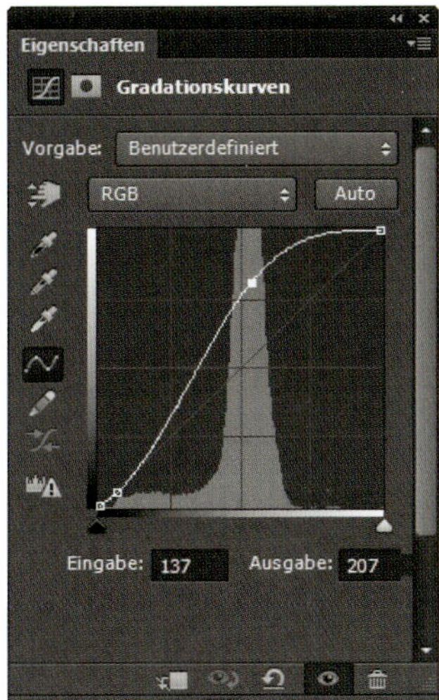

Abbildung 22.63 Die Dateien dieser Tiefenschärfe-Serie sind zu dunkel. Eine Gradationskurve als Einstellungsebene über der obersten Bildebene hellt die Gesamtansicht auf. Datei: Photomerge_05

»Filter«-Korrekturen am Gesamtbild

Ihre Photomerge-Montage liegt noch in Einzelebenen vor. Sie wollen jedoch Scharfzeichner, Rauschfilter, **Objektivkorrektur**, den Befehl **Tiefen/Lichter** oder andere Funktionen gleichmäßig auf das Gesamtbild anwenden, ohne jede Ebene einzeln zu verarzten. In aller Regel können Sie die Einzelebenen verschmelzen: Markieren Sie alle Bildebenen im Ebenen-Bedienfeld und drücken Sie Strg+E.

Die Ebenen sollen einzeln erhalten bleiben, dennoch soll ein Filter über die Gesamtkonstruktion laufen? Dann packen Sie die gesamte Photomerge-Montage in eine einzelne Smartobjekt-Ebene:

1. Markieren Sie alle Ebenen gemeinsam (auch Einstellungsebenen).
2. Der nächste Befehl heißt **Filter, Für Smart Filter konvertieren**. Jetzt zeigt das Ebenen-Bedienfeld nur noch eine einzelne Ebene – das Smartobjekt, hinter dem sich die Panoramamontage weiterhin verbirgt.
3. Wenden Sie jetzt den **Selektiven Scharfzeichner**, **Objektivkorrektur**, **Tiefen/Lichter** oder auch **HDR-Tonung** an.

Abbildung 22.64 Das Panorama wurde mit zylindrischer Projektion montiert. Der Befehl »Tiefen/Lichter« als Smartfilter hellt den Vordergrund auf. Datei: Photomerge_06

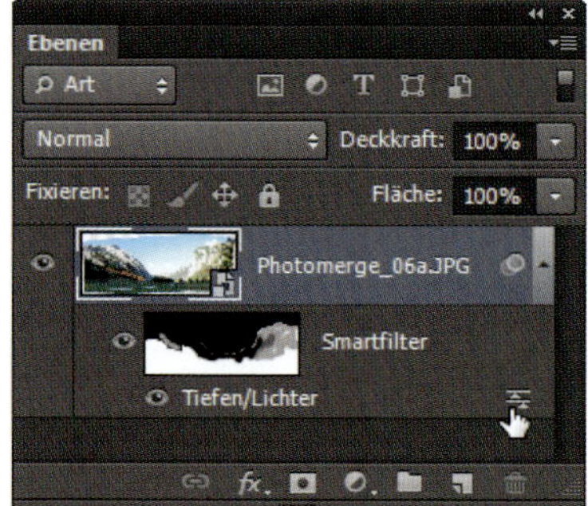

Abbildung 22.65 **Links:** Das Panorama besteht aus drei Einzelebenen. **Mitte:** Die Einzelebenen wurden zu einer Smartobjekt-Ebene zusammengefasst. Jetzt lässt sich der Befehl »Smartfilter« als Smartfilter anwenden. Eine Filtermaske beschränkt die Korrekturen auf den dunkleren Motivvordergrund. **Rechts:** In den »Fülloptionen« verfeinern Sie das Ergebnis mit Deckkraftregler und Mischmodi. Sie könnten so auch Scharfzeichner oder die »Objektivkorrektur« anwenden. Die Vorschau berücksichtigt allerdings die Filtermaske nicht.

Drehen und Zuschneiden

Sie wollen die Photomerge-Ebenenkonstruktion drehen und eventuell zuschneiden. Packen Sie sämtliche Ebenen in ein Smartobjekt (**Auswahl, Alle Ebenen**, dann **Filter, Für Smartfilter konvertieren**). Sie können das Bild auch mit dem Freistellungswerkzeug zuschneiden - nichts geht dauerhaft verloren: Der Befehl **Bild: Alles einblenden** zeigt die Photomerge-Montage wieder in voller epischer Breite.

22.3.7 Andere Bereiche sichtbar machen

Öfter mal zeigt die Gesamtansicht einer Photomerge-Collage nicht das, was Sie sehen wollten - bestimmte Details sind ungewollt verborgen; andere zeigen sich keck, doch ungebeten.

Das trifft etwa für Panoramen zu: Bewegen sich im Überlappungsbereich der Einzelbilder Menschen oder Autos, blendet Photoshop solche Details im fertigen Gesamtbild meist komplett aus - oder zeigt sie halb abgeschnitten. Auch wenn Sie deckungsgleiche Szenen fotografieren, um zum Beispiel eine Person dreimal zu zeigen oder aber um sämtliche Personen herauszuretuschieren, liefert der **Photomerge**-Befehl kaum auf Anhieb das gewünschte Ergebnis.

Für unser Panorama »Photomerge_01« gilt zum Beispiel:

- Das Einzelbild Ebene 2 zeigt ganz rechts leeren Strand.
- Das anschließende Einzelbild Ebene 3 zeigt aber ganz links im selben Strandbereich zwei Spaziergänger.

Im Panorama-Ergebnis präsentiert Photoshop nur menschenleeren Strand. Holen Sie das unterschlagene Detail bei Bedarf wieder nach vorn. Sie korrigieren mit diesem Verfahren auch andere Überlappungsprobleme, etwa verwischte oder abgeschnittene Fahrzeuge.

Abbildung 22.66 Die Spaziergänger aus dem Überlappungsbereich von Ebene 2 und 3 werden im Panorama unterdrückt. Datei: Photomerge_01

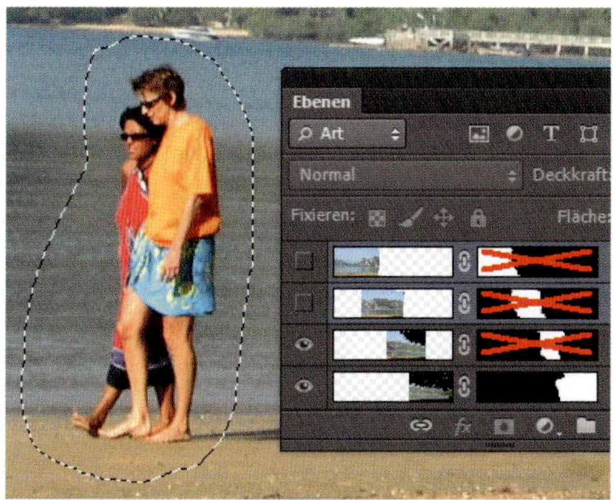

Abbildung 22.67 Wir schalten mehrere Ebenen und Ebenenmaske ab. Die Touristen werden sichtbar und mit dem Lasso eingerahmt. Dann wählen wir »Bearbeiten: Auf eine Ebene reduziert kopieren«.

Abbildung 22.68 Wir fügen die Personen auf einer eigenen Ebene ganz oben neu ein. Damit erscheinen sie auch im Gesamtpanorama. Harte Ränder glätten wir mit Pinsel und Schwarz in der Ebenenmaske.

Maskenretusche allgemein

Sie könnten die Ebenenmasken retuschieren. Lästig nur: Verbirgt Photoshop den Bereich einer Ebene im Gesamtbild, dann unterdrückt das Programm die Zone gleich doppelt:

- Bildpunkte aus der darüberliegenden Ebene verbergen das Detail (dank Weiß in der Ebenenmaske) und
- das Detail wird in der eigenen Ebene selbst noch durch Schwarz in der Maske versteckt (obwohl diese Maskierung nicht zwingend nötig wäre).

Es können sogar mehrere Ebenen über derjenigen Ebene liegen, deren Detail Sie im Gesamtbild sehen wollen. Nur wenn die Ebene mit dem ungewünscht verborgenen Detail ganz oben im Bedienfeld rangiert, müssen Sie lediglich auf einer einzelnen Ebene ansetzen, um das Detail hervorzuholen.

Alternative zur Maskenretusche

Die Maskenretusche wirkt meist sehr umständlich. Holen Sie das versteckte Detail bequemer als neue Ebene nach oben:

1. Schalten Sie obere Ebenen und Ebenenmasken aus, so dass Sie das versteckte Detail sehen.
2. Wählen Sie den interessierenden Bereich großzügig aus, zum Beispiel mit dem Lasso.
3. Wählen Sie **Bearbeiten: Auf eine Ebene reduziert kopieren**.
4. Klicken Sie einmal auf die oberste Ebene im Ebenen-Bedienfeld.
5. Fügen Sie den kopierten Teil mit Strg+V ein. Glätten Sie den Übergang eventuell mit Ebenenmaske oder Radiergummi.

Abbildung 22.69 Die mitgelieferten Aktionen erzeugen Panoramen in mehreren Varianten, suchen Sie die beste Projektionsart aus. Dateien: Photomerge_09a etc.

22.3.8 Panoramen

Schnelle Wege zum Panorama:

- Markieren Sie die Einzelbilder in Bridge und wählen Sie **Werkzeuge: Photoshop: Photomerge**; im Dialogfeld nutzen Sie die Option Bilder zusammen überblenden.
- Ganze Massen von Panoramen produzieren Sie aus Bridge heraus mit dem Befehl **Werkzeuge: Photoshop: Sammlungen in Photoshop verarbeiten** (Seite 783).

Mit den meisten Fotos läuft alles vollautomatisch: Photoshop ordnet die Aufnahmen in der richtigen Reihenfolge an, setzt sie passgenau aneinander und überblendet butterweich. Die maskierten Einzelebenen müssen Sie noch verschmelzen und zuschneiden. Fast nie ist Retusche erforderlich.

Fotopanoramen sind nur ein Teilaspekt der **Photomerge**-Technik. Darum finden Sie bereits im allgemeinen »Photomerge«-Teil ab Seite 779 wichtige Informationen auch für Panoramamontagen, speziell zur Retusche. Umgekehrt stellen wir hier im Panoramaabschnitt Verfahren vor, die sich zwar vor allem für Panoramen eignen, aber auch in anderen Fällen von ausgerichteten Ebenenstapeln weiterhelfen.

Verschwinden durchgebogene Horizonte nicht mit der Korrektur der perspektivischen Verzerrung (Photomerge-Option), testen Sie **Adaptive Weitwinkelkorrektur**, **Objektivkorrektur**, nutzen Sie den **Verbiegen**-Filter oder das **Freie Transformieren** mit dem Verformen (Beispiele Seite 376). Vorschläge zum Fotografieren von Panoramen lesen Sie ab Seite 51.

»Layout«-Varianten per Aktion

Auf der Buch-DVD im Praxis-Verzeichnis finden Sie die Aktionensammlung »Photoshop CS6 Buch«. Sie enthält zwei Aktionen, mit denen Sie die verschiedenen Layout-Optionen wie Zylindrisch und Kugelförmig bequem durchtesten. Das verwendete Layoutverfahren steht im Namen der sechs neu entstandenen Dateien.

Beide Aktionen enthalten weit oben den **Bildgröße**-Befehl, zunächst jedoch abgeschaltet. Falls Sie ihn einschalten, werden die Einzelbilder des ungespeicherten Grundbilds vorab auf 800 Pixel Breite kleingerechnet, die sechs Panoramavarianten entstehen dann flotter und schlucken weit weniger Arbeitsspeicher.

Für beide Aktionen gilt: Schließen Sie am besten zunächst alle Bilder in Photoshop. Im Einzelnen:

- Die Aktion »Photomerge - Panorama-Varianten via Bridge« läuft in Photoshop und Photoshop Extended. Markieren Sie die Panoramaeinzeldateien in Bridge und wählen Sie dort **Werkzeuge: Photoshop: Dateien in Photoshop-Ebenen laden** (also nicht **Photomerge**). Sobald die erste Ebenenmontage in Photoshop aufgebaut ist, starten Sie dort die Aktion.
- Die Aktion »Photomerge - Panorama-Varianten (nur Extended-Version)« ist für Photoshop Extended gedacht. Laden Sie vorab die Panoramaeinzeldateien in Photoshop und schließen Sie am besten alle anderen Bilder. Starten Sie die Aktion, im ersten Dialogfeld klicken Sie dann auf GEÖFFNETE DATEIEN HINZUFÜGEN. Verzichten Sie auf QUELLBILDER NACH MÖGLICHKEIT AUTOMATISCH AUSRICHTEN und klicken Sie auf OK.

Tipp Die Aktionen legen zuerst die drei für Panoramen wichtigsten Layoutvarianten an, also AUTO, PERSPEKTIVISCH und ZYLINDRISCH, danach folgt KUGELFÖRMIG, dann COLLAGE und schließlich REPOSITIONIEREN. Brechen Sie den Ablauf bei Bedarf mit der Esc-Taste ab, wenn Photoshop die ersten drei oder vier Panoramavarianten angelegt hat.

Überlappenden Bereich erkennen

Es hilft bei der Orientierung wie auch bei der Retusche, wenn Sie den überlappenden Bereich von zwei Montageebenen hervorheben oder auswählen. In diesem Bereich haben Sie die meisten Retuschemöglichkeiten. Sie heben die Zone zum Beispiel per DIFFERENZ-Modus hervor, aber Sie können den Schnittbereich von zwei Ebenen auch leicht auswählen:

1. Halten Sie die Strg-Taste gedrückt und klicken Sie die Miniatur der oberen Ebene im Ebenen-Bedienfeld an. Photoshop umgibt die Ebene im Bildfenster mit einer Auswahlfließmarkierung.
2. Drücken Sie gleichzeitig Strg+⇧+Alt-Taste und klicken Sie die Miniatur der Ebene darunter an. Nur noch der überlappende Bereich ist ausgewählt.

Abbildung 22.70 Der Mischmodus »Differenz« zeigt den Überlappungsbereich zwischen zwei Segmenten eines Panoramas. Klicken Sie einen Bildbereich mit Verschiebenwerkzeug und rechter Maustaste an, aktiviert Photoshop die Ebenen unter dem Mauszeiger per Kontextmenü. Wollen Sie die Ausdehnung einer Einzelebene erkennen, klicken Sie mit gedrückter Strg-Taste auf die Bildminiatur im Ebenen-Bedienfeld - Photoshop umgibt die Ebene mit einer Auswahllinie. Datei: Panorama_01

Wahl des »Layouts«

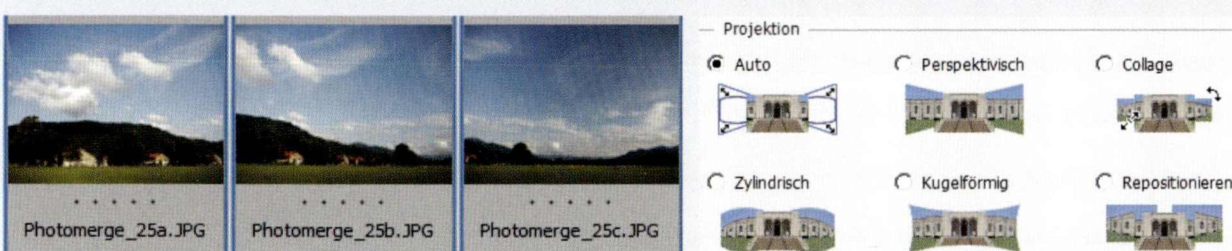

Wie soll Photoshop die Einzelbilder einer Photomerge-Komposition dehnen oder neigen? Die Optionen finden Sie bei den Befehlen **Photomerge** und **Ebenen automatisch ausrichten.** Dateien: Photomerge_25

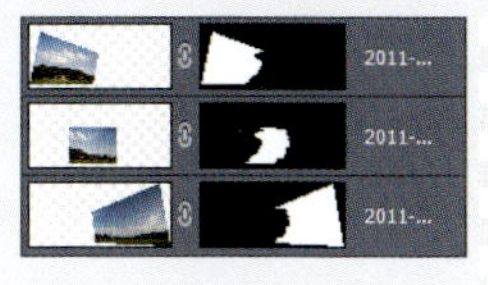

Automatisch: Bei diesem Beispiel hat Photoshop eine Korrektur nach Art der Vorgabe »Perspektivisch« gewählt.

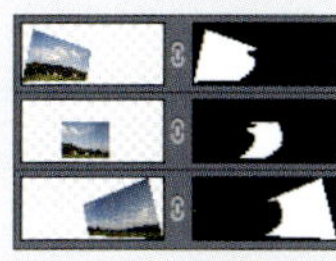

Perspektivisch: Die Vorgabe legt ein Segment als Referenzbild fest – oft das mittlere –, die anderen Fotos werden durch Dehnen oder Neigen angepasst. Entstellt stark bei vier oder mehr Einzelbildern.

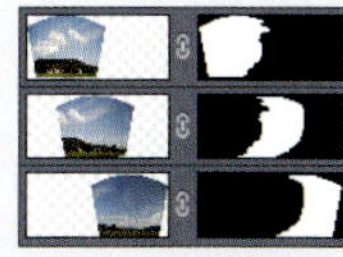

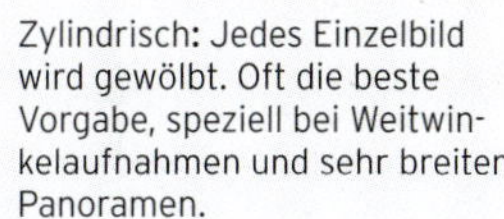

Zylindrisch: Jedes Einzelbild wird gewölbt. Oft die beste Vorgabe, speziell bei Weitwinkelaufnahmen und sehr breiten Panoramen.

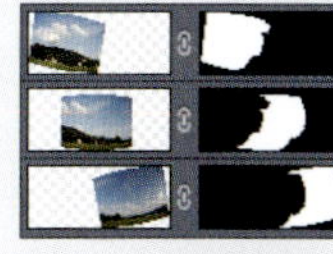

Kugelförmig: Erinnert an »Zylindrisch« und mitunter an Fisheye-Aufnahmen. Für 360-Grad-Panoramen empfohlen.

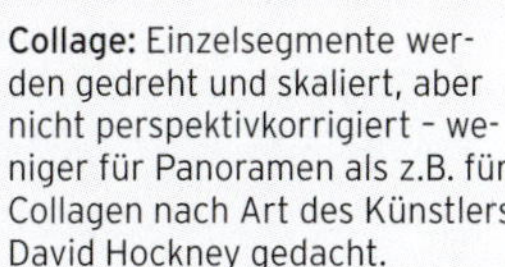

Collage: Einzelsegmente werden gedreht und skaliert, aber nicht perspektivkorrigiert – weniger für Panoramen als z.B. für Collagen nach Art des Künstlers David Hockney gedacht.

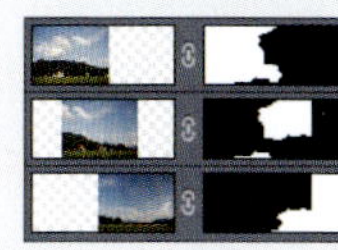

Repositionieren: Die Bilder werden nicht skaliert oder gestaucht, nur verschoben. Diese Technik entstellt weniger, sie erfordert aber auch sehr genau fotografierte Einzelbilder.

Einzelebenen erkennen

Oft wird in der Panoramamontage nicht klar, welcher Bildbereich zu welcher Ebene gehört. So gewinnen Sie einen Überblick:

- Stellen Sie einzelne Ebenen auf den DIFFERENZ-Mischmodus um. Überlappende Bereiche erscheinen nun weitgehend schwarz - schalten Sie aber vorab Ebenenmasken per ⇧-Klick auf die Maskenminiatur aus. Wechseln Sie jederzeit verlustfrei wieder zum Mischmodus NORMAL.
- Klicken Sie mit Verschiebenwerkzeug und rechter Maustaste in die Montage. Photoshop nennt die Ebenen unter dem Mauszeiger in einem Menü. Die oberste Ebene erscheint auch im Menü ganz oben.
- Klicken Sie die Ebenenminiatur bei gedrückter Strg-Taste an. Photoshop umgibt die gewählte Ebene mit einer Auswahlmarkierung, so dass Sie ihre Ausdehnung genau erkennen. Strg+D hebt die Auswahl wieder auf.
- Mit der Option AUTOMATISCH AUSWÄHLEN aktiviert das Verschiebenwerkzeug automatisch per Klick die oberste Ebene unter dem Mauszeiger. Wollen Sie perfekt arrangierte Ebenen jedoch nicht mehr versehentlich verschieben, nutzen Sie die Option POSITION SPERREN oben im Ebenen-Bedienfeld.

Panoramaebenen verschieben

Mitunter will man eine komplette Ebene verschieben. Präziser als das Verschiebenwerkzeug erledigen diesen Job die Pfeiltasten, sofern Sie zunächst das Verschiebenwerkzeug einschalten. Die ⇧-Taste verhilft zu größeren Sprüngen.

Verschieben Sie vorzugsweise Ebenen ganz außen, sonst verursacht die Korrektur auf der einen Seite einen ungewollten Versatz an der anderen Kante. Oder verschieben Sie mehrere gemeinsam ausgewählte Ebenen.

Schalten Sie die Ebene in den DIFFERENZ-Modus, so dass Sie die Deckungsgleichheit sofort erkennen: Reines Schwarz deutet auf perfekte Deckung hin, schillernde Konturen verraten Ungenauigkeiten. Alternativ senken Sie die Deckkraft vorübergehend auf 50 Prozent (Kurztaste 5).

Verschieben Sie die Ebene, noch bevor Sie die Ebenenmaske bearbeiten. Schützen Sie perfekt positionierte Ebenen mit der Option POSITION SPERREN oben im Ebenen-Bedienfeld. Soll die Ebenenmaske nicht mit der Ebene mitwandern, klicken Sie im Ebenen-Bedienfeld auf das Verbindungssymbol zwischen Ebenenminiatur und Maskenminiatur.

Durchgebogene Panoramen

Panoramen mit vier oder mehr Segmenten wirken mitunter sehr durchgebogen. Vor der weiteren Korrektur verschmelzen Sie alle Ebenen zu einer Ebene, aber nicht zu einer HINTERGRUND-Ebene. Sie können die Einzelebenen auch in ein Smartobjekt packen, dann bleiben sie als Einzelebenen greifbar.

Gleichmäßige Wölbungen korrigieren Sie per **Filter: Objektivkorrektur** mit dem Regler VERZERRUNG ENTFERNEN. Wenn das nicht reicht, nehmen Sie **Filter: Adaptive Weitwinkelkorrektur** (Seite 373) mit diesen Schritten:

1. Ziehen Sie das Constraint-Werkzeug bei gedrückter ⇧-Taste am Horizont entlang. Die ⇧-Taste stellt die Linie exakt waagerecht ein.
2. Wahrscheinlich folgt die entstandene Orientierungslinie dem Horizont noch nicht perfekt. Ziehen Sie den mittleren eckigen Anfasspunkt exakt auf den Horizont.
3. Falls erforderlich: Klicken Sie auf einen der runden Anfasspunkte und ziehen Sie, um den Horizont zu drehen.

Das KORREKTUR-Klappmenü rechts sollte in der Regel FISCHAUGE melden. In komplizierteren Fällen ziehen Sie mehrere kürzere Orientierungslinien, nicht eine durchgehende lange.

Abbildung 22.71 Durchgebogenes Panorama in der »Adaptiven Weitwinkelkorrektur«: Ziehen Sie bei gedrückter [⇧]-Taste eine Linie am Horizont entlang. Datei: Photomerge_22g

Abbildung 22.72 Wenn die Linie dem Horizont noch nicht exakt folgt, ziehen Sie den Mittelpunkt der Linie auf den Horizont im Bild.

Abbildung 22.73 Falls noch erforderlich: Drehen Sie den Horizont durch Ziehen an einem runden Anfasspunkt.

Abbildung 22.74 Auch so lässt sich das Bild begradigen: Wir legen eine Hilfslinie an und nutzen das »Freie Transformieren« mit dem »Verformen« und der Form »Bogen« bei gut acht Prozent »Biegung«. Zusätzlich muss das Panorama leicht gedreht werden. Alle Panoramasegmente befinden sich auf einer gemeinsamen Ebene oder in einem Smartobjekt. Besteht das Bild nur aus einer »Hintergrund«-Ebene, klicken Sie zuerst doppelt bei gedrückter [Alt]-Taste auf die »Hintergrund«-Miniatur im Ebenen-Bedienfeld. Datei: Photomerge_22g

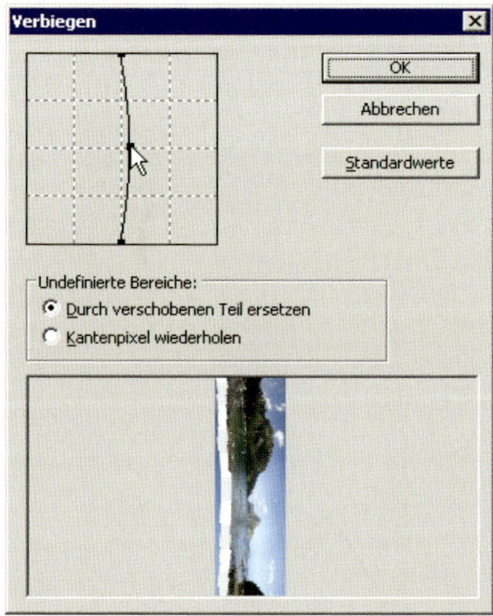

Abbildung 22.75 Auch »Filter: Verzerrungsfilter: Verbiegen« begradigt den Horizont. Drehen Sie die Vorlage jedoch zunächst um 90 Grad (»Bild: Bilddrehung«).

Die richtige Druckgröße

Vermutlich hat Ihr Panorama ungleichmäßige Kanten und es passt nicht exakt auf die Panoramapapiere der Druckdienste. Sie müssen es also mit dem Freistellungswerkzeug zuschneiden und eventuell formatieren.

Ein Druckdienst bietet das Format 120x40 Zentimeter (3:1) günstig an. So korrigieren Sie die Bildmaße:

1. Schalten Sie mit der Taste [C] das Freistellungswerkzeug ein.
2. Tragen Sie oben »3« und »1« ein (Sie könnten auch »120« und »30« nehmen). Der Freistellungsrahmen schnurrt sofort auf das Seitenverhältnis 3:1 zusammen.
3. Ziehen Sie einzelne Rahmenseiten auf den Bildbereich, den Sie drucken lassen wollen. Photoshop erlaubt nur 3:1.
4. Blenden Sie den Außenbereich testweise mit der Taste [H] aus.
5. Stimmt der Bildausschnitt, klicken Sie doppelt ins Motiv – Photoshop entfernt den Rest, Ihr Foto passt jetzt perfekt auf 120x40-Zentimeter-Papier.

Sie können die Datei immer noch beim Druckdienst in 90x30 oder 300x100 Zentimeter bestellen, die eingespeicherten Maße spielen keine große Rolle – Hauptsache, das Seitenverhältnis stimmt. Nur wenn Sie eine viel zu große Panoramadatei deutlich herunterrechnen wollen, öffnen Sie den Dialog **Größe und Auflösung** mit dem Maße-Klappmenü links oben in den Freistellungsoptionen. Tippen Sie zum Beispiel 120 Zentimeter mal 40 Zentimeter bei 300 Pixel/Zoll (dpi) ein. Dann wird die Datei zugeschnitten und zusätzlich kleingerechnet.

Tipp Sie können beim Freistellungswerkzeug auf die Option Ausserhalb liegende Pixel verzichten. Abgeschnittener Bildrand bleibt dann hinter den Kulissen erhalten, er lässt sich mit dem Verschiebenwerkzeug wieder in den sichtbaren Bereich ziehen, oder nehmen Sie **Bild: Alles einblenden**. Wenn Sie die Panoramaebene(n) in ein Smartobjekt verwandeln, gehen Außenstände generell nicht verloren.

Abbildung 22.76 Wollen Sie das Panorama 120x40 Zentimeter groß drucken, stellen Sie 3:1 oder 120:40 in den Freistelloptionen ein. Wenn Sie den Freistellrahmen aufziehen, lässt Photoshop nur noch die passende 3:1-Proportion zu.

Testen Sie Druckmaß und Seitenverhältnis

So prüfen Sie Druckmaß und Seitenverhältnis:

- Wählen Sie **Bild: Bildgröße** und schalten Sie das Interpolationsverfahren aus. Tippen Sie als Auflösung zum Beispiel 300 Pixel/Zoll ein, dann sehen Sie die möglichen Zentimeterwerte für 300 dpi Druckqualität. Oder tippen Sie eine Breite ein und prüfen Sie, ob Photoshop eine druckreife Auflösung errechnet.
- Manche Poster-Druckdienste bieten Panoramadrucke nach Seitenverhältnis sortiert an, zum Beispiel 3:1, 4:1 oder 5:1. Doch welches Seitenverhältnis hat Ihr Bild? Sie nehmen wieder den Befehl **Bild: Bildgröße** und schalten das Interpolationsverfahren aus. Tippen Sie eine »1« ins Feld Höhe. Als Breite nennt Photoshop zum Beispiel »2,7«, Sie haben also ein Seitenverhältnis von 2,7:1 (das Sie leicht auf 3:1 zuschneiden können).
- Sie wollen Ihr Panorama exakt auf das Seitenverhältnis 3:1 zuschneiden. Schalten Sie das Freistellungswerkzeug ein und tippen Sie oben in den Optionen »3« mal »1« ein. Der frei sichtbare Bereich erhält das Seitenverhältnis 3:1, blenden Sie Äußeres mit dem H aus. Genauso gut könnten Sie auch »90« mal »30« eintippen.

Fehlerhafte Übergänge bei Panoramen mit nur einer Ebene

Haben Sie die Teilbilder bereits auf eine gemeinsame Ebene eingedampft, dann beheben Sie Fehler an den Übergängen der ehemaligen Einzelbilder mit dem Kopierstempel und anderen Retuschetechniken (Seite 389). Liegt das Problem jedoch nicht ganz am Rand des ehemaligen Einzelbilds, sondern etwas weiter in der Mitte, dann nehmen Sie den Originalbereich aus dem Einzelbild und kopieren ihn in das Panorama.

22.3.9 Personen vervielfachen und entfernen

Auf unterschiedlichsten Wegen mischen Sie Bildserien so, dass Sie Leute mehrfach sehen oder aber das Gesamtbild komplett entvölkern. Sie können Photoshop auch selber überblenden lassen und die entstandenen Ebenenmasken weiterbearbeiten, bis genau das gewünschte Personal erscheint. Dabei müssen Sie aber häufig zwei Ebenenmasken gleichzeitig bearbeiten - eine unübersichtliche Aufgabe (Seite 794). Wir zeigen darum Verfahren, wie Sie die Bilder via **Photomerge** zwar deckungsgleich anordnen, die Überblendung steuern Sie dann aber höchstpersönlich mit dem Pinsel.

Wie Sie an den Beispielen sehen, müssen die Bilder nicht sonderlich deckungsgleich sein. Weitere Retuschetipps zu dieser Aufgabe finden Sie ab Seite 794.

Personen mehrfach zeigen

Ein möglicher Weg, wie Sie ein- und dieselbe Person gleich mehrfach anzeigen:

1. Markieren Sie die Einzelbilder in Bridge und wählen Sie dort **Werkzeuge: Photoshop: Photomerge**.
2. Als Layout verwenden Sie in der Regel Auto. Schalten Sie im Dialogfeld die Option Bilder zusammen überblenden ab, dann klicken Sie auf OK.
3. Die Einzelbilder erscheinen deckungsgleich gestapelt in einer Photoshop-Montage. Falls noch erforderlich, klicken Sie im Ebenen-Bedienfeld einmal auf die oberste Ebene, um sie zu aktivieren.
4. Klicken Sie auf das Symbol Ebenenmaske hinzufügen unten im Ebenen-Bedienfeld.
5. Schalten Sie den Pinsel ein, sorgen Sie für schwarze Vordergrundfarbe (X).
6. Malen Sie nur über dem Hauptmotiv, so dass es aus der Gesamtansicht verschwindet.
7. Kehren Sie die Ebenenmaske mit Strg+I um. Jetzt sehen Sie von der obersten Ebene nur noch das Hauptmotiv.
8. Klicken Sie im Ebenen-Bedienfeld einmal auf die nächstuntere Ebene (oder drücken Sie Alt+,).

Jetzt beginnt das Spiel von vorn: Legen Sie eine Ebenenmaske an, übermalen Sie das Hauptmotiv mit Schwarz und kehren Sie die Maske mit Strg+I um. So sehen Sie auch von der zweitobersten Ebene nur noch das Hauptmotiv. Dann springen Sie eine Ebene tiefer und zeigen abermals nur das Hauptmotiv an. Nur die unterste Ebene braucht diese Behandlung nicht. Zeigten die Bilder weitgehend den gleichen Ausschnitt, sind Sie jetzt fertig.

Die sichtbare Umgebung des Hauptmotivs wird von der untersten Bildebene beigesteuert. Eventuell enthält eine obere Ebene Umgebungsdetails, die Sie in der Gesamtszene zeigen wollen. Dies gilt auf jeden Fall, wenn die Kamera - wie in unserem Beispiel - bewegt wurde und die Umgebung nicht bei allen Einzelaufnahmen gleich ist. Klicken Sie zuerst auf die Ebenenmaske einer oberen Ebene und malen Sie dort mit Weiß, um mehr Hintergrund anzuzeigen.

Abbildung 22.77 Jedes Einzelbild zeigt das Kanu auf einem anderen Streckenabschnitt. Wir haben die Einzelaufnahmen per »Photomerge« deckungsgleich übereinandergelegt. Weil wir »Ebenen zusammen überblenden« nicht verwenden, entstehen keine Ebenenmasken. Dateien: Photomerge_14a etc.

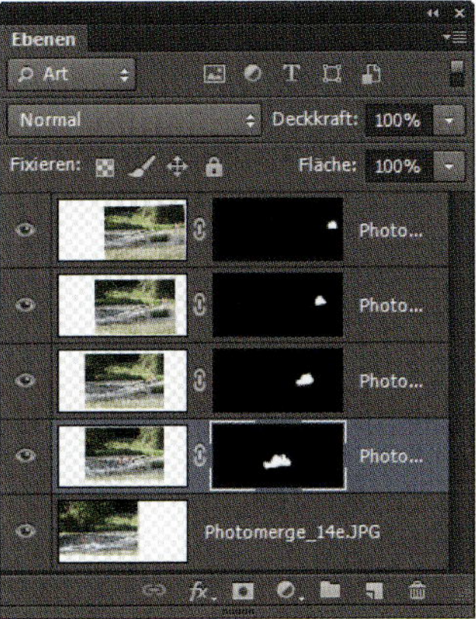

Abbildung 22.78 Per Ebenenmaske blenden wir alle oberen Ebenen aus und legen nur jeweils das Hauptmotiv frei. Die sichtbare Umgebung stammt nur von der untersten Ebene. Weil die Fotos jedoch versetzt aufgenommen wurden, ist die Kulisse rechts noch lückenhaft.

Abbildung 22.79 Weiße Farbe in den Masken der Einzelbilder rechts sorgt für einen durchgehenden Hintergrund. Dieser Schritt ist überflüssig, wenn alle Aufnahmen denselben Motivausschnitt zeigen.

Personen ausblenden

Paare, Passanten, Kraftfahrzeuge: Photomerge-Technik räumt überlaufene Landschaften, Denkmäler und historische Kulissen von unerwünschtem Personal und Fahrgerät leer. Fotografieren Sie die Szene zunächst mehrfach halbwegs deckungsgleich, dabei muss jedes einzelne Stück der begehrten Kulisse einmal unverdeckt sichtbar sein. Dann geht's so weiter:

1. Markieren Sie die Einzelbilder in Bridge und wählen Sie dort **Werkzeuge: Photoshop: Photomerge**.
2. Als Layout verwenden Sie im Dialogfeld in der Regel Auto. Schalten Sie die Option Bilder zusammen überblenden ab, dann klicken Sie auf OK.
3. Die Einzelbilder erscheinen deckungsgleich gestapelt in einer Photoshop-Montage.
4. Nützlich, aber nicht zwingend nötig: Ziehen Sie die Ebene mit den wenigsten »Störenfrieden« im Ebenen-Bedienfeld ganz nach oben.
5. Falls noch erforderlich, klicken Sie im Ebenen-Bedienfeld einmal auf die oberste Ebene, um sie zu aktivieren.
6. Klicken Sie auf das Symbol Ebenenmaske hinzufügen unten im Ebenen-Bedienfeld.
7. Schalten Sie den Pinsel ein, sorgen Sie für schwarze Vordergrundfarbe.
8. Malen Sie nur über dem »Störenfried«, so dass dieses Detail aus der Gesamtansicht verschwindet.

Klicken Sie bei Bedarf im Ebenen-Bedienfeld einmal auf die nächstuntere Ebene, legen Sie wieder eine Ebenenmaske an und übermalen Sie auch dort ungebetene Details. So arbeiten Sie sich nach unten durch.

Tipp Sie haben per Stativ garantiert deckungsgleich fotografiert? Dann verzichten Sie auf den **Photomerge**-Befehl und nehmen stattdessen zeitsparend **Werkzeuge: Photoshop: Dateien in Photoshop-Ebenen laden.**

22.3.10 Bildfläche erweitern durch Überblenden und Verdoppeln

Wenn ein Bild nicht ins Layout passt oder einfach mehr Inhalt zeigen soll, können Sie es mit der Funktion **Inhaltsbasiert skalieren** (Seite 721) in die Länge ziehen. Dabei lassen sich aber nur diffuse Bereiche unauffällig strecken, etwa Himmel oder Meer. Per »Photomerge«-Technik wiederholen Sie dagegen auch detailreiche Zonen. Verdoppeln Sie Hauptmotive und verlängern Sie Szenen, bis die gewünschten Proportionen entstehen.

Ablauf

Die einzelne rosa Strandwinde soll sich vermehren. Bereiten Sie zunächst die Ebenen vor:

1. Halten Sie die Alt-Taste gedrückt und klicken Sie doppelt auf die Hintergrund-Ebene im Ebenen-Bedienfeld. Sie verwandelt sich in eine Ebene 0. Damit wird sie bei erweiterter Arbeitsfläche nicht von Weiß, sondern von Transparenz umgeben – wichtig fürs spätere Überblenden. Das Gesamtbild sieht aus wie zuvor.
2. Mit Strg+J duplizieren Sie die Ebene 0 auf eine neue Ebene 0 Kopie. Die Bildwirkung bleibt unverändert.
3. Mit der Taste V schalten Sie das Verschiebenwerkzeug ein, mit der 5 senken Sie die Ebenendeckkraft auf 50 Prozent. Damit bleibt die untere Ebene zur Orientierung erkennbar.
4. Ziehen Sie die obere Ebene weit nach rechts, so dass die beiden Blüten scheinbar nebeneinander aus dem Sand wachsen.

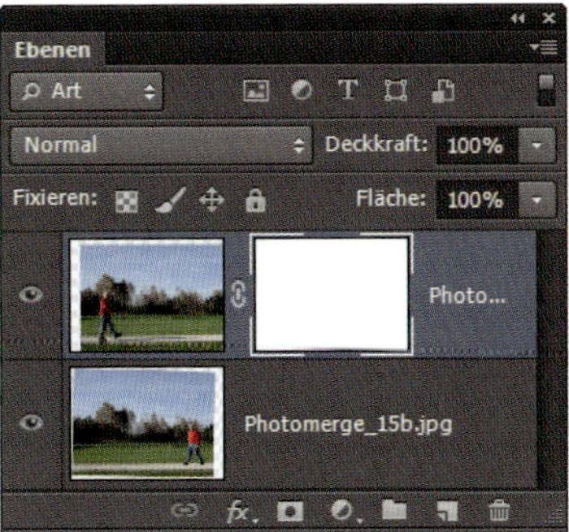

Abbildung 22.80 Immer stapft einer durchs Bild. Wir haben die zwei Aufnahmen mit je einem Passanten per »Photomerge« ohne »Bilder zusammen überblenden«deckungsgleich übereinandergesetzt, eine Ebenenmaske angelegt und schwarze Vordergrundfarbe eingerichtet. Eine Pinselspitze wird den Spaziergänger ausblenden. Dateien: Photomerge_15

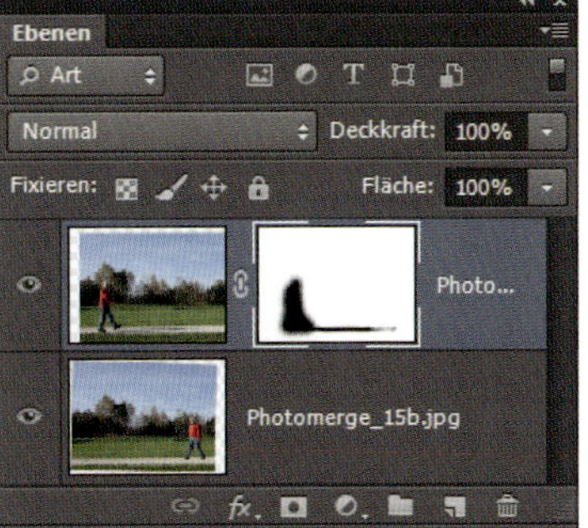

Abbildung 22.81 Schwarz in der Ebenenmaske sorgt für menschenleere Landschaft. Achten Sie bei der Maskenretusche auch auf Schatten. Haben Sie zu viel ausgeblendet, so dass Personen von der unteren Ebene sichtbar werden, korrigieren Sie mit weißer Vordergrundfarbe.

Abbildung 22.82 Wir haben die Ebene bereits dupliziert, gedreht, die Arbeitsfläche erweitert und beide Ebenen ausgewählt. Datei: Photomerge_04

5. Der größere Teil des oberen, nach rechts gewanderten Bilds verschwindet nun hinter dem Bildrand. Das beheben Sie mit dem Befehl Bild, Alles einblenden. Photoshop baut die Bildfläche deutlich in die Breite aus, Sie sehen wieder alles. (Liegen Bildteile unsichtbar außerhalb des Programmfensters? Mit Strg+0 sorgen Sie für eine optimale Zoomstufe.)
6. Damit das Duplikat etwas anders aussieht, starten Sie das Transformieren mit Strg+T.
7. Ziehen Sie außerhalb des Rechteckrahmens, um die obere Blume etwas zu drehen. Die Schatten müssen aber »glaubwürdig« bleiben. Ziehen Sie einen Eckanfasser bei gedrückter ⇧-Taste nach innen, so dass die Blume etwas schrumpft. (Falls Sie nicht alle Eckanfasser sehen, drücken Sie erneut Strg+0.)
8. Sobald die Proportionen passen, bestätigen Sie die Umwandlung mit der ↵-Taste. Mit der Taste 0 heben Sie die Deckkraft wieder auf 100 Prozent.

Tipp In manchen Fällen können Sie die obere Ebene spiegeln, zum Beispiel per **Bearbeiten, Transformieren, Horizontal spiegeln.** Damit fallen Wiederholungen weniger auf. Wir können uns das hier aber wegen des eindeutigen Schattenfalls nicht erlauben.

Jetzt mischen Sie die zwei Ebenen:

1. Die obere Ebene ist ja noch aktiviert. Halten Sie die ⇧-Taste gedrückt, dann klicken Sie im Bedienfeld auf die untere Ebene. So haben Sie beide Ebenen ausgewählt.
2. Jetzt folgt der Befehl Bearbeiten: Ebenen automatisch überblenden. Wir nehmen hier die Optionen Panorama und Bilder zusammen überblenden.

Sie haben jetzt einen perfekt nahtlosen Übergang zwischen den beiden Bildern. Photoshop blendet Teile beider Ebenen durch automatisch erzeugte Ebenenmasken aus. Man denkt an eine einzige Fotografie von zwei Blüten, schneiden Sie nur noch die leeren Ränder weg.

Abbildung 22.83 Der Befehl »Ebenen automatisch überblenden« sorgt für ein nahtloses Gesamtbild. Mit dem Freistellungswerkzeug und einer leichten Drehung schneiden Sie noch weißen Rand weg.

Variationen

Das erste Ergebnis missfällt? Mögliche Abhilfen, bevor Sie **Ebenen automatisch überblenden** erneut aufrufen:

- Verschieben Sie eine Ebene etwas.
- Entfernen Sie mit dem Radiergummi Ebenenbereiche, die Sie ohnehin nicht zeigen wollten.

Testen Sie aber auch andere Optionen im Dialog **Ebenen automatisch überblenden**, nehmen Sie Bilder stapeln statt Panorama oder verzichten Sie auf Bilder zusammen überblenden.

22.3.11 Erweiterte Tiefenschärfe

Fotografieren Sie eine Szene mehrfach mit wechselndem Schärfepunkt. Photoshop blendet die Einzelergebnisse so zusammen, dass Sie ein durchgehend scharfgezeichnetes Bild erhalten – Blende 256, digital errechnet.

Soweit die Theorie. In der Praxis liefert Photoshop durchaus nicht immer optimale Ergebnisse, speziell wenn die Varianten nicht perfekt deckungsgleich übereinanderliegen und durch die Objektiv-Weichzeichnung gar keine übereinstimmenden Proportionen haben können. Sie müssen dem Ergebnis also mit Kopierstempel und Co. zu Leibe rücken oder die Ebenenmasken retuschieren.

Der Ablauf

Am besten gehen Sie über den Befehl **Ebenen automatisch überblenden**, zum Beispiel so:

1. Wählen Sie Bilder für die Tiefenschärfeserie in Bridge aus.
2. Wählen Sie in Bridge **Werkzeuge: Photoshop: Photomerge**.
3. Im Dialogfeld schalten Sie die Option Bilder zusammen überblenden ab. Hatte ich es schon gesagt? Bilder zusammen überblenden aus.
4. Klicken Sie auf OK. Sie haben eine erste Montage in Photoshop.
5. Wählen Sie alle Ebenen aus, zum Beispiel per ⇧-Klick auf die unterste Ebene im Ebenen-Bedienfeld oder per **Auswahl: Alle Ebenen**.

Abbildung 22.84 Noch nicht scharf genug: Bei jedem Einzelbild wurde anders scharfgestellt. Dateien: Photomerge_03

Abbildung 22.85 Durch und durch scharf: Photoshop mischt die Einzelbilder so, dass die Gesamtansicht jeweils die schärfsten Bereiche zeigt. Ergebnis: Photomerge_03e

6. Wählen Sie **Bearbeiten: Ebenen automatisch überblenden**. Testen Sie zuerst die Vorgabe BILDER STAPELN ohne NAHTLOSE TÖNE UND FARBEN. Mögliche Bildfehler erscheinen hier mit harten Kanten.
7. Das Ergebnis enttäuscht? Widerrufen Sie, wählen Sie eventuell erneut alle Ebenen aus und probieren Sie **Bearbeiten: Ebenen automatisch überblenden** sowohl mit BILDER STAPELN als auch NAHTLOSE TÖNE UND FARBEN. Die Fehler zeigen hier weichere Übergänge, Schleier und Lichthöfe - oft schwerer zu retuschieren, eventuell aber so unauffällig, dass man alles so lassen kann.

Sind Sie immer noch nicht zufrieden, soll Photoshop auf gut Glück auch mal Varianten des Befehls **Ebenen automatisch überblenden** mit der PANORAMA-Vorgabe durchrechnen; sie überzeugen aber seltener.

Abbildung 22.86 Der doppelte Blick aus einer kalten Himalaya-Lodge ist zu ungenau fotografiert: Photoshop will das Bildpaar weder deckungsgleich montieren noch überblenden. Wir markieren die zwei Dateien schließlich in Bridge und wählen dort »Werkzeuge: Photoshop: Dateien in Photoshop-Ebenen laden«. So landen die zwei Dateien unkorrigiert in einem Photoshop-Montagestapel. Dateien: Photomerge_07

Abbildung 22.87 Die obere Ebene zeigt Kondenswasser und Fensterrahmen scharf, den 7000er-Berg unscharf. Wir fügen eine Ebenenmaske hinzu und malen bei aktivierter Maske mit weichem Pinsel und Schwarz über dem Berg – hier erscheint jetzt die scharfgestellte Version der unteren Bildfassung. Weil dort auch die Dreckschlieren wegen Unendlich-Einstellung zu erkennen sind, lässt sich das Fenster so gleich putzen.

Abbildung 22.88 Wir wollen den oberen Fensterrahmen geradestellen, ohne den Kabru-Bergrücken mit zu verzerren. Das »Formgitter« wirkt jedoch zu kompliziert. Zunächst verschmelzen wir die zwei Ebenen mit Strg+E. Wählen Sie den oberen Bildteil mit Himmel und oberem Fensterrahmen mit dem Lasso aus und duplizieren Sie ihn mit Strg+J auf eine neue Ebene. Starten Sie das »Freie Transformieren« mit Strg+T, halten Sie die Strg-Taste gedrückt und ziehen Sie den linken oberen Anfasspunkt nach oben, bis der Rahmen gerade verläuft.

Automatisierte Versuche

Bevor Sie die Tiefenschärfeergebnisse von Hand retuschieren, testen Sie Photoshops Möglichkeiten systematisch durch. Die Aktionensammlung von der Website zum Buch enthält die Befehlsreihe »Photomerge - Tiefenschärfe-Varianten via Bridge«. Sie liefert vier verschiedene Ergebnisse durch Kombination der zwei Varianten PANORAMA und BILDER STAPELN mit der Option BILDER ZUSAMMEN ÜBERBLENDEN. Vorarbeit:

1. Markieren Sie die Bilder für Ihre Tiefenschärfeserie in Bridge.
2. Wählen Sie in Bridge **Werkzeuge: Photoshop: Photomerge.**
3. Wichtig: Unten im Dialog schalten Sie die Option BILDER ZUSAMMEN ÜBERBLENDEN aus.

Nach dem Klick auf OK haben Sie eine erste Montage - noch ohne Überblendung - in Photoshop. Starten Sie die Aktion »Photomerge - Tiefenschärfe-Varianten via Bridge«.

Eine ganz ähnliche Aktion umgeht Bridge, Sie legen also direkt in Photoshop los:

1. Schließen Sie alle überflüssigen Bilder in Photoshop (nicht zwingend erforderlich), laden Sie die Bilder für Ihre Tiefenschärfe-Serie und starten Sie die Aktion.
2. Sie landen zwischenzeitlich im **Photomerge**-Dialog, dort klicken Sie auf GEÖFFNETE DATEIEN HINZUFÜGEN, verzichten auf BILDER ZUSAMMEN ÜBERBLENDEN und klicken auf OK. Nun erzeugt Photoshop vier verschiedene Überblendungen.

Tipp Bei den Aktionen für erweiterte Tiefenschärfe entstehen zuerst die zwei interessanteren Varianten - die Option BILDER STAPELN mit und ohne NAHTLOSE TÖNE UND FARBEN. Brechen Sie den Ablauf ab, wenn Sie die danach folgenden PANORAMA-Varianten nicht brauchen, oder schalten Sie die Berechnung der PANORAMA-Varianten dauerhaft ab.

22.3.12 Gruppenfotos kombinieren

Legen Sie zwei (oder mehr) Gruppenfotos aus einer Serie übereinander, machen Sie die Bilder deckungsgleich und dann zeigen Sie aus jeder Aufnahme nur die nettesten Gesichter. Es gibt viele Wege, die erste Montage anzulegen (Seite 779), unsere Komplettanleitung zeigt einen davon:

1. Sie markieren zwei ähnliche Bilder aus einer Gruppenfotoserie in Bridge.
2. Sie wählen in Bridge **Werkzeuge: Photoshop: Photomerge** und verzichten auf BILDER ZUSAMMEN ÜBERBLENDEN.
3. Sie erhalten einen zweiteiligen Ebenenstapel in Photoshop. Bei unserem Beispiel befindet sich die Ebene »Photomerge_12a« oben. Von dieser Ebene nehmen wir nur ein einzelnes Gesicht - den Jungen rechts. Darunter - zunächst nicht sichtbar - liegt das Einzelbild, von dem wir alle weiteren Gesichter und den Hintergrund nehmen. Blenden Sie die EBENE 1 durch Klicken auf das Augensymbol im Bedienfeld mehrfach ein und aus. So erkennen Sie, ob es keinen »Sprung« mehr zwischen den zwei Aufnahmen gibt.
4. Klicken Sie einmal auf die obere Ebene im Bedienfeld. So ist nur noch diese Ebene aktiviert.
5. Jetzt ein Klick auf EBENENMASKE HINZUFÜGEN unten im Ebenen-Bedienfeld.
6. Drücken Sie [Strg]+[I]. So kehren Sie die Ebenenmaske um, sie zeigt nur noch Schwarz. Im Gesamtbild sehen Sie nur die untere Ebene. Nur ein Gesicht im Gesamtbild soll ja auch von der oberen Ebene genommen werden.
7. Schalten Sie mit der Taste [B] den Pinsel ein, richten Sie eine passende Werkzeuggröße und geringe Kantenschärfe ein.

Abbildung 22.89 Vom linken Gruppenfoto »Photomerge_12a« nehmen wir nur den Jungen im Kreis. Er wird in das rechte Bild eingesetzt.

Abbildung 22.90 Der »Photomerge«-Dialog hat die Bilder übereinandergelegt und deckungsgleich ausgerichtet. Datei »Photomerge_12a« für das einzelne Gesicht befindet sich oben im Ebenenstapel.

Abbildung 22.91 Die obere Ebene bekommt eine Ebenenmaske. Wir malen mit Schwarz über dem Gesicht des Jungen. In der Gesamtansicht erscheint hier wieder das Gesicht von der unteren Bildfassung – genau die Konstellation, die wir nicht sehen wollten.

Abbildung 22.92 Kehren Sie die Ebenenmaske um. Jetzt erscheint das Gesamtbild wie geplant. Verfeinern Sie die Ebenenmaske eventuell. Ergebnis: Photomerge_12c

8. Sorgen Sie für weiße Vordergrundfarbe, drücken Sie eventuell [X] oder [D], [X].
9. Malen Sie über dem Gesicht des Jungen, so dass das Gesicht von der oberen Ebene erscheint (Details zur Maskenretusche ab Seite 610).

Tipp Passt die Maske noch nicht ganz? Eventuell lässt sie sich mit dem Befehl **Auswahl: Kante verbessern** (Seite 588) pauschal korrigieren.

Abbildung 22.93 Vom linken Gruppenfoto »Photomerge_12a« nehmen wir nur den Jungen rechts.

Abbildung 22.94 Der »Photomerge«-Dialog hat die Bilder übereinandergelegt und deckungsgleich ausgerichtet. Die Datei »Photomerge_12a« für das einzelne Gesicht befindet sich oben im Ebenenstapel, nur sie ist im Gesamtbild zu erkennen.

Abbildung 22.95 Die obere Ebene bekommt eine Ebenenmaske, die Sie schwarz füllen. Jetzt zeigt das Gesamtbild nur die untere Ebene.

Abbildung 22.96 Kehren Sie die Ebenenmaske um. Jetzt erscheint das Gesamtbild wie geplant. Verfeinern Sie die Ebenenmaske eventuell. Ergebnis: Photomerge_12c

Varianten

Sie wollen sicherstellen, dass eine bestimmte Aufnahme ganz oben im Ebenenstapel ist. Dann kopieren Sie diese Variante in die Zwischenablage (Strg+A, Strg+C) und fügen Sie sie über dem Zielbild wieder ein (Strg+V). Variante: Sie ziehen die geplante obere Variante mit dem Verschiebenwerkzeug ins Zielbild und drücken vor dem Loslassen die ⇧-Taste; so landet das Bild genau mittig.

Wenn die Ebenen nicht deckungsgleich sind

Mitunter lassen sich die Gruppenfotovarianten auch gar nicht deckungsgleich ausrichten. Dennoch können Sie oft unkompliziert Köpfe austauschen:

1. Wählen Sie einen einzelnen Kopf, der im Gesamtbild erscheinen soll, großzügig mit Lasso oder Rechteck aus.
2. Kopieren Sie das Haupt mit Strg+C in die Zwischenablage.
3. Laden Sie das Zielbild und fügen Sie den Kopf per Strg+V ein.
4. Der nächste Befehl sollte **Filter: Für Smartfilter konvertieren** heißen. Er verwandelt den Kopf in ein Smartobjekt, Sie können ihn also weitgehend verlustfrei immer wieder neu drehen und skalieren.
5. Drücken Sie Strg+T zum **Freien Transformieren**, ziehen Sie den Kopf in die gewünschte Position, drehen und skalieren Sie (Seite 705).
6. Unten im Bedienfeld klicken Sie auf Ebenenmaske hinzufügen.
7. Mit Pinsel, weicher Kante und Schwarz überdecken Sie Teile der Kopfebene, die noch stören und verschwinden sollen.

Abbildung 22.97 **Links:** Von diesem Bild verwenden wir nur das Gesicht des Jungen rechts, es wird hier mit dem Lasso eingerahmt und kopiert. **Mitte:** Wir haben das Gesicht eingefügt, in ein Smartobjekt gewandelt, skaliert, gedreht und per Ebenenmaske den Übergang zum neuen Hintergrund geglättet. **Rechts:** Das Gesicht wurde als Smartobjekt angelegt; so lässt es sich ohne wiederholte Verluste drehen oder skalieren. Dateien: Photomerge_13 etc.

Kapitel 23
Verlustfrei korrigieren

Nutzen Sie Photoshops Angebote für verlustfreie Korrekturen: Sie zeigen einen Bildbereich verändert, doch im Hintergrund liegen immer noch die unveränderten Pixel. Ihre Möglichkeiten:

- Verbergen Sie einen Bildteil, ohne die Pixel gleich zu löschen - per Ebenenmaske, Vektormaske oder Schnittmaske.
- Zeigen Sie das Foto mit einer Kontrastkorrektur, die Sie jederzeit ändern, abschalten oder auf einzelne Zonen beschränken; ich rede von Einstellungsebenen.
- Skalieren oder drehen oder verzerren Sie eine Ebene, doch behalten Sie ein Duplikat der Ebene im Hintergrund; gemeint sind Smartobjekte.
- Auch **Filter**-Befehle wenden Sie auf Smartobjekte an, vom **Selektiven Scharfzeichner** bis **Sumi-e**; der Hersteller nannte es Smartfilter. Die Änderung lässt sich nachjustieren, abschaffen oder mit Ebenenmasken auf Bildteile eingrenzen.

Kontraständerungen, kleine Fleckenkorrekturen, Drehungen und Bildausschnitte speichern Sie zudem verlustfrei mit dem Raw-Dialog in DNG-, TIFF- und JPEG-Dateien oder in der Raw-Datenbank; diese Möglichkeiten besprechen wir im Raw-Kapitel ab Seite 200.

23.1 Ebenenbereiche verbergen

Verbergen Sie Teile einer Ebene, ohne sie dauerhaft zu löschen - zum Beispiele Teile einer Montageebene oder Einstellungsebene. Bei Bedarf holen Sie die versteckten Motivpartien in alter Frische wieder hervor. Sie müssen die Bildpunkte also nicht mit Radiergummi oder Entf-Taste dauerhaft eliminieren. Die Kontrastkorrektur einer Einstellungsebene wirkt nur auf einzelne Bildzonen.

23.1.1 Übersicht

Darum geht's in diesem Hauptabschnitt:

- Die Ebenenmaske versteckt Teile einer Einzelebene. Sie korrigieren die Maske mit dem Masken-Bereich des Eigenschaften-Bedienfelds, mit Mal- und Retuschewerkzeugen, Füllfunktionen, Filter- oder Kontrastkorrekturbefehlen. Auch weiche Übergänge sind möglich.

- Die Vektormaske versteckt Teile einer Einzelebene per Pfadtechnik. Sie kostet im Vergleich zur Ebenenmaske weniger Speicherplatz und lässt sich mit Pfadwerkzeugen geschmeidig formen. Gleichmäßig weiche Übergänge erlaubt der Masken-Bereich des Eigenschaften-Bedienfelds; allerdings können Sie nicht einzelne Zonen der Maske anders absoften als den Rest. Sie können Vektormaske und Ebenenmaske kombinieren. Beide haben einige gemeinsame Eigenschaften.
- Die Schnittmaske kontrolliert gleich mehrere Ebenen: Alle Ebenen im Schnittmaskenverbund erscheinen nur noch innerhalb der Umrisse einer sogenannten Grundebene.

Ebenenmaske und Vektormaske lassen sich auch auf mehrere Ebenen gleichzeitig anlegen - dazu erzeugen Sie eine Gruppe (Seite 684).

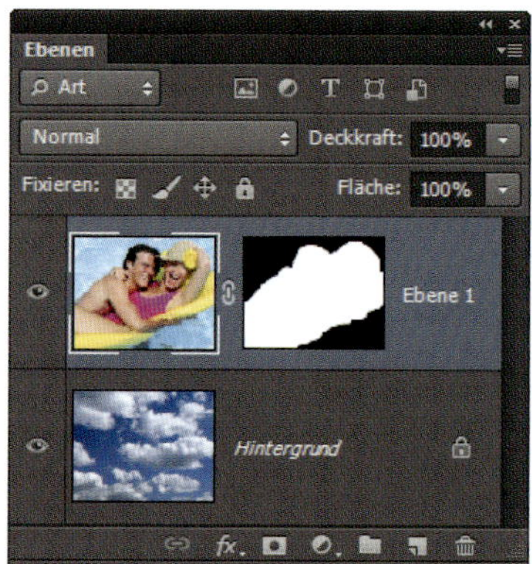

Abbildung 23.1 Wir haben das Urlauberpaar kopiert und über dem Wolkenmotiv eingefügt. Das Gesamtbild zeigt zunächst nur das Urlaubsmotiv auf »Ebene 1«. Wir haben dann den hellblauen Hintergrund des Paars mit der Schnellauswahl ausgewählt und die Auswahl umgekehrt. Erfasst waren also nur die Urlauber. Dann folgte unten im Ebenen-Bedienfeld der Klick auf »Ebenenmaske hinzufügen«. Sie sehen die Ebenenmaske oben rechts im Bedienfeld. Die schwarzen Bereiche werden in der Montage verborgen; hier blenden wir also das Wasser aus, an dessen Stelle erscheinen wieder die Wolken von der Hintergrundebene. Das Wasser steht aber weiter auf der »Ebene 1« zur Verfügung; es ist nur per Ebenenmaske verborgen, nicht endgültig gelöscht. Die Masken können Sie beliebig ändern und verfeinern, zum Beispiel per Pinselretusche, »Auswahl: Maske verbessern« oder per Masken-Bereich im Eigenschaften-Bedienfeld. Datei: Verbergen_01a

23.1.2 Ebenenmasken

Sie können Teile einer Ebene mit einer Ebenenmaske abdecken. Die Ebenenmaske liegt wie eine Schablone über der Ebene und blendet Ebenenbereiche pixelgenau aus; die Maske lässt sich jederzeit ohne Schaden für die ursprünglichen Bildebenen ändern oder entfernen. Sie eignet sich auch für weiche Übergänge nur in einzelnen Bildzonen: Weil die Maske wie ein üblicher Bildkanal 256 Graustufen aufnimmt, blendet sie Bildteile mit 256 Dichtestufen ein und aus.

Die Ebenenmaskenminiatur erscheint im Ebenen-Bedienfeld neben der zugehörigen Ebenenminiatur. Schwarz in der Ebenenmaske verdeckt die dazugehörigen Bildpunkte, Weiß gibt die entsprechenden Pixel zur Ansicht frei, Grautöne blenden halbtransparent aus.

Möglichkeiten im Überblick

Sie korrigieren die Maske zum Beispiel mit Pinsel oder Verlaufswerkzeug , **Filter**- oder Kontrastkorrektur-Befehlen. Ebenenmasken und Alphakanäle haben weitgehend die gleichen Optionen und Bearbeitungsmöglichkeiten; wir besprechen die Retusche von Ebenenmasken und Alphakanälen darum gemeinsam ab Seite 610.

Die Maske lässt sich überdies ausschalten, löschen, dauerhaft anwenden und auf verschiedene Arten anzeigen. Die Ebenenmaske kostet so viel Arbeitsspeicher und eventuell auch so viel Festplattenplatz wie eine »flache« 8-Bit-GRAUSTUFEN-Version Ihrer Vorlage. Eine Alternative ist manchmal die Vektormaske mit ihrer Pfadtechnik.

Abbildung 23.2 **Links:** Wir malen mit großer weicher Pinselspitze und Schwarz in der Ebenenmaske. So verbergen wir einen Teil der Luftmatratze mit weichem Übergang. Um die Darsteller garantiert nicht mit auszublenden, haben wir den Vordergrund ohne die Personen mit der Schnellauswahl ausgewählt. Sie erkennen am weißen Rähmchen im Ebenen-Bedienfeld, dass die Ebenenmaske aktiviert ist, nicht die Bildebene. **Rechts:** Wir haben die Auswahl aufgehoben und Ebene plus Maske mit Strg+J dupliziert. In der neuen Duplikatebene klicken wir einmal in die Maskenminiatur und kehren sie mit Strg+I um. Jetzt ist nur noch der Außenbereich weiß, das heißt, sichtbar auf dieser Ebene ist nur das Wasser. Wir stellen den Mischmodus auf »Lichtpunkt« und mischen so Wasser und Wolken außerhalb des Hauptmotivs.

Ebenenmaske anlegen

Eine Ebenenmaske entsteht meist

- mit dem Symbol EBENENMASKE HINZUFÜGEN im Ebenen-Bedienfeld oder
- mit dem AUSGABE AN-Menü im Dialog KANTE VERBESSERN.

Das Untermenü **Ebene: Ebenenmaske** listet alle Möglichkeiten besonders übersichtlich auf. Aktivieren Sie die gewünschte Ebene, dann geht es wie folgt weiter:

- Der Befehl **Ebene: Ebenenmaske: Alle einblenden** lässt die komplette Ebene zur Ansicht frei, es entsteht also eine gänzlich weiße Ebenenmaske. (Dasselbe bewirkt ein Klick auf das Symbol EBENENMASKE HINZUFÜGEN, sofern keine Auswahllinie im Bild schillert.)
- Verwenden Sie **Alle ausblenden**, entsteht eine schwarze Ebenenmaske, die gar nichts durchscheinen lässt. Ebendies bewirkt auch ein Alt-Klick auf das Symbol EBENENMASKE HINZUFÜGEN, sofern keine Auswahl im Bild besteht.
- Besteht jedoch eine Auswahl, können Sie die **Auswahl einblenden**; sichtbar bleiben nur die Bildpunkte innerhalb der Auswahl. Die neue Ebenenmaske ist im Bereich der Auswahl weiß, drum herum schwarz. Dieselbe Wirkung hat – bei vorhandener Auswahl im Bild – ein Klick auf das Symbol EBENENMASKE HINZUFÜGEN.
- Umgekehrt lässt sich auch eine **Auswahl ausblenden**; Bildpunkte innerhalb einer Auswahl werden damit auf der aktiven Ebene verborgen, außen liegende Pixel bleiben sichtbar. Innerhalb der Auswahl trägt die Ebenenmaske Schwarz, außerhalb der Fließmarkierung zeigt sie Weiß. Alternative: Alt-Klick auf das Symbol EBENENMASKE HINZUFÜGEN.

Der Befehl **In die Auswahl einfügen** (Strg+Alt+⇧+V, Seite 671) erzeugt automatisch eine Ebenenmaske. Auch bei **Photomerge**-Montagen oder beim Befehl **Ebenen automatisch überblenden** produziert Photoshop automatisch Ebenenmasken. Neue Füll- und Einstellungsebenen bringen ihre eigene reinweiße Ebenenmaske mit, sofern Sie das nicht generell unterbinden.

Abbildung 23.3 **Links:** Eine Ebenenmaske verbirgt Teile der Textebene. Wir verzichten in den Fülloptionen auf »Ebenenmaske blendet Effekte aus«; die Effekte folgen der Kontur der Ebenenmaske, nicht der Kontur der gesamten Textebene. **Rechts:** Wir verwenden die Vorgabe »Ebenenmaske blendet Effekte aus«; die Ebeneneffekte schmiegen sich nicht mehr an die Ränder der Maske an, sondern orientieren sich nur an den Buchstaben. Datei: Verbergen_04

Ebeneneffekte und Ebenenmasken

Beachten Sie die Wirkung von Ebenenmasken und Vektormasken auf Ebeneneffekte, die sich speziell am Rand der Ebenenfüllung auswirken, etwa die Kontur oder die Abgeflachte Kante:

- Verzichten Sie im Dialogfeld Ebenenstil auf die Option Ebenenmaske blendet Effekte aus. Nun orientiert sich der Ebeneneffekt an den tatsächlich sichtbaren Pixeln, die Ebenenmaske wird also berücksichtigt. In unserem Beispiel wird der Schriftzug durch die katzenförmige Ebenenmaske teilweise verdeckt. Die Effekte Abgeflachte Kante sowie Schein nach außen folgen also den Konturen der Ebenenmaske, nicht ausschließlich der Schriftkontur. So ist Photoshop in der Regel eingestellt.
- Aktivieren Sie die Option Ebenenmaske blendet Effekte aus. Nun laufen die Effekte nicht mehr an der Ebenenmaske entlang, sondern an den Außengrenzen der gesamten Ebenenfüllung – auch wenn diese zum Teil verborgen ist. Sie sehen im Bildbeispiel mit der Wildkatze, dass um die Katze und um die Felsen herum keine speziellen Randeffekte mehr zu beobachten sind. Die Ebenenmaske verbirgt die Ränder der Ebene; und auch die Effekte, die sich auf die Ränder auswirken, sind nicht mehr zu erkennen. Neben der Ebenenminiatur zeigt Photoshop das Symbol für erweiterte Fülloptionen.

Diese Gestaltungsmöglichkeit gibt es separat auch für Vektormasken.

Ebene mit Maske verbinden

Zwischen den Miniaturen für Ebene und Ebenenmaske ist Platz für das Verbindungssymbol, das Sie durch einfachen Klick ein- und ausschalten. In der Regel sind neue Ebenenmasken mit der Ebene verbunden. Das Gleiche gilt auch für die Vektormaske (Seite 829). Sie entscheiden per Verbinden,

- ob sich die Ebenenmaske mit der Ebene bewegt oder verformt, wenn Sie die Ebene verschieben oder transformieren oder

- ob die Ebenenmaske stur am angestammten Platz verharrt, so dass ein Verschieben oder Transformieren der Bildebene andere Ebenenbereiche ans Tageslicht holt.

Dies bedeutet konkret:

- Sie koppeln eine Ebenenmaske per Verbindungssymbol ⛓ an die Ebene, wenn sich die Maske nur an der Ebene selbst orientiert. Haben Sie störende Teile eines Objekts per Maske versteckt, dann muss die Ebenenmaske verbunden sein - damit beim Bewegen immer dieselben Motivteile versteckt bleiben.
- Manchmal orientiert sich die Ebenenmaske am Inhalt der darunterliegenden Ebenen - zum Beispiel zeigt sich das aktive Objekt innerhalb eines Fensters oder eines anderen Rahmens. Hier verzichten Sie auf die Verbindung von Ebenenmaske und Ebene und klicken das Verbindungssymbol ⛓ weg.

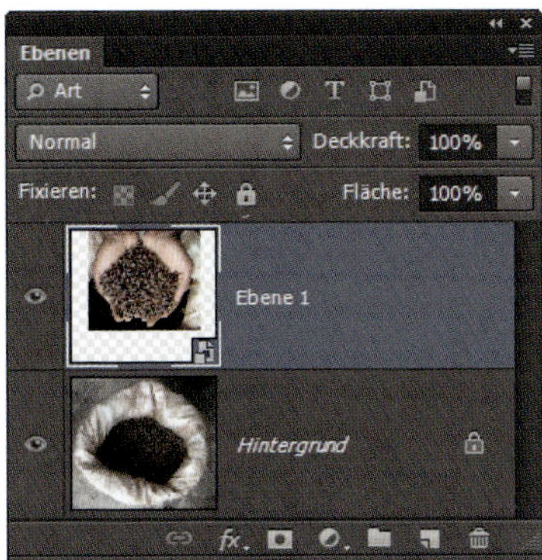

Abbildung 23.4 Wir fügen das Handfoto als Rechteck in eine neue Datei ein und erzeugen sofort ein Smartobjekt. Danach wählen wir den Außenbereich mit der Schnellauswahl aus und kehren die Auswahl um, so dass nur die Hand selbst ausgewählt ist. Wir klicken auf »Kante verbessern« und glätten die Auswahl mit bewährten Einstellungen. Wichtig: Unten im Menü »Ausgabe an« nehmen wir »Ebenenmaske«. Datei: Verbergen_02

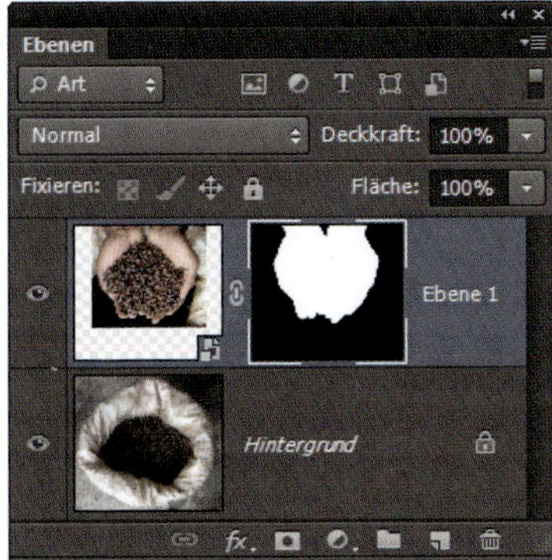

Abbildung 23.5 Photoshop legt eine neue Ebenenmaske an, der nicht ausgewählte Bereich aus dem Handfoto wird mit schwarzer Farbe verborgen. Die Ebenenmaske erscheint als Miniatur neben der Ebene. Sie können den sichtbaren Ausschnitt jederzeit verfeinern, zum Beispiel auch per »Auswahl: Maske verbessern«. Achten Sie dann darauf, dass die Maske und nicht die Bildauswahl selbst aktiviert ist, hier erkennbar am weißen Rähmchen um die Miniatur.

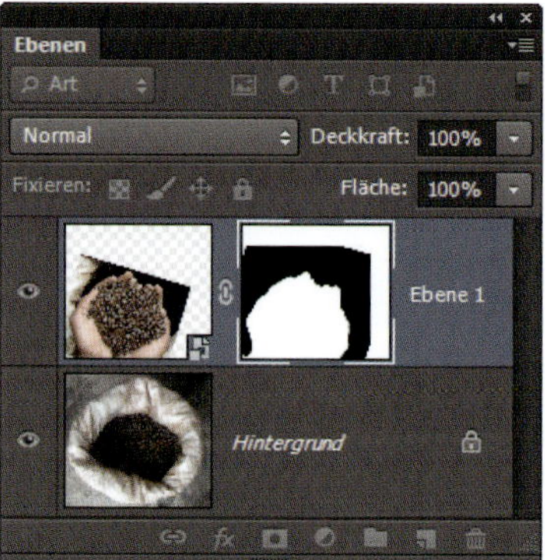

Abbildung 23.6 Wir drehen und vergrößern das Handfoto per »Frei transformieren« (Strg+T). Die Ebenenmaske ist meist mit der Bildebene (dem Handfoto) verbunden, erkennbar hier an der Gliederkette zwischen den Miniaturen für Bild und Maske. Darum gilt: Wenn Sie das Handfoto »transformieren«, ändert sich die Ebenenmaske mit.

Abbildung 23.7 **Links:** Alt+⇧-Klick in die Maskenminiatur zeigt die Ebenenmaske als Farbmaske über dem Bild; sie kann so noch übersichtlicher per Pinselretusche korrigieren. Sie erkennen, dass die Maske nicht bis zum Bildrand geht. Das spielt aber hier keine Rolle, weil die Bildebene selbst auch nicht bis zum Rand der Arbeitsfläche reicht. **Mitte:** Alt+Klick zeigt allein die Graustufen der Maske, auch dies eine Erleichterung bei der Maskenretusche. **Rechts:** ⇧+Klick auf die Miniatur der Ebenenmaske schaltet die Wirkung der Maske ab, ohne sie zu löschen. Sie sehen wieder die vollständige Ebene.

Ebenenmasken aktivieren

Sie wollen die Ebenenmaske - und nicht die Bildpunkte selbst - bearbeiten? Aktivieren Sie die Ebenenmaske per Klick auf die Ebenenmaskenminiatur im Bedienfeld auf die Schaltfläche PIXELMASKE AUSWÄHLEN im Masken-Bereich des Eigenschaften-Bedienfelds. Photoshop stellt die Ebenenmaske zunächst nicht explizit über der Datei dar. So meldet Photoshop, dass Sie an der Maske und nicht an der Ebene selbst hantieren:

- Die Maskenminiatur neben der Ebenenminiatur ist durch ein weißes Rähmchen hervorgehoben.
- In der Titelzeile des Dateifensters finden Sie einen weiteren Hinweis wie EBENE 0, EBENENMASKE.

Und Sie sehen es bei der Arbeit: Tragen Sie Schwarz auf, verschwindet die Ebene; tragen Sie Weiß auf, erscheint die Ebene wieder. Der Farbwähler bietet nur Graustufen an. Sie retuschieren an einer Maske, die Sie gar nicht sehen; Sie erkennen nur die Maskenwirkung auf das Gesamtbild.

Ebenenmaske darstellen

Machen Sie die Ebenenmaske sichtbar, um sie besser zu prüfen und zu bearbeiten:

- Alt+⇧-Klick blendet die Maske halbdeckend über die Ebene. Farbe und Deckkraft einer eingeblendeten Ebenenmaske legen Sie nach Doppelklick auf die Maskenminiatur fest (vergleiche Seite 826). In beiden Fällen können Sie die Maske weiterbearbeiten.
- Alt-Klick auf die Miniatur der Ebenenmaske stellt allein die Maske in Graustufen dar – wie einen Alphakanal. Wiederholen Sie den Griff, um zur normalen Darstellung nur der Ebene zu gelangen.
- ⇧-Klick auf die Miniatur der Ebenenmaske schaltet die Maske aus, ohne sie zu löschen; sie erscheint durchgestrichen im Bedienfeld.
- Mit einem beherzten Klick auf die Miniatur der Ebene selbst kehren Sie wieder zur üblichen Bilddarstellung zurück.

Einige dieser Befehle enthält auch das Kontextmenü, das Sie mit einem Rechtsklick über der Ebenenmaskenminiatur zum Vorschein bringen. Photoshop zeigt die Maske der aktiven Ebene zudem im Kanäle-Bedienfeld; dort lässt sie sich durch Anklicken aktivieren und per Augensymbol ein- und ausblenden.

Ebenenmasken innerhalb einer Datei verschieben & kopieren

So verschieben und kopieren Sie Ebenenmasken auf andere Ebenen innerhalb einer Datei:

- Ebenenmaske verschieben: Im Bedienfeld ziehen Sie die Maske auf die neue Ebene – dabei verschwindet sie aus der ursprünglichen Ebene.
- Ebenenmaske kopieren: Halten Sie erst die Alt-Taste gedrückt, dann ziehen Sie bei weiter gedrückter Alt-Taste die Ebenenmaske im Bedienfeld über die neue Ebene. Anschließend haben alte und neue Ebene die Maske.
- Ebenenmaske kopieren, Variante: Klicken Sie die Maskenminiatur bei gedrückter Strg-Taste an, so dass Photoshop die Maskeninformation als Auswahl lädt. Klicken Sie einmal auf die Miniatur der Zielebene, dann klicken Sie unten im Ebenen-Bedienfeld auf die Schaltfläche Ebenenmaske hinzufügen.

Tipp Drücken Sie zusätzlich die ⇧-Taste, um die Auswahlwirkung der kopierten oder verschobenen Ebenenmaske umzukehren. Sie können die Maske natürlich auch ohne diese Zusatztaste übertragen und dann die Wirkung per Strg+I umkehren.

Ebenenmasken in andere Dateien übertragen

Übertragen Sie Ebenenmasken auch auf Ebenen in anderen Dateien:

- Laden Sie die Ebenenmaske als Auswahl und ziehen Sie die Auswahl mit einem Auswahlwerkzeug wie dem Rechteck über eine andere Datei. Aktivieren Sie die gewünschte Ebene und klicken Sie im Ebenen-Bedienfeld auf Ebenenmaske hinzufügen.
- Ziehen Sie die Miniatur der Ebenenmaske aus dem Kanäle-Bedienfeld – also nicht aus dem Ebenen-Bedienfeld – über eine neue Datei; so etablieren Sie die Ebenenmaske zunächst als üblichen Alphakanal. Laden Sie die Auswahl per Strg-Klick auf die Kanalminiatur, aktivieren Sie die Zielebene, klicken Sie auf das Symbol Ebenenmaske hinzufügen und löschen Sie den Alphakanal.
- Ziehen Sie Ebene samt Ebenenmaske gemeinsam in die neue Datei. Die Ebenenmaske folgt der Ebene stets bedingungslos, auch wenn sie nicht verbunden ist. Mit gedrücktem ⇧-Klick sorgen Sie für mittige Landung.

Die Ebenenmaske lässt sich nicht durch Ziehen und Ablegen der Maskenminiatur über eine neue Datei duplizieren.

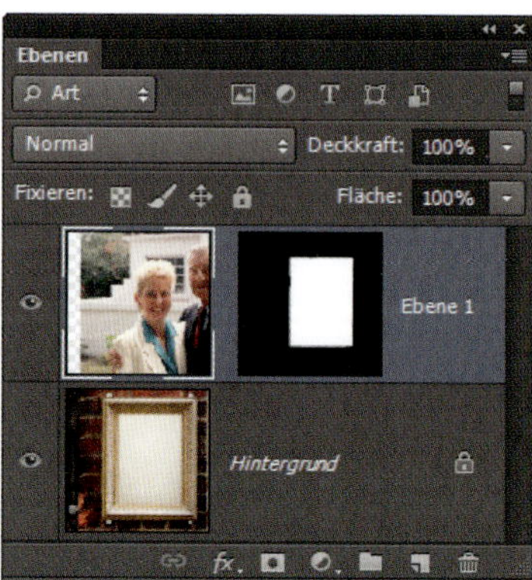

Abbildung 23.8 **Links:** Die Porträtdatei wurde komplett ausgewählt und in die Zwischenablage »kopiert«. In der Bilderrahmendatei wählen wir erst einmal das Rahmeninnere aus und klicken dann auf »Bearbeiten: Einfügen Spezial: In die Auswahl einfügen«. So sehen Sie die Person nur innerhalb des Bilderrahmens. **Mitte:** Im Ebenen-Bedienfeld entstand eine Ebenenmaske für die eingefügte Ebene. Das Bild ist komplett vorhanden, Teile außerhalb der Maske werden lediglich momentan verborgen. **Rechts:** Die Ebenenmaske ist mit dem Bild nicht verbunden, darum lässt sich das Motiv hier innerhalb des Rahmens bewegen und verkleinern, so dass beide Personen sichtbar werden. Datei: Verbergen_03. Rahmenfoto: iStockphoto.com, Dizzy, Nr. 7112509

Ebenenmasken löschen & anwenden

Sie können Ebenenmasken und Vektormasken jederzeit entfernen; so sparen Sie Speicher und Rechenpower. Beachten Sie aber den Unterschied zwischen Löschen und Anwenden einer Ebenenmaske:

- Löschen der Ebenen- oder Vektormaske bedeutet: Die Maskierungswirkung entfällt; die ehedem maskierte Ebene zeigt sich wieder in voller Ausdehnung – so, wie sie bereits ohne Ebenenmaske aussah.
- Anwenden der Maske bedeutet: Die Bildteile, die Sie zuvor mithilfe der Ebenenmasken verborgen haben, werden endgültig gelöscht – wie mit dem Radiergummi oder durch Auswahl und Entf-Taste. Halbtransparent eingeblendete Bildpunkte haben nach dem Anwenden der Ebenenmaske nur noch halbe Deckkraft; die ursprünglichen, voll deckenden Bildpunkte sind weg.

So löschen Sie eine Ebenenmaske schnell (und die Ebene wird wieder voll sichtbar):

- Klicken Sie mit rechts direkt in die Maskenminiatur im Ebenen-Bedienfeld und dann auf **Ebenenmaske löschen.**
- Alternative: Wenn die Maske aktiviert ist, klicken Sie auf den Mülleimer unten im Masken-Bereich des Eigenschaften-Bedienfelds.

So wenden Sie die Ebenenmaske zügig an:

- Klicken Sie mit rechts in die Maskenminiatur im Ebenen-Bedienfeld und dann auf **Ebenenmaske anwenden.**
- Wenn die Maske aktiviert ist, klicken Sie auf Maske anwenden unten im Masken-Bereich des Eigenschaften-Bedienfelds.
- Wählen Sie **Datei: Skripten: Alle Masken reduzieren.** So wenden Sie sämtliche Ebenenmasken der Datei mit einem Befehl an.

Sie können sich noch nicht recht zwischen Löschen und Anwenden entscheiden? Ziehen Sie die Ebenenmaske auf den Mülleimer im Ebenen-Bedienfeld oder klicken Sie das Utensil bei aktivierter Ebenenmaske einfach an. Nun fragt Photoshop beflissen: Soll die Maske vor dem Löschen auf die Ebene angewendet werden? Klicken Sie auf Anwenden oder Löschen.

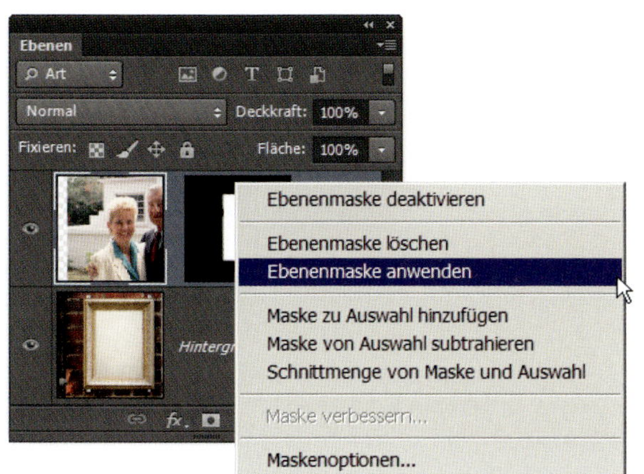

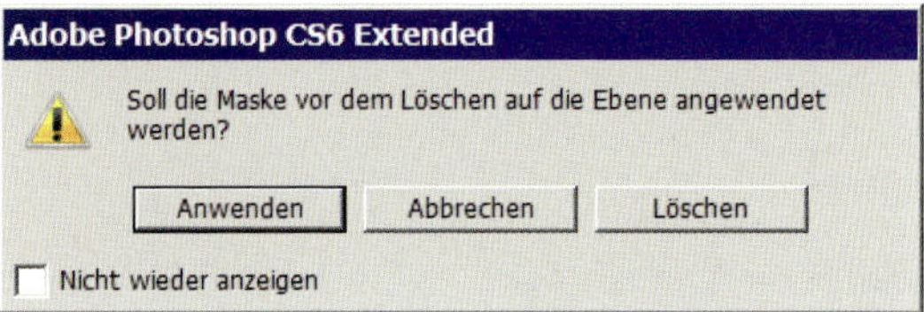

Abbildung 23.9 **Links:** Im Kontextmenü direkt über der Ebenenmaske einer Pixelebene können Sie die Maske anwenden oder löschen. **Rechts:** Ziehen Sie die Ebenenmaske auf den Mülleimer des Ebenen-Bedienfelds, entscheiden Sie zwischen »Anwenden« und »Löschen«. Bei Smartobjekten, Text- und Formebenen wird »Anwenden« nicht angeboten.

Abbildung 23.10 **Links:** Wir haben die Ebenenmaske »angewendet«. Die Bildwirkung bleibt unverändert. Verborgene Teile der »Ebene 1« werden jedoch endgültig entfernt und können nicht mehr angezeigt werden. Im Ebenen-Bedienfeld verschwindet die Maskenminiatur, die Ebene hat nur noch die Ausdehnung des Rahmeninneren. **Rechts:** Wir haben die Ebenenmaske »gelöscht«. Die Bildwirkung ändert sich. Die Ebenenmaske verschwindet, die »Ebene 1« kann sich somit über die gesamte Bildfläche ausdehnen, sie geht hier auch hinter der Arbeitsfläche weiter. Vorlage: Verbergen_03

Maskeninformation als Auswahl laden

Die Maskierungsinformation der Ebenen- und Vektormaske lässt sich als Auswahl laden, am schnellsten per Tastatur+Klick:

- Strg+Klick auf die Ebenenmaskenminiatur lädt die Ebenenmaskeninformation als Auswahl.
- Nehmen Sie die ⇧-Taste hinzu, um eine bereits vorhandene Auswahl zu erweitern.
- Strg+⇧+Alt bildet die Schnittmenge aus vorhandener und neu geladener Auswahl.

Sie erhalten dasselbe Angebot auch über den Befehl **Auswahl: Auswahl laden** und im Kontextmenü über der Ebenenmaske. Oder nutzen Sie die Schaltfläche Auswahl aus Maske laden im Masken-Bereich des Eigenschaften-Bedienfelds.

23.1.3 Der Masken-Bereich im Eigenschaften-Bedienfeld

Der Masken-Bereich des Eigenschaften-Bedienfelds erzeugt und verfeinert Ebenenmasken, Filtermasken und Vektormasken. Am wichtigsten sind die verlustfreien Regler Dichte und Weiche Kante.

»Dichte«

Senken Sie die Dichte im Masken-Bereich des Eigenschaften-Bedienfelds, damit bisher Verborgenes mehr oder weniger sichtbar wird – über die gesamte Arbeitsfläche, verlustfrei rücksetzbar.

Ein Beispiel: Sie haben Teile einer Einstellungsebene mit Schwarz in der Ebenenmaske unwirksam gemacht, so dass die entsprechenden Fotobereiche nicht verändert erscheinen. Senken Sie die Dichte, ändert sich das Schwarz in Grau. Die Einstellungsebene wirkt nun zumindest schwach auch auf Zonen, die Sie zuvor ganz ausgespart hatten. Malen Sie mit voller Pinsel-Deckkraft bei gesenkter Dichte, erscheinen die Striche zunächst nur mit schwächerer Dichte in der Maske; heben Sie die Dichte, wirken auch die neuen Striche wieder dunkler.

»Weiche Kante«

Dieser Regler weicht harte Übergänge in der Ebenen-, Filter- oder Vektormaske auf. So wirken Montagen weniger »aufgeklebt«. Wohlgemerkt: Sie können die alte Maskenpräzision jederzeit komplett wiederherstellen, wenn Sie die Weiche Kante auf null Pixel zurückfahren.

Das ist ein wichtiger Vorteil gegenüber der Anwendung eines Weichzeichners auf die Ebenenmaske. Testen Sie eine Weiche Kante, wenn die Auswahl noch nicht recht sitzt und unschön ins Auge sticht.

Tipp Der Masken-Bereich des Eigenschaften-Bedienfelds verändert stets die komplette Ebenen- oder Vektormaske, das aber verlustfrei. Wollen Sie nur einzelne Bereiche der Maske verändern, brauchen Sie eine Maskenretusche zum Beispiel mit Pinsel und **Filter**-Befehlen (Seite 610).

Weitere Möglichkeiten

Sie können im Masken-Bereich des Eigenschaften-Bedienfelds neue Ebenen- oder Vektormasken anlegen, aktivieren, löschen, anwenden oder als Auswahl laden. Diese Möglichkeiten gibt es via Menübefehl oder Ebenen-Bedienfeld. Wir besprechen sie ausführlich ab Seite 818.

Die drei Schaltflächen in der unteren Mitte verändern eine bereits aktivierte Ebenen- und teilweise Filtermaske, aber keine Vektormasken. Sie laden Dialogfelder, die wir an anderer Stelle bereits ausführlich behandelt haben:

- Maskenkante: Lädt den Dialog **Maske verbessern** (Doppelgänger von **Kante verbessern**), mit dem Sie etwas ungenau sitzende Ebenenmasken ideal verfeinern (Seite 587); nicht bei Filter- und Vektormasken. Die Änderungen lassen sich nicht verlustfrei zurückregeln.
- Umkehren: Kehrt die Auswahlwirkung um, bisher Verborgenes wird sichtbar, Sichtbares taucht ab. Alternativ drücken Sie Strg+I (die Ebenenmaske ist ja schon aktiviert), nicht bei Vektormasken, verlustfrei rücksetzbar.
- Farbbereich: Eine Art Turbo-Zauberstab, der hier Ebenenmasken komplett ändert und umgestaltet (Seite 583), nicht bei Vektormasken. Der Eingriff lässt sich nicht verlustfrei zurückregeln.

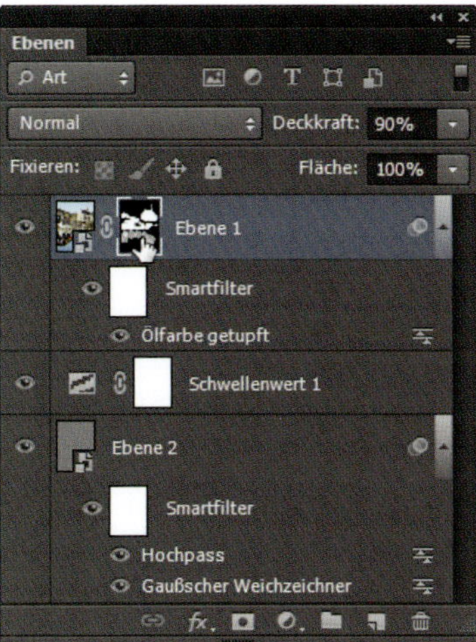

Abbildung 23.11 Das unveränderte Bild ist zweimal als Smartobjekt in dieser Montage enthalten, alle Verfremdungen wurden verlustfrei per Smartfilter, Einstellungsebene und Ebenenmaske angewendet. Auf der oberen Ebene liegt eine Farbvariante des Bilds, die per Ebenenmaske nur teilweise über die Strichgrafik geblendet wird. Für die folgenden Manipulationen per Ebenenmaske aktivieren Sie die Maske der »Ebene 1«. Datei: Verbergen_12; Foto: Gabi Sieg-Ewe

Abbildung 23.12 **Links:** Im Masken-Bereich des Eigenschaften-Bedienfelds stellen wir 15 Pixel »Weiche Kante« ein. So erscheinen die Farbflächen – abhängig von den weißen Bereichen in der Ebenenmaske – weniger stark abgegrenzt. **Rechts:** Wir senken die »Dichte« von 100 auf 60 Prozent. Das zuvor großteils unterdrückte Farbbild kann sich so auf der gesamten Arbeitsfläche schwach zeigen.

So nutzen Sie »Masken« im Eigenschaften-Bedienfeld

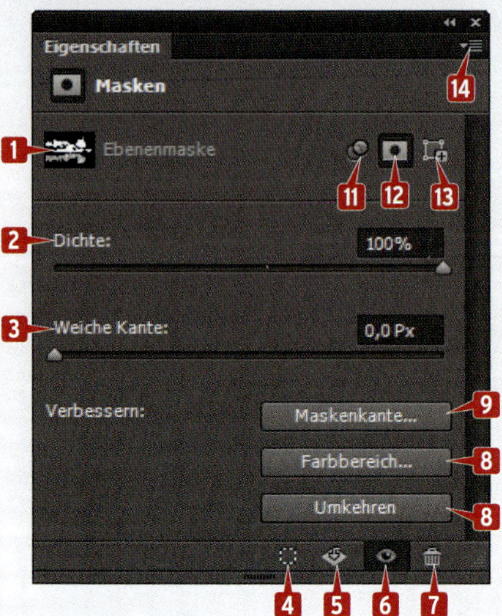

- **1** **Miniatur** der aktiven Maske
- **2** **Dichte:** Ausgeblendete Bereiche gedämpft anzeigen (verlustfrei)
- **3** **Weiche Kante:** Übergang zwischen Gewählt und Nicht gewählt aufweichen
- **4** **Auswahl aus Maske laden**
- **5** **Maske anwenden:** Verborgenes wird endgültig gelöscht (nicht bei Smartobjekten, Textebenen, Formebenen)
- **6** **Maske aktivieren/deaktivieren:** Verborgenes wieder anzeigen, Maske deaktiviert beibehalten (alternativ ⇧-Klick auf Maskenminiatur)
- **7** **Maske löschen:** Verborgenes wieder anzeigen, Maske entfernen
- **8** **Umkehren:** Ebenenmasken umkehren (verlustfrei, nicht für Vektormasken)
- **9** **Farbbereich:** Ebenenmasken mit **Auswahl**-Befehl **Farbbereich** bearbeiten (nicht verlustfrei, nicht für Vektormasken)
- **10** **Maskenkante:** Ebenenmasken mit Befehl **Auswahl: Maske verbessern** bearbeiten (nicht verlustfrei, nicht für Vektormasken)
- **11** **Filtermaske auswählen** (sofern die Ebene eine Filtermaske hat)
- **12** **Ebenenmaske auswählen** (Ebenenmaske ist hier schon aktiv)
- **13** **Vektormaske hinzufügen**
- **14** **Bedienfeldmenü**

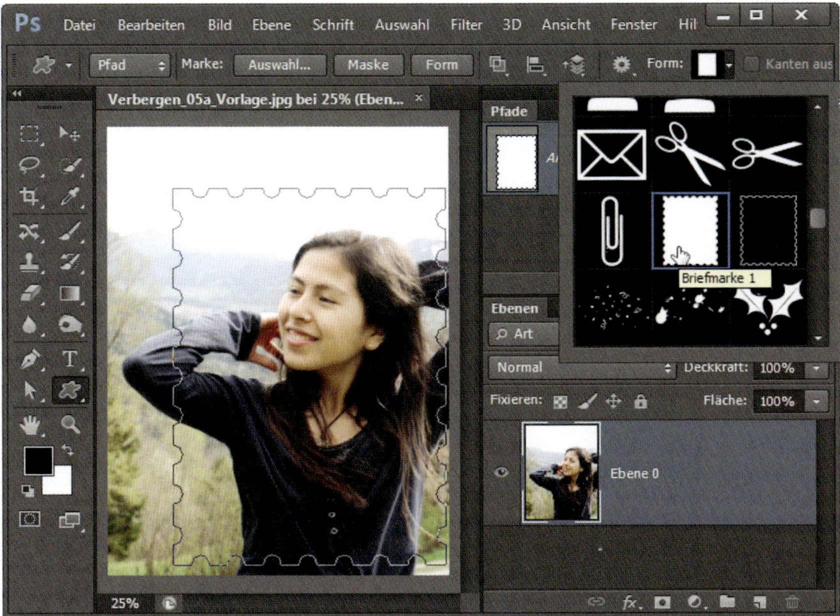

Abbildung 23.13 Ein möglicher Weg zur Vektormaske: Wir schalten das Eigen-Form-Werkzeug ein, oben in der Leiste nutzen wir die »Pfad«-Option. Im »Form«-Klappmenü laden wir zunächst die Formen-Bibliothek »Alle« und klicken dann auf »Briefmarke 1«. Wir ziehen einen Pfad im Bild auf, die ⇧-Taste schützt das Seitenverhältnis. Klicken Sie bei gedrückter Alt-Taste doppelt auf die Miniatur der Hintergrund-Ebene, sie verwandelt sich in eine »Ebene 0«. Datei: Verbergen_05

23.1.4 Vektormasken

Ähnlich wie die Ebenenmaske grenzt auch eine Vektormaske die Sichtbarkeit einer Montageebene ein: Die Bildpunkte der Ebene sind nur innerhalb der Pfadumrisse sichtbar. Außenliegendes wird verborgen. Durch Umformen des Pfads zeigen Sie andere Bereiche der Ebene an. Unterschiede zur Ebenenmaske: weniger Speicherbedarf, keine örtlich präzisen weichen Übergänge, elegantes Umformen mit Zeichenstift- oder Formwerkzeugen, aber keine Bearbeitung mit Filtern, Pinseln oder Kontrastkorrektur.

Die Vektormaske teilt sich viele Eigenschaften mit der Ebenenmaske. Beide Maskenarten können Sie mit dem Verbindungssymbol ⛓ an die Ebene ankoppeln oder von ihr lösen (Seite 820). Der Masken-Bereich des Eigenschaften-Bedienfelds weicht die Kanten der Vektormaske auf und dämpft die Dichte, so dass eigentlich Verborgenes zumindest gedämpft durchscheint.

Ebeneneffekte orientieren sich wahlweise an der Gesamtebene oder nur an dem Bildbereich, den die Vektormaske sichtbar lässt; das bestimmen Sie mit der Option Vektormaske verbirgt Effekte im Dialogfeld Ebenenstil (Seite 820). Die Vektormaske erscheint als Miniatur neben der Ebene im Ebenen-Bedienfeld, aber ebenso im Pfade-Bedienfeld; sie kann auch dort aktiviert werden.

Abbildung 23.14 Starten Sie »Pfad frei transformieren« mit [Strg]+[T], drehen Sie die Briefmarke um genau 90 Grad, richten Sie auch Größe und Position vorläufig ein. Der nächste Befehl heißt »Ebene: Vektormaske: Aktueller Pfad«. Damit sehen Sie das Bild nur noch innerhalb des Pfads, hier innerhalb einer Briefmarke. Sie können den Pfad jederzeit verlustfrei umformen und so den Bildausschnitt ändern, zum Beispiel mit den Pfadwerkzeugen oder hier per »Pfad frei transformieren«. Wir bringen noch die Effekte »Schlagschatten« und »Kontur« an und wählen »Bild: Alles einblenden«, damit die Effekte nicht am Bildrand abgeschnitten werden. Pfade- und Ebenenpalettte zeigen die neu entstandenen Pfade.

Vektormaske anlegen

Eine Vektormaske entsteht auf verschiedene Arten:

- Sie aktivieren eine Ebene und wählen den Befehl **Ebene: Vektormaske: Alle einblenden** oder klicken auf VEKTORMASKE HINZUFÜGEN im Masken-Bereich des Eigenschaften-Bedienfelds. Die Ebene bleibt zunächst voll sichtbar. Anschließend zeichnen Sie mit einem Werkzeug wie dem Zeichenstift oder »Eigene Form« einen Pfad und verfolgen mit, wie Ebenenteile außerhalb des Pfads verschwinden; achten Sie jedoch oben in der Optionenleiste auf die Vorgabe FORMEN KOMBINIEREN (verborgen hinter der Schaltfläche PFADVORGÄNGE).
- Sie erzeugen einen Pfad, aktivieren die gewünschte Ebene und wählen **Ebene: Vektormaske: Aktueller Pfad**. Die Ebene ist nur noch innerhalb der Pfadgrenzen sichtbar.
- Sie verwenden für Pfad- oder Formwerkzeuge die Vorgabe FORM. Damit entsteht eine neue Ebene samt Vektormaske (Details ab Seite 621).
- Die Schaltfläche im Ebenen-Bedienfeld, die sonst die Bezeichnung EBENENMASKE HINZUFÜGEN trägt, erzeugt bei gedrückter [Strg]-Taste eine Vektormaske.
- Ist bereits eine Ebenenmaske vorhanden, meldet sich die Schaltfläche sofort mit der Bezeichnung VEKTORMASKE HINZUFÜGEN.

Abbildung 23.15 Eine Alternative zur Vektormaske mit dem Eigene-Form-Werkzeug ist die Schnittmaske mit Formebene. Sie wirkt oft überschaubarer und erfordert weniger Umgang mit speziellen Pfadfunktionen: Sie nutzen wieder das Eigene-Form-Werkzeug, diesmal oben mit der Option »Form«. Ziehen Sie die Formebene mit einer beliebigen Farbe auf (hier Schwarz). Sie überdeckt zunächst das Bild. Klicken Sie bei gedrückter [Alt]-Taste doppelt auf die Miniatur der Hintergrund-Ebene und ziehen Sie die so neu entstandene »Ebene 1« hoch über die »Form 1«. Der nächste Befehl heißt »Ebene: Schnittmaske erstellen«. Damit erscheint das Bild nur noch innerhalb der Form. Aktivieren Sie die Formebene, wenn Sie den Umriss mit Pfadwerkzeugen oder »Transformiereren« ändern wollen.

Vektormasken löschen, rastern, anwenden und konvertieren

So wandeln Sie die Vektormaske um:

- Klicken Sie die Vektormaske bei gedrückter [⇧]-Taste an, um sie vorübergehend abzuschalten, ohne sie zu löschen.
- Der Befehl **Ebene: Rastern: Vektormaske** verwandelt die Vektormaske in eine Ebenenmaske (Seite 818), der Sie mit Pinsel oder **Maske verbessern** zusetzen.
- Wenn die Maske aktiviert ist, klicken Sie auf Maske anwenden unten im Masken-Bereich des Eigenschaften-Bedienfelds. Die Maske verschwindet und der zuvor ausgeblendete Bildbereich wird gelöscht (so wie auch beim Anwenden einer Ebenenmaske).
- Der Befehl **Ebene: Rastern: Ebene** erzeugt eine Bildpunktebene, die nur in den bisher sichtbaren Bereichen mit Bildpunkten gefüllt ist. Bereiche, die Sie per Vektormaske ausgeblendet hatten, sind endgültig perdu. Sie können auch **Alle Ebenen** rastern.
- Die Maske soll einfach verschwinden, die Ebene wieder voll erscheinen? Ziehen Sie die Vektormaske im Pfade- oder Ebenen-Bedienfeld auf den Mülleimer oder klicken Sie auf den Mülleimer unten rechts im Masken-Bereich des Eigenschaften-Bedienfelds; die Ebene ist nun wieder voll sichtbar.

Die Befehle erhalten Sie zum Teil auch im Kontextmenü der Vektormaske.

Abbildung 23.16 Die Vektormaske wurde durch eine Ebenenmaske ergänzt, die für die weiche Ausblendung sorgt, den Taucher jedoch ausspart. Damit die Effekte »Kontur« und »Schlagschatten« nicht an der weichen Ausblendung und am Taucher entlang wandern, verwenden wir die Option »Ebenenmaske blendet Effekte aus« im »Ebenenstil«-Dialog. Datei: Verbergen_07

Vektormasken duplizieren und übertragen

Eine Vektormaske duplizieren Sie wie Ebenenmasken auch: Halten Sie zuerst die Alt-Taste fest gedrückt, dann ziehen Sie die Vektormaske im Bedienfeld über eine andere Ebene - sie erhält prompt ein Duplikat der Vektormaske.

Wollen Sie Vektormasken auf andere Dateien übertragen?

Klicken Sie doppelt auf die Vektormaske im Pfade-Bedienfeld - also nicht im Ebenen-Bedienfeld - und tragen Sie im Dialog Pfad speichern einen Namen ein. Alternative: Ziehen Sie die Vektormaske im Pfade-Bedienfeld auf das Symbol Neuen Pfad erstellen. In beiden Fällen entsteht ein neuer, regulärer Pfad unabhängig von Ebene und Vektormaske.

1. Ziehen Sie den Pfad palette in die neue Datei.
2. Aktivieren Sie in der Zieldatei die gewünschte Ebene.
3. Klicken Sie auf **Ebene: Vektormaske: Aktueller Pfad.** Nun hat auch die Zielebene ihre Vektormaske.

Ebenfalls handlich erscheint dieser Weg:

1. Ziehen Sie die Ebene samt Vektormaske aus dem Bedienfeld ins Zielbild.
2. Dort ziehen Sie die Vektormaske auf die gewünschte Ebene.
3. Die herübergezogene Ebene, jetzt ohne Vektormaske, zurren Sie in den Papierkorb.

Kontext

Beachten Sie in Zusammenhang mit der Vektormaske auch folgende Passagen im Buch:

- Wie Sie Pfade mit den Zeichenstiftwerkzeugen bearbeiten, lesen Sie ab Seite 627.
- Das Auswählen von Pfadsegmenten, Pfadkomponenten und kompletten Pfaden mit Direktauswahl-Werkzeug und Pfadauswahl-Werkzeug behandeln wir ab Seite 631.

- Wollen Sie eine Auswahl in eine Vektormaske verwandeln, legen Sie zunächst einen üblichen Pfad an; Details zu diesem Verfahren finden Sie ab Seite 644.
- Der Befehl **Frei transformieren** dreht, vergrößert oder verzerrt eine aktivierte Vektormaske ohne Qualitätsverlust (Seite 705).
- Vektormasken eignen sich gut zur Verwendung mit Ebenenstilen und Ebeneneffekten (Seite 756).

23.1.5 Thema: OOB – den Rahmen sprengen

Bei der Trendsportart OOB entstehen Montagen, in denen das Hauptmotiv eingerahmt erscheint, diesen Rahmen jedoch teilweise verlässt.

OOB-Montagen (out of bounds) sehen Sie quer durchs Buch. Eine geplante Bildwirkung erhalten Sie oft mit ganz unterschiedlichen Montagekonzepten; bei unserem Beispiel führen nicht weniger als drei verschiedene Ebenenanordnungen zur selben Gesamtansicht. So können Sie im Vordergrund störende Bildteile durch Masken verbergen, endgültig weglöschen oder ungewollt überdeckte Details darüber duplizieren. Der Rahmen kann im Ebenen-Bedienfeld über oder unter dem eingerahmten Hauptmotiv liegen.

Abbildung 23.17 **Links:** Ohne Schatten. **Mitte:** Mit zwei Schattenebenen. **Rechts:** Variante mit Schatten.
Dateien: Verbergen_08

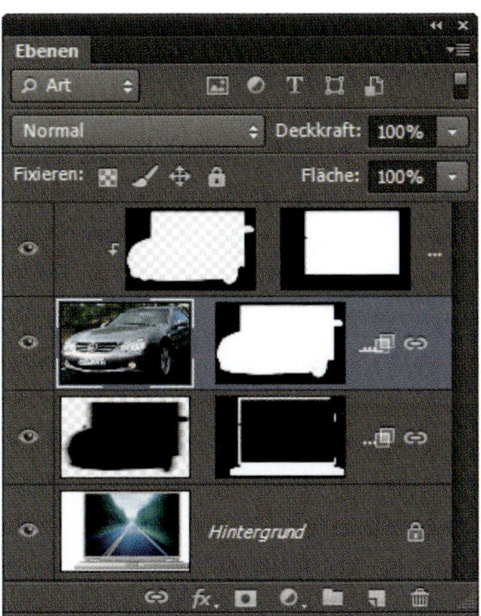

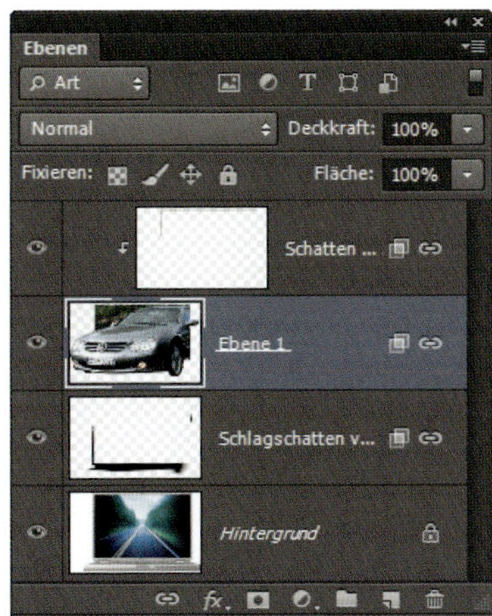

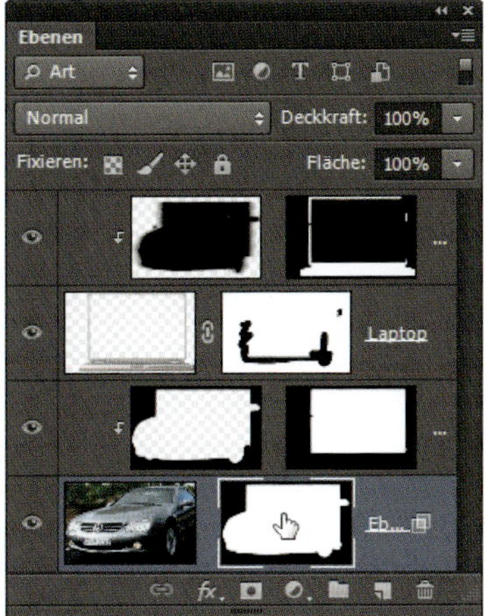

Abbildung 23.18 **Links:** Diese Montage führt zu dem mittleren Ergebnis aus der vorherigen Reihe. **Mitte:** Hier haben wir die Montage reduziert. **Rechts:** Auch diese Montage liefert das mittlere Ergebnis. Wenn Sie die unterste Ebenenmaske per ⇧-Klick ausschalten, wird mehr von der Autoebene sichtbar und Sie erhalten das dritte Bildergebnis mit mehr Motivhintergrund.

Tipps für OOB-Montagen

Es gibt also keine spezielle Technik für OOB-Montagen - nutzen Sie Ebenenmasken, Vektormasken, Schnittmasken, Auswahltechnik, [Entf]-Taste, den Masken-Bereich im Eigenschaften-Bedienfeld und den Radiergummi so, wie wir es in diesem Buch überall besprechen. Ein paar wichtige Aspekte:

- Viele OOB-Montagen wirken etwas zusammengeklebt. Legen Sie Schatten zwischen Hauptmotiv und Rahmen, um die Plastizität zu steigern, oder weichen Sie die Ebenenmaske via Masken-Bereich des Eigenschaften-Bedienfelds leicht auf.
- Meist können Sie für Schatten nicht den Schlagschatten-Effekt verwenden, da sich dieser auf Teilstrecken nicht unterdrücken lässt; stattdessen brauchen Sie den Schatten auf einer separaten Ebene, dort steuern Sie die Sichtbarkeit mit Radiergummi oder Ebenenmaske.
- Löschen Sie nicht zu früh zu viel weg, vielleicht überlegen Sie es sich noch einmal anders. Eventuell stellen Sie erst in einer späteren Zoom- oder Bewusstseinsstufe fest, dass ein Objektrand noch Versäuberung braucht.
- Nutzen Sie beim Verschiebenwerkzeug eher nicht die Option Automatisch auswählen, zu oft wird dabei die falsche Ebene aktiviert.
- Behalten Sie von wichtigen Umrissen Alphakanäle, Pfade, Ebenenmasken oder Vektormasken innerhalb der Datei zurück - auch wenn das die Dateigröße hebt.
- Heben Sie bei Bedarf die Verbindung zwischen Motiv und Ebenenmaske auf. So bewegen Sie zum Beispiel das Motiv innerhalb eines Rahmens.
- Arbeiten Sie mit Smartobjekten, sie lassen sich verlustfrei skalieren und bequem austauschen.
- Einzelne Bereiche des Motivs haben Sie eventuell auf eigene Ebenen gehoben. Sie lassen sich mit der Hauptebene verbinden, so dass man sie gemeinsam durch den Rahmen schiebt. Noch robuster wirkt die Liaison, wenn Sie mehrere Ebenen gemeinsam als Smartobjekt verpacken.

23.1.6 Schnittmaske

Die Schnittmaske ist quasi die Steigerung der Ebenenmaske oder der Vektormaske - sie verbirgt gleich mehrere Ebenen. Die einer Schnittmaske zugeordneten Ebenen zeigen sich nur noch innerhalb der Umrisse der sogenannten Grundebene. Die Deckkraft, der Mischmodus und die Ebeneneffekte dieser Grundebene bestimmen meist, in welchen Bereichen die gruppierten Ebenen sichtbar sind:

- Wo die Grundebene volle Deckkraft hat, zeigen sich die zugeordneten Ebenen darüber ebenfalls in voller Pracht.
- Wo die Grundebene halbtransparent ist, erkennt man die zugeordneten Ebenen auch nur schwach.
- Wo die Grundebene keine Pixel aufweist, sehen Sie die gruppierten Ebenen nicht. Irgendwelche Tonwerte wie Schwarz oder Weiß spielen also keine Rolle, es geht allein um die Deckkraft.
- Die gruppierten Ebenen übernehmen die Ebeneneffekte der Grundebene, zum Beispiel die Abgeflachte Kante.

Als Alternative bietet sich eine Ebenenmaske (Seite 818) für eine Gruppe an (Seite 684) oder packen Sie mehrere Ebenen in ein Smartobjekt.

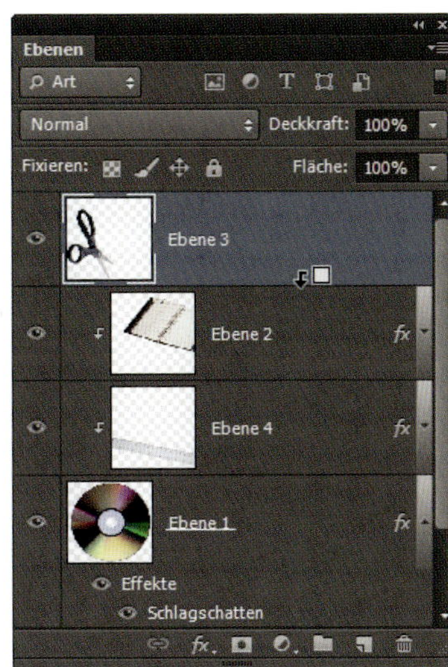

Abbildung 23.19 **Links:** Die CD bildet hier eine Schnittmaske mit den Gegenständen. **Mitte:** Die Schere wird aus der Schnittmaske herausgenommen und ist wieder vollständig sichtbar. **Rechts:** In einer Schnittmaske gruppierte Ebenen erscheinen im Ebenen-Bedienfeld eingerückt. Datei: Verbergen_09

Schnittmaske erstellen

So erstellen Sie eine Schnittmaske:

1. Richten Sie zunächst eine Ebene ein, die als »Grundebene« dienen soll. Ebenen, die die gesamte Bildfläche abdecken, eignen sich nicht, ebenso wenig wie Hintergrundebenen. Erzeugen Sie zum Beispiel eine neue Textebene mit dem Textwerkzeug T.
2. Legen Sie eine oder mehrere Ebenen oberhalb dieser geplanten »Grundebene« an.
3. Um die oberen Ebenen mit der »Grundebene« zu gruppieren, klicken Sie bei gedrückter Alt-Taste auf die Trennlinie zwischen den beiden Ebenen im Ebenen-Bedienfeld. Dabei erscheint ein spezieller Mauszeiger. Alternativ verwenden Sie den Befehl **Ebene: Schnittmaske erstellen**; dabei wählen Sie nur die obere Ebene aus, nicht die Grundebene (Strg+Alt+G).
4. Das Feld der oberen Ebene im Bedienfeld erscheint nun eingerückt neben dem Schnittmaskensymbol, der Name der »Grundebene« ist unterstrichen.
5. Gruppieren Sie weitere Ebenen per Alt-Klick auf die Trennlinie. Alle Ebenen zusammen erhalten zunächst den Modus und die Deckkraft der Grundebene.

Entfernen Sie auf umgekehrtem Weg Ebenen aus der Schnittmaske, indem Sie erneut bei gedrückter Alt-Taste auf die gepunktete Trennlinie klicken. Um Ebenen außerhalb der Schnittmaske anzulegen, die voll sichtbar sind, ziehen Sie diese Ebenen unter die Grundebene oder über die Schnittmaske.

Grenzen Sie einzelne gruppierte Ebenen durch Ebenenmasken oder Vektormasken weiter ein.

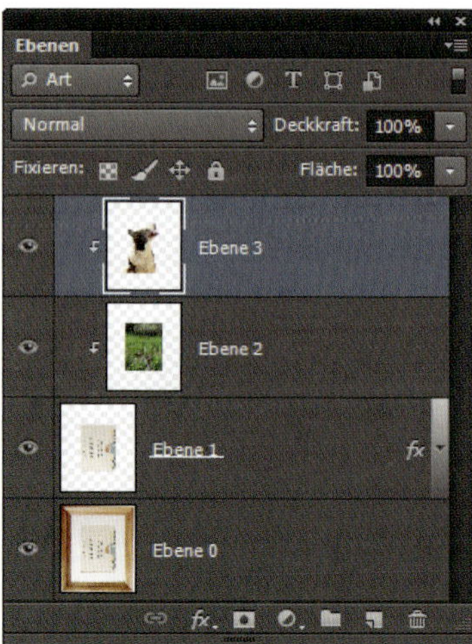

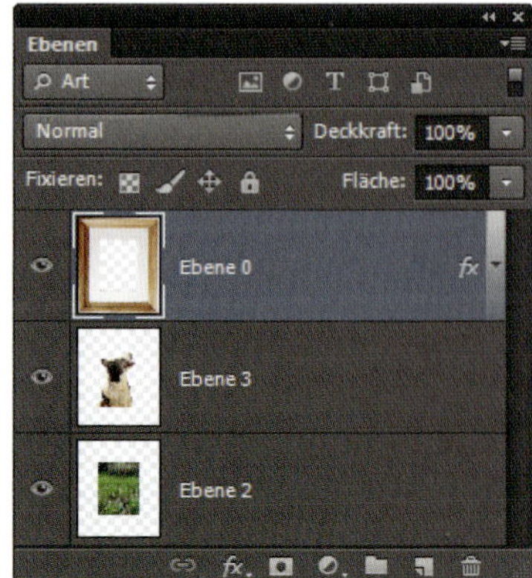

Abbildung 23.20 **Linkes Bedienfeld:** Das eingerahmte Bild wurde dupliziert und zur Grundebene einer Schnittmaske; Hund und Wald erscheinen nur innerhalb des ursprünglichen gerahmten Bilds auf Ebene 2. **Rechtes Bedienfeld:** Das gleiche Montageergebnis erhalten Sie auch anders; hier liegt der Bilderrahmen ganz oben im Bedienfeld, das innere Bild wurde weggeschnitten. In beiden Fällen können Sie Hund und Wald innerhalb des Rahmens verschieben. Dateien: Verbergen_10a etc.

Ebenenstiloptionen

Aktivieren Sie die Grundebene, klicken Sie auf die Schaltfläche Ebeneneffekt *fx* und wählen Sie **Fülloptionen**. Damit erscheint das Dialogfeld Ebenenstil mit der Kategorie Fülloptionen. Im Bereich Erweiterter Mischmodus finden Sie hier wichtige Optionen für die Grundebene:

- Zunächst gilt der Mischmodus der Grundebene für alle gruppierten Ebenen, also ein Überblendverfahren wie Hartes Licht oder Normal. Deaktivieren Sie jedoch die Option Beschnittene Ebenen als Gruppe füllen, behält jede eingerückte Ebene ihren ursprünglichen Mischmodus.
- Sofern Sie mit Aussparung arbeiten, endet die Aussparung üblicherweise auf der Grundebene, der Basis der Schnittmaske, wenn die Option Beschnittene Ebenen als Gruppe füllen nicht aktiviert ist. Verzichten Sie jedoch auf die Option Beschnittene Ebenen als Gruppe füllen, wird durch die Aussparung die Ebene unter der Grundebene sichtbar.
- Die Option Interne Effekte als Gruppe füllen bezieht sich auf Ebeneneffekte, die das Innere der Ebenenfüllung verändert darstellen – also Glanz, Schein nach innen, Farbüberlagerung, Musterüberlagerung oder Verlaufsüberlagerung. Ist die Option aktiviert, wird der aktuelle Mischmodus auf alle Ebeneneffekte innerhalb der Ebenengrenzen angewandt.

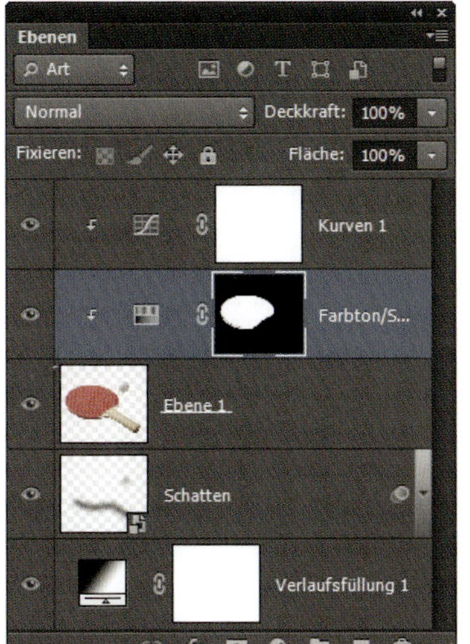

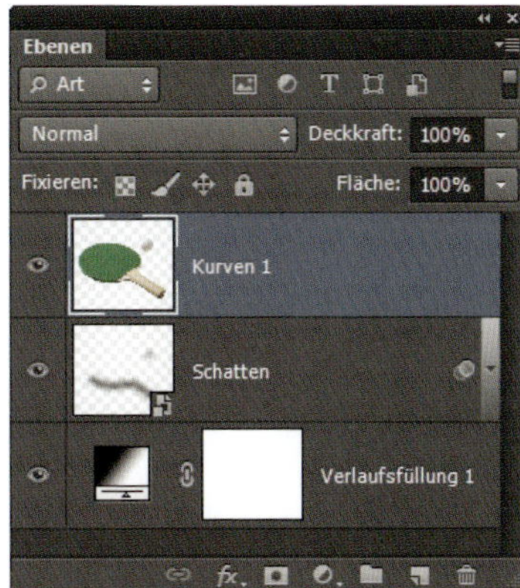

Abbildung 23.21 **Linkes Bedienfeld:** Der rote Tischtennisschläger wird mit zwei Einstellungsebenen grün gefärbt und kontrastkorrigiert. Die Einstellungsebenen sind hier mit der »Ebene 1« zu einer Schnittmaske arrangiert: Kontrast- und Farbtonänderung ändern darum nur die »Ebene 1«, nicht auch noch Schatten und Hintergrundfläche weiter unten. Die »Farbton«-Ebene hat zusätzlich eine Ebenenmaske, damit die Farbtonänderung nur auf den Belag wirkt, aber nicht am Griff. **Rechtes Bedienfeld:** Wir haben die drei obersten Ebenen gemeinsam ausgewählt und mit Strg+E verschmolzen; die Ebene mit dem Sportgerät ist nun dauerhaft verändert. Die Bildwirkung ändert sich nicht. Datei: Verbergen_11

Tipps

Beim Hantieren mit mehreren Ebenen kommt leicht die Übersicht abhanden, darum hier praktische Handgriffe in der Übersicht:

- Rechtsklick ins Bild bei aktiviertem Verschiebenwerkzeug zeigt ein Auswahlmenü mit den Ebenen unter dem Zeiger.
- Strg-Klick ins Bild bei aktiviertem Verschiebenwerkzeug aktiviert die oberste Ebene unter dem Zeiger.
- Alt-Klick auf ein Augensymbol im Bedienfeld zeigt die Ebene daneben allein, alle anderen blendet Photoshop aus; neuerlicher Alt-Klick zeigt alle Ebenen. Bei einer gruppierten Ebene wird die Grundebene mit angezeigt.
- Ziehen Sie über den Augensymbolen, um eine Reihe von Ebenen anzuzeigen oder auszublenden.
- Um mehrere Ebenen gemeinsam zu bewegen, werden sie im Bild mit dem Verschiebenwerkzeug eingerahmt, die Option Automatisch auswählen ist eingeschaltet. Alternative: Klicken Sie die Ebenen nacheinander im Ebenen-Bedienfeld an; dabei drücken Sie die Strg-Taste und zielen auf die Namen, nicht auf die Miniaturen der Ebenen.
- Um die Fläche der Grundebene zu verkleinern, verwenden Sie zum Beispiel den Radiergummi oder Sie löschen einen markierten Bereich mit der Entf-Taste. Um die Grundebene zu vergrößern, verwenden Sie zum Beispiel den Pinsel. Natürlich eignet sich auch die **Transformieren**-Funktion (Strg+T).

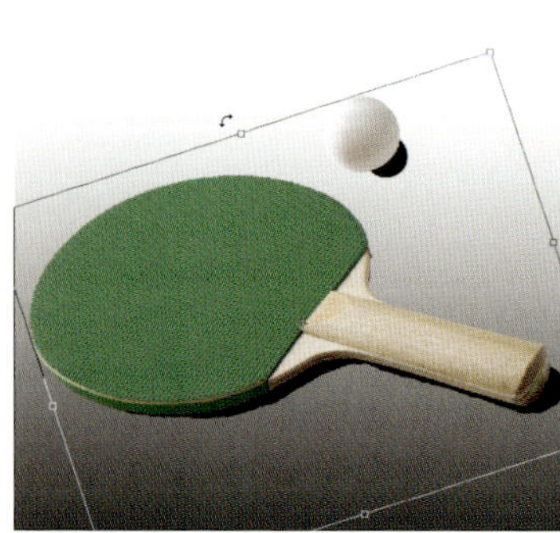

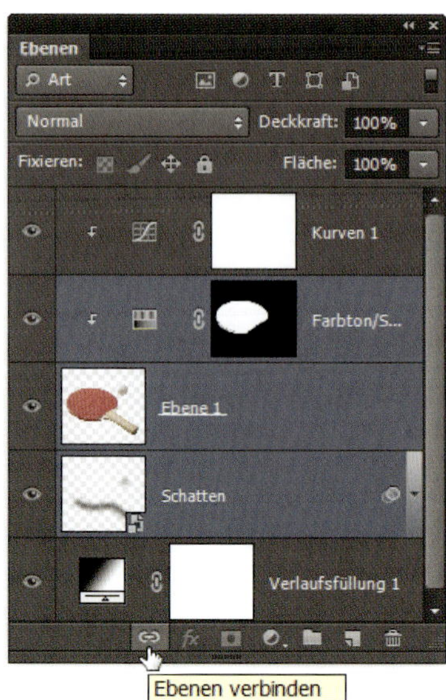

Abbildung 23.22 Sie wollen das Hauptmotiv per »Frei transformieren« drehen und verkleinern? Dann müssen Sie auch teilmaskierte Einstellungsebenen parallel mitverändern. Wir wählen hier im Ebenen-Bedienfeld also den Schläger, die Einstellungsebene »Farbton/Sättigung« und den Schatten aus. Die Gradationskurve korrigiert ohnehin die gesamte Ebene, sie muss nicht mittransformiert werden. Nur im Bedienfeld auswählen reicht bereits zum Transformieren, dauerhafter ist jedoch eine zusätzliche »Verbindung«. Datei: Verbergen_11

23.2 Einstellungsebenen

Auf Einstellungsebenen speichern Sie keine Pixel, sondern eine Kontrast- oder Farbkorrektur. Sie zeigen die Ebenen darunter verändert, ohne die Bildpunkte selbst dauerhaft zu manipulieren. Bringen Sie eine vorsichtige Kontrastkorrektur oder eine Umfärbung an. An den Fotopixeln ändert sich gar nichts, Sie verändern nur Werte in der Einstellungsebene. Anders ausgedrückt: Sie betrachten das Bild durch eine getönte Brille. Sie können jederzeit die Brille abnehmen oder anders getönte Gläser einsetzen.

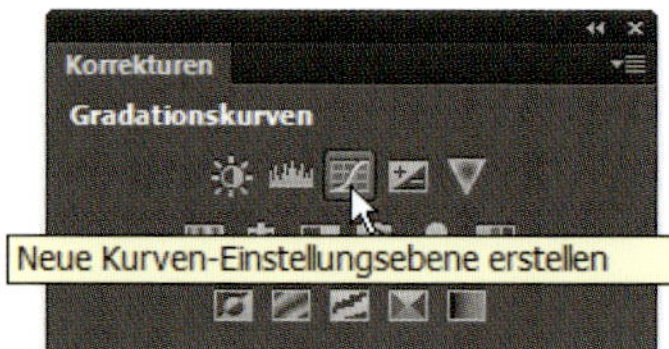

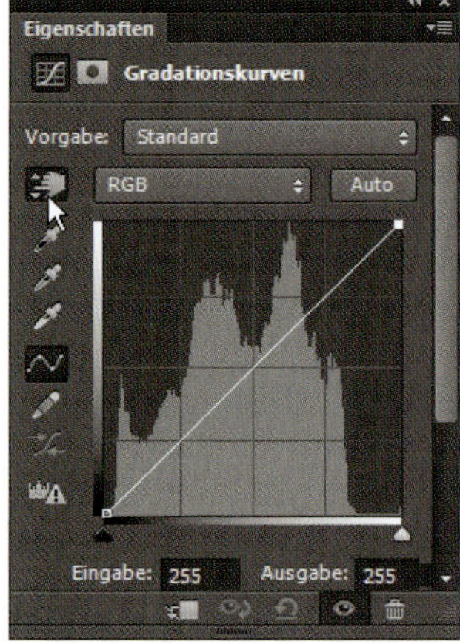

Abbildung 23.23 Die Gesichter sind zu dunkel, der Hintergrund soll sich jedoch nicht ändern. Wir legen per Korrekturen-Bedienfeld eine neue »Gradationskurven«-Einstellungsebene an. Im Eigenschaften-Bedienfeld aktivieren wir das Ziehwerkzeug. Datei: Einstellung_01. Foto: RTcars.de

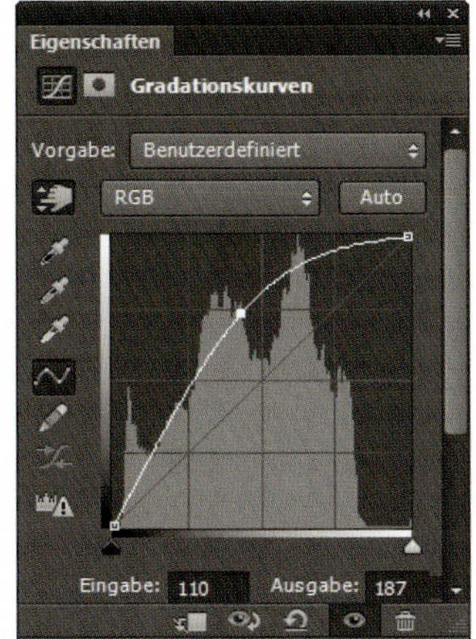

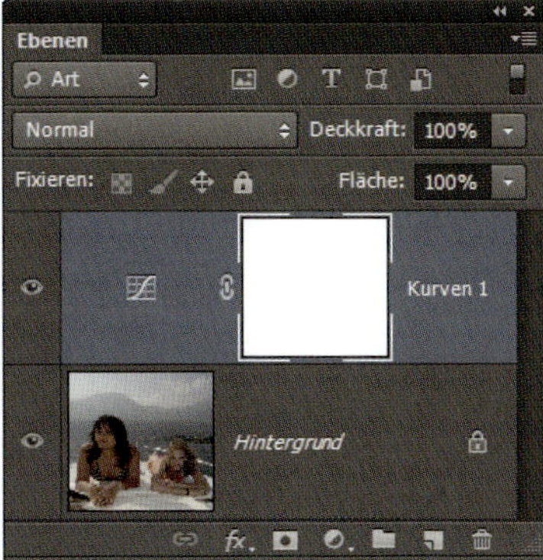

Abbildung 23.24 Wir schalten das Ziehwerkzeug oben links im Bedienfeld ein, klicken in einen Hautton und ziehen nach oben – so hellt das Gesamtbild deutlich auf, die Gradationskurve hebt die Mitteltöne an. Die neue Einstellungsebene »Kurven 1« erscheint samt weißer Ebenenmaske im Ebenen-Bedienfeld. Allerdings erscheint der Hintergrund jetzt zu hell. Auf der »Hintergrund«-Ebene erkennen Sie das unveränderte, dunkle Originalbild.

23.2.1 Übersicht

Als Einstellungsebene lassen sich die Befehle zur Kontrast- und Tonwertkorrektur verwenden, die Sie aus dem Untermenü **Bild: Korrekturen** kennen, zum Beispiel **Farbton/Sättigung**, **Helligkeit/Kontrast**, **Gradationskurven**, **Kanalmixer** und **Tonwertkorrektur**, aber auch **Umkehren**, **Tontrennung** und **Schwellenwert**; wir besprechen diese Funktionen detailliert ab Seite 326.

Tipp Den wichtigen Befehl **Tiefen/Lichter** finden Sie nicht im Menü der Einstellungsebenen. Man kann ihn aber als Smartfilter anlegen: Sie wählen **Filter: Für Smartfilter konvertieren**, dann steht **Tiefen/Lichter** für eine verlustfreie, abschaltbare Kontrastkorrektur zur Verfügung.

Alle Ebenen unter der Einstellungsebene werden mit der Korrektur gezeigt. Diese Ebenen verändern sich aber nur in der Anzeige, die eigentlichen Daten bleiben unberührt. Im Übrigen ist die Einstellungsebene eine Ebene wie andere auch, die sich unter anderem gruppieren, verbinden und maskieren lässt. Sie können:

- die Korrektur jederzeit verändern,
- die Korrektur vorübergehend ausschalten,
- die Korrektur per Deckkraft-Regler dämpfen oder per Mischmodus anders anwenden,
- die Wirkung per Ebenenmaske auf bestimmte Bildbereiche begrenzen,
- die Wirkung per Schnittmaske auf eine Einzelebene beschränken,
- die Ebenenmaske der Einstellungsebene vielfältig verfeinern, zum Beispiel per **Kante verbessern** oder im Masken-Bereich des Eigenschaften-Bedienfelds,
- die Einstellungsebene dauerhaft anwenden,
- die Einstellungsebene mit der darunterliegenden Ebene »verbinden«.

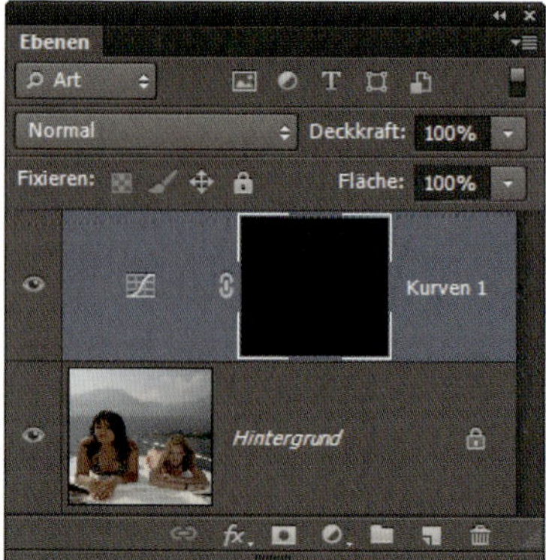

Abbildung 23.25 Per Strg+I kehren wir die Ebenenmaske von Weiß nach Schwarz um. So kann die Aufhellung der Gradationskurve nicht mehr wirken, das Bild ist so dunkel wie am Anfang.

23.2.2 Erste Einstellungsebene anlegen

Eine Einstellungsebene entsteht meist auf einem dieser Wege:

- Klicken Sie im Korrekturen-Bedienfeld und klicken Sie direkt auf ein Symbol wie Neue Kurven-Einstellungsebene. Sofort erscheint der **Gradationskurven**-Dialog im Eigenschaften-Bedienfeld.
- Klicken Sie unten im Ebenen-Bedienfeld auf Neue Füll- oder Einstellungsebene erstellen .

23.2.3 Einstellungsebenen bearbeiten

Sie können die Einstellungsebene und unabhängig davon die Maske bearbeiten. So arbeiten Sie mit der Einstellungsebene weiter:

- Klicken Sie im Ebenen-Bedienfeld einmal auf das Symbol einer Einstellungsebene, schon zeigt das Korrekturen-Bedienfeld die Regler dieses Befehls und Sie können die Werte ändern. Wollen Sie danach eine andere Einstellungsebene bearbeiten, klicken Sie wieder auf das entsprechende Symbol im Ebenen-Bedienfeld.
- Schalten Sie die Einstellungsebene mit dem Augensymbol im Ebenen-Bedienfeld aus, um das Bild unverändert - also ohne Einwirkung der Einstellungsebene - zu betrachten.
- Verschieben Sie die Ebene im Bedienfeld nach oben oder unten.
- Schwächen Sie die Wirkung mit dem Deckkraft-Regler oder wechseln Sie den Mischmodus.
- Falls Sie die Korrektur per Ebenenmaske auf einen Bildteil beschränken: Ändern Sie die Maske verlustfrei mit den Reglern Dichte und Weiche Kante aus dem Masken-Bereich des Eigenschaften-Bedienfelds.

Die Maske der Einstellungsebene

Einstellungsebenen haben sofort eine Ebenenmaske, wie Sie im Ebenen-Bedienfeld sehen: Zunächst ist diese Maske zur Einstellungsebene komplett weiß - das heißt, die Einstellungsebene wirkt auf die gesamte Arbeitsfläche für alle darunterliegenden Ebenen. Füllen Sie Bereiche der Ebenenmaske mit Schwarz; alle darunterliegenden Ebenen werden in diesen Zonen nicht mehr verändert. Insgesamt bietet die Maske zur Einstellungsebene die folgenden Möglichkeiten:

- Sie lässt sich ebenso vielseitig retuschieren (Seite 610) wie eine Ebenenmaske oder wie ein Alphakanal - zum Beispiel mit Pinseln, Gradationsfunktion, Filtern oder Befehlen aus dem Untermenü **Bild: Korrekturen**.

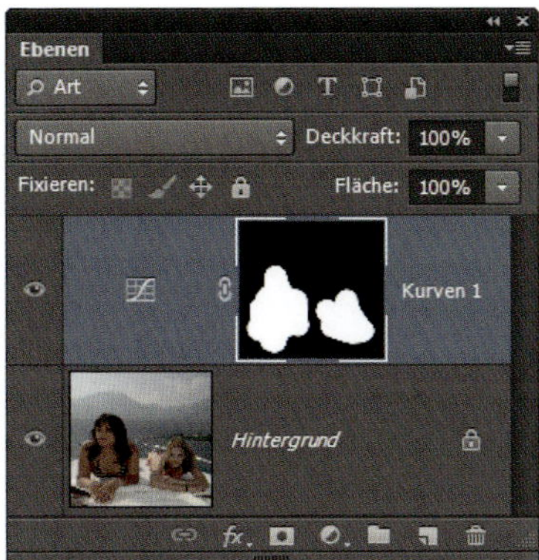

Abbildung 23.26 Wir schalten zum Pinsel mit weißer Vordergrundfarbe und ziehen über den Models. In diesem Bereich zeigt die Ebenenmaske wieder weiß, darum werden die Personen aufgehellt. Dieses Zwischenergebnis muss noch verfeinert werden.

- Sie können die Maske in Graustufen oder als halbtransparenten »Schutzlack« einblenden; dazu gelten die gleichen Tastenkombinationen wie bei der Ebenenmaske (Seite 823).
- Die Optionen für die Maske der Einstellungsebene – Farbe und Deckkraft – erreichen Sie per Doppelklick auf die Maskenminiatur.
- Ändern Sie die Ebenenmaske vielseitig verlustfrei im Masken-Bereich des Eigenschaften-Bedienfelds (Seite 826).

Tipp Sie brauchen die Ebenenmaske zur Einstellungsebene generell nicht? Öffnen Sie das Menü des Korrekturen-Bedienfelds und verzichten Sie auf die Option Standardmässig Maske hinzufügen.

Mit Schnittmasken arbeiten

Die Einstellungsebene zeigt sämtliche darunterliegenden Ebenen verändert – über die volle Arbeitsfläche Ihrer Bilddatei. Legen Sie die Einstellungsebene allerdings innerhalb einer Schnittmaske an, ändert sich nur die Ebene direkt unter der Einstellungsebene. Sie können Schnittmasken mit den bekannten Befehlen und Tastenkürzeln anlegen (Seite 834), aber leichter geht's mit Funktionen aus den Bedienfeldern:

- Im Menü des Korrekturen-Bedienfelds gibt es die Option **Auf Ebene beschränken**. Sofern diese Option aktiviert ist, richtet Photoshop für jede neue Einstellungsebene sofort eine Schnittmaske ein, die Änderung betrifft also nur eine Ebene direkt unterhalb der Einstellungsebene.
- Das Eigenschaften-Bedienfeld bietet im Korrekturen-Bereich eine Schaltfläche , mit der Sie die Einstellungsebene blitzschnell wechselweise als Schnittmaske oder als ganzflächig wirkend einrichten.

23.2.4 Einstellungsebenen löschen und zurücksetzen

Sie wollen die Einstellungsebene ersatzlos löschen? Sofern diese Ebene aktiviert ist, reicht dazu die Entf-Taste. Um die Einstellungsebene nur auszublenden, ohne sie gleich ganz zu entsorgen, nehmen Sie das Augensymbol im Korrekturen-Bereich des Eigenschaften-Bedienfelds oder direkt neben der Einstellungsebene im Ebenen-Bedienfeld.

Klicken Sie länger auf die Schaltfläche zum Anzeigen des vorherigen Status , um nach einer Änderung vorübergehend die vorherige Bildversion zu sehen. Diese Bildfassung wird aber wirklich nur angezeigt: Die Regler

So nutzen Sie das Korrekturen-Bedienfeld

1 **Bedienfeldmenü** (u.a. Ebenenmasken generell abstellen)

2 **Helligkeit/Kontrast:** durch Anklicken neue Einstellungsebene **Helligkeit/Kontrast** mit Korrektur-Standardwerten (meist Neutralwerte) anlegen

3 **Tonwertkorrektur**

4 **Gradationskurven**

5 **Belichtung**

6 **Dynamik**

7 **Farbton/Sättigung**

8 **Farbbalance**

9 **Schwarzweiß**

10 **Fotofilter**

11 **Kanalmixer**

12 **Color Lookup**

13 **Umkehren**

14 **Tontrennung**

15 **Schwellenwert**

16 **Selektive Farbkorrektur**

17 **Verlaufsumsetzung**

So nutzen Sie Einstellungsebenen im Eigenschaften-Bedienfeld

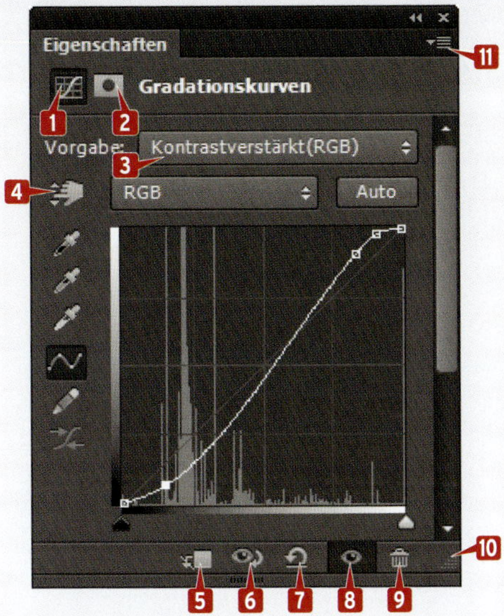

1. **Einstellungsebene Helligkeit/Kontrast** wird in Eigenschaften-Bedienfeld angezeigt
2. **Masken:** Umschalten zur Masken-Bearbeitung
3. **Vorgabe:** neue Vorgabe auswählen (nicht bei allen Funktionen; eigene Vorgaben via Bedienfeldmenü speichern)
4. **Ziehwerkzeug:** im Bild klicken und ziehen, um gezielt ausgewählten Helligkeits- oder Farbwertbereich zu verändern (bei **Gradationskurven, Farbton/Sättigung** und **Schwarzweiß**)
5. **Schnittmaske:** Einstellungsebene befindet sich hier nicht innerhalb einer Schnittmaske und verändert also die gesamte Datei-Arbeitsfläche unterhalb der Einstellungsebene; anklicken, damit Einstellungsebene innerhalb einer Schnittmaske liegt und nur noch die Bildebene unmittelbar unter ihr verändert
6. **Vorherigen Status anzeigen:** noch einmal Bild mit letzter Reglerstellung zeigen, Regler behalten aber ihre aktuelle Stellung und werden nicht zurückgesetzt
7. **Auf Korrektur-Standardwerte zurücksetzen** (meist zurück auf Neutralstellung)
8. **Ebenensichtbarkeit:** Einstellungsebene unwirksam machen, ohne sie zu löschen
9. **Einstellungsebene löschen**
10. **Bedienfeld vergrößern/verkleinern**
11. **Bedienfeldmenü** (Befehle teils abhängig von Art der Einstellungsebene)

Abbildung 23.27 Wir schalten im Eigenschaften-Bedienfeld zu »Masken« und ziehen die »Weiche Kante« auf 70 Pixel hoch. So glätten Sie die harten Übergänge der Maskenretusche.

im Korrekturen-Bedienfeld bleiben auf dem allerneuesten Stand, es ist also kein Widerrufen. Sobald Sie die Maustaste freigeben, erscheint wieder die neueste Bildfassung passend zur Reglerstellung.

Und wie fast überall in Photoshop: Die Schaltfläche Auf Korrektur-Standardwerte zurücksetzen schiebt die Regler zurück in Neutralstellung.

23.2.5 Einstellungsebene dauerhaft anwenden

Wenden Sie Änderungen durch die Einstellungsebene an - so, dass Sie direkt und dauerhaft die darunterliegende Pixelebene ändern. Dazu verschmelzen Sie die Einstellungsebene mit der Bildebene darunter. So geht's:

1. Aktivieren Sie die Einstellungsebene im Ebenen-Bedienfeld.
2. Nutzen Sie den Befehl **Ebene: Mit darunter liegender auf eine Ebene reduzieren** (Strg+E).

Sie ändern die darunterliegende Ebene damit dauerhaft. Alle weiteren, noch tiefer liegenden Ebenen nehmen dagegen wieder ihr unkorrigiertes Aussehen an - auch wenn sie zuvor durch die Einstellungsebene verändert wurden. Sie können auch mehrere Ebenen und Einstellungsebenen gemeinsam markieren und dann ebenfalls per Strg+E verschmelzen - prüfen Sie aber genau, ob dabei die gewünschte Bildwirkung erhalten bleibt.

23.2.6 Welcher Bereich des Programmfensters ist aktiv?

Legen Sie im Korrekturen-Bedienfeld eine neue Einstellungsebene an, bleiben zunächst die ursprünglichen Werkzeuge und Eingabefelder zum Beispiel in der Optionenleiste oder in anderen Bedienfeldern aktiv. Wollen Sie in der Einstellungsebene Werte ändern oder das Ziehwerkzeug nutzen, müssen Sie erst dorthin klicken.

Dieses Verhalten ändern Sie wahlweise:

- Die Option Parameter automatisch auswählen im Menü des Korrekturen-Bedienfelds sorgt dafür, dass sofort ein Eingabefeld im Korrekturen-Bedienfeld aktiv ist. Sie müssen also nicht erst den ganzen Weg mit der Maus zurücklegen. Alternativ springt der Mauszeiger auch per ⇧+↵-Taste ins erste aktive Feld des Korrekturen-Bedienfelds, auch wenn Sie die Option nicht nutzen.

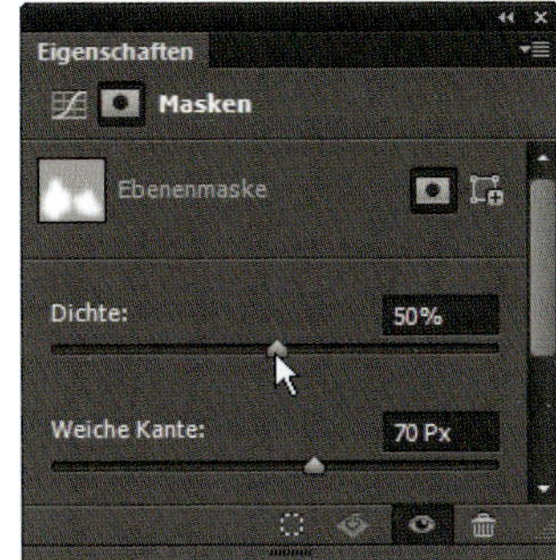

Abbildung 23.28 Wir senken zusätzlich die »Dichte« auf 50 Prozent. So wirkt die Aufhellung mit halber Kraft auch auf den Hintergrund, der nun heller erscheint. Die Maskenminiatur im Ebenen-Bedienfeld wirkt jetzt grau. »Dichte« und »Weiche Kante« lassen sich jedoch verlustfrei zurücksetzen und natürlich können weiterhin auch Gradationskurve oder Maske umformen.

- Sie können auch das Zielgerichtet-korrigieren-Werkzeug automatisch auswählen. Dann wird mit Erstellen einer neuen Einstellungsebene sofort das Ziehwerkzeug aktiviert. Photoshop zeigt die Option im Menü des Eigenschaften-Bedienfelds nur, wenn Sie eine Einstellungsebene mit Ziehwerkzeug bereits angelegt haben, also Gradationskurven, Schwarzweiss oder Farbton/Sättigung.

Tipp Per **Bearbeiten: Tastaturbefehle** teilen Sie dem Zielgerichtet-korrigieren-Werkzeug wahlweise auch ein eigenes Tastenkürzel zu.

Abbildung 23.29 Verlustfreie und örtliche Kontrastkorrekturen gelingen auch im Raw-Dialog, auch mit TIFF- und JPEG-Dateien. Nach einer allgemeinen Bildänderung dunkeln wir hier Himmel und Vordergrund mit Verlaufsfiltern ab. Vorlage: Raw_v

23.3 Füllebenen

Füllebenen erstellen Sie auf dem Ebenen-Bedienfeld mit derselben Schaltfläche ◐ wie Einstellungsebenen. Auch hier entsteht eine neue Ebene. Sie ist randvoll gefüllt - mit Einzelfarbe, Verlauf oder Muster. Der Vorteil gegenüber einer sonstigen Füllung auf einer üblichen Ebene: Wenn Sie die Bildfläche vergrößern, wächst die Füllebene mit - auch bei Mustern und Verläufen. Sie können Farben, Verläufe und Muster jederzeit korrigieren oder austauschen. Sie testen hier unkompliziert die Wirkung von Nahtlosmustern.

Füllebenen entstehen ähnlich wie Einstellungsebenen:

1. Klicken Sie im Ebenen-Bedienfeld auf das Symbol Neue Füll- oder Einstellungsebene erstellen ◐.
2. Wählen Sie im Menü **Farbfläche**, **Verlauf** oder **Muster**.
3. Stellen Sie die Optionen ein.
4. Bearbeiten Sie bei Bedarf die Maske. Sofern sich eine Auswahl im Bild befindet, erscheint automatisch nur dieser Bereich gefüllt, der Rest ist per Ebenenmaske verborgen.
5. Um die Einstellungen für die Füllung zu korrigieren, klicken Sie doppelt auf das Symbol in der Ebenenminiatur.

Im Übrigen gelten unsere Hinweise zur Einstellungsebene weiter oben in diesem Abschnitt sinngemäß auch für die Füllebene.

Füllebenen maskieren

Photoshop liefert automatisch eine Ebenenmaske mit, so dass Sie die sichtbare Ausdehnung der Füllung begrenzen können (Seite 818). Verwenden Sie alternativ zur Ebenenmaske auch eine Vektormaske (Seite 829). Formebenen, wie sie mit den Formwerkzeugen entstehen, verwenden automatisch Füllebene plus Vektormasken.

23.4 Smartobjekte

Ein Smartobjekt ist eine Datei in der Datei: Photoshop speichert eine Kopie des Originals innerhalb der Montage als Datei in der Datei. Sie sehen bei der Bearbeitung nur eine Abbildung, die Arbeitsversion dieser Datei in der Datei. Wie immer Sie dieses Duplikat transformieren oder filtern - das Original bleibt im Hintergrund verfügbar und wird für die nächste Berechnung wieder herangezogen. Es gibt keinen wiederholten Qualitätsverlust, der die Bildqualität nach und nach in den Abgrund führt.

Abbildung 23.30 Das Glas wird für diese Übung ausgewählt und mit dem Verschiebenwerkzeug in die neue Datei gezogen. Dort erscheint es als »Ebene 1« - zu groß. Bevor Sie die Ebene verkleinern, konvertieren Sie die Ebene in ein Smartobjekt. Danach sehen Sie das Symbol für Smartobjekte rechts unten in der Ebenenminiatur. Dateien: Smart_01

Packen Sie auch mehrere Ebenen in eine Smartobjekt-Ebene, die Sie fortan fast wie eine einzige, normale Ebene bearbeiten. Die Einzelebenen lassen sich bei Bedarf wieder einzeln ansprechen. Sie speichern wie bei allen Ebenentechniken in den Formaten TIFF, Photoshop-PSD oder PDF.

23.4.1 Übersicht

Wenn Sie eine Ebene als Smartobjekt anlegen, zeigt die Miniatur im Ebenen-Bedienfeld ein spezielles Symbol. Diese Möglichkeiten haben Sie:

- Sie können Objekte **skalieren**, **drehen**, **neigen**, **verzerren** und **Verformen** - aber auch nach einer starken Verkleinerung stehen immer noch die Originalpixel aus der ursprünglichen Ebene zur Verfügung.
- Wenden Sie Einstellungsebenen, Ebeneneffekte, Ebenenmasken und Vektormasken an.
- Wenden Sie **Filter**-Befehle und die **Tiefen/Lichter**-Korrektur als verlustfreie Smartfilter an, die Sie mit Masken und Smartfilter-Fülloptionen verfeinern.
- Über den Befehl **Datei: Platzieren** betten Sie Camera-Raw-Dateien, Vektorgrafiken, PDF-Seiten oder komplette Photoshop-Montagen ein. Alle Spezialeigenschaften bleiben weiter erhalten und können nach Doppelklick auf die Miniatur der smarten Ebene bearbeitet werden - zum Beispiel die Camera-Raw-Eigenschaften oder die Einzelebenen einer eingebetteten Montage. Sie können die Smartobjekt-Abbildung dieser Montage transformieren oder filtern.
- Verändern Sie ein einzelnes Objekt und übertragen Sie die Korrektur automatisch auf weitere, verbundene Smartobjekte.
- Tauschen Sie Smartobjekte so aus, dass die neu eingesetzte Ebene sofort die Proportionen der zuvor vorhandenen Ebene übernimmt.

Sie können Kontrastkorrekturen nicht direkt auf ein Smartobjekt anwenden, aber via Einstellungsebene ist es kein Problem.

Abbildung 23.31 **Links:** Um die Größe zu ändern, starten wir das »Transformieren« mit Strg+T. Aus Versehen stauchen wir die Ebene unproportional in die Breite. **Mitte:** Nach dem Doppelklick in den Transformierenrahmen berechnet Photoshop die Ebene endgültig neu - doch im Hintergrund steht noch das Original zur Verfügung. **Rechts:** Setzen Sie die Ebene jederzeit auf den ursprünglichen Zustand zurück: Starten Sie erneut das »Transformieren«. Photoshop nennt wieder die Maße vom letzten Skalieren, hier 70 mal 40 Prozent. Klicken Sie auf »Seitenverhältnis erhalten«, um das Seitenverhältnis wiederherzustellen - die Ebene sieht wieder passend aus. Brauchen Sie die Originalmaße zurück, tippen Sie »100%« in beide Größenfelder.

Smartobjekte anlegen

Vorhandene Dateien oder Ebenen verwandeln Sie unkompliziert in Smartobjekte:

- Im Ebenen-Bedienfeld klicken Sie mit rechts (am Ein-Tasten-Maus-Mac bei gedrückter Ctrl-Taste) auf das leere Feld rechts von der Ebenenminiatur und nehmen **In Smartobjekt konvertieren**. Diesen Befehl finden Sie auch im Bedienfeldmenü.
- Sie aktivieren die Ebene und klicken auf **Filter: Für Smartfilter konvertieren** (auch wenn Sie gar nicht filtern wollen).
- Ziehen Sie Dateien direkt aus Bridge, Mini Bridge, Explorer, Finder oder anderen Dateiverwaltungen auf ein in Photoshop geöffnetes Bild. Es wird zu einer platzierbaren Ebene; dabei entsteht ein Smartobjekt, sofern Sie in den **Voreinstellungen** nicht auf die Option Rasterbilder als Smartobjekte ablegen oder ziehen verzichten.
- Die Datei ist noch nicht geöffnet und wird komplett als Smartobjekt benötigt? Da kommt der Befehl **Datei: Als Smartobjekt öffnen** gerade recht.
- Vektorgrafik, Camera-Raw-Material, PDF-Seiten oder komplette Photoshop-Montagen hieven Sie außer durch Hereinziehen auch via **Datei: Platzieren** ins Bild.
- Ziehen Sie Ebenen aus Acrobat oder Illustrator in eine in Photoshop geöffnete Datei.
- In der Bilddatenbank Bridge wählen Sie eine einzelne Datei aus, dann heißt es dort **Datei: Platzieren: In Photoshop**. Sie landet als Smartobjekt in der aktuellen Datei. Ist dort keine Datei geöffnet, wird das Bild aus Bridge in eine eigene Datei als Smartobjekt eingesetzt.
- Drücken Sie im Raw-Dialog die ⇧-Taste, sehen Sie die Schaltfläche Objekt öffnen; das Bild wird in Photoshop als Smartobjekt angelegt, per Doppelklick auf die Ebenenminiatur ändern Sie wieder alle Eigenschaften im Raw-Dialog.

Tipp Sie können mehrere Ebenen gemeinsam auswählen und in ein einzelnes Smartobjekt verwandeln. Dieses Smartobjekt wird dann zur Datei in der Datei mit mehreren, separat aktivierbaren Ebenen innerhalb einer übergeordneten Montage.

Der Ablauf

So arbeiten Sie mit Smartobjekten:

1. Sie verwandeln eine vorhandene Ebene in ein Smartobjekt oder öffnen ein Bild als Smartobjekt. Photoshop legt eine Kopie des Originals innerhalb der Datei zurück und gibt Ihnen zur Korrektur nur das Duplikat, die Arbeitsversion dieser Ebene.
2. Sie ändern das Objekt durch **Transformieren**, mit **Filter**-Befehlen und Ebeneneffekten.
3. Per Doppelklick auf die Ebenenminiatur steht wieder das Original, die ursprünglich eingefügte Version, zur Verfügung. Sie haben durch die Änderungen in Schritt 2 nichts verloren, selbst wenn Sie die Ebene drastisch verkleinert und geschlossen haben.

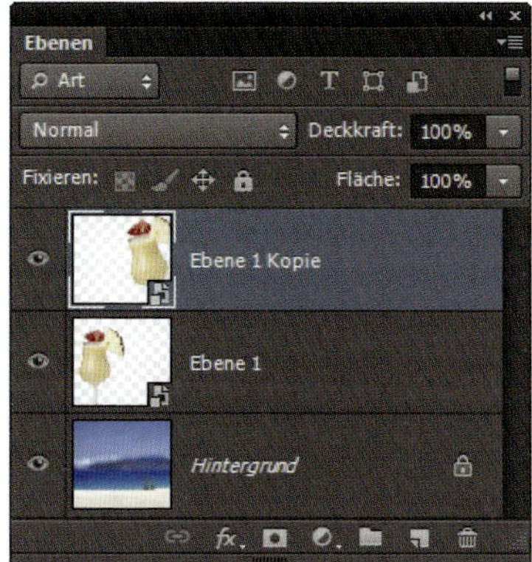

Abbildung 23.32 Wir brauchen einen weiteren Drink. Wir ziehen mit dem Verschiebenwerkzeug bei gedrückter Alt-Taste am Glas der »Ebene 1« (alternativ Strg+J). So entsteht die »Ebene 1 Kopie«, abermals ein Smartobjekt. Diese beiden Ebenen gelten als »verbunden«. Wir ziehen die Kopieebene nach links, ändern Drehwinkel und Größe. Wir vergrößern die rechte Ebene problemlos, obwohl sie von einer kleineren Ebene abstammt: Beide Ebenen sind Smartobjekte, die Daten des noch größeren Originals stehen weiter zur Verfügung.

Zurück zum Originalpixelmaß oder Originalseitenverhältnis

Nach langem **Transformieren** wollen Sie das Smartobjekt wieder im ursprünglichen Seitenverhältnis oder in der ursprünglichen Pixelgröße sehen. So kehren Sie zum Originalseitenverhältnis zurück:

1. Aktivieren Sie die Ebene durch einen Einzelklick im Ebenen-Bedienfeld.
2. Drücken Sie Strg+T.
3. Oben in der Optionenleiste tragen Sie für Breite und Höhe jeweils den gleichen Prozentwert ein – zum Beispiel zweimal »70,1%«. Sie sehen Ihr Motiv jetzt im Seitenverhältnis, wie es beim **Einfügen** oder **Platzieren** bestand.
4. Bestätigen Sie die Änderung mit der ↵-Taste oder brechen Sie mit der Esc-Taste ab.

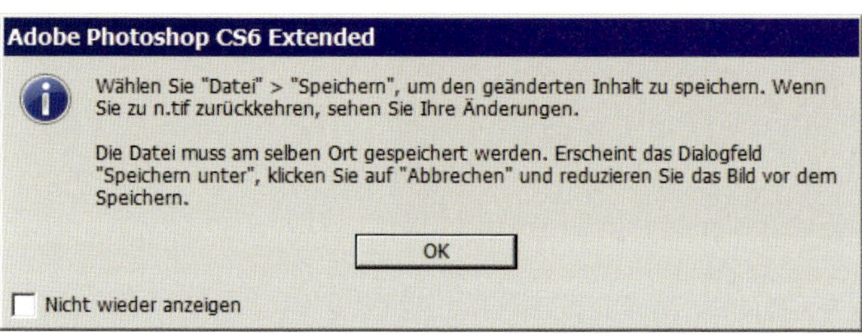

Abbildung 23.33 Wir wollen die Ebene umfärben. Kontrastkorrekturen oder Retuschewerkzeuge bietet Photoshop jedoch für ein Smartobjekt gar nicht an. Wir klicken darum doppelt auf die Miniatur der Ebene »Ebene 1 Kopie«. **Links:** Photoshop meldet, dass die Ebene jetzt in einem separaten Dateifenster geöffnet wird. **Rechts:** Die Ebene erscheint als Datei »Ebene 1.psb«.

Sie wollen komplett zu den ursprünglichen Maßen zurückkehren? Drücken Sie [Strg]+[T] und tragen Sie oben in der Optionenleiste für Breite und Höhe jeweils den neuen Wert »100%« ein. Die Felder für Drehung und Neigung stellen Sie auf 0. Die Ebene schnellt zurück auf die Pixelausdehnung und Bildlage, die sie beim Start ihrer Smartobjekt-Karriere hatte.

23.4.2 Einzelne Pixelebene als Smartobjekt

Sie wollen eine normale Pixelebene als Smartobjekt verwenden, also einen ganz üblichen Bildausschnitt? Klicken Sie mit der rechten Maustaste rechts neben die Ebenenminiatur, dann nehmen Sie **In Smartobjekt konvertieren**. Alternativ wählen Sie **Filter: Für Smartfilter konvertieren**. Die Ebenenminiatur zeigt jetzt das Symbol für Smartobjekte .

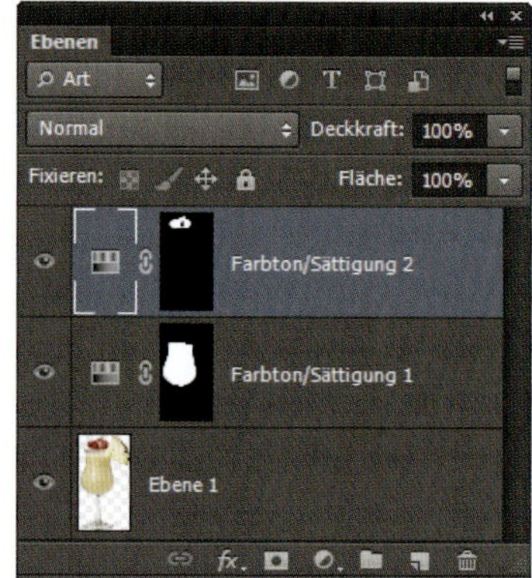

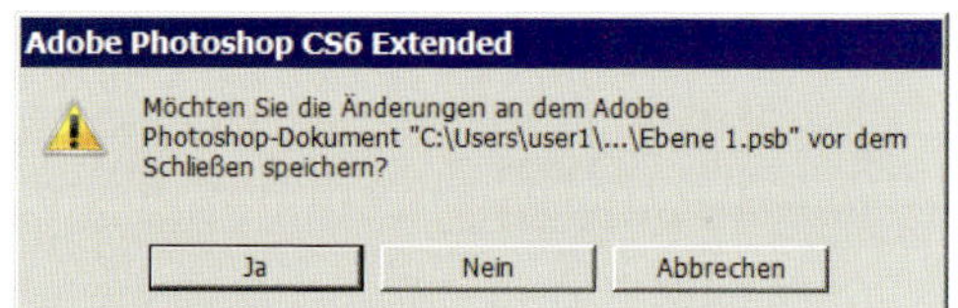

Abbildung 23.34 Wir könnten jetzt Kontrastkorrekturen oder Pinsel nutzen oder Schriftzüge montieren. Wir legen hier aber maskierte »Farbton/Sättigung«-Einstellungsebenen separat über Glasinhalt und Dekoration und schließen die Datei aus der Datei wieder. Dabei fragt Photoshop, ob gespeichert werden soll; bestätigen Sie mit »Ja«.

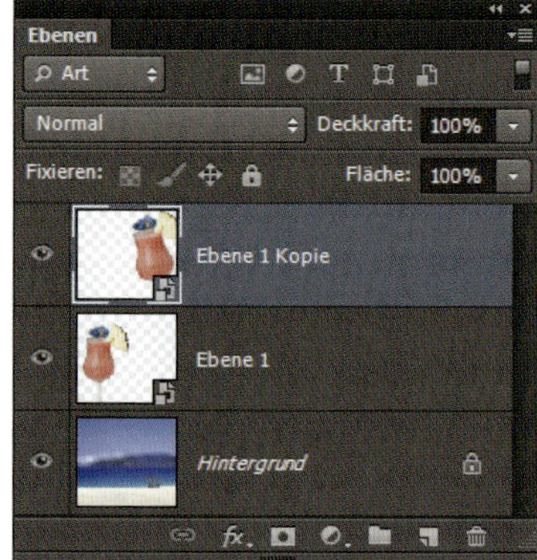

Abbildung 23.35 Nach dem Speichern der Smartobjekt-Datei zeigt Photoshop die Montage aktualisiert – und beide Ebenen erscheinen mit Farbveränderung, denn sie sind ja verbunden. Nur das »Transformieren« wird auf jede verbundene Ebene einzeln angewendet. Klicken Sie doppelt auf die Miniatur einer Ebene, können Sie die Umfärbung weiterbearbeiten. Datei: Smart_01e

Pinselretuschen oder Kontrastkorrekturen für Smartobjekte

Retuschen oder **Korrektur**-Befehle nimmt das Smartobjekt nicht sofort an (siehe oben). Wollen Sie das Smartobjekt nicht in eine Normalebene zurückrastern, bearbeiten Sie die ursprünglich geladenen Originalpixel. So geht's:

1. Klicken Sie doppelt auf die Ebenenminiatur mit dem Smartobjekt.
2. Photoshop produziert eventuell erneut eine Meldung, die Sie mit OK bestätigen.
3. Nun erscheint die Ebene allein in einem neuen Dateifenster - und zwar in der ursprünglichen Proportion, also ohne Drehung und Skalierung. Sie erkennen auch einen neuen Dateinamen mit der Endung ».psb«, so etwas wie »Ebene 31.psb« - das Smartobjekt ist letztlich eine psb-Datei in der Datei (PSB ist eine Weiterentwicklung des Photoshop-eigenen PSD-Dateiformats).
4. Arbeiten Sie mit dem Kopierstempel oder mit beliebigen anderen Funktionen - auch mit Kontrastkorrekturen. Aber wohlgemerkt: Diese Eingriffe verändern die Pixel dauerhaft, sie lassen sich nicht zurücksetzen.
5. Zufrieden mit der Korrektur? Klicken Sie auf **Datei: Schließen** (Strg+W). Photoshop fragt: MÖCHTEN SIE DIE ÄNDERUNGEN...SPEICHERN? JA, Sie möchten.
6. Die Datei mit dem Einzelobjekt verschwindet. Sie sehen wieder die Montage: Die Smartobjekt-Ebene zeigt sich wieder mit der Drehung und Verkleinerung von ganz zu Anfang. Außerdem sehen Sie die Stempelretusche und andere Eingriffe.

Tipp Oder retuschieren Sie direkt auf dem Smartobjekt mit Stempel und Co. Dazu legen Sie erst eine neue leere Ebene an und nutzen Sie die Werkzeugvorgabe ALLE EBENEN.

Schnelle Vorschau der Gesamtmontage

Wie wirkt die Retusche im Smartobjekt in der Gesamtmontage? Sie sehen die aktualisierte Gesamtansicht natürlich nach Schließen der Datei mit dem Smartobjekt. Noch schneller geht es so:

1. Wenn das Smartobjekt als separate Datei geöffnet ist, speichern Sie mit Strg+S.
2. Spätestens, wenn Sie das Dateifenster der Gesamtmontage durch einen Klick auf die Titelleiste aktivieren, zeigt Photoshop die aktualisierte Gesamtansicht.
3. Wechseln Sie wieder zum Smartobjekt in seinem separaten Fenster; widerrufen Sie bei Bedarf die letzte Änderung.

Tipp Zeigen Sie das einzelne Smartobjekt und die Gesamtmontage nebeneinander mit **Fenster: Anordnen: Zwei nebeneinander.**

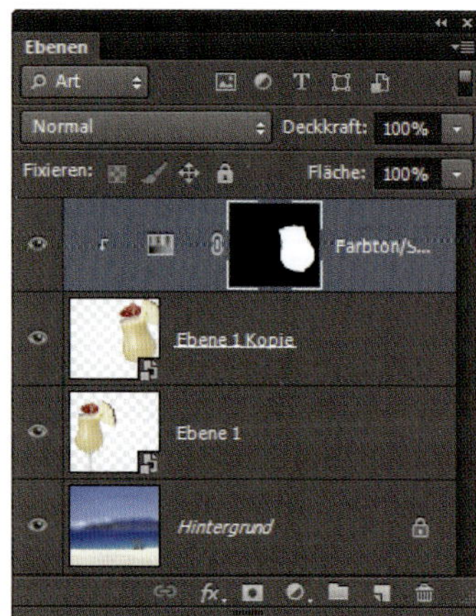

Abbildung 23.36 Sie wollen nur eine der zwei verbundenen Smartobjekte umfärben. Dann legen Sie eine Einstellungsebene »Farbton/Sättigung« direkt in der Gesamtmontage an, nicht in der »Datei in der Datei«. Die Wirkung der Einstellungsebene wird hier per Schnittmaske und Ebenenmaske eingegrenzt.

Verlustfreie Korrekturen

Sie müssen Kontrastkorrekturen oder Retuschen nicht dauerhaft in das Smartobjekt einrechnen:

- Für Kontrastkorrekturen aktivieren Sie zunächst die smarte Ebene durch einen Einzelklick. Per Korrekturen-Bedienfeld legen Sie eine neue Kontrastkorrektur an (Seite 838), zum Beispiel **Gradationskurven**. Je nach Vorgabe zu den Schnittmasken erscheint zunächst das gesamte Bild verändert, nicht nur das Smartobjekt; klicken Sie in diesem Fall auf das Symbol für eine neue Schnittmaske (Seite 829) unten im Korrekturen-Bedienfeld; jetzt erscheint nur noch das Smartobjekt bearbeitet.
- Brauchen Sie Retuschen mit Kopierstempel, Reparatur-Pinsel oder Bereichsreparatur-Pinsel? Bearbeiten Sie die Originalpixel des Smartobjekts nach Doppelklick auf die Ebenenminiatur. In der PSB-Datei mit dem Smartobjekt-Original legen Sie eine neue leere Ebene an. Verwenden Sie die Retuschewerkzeuge mit der Option Alle Ebenen, so dass die Retusche in der neuen, leeren Ebene landet. Sie schließen die neue Ebenenkonstruktion, sie erscheint wieder als einzelne Smartobjekt-Ebene.

Abbildung 23.37 In den ausgestanzten Filmstreifen hinein wollen wir ein Foto als Smartobjekt »platzieren«. Die Hintergrundebene ist bereits aktiviert, damit das Foto unmittelbar darüber landet, also unter dem Filmstreifen. Aus Bridge heraus ziehen wir das Foto »Smart_02b« aus dem Praxis-Verzeichnis der Website zum Buch in die geöffnete Filmstreifen-Datei. Dateien: Smart_02. Foto: Lucas Klamert

23.4.3 »Platzieren« Sie Photoshop-Montagen, PDFs, Camera-Raw-Dateien und Vektordateien

Für Ebenenmontagen, Camera-Raw-Dateien, PDFs und Vektorgrafikdateien brauchen Sie den Befehl **Datei: Platzieren**. Alternative: Markieren Sie eine einzelne Datei in Bridge, dann gehen Sie dort auf **Datei: Platzieren: In Photoshop**.

1. Die Datei erscheint als neue Ebene in Ihrer Montage, umgeben von Rahmen und Anfasspunkten. Richten Sie Größe, Drehung und Winkel mit den üblichen **Transformieren**-Techniken ein (Seite 705); die ⇧-Taste wahrt das Höhe-Breite-Verhältnis. Alle Änderungen lassen sich später verlustfrei korrigieren. (Camera-Raw-Dateien durchlaufen zuerst den Camera-Raw-Dialog.)
2. Klicken Sie zur Bestätigung doppelt in das platzierte Bild. Die Anfasspunkte verschwinden, die neue Ebenenminiatur im Bedienfeld zeigt das Zeichen für Smartobjekte.

Tipp Der kostenlose Zusatzbefehl **Place-A-Matic** von »Dr. Brown's Services« (Seite 989) spart Klicks beim **Platzieren**.

Größe beim Platzieren und Einfügen

Photoshop passt die Größe des platzierten Objekts an die Größe der Gesamtdatei an - das neue Element ragt nicht über die aktuellen Bildgrenzen hinaus. Wollen Sie das Objekt dagegen in seiner ursprünglichen Größe platzieren, öffnen Sie die **Voreinstellungen** mit Strg+K und verzichten auf die Option BILD BEIM EINFÜGEN/PLATZIEREN SKALIEREN. Egal, was Sie bevorzugen: Sie verlieren nie Qualität.

Photoshop-Montagen mit mehreren Ebenen

Setzen Sie Photoshop-Montagen mit mehreren Ebenen als Smartobjekt ein - Sie erhalten eine neue Einzelebene mit der Gesamtansicht der gewählten Montage. Sie haben zwei Möglichkeiten, wahlweise bleiben die Einzelebenen im Hintergrund erhalten:

- Wählen Sie **Datei: Platzieren** (siehe oben) und laden Sie eine Montage-Datei. Das Zielbild zeigt eine Gesamtansicht der Montage als Einzelebene. Klicken Sie doppelt auf die Miniatur dieses Smartobjekts, steht die Originalmontage mit allen Einzelebenen zur Verfügung. Sie lässt sich bearbeiten und schließen - danach sehen Sie die korrigierte Montage im Zielbild. Sie können **frei transformieren**, filtern und maskieren. Dieses Verfahren bietet viel Flexibilität, kostet aber Speicherplatz - exakt so viel, wie die Montage auf der Festplatte benötigte. Die platzierte Montage kann ihrerseits Smartobjekte enthalten, so dass ein Smartobjekt andere Smartobjekte aufnimmt.
- Öffnen Sie die Montage, die Sie als Smartobjekt einfügen wollen. Wählen Sie Strg+A, dann **Bearbeiten: Auf eine Ebene reduziert kopieren**; danach klicken Sie auf das Zielbild, fügen mit Strg+V ein und wählen **Filter: Für Smartfilter konvertieren**. Die Einzelebenen der eingefügten Montage stehen nicht mehr zur Verfügung; Sie sparen Speicherplatz.

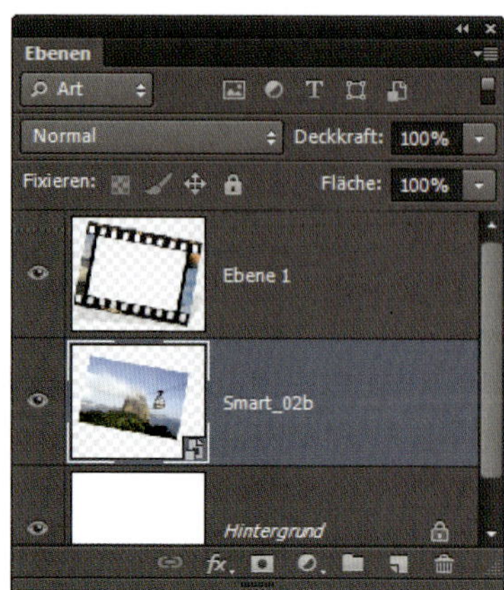

Abbildung 23.38 **Links:** Die neue Ebene erscheint zum »Platzieren« zunächst bildfüllend unterhalb des Diarahmens. **Mitte:** Mit den Anfasspunkten wird die Ebene gedreht und auf 23 Prozent der Originalgröße verkleinert. **Rechts:** Die neue Ebene heißt wie die Datei »Smart_02b«, die Miniatur zeigt das Symbol für Smartobjekte. In den allgemeinen »Voreinstellungen« verwenden wir hier »Bild beim Platzieren skalieren«. Darum verkleinert Photoshop die »platzierte« Datei sofort auf die Außenmaße des Filmstreifenbilds, obwohl die hereingezogene Datei viel größer ist. Ebenfalls in den allgemeinen »Voreinstellungen« gilt »Rasterbilder als Smartobjekte ablegen oder ziehen«: Darum wird das hereingezogene Bild als Smartobjekt im Hintergrund verlustfrei in voller Originalgröße gespeichert, Sie können es beliebig oft verlustfrei skalieren.

23.4.4 Wie viel Speicherplatz kostet das?

Verwandeln Sie eine Pixelebene in ein Smartobjekt - die Montage braucht danach generell mehr Speicherplatz. Ein Smartobjekt, das Sie quer über die Bildfläche hin vergrößern, kostet etwas mehr Speicherplatz als ein sehr klein zusammengeschobenes Smartobjekt - obwohl im Hintergrund dieselben Pixelinformationen liegen (eine Tabelle zu Dateigrößen haben wir auf Seite 658).

Verwandeln Sie ein Smartobjekt zurück in eine Rasterebene (**Ebene: Smartobjekte: In Ebene konvertieren**). So schonen Sie Festplatte, Backup-Medien und Internetleitungen. Der Spareffekt ist besonders deutlich, wenn das Smartobjekt zuvor nur einen kleinen Teil der Bildfläche einnahm.

Montagen als Smartobjekt

Eine Montage mit Smartobjekten beansprucht mehr Speicher, wenn das Smartobjekt seinerseits aus einer mehrteiligen Photoshop-Montage und nicht aus einer Einzelebene besteht. Abhilfe:

1. Öffnen Sie das Smartobjekt per Doppelklick auf die Ebenenminiatur und wählen Sie **Ebene: Hintergrund auf Ebene reduzieren**; so verschmelzen die Einzelebenen zu einer Ebene.
2. Schließen Sie diese Smartobjekt-Datei und klicken Sie bei der Speicherfrage auf JA - die Montage sieht so aus wie zuvor, doch sie kostet weniger Speicherplatz.

23.4.5 Camera-Raw-Dateien als Smartobjekt

Betten Sie eine Camera-Raw-Datei als Smartobjekt in eine Montage ein. Ändern Sie jederzeit verlustfrei alle Einstellungen aus dem Camera-Raw-Dialog - zum Beispiel Farb- und Tonwertkorrektur, Bildschärfe, Rauschunterdrückung, Drehung und Ausschnitt. Legen Sie mehrere Raw-Dateien als HDR-Montage übereinander. Per Doppelklick auf die Ebenenminiatur landen Sie immer wieder im Raw-Dialog (Seite 216) und genießen den vollen Raw-Tonwertreichtum.

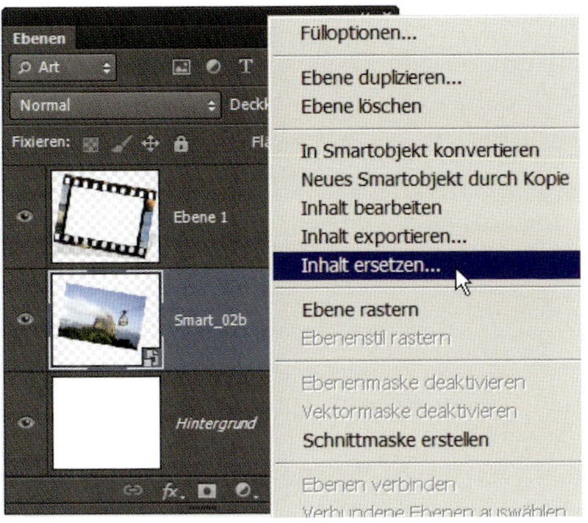

Abbildung 23.39 Wir tauschen das Foto aus. **Links:** Klicken Sie rechts neben die Smartobjekt-Miniatur und dann auf »Inhalt ersetzen«. **Rechts:** Im Dialogfeld »Platzieren« nehmen Sie das »Praxis«-Verzeichnis von der Buch-DVD und klicken doppelt auf die Datei »Smart_02c.jpg«. Sie sehen hier schon in der Einblendmeldung, dass diese Datei nur 1536 Pixel breit ist – also nur halb so groß wie das vorhandene Motiv. Foto: Lucas Klamert

Raw-Datei als Smartobjekt in neuer Datei

Sie wollen die Camera-Raw-Datei als Smartobjekt in einer neuen Datei anlegen. So geht's:

1. Öffnen Sie die Raw-Datei im Raw-Dialog.
2. Halten Sie die [⇧]-Taste gedrückt und klicken Sie rechts unten im Dialog auf OBJEKT ÖFFNEN (ohne [⇧]-Taste heißt dieser Button BILD ÖFFNEN).

Sie landen in Photoshop und erhalten eine neue Datei mit einer einzigen Ebene: Ihr Raw-Bild als Smartobjekt. Es spielt keine Rolle, ob weitere Dateien in Photoshop geöffnet sind.

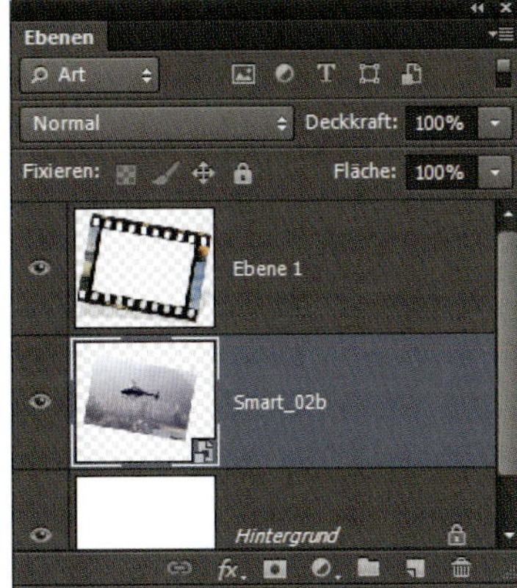

Abbildung 23.40 **Links:** Photoshop setzt das neue Bild ein – sofort mit den Werten der vorherigen Ebene: 23 Prozent Größe und 10 Grad Drehwinkel. Die neue Datei hat jedoch nur halb so viel Pixel wie die vorherige, darum erscheint sie hier zunächst zu klein. **Mitte:** Wir drücken [Strg]+[T] und skalieren die Ersatzebene auf eine passende Größe, hier gut 50 Prozent der Originalmaße. **Rechts:** Die ausgetauschte Bildebene hat den alten Namen behalten. Am Symbol in der Miniatur erkennen Sie, dass es sich wieder um ein verlustfrei skalierbares Smartobjekt handelt. Das ursprüngliche Motiv ist weg.

Sofern in Photoshop keine einzige Datei geöffnet ist, laden Sie Raw-Dateien auch so als Smartobjekt in Photoshop: Sie markieren die Raw-Datei in Bridge und wählen dort **Datei: Platzieren: In Photoshop**; dabei gibt es keinen Zwischenhalt im Raw-Dialog. Es geht auch ohne Bridge: Wählen Sie direkt in Photoshop **Datei: Als Smartobjekt öffnen**; dabei entsteht eine neue Datei, auch wenn schon Bilder geöffnet sind.

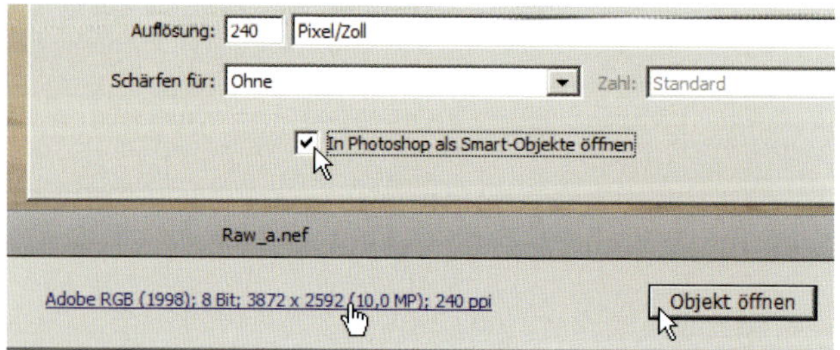

Abbildung 23.41 Die Schaltfläche Objekt öffnen (für Raw-Dateien als Smartobjekt) zeigt der Raw-Dialog nur bei gedrückter ⇧-Taste. Aber: Öffnen Sie die Arbeitsablaufoptionen durch einen Klick auf die Bilddaten unten im Raw-Dialog und schalten Sie unten im Dialogfeld »Arbeitsablauf-Optionen« die Vorgabe In Photoshop als Smartobjekte öffnen ein. Dann zeigt der Raw-Dialog die Schaltfläche Objekt öffnen generell an, jede Raw-Datei landet in Photoshop als Smartobjekt, alle Raw-Eigenschaften bleiben erhalten und änderbar.

Falsches HDR mit einer doppelten Raw-Datei (Variante 1)

Sie möchten per HDR ein und dieselbe Raw-Datei mehrfach in unterschiedlich korrigierten »Entwicklungen« in Photoshop mischen. Ein möglicher Weg:

1. Sie laden die Raw-Datei in den Raw-Dialog, erstellen eine erste Bildvariante (zum Beispiel für durchgezeichnete Schatten), halten die ⇧-Taste gedrückt und klicken auf Objekt öffnen. So entsteht eine Datei mit einem ersten Smartobjekt in Photoshop (also die Raw-Datei verpackt in eine Ebene).
2. Sie ziehen dieselbe Raw-Datei aus Bridge, Mini Bridge oder einer anderen Dateiverwaltung heraus über die bereits in Photoshop geöffnete Version. Photoshop zeigt wieder den Raw-Dialog, diesmal korrigieren Sie anders (zum Beispiel für durchgezeichnete Lichter) und klicken auf OK.
3. Die Datei erscheint nun mit dem beim **Platzieren** üblichen Transformationsrahmen in Photoshop. Drücken Sie sofort auf die ↵-Taste, um jede Größenänderung zu vermeiden.
4. Das Hereinziehen aus Schritt 2 funktioniert, sofern Sie in den allgemeinen **Voreinstellungen** die übliche Option Rasterbilder als Smartobjekte nutzen. Alternativen bei Schritt 2: Sie wählen in Photoshop **Datei: Platzieren** und geben dieselbe Datei noch einmal an; in Bridge heißt es **Datei: Platzieren: In Photoshop**.

Die im Ebenen-Bedienfeld obere Variante der Raw-Datei können Sie mit einer Ebenenmaske und geänderten Mischmodi überblenden. Per Doppelklick auf die Ebenenminiaturen landen Sie wieder im Raw-Dialog.

Falsches HDR mit einer doppelten Raw-Datei (Variante 2)

Auch so stapeln Sie zwei Raw-Dateien.

1. Sie erstellen eine erste Bildvariante im Raw-Dialog, klicken bei gedrückter ⇧-Taste auf Objekt öffnen und erhalten so in Photoshop eine Datei mit einer ersten Smartobjekt-Ebene.
2. Wählen Sie **Ebene: Smartobjekte: Neues Smartobjekt durch Kopie**. So entsteht eine neue, nicht »verbundene«, unabhängige Duplikatebene.
3. Klicken Sie doppelt auf die Miniatur der neuen, oberen Ebene. Sie landen im Raw-Dialog und ändern die Korrektur. Danach mischen Sie mit Ebenenmasken und Mischmodi.

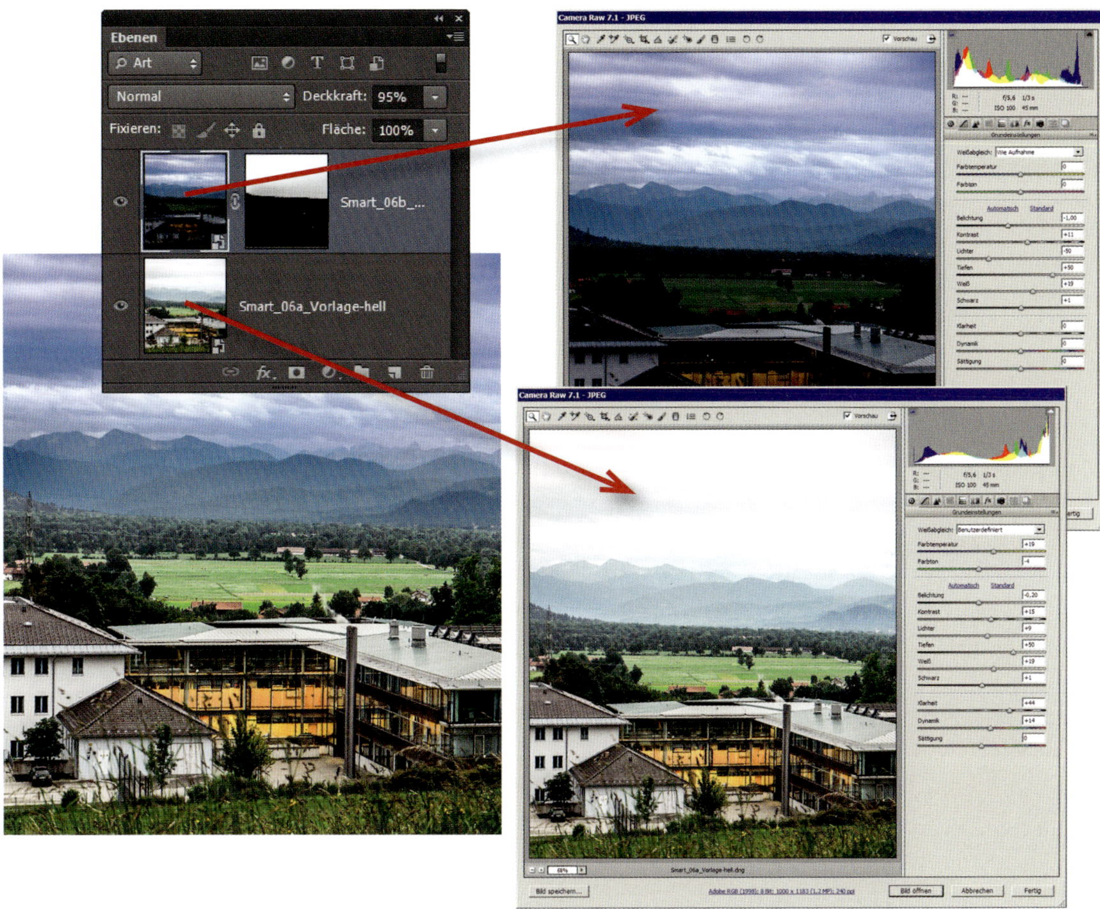

Abbildung 23.42 Speichern Sie Raw-Dateien als Smartobjekte innerhalb einer Photoshop-Montage. Per Doppelklick auf die Ebenenminiatur landen Sie wieder im Raw-Dialog und haben die volle Raw-Qualität zur Verfügung. Hier mischen wir zwei unterschiedliche »Entwicklungen« einer einzigen Datei zu einer HDR-Gesamtbelichtung. Datei: Smart_06

Achtung Es bringt nichts, die Raw-Datei einmal als Smartobjekt einzusetzen, diese Ebene mit Strg+J zu duplizieren und dann für die obere Ebene andere Raw-Einstellungen zu wählen. Die so duplizierte Ebene gilt als »verbunden« (Seite 859), beide Ebenen zeigen also immer identische Raw-Einstellungen.

Unterschiedliche Raw-Dateien als Smartobjekte in eine Photoshop-Datei platzieren (für HDR)

Sie haben mehrere Raw-Dateien derselben Szene, die Sie zu einem HDR-Bild mischen wollen. So türmen Sie die Dateien übereinander:

1. Sie laden die Raw-Datei in den Raw-Dialog, halten die ⇧-Taste gedrückt und klicken auf Objekt öffnen. So entsteht eine Datei in Photoshop mit einem ersten Smartobjekt.
2. Sie wählen in Photoshop **Datei: Platzieren** und geben die nächste Datei an (Alternative: Datei in Bridge markieren und **Datei: Platzieren: In Photoshop**). Sie korrigieren das Bild im Raw-Dialog, klicken auf **OK** und sobald die Datei in Photoshop erscheint, drücken Sie sofort auf die ↵-Taste (vermeiden also jede Skalierung).

23.4.6 Vektorgrafikdateien als Smartobjekt

Setzen Sie Vektordateien als Smartobjekt ein - zum Beispiel ein Firmenlogo, einen Schriftzug oder eine komplette Seite in Formaten wie AI, EPS oder PDF. Ändern Sie Winkel und Proportionen in Photoshop, dekorieren Sie die Grafik mit Ebeneneffekten wie Schlagschatten oder Abgeflachte Kante und Relief und testen Sie Mischmodi. Nach einem Doppelklick auf die Ebenenminiatur startet das Grafikprogramm; dort bearbeiten Sie die Kurven und Füllflächen der Vektorgrafik. Speichern Sie das Ganze im Grafikprogramm und ändern Sie dabei nicht die Verzeichnisse oder Namen - schon landen Sie wieder in Ihrer auswärts veredelten Photoshop-Montage.

Testen Sie das Verfahren zum Beispiel mit den Vektorgrafiken vom Typ ».ai« aus dem Praxis-Verzeichnis der Buch-DVD. Beachten Sie dabei auch die Optionen Bild beim Platzieren skalieren und Rasterbilder als Smartobjekte ablegen oder ziehen aus den allgemeinen Voreinstellungen (Seite 661).

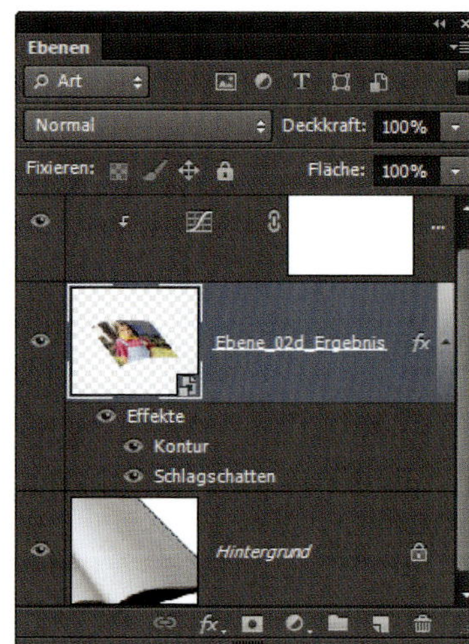

Abbildung 23.43 Wir haben die Montage »Ebene_02d_Ergebnis« aus dem »Praxis«-Verzeichnis als Smartobjekt platziert. Wir »verformen« die Perspektive (Seite 711). Um die platzierte Montage umzugestalten, klicken wir doppelt auf die Miniatur »Ebene_02d_Ergebnis«. Datei: Smart_03

23.4.7 Smartobjekte »ersetzen« & »exportieren«

Sie haben ein Smartobjekt per **Transformieren** gedreht und gestaucht, es passt optimal zum Hintergrund. Nun wollen Sie an dieser Stelle ein anderes Bild sehen - mit der gleichen, maßgeschneiderten Umformung. Nichts leichter als das:

1. Klicken Sie mit rechts im Ebenen-Bedienfeld einmal neben die Smartobjekt-Miniatur und nehmen Sie **Inhalt ersetzen**.
2. Im Dialogfeld wählen Sie eine neue Datei aus und klicken auf Platzieren.
3. Das neue Motiv erscheint in Ihrer Montage - mit Position und Größe des zuvor gewählten Smartobjekts. Das ursprüngliche, ersetzte Motiv ist von der Bildfläche verschwunden.

Es spielt keine Rolle, ob Sie ein übliches Pixelbild, eine Photoshop-Montage, eine Vektorgrafik oder eine Camera-Raw-Datei nachladen.

Hinweis Das neu eingesetzte Smartobjekt übernimmt genau die Drehung und Höhe-Breite-Skalierung des ersetzten Objekts. Wollen Sie etwas ändern, drücken Sie [Strg]+[T] und bearbeiten Sie die Einstellungen oben zum Beispiel mit der Option Seitenverhältnis erhalten ⇔ oder mit den Feldern für Höhe, Breite und Drehung.

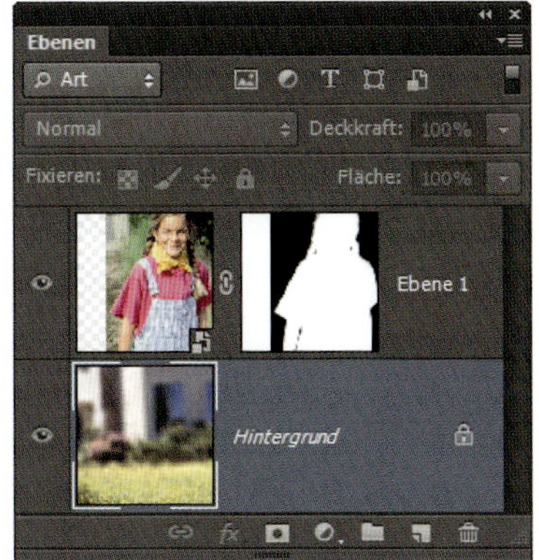

Abbildung 23.44 Die platzierte Montage lässt sich wie eine eigene Datei bearbeiten, wir soften den Hintergrund ab, verschieben und vergrößern das Mädchen. Sobald wir diese »Montage in der Montage« wieder speichern, erscheint sie auch in der ursprünglichen Montage geändert. Das neue Arrangement wird übernommen.

Smartobjekte exportieren

Speichern Sie Smartobjekte als Einzeldatei. Sie erhalten jeweils Kopien des platzierten oder eingefügten Originals: Photoshop sichert die ursprüngliche, unverzerrte Form des Objekts, das **Transformieren** als Smartobjekt wird nicht berücksichtigt.

Aktivieren Sie die Ebene mit dem Smartobjekt und klicken Sie auf **Ebene: Smartobjekte: Inhalt exportieren**. Dabei entstehen folgende Dateitypen:

- Für einfache Pixelobjekte PSB-Dateien, die sich fast nur mit Photoshop CS und neueren Versionen lesen lassen.
- Hatten Sie eine Montage mit mehreren Ebenen platziert, produziert Photoshop wieder eine PSD-Montagedatei mit allen Ebenen.
- Vektorgrafiken werden als PDF gesichert.
- Camera-Raw-Dateien erscheinen im Originaldateityp und mit allen Camera-Raw-Möglichkeiten.

23.4.8 Änderungen auf Duplikate übertragen

Duplizieren Sie Smartobjekte und übertragen Sie Änderungen an einer Ebene auf die Duplikate. Dazu klicken Sie einmal auf die Miniatur des Smartobjekts, zum Beispiel von Ebene 1. Dann drücken Sie Strg+J zum Duplizieren. Das Ebenen-Bedienfeld zeigt danach eine neue Ebene 1 Kopie oder ähnlich, wieder mit dem Symbol für Smartobjekte.

»Verbundene« Ebenen bearbeiten

Diese beiden smarten Ebenen sind nun »verbunden« (dieser Ausdruck hat nichts mit dem Verbindensymbol zu tun). Ein möglicher Ablauf:

1. Klicken Sie doppelt auf eine der Smartobjekt-Ebenen, zum Beispiel auf »Ebene 1«. (Es spielt keine Rolle, welche der »verbundenen« Ebenen Sie bearbeiten.) Die Ebene öffnet sich als separate Datei in einem eigenen Fenster.
2. Retuschieren Sie mit Kopierstempel und anderen Geräten, bearbeiten Sie die Kontraste mit **Gradationskurven** und Co. oder lassen Sie einen **Filter** vom Stapel.
3. Schließen Sie die Datei mit der Einzelebene (Strg+W). Bestätigen Sie die Speicheraufforderung mit Ja.

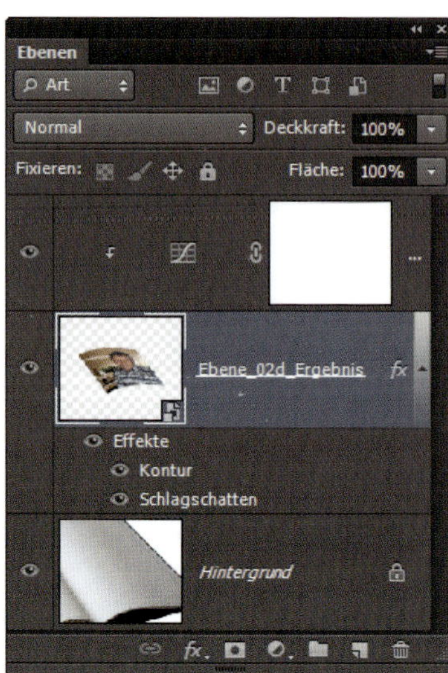

Abbildung 23.45 Wir »ersetzen« das platzierte Bild durch die Datei »Ebene_03c« aus dem »Praxis«-Verzeichnis. Das neue Bild übernimmt sofort die »Verformung«. Es wird hier noch auf die passende Größe »transformiert«. Den Transformationsrahmen samt Innenkreuz und Anfasspunkten haben wir mit Strg+H ausgeblendet.

4. In der Montage sehen Sie die »Ebene 1« nun verändert – und dieselben Korrekturen sehen Sie ebenfalls auf der separaten »Ebene 1 Kopie«. Sie haben eine Ebene bearbeitet, doch Photoshop zeigt auch die duplizierten Ebenen verändert an.

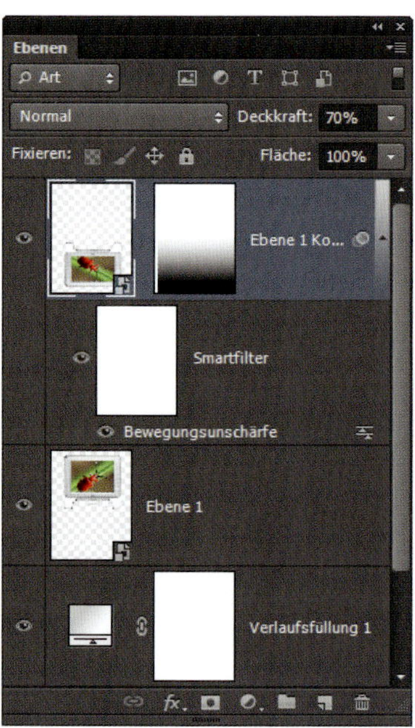

Abbildung 23.46 Wir haben die Monitorebene in ein Smartobjekt verwandelt und mit Strg+J dupliziert. Die zwei Ebenen sind also »verbunden«. Die Duplikatebene wurde nach unten gespiegelt und weiter verzerrt. Dann klicken wir mit rechts neben eine der zwei Bildminiaturen und danach auf »Inhalt ersetzen«. Wir geben die Datei »Smart_07b« an, eine bereits freigestellte Kamera über transparentem Grund. Photoshop setzt das Objekt sofort beim ersten Mal doppelt mit Spiegelung ein. Allerdings müssen die Kameras wegen der neuen Größe noch verschoben werden. Datei: Smart_07

Tipp Sie können ein Smartobjekt auch so duplizieren, dass es keine Verbindung zwischen Original und Duplikat gibt. Aktivieren Sie die Ebene, dann heißt es **Ebene: Smartobjekte: Neues Smartobjekt durch Kopie.**

Wichtig beim Duplizieren

Beachten Sie beim Duplizieren von verbundenen Smartobjekten:

- Im Ebenen-Bedienfeld signalisiert kein Symbol, ob »Ebene 1« und »Ebene 1 Kopie« verbunden sind oder nicht. Auch der Name sagt nichts aus, es kann sich um verbundene oder nicht verbundene Smartobjekte handeln.
- Auch für zwei verbundene Smartobjekte gilt: Verzerrungen per **Transformieren** wirken weiterhin nur auf eine einzige Ebene; um mehrere Ebenen gemeinsam zu **transformieren**, wählen Sie diese Ebenen erst zusammen aus (Strg-Klick auf die Namen der Ebenen, Seite 682).

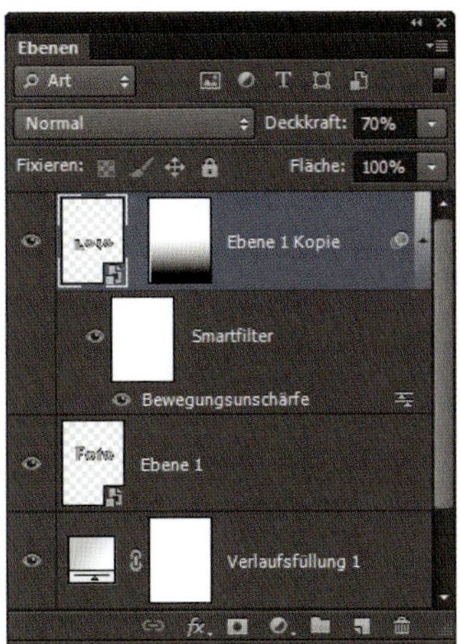

Abbildung 23.47 Wir klicken doppelt auf eine der Kamera-Bildminiaturen und bearbeiten die Datei in der Datei: Wir blenden die Kamera mit dem Augensymbol aus und legen darüber einen Schriftzug an. Wegen der geplanten Spiegelung sollte der Schriftzug unten aufsetzen. Schließen Sie, bestätigen Sie die Speicherabfrage mit »Ja« und die Montage zeigt nur noch die Schrift. Sie können die Kamera via Augensymbol jederzeit wieder anzeigen.

23.4.9 Smartobjekte rastern

Verwandeln Sie das Smartobjekt bei Bedarf in eine normale Ebene – die bearbeiten Sie ohne lästige Einschränkungen. Stellen Sie zunächst die endgültige Proportion und Drehung her und aktivieren Sie die Ebene durch einen Klick in das Bedienfeld. Dann haben Sie diese Möglichkeiten:

- Klicken Sie das Smartobjekt mit dem geplanten Retuschewerkzeug an, zum Beispiel Kopierstempel oder Protokollpinsel. Photoshop meldet: Der Vorgang kann erst fortgesetzt werden, nachdem dieses Smartobjekt gerastert wurde... Möchten Sie das Smartobjekt rastern? Da sagen Sie Ja.
- Wählen Sie **Ebene: Smartobjekte: Rastern** oder **Ebene: Rastern: Smartobjekt**; den Befehl **Ebene rastern** gibt's auch im Kontextmenü rechts neben einer Smartobjekt-Miniatur im Ebenen-Bedienfeld.

23.5 Smartfilter

Einmal **Buntglas-Mosaik** und zurück - Sie brauchen zuerst ein Smartobjekt (Seite 846), dann können Sie auch Smartfilter nutzen: Die Smartobjekt-Ebene erscheint mit der Filterverfremdung. Doch Sie können die Filterwirkung jederzeit ändern, global oder örtlich abschwächen, abschalten und auf andere Ebenen übertragen. Ein paar interessante Anwendungen:

- Legen Sie einen Scharfzeichner an, ohne die Werte endgültig ins Bild zu rechnen - nach dem Skalieren oder nach enttäuschenden Testdrucken ändern Sie die Werte einfach.
- Verzaubern Sie Ihr Motiv mit **Struktur** und **Beleuchtungseffekten** - und ändern Sie alles jederzeit.
- Kombinieren Sie mehrere künstlerische Effektfilter, testen Sie die Bildwirkung bei geänderter Reihenfolge und Mischmodus, verbergen Sie die Filterwirkung durch Bearbeiten der Filtermaske.

Beispiele für Smartfilter sehen Sie auch im »Filter«-Kapitel ab Seite 505.

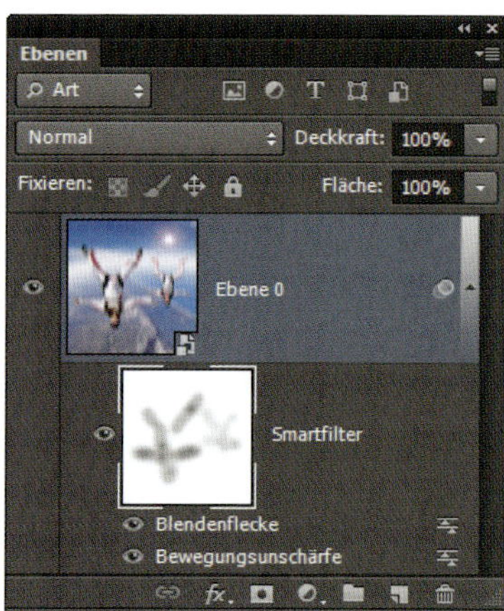

Abbildung 23.48 **Links:** Wir haben die »Hintergrund«-Ebene in ein Smartobjekt verwandelt und im »Filter«-Menü die »Bewegungsunschärfe« und die »Blendenflecke« gewählt. Die Verfremdung ist zu stark. **Mitte:** Wir malen mit Grau in der Filtermaske, um die verwischten Darsteller freizulegen. **Rechts:** Photoshop hat die Effekte als korrigierbare Smartfilter mit einer gemeinsamen Filtermaske angelegt. Per Doppelklick ändern Sie die Filtereinstellungen. Datei: Smart_05

23.5.1 Möglichkeiten

Sobald Sie ein Smartobjekt angelegt haben, stehen viele Menübefehle gar nicht mehr zur Verfügung. Die folgenden Funktionen bietet Photoshop jedoch wie üblich an. Wählen Sie einen Befehl aus dieser Liste und ist ein Smartobjekt aktiv, dann entsteht ein neuer Smartfilter:

- Nutzen Sie fast alle **Filter**-Befehle außer **Verflüssigen**, **Fluchtpunkt**, **Objektivunschärfe**, **Iris-Weichzeichnung**, **Feld-Weichzeichnung** und **Tilt-Shift**.
- Aus dem Untermenü **Bild: Korrekturen** stehen die wichtigen **Tiefen/Lichter** sowie die **Variationen** parat. Die **HDR-Tonung** geht auch, verwandelt Ihre Smartobjekt-Ebene allerdings gemeinsam mit dem restlichen Bild in eine einzige Normalebene mit dauerhaft eingebrannten Änderungen.

Der Smartfilter ändert generell nur die aktive Ebene - anders als Einstellungsebenen wirkt er nicht auf darunterliegende Ebenen durch.

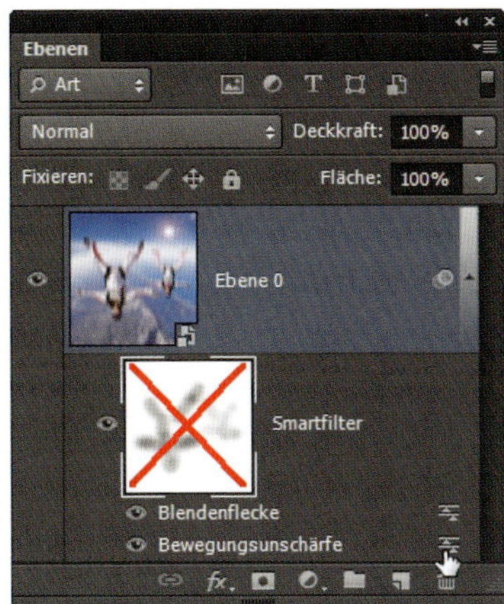

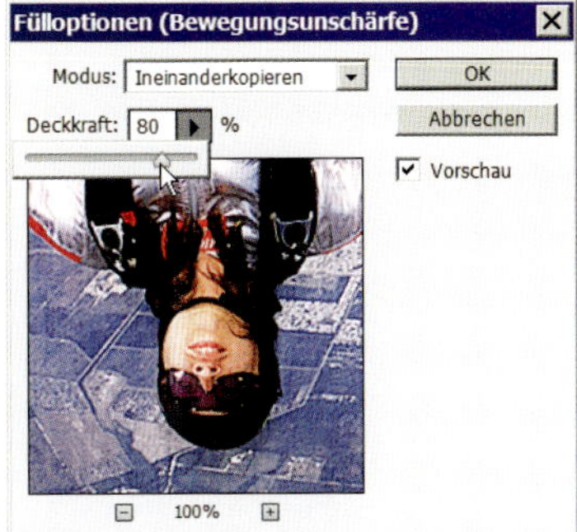

Abbildung 23.49 Rechts im Balken »Bewegungsunschärfe« klicken wir auf die Schaltfläche für den »Filter-Mischmodus«. Wir stellen die »Bewegungsunschärfe« auf den Mischmodus »Ineinanderkopieren« und 80 Prozent Deckkraft um. Diese geänderten Vorgaben erkennen Sie am Ebenen-Bedienfeld nicht. Die Filtermaske schalten wir per ⇧-Klick vorübergehend aus.

23.5.2 Smartfilter verwalten

Smartfilter erinnern in der Anwendung an Ebeneneffekte. Der Filterbefehl erscheint als Balken im Ebenen-Bedienfeld, unter der zugehörigen Ebene. Ihre Möglichkeiten:

- Mit dem Augensymbol schalten Sie die Filterwirkung ein oder aus.
- Wollen Sie alle Effekte einer Ebene gemeinsam abschalten, klicken Sie auf das Auge neben SMARTFILTER.
- Sie möchten die Einstellungen ändern? Klicken Sie doppelt auf einen Filternamen im Bedienfeld.
- Ändern Sie Deckkraft und Mischmodus eines Smartfilters: Dazu klicken Sie rechts neben dem Filternamen doppelt auf die Schaltfläche OPTIONEN FÜR FILTER-MISCHMODUS.
- Schieben Sie die Filter innerhalb des Stapels nach oben oder unten, um die Gesamtwirkung durch geänderte Reihenfolge zu korrigieren.
- Überflüssige Filter bugsieren Sie in den Mülleimer.

Diese Funktionen finden Sie nach Rechtsklick auch im Kontextmenü zu den Filternamen im Bedienfeld.

Nicht immer zeigt Photoshop das Bild auf dem allerneuesten Stand: Während Sie einen einzelnen Smartfilter einstellen oder auch die Ebene transformieren, sehen Sie eventuell nur einen Filtereffekt oder gar keine Filterverfremdung. Erst wenn Sie die Änderungen bestätigen, liefert Photoshop wieder das Gesamtbild.

23.5.3 Filtermaske

Sobald Sie einen Smartfilter anlegen, entsteht automatisch eine weiße Filtermaske – sie funktioniert genauso wie Ebenenmasken (Seite 818) und lässt sich im Masken-Bereich des Eigenschaften-Bedienfelds verlustfrei ändern (Seite 826). Klicken Sie die Miniatur der Maske einmal im Ebenen-Bedienfeld an, dann bringen Sie schwarze Farbe ins Bild – in diesen Bereichen wird die Filterwirkung unterdrückt. Mit Verläufen erzeugen Sie weiche Übergänge. Die Maske gilt für alle Smartfilter einer Ebene gemeinsam.

Anders als bei Einstellungsebenen können Sie die Entstehung einer Maske bei Smartfiltern nicht verhindern. Die Maske lässt sich jedoch jederzeit in den Mülleimer des Ebenen-Bedienfelds ziehen - so schaffen Sie mehr Platz im Ebenengestrüpp komplexer Montagen. Nutzen Sie die Filtermaske, gelten die gleichen Tastengriffe wie bei Ebenenmasken: Alt-Klick auf die Miniatur der Filtermaske stellt allein die Maske in Graustufen dar; Alt+⇧-Klick blendet die Maske halbdeckend über das Bild; ⇧-Klick auf die Maskenminiatur schaltet die Maske aus, ohne sie zu löschen.

Verbindung

Die Smartfilter-Maske und die Smartobjekt-Ebene sind teilweise verbunden: Bewegen Sie die aktivierte Ebene, folgt ihr die Maske auf dem Fuß. Sie filtern also immer den gleichen Bildausschnitt.

Wenn Sie die Ebene jedoch drehen oder verkleinern, vollzieht die Filtermaske diese Änderung nicht mit - nach diesem **Freien transformieren** ist meist nicht mehr derselbe Bildausschnitt wie zuvor gefiltert.

Alternative: Klicken Sie einmal auf die Miniatur der Smartfilter-Maske im Ebenen-Bedienfeld. Jetzt bewegen Sie die Maske mit dem Verschiebenwerkzeug unabhängig von der Bildebene.

Kapitel 24 Text

Erzeugen Sie spezielle »Text«-Ebenen, die Sie wieder als »Text« bearbeiten - Sie können die Schriftzüge also umformulieren oder umformatieren, beispielsweise die Schriftart ändern. Verwenden Sie mehrere Formatierungen in einem Textobjekt und speichern Sie diese als Zeichen- oder Absatzformate. Gleichzeitig kann man den Text mit Ebeneneffekten oder Maskentechnik ins Bild einbinden.

Im speziellen »Text«-Modus sind andere Dinge unmöglich, zum Beispiel Filter oder Pinsel. Dazu muss die Textebene mit dem Befehl **Ebene: Rastern: Text** in eine normale Bildpunktebene verwandelt werden - die Buchstaben gerinnen dann zu üblichen Pixeln und lassen sich nicht mehr als Text verändern.

Tipp Mit Photoshop CS6 werden eine Reihe Schriften (Fonts) installiert - und zwar generell im Systemverzeichnis. Eine detaillierte Aufstellung liefert dieser englische Text von Adobe: http://blogs.adobe.com/typblography/2012/05/useful-details-about-creative-suite-6-cs6-fonts.html.

24.1 Textmodus und Pixelebenen

Text über einem Bild wird besser, wenn man das Bild in ein Zeichen- oder Layoutprogramm lädt und dort den Text über das Foto legt; in diesen Programmen werden Buchstaben aus Kurven abgeleitet, die Sie ohne Qualitätsverlust vergrößern und drucken. Zu Papier oder auf den Monitor gelangen sie mit der Höchstauflösung des Druckers, Belichters oder Schirms. Headlines in einer Illustrierten erscheinen also zum Beispiel mit 2540 dpi und wirken deshalb so gestochen scharf. Die Stärke von Konturen lässt sich viel präziser definieren.

Photoshop hingegen erlaubt einen Umgang mit textförmigen Pixelbereichen, den Illustrations- oder Layoutprogramme nicht bieten: Sie blenden Text stufenlos ein und aus, versehen Lettern mit plastischen Materialstrukturen und stanzen die Buchstaben in den Untergrund. Sie können den Text verzerren, skalieren und auf andere Motive aufprägen, als hätte er sich schon immer dort befunden.

Wann Textüberlagerung, wann Pixelebene?

Entscheiden Sie sich für oder gegen die Textfunktion je nach Aufgabe:

- Einfarbige, unverzerrte und vor allem auch kleine, filigrane Lettern in Massentext beherrscht ein Layout-, Illustrations- oder Webdesignprogramm eindeutig besser.
- Wann immer sich Text und Bild raffiniert mischen sollen, schlägt Photoshops Stunde als Texter. Je weicher die Übergänge zwischen Text und Bild, desto weniger fällt die nicht so hohe Auflösung ins Gewicht.

Abbildung 24.1 Oben: Text, der in einem Zeichen- oder Layoutprogramm gesetzt wurde, behält seine gestochen scharfen Konturen. Unten: Wird der Text gerastert, wirkt er nur bei hohen Auflösungen perfekt. Hier ist der gleiche Text als Pixelebene zu sehen, die Ränder sind in der Vergrößerung deutlich verpixelt.

24.1.1 Der Textmodus

Photoshop legt den Schriftzug automatisch auf eine neue Ebene. Dies ist eine spezielle »Text«-Ebene, kenntlich am Zeichen T in der Ebenenminiatur. Speichern Sie Dateien mit Textebenen in den Formaten TIFF, Photoshop-PSD, Photoshop-PSB oder PDF.

Möglichkeiten im Textmodus

Im Textmodus haben Sie unter anderem diese Möglichkeiten:

- Sie können den Text mit der Verformen-Funktion verbiegen.
- Der Schriftzug bewegt sich an Pfaden entlang.
- Verwandeln Sie die Textebene in ein Smartobjekt und wenden Sie fast beliebige **Filter**-Befehle an – der Text bleibt im Textmodus korrigierbar.
- Sie können zwischen Absatztext und Punkttext wechseln.
- Ändern Sie alle Texteigenschaften, etwa Wortlaut, Schriftart, Buchstabenabstand und Grundfarbe.
- Wandeln Sie die Lettern in Pfade, Formen oder Pixelbereiche um.
- Die Ebenenstile statten Ihren Text mit Schatten, Lichthof, 3D-Kanten, Farbfüllung, Muster oder Verlauf aus.
- Die **Transformieren**-Funktionen **Drehen**, **Neigen** oder Verformen passen die Lettern an den Hintergrund an.
- Verwandeln Sie die Textebene in ein Smartobjekt, klappt das **Transformieren** auch mit den Varianten **Perspektivisch** und **Verzerren**.

Abbildung 24.2 Viele Text-Optionen hat Photoshop im Menü »Schrift« gesammelt – unter anderem Vorschaugröße und Sprache. Wählen Sie im Menü »Fenster« den Arbeitsbereich »Typografie«, um die entsprechenden Bedienfelder zu erhalten.

- Die Textebene lässt sich in Photoshop als Schnittmaske einsetzen (für Bild im Text).
- Mit den 3D-Funktionen aus der teureren Version Photoshop Extended passen Sie Text an die Perspektive und Beleuchtung eines 3D-Modells an.
- Der Kurzbefehl Alt + Entf setzt wie üblich die Vordergrundfarbe ein, Strg + Entf (am Mac ⌘ + ←) appliziert die Hintergrundnote.

Nicht möglich im Textmodus

Solange Sie eine spezielle Textebene bearbeiten, müssen Sie auf andere Photoshop-Funktionen verzichten:

- Die **Transformieren**-Funktionen **Verzerren** und **Perspektivisch verzerren** bietet Photoshop für »Text« nicht an (Ausweg: in Smartobjekt konvertieren).
- Mal- oder Retuschewerkzeuge funktionieren auf der Textebene nicht.
- Ebenso stehen die Tonwertveränderungen des Untermenüs **Bild: Korrekturen** nicht zur Verfügung.
- Photoshop bietet zwar Filter an; hier verwandelt das Programm jedoch die Textebene nach Warnung in eine übliche Rasterebene ohne »Text«-Eigenschaften (Ausweg: vorab in Smartobjekt konvertieren).

Textebene umwandeln

Wenn Sie Funktionen wie **Filter** oder **Korrekturen** benötigen, verwandeln Sie den Text über **Ebene: Rastern: Text** in eine Pixelebene. Anschließend haben Sie jedoch keine speziellen Textmöglichkeiten mehr. Alternativ legen Sie ein Smartobjekt an, dann bleibt das Textobjekt im Hintergrund erhalten.

Mit weiteren Befehlen aus dem Menü **Schrift** mutiert die Textebene zum Arbeitspfad oder zur Form.

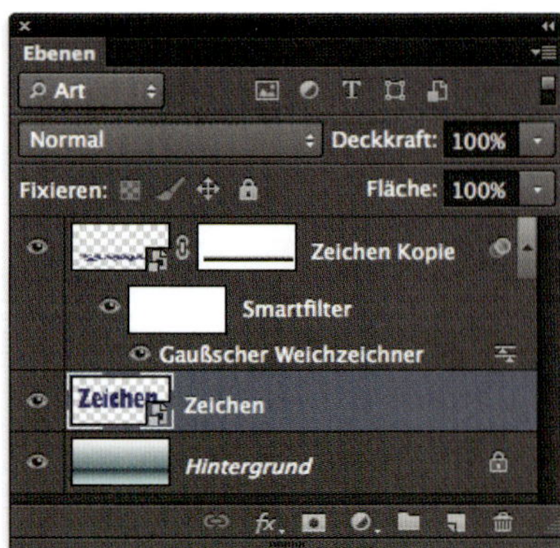

Abbildung 24.3 Die Textebene »Zeichen« erhielt Ebeneneffekte und wurde dann erst in ein Smartobjekt verwandelt. Das Smartobjekt wurde mit [Strg]+[J] kopiert. Die beiden Smartobjekte sind damit »verbunden« und weiterhin im Textmodus korrigierbar. Die obere Ebene wurde für den Spiegelungseffekt nach unten gespiegelt, verzerrt und per Weichzeichner und Ebenenmaske bearbeitet. Wenn Sie Text oder Schriftart in der einen Ebene ändern, gleicht Photoshop die andere Ebene automatisch an. Oben das geöffnete Smartobjekt, das beiden Textebenen zugrunde liegt; darunter die Gesamtmontage mit den beiden verbundenen Smartobjekten. Datei: Text_01

Abbildung 24.4 Wir haben eine Textebene nach Doppelklick auf die Miniatur umformuliert und -formatiert. Die andere Textebene übernimmt die Änderungen automatisch, da es sich um ein »verbundenes« Duplikat eines Smartobjekts handelt.

24.2 Text anlegen und markieren T

Zunächst klären wir kurz die Begriffe Punkttext, Absatztext, Textebene und Textmaskierung.

Punkttext versus Absatztext

Je nach Vorgabe erzeugt Photoshop automatisch Zeilenschaltungen oder überlässt diese Aufgabe Ihnen.

- Punkttext ist die üblichere Textvariante. Sämtliche Wörter erscheinen in einer Zeile. Per [↵] umbricht Photoshop den Textfluss in eine neue Zeile.

- Bei Absatztext breitet sich der Text in einem Rahmen aus. Hier sorgt Photoshop für automatischen Zeilenumbruch und auf Wunsch für Trennungen. Ändern Sie Maße des Rahmens, verteilt sich der Text neu. Klicken Sie mit dem Textwerkzeug T in eine Form, entsteht automatisch Absatztext, der sich nur innerhalb der Form erstreckt.

Textebenen versus Textmaskierung

Beide Textwerkzeuge legen sowohl Absatztext als auch Punkttext an:

- Zumeist werden Sie mit Textebenen arbeiten, die das übliche Textwerkzeug T erzeugt - also das schwarz gefüllte »T« mit der Einblenderklärung Horizontales Text-Werkzeug. Hierbei entsteht auf einer neuen Textebene ein Text in der aktuellen Vordergrundfarbe. Sie können den Text jederzeit nach Belieben im Textmodus bearbeiten.
- Das Textmaskierungswerkzeug legt dagegen textförmige Auswahlbereiche an, mit denen Sie einen vorhandenen, textförmigen Bildbereich kopieren oder verändern. Es entsteht keine neue Ebene.

Punkttext anlegen

So entsteht Punkttext:

1. Klicken Sie in der Werkzeugleiste auf das Textwerkzeug T oder drücken Sie die Taste T.
2. Tippen Sie Ihre Wörter direkt an der gewünschten Bildstelle ein.
3. Markieren Sie einzelne Buchstaben per Mausbewegung zum Umformatieren oder Löschen.
4. Solange der Textcursor blinkt, schaltet die Strg-Taste vorübergehend den Transformieren-Rahmen ein. Verschieben, dehnen und stauchen Sie Ihren Wortbeitrag; nehmen Sie noch die ⇧-Taste dazu, um die Höhe-Breite-Relation zu erhalten.

Texteingabe beenden

So schließen Sie die Textbearbeitung vorerst ab:

1. Klicken Sie auf ein anderes Werkzeug in der Werkzeugleiste.
2. Klicken Sie auf das OK-Häkchen ✔ oben in den Werkzeugoptionen.
3. Drücken Sie Strg + ↵.

Möchten Sie die Textproduktion abbrechen und alle Änderungen verwerfen, dann greifen Sie zur Esc-Taste oder zur Abbruch-Schaltfläche ⃠.

Abbildung 24.5 **Links:** Bei diesem Punkttext entstanden die Zeilenumbrüche von Hand mit der ↵-Taste, jede Texteingabe bleibt zunächst auf der aktuellen Zeile. **Mitte:** Hier sehen Sie Absatztext - er wird innerhalb des Rahmens automatisch umbrochen. **Rechts:** Wir ändern den Absatztextrahmen, Photoshop passt den Zeilenfall automatisch an die neuen Umrisse an. Da der Rahmen nun kleiner ist, gibt es Übersatztext, wie es das kleine Pluszeichen unten rechts zeigt. Datei: Text_02

Hinweis Mitunter will man eine neue Textebene anlegen, klickt jedoch mit dem Textwerkzeug T in eine vorhandene Textebene - so entsteht keine neue Textebene, stattdessen bearbeiten Sie ungewollt den vorhandenen Schriftzug. Soll garantiert eine neue Textebene zustande kommen, klicken Sie bei gedrückter ⇧-Taste.

24.2.1 Absatztext mit Rechteckrahmen anlegen

So legen Sie Absatztext an:

1. Klicken Sie ins Bild und ziehen Sie mit dem Textwerkzeug T bei gedrückter Maustaste einen Begrenzungsrahmen auf.
2. Tippen Sie Ihre Wörter in den Textrahmen ein. Photoshop erzeugt sofort Zeilenumbrüche; diese können Sie später beliebig korrigieren.
3. Drücken Sie die Strg-Taste, um zwischenzeitlich zum Verschiebenwerkzeug zu wechseln.
4. Wechseln Sie per Mausklick in der Werkzeugleiste zu einem anderen Werkzeug, wenn Sie die Bearbeitung vorerst abschließen möchten, oder klicken Sie auf das OK-Häkchen ✔ in den Werkzeugoptionen.

Sie können den Text auch aus einem anderen Programm kopieren und in Photoshop per Strg+V in einen vorhandenen Absatztextrahmen einfügen. Von Ihren schönen Formatierungen sehen Sie dann aber - je nach Programm - in Photoshop nicht mehr viel.

Tipp Tippen Sie bei Bedarf den Text über die aktuellen Bildgrenzen oder über den Textrahmen hinaus ein. Sie können den Text auch nach Schließen und erneutem Öffnen noch vollständig ins Bild ziehen oder durch eine Erweiterung des Bildbereichs sichtbar machen (Bild: Alles einblenden).

Feinsteuerung

Ziehen Sie an den Eckanfassern bei gedrückter ⇧-Taste, um während der Größenänderung das Breite-Höhe-Verhältnis des Textrahmens zu schützen. Wie immer in Photoshop gilt: Sie können auch zunächst ohne ⇧-Taste ziehen; während Sie noch die Maustaste drücken, nehmen Sie dann erst die ⇧-Taste dazu - der Rahmen springt sofort ins ursprüngliche Seitenverhältnis.

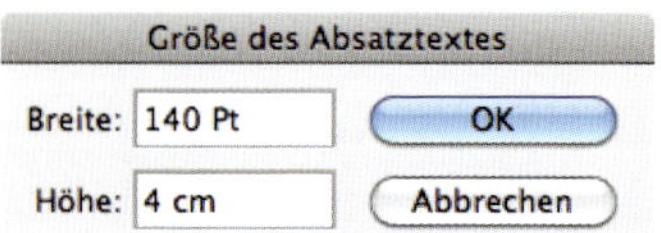

Abbildung 24.6 Klicken Sie mit Textwerkzeug und gedrückter Alt-Taste außerhalb des Textfelds, um die Maße des Textrahmens exakt einzustellen. Es darf noch kein Textcursor in einer Textebene blinken. Verwenden Sie Maßeinheiten wie »mm«, »cm« oder »pt«. Photoshop rechnet sie in diejenige Maßeinheit um, die Sie mit dem Befehl »Bearbeiten: Voreinstellungen: Maßeinheiten und Lineale« im Klappmenü »Text« vorgeben.

Überschüssiger Absatztext

Eventuell ist der Textrahmen zu klein, so dass die letzten Stücke Absatztext jenseits des Rahmens unsichtbar vor sich hin vegetieren. In diesem Fall zeigt Photoshop am rechten unteren Anfasser des Textrahmens ein Kreuz. So holen Sie den herausgefallenen Absatztext ins Bild:

1. Vergrößern Sie den Textrahmen.
2. Markieren Sie den Gesamttext mit [Strg]+[A] – dabei erfassen Sie auch nicht sichtbare Textpartien – und verringern Sie die Buchstabengröße.

Diese Vorschläge gelten auch für Absatztext innerhalb einer Form.

24.2.2 Absatztext innerhalb einer Form

So entsteht eine entsprechende Form für Absatztext:

1. Legen Sie eine Auswahl an, die Sie in einen Pfad umwandeln.
2. Erstellen Sie einen Pfad mit Zeichenstift oder Freiform-Zeichenstift, den Sie schließen, indem Sie zuletzt auf den zuerst gesetzten Punkt klicken.
3. Nehmen Sie ein Formwerkzeug wie Ellipsenwerkzeug, Polygonwerkzeug oder »Eigene Form«. Dabei wählen Sie oben ganz links in den Optionen die Vorgabe Pfad.

Verwenden Sie einen »Arbeitspfad« oder einen gespeicherten »Pfad 1«. Bei aktiviertem Pfad geht es so weiter:

1. Klicken Sie mit dem Textwerkzeug T in die Form hinein – Sie erhalten den speziellen Textcursor für Text in Formen.
2. Klicken Sie und tippen Sie Ihre Wörter ein. Sie werden automatisch innerhalb der Form umbrochen. Um die Funktionen zu testen, können Sie über **Schrift: Platzhaltertext einfügen.**

Abbildung 24.7 **Links:** Wir haben mit dem Werkzeug »Eigene Form« einen geschlossenen Pfad angelegt, mit dem Textwerkzeug hineingeklickt und einen Platzhaltertext hineingesetzt. Dabei entsteht automatisch Absatztext, der sich an den Pfad anpasst. **Mitte:** Den Pfad, der den Absatztext umbricht, legt Photoshop als Duplikat des ursprünglichen Pfads an, Sie können diesen Textpfad unabhängig vom Text oder vom ursprünglichen Pfad bearbeiten, der Text fügt sich neu ein. Der Pfad erscheint nur im Pfade-Bedienfeld, wenn die zugehörige Textebene aktiviert ist. **Rechts:** Wir haben den Textpfad mit dem Direktauswahl-Werkzeug korrigiert; der Text passt sich in die neue Form ein. Datei: Text_06

Korrekturen

So korrigieren Sie den Zeilenfall von Absatztext innerhalb einer Form:

- Photoshop zeigt um die Form herum einen rechteckigen Rahmen. Ziehen Sie an den Ecken des Rahmens, um die Ausdehnung des Textes gleichmäßig zu verändern.
- Bei aktivierter Textebene bearbeiten Sie die Form zum Beispiel mit dem Direktauswahl-Werkzeug, so dass der Text in neue Umrisse einfließt.

Ebenso wie bei Text auf Pfaden entsteht auch bei Absatztext innerhalb einer Form nur für die Textbegrenzung ein neuer Textpfad. Es handelt sich zunächst um ein Duplikat des ursprünglichen »Pfad 1«; es erscheint nur im Pfade-Bedienfeld, wenn Sie die passende Textebene aktivieren. Wenn Sie den Textpfad bearbeiten, bleibt der zugrunde liegende Ausgangspfad unverändert erhalten.

24.2.3 Das Textmaskierungswerkzeug

Mit dem Textmaskierungswerkzeug entsteht keine neue Textebene, sondern stattdessen ein buchstabenförmiger Auswahlbereich. Eine solche Textauswahl wird benötigt:

- wenn Sie in den Umrissen des Textes die zugrunde liegende Ebene verändern, zum Beispiel aufhellen;
- wenn Sie eine textförmige Kopie des Untergrunds benötigen;
- wenn Sie Textumrisse in Ebenenmasken oder Alphakanälen anlegen möchten.

Arbeiten Sie in den Farbmodi Mehrkanal, Bitmap oder Indizierte Farben, wechselt Photoshop automatisch zur Textmaskierung.

Abbildung 24.8 Wir verwenden ausnahmsweise das Textmaskierungswerkzeug: Es erzeugt keine neue Textebene, sondern nur eine textförmige Auswahl.

Auswahl aus Textebene ableiten

Brauchen Sie einen textförmigen Auswahlbereich, nehmen Sie lieber nicht die Textmaskierung: Legen Sie zunächst mit dem Textwerkzeug T eine normale Textebene an, die Sie bequem verlustfrei bearbeiten. Anschließend erzeugen Sie eine Auswahlmarkierung auf Basis der neuen Textebene; dazu klicken Sie bei gedrückter Strg-Taste auf die Textminiatur im Bedienfeld. Diese Auswahlmarkierung können Sie nun als Alphakanal oder über das Menü Schrift als Arbeitspfad speichern.

Tipp So probieren Sie Schriftarten im Bild bequem durch: Selektieren Sie den Text einer Textebene mit dem Textwerkzeug. Klicken Sie nun in das Schriften-Klappmenü. Mit den Pfeiltasten aufwärts und abwärts spielen Sie alle Schriften durch, Sie sehen die Änderung sofort. Tippen Sie beispielsweise »My«, um schnell zur Schriftart »Myriad« zu springen. Ziehen Sie horizontal über dem »Schriftgrad«-Symbol, um die Größe zu ändern.

Text markieren

Ganz wie in einem Textprogramm markieren Sie Textteile. Folgende Möglichkeiten bietet Photoshop:

- Markieren Sie die Textteile bei aktiviertem Textwerkzeug T und aktivierter Textebene durch Ziehen mit der Maus.
- Den Gesamttext markieren Sie am schnellsten mit Strg+A oder durch Doppelklick auf die Textminiatur im Ebenen-Bedienfeld.
- Ein komplettes Wort markieren Sie durch Doppelklick.
- Mit ⇧-Taste und Pfeiltaste links oder rechts markieren Sie Buchstaben links oder rechts vom Textcursor I.
- Mit Strg+⇧-Taste und horizontalen Pfeiltasten markieren Sie ganze Wörter links oder rechts vom Textcursor I.
- Mit ⇧-Taste und Pfeiltasten nach oben oder unten markieren Sie komplette Zeilen.

Tipp Sie möchten mehrere Textebenen markieren? Klicken Sie dazu mehrere Textebenen bei gedrückter Strg-Taste an; zielen Sie dabei auf die leere Bedienfeldfläche rechts vom Textsymbol. Danach ändern Sie beispielsweise in allen Textebenen gemeinsam die Schrift.

Schriftart nicht vorhanden ⚠

Sie können Dateien mit Textebenen auch auf Computern öffnen, auf denen diese Schriftart gar nicht installiert ist: Photoshop zeigt das Schriftbild dennoch zunächst korrekt, denn intern ist auch ein Pixelbild der Schrift abgelegt.

Fehlt die Schrift, zeigt die Miniatur der Textebene im Bedienfeld ein Warndreieck ⚠. Per Doppelklick auf dieses Symbol ⚠ ersetzen Sie die Schriftart; dabei ändert sich womöglich das Gesamtbild Ihrer Montage.

24.3 Text formatieren

Generell gilt: Wenn Sie Text nachbearbeiten, also zum Beispiel noch die Schriftart ändern, müssen Sie den Text zumeist durch Ziehen mit der Maus markieren (siehe vorhergehende Absätze). Den Text formatieren Sie im Zeichen- oder Absatz-Bedienfeld und speichern die Formatierungen als Absatz- oder Zeichenformate. Dazu kommen die Textwerkzeugoptionen, die einige Funktionen aus beiden Bedienfeldern bieten.

Die Bedienfelder

Wählen Sie über das Menü Fenster den Arbeitsbereich: Typografie oder rufen Sie die Bedienfelder zur Textformatierung mit der Schaltfläche Zeichen-/Absatzbedienfeld in den Textwerkzeugoptionen auf. Sofern bereits ein Textteil markiert ist, holen Sie mit Strg+T das Zeichen-Bedienfeld (ansonsten startet so das **Transformieren**).

Die meisten Optionen finden Sie auf der Bedienfeldoberfläche. Ziehen Sie bei markiertem Text einfach über einem Symbol wie Laufweite AV, um die Werte zu verändern – Photoshop passt den Text sofort an. Weitere Funktionen liefert das Bedienfeldmenü, zu erreichen wie immer nach einem Klick auf die Schaltfläche rechts oben.

Im Folgenden behandeln wir die vier Photoshop-Bedienfelder für Zeichen und Absatz, sowie die Bedienfelder für Zeichen- und Absatzformate.

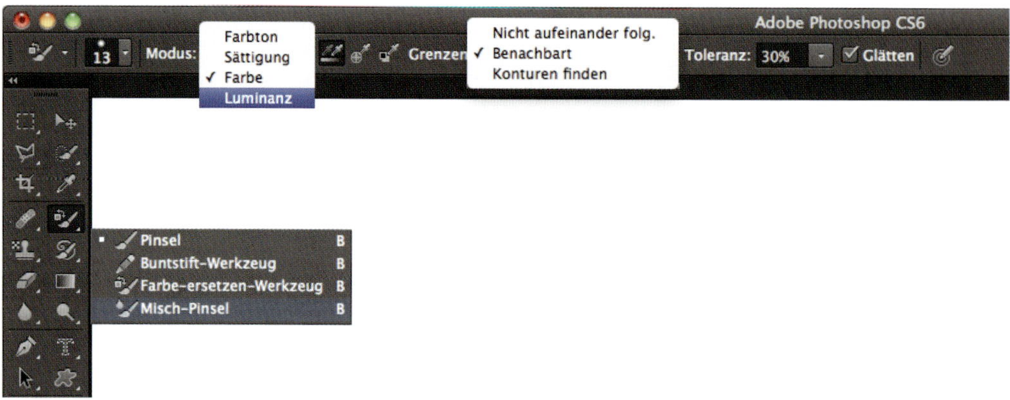

Abbildung 24.9 Im Zeichen-Bedienfeld legen Sie die Eigenschaften für einzelne Buchstaben fest. Klicken und ziehen Sie über einzelnen Symbolen wie »Laufweite«, um die Einstellungen zu verändern. Viele dieser Funktionen finden Sie auch oben im Programmfenster in den Werkzeugeinstellungen.

24.3.1 Zeichenformatierungen

Die einzelnen Buchstaben oder Wörter werden im Bedienfeld Zeichen formatiert oder bei aktivem Textwerkzeug über die Eingabefelder in der Optionenleiste. Bereits bestehende Formatierungen speichern Sie über das Bedienfeld Zeichenformate, um diese auf andere Lettern oder Wörter anzuwenden. Folgende Optionen für Text bietet Photoshop:

Schriftgrad

Als Maßeinheit für den Schriftgrad, die Buchstabengröße, tippen Sie zum Beispiel »px« für Pixel, »mm« oder »Pt« für Punkt in das Schriftgrad-Feld der Optionenleiste oder im Zeichen-Bedienfeld; ziehen Sie über dem Symbol Schriftgrad.

Die Standardmaßeinheit steuern Sie in den **Voreinstellungen: Maßeinheiten & Lineale** im Klappmenü Text. Haben Sie »Punkt« als Maßeinheit vorgegeben, können Sie trotzdem »10 mm« eintippen; Photoshop ersetzt die Angabe automatisch durch »28,35 Pt«. So ändern Sie die Buchstabengröße:

- Wechseln Sie zum Textwerkzeug T, aktivieren Sie die Textebene und noch bevor Sie einen Textcursor im Bild sehen, nennen Sie eine neue Größe im Zeichen-Bedienfeld oder in den Textwerkzeugoptionen. Dadurch verändern Sie den gesamten Schriftzug.
- Ändern Sie die Werte per Pfeiltasten in einstelligen Schritten. Die ⇧-Taste sorgt für Zehnersprünge; klicken Sie zuvor ins Feld für die Textgröße und markieren Sie den Text – sonst zeigt Photoshop die Änderung erst nach dem Drücken der ↵-Taste an.
- Markieren Sie die gewünschten Lettern, um nur einige Buchstaben zu verändern.
- Während der Cursor in der Textebene blinkt, drücken Sie die Strg-Taste – Photoshop präsentiert einen Transformieren-Rahmen für beliebige Größenänderungen; die ⇧-Taste wahrt das Seitenverhältnis.
- Aktivieren Sie die Textebene durch einen Klick im Ebenen-Bedienfeld und starten Sie das Transformieren des gesamten Textes per Strg+T.

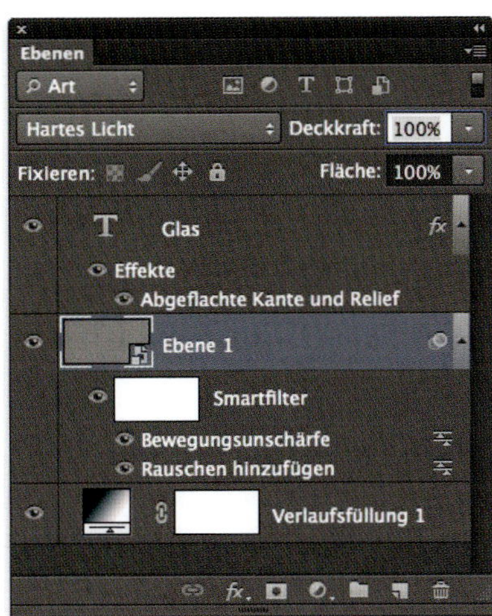

Abbildung 24.10 Auf der neutralgrauen Ebene 1 liegt hier die »Bewegungsunschärfe« als Smartfilter über »Rauschen hinzufügen«. Die Körnung des Störungsfilters wird also durch die »Bewegungsunschärfe« in Strähnen gezogen. Die »Ebene 1« wurde über die Bildgrenzen hinaus vergrößert, weil die »Bewegungsunschärfe« sonst unschöne Randeffekte verursacht. Vertauschen Sie die Reihenfolge der zwei Filterbefehle, ändert sich die Wirkung. Ganz unten liegt eine Füllebene mit Verlaufsfüllung als Hintergrund. Der Text wird mit dem Effekt »Abgeflachte Kante und Relief« ins Bild gestanzt. Alle Merkmale lassen sich frei ändern. Datei: Text_03

Einzelne Buchstaben unproportional verändern

Photoshop bietet die Möglichkeit, einzelne Buchstaben innerhalb eines größeren Textobjekts zu bearbeiten. Dazu dienen die Eingabefelder Vertikal skalieren und Horizontal skalieren im Zeichen-Bedienfeld. Markieren Sie zunächst Lettern, anschließend nennen Sie für Höhe oder Breite eine prozentuale Veränderung.

Abbildung 24.11 Beide Dateien haben 200x100 Pixel, beide Schriftzüge 24 Punkt. Der Unterschied: Die linke Datei wurde mit 100 dpi gespeichert (5,08x2,54 cm), die rechte Datei mit 300 dpi (1,69x0,85 cm, auch an den Linealen zu erkennen). Dateien: Text_23a, _b

Orientierung an Druckauflösung

Punkt- und Millimeter-Werte orientieren sich an den gespeicherten Druckmaßen des Bilds. Daraus folgt: In einem 300-dpi-Bild erfordert ein Schriftzug mehr Pixelfläche als in einem 100-dpi-Bild. Ändern Sie die Druckauflösung mit dem Befehl **Bild: Bildgröße**, ohne die Pixelzahl zu ändern – die Option Interpolationsverfahren ist also abgeschaltet –, so zeigt Photoshop nach dem Eingriff andere Millimeter- und Punktwerte für Ihre Lettern auf der Textebene an.

Oft am übersichtlichsten: Schalten Sie in den **Voreinstellungen** oder direkt im Schriftgrad-Feld die Textmaßeinheit auf Pixel – unabhängig von der dpi-Druckauflösung erscheint Text dann bei gleicher Zoomstufe gleich groß auf dem Schirm.

Tipp Ob Sie horizontal oder vertikal schreiben, müssen nicht schon bei der Texteingabe festlegen. Wissen Sie schon bei der Texteingabe, wie es laufen soll, so wählen Sie bewusst das horizontale oder das vertikale Textwerkzeug. Mit der Schaltfläche TEXTAUSRICHTUNG ÄNDERN oben in der Optionenleiste ändern Sie die Richtung – auch bei laufender Texteingabe. Alternative: das Untermenü **Schrift: Ausrichtung.**

24.3.2 Weitere Zeichenformatierung

Photoshop bietet weitere Einstellmöglichkeiten für Ihren Text:

Schriftart

Als Schriftart wählen Sie jede installierte Schrift, egal ob Druckerschrift, TrueType, OpenType oder Adobe Type 1. Zum Füllen und Montieren eignen sich breit laufende Headline-Schriften am besten. Beachten Sie, dass besonders schlanke Schriften in Bildern oft zu mager wirken und bei starker JPEG-Komprimierung unleserlich werden.

Kursiv und fett

Gefettete oder kursive Schriftvarianten rufen Sie aus dem SCHRIFTSCHNITT-Klappmenü neben dem Schriftartnamen auf.

Gibt es keine entsprechende Schriftartinformation ändert Photoshop den Schriftschnitt über **Faux Kursiv** und **Faux Fett**, zu erreichen im Zeichen-Bedienfeld per Menü oder Schaltfläche, außerdem bei markiertem Textteil per Kontextmenü zum Textwerkzeug T.

Die NORMAL-Darstellung erscheint auch als REGULAR oder PLAIN. FETT läuft als BOLD, KURSIV heißt ITALIC.

Großbuchstaben und Kapitälchen

Benötigen Sie einen Text in Großbuchstaben, steht Ihnen eine Schriftart zur Verfügung, die nur Großbuchstaben liefert, die Kapitälchen:

Großbuchstaben stellt alle markierten Zeichen in Großbuchstaben dar. **Kapitälchen** belässt die markierten Großbuchstaben in der üblichen Größe; die Kleinbuchstaben erscheinen als verkleinerte Großbuchstaben.

Laufweite

Die LAUFWEITE – der allgemeine Abstand zwischen den Buchstaben – erzeugt eine gleichmäßige Distanz zwischen mehr als zwei Zeichen eines markierten Textteils. Maßeinheit ist wieder Pixel oder Punkt. Der Wert Null bedeutet Standardlaufweite. Negative Werte rücken die Buchstaben enger zusammen, positive Eingaben machen den Schriftzug luftiger. Die Möglichkeiten reichen von -1000 bis + 1000. Ist kein Text markiert, verändert die Eingabe die gesamte Textebene. Ändern Sie die Laufweite auch per Tastatur:

- Mit gedrückter [Alt]-Taste ändern Sie mit den horizontalen Pfeiltasten die Laufweite. Nehmen Sie für größere Änderungen die [Strg]-Taste dazu.
- Mit [Strg]+[⇧]+[Q]-Taste unter Windows (am Mac [⌘]+[Ctrl]+[⇧]+[Q]) setzen Sie die Laufweite wieder auf Normal-Null.

Abstand zwischen zwei Zeichen (Kerning)

Der individuelle Abstand zwischen zwei Buchstaben ist im Schriftsatz gespeichert. Dies gilt, solange Sie im Zeichen-Bedienfeld im Datenfeld ABSTAND ZWISCHEN ZWEI ZEICHEN die METRIK-Anzeige oder eine Null sehen.

Um den Abstand zwischen zwei Zeichen – auch »Kerning« genannt – zu verändern, muss der Textcursor zwischen den beiden Buchstaben blinken. Wie bei der LAUFWEITE verringern negative Werte die Distanz, positive Werte schaffen Freiraum.

Tipp Sie verändern das Kerning auch um 20/1000 Geviert mit den [←] und [→]-Pfeiltasten bei gedrückter [Alt]-Taste. Nehmen Sie [Strg] dazu, wenn Sie den Zwischenraum in Schritten von 100/1000 Geviert verändern wollen.

Zeilenabstand

Den Zeilenabstand regeln Sie mit der gleichen Maßeinheit wie die Schriftgröße, das Verfahren funktioniert gleichermaßen bei Punkttext wie bei Absatztext. Zunächst verwendet Photoshop den zur Schriftart gehörenden Zeilenabstand – solange Sie als Eintrag Auto oder ein leeres Feld vorfinden. Bei einer umbrochener 80-Punkt-Schrift:

- rücken die Zeilen bei einem Zeilenabstand von »60« zusammen;
- liegen die Zeilen bei »120« weit auseinander;
- bleibt der Standardabstand bei leerem Feld oder Auto.

Sie verändern den Zeilenabstand, wenn Sie die [Alt]-Taste zusammen mit den Pfeiltasten nach oben und unten benutzen. Für größere Verschiebungen nehmen Sie die [Strg]-Taste hinzu.

ZEILEN ABSTAND ZEILEN ABSTAND ZEILEN ABSTAND

Abbildung 24.12 **Links:** Wir verwenden die Standardvorgaben für Laufweite und Zeilenabstand, der »Schriftgrad« beträgt 36 Punkt. **Mitte:** Für den »Zeilenabstand« setzen wir einen 55 Punkt ein, also größer als der »Schriftgrad«; so rücken die Zeilen weiter auseinander. **Rechts:** Wir wählen zusätzlich bei der »Laufweite« »Optisch« statt »Metrisch«, die Verteilung der Buchstaben ist für das Auge gefälliger. Der Effekt entsteht durch die Ebenenstile »Abgeflachte Kante und Relief«, »Glanz« und »Verlaufsüberlagerung«.

Grundlinie

Über den Wert neben der Grundlinie sinken einzelne Buchstaben tiefer oder rücken höher. Diese Einstellung gelingt auch per [⇧]+[Alt]-Taste zusammen mit aufwärts oder abwärts weisenden Pfeiltasten. Ein positiver Wert bugsiert horizontalen Text nach oben, vertikalen Text nach rechts. Negativeingaben schieben die Lettern nach unten bzw. nach links.

Tiefgestellt und Hochgestellt T_1 T^1

Für wissenschaftliche Formeln können Sie den Text auch hoch- oder tiefstellen und dabei die Zeichen zugleich verkleinern. Die Befehle **Hochgestellt** und **Tiefgestellt** bietet Photoshop als Schaltflächen T_1 T^1 im Zeichen-Bedienfeld und im Bedienfeld-Menü an.

Tipp Mit dem Befehl **Zeichen zurücksetzen** aus dem Menü zur Zeichenpalette setzen Sie sämtliche Einstellungen wieder auf null. Dabei darf der Textcursor nicht im Schriftzug blinken – wechseln Sie zu einem anderen Werkzeug, schalten Sie das Textwerkzeug T wieder ein und wählen Sie unmittelbar danach den Befehl **Zeichen zurücksetzen**.

Weitere Optionen zur Zeichenformatierung

Photoshop bietet weitere Vorgaben bei der Zeichenformatierung als Menübefehl oder Schaltfläche im Zeichen-Bedienfeld:

- Die Optionen **Unterstrichen** und **Durchgestrichen** gelten für den markierten Textteil; befindet sich kein Textcursor zwischen den Buchstaben, ändert sich das ganze Textobjekt.
- **Systemlayout** richtet die Buchstaben so ein, wie sie vom Betriebssystem dargestellt werden. Photoshop entfernt etwa ungewöhnliche Laufweiten oder die Kantenglättung.
- Ab Werk verwendet Photoshop GEBROCHENE BREITEN. Die Abstände zwischen den einzelnen Textzeichen sind also unterschiedlich groß und betragen zwischen einigen Zeichen auch den Bruchteil eines Pixels. Dies ist meist die optimale Vorgabe. Kleine Schriftgrößen, die am Monitor dargestellt werden, können jedoch ineinanderlaufen. Schalten Sie dann die **Gebrochenen Breiten** ab und erzwingen damit Buchstabenabstände von ganzen Pixeln; dies erledigen Sie im Bedienfeld-Menü.
- Wählen Sie unten links im Zeichen-Bedienfeld die richtige Spracheinstellung für Silbentrennung und Rechtschreibkorrektur, zum Beispiel DEUTSCH: NEUE RECHTSCHREIBUNG (2006).

Abbildung 24.13 Die Open-Type-Optionen zur Formatierung sind über der Spracheinstellung zu finden. **Von links nach rechts:** »Standardligaturen« verschmelzen zwei Buchstaben mit Oberlängen. »Kontextbedingte Varianten«: Open-Type-Option zum Einsatz von Buchstaben-Varianten; danach kommen »Bedingte Ligaturen«, »Schwungschrift« und »Formatvarianten« (beispielsweise unterschiedliche Formen des kleinen »a«), »Titelschriftvarianten« und »Ordinalzeichen« (feststehend hochgestellte Zeichen, die beispielsweise im Englischen vorkommen: 2nd, 3rd). Den Abschluss machen die »Brüche«.

24.3.3 Zeichenformate

Ein eigenes Bedienfeld Zeichenformate dient dazu, verschiedene Textformatierungen zu speichern. Ein solches Format können Sie dann auf beliebige andere Textstellen anwenden. Das Bedienfeld zeigt standardgemäß das Zeichenformat OHNE. Mit folgenden Schritten legen Sie ein neues Zeichenformat an:

- Sie markieren einen Textteil, den Sie bereist formatiert haben und dessen Formatierung Sie als eigenes Zeichenformat speichern möchten. Im Bedienfeld ZEICHENFORMATE erscheint das »Zeichenformat + Nummer «.
- Sie markieren keinen Text und haben ein beliebiges Werkzeug gewählt. Wählen Sie nun im Bedienfeld-Menü den Eintrag NEUES ZEICHENFORMAT. Im Bedienfeld ZEICHENFORMATE erscheint ebenfalls ein neues »Zeichenformat + Nummer«.

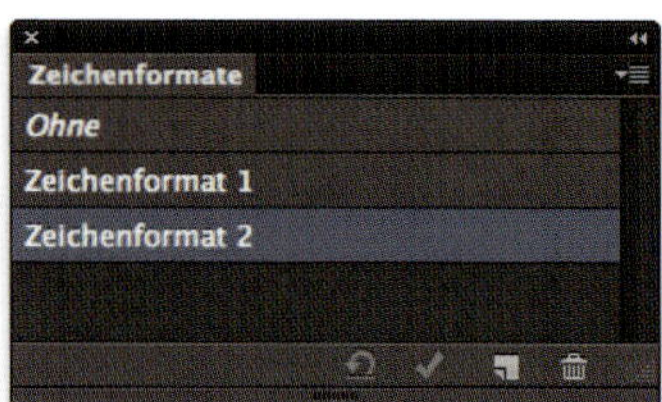

Abbildung 24.14 Im Bedienfeld »Zeichenformate« speichern Sie Formatierungen von einzelnen Wörtern oder Buchstaben, um sie auf andere Textausschnitte zu übertragen.

Zeichenformatoptionen

Die Optionen eines gespeicherten Zeichenformats stellen Sie in den Zeichenformatoptionen ein. Diese öffnen sich in einem neuen Dialog per Doppelklick auf ein Zeichenformat im Bedienfeld Zeichenformate. Haben Sie das Zeichenformat über einen bereits markierten Text festgelegt, erscheinen in den Zeichenformatoptionen alle darin enthaltenen Formatierungen. Andernfalls sind die Felder leer. Folgende Einstellungen können Sie neu festlegen oder abändern:

- Zuoberst benennen Sie das neue Format schlüssig.
- Unter Grundlegende Zeichenformate bestimmen Sie Schriftfamilie und -Schnitt, Schriftgrad, Zeilenabstand und die Laufweite. Unter Buchstabenart wählen Sie »Großbuchstaben« oder »Kapitälchen«, suchen Sie eine Farbe aus und weisen Sie dem Format Eigenschaften wie Durchgestrichen, Faux Fett oder Faux Kursiv zu.
- Bei den Erweiterten Zeichenformaten können Sie vertikale und horizontale Skalierungen festlegen und die Sprache wählen.
- Im untersten Reiter stehen alle OpenType-Funktionen bereit.

Tipp Haben Sie den Text mit einem Ebenenstil belegt, wird dieser nicht mit im Zeichenformat gespeichert. Speichern Sie hierzu einen neuen Stil im Dialog »Ebenenstil« und wenden Sie diesen nach dem Übertragen des Zeichenformats auf den Textabschnitt an.

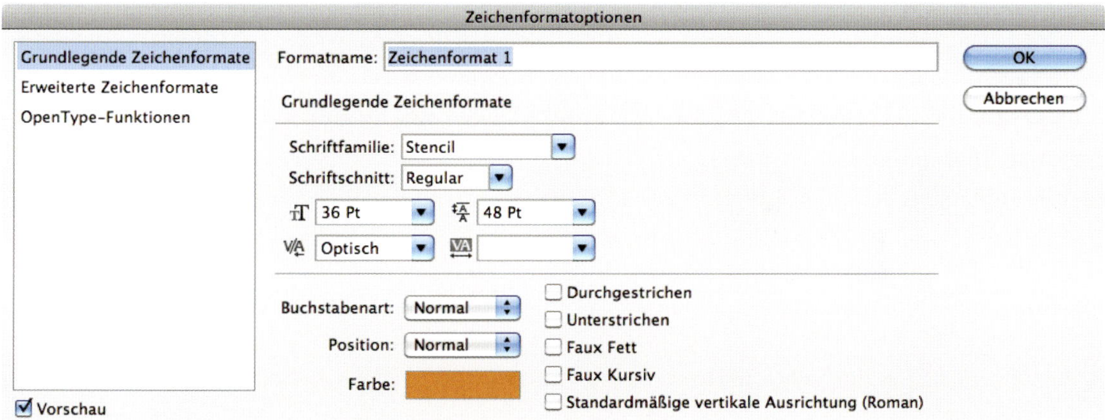

Abbildung 24.15 In den Zeichenformatoptionen speichern Sie Textformatierungen, um sie auf andere Textstellen anzuwenden.

© und andere Sonderzeichen

Sie brauchen das Copyright-Zeichen © als Photoshop-Ebene? Diese Möglichkeiten gibt es:

- Geben Sie das Symbol in einem Text-, Layout- oder Grafikprogramm ein. Markieren und kopieren Sie es, legen Sie in Photoshop eine Textebene an und fügen Sie das Zeichen wieder ein.
- Schalten Sie das Eigene-Form-Werkzeug ein und verwenden Sie oben links wahlweise die Optionen Formebenen oder Pixel füllen (Seite 621). Öffnen Sie die Formauswahl, klicken Sie auf das Copyright-Symbol und ziehen Sie die Form im Bild auf. Sie lässt sich nicht im Textmodus bearbeiten.

- Öffnen Sie die Zeichenübersicht (Mac). Per Doppelklick auf eine Glyphe erscheint der entsprechende Buchstabe auf der zuvor angelegten Textebene in Photoshop.
- Bei Windows doppelklicken Sie auf ein Zeichen in der Zeichentabelle, um es in die Zwischenablage zu kopieren. Dann fügen Sie es in die Photoshop-Textebene per Strg+V ein.

Seltene Zeichen

Stehen benötigte Sonderzeichen nicht in einer gängigen Schriftart wie Zapf Dingbats oder Wingdings zur Verfügung, gehen Sie Umwege: Besorgen Sie sich das Sonderzeichen zum Beispiel in der **Symbol**-Übersicht des Textprogramms Word oder dem Glyphen-Bedienfeld von InDesign oder Illustrator. Markieren und kopieren Sie die Symbole, legen Sie in Photoshop eine Textebene an, stellen Sie dabei dieselbe Schrift wie im anderen Programm ein und fügen Sie mit Strg+V ein.

Erscheint das Symbol nicht in Photoshop, zeigen Sie die gewünschten Figuren zunächst in einem anderen Programm. In Photoshop:

- »Drucken« Sie das Symbol in eine PDF- oder EPS-Datei. Die importieren Sie in Photoshop in hoher Auflösung.
- Oder Sie machen ein Bildschirmfoto (»Screenshot«) vom Symbol und arbeiten mit dem Pixelbild weiter.

Unicode-Zeichentabellen finden Sie zum Beispiel unter *decodeunicode.org* oder *utf8-zeichentabelle.de*.

24.3.4 Absatzformatierung

Regeln Sie den Zeilenfluss innerhalb eines Absatzes nach Maß. Wenn Sie keinen Text markieren, verändert sich per Eingabe die gesamte Textebene. Setzen Sie den Textcursor in einen Absatz, um nur diesen zu formatieren.

Absätze formatieren Sie mit Hilfe der Bedienfelder Absatz und Absatzformate.

Schnelle Tastenkürzel

Klicken Sie zunächst in den Text, dann ändern die folgenden Tastengriffe die Ausrichtung in Ihrem Absatztext besonders fix:

⇧+Strg+L	linksbündig
⇧+Strg+R	rechtsbündig
⇧+Strg+C	zentriert
⇧+Strg+J	Blocksatz

Seitenausrichtung

Im Absatz-Bedienfeld und oben in den Werkzeugoptionen finden Sie die Schaltflächen Text links ausrichten, Text zentrieren und Text rechts ausrichten. Diese Vorgaben sind auch interessant, wenn Sie nur ein einzelnes Wort als »Punkttext« statt als »Absatztext« bearbeiten. Sie legen fest, ob sich die Wörter nach einer Kürzung oder Verlängerung der Textebene am Anfang, Ende oder Mittelpunkt der ursprünglichen Textebene orientieren.

Abbildung 24.16 Ausrichtung Blocksatz

Beim Blocksatz verlaufen linker und rechter Textrand gleichermaßen glatt und bündig. Die Textausrichtung für Blocksatz legen Sie mit den Schaltflächen im Absatz-Bedienfeld fest. Hier wählen Sie, ob die letzte Zeile eines jeden Absatzes linksbündig, rechtsbündig oder mittig gesetzt werden soll. Weitere Alternative: Photoshop spreizt durch übergroße Wortabstände auch die letzte Zeile auf volle Spaltenbreite.

Den Textumbruch über die gesamte Absatzlänge hin steuern Sie so:

- Wählen Sie Im Menü des Absatz-Bedienfelds **Adobe Alle-Zeilen-Setzer**, um beim Umbruch den gesamten Absatz zu berücksichtigen. Diese Vorgabe erzeugt meist gleichmäßigere Ergebnisse.
- Der **Einzeilen-Setzer** betrachtet nur Einzelzeilen. Hier kommt es eher zu gedehnten oder komprimierten Wortabständen.

Silbentrennung

Mit der Option SILBENTRENNUNG im Absatz-Bedienfeld entscheiden Sie, ob Photoshop bei Absatztext lange Wörter automatisch trennen soll. Wirksam ist die Option nur, wenn Sie für die entsprechenden Abschnitte den Befehl **Kein Umbruch** aus dem Menü des Zeichen-Bedienfelds ausgeschaltet haben. Photoshop verwendet dabei ein deutsches Wörterbuch, das sich nicht ändern lässt.

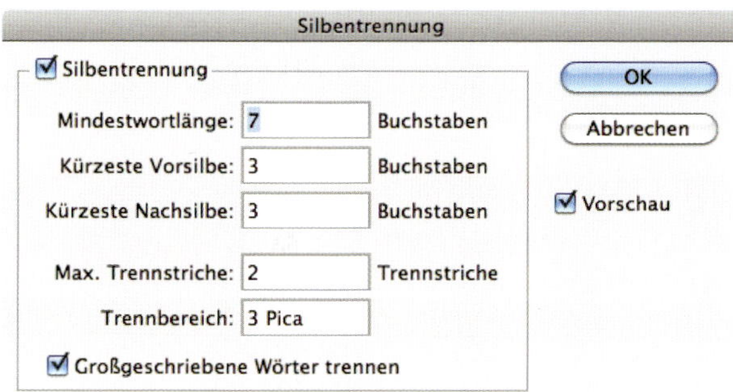

Abbildung 24.17 Die Feinsteuerung der »Silbentrennung« rufen Sie mit dem Menü des Absatz-Bedienfelds auf.

Folgende Optionen stehen im Dialog Silbentrennung bereit:

- Sie bestimmen eine MINDESTWORTLÄNGE von x Buchstaben – kürzere Wörter trennt Photoshop gar nicht.
- Sie bestimmen eine Zahl von Buchstaben, die in der oberen Zeile mindestens erscheinen sollen, bevor getrennt werden darf – die KÜRZESTE VORSILBE.
- Sie definieren eine Zahl von Lettern, die in der unteren Zeile mindestens erscheinen sollen, nachdem getrennt wurde, die KÜRZESTE NACHSILBE.
- Sie legen die maximale Zahl von Trennstrichen in aufeinanderfolgenden Zeilen fest (MAX. TRENNSTRICHE).
- Der TRENNBEREICH definiert den Abstand vom Ende einer Zeile, ab dem ein Wort in Text ohne Blocksatz umbrochen wird. Diese Vorgabe gilt nur für den **Einzeilen-Setzer** (siehe oben).

Tipp Erzwungene Trennung: Tippen Sie einen normalen Trennstrich ein. Photoshop umbricht den Text an dieser Stelle, sofern sich der Trennstrich am Rand des Textrahmens befindet und Sie die Option **Kein Umbruch** ausgeschaltet haben.

Zeilenumbruch und Trennung verhindern

Den Befehl **Kein Umbruch** aus dem Menü des Zeichen-Bedienfelds verwenden Sie in folgenden Situationen:

- Mehrere benachbarte Wörter sollen zwingend in einer einzigen Zeile erscheinen und nicht auf mehrere Zeilen umbrochen werden. Diese Option heißt in Textprogrammen »Geschütztes Leerzeichen«.
- Sie haben mit dem Befehl **Silbentrennung** aus dem Menü des Absatz-Bedienfelds die Trennfunktion eingeschaltet, möchten aber bei einzelnen Wörtern am Zeilenrand die Trennung untersagen.
- Photoshop umbricht ein Koppelwort mit Bindestrich in die nächste Zeile. Sie möchten das Wort jedoch en bloc in einer einzigen Zeile sehen.

In allen Fällen markieren Sie zunächst den fraglichen Text und verwenden dann die Vorgabe **Kein Umbruch** im Menü des Zeichen-Bedienfelds (das Häkchen muss anschließend dort sichtbar sein).

Passen die markierten Wörter nicht in eine einzige Zeile, füllt Photoshop die Zeile bis zum Rand mit Buchstaben und umbricht ohne Trennstrich und ohne Trennregeln in die nächste Zeile. Dabei erscheinen Leerzeichen auch am Beginn einer Zeile.

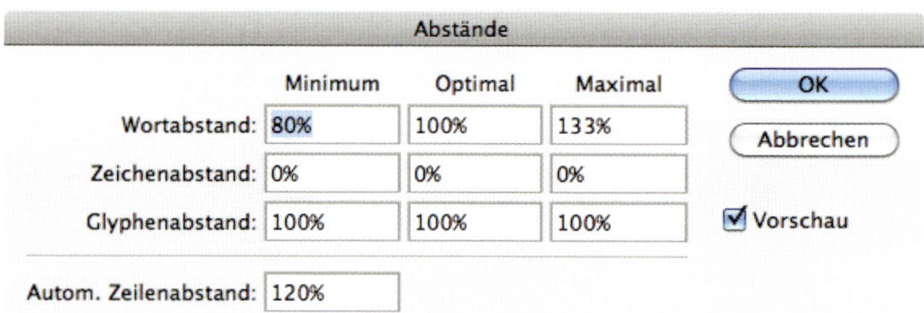

Abbildung 24.18 Das Dialogfeld »Abstände« bestimmt Wort-, Zeichen- und Zeilenabstände für Absatztext. Sie erreichen es über das Absatz-Bedienfeld.

Zeileneinzug

Regeln Sie im Absatz-Bedienfeld, ob und wie weit Photoshop Zeilen eines Absatzes einzieht, vom Textrahmen aus gesehen. So steuern Sie den Einzug am linken Rand, den Einzug am rechten Rand oder den Einzug erste Zeile. Photoshop bietet außerdem einen regelbaren Abstand vor Absatz und Abstand nach Absatz an.

Tipp Sie kennen Vergleichbares schon von der Zeichenpalette: Der Befehl **Absatz zurücksetzen** aus dem Menü zum Absatz-Bedienfeld macht auch komplett entstellte Absätze wieder leserlich. Dabei darf der Textcursor nicht im Schriftzug blinken – beenden Sie das per Strg+↵.

24.3.5 Absatzformate

Ähnlich wie Textformatierungen als Zeichenformat gespeichert werden, können Sie ganze Absatzformatierungen über das Bedienfeld Absatzformate festhalten. Auch hier können Sie die bereits vorhandenen Formatierungen als neues Absatzformat automatisch übernehmen. Setzen Sie hierzu den Textcursor in einen formatierten Absatz und wählen Sie über das Menü des Bedienfelds Absatzformate den Eintrag Neues Absatzformat. Per Klick auf ein Absatzformat im Bedienfeld Absatzformate öffnet sich der Dialog Absatzformatoptionen.

Um ein Absatzformat über den Dialog Absatzformatoptionen einzustellen, darf sich der Textcursor nicht in einem Absatz befinden; wählen Sie hierzu sicherheitshalber ein beliebiges Werkzeug.

Folgende Möglichkeiten bietet der Dialog Absatzformatoptionen:

- Unter Grundlegende Zeichenformate treffen Sie alle Zeichenformatierungen;
- Die Erweiterten Zeichenformate sind für die Skalierung der Buchstaben, den Grundlinienversatz und die Spracheinstellungen zuständig;
- Es folgen die OpenType-Funktionen;
- Bei Einzüge und Abstände kümmern Sie sich um die Ausrichtung des Textes und stellen gegebenenfalls die Einzüge ein;
- Satz bestimmt den Zeilensetzer (Einzeilen oder Alle-Zeilen); die Option Hängende Interpunktion Roman stellt Satzzeichen außerhalb von Textblöcken;
- Ausrichtung und Silbentrennung liefern die gleichen Einstellungen wie weiter vorne bereits beschrieben.

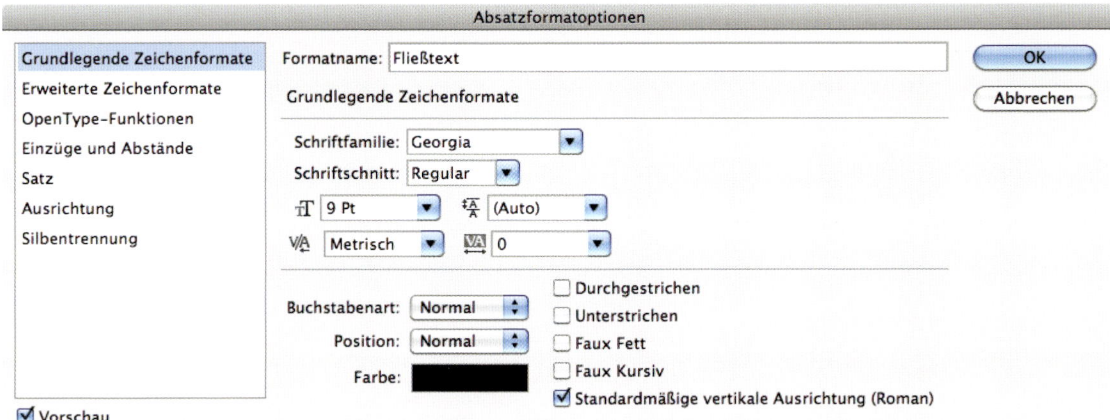

Abbildung 24.19 Der Dialog »Absatzformatoptionen« bestimmt neben den Zeichenformatierungen auch alle Angaben zum Absatzformat. Sie öffnen den Dialog per Doppelklick auf ein Absatzformat oder über die Einträge »Neues Absatzformat« oder »Formatoptionen« im Absatz-Bedienfeld-Menü.

Hinweis Sie möchten ein gespeichertes Absatz- oder Zeichenformat in einer anderen Photoshop-Datei verwenden? Wählen Sie dazu im entsprechenden Bedienfeld-Menü den Eintrag »Zeichenformate laden« oder »Absatzformate laden«. Suchen Sie dann im Dialog »Öffnen« die Datei, die das gewünschte Format enthält.

24.3.6 Rechtschreibprüfung

Die Rechtschreibprüfung erfolgt nur auf Wunsch, legen Sie unten im Zeichen-Bedienfeld zunächst die gewünschte Sprache fest. Per Klick in das Ebenen-Bedienfeld prüfen Sie eine einzelne Textebene. Wollen Sie nur bestimmte Textbereiche untersuchen, markieren Sie diese. Setzen Sie den Cursor in ein Wort, wenn Sie nur dieses Wort prüfen wollen. Dann heißt es **Bearbeiten: Rechtschreibprüfung**.

Stößt Photoshop auf Wörter, die nicht in seinem Wörterbuch enthalten sind, dann erscheint das Dialogfeld **Rechtschreibprüfung**. Ihre Möglichkeiten:

- Mit IGNORIEREN ändert sich nichts, Photoshop springt zur nächsten Fehlerstelle. Wenn Sie ALLE IGNORIEREN, spricht Sie Photoshop auch später nicht mehr auf das Wort an.
- Die Schaltfläche ÄNDERN tauscht das Fehlerwort gegen diejenige Vokabel aus, die unten im Bereich VORSCHLÄGE markiert erscheint. Kommt der Fehler möglicherweise öfter vor, klicken Sie auf ALLE ÄNDERN.
- Möchten Sie das Wort öfter in Photoshop nutzen, können Sie es dem Photoshop-Wörterbuch HINZUFÜGEN.
- Von Haus aus untersucht Photoshop nur die aktivierte Textebene. Die Vorgabe ALLE EBENEN PRÜFEN unterzieht aber auch weitere Textebenen einem Orthografie-Check.

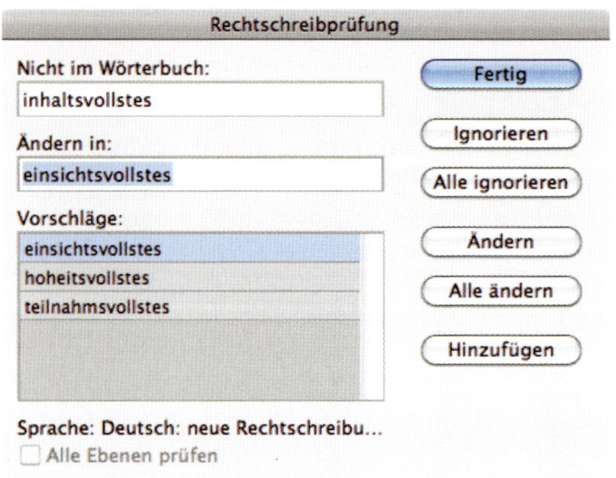

Abbildung 24.20 Dieses Dialogfeld erscheint nur, wenn Photoshop Fehler erkennt: unter Vorschläge erscheinen dann Alternativen, die im Wörterbuch von Photoshop enthalten sind.

Text suchen und ersetzen

Der Befehl **Bearbeiten: Text suchen und ersetzen** spürt Wortteile auf und tauscht sie gegen einen anderen Ausdruck. Tippen Sie den Suchbegriff in das Feld SUCHEN NACH und – eventuell – eine gewünschte Änderung in den Bereich ÄNDERN IN. Mit WEITERSUCHEN startet die Fahndung.

Beim ersten Treffer entscheiden Sie auf ÄNDERN oder ALLE ÄNDERN. Nur mit ÄNDERN/SUCHEN bemüht sich Photoshop nach einem Austausch gleich zur nächsten Fundstelle.

24.4 Text färben und glätten

Photoshop bietet ausgefeilte Möglichkeiten, um Schriftzüge umzufärben und die Kanten zu glätten.

24.4.1 Textfarbe

So färben Sie eine Textebene – oder nur ein paar Buchstaben darin – um:

- Markieren Sie einen Textteil mit dem Textwerkzeug **T** und wechseln Sie die Vordergrundfarbe – die markierten Lettern färben sich entsprechend mit.
- Klicken Sie auf das TEXTFARBE-Feld in den Textwerkzeugoptionen oder im Zeichen-Bedienfeld und legen Sie im Farbwähler einen neuen Tonwert fest. Auch hier müssen Sie zunächst eine Auswahl treffen. Die aktuelle Vordergrundfarbe ändert sich dabei nicht.
- Der Kurzbefehl Alt+Entf setzt ohne weitere Rückfrage die Vordergrundfarbe in markierte Textteile ein. Strg+Entf führt schnurstracks zur Hintergrundfarbe.

Markieren Sie Buchstaben mit mehreren, unterschiedlichen Farben, zeigt das Farbfeld in den Textwerkzeugoptionen und im Zeichen-Bedienfeld ein Fragezeichen.

Tipp Sie müssen die Textfarbe nicht dauerhaft ändern. Sie können auch die Ebeneneffekte Farbüberlagerung oder Verlaufsüberlagerung verwenden.

24.4.2 Buchstaben glätten

Verschiedene Vorgaben wie Scharf oder Abrunden machen die äußersten Randpixel der Buchstaben halbtransparent und sorgen so für einen geschmeidigen – aber nicht aufgeweichten – Übergang zwischen Schrift und umgebendem Bild.

Nur bei sehr kleinen Schriftgrößen könnten feine Konturen gänzlich untergehen, dann verzichten Sie ganz auf eine Glättungsmethode oder schalten Sie testweise die Vorgabe Gebrochene Breiten im Menü des Zeichen-Bedienfelds ab. Wollen Sie den Text ohnehin weichzeichnen, verzichten Sie ebenfalls auf die Option, die etwas Zeit kostet. Das Glätten erhöht überdies die Zahl der Farbtöne im Bild, so dass die Dateigröße je nach Speicherverfahren steigt.

Tipp Speichern Sie Bilddateien mit Textebene als PDF, erscheint der Text im Programm Reader oder auch in Webbrowsern mit Reader-Funktion gestochen scharf, selbst wenn der Bildinhalt in vergrößernden Zoomstufen pixelig wirkt.

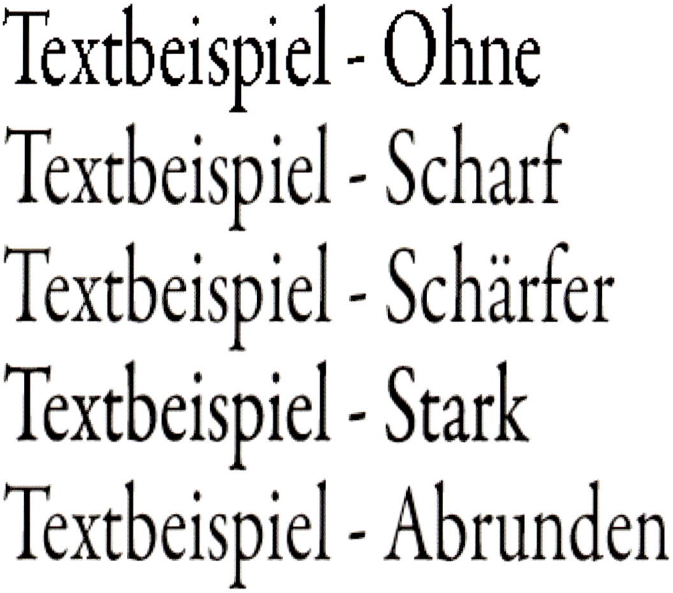

Textbeispiel - Ohne
Textbeispiel - Scharf
Textbeispiel - Schärfer
Textbeispiel - Stark
Textbeispiel - Abrunden

Abbildung 24.21 Sie sehen verschiedene Punktgrößen für die Schriftart Garamond mit unterschiedlichen Glättungsmethoden: »Ohne«, »Scharf«, »Schärfer«, »Stark« und »Abrunden«.

Photoshop bietet die verschiedenen Glättungsvorgaben im Zeichen-Bedienfeld, außerdem in der Optionenleiste und im Kontextmenü zum Textwerkzeug. Die Glättung gilt generell für die gesamte Textebene und nicht nur für markierte Buchstaben.

Tipp Beurteilen Sie die Kantenglättung auf Rechnern ohne OpenGL in der Zoomstufe 100 Prozent (Strg+Alt+0) über dem geplanten Hintergrundbild. In sehr hohen Zoomstufen können Sie die Unterschiede bei der Kantenglättung gut erkennen. Ungerade Vergrößerungsmaßstäbe wie 123,4 Prozent verfälschen die Darstellung je nach Rechner deutlich – sind aber realistisch für die Wiedergabe in Monitorpräsentationen mit wechselnden Auflösungen für die Bildwiedergabe.

Textfarben mit Gamma füllen

Die Kantenschärfe der Schrift lässt sich über eine Option in den Farbeinstellungen beeinflussen: Textfarben mit Gamma füllen. Sie finden diese Option in den Erweiterten Einstellungen, per Klick auf Mehr Optionen.

Und so arbeitet die Funktion: Beim Überblenden transparenter Bereiche – also am Rand der Schrift – entstehen bisweilen störende helle oder dunkle Übergänge. Textfarben mit Gamma füllen überblendet die Textfarben mit dem eingegebenen Gamma-Wert, wodurch solche unschönen Kanteneffekte weitgehend reduziert werden.

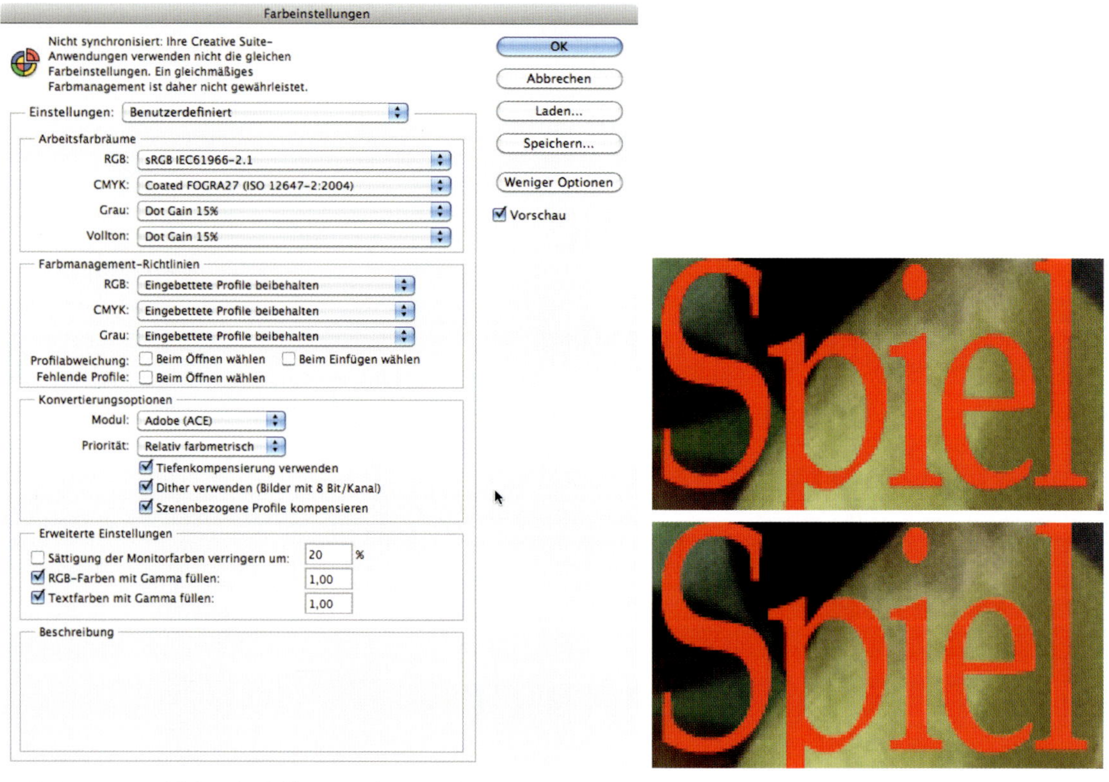

Abbildung 24.22 **Links:** Die Option »Textfarben mit Gamma füllen« ist in den »Farbeistellungen« bei den »Erweiterten Einstellungen« zu finden. **Rechts:** Im oberen Bild ist die Option deaktiviert; hier sind in einer Vergrößerung von 500 Prozent deutliche dunkle Farbränder zu erkennen. Unten haben wir die Textfarben mit einem Gamma-Wert von 1,00 gefüllt; die Farbränder verschwinden komplett.

24.5 Wasserzeichen

Sie wollen eine Namenszeile oder Ihr Firmenlogo ins Bild setzen? Dieses Gestaltungsmittel heißt auch »Wasserzeichen«. Sie können einzelne Wasserzeichen anlegen oder auch Wasserzeichen mit einer kostenlosen Zusatzfunktion mühelos in ganze Bildserien bringen.

Tipp Sie wollen Wasserzeichen auf ganze Bildreihen anwenden? Dazu gibt es die englische, aber übersichtliche und kostenlose Zusatzfunktion Adobe Watermark von Russell Brown. Sie bekommen das neue Bedienfeld per Internet über http://russellbrown.com/scripts.html, die Installation kostet nur wenige Klicks, geladen wird es via **Fenster: Erweiterungen: Adobe Watermark.**

Abbildung 24.23 Das Textwerkzeug stanzt halbauffällige Urheberhinweise ins Bild. In allen Zeilen haben wir die Textfarbe mit dem »Fläche«-Regler komplett ausgeblendet. Nur Ebeneneffekte machen den Text sichtbar. Datei: Text_04

24.5.1 Die Wasserzeichen-Ebene

So erzeugen Sie eine Wasserzeichendatei:

1. Öffnen Sie ein Foto in der typischen Größe.
2. Legen Sie den Schriftzug und eventuell Farbflächen an. Bauen Sie auch Logos ein, auch als Vektorgrafik, und erzeugen Sie halbdeckende Bereiche.
3. Ziehen Sie die Hintergrundebene in den Papierkorb des Ebenen-Bedienfelds.
4. Kappen Sie überflüssige Leerfläche per Bild: Zuschneiden.
5. Speichern Sie im Photoshop- oder TIFF-Dateiformat.

Ziehen Sie die Wasserzeichen-Ebene mit dem Verschieben-Werkzeug oder direkt aus dem Ebenen-Bedienfeld heraus in andere Dateien.

Wasserzeichen mit mehreren Ebenen

Verwenden Sie mehrere Ebenen, etwa getrennt für Text, Farbfläche und Logo: Packen Sie diese Ebenen in ein Smartobjekt, so dass sie sich als Einzel-Ebene leichter handhaben lassen:

1. Markieren Sie alle beteiligten Ebenen im Bedienfeld bei gedrückter ⇧-Taste.
2. Klicken Sie mit rechts in die leere Fläche neben einer Miniatur und nehmen Sie im Kontextmenü **In Smartobjekt konvertieren.**

> **Tipp** Entwerfen Sie zunächst sehr große Wasserzeichen-Dateien. Verkleinern kann man immer noch, auch automatisch. Wasserzeichen, die komplett aus Textebenen, Formebenen und Vektorgrafik bestehen, wirken zudem im Zweifel einen Tick schärfer als verkleinerte Wasserzeichen-Ebenen mit Pixelbild-Inhalt.

24.5.2 Gestaltungsmöglichkeiten

Für das Wasserzeichen gibt es unterschiedliche Gestaltungsmöglichkeiten. Am einfachsten: Ein weißer Schriftzug liegt blass und eventuell diagonal über dem Bild. Senken Sie die Deckkraft im Ebenen-Bedienfeld auf 30 Prozent.

Gestanzter Text

Raffinierter wirkt der gestanzte Text:

1. Wählen Sie eine breit laufende Schriftart wie Arial Black.
2. Senken Sie im Ebenen-Bedienfeld den Fläche-Wert auf 0. Damit verschwindet Ihr Schriftzug zunächst.
3. Unten im Ebenen-Bedienfeld klicken Sie auf Ebenenstil hinzufügen *fx* und dann auf **Abgeflachte Kante und Relief**. Der Text erscheint nun wie eingeprägt.

Schriftband

Auch beliebt ist das helle Band:

1. Ziehen Sie mit dem Rechteckwerkzeug einen weißen Streifen über dem Bild auf.
2. Im Ebenen-Bedienfeld machen Sie das Rechteck mit dem Fläche-Wert 30 Prozent halb durchsichtig.
3. Klicken Sie unten im Ebenen-Bedienfeld auf Ebenenstil hinzufügen *fx* und dann auf **Schlagschatten**. Ziehen Sie direkt über dem Bild einen Schatten für die helle Fläche zurecht.
4. Schalten Sie zum Textwerkzeug T und klicken Sie zunächst außerhalb des Rechtecks ins Bild.
5. Tippen Sie Ihren Text ein und ziehen Sie ihn über das helle Feld.

Abbildung 24.24 Das Ebenen-Bedienfeld zeigt das Wasserzeichen mit dem hellen Streifen. Es besteht aus zwei separaten Ebenen. Packen Sie es eventuell in eine Smart-Objekt-Ebene, dann müssen Sie zum Ziehen oder Skalieren nicht immer zwei Ebenen auswählen.

Ebeneneffekte bei Verkleinerung

Sie erstellen Ihre Wasserzeichen-Vorlage mit großen Dateien und erzeugen dann verkleinerte Dateivarianten per Watermark-Bedienfeld von Russell Brown? Effekte wie **Schlagschatten** oder **Abgeflachte Kante** werden in dem Fall nicht auf die kleineren Maße angepasst – die Effekte wirken in den verkleinerten Bildern unproportional groß.

Abhilfe:

1. Legen Sie die Wasserzeichen-Vorlage in hoher Pixelzahl an und nutzen Sie Effekte wie **Abgeflachte Kante und Relief** oder **Schlagschatten**.
2. Unter jeder Ebene mit Effekt sehen Sie den Effekte-Balken. Klicken Sie mit rechts darauf und wählen Sie **Ebene(n) erstellen**.
3. Speichern Sie wie bisher in einem ebenentauglichen Format wie PDF, TIFF oder Photoshop-PSD.

Theoretisch verlieren Sie so geringfügig Qualität, sobald Sie das Wasserzeichen nicht in Original-Pixelmaßen verwenden. Auf jeden Fall ändern aber die Effekte jetzt ihre Größe passend zum Gesamtbild.

24.6 Text verzerren

Sie können Text durch ungewöhnliche Verzerrungen gestalten oder an Pfaden und Formen anschmiegen.

24.6.1 Text auf Pfaden und in Formen

Text fließt auf frei geformten Pfaden durchs Bild. Die Lettern schmiegen sich zum Beispiel an Motivumrisse an, wenn Sie zunächst den Pfad entsprechend formen. Ihre Möglichkeiten unter anderem:

- Sie können den Text auf dem Pfad weiterhin mit Textfunktionen korrigieren.
- Der Pfad lässt sich weiterhin mit Pfadfunktionen umformen, der Text passt sich automatisch dem neuen Pfad an.

- Der Text startet an beliebigen Punkten auf dem Pfad und lässt sich auf die andere Seite des Pfads umklappen.

Wenn Sie nur allgemein eine geschwungene Form brauchen, die sich nicht an einer exakten Form orientiert, haben Sie es mit der Funktion TEXT VERFORMEN leichter.

Abbildung 24.25 Wir erzeugen den Pfad mit dem Zeichenstift. Mit der Eingabetaste schließen wir den offenen Pfad ab. Wir haben mit dem Textwerkzeug links auf den Pfad geklickt und getippt. Im Bereich des Nackens werden die Buchstaben noch zusammengeschoben. Sofern die Textebene im Ebenen-Bedienfeld aktiviert ist, erkennen Sie im Pfade-Bedienfeld den neuen Textpfad; er lässt sich unabhängig vom ursprünglichen »Arbeitspfad« verändern. Datei: Text_5

Abbildung 24.26 Verbessern Sie den Textfluss. **Links:** Mit dem Direktauswahl-Werkzeug ändern Sie Ankerpunkte und Griffpunkte, bis die Buchstaben besser sitzen. **Rechts:** Passt der Abstand an einer Stelle nicht exakt, klicken Sie mit dem Textwerkzeug zwischen zwei Lettern und ändern im Zeichen-Bedienfeld den »Abstand zwischen zwei Zeichen«. Testen Sie auch geänderte »Laufweite« für den gesamten Text.

Text auf Pfad anlegen

So legen Sie Text auf einen Pfad:

1. Falls noch nicht vorhanden, erzeugen Sie zunächst einen neuen Pfad etwa mit Zeichenstift oder Freiform-Zeichenstift. Nehmen Sie oben in den Optionen die Vorgabe Pfad, damit nicht zusätzlich noch eine Formebene entsteht.
2. Schalten Sie das Textwerkzeug T ein und führen Sie den Textcursor dorthin über den Pfad, wo der Schriftzug beginnen soll. Photoshop zeigt den speziellen Cursor für Text auf Pfaden.
3. Klicken Sie und tippen Sie Ihre Wörter ein.

Es spielt keine Rolle, ob Sie einen »Arbeitspfad« oder einen gespeicherten »Pfad 1« oder ähnlich verwenden. Wollen Sie einzelne Buchstaben und nicht die Grundlinie der gesamten Textzeile modellieren, nutzen Sie das **Formgitter**.

Achtung Bei geschlossenen Pfaden, die zum Beispiel mit einem Formwerkzeug entstanden sind: Klicken Sie nicht in die Form hinein, sonst entsteht Absatztext innerhalb der Form – Sie sehen dann den Text-in-Form-Cursor. Klicken Sie leicht außerhalb der Form – dort, wo Photoshop den Text-auf-Pfad-Cursor präsentiert.

Wenn Sie den Pfad anlegen

Beachten Sie beim Anlegen des Pfads:

- Gut brauchbare Pfade ohne harte Ecken entstehen vor allem mit dem Zeichenstift, wenn Sie bei jedem Einzelpunkt beim Klicken zugleich ziehen. Je weicher die Übergänge, desto flüssiger wirkt später der Schriftzug.
- Nützliche Pfade produziert auch der Freiform-Zeichenstift mit der Option Magnetisch; verwenden Sie eine relativ niedrige Frequenz, so dass nicht zu viele Ankerpunkte entstehen.
- Setzen Sie die Punkte von links nach rechts ins Bild, damit der Text in diese Richtung läuft. Bei Pfaden, die von rechts nach links entstanden sind, verläuft der Text kopfstehend entlang der Unterseite. Ein solcher Schriftzug lässt sich jedoch immer noch hochklappen.
- Formen Sie den Pfad so genau wie möglich. Sitzt der Text erst auf dem Pfad, ist die Pfadkorrektur umständlicher.
- Oder leiten Sie den Pfad mit mittlerer oder hoher Toleranz aus einer Auswahl ab, zum Beispiel 5 statt 2. Anschließend löschen Sie den überflüssigen Pfadteil mit Direktauswahl-Werkzeug und Entf-Taste, dann ist die Konstruktion übersichtlicher.

Tipp Wörter, die über das Ende des Pfads hinausragen, zeigt Photoshop nicht an, sie bleiben jedoch erhalten. Bringen Sie die Lettern nachträglich ins Bild, indem Sie die Schriftgröße verkleinern, den Pfad verlängern oder den Text auf dem Pfad verschieben.

Der neue »Textpfad«

Im Pfade-Bedienfeld entsteht ein neuer »Textpfad«. Er ist nur sichtbar, wenn Sie die zugehörige Textebene im Ebenen-Bedienfeld aktivieren. Sie können den ursprünglichen »Pfad 1« oder »Arbeitspfad« im Pfade-Bedienfeld beliebig verändern – der Pfad für Ihren Text bleibt erhalten. Umgekehrt ändert sich der ursprüngliche Pfad nicht, wenn Sie den Textpfad umformen.

Tipp Um die Sache übersichtlich zu halten, stellen Sie die Textoptionen auf TEXT LINKS AUSRICHTEN und klicken mit dem Textwerkzeug T ganz links außen in den Pfad. Oder nehmen Sie TEXT ZENTRIEREN und klicken Sie in die Mitte der Pfadstrecke.

Text auf Pfad verschieben und kippen

Um den Schriftzug auf dem Pfad zu verschieben, aktivieren Sie zunächst das Direktauswahl-Werkzeug oder das Pfadauswahl-Werkzeug. Sobald Sie es über den Text halten, erscheint der spezielle Zeiger zum Verschieben des Textes. Ziehen Sie den Text an einen neuen Startpunkt.

Ziehen Sie den Text mit derselben Funktion auf die Unterseite des Pfads, so dass er über Kopf von rechts nach links verläuft. Genau das passiert leicht auch unbeabsichtigt.

Tipp Der eingeblendete Pfad stört die Bildbeurteilung. Mit Strg+H verstecken Sie die Linie, ohne den Pfad zu löschen.

Text wieder gerade ausrichten

Sie wollen den Text vom Pfad abkoppeln und wieder schnurgerade durchs Bild führen? So geht's:

1. Klicken Sie mit dem Textwerkzeug T in den Pfadtext.
2. Wählen Sie mit Strg+A den kompletten Text aus.
3. Kopieren Sie Ihre Wörter mit Strg+C in die Zwischenablage.
4. Ziehen Sie die Textebene im Ebenen-Bedienfeld in den Mülleimer.
5. Klicken Sie mit dem Textwerkzeug T ins Bild.
6. Fügen Sie den Text mit Strg+V ein. Er läuft jetzt wieder gerade durchs Foto.

Weitere Textkorrekturen

Einige Textkorrekturen sind besonders nützlich für Text auf Pfaden, wir haben sie bereits detailliert besprochen:

- Ändern Sie die LAUFWEITE, den allgemeinen Buchstabenabstand. Ziehen Sie bei markiertem Text über der Schaltfläche im Zeichen-Bedienfeld.
- Den Abstand zwischen zwei Lettern verändern Sie, indem Sie den Cursor zwischen die zwei Buchstaben setzen und klicken und über dem Feld ABSTAND ZWISCHEN ZWEI ZEICHEN im Zeichen-Bedienfeld ziehen.
- Das Feld GRUNDLINIE im Zeichen-Bedienfeld verschiebt den Text oder einzelne markierte Lettern über oder unter den Pfad.
- Schalten Sie das Textwerkzeug T ein, dann markieren Sie einzelne Buchstaben, um sie mit den Funktionen VERTIKAL SKALIEREN und HORIZONTAL SKALIEREN im Zeichen-Bedienfeld zu dehnen oder zu verlängern.
- Funktionen wie TEXT VERFORMEN oder **Frei transformieren** (Strg+T) stehen weiterhin zur Verfügung.

24.6.2 Text verformen

WÖLBUNG oder WULST? BOGEN OBEN oder MUSCHEL UNTEN? Wenn Sie einen VERFORMTEN TEXT ERSTELLEN, biegen sich Textebenen vielseitig durch. Der Schriftzug bleibt im Textmodus erhalten, er lässt sich also weiterhin mit Zeichen- und Absatz-Bedienfeld korrigieren. Sämtliche Dehnübungen, die Sie mit der Funktion TEXT VERFORMEN durchführen, beschädigen nicht den empfindlichen Rand der Buchstaben. »Verformte« Textebenen erscheinen im Ebenen-Bedienfeld mit einem speziellen Symbol.

Abbildung 24.27 Die »Verformungen« in diesem Beispiel wurden mit der Funktion »Frei Transformieren« weiter verzerrt. Datei: Text_12

Tipp Sofern Sie Photoshop in der Extended-Version nutzen, können Sie Text auch auf 3D-Modelle spannen und so präzise plastisch formen.

Verformung beginnen und abschalten

Klicken Sie auf das Symbol Verformten Text erstellen in der Optionenleiste zum Textwerkzeug. Alternativ verwenden Sie **Schrift: Text verformen**. Textebenen mit Verformung kennzeichnet Photoshop durch ein spezielles, verzerrtes »T«-Symbol im Ebenen-Bedienfeld.

Möchten Sie den Text wieder entkrümmen? Wählen Sie erneut den Dialog Text Verformen und klicken Sie im Stil-Menü auf **Ohne**.

Tipp Auch bei geöffnetem Dialogfeld Text Verformen können Sie den Schriftzug mit der Maus im Bild verschieben.

Abbildung 24.28 **Links:** Die Vorgabe »Flagge« des Dialogfelds »Text verformen« wirft den Text in Wellen. **Rechts:** »Flagge« mit positiver horizontaler Verzerrung. Datei: Text_13

Optionen im Dialogfeld »Text verformen«

Diese Optionen bietet das Dialogfeld:

- Als Art suchen Sie eine Form wie Bogen oder Muschel unten heraus. Beliebige freie Formen bietet Photoshop nicht an, ebenso wenig wie Text auf Pfaden.
- Mehrere Arten bieten die Checkboxen Horizontal oder Vertikal für die generelle Richtung der Änderung.
- Der Regler Biegung bestimmt den Grad der Verzerrung. Je weiter nach außen Sie den Regler schieben, umso stärker ist die Verformung – prüfen Sie in der Zoomstufe 100 Prozent, ob die Lettern überhaupt noch zu entziffern sind. Negative Werte kehren den Effekt um: Ein ursprünglich nach oben gewölbter Bogen biegt sich nun nach unten durch.
- Ziehen Sie den Regler für Horizontale Verzerrung nach rechts, auf positive Werte, so erscheint der Schriftzug links schlanker und rechts fetter als zuvor. Bei negativen Werten, also Reglerposition links, beginnt der Slogan extradick und wird von links nach rechts schwindsüchtig.
- Die Vertikale Verzerrung bestimmt, ob Ihr Schriftzug oben oder unten breiter erscheinen soll. Ein positiver Wert erzeugt einen breiten Textsockel, der sich nach oben verjüngt.

24.6.3 Text »transformieren«

Biegen Sie Textebenen auch per **Bearbeiten: Frei transformieren** (Strg+T). Hier ziehen Sie – teils mit Zusatztasten – an den Anfasspunkten um die Rechteckbox herum oder Sie tippen Werte in die Eingabefelder der Optionenleiste oben.

Sie können dabei die Schrift skalieren (auch unproportional), drehen oder neigen, allerdings nicht unmittelbar perspektivisch verzerren (nächster Abschnitt). Wollen Sie die Höhe-Breite-Proportion wahren, nehmen Sie beim Skalieren die ⇧-Taste oder zuvor die Schaltfläche Seitenverhältnis erhalten. Diese Funktionen lassen sich zusätzlich zum Verformen oder stattdessen verwenden. Ihr Slogan bleibt im praktischen Textmodus.

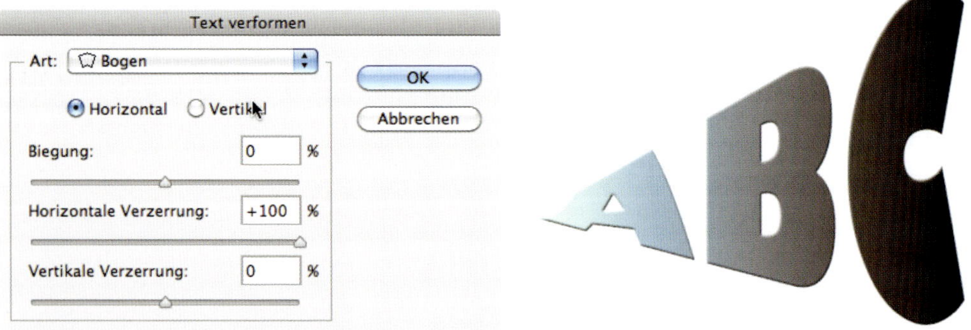

Abbildung 24.29 »Transformieren«-Befehle wie »Verzerren« oder »Perspektivisch verzerren« bietet Photoshop für Textebenen nicht an. Eine Alternative bietet das Dialogfeld »Text verformen«: Sie erzeugen perspektivische Verzerrung, wenn Sie die »Biegung« auf 0 stellen und eine der Verzerrungen ändern. Wir haben die »Horizontale Verzerrung« auf den Wert +100 gesetzt; der Text scheint von links hinten in das Bild zu ragen.

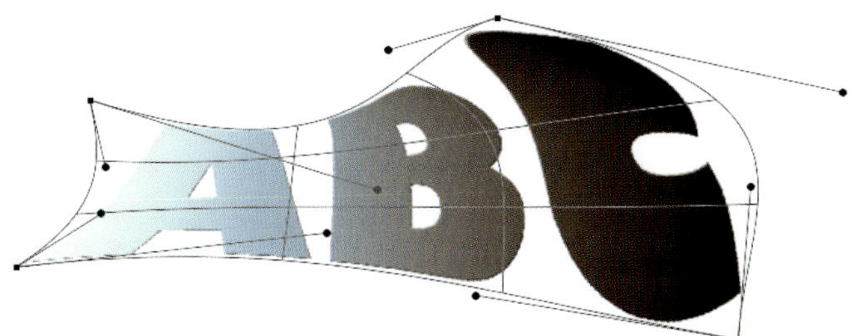

Abbildung 24.30 Die Textebene wurde mit »Filter: Für Smartfilter konvertieren« in ein Smartobjekt verwandelt. Jetzt stehen beim Transformieren »Perspektivische Verzerrung«, »Verformen« und »Formgitter« zur Verfügung, wodurch der Text deutlich flexibler geformt werden kann als im oberen Beispiel. Alle Texteigenschaften bleiben änderbar, auch der zuvor angelegte Ebenenstil bleibt erhalten.

»Verzerren« und »Perspektivisch verzerren«

Um Texte mit den **Transformieren**-Varianten **Verzerren** und **Perspektivisch verzerren** zu bearbeiten, haben Sie folgende Möglichkeiten:

- Wandeln Sie die Textebene in ein Smartobjekt um (**Filter: Für Smartfilter konvertieren**); nun stehen alle Verzerrungsformen zur Verfügung, auch das VERFORMEN, die Textebene bleibt als »Datei in der Datei« im pflegeleichten Textmodus.
- Wenden Sie mit der Schaltfläche eine »Verformung« an (siehe oben), senken Sie die BIEGUNG auf 0 und heben Sie die VERTIKALE VERZERRUNG an – so entsteht eine perspektivische Verzerrung. Der Text bleibt im Textmodus korrigierbar.
- Wandeln Sie den Text in eine Formebene um; dazu wählen Sie Schrift: **In Form umwandeln**. Schalten Sie das Direktauswahl-Werkzeug ein, dann wählen Sie Strg+T oder das Untermenü **Bearbeiten: Pfad transformieren** und verzerren nach Maß. Sie verlieren den Textmodus; wegen der Pfadtechnik bleibt aber die Kantenschärfe über alle Verzerrungen hinweg erhalten.

Tipp Sie haben Ihre Textebene als Smartobjekt gespeichert. Dann wechseln Sie nachträglich zu einer Schriftart, die mehr Fläche braucht, oder Sie tippen einen längeren Text ein. Danach erscheint der Text zunächst abgeschnitten im Gesamtbild. Abhilfe: Während Sie die einzelne »Datei in der Datei« mit dem Schriftzug bearbeiten, wählen Sie **Bild: Alles einblenden.** Der Befehl ist jedoch bei aktivem Textwerkzeug inaktiv; wechseln Sie also zuvor zu einem anderen Werkzeug!

24.6.4 Text im »Formgitter«

Verbiegen Sie Textebenen auch per **Bearbeiten: Formgitter**. Schmiegen Sie einzelne Buchstaben an komplexe Umrisse an, formen Sie Lettern wie knorrige Korkeichen.

Ebenentechnik

Wandeln Sie die Textebene zunächst in ein Smartobjekt um (**Filter: Für Smartfilter konvertieren**). Ihre Vorteile:

- Sie können ohne Verlustängste beliebig experimentieren, den Effekt ausblenden und jederzeit auch nach Speichern, Schließen und erneutem Öffnen an der Biegung feilen.
- Sie können den Text nachträglich umformatieren oder die Schriftart ändern, die **Formgitter**-Verzerrung wird wieder angewendet.

Wenden Sie den **Formgitter**-Befehl auf eine Textebene ohne Smartobjekt-Schutz an, wird die Ebene gerastert, also in normale Pixel verwandelt. Dabei leidet schnell die Kantenschärfe.

Möglichkeiten

Jeder Buchstabe erhält sein eigenes Formgitter. Sie formen also jeden Buchstaben unabhängig vom anderen um. Die Einstellungen oben in der Optionenleiste gelten indes für alle gemeinsam. Einige Möglichkeiten:

- Setzen Sie nur einen Pin pro Buchstabe, können Sie ihn verschieben. Ändern Sie Grundlinienversatz oder Buchstabenabstand.
- Setzen Sie zwei Pins und aktivieren einen von beiden, dreht sich der Buchstabe. Stauchen oder dehnen Sie in einer Richtung. Aktivieren Sie bei gedrückter ⇧-Taste beide Pins, verschieben Sie wieder.
- Ab drei Pins können Sie individuell verzerren.
- Mitunter biegen Sie einen Teil des Buchstabens hinter einen anderen. Was »weiter vorne« (sichtbar) und »weiter hinten« (verdeckt) rangiert, steuern Sie mit den Schaltflächen PIN NACH VORNE HOLEN und PIN NACH HINTEN STELLEN.
- Sie können anschließend die Gesamtebene immer noch **Frei transformieren** (Strg+J), zum Beispiel drehen oder skalieren.

Tipp Auch gerade Buchstaben biegen sich im **Formgitter** schnell rundlich. Als Gegenmaßnahme stellen Sie den MODUS auf STARR, experimentieren Sie auch mit DICHTE und AUSBREITUNG. Begrenzen Sie Überlappungen auch durch Senken der AUSBREITUNG.

Abbildung 24.31 Links: Die Textebene wurde zunächst in ein Smartobjekt umgewandelt. Mitte: Im »Formgitter« haben wir pro Letter einen Pin gesetzt und die Buchstaben verschoben. Rechts: Jeder Buchstabe wird zum Schluss als separates Objekt umgeformt.

Buchstaben mit mehreren Pins verschieben

Um einen Buchstaben mit mehreren Pins zu verschieben und nicht zu verformen, müssen Sie alle Pins dieses Buchstabens gemeinsam auswählen. Einfachstes Verfahren zum reinen Verschieben:

1. Klicken Sie einen der Pins mit der rechten Maustaste an.
2. Nehmen Sie im Kontextmenü **Alle Pins am Objekt auswählen**.
3. Bewegen Sie den Buchstaben, zum Beispiel auch per Pfeiltaste.

24.6.5 Verzerren per Filter

Weitere Verzerrungsmöglichkeiten für Text finden Sie im FILTER-Menü:

- Das Untermenü **Verzerrungsfilter** enthält starke Befehle wie **Schwingungen**, **Kräuseln, Strudel** oder **Verbiegen**. Wahren Sie den Textmodus, indem Sie vorab die Textebene in ein Smartobjekt verwandeln (**Filter: Für Smartfilter konvertieren**). Achten Sie auch darauf, dass die Textebene viel leere Bildfläche nach allen Seiten hat, sonst setzt Photoshop die Verfremdung nur begrenzt um.
- Gummiartig dehnen Sie die Wörter mit dem Befehl **Filter: Verflüssigen**. Dieser Befehl eignet sich nicht für Smartobjekte - Sie können den Schriftzug also nicht mehr im Textmodus bearbeiten und sollten auf beschädigte Kanten achten. **Bearbeiten: Formgitter** ist eine Alternative.

Beim Verzerren schalten Sie die Ebenenoption TRANSPARENTE PIXEL FIXIEREN oben im Ebenen-Bedienfeld aus (Seite 704).

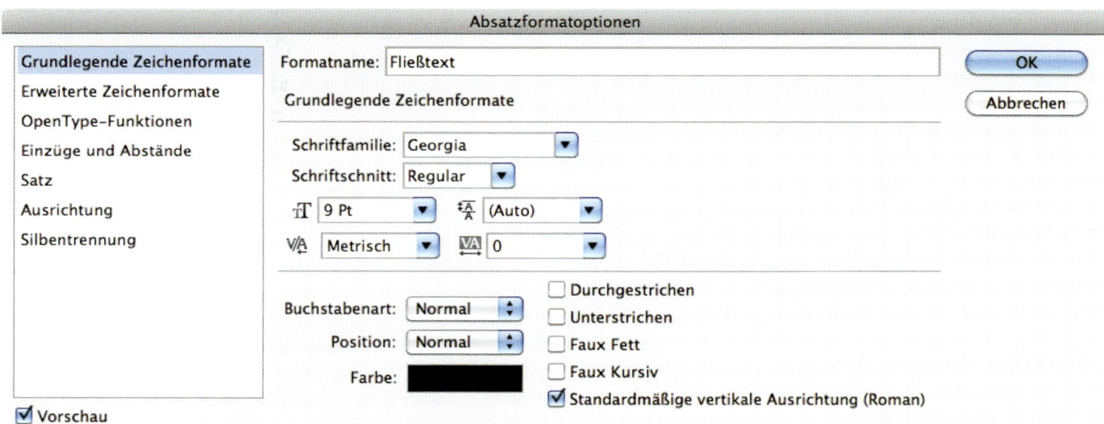

Abbildung 24.32 Die Beispiele entstanden mit den **Filter**-Befehlen **Windeffekt (Stilisierungsfilter)**, **Schwingungen** und **Kräuseln (Verzerrungsfilter)**. Die Textebenen wurden zunächst in Smartobjekte verwandelt, so dass alle Texteigenschaften voll erhalten bleiben und die Konturen nicht zunehmend verwischen. Datei: Text_15

24.7 Schriftzüge weiter verändern

Die Schriftzüge lassen sich vielfältig anpassen - die Fantasie setzt eher Grenzen als Photoshop. Sie können einzelne Buchstaben oder den ganzen Schriftzug verformen und Bilder einsetzen.

24.7.1 Schriftzüge mit einem Bild füllen

So erscheint Bildmaterial in einem Textumriss:

- Verwenden Sie die Textebene als Grundebene einer Schnittmaske; die Bildebene muss darüber liegen. Klicken Sie mit gedrückter Alt-Taste auf den Begrenzungsstrich zwischen den Ebenen. Das Bild füllt den Schriftzug aus, ragt aber nicht über die Schriftkonturen hinaus.
- Verwandeln Sie den Textumriss in eine Vektormaske. Sie wählen bei aktivierter Textebene den Befehl **Schrift: Arbeitspfad erstellen**; dann aktivieren Sie die gewünschte Ebene und klicken auf **Ebene: Vektormaske: Aktueller Pfad**. Löschen Sie nun die Textebene und das Bild erscheint im Textpfad. Aktivieren Sie die Vektormaske und alle Buchstaben mit dem Pfadauswahlwerkzeug oder mit dem Direktauswahlwerkzeug, um die Buchstaben über dem Bild verschieben und neu zu bestimmen, welche Bildteile sichtbar sind.

Abbildung 24.33 In beiden Beispielen ist die Textebene mit einem Foto gefüllt. Links: Hier haben wir die Aufgabe mit einer Vektormaske gelöst. Rechts: Die Schnittmaske kommt ganz ohne Pfade aus und erzielt den gleichen Effekt.

- Teilen Sie dem Text einen Effekt wie KONTUR oder ABGEFLACHTE KANTE UND RELIEF zu. Senken Sie die Deckkraft der Ebenenfüllung mit dem FLÄCHE-Regler oben im Ebenen-Bedienfeld. Das Bild ist bei dieser Methode jedoch auch außerhalb der Buchstaben zu sehen.

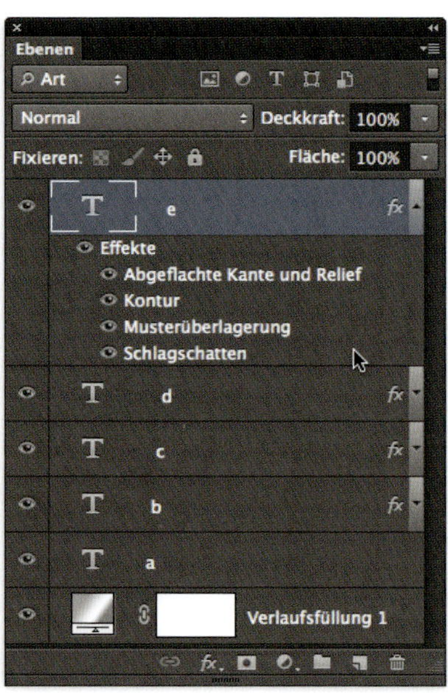

Abbildung 24.34 Erkennen Sie's? Ab dem »b« kam bei jedem Buchstaben ein Ebeneneffekt hinzu. Datei: Text_18

24.7.2 Text und Ebenenstile

Die Ebenenstile eignen sich bestens für Textveränderungen. Dabei bleibt der Text voll korrigierbar. Beispiele für Text mit Ebeneneffekten finden Sie im ganzen Buch. Einige Möglichkeiten:

- Die KONTUR umgibt den Text mit einer Randlinie – die Textkontur tritt besser hervor, hebt sich deutlicher vom Hintergrund ab. Beachten Sie die Unterschiede zwischen Kontur INNEN und AUSSEN.
- ABGEFLACHTE KANTE UND RELIEF sorgt für knackig-plastische 3D-Textobjekte.
- Der SCHLAGSCHATTEN unterlegt Ihre Wörter mit einem Schatten – gut geeignet, um Schriftzüge besser vom Hintergrund abzuheben. SCHEIN NACH AUSSEN appliziert einen Lichthof – Ihre Message hebt sich so besser von dunklen Hintergründen ab.
- Mit VERLAUFSÜBERLAGERUNG, FARBÜBERLAGERUNG oder MUSTERÜBERLAGERUNG verändern Sie die Textfüllung – und können jederzeit wechseln.

Senken Sie den FLÄCHE-Wert im Ebenen-Bedienfeld, so dass die Originaltextfarbe verschwindet und nur noch die Ebeneneffekte Ihre Botschaft vertreten, etwa als Kontur oder durchscheinende 3D-Plastik.

24.7.3 Korrekturen nach dem Rastern

Für stärkere Änderungen am Schriftbild müssen Sie den normalen Textmodus verlassen: entweder

- Sie rastern endgültig (**Schrift: Textebene rastern**) oder
- Sie verwandeln Ihren Slogan in ein Smartobjekt (**Filter: Für Smartfilter konvertieren**).

Alle folgenden Korrekturen erfordern diese Vorarbeit.

Tipps für die Arbeit mit gerastertem Text

Wenn Sie nicht mit Smartobjekt arbeiten, sondern ein für allemal zu Pixeln umrastern, legen Sie mit Strg+J zuvor ein Duplikat der Textebene an, das Sie mit dem Augensymbol unsichtbar machen. Auch den gerasterten Text lassen Sie auf einer eigenen Ebene, umgeben von Transparenz, und verschmelzen ihn nicht mit darunterliegenden Ebenen. Sind die Lettern von Transparenz umgeben, kann man sie wesentlich sauberer auswählen und bewegen.

Korrektur des Buchstabenabstands

Sie können die Buchstabenposition zum Teil einfacher verändern, wenn Sie den Text erst gerastert haben. Wollen Sie einzelne Lettern bewegen, werden diese nach dem Rastern zunächst mit Zauberstab oder Lasso markiert und dann mit dem Verschiebenwerkzeug oder per Pfeiltasten verschoben.

Tipp Buchstaben lassen sich besonders leicht verschieben, wenn Sie den Text in eine Formebene verwandeln (**Schrift: In Form umwandeln**). Jeden einzelnen Buchstaben aktivieren Sie bequem mit dem Pfadauswahl-Werkzeug.

Abbildung 24.35 **Links:** Dieser Buchstabe soll breiteren Raum einnehmen, damit er zum Beispiel deutlicher mit Bildmaterial gefüllt werden kann. **Rechts:** Diese Aufgabe übernimmt der Befehl »Filter: Sonstige Filter: Dunkle Bereiche vergrößern«.

Erweiterte Textumrisse mit »Dunkle Bereiche vergrößern«

Möchten Sie Bildteile innerhalb eines Schriftzugs zeigen, kommt es auf möglichst breit laufende Schriften an. Doch sogar Posterschriften zuzüglich Faux Fett kann man (nach dem **Rastern**) mit verschiedenen Funktionen noch weiter aufpumpen – dann passt noch mehr Bild hinein.

Verwenden Sie zum Beispiel den **Filter**-Befehl **Sonstige Filter: Dunkle Bereiche vergrößern**. Er wirkt auch bei hellen Schriftfarben, sofern die Lettern von Transparenz umgeben sind. Sie erzeugen hier sehr wuchtige, wenn auch sicher nicht typografisch wertvolle Lettern. Harte Ecken in den Umrissen bleiben in etwa erhalten, aber auch die Randglättung überlebt.

Buchstaben mit Pfadtechnik umformen

Mitunter möchte man einzelne Buchstaben exakt umformen. Pfadfunktionen eignen sich am besten dafür. Aktivieren Sie die Textebene im Ebenen-Bedienfeld und verwenden Sie **Schrift: In Form umwandeln**. Photoshop erstellt eine Form mit einem Pfad. Direktauswahlwerkzeug (Kurztaste [A]) und andere Pfadwerkzeuge modellieren den Pfad.

Abbildung 24.36 Der Zeichenstift gestaltet die Textkontur dieser Formebene, nachdem der Text in eine Form umgewandelt wurde.

Buchstabenteile transformieren

Sie wollen nur einzelne Buchstabenteile in die Länge ziehen, stauchen oder verzerren? Markieren Sie den gewünschten Bereich der (bereits gerasterten) Lettern und wählen Sie **Bearbeiten: Frei transformieren** ([Strg]+[T]). In der Regel sollte in den **Voreinstellungen** die Interpolationsmethode Bikubisch eingerichtet sein. Prüfen Sie jedoch, ob es zu Randunschärfen kommt.

Oder verwenden Sie eine Formebene, die Sie aus einer Textebene abgeleitet haben. Wählen Sie mit dem Direktauswahlwerkzeug einen Pfadteil aus; dann ziehen Sie an einzelnen Punkten oder drücken [Strg]+[T] zum Verformen (**Transformieren**) dieses Pfadbereichs.

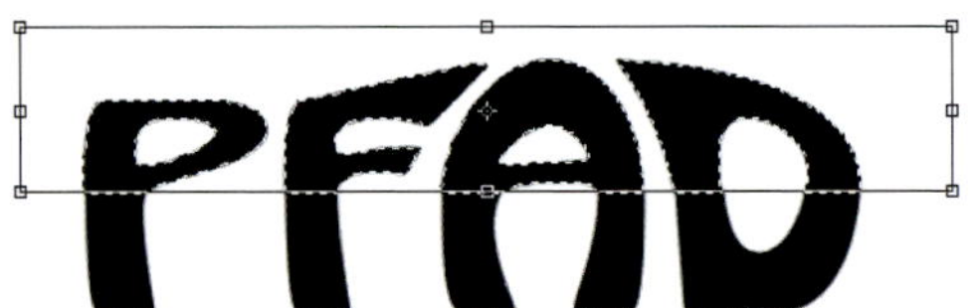

Abbildung 24.37 Um nur den oberen Bereich des Schriftzugs zu stauchen, ziehen wir eine Auswahl über die entsprechende Fläche und wählen »Bearbeiten: Frei transformieren«.

Text füllen und verzerren

Füllen Sie gerenderten Text auf einer Ebene mit Muster oder Motiv, sollten Sie die Option Transparente Pixel fixieren im Ebenen-Bedienfeld einschalten. Sonst wird die gesamte Bildfläche zugeschüttet. Sinnvoller wirkt es meist, wenn Sie die Füllung auf einer eigenen Ebene anlegen und den Text als Basisebene einer Schnittmaske darunter. Wollen Sie dagegen den Text verzerren oder weichzeichnen, schalten Sie Transparente Pixel fixieren aus – die Wirkung der Filter reißt sonst an den vorhandenen Texträndern ab.

Abbildung 24.38 Die Textebene wurde zusammen mit einer weißen Hintergrundebene als Smartobjekt verpackt und mit dem »Gaußschen Weichzeichner« abgesoftet. Eine stark verzerrte »Gradationskurve« für alle Grundfarben verteilt die Tonwerte neu. Die zusätzliche Änderung in den einzelnen Kanälen erzeugt Farben. Datei: Text_19

Randfehler beheben

Beim Verzerren gerenderter Textebenen entstehen leicht unschön ausgefranste Ränder. Sie lassen sich oft wieder glätten, zumindest wenn die Buchstaben eine gewisse Breite nicht unterschreiten:

- Verzerren Sie den Text auf transparentem Grund, laden Sie dann die Auswahlinformation per Strg-Klick auf die Miniatur. Kehren Sie die Auswahl um und weiten Sie diese Auswahl um wenige Pixel aus mit **Auswahl: Auswahl verändern: Erweitern** oder mit dem **Auswahl**-Befehl **Auswahl transformieren**. Nun löschen Sie das Schriftumfeld mit der Esc-Taste, um die ausgefransten Randpixel zu eliminieren.
- Erzeugen Sie von der gerasterten Textebene eine Auswahl, indem Sie bei gedrückter Strg-Taste auf die Miniatur im Ebenen-Bedienfeld klicken; die Auswahl verwandeln Sie in einen Pfad bei mittlerer oder niedriger Toleranz von zum Beispiel »2«; den Pfad füllen Sie mit aktivierter Option Glätten auf einer neuen Ebene.
- Zeichnen Sie den Text geringfügig weich; anschließend sorgen Sie mit **Helligkeit/Kontrast** aus dem Untermenü **Bild: Korrekturen** wieder für harte Konturen; nutzen Sie dabei die Option Früheren Wert verwenden.

Kapitel 25 3D-Funktionen

Photoshop Extended liefert ein umfangreiches **3D**-Menü, mit dem Photoshop 3D-Dateien, die mit Programmen, wie 3ds Max, Cinema 4D, Maya oder Google Earth erstellt wurden, öffnen und nachbearbeiten kann. Zudem ist es möglich, einfachere 3D-Objekte direkt in Photoshop zu erzeugen. Dieser Abschnitt richtet sich nur an Nutzer von Photoshop CS6 Extended und erklärt, wie 3D-Modelle aufgebaut sind, wie man vorhandene Modelle bearbeitet und wie man in Photoshop völlig neue 3D-Objekte und Szenerien erzeugen kann.

Tipp Für ein flüssiges Arbeiten mit 3D-Objekten ist rechnerseitig die Unterstützung von OpenGL für die Anzeigeleistung sehr wichtig. Andernfalls reagiert das Programm bei der Arbeit nur sehr langsam und auf einige Funktionen, wie etwa 3D-Achse und Lichtquellen, müssen Sie ganz verzichten.

25.1 3D-Grundlagen

3D-Dateien bestehen im Wesentlichen aus folgenden Komponenten:

Drahtgitter (Meshes): Sie bilden üblicherweise die Grundstruktur eines 3D-Modells. Ein Drahtgitter ist ein Gerüst aus Tausenden einzelner Polygone.

Materialien: Ein Drahtgitter kann mit einem oder mehreren Materialien verknüpft sein, die sein Aussehen steuern. Materialien selbst wiederum sind abhängig von sogenannten »Texturemaps«. Eine Texturemap ist eine ganz normale 2D-Bilddatei. Texturen werden unter einer 3D-Ebene im Ebenen-Bedienfeld aufgelistet. Sie können Texturen separat als 2D-Dateien öffnen und bearbeiten oder sie mit Hilfe der Mal- und Korrekturwerkzeuge in Photoshop direkt auf dem Modell bearbeiten.

Lichtquellen: 3D-Objekte stehen in einer Szenerie und diese Szene wird durch Lichtquellen beleuchtet. Es gibt vier Lichttypen: gerichtetes Licht, Spotlicht, Punktlicht und bildbasiertes Licht. Sie können vorhandene Lichtquellen verschieben, ihre Farbe und Intensität anpassen und einer 3D-Szene neue Lichtquellen hinzufügen.

Tipp Nutzen Sie den 3D-Arbeitsbereich, der mit Photoshop CS6 geliefert wird (**Fenster: Arbeitsbereich: 3D**). Er stellt alle für die 3D-Arbeit wichtigen Bedienfelder zur Verfügung. Sie können diesen Arbeitsbereich natürlich auch um Elemente erweitern, die für Ihre Arbeit wichtig sind.

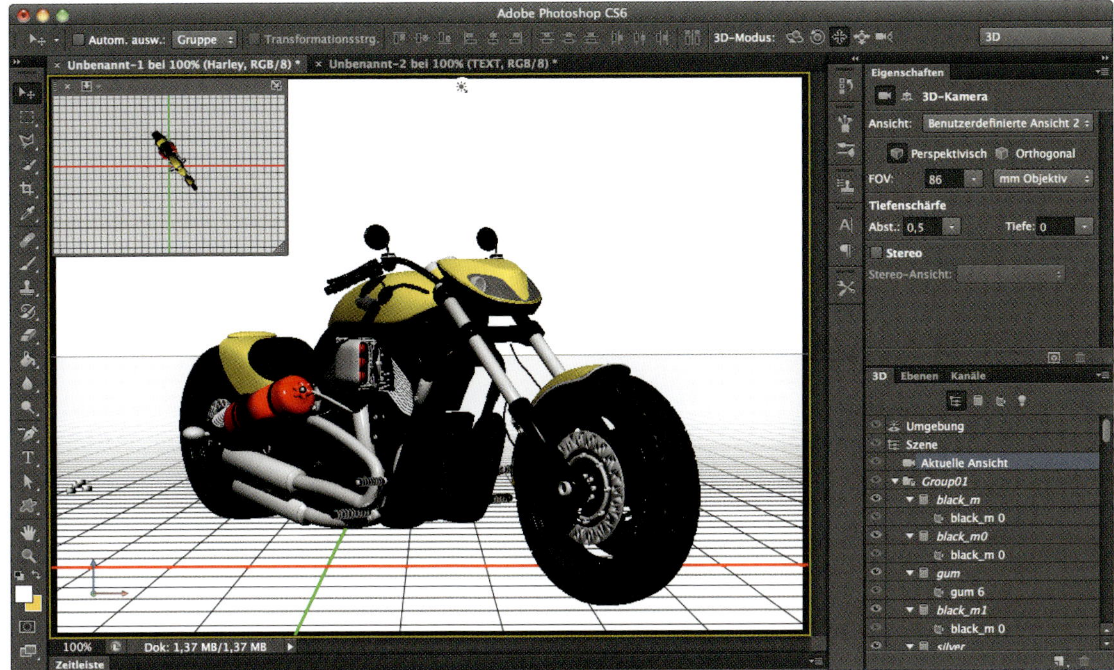

Abbildung 25.1 Der Arbeitsbereich »3D« in Photoshop Extended liefert zwei wichtige Bedienfelder »Eigenschaften« und »3D« zum Bearbeiten des Körpers. Zudem finden sich Funktionen zur Steuerung rechts in der Optionenleiste neben »3D-Modus«. Das kleinere Fenster im Arbeitsbereich oben links zeigt die »Sekundäre 3D-Ansicht«.

Sekundäre 3D-Ansicht

Die **Sekundäre 3D-Ansicht** zeigt die Szene aus einem anderen Blickwinkel und hilft bei der Bearbeitung und Konstruktion des Modells. Folgende Möglichkeiten haben Sie:

- Über die Schaltfläche ANSICHT/KAMERA AUSWÄHLEN oben links wählen Sie die Ansicht. Der Schalter rechts oben HAUPT- UND SEKUNDÄRANSICHT VERTAUSCHEN dient dazu, die beiden Ansichten zu tauschen. So lassen sich beispielsweise Objekte im Großformat von oben bearbeiten, die ursprüngliche perspektivische Kamera-Ansicht ist dann im sekundären Fenster zu sehen.
- Sollte die **Sekundäre 3D-Ansicht** nicht zu sehen sein, so öffnen Sie diese über **Ansicht: Anzeigen: Sekundäre 3D-Ansicht.**

25.2 Öffnen und Bearbeiten von 3D-Modellen

Sie können eine 3D-Datei in Photoshop CS6 Extended direkt öffnen oder sie einer geöffneten Photoshop-Datei als 3D-Ebene hinzufügen. Beim Hinzufügen einer Datei als 3D-Ebene verwendet die Ebene die Maße der vorhandenen Datei. Die 3D-Ebene enthält nur das 3D-Modell auf einem transparenten Hintergrund.

3D-Dateien werden ganz normal über den Menübefehl **Datei: Öffnen** in Photoshop geöffnet. Um eine vorhandene 3D-Datei als neue Ebene in die aktuelle Datei einzufügen, wählen Sie **3D: Neue Ebene aus 3D-Datei** und geben dann die gewünschte 3D-Datei an.

Hinweis Photoshop CS6 Extended unterstützt die 3D-Dateiformate **U3D** (Universal 3D File), **3DS** (3ds Max), **OBJ** (Object File Format aus Maya), **KMZ** (Google Earth) sowie **DAE** (Digital Asset Exchange, Collada), ein XML-basiertes offenes Austauschformat für 3D-Inhalte.

3D-Modelle behalten beim Öffnen in Photoshop Extended alle Informationen zu Texturen, Rendering oder Lichtquellen. Sie können sie verschieben, animieren, die Lichtquellen bearbeiten, mit Texturen versehen sowie mehrere 3D-Modelle in einer 3D-Szene kombinieren. Auch die Kombination mit 2D-Bildern ist natürlich möglich. Hintergrund- oder Alphakanal-Informationen aus der Original-3D-Datei sind bei einer 3D-Ebene in Photoshop jedoch nicht mehr verfügbar.

Zur Bearbeitung von 3D-Modellen stehen ein eigenes Menü und zwei eigene Bedienfelder sowie mehrere Werkzeuge zur Verfügung. Mit Hilfe der Bedienfelder und der Werkzeuge lassen sich Einstellungen zum Rendering verändern, die Kamerapositionen verschieben und natürlich auch das Objekt an sich verschieben, drehen oder skalieren.

Die 3D-Werkzeuge können nur auf 3D-Ebenen eingesetzt werden. Eine 3D-Ebene erkennen Sie an dem Quader-Symbol im Ebenen-Bedienfeld.

Abbildung 25.2 Eine 3D-Ebene ist im Ebenen-Bedienfeld durch einen kleinen Quader rechts unten gekennzeichnet.

Hinweis Über **3D: Weitere Inhalte abrufen** gelangen Sie auf die Webseite »Adobe Photoshop Extended 3D Inhalt«. Hier stehen beispielsweise kostenlose Modelle und Meshes wie auch eine ganze Materialsammlung zur Verfügung. Das Motorrad im ersten Bild dieses Kapitels stammt ebenfalls aus dieser Quelle. Ebenfalls über das »Google 3D Warehouse« können Sie kostenlose 3D-Modelle laden. Geben Sie dazu im Browser *www.google.com/sketchup/3dwh/* ein.

Handhabung von 3D-Objekten und Kamera

Aktiviert man eine 3D-Ebene, können Sie die Objekte und die Kamera bei aktiviertem Verschieben-Werkzeug anpassen. In der Optionenleiste stehen dann unter **3D-Modus** die Werkzeuge Drehen, Rollen, Ziehen, Verschieben und Skalieren bereit. Alle diese Werkzeuge sind direkt auf das Objekt oder auf die Kameraposition anwendbar. Um zwischen Objekt und Kamera-Ansicht zu wechseln, gehen Sie folgendermaßen vor:

- Blenden Sie zunächst über **Ansicht: Anzeigen** die **3D-Grundebene** ein. Damit kontrollieren Sie, was sich beim Verwenden eines der oben genannten Werkzeuge tatsächlich ändert; drehen Sie beispielsweise die Kamera-Ansicht, bewegt sich die 3D-Grundebene mit. Drehen Sie hingegen das eigentliche 3D-Objekt, ändert sich die Position der Grundebene nicht.
- Arbeiten Sie nun mit allen Werkzeugen direkt auf der Arbeitsfläche. Klicken Sie dazu mit dem entsprechenden Werkzeug einmal auf das Objekt, um es zu bearbeiten. Ziehen Sie mit gedrückter Maustaste in verschiedene Richtungen und kontrollieren Sie die Änderungen in der Haupt- und der Sekundäransicht. Um die Kameraposition zu ändern, klicken Sie zuvor einmal auf die Grundebene.

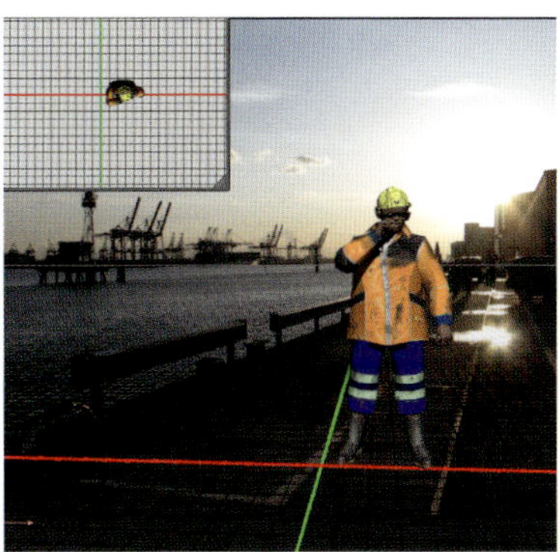
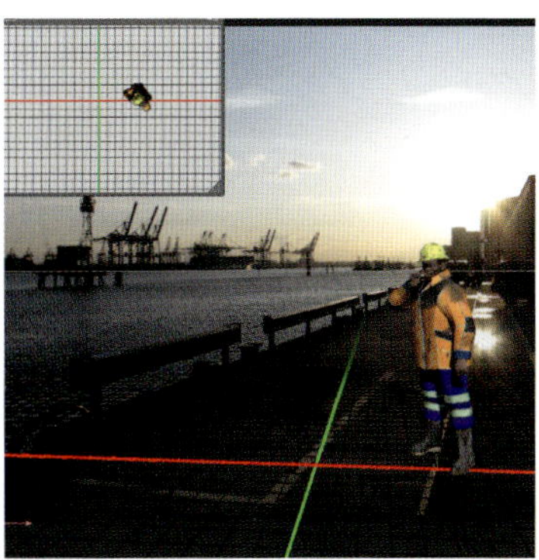

Abbildung 25.3 **Links:** Wir haben über »3D: Weitere Inhalte abrufen« unter »Modelle und Meshes« im »Archive3D« das Model »Worker« geladen und das Modell im 3ds-Format als »Neue 3D-Ebene aus Datei« auf den Fotohintergrund gesetzt. **Mitte**: Wir passen zunächst die Kameraposition an: Dazu klicken wir einmal auf die Grundebene und verschieben diese mit dem Werkzeug Drehen so, dass der obere Rand der Grundlinie auf dem Horizont im Bild liegt. **Rechts**: Nun klicken wir auf das Modell, drehen , verschieben und skalieren es. Zum Schluss wird der 3D-Körper noch an der Grundebene ausgerichtet. Datei: 3D_01

Tipp Es ist wichtig, das Objekt an der Grundebene auszurichten. Nur so stimmen nach dem späteren Rendern die Beleuchtung und der Schattenwurf; andernfalls würde das Objekt über dem Boden schweben, oder – wenn es sich zum Teil unterhalb der Grundlinie befindet – ein abgeschnittener Schatten entstehen. Um das Objekt auszurichten, wählen Sie bei aktiviertem Verschieben-Werkzeug das Objekt und dann **3D: Objekt an Grundebene ausrichten.**

3D-Bedienfeld

Im 3D-Bedienfeld befinden sich alle Kontrollen für die Details einer Szene oder die Einstellungen einzelner Objekte. Das Bedienfeld ist unterteilt in vier Bereiche:

- Ganz links befinden sich Einstellungen für die gesamte Szenerie. Dazu gehören das **Umgebungslicht**, die **Szene** mit der **aktuellen Ansicht**, das **3D-Objekt** sowie die **zweite Lichtquelle**.
- Das Symbol daneben gibt Ihnen Zugriff auf die **Meshes** (Gittergerüste), die die eigentliche Form des 3D-Objekts bilden.
- Es folgen alle **Materialien**, die die Meshes umspannen.
- Ganz rechts sind die **Lichtquellen** aufgelistet. Es gibt grundsätzlich immer zwei Lichtquellen in einer 3D-Szenerie, das Umgebungslicht und eine Lichtquelle, die das Objekt beleuchtet und für Schattenwurf sorgt. Die zweite Lichtquelle ist in der Grundeinstellung ein Gerichtetes Licht, sie kann aber in Spot- oder Punkt-Licht geändert werden.

Am unteren Rand finden Sie die obligatorische Mülltonne, um Einstellungen oder Objekte zu löschen. Daneben liegt das Icon für neue Lichtquellen. Es ist nur aktiv, wenn entweder der Bereich **Szene** oder der Bereich **Lichtquellen** aktiviert ist.

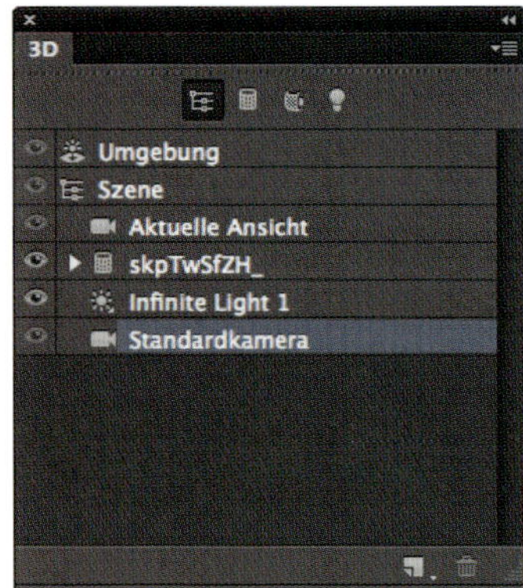

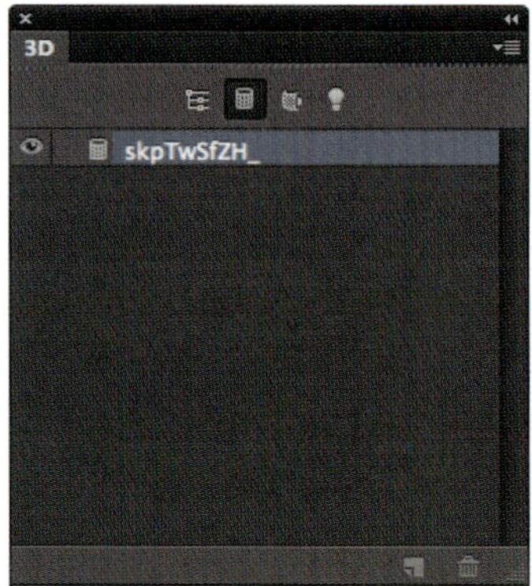

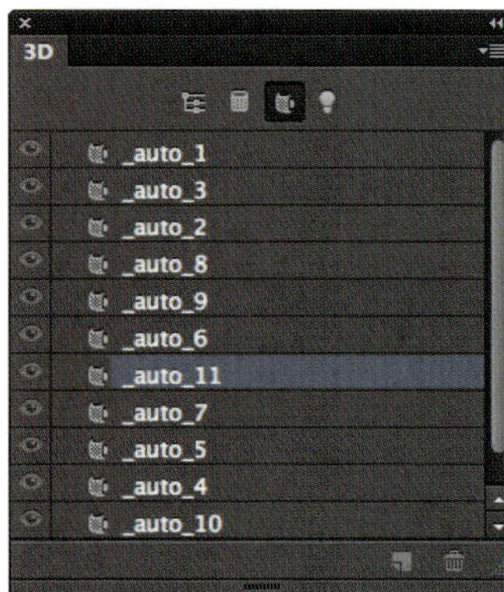

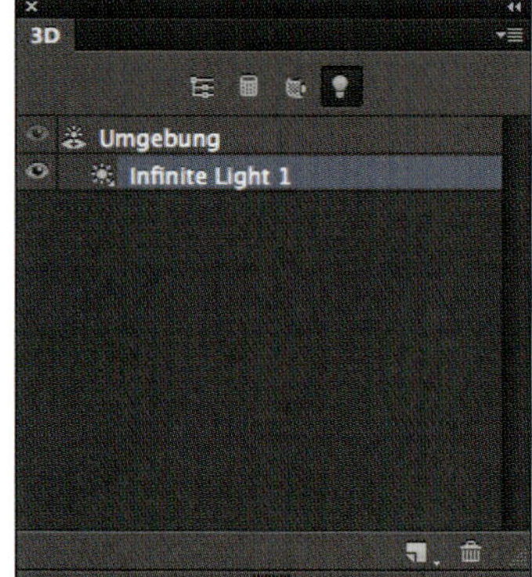

Abbildung 25.4 **Von oben links nach unten rechts:** Das 3D-Bedienfeld liefert mit seinen vier Bereichen einen Überblick über die »Gesamte Szene«, die »Meshes«, »Materialien« und die »Lichter«.

Eigenschaften-Bedienfeld

Das **Eigenschaften-Bedienfeld** liefert zu den im 3D-Bedienfeld oder direkt im Dokument gewählten Elementen weitere Einstellungen:

- Bei der Wahl der **Umgebung** erscheinen Einstellungen zu den Globalen Lichteinstellungen und den Eigenschaften der Grundebene, etwa der Spiegelung.
- Ist etwa die **Standardkamera** oder die vom Benutzer definierte Kamera **Aktuelle Ansicht** gewählt, liefert das Bedienfeld Einstellungen zur Perspektive, zur Tiefenschärfe und zum Objektiv.
- Das **Mesh** stellt Einstellungen zum **Schattenwurf** bereit; das Objekt kann hier auch **unsichtbar** geschaltet werden.
- **Materialien** zeigen weitreichende Einstellungen, die die Dreidimensionalität des Objekts weiter unterstützen. Mit dabei sind beispielsweise **Bump** für Unebenheiten auf dem Körper, Spiegelung, Rauheit oder Brechung.
- Ebenfalls für ein gewähltes Licht stellt das Eigenschaften-Bedienfeld Optionen bereit, etwa **Farbe**, **Intensität**, oder die **Art** des Lichts.

Auch die exakte Position der einzelnen Bestandteile einer Szene legen Sie im **Eigenschaften-Bedienfeld** fest. Wählen Sie hierzu oben den Bereich **Koordinaten**. Die fertige Szene berechnen Sie mit einem Klick auf den Schalter RENDERN.

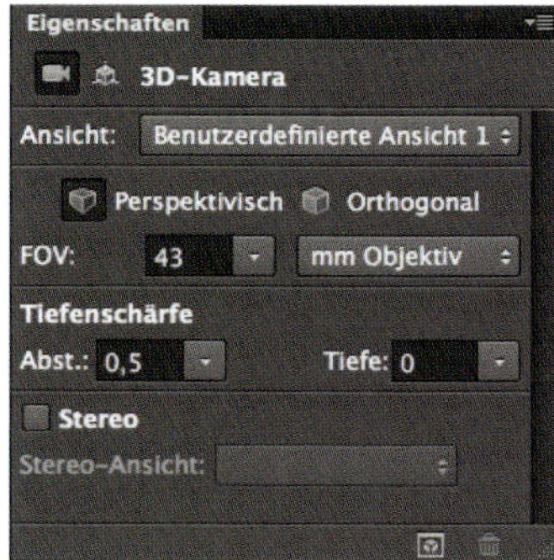

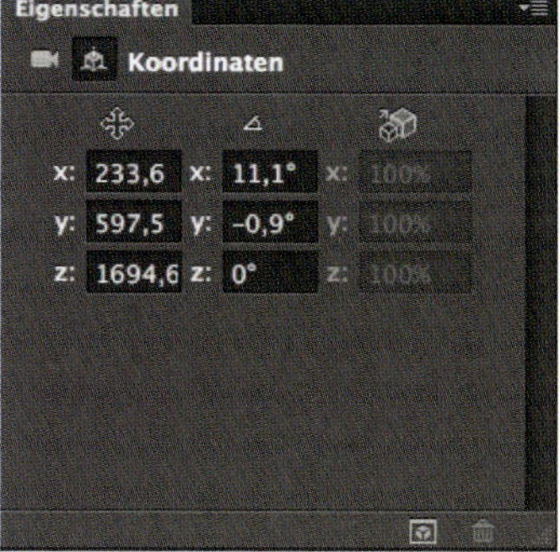

Abbildung 25.5 **Links:** Das Eigenschaften-Bedienfeld liefert weitere Optionen zum Einstellen der im 3D-Bedienfeld gewählten Elemente. **Rechts:** Ist oben der Bereich KOORDINATEN gewählt, können die gewählten Objekte, Kameras oder Lichter über numerische Eingaben exakt platziert werden.

Hinweis Ein importiertes 3D-Modell beinhaltet in der Regel eine Standardkamera. Sobald Sie das Objekt verschieben, skalieren, drehen oder bewegen, kommt als zweite Kamera die Aktuelle Ansicht hinzu. Mit einem Klick auf die Standardkamera im 3D-Bedienfenster im Bereich Szene versetzen Sie das 3D-Element wieder in den Zustand, in dem es importiert wurde. 3D-Objekte, die in Photoshop erzeugt wurden (etwa extrudierter Text), zeigen keine Standardkamera.

3D-Achsen

Aktiviert man ein einzelnes Objekt auf der 3D-Ebene, ist in dessen Mitte die »3D-Achse« eingeblendet, die Ihnen die Orientierung und Arbeit im dreidimensionalen Raum erleichtert und eine Bearbeitung des Objekts direkt auf der Arbeitsfläche erlaubt. Dieses Werkzeug stellt die drei Achsen dar, an denen ein Objekt gedreht, bewegt oder skaliert werden kann. Sie sind in den Farben Rot (X-Achse), Grün (Y-Achse) und Blau (Z-Achse) dargestellt.

Abbildung 25.6 Ist ein einzelnes Objekt gewählt, kann es über die 3D-Achse bequem gedreht, bewegt oder skaliert werden.

Tipp Verwenden Sie das Achsenkreuz in Kombination mit den 3D-Werkzeugen aus der Optionenleiste – diese wechseln Sie per ⇧+V.

25.3 Neue 3D-Modelle erzeugen

Photoshop bietet verschiedene Möglichkeiten, einfache 3D-Objekte zu erzeugen. So können Sie Text in Textkörper umwandeln und weiter gestalten, einfache geometrische Objekte über das 3D-Menü in eine Szene laden oder aus Graustufenbildern dreidimensionale Gebilde gestalten.

25.3.1 Text

Photoshop CS6 Extended liefert für Text und Formen eine Extrudieren-Technik, durch die ein 2D-Objekt Tiefe und Volumen bekommt. So können Sie beispielsweise einen Text als Körper in ein Foto setzen und diesen dann mit den bereits vorgestellten Optionen optimal an den Hintergrund anpassen. Und so geht's:

1. Öffnen Sie die Übungsdatei »3D_02«. Alternativ legen Sie per **Datei: Neu** eine neue leere Datei mit 800x600 Pixeln an.
2. Schreiben Sie mit dem Textwerkzeug einige Textbuchstaben, in unserem Beispiel ein »A«. Verwenden Sie dazu eine etwas dickere Schrift, die dem entstehenden Textkörper auch etwas Volumen verleiht. Die Textgröße beträgt im Beispiel 100 Punkt. Klicken Sie in der Optionenleiste auf die Schaltfläche 3D - schon hat Photoshop den Text in die Tiefe geschickt.
3. Aktivieren Sie das Textobjekt mit dem Verschieben-Werkzeug und passen Sie es in der Größe und der Position dem Hintergrundbild an. Verwenden Sie dabei die auf dem Objekt eingeblendete »3D-Achse« in Kombination mit den 3D-Werkzeugen, um alle Anpassungen bequem direkt auf der Arbeitsfläche vorzunehmen.
4. Passen Sie den Wert für die Extrusionstiefe im Eigenschaften-Bedienfeld im Bereich **Mesh** an, wir haben den Wert »80« gewählt. Die Deckflächen des Buchstabens wölben sich nach außen, wenn Sie als Formvorgabe Aufgeblasen wählen.

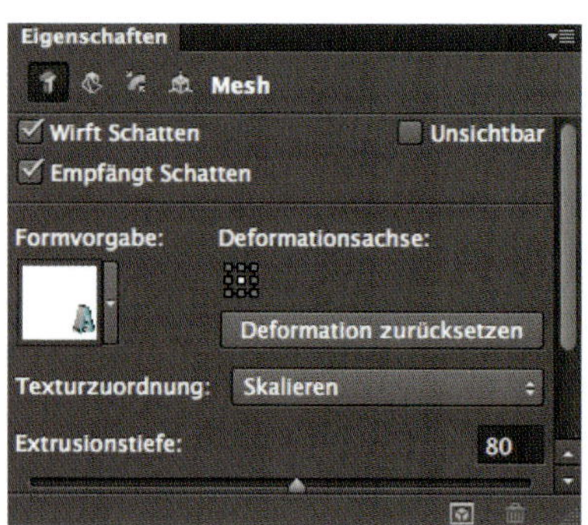

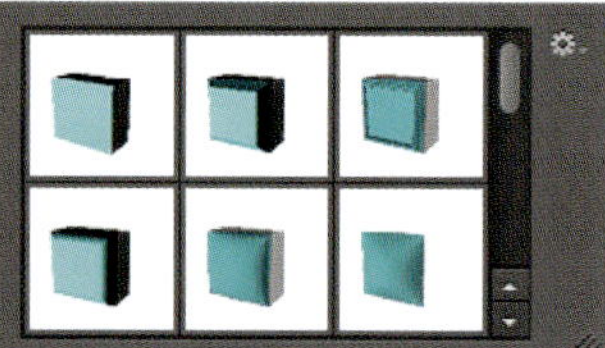

Abbildung 25.7 **Links:** Wie weit das Objekt in die Tiefe geht, legen Sie per Schieberegler oder über die numerische Eingabe bei Extrusionstiefe fest. **Mitte:** Die Formvorgaben liefern verschiedene Kanten-Formen für die Deckflächen. **Rechts:** So sieht der Buchstabe jetzt aus; über die »3D-Achsen« kann er immer noch in Größe und Position angepasst werden.

5. Widmen Sie sich nun der Form der Deckflächen. Wählen Sie dazu im Eigenschaften-Bedienfeld den Bereich **Kappe**. Sie können nun die Werte Abgeflachte Kante für die Vorder- und die Rückseite über das Bedienfeld wählen oder intuitiver direkt auf der Arbeitsfläche einstellen: Regeln Sie über die beiden Halbkreise den Aufblasen-Winkel; in der Mitte finden Sie Steuerelemente für die Breite der Abgeflachten Kante (links) und die Aufblasstärke (rechts).

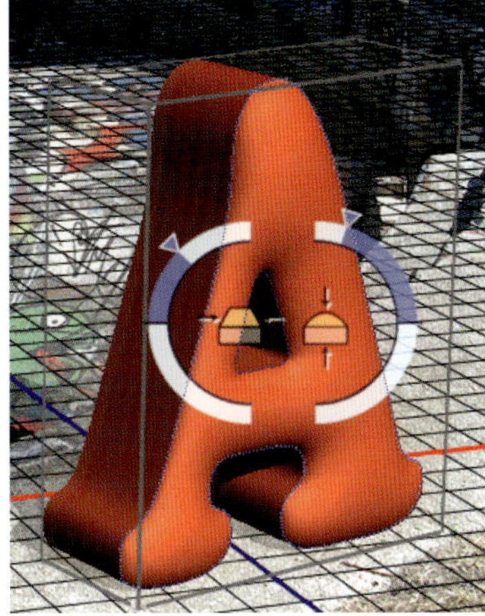

Abbildung 25.8 **Links**: Der Bereich »Kappe« im Eigenschaften-Bedienfeld erlaubt nähere Einstellungen der Deckflächen. **Rechts**: Diese Einstellungen tätigen Sie jedoch viel bequemer über die Steuerelemente auf der Arbeitsfläche.

25.3.2 Formen extrudieren

Neue Objekte lassen sich nicht nur aus Textbuchstaben extrudieren, sondern auch aus einem Pfad oder aus einer simplen Auswahl.

1. Legen Sie ein neues Dokument mit den Maßen 600 x 600 Pixel an.
2. Erstellen Sie mit dem Eigene-Form-Werkzeug die Standardform »Verbotsschild«. Wählen Sie zuvor in der Optionenleiste als Farbe für die Fläche Rot sowie eine schwarze Kontur mit der Stärke von 3 Pt.
3. Aktivieren Sie nun im Bedienfeld 3D die 3D-Extrusion und klicken Sie auf Erstellen. Sie erhalten ein 3D-Objekt, dessen Deckflächen rot sind, die Extrusionsflächen übernehmen die eingestellte Konturfarbe Schwarz.
4. Testen Sie nun die verschiedenen Optionen zum Deformieren. Wählen Sie dazu zunächst im 3D-Bedienfeld die Form 1. Schalten Sie dann im Eigenschaften-Bedienfeld in den Bereich Deformieren. Hier stehen Ihnen die Einstellungen zur Extrusionstiefe, zum Verdrehen und zur Verjüngung zur Verfügung. Im unteren Bereich Biegen oder Neigen Sie das Objekt und bestimmen den Winkel. Alle diese Einstellungen erreichen Sie jedoch bequemer über die Steuerelemente, die direkt auf dem Objekt liegen. Sobald Sie den Cursor darüber bewegen, zeigt Ihnen Photoshop, welche Änderungen Sie durch das Ziehen mit gedrückter Maustaste erreichen.

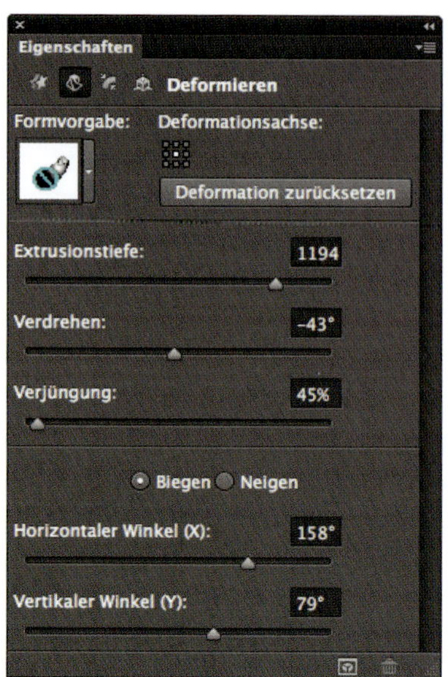

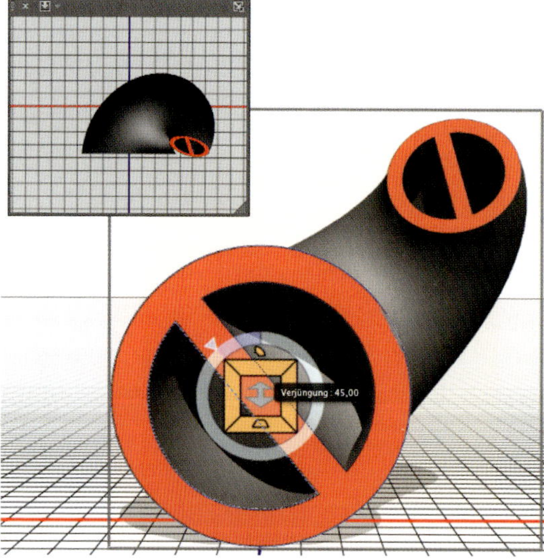

Abbildung 25.9 **Oben links:** Um die Form zu bearbeiten, wählen Sie sie im 3D-Bedienfeld. **Oben rechts:** Im Eigenschaften-Bedienfeld stehen Ihnen alle Einstellungen zum Deformieren zur Verfügung. **Unten:** Diese Einstellungen können Sie wie beim Formen der »Kappe« viel bequemer über die Steuerelemente auf der Arbeitsfläche erledigen.

Speichern Sie Ihre Werke am besten im PSD-Dateiformat.

25.3.3 Material austauschen

Im Eigenschaften-Bedienfeld stehen für alle Flächen eines Objekts eine ganze Reihe von Materialien zur Verfügung. Um ein Material auf eine Fläche zu übertragen, aktivieren Sie zunächst das entsprechende Material über das 3D-Bedienfeld.

Sie können die bestehende Liste erweitern. Photoshop will in diesem Fall wissen, ob die neuen Materialien angefügt werden oder die bestehenden ersetzt werden.

Hinweis Die Materialien für 3D-Oberflächen, oft auch als »Texturen« bezeichnet, sind nichts anderes als normale Photoshop-Bilddateien. Das bedeutet, Sie können jedes beliebige Foto als Textur für eine 3D-Oberfläche verwenden.

Sie können die Texturen Ihrer 3D-Modelle jederzeit bearbeiten oder auch austauschen:

1. Arbeiten Sie mit der zuvor erstellten Datei weiter; Sie finden diese auf der Website zum Buch unter dem Namen »3D_03.psd«.

Im Bedienfeld 3D im Bereich MATERIALIEN finden Sie fünf verschiedene Materialien. Klicken Sie auf ein Material, blendet Photoshop die anderen Bereiche etwas ab.

2. Klicken Sie auf den dritten Eintrag MATERIAL - EXTRUSION FORM 1, um das Material auszutauschen. Im Bedienfeld EIGENSCHAFTEN öffnen Sie nun die **Auswahlliste für Materialien** mit einem Klick auf das Materialvorschau-Icon. Hier können Sie per Klick auf ein Material dieses auf die gewählte Fläche übertragen. Testen Sie beispielsweise das Material KACHEL - SCHACHBRETT.
3. Öffnen Sie das Menü der **Auswahlliste für Materialien**. Wählen Sie hier den Eintrag STANDARD (FÜR RAYTRACER) und fügen Sie die Materialien den aktuellen hinzu. Testen Sie beispielsweise das Material METALL - SILBER GEBÜRSTET. Klicken Sie im Eigenschaften-Bedienfeld auf die Schaltfläche zum Rendern, um die Wirkung der Textur zu überprüfen: Die Oberfläche zeigt typische Oberflächeneigenschaften von Metall.
4. Ändern Sie nun zum Testen einige dieser Materialeinstellungen im Bedienfeld EIGENSCHAFTEN. Dort sehen Sie, dass bei dem zuvor verwendeten Material bereits einige Werte gesetzt wurden, etwa bei der Glanzstärke oder der Spiegelung. Ändern Sie diese Einstellungen und rendern Sie erneut.

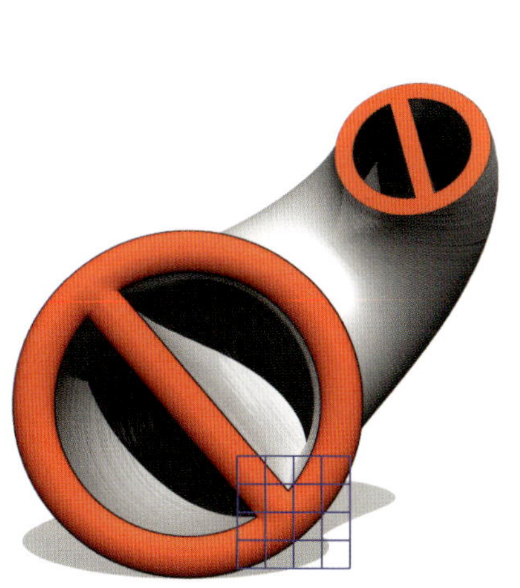

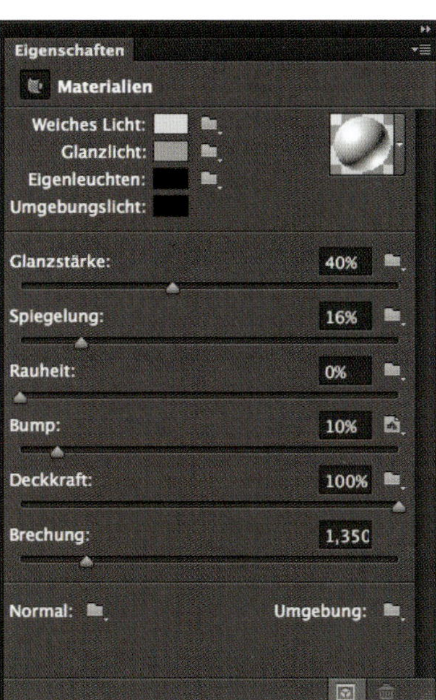

Abbildung 25.10 **Links:** Die Extrusionsflächen der Form haben eine Metalloberfläche bekommen. Um die Strukturen erkennen zu können, muss das Bild zunächst gerendert werden. Dieser Vorgang geschieht in mehreren Durchläufen; das blaue Gitter zeigt, an welcher Stelle Photoshop gerade die Bildpunkte berechnet. **Rechts:** Im Eigenschaften-Bedienfeld sehen Sie die typischen Eigenschaften für Metall erhöht, etwa Glanzstärke« oder »Spiegelung«.

Ein Bild als Material übernehmen

Die Bilddatei, die als Textur für das Material dient, wird als interne Datei mit der Dateiendung ».psb« geöffnet. Sie können diese Datei bearbeiten wie jedes andere Foto auch. Tauschen Sie beispielsweise die Silbertextur gegen ein anderes Foto aus. Schließen Sie die Datei und bestätigen Sie die Abfrage zum Speichern mit Klick auf OK.

Achtung Der Dateiname der Texturdatei darf nicht verändert werden, da Photoshop sonst die Zuordnung zur 3D-Datei nicht mehr herstellen kann.

Sobald die Datei gespeichert und geschlossen wurde, aktualisiert Photoshop die Textur in der 3D-Datei. Und so geht's:

1. Öffnen Sie die Datei »3D_02«. Das dreidimensionale »A« zeigt zwar eine Farbe und im 3D-Bedienfeld insgesamt fünf Materialien, keines davon ist jedoch bisher mit einer Textur belegt.
2. Wählen Sie über das Bedienfeld 3D im Bereich **Szene** zunächst das MATERIAL - AUFGEBLASENE VORDERSEITE A. Laden Sie nun über das Eigenschaften-Bedienfeld bei **Weiches Licht** als Textur das Bild »3D_02Tex« (Klick auf den kleinen Ordner) - diese Textur erscheint im Ebenen-Bedienfeld unter der 3D-Ebene »A« unter dem Namen »Diffus«.
3. Das Bild ist nun auf dem Buchstaben als Textur verewigt. Passen Sie gegebenenfalls noch die Beleuchtung an; die Vorgehensweise dazu finden Sie etwas weiter hinten im gleichen Kapitel.

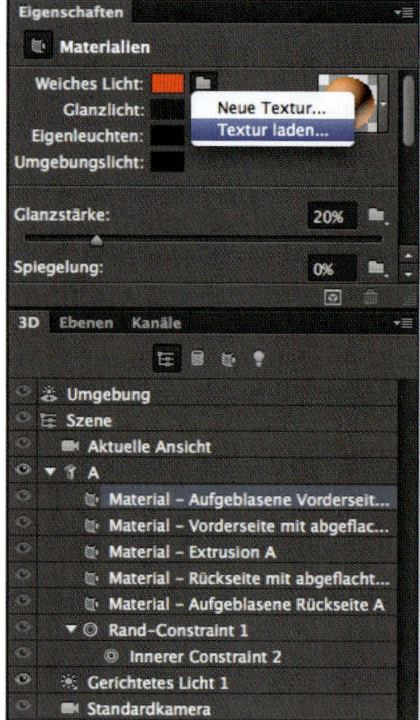

Tipp Texturen können Sie in der beschriebenen Vorgehensweise auf jede einzelne Textureigenschaft legen. Auf diese Art erzeugen Sie beispielsweise auch transparente Bereiche im Objekt: Legen Sie eine neue Textur im Kanal Deckkraft an und färben Sie die Bildstellen schwarz, die später auf dem Objekt transparent erscheinen sollen. Graustufen erzeugen mehr oder weniger durchscheinende Bereiche.

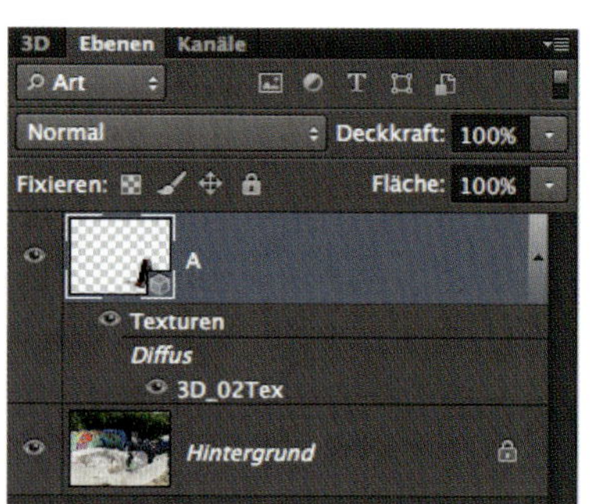

Abbildung 25.11 **Links:** Eine neue Textur wird über das Eigenschaften-Bedienfeld angelegt. **Mitte:** Im Ebenen-Bedienfeld erscheint die neue Textur unterhalb der 3D-Ebene. **Rechts:** Die Vorderseite des Buchstabens hat das Hintergrundbild als Textur angenommen.

Auf Texturen malen

Sie können in einer 3D-Szenerie mit den Photoshop-Pinseln direkt auf einem 3D-Modell malen. Legen Sie eine Vordergrundfarbe fest, nehmen Sie das Pinsel-Werkzeug und definieren Sie Füllmodus sowie Deckkraft in den Werkzeug-Optionen.

Generell können Sie in jedem Kanal malen - möchten Sie jedoch den tatsächlichen Farbauftrag auf dem Objekt sehen, muss das Kunstwerk auf der Textur bei **Weiches Licht** liegen. Andernfalls nimmt Photoshop lediglich die Helligkeitswerte des Gemalten und setzt sie als Information für beispielsweise Deckkraft, Spiegelung oder Bump um.

Auch hier gilt: Weiß gibt alle Informationen frei, Schwarz verdeckt sie. Bei Bump entsprechen die Helligkeitswerte den unterschiedlichen Höhenstufen in der gerenderten Textur.

1. Öffnen Sie die Datei »Bluesmobile.psd«. Wir wollen in diesem Fall nur die Farbe der Motorhaube verändern.
2. Aktivieren Sie das Werkzeug Materialpipette aus der Werkzeugleiste. Klicken Sie damit die Motorhaube an. Im 3D-Bedienfeld wird der dazugehörende Materialeintrag markiert.
3. Öffnen Sie die entsprechende Textur im Ebenen-Bedienfeld; die Textur der Motorhaube wird als eigenes Fenster geöffnet. Nun können Sie diese Textur bearbeiten wie ein »normales« Bild.
4. Schließen Sie das Fenster und bestätigen Sie das Speichern mit Klick auf OK. Das Bluesmobile hat nun eine bemalte Motorhaube. Die Oberfläche erscheint aber noch zu glatt. Um eine Struktur in die glatte Oberfläche zu bringen, bemalen wir eine neue Textur bei BUMP. Sie erzeugt Unebenheiten in der Oberfläche eines Materials, beeinflusst aber das darunterliegende Mesh nicht.
5. Das Material der Motorhaube sollte immer noch markiert sein. Klicken Sie im Eigenschaften-Bedienfeld auf das Aufklappmenü neben BUMP und wählen Sie den Befehl NEUE TEXTUR.
6. Wählen Sie diese Textur in der Ebenen-Palette. Rufen Sie den Renderingfilter WOLKEN auf. Verstärken Sie den Kontrast mit Hilfe einer Gradationskurve.
7. Schließen und speichern Sie die Datei. Photoshop vergibt den Namen automatisch.

Abbildung 25.12 Eine neue Textur auf der Motorhaube des Autos wird angelegt und bemalt.

25.3.4 Graustufen in ein Gebirge umwandeln

Auch aus ganz einfachen Strukturen mit nur wenigen Graustufen lassen sich imposante Gebirge zaubern.

1. Erstellen Sie eine neue Datei in der Größe 800x600 Pixel. Der Hintergrund sollte weiß sein.
2. Legen Sie Vorder- und Hintergrundfarbe auf die Standardwerte Schwarz und Weiß fest (Drücken der Taste [D]). Nehmen Sie einen Pinsel mit einer Größe von etwa 40 Pixel und einer weichen Werkzeugspitze (Härte ca. 20%). Reduzieren Sie die Deckkraft auf etwa 20%.
3. Malen Sie, ohne abzusetzen, eine beliebige Fläche mit diesem Pinsel. Reduzieren Sie dann die Deckkraft auf ca. 9% und malen Sie noch zwei- oder dreimal über das Zentrum der gerade gemalten Fläche. Der Farbauftrag wird dort etwas dunkler.
4. Über **3D: Neues Mesh aus Ebene: Tiefenmap zu: Ebene** setzt Photoshop die Helligkeitsunterschiede der gemalten Graustufen in eine Art Gebirge um.
5. Drehen Sie mit dem 3D-Objekt-drehen-Werkzeug das Mesh, so dass dessen Unterkante parallel zur Grundfläche zum liegen kommt. Wählen Sie noch **3D: Objekt an Grundebene ausrichten**.
6. Verleihen Sie dem virtuellen Gebirge über das Eigenschaften-Bedienfeld die Textur Textil - Leder.

Nun wollen wir das Gebirge in eine reale Szenerie einbauen. Öffnen Sie dazu die Datei »3D_05.jpg« von der Website zum Buch und kopieren Sie die Hintergrundebene in die Datei mit dem 3D-Gebirge. Ordnen Sie die Ebene des Bilds unter der 3D-Ebene an.

7. Passen Sie auf der 3D-Ebene die Lichtquellen so an, dass der Lichteinfallswinkel mit dem des St. Helens-Bilds übereinstimmt, und passen Sie die Position und Größe der neuen Berge an.
8. Wählen Sie mit den Auswahlwerkzeugen den ebenen Bereich vor dem 3D-Gebirge aus und erzeugen Sie daraus eine weichgezeichnete Ebenenmaske. Dadurch ist es möglich, das künstliche 3D-Gebirge weich in den Hintergrund zu überblenden.

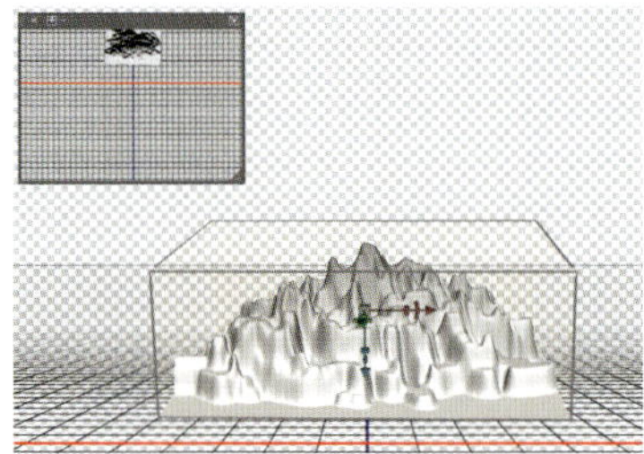

Abbildung 25.13 **Links**: In Form von Graustufen entstehen die Höhenangaben für das virtuelle Gebirge. **Mitte**: Als 3D-Ebene übernimmt Photoshop diese Höhenangaben aus dem Bild. **Rechts**: Das Gebirge wird dann in ein Foto eingebaut.

25.3.5 »Neue Form aus Ebene«

Dieses Menü stellt eine Reihe typischer Objektformen zur Verfügung; zur Verfügung stehen Kugel, Würfel, Donut, Pyramide oder auch eine Softdrink-Dose.

Auf diese 3D-Objektformen können Sie jede beliebige Ebene projizieren – Bildebenen, Textebenen, Formebenen oder auch Smartfilter-Ebenen mit beliebigen Inhalten.

Weinflasche

Ein einfaches Beispiel für die Nutzung der 3D-Funktionen ist eine Weinflasche mit einem Etikett, das Sie individuell mit einem Foto bestücken können.

Das Modell der Weinflasche hat Photoshop mit drei Materialien ausgerüstet: dem Etikett, dem Glas und dem Korken. Wird ein Bild als Basis für eine solche Flasche verwendet, gelangt das Foto automatisch auf das Etikett - allerdings um 90 Grad gekippt und verzerrt, wenn die Maße nicht stimmen. Eine gewisse Vorarbeit des Bilds ist also von Nöten:

1. Öffnen Sie die Datei »3D_06« in Photoshop und bereiten Sie das Bild folgendermaßen vor: Geben Sie bei **Bild: Arbeitsfläche** bei Breite und Höhe jeweils den Wert »25 Zentimeter« ein; die Option Relativ darf nicht aktiviert sein.
2. Wählen Sie nun **Bild: Bilddrehung: 90° im UZS**. Nur so gelangt das Etikett in der richtigen Position auf die Flasche.
3. Jetzt kommt die Flasche ins Spiel: Wählen Sie **3D: Neues Mesh aus Ebene: Mesh-Vorgabe: Weinflasche.** Die Grafik ist nun um eine Flasche gewickelt.
4. Wählen Sie im Bedienfeld 3D das Material_Glas und bestücken Sie es mit der Textur Edelstein-Smaragd. Verleihen Sie ebenfalls dem Material_Korken eine Textur, hier eignet sich beispielsweise das Material Holz-Mammutbaum. Rendern Sie die Flasche (**3D: Rendern**).

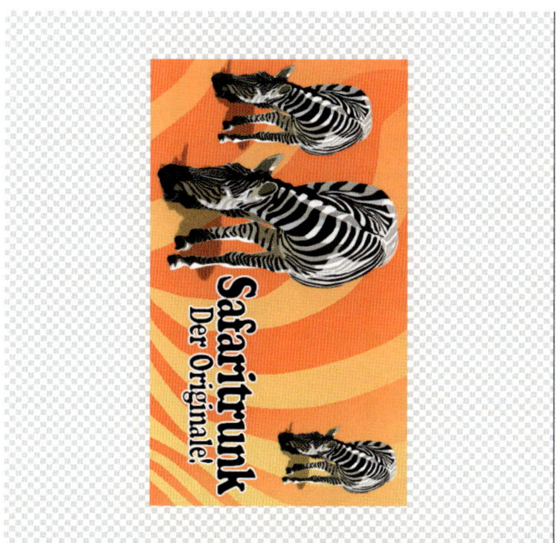

Abbildung 25.14 **Links**: Soll eine Grafik zum Etikett für eine Weinflasche werden, muss diese zunächst um 90 Grad gedreht werden. **Mitte**: Nur so steht die Schrift dann nicht auf dem Kopf. **Rechts:** Auch die anderen beiden Materialien haben eine passende Textur bekommen; das Ergebnis nach dem Rendern.

25.4 Umgang mit Licht und Kamera

25.4.1 Lichtquellen

Eine 3D-Szenerie lebt von Licht und Schatten. Die genaue Wirkung der Schatten sehen Sie allerdings erst nach dem endgültigen Berechnen der Szenerie im Raytracing-Verfahren. Während der Konstruktionsphase werden Schatten, Spiegelungen und Lichtbrechungen nur flächig, also nicht schattiert, angezeigt.

Photoshop bietet mehrere Arten von Lichtquellen an. Jede Lichtquelle kann individuell eingerichtet und bearbeitet werden.

Ein neues Licht fügen Sie in die Szene über das 3D-Bedienfeld ein; klicken Sie hierzu auf die untere Schaltfläche und wählen Sie zwischen Punkt-, Spot- und gerichtetem Licht.

Abbildung 25.15 Eine neue Lichtquelle gelangt über das 3D-Bedienfeld in die Szene. Per Klick auf den Mülleimer entfernen Sie überflüssige Lichter.

Gerichtetes Licht

Als Standard wird jeder 3D-Szene zunächst ein »gerichtetes Licht« zugeordnet. Gerichtetes Licht kommt aus dem Unendlichen und beleuchtet die gesamte Szenerie. So legen Sie gerichtetes Licht an:

1. Öffnen Sie die Datei »3D_07« und stellen Sie sicher, dass unter **Ansicht: Anzeigen** die **3D-Lichter** aktiviert sind. Sobald Sie nun mit dem Verschiebenwerkzeug die Lichtquelle GERICHTETES LICHT 1 wählen, erscheint das Steuerelement des gerichteten Lichts auf der Arbeitsfläche: Eine weiße Kugel zeigt, welche Bereiche des Objekts beleuchtet sind und welche im Schatten liegen. Die Richtung, aus der das Licht kommt, wird durch eine Stange am oberen Ende der Kugel angezeigt. Drehen Sie mit gedrückter Maustaste an der Kugel um die Änderungen zu testen; auch der Schatten, den das Objekt wirft, passt sich der Lichtrichtung an.
2. Testen Sie auch die Einstellungen im Eigenschaften-Bedienfeld: Wählen Sie eine andere Lichtfarbe, etwa ein helles Gelb. Setzen Sie die Intensität höher, damit das Licht heller leuchtet. Für den Schattenwurf muss die Option **Tiefen** aktiviert sein; eine weiche Schattenkante stellen Sie über die Weichheit ein – je höher der Wert, desto weicher wird der Schatten.

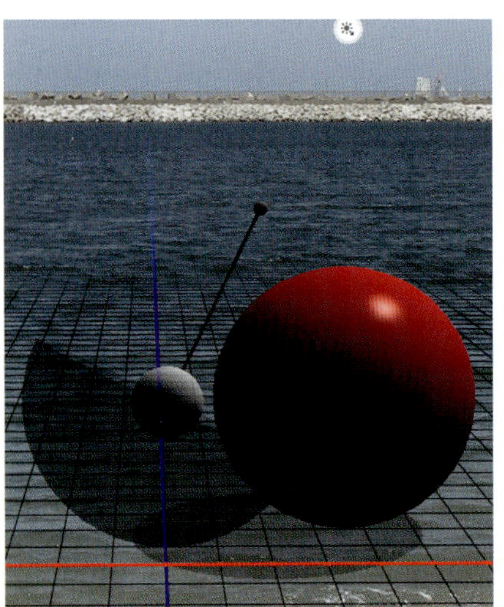

Abbildung 25.16 **Links:** Die Richtung des Lichts steuern Sie direkt auf der Arbeitsfläche. **Rechts:** Hier wurden im Eigenschaften-Bedienfeld die Einstellungen geändert; zudem haben wir die Lichtquelle etwas zum Betrachter gedreht.

Sehr hilfreich ist der Button Zur aktuellen Ansicht verschieben im Eigenschaften-Bedienfeld. Wenn Sie dann auf diesen Button klicken, sorgt er dafür, dass diese Lichtquelle aus Richtung des Betrachters kommt. Sie wirkt damit wie ein echtes Aufhelllicht.

Spotlicht

Im Gegensatz zu gerichtetem Licht sind Punkt- und Spotlicht immer in Bezug zu einem Objekt zu sehen. Neben den Einstellungen, die auch bei gerichtetem Licht möglich sind (Intensität, Farbe), kann man beim Spotlicht zusätzlich den Kegel des Lichts verändern, der auf das Objekt fällt.

Ist die Option Lichtabnahme aktiviert, können Sie über die Einstellung Innerer und Äusserer Radius festlegen, wie weit ein Spotlicht strahlt. Wenn Sie diese Option aktivieren, scheint allerdings erst mal das Gegenteil zu passieren – es wird dunkel.

Tipp Die Werte für Innerer Radius und Äusserer Radius sind standardmäßig viel zu gering eingestellt, daher sieht man erst mal gar nichts. Erhöhen Sie die Werte deutlich, um die Wirkung wirklich beurteilen zu können.

Der äußere Radius bestimmt, wie weit eine Lichtquelle strahlt. Der innere Radius legt fest, ab wann die Lichtstärke schwächer wird.

Punktlicht

Ein Punktlicht strahlt, wie auch gerichtetes Licht, mit einer gleichmäßigen Lichtstärke in alle Richtungen. Es steht aber immer in direktem Zusammenhang mit einem Objekt. Gerichtetes Licht beleuchtet dagegen mehr die Szenerie als Ganzes.

Die Einstellungen sind vergleichbar mit dem Spotlicht, da die Lichtstärke aber gleichmäßig ist, stehen die Optionen Lichtkegel und Abnahme nicht zur Verfügung. Mit den Werten für Innerer und Äusserer Radius wird bestimmt, wie weit die Lichtquelle scheint.

Globales Umgebungslicht

Diese Art der Lichtquelle nutzt für die Beleuchtung einer Szene ein anderes Bild. Dieses Bild liegt praktisch wie eine Kugel um die 3D-Szenerie herum. Das kann beispielsweise ein normales Foto, eine weitere 3D-Datei oder auch ein HDR-Bild sein, was meist zu dramatischen Effekten führt.

So fügen Sie ein bildbasiertes Licht hinzu:

1. Wählen Sie im 3D-Bedienfeld die Umgebung.
2. Stellen Sie das Umgebungslicht nun im Bedienfeld Eigenschaften ein: Klicken Sie dazu auf das Ordner-Symbol bei IBL und laden Sie das gewünschte Bild als Textur.
3. Variieren Sie Farbe und Intensität des Lichts. Erhöhen Sie die Weichheit der Schatten.

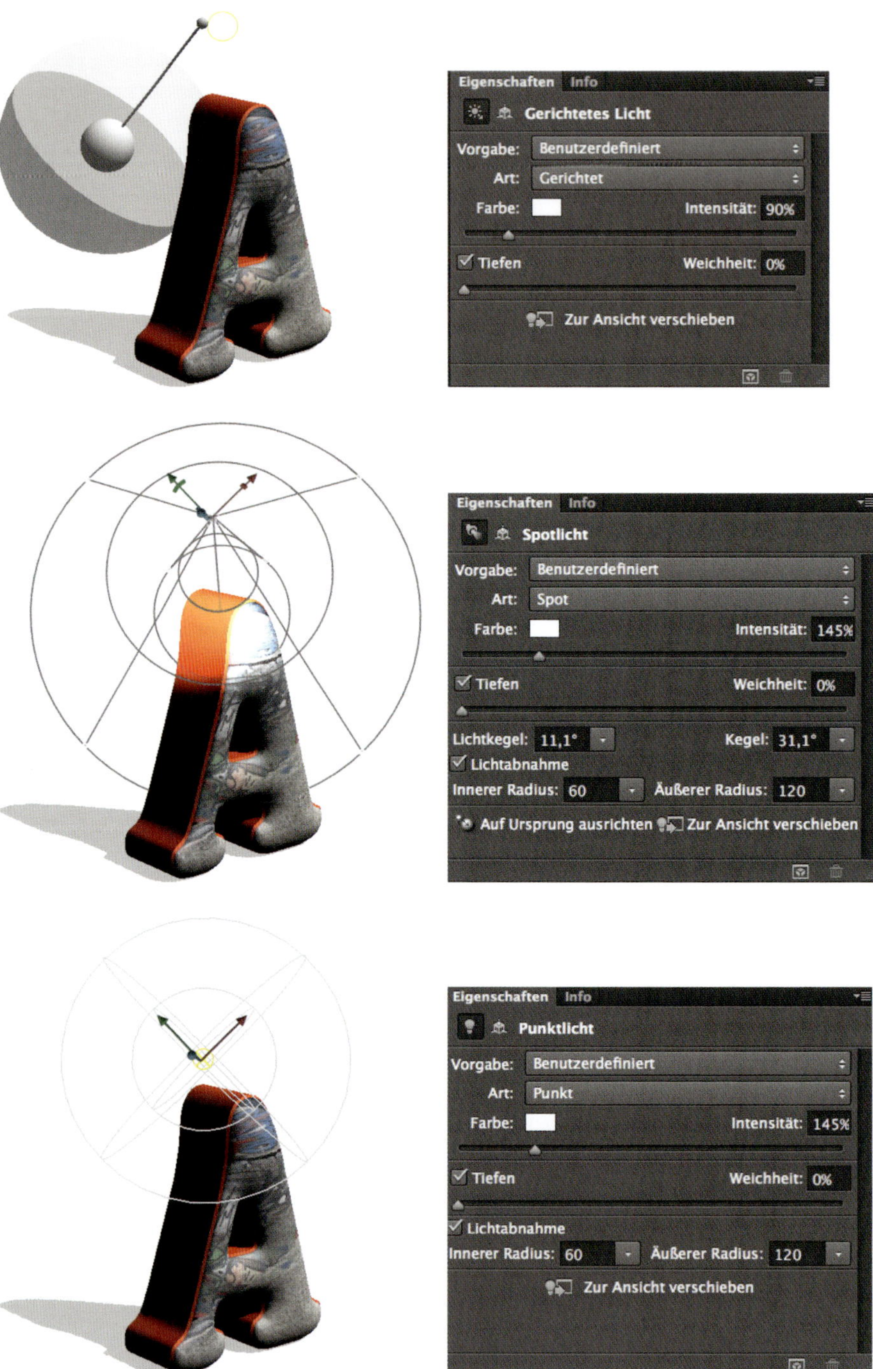

Abbildung 25.17 **Oben:** Das »Gerichtete Licht« erscheint automatisch in jeder Szene. **Mitte:** Ein »Spotlicht« beleuchtet das Objekt gezielt, hier ist u.a. der Winkel einstellbar. Winkel und Abnahme des Lichts lassen sich über die Steuerelemente direkt auf der Arbeitsfläche einstellen. **Unten:** Auch das »Punktlicht« ist direkt auf der Arbeitsfläche einzustellen. Da es jedoch gleichmäßig in alle Richtungen leuchtet, gibt es keinen Winkel.

Abbildung 25.18 **Links:** Als Textur für das Umgebungslicht haben wir das Hintergrundbild geladen. **Rechts:** Dadurch wird die Umgebung, also in diesem Fall der »echte« Hintergrund, in die Beleuchtung integriert.

Spiegelung

Objekte, die sich auf einer glatten Oberfläche befinden, werfen nicht nur Schatten, sondern spiegeln sich auch darin. So soll sich etwa die Kugel aus dem letzten Beispiel im Wasser spiegeln:

1. Im 3D-Bedienfeld ist immer noch die Umgebung gewählt.
2. Das Bedienfeld Eigenschaften zeigt unterhalb des Globalen Umgebungslichts die Einstellungen zur Grundebene; hier finden Sie die Spiegelungen. Je höher die Deckkraft, desto deutlicher ist die Spiegelung zu sehen.
3. Damit sich die Ränder der Spiegelung an das Wasser anpassen, definieren Sie noch die Rauheit: Bei dem Wert 0 ist die Spiegelung gestochen scharf; auf dem Wasser wirkt das unnatürlich. Je höher der Wert, desto ausgefranster, also rauer, ist die Spiegelung an den Rändern.

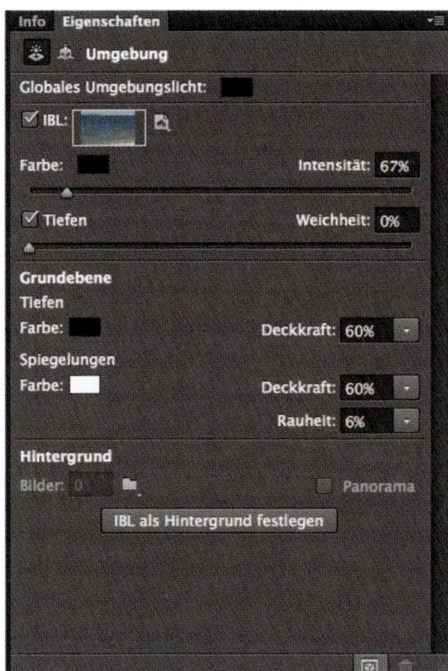

Abbildung 25.19 **Links:** Wir haben Werte bei Spiegelung und Rauheit gesetzt. **Rechts:** Der Ball spiegelt sich nun im Wasser. Durch die Rauheit wirkt die Spiegelung natürlicher.

25.4.2 Die Kamera

Haben Sie die »Aktuelle Ansicht« im 3D-Bedienfeld selektiert, liefert Ihnen das Eigenschaften-Bedienfeld Einstellungen zur Kamera. Hier die wichtigsten Parameter:

- Unter Ansicht wählen Sie neben den verschiedenen Blickwinkeln wie Links, Rechts, Oben oder Unten auch das Fluchtpunktraster. Dabei orientiert sich die Kameraeinstellung exakt an einem zuvor definierten Fluchtpunkt. Existiert ein solcher noch nicht, bietet Photoshop an, diesen direkt festzulegen.
- Für realistische Ergebnisse wählen Sie die Einstellung Perspektivisch. Orthogonal lässt die perspektivischen Verkürzungen und Verjüngungen völlig außer Acht.
- Ebenfalls können Sie eine Tiefenschärfe einstellen; aber Achtung: Diese bezieht sich nur auf das 3D-Objekt, der Hintergrund bleibt - wenn er es ist - gestochen scharf!

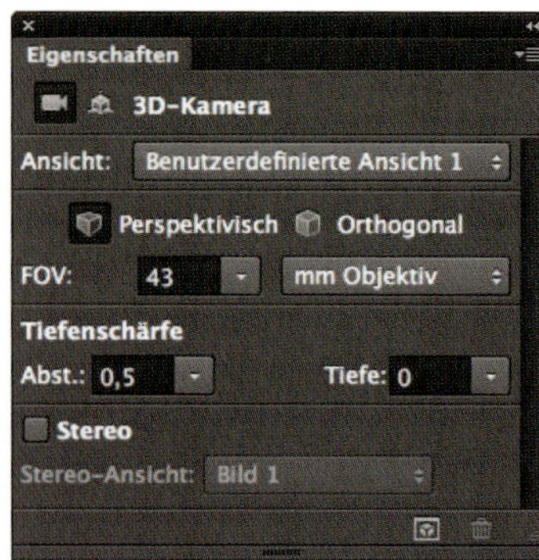

Abbildung 25.20 Die aktuelle Ansicht liefert im Eigenschaften-Bedienfeld Einstellungen zur Kamera.

25.5 Der letzte Schritt - Rendering

Um die Szenerie nun realistisch erscheinen zu lassen, müssen die Lichtwege berechnet werden. Dieses Verfahren nennt man »Raytracing«. Es ist sehr rechenintensiv und würde beim Konstruieren und Einrichten von Objekten zu nervenaufreibenden Verzögerungen im Bildschirmaufbau führen. Um den Bildschirmaufbau einigermaßen flüssig zu halten, werden deshalb in der Konstruktionsphase Oberflächen etwas gröber dargestellt und Schatten nur angedeutet, aber beispielsweise nicht weichgezeichnet. Auch Spiegelungen werden nur angedeutet.

Bevor Sie eine 3D-Szene rendern lassen, können Sie in den Voreinstellungen Photoshops im Bereich 3D bei Interaktives Rendern die Einstellung Tiefenqualität überprüfen. Reagiert Ihr Rechner beim Arbeiten langsam, sollten Sie hier eine niedrigere Einstellung wählen.

Den Render-Vorgang starten Sie per Klick auf die Render-Schaltfläche im Eigenschaften-Bedienfeld. Alternativ dazu wählen Sie **3D: Rendern**.

Sie sehen nun blaue Quadrate in verschiedenen Anordnungen durch das Bild wandern. Innerhalb dieser Quadrate werden Schatten und Spiegelungen berechnet. Sie können die Berechnungen jederzeit anhalten, indem Sie mit der Maus ins Bild klicken. Das Rendering wird weitergeführt, sobald Sie den Befehl **Rendern fortsetzen** im **3D**-Menü aufrufen oder wieder auf den Render-Schalter klicken.

3D-Ebenen rastern

Sie können schließlich auch eine 3D-Ebene rastern (**Ebene: Rastern: 3D**). Damit wird die 3D-Ebene wieder in eine normale Pixelebene umgewandelt. Alle 3D-Bearbeitungsfunktionen gehen dabei verloren.

Dafür können Sie nun die gerasterte Ebene wieder mit allen Befehlen und Werkzeugen bearbeiten, die Sie für normale Fotos verwenden können. Beispielsweise lassen sich nun auch wieder die Filter verwenden, die auf 3D-Ebenen nicht funktionieren.

Hinweis Legen Sie am besten eine Kopie Ihrer 3D-Ebene an und rastern Sie die Kopie. Dann können Sie am 3D-Original jederzeit wieder Änderungen vornehmen.

3D-Ebene als Smartfilter-Ebene

Sie können Ihre 3D-Ebenen aber auch in Smartfilter-Ebenen umwandeln (**Filter: Für Smartfilter konvertieren**). In diesem Fall bleiben die 3D-Funktionen erhalten und Sie können dennoch alle Filter auf diese Ebene anwenden.

Allerdings sind Befehle aus dem Untermenü **Bild: Korrekturen** bis auf **Tiefen/Lichter** und **HDR-Tonung** nach wie vor nicht anwendbar, wie bei allen anderen Smartfilter-Ebenen auch. Mit (bei Bedarf maskierten) Einstellungsebenen bringen Sie dennoch beliebige Kontrast- und Farbkorrekturen an.

Teil 7
Online-Auftritt

Zeigen Sie Ihre Bilder im World Wide Web, produzieren Sie PDF-Kataloge, Webgalerien und raffinierte Videofilme. Dieser Teil bietet Ihnen alle Informationen für den überzeugenden Auftritt im weltweiten Netz.

Kapitel 26
Elektronisch präsentieren

Mit Photoshop können Sie Ihre Bilder nicht nur drucken, sondern auch elektronisch präsentieren – als WEB-GALERIE, in einem **Zoomify**-Fenster auf einer Webseite oder als PDF-Katalog oder PDF-Diaschau jeweils per PDF-Ausgabe in Bridge oder **PDF-Präsentation**. In diesem Kapitel besprechen wir alle Funktionen für Bildkataloge und den perfekten Bildauftritt am Monitor; Videos folgen im nächsten Kapitel.

Ihre Bilddateien lassen sich auch aus Bridge oder aus Photoshop heraus präsentieren; diese Schauen kann man jedoch nicht speichern und weitergeben, darum behandeln wir sie im »Bridge«-Kapitel ab Seite 136.

Website Im Unterverzeichnis »Praxis/Sammlungen« auf der Website zum Buch finden Sie Verzeichnisse wie »14 Fotos«, »22 Fotos« und »85 Fotos«. Nutzen Sie diese Bildsammlungen für Ihre Tests mit WEB-GALERIE und PDF-Ausgabe. Im Verzeichnis »Praxis/Web-Galerie« sehen Sie direkt die hier gezeigten Galerieergebnisse mit den verschiedenen Stilen; klicken Sie in Unterverzeichnissen wie »Journal mit Filmstreifen« jeweils doppelt auf »index.html«.

26.1 Das Ausgabe-Modul von Bridge

Lernen Sie zunächst das Ausgabe-Modul von Bridge kennen. Sie brauchen es gleichermaßen für Web-Galerien, PDF-Kataloge oder PDF-Diaschauen. So entsteht eine Web-Galerie oder PDF-Präsentation in Bridge:

1. Sie ziehen die Fotos in die gewünschte Reihenfolge.
2. Sie wählen die Bilder für die Galerie mit [Strg]-Klicken aus.
3. Oben in Bridge klicken Sie auf die AUSGABE-Schaltfläche. Bridge zeigt die AUSGABE-Leiste an.
4. Klicken Sie oben in der Ausgabeleiste zum Beispiel auf WEB-GALERIE.
5. Wählen Sie Vorlage, Stil und richten Sie die Optionen ein.
6. Um das Ergebnis vorab zu inspizieren, klicken Sie auf VORSCHAU AKTUALISIEREN. Bridge zeigt eine Vorschau in Originalgröße – wenn auch meist nicht mit allen gewählten Bildern.
7. Im Inhaltsbereich unten wählen Sie bei Bedarf andere Bilder aus oder ändern die Reihenfolge.
8. Zufrieden? Klicken Sie unten auf SPEICHERN.

Tipp Sie wollen Dateien aus mehreren Ordnern in eine Web-Galerie oder PDF-Präsentation packen? Legen Sie in Bridge zuerst eine Sammlung an (Seite 152), dann öffnen Sie das Ausgabemodul .

26.1.1 Vorschau

Eine aktuelle Vorschau bekommen Sie generell erst nach Mausklick:

- Arbeiten Sie im PDF-Bereich, klicken Sie oben auf VORSCHAU AKTUALISIEREN. Sie sehen dann die erste Seite des entstehenden PDFs im geplanten Layout - mehr nicht.
- Arbeiten Sie im Web-Galerie-Bereich, klicken Sie oben auf VORSCHAU IN BROWSER. Sie sehen dann die ersten 20 Fotos im Standardbrowser Ihres Computers - mehr nicht.

Brauchen Sie eine Darstellung mit mehr bis allen Fotos, müssen Sie SPEICHERN oder HOCHLADEN.

Tipp Wählen Sie für erste Tests nur wenige Bilder aus, damit die Vorschau schnell berechnet wird. Weil die Vorschau meist nicht alle Dateien anzeigt, sollten Sie einen repräsentativen Querschnitt nehmen, also sowohl Hoch- als auch Querformate. Ziehen Sie die Fotos in die geeignete Reihenfolge.

26.2 Web-Galerie

Stellen Sie Ihre Bilder ins Internet. In Bridge produzieren Sie Web-Galerien, die Sie bei Bedarf direkt aus Bridge heraus auf einen FTP-Server hochladen - aber auch per Festplatte, USB-Stick oder DVD weitergeben und abspielen. Bridge bietet verschiedenste Stile in Flash- und HTML-Technik, die Sie fast beliebig weiter verändern.

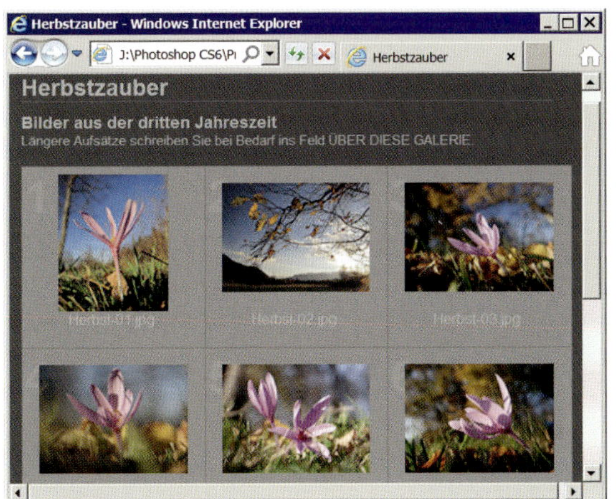

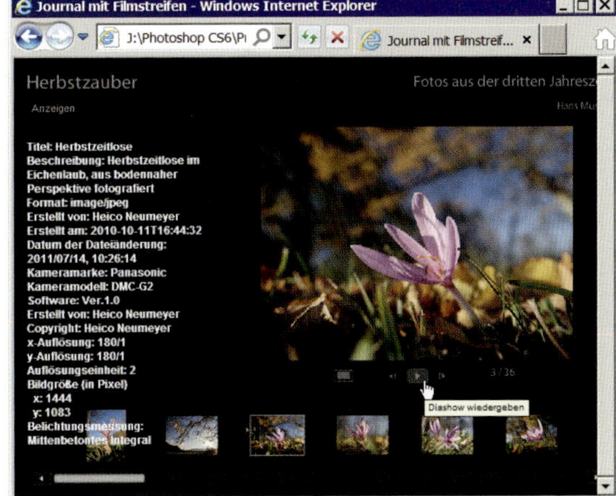

Abbildung 26.1 Links: Die Vorlage »HTML-Galerie« zeigt zunächst nur Miniaturen. Sie können die Zahl der Spalten und Zeilen und die blassen Zellennummern ändern, nicht aber die Miniaturengröße. Nach dem Klick auf eine Miniatur der »HTML-Galerie« sehen Sie das größere Einzelbild. **Rechts:** Die Vorlage »Journal mit Filmstreifen« zeigt reihenweise Exif- und IPTC-Daten neben dem Bild, die bei kleinen Browser-Fenstern wie hier sogar die Miniaturen überlagern. Mit der Schaltfläche »Diashow anzeigen« blenden Sie die Miniaturen im Browser aus. Um von vornherein keine Miniaturen anzubieten, nehmen Sie die Vorlage »Journal mit Diashow«. Vorlagen: Unterordner 36 Fotos. Alle Web-Galerie-Ergebnisse: Unterordner Web-Galerie

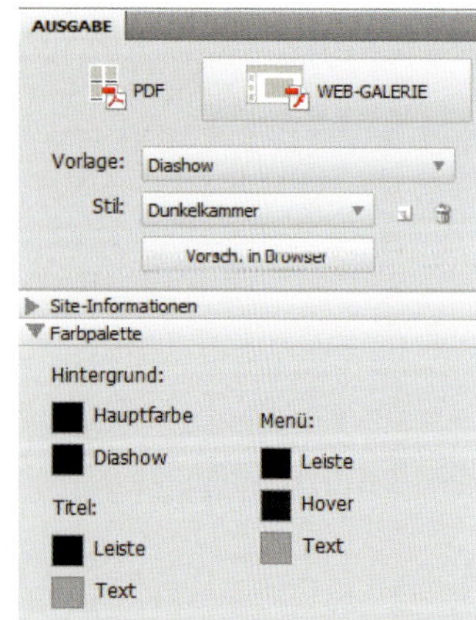

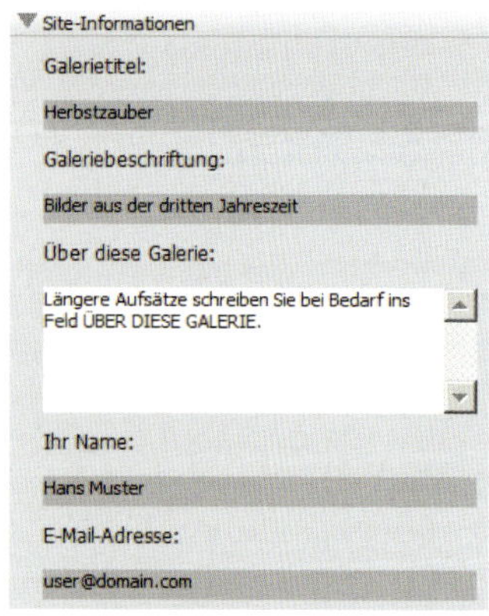

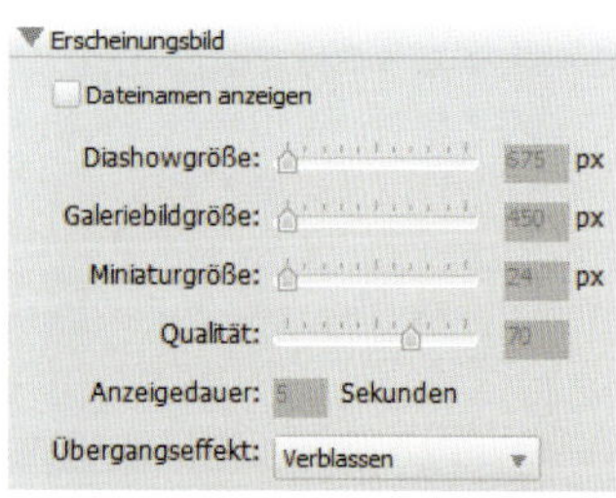

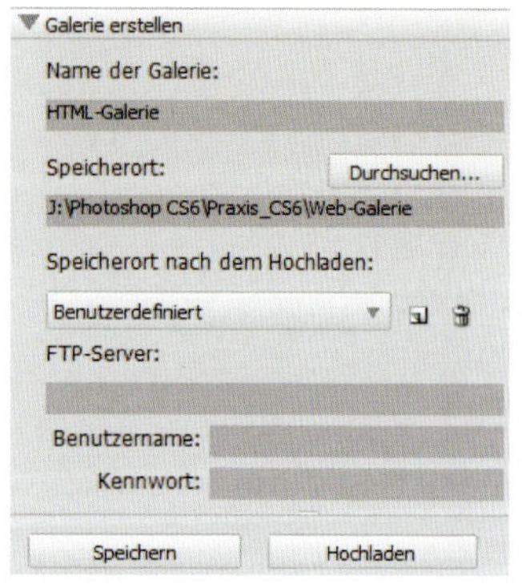

Zeigen Sie nach Bedarf technische Bilddaten an. Auch automatisch ablaufende Diaschauen sind möglich. Wollen Sie Ihre Bilder hochladen, ohne erst in Bridge zu klicken und eigenen Webspace zu okkupieren, dann nutzen Sie die zahlreichen Gratis-Fotogalerien von Anbietern wie Flickr, Google oder dem Fotodruckdienst Ihres Vertrauens.

26.2.1 Stile

In drei Schritten legen Sie die Wirkung Ihrer Galerie fest:

1. Wählen Sie eine Vorlage für die Galerie aus. Die meisten Vorlagen basieren auf Flash-Technik und unterscheiden sich weniger, als das Angebot vermuten lässt; echte Abweichungen bieten die drei Airtight-Varianten. Flash bietet mehr Möglichkeiten für Überblend-Diaschauen und schützt etwas besser - aber nicht sicher - gegen Bilderklau. Je nach Browser-Einstellung muss der Anwender Flash allerdings erst zulassen.
2. Geben Sie einen Stil für die Vorlage an, zum Beispiel nehmen Sie die Vorlage Lightroom Flash-Galerie mit dem Stil Blauer Himmel; häufig liefert Adobe nur eine Stil-Variante mit, Sie können aber eigene Varianten speichern.
3. Verfeinern Sie die Wirkung weiter. Ändern Sie zum Beispiel Farben, Miniatur- oder Vorschaugröße und steuern Sie den Überblendeffekt. Allerdings bieten nicht alle Vorlagen alle Änderungsmöglichkeiten.

Viele Vorlagen zeigen nebeneinander einen Miniaturenreigen und ein größeres Einzelbild. Wechselt Ihr Publikum dann zum Diaschau-Modus, erscheint das Einzelbild noch größer, das Foto wechselt wahlweise per Klick oder automatisch.

Die Vorgabe HTLM-Galerie zeigt Ihre Bilder en miniature in einer Tabelle, per Anklick erscheint das große Einzelbild auf einer neuen Seite. Wie viele Miniaturen pro Seite erscheinen, steuern Sie im Bereich Erscheinungsbild.

Geänderte Stile speichern

Sie rufen eine Vorlage mit einem Stil auf und ändern die Galeriebildgrösse oder andere Dinge. Das Klappmenü Stil zeigt dann die Zeile Benutzerdefiniert. Klicken Sie neben dem Klappmenü auf Stil speichern, um diese Variante der Vorlage als weiteren Stil zu sichern.

Abbildung 26.2 **1. Bild:** Im »Web-Galerie«-Bereich legen Sie zuerst eine »Vorlage« und dann einen »Stil« fest, danach verfeinern Sie das Aussehen zum Beispiel im »Farbpalette«-Bedienfeld. **2. Bild:** Im Bereich »Site-Information« schreiben Sie die Texte für den Titel-Bereich Ihrer Fotoseite. **3. Bild:** Steuern Sie die Größen von Miniaturen und Einzelbildern (je nach »Vorlage«). **4. Bild:** Zum Speichern geben Sie ein Festplattenverzeichnis oder einen FTP-Server an.

26.2.2 Farbpalette

Im Bereich Farbpalette legen Sie neue Farbtöne unter anderem für Hintergrund, Leiste und Text im Titel (der Überschriftenbereich) sowie leiste und text im kleinen Ansicht-Menü links oben in der Galerie fest. Hover meint die Hervorhebungsfarbe für die aktuelle Miniatur oder den aktuellen Menüpunkt unter dem Mauszeiger.

Achtung Bei geänderter Hintergrund-Farbe sind Schriften oder Schaltflächen eventuell nicht mehr zu erkennen.

26.2.3 Texte

Im Bereich Site-Information steuern Sie die Überschrift und andere Textzeilen für Ihre Galerie. Prüfen Sie, ob irgendein Feld noch Standardeinträge des Photoshop-Herstellers Adobe enthält wie Von Adobe Bridge erstellte Web-Fotogalerie. Gut zu wissen:

- Die E-Mail-Adresse erscheint nicht direkt auf der Galerieseite. Vielmehr zeigt die Galerie nur den Eintrag aus dem Feld Ihr Name; ein Klick auf die Namenszeile in der Galerie startet das E-Mail-Programm mit einer Mail an die Adresse aus dem Feld E-Mail-Adresse. Nur wenn Sie bei Ihr Name nichts eintippen, verrät die Galerie unmittelbar die E-Mail-Adresse.
- Längere Aufsätze schreiben Sie bei Bedarf ins Feld Über diese Galerie. Dieser Text erscheint je nach Vorlage auf einer eigenen Seite, die man auf der Webseite nach einem Klick links oben auf Anzeigen und Über diese Galerie aufruft.
- Den Text für die Titelzeile des Browsers tippen Sie ins Feld Galerietitel. Im Bereich Galerie erstellen gibt es noch das Feld Name der Galerie; hier definieren Sie den Verzeichnisnamen für Ihre Galerie (Photoshop erzeugt ein Unterverzeichnis innerhalb des von Ihnen gewählten Zielverzeichnisses).

Die Option Titelleiste anzeigen (je nach Vorlage) macht die gesamte Titelei wahlweise unsichtbar.

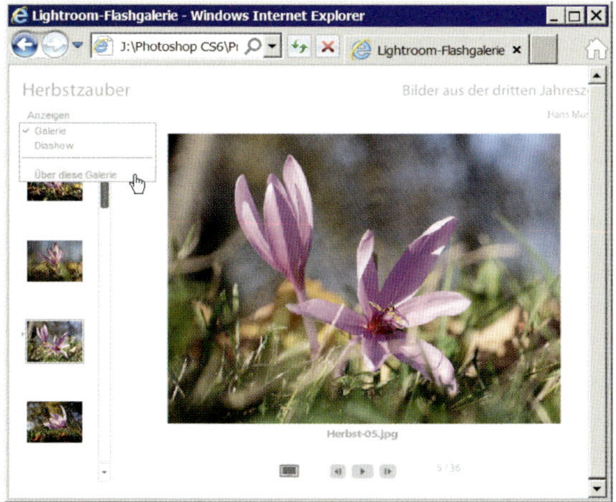

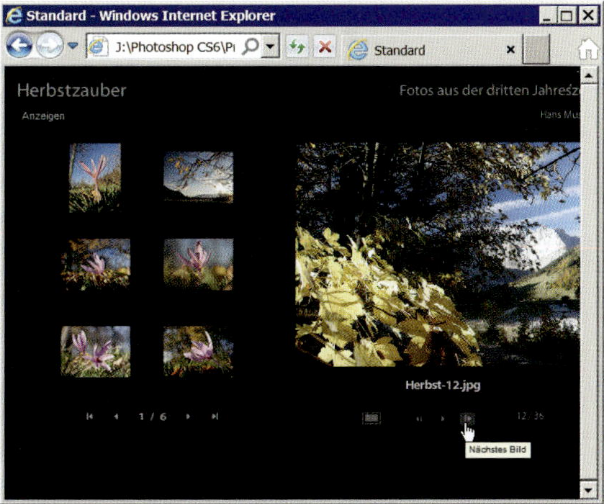

Abbildung 26.3 **Links:** Die Vorlage »Lightroom-Flashgalerie« mit dem Stil »Papierweiß«. Hier erscheint auch der vollständige Dateiname. Per Klick auf »Anzeigen« blenden Sie die Bildleiste links aus und zeigen den Text »Über diese Galerie«. **Rechts:** Die Vorlage »Standard«, hier gezielt mit »Dateiname«. Der Regler »Miniaturgröße« sorgte für besser erkennbare Miniaturen. Den Textbereich oben können Sie in Bridge mit der Option »Titelleiste« komplett unterdrücken.

Texte für einzelne Bilder

Je nach Vorlage können Sie eigene Texte pro Bild anzeigen:

- Wahlweise zeigen einige Vorlagen den DATEINAMEN an, eine ERWEITERUNG wie ».jpg« geben Sie separat zur Ansicht frei. Haben Sie eine PSD- oder Raw-Datei verarbeitet, meldet die ursprünglichen Endungen wie ».psd« oder ».dng«, auch wenn innerhalb des Galerieverzeichnisses natürlich eine JPEG-Datei liegt. Wollen Sie ein Bild für die Galerie noch schnell umbenennen, klicken Sie es unten im Inhaltsbereich von Bridge an und drücken F2.
- Je nach Vorlage sehen Sie unter den vergrößerten Einzelbildern die BESCHREIBUNG aus den IPTC-Informationen.
- Die JOURNAL-Vorlagen zeigen einen ganzen Satz von Bilddaten neben dem Bild, darunter STICHWÖRTER, COPYRIGHT und BESCHREIBUNG und Kamera-Exifdaten wie KAMERAMODELL und BRENNWEITE. Im Bereich ERSCHEINUNGSBILD steuern Sie die relative BREITE des Textblocks und die TEXTGRÖSSE.
- Mit der Vorlage HTML-GALERIE können Sie wahlweise ZELLENNUMMERN ANZEIGEN, eine laufende Nummer für jede Miniatur.

Tipp Die Zellennummern der Vorlage HTML-GALERIE heben sich kaum vom Hintergrund ab. Ändern Sie die Farbe der Nummern im Bereich FARBPALETTE nach einem Klick auf das Farbfeld NUMMERN.

26.2.4 Größen für Einzelbilder und Miniaturen

Im Bereich ERSCHEINUNGSBILD steuern Sie Größe und JPEG-Qualität der Einzelbilder. Je nach Vorlage erscheinen große Einzelbilder in kleinen Browser-Fenstern verkleinert, so dass man immer noch das Gesamtbild sieht. Kleine Einzelbilder werden für große Browser-Fenster jedoch nicht »aufgeblasen«; vielmehr werden sie mit mehr Hintergrundfläche umgeben.

Tipp Bei einigen Galeriestilen könnten Sie die fertigen Einzelbilder im Verzeichnis IMAGES/LARGE noch ändern - zum Beispiel mit Schatten, Rahmen oder Text versehen. Wichtig dabei: Dateiname, Dateityp und Verzeichnis müssen erhalten bleiben. Es ist nicht schädlich, wenn sich die Bildpunktmaße etwas ändern.

26.2.5 Diashow, Einzelbild, Miniaturen

Die meisten Galerien ermöglichen einen automatischen Bildwechsel. Im Bereich ERSCHEINUNGSBILD steuern Sie die ANZEIGEDAUER und den ÜBERGANGSEFFEKT, zum Beispiel das semi-weiche VERBLASSEN oder JALOUSIEN, wechselnde Übergangseffekte innerhalb einer Galerie verwehrt Bridge.

Wollen Sie in der Browser-Wiedergabe das nächste Einzelbild zeigen, klicken Sie auf die Schaltfläche NÄCHSTES BILD oder bemühen Sie eine Pfeiltaste. Der automatische Bildreigen startet mit der dreieckigen Schaltfläche DIASCHAU WIEDERGEBEN; um den Bildwechsel abzubrechen, nehmen Sie die Schaltfläche DIASCHAU ANHALTEN.

Miniaturen anzeigen

Im Webbrowser erscheinen die meisten Galerien mit einer Miniaturenreihe und einem vergrößerten Einzelbild dazu. Wollen Sie die Miniaturen im Browser ausblenden, klicken Sie links unten auf die Schaltfläche Diashow anzeigen. Alternative: Sie öffnen das Ansicht-Menü links oben in der Galerie und klicken auf Diashow. In beiden Fällen nutzen Sie jedoch noch die Schaltfläche Diashow wiedergeben, damit die Bildserie tatsächlich abläuft. Die Vorlagen Diashow und Journal mit Diashow zeigen von vornherein keine Miniaturen.

Abbildung 26.4 **Links:** Die Vorlage »Airtight AutoViewer« rollt die Bilder von links nach rechts über die Browser-Fläche - per Pfeiltaste, Schaltfläche oder automatisch. **Rechts:** Der »Airtight SimpleViewer« lässt sich besonders vielseitig steuern, hier haben wir auf die »Bildunterschrift« verzichtet.

26.2.6 Web-Galerie speichern

Im Bereich Galerie erstellen sichern Sie die fertige Galerie (nicht die Stil-Einstellungen) zum Beispiel auf der Festplatte. Dazu nutzen Sie die Schaltfläche speichern. Nach einem Klick auf Durchsuchen legen Sie vorab das Verzeichnis fest.

Öffnen Sie das Verzeichnis, es enthält ein neues Unterverzeichnis mit einem Namen aus dem Feld Name der Galerie. Dort klicken Sie doppelt auf die Datei »index.html«, um die Galerie im Internetbrowser zu sehen - Bridge zeigt die fertig geschriebene Datei nicht automatisch an.

FTP-Übertragung

Statt auf Festplatte zu speichern, lässt sich die Galerie direkt per FTP auf einen Server übertragen. Dazu klicken Sie im Bereich Galerie erstellen auf Hochladen und machen die Angaben zu FTP-Server, Benutzername und Kennwort.

Um verschiedene FTP-Angaben wiederzuverwenden, klicken Sie auf Vorgabenamen speichern; dann rufen Sie die FTP-Informationen im Klappmenü Speicherort bequem ab.

26.3 PDF-Ausgabe

Schreiben Sie einen Bildkatalog in eine PDF-Datei; er lässt sich mit dem weit verbreiteten kostenlosen Programm Adobe Reader (früher Acrobat Reader) vorführen - mit Windows, Mac, Unix und vielen anderen Plattformen. Auch in den meisten Webbrowsern läuft sie. Produzieren Sie Ihre PDF-Präsentation im Ausgabemodul von Bridge (Details zur Bedienung ab Seite 924).

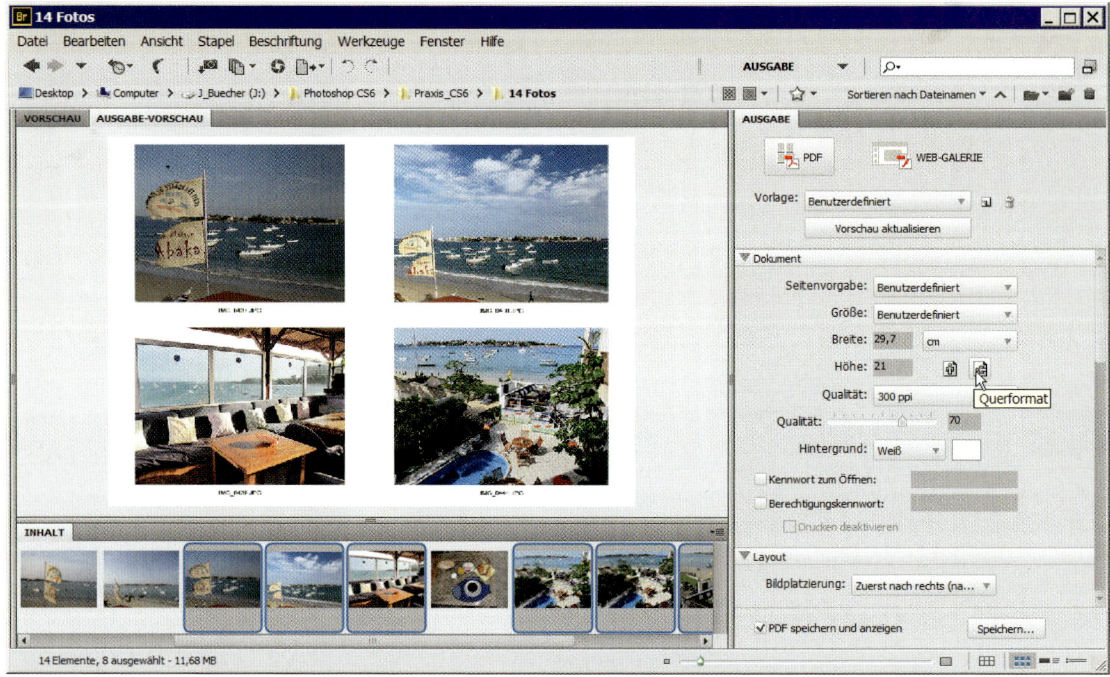

Abbildung 26.5 Wir verwenden die Vorlage »2*2 Zellen«, haben dann aber auf »Querformat« geklickt, so dass Bridge für »Vorlage« und »Seitenvorgabe« jetzt »Benutzerdefiniert« meldet. Im Bereich »Layout« steuern Sie Bild-»Spalten« und -»Zeilen« nach Bedarf. Wir zeigen hier auch »Dateiname« samt »Erweiterung«. Wir haben für diesen PDF-Katalog acht Dateien markiert. In der Vorschau in Bridge sehen Sie aber generell nur die erste PDF-Seite, hier also nur vier Dateien.

26.3.1 Übersicht

Diese Möglichkeiten bietet die PDF-Präsentation:

- Ziehen Sie die Bilder in Bridge in die gewünschte Reihenfolge, wählen Sie die gewünschten Exponate aus, zeigen Sie ein oder mehrere Fotos pro PDF-Seite.
- Zeigen Sie ein Foto mehrfach auf einer Seite.
- Die PDF-Datei startet auf Wunsch sofort im Vollbildmodus als Diaschau mit automatischem Bildwechsel und Übergangseffekten, sie läuft bei Bedarf endlos durch. Alternativ erstellen Sie eine PDF-Datei mit normalen Einzelseiten.
- Zeigen Sie Dateinamen, Fußzeilen und Seitenzahlen an.
- Blenden Sie ein »Wasserzeichen« über Ihren Bildern ein, um sie vor Missbrauch zu schützen.

- Sichern Sie geänderte Vorlagen unter neuem Namen mit der Schaltfläche VORLAGE SPEICHERN.
- Photoshop kann die einzelnen Bilddateien aus einer PDF-Datei herauslösen, die Exif- und IPTC-Werte sind aber nicht mehr vorhanden.

Abbildung 26.6 Die Vorlage »Triptychon« eignet sich für Panoramen und andere extreme Querformate. Wollen Sie vier Bilder pro Seite zeigen, erhöhen Sie einfach den Wert für »Zeilen«.

Einschränkungen

Einige Möglichkeiten vermisst man auch:

- Sie können keine Exif-Daten oder IPTC-Texte wie IPTC-BESCHREIBUNG oder -TITEL einblenden (mit der **PDF-Präsentation** geht das jedoch; s. nächster Abschnitt).
- Eventuell im Bild vorhandene Informationen wie IPTC-Texte (Seite 184), Exif-Aufnahmedaten der Digitalkamera, Anmerkungen oder eingespeicherte Druckauflösung fehlen bei dem aus der PDF-Schau entnommenen Bild.
- Sie können geänderte Vorgaben nicht als neue Design-VORLAGE speichern.
- Standzeit und Übergangseffekte lassen sich nur für alle Bilder gemeinsam einrichten, nicht separat für einzelne Motive.

Tipp Eine PDF-Präsentation ist nicht immer die optimale Art der Vorführung. Starten Sie zum Beispiel eine schnelle **Präsentation** direkt aus Bridge heraus (Strg+L, in Bridge oder Mini Bridge auch per Leertaste), verwenden Sie Photoshops **Web-Galerie** auch für Präsentationen per DVD. Oder legen Sie eine komplexe Schau mit animierten Schriftzügen und Musik an, mit Photoshops Video-Funktion.

Abbildung 26.7 **Links:** Die Vorlage »4*5 Kontaktabzug« zeigt fünf Zeilen à vier Bilder. Wir verwenden hier eine Kopfzeile mit Seitenzahl und Trennlinie (»Unterteilung«) sowie eine Fußzeile mit hohem »Abstand«-Wert, um sie weiter vom Miniaturenbereich zu entfernen. Die Dateinamen erscheinen ohne »Erweiterung«. **Rechts:** Acht Zeilen mit je fünf Fotos zeigt die Vorlage »5*8 Kontaktabzug«. Wir verzichten auf Dateinamen und haben die Abstandswerte »Horizontal« und »Vertikal« im Bereich »Layout« stark gesenkt; so entstehen größere Miniaturen mit weniger Zwischenraum. Der »Hintergrund« wurde auf Grau gesetzt, die Fußzeile mit »Unterteilung« zeigt eigenen Text wie auch Seitenzahl. Vorlagen im Ordner 58 Fotos. Alle PDF-Ergebnisse als »PDF...« im Praxis-Ordner

Vorschau

Erst wenn Sie auf Vorschau aktualisieren klicken, zeigt Bridge den PDF-Katalog passend zu den aktuellen Einstellungen. Allerdings: Sie sehen dort generell nur die erste Seite. Mehr als eine Seite erhalten Sie nur über die Speichern-Schaltfläche.

Klicken Sie zum Vergrößern in die Bridge-Vorschau. Klicken mit gedrückter Alt-Taste verkleinert die Vorschau.

Anpassen in Acrobat

Sie verfeinern das Verhalten der PDF-Datei zum Beispiel mit dem Programm Acrobat von Photoshop-Hersteller Adobe. Verwenden Sie den Befehl **Datei: Eigenschaften** oder ähnlich mit dem Bereich Ansicht beim Öffnen. Dort gibt es unter anderem Optionen wie Im Vollbildmodus öffnen und Vorgaben für die Vergrösserung.

Der Acrobat-Befehl **Dokument: Dateigröße verringern** senkt die Dateigröße – aber auch die sichtbare Bildqualität – unter Umständen dramatisch.

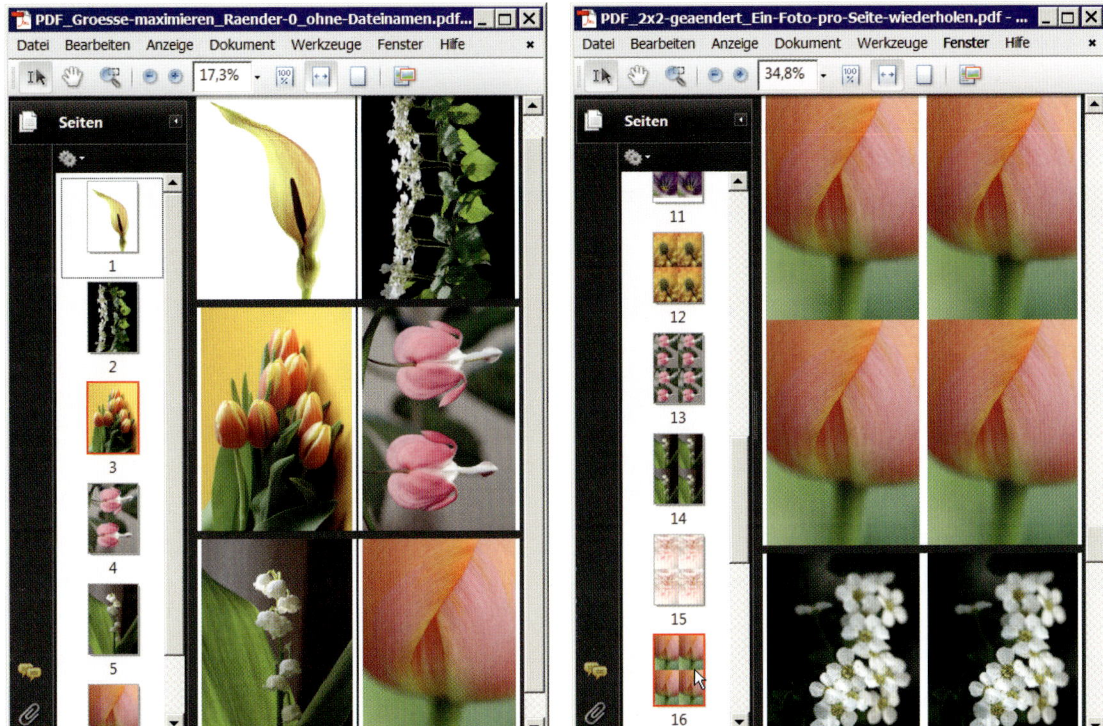

Abbildung 26.8 **Links:** Die Vorlage »Größe maximieren« ohne Dateinamen, die Ränder wurden auf null gesetzt, um die Seitenfläche so weit wie möglich zu füllen. Hier verwendet Bridge die Option »Drehen für optimale Platznutzung«, so dass Querformate auf hochformatigen Seiten gedreht werden. Links im Reader zeigen wir die Seitenminiaturen an. **Rechts:** Ein 2x2er-Raster mit den Optionen »Drehen für optimale Platznutzung« und »Ein Foto pro Seite«; Sie erhalten so viele PDF-Seiten wie Fotos ausgewählt wurden. Wir verzichten auf Dateinamen und setzen die Abstandswerte »Horizontal« und »Vertikal« auf null, so dass die Bildversionen aneinanderstoßen. Sie können die Größe eines Einzelbilds nicht zentimetergenau einstellen; kleiner werden Einzelbilder hier, wenn Sie den Abstand »Oben«, »Unten«, »Links« und »Rechts« erhöhen. Fotovorlagen: Unterordner 22 Fotos. Fotos: Gabi Sieg-Ewe

26.3.2 Pixelzahlen

Falls Sie ohne Neuberechnung arbeiten, also im Klappmenü Qualität die Vorgabe Voll nutzen, schreibt Photoshop die Dateien in der Originalpixelzahl in die PDF-Datei. Doch 24-Megapixel-Dateien mit 6000 Pixel Breite (Seite 266) blähen die PDF-Datei unnötig auf, wenn zur Präsentation übliche Monitore mit zum Beispiel 1920 oder 2580 Pixel Breite verwendet werden. Zudem möchten Sie vielleicht nicht, dass der Empfänger die Bilddaten in dieser hohen Auflösung entnimmt. Stellen Sie also eventuell eine niedrige Qualität wie 96 ppi ein – für den Bildschirm reicht das meist.

Welche ppi-Zahl?

Im Bereich Dokument, Klappmenü Qualität geben Sie die Zahl der Pixel pro Zentimeter in ppi (dpi) an. Einige Beispiele:

- Höchste Qualität und Dateigrößen erhalten Sie mit der Vorgabe Voll. Die PDF-Datei enthält Ihre Fotos dann in der Originalpixelzahl, man kann darin so gut zoomen wie im Original in Photoshop – unabhängig von der Ausbreitung auf der PDF-Seite.

- Das macht aber wenig Sinn, wenn Sie viele kleine Miniaturen angelegt haben, die Sie später drucken oder nur ein wenig zoomen wollen. Dann nehmen Sie als Qualität zum Beispiel 300 ppi.
- Erscheinen Ihre Exponate nur am Bildschirm, reichen 150 oder 96 ppi. Nehmen Sie niedrige ppi-Werte auch, wenn Ihre Fotos nicht hochwertig gedruckt werden sollen.

26.3.3 Seitengestaltung

Im Bereich Dokument steuern Sie die Größe einer Einzelseite. Soll das Ergebnis im Druck erscheinen, nehmen Sie im Klappmenü Seitenvorgabe die DIN-Formate und darunter zum Beispiel A4-Grösse. Wird das Ergebnis jedoch überwiegend am Schirm geprüft, stellen Sie noch auf Querformat um.

Vorlagen

So nutzen Sie die Vorlagen aus dem Klappmenü ganz oben:

- 2*2 Zellen zeigt vier Miniaturen pro Seite. 4*5 Kontaktabzug hat vier Bilder pro Zeile in fünf Zeilen pro Seite, also insgesamt 20 Miniaturen. 5*8 Kontaktabzug zeigt noch mehr Bildchen pro Seite.
- Triptychon setzt drei Fotos mittig untereinander und eignet sich damit für Panoramen oder andere extreme Querformate.
- Grösse maximieren zeigt größtmöglich ein Bild pro Seite.
- Die Option Drehen für optimale Platzausnutzung schwenkt Querformate um 90 Grad, sofern Sie hochformatiges Papier eingestellt haben.
- Die Vorlage Kunstmappe präsentiert nur ein Bild pro Seite, lässt dabei viel leere Fläche, so dass die Fotos kleiner - und eventuell edler - erscheinen.

Mit den Feldern für Spalten und Zeilen stellen Sie beliebige eigene Seitenaufteilungen her. In den Feldern Horizontal und Vertikal regulieren Sie den Abstand; mit einer Null im Feld Horizontal stoßen Querformatminiaturen seitlich aneinander; generell sorgen niedrige Werte in diesen Feldern für mehr Bildfüllung und weniger leeren Hintergrund.

In der Regel erscheint jedes Bild nur einmal. Wollen Sie ein Bild mehrfach auf einer Seite sehen, nehmen Sie die Option Ein Foto pro Seite wiederholen und stellen Sie mehr als ein Bild pro Seite ein.

Tipp Soll ein Bild für die Monitorpräsentation maximal groß auf einer Seite erscheinen, nehmen Sie die Vorlage Grösse maximieren und verzichten auf die Optionen Drehen für optimale Platzausnutzung und auf Dateiname. Stellen Sie alle Randabstände im Bereich Layout auf 0.

26.3.4 Texte und Linien

Im Bereich Überlagerungen entscheiden Sie, ob Sie den Dateinamen mit einblenden - wahlweise mit oder ohne Erweiterung wie ».jpg«. IPTC- oder Exif-Einträge wie Beschreibung, Titel oder Kameramodell können Sie nur mit dem separaten Befehl **PDF-Präsentation** einblenden (unten).

Kopf- und Fußzeilen

Fügen Sie Kopfzeile oder Fusszeile hinzu. Tippen Sie beliebige Texte mit einer Schriftart und Farbe Ihrer Wahl ein. Wahlweise setzen Sie diese Zeilen mit einer Linie vom Hauptbereich der Seite ab. Diese Linie heißt Unterteilung, Sie geben eine Unterteilungsfarbe und die Stärke in Pixel an.

Falls Sie im Bereich ÜBERLAGERUNGEN eine SEITENZAHL angeben, entsteht automatisch eine KOPFZEILE oder eine FUSSZEILE. Für die SEITENZAHL bestimmen Sie SCHRIFTART, FARBE und AUSRICHTUNG.

Tipp Innerhalb einer Kopf- oder Fußzeile können Sie gleichzeitig einen freien Text und die Seitenzahl zeigen.

26.3.5 Wasserzeichen

Im Bereich WASSERZEICHEN legen Sie einen Text oder eine Grafik über jede PDF-Seite oder über jede einzelne Miniatur – wahlweise über Bildern und Bildunterschriften (VORDERGRUND) oder hinter Bildern und Bildunterschriften (HINTERGRUND).

Achtung Ob Text oder Grafik, ob einmal oder bei jedem Bild: Die PDF-Datei speichert das Wasserzeichen als separates Objekt; wenn Sie die Einzelbilder per Photoshop aus dem PDF herausziehen, erscheinen sie ohne Wasserzeichen.

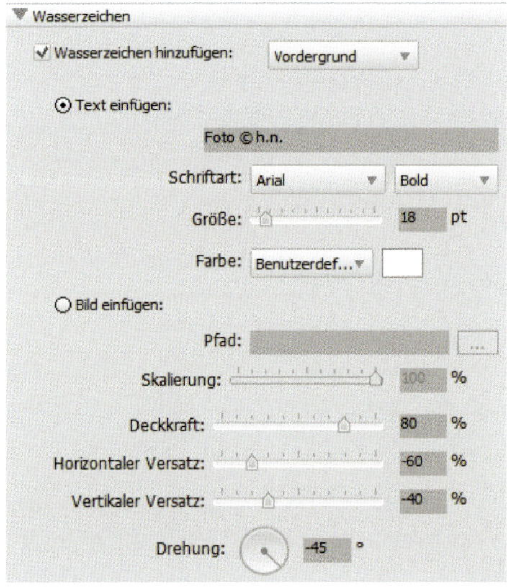

Abbildung 26.9 Setzen Sie ein Wasserzeichen als Text oder Grafik ein, steuern Sie Deckkraft und Winkel.

Wie sicher ist das?

Das Wasserzeichen für PDF-Kataloge hat zwei Nachteile:

- Sicherheit: Auch ein WASSERZEICHEN im VORDERGRUND – also über den Bildern im PDF – schützt nicht vor Bilderklau. Egal, ob Text- oder Grafik-Wasserzeichen: Mit Photoshop kann man die Bilder immer noch ohne Überlagerung aus dem PDF-Bildkatalog herausziehen; dazu öffnet man die PDF-Datei in Photoshop und klickt oben links auf BILDER.
- Verarbeitung bei Transparenz: Enthält Ihr Wasserzeichen transparente Bereiche, müssen Sie es ins PNG-Dateiformat umwandeln. Dabei verwandeln Sie aber Text und Vektorgrafik zu Pixeln, die bei Vergrößerung und eventuell Verkleinerung an Präzision verlieren und nicht mehr so vielseitig geändert werden können.

Lösen Sie die Probleme mit einem dieser Schritte:

- Wollen Sie Ihre Dateien besser schützen, speichern Sie das PDF mit kleinen Miniaturen in einer niedrigen, druckuntauglichen Auflösung wie 72 ppi.
- Schreiben Sie das Wasserzeichen schon vor Erstellung des PDF-Katalogs unauslöschlich direkt in die Bilddatei selbst; dann liegt es nicht mehr als entfernbare Extraschicht darüber.

Wasserzeichen nur einmal zeigen

Sie zeigen das Wasserzeichen nur einmal, also ohne die Option Auf jedem Bild platzieren in der PDF-Ausgabe von Bridge? Dann landet das Wasserzeichen genau mittig auf der Seite. Bei einer ungeraden Zahl von Miniaturenzeilen überdeckt das Wasserzeichen die mittlere Bildzeile. Abhilfe: Nehmen Sie eine gerade Zahl von Bildzeilen oder ändern Sie den vertikalen Versatz, so dass Ihr Wasserzeichen nach oben oder unten rückt.

Website Auf der Website zum Buch finden Sie verschiedene »Wasserzeichen«-Dateien. Wir haben für Sie Wasserzeichen mit und ohne Transparenz in verschiedenen gängigen Dateiformaten angelegt, darunter die hier abgedruckten Beispiele. Die fertigen PDF-Kataloge mit und ohne Wasserzeichen liegen im Verzeichnis »Praxis/PDF«. Gestaltungsvorschläge für Wasserzeichen liefern wir ab Seite 887.

Gestaltung

Jedes einzelne Foto bekommt sein eigenes Wasserzeichen. Testen Sie unterschiedliche Werte für Skalierung und Versatz und testen Sie per Vorschau aktualisieren, bis Sie die optimale Größe und Position haben.

Eine präzise Platzierung des Wasserzeichens fällt nicht ganz leicht. Soll es bei jedem Bild links unten erscheinen? Stellen Sie Horizontalen Versatz und Vertikalen Versatz auf etwa minus 80 Prozent und klicken Sie auf Vorschau aktualisieren.

Die Möglichkeit, das Wasserzeichen nur einmal quer über die Seite zu zeigen, gibt es in Bridge CS6 nicht mehr.

Tipp Das Wasserzeichen wirkt am besten, wenn alle Fotos dasselbe Seitenverhältnis haben, zum Beispiel durchgehend 3:2-Querformat. Bei wechselnden Seitenverhältnissen wirken Platzierung und eventuell Größe im Einzelbild nicht ganz einheitlich.

Abbildung 26.10 **Links:** Die Wasserzeichen-Datei wurde im TIFF-Format mit Transparenz gespeichert. Doch Bridge zeigt sie ohne Transparenz. **Rechts:** Erst nach der Umwandlung ins PNG-Format erscheint das Wasserzeichen mit Transparenz.

Text oder Grafik

Die Text-Option gibt Ihnen nur eine einzelne Zeile ohne Zeilenumbruch; prüfen Sie also in der Vorschau, ob Ihr Text nicht links und rechts abgeschnitten erscheint.

Oder verwenden Sie eine Grafik? Legen Sie die Bilddatei für das Wasserzeichen relativ groß an, zum Beispiel 2000 Pixel breit – verkleinern können Sie das Motiv immer noch in Bridge mit dem Skalierung-Regler (sehen Sie nach dem Vorschau-Klick nur noch weiß, senken Sie die Skalierung testhalber auf fünf Prozent). Soll die Gesamtgrafik halbtransparent erscheinen, speichern Sie nicht schon transparent ab, sondern mit voller Deckkraft. Steuern Sie die Transparenz für die PDF-Seite erst mit dem Deckkraft-Regler in Bridge.

Abbildung 26.11 **Links:** Als Farbe dient Weiß bei 70 Prozent Deckkraft, wir haben mit »Versatz«, »Skalierung« und »Drehung« experimentiert. **Mitte:** Wir verwenden eine Grafik mit halbstransparenten Bereichen im PNG-Dateiformat. Das Wasserzeichen lässt sich nicht für mehrere unterschiedliche Seitenverhältnisse optimal einstellen. **Rechts:** Wir haben das Wasserzeichen per »Skalierung« deutlich vergrößert und gedreht.

Grafik mit transparenten Bereichen

Solange die Grafik für Wasserzeichen keine transparenten Bereiche hat, also ein voll deckendes Rechteck ist, eignen sich fast beliebige Dateiformate wie JPEG, TIFF, aber auch Vektorgrafiken wie AI oder EPS.

Hat Ihre Wasserzeichengrafik indes ganz oder halb transparente Zonen, zum Beispiel Freifläche um Buchstaben herum oder halbdeckende Flächen, dann sichern Sie im PNG-Dateiformat. Nehmen Sie zum Beispiel den Befehl **Datei: Für Web speichern**, oben rechts nutzen Sie PNG-24 mit Transparenz. Nach unseren Tests erscheinen transparente Bereiche aus TIFF-, PSD-, AI- oder EPS-Dateien weiß deckend auf der PDF-Seite.

Tipp Klicken Sie mehrfach in die Ausgabe-Vorschau, um die Darstellung zu vergrößern und die Platzierung des Wasserzeichens genauer zu prüfen.

26.3.6 »Wiedergabe«-Optionen

Im Bereich Wiedergabe bietet Bridge die Option Im Vollbildmodus öffnen: Wenn Sie das vom Speichern anklicken, erhält der Betrachter beim Öffnen im Programm Adobe Reader die Frage, ob Ihre Bilder sofort den kompletten Monitor füllen sollen. Dabei erscheint wohlgemerkt stets eine ganze Seite mit oft mehreren Bildern und weißer Fläche – also je nach Vorlage oft kein einzelnes, schirmfüllend vergrößertes Bild. Mit der Esc-Taste springt der Nutzer jederzeit zur normalen Oberfläche mit den üblichen Reader-Menüs und -Schaltflächen.

Verzichten Sie auf den Vollbildmodus, sieht man nach dem Öffnen sofort die Reader-Oberfläche mit Menüs und Schaltflächen.

Automatische Weiterschaltung

Unabhängig vom Vollbildmodus richten Sie mit der Weiter-Option eine Seitenweiterschaltung ein. Stellen Sie die Standzeit, Übergangseffekte und die Geschwindigkeit ein. Um schneller vorwärts zu springen, nutzen Sie im Reader die Pfeiltasten oder klicken ins Bild. Soll die Diaschau immer aufs Neue durchlaufen, klicken Sie auf die Schleife nach letzter Seite.

Hinweis Soll der Fotoreigen im Vollbildmodus als übliche Diaschau über den Schirm flimmern? Sofern Sie überwiegend Querformate auf einem querformatigen Monitor zeigen, wählen Sie ein Bild pro Seite, querformatige Seitenausrichtung, allseits 0 cm Rand, schwarzen Hintergrund und bei Bedarf helle Schrift für den Dateinamen.

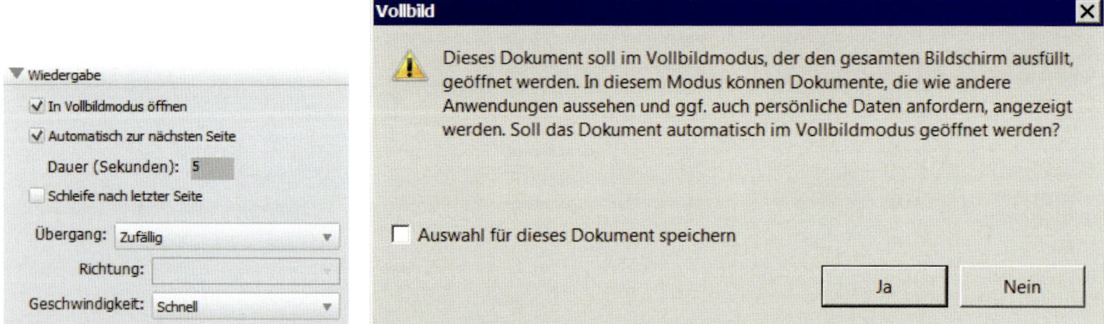

Abbildung 26.12 **Links:** Die entstehende PDF-Datei kann sich sofort im schirmfüllenden Vollbildmodus öffnen und als Diaschau ablaufen. **Rechts:** Falls Sie den »Vollbildmodus« vorgeben, fragt das Programm Reader beim Öffnen, ob der Betrachter die Datei tatsächlich schirmfüllend sehen möchte. Bei einem Klick auf »Nein« erscheint die PDF-Datei innerhalb der üblichen Reader-Oberfläche mit Menüs und Schaltflächen.

26.3.7 Speichern

Im Bereich Dokument gibt es zwei Kennwort-Optionen:

- Kennwort zum Öffnen: Nur mit diesem Kennwort lässt sich die Datei öffnen und auch drucken. Es wird zwischen Groß- und Kleinbuchstaben unterschieden. Verwenden Sie zusätzlich ein separates
- Berechtigungskennwort: In der Kennwortabfrage beim Öffnen tippt der Nutzer nicht das Kennwort zum Öffnen, sondern das separate Berechtigungskennwort ein – nur dann lässt sich im Reader **Kopieren.**

Wollen Sie auch das **Drucken** nur Empfängern mit Berechtigungskennwort erlauben, klicken Sie auf Drucken deaktivieren. Verzichten Sie darauf, kann man die Druckfunktion auch mit dem schwächeren Kennwort zum Öffnen nutzen.

Website Die Datei »PDF_Kennwort« aus dem Verzeichnis Praxis/PDF von der Website zum Buch hat das Kennwort zum Öffnen »Öffnen« und das Berechtigungskennwort »Berechtigung«; zudem haben wir vor dem Speichern auf Drucken deaktivieren geklickt. Je nachdem, welches Kennwort Sie beim Öffnen im Reader angeben, können Sie mit der Datei aus dem Reader heraus drucken oder nicht. Auch beim Öffnen in Photoshop werden die Kennwörter abgefragt.

26.4 PDF-Präsentation und Kontaktabzug

Im Untermenü **Datei: Automatisieren** finden Sie die Befehle **PDF-Präsentation** und **Kontaktabzug II**. Diese Funktionen sind uralt - sie waren in Photoshop CS4 und CS5 gar nicht mehr enthalten, kehrten aber mit CS6 minimal verändert zurück.

Gegenüber der PDF-Ausgabe per Bridge (Seite 930) bieten sie kleinere Vorzüge, aber hauptsächlich Nachteile. **PDF-Präsentation** wie auch **Kontaktabzug II** ermöglichen keine Sofort-Vorschau. In aller Regel ist die PDF-Ausgabe in Bridge erste Wahl.

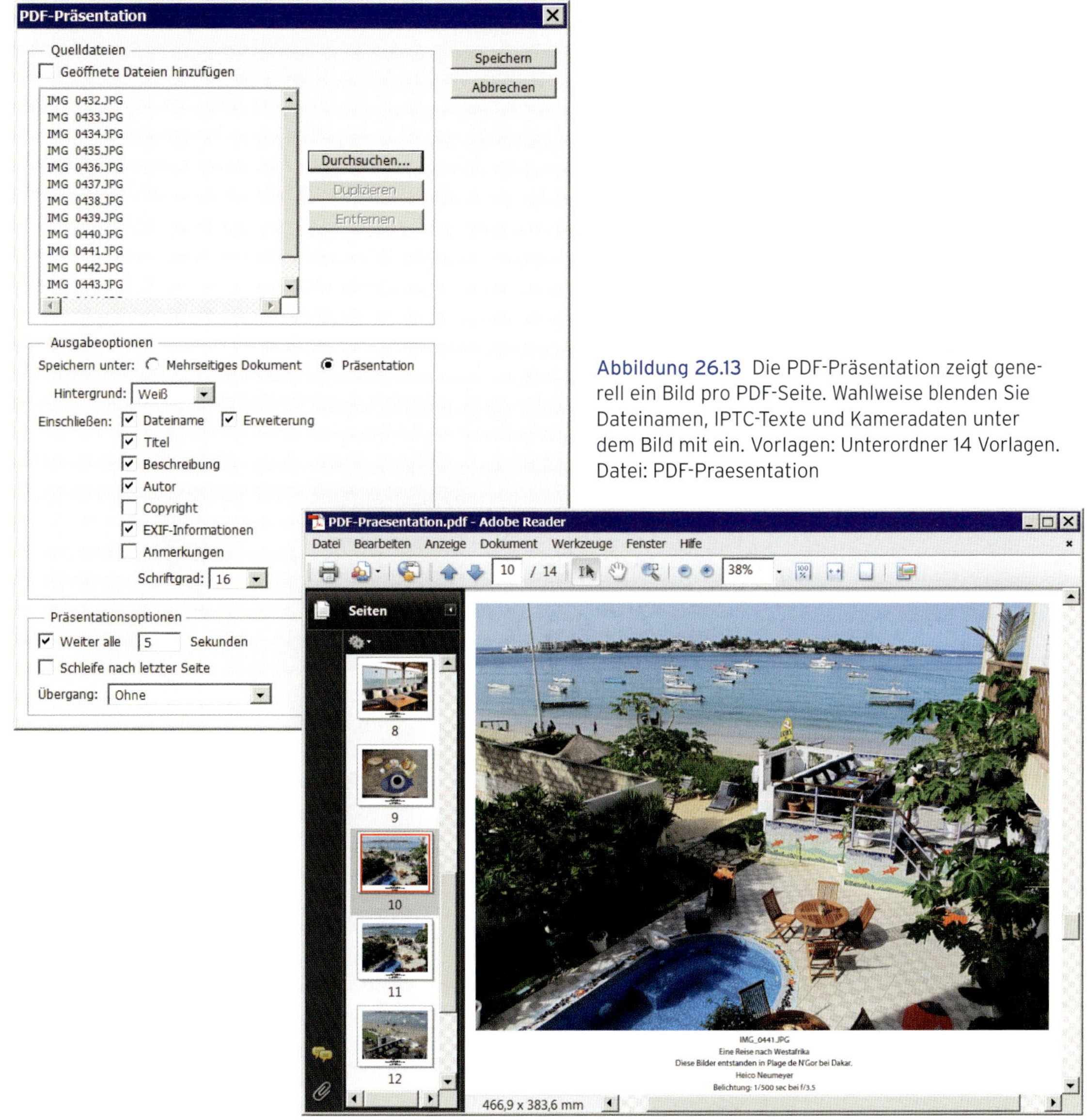

Abbildung 26.13 Die PDF-Präsentation zeigt generell ein Bild pro PDF-Seite. Wahlweise blenden Sie Dateinamen, IPTC-Texte und Kameradaten unter dem Bild mit ein. Vorlagen: Unterordner 14 Vorlagen. Datei: PDF-Praesentation

26.4.1 Besonderheiten der PDF-Präsentation

Pro PDF-Seite präsentiert die **PDF-Präsentation** generell nur ein Foto, und das ohne Einfluss auf den Randabstand. Auch Wasserzeichen und Passwörter gibt es nicht; Feinsteuerung für Qualität und Auflösung der im PDF enthaltenen Fotos finden Sie erst im Speichern-Dialog, das ist umständlich. Die **PDF-Präsentation** lässt sich zudem nicht via Bridge auf ausgewählte Bilder anwenden.

Ein Vorteil: Anders als per Bridge-Funktion blenden Sie in der **PDF-Präsentation** IPTC-Texte und Kameradaten in wählbarem Schriftgrad ein, zum Beispiel Titel, Beschreibung oder Exif-Informationen.

Gemeinsamkeiten mit der Bridge-PDF-Ausgabe: Sie entscheiden zwischem Mehrseitigem Dokument und Präsentation (die PDF-Datei lädt also wahlweise als Diaschau im Vollschirmmodus oder als übliche mehrseitige Datei). Sofern Sie die Präsentation verwenden, legen Sie Bildstandzeit und Übergangseffekte fest.

26.4.2 »Kontaktabzug II«

Der Befehl **Datei: Automatisieren: Kontaktabzug II** legt in einer neuen, üblichen Photoshop-Datei eine Reihe von Fotominiaturen mit oder ohne Dateinamen im Textmodus an; alternativ markieren Sie Fotos in Bridge und wählen dort **Werkzeuge: Photoshop: Kontaktabzug II**.

Passen nicht alle Bilder auf eine Seite, entstehen automatisch weitere Dateien für die nächste Seite. Wahlweise landet jede Bildminiatur und jeder Text auf einer eigenen Ebene. Sie können das Ergebnis also vielseitig verändern.

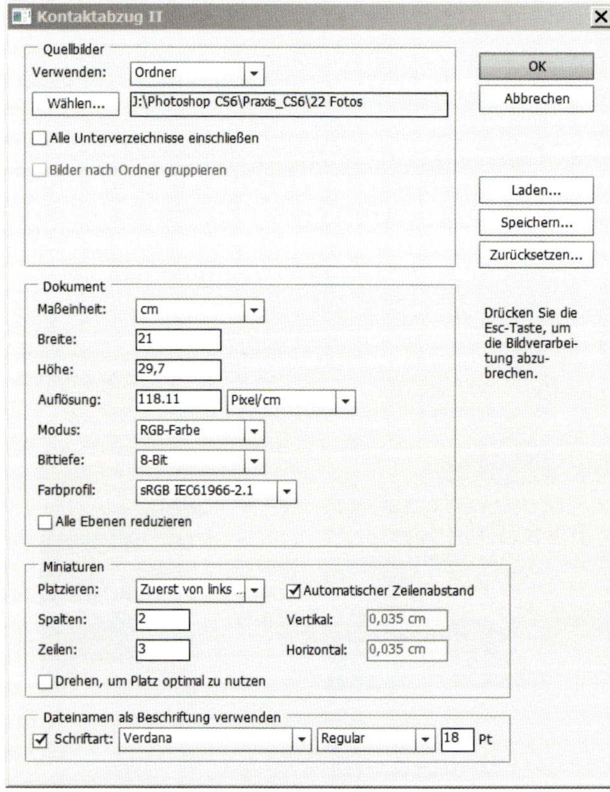

Abbildung 26.14 Per »KontaktabzugII « montieren Sie Fotoserien als Miniaturen in eine Bilddatei. Vorlagen: Unterordner 22 Vorlagen. Datei: Kontaktabzug_01. Fotos: Gabi Sieg-Ewe

Der **Kontaktabzug II** lohnt sich vor allem, wenn Sie Minaturen, Texte oder Hintergrund der Miniaturen noch verändern wollen. Brauchen Sie einen schlichten Bildkatalog auf Weiß, nutzen Sie die PDF-Ausgabe in Bridge.

Gestaltung

Im Bereich Dokument legen Sie die Maße der Seite fest, zum Beispiel in cm-Werten. Die Auflösung entscheidet wesentlich über die entstehende Dateigröße.

Für die Miniaturen bestimmen Sie die Zahl der Spalten und Zeilen. Wenn der entstehende Miniaturenplatz sich optimal für ein Querformat eignet, können Sie hochformatige Bilder Drehen für optimale Grösse: Hochformate drehen sich zum Beispiel um 90 Grad, so dass sie auf einem in die Breite gehenden Feld größer erscheinen.

Ich empfehle, dass Sie den Automatischen Zeilenabstand verwenden. Wenn Sie die Vorgabe abschalten, um den Abstand um eine Miniatur herum selbst zu steuern, verrutschen eventuell die Bildunterschriften bei Hochformaten.

Photoshop sortiert Ihre Exponate alphabetisch, wahlweise Zuerst von oben nach unten oder Zuerst von links nach rechts. Auch wenn Sie Alle Unterverzeichnisse einschliessen, reiht die Software Ihre Werke insgesamt streng alphabetisch auf. Sie können jedoch auch Ihre Bilder nach Ordner gruppieren.

»Bildunterschrift«

Photoshop schreibt wahlweise den Dateinamen als Beschriftung unter die Miniaturen – in beliebigen Schriftarten und -größen. Die Dateiendung wie ».JPG« erscheint dabei mit in der Bildunterschrift.

Sofern Sie nicht Alle Ebenen reduzieren, legt Photoshop für jede Bildunterschrift eine eigene Textebene an, die Sie später mit dem Textwerkzeug T frei verändern: Der Befehl **Bearbeiten: Text suchen und ersetzen** entfernt auf Wunsch zügig sämtliche Dateiendungen wie ».JPG« aus den Bildunterschriften; die gekürzten BUs ordnen sich wieder mittig unter den Miniaturen an; verwenden Sie die Vorgabe Alle Ebenen durchsuchen.

Achtung Am Monitor wirken die Schriften oft verzerrt, wenn das Bild nicht exakt in der Zoomstufe 100,0 Prozent erscheint.

»Alle Ebenen reduzieren«

Nach Bedarf erzeugen Sie eine »flache« Gesamtdarstellung oder einen Kontaktbogen voller Einzelebenen. Schalten Sie Alle Ebenen reduzieren ein, landen alle Miniaturen und Texte auf einer gemeinsamen Hintergrundebene. Diese Datei lässt sich leicht speichern und weitergeben, bietet aber weniger Möglichkeiten zur Umgestaltung.

Ebenen nicht reduzieren

Verzichten Sie auf Alle Ebenen reduzieren, landet jede Bildminiatur auf einer eigenen Ebene. Jede einzelne Bildunterschrift legt Photoshop als separate Textebene an, Sie können also umformulieren und umformatieren. Sie können einzelne Miniaturen in Smartobjekte verwandeln und leicht **ersetzen. Platzieren** Sie den Kontaktabzug einschließlich aller Einzelebenen als kompaktes Smartobjekt in einer neuen Montage (Seite 853); so schneidern Sie zum Beispiel CD-Einlegeblätter nach Maß. Das **Ebene**-Menü verschmilzt bei Bedarf ausgewählte oder alle Ebenen zu einer Einzelebene (Seite 690).

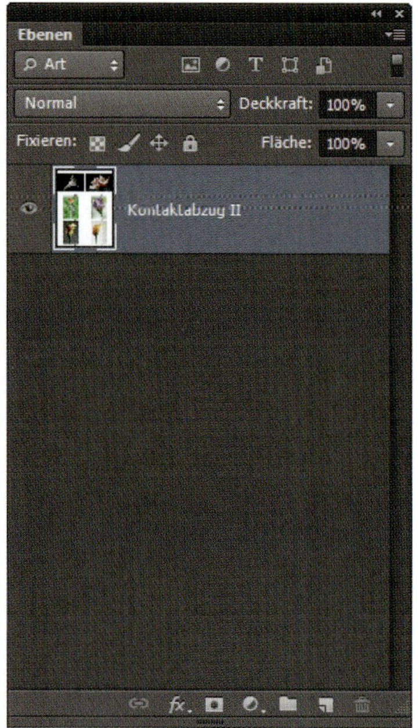

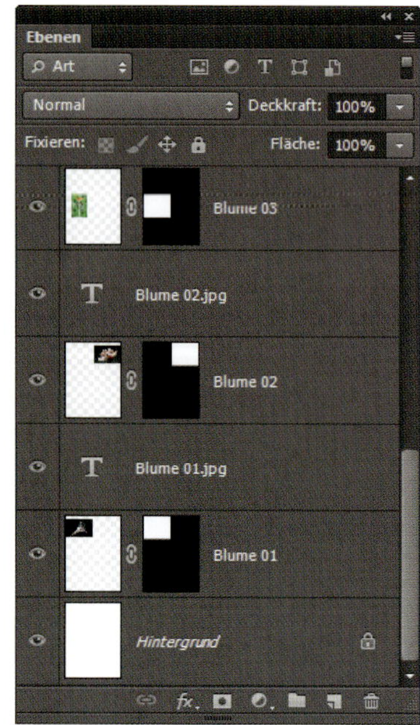

Abbildung 26.15 **Links:** Unsere Datei »Kontaktabzug_01« mit der Option »Alle Ebenen reduzieren«. **Rechts:** Ohne »Alle Ebenen reduzieren«. Das Bild sieht in beiden Fällen gleich aus, doch die weiteren Gestaltungsmöglichkeiten unterscheiden sich.

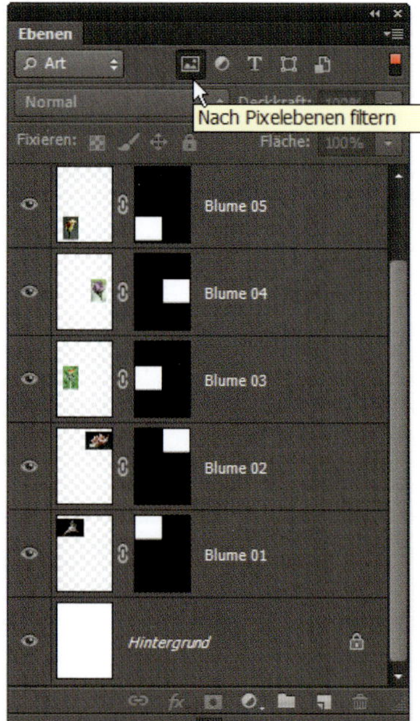

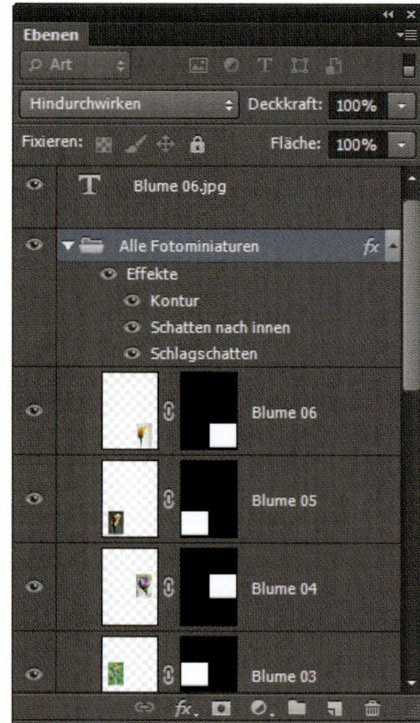

Abbildung 26.16 **Links:** Wir klicken auf »Nach Pixelebenen filtern«, so dass Photoshop Textminiaturen im Bedienfeld nicht mehr anzeigt. **Rechts:** Wir haben die Pixelebenen ausgewählt, in eine Gruppe gepackt und die Gruppe mit Ebeneneffekten ausgestattet – so erscheinen alle Fotoebenen mit identischen Änderungen.

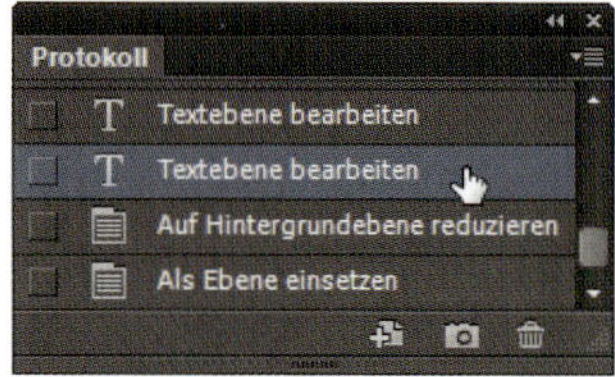

Abbildung 26.17 Sie haben irrtümlich die Option »Alle Ebenen reduzieren« verwendet, wollten jedoch einen Kontaktabzug mit Einzelebenen erstellen? Macht nichts: Sobald Photoshop die Datei erstellt hat, klicken Sie im Protokoll-Bedienfeld auf den drittletzten Schritt »Textebene bearbeiten«. Sie erhalten Einzelebenen wie beim Verzicht auf »Alle Ebenen reduzieren«. Klicken Sie auf den vorletzten Schritt »Auf Hintergrundebene reduzieren«, zeigt Ihre Datei eine »Hintergrund«-Ebene statt der Ebene »Kontaktabzug II« und ist damit schneller im JPEG-Format speicherbar.

Abbildung 26.18 Bei diesem »Kontaktabzug« behalten wir die Einzelebenen bei. Per »Text suchen und ersetzen« löschen wir die Endung ».JPG« aus allen Bildunterschriften. Wir packen alle Bildminiaturen in eine Gruppe und wenden Effekte wie »Abgeflachte Kante und Relief«, »Kontur« und »Schlagschatten« an. Zum Schluss schieben wir den Miniaturen noch ein aufgehelltes Einzelbild unter.

Weitere Bearbeitung

Mit üblicher Bildbearbeitung gestalten Sie Ihren »Kontaktabzug« weiter:

- Sie möchten drucken, Sie möchten eine Überschrift oder andere Elemente hinzufügen, dann bauen Sie weißen Rand mit dem Befehl **Bild: Arbeitsfläche** oder mit dem Freistellungswerkzeug an.
- Verzieren Sie Miniaturen mit Ebeneneffekten wie Schlagschatten, Abgeflachte Kante und Relief oder Kontur (Seite 755). Vorsicht jedoch: Einige Effekte vergrößern die Miniaturen, so dass sie eventuell über die Bildunterschrift oder über den sichtbaren Bildrand hinausragen.
- Sie können eine andere Hintergrundfarbe, ein Hintergrundmuster oder ein Hintergrundfoto einziehen. Dämpfen Sie das Hintergrundmotiv eventuell mit Kontrastkorrekturbefehlen oder Weichzeichner.
- Prüfen Sie in der Zoomstufe 100,0 Prozent, ob eine Scharfzeichnung die Miniaturen verbessert.
- Möchten Sie den Kontaktabzug so knapp wie möglich zuschneiden? Dann achten Sie darauf, dass die unterste Ebene komplett einfarbig ist (zum Beispiel durch den Effekt Farbüberlagerung), und verwenden Sie **Bild: Zuschneiden**.
- Auch Kontaktabzüge mit tausend Einzelebenen lassen sich kompakt weiterverarbeiten: Markieren Sie alle Ebenen per **Auswahl: Alle Ebenen**, dann wählen Sie **Filter: Für Smartfilter konvertieren**; so fasst Photoshop sämtliche Ebenen zu einem Smartobjekt zusammen – nützlich zum Beispiel, wenn Sie mehrere Kontaktbögen zu einem faltbaren, mehrseitigen CD-Einleger kombinieren wollen. Die Einzelebenen bleiben erhalten und zugänglich.

Abbildung 26.19 Um einen faltbaren CD-Einleger zu drucken, haben wir im Dialog »Kontaktabzug II« als Maß 23,9 mal 11,8 Zentimeter angegeben, eine gerade Spaltenzahl und die Vorgabe »Zuerst von oben nach unten«. Weißen Rand bauen Sie bei Bedarf mit dem »Arbeitsfläche«-Befehl oder Freistellwerkzeug an.

Bild und Text getrennt auswählen

Oft möchte man Bildunterschriften und Miniaturbild im Kontaktabzug separat bearbeiten. Ein Beispiel: Sie haben eine fertige Kontaktabzug-Datei mit vielen Ebenen und möchten die Bildminiaturen unabhängig von den Textebenen mit Ebeneneffekten dekorieren. So geht's:

1. Klicken Sie ganz oben im Ebenen-Bedienfeld auf Nach Pixelebenen filtern. Das Bedienfeld zeigt nur noch Fotominiaturen an, die Textminiaturen sehen Sie im Bedienfeld nicht mehr (in der Bilddatei bleiben die Texte sichtbar).
2. Es folgt **Auswahl: Alle Ebenen.** Dabei wählt Photoshop nur die Fotoebenen aus; Textebenen und Hintergrund-Ebene werden nicht ausgewählt.
3. Öffnen Sie das Ebenen-Bedienfeldmenü, klicken Sie auf **Neue Gruppe aus Ebenen** und nennen Sie die neue Gruppe zum Beispiel »Alle Fotominiaturen«.
4. Klicken Sie rechts oben im Ebenen-Bedienfeld auf Ebenenfilter aktivieren/deaktivieren, so dass der Schalter nicht mehr rot erscheint. Jetzt zeigt das Bedienfeld wieder Ihre Textebenen und auch die neue Ebenengruppe.
5. Klicken Sie doppelt rechts neben den Namen der neuen Gruppe, also zum Beispiel neben Alle Fotominiaturen. Im Ebenenstil-Dialog wenden Sie Effekte wie Kontur oder Schlagschatten an.

Sie können die Bildebenen natürlich auch gemeinsam auswählen (Schritt 1 und 2) und dann in ein Smartobjekt verpacken (**Filter: Für Smartfilter konvertieren**) oder per Strg+E verschmelzen. Ebeneneffekte lassen sich immer noch anwenden und die Textebenen bleiben separat im Textmodus erhalten.

Alternatives Verfahren: Verwenden Sie im Dialogfeld Kontaktabzug II die Vorgabe Alle Ebenen reduzieren, so dass zunächst alle Bilder und Schriften auf einer Ebene landen. Anschließend markieren Sie die Bildunterschriften mit dem Auswahlrechteck bei gedrückter ⇧-Taste und wählen **Ebene: Neu: Ebene durch Ausschneiden** (Strg+⇧+J). Damit heben Sie die Texte auf eine neue Ebene; Sie bearbeiten nun Text und Bild getrennt, aber nicht mehr im Textmodus.

26.5 »Zoomify«

Zeigen Sie hochauflösende Riesenbilder im Netz: Mit der **Zoomify**-Technik sieht der Betrachter nur ein kleines Fenster auf der Webseite, in dem er beliebige Details der Aufnahme heranzoomt. Dazu kommt eine kleine Gesamtansicht des Motivs nach Art des Photoshop-Navigators.

> **Achtung** Testen Sie das **Zoomify**-Ergebnis nicht nur durch Öffnen von Ihrer Festplatte, sondern auch per Server-Verbindung mit mehreren Browsern. Erst so bekommen Sie einen zuverlässigen Eindruck.

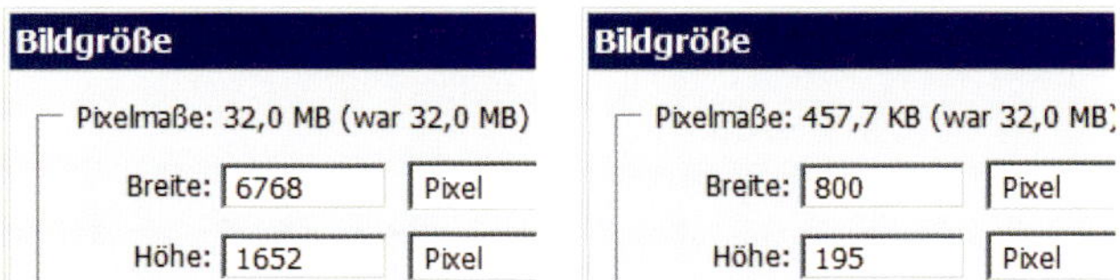

Abbildung 26.20 **Links:** Die Panorama-Datei »Zoomify_1.jpg« hat 6768 Pixel Breite, wie der »Bildgröße«-Dialog meldet. **Rechts:** Wir stellen im »Bildgröße«-Dialog eine »Breite« von 800 Pixeln ein, die gewünschte Breite für das »Zoomify«-Fenster. Rechnerisch sollte das Zoomify-Fenster also 195 Pixel hoch werden; in der Praxis setzen Sie die »Höhe« im Zoomify-Dialog aber acht Prozent höher an. Klicken Sie anschließend im »Bildgröße«-Dialog auf »Abbrechen«.

26.5.1 Vorbereitung

Wir testen die Funktion zunächst mit dem Großstadt-Panorama »Zoomify_1.jpg«, 6768 Pixel breit, aus dem »Praxis«-Verzeichnis der Buch-DVD. Das Bild soll als verkleinerte, aber zoombare Version im Internet erscheinen. So bereiten Sie sich vor:

1. Wählen Sie zuerst **Bild: Bildgröße**, um die Maße für das Zoomify-Fenster auf der Webseite zu ermitteln. Sie brauchen die Vorgaben Proportionen beibehalten und Interpolationsverfahren.
2. Tragen Sie ganz oben die geplante Breite für Ihr Internetbildfenster ein. Wir nehmen hier 800 Pixel. Das wirkt eindrucksvoll, sprengt das Fenster eines Internetbrowsers aber noch nicht. Sie sehen es im nächsten Feld: Photoshop schlägt jetzt automatisch eine Höhe von 195 Pixeln vor. 800x195 Pixel wäre also die optimale Größe für unser **Zoomify**-Bildfenster im Internet. Merken Sie sich diesen Wert und klicken Sie auf Abbrechen. Klicken Sie wohlgemerkt nicht auf OK.

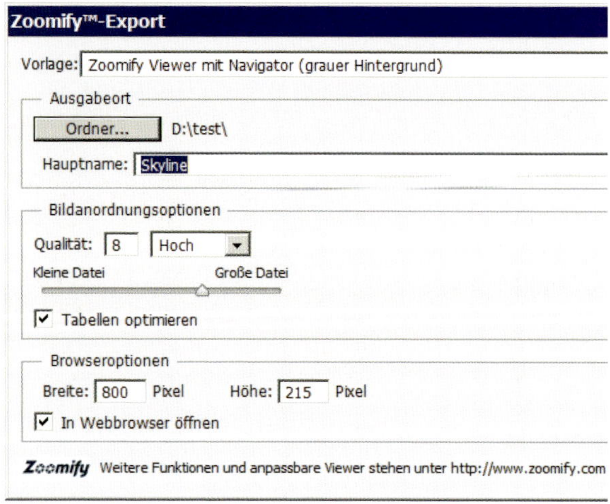

Abbildung 26.21 Im »Zoomify«-Dialog steuern Sie das Aussehen des Zoomify-Fensters auf der Internetseite.

26.5.2 Der »Zoomify«-Dialog

Wählen Sie in Photoshop Datei: Exportieren: Zoomify. So geht's weiter:

1. Oben im Klappmenü Vorlage gehen Sie auf Zoomify Viewer mit Navigator. Dank Navigator sieht man auf der Internetseite nicht nur ein herangezoomtes Detail Ihres Fotos, sondern stets auch eine verkleinerte Gesamtdarstellung des Bilds. Die Hintergrund-Farbe spielt oft keine Rolle, wenn Sie das Ergebnis noch in Ihre eigene Internetseite einflechten.
2. Nach einem Klick auf Ordner verwenden wir hier zum Speichern den Ordner D:\Test mit dem Hauptnamen »Skyline«. Die meisten Einzeldateien für Ihr Zoombild entstehen damit im Unterordner D:\Test\Skyline_img.
3. Nutzen Sie zum Beispiel die JPEG-Qualität 8. Dabei entstehen nur geringe Bildstörungen, dennoch sinkt die Dateigröße gegenüber noch besseren Vorgaben wie 9 oder 10.

Die Browser-Optionen

Interessant wird es bei den Browseroptionen. Der Versuch mit dem Bildgröße-Dialog hatte ja eine optimale Zoomfenster-Größe von 800x195 Pixeln ergeben. Doch mit dieser Vorgabe im Zoomify-Dialog entstehen links und rechts unschöne leere Bildränder im fertigen Bildfenster. Man sollte bei der Höhe rund fünf bis acht Prozent draufgeben, wir entscheiden darum auf 800x215 Pixel. Dann sind beim ersten Aufrufen des Bilds der äußerste linke und rechte Rand abgeschnitten; aber das sieht besser aus als leere Streifen auf beiden Seiten.

Achtung Eine Breite unter 330 Pixeln zeigt nicht mehr alle Zoomify-Schaltflächen im Internetbrowser an.

Nutzen Sie ganz unten auch die Vorgabe In Webbrowser öffnen. So sehen Sie Ihr Ergebnis sofort im Internetprogramm. Jetzt noch ein Klick auf OK, schon erscheint Ihr Bild im Browser.

Abbildung 26.22 Das Ergebnis lässt sich auf der Webseite innerhalb des Zoomify-Rahmens zoomen und verschieben. Vorlage: Zoomify_1; Ergebnis-Verzeichnis: Zoomify/Panorama

26.5.3 Im Webbrowser

Je nach Voreinstellung und Webbrowser muss der Betrachter erst Geblockte Inhalte zulassen oder JavaScript-Funktionen erlauben. Zum Zoomen klickt man einfach ins Bild oder nutzt den Schieberegler. Mit der Schaltfläche ganz rechts zeigen Sie wieder das verkleinerte Gesamtbild an. Ziehen Sie im Bild oder am Rahmen im Navigator-Fenster oben links, um den Bildausschnitt zu ändern.

Bauen Sie den HTML-Code aus dem Ordner C:\Bild\Skyline in Ihre Internetseite ein. Wollen Sie das Ergebnis noch einmal im Internetbrowser sehen, klicken Sie in diesem Ordner doppelt auf Skyline.html. Fertig!

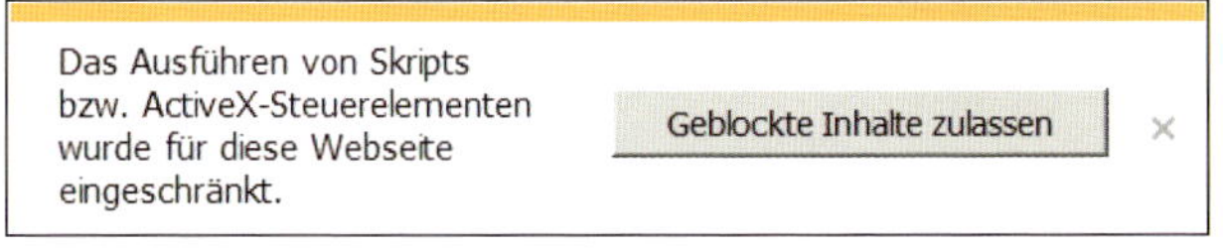

Abbildung 26.23 Je nach Voreinstellung und Webbrowser muss der Betrachter Ihres Zoomify-Bildes erst Geblockte Inhalte zulassen oder JavaScript-Funktionen erlauben.

26.5.4 Wie erscheinen die Formate 3:2 und 4:3?

Die meisten Spiegelreflexkameras nehmen im Seitenverhältnis 3:2 auf. Vermutlich wollen Sie für solche Bilder auch das Zoomify-Fenster auf 3:2 einrichten, zum Beispiel auf 800x524 oder 400x267 Bildpunkte. Allerdings füllt Ihr Foto den Zoomify-Rahmen dann zunächst nicht voll aus: In der kleinsten Zoomstufe, also gleich beim Aufruf der Zoomify-Seite, sieht man links und rechts Ränder in der Hintergrundfarbe. Das entstellt Ihren Auftritt im Netz.

Hier gilt, wie für das Panorama von oben: Heben Sie den Höhe-Wert um mindestens acht Prozent, geben Sie zum Beispiel 800x580, 600x400 oder 400x320 Bildpunkte vor.

Viele Kompaktkameras und einige Spiegelreflexgeräte schreiben Bilddateien im Seitenverhältnis 4:3. Auch hier taucht das Problem wieder auf: Stellen Sie das Zoomify-Fenster exakt auf 4:3 ein, erhalten Sie in der niedrigsten Zoomstufe unansehnliche Ränder links und rechts. Schon mit einem Seitenverhältnis von 4:3,2 ist das Problem gelöst, zum Beispiel mit 800x630, 600x420 oder 400x315 Pixeln.

Abbildung 26.24 Die Vorlage hatte das Seitenverhältnis 3:2. Wir haben das Zoomify-Fenster ebenfalls exakt auf 3:2 eingerichtet, hier 600x400 Pixel. Beim ersten Laden und generell in der niedrigsten Zoomstufe zeigt das Zoomify-Fenster so jedoch unschöne leere Ränder links und rechts (hier mit weißer »Hintergrund«-Vorgabe). Sie verschwinden, wenn man ins Bild hineinzoomt.

Abbildung 26.25 Diesmal wurde das Zoomify-Fenster auf 600x420 Pixel eingestellt; das Bild lädt sofort ohne leere Ränder. Vorlage: Zoomify_2; Ergebnis-Verzeichnis: Zoomify/3zu2

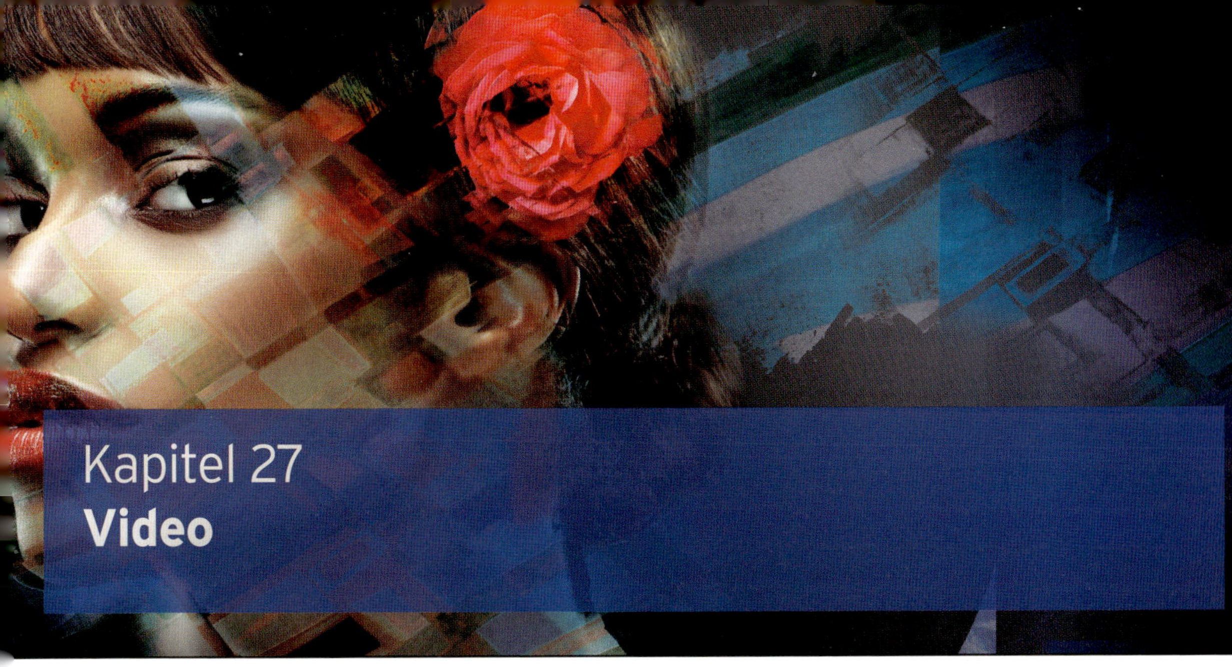

Kapitel 27
Video

Photoshop CS6 zeigt sich mittlerweile als kleines Videoschnittprogramm und das erstmals auch in der kostengünstigeren Standardausgabe.

Sie erstellen Video-Clips, die aus einzelnen Filmen, Bildern, Grafiken, Texten und Audiodaten bestehen.

- Zudem können Sie eigene Animationen erstellen, beispielsweise aus Texten, Bildern oder Vektorformen. Solche Animationen basieren auf Einzelbildern (»Frames«), die in schneller Abfolge eine Bewegung erzeugen.
- Am besten stellen Sie zuerst den passenden Photoshop-Arbeitsbereich ein: Wählen Sie hierzu im Menü **Fenster** den Arbeitsbereich **Bewegung**. Damit wird unterhalb der Arbeitsfläche die Zeitleiste eingeblendet.

27.1 Übersicht

Mit den Video- und Animationsfunktionen haben Sie folgende Möglichkeiten:

- Über die Zeitleiste laden Sie Video-Clips und Bilder gleichermaßen, um sie zu einer ansprechenden Filmkomposition zusammenzufügen. Hier fügen Sie ebenfalls die passende Musik Ihren Projekten hinzu.
- Sie können einzelne Ebenen einer Photoshop-Montage in Einzelbilder (»Frames«) einer Animation verwandeln.
- Bestimmte Veränderungen einer Ebene, wie Position, Deckkraft, Text-»Verkrümmung« und sämtliche Ebeneneffekte, lassen sich animieren (also in Einzelbilder der Animation verwandeln), ohne dass dafür neue Ebenen erforderlich sind.
- Durch Korrektur der jeweiligen Ebene können Sie jederzeit die Videoclips oder Einzelbilder der Animation verändern.
- Wie bei nicht animierten Bildern auch kann eine Animation durch die TRANSPARENZ-Funktion mehr oder weniger durchsichtig erscheinen.

Abbildung 27.1 Ein Videoprojekt wird in Photoshop CS6 im Arbeitsbereich »Bewegung« bearbeitet. Unten ist die Zeitleiste zu sehen, auf der alle Bestandteile der Produktion bereits angelegt worden sind: zuoberst der animierte Intro-Text, darunter, in der Videogruppe 2, alle Bilder und Videos in zeitlicher Abfolge. Alle Bilder und Videos sind zudem im Ebenen-Bedienfeld vertreten: Hier lassen sie sich auch mit Ebenenstilen oder Einstellungsebenen belegen. An unterster Stelle liegt die Tonspur.

- Exportieren Sie Ihre Animation auch als Video: Dabei stehen unter VIDEO RENDERN die Ausgabeformate QUICKTIME MOVIE (MOV), DPX oder H.264 (MP4) zur Verfügung. Kompression und Pixelseitenverhältnis können dabei, je nach Bedarf, unterschiedlich eingestellt werden.
- Sie können und sollten Animationen auch im Photoshop-Dateiformat speichern. Dabei bleiben alle Eigenschaften erhalten, Sie bewahren die volle Farbtiefe und ebenso korrigierbare Montageebenen und können das Projekt zu jeder Zeit anpassen und verändern.

27.2 Ein neues Projekt starten

Ein neues Videoprojekt kann auf vielerlei Arten zustande kommen:

1. Sie legen über **Datei: Neu** ein neues leeres Projekt an. In diesem Fall erscheinen eine normale »Hintergrundebene« und auf der Zeitleiste die Schaltfläche VIDEOLEISTE ERSTELLEN. Per Klick darauf wird die »Hintergrundebene« zur »Ebene 0« und erscheint zugleich in der Zeitleiste. Darunter legt Photoshop vorsorglich eine Tonspur an.

2. Über **Datei: Öffnen** starten Sie das Projekt mit einem Bild. Die Situation ist ähnlich wie im Punkt 1, anstelle der leeren Fläche ist jedoch das Bild zu sehen und erscheint ebenfalls nach einem Klick auf VIDEOLEISTE ERSTELLEN in der Zeitleiste.
3. Wählen Sie im **Öffnen**-Dialog ein Video, legt Photoshop direkt die Videogruppe 1 an, die das Video beinhaltet. Ebenfalls auf der Zeitleiste ist die Videogruppe bereits auf einer eigenen Spur vertreten.
4. Starten Sie mit einem Text, einer Form oder - sollten Sie über Photoshop Extended verfügen - einem 3D-Element, müssten Sie die Videospur über die Schaltfläche VIDEOLEISTE ERSTELLEN zunächst anlegen, wie zuvor bereits beschrieben.

27.2.1 Im Video navigieren

Um sich mit der Bedienung der Zeitleiste vertraut zu machen, öffnen Sie die Datei »Video_01« von der Website zum Buch. Wählen Sie rechts oben im Photoshop-Fenster den Arbeitsbereich »Bewegung«. Im Ebenen-Bedienfeld erscheint der Clip in einer neuen »Videogruppe 1« als »Ebene 1«. In der Zeitleiste hat Photoshop eine neue Spur angelegt, die mit der »Videogruppe 1« belegt ist. An welcher Stelle im Video Sie sich gerade befinden, zeigt der Abspielknopf: die rote senkrechte Linie mit dem blauen Anfasser. Ziehen Sie ihn nach rechts oder nach links, um eine andere Stelle im Projekt auf der Arbeitsfläche zu sehen.

Abbildung 27.2 In der Zeitleiste liegen alle Bestandteile eines Videoprojekts. Einzelne Frames steuern Sie mit dem Abspielknopf an.

Hinweis Videos, wie auch Animationen, bestehen aus vielen Einzelbildern (»Frames«, Abkürzung »f«), die in schneller Abfolge gezeigt werden. Wie viele Bilder pro Sekunde gezeigt werden, definiert die **Framerate.** Photoshop zeigt die Framerate in der Zeitleiste unten an; in unserem Beispiel folgen 30 Bilder in der Sekunde aufeinander: **(30,00 fps).**

Rechts oben in der Zeitleiste finden Sie Schaltflächen zum Navigieren innerhalb des platzierten Videos. Folgende Möglichkeiten stehen bereit:

Abbildung 27.3 Rechts oben liegen die Schaltflächen zum Navigieren in einem Videoprojekt.

1 ZUM ERSTEN FRAME: Diese Schaltfläche ist nur dann aktiv, wenn der Abspielknopf nicht am Anfang der Animation steht. Per Klick darauf springt der Marker an den Anfang des Videos.

2 ZUM VORHERIGEN FRAME: Sie schalten zum Bild (Frame) davor.

3 ABSPIELEN/STOPPEN

4 Zum nächsten Frame: Sie schalten zum nächsten Bild (Frame).

5 Audiowiedergabe stummschalten/aktivieren

6 Am Abspielknopf teilen: Sie zerschneiden das Video; es entstehen zwei Teile, die sich getrennt voneinander bearbeiten lassen.

7 Übergänge: für Überblendungen und zum Ein- und Ausblenden des Videos

27.3 Videoprojekte zusammenstellen

Wie eingangs bereits erwähnt, lassen sich Videos mit Bildern, Texten und Grafiken zu einem aufwändigeren Projekt kombinieren. Alle Bestandteile können Sie über das Ebenen-Bedienfeld in ihrer Reihenfolge ändern oder Sie verschieben diese direkt in der Zeitleiste. Die Länge des gesamten Projekts beeinflussen Sie, indem Sie die Abspieldauer einzelner Clips oder Bilder verändern.

27.3.1 Videos und Bilder kombinieren

Beginnen Sie ein neues Projekt mit dem bereits geöffneten »Video_01«. Im Laufe der folgenden Übung werden Sie ein weiteres Video hinzufügen und das Projekt mit einigen Fotos ergänzen.

1. Aktivieren Sie in der Zeitleiste die Videogruppe 1. Klicken Sie auf die Schaltfläche rechts . Wählen Sie im Pop-up-Fenster den Eintrag Medien hinzufügen und laden Sie das »Video_02«. Alternativ können Sie das Video direkt aus dem Finder (Mac) oder dem Explorer (Windows) in das Photoshop-Fenster ziehen.

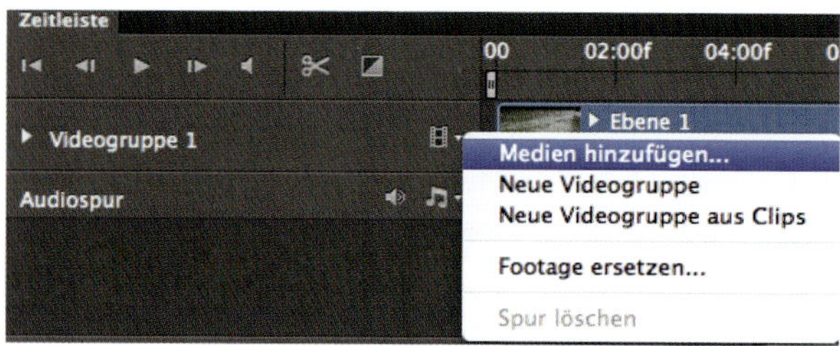

Abbildung 27.4 Hier wird ein zweiter Clip in die »Videogruppe 1« geladen.

2. Das zweite Video befindet sich nun in der Videogruppe 1, was sowohl in der Zeitleiste wie auch im Ebenen-Bedienfeld zu sehen ist. Um alle beiden Filme in der Zeitleiste sehen zu können, müssen Sie eventuell die Darstellung der Zeitleiste ändern. Ziehen Sie hierzu den Regler Zeitleistengrösse einstellen im unteren Bereich der Zeitleiste etwas nach links – die Clip-Anzeige verkürzt sich.
3. Wir möchten nun ein Bild am Anfang des Projekts einfügen, das später als Hintergrund für einen Intro-Text dienen soll. Über die Schaltfläche wählen Sie das Foto »Video_Bild_01« – am Ende des Projekts, hinter den beiden Videos.
4. Ziehen Sie das »Video_Bild_01« im Ebenen-Bedienfeld innerhalb der Videogruppe 1 unter die beiden Videoebenen. Nun befindet es sich auch in der Zeitleiste am richtigen Platz, also am Anfang der Animation.
5. Prüfen Sie das Projekt: Klicken Sie in der Zeitleiste auf die Schaltfläche Zum ersten Frame, der Abspielknopf springt auf das erste Bild. Starten Sie das Video per Klick auf Abspielen/Stoppen.
6. Speichern Sie das Projekt, Sie werden es in den folgenden Übungen weiterbearbeiten.

Photoshop hat die beiden Videoclips und das Bild nahtlos aneinander gesetzt. Das Projekt ist jedoch noch etwas langweilig: Ganze fünf Sekunden ist das erste Standbild zu sehen, danach folgt ein fast 14 Sekunden langer Film, der nur den Wasserfluss der Isar zeigt.

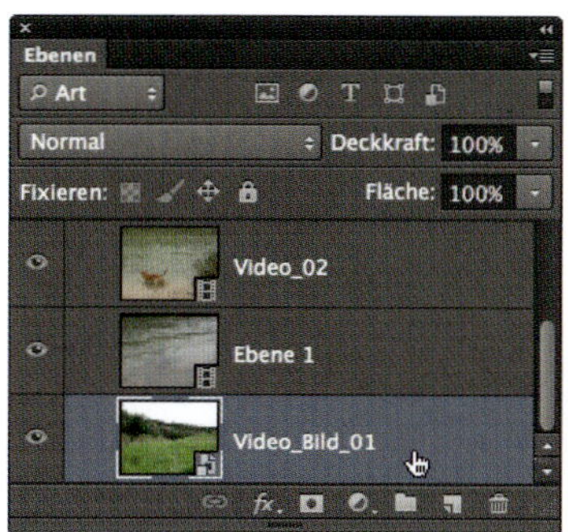

Abbildung 27.5 **Links**: Wir ziehen im Ebenen-Bedienfeld das Bild nach unten, damit es zu Beginn der Animation gezeigt wird. **Rechts**: Die Änderung ist direkt auf der Zeitleiste zu sehen; das Bild wird hier in Violett dargestellt.

27.3.2 Audio hinzufügen

Wer möchte, kann in seinem Projekt auch eine musikalische Untermalung integrieren. Dazu stellt Photoshop in der Zeitleiste die Audiospur bereit. Folgende Möglichkeiten bieten sich an:

- Klicken Sie auf die Schaltfläche in der Audiospur, dann auf Audio hinzufügen und suchen Sie den entsprechenden Audio-Clip.
- Die Spur ist nun mit dem gewählten Audio-Clip belegt, Photoshop stellt ihn grün dar.
- Wählen Sie erneut den Eintrag Audio hinzufügen, legt Photoshop den nächsten Titel hinter den bereits angefügten Clip.
- Möchten Sie mehrere Tonquellen mischen, wählen Sie den Eintrag Neue Audiospur. Sie erhalten so eine weitere Tonspur, auf die Sie zum Beispiel den Kommentar eines Off-Sprechers legen können.
- Stellen Sie nun die Lautstärke ein. Klicken Sie dazu auf das Dreieck am Ende der Tonspur; es öffnet sich der Dialog **Audio**. Hier definieren Sie ebenfalls, ob der Ton ein- oder ausgeblendet werden soll.
- Möchten Sie – beispielsweise zum Testen des Projekts – den Ton zwischendurch stummschalten, klicken Sie in der Zeitleiste bei der Tonspur auf die Schaltfläche.

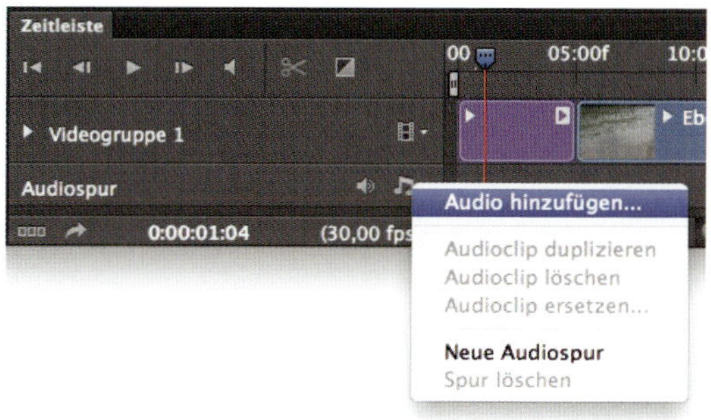

Abbildung 27.6 Über die Schaltfläche suchen Sie nach dem passenden Sound für Ihr Projekt.

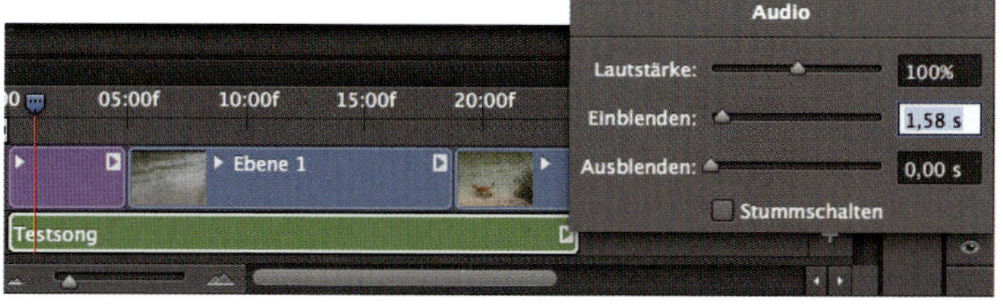

Abbildung 27.7 Die Tonspur liegt jetzt unter der Videogruppe. Im Dialog »Audio« stellen Sie die Lautstärke sowie Ein- und Ausblendungen des Tons ein.

Achtung Möchten Sie Ihr Projekt öffentlich vorführen, sollten Sie bei der Wahl der Musik darauf achten, dass diese Gema-frei (also frei von Urheberrechten) ist! Alternativ dazu basteln Sie Ihren eigenen Sound, etwa mit dem Sound-Programm von Adobe, Audition CS6.

27.4 Animationen und Übergänge

Die Kunst eines gelungenen Videoprojekts besteht darin, passende Übergänge zwischen den einzelnen Clips zu wählen; in den seltensten Fällen wirkt ein harter Schnitt ansprechend. Ebenfalls animierte Standbilder bringen etwas mehr Fluss in das gesamte Projekt.

Achtung Wenden Sie jedoch solche Gestaltungselemente nur sehr dezent an; hektische Zooms oder minutenlange Überblendungen wirken schnell übertrieben und stören in der Regel nur den Fluss des Films.

27.4.1 Animation eines Fotos

Photoshop stellt verschiedene fertige Animationen bereit, mit deren Hilfe Fotos bewegt werden. Solche animierten Bilder können in größeren Projekten zwischen einzelne Filme gesetzt werden oder dienen als Hintergrund für Vor- oder Abspänne. Um ein Foto zu animieren, gehen Sie folgendermaßen vor:

1. Arbeiten Sie am bereits begonnenen Projekt weiter. Klicken Sie mit der rechten Maustaste in der Zeitleiste auf das erste Bild, es öffnet sich der Dialog »Bewegung«.
2. Wählen Sie hier die Option SCHWENKEN UND ZOOMEN, bei »Zoom« wählen Sie EINZOOMEN. Bei SCHWENKEN bestimmen Sie den Winkel, um den das Bild zusätzlich zum Zoom verschoben wird.
3. Gehen Sie zum Anfang der Animation und drücken Sie auf ABSPIELEN/STOPPEN. Sie starten so die Berechnung der einzelnen Bilder. Dies dauert etwas länger als die eigentliche Animation. Beim zweiten Durchlauf ist die Bewegung jedoch flüssig, da dann die Animation bereits berechnet worden ist; zu sehen an dem grünen Balken über der Videospur.

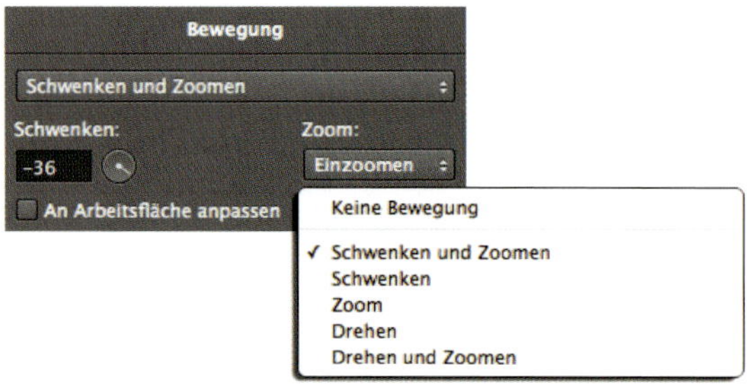

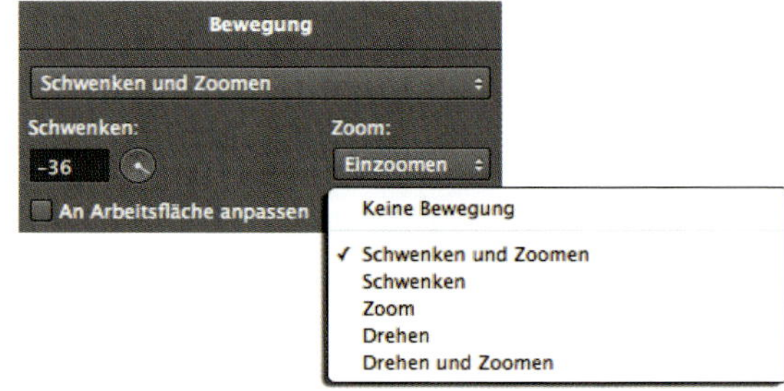

Abbildung 27.8 Über einen rechten Mausklick auf die Bildminiatur in der Zeitleiste öffnet sich der Dialog »Bewegung«. Hier wählen Sie zwischen SCHWENKEN UND ZOOMEN, SCHWENKEN, ZOOM, DREHEN oder DREHEN UND ZOOMEN.

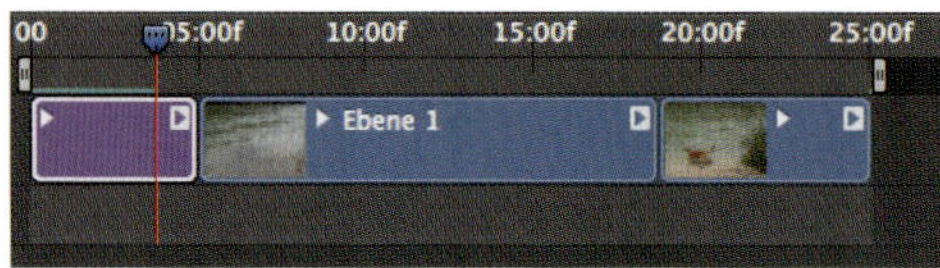

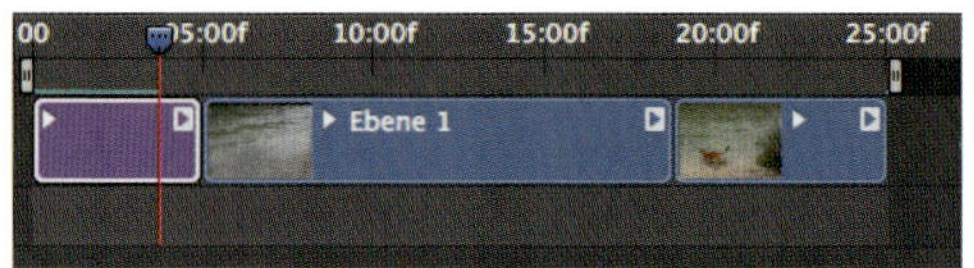

Abbildung 27.9 Haben Sie einen Effekt auf ein Bild angewandt, muss Photoshop diese Bild für Bild berechnen. Die bereits berechnete Strecke zeigt einen feinen grünen Balken in der Zeitleiste über der entsprechenden Videospur.

27.4.2 Überblendungen

Echte Videoschnittprogramme liefern meist verschiedene, teilweise animierbare Übergänge, Photoshop hingegen kommt mit einer einfachen ÜBERBLENDUNG aus. Um jedoch Bilder und Videos harmonisch zusammenzufügen, reicht das durchaus.

Hinzu kommen vier verschiedene Effekte zum Ein- und Ausblenden eines Clips. In der Regel werden diese Effekte am Anfang und/oder am Ende des Projekts eingesetzt. Zur Verfügung stehen VERBLASSEN, SCHWARZ ÜBERBLENDEN, WEISS ÜBERBLENDEN und FARBIG ÜBERBLENDEN. Alle vier Überblendungen erkennen automatisch, ob es sich um den Anfang eines Clips oder um dessen Ende handelt. Somit blenden sie korrekt ein oder aus.

Ergänzen Sie das laufende Projekt mit dem Clip »Video_03« und stellen Sie an das Ende des Projekts noch das Bild »Video_Bild_04«. Alternativ öffnen Sie die Datei »Video_Zwischen.psd« von der Buch-CD. Fügen Sie folgendermaßen Überblendungen ein:

1. Klicken Sie auf die Schaltfläche ÜBERGÄNGE und wählen Sie im Dialog die Option ÜBERBLENDEN.
2. Ziehen Sie mit gedrückter Maustaste die Überblendung auf die Schnittstelle zwischen dem animierten Bild »Video_Bild_01« und der (Video-)»Ebene 1«. Sobald eine schwarze Umrandung erscheint, können Sie die Maustaste loslassen – die Überblendung ist erfolgreich angewandt.
3. Überblenden Sie so auch alle weiteren Bilder und Videos in diesem Projekt. Es sind drei Videos und zwei Bilder; ziehen Sie also noch drei weitere Überblendungen auf die Schnittstellen.
4. Um die Berechnung der einzelnen Bilder zu starten, klicken Sie auf ABSPIELEN/STOPPEN.

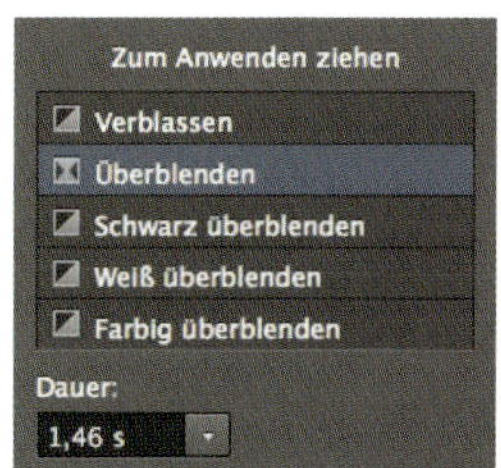

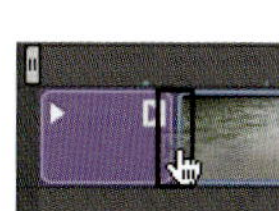

Abbildung 27.10 **Links:** Die Funktion ÜBERBLENDEN schafft einen weichen Übergang von einem Clip zum nächsten, die anderen Effekte im Dialog sorgen für Ein- und Ausblendungen. **Mitte:** Alle Effekte aus dem Dialog werden mit gehaltener Maustaste auf die Schnittstelle gezogen. **Rechts:** Photoshop zieht die beiden Videoclip-Miniaturen für die Überblendung übereinander. Die Überblendung wird hier durch die zwei Dreiecke gekennzeichnet, deren Spitzen zueinander zeigen.

Hinweis Eine Überblendung ist nicht nur für Video-Clips geeignet; auch Bilder oder Text- und Formebenen können Sie überblenden, um so für eine einheitliche Gestaltung innerhalb des Projekts zu sorgen.

Dauer einstellen

Bislang haben wir uns noch keine Gedanken um die Länge der Überblendungen gemacht; Photoshop hat im letzten Beispiel einen Standardwert für die Dauer des Übergangs eingesetzt. Zwischen »Video_02« und »Video_03« ist die Überblendungsdauer jedoch deutlich zu lang. Folgende Möglichkeiten haben Sie, um die Dauer einzustellen:

- Führen Sie den Mauszeiger über den Anfang oder das Ende einer Überblendung. Sobald eine schwarze Klammer mit Doppelpfeil in der Mitte ⟛ erscheint, ziehen Sie – die neue Dauer zeigt Photoshop in einem schwarzen Kästchen an.
- Besser noch wählen Sie vor dem Setzen der Überblendung die passende Dauer: Diese steuern Sie bequem im Dialog ÜBERBLENDEN bei DAUER an.

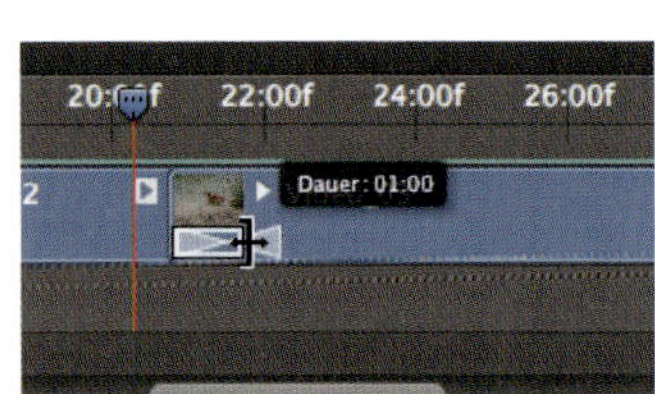

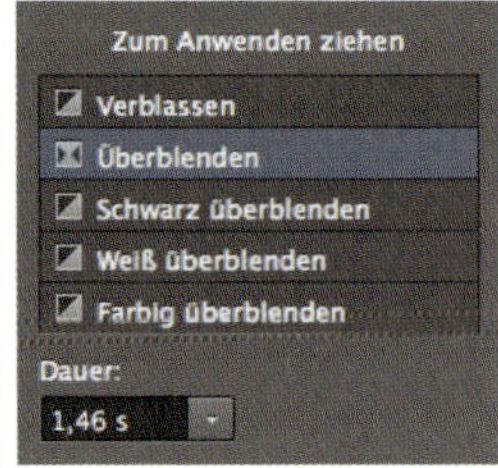

Abbildung 27.11 **Links:** Die Dauer einer Überblendung ändern Sie nachträglich in der Zeitleiste. **Rechts:** Besser ist es, die Dauer schon vorher im Dialog Überblenden einzustellen.

Ein- und Ausblenden

Ein- und Ausblendungen funktionieren genauso wie die Überblendung, da es jedoch verschiedene Effekte gibt, bestehen hier mehrere Möglichkeiten:

- Verblassen blendet die entsprechende Ebene transparent ein oder aus. Interessant ist diese Option etwa dann, wenn sich unter der Videogruppe ein anderes Bild oder eine Grafik befindet, die zu Beginn/am Ende der Überblendung noch zu sehen ist und dann nach und nach vom übergeordneten Bild überdeckt/freigegeben wird.
- Klassisch sind die Überblendungen von Schwarz oder Weiß zum Bild; hierzu stehen die Effekte Schwarz überblenden und Weiss überblenden bereit.
- Farbig überblenden eignet sich dann, wenn eine bestimmte Farbe bei der Überblendung zutage treten soll.

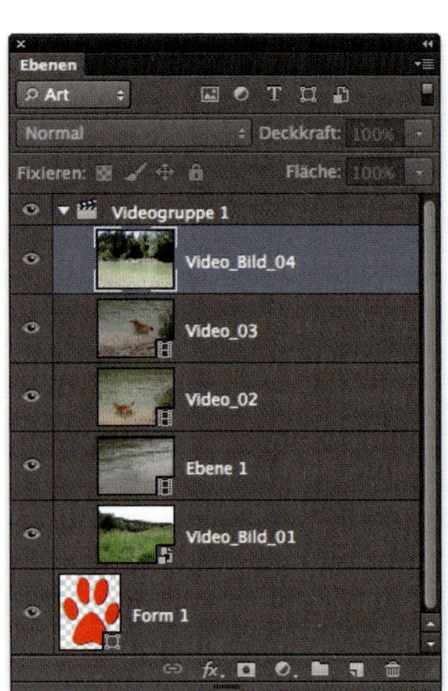

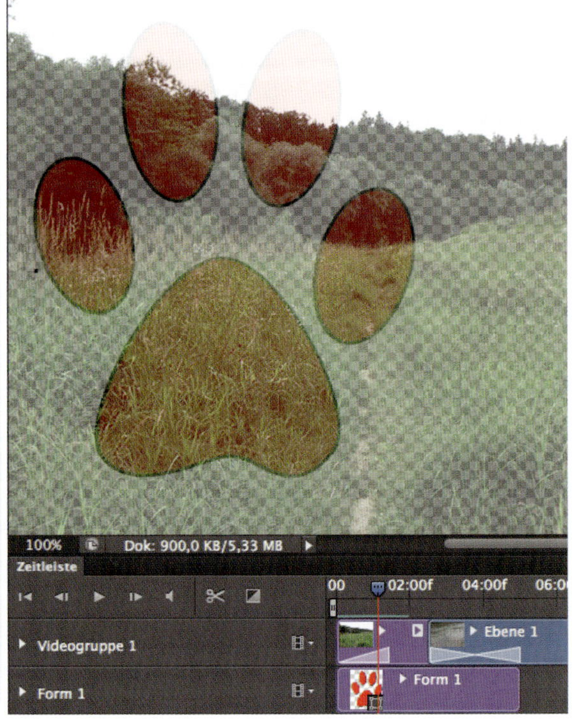

Abbildung 27.12 **Links:** Unter die Videogruppe wurde eine Form gelegt. **Rechts:** Die Ebene »Form 1« belegt in der Zeitleiste automatisch eine neue Ebene, da sie sich nicht in der »Videogruppe 1« befindet. Zudem haben wir beim oberen Bild innerhalb der »Videogruppe 1« als Einblendeffekt Verblassen eingestellt – die darunter liegende Form scheint also während der Überblendung durch das Bild.

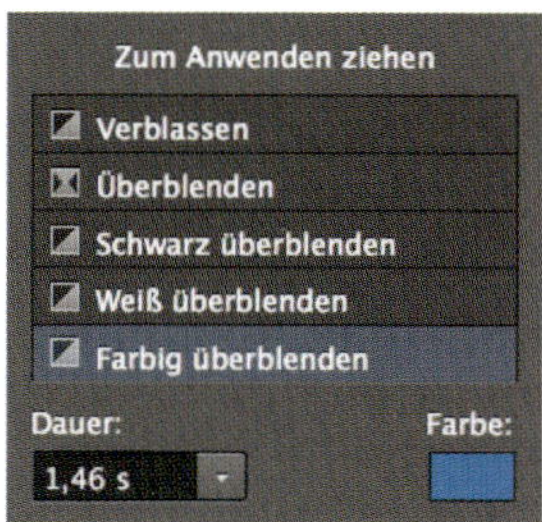

Abbildung 27.13 Farbig überblenden erlaubt eine exakte Farbwahl.

27.5 Video-Clips bearbeiten

Nicht jedes Video passt von vornherein ideal in ein Projekt. So sind manche Clips einfach zu lang, andere Filmschnipsel hingegen zeigen keine ausreichende Qualität und müssen beispielsweise in den Farben korrigiert werden. Eine solche Videobearbeitung ist nun auch in Photoshop möglich.

27.5.1 Schnitt

Ist ein Video zu lang oder befinden sich darin Ausschnitte, die für das Projekt nicht zwingend notwendig sind, können Sie kürzen. Die wichtigsten beiden Möglichkeiten sind:

1. Sie kürzen am Anfang oder am Ende. Das funktioniert genauso wie beim Ändern der Dauer eines Übergangs in der Zeitleiste: Führen Sie den Mauszeiger über den Anfang oder das Ende eines Videos. Ziehen Sie den Clip in die entsprechende Richtung, sobald die schwarze Klammer in der Mitte erscheint. Photoshop zeigt in einem Pop-up-Bild das entsprechende neue Anfangs- oder End-Bild und blendet darüber die neue Dauer des Clips an. Praktisch: Alle folgenden Filmschnipsel rutschen automatisch an die richtige Position, auch Übergänge werden bei der Änderung berücksichtigt.

Abbildung 27.14 In der Zeitleiste kürzen Sie bequem einen Video-Clip, nachfolgende Clips rücken automatisch nach. Hier haben wir im laufenden Projekt das Video »Ebene 1« auf eine Dauer von 10:25 Sekunden gekürzt.

2. Befindet sich innerhalb eines Clips eine Stelle, die Sie gerne entfernen möchten, können Sie das Video zerteilen und dann die entsprechende Stelle herauskürzen, wie bereits im ersten Punkt beschrieben. Setzen Sie dazu den Abspielknopf an den Anfang der Stelle, die Sie entfernen möchten. Klicken Sie dann in der Zeitleiste auf die Schaltfläche Am Abspielknopf teilen ; Sie zerschneiden das Video in zwei Hälften. Kürzen Sie nun den hinteren der beiden Clips. Zum Abschluss können Sie die beiden Clips überblenden, um so einen weichen Übergang zu schaffen.

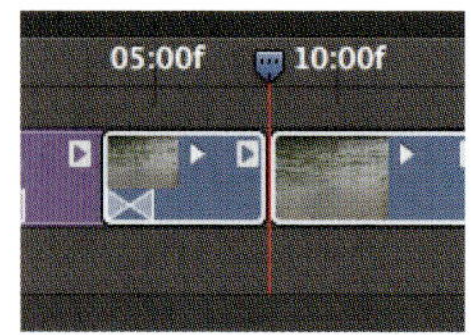

Abbildung 27.15 **Links:** Wir haben das erste Video im Projekt in der Mitte zertrennt und einen kleinen Teil herausgeschnitten. **Rechts:** Mit einer Überblendung schaffen wir einen weichen Übergang.

27.5.2 Korrekturen

Korrekturebenen lassen sich wie auf jede andere Ebene auch auf eine Videoebene anwenden. Wir möchten einige Farbkorrekturen auf einem Video-Clip in unserem Projekt anwenden. So einfach geht's:

1. Sollten Sie Bedienfelder umgestellt haben, wählen Sie **Fenster: Arbeitsbereich: Bewegung zurücksetzen.** Damit erscheint über dem Ebenen-Bedienfeld das Bedienfeld »Korrekturen« und zuoberst das Bedienfeld »Histogramm«, in dem Sie die Änderungen überprüfen können.
2. Wählen Sie im Ebenen-Bedienfeld in der Videogruppe 1 die Ebene Video_02. Platzieren Sie in der Zeitleiste den Abspielknopf in der Mitte des zweiten Videos.
3. Klicken Sie im Korrekturen-Bedienfeld auf Tonwertkorrektur; so erhält das Video_02 eine Tonwertkorrektur-Einstellungsebene, mit der Sie die Helligkeit ändern. Die Einstellungsebene erscheint im Ebenen-Bedienfeld über der Ebene Video_02.
4. Über die Einstellungsebene »Gradationskurven« entfernen Sie den leichten Rotstich. Wechseln Sie zuerst im Kanal-Klappmenü von RGB zu Rot. Dann ziehen Sie die rote Kurve in der Mitte leicht nach unten. Über die Einstellungsebene »Dynamik« werden die Farben etwas kräftiger.

Da das Video_03 etwa die gleichen Schwächen zeigt, übertragen wir auf das Video nun die Korrekturen, die wir auf das Video_02 angewandt haben:

1. Wählen Sie mit gedrückter [⇧]-Taste alle drei Korrekturebenen im Ebenen-Bedienfeld.
2. Halten Sie nun die [Alt]-Taste gedrückt und ziehen Sie dann die drei Korrekturebenen über die Ebene Video_03 – so legen Sie Kopien der Korrekturen an.
3. Die kopierten Korrekturebenen sollen sich jedoch nur auf das Video_03 auswirken. Wählen Sie also »Ebene: Schnittmaske erstellen«.

Nun wirken sich die drei kopierten Korrekturen nicht mehr auf alle Ebenen aus, die sich darunter befinden, sondern beschränken sich auf das dritte Video im Projekt, das Video_03.

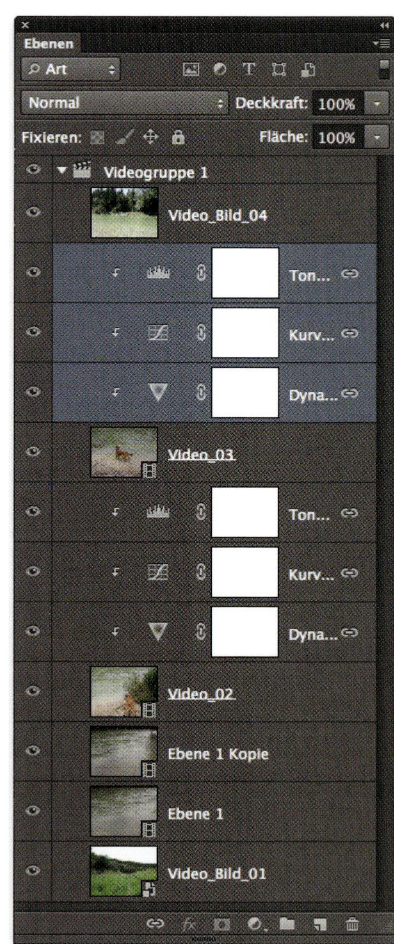

Abbildung 27.16 So sieht das Ebenen-Bedienfeld unseres Projekts nach den Korrekturen aus; die drei Kopien der Korrekturebenen müssen zum Anwenden der Schnittmaske zusammen selektiert werden.

27.6 Text

Ein Videoprojekt runden Sie durch Text ab. An folgenden Stellen kann Text eingefügt werden:

- Ein Titel zu Beginn des Projekts,
- am Ende als Abspann
- oder Erklärungen und Untertitel innerhalb des laufenden Projekts.

Die Vorgehensweise ist bei allen drei Möglichkeiten die gleiche, wir zeigen die nötigen Arbeitsschritte also stellvertretend anhand eines Vorspanns.

27.6.1 Text anlegen

Natürlich kann Text in einem Videoprojekt auch zwischen zwei gezeigten Filmschnipseln oder Bildern liegen, in der Regel befindet sich aber der Text über einem Foto oder Videoclip. So liegt etwa ein Titel über dem ersten Bild oder der ersten Videoszene, die häufig mit einer Einblendung startet. Damit das funktioniert, muss der Text auf einer zweiten Videoebene über der VIDEOGRUPPE 1 liegen. Und so geht's:

1. Ziehen Sie gegebenenfalls noch eine Überblendung auf den Anfang des Projekts und wählen Sie das Textwerkzeug T. An welcher Stelle sich jetzt der Abspielknopf befindet, spielt noch keine Rolle.
2. Klicken Sie ins Bild und geben Sie Text ein, beispielsweise »Isarflimmern«. Der Text erscheint auf der Arbeitsfläche vor transparentem Hintergrund, im Ebenen-Bedienfeld als Textebene innerhalb der VIDEOGRUPPE 1. Auf der Zeitleiste erscheint der Text am Ende des Projekts.
3. Formatieren Sie den Text nach Belieben, auch einen Ebenenstil können Sie auf die Textebene anwenden.

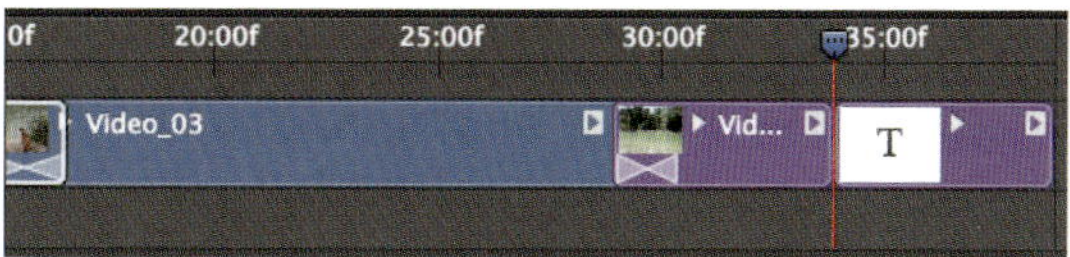

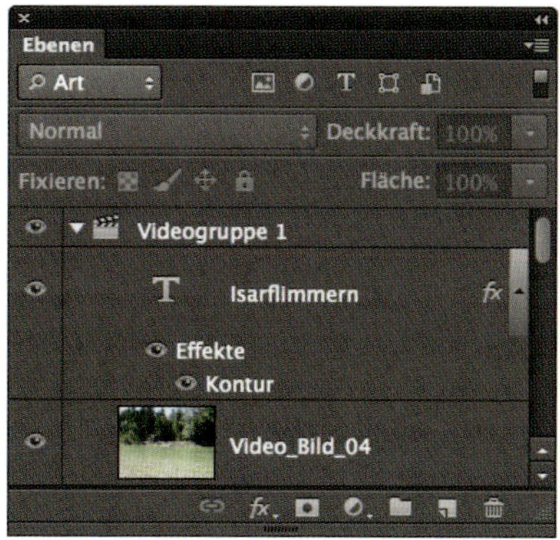

Abbildung 27.17 **Oben links**: Der platzierte Text ist auf einem transparenten Hintergrund zu sehen. **Oben rechts**: Auf der Zeitleiste liegt der Text direkt hinter dem letzten Bild. **Unten**: Der Text landet automatisch in der »Videogruppe 1«.

4. Legen Sie jetzt den Text auf eine eigene Ebene – und damit auf eine neue, eigene Videospur: Ziehen Sie dazu im Ebenen-Bedienfeld die Textebene über die VIDEOGRUPPE 1 – in der Zeitleiste gibt es jetzt über der VIDEOGRUPPE 1 eine neue Videoebene, die den Namen des eingegebenen Schriftzugs trägt.
5. Ziehen Sie nun den Titel auf der neu entstandenen Videospur ganz nach links, an den Anfang des Videoprojekts. Testen Sie den Film per Klick auf den Abspielknopf.

Abbildung 27.18 Der Text liegt nun auf einer eigenen Videospur über dem ersten Bild aus der »Videogruppe 1«, die mit dem Effekt »Weiß einblenden« versehen wurde.

27.6.2 Text animieren

Im letzten Schritt soll der Text animiert werden: Er soll von oben in die Bildmitte wandern, dort eine Zeit lang verweilen und dann ausgeblendet werden. Photoshop ermöglicht die Animation von vier verschiedenen Parametern; Transformieren, Deckkraft, Stil und Textumbruch. In unserem Beispiel verwenden wir die ersten beiden.

Transformieren

Mit folgenden Schritten bewegen Sie den Text in das Bild:

1. Klappen Sie in der Zeitleiste per Klick auf den kleinen Pfeil in der oberen Videospur »Isarflimmern« ganz links das Untermenü mit den verfügbaren Animationsspuren auf.
2. Setzen Sie zudem die Zoomstufe auf etwa 66 Prozent, um oberhalb der Bildfläche Platz für die Transformation zu gewinnen. Setzen Sie den Abspielknopf auf das erste Bild.
3. Schieben Sie den Text so weit nach oben, dass er sich außerhalb der Bildfläche befindet.
4. Setzen Sie nun den ersten Keyframe: Klicken Sie dazu rechts neben dem Ebenennamen auf die Keyframe-Schaltfläche. Eine gelbe Raute, der erste Keyframe, liegt nun auf dem ersten Frame der Videoebene »Isarflimmern«.
5. Der Text soll an seiner endgültigen Position sein, wenn das erste Video beginnt: Schieben Sie dazu den Abspielknopf bis zum ersten Übergang auf der Spur Videogruppe 1. Ziehen Sie den Text in die Bildmitte; Photoshop setzt damit auf der Videoebene »Isarflimmern« einen zweiten Keyframe.

Abbildung 27.19 Wir haben den Text über die Spur »Transformieren« animiert: Im ersten Bild ist er noch nicht zu sehen und wandert dann bis zum Ende des ersten Fotos zur Mitte.

Deckkraft

Sobald der erste Video-Clip startet, soll der Text langsam an Deckkraft verlieren und dann komplett verblassen. So gehen Sie vor:

1. Setzen Sie den Abspielknopf auf den ersten Übergang in der Videoebene »Isarflimmern« und setzen Sie dort den ersten Keyframe per Klick auf die Keyframe-Schaltfläche rechts neben der Deckkraft.
2. Schieben Sie nun den Abspielknopf an das Ende der Videoebene »Isarflimmern«. Stellen Sie jetzt im Ebenen-Bedienfeld bei der Deckkraft 0 Prozent ein.
3. Starten Sie das Video, um die Effekte zu berechnen (grüne Linie über der oberen Spur). Der Text macht nun genau das, was er soll: Er kommt von oben in die Bildmitte, bleibt dort stehen und wird ausgeblendet.

Abbildung 27.20 **Links:** Der Text bleibt nun bis zum ersten Keyframe auf der Spur »Deckkraft« sichtbar, um dann langsam zu verblassen. **Rechts:** Dazu muss beim zweiten Keyframe die Deckkraft der Videotextebene auf 0 gesetzt werden.

27.6.3 Menübefehle der Zeitleiste

Im Menü der Zeitleiste finden Sie Befehle und Einstellungen zum Bearbeiten und Optimieren der Animation. Die wichtigsten Befehle sind:

- Die Funktionen der ersten Einträge erreichen Sie schneller über die Schaltflächen der Zeitleiste. Dazu gehören die Unterbefehle des Eintrags GEHE ZU, AM ABSPIELKNOPF TEILEN UND VERSCHIEBEN und ZUSCHNEIDEN.
- Über ARBEITSBEREICH definieren Sie einen neuen Anfang oder ein neues Ende im Projekt. Dazu muss sich der Abspielknopf an der entsprechenden Stelle befinden.
- Soll das Video endlos wiederholt werden, wählen Sie den Eintrag IN SCHLEIFE ABSPIELEN.
- Der Befehl ÜBERSPRINGEN VON FRAMES ZULASSEN ist wichtig für die Darstellung des Videos im Internet. Wird also beispielsweise der Film auf einer Webseite gezeigt, werden eventuell einzelne Bilder übersprungen, wenn die Internetverbindung des Betrachters zu langsam ist.
- Unter EINBLENDEN blenden Sie auf der Zeitleiste die SPUR FÜR GLOBALEN LICHTEINFALL und die KOMMENTARSPUR ein. KOMMENTARE schreiben Sie an einer Bildposition; diese Funktion KOMMENTARE, die eine Eingabebox öffnet, finden Sie etwas weiter oben im Menü.

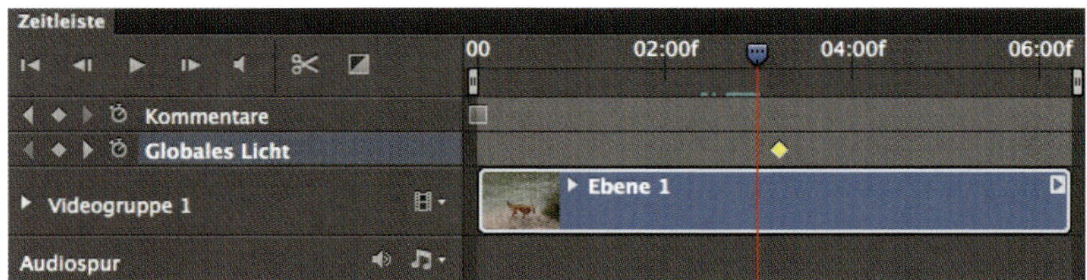

Abbildung 27.21 Über das Menü der Zeitleiste blenden Sie eine Kommentarspur und eine Spur für globales Licht ein.

- ZWIEBELSCHICHTEN AKTIVIEREN und die Funktion ZWIEBELSCHICHTENEINSTELLUNGEN dienen zur genaueren Kontrolle von einzelnen Stellen im Video. Ist die Zwiebelschicht aktiviert, zeigt Photoshop eine regelbare Anzahl an Frames vor und nach dem angewählten Einzelbild in einer Überlagerung.

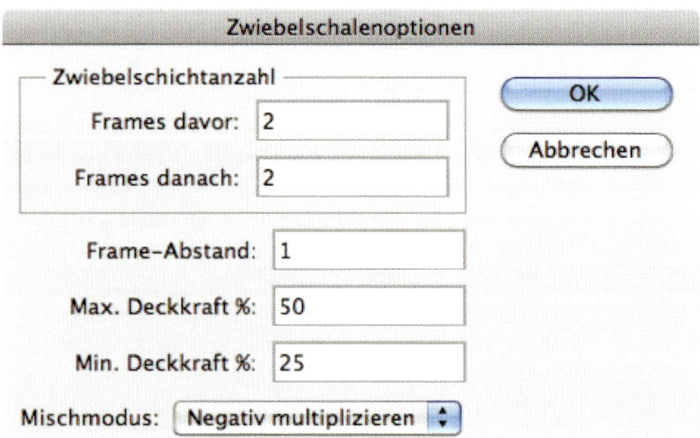

Abbildung 27.22 **Links:** Die Funktion »Zwiebelschichten« wird über die ZWIEBELSCHICHTENOPTIONEN eingestellt und zeigt in dieser Einstellung jeweils zwei Bilder vor und nach dem gewählten Bild. Als Mischmodus haben wir »Negativ multiplizieren« gewählt. **Rechts:** Somit überlagern also insgesamt vier Bilder das Einzelbild, wodurch der verschwommene Eindruck entsteht.

- Der Befehl VIDEO RENDERN öffnet die Einstellungen zur Berechnung des Videoprojekts. Zuvor legen Sie per Funktion ZEITLEISTEN-FRAMERATE EINSTELLEN fest, wie viele Bilder pro Sekunde im berechneten Video gezeigt werden.

27.7 Frame-Animation erstellen

Neben der Möglichkeit Videoprojekte aus Bildern, einzelnen Video-Clips und Texten zu erstellen, können Sie auch eigene Animationen bauen, die ähnlich wie ein Trickfilm funktionieren: die Frame-Animation. So gehen Sie vor:

1. Wählen Sie den Arbeitsbereich Bewegung über die Optionenleiste oder über das Untermenü **Fenster: Arbeitsbereich.**
2. Öffnen Sie die Übungsdatei »Animation_Ball.psd«. Das Bild zeigt zwei Ebenen: Auf der unteren Ebene liegt das Foto als Hintergrund, auf der Ebene darüber befindet sich ein Ball. Wir haben dazu eine kreisrunde Auswahl mit einem Radialverlauf gefüllt.
3. Wählen Sie in der Zeitleiste im Klappmenü den Eintrag Frame-Animation erstellen und klicken Sie dann auf die gleichnamige Schaltfläche. Es erscheint ein erster Frame.

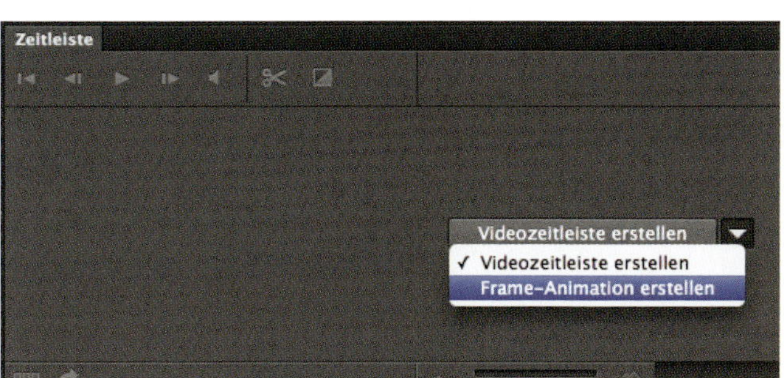

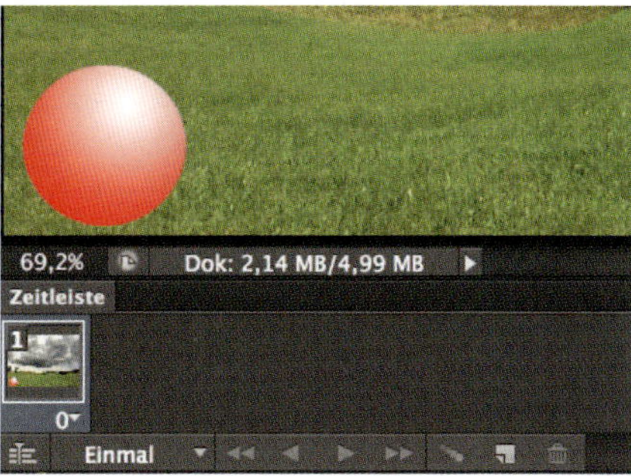

Abbildung 27.23 **Links:** Photoshop bietet neben der Videobearbeitung auch die Möglichkeit, eine Frame-Animation zu erstellen. **Rechts:** Anders als beim Video, bei dem einem Bild eine bestimmte Dauer zugewiesen wird, erscheint in diesem Fall zunächst ein einziger Frame.

4. Stellen Sie nun die Dauer ein, die das Bild gezeigt werden soll. Klicken Sie dazu auf das Dreieck rechts unten im ersten Frame und wählen Sie dort den Eintrag 0,1 Sekunden.

Abbildung 27.24 Bei einer Frame-Animation kann jedes Einzelbild eine eigene Abspieldauer haben.

5. Duplizieren Sie jetzt den Frame per Klick auf die Schaltfläche Dupliziert ausgewählte Frames. Es erscheint ein Duplikat des ersten Frame, das die gleiche Abspieldauer hat.
6. Nun kommt Bewegung ins Spiel: Wählen Sie im Ebenen-Bedienfeld die Ebene »Ball«. Mit dem Verschiebenwerkzeug schieben Sie die Ballform ein Stück nach rechts oben.

7. Mit dieser Vorgehensweise erstellen Sie weitere Frames. Verschieben Sie jedes Mal den Ball ein Stück, so dass er – werden die Bilder hintereinander abgespielt – eine Flugbahn beschreibt.
8. Testen Sie die Animation per Klick auf den Abspielschalter.

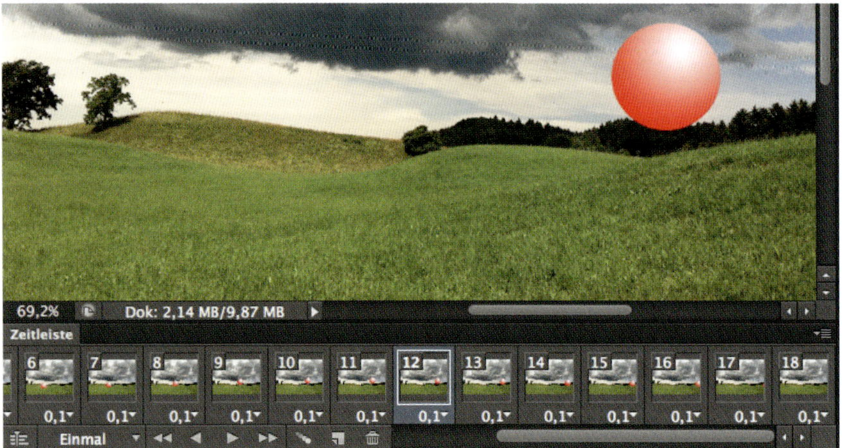

Abbildung 27.25 Diese Frame-Animation besteht aus 18 Einzelbildern, in denen der Ball von links nach rechts durch die Luft fliegt.

27.7.1 Die Steuerelemente der Frame-Animation

Bei der Videobearbeitung zeigt die Zeitleiste die Steuerelemente links neben den Spuren. Bei der Frame-Animation hingegen befinden sich diese unterhalb der Frames und liefern auch andere Einstellungsoptionen:

Abbildung 27.26 Folgende Schaltflächen bietet eine Frame-Animation.

1 In Videozeitleiste konvertieren: Damit wird aus der Frame-Animation ein »echtes« Video. Sie könnten es beispielsweise in ein anderes Videoprojekt integrieren

2 Einmal: Über dieses Klappmenü wählen Sie, wie oft die Animation automatisch hintereinander abgespielt werden soll. Sie können Sie Einmal, 3 Mal oder Unbegrenzt abspielen oder über Andere eine eigene Zahl für das Abspielen eingeben.

3 Ersten Frame auswählen: Sie springen zum ersten Frame der Animation.

4 Vorherigen Frame auswählen: Sie schalten zum Frame davor.

5 Spielt die Animation ab: Start der Animation

6 Nächsten Frame auswählen: Sie schalten zum Frame.

7 Fügt Animationsframes ein (Tweening): Sollten Sie ein weiteres Flugbild des Balls einfügen wollen – über diese Schaltfläche kein Problem! Kopieren Sie zuvor den passenden Frame.

8 Dupliziert ausgewählte Frames: Damit füllen Sie die Animation mit Duplikaten, die Sie über das Ebenen-Bedienfeld leicht ändern.

9 Löscht ausgewählte Frames: Falls es dann doch einer zu viel war!

27.7.2 Menübefehle der Frame-Animation

Im Menü der Zeitleiste finden Sie einige Befehle, mit denen Sie Ihre Animation bearbeiten und optimieren können:

- Unter den ersten Einträgen NEUER FRAME und FRAME LÖSCHEN, die Sie auch über die Schaltleiste erreichen, finden Sie den Befehl ANIMATION LÖSCHEN.
- Es folgen die Befehle FRAME KOPIEREN, FRAME EINFÜGEN und ALLE FRAMES AUSWÄHLEN. Der Befehl GEHE ZU dient der Navigation innerhalb der Animation. Hier finden Sie zum Anfang oder Ende der Animation oder gehen jeweils einen Frame vor oder zurück. Ebenfalls der Befehl DAZWISCHEN EINFÜGEN ist bequemer über die Schalter unter den Frames zu erreichen.
- Mit FRAMES UMKEHREN ändern Sie die Richtung der Animation; der Ball fliegt dann nicht mehr von links nach rechts, sondern von rechts nach links.
- Der Befehl ANIMATION OPTIMIEREN öffnet einen Dialog mit zwei Optionen: BEGRENZUNGSRAHMEN und ENTFERNEN REDUNDANTER PIXEL. Die Option BEGRENZUNGSRAHMEN beschränkt jedes neue Einzelbild auf den Bereich, der sich gegenüber dem vorhergehenden Bild verändert hat. Diese Option empfiehlt sich, um die Dateigröße spürbar zu reduzieren. ENTFERNEN REDUNDANTER PIXEL schaltet alle Bildpunkte transparent, die gegenüber dem vorherigen Einzelbild unverändert sind.

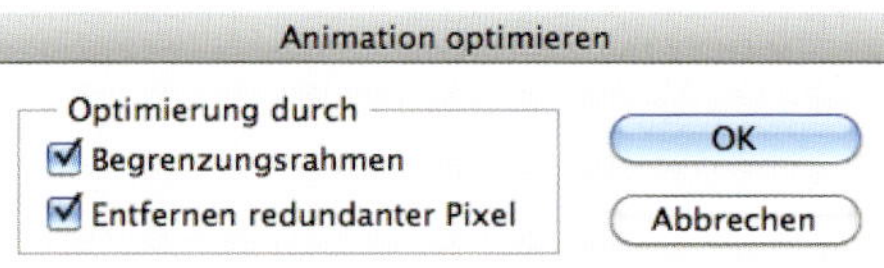

Abbildung 27.27 ANIMATION OPTIMIEREN öffnet einen Dialog mit den Optionen BEGRENZUNGSRAHMEN und ENTFERNEN REDUNDANTER PIXEL.

- Mit dem Befehl FRAMES AUS EBENEN ERSTELLEN legt Photoshop jede Ebene einer Montage, also eines Bilds, das aus mehreren Ebenen besteht, als Einzelbild an. Im Fall der zuvor gezeigten Ballanimation würden Sie also vorab die Ballebene mehrfach duplizieren und bereits im Ebenen-Bedienfeld die neuen Positionen des zu bewegenden Objekts festlegen. FRAMES AUF EBENEN REDUZIEREN baut hingegen aus allen Frames eine extra Ebene. In unserem Beispiel würden also zu der Hintergrundebene und der Ebene »Ball« noch 18 weitere Ebenen hinzukommen.
- EBENEN IN ALLEN FRAMES ANPASSEN vereinheitlicht wahlweise die EBENENPOSITION, die EBENENSICHTBARKEIT und den EBENENSTIL. Dazu wählen Sie einen Frame, der als Referenz für den Rest der Frames gilt. Beispiel: Sie wählen den letzten Frame der zuvor erstellten Animation, in dem der Ball nur noch am rechten Rand zu sehen ist, und passen die EBENENPOSITION an. Dann ist der Ball auf allen Frames nur noch am rechten Rand zu sehen.

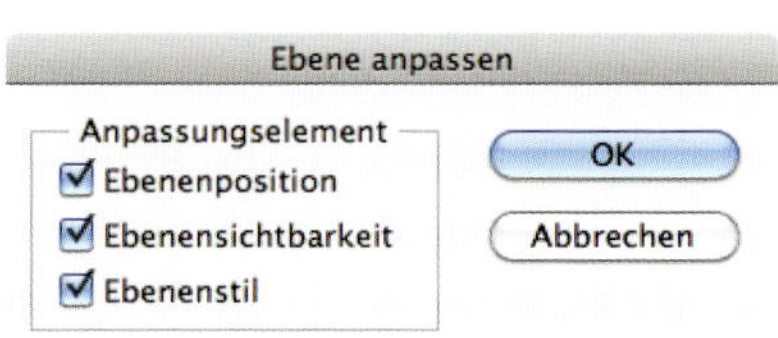

Abbildung 27.28 Die Funktion »Ebene anpassen« gleicht alle Frames gemäß der gewählten Optionen an den Frame an, den Sie gewählt haben.

- Der Befehl FÜR JEDEN NEUEN FRAME EINE NEUE EBENE ANLEGEN ist selbst erklärend. Ist die Option NEUE EBENEN IN ALLEN FRAMES SICHTBAR aktiviert, erscheinen Bilddetails, die Sie auf einer neuen Ebene anlegen, nachträglich auch auf allen Frames einer bereits erstellten Frame-Animation.

27.7.3 Speichern eines Videoprojekts

Sie sollten Ihre Projekte mehrfach sichern:

- als Photoshop-PSD-Datei, um das Werk jederzeit mit allen Möglichkeiten von Photoshop korrigieren zu können,
- im Quicktime-, H.264- oder GIF-Format, um die Datei außerhalb von Photoshop abzuspielen.

Als Photoshop-Datei speichern

Für das Photoshop-Dateiformat wählen Sie **Datei: Speichern** oder **Speichern unter** mit dem Dateityp PHOTOSHOP (*.PSD). Dabei bleiben alle Einzelbilder und Abspielinformationen wie Anzeigedauer oder Wiederholungen erhalten. Sie können das Ganze wieder als Animation öffnen und bei Bedarf verändern.

Video rendern

Ein Videoprojekt oder eine Frame-Animation exportieren Sie mit dem Befehl **Datei: Exportieren: Video rendern**. Alternativ öffnen Sie den Dialog **Video rendern** über das Menü der Zeitleiste oder klicken auf die Schaltfläche VIDEO RENDERN am unteren Rand des Bedienfelds. Wählen Sie den ADOBE MEDIA ENCODER, stehen Ihnen verschiedene Videoformate bereit, QUICKTIME MOVIE (MOV), DPX oder H.264 (MP4).

Je nach Format stehen verschiedene Einstellungen zur Verfügung, etwa unter VORGABE die Qualität. Bei den Formaten H.264 und bei QuickTime können Sie zudem über ein Klappmenü noch die Größe bestimmen; bereitstehen etwa die verschiedenen NTSC-, PAL- oder HDV-Varianten. Ebenfalls die HALBBILDREIHENFOLGE und das SEITENVERHÄLTNIS stellen Sie hier für die beiden soeben genannten Formate ein.

Möchten Sie nur einen Ausschnitt des Projekts berechnen lassen, stellen Sie den BEREICH ein. In den RENDEROPTIONEN bestimmen Sie einen ALPHA-KANAL und wählen die 3D-QUALITÄT, wenn Ihr Projekt dreidimensionale Objekte enthält.

Achtung Einige Videoexportvorgaben können Sie als Windows-User erst anwählen, wenn Sie den kostenlosen QuickTime Player aus dem Internet heruntergeladen haben: *http://www.apple.com/quicktime/download/win.html*. Beim Mac OS-X ist QuickTime bereits vorinstalliert.

Wählen Sie hingegen die Option BILDSEQUENZ, speichern Sie die Frames Ihrer Animation als separate Fotodateien ab. Die Dateien werden dabei durchnummeriert. Als Dateiformate stehen unter anderem Photoshop-PSD, TIFF, JPEG, JPEG 2000 oder PNG zur Verfügung. Auch hier können Sie den BEREICH und die RENDEROPTIONEN festlegen.

Speichern als GIF-Datei

Sowohl ein Videoprojekt wie auch eine Frame-Animation können Sie theoretisch als animiertes Gif speichern. Gif unterstützt jedoch nur 256 Farben; alle Farben im Video werden also auf eine Farbtabelle mit besagten 256 Farben reduziert, was zu einer sehr schlechten Farbqualität bei Videos führt. Geeignet ist dieses Format also hauptsächlich für kleinere Animationen, denen keine Fotos zugrunde liegen. So speichern Sie eine Animation als GIF:

- Wählen Sie **Datei: Für Web speichern.** In der Mehrfachvorschau können Sie die GIF-Eigenschaften bei unterschiedlichen Einstellungen vergleichen. Schalten Sie im Dialogfeld die TRANSPARENZ ein, wenn der Seitenhintergrund durchscheinen soll, etwa auf einer Webseite.
- Der Befehl **Datei: Speichern unter** mit dem GIF-Format speichert nur das erste Einzelbild statt der gesamten Animation. Diesen Befehl sollten Sie für Animationen besser nicht verwenden.

Besonderheiten einer animierten GIF-Datei

Bevor Sie die Animation speichern, sollten Sie mit dem Befehl **Animation optimieren** aus dem Menü der Zeitleiste die Option BEGRENZUNGSRAHMEN und ENTFERNEN REDUNDANTER PIXEL überprüfen.

Tipp Viele GIF-Animationen, weitere Informationen auf Deutsch und Verknüpfungen zu verschiedenen, auch kostenlosen Animationsprogrammen und Animationen finden Sie unter *http://www.gifanimations.com/* und *http://www.animationer.dk/*. Interessant sind auch die 3D-Animationen in *http://www.prodraw.net/animation/*.

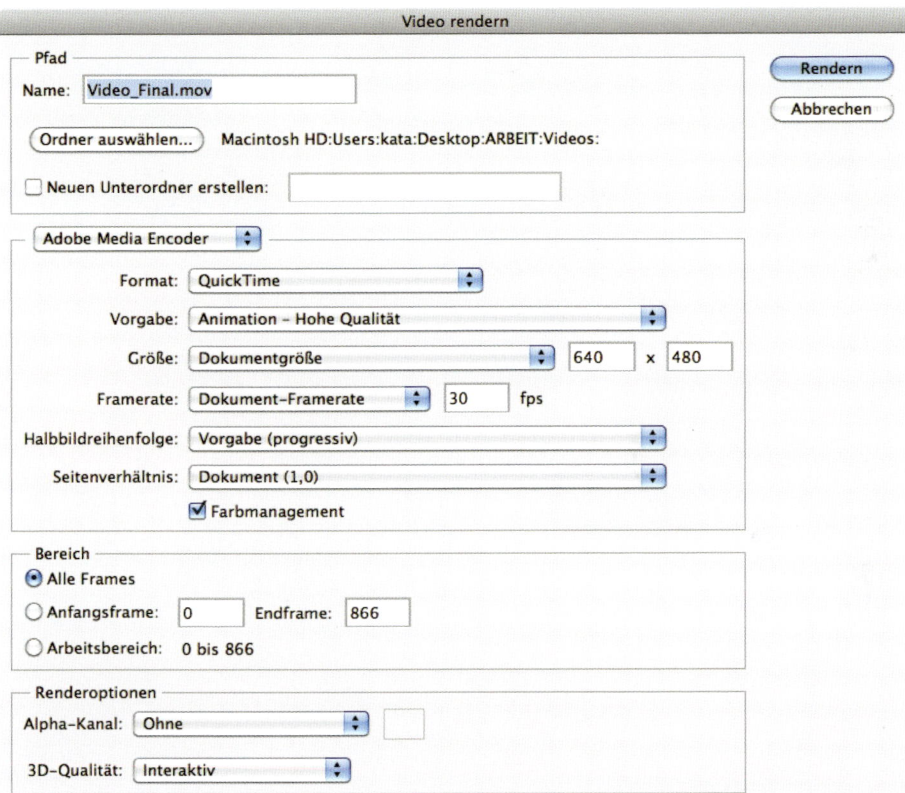

Abbildung 27.29 Im Dialog »Video rendern« treffen Sie abschließend die Einstellungen für den Export Ihres Videoprojekts. Um spätere Änderungen noch vornehmen zu können, sollten Sie das Projekt auf jeden Fall zusätzlich als Photoshop-Datei abspeichern.

Teil 8
Service

Im »Service«-Teil finden Sie Kommentare zur neuesten Photoshop-Version, Informationen zur Bedienung und Programmeinrichtung, Werkzeuglisten und einen Abschnitt über Dateiformate.
Ein umfangreiches Lexikon und ein sehr ausführliches Stichwortverzeichnis runden Ihr Photoshop-Handbuch ab.

Anhang A
Photoshop CS6 – was ist neu, was fehlt?

Im Folgenden besprechen wir kurz die Änderungen, die Photoshop von Version 2.5 bis CS5 (nach alter Zählung Photoshop 12.0) durchgemacht hat, also bis zum unmittelbaren Vorgänger von Photoshop CS6 (13.0). Die Neuerungen und Änderungen bei Photoshop CS6 lernen Sie anschließend sehr genau kennen.

Die Erklärungen in diesem Abschnitt hier richten sich an Leser, die bereits Erfahrung mit früheren Photoshop-Versionen haben; innen im Buch behandeln wir dagegen alles sehr ausführlich und jederzeit nachvollziehbar auch für Einsteiger – egal, ob neue oder altbekannte Verfahren.

A.1 Photoshop von Version 2.5 bis CS5 (12.0)

Photoshop 1.0 wurde, so glaubt man, in den USA am 19. Februar 1990 ausgeliefert – nur für den Mac. Mit Version 2.5 erscheint Photoshop im November 1992 erstmals auch für Windows und rüttelt sogleich am Thron von Aldus PhotoStyler und Micrografix Picture Publisher. Photoshop 3.0 führt Ebenen ein, die man unabhängig vom Hintergrund speichert. So geht es weiter:

- Verzerren per Zahleneingabe, **Verblassen**, Einstellungsebenen, ein drastisch verbessertes Verlaufswerkzeug und das hervorragende Aktionen-Bedienfeld zählen zu den Errungenschaften von Photoshop 4.0. 43 Effekte der eingestellten Reihe Gallery Effects lassen das **Filter**-Menü bersten.
- Photoshop 5.0 bietet korrigierbare Textebenen, mehrstufiges Widerrufen, Ebeneneffekte und das Farbaufnahme-Werkzeug.
- Photoshop 5.5 wartet mit dem separaten Programm ImageReady 2.0 für Internetgestalter auf (das in der Version CS3 wieder verschwindet). Photoshop hat den **Extrahieren**-Befehl (inzwischen durch **Kante verbessern** abgelöst), den Magischen Radiergummi, den Hintergrund-Radiergummi, die **Web-Galerie** und das **Bildpaket** an Bord.
- Photoshop 6.0 produziert komplette Vektorformen und verwendet dazu die neuen Talente Füllebene und Vektormasken (damals »Ebenen-Beschneidungsmaske«). Hinzu kommen Absatztext und die VERFORMEN-Funktion für biegsame Lettern. Pinsel, Verläufe oder Ebenenstile werden übersichtlich über »Vorgaben« und »Bibliotheken« verwaltet.

- Photoshop 7.0 (auf Deutsch ab Mai 2002) präsentiert einen Datei-Browser. Reparatur-Pinsel und Ausbessern-Werkzeug erleichtern Retuschejobs. Die Pinselspitzen lassen sich vielseitig einstellen und mit Zufallsfaktoren variieren.
- Photoshop CS (nach alter Zählweise Photoshop 8, auf Deutsch ab Dezember 2003) gehört zu den lohnenderen Updates: verbesserter **Datei-Browser**, eingebaute Unterstützung für Rohdateien von Digitalkameras, deutlich erweiterte Unterstützung für 16 Bit Farbtiefe pro Grundfarbe inklusive Montagen und Einstellungsebenen, **Histogramm**-Bedienfeld, **Tiefen/Lichter** zur Korrektur starker Unter- oder Überbelichtungen, **PhotoMerge** für Panoramamontagen, die **PDF-Präsentation** als PDF-Diaschau. Erstmals muss die Windows-Version per Internet- oder Telefonkontakt mit dem Hersteller aktiviert werden.
- Photoshop CS2 (in Deutsch ab Juni 2005) sah zwei wichtige Premieren: Smartobjekte (Dateien in der Datei) und das separate Programm Bridge zur Bildverwaltung. Das Marketing pries noch Bereichsreparatur-Pinsel, **Objektivkorrektur** (damals **Blendenkorrektur**), **Fluchtpunkt**, **Verformen**, **Selektiver Scharfzeichner**, **Rauschen reduzieren** und **Bildprozessor**.
- Photoshop CS3 (Deutsch ab Mai 2007) begeistert mit wichtigen Neuerungen, so verlustfreie **Filter**-Befehle und das Schnellauswahlwerkzeug in Verbindung mit **Kante verbessern**. Mit dabei das Filter-Bedienfeld bei Bridge und ein ausgebauter Raw-Dialog, der TIFF sowie JPEG annimmt und diese Dateien im vielseitigen DNG-Format verewigt. Neu auch der **Schwarzweiß**-Befehl. Erstmals gibt es eine teurere Extended-Variante; sie bringt mehr für Architekten, Videogestalter und Wissenschaftler.
- Photoshop CS4 erreicht den deutschen Markt im November 2008. Erstmals gibt es mit Verlaufsfilter und Korrekturpinsel örtliche Tonwertkorrekturen im Raw-Dialog. Das Korrekturen-Bedienfeld beschleunigt die Arbeit mit Einstellungsebenen. Der Masken-Bereich des Eigenschaften-Bedienfelds erleichtert die Anpassung von Ebenenmasken. Kopierstempel und Reparatur-Pinsel zeigen eine Vorschau im Werkzeugumriss. Die Photomerge-Technik zum Verschmelzen von Bildern mit teils überlappenden Bereichen wurde verbessert. Die Bilddateien docken nun als Tabs am oberen Programmfensterrand an, der Rückgriff auf OpenGL 2.0 und Shader Model 3.0 in der Grafikkarte beschleunigt und verfeinert die Monitordarstellung. Bridge zeigt viele neue Schaltflächen und eine kompakte Bedienung für PDF- und Webgalerien. Die Extended-Version von Photoshop CS4 bietet vor allem weit ausgebaute **3D**-Funktionen.
- Photoshop CS5 (Mai 2010) erleichtert die Fehlerretusche mit der Option INHALTSSENSITIV (in CS6 INHALTSBASIERT). Der Raw-Dialog erlaubt verbesserte Rauschreduzierung und automatische Objektivfehler-Korrektur (Vignettierung, Verzerrung, chromatische Aberration); Letzteres ganz ähnlich auch als Neuheit in der **Objektivkorrektur**. Der aufgepeppte Dialog **Kante verbessern** eignet sich jetzt auch für Lockenköpfe. Der HDR-Dialog wurde ausgebaut, mit dem **Formgitter** kommt ein neues Verzerrungsverfahren und direkt innerhalb von Photoshop gibt es mit Mini Bridge ein bisschen Bildverwaltung. Der GPU-Zugriff beschleunigt das Programm und die Extended-Ausgabe kann viel mehr 3D als früher.

A.2 Photoshop CS6 - was ist neu?

Im Folgenden nenne ich die interessantesten Neuerungen bei Photoshop CS6 (Photoshop 13 nach alter Zählung, deutscher Marktstart Mai 2012) ohne Anspruch auf Vollständigkeit; alle Funktionen diskutieren wir sehr ausführlich auch innen im Buch.

Kommentare und Vermisstmeldungen folgen anschließend. Altgediente Photoshopper müssen oder sollten in der Version CS6 zudem ein paar liebgewonnene Gewohnheiten aufgeben - siehe unten.

Tipp Soll Photoshop CS6 neue Menübefehle farblich hervorheben? Dann wählen Sie dort **Fenster: Arbeitsbereich: Neu in CS6.**

A.2.1 Die wichtigsten Verbesserungen auf einen Blick

Was hat sich verändert? Die entscheidenden CS6-Neuheiten auf einen Blick:

- Am wichtigsten sind vielleicht die neue Kontrastkorrektur im Raw-Dialog und die stark verbesserte »inhaltsbasierte« Retusche mit Inhaltsbasiertverschieben-Werkzeug und Ausbessern-Werkzeug.
- Auch nicht zu verachten: Weichzeichnergalerie, Adaptive Weitwinkelkorrektur und die intuitive Videoarbeit.
- Deutlich schneller geht das Photoshopping mit Hintergrundspeicherung und verbessertem Freistellungswerkzeug.

A.2.2 »Standard« versus »Extended«

Alle für Bildbearbeiter und Fotografen wichtigen Neuerungen stecken schon in der Photoshop-Ausgabe, die schlicht »Photoshop CS6« oder manchmal auch »Photoshop CS6 Standard« heißt. Gut zu wissen: Auch sämtliche Videofunktionen bekommen Sie erstmals schon in der »Standard«-Variante.

Die teurere Version »Photoshop CS6 Extended« enthält den kompletten »Standard«-Photoshop sowie Zugaben für 3D-Konstrukteure, Mediziner und Wissenschaftler. Für Fotografen sind die Extra-Talente der »Extended«-Ausgabe nicht wichtig.

A.2.3 Photoshop bedienen

Diese Änderung fällt sofort auf: Photoshop CS6 erscheint erstmals nicht in Hellgrau, sondern in sehr dunklen Grautönen, die an Lightroom oder Photoshop Elements erinnern. In den **Voreinstellungen** kann man zu drei anderen Grauschemata wechseln, eins ähnelt weitgehend dem bisherigen Hellgrau.

Verschwunden ist die Schaltflächenleiste am oberen Programmfensterrand. Schaltflächen für Bridge, Mini Bridge oder für die Verteilung der Bildfenster gibt es also nicht mehr. Diese Funktionen finden sich nun in den Menüs, doch das kostet mehr Zeit.

Generell wirkt Photoshop schneller als zuvor. Der Hintergrund: Die Programmierer verlagerten noch mehr Aufgaben als bisher vom Hauptprozessor zum Grafikrechner. So laufen zum Beispiel **Frei transformieren** und **Verflüssigen** deutlich schneller ab. Die Grafikkarte muss dafür OpenGL 2.0 und Shader Model 3.0 unterstützen; das trifft für viele, aber nicht für alle Grafikplatinen zu. Photoshop untersucht den Rechner jetzt schon beim Programmstart auf kompatible Platinen. Wer bei der Programmnutzung auf Schwierigkeiten stößt, kann die Grafikunterstützung abschalten oder auf die Basics drosseln.

Erstmals legt Photoshop wahlweise im Hintergrund Sicherheitskopien an. Stürzt das Programm ab, präsentiert es die Bilder beim nächsten Programmstart automatisch. Die Sicherheitskopie wird je nach Vorgabe alle fünf bis 60 Minuten aktualisiert.

Dieses Zwischenspeichern hätte in früheren Photoshop-Versionen eine Zwangspause verursacht, doch auch das ist vorbei: Photoshop CS6 sichert Bilder jetzt im Hintergrund, das Programm ist dabei nicht mehr blockiert. Bei großen Dateien dauert das Sichern schon mal zehn oder 20 Sekunden, doch die laufende Arbeit geht nun nahtlos weiter – man kann sofort in dem Bild weiterretuschieren, das noch gesichert wird, oder auch zu anderen Fotos wechseln.

Damit es noch schneller geht, schreibt Photoshop erstmals vollständig unkomprimierte PSD- und PSB-Bilddateien, sofern sie mit 16 oder 32 Bit pro Grundfarbe angelegt sind.

Photoshop-Nutzer sammeln reihenweise eigene Voreinstellungen etwa für Pinselspitzen, Farbverläufe, Muster und zahlreiche Korrekturdialoge. Bisher war es umständlich, diese Voreinstellungen auf eine neue Programmversion oder auf einen anderen Rechner zu übertragen. Photoshop CS6 sucht nun direkt bei der

Installation nach älteren Programmfassungen und bietet an, eigene Voreinstellungen in die neue Version herüberzuholen. Dieses Übertragen der Vorgaben lässt sich auch später nachholen.

Wer ein Bild transformiert, einen Freistellungsrahmen oder eine Auswahl aufzieht, sieht jetzt direkt neben der Auswahlmarkierung eine kleine Infobox mit Auswahlmaßen und Drehwinkel – quasi ein bewegliches Info-Bedienfeld nur mit den wirklich relevanten Werten. Per **Voreinstellungen** lässt sich diese Infobox platzieren und abschalten.

Das Aktionen-Bedienfeld zeichnet jetzt wahlweise Mausbewegungen im Bild auf, zum Beispiel Pinselstriche.

A.2.4 Bildverwaltung mit Bridge

Bridge wurde von 32 auf 64 Bit Datenbreite aufgebohrt und läuft nach meinen Tests kaum schneller. Auch sonst kaum gute Nachrichten, so flog der Ultrakompaktmodus raus.

Bridge konnte Bilder eines Stapels schon immer als Trickfilm ablaufen lassen; erstmals gibt es hier langsamere Bildwechselzeiten wie eine halbe oder eine viertel Sekunde, außerdem spult Bridge den Bildreigen nun auch ab, wenn weniger als zehn Bilder zusammengefasst wurden. Mini Bridge wurde umarrangiert – und verlor ein paar Funktionen.

A.2.5 Camera Raw

Mit Photoshop CS5 wurde Prozessversion 2010 eingeführt, CS6 bringt Prozessversion 2012. Wer seine Raw-Dateien bereits in CS5 oder einem Vorgänger bearbeitet hatte, sieht beim Öffnen im Raw-Modul von CS6 ein Ausrufe-Zeichen (!); es signalisiert, dass diese Datei bereits mit einer älteren Version des Raw-Moduls bearbeitet wurde. Per Klick auf das Ausrufezeichen wechselt man zur aktuelleren Prozessversion 2012 – hier entstehen automatisch etwas bessere Ergebnisse, vor allem gibt es weniger ausgefressene Lichter und reinschwarze Schatten.

Das Register Grundeinstellungen mit den wichtigsten Reglern wurde umgebaut und umprogrammiert – einige Regler verschwanden, andere wurden neu justiert und umbenannt, es gibt weniger Detailverlust. Der Aufbau ist jetzt übersichtlicher: Belichtung und Helligkeit verschmolzen zu einem einzigen Regler, der vor allem den Mitteltonbereich ändert. Dazu kommen vier Regler für Lichter und Schatten, extreme Lichter und extreme Schatten. Der Klarheit-Regler sorgte schon bisher für mehr Schärfe in den Mitteltönen; Bildstörungen und flaue Zonen werden jetzt besser vermieden, gleichzeitig entsteht beim Höchstwert + 100 je nach Vorlage eine Art HDR-Effekt mit übertriebenen Farben und Kontrasten. Die Gradationskurve ändert erstmals die einzelnen Grundfarben Rot, Grün und Blau.

Verbessert wurde auch die automatische Korrektur störender Farbsäume (chromatische Aberration) und die Funktion benötigt generell kein Objektivprofil. Verlaufsfilter oder Korrekturpinsel ändern jetzt auch Lichter, Schatten, Farbtemperatur und Farbton, neu auch die Regler Rauschreduzierung und Moiré-Reduzierung – ein wesentlicher Ausbau der Talente.

A.2.6 DNG-Dateiformat

Das von Photoshop-Hersteller Adobe entwickelte universelle DNG-Dateiformat für Raw-Dateien bietet erstmals eine Komprimierung mit Verlust. Das spart gegenüber einem verlustfrei komprimiertem DNG 60 oder 70 Prozent Plattenplatz und die Qualitätsunterschiede sind gering. Für noch mehr Platzersparnis rechnet Photoshop die DNG-Dateien mit Verlust wahlweise zusätzlich auf niedrigere Pixelzahlen herunter.

Wer äußerste Qualität erhalten will, bleibt weiterhin bei verlustfreien DNGs. Spielt der Speicherplatz jedoch eine wesentliche Rolle, dann ist DNG mit Verlust die bessere Alternative zu JPEG, aber nicht zu DNG ohne Verlust.

Die neue DNG-Option Schnell ladende Dateien einbetten kostet dagegen mehr Speicherplatz – rund 0,4 bis 1,0 Megabyte pro Bild. Sie beschleunigt die Raw-Anzeige, sofern die Bilddaten noch nicht im Raw-Cache zwischengesichert sind, und bringt mehr als eine eingebettete JPEG-Vorschau. Man profitiert also vor allem, wenn man das Bild auf einem anderen Rechner anzeigt oder sehr lange nicht geöffnet hatte, so dass es von anderen Aufnahmen aus dem Cache gedrückt wurde. Allerdings zeigen unsere Tests auf mehreren Rechnern kaum Geschwindigkeitsgewinn.

DNGs mit Schnelllade-Möglichkeit lassen sich auch in älteren Adobe-Programmen öffnen. Die Komprimierung mit Verlust verlangt dagegen Photoshop CS5 oder Lightroom 3, frühere Versionen dieser Programme spielen nicht mit.

A.2.7 Freistellungswerkzeug

Das stark umgestellte Freistellungswerkzeug könnte Umsteiger verwirren, darum lässt es sich mit der Option Classic-Modus wieder zum alten Verhalten bewegen. Sobald das Freistellungswerkzeug aktiviert ist, liegt auch schon ein Freistellrahmen um das Gesamtbild – diesen Service gab es bisher nicht. Will man jedoch nur einen kleinen Bereich ausschneiden, muss man den Freistellrahmen nicht vom Bildrand nach innen ziehen; fangen Sie einfach wie üblich einen völlig neuen Rahmen in der Bildmitte an.

Besteht schon eine Auswahl und schaltet man dann zum Freistellungswerkzeug, legt sich der Freistellrahmen sofort um die Auswahl. So schneidet man gezielt um eine Auswahl herum zu und korrigiert vielleicht noch an ein oder zwei Seiten.

Einige wichtige Freistelloptionen standen bislang nicht zur Verfügung, nachdem der Freistellrahmen aufgezogen wurde – nun jedoch ändert man Druckmaß, Auflösung oder Seitenverhältnis auch dann, wenn die Freistellauswahl schon existiert.

Wichtiger noch: Bisher bewegte man den Freistellungsrahmen über dem Foto. In Photoshop CS6 verschiebt man das Foto unter dem Freistellungsrahmen.

Seitenverhältnisse lassen sich leichter als bisher vorgeben. Die Felder für Breite und Höhe nehmen reine Seitenverhältnisse wie 4:3 auf, man muss nicht mehr behelfsweise »4 cm« mal »3 cm« eintippen. Das weit ausgebaute Kontextmenü bietet ebenfalls verschiedene feste Seitenverhältnisse an. Neu auch: Während der Freistellungsrahmen schon im Bild sitzt, wechselt man immer noch zwischen Hoch- und Querformat; dazu tippt man einfach die Taste [X] oder zieht an einem Eckanfasser in die gewünschte Richtung. Rechnet man mit dem Freistellungswerkzeug die Pixelzahl des Bilds um, dann wählt Photoshop CS6 automatisch das ideale Interpolationsverfahren, Sie müssen es nicht erst in den Voreinstellungen definieren.

Schon in der letzten Version legte Photoshop wahlweise Hilfslinien über den Freistellungsrahmen, zum Beispiel nach der Drittelregel. Nun kann man neue Schemata wie Dreieck oder Goldene Spirale als Orientierung einblenden und mit der Taste [O] bequem durchspielen. Wahlweise erscheinen diese Linien nur, solange man ins Bild klickt – verlässt der Finger die Maustaste, beurteilt man das Foto ohne die Hilfslinien.

Wie üblich deckt Photoshop den wegzuschneidenden Außenbereich mit einer Farbe und Deckkraft nach Wahl ab. Neu hier: Klicken Sie in den verdeckten Außenbereich, um die Deckfarbe deutlich zu schwächen; so erkennen Sie die zu kappenden Bildstreifen deutlicher. Vollständig verbergen Sie den Außenrand jetzt mit dem [H]: Sie sehen das Foto so wie nach dem Abschneiden.

Bequemer als je zuvor korrigiert Photoshop CS6 schiefen Horizont – alle bisherigen Verfahren haben sich erledigt. Klicken Sie in den Freistellungsoptionen auf das Werkzeug Bild gerade ausrichten und ziehen Sie es am Horizont entlang. Photoshop zeigt sofort ein gedrehtes Bild und nicht, wie bisher, einen gedrehten Rahmen; Sie erkennen zudem die entstehenden leeren Ecken, die man wahlweise abtrennen oder beibehalten und anschließend retuschieren kann.

Das frühere Freistellungswerkzeug konnte auch gestürzte Linien und andere Perspektivprobleme ausgleichen. Dieses Talent lagerten die Programmierer auf das separate Perspektivische Freistellungswerkzeug aus. Statt sofort eine Viereck-Auswahl aufzuziehen, klickt man die vier Eckpunkte nun wahlweise einzeln ins Bild, zum Beispiel entlang von Hochhausumrissen.

A.2.8 Kontrast & Farbstimmung

Die neue Kontrastautomatik Helligkeit und Kontrast verbessern orientiert sich nicht am Bildhistogramm, sondern vergleicht die Datei mit einer Datenbank ähnlicher Bilder. Das Ergebnis lässt sich nicht vorhersagen, doch Photoshop liefert oft sehenswerte Verbesserungen, generell ohne Farbverschiebung. Photoshop ändert hier vor allem auch Mitteltöne, legt Punkte auf der **Gradationskurve** an und spreizt nicht nur das Histogramm.

Ebenfalls als Einstellungsebene gibt es die neuen **Color Lookup**-Farbkorrektur-Effekte. Sie stammen von der Münchner Firma Iridas, die Adobe 2011 kaufte. Einfache Verbesserungen, aber auch starke Kontrast- und Farbänderungen lassen sich als Vorwahl übers Bild legen – mit Vorgaben wie Kerzenlicht, Herbstfarben oder Neblige Nacht.

A.2.9 Adaptive Weitwinkelkorrektur

Die **Adaptive Weitwinkelkorrektur** bekämpft Verzerrungen in Weitwinkel- und Fisheye-Aufnahmen. Liegen die Kameradaten vor und gibt es ein Profil für die Kamera-Objektiv-Kombination, will die Funktion das Bild automatisch verbessern. Zusätzlich steht die vielseitige manuelle Korrektur zur Verfügung. Zunächst nennt der Anwender Brennweite und Cropfaktor – wenn möglich, holt sich Photoshop diese Werte schon aus den Exif-Daten. Dann zieht man Linien oder Vierecke über Geraden und eckige Bereiche, etwa Fenster oder Türen. Anschließend verrückt Photoshop den Bildinhalt. Speziell bei Fisheye-Aufnahmen bleiben einige Details kissen- oder tonnenförmig verzerrt. Darum kann man das Ergebnis verfeinern: Vom Mittelpunkt einer geraden Korrekturlinie zieht man bis zur Bildkontur, die eigentlich gerade erscheinen sollte. Danach verschwindet die Biegung aus der Bildstelle. Dabei entsteht meist viel leerer Bildrand, den man wegschneiden oder korrigieren muss.

A.2.10 Retuschetechnik

Die Programmierer bauen Photoshops »inhaltsbasierte« Technik weiter aus (in CS5 »inhaltssensitiv«). Damit lassen sich Bildteile nahtlos überdecken, auch wenn deutliche Linien und Strukturen zwischen Innenbereich und Umgebung fortgesetzt werden.

Das neue Inhaltsbasiertverschieben-Werkzeug zieht ein nur flüchtig ausgewähltes Bildmotiv an eine neue Stelle und passt die Übergänge nahtlos an – per Randglättung und Verformung; gleichzeitig verschwindet das Motiv spurlos vom ursprünglichen Ort. Mit der Option Erweitern wird das Hauptmotiv nicht verschoben, sondern dupliziert. Photoshop passt die Umgebung vorzüglich an den neuen Bildinhalt an; verbleibende Fehler lassen sich leicht nachbessern. Das funktioniert allerdings nur innerhalb einer einzigen Datei: Das Motiv lässt sich zwar auch in ein anderes Bildfenster ziehen, dann bleibt aber jede Anpassung an die Umgebung aus.

Photoshop passt Umgebung und Innenbereich mit fünf Genauigkeitsgraden von Sehr streng bis Sehr ungenau an; diese Genauigkeit ändert man erst nach dem Bewegen. Praktisch auch: Der Gestalter kann das verschobene Motiv wie auch den retuschierten Ursprung des Hauptmotivs auf eine neue leere Ebene heben; so lassen sich unschöne Übergänge noch besser retuschieren.

Auch das Ausbessern-Werkzeug erhielt die Option Inhaltsbasiert und fünf Genauigkeiten für den Randübergang. Damit korrigieren Sie Bildstörungen noch perfekter als bisher. Das Ergebnis landet wahlweise auf einer neuen leeren Ebene.

A.2.11 Füllen & Malen

Zuwachs auch im Werkzeugspitzen-Bedienfeld: Die neuen ERODIERBAREN (abnutzbaren) Spitzen simulieren Buntstifte oder Kohle: Die Werkzeuge tragen zunächst mit perfekt schmaler Spitze auf und werden allmählich breiter. Per Klick lassen sie sich wieder ANSPITZEN.

Mehr bieten auch die neuen Airbrush-Spitzen: Bisher produzierte der Photoshop-Airbrush nur diffuse Wolken, jetzt sieht man erstmals einzelne Farbtröpfchen in steuerbarer Dichte. Mit diesen Zufallsstreuungen lassen sich etwa auch Lichtreflexe, Regen und andere Erscheinungen simulieren. Für abnutzbare Spitzen wie für die Airbrush-Technik gibt es neue Grafiktablett-Optionen, die das Ergebnis noch natürlicher wirken lassen.

Kleine Verbesserungen auch bei der allgemeinen Malerarbeit: Die maximale Pinselspitzengröße verdoppelte sich von 2500 auf 5000 Pixel, beim Malen mit Strukturen kann man jetzt Helligkeit und Kontrast einstellen, automatische Farbveränderungen ereignen sich wahlweise nur noch beim Neu-Ansetzen mit der Maustaste, nicht während der laufenden aktuellen Mausbewegung.

Vorhandene Muster lassen sich vielseitiger als bisher anwenden. Solche Musterkacheln kann man nun versetzt wie eine Ziegelmauer kombinieren, nach Zufallsmuster oder in eine Spirale gewickelt verteilen. Die Anordnung der Musterkacheln basiert auf JavaScript-Verfahren. Experten entwerfen neue Musterarrangements durch Ändern der vorhandenen JavaScript-Dateien.

A.2.12 Weichzeichnergalerie

Die neue Weichzeichnergalerie zaubert fotografische Unschärfe nach drei verschiedenen Verfahren ins Bild: **Feld-Weichzeichnung** erzeugt globale Weichzeichnung, **Iris-Weichzeichnung** produziert Weichzeichnung kreisförmig um Hauptmotive herum ausbreitend und **Tilt-Shift** liefert in zwei Richtungen ausstrahlende Weichzeichnung in Streifen in voller Bildbreite.

Die drei Varianten lassen sich einzeln oder kombiniert anwenden. Für alle gemeinsam erzeugt Photoshop auf Wunsch ein schönes Bokeh, also Objektivunschärfe – sehr helle Bildteile im unscharfen Bereich verwandeln sich dabei in helle Ringe wie bei einem guten, weit aufgeblendeten Objektiv. Allerdings funktioniert diese Weichzeichnergalerie nicht auf Smart-Objekt-Ebenen, man kann sie also nicht als verlustfrei änderbaren Korrekturfilter ins Bild setzen.

A.2.13 Auswählen

Der FARBBEREICH-Dialog sucht jetzt nicht nur nach ROTTÖNEN, LICHTERN oder SCHATTEN, sondern auch nach HAUTTÖNEN, und das wahlweise zusätzlich mit GESICHTSERKENNUNG. Die entstehende Auswahl überzeugt meist nicht: Sie erhalten halb-deckend ausgewählte Bereiche, die man mühsam nacharbeiten muss. Die HAUTTÖNE-Funktion wählt blonde Haare, helle Stoffe und Kornfelder oft mit aus; dunkle Haare bleiben ebenso außen vor wie Pupillen und Lippen. Sind die »Hauttöne« eingeschaltet, kann man die Auswahl nicht mehr mit den Farbwahl-Pipetten verfeinern.

A.2.14 Pfade & Formen

Die Formebenen für Vektorfiguren bieten nun eigene Vektorkonturen unabhängig vom KONTUR-Ebenenstil. Hier sind auch fein regelbare gestrichelte oder gepunktete Linien möglich. Füllung oder Kontur des Vektorobjekts ändert man nicht mehr über Doppelklicks im Ebenen-Bedienfeld, sondern bequem in der Optionenleiste. Auch die Eckenform der Kontur ist fein steuerbar, so bekommt man erstmals harte Außenecken für eine außen angeordnete Kontur.

Wahlweise richtet Photoshop die Vektoren an den Pixeln der Ebene aus; dann werden die Pfade geringfügig ungenau, Farbkonturen und Füllungen erscheinen jedoch schärfer auf dem Bildschirm – ideal vor allem für Webgestalter, die kleine Grafiken für Online-Oberflächen entwerfen, vor allem bei Diagonalen und Kurven.

Allerdings: Die vielseitigen neuen Konturen lassen sich nur auf Vektorformen anwenden, aber nicht unmittelbar auf Text- oder Pixelebenen. Wer ein freigestelltes Produkt mit einer gestrichelten Linie einfassen will, muss es mit einer darunterliegenden Formebene kombinieren.

Die Optionenleiste für Formwerkzeuge wie das Eigene-Form-Werkzeug wurde umgebaut. Die Miniatur der Formebene füllt unabhängig vom sonstigen Bedienfeld immer die größtmögliche Fläche im Ebenen-Bedienfeld aus und zeigt ein besonderes Symbol. Wenn Sie alle Pfade einer Formebene löschen, wird auch diese Ebene gelöscht.

A.2.15 Ebenentechnik

Viele kleine Änderungen gibt es bei der Ebenentechnik. Das neue Eigenschaften-Bedienfeld zeigt den Inhalt des abgeschafften Masken-Bedienfelds oder aber die Regelmöglichkeiten für die aktuelle Einstellungsebene; das Korrekturen-Bedienfeld erlaubt nur noch das Anlegen, aber nicht mehr das Bearbeiten neuer Einstellungsebenen.

Auf Wunsch zeigt das Ebenen-Bedienfeld nur noch Ebenenminiaturen mit ganz bestimmten Merkmalen. Alle nicht passenden Miniaturen werden ausgeblendet. Die Montage im Bildfenster bleibt dabei vollständig sichtbar. Zeigen Sie zum Beispiel nur noch Pixelebenen, nur noch Textebenen, nur noch Ebenen mit einem bestimmten Mischmodus oder einem bestimmten Namensbestandteil.

Ebenengruppen stattet Photoshop CS6 jetzt mit Effekten aus – zum Beispiel ein durchgehender Schatten oder Verlauf für alle Objekte einer Gruppe. Weil die Gruppe erstmals auch als Schnittmaske dienen kann (sie wird wie eine Einzelebene betrachtet), lässt sich die Fläche der Gruppe auch leicht mit einem anderen Foto oder mehreren anderen Fotos füllen. Sie können Gruppen nun mit Strg+J duplizieren.

Die Ebeneneffekte Verlaufsüberlagerung und Kontur mit Verlauf haben eine Dither-Option für weniger glatte Ergebnisse. Der Ebenenstil-Dialog listet die Ebeneneffekte jetzt in der Reihenfolge auf, in der sie aufs Bild angewendet werden: zuerst Abgeflachte Kante und Relief, zuletzt Schlagschatten. Der neue Befehl **Ebene: Rastern: Ebenenstil** wandelt die Ebeneneffekte in Pixel innerhalb der aktiven Ebene um.

Beim **Transformieren** erscheint endlich ein Menü für das Interpolationsverfahren in der Optionenleiste – voreingestellt ist das empfehlenswerte Bikubisch automatisch. Nach Änderung der erweiterten Füllmethode – zum Beispiel Ausblenden der dunkelsten Bereiche einer Ebene – zeigt das Ebenen-Bedienfeld ein Symbol, so dass man schneller auf komplexe Änderungen aufmerksam wird.

Weitere Nachbesserungen:

- Ist die aktivierte Ebene per Augensymbol ausgeblendet, können Sie trotzdem Deckkraft und Mischmodus ändern.
- Mischmodus, Farbcode, Sperrung oder Duplizieren per Strg+J wendet man auf mehrere gewählte Ebenen gleichzeitig an.
- Beim Umbenennen von Ebenen springt der Gestalter mit ⇥- oder ⇧+⇥-Taste zwischen einzelnen Ebenen hin und her, ohne erst mit der Eingabe-Taste zu bestätigen.
- Alt-Klick auf den Effekte-Schalter rechts neben einer Ebenenminiatur öffnet oder schließt die Effekte-Anzeige für alle Ebenen der Datei.
- Hintergrund-Ebenen mussten bisher von Hand in eine Ebene 0 verwandelt werden. Die Verwandlung zur Ebene 0 oder ähnlich geschieht nun automatisch, sobald man eine Ebenenmaske auf der Hintergrund-Ebene anlegt.

A.2.16 Text

Photoshop CS6 erleichtert Umformatieren mit Bedienfeldern für Absatz- und Zeichen-Formatvorlagen. Im neuen **Schrift**-Menü wandeln Sie Texte in Pfade oder Formebenen um und fügen Platzhaltertext ein.

Zusätzlich berechnet Photoshop alle Buchstaben wahlweise mit einem anderen Gamma-Wert als bisher. Vor allem kleine Buchstaben mit Kantenglättung wirken nun deutlicher umrissen und weniger weichgezeichnet. Dunkle Lettern über hellem Hintergrund erscheinen etwas dünner, helle Zeichen über dunkler Fläche wirken geringfügig stärker.

A.2.17 Elektronisch präsentieren

Wieder dabei ist der uralte **Kontaktabzug II** - ein automatisch erstelltes Bildtableau innerhalb einer Photoshop-Datei. Ebenfalls zurück: Die **PDF-Präsentation** erzeugt PDF-Dateien, die als Diaschau ablaufen, alternativ blättert man die Fotos im PDF-Programm durch. Die beiden Funktionen bieten nur in Einzelfällen Vorteile gegenüber der PDF-Ausgabe in Bridge.

In Bridge allerdings haben die Entwickler gekürzt: In PDF-Katalogen lässt sich das Wasserzeichen nur noch pro Bild, aber nicht mehr pro Seite anwenden. Für Web-Galerien fehlt die Vorschau in Bridge, man muss auf Vorschau in Browser klicken.

A.2.18 Video

Videos lassen sich jetzt deutlich einfacher und zugleich vielseitiger bearbeiten und dank Verwendung des Grafikprozessors geht es auch schneller. Sämtliche Videofunktionen sind jetzt auch Bestandteil der günstigeren Standardausgabe von Photoshop CS6 - die teurere Extended-Version bietet in punkto Video keine Vorteile.

Problemlos legt Photoshop CS6 mehrere Videos oder Fotos in Stapeln übereinander. Wird das Video in ein Smart-Objekt verwandelt, kann man alle Smart-Objekt-tauglichen Filter auf das Video anwenden. Zum Beispiel nutzt man die neue **Adaptive Weitwinkelkorrektur** oder einen Cartooneffekt. Per Filtermaske beschränkt man den Effekt auf einzelne Bildregionen. Innerhalb der Videos kann man nicht mehr zoomen oder schwenken.

Das ist anders bei Fotos: Für Standbilder bietet Photoshop künstliche Kamera- und Zoomfahrten an, die sich allerdings kaum regeln lassen. Zudem kann man Wegmarken setzen und mit der Transformieren-Funktion gezielt flüssige Übergänge bei Größe oder Drehwinkel erzeugen. Photoshop bietet knappe fünf Übergangseffekte an, deren Dauer sich einstellen lässt. Mühelos packt man auch Musik dazu, die man wahlweise ein- oder ausblendet und schneidet.

Beim Berechnen des Videos greift Photoshop jetzt auf die Adobe Media Engine zurück. Der Dialog bietet Dutzende Formate und Auflösungen bis 4000 Pixel Breite.

A.2.19 3D

Die **3D**-Funktionen gibt es nur in der teureren Extended-Ausgabe von Photoshop CS6. Der stärkere Rückgriff auf den Grafikprozessor beschleunigt die 3D-Anzeige und das -Rendern. Die Bedienung wurde erleichtert, zudem erhalten Sie neue Reflektionen und Schatten, die sich auch direkt in den Dialogen besichtigen lassen.

A.3 »Photoshop CS7« - Features für die Wunschliste

Noch immer fehlen wichtige Features, wirkt Photoshop auch mit Ausgabe CS6 teils wie ein Verhau:

- So existieren Verzerrungstechniken wie **Frei transformieren**, **Verflüssigen**, VERFORMEN, **Formgitter**, **Objektivkorrektur** und **Adaptive Weitwinkelkorrektur** gänzlich unabhängig voneinander.
- Auch für die Konvertierungsverfahren von **Bildprozessor**, Exportieren-Bedienfeld, JPEG-Dialog und **Für Web speichern** sollte es einheitliche Qualitätsskalen und Voreinstellungen geben.
- Das Protokoll-Bedienfeld sollte wahlweise Miniaturen der Bildzustände zeigen. Schnappschüsse sollten dauerhaft oben sichtbar bleiben und nicht peu á peu mit den älteren Protokollobjekten wegtauchen.
- Das Protokoll der aktuellen Bearbeitung lässt sich nicht sofort als Aktion abspeichern und an weiteren Dateien abspielen.
- Hilfreich wäre auch eine Vielfach-Effektvorschau: Ein Tableau, das die Auswirkung von einem Dutzend Filtern auf die aktuell geöffnete Datei zeigt. Andere können das. Besonders verblüffend: Einige Filter wie **Versetzen**, **Farbraster** oder **Radialer Weichzeichner** bieten nicht mal ein kleines Vorschaufenster.
- Die Schnellauswahl sollte auch im Modus AUTOMATISCH VERBESSERN weniger weiche Kanten erzeugen und zwischenzeitlich ohne jegliche Automatik arbeiten - nur exakt da, wo ich male, wird ausgewählt oder aus der Auswahl entfernt, wie beim Pinsel in einer Maskenretusche. Mehr Präzision in spitzen Winkeln wäre ebenso wünschenswert wie ein PINSEL-Klappmenü per Rechtsklick.
- Der Befehl **Kante verbessern** sollte mehrere Voreinstellungen zulassen und die Option UMKEHREN anbieten. Behelfsweise brauchen wir **Dunkle Bereiche vergrößern** und **Helle Bereiche vergrößern** in einem einzigen Dialogfeld.
- Beim **Transformieren**, bitte, muss die Vorgabe SEITENVERHÄLTNIS ERHALTEN sofort eingeschaltet sein. Warum geht das nur bei Photoshop Elements?
- Das Ebenen-Bedienfeld sollte auf Wunsch so erscheinen, dass man wichtige Optionen aus dem Dialogfeld **Ebenenstil** direkt neben der Miniatur sieht - so die Regler für DIESE EBENE und DARUNTERLIEGENDE EBENE.
- Man möchte eigene Schaltflächenleisten zusammenstellen, so wie in vielen anderen Programmen auch, zum Beispiel im Adobe Reader.

A.3.1 Weitere Wünsche

Weitere Stichworte fürs Lastenheft »Photoshop CS7« im Telegrammstil:

- Bessere Ergebnisse bei den HDR-Funktionen
- Natürlichere Ergebnisse mit **Tiefen/Lichter**
- Ein Symbölchen im Titelbalken als Erinnerung, dass eine verborgene Auswahl im Bild ist
- Alphakanäle oben, nicht unten im Kanäle-Bedienfeld
- Vielseitiger Katalogdruck direkt aus Bridge heraus, mit beliebigen Dateieigenschaften unter jeder Miniatur, ohne Umweg über die PDF-Ausgabe

A.3.2 »Bridge CS7« - das erwarten wir (mindestens)

Photoshop bietet in den meisten Bereichen die bestmögliche Bildbearbeitung, dagegen bekommen Sie bei Bridge durchaus nicht durchgängig bestmögliche Bildverwaltung. Das merken Sie schnell, wenn Sie sich Lightroom ansehen, die separat verkaufte Bildverwaltung des Photoshop-Herstellers Adobe. Selbst Photoshop Elements, der Hobby-Ableger von Photoshop, bietet in seiner Bildverwaltung teils mehr als Bridge aus dem Paket Photoshop CS6.

Ein paar bescheidene Wünsche ans Bridge-Team:

- Sortierung und Suche nach visueller Bildähnlichkeit, Gesichtserkennung; Photoshop Elements kann's.
- Ein Zweiervergleich von Bildern, bei dem ein Foto stehenbleibt, das andere jedoch weitergeschaltet und bei Bedarf gelöscht wird (auch für Zweischirmsysteme); Photoshop Elements und Lightroom können's.
- Die Befehle **Alle Exif-Daten entfernen** und **Alle IPTC-Daten entfernen**
- Eine Qualitätskontrolle in Bridge, bei der automatisch vier Hochkontraststellen eines Bilds in der 100-Prozent-Zoomstufe erscheinen, alternativ Augenpartien – zur schnellen Prüfung von Schärfe und Bildrauschen
- Anbindung an Agenturen, Fotoseiten und Online-Landkarten im Netz, zum Beispiel Flickr und Google Maps
- Sämtliche Miniaturen wahlweise mit Mini-Histogramm und einer Balkengrafik, die Dateigröße und Pixelabmessungen grafisch signalisiert
- Der Foto-Downloader sollte mehr freie ausfüllbare IPTC-Felder und die neuen DNG-Optionen Verlustreich und Schnell ladende Dateien anbieten.
- Man möchte Ordner im Favoriten-Bereich nicht immer nur mit Ordnernamen anzeigen, sondern als Favorit frei benennen (viele Ordner haben – wenn man sie ohne übergeordnete Verzeichnisse sieht, wie in der Favoritenliste – wenig aussagekräftige Namen oder der Name existiert 150 Mal auf der Festplatte).
- Kopieren und Einfügen von IPTC-Informationen zwischen Bilddateien
- Einstanzen von Wasserzeichen beim Exportieren von Einzeldateien, nicht nur in der PDF-Galerie
- Mehr Tempo

Anhang B
Photoshop CS6 – was ist wichtig für Umsteiger?

Der Hersteller hat auch diesmal wieder einiges umgekrempelt, altgediente Photoshopper müssen umlernen.

> **Tipp** Die dunkelgraue Oberfläche von CS6 gefällt Ihnen nicht? Öffnen Sie die **Voreinstellungen** mit [Strg]+[K] und hellen Sie das Programmfenster im Bereich BENUTZEROBERFLÄCHE wieder auf.

B.1 Wenn Sie vorher mit CS5 gearbeitet hatten

Wir untersuchen zunächst Änderungen gegenüber Photoshop CS5 und blicken dann auf ältere Vorgänger. So erfahren auch Umsteiger von Photoshop CS4 oder CS3, welche Überraschungen in CS6 warten.

Machen Sie sich auf diese Umstellungen gefasst:

- Das Masken-Bedienfeld ist verschwunden. Sie brauchen das Eigenschaften-Bedienfeld, zu erhalten jetzt auch per Doppelklick auf eine Ebenenmaske.
- Bei Formebenen zeigt Photoshop die Vektormaske nicht mehr als Miniatur im Ebenen-Bedienfeld an; Sie können den Umriss aber wie gehabt mit Pfadfunktionen bearbeiten.
- Sie wollen wie gehabt die Kantenschärfe des Pinsels durch senkrechtes Ziehen bei gedrückter Alt-Taste ändern, doch stattdessen verstellt sich die Deckkraft. Um die Kantenschärfe ändern zu können, brauchen Sie die Option HÄRTE DES RUNDEN PINSELS ANHAND DER VERTIKALEN HUD-BEWEGUNG VARIIEREN in den **Voreinstellungen**.

B.1.1 Achtung beim Freistellungswerkzeug

In den Optionen zum Freistellungswerkzeug fehlt die Schaltfläche zum Wechsel des Seitenverhältnisses; tippen Sie stattdessen ein [X] oder ziehen Sie den Rahmen in die gewünschte Richtung. Das Eingabefeld AUFLÖSUNG finden Sie nicht mehr oben in den Optionen, sondern im Dialog **Größe und Auflösung**; den erhalten Sie mit der Taste [R] oder in den Freistellungsoptionen im Klappmenü mit den Seitenverhältnissen (es meldet oft BENUTZERDEFINIERT).

Schon immer behielt das Freistellungswerkzeug mit der Option Ausblenden abgeschnittenen Bildrand versteckt bei. Dann freilich muss man in einem ebenentauglichen Dateiformat wie TIFF oder PSD sichern, JPEG scheidet aus. Wer den Bildrand auf diese Weise nur verstecken, aber nicht endgültig wegsäbeln möchte, verzichtet in CS6 auf die Option Ausserhalb liegende Pixel löschen.

Die Option Perspektivisch lagerten die Programmierer auf das separate Perspektivische Freistellungswerkzeug aus.

B.1.2 Geänderte Bezeichnungen

Photoshop CS6	Photoshop CS5
Objektivunschärfe (Filter-Befehl)	**Tiefenschärfe abmildern**
Dividieren (Mischmodus)	Unterteilen

Entfallene Funktionen

Der Befehl **Auswahl: Ähnliche Ebenen** ist weg. Die neue Ebenenfilterung ist kein vollständiger Ersatz, da sie sich nicht in einer Aktion aufzeichnen lässt. Die Leiste oben mit Schaltflächen zur Anordnung der Dokumente und anderen Funktionen verschwand ersatzlos.

Auch Bridge erwischte es: Der Ultrakompaktmodus wurde abgeschafft. Es gibt keine Ausgabevorschau für Web-Galerien mehr (man muss die Vorschau im Browser nutzen) und bei der PDF-Ausgabe können Sie kein Wasserzeichen quer über die Gesamtseite legen, das Wasserzeichen wird generell pro Bild angewendet.

Das sollten Sie anders machen

Wenn Sie mit CS5 vertraut sind, sollten Sie als CS6-Nutzer ein paar liebgewonnene Gewohnheiten über Bord werfen, denn es geht jetzt besser oder bequemer:

- Schiefen Horizont korrigiert man nur noch mit dem Freistellungwerkzeug und der Zusatzfunktion Bild gerade ausrichten .
- Für Konturen an Formebenen nutzen Sie nicht den üblichen Kontur-Ebeneneffekt, sondern die Optionenleiste zum Formwerkzeug.
- Sie brauchen eine Ebenenmaske für eine Hintergrund-Ebene? Sie müssen die Hintergrundebene nicht erst in eine Ebene 0 verwandeln – Photoshop erledigt das für Sie, sobald Sie die Ebenenmaske per **Kante verbessern** oder per Ebenenmaske hinzufügen anlegen wollen.
- Sie wählen einen Bildteil zum Beispiel mit dem Schnellauswahlwerkzeug aus und wollen das Bild dann genau auf diesen Umriss zuschneiden. Das erledigt schon immer der Befehl **Bild: Freistellen**, doch Photoshop CS6 hält eine interessante Alternative parat: Schalten Sie um zum Freistellungswerkzeug – Photoshop legt den Freistellungsrahmen sofort exakt um die vorhandene Auswahl, einzelne Seiten können Sie immer noch verändern.
- Sie müssen mehrere Ebenen nicht mehr so oft verschmelzen oder verbinden . Deutlich mehr Funktionen als bisher lassen sich jetzt auf Ebenengruppen oder gemeinsam ausgewählte Ebenen anwenden (Seite 977, »Ebenentechnik«).
- Die neue Kontrastautomatik Helligkeit und Kontrast verbessern liefert häufig bessere Ergebnisse als bisherige Automatiken wie **Auto-Farbe**.

B.2 Wenn Sie vorher mit CS4 gearbeitet hatten

Sie wechseln von CS4 zu CS6? Lesen Sie die Hinweise für CS5-Umsteiger weiter oben und beachten Sie außerdem die folgenden Punkte speziell zu CS4.

B.2.1 Gewanderte Befehle

Sie suchen, doch da ist nichts? Manche Befehle wechselten schlicht den Ort. Die Funktion **Bearbeiten: In die Auswahl einfügen** steckt jetzt im Untermenü **Bearbeiten: Einfügen Spezial**. Umgekehrt rückte die **Objektivkorrektur** aus dem Untermenü **Filter: Verzerrungsfilter** direkt oben ins **Filter-Hauptmenü**. Der Schalter BLENDENSTANDARD EINSTELLEN verschwand aus der **Objektivkorrektur**.

Muntere Änderungen auch im Raw-Dialog: Die VIGNETTIERUNG NACH FREISTELLEN, vormals im Register OBJEKTIVKORREKTUREN, ressortiert jetzt unter EFFEKTE.

Version Cue zur Dateiorganisation im Netzwerk wird seit Version CS5 nicht mehr installiert. Als Alternative gibt es nun Adobe Drive – eine Schnittstelle, die andere Anbieter für Datenmanagementprogramme nutzen können. Einen englischen Adobe-Text zu Version Cue und Adobe Drive fanden wir bei Manuskriptabgabe hier: *www.adobe.com/products/versioncue*.

B.2.2 Geänderte Befehle

An einigen Stellen überrascht Photoshop schon seit Version CS5 altgediente Nutzer mit geändertem Verhalten.

- Am wichtigsten vielleicht: Ziehen Sie eine Bilddatei aus Bridge, Explorer oder einer beliebigen Dateiverwaltung ins Photoshop-Fenster, wird sie nicht mehr als eigene Datei geöffnet. Stattdessen landet sie als zu platzierende neue Ebene im aktuellen Bild. Um in Photoshop eine separate Datei zu öffnen, ziehen Sie die Datei auf den Menü- oder Schaltflächenbereich von Photoshop.
- Sie ändern die Pinselgröße durch Rechts-Ziehen bei gedrückter [Alt]-Taste? Achten Sie dabei auf horizontale Bewegung. Mit vertikaler Bewegung stellt man nun die HÄRTE, nicht den DURCHMESSER um.
- Die [Entf]- oder [←]-Taste auf einer Hintergrundebene füllte den ausgewählten Bereich bisher unmittelbar mit der Hintergrundfarbe. Nun zeigen diese Tasten, angewendet auf die Auswahl einer Hintergrundebene, den **Füllen**-Dialog an.
- Sie haben eigene CS4-Bedienfelder mit dem Configurator 1.0 erzeugt? Sie laufen auch in CS5, aber nur unter einer Bedingung: Öffnen Sie die Bedienfelder zunächst im Configurator 2.0 und speichern Sie sie dann neu.

Geänderte Bezeichnungen

Photoshop CS6	Photoshop CS4
Sammlung	**Kollektion (in Bridge)**
Betrachtungsmodus	**Überprüfungsmodus** (in Bridge)
INTERPOLATIONSVERFAHREN	BILD NEU BERECHNEN MIT (im **Bildgröße**-Dialog)
VERKLEINERN/ERWEITERN	KANTE VERSCHIEBEN (in den Dialogen **Kante verbessern, Maske verbessern**)
Farbfläche	**Volltonfarbe** (im Ebenen-Bedienfeld)
Intelligente Hilfslinien	**Magnetische Hilfslinien**

B.2.3 Das sollten Sie anders machen

Wenn Sie mit CS4 vertraut sind, sollten Sie nun ein paar liebgewordene Gewohnheiten über Bord werfen, denn es geht jetzt besser oder bequemer:

- Sie öffnen den Farbwähler per Klick auf das Vordergrundfarbfeld? Erstmals können Sie per **Bearbeiten: Tastaturbefehle** einen eigenen Tastaturbefehl zuteilen. Sofern Sie eine Grafikkarte mit OpenGL-Technik und Shader Model 3.0 nutzen, blenden Sie einen neuartigen Farbwähler auch per Alt+⇧-Rechtsklick ein (am Mac mit Ein-Tasten-Maus Alt+⇧+Ctrl-Klick).
- Sie wandeln Bildreihen per **Bildprozessor** oder Raw-Dialog ins JPEG-Format um und rechnen vielleicht noch die Pixelzahl herunter? Bridge beherbergt nun mit der Exportieren-Funktion eine interessante Alternative.
- Sie rufen in Bridge öfter die **Dateiinformationen** auf? Hier reicht jetzt Strg+I statt Strg+⇧+Alt+I. In Photoshop muss es weiter der Vierfinger-Griff sein.
- Stellen Sie häufiger die Härte, also die Kantenschärfe von Mal- und Retuschewerkzeugen um? Das erledigen Sie nun durch vertikales Alt-Ziehen mit der rechten Maustaste.
- Sie überdecken Fehlerstellen in komplexen Bildbereichen durch aufwändige Handretusche? Die Option Inhaltsbasiert im **Füllen**-Dialog und beim Bereichsreparatur-Pinsel nimmt den Stress raus.
- Sie verbiegen Ebenenteile durch Verformen oder **Verflüssigen**? Das neue **Formgitter** könnte eine Alternative sein.

B.3 Wenn Sie vorher mit CS3 gearbeitet hatten

Sie wechseln von CS3 zu CS6? Lesen Sie die Hinweise für CS4- und CS5-Umsteiger weiter oben und beachten Sie außerdem die folgenden Punkte speziell zu CS3.

B.3.1 Das sollten Sie anders machen

Wenn Sie von CS3 oder einer früheren Fassung her kommen, sollten Sie ein paar liebgewordene Gewohnheiten über Bord werfen, denn es geht jetzt besser:

- Statt der üblichen Dialogfelder für **Gradationskurven** und Co. legen Sie jetzt blitzschnell verlustfreie nichtmodale Einstellungsebenen via Korrekturen-Bedienfeld an.
- Schalten Sie im Korrekturen-Bedienfeld das Ziehwerkzeug ein, um einen bestimmten Helligkeitsbereich mit den **Gradationskurven** oder einen bestimmten Farbbereich mit **Farbton/Sättigung** zu verändern. Das spart bei der Gradationskurve den Strg-Klick in den gewünschten Helligkeitsbereich.
- Statt die Sättigung mit **Farbton/Sättigung** anzuheben und Quietschfarben zu riskieren, nehmen Sie die sanfte Alternative namens **Dynamik**.
- Zeichnen Sie Ebenenmasken oder Filtermasken nicht dauerhaft mit dem **Gaußschen Weichzeichner** weich – im Masken-Bereich des Eigenschaften-Bedienfelds erledigen Sie die Aufgabe nun verlustfrei.
- So ändern Sie jetzt am schnellsten den Pinseldurchmesser bei allen Mal- und Retuschegeräten: Halten Sie die Alt-Taste gedrückt und ziehen Sie mit der rechten Maustaste.

B.3.2 Werkzeuge auf Wanderschaft

Die Slice-Werkzeuge fanden Unterschlupf im Werkzeugleistenfach des Freistellgeräts. Das Anmerkungenwerkzeug zog bei der Pipette ein. Die Anmerkungen selbst schreiben Sie in das neue Anmerkungen-Bedienfeld und nicht mehr in Boxen im Bild.

B.3.3 Geänderte Bezeichnungen

Photoshop CS6	Photoshop CS3
Bearbeiten: Ebenen automatisch überblenden	Bearbeiten: Ebenen automatisch füllen
Bild: Korrekturen	Bild: Anpassungen

Geänderte Tastaturbefehle

Beachten Sie die geänderten Tastaturbefehle für Kanäle und Werkzeuge:

	Photoshop CS6	Photoshop CS3
Gesamtkanal auswählen (z.B. RGB- oder CMYK-Gesamtkanal)	Strg+2	Strg+^
1. Alphakanal aktivieren (bei RGB-Bildern)	Strg+6	Strg+4
1. Alphakanal aktivieren (bei CMYK-Bildern)	Strg+7	Strg+5
Slice-Werkzeug, Slice-Auswahl	C	K
Weichzeichner, Scharfzeichner, Wischfinger	(entfallen, R jetzt für Ansichtdrehung-Werkzeug)	R
Anmerkungen	I	N

In Photoshop CS6 können Sie wieder die ursprünglichen Tastaturkürzel aus CS3 nutzen. Dazu nehmen Sie **Bearbeiten: Tastaturbefehle** mit der Option Herkömmliche Tastaturbefehle für Kanäle verwenden.

B.3.4 Ebenenmasken für Smartobjekte

Wenn Sie zusätzlich zum Smartobjekt eine Ebenenmaske anlegen, entsteht in Photoshop CS6 eine verbundene Maske – sie verändert sich also mit, wenn Sie das Smartobjekt selbst bewegen oder transformieren. Verbundene Masken für Smartobjekte gab es bisher gar nicht. Brauchen Sie – wie in CS2 und CS3 unvermeidlich – eine nicht verbundene Maske, lösen Sie die Verbindung erst per Klick auf die Gliederkette zwischen den Miniaturen für Bild und Maske.

B.3.5 Oberfläche zurückstellen

Schon ab Version CS4 kommt Photoshop mit einer deutlich umgekrempelten Benutzeroberfläche. Bilder schnurren zu Tabs am oberen Rand des Programmfensters zusammen, so dass man auch bei mehreren geöffneten Dateien zunächst nur ein einziges Dokument sieht. Das treibt Sie zur Raserei? Dann wählen Sie **Bearbeiten: Voreinstellungen: Benutzeroberfläche** und verzichten auf die Optionen Dokumente als Registerkarten öffnen sowie Andocken schwebender Dokumentfenster aktivieren. So segeln die Fotos wieder einzeln über den Schirm.

Anhang C
Photoshop erweitern

Installieren Sie neue Erweiterungen, insbesondere die nützlichen **Dr. Brown's Services**, oder basteln Sie ganz einfach Ihre eigenen Dialogfelder – darum geht es in diesem Abschnitt.

C.1 Photoshop-Ergänzungen finden

In der englischsprachigen Online-Tauschbörse bei Photoshop-Hersteller Adobe finden Sie kostenlose Aktionen, Pinselspitzen, Formen, Filter, Bedienfelder, Verläufe, Muster, Pixel Bender-Funktionen, Skripten und Stile. Sortieren Sie das Angebot nach Datum, Beliebtheit oder Wertung. So spüren Sie Erweiterungen auf:

1. Gehen Sie auf *http://www.adobe.com/de/exchange/*. Alternativ klicken Sie oben im Extension Manager (siehe unten) auf die Exchange-Schaltfläche.
2. Klicken Sie auf Photoshop Exchange.
3. Nun werden die Angebote aufgelistet. Sortieren Sie nach Staff Picks (von Mitarbeitern ausgewählt), Aktualität, Beliebtheit oder Bewertung.
4. In der Leiste rechts geben Sie eventuell den gesuchten Typ an, zum Beispiel Actions oder Flash Panels (Erweiterungen in Bedienfeldform).
5. Suchen Sie eine Funktion und lesen Sie kurz nach, ob sie für die Photoshop- und Betriebssystemversion Ihres Vertrauens gedacht ist.
6. Klicken Sie auf Download.
7. Eventuell meldet Ihr Browser Sicherheitsbedenken an, die Sie ausräumen müssen. Klicken Sie auf Datei herunterladen.

Tipp Die meisten englischen Ergänzungsangebote funktionieren auch im deutschen Photoshop. Einige englische Aktionen (Befehlsfolgen) könnten jedoch steckenbleiben, solange sie nicht nachbearbeitet werden; das gilt zum Beispiel, wenn die Aktion automatisch entstehende Ebenennamen wie Layer 1 erwartet.

C.2 Erweiterungen

Kinderleicht installieren Sie nützliche sogenannte »Erweiterungen« (englisch »extensions«) für Bridge und Photoshop, darunter auch Skripten und Bedienfelder, auch solche, die Sie selber im Configurator entwickelt haben (Seite 988). Die meisten Erweiterungen finden Sie im Photoshop-Untermenü **Fenster: Erweiterungen**.

Viele, aber nicht alle kursierenden Erweiterungen stammen von Adobe-Mitarbeitern. Auch die empfehlenswerten Dr. Brown's Services (Seite 989) werden als Erweiterungen installiert. Die Erweiterungen kommen meist auf Englisch daher, laufen aber häufig auch innerhalb einer deutschsprachigen Photoshop-Installation.

Achtung Für diese und viele andere Internetdienste des Photoshop-Herstellers Adobe brauchen Sie eine sogenannte Adobe-ID mit Passwort. Sie müssen sich also bei Adobe mit einer E-Mail-Adresse registrieren, zum Beispiel auch per **Hilfe: Adobe-ID-Profil** in Photoshop.

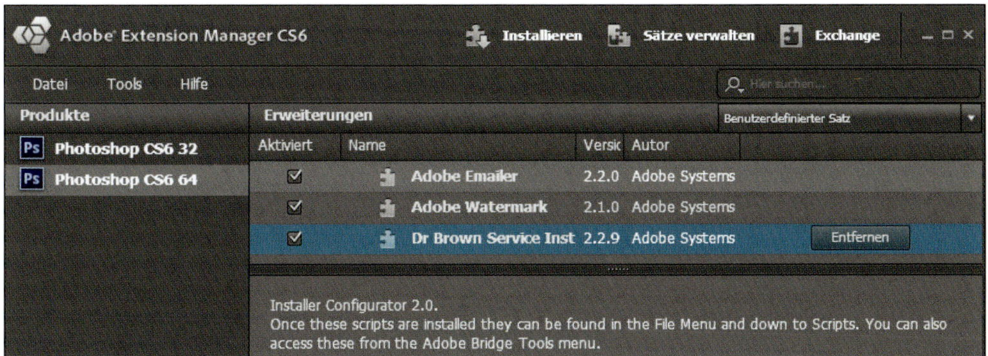

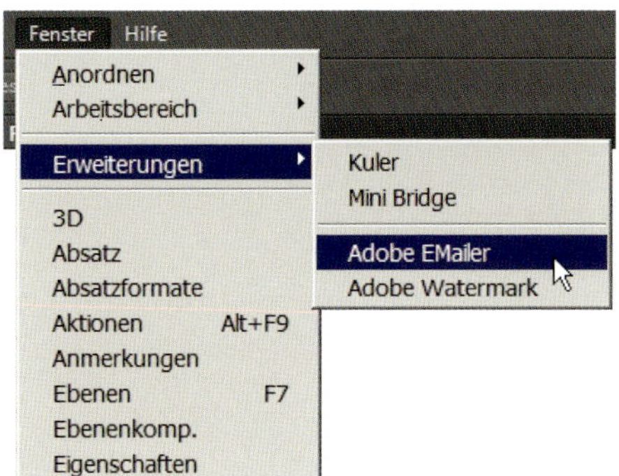

Abbildung C.1 **Oben:** Im automatisch mitinstallierten Programm Extension Manager CS6 verwalten Sie Programmerweiterungen für Bridge, Photoshop und eventuell weitere CS6-Programme. Das Programm erscheint automatisch, wenn Sie doppelt auf eine .zxp- oder .mxp-Datei klicken. **Unten:** Die meisten Erweiterungen öffnen Sie in Photoshop per »Fenster: Erweiterungen«. Einige Erweiterungen wie »Kuler« und die »CS«-Funktionen wie »CS Review« werden direkt mit Photoshop installiert.

C.2.1 Erweiterungen installieren

Erweiterungen installieren Sie denkbar bequem:

1. Sie erhalten in der Regel eine einzige Datei mit der Endung .zxp oder .mxp.
2. Klicken Sie diese Datei doppelt an. Damit öffnet sich das Programm Extension Manager CS6, das gemeinsam mit Photoshop installiert wird.

3. Im Extension Manager bestätigen Sie den Haftungsausschluss und andere Warnungen. Gleich darauf erhalten Sie eine Erfolgsmeldung: fertig.
4. Starten Sie Photoshop und/oder Bridge neu.

Über den Extension Manager werfen Sie unliebsame Erweiterungen auch wieder heraus. In Bridge eröffnen Sie das Programm auch per **Hilfe: Erweiterungen verwalten**; dabei sehen Sie auch Erweiterungen, die nicht in Bridge, sondern in Photoshop laufen.

Tipp Sie haben noch Photoshop CS4 installiert und dort bereits den Extension Manager genutzt? Dann starten Sie ihn erneut: Das Programm schlägt vor, die CS4-Erweiterungen auch in CS5 zu nutzen und veranlasst alles Nötige.

C.3 Configurator

Mit dem unkomplizierten Programm Configurator bauen Sie mühelos Ihre eigenen Photoshop-Bedienfelder - die Entwickler reden von einem »Lego-Baukasten für Photoshop«. Diese Bedienfelder aus Configurator enthalten beliebige Menübefehle und Schaltflächen, die Sie von der Photoshop-Oberfläche herüberziehen und mit eigenen Einblendmeldungen ausstatten. Die neu entstandenen Bedienfelder lassen sich extrem leicht in Photoshop einbinden - sogar per Online-Link -, so dass sie sich auch zur Weitergabe an weniger Photoshop-versierte Kunden eignen. Binden Sie auch Aktionen, Bilddateien und Videos ein. Beliebige Größen und Seitenverhältnisse sind möglich.

Bei Manuskriptabgabe fanden wir das Programm Configurator 3 zum Herunterladen unter *http://labs.adobe.com/technologies/configurator*. Die neuen Bedienfelder lassen sich per **Fenster: Erweiterungen** öffnen. Bei Adobes Internettauschbörse (Seite 986) bekommen Sie kostenlose Erweiterungen von anderen Nutzern.

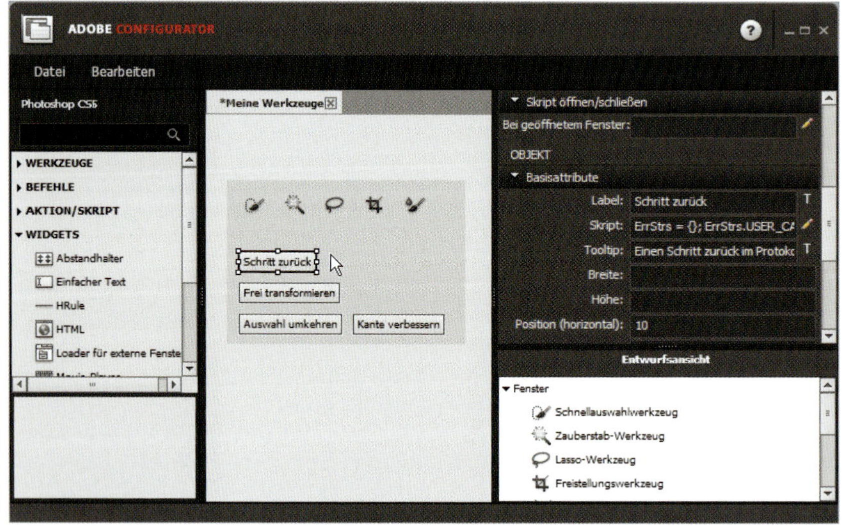

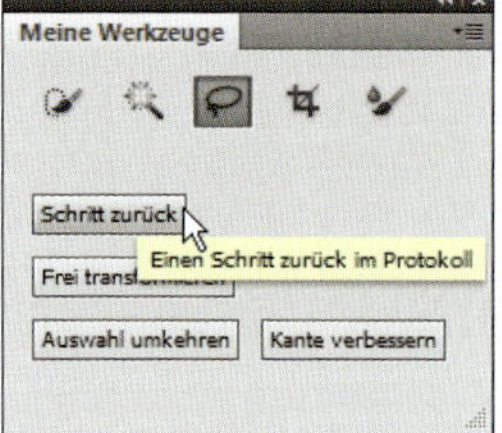

Abbildung C.2 Gestalten Sie eigene Bedienfelder im Configurator mit selbst formulierten Einblendmeldungen. Das neue Bedienfeld steht per »Fenster: Erweiterungen: Meine Werkzeuge« zur Verfügung.

C.4 »Dr. Brown's Services«

Adobes Kreativ-Animateur Russell Brown verschenkt hilfreiche, meist nur englische Zusatzfunktionen für Mac und Windows. Unter der Überschrift **Dr. Brown's Services** gibt es unter anderem einen weit ausgebauten, englischen **Bildprozessor** (Seite 113). Dazu kommt eine nützliche Wasserzeichenautomatik.

Die Dateien holen Sie von dieser Seite: *http://russellbrown.com/scripts.html*. Die Installation ist kinderleicht: Der erste Doppelklick öffnet die Zip-Datei, der nächste die darin enthaltene .zxp-Datei; schon landen Sie im Extension Manager (siehe oben) und bestätigen die Installation. Danach starten Sie Photoshop neu.

Abbildung 27.30 Laden Sie Russell Browns Photoshop-Funktionen von seiner Internetseite.

Anhang D
Dateiformate

In diesem Abschnitt diskutieren wir kurz die meisten Dateiformate. Ausnahmen: Bilder und Informationen zu JPEG (nicht zu JPEG 2000) finden Sie ab Seite 256, alles über Camera-Raw-Dateien ab Seite 198. Eine Gegenüberstellung verschiedener Dateiformate für Ebenenmontagen samt Testergebnissen erwartet Sie auf Seite 658.

D.1 Tabelle: Dateiformate

Für die folgende Tabelle wird die Datei »Test.tif« aus unserem Ebenentest (auch auf der Website zum Buch) in verschiedenen wichtigen Dateiformaten gespeichert. Die Vorlage besteht aus zahlreichen Ebenen und ist im Acht-Bit-RGB-Modus gespeichert. Sie hat 1772x1184 Pixel, also rund zwei Megapixel, und lässt sich damit bei 300 dpi 15x10 Zentimeter groß drucken.

Dateiformat	Erweiterung	Komprimierung	Ebenen	Gesamtgröße in Mbyte	Anmerkung	Zweck
Photoshop ohne »Kompatibilität« mit/ohne Ebenen	PSD	Immer, ohne Verlust	j/n	22,48/3,18		Ausnutzen aller Funktionen, Austausch Photoshop Mac - Windows
TIFF ohne jede Komprimierung mit/ohne Ebenen (Ebenenk. ZIP)	TIF	n	j/n	24,36/6,168	Unterstützt viele Farbmodi, Ebenen, Pfade, mehrere Alphakanäle in einer Datei	Kompatibilität mit anderen Programmen
TIFF mit LZW-Komprimierung mit/ohne Ebenen (Ebenenk. ZIP)	TIF	Verlustfrei	j/n	18,94/1,25	s.o.	s.o.

Dateiformat	Erweiterung	Komprimierung	Ebenen	Gesamtgröße in Mbyte	Anmerkung	Zweck
JPEG, Qualität 10/7, Baseline Standard	JPG	Immer, mit Verlust	n/n	0,24/0,14	RGB, CMYK, Graustufen, keine Alphakanäle, 16-Bit-Farbtiefe möglich	Speicherplatz sparen, WWW-Design, Weitergabe
JPEG, Qualität 5/0, Baseline Standard	JPG	Immer, mit Verlust	n/n	0,10/0,06	s. o.	s. o.
DNG mit mittelgr. Vorschau ohne/mit Kompr.	DNG	Wahlweise, nur verlustfrei	n/n	6,32/1,83		Camera-Raw-Dateien archivieren, verlustfrei Änderungen speichern
Photoshop PDF, Zip-Komprimierung, mit/ohne Ebenen	PDF	Hier ohne Verlust, wahlweise mit Verlust	j/n	23,07/2,46		Zur Betrachtung mit Acrobat Reader, Druckvorstufe
Photoshop PDF, JPEG-Qual. »hoch«, mit/ohne Ebenen	PDF	Hier mit Verlust, wahlweise ohne Verlust	j/n	20,9/0,29		Zur Betrachtung mit Acrobat Reader, Druckvorstufe
Portable Networks Graphic, ohne/mit Interlacing	PNG	Immer, verlustfrei	n/n	1,25/1,51	Verschiedene Farbtiefen, Alphakanäle	WWW- und Screen-Design

D.2 Photoshop-Dateiformate (PSD, PSB)

Das Format Photoshop (PSD) lässt sich problemlos zwischen Photoshop auf Windows- und auf Mac-Rechnern austauschen. Mit dem weiter verbreiteten TIFF gelingt das oft auch. PSD-Dateien eignen sich bestens zur Weitergabe an andere Adobe-Programme wie Illustrator oder InDesign, die zum Beispiel Ebenen, Transparenz oder Überblendmethoden übernehmen. Als fast einziger Dokumenttyp verkraftet das Photoshop-Format sämtliche Photoshop-Spezialitäten wie Duplex-, LAB- und Mehrkanalmodus, Pfade, mehrere Alphakanäle, Ebenentechnik samt Textebenen und Ebeneneffekten. Allerdings sind auch TIFF und PDF je nach Vorgabe sehr vielseitig. Zudem nimmt das Photoshop-Format Merkmale aus der elektronischen Präsentation auf, darunter Slices, Rollover-Effekte, Hyperlinks, Videos und Animationen.

Neue Zusatzkanäle, Pfade und Ebenen speichert Photoshop ohne lästige Rückfrage mit und dabei wird verlustfrei komprimiert, allerdings nur schwach. Das Photoshop-Dateiformat lässt sich in Photoshop extrem schnell öffnen und speichern und eignet sich darum bestens zum Zwischensichern. Wollen Sie die Datei an andere Programme durchreichen und stoßen Sie auf Probleme, speichern Sie testweise mit »maximierter Kompatibilität« (nächster Abschnitt).

Tipp Benötigen Sie von einer Photoshop-Montage zwischendurch eine übliche JPEG-Datei ohne separate Ebenen oder Alphakanäle? Dann nutzen Sie den Befehl **Datei: Speichern unter** (Strg+⇧+S), geben JPEG an und speichern zwangsweise als Kopie. Im Programmfenster arbeiten Sie danach weiter an der vollständigen Montage unter ihrem ursprünglichen Namen.

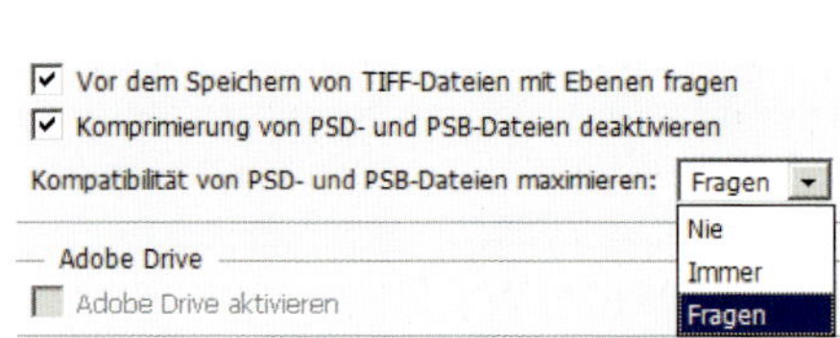

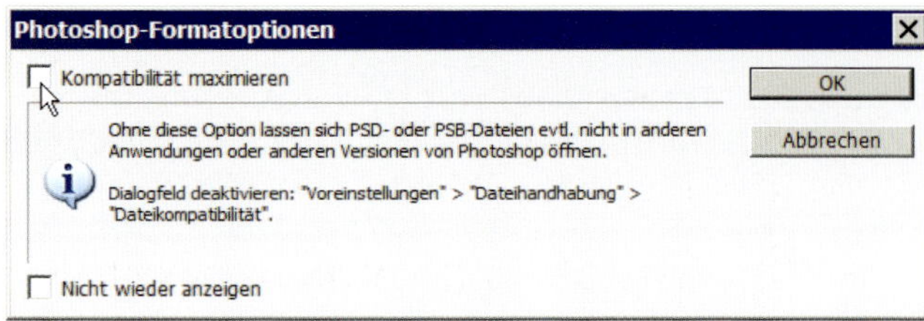

Abbildung D.1 **Links:** In den »Voreinstellungen« entscheiden Sie, ob Sie die »Kompatibilität von PSD-Dateien... maximieren«. **Rechts:** Photoshop zeigt die Formatoptionen beim Speichern im PSD-Format, sofern Sie das »Fragen« nach der Kompatibilität in den »Voreinstellungen« gewählt haben. Wenn Sie die »Kompatibilität maximieren«, steigen Dateigröße und Rechenzeit. Sie können die erneute Rückfrage auch in diesem Dialogfeld unterbinden.

D.2.1 Kompatibilität maximieren

Um Photoshop-Montagen in möglichst vielen, auch älteren Programmen zumindest anzeigen zu können, gehen Sie in den **Voreinstellungen** (Strg+K) im Bereich Dateihandhabung ins Klappmenü Kompatibilität von PSD- und PSB-Dateien maximieren und verwenden Sie Immer.

Damit schreibt Photoshop zusätzlich zu den Ebenen noch eine »flache« Gesamtansicht Ihrer Montage in die Datei, das sogenannte »Composite«. Zusätzlich werden Vektormasken gerastert und Dateien mit **16 Bit/Kanal** unkomprimiert gespeichert. Das kostet Zeit und Speicherplatz: So steigt die Größe der »Praxis«-Datei »Test« von der Buch-DVD durch die »maximierte Kompatibilität« um gut zwei Megabyte. Je nach Vorlage entspricht der Zuwachs dem Speicherbedarf einer reinen Hintergrund-Ebene für diese Datei.

Bei unserer Photoshop-Version stand die Option direkt nach dem Installieren auf Fragen. Darum präsentiert Photoshop beim Speichern die Photoshop-Formatoptionen als eigenes Dialogfeld. Dort können Sie immer noch die Kompatibilität maximieren.

Ebenfalls im Bereich Dateihandhabung können Sie die Komprimierung von PSD- und PSB-Dateien aktivieren. Die Option betrifft wohlgemerkt nur Dateien mit den hohen Farbtiefen **16 Bit/Kanal** und **32 Bit/Kanal**. Wenn Sie hier die Komprimierung... deaktivieren, sparen Sie eventuell viel Rechenzeit – und verbrauchen deutlich mehr Festplatte.

Tipp Photoshop-Montagen erscheinen in einigen Bilddatenbanken nur korrekt, wenn Sie die Kompatibilität... maximieren. Für die Darstellung in wieder anderen Programmen ist dagegen das Mitspeichern einer »Miniatur« entscheidend (Seite 251).

D.2.2 Kompatibilität mit früheren Photoshop-Versionen

Öffnen und speichern Sie Dateien aus Photoshop CS6 mit älteren Photoshop-Versionen, dann fliegen einige Spezialitäten von Photoshop CS6 aus der Datei raus. In jeder Programmversion hat Photoshop dazugelernt: Einstellungsebenen, Ebeneneffekte, Ebenenorganisation, Textebenen, Formebenen, Smartobjekte, Smartfilter, 3D-Ebenen oder neue Mischmodi. Sie können zwar meist im aktuellen Photoshop speichern und das Bild mit einer älteren Fassung auch öffnen – doch nicht unterstützte Merkmale werden nach einer Warnung ignoriert. Speichern Sie die Datei erneut in einem älteren Photoshop, sind die Originalmerkmale weg.

So erlaubt Photoshop CS6 erstmals Ebeneneffekte für Gruppen, Photoshop CS5 bringt die neuen Mischmodi Unterteilen (in CS6 Dividieren) und Subtrahieren, die Extended-Version kann mehr 3D. Öffnen Sie Dateien mit entsprechenden neuen Merkmalen in CS4 oder älter, lässt sich die Montage dort nicht vollständig bearbeiten und vermutlich nicht im Originalzustand speichern.

D.2.3 PSB

PSB ähnelt weitgehend Photoshop-PSD, erlaubt aber besonders große Dateien bis 300.000x300.000 Pixel (PSB steht für »Photoshop Big«). Verwenden Sie Smartobjekte, speichert Photoshop die Originalzustände von Pixeldateien als PSB-Datei innerhalb einer PSD-, PSB-, TIFF- oder PDF-Datei.

D.3 Illustrator-Dateiformat und andere Vektorgrafikdateien

Vektorgrafikdateien mit den Endungen ».ai« oder ».eps« bestehen nicht (nur) aus Bildpunkten, sondern (vor allem) aus Kurven, Füllflächen und Text. Je nach Verfahren fügen Sie dieses Material als Pixelgrafik oder als Vektordatei (Smartobjekt) ein. Ihre Möglichkeiten:

- Vektorformen können Sie ohne Qualitätsverlust frei vergrößern und mit den Pfad- und Stiltechniken von Photoshop bearbeiten (als Smartobjekt auch in einem separaten Vektorgrafikprogramm). Damit sind Sie flexibler, denn Sie können die Formebene immer noch in Pixel verwandeln (**Ebene: Rastern: Ebene**).
- Pixelobjekte kann man nur beim ersten Einfügen aus einer Vektordatei nach Belieben vergrößern oder verkleinern, danach es geht es nur noch mit Verlust. Es stehen alle Photoshop-Techniken für Pixelbilder zur Verfügung, so etwa Pinselretusche, **Filter**-Befehle und Kontrastkorrekturen.

»Platzieren« oder neue Datei

So bringen Sie die Vektorgrafik nach Photoshop:

- Sie **öffnen** direkt eine Vektorgrafikdatei, zum Beispiel mit den Endungen ».ai«, ».pdf« oder ».eps«. Dabei entsteht in Photoshop eine in Pixel aufgerasterte Datei, die Sie später nicht mehr verlustfrei skalieren, drehen oder verzerren. Bestimmen Sie also die gewünschte Bildgröße schon vor Ausfüllen des Dialogfelds und gestalten Sie die Grafik bereits im Vektorprogramm so perfekt wie möglich.
- Sie **platzieren** die Grafik in einer bereits geöffneten Bilddatei. Dabei entsteht ein Smartobjekt (Seite 846); die Grafik lässt sich verlustfrei **transformieren** und jederzeit wieder in einem Vektorgrafikprogramm bearbeiten.
- Wenn Sie mit Illustrator arbeiten, kopieren Sie die Grafik in die Zwischenablage, um sie in Photoshop wieder einzufügen.
- Wählen Sie **Datei: Als Smartobjekt öffnen**.

D.3.1 AI-Dateien schreiben

Die Pfade einer Photoshop-Datei können Sie ins AI-Format übertragen. Verwenden Sie den Pfad zum Beispiel, um im Grafikprogramm Text oder Objekte daran auszurichten. Sofern bereits ein Pfad vorhanden ist, erwartet Sie dieses Prozedere:

1. Wählen Sie den Befehl **Datei: Exportieren: Pfade -> Illustrator**.
2. Im Dialogfeld Pfade in Datei exportieren klicken Sie das Klappmenü Pfade an, um den Pfad Ihrer Wahl zu exportieren. Hier steht nur das AI-Format zur Verfügung.

D.4 PDF-Dateiformat (Acrobat)

Photoshop schreibt und liest PDF-Dateien. Das Dateiformat »Photoshop PDF« bietet Ihnen vielfältige Möglichkeiten:

- PDF-Dateien eignen sich für RGB-Bildschirmpräsentationen, CMYK-Druckdokumente oder zur Langzeitarchivierung. PDF erscheint meist auch in Webbrowsern und Handys.
- Im PDF-Format speichern Sie zudem Ebenen, Text- und Vektordaten, sichtbare Anmerkungen, IPTC- und andere Metadaten wie auch die Informationen für die Druckvorstufe.
- Betrachter können Ihre Bilder im weit verbreiteten, kostenlosen Adobe Reader ansehen, kopieren und drucken. Das Leseprogramm Adobe Reader läuft plattformübergreifend mit den unterschiedlichen Betriebssystemen.
- Passwörter schränken den Zugang zum Dokument ein.
- Innerhalb von Photoshop öffnen Sie PDFs seitenweise oder Sie ziehen nur die Fotos heraus.

Einschränkungen: Photoshops PDF-Dateien, die mit dem Befehl **Speichern unter** entstehen, zeigen nur eine Einzelseite, die allerdings separate Ebenen enthalten kann. Mehrere Seiten nur mit Fotos oder Diaschauen entstehen jedoch mit der Ausgabefunktion von Bridge (Seite 930) und per **PDF-Präsentation**.

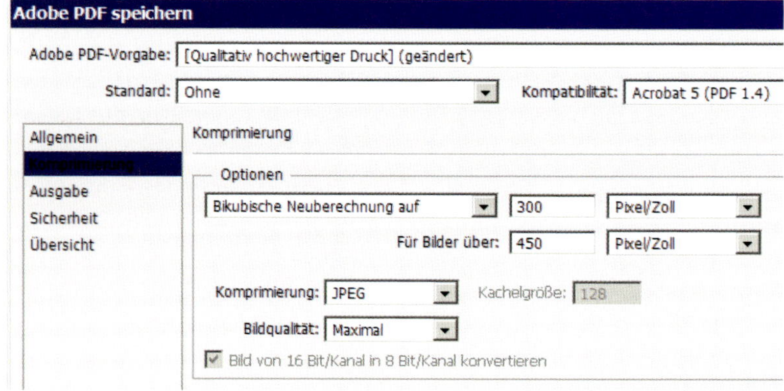

Abbildung D.2 In den PDF-Optionen steuern Sie die Dateigröße durch Komprimierungsverfahren und Neuberechnen.

D.4.1 PDF-Dateien schreiben

Verwenden Sie **Datei: Speichern unter** mit der Vorgabe Photoshop PDF. Aktivieren Sie die Option Photoshop-Bearbeitungsfunktionen erhalten im Bereich Allgemein, wenn die PDF-Datei mit intakten Photoshop-Ebenen geöffnet werden soll.

Sämtliche Eigenschaften bleiben erhalten: separate Montageebenen, Alphakanäle, Farbprofile, Anmerkungen, Metadaten, Vektorgrafik, Duplexbilder, Pfade, Schmuckfarben (Volltonfarben), Textebenen im Textmodus mit eingebetteter Schriftart (Font) oder als Vektorgrafik. Die Ebenen lassen sich zwar im Acrobat Reader nicht separat ansprechen, aber Text im Textmodus können Sie auch im Programm Acrobat Reader als Text markieren und kopieren, sofern Sie das nicht in den Sicherheitsoptionen ausschließen. Dazu kommen die Komprimierungsverfahren Zip (verlustfrei) oder JPEG (mit Verlust, Seite 256).

Sie können also auch komplexe Dokumente inklusive Text weitergeben, ohne dass diese auf einem anderen Rechner verfälscht erscheinen.

D.4.2 Dateigröße

Photoshop bietet komplexe Optionen für die entstehenden PDF-Dateien. Kombinationen dieser Vorgaben werden bereits als Einstellungen angeboten. Weitere, eigene Kombinationen speichern Sie mit der Schaltfläche Vorgabe speichern. Wählen Sie unter Standard eines der PDF/X-Formate für Druckdateien zur Weiterverarbeitung in Druckereien oder PDF/A-Formate für die langfristige Archivierung eines Dokuments nach ISO-Norm.

Im Bereich Komprimierung verwenden Sie Keine Neuberechnung; so erhalten Sie die Originalqualität der Datei, sie wird nicht neu gerechnet. Wählen Sie als Kompatibilität die Vorgabe Acrobat 6 (PDF 1.5) oder höher, können Sie ein Bild von 16-Bit-Kanal in 8-Bit-Kanal konvertieren; für die Komprimierung als ZIP steht nur der 8-Bit-Modus zur Verfügung.

D.4.3 »Sicherheit«

Im Bereich Sicherheit finden Sie Kennwörter zum Öffnen und zum Bearbeiten:

- Kennwort zum Öffnen des Dokuments: Dieses Kennwort fragt der Acrobat Reader, aber auch Photoshop beim Öffnen ab.
- Berechtigungen: Vergeben Sie ein separates Berechtigungskennwort. Es schränkt Ausdrucken oder Kopieren ein. Weitere Optionen wie z.B. Kommentare einfügen oder Löschen von Seiten, die unter Zulässige Änderungen angeboten werden, können Sie mit den wenigen Werkzeugen des Reader-Programms sowieso nicht bearbeiten; dazu ist das Acrobat-Programm von Adobe erforderlich. Dort wählen Sie **Datei: Eigenschaften** und schalten im Bereich Sicherheit den Kennwortschutz ab; dabei will Acrobat eben dieses Kennwort von Ihnen wissen. In Photoshop hingegen können Sie das Dokument problemlos jederzeit weiterbearbeiten.

Falls Sie nicht alle Optionen zur Sicherheit sehen, stellen Sie oben im Dialogfeld den Standard auf Ohne.

D.4.4 PDF-Dateien in Photoshop öffnen

Ziehen Sie PDF-Dateien einfach auf die Photoshop-Arbeitsfläche oder wählen Sie in Bridge nach einem Rechtsklick **Öffnen mit: Photoshop CS5**. Entscheiden Sie, ob Sie eine komplette Seite samt Schrift laden wollen oder ob es nur ein einzelnes Bild sein soll. Um mehrere Seiten oder Bilder zu laden, markieren Sie diese wie üblich mit gedrückter ⇧-oder Strg-Taste. Photoshop öffnet jede Seite bzw. jedes Bild als eigene PSD-Datei. Sie können also komplette Prospekte oder Handbücher verarbeiten, auch Notizen bleiben erhalten.

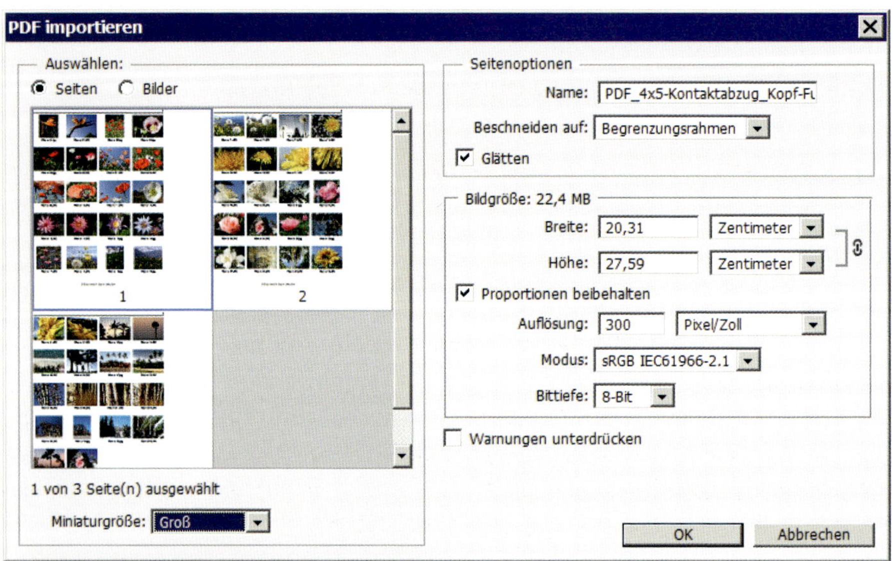

Abbildung D.3 **Oben:** Mit der Vorgabe »Seite« importiert Photoshop komplette PDF-Seiten, jede Seite landet in einer separaten PSD-Datei. **Unten:** Alternativ laden Sie einzelne Bilder aus PDF-Dateien. Vorlage: PDF/PDF-Katalog_Wasserzeichen

D.5 TIFF-Dateiformat

Das Tagged Image File Format, kurz TIFF, entwickelte sich zu einem Standard der digitalen Bildverarbeitung mit vielen Varianten. Ein richtig gespeichertes TIFF lässt sich an fast jeden Druckbetrieb, jedes Programm und diverse Betriebssysteme weitergeben. Zusätzlich zu RGB oder Graustufen akzeptiert TIFF auch Bilder mit 16-Bit-Farbtiefe pro Grundfarbe, CMYK- oder Lab-Farbmodell. Alphakanäle - auch mehrere - werden ohne Rückfrage mitgespeichert. Sie sollten entfernt werden, wenn das Bild in ein Grafik- oder Layoutprogramm weiterwandert.

Diese Hauptzwecke hat der TIFF-Dateityp für Photoshopper:

- Problemlose Weitergabe von Bildern ohne Ebenen an verschiedenste Programme
- Platzsparendes Speichern von Bildern mit Ebenen als Alternative zum Photoshop-Dateityp
- Darstellen von Montagen mit Ebenen in Programmen, die keine Photoshop-PSD-Ebenenmontagen anzeigen

D.5.1 Standard-TIFF

TIFF ist neben PDF und JPEG das gebräuchlichste Format zum Austausch von Pixeldateien und fast immer eine sichere Wahl - sofern Sie reines Standard-TIFF speichern. So unterscheiden sich die TIFF-Typen:

- Gängige Standard-TIFFs haben keine Ebenen und verwenden entweder keine Bildkomprimierung oder das verlustfreie LZW-Verfahren. Nur mit diesen Vorgaben lässt sich das Bild wirklich universell nutzen.
- Einige TIFF-Spezialitäten von Photoshop sind mit anderen Programmen nicht nutzbar: Ebenen samt Transparenz, Alphakanäle, Pfade, Komprimierung mit Zip- oder RLE-Methode, Bildpyramide. Teilweise lassen sich die Dateien in anderen Programmen noch öffnen, sie erscheinen aber entstellt.
- Wollen Sie auf Nummer Sicher bei der Weitergabe gehen, speichern Sie die Bilder mit Acht-Bit-Farbtiefe pro Grundfarbe und verwenden Sie die Farbmodi »RGB«, »Graustufen« oder eventuell »Indiziert«. Das erledigen Sie im Untermenü **Bild: Modus**.

D.5.2 Standard-TIFF sicher speichern

Es kann passieren, dass Sie zu einem reinen Hintergrundbild Ebenen hinzufügen und das Ergebnis aus Versehen als TIFF-Datei mit Ebenen speichern - ein Ablauf, den viele andere Bildprogramme nicht zulassen. Diese TIFF-Datei mit Ebenen lässt sich außerhalb von Photoshop schlecht verwenden. So gehen Sie sicher, dass eingefügte Ebenen bei Bedarf zu einer einzigen »Hintergrund«-Ebene verschmolzen werden:

- Wählen Sie **Bearbeiten: Voreinstellungen: Dateihandhabung.** Photoshop sollte Sie VOR DEM SPEICHERN VON TIFF-DATEIEN MIT EBENEN FRAGEN. (Bei unserer Version war diese Vorgabe direkt nach der Installation eingeschaltet.) Sofern Sie diese Option verwenden, blendet Photoshop beim **Speichern** einer TIFF-Datei die TIFF-Optionen ein. Dort klicken Sie auf EBENEN VERWERFEN UND EINE KOPIE SPEICHERN.
- Sichern Sie das Bild mit **Datei: Speichern unter** und schalten Sie die EBENEN ab.
- Verwenden Sie vor dem **Speichern** den Befehl **Ebene: Auf Hintergrundebene reduzieren.**

Tipp Wenn Sie eine Montage erst beim **Speichern** auf eine HINTERGRUND-Ebene reduzieren, zwingt Photoshop Sie zum Speichern ALS KOPIE. Das heißt, Sie speichern Datei A unter dem Namen B. Auf der Programmoberfläche arbeiten Sie aber weiter an Datei A mit allen Ebenen und nicht am neu gespeicherten Opus B.

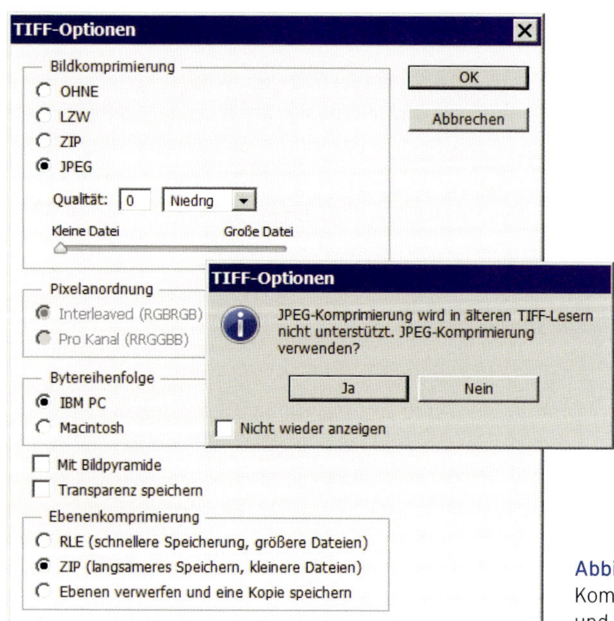

Abbildung D.4 Das TIFF-Format bietet mehrere Arten der Komprimierung und speichert auch Alphakanäle, Ebenen und alle weiteren Photoshop-Spezialitäten.

D.5.3 Bildkomprimierung

Die Vorgaben im Bereich Bildkomprimierung beziehen sich nur auf die Hintergrund-Ebene einer TIFF-Datei.

- Die LZW-Komprimierung spart völlig ohne Qualitätsverlust 20 oder 30 Prozent Festplattenplatz gegenüber dem Arbeitsspeicherbedarf des Bilds und lässt sich mit den meisten, aber nicht mit allen Programmen öffnen.
- Die ZIP-Komprimierung spart etwas mehr Speicherplatz als LZW, ist aber nicht immer in anderen Programmen zu öffnen.
- Die JPEG-Komprimierung spart drastisch Speicherplatz mit Qualitätsverlust nach dem JPEG-Schema (Seite 256), ist aber kaum mit anderen Programmen zu öffnen.

D.5.4 Ebenenkomprimierung

Sofern Sie unabhängige Ebenen mitspeichern wollen, verwenden Sie die besonders platzsparende ZIP-Komprimierung. Die Datei benötigt meist weniger Festplattenplatz als eine Photoshop-PSD-Datei (Seite 658), speziell wenn Sie in der Bildkomprimierung die JPEG-Verdichtung wählen.

Achten Sie auf die TIFF-Optionen: Reine Hintergrund-TIFFs mit Bildkomprimierung nach JPEG- oder ZIP-Vorgabe lassen sich in anderen Programmen oft nicht öffnen. LZW-TIFFs mit Ebenen werden meist, aber nicht immer geöffnet – allerdings als reine »Hintergrund«-Ebene ohne weitere Montageobjekte.

D.5.5 Weitere Optionen

Sie haben diese weiteren Möglichkeiten:

- Ob Sie IBM PC oder Macintosh vorwählen, spielt in der Praxis meist keine Rolle.
- Mit der Option Bildpyramide speichern Sie das TIFF-Bild in mehreren Auflösungen innerhalb einer einzigen Datei. Dies ist nützlich, um schnell eine verkleinerte Ansicht von sehr großen Dateien zu erhalten. Allerdings öffnet Photoshop selbst stets die höchstauflösende Version einer Bildpyramide, also das Original - innerhalb von Photoshop nützt Ihnen die Bildpyramide also nichts. Sinnvoll ist sie jedoch für einige Bild-Server oder Layoutprogramme wie InDesign. Die Dateigröße steigt erheblich.
- Sofern es überhaupt angeboten wird, verwenden Sie Interleaved (RGB) als Pixelanordnung. Nur so wird das Bild in allen beliebigen Programmen gelesen.

D.6 EPS- und DCS-Dateiformat

In der Druckvorstufe zählte einst nur das EPS-Format (Encapsulated PostScript). Dieses Format samt seinen DCS-Varianten wird allerdings heute durch PDF verdrängt. Die EPS-Merkmale im Überblick:

- EPS-Dateien werden in der Regel nicht mehr bearbeitet, sondern allenfalls im Layoutprogramm vergrößert oder verkleinert.
- EPS-Dateien können zusätzlich zum Pixelbild auch Vektorgrafik oder Schriften enthalten, die sich unabhängig von der Bildauflösung in höchster Druckerauflösung ausgeben lassen.
- EPS speichert auch Rastereinstellungen, Druckkennlinien und Beschneidungspfade, mit denen Sie die Druckereinstellungen übergehen.
- EPS unterstützt praktisch alle Farbmodi sowie Beschneidungspfade. Ebenen und Alphakanäle werden jedoch nicht unterstützt.
- Sie verwenden die EPS-Varianten DCS 1 und DCS2, um bereits vorseparierte CMYK-Dateien zum Belichter zu schicken. Dabei können Sie pro Grundfarbe eine einzelne Datei erzeugen. DCS2 eignet sich auch für Schmuckfarben.

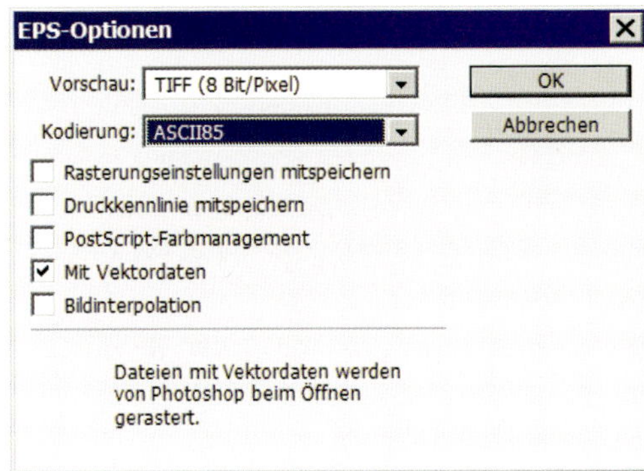

Abbildung D.5 Das EPS-Dateiformat nimmt auch Informationen zu Tonwertkorrektur und Rasterung aus der Druckereinrichtung auf.

D.6.1 DCS

DCS (Desktop Color Separation) ist eine Sonderform des EPS-Formats. Sie wählen die DCS-Varianten als separate Dateitypen im Dialogfeld Speichern unter an. Viele Optionen sind mit EPS identisch.

Sie können DCS-Bilder in mehrere Dateien zerlegen, die jeweils einen Farbkanal wiedergeben (siehe auch unten). Dann sparen Sie erheblich Belichterzeit, da stets nur der passende Farbauszug zum Belichter wandert und nicht - für jeden Farbauszug neu - die ganze Datei. Die DCS-Teile müssen sich beim Belichten in einem einzigen Verzeichnis befinden.

D.7 Weitere Dateiformate

Pict, BMP und PCX: Photoshop unterstützt viele weitere Dateiformate, die fast nur für den Austausch mit einzelnen Kunden, Dienstleistern oder Programmen von Bedeutung sind und keine wichtigen Merkmale bieten - meist sind RGB-Echtfarben mit 3x8 Bit Farbtiefe erlaubt, ohne Ebenen oder weitere Spezialitäten. Oft gibt es eine verlustfreie Datenkomprimierung:

- Pict ist das alte Hausformat des Apple Macintosh und eignet sich vor allem zum Austausch von Bilddateien zwischen Mac-Programmen. Pict akzeptiert RGB-Farbtiefe plus einen Alphakanal, Farbprofile und komprimiert vor allem einheitliche Farbflächen verlustfrei.
- Das BMP-Format (Bitmap) ist nur bei den Betriebssystemen MS-DOS/Windows und OS/2 auf IBM-kompatiblen Computern gebräuchlich. Systembilder für Windows und manche Multimediaprogramme müssen eventuell als BMPs gesichert sein. Unter »Bitmap« versteht man auch eine Strichgrafik mit einem Bit Farbtiefe pro Pixel oder auch ein Pixelbild allgemein im Gegensatz zu Vektorgrafik oder Text.
- Das PCX-Format unterstützt das Übliche: 24-Bit-»Echtfarbe«, 8-Bit-Indizierte Farbe, Graustufen, 1-Bit-Strichgrafik (»Bitmap«).
- Das RAW-Dateiformat ist nicht zu verwechseln mit den Camera-Raw-Dateien aus Digitalkameras (Seite 198). RAW ist ein flexibles Dateiformat für den Austausch von Dokumenten zwischen verschiedenen Betriebssystemen und eignet sich auch für die Übernahme von wissenschaftlichen Daten.
- Aus dem Hi-End-Bereich der professionellen Prepress-Anlagen kommen die Formate Scitex-CT (SCT) und Pixar (PXR). Auch Targa (TGA) stammt aus diesem Umfeld; dieses Format sichert einen einzelnen Alphakanal automatisch mit.
- Die Formate HDR (Radiance), Portable Float Map (PFM) und OpenEXR bietet Photoshop in Zusammenhang mit der 32-Bit-Farbtiefe an, Sie können aber auch TIFF oder Photoshop-PSD verwenden.
- Das Dicom-Format stammt aus der Medizin, es kann ganze Bildreihen und Patientendaten enthalten.
- JPEG 2000: Ist nicht direkt mit JPEG vergleichbar. Speichert mit Verlust und spart bei vergleichbarer Qualität oft Speicherplatz gegenüber üblichen JPEGs, hat sich aber allgemein nicht durchgesetzt.

Anhang E
Übersicht: Alle Werkzeuge

Die folgende Übersicht zeigt alle Werkzeuge von Photoshop CS6 Standard mit allen Optionen und Tastenbefehlen. Die Möglichkeit zum Wechsel des Werkzeugs per ⇧-Taste+Werkzeug-Kurztaste besteht, sofern Sie in den **Voreinstellungen** (Strg+K, am Mac ⌘+K) diese Option verwenden: Umschalttaste für anderes Werkzeug.

Für alle Werkzeuge gilt: Sofern Sie die Werkzeugoptionen oben unter der Menüleiste zum Beispiel mit der ⇥-Taste ausgeblendet haben, zeigen Sie die Einstellmöglichkeiten per Doppelklick auf das Werkzeugsymbol oder mit der ↵ wieder an.

Auswahlrechteck

Erstellt rechteckige Auswahlbereiche, bewegt vorhandene Auswahlränder

Tastenbefehl: M (für Marquee Tool)

⇧-M: Wechsel zwischen Auswahlellipse und Auswahlrechteck

Mit ⇧-Taste: erstellt Quadrat

Mit Alt-Taste: zieht Auswahl vom Mittelpunkt auf

Mit Alt-Taste bei vorhandener Auswahl: Auswahl verkleinern

Mit ⇧-Taste bei vorhandener Auswahl: Auswahl vergrößern

Mit Strg-Taste bei vorhandener Auswahl: Auswahlinhalt verschieben

Mit Strg- und Alt-Taste bei vorhandener Auswahl: Duplikat des Auswahlinhalts verschieben

Klick in oder neben Auswahl: hebt Auswahl auf

Bei aktiviertem Werkzeug: Auswahlkontur mit Pfeiltasten oder ⇧+Pfeiltasten verschiebbar

Spalten-Auswahl

Erstellt rechteckige Auswahlbereiche von einem Pixel Breite in voller Bildhöhe

Weitere Optionen siehe oben, »Auswahlrechteck«, jedoch kein Tastenbefehl

Zeilen-Auswahl

Erstellt rechteckige Auswahlbereiche von einem Pixel Breite in voller Bildbreite

Weitere Optionen siehe oben, »Auswahlrechteck«, jedoch kein Tastenbefehl

Auswahlellipse

Erstellt ovale Auswahlbereiche, bewegt vorhandene Auswahlränder

Tastenbefehl: M (für Marquee Tool)

⇧+M: Wechsel zwischen Auswahlellipse und Auswahlrechteck

Mit ⇧-Taste: erstellt Kreis

Mit Alt-Taste: zieht Auswahl vom Mittelpunkt auf

Mit Alt-Taste bei vorhandener Auswahl: Auswahl verkleinern

Mit ⇧-Taste bei vorhandener Auswahl: Auswahl vergrößern

Mit Strg-Taste bei vorhandener Auswahl: Auswahlinhalt verschieben

Mit Strg- und Alt-Taste bei vorhandener Auswahl: Duplikat des Auswahlinhalts verschieben

Bei aktiviertem Werkzeug: Auswahlkontur mit Pfeiltasten oder ⇧+Pfeiltasten verschiebbar

Klick in oder neben Auswahl: hebt Auswahl auf

Verschiebenwerkzeug

Bewegt Ebenen und Auswahlinhalte

Tastenbefehl: V (für Move)

Klick mit rechter Maustaste ins Bild: Menü aller Ebenen unter dem Zeiger

Fast immer vorübergehend aktivierbar per Strg-Taste

Lasso

Erstellt frei geformte Auswahlbereiche per Mausbewegung

Tastenbefehl: L (für Lasso)

⇧+L: Wechsel zwischen Lasso, Polygon-Lasso und Magnet-Lasso

Mit Alt-Taste: Eckpunkte setzen (wie Polygonwerkzeug)

Mit Alt-Taste bei vorhandener Auswahl: Auswahl verkleinern

Mit ⇧-Taste bei vorhandener Auswahl: Auswahl vergrößern

Mit Strg-Taste bei vorhandener Auswahl: Auswahlinhalt verschieben

Mit Strg- und Alt-Taste bei vorhandener Auswahl: Duplikat des Auswahlinhalts verschieben

Klick in oder neben Auswahl: hebt Auswahl auf

Bei aktiviertem Werkzeug: Auswahlkontur mit Pfeiltasten oder ⇧+Pfeiltasten verschiebbar

Polygon-Lasso

Erstellt mehreckige Auswahlbereiche per Mausklicks

Tastenbefehl: L (für Lasso)

⇧+L: Wechsel zwischen Lasso, Polygon-Lasso und Magnet-Lasso

Mit Alt-Taste: vorübergehend üblicher Lasso-Modus

Weitere Optionen siehe oben, »Lasso«

Magnetisches Lasso

Erstellt mehreckige Auswahlbereiche per Mausklick und orientiert an Motivkontrasten

Tastenbefehl: L (für Lasso)

⇧+L: Wechsel zwischen Lasso, Polygon-Lasso und Magnet-Lasso

Klick: Orientierungspunkte setzen

Doppelklick oder ↵: Auswahl schließen

Strg+Klick: Auswahl schließen

Mit Alt-Taste: Eckpunkte setzen oder freie Formen ziehen (wie Lasso bzw. Polygon-Lasso)

Weitere Optionen siehe oben, »Lasso«

Schnellauswahl-Werkzeug

Markiert farbähnliche Bildpunkte, glättet wahlweise Kanten

Tastenbefehl: W (für Magic Wand)

⇧+W: Wechsel zwischen Schnellauswahlwerkzeug und Zauberstab

Mit Alt-Taste bei vorhandener Auswahl: Auswahl verkleinern

Mit ⇧-Taste bei vorhandener Auswahl: Auswahl vergrößern (standardmäßig schon eingeschaltet)

Mit Strg-Taste bei vorhandener Auswahl: Auswahlinhalt verschieben

Mit Strg- und Alt-Taste bei vorhandener Auswahl: Duplikat des Auswahlinhalts verschieben

Bei aktiviertem Werkzeug: Auswahlkontur mit Pfeiltasten oder ⇧+Pfeiltasten verschiebbar

Zauberstab

Markiert farbähnliche Bildpunkte, bewegt vorhandene Auswahlränder

Tastenbefehl: W (für Magic Wand)

⇧+W: Wechsel zwischen Schnellauswahlwerkzeug und Zauberstab

Mit Alt-Taste bei vorhandener Auswahl: Auswahl verkleinern

Mit ⇧-Taste bei vorhandener Auswahl: Auswahl vergrößern

Mit Strg-Taste bei vorhandener Auswahl: Auswahlinhalt verschieben

Mit Strg- und Alt-Taste bei vorhandener Auswahl: Duplikat des Auswahlinhalts verschieben

Bei aktiviertem Werkzeug: Auswahlkontur mit Pfeiltasten oder ⇧+Pfeiltasten verschiebbar

Freistellungswerkzeug

Entfernt Bildteile außerhalb der Markierung

Tastenbefehl: C (für Crop)

⇧+C: Wechsel zwischen Freistellungswerkzeug, Slice-Werkzeug und Slice-Auswahlwerkzeug

Mit ⇧-Taste: erstellt Quadrat

Mit Alt-Taste: verändert Auswahl symmetrisch

Esc-Taste: vorhandene Freistellauswahl aufheben

↵-Taste: Bild auf vorhandene Auswahl freistellen

Slice-Werkzeug

Ziehen, um Bild in Slices (Einzelsegmente) für Internetveröffentlichung zu zerlegen

Tastenbefehl: C

⇧+C: Wechsel zwischen Freistellungswerkzeug, Slice-Werkzeug und Slice-Auswahlwerkzeug

Mit ⇧-Taste: erstellt Quadrat

Mit Strg-Taste: vorübergehender Wechsel zu Slice-Auswahlwerkzeug

Mit Alt-Taste: verändert Auswahl symmetrisch

Rechtsklick im Bild: Kontextmenü mit Slice-Befehlen

Slice-Auswahlwerkzeug

Slices (Bild-Einzelsegmente) aktivieren und bewegen

Tastenbefehl: C

⇧+C: Wechsel zwischen Freistellungswerkzeug, Slice-Werkzeug und Slice-Auswahlwerkzeug

Mit ⇧-Taste: bewegt Slices auf Geraden

Mit Strg-Taste: vorübergehender Wechsel zu Slice-Werkzeug

Mit Alt-Taste und Ziehen: erzeugt gleich großen zweiten Slice

Rechtsklick im Bild: Kontextmenü mit Slice-Befehlen

Bereichsreparatur-Pinsel

Beseitigt durch Ziehen kleinere Bildstörungen in homogenen Bereichen

Tastenbefehl: J

⇧+J: Wechsel zwischen Bereichsreparatur-Pinsel, Reparatur-Pinsel, Ausbessern-Werkzeug, Inhaltsbasiertverschieben-Werkzeug und Rote-Augen-Werkzeug

⇧-Klick: gerade Verbindung zum letzten bearbeiteten Punkt

Reparatur-Pinsel

Dupliziert Bildbereiche mit Helligkeitsausgleich, Orientierung an Pinselvorgaben

Tastenbefehl: J

⇧+J: Wechsel zwischen Bereichsreparatur-Pinsel, Reparatur-Pinsel, Ausbessern-Werkzeug, Inhaltsbasiertverschieben-Werkzeug und Rote-Augen-Werkzeug

Mit Alt-Taste: Kopierursprung definieren

⇧-Klick: gerade Verbindung zum letzten bearbeiteten Punkt

Ausbessern-Werkzeug

Wählt Bildbereiche aus, um sie mit Helligkeitsausgleich über Fehlerstellen einzusetzen

Tastenbefehl: J

⇧+J: Wechsel zwischen Bereichsreparatur-Pinsel, Reparatur-Pinsel, Ausbessern-Werkzeug, Inhaltsbasiertverschieben-Werkzeug und Rote-Augen-Werkzeug

Mit Alt-Taste bei vorhandener Auswahl: Auswahl verkleinern

Mit ⇧-Taste bei vorhandener Auswahl: Auswahl vergrößern

Mit Strg- und Alt-Taste bei vorhandener Auswahl: Duplikat des Auswahlinhalts verschieben

Inhaltsbasiertverschieben-Werkzeug

Verschiebt oder dupliziert ausgewählte Bildteile innerhalb einer Datei mit steuerbarem Randausgleich

Tastenbefehl: J

⇧+J: Wechsel zwischen Bereichsreparatur-Pinsel, Reparatur-Pinsel, Ausbessern-Werkzeug, Inhaltsbasiertverschieben-Werkzeug und Rote-Augen-Werkzeug

Mit Alt-Taste bei vorhandener Auswahl: Auswahl verkleinern

Mit ⇧-Taste bei vorhandener Auswahl: Auswahl vergrößern

⇧-Klick: gerade Verbindung zum letzten bearbeiteten Punkt

Rote-Augen-Werkzeug

Macht rotgeblitzte Pupillen schwarz, Bereich anklicken oder einrahmen

Tastenbefehl: J

⇧+J: Wechsel zwischen Bereichsreparatur-Pinsel, Reparatur-Pinsel, Ausbessern-Werkzeug, Inhaltsbasiertverschieben-Werkzeug und Rote-Augen-Werkzeug

Ziehen mit ⇧-Taste: quadratischer Rahmen

Mit Strg- und Alt-Taste bei vorhandener Auswahl: Duplikat des Auswahlinhalts verschieben

Pinsel

Trägt Vordergrundfarbe auf, Orientierung an Pinselvorgaben

Tastenbefehl: B (für Brush)

⇧+B: Wechsel zwischen Farbe-ersetzen-Werkzeug, Buntstift, Pinsel und Mischpinsel

Mit Alt-Taste: schaltet vorübergehend zur Pipette um

⇧-Klick: gerade Verbindung zum letzten bearbeiteten Punkt

Buntstift

Zeichnet freie Linien oder Geraden ohne Kantenglättung, Orientierung an Pinselvorgaben

Weitere Optionen siehe oben, »Pinsel«

Farbe-ersetzen-Werkzeug

Tauscht Farbe unter dem Mauszeiger gegen aktuelle Vordergrundfarbe aus, Orientierung an Pinselvorgaben

Tastenbefehl: B

Weitere Optionen siehe oben, »Pinsel«

Mischpinsel

Verwischt Pixel

Tastenbefehl: B

Weitere Optionen siehe oben, »Pinsel«

Kopierstempel

Dupliziert Bildbereiche, Orientierung an Pinselvorgaben

Tastenbefehl: S (für Stamp)

⇧+S: Wechsel zwischen Kopierstempel und Musterstempel

Mit Alt-Taste: Kopierursprung definieren

⇧-Klick: gerade Verbindung zum letzten bearbeiteten Punkt

Musterstempel

Trägt definierte »Muster« auf, Orientierung an Pinselvorgaben

Tastenbefehl: S (für Stamp)

⇧+S: Wechsel zwischen Kopierstempel und Musterstempel

⇧-Klick: gerade Verbindung zum letzten bearbeiteten Punkt

Protokollpinsel

Trägt frühere Bildversionen auf, Orientierung an Pinselvorgaben und Protokoll-Bedienfeld

Tastenbefehl: Y (für History)

⇧+Y: Wechsel zwischen Protokollpinsel und Kunst-Protokollpinsel

⇧-Taste: in 45-Grad-Winkeln auftragen

⇧-Klick: gerade Verbindung zum letzten bearbeiteten Punkt

Kunst-Protokollpinsel

Trägt frühere Bildversionen verfremdet auf, Orientierung an Pinselvorgaben und Protokoll-Bedienfeld

Tastenbefehl: Y (für History)

Weitere Optionen siehe oben, »Protokollpinsel«

Radiergummi

Setzt Hintergrundfarbe ein oder löscht Ebene, Orientierung an Pinselvorgaben

Tastenbefehl: E (für Eraser)

Mit Alt-Taste: vorübergehend zurück zur letzten Version

⇧+E oder Alt-Klick auf Symbol: Wechsel zu Magischem Radiergummi und Hintergrund-Radiergummi

Klick und ⇧-Klick: Punkte durch Geraden verbinden

⇧+Ziehen: exakt horizontal oder vertikal arbeiten

Hintergrund-Radiergummi

Ersetzt gewählten Farbbereich per Ziehen durch Transparenz, Hintergrundebenen werden in Ebenen verwandelt

Tastenbefehl: E (für Eraser)

Mit Alt-Taste: vorübergehend zurück zur Pipette

Klick und ⇧-Klick: Punkte durch Geraden verbinden

⇧+Ziehen: exakt horizontal oder vertikal arbeiten

⇧+E oder Alt-Klick auf Symbol: Wechsel zu Magischem Radiergummi und Hintergrund-Radiergummi

Magischer Radiergummi

Ersetzt gewählten Farbbereich per Einzelklick durch Transparenz, Hintergrundebenen werden in Ebenen verwandelt

Tastenbefehl: E (für Eraser)

Mit Alt-Taste: vorübergehend zurück zur Pipette

⇧+E oder Alt-Klick auf Symbol: Wechsel zu Magischem Radiergummi und Hintergrund-Radiergummi

Verlaufswerkzeug

Erstellt fließende Tonwertübergänge zwischen mehreren Farben

Tastenbefehl: G (für Gradient Tool)

⇧+G: Wechsel zwischen Verlaufswerkzeug und Füllwerkzeug

Mit Alt-Taste: schaltet zu Pipette um

⇧-Taste: Verlaufspfade in 45-Grad-Winkeln ziehen

Füllwerkzeug

Füllt farbähnliche Bereiche mit Vordergrundfarbe

Tastenbefehl: G

⇧+G: Wechsel zwischen Verlaufswerkzeug und Füllwerkzeug

Mit Alt-Taste: schaltet zu Pipette um

Weichzeichner

Zeichnet kontrastreiche Bildteile weich, Orientierung an Pinselvorgaben

Tastenbefehl: nicht vergeben

Alt-Klick: vorübergehender Wechsel zu Scharfzeichner

Scharfzeichner

Zeichnet kontrastreiche Bildteile scharf, Orientierung an Pinselvorgaben

Tastenbefehl: nicht vergeben

Alt-Klick: vorübergehender Wechsel zu Weichzeichner

Wischfinger

Verwischt kontrastierende Bildbereiche oder malt im Fingerfarbenmodus

Tastenbefehl: nicht vergeben

Alt-Klick: beginnt mit Vordergrundfarbe

Abwedler (Aufheller)

Hellt Bildbereiche auf, Orientierung an Pinselvorgaben

Tastenbefehl: O (für Dodge)

⇧+O: Wechsel zwischen Abwedler, Nachbelichter und Schwamm

Alt-Klick auf Werkzeugsymbol: Wechsel des Werkzeugs

Nachbelichter (Abdunkler)

Dunkelt Bildbereiche ab, Orientierung an Pinselvorgaben

Tastenbefehl: O

⇧+O: Wechsel zwischen Abwedler, Nachbelichter und Schwamm

Alt-Klick: Wechsel des Werkzeugs

Schwamm (Sättigungswerkzeug)

Sättigt oder entsättigt Bildbereiche, Orientierung an Pinselvorgaben

Tastenbefehl: O

⇧+O: Wechsel zwischen Abwedler, Nachbelichter und Schwamm

Doppelklick auf Schaltfläche: Optionen

Pfadauswahl-Werkzeug

Wählt komplette Pfadkomponenten aus

Tastenbefehl: A

⇧+A: Wechsel zwischen Direktauswahl-Werkzeug und Pfadauswahl-Werkzeug

Alt-Klick auf Werkzeugsymbol: Wechsel des Werkzeugs

Mit Alt-Taste: weitere Pfadkomponenten auswählen

Alt-Ziehen: Pfadkomponente duplizieren

Direktauswahl-Werkzeug

Markiert Ankerpunkte oder Pfade

Tastenbefehl: A

⇧+A: Wechsel zwischen Direktauswahl-Werkzeug und Pfadauswahl-Werkzeug

Doppelklick auf Schaltfläche: Optionen

Alt-Klick auf Werkzeugsymbol: Wechsel des Werkzeugs

Mit Strg-Taste: schaltet zum Werkzeug »Ankerpunkt hinzufügen«

Textwerkzeug T

Erzeugt korrigierbaren Text in Vordergrundfarbe auf neuer Textebene

Tastenbefehl: T (für Text)

Alt-Klick: Rahmen für Absatztext definieren

Textmaskierungswerkzeug

Erzeugt buchstabenförmige Auswahlbereiche

Tastenbefehl: T (für Text)

Zeichenstift

Erzeugt Ankerpunkte für Pfad

Tastenbefehl: [P] (für Path Tool)

[⇧]+[P]: Wechsel zwischen Zeichenstiftwerkzeugen

Doppelklick auf Schaltfläche: Optionen

[Alt]-Klick auf Werkzeugsymbol: Wechsel des Werkzeugs

Mit [Strg]-Taste: schaltet um zur Pfadauswahl

Freiform-Zeichenstift

Erzeugt Pfade durch Maus-Ziehen (nicht Klicken)

Tastenbefehl: [P]

[⇧]+[P]: Wechsel zwischen Zeichenstiftwerkzeugen

Doppelklick auf Schaltfläche: Optionen

[Alt]-Klick: gerade Pfadabschnitte per Klick einsetzen

[Alt]-Klick auf Werkzeugsymbol: Wechsel des Werkzeugs

Mit [Strg]-Taste: schaltet um zur Pfadauswahl

Ankerpunkt hinzufügen

Fügt vorhandenem Pfad Ankerpunkt hinzu

Tastenbefehl: (nicht vorbelegt)

Doppelklick auf Schaltfläche: Optionen

[Alt]-Klick auf Werkzeugsymbol: Wechsel des Werkzeugs

Mit [Strg]-Taste: schaltet um zur Pfadauswahl

Ankerpunkt löschen

Entfernt Ankerpunkt aus vorhandenem Pfad

Tastenbefehl: (nicht vorbelegt)

Doppelklick auf Schaltfläche: Optionen

[Alt]-Klick auf Werkzeugsymbol: Wechsel des Werkzeugs

Mit [Strg]-Taste: schaltet um zur Pfadauswahl

Punkt umwandeln

Konvertiert zwischen Eckpunkten und Kurvenpunkten

Tastenbefehl: [P]

[⇧]+[P]: Wechsel zwischen Zeichenstiftwerkzeugen

Doppelklick auf Schaltfläche: Optionen

[Alt]-Klick auf Werkzeugsymbol: Wechsel des Werkzeugs

Mit [Strg]-Taste: schaltet um zur Pfadauswahl

Rechteckwerkzeug, Werkzeug »Abgerundetes Rechteck«

Erstellt rechteckige Figur auf neuer Ebene, begrenzt durch Pfad

Tastenbefehl: U

⇧+U: Wechsel zwischen Rechteckwerkzeug, Werkzeug »Abgerundetes Rechteck«, Ellipsenwerkzeug, Polygonwerkzeug, Linienwerkzeug und Werkzeug »Eigene Form«

Mit ⇧-Taste: erstellt Quadrat

Mit Alt-Taste: zieht Auswahl vom Mittelpunkt auf

Mit Strg-Taste: schaltet um zu Pfadauswahlwerkzeug

Ellipsenwerkzeug

Erstellt elliptische oder kreisförmige Pfadfigur als Formebene oder Arbeitspfad

Tastenbefehl: U

⇧+U: Wechsel zwischen Rechteckwerkzeug, Werkzeug »Abgerundetes Rechteck«, Ellipsenwerkzeug, Polygonwerkzeug, Linienwerkzeug und Werkzeug »Eigene Form«

Mit ⇧-Taste: erstellt Kreis

Weitere Optionen siehe oben, »Rechteckwerkzeug«

Polygonwerkzeug

Erstellt Figuren mit regelbarer Zahl der Ecken als Formebene oder Arbeitspfad

Tastenbefehl: U

⇧+U: Wechsel zwischen Rechteckwerkzeug, Werkzeug »Abgerundetes Rechteck«, Ellipsenwerkzeug, Polygonwerkzeug, Linienwerkzeug und Werkzeug »Eigene Form«

Weitere Optionen siehe oben, »Rechteckwerkzeug«

Linienzeichner

Zeichnet Linien und Pfeile als Formebene oder Arbeitspfad

Tastenbefehl: U

⇧+U: Wechsel zwischen Rechteckwerkzeug, Werkzeug »Abgerundetes Rechteck«, Ellipsen-Werkzeug, Polygon-Werkzeug, Linienwerkzeug und Werkzeug »Eigene Form«

Werkzeug »Eigene Form«

Erstellt Figuren nach Vorgabe in Formenbibliothek als Formebene oder Arbeitspfad

Tastenbefehl: U

⇧+U: Wechsel zwischen Rechteckwerkzeug, Werkzeug »Abgerundetes Rechteck«, Ellipsen-Werkzeug, Polygon-Werkzeug, Linienwerkzeug und Werkzeug »Eigene Form«

Mit ⇧-Taste: wahrt gleichmäßiges Seitenverhältnis

Weitere Optionen siehe oben, »Rechteckwerkzeug«

Pipette

Lädt Farbe aus dem Bild als Vordergrundfarbe

Tastenbefehl: I (engl. [ai] für Eyedropper)

⇧+I: Wechsel zwischen Pipette, Farbaufnahme-Werkzeug, Linealwerkzeug, Anmerkungenwerkzeug (in Extended-Versionen auch Zählungswerkzeug)

Mit Alt-Taste: lädt Farbe aus dem Bild als Hintergrundfarbe

Farbaufnahme-Werkzeug

Setzt bis zu vier Messpunkte in Bilddatei, Auslesen in Info-Bedienfeld

Tastenbefehl: I

⇧+I: Wechsel zwischen Pipette, Farbaufnahme-Werkzeug, Linealwerkzeug, Anmerkungenwerkzeug (in Extended-Versionen auch Zählungswerkzeug)

Alt: Messpunkt unter dem Zeiger entfernen

Strg: Messpunkt verschieben/löschen

Linealwerkzeug

Misst Abstände in der Bilddatei, Anzeige in Info-Bedienfeld

Tastenbefehl: I

⇧+I: Wechsel zwischen Pipette, Farbaufnahme-Werkzeug, Linealwerkzeug, Anmerkungenwerkzeug (in Extended-Versionen auch Zählungswerkzeug)

⇧-Taste: Messpfade in 45-Grad-Winkeln ziehen

Anmerkungenwerkzeug

Erzeugt nicht druckbare Textnotizen im Bild

Tastenbefehl: I (für Notes Tool)

⇧+I: Wechsel zwischen Pipette, Farbaufnahme-Werkzeug, Linealwerkzeug, Anmerkungenwerkzeug (in Extended-Versionen auch Zählungswerkzeug)

Handwerkzeug

Verschiebt das Bild innerhalb des Dateifensters

Tastenbefehl: H (für Hand)

Doppelklick oder ↵: bildschirmfüllend darstellen (keine Optionen)

Mit Strg-Taste: schaltet zu Vergrößerungslupe um

Mit Alt-Taste: schaltet zu Verkleinerungslupe um

Bei jedem Werkzeug vorübergehend aktivierbar durch Leertaste

Zoomwerkzeug (Lupe)

Stellt eingerahmten Bildteil vergrößert dar

Tastenbefehl: Z (für Zoom)

Doppelklick oder ↵: Optionen und Bilddarstellung im 100-Prozent-Maßstab

Mit Alt-Taste: Verkleinerungslupe

Bei jedem Werkzeug vorübergehend aktivierbar durch Strg+Leertaste; Verkleinerungslupe bei jedem Werkzeug vorübergehend aktivierbar durch Alt+Leertaste

Ansichtdrehung-Werkzeug

Dreht Bildansicht, ohne Bilddaten zu verändern (nur mit genutzter OpenGL-Grafikkarte)

Tastenbefehl: R

Farbfelder Vordergrundfarbe/Hintergrundfarbe

Zeigen Vordergrundfarbe/Hintergrundfarbe

Klick: aktiviert Farbwähler für Vordergrundfarbe/Hintergrundfarbe

Standardfarben

Klick: Standardfarben Schwarz als Vorder-, Weiß als Hintergrundfarbe einrichten (umgekehrt bei Alphakanälen und Ebenenmasken)

Tastenbefehl: D (für Default Color)

Farbtauscher

Tauscht Vorder- und Hintergrundfarbe aus

Tastenbefehl: X (für Exchange)

Standard-Auswahlmodus/Maskierungsmodus

Ausgewählte oder nicht ausgewählte Bildteile werden durch vorübergehenden Alphakanal abgedeckt

Tastenbefehl: Q (für Quick Mask)

Alt-Klick auf Symbol: Wechsel zwischen Abdeckung ausgewählter oder nicht ausgewählter Bildteile oder Standardmodus mit Fließmarkierung

Doppelklick auf Symbol: Maskierungsmodus-Optionen

Standard-Fenstermodus

Darstellung mit Titelleiste und mehreren Bildern nebeneinander

Tastenbefehl: F (für Full Screen Mode, Wechselschalter zu anderen Darstellungsarten)

Maximierter Bildmodus mit Menüleiste

Tastenbefehl: F (für Full Screen Mode, Wechselschalter zu anderen Darstellungsarten)

Vollbildmodus mit Menüleiste

Tastenbefehl: F (für Full Screen Mode, Wechselschalter zu anderen Darstellungsarten)

Vollbildmodus ohne Menüleiste

Menübefehle über Werkzeugleiste erreichbar

Tastenbefehl: F (für Full Screen Mode, Wechselschalter zu anderen Darstellungsarten)

Anhang F
Lexikon

Additive Grundfarben
Siehe RGB

Alphakanal
Alphakanäle werden in Photoshop zusätzlich zu den Kanälen für die Grundfarben Schwarz, RGB oder CMYK eingerichtet, um eine Auswahl zu speichern. Weiße Flächen im Alphakanal repräsentieren zum Beispiel ausgewählte Bildbereiche, schwarze Flächen nicht ausgewählte. Die Informationstiefe je Bildpunkt beträgt acht Bit, so dass 256 unterschiedliche Auswahlintensitäten je Bildpunkt gespeichert werden können. Die Kanäle werden über das Kanäle-Bedienfeld kontrolliert; hier werden Kanäle unabhängig voneinander zur Ansicht und/oder zur Bearbeitung freigegeben. Ein Alphakanal erhöht die Dateigröße im Arbeitsspeicher um den Betrag einer Graustufenversion des Bilds. Alternativen sind je nach Vorhaben Ebenenmasken, Vektormasken oder Pfade.

Aktion
Eine gespeicherte Abfolge mit verschiedenen Befehlen. Die Befehlsreihe kann auf einzelne Dateien oder ganze Dateisammlungen angewendet werden.

Animation
Eine Folge von Bildern, die aneinandergereiht wie ein Film wirken, nennt man Animation.

Anti-Aliasing
Siehe Glätten

Arbeitsspeicher
Der Arbeitsspeicher enthält die Daten, die vom geöffneten Programm unmittelbar bearbeitet werden (weitere Bezeichnungen: Hauptspeicher oder RAM, für Random Access Memory). Die Daten im Arbeitsspeicher gehen beim Ausschalten des Computers verloren. Sie müssen also zum Beispiel auf der Festplatte gespeichert werden. Da der Zugriff auf einen Arbeitsspeicher auf Halbleiterbasis viel schneller ist als auf einen elektromagnetischen Speicher (also zum Beispiel eine Festplatte), wird heute mit Arbeitsspeicherchips auf Halbleiterbasis gearbeitet. Wenn Sie mehr Arbeitsspeicher installieren, können Sie größere Bilder bearbeiten oder Photoshop muss weniger auf die Festplatte auslagern – der Rechner wird entlastet.

Arbeitsvolume
Daten, die Photoshop nicht mehr im Arbeitsspeicher unterbringt, werden vorübergehend auf die Festplatte ausgelagert. Der dazu verwendete Festplattenbereich heißt bei Photoshop Arbeitsvolume. Photoshop kann mehrere unterschiedliche Festplatten oder Partitionen als Arbeitsvolume nutzen. Selbst wenn Sie nur kleine Dateien bearbeiten und viel Arbeitsspeicher zur Verfügung stellen, braucht

Photoshop viel Arbeitsvolume. Es wird über die **Voreinstellungen** eingerichtet.

Artefakte

Abbildungsfehler in Bilddateien, zum Beispiel grobe Farbblöcke, die zum Beispiel bei deutlicher, nicht verlustfreier JPEG-Komprimierung entstehen.

Asset

Englisch für »Vermögenswert«. Im Medienbereich zum Beispiel eine Bilddatei, die in einer Bilddatenbank verwaltet wird.

Aufhellblitz

Einsatz des Blitzgeräts, wenn eigentlich das vorhandene Tageslicht ausreicht. Zum Beispiel wirkt die Landschaft im Hintergrund hell und gut durchgezeichnet, die abgeschattete Person im Vordergrund erscheint zu dunkel. Hier hilft ein Aufhellblitz, um die Darsteller kontrastreich und mit einer Helligkeit abzubilden, die nicht gegen die Umgebung abfällt.

Auflösung

Die Zahl der Bildpunkte pro Längeneinheit bestimmt die Auflösung und damit die Detailgenauigkeit der Bildwiedergabe. Flachbettscanner lösen zum Beispiel 4800 Pixel pro Zoll (dpi) auf, Computermonitore meist 72 bis 120 dpi. Bei Scannern wird meist eine physikalische Auflösung angegeben, die das Gerät tatsächlich aufgrund seiner Bestückung mit CCD-Elementen erreicht, sowie ein höherer Wert, der jedoch nur durch Hochrechnung (Interpolation) ohne Informationsgewinn zustande kommt. Bei Scannern oder Faxgeräten kann die Auflösung in vertikaler und horizontaler Richtung unterschiedlich groß sein. Teilweise, zum Beispiel bei Digitalkameras, meint »Auflösung« nicht die Zahl der Bildpunkte pro Zoll oder Zentimeter, sondern einen absoluten Wert wie 3072 x 2048 Bildpunkte.

Auswählen

Beim »Auswählen« wird ein Pixelbereich festgelegt, der nach dem Auswahlvorgang unabhängig von der Umgebung bearbeitet, bewegt, kopiert oder montiert werden kann. Typische Auswahlfunktionen sind Lasso oder Schnellauswahlwerkzeug. Ausgewählte Bereiche werden in der Bildschirmdarstellung von einer Fließmarkierung eingefasst – eine gestrichelte, schillernde Linie. Sie kann verborgen werden, um den Übergang zwischen dem markierten, bearbeiteten und dem außerhalb liegenden Bildteil besser zu beurteilen. Auswahlen können als Alphakanal oder Pfad gespeichert werden. Siehe auch »Alphakanal«.

Beschneidung

Im Photoshop-Sprachgebrauch meint »Beschneidung« eine Veränderung des Tonwertumfangs, bei der Differenzierung verloren geht, weil unterschiedliche vorhandene Tonwerte auf einen einzigen Tonwert gesetzt werden, zum Beispiel auf reines Schwarz oder Weiß. Beispielsweise heben Sie zur Kontraststeigerung alle Helligkeitswerte zwischen 220 und 255 auf 255, also reines Weiß, an; die Unterschiede zwischen den vorhandenen Helligkeitswerten 220 bis 255 gehen also verloren – das ist Beschneidung. Zu Beschneidung kann es etwa bei den Photoshop-Befehlen »Variationen« oder »Tonwertkorrektur« kommen, aber auch bei der Farbseparation. Der Photoshop-Befehl **Variationen** und der Raw-Dialog zeigen Beschneidung wahlweise durch Alarmfarben an; auch das Blinken in überbelichteten Bereichen auf dem Kameramonitor ist eine Beschneidungswarnung.

Bézier-Kurve

Eine durch Ankerpunkte kontrollierte Kurve in einem Pfad oder in einem VERFORMEN-Gitternetz. Die Formen einer Bézier-Kurve werden verändert durch Verschieben von vier Kontrollpunkten, die sich jeweils an den Enden von zwei geraden, variabel langen Linien befinden; jede Linie geht von einem Ankerpunkt aus. Ein Verschieben dieser Linien drückt die Kurve in eine andere Richtung. Der Ingenieur Pierre Bézier entwickelte diese Art der Kurvenbeschreibung bei Renault, um die Rundungen an einem Autochassis korrekt zu beschreiben. Bézier-Kurven werden vor allem von objektorientierten Grafikprogrammen wie Adobe Illustrator oder CorelDraw verwendet, aber auch Photoshops Pfadtechnik arbeitet mit Bézier-Kurven.

Bit

Acht Bits bilden ein Byte, die kleinste adressierbare Speichereinheit. Je mehr Bit ein Pixel darstellen, umso mehr verschiedene Graustufen können abgebildet werden (Datentiefe). Wenn nur ein Bit – also

»0« oder »1« – für ein Pixel steht, können nur zwei Tonwerte, nämlich Schwarz oder Weiß, gezeigt werden. Schon zwei Bit je Pixel ermöglichen 2^2 Tonwerte.

Bitmap

Ein aus einzelnen Pixeln – und nicht aus Kurven, Objekten und Flächen – bestehendes Bild wird allgemein Bitmap genannt. Jedes einzelne Pixel drückt bestimmte Farb- oder Dichtewerte aus. Bildverarbeitungsprogramme arbeiten mit Bitmaps wie dem TIFF-Format. Im Apple-Bereich und im Programm Photoshop wird unter Bitmap auch eine Strichgrafik (Line-Art, 1-Bit-Grafik) verstanden, die nur aus schwarzen und weißen Bildpunkten besteht und keine Zwischentöne bietet. Zusätzlich meint »Bitmap« manchmal auch den BMP-Dateityp (siehe BMP).

Blende

Bei Kameraobjektiven eine Vorrichtung, die den Lichtdurchlass regelt. Ein niedriger Blendenwert wie 1,4 oder 2,8 lässt wesentlich mehr Licht auf den Sensor fallen als hohe Blendenwerte wie 8, 11 oder 16.
Niedrige Blendenwerte stehen für großen Lichtdurchlass, hohe Blendenwerte für geringen Lichtdurchlass. Darum gilt: Niedrige Blendenwerte wie 1,4 oder 2,8 erfordern kürzere Belichtungszeiten und/oder niedriger ISO-Empfindlichkeit. Zudem ist der Schärfentiefe-Bereich knapper, es entsteht mehr Bokeh (Unschärfe).
Hohe Blendenwerte wie 8,11 oder 16 erfordern längere Belichtungszeiten (Verwackelungsgefahr) und/oder höhere ISO-Empfindlichkeit (Gefahr von Bildrauschen). Der Schärfentiefe-Bereich ist weiter ausgedehnt, Sie erhalten also weniger Bokeh.
Der Wechsel von niedrigeren zu höheren Blendenwerten – zum Beispiel von 2,8 auf 11 – wird auch als Abblenden bezeichnet. Verwendet man die Blende mit dem niedrigsten Wert (also größtmöglichem Lichtdurchlass), redet man auch von Offenblende.
Die Bildqualität eines Objektivs variiert mit der eingestellten Blende. Bei Offenblende ist die Gefahr von Gegenlichtstörungen, Vignettierung und chromatischer Aberration besonders groß. Schon Abblenden um eine Stufe (z.B. von 4,0 auf 5,6) verbessert das Bild oft. Dennoch bringt der höchste Blendenwert wie 16 oder 22 selten die beste Qualität; die beste Blende eines Objektivs liegt häufig bei 4 oder 5,6.

Bokeh

Ästhetisch reizvolle Unschärfe in Bereichen eines Fotos, abhängig von Konstruktion und Anwendung des Objektivs; der Begriff stammt aus dem Japanischen. Kann in Photoshop mit Befehlen wie **Objektivunschärfe**, **Feld-Weichzeichnung**, **Iris-Weichzeichnung** oder **Tilt-Shift** simuliert werden.

Browser

In der Softwaretechnik allgemein ein Programm, mit dem verschiedene Medieninhalte durchstöbert werden, etwa Bildsammlungen oder Internetseiten. Manche Bilddatenbanken werden auch Foto-Browser oder Datei-Browser genannt, Programme zur Darstellung von WWW-Seiten heißen oft Webbrowser oder Internetbrowser.

Byte

Siehe Bit

Cache

Im EDV-Bereich meint Cache allgemein einen Zwischenspeicher, der häufig benutzte Daten besonders schnell zugänglich macht; sie müssen nicht erneut aus der Originaldatei ausgelesen werden. Internetbrowser legen Cache-Speicher auf der Festplatte an, Prozessoren haben Cache-Speicher. Photoshop verwendet einen »Bild-Cache«, der verkleinerte Versionen des Bilds parathält, um die Vorschau und das Errechnen der Histogramme zu beschleunigen. Bridge speichert die Vorschauminiaturen in einem Cache, so dass die Miniaturen nicht immer neu aufgebaut werden müssen.

Camera Raw

Siehe Raw-Dateien

Cascading Style Sheets

Siehe CSS

Chrominanz

Farbanteil des Videosignals, zum Beispiel bei dem Farbmodell Lab.

CGI

Siehe Computer Generated Imagery

Chromatische Aberration
Unerwünschte Farbsäume an kontrastreichen Linien im Bild, vor allem bei Gegenlicht, abhängig von der Qualität des Objektivs beim Fotografieren. Können mit Photoshop teilweise entfernt werden.

CIE-Lab
Farbmodell mit Helligkeit (L für Luminanz) und zwei Farbkomponenten (a, b). Siehe Lab.

CMYK-Farbmodell
CMYK ist das Farbmodell der Druckvorstufe. Offset-Druckmaschinen arbeiten mit den deckenden, subtraktiven Grundfarben, die übereinandergedruckt Schwarz ergeben. Dabei handelt es sich um die Farben Grünblau, Gelb und Purpur sowie Schwarz (Cyan, Yellow, Magenta, Black). Gelb, Grünblau und Magenta entstehen durch Mischung von jeweils zwei der additiven Primärfarben Rot, Grün und Blau zu gleichen Teilen. Grünblau, Gelb und Purpur übereinander ergeben theoretisch bereits Schwarz, aus drucktechnischen Gründen jedoch ein dunkles Grau oder Braun. Die eigene Druckfarbe Schwarz verstärkt deshalb den Tiefeeindruck; außerdem spart es Druckfarbe und macht den Druckprozess stabiler, wenn statt der drei Druckfarben Cyan, Yellow und Magenta übereinander lediglich ein gleichwertiger Schwarzanteil gedruckt wird.

Computer Generated Imagery (CGI)
Am Computer erzeugte 3D-Modelle, die manchmal mit konventionellen Fotos kombiniert werden: zum Beispiel die CAD-Computerversion eines neuen Produkts mit einem natürlichen Hintergrund. Die Daten des Hintergrundbilds – am besten ein 360-Grad-Panorama – werden von einer Spezialsoftware analysiert, um realistische Spiegelungen und Schatten auf dem 3D-Modell zu erzeugen. In professionellen Produktionen wird das Hintergrundbild zum Beispiel mit einer Spezial-HDR-Kamera von Spheron aufgenommen. Manchmal auch einfach computererzeugte Grafik ohne 3D-Zusammenhang.

CPU
Zentraler Rechenprozessor, Central Processing Unit

CSS
Cascading Style Sheets (CSS) helfen, Webseiten einheitlich zu gestalten und werden in der Verbindung mit HTML (siehe dort) und XML genutzt. CSS legen Seitenformate fest, die über mehrere Seiten beibehalten werden, und sorgen für besonders präzise Formatierung und Bildplatzierung. CSS enthält die Formatierung, während der entsprechend gekennzeichnete Inhalt weiter in den HTML-Dateien liegt.

Dateityp
Ein Bild kann in verschiedenen Datenstrukturen – Dateitypen oder Dateiformaten – abgespeichert werden, so etwa in TIFF, PSD oder JPEG. Ein Programm muss eine Importfunktion für das jeweilige Format besitzen, um es öffnen zu können.

Dateinamenserweiterung
Die drei Buchstaben nach dem Punkt hinter einem Dateinamen bilden die Dateinamenserweiterung (auch Extension), die zugleich auf den Dateityp verweist. Zu den wichtigsten Erweiterungen für Bilddateien gehören .TIF und .JPG, Textdateien enden häufig auf .TXT oder .DOC, ausführbare Programmdateien auf .EXE.

DCS
Eine in meist vier CMYK-Farbauszüge plus Ansichts-Auszug separierte Grafik im Dateiformat EPS.

Densitometer
Gerät zum Messen des Schwärzungsgrads etwa auf Fotopapieren, Andrucken oder Monitoren; das Densitometer erfasst den Dichteumfang einer Vorlage und hilft bei Qualitätskontrolle und Belichterkalibrierung.

Dithering
Kann eine bestimmte Farbe oder ein Tonwert nicht dargestellt werden, werden nebeneinanderliegenden Pixeln in einem Streumuster verfügbare andere Farben zugewiesen, um die fehlende Farbe zu simulieren. Unterstützt zum Beispiel ein Monitor nicht mehr als 256 Farben, simuliert er weitere Farben durch gestreutes Nebeneinanderstellen ähnlicher, verfügbarer Farbpunkte (Dithering, Streuraster). In Photoshop sind mehrere Arten von Streuraster etwa für die Monitordarstellung, aber auch beim Rastern

der Bilddateien selbst wählbar. Im Gegensatz zum Rastern sind beim Dithern alle Punkte gleich groß, Tonwertunterschiede werden durch die Zahl der Druckpunkte pro Flächeneinheit, nicht durch die Größe der Druckpunkte simuliert.
Dither-Streuraster werden auch verwendet, um Farbflächen weniger glatt wirken zu lassen, etwa bei Farbverläufen.

DNG-Dateien
Siehe Raw-Dateien

Dot Pitch
Siehe Monitor

dpi
Auflösungen werden meist mit dots per inch (dpi), Bildpunkten pro Inch, angegeben. Tageszeitungen drucken im Allgemeinen mit 80 Pixeln pro Inch, Hochglanzmagazine mit 200. Hochwertige Farbdrucker, die zum Beispiel auf Fotopapier belichten, drucken mit 300 oder 400 dpi. Eine Verdoppelung der Auflösung vervierfacht die Zahl der Bildpunkte. Kann die Druckmaschine jedoch keine Halbtöne ausgeben, sondern nur Farbe oder Keine-Farbe, braucht sie ein Vielfaches der Bildauflösung, um Halbtöne zu simulieren, zum Beispiel 2400 dpi.

DRI
Siehe HDR.

DSLR
Digitale Spiegelreflexkamera, siehe Spiegelreflexkamera.

Ebenenmaske
Verbirgt Teile einer eingefügten Montageebene, ohne den verborgenen Bereich dauerhaft zu löschen. Basiert auf Helligkeitswerten: Schwarz in der Ebenenmaske versteckt den zugeordneten Bildpunkt vollständig, Weiß macht ihn komplett sichtbar, graue Zwischentöne sorgen für halbtransparente Einblendung. Die Ebenenmaske kann abgeschaltet werden, so dass das Objekt wieder vollständig sichtbar wird; sie kann mit Pinsel, Füllfunktionen, Kontrastkorrekturen oder Filtern verändert werden. Alternativen: Vektormaske oder Schnittmaske.

EBV
Elektronische Bildverarbeitung

Einstellungsebene
Zeigt ein Bild mit geänderter Kontrast- oder Farbeinstellung, doch die Originalpixel bleiben noch erhalten. Die Einstellungsebene erscheint als eigenes Objekt im Ebenen-Bedienfeld; die Wirkung kann geändert, gedämpft oder abgeschaltet werden.

EPS
Beim Sichern mit der Endung EPS für Encapsulated PostScript verwandeln Sie das Bild in eine Datei, die nur noch zum Einbau in Layoutprogramme oder zum Ausbelichten gedacht ist, aber nicht mehr zum Bearbeiten. Beim Speichern einer separierten EPS-Bilddatei kann man ein kleines TIFF-Bild mitsichern, damit das Werk im Layout nicht nur als leerer Rahmen angezeigt wird. Viele Bildprogramme können EPS zwar schreiben, aber sie öffnen den Dateityp höchstens, wenn sie es selbst erstellt haben. EPS-Dateien können zusätzlich zum Pixelbild auch Kurvengrafiken oder Schriften enthalten, die unabhängig von der Bildauflösung in höchster Druckerauflösung ausgegeben werden. Zusätzlich nimmt EPS auch Freistellpfade auf – Auswahlkonturen um ein Motiv herum. Das EPS-Format ist vor allem in der professionellen Druckvorstufe wichtig, wurde aber weitgehend von PDF abgelöst.

Erweiterung
Nachrüstbare Zusatzfunktion für Photoshop oder Bridge, die über das Programm Extension Manager installiert und verwaltet wird (Seite 987).

EVF
Electronic Viewfinder, elektronischer Sucher in einigen Digitalkameras; sie bieten keinen optischen Sucher, sondern einen kleinen Monitor als Sucher.

Exif-Daten
Nach dem Exif-Standard (Exchangeable Image File Format) schreiben Digitalkameras bestimmte Informationen in Bilddateien – darunter Kameradaten wie Aufnahmezeitpunkt, Belichtungszeit, Blitzverwendung, Weißabgleich, Blende oder Kameramodell.

Farbauszug

Ein Farbauszug enthält Informationen über eine Grundfarbe oder einen Farbkanal eines Farbbilds als Graustufendarstellung. Farbauszüge werden bei der Farbseparation erzeugt.

Farblängsfehler

Siehe Chromatische Aberration

Farbmodell

Farbspektren können in verschiedenen Farbmodellen abgebildet werden. Die gängigsten sind RGB und CMYK, dazu kommen HSV (auch HSL oder HSB), im professionellen Bereich Lab und YCC. Bilddateien und Monitore arbeiten mit RGB, aber viele EBV-Programme bieten auch die Farbmischung nach HSV und YMCK an. Drucker funktionieren meist nach dem CMYK-Schema.

Farbpalette

In der EBV ist die Farbpalette eine individuelle oder vorgefertigte Palette von Farben, die in eine Bilddatei übertragen werden können. Bei Bilddateien mit indizierten Farben werden aus einem Angebot von zum Beispiel knapp 16,8 Millionen Farben 256 zu einer Farbpalette zusammengestellt, mit der das Bild gezeigt werden kann.

Farbraum

Ein Spektrum von Farben, das von einem bestimmten Gerät dargestellt werden kann, zum Beispiel von einem Monitor oder Drucker. Verbreitete Farbräume sind etwa sRGB oder Adobe RGB.

Farbseparation

Für den Mehrfarben-Offset-Druck werden Farbbilder in (meist) vier Graustufenbilder für die Druckfarben Schwarz, Gelb, Magenta und Blaugrün (CMYK) separiert.

Farbtemperatur

Die Farbtemperatur gibt die farbliche Zusammensetzung des Lichts (also die allgemeine Farbstimmung) an und wird in der Maßeinheit Kelvin gemessen. Je niedriger der K-Wert, desto mehr tendiert das Licht gegen Rot. Höhere K-Werte machen das Licht blauer. Abendrot hat etwa 3000 Kelvin, das um 5500 Kelvin liegt normales Mittagslicht, Tageslicht bei klar blauem Himmel hat über 10000 Kelvin. Die Angaben orientieren sich an der Farbe einer Flamme bei verschiedenen Temperaturen, gemessen in Kelvin – hohe Werte stehen für kälteres, bläulicheres Licht. Der Raw-Dialog hat einen Regler für Farbtemperatur.

Farbtiefe

Die Farbtiefe bezeichnet die Anzahl von Bits (Nullen oder Einsen), mit der die Farbinformationen eines einzelnen Bildpunkts kodiert werden. Je mehr Bits pro Bildpunkt, umso differenziertere Bildergebnisse sind möglich, umso mehr steigt aber auch der Speicherbedarf. Im Desktop-Bereich gilt 24 Bit als Standard (28 = 16,7 Mio. Farben, sogenanntes Truecolor). Doch Scanner und Digitalkameras bieten teilweise auch höhere Farbtiefen, zum Beispiel 3x16 gleich 48-Bit-RGB, um zum Beispiel mehr Details in den Schatten und hohen Lichtern zu zeigen.

Farbwert

Jeder Farbe ist ein numerischer Wert zugeordnet, der vom verwendeten Farbmodell abhängt. So hat Rot im RGB-Modell die Werte 100/0/0 Prozent, im CMYK-Schema wird es mit 0/100/100/0 Prozent angegeben.

Festplatte

Auf der elektromagnetisch speichernden Festplatte werden Daten abgelegt, die Sie nicht aktuell bearbeiten, sowie solche Daten, die nicht mehr in den Arbeitsspeicher passen. Neben der Speicherkapazität (zum Beispiel 500 Gbyte oder zwei Terabyte) sind Zugriffsgeschwindigkeit, Lautstärke und Anschlussart Kriterien bei der Kaufentscheidung. Weitere Bezeichnungen: Massenspeicher, Festspeicher, Disk, Hard Drive oder HDD (Hard Disk Drive).

Filter

In der elektronischen Bildverarbeitung sind Filter Befehle, die jeden einzelnen Pixel nach einem festgelegten Schema verändern. Zu den gebräuchlichsten Filtern gehören Scharf- und Weichzeichnerfilter, verbreitet sind aber auch Effektfilter wie »Relief«, »Mosaik«, »Wellen« oder »Wölben«.

Firewall

Software oder Hardware, die zum Beispiel unerwünschte Netzwerkverbindungen zwischen Ihrem

Computer und unbekannten anderen Computern verhindert.

Firewire

Von Apple entwickelter Standard zur Datenübertragung zum Beispiel zwischen Digitalkamera und Computer, auch IEEE 1394. Neu angeschlossene Geräte werden im laufenden Betrieb sofort erkannt.

Fixieren

Die aktivierte Ebene einer Montage lässt sich gegen verschiedene Veränderungen schützen, bei Photoshop FIXIEREN oder Sperren genannt. Klicken Sie die gewünschten Merkmale oben im Ebenen-Bedienfeld an. Wahlweise schützen Sie nur den transparenten Bereich oder nur die Bildfüllung. Alternativ nageln Sie das Objekt an der aktuellen Position fest oder sperren es gegen jegliche Änderung. Fixierte Ebenen zeigen ein Vorhängeschloss neben der Miniatur.

Flachbettscanner

Meist preisgünstiges Tischgerät zur Digitalisierung von Papierbildern und teilweise auch Dias. Siehe Scanner.

Flash

Dateiformat mit der Endung ».swf«, das vor allem für Animationen auf Internetseiten genutzt wird. Speichert Text und Vektorobjekte und spart so Speicherplatz im Vergleich zur Speicherung von Pixelflächen. Lässt sich auf der Internetseite zoomen und anhalten. Auch für Webgalerien nutzbar. Das Dateiformat FLV (Flash Video) enthält Videos im Flashformat vor allem zur Internetübertragung.

Font

Schriftart (wie etwa Times oder Helvetica), die in einem bestimmten digitalen Format wie Adobe Type 1, OpenType oder TrueType vorliegt.

Füllebene

Die Füllebene belegt die komplette Ebene mit einer Einzelfarbe, mit einem Muster oder einem Verlauf. Die Eigenschaften der Füllung lassen sich jederzeit bearbeiten. Sie können hier zum Beispiel die Wirkung von Nahtlosmustern oder Verläufen testen. Füllebenen entstehen auch in Verbindung mit Formebenen (siehe dort).

Formebene

Die Formebene kombiniert eine Füllebene (siehe dort) mit der Vektormaske. Das heißt, die Füllung der Ebene ist nur in dem Teilbereich sichtbar, den die Vektormaske freigibt. Formebenen entstehen automatisch, wenn Sie ein Formwerkzeug wie Linienzeichner, Abgerundetes Rechteck oder Eigene Form mit der Option FORM einsetzen. Umriss und Füllung der Figur lassen sich jederzeit völlig verlustfrei ändern.

Gamma-Korrektur

Siehe Gradationskurve

GCR

Das »Grey Component Replacement« (GCR), wie es auch Photoshop anbietet, steht für das völlige oder teilweise Ersetzen der aus Cyan, Magenta und Gelb gebildeten Grautöne eines Bilds durch Schwarz. Gezielter GCR-Einsatz kann verhindern, dass dunkles Grau oder Schwarz, das nur durch CMY gebildet wird, im Druck braun oder sonst irgendwie farbstichig wirkt. Im Gegensatz zu UCR (Under Color Removal) wirkt GCR auf den ganzen Tonwertbereich eines Bilds und nicht nur auf die Schatten.

Glätten

Die Photoshop-Option GLÄTTEN erstellt einen weicheren Übergang unmittelbar am Rand einer Auswahl. GLÄTTEN verhindert Treppeneffekte oder harte Kanten am Rand der Auswahl. Dabei werden zum Beispiel harte Übergänge zwischen einem montierten Bildteil und dem Hintergrund halbtransparent gefüllt; nur die äußersten Randpixel erhalten zu 50 Prozent den Wert der unmittelbar benachbarten nicht ausgewählten Bildpunkte. Das ist meist die ideale Einstellung, um Schnittkanten zu vermeiden.

GPU

Rechenprozessor auf der Grafikplatine (»graphics processing unit«), nicht auf der Hauptplatine mit dem Hauptprozessor. Siehe auch OpenGL.

Gradationskurve

Die Gradationskurve stellt über ihren Graphen dar, welche ursprünglichen Tonwerte (»Eingabe«) auf welche neuen Werte (»Ausgabe«) angehoben oder gesenkt werden. Eine Gerade in einem Winkel von 45° signalisiert, dass Ein- und Ausgabewerte unverändert bleiben. Durch Manipulation der Kurve werden die Dichten des Bilds erweitert und/oder verschoben.

Grafikkarte

Die Grafikkarte, die auf der Hauptplatine des PC eingesteckt wird, setzt die Computersignale in ein für den Monitor verständliches Datenformat um. Ein Arbeitsspeicher (RAM oder VRAM) auf der Grafikkarte speichert die Bildschirmsignale zwischen. S.a. GPU und OpenGL.

Grafiktablett

Mit einem Grafiktablett (auch: Digitalisiertablett) kann wesentlich präziser gearbeitet werden als mit einer Maus. Beim Grafiktablett führen Sie den Mauszeiger mit einem Stift, um zum Beispiel bestimmte Bildbereiche zu bemalen oder auszuwählen. Kriterien für Grafiktabletts sind Größe, Druckempfindlichkeit, Neigungsempfindlichkeit und Platzierung der Batterie. Tabletts mit druckempfindlichen Stiften variieren je nach Vorgabe im Bildprogramm Breite, Transparenz oder Farbe eines Pinselstrichs – so entstehen natürlichere Retuschen und die dauernde Änderung des aktuellen Tonwerts und Durchmessers entfällt.

Graukeil

Der Graukeil zeigt genormte Grauwerte in einem festgelegten, abgestuften Verhältnis. Er kann zur Überprüfung von Farb- und Kontrasttreue gescannt, auf dem Monitor abgebildet und gedruckt werden.

Graustufen

Graustufen ist in der digitalen Bildbearbeitung ein Farbmodus, in dem die Pixel eines Bilds zum Beispiel 256 Zwischentöne zwischen Schwarz und Weiß darstellen können. Davon zu unterscheiden sind beispielsweise der »Bitmap«-Modus, der nur zwei Tonwerte trennt, Schwarz und Weiß, und natürlich Farbmodi wie RGB-Farbe oder CMYK-Farbe.

Halbtonbild

Bei einem Halbtonbild gehen die Dichtestufen kontinuierlich ineinander über. Da jedoch Laserdrucker oder Offset-Druckmaschinen pro Durchgang nur eine Helligkeit (nämlich voll deckend) drucken können, müssen die Bilder erst gerastert werden; die Aufrasterung in unterschiedlich große schwarze Punkte – meist 20 bis 70 pro Zentimeter – täuscht Halbtöne vor. Diabelichter oder Fotopapierbelichter geben verschiedene Halbtöne direkt ohne Rastern in Halbtönen aus. Pro Schwarzweißbild oder pro Grundfarbe werden meist 256 Halbtöne unterschieden.

HDR

In der Bildbearbeitung ein Standard für eine Farbtiefe von 32 Bit pro Grundfarbe, bei RGB-Bildern also 96 Bit pro Bildpunkt (high dynamic range). Ermöglicht höheren Tonwertumfang als übliche Dateien mit 16 oder 8 Bit pro Grundfarbe. Wegen des besonderen Speicherverfahrens steht eine unendliche Zahl von Tonwerten zur Verfügung. Entsteht oft durch Mischen mehrerer Belichtungen von ein und derselben Szene; dabei werden mehrere unterschiedlich belichtete Bilder kombiniert und so maskiert, dass von jeder Einzelaufnahme nur der optimal durchgezeichnete Teil sichtbar bleibt. Falls es nur eine einzige Aufnahme der Szene gibt, kombiniert man mehrere Raw-»Entwicklungen«.

Allgemeiner werden auch andere Bilder, die durch Kombination mehrerer Belichtungen entstanden sind, als HDR-Bilder bezeichnet, auch bei geringerer Farbtiefe. Ein anderer Fachausdruck ist DRI (dynamic range increase).

Helligkeit

Komponente des HSB-Farbmodells, siehe dort

Hicolor

Eine Farbtiefe von 16 Bit (64.000 Farben) wird Hicolor genannt. Vergleiche Truecolor.

Histogramm

Das Histogramm stellt in einer Balkengrafik die Häufigkeit bestimmter Helligkeitswerte innerhalb eines Bilds dar. Jeder Balken steht für eine der oft 256 Dichtestufen eines Bilds; je höher der Balken, umso mehr Pixel dieser Dichte sind vorhanden. Das Histogramm gibt Aufschlüsse über die Bildqualität, zum Beispiel über die Frage, ob der theoretisch mögliche Tonwertumfang vollständig genutzt wird.

HSB-Farbmodell

Das HSB-Farbmodell definiert Farben über die drei Eigenschaften Farbton (Hue), Sättigung (Saturation) und Helligkeit (Brightness). Der Farbton nennt die genaue Lage des Farbtons im Farbspektrum, gedacht als 360-Grad-Kreis: Rot liegt bei 0 Grad, Blau bei 120, Cyan bei 180, Grün bei 240. Die Sättigung wird auf einer Skala von Grau bis zur Reinfarbe gemessen. Ein auf null reduzierter Sättigungsgrad führt zu Grau; ein hoher Sättigungsgrad lässt Farben leuchtend wirken. Helligkeit gibt die sichtbare Helligkeit verglichen mit einer Grauskala an, anders ausgedrückt, den Anteil an Licht, den wir bei einer Farbe wahrnehmen. 100 Prozent steht für Weiß, 0 Prozent für Schwarz; der reine Farbton hat 50 Prozent. Das HSB-Modell gilt als eingängigste Farbbeschreibung.

HTML

Hypertext Markup Language (HTML) ist die Textauszeichnungssprache für Angebote im World-Wide-Web-Bereich des Internets. Prinzipiell lässt sich HTML mit jedem Textprogramm schreiben, wenn man den Code beherrscht, einfacher machen es jedoch Programme für Internetgestaltung. Die HTML-Datei enthält den Text, die Textformatierung, Hyperlinks (siehe dort), JavaScript und Platzierungshinweise für die Bilder. Die Bilddateien selbst werden separat übertragen, oft im gängigen JPEG-Dateiformat.

Hyperlink

In einem elektronischen Dokument ist ein Hyperlink (oft kurz Link genannt) eine Sprungmarke zu einem anderen elektronischen Dokument oder zu einer anderen Stelle im selben Dokument. Man klickt zum Beispiel eine Schaltfläche, ein Bild oder ein Wort an, das im (nicht sichtbaren) HTML-Code der Seite als Hyperlink definiert wurde. Damit wird die entsprechende Datei aufgerufen, zum Beispiel eine Internetseite, ein einzelnes Bild oder eine Datei zum Herunterladen.

ICC-Geräteprofil

Ein ICC-Profil beschreibt, wie ein bestimmtes Gerät - Monitor, Scanner, Drucker - Farben wiedergibt. Es gibt Profile für einen bestimmtes Produkt, für ein spezielles Einzelgerät oder auch für Druckerpapiere.

ImageMap

Eine ImageMap (auch Clickable Map) ist ein einzelnes Bild auf einer Seite im World Wide Web des Internets, bei dem verschiedene Bildteile per Hyperlink (siehe dort) zu unterschiedlichen anderen Dokumenten weiterleiten.

Inch

Ein Inch (Zoll) = 2,54 Zentimeter

Indizierte Farben

Bilder mit »indizierten Farben« sind ein Sonderfall in der Bildbearbeitung. Manche Programme oder Dateitypen (vor allem GIF) unterstützen keine 24-Bit-Vollfarbdateien. Sie akzeptieren zum Beispiel nur 8-Bit-Farbbilder, die für Rot-, Grün- und Blautonwerte je Pixel insgesamt nur acht Bit übrig haben; das ergibt total 256 verschiedene Tonwerte. Beim Umrechnen einer Echtfarbendatei in eine 256-Farben-Datei, also in eine Indizierte-Farben-Datei, können die Systemfarben oder eine dem Bildinhalt möglichst angepasste Palette gewählt werden. Das Verfahren spart Speicherplatz, kostet aber Differenzierung und Bildqualität.

Interlaced

Beschleunigte Darstellung eines Bilds durch Anzeigen von zum Beispiel nur jeder zweiten oder vierten Bildzeile; die fehlenden Bildzeilen werden eventuell durch Verdoppelung der gezeigten Zeilen ersetzt (Zeilensprung).

Interpolation

Beim Neuberechnen der Größe gerasterter Bilder wird die Zahl der vorhandenen Pixel je nach Vergrößerungsfaktor umgerechnet in eine kleinere oder größere Anzahl. Dabei werden aus den Farbübergängen zwischen den ursprünglichen Bildpunkten geeignete Mittelwerte gebildet (interpoliert); Unschärfe kann die Folge sein.

IPTC-Information

Standard zum Speichern von Textinformationen innerhalb einer Bilddatei. Es gibt unter anderem Felder für Copyright, Bildtitel, Stichwörter und Bildbeschreibung.

Invertieren

Beim Invertieren werden alle Dichte- und Farbwerte eines Bilds ins Negativ umgekehrt.

Java

Das US-Unternehmen Sun hat die Programmiersprache Java entwickelt (benannt nach der Kaffeebohne der gleichnamigen indonesischen Hauptinsel). Eine Besonderheit: Java-Programme lassen sich auf unterschiedlichsten Betriebssystemen einsetzen. Java ermöglicht auch die Verwendung sogenannter Java-Applets – Programme, die innerhalb eines Internet-Browsers ablaufen (sofern Java aktiviert ist) und über das Internet geladen werden.

JavaScript

Die Scriptsprache JavaScript erinnert vom Namen her an Java, wurde jedoch unabhängig davon bei der Firma Netscape entwickelt. JavaScript lässt sich ohne Lizenzkosten verwenden und eignet sich allgemein, um Dynamik und Interaktion auf Internetseiten zu bringen – zum Beispiel bei Rollover-Effekten.

JPEG

Das JPEG-Dateiformat (Joint Photographers Expert Group) spart drastisch Speicherplatz, indem es feine Farbinformationen entfernt und erst beim Öffnen des Bilds durch Mittelwertberechnung wieder erzeugt. Es wird von unterschiedlichsten Computern und Geräten angezeigt.

Kalibrieren

Beim Kalibrieren wird gemessen, wie stark Scanner, Monitor und Drucker von den gewünschten Tonwerten abweichen. Anschließend werden die Komponenten korrigiert.

Komprimierung

Durch Komprimieren können Bilddateien auf weniger Speicherplatz zusammengedrängt werden. Verfahren wie LZW, RLE oder ZIP komprimieren verlustfrei, während die hoch effektive JPEG-Komprimierung Information tilgt. Einfluss hat das nur auf den Speicherplatzbedarf auf der Festplatte, nicht im Arbeitsspeicher.

Kontextmenü

An verschiedenen Stellen im Programmfenster, zum Beispiel über Bedienfeldern oder in Auswahlbereichen, kann man das Kontextmenü mit zur Arbeitssituation passenden Befehlen öffnen. Sie müssen also nicht unbedingt Hauptmenüs, Tastenkürzel oder Schaltflächen verwenden. Unter Windows erscheint das Kontextmenü mit einem Rechtsklick, am Mac mit Ein-Tasten-Maus per Ctrl-Klick.

Konvergenz

Im Videobereich meint Konvergenz das deckungsgleiche Aufeinandertreffen von Rot-, Grün- und Blausignal innerhalb einer Farbbildröhre. Fortschrittliche Farbmonitore haben einen Konvergenzregler. Bei fehlerhafter Konvergenz erscheinen weiße Linien und Flächen mit Farbsäumen.

Konvertieren

Im PC-Bereich meint »Konvertieren« meist die Umwandlung eines Dateityps in einen anderen – zum Beispiel von TIFF nach JPEG – oder den Wechsel des Farbmodells für ein bestimmtes Bild, zum Beispiel von RGB nach CMYK.

Lab

Das Farbmodell Lab wurde 1931 vom Centre Internationale d'Eclairage (CIE) entwickelt; es dient der geräteunabhängigen Farbbeschreibung und umfasst die Farbräume des RGB- und des CMYK-Modells. Lab-Bilder setzen sich zusammen aus der Helligkeit (L) und zwei Farbkomponenten, a von Grün bis Magenta, b von Blau bis Gelb. Photoshop arbeitet intern mit dem Lab-Modus, ebenso wie der Druckstandard PostScript ab Level II.

Laserdrucker

Ein Laserdrucker schreibt die Pixeldaten durch punktförmige Entladung auf eine elektrostatisch aufgeladene Fotoleitertrommel. Dieses Bild wird mit Toner geschwärzt und auf das Papier übertragen.

lpi
Die Rasterweite beim Druck wird oft in lines per inch (lpi), Linien pro Zoll, angegeben. Je größer die Rasterweite, desto kleiner die Punkte, desto höher Auflösung und Qualität.

Messwertspeicher
Bei Kameras: Sie können den Lichtwert eines bestimmten Bildbereichs anmessen und speichern; dann ändern Sie den Bildausschnitt, ohne dass die Kamera neue Messwerte aufnimmt. Stattdessen belichten Sie das Foto mit den zuvor gemessenen und gespeicherten Werten für Zeit und Blende.

Metadaten
In der Bildbearbeitung sind Metadaten die Informationen innerhalb einer Fotodatei, die das Bild näher beschreiben – also nicht die Bildpunkte selbst. Vier große Bereiche gehören zu den Metadaten: zum einen Dateidaten wie Dateiname, Änderungsdatum oder Dateigröße. Der zweite Bereich sind die Exif-Belichtungsdaten der Digitalkameras, zum Beispiel Kameramodell, Blende, Belichtungszeit oder Blitzverwendung. Den dritten großen Metadatenblock bilden die Textnotizen nach IPTC-Standard. Auch die verlustfreien Korrektureinstellungen aus dem Camera-Raw-Dialog gehören zu den Metadaten.

Modal
Eigenschaftswort für Dialogfelder, die man öffnen und wieder schließen muss, bevor man weiterarbeiten kann, in Photoshop zum Beispiel der Befehl **Bildgröße** oder der Farbwähler. Nichtmodal sind die Bedienfelder (von Photoshop): Sie ändern beispielsweise etwas im Eigenschaften-Bedienfeld und beginnen sofort mit einer Stempelretusche, ohne dass Sie das Eigenschaften-Bedienfeld erst hätten öffnen und nachher schließen müssen.

Moiré
Durch die Überlagerung mehrerer Rastermuster entsteht ein schillernder, unerwünschter optischer Effekt. Moirés entstehen zum Beispiel beim Scannen von gedruckten, also bereits gerasterten Vorlagen oder bei der Verarbeitung von sehr fein strukturierten Motiven, beispielsweise Textiloberflächen.

Neutralgrau
Ein Bildbereich ist neutralgrau, wenn er keinerlei (sichtbare) Farbanteile enthält. Farbverfälschungen von Filmen, Scannern oder Druckern können durch Reproduktion einer garantiert neutralgrauen Fläche kontrolliert werden. Im RGB-Modell stellt man Neutralgrau mit den Werten 128 für Rot, Grün und Blau her; im HSB-Modell kommt es auf den Wert 0 für Sättigung und auf den Wert 50 für die Helligkeit an, während der H-Wert für die Farbe beliebig sein kann.

On the fly
Bearbeitungen, die erfolgen, noch während eine vorhergehende Bearbeitung läuft, finden »on the fly« statt – zum Beispiel das Umrechnen von RGB-Scanner-Daten in CMYK noch während des Scan-Vorgangs.

OpenGL
Betriebssystemunabhängige Programmierschnittstelle, mit der unter anderem 3D-Grafik berechnet und am Bildschirm dargestellt wird. Die Berechnungen werden häufig nicht vom zentralen Computerprozessor (CPU), sondern vom separaten Prozessor auf der Grafikkarte (GPU) durchgeführt. Dieser separate Prozessor sorgt für eine wesentlich schnellere Darstellung und wird auch von Photoshop für einige Aufgaben verwendet.

Passerkreuze
Passerkreuze sind Fadenkreuzmarkierungen, die auf den Druckplatten für die einzelnen CMYK-Druckfarben jeweils an der gleichen Stelle angebracht werden. Beim Drucken mit EBV-Programmen können Passerkreuze wahlweise mitgedruckt werden.

Pfad
In Illustrationsprogrammen setzt sich die Linie eines Pfads nicht aus einzelnen Pixeln zusammen, sondern aus Ankerpunkten und den Kurvenzügen dazwischen. Diese Bézier-Kurven werden durch Geraden kontrolliert, die die Ankerpunkte wie Tangenten schneiden. Eine Bewegung dieser Geraden verändert die Kurvenform. Pfade in Photoshop können als Maske, Beschneidungspfad oder gemalte Linie genutzt werden.

Photomerge
Photomerge ist eine Photoshop-Technik, bei der Einzelbilder in mehreren Ebenen zu einem neuen Gesamtbild übereinandergelegt und dann nahtlos überblendet werden. Das eignet sich zum Beispiel für Fotopanoramen, aber auch für Belichtungsserien (HDR) oder Tiefenschärfeserien (Seite 779).

PictBridge
Ein Standard, um Bilder direkt von der Digitalkamera oder Speicherkarte zum Drucker zu übertragen, ohne dass ein Computer benötigt wird.

Pixel
Ein Pixel (picture element, Bildpunkt) ist die kleinste Einheit in einem digitalisierten Foto. Durch eine stark vergrößerte Darstellung auf dem Monitor können die quadratischen Pixel einzeln beurteilt und korrigiert werden. Je höher die Auflösung eines Scanners, desto höher die Zahl der Pixel pro Inch (ppi) und desto detailreicher die Darstellung.

Polygon
Das geschlossene Vieleck (Polygon) gehört zu den Grundfiguren der Computergrafik. Polygone können mit EBV-Programmen sehr einfach erzeugt werden.

PostScript
Die von Adobe entwickelte Seitenbeschreibungssprache PostScript stellt Schriftzeichen und grafische Elemente so dar, dass sie größenunabhängig in der höchstmöglichen Auflösung des Druckers oder Belichters ausgegeben werden können. PostScript-Elemente können auch mit grundsätzlich größenabhängigen Pixelbildern kombiniert werden. Das PostScript-Dateiformat heißt EPS (Encapsulated PostScript). Zum EPS-Bild gehört teilweise noch ein niedrig aufgelöstes Vorschaubild für die Anzeige der Datei im Layoutprogramm. Bereits in vier Farbauszüge vorsepariert ist das EPS/DCS-Format, auch hier gehört ein Platzhalter-Pixelbild dazu.

Posterizing
Siehe Tontrennung

ppi
Die Maßeinheit ppi (pixel per inch) gibt an, wie viele Bildpunkte ein Scanner je Zoll des Originals erfasst.

Prescan
Beim Prescan, dem Vorabscan, wird die gesamte zu scannende Vorlage mit niedriger Auflösung gescannt, um sie in ein Vorschaufenster zu laden. Danach wird der eigentlich benötigte Bildausschnitt gewählt.

Proof
Bevor ein Bild in Massenauflage erscheint, soll ein Proof gedruckt werden – ein Einzeldruck, der verbindlichen Aufschluss über die zu erwartende Bildqualität gibt, am besten auf dem geplanten Druckpapier.

Prozessor
Der Prozessor ist der zentrale Rechenchip eines Computers. Neben der Rechengeschwindigkeit (zum Beispiel 2 Gigahertz) zählen auch Datenbreite (beispielsweise 64 Bit), Fließkommaeinheit, Hitzeentwicklung und integrierter Zwischenspeicher (Cache) zu den Kriterien. Weitere Bezeichnung: CPU (Central Processing Unit).

Punkt
Schriftgrößen werden in der Typografie in der Einheit »Punkt« gemessen. Der in Europa gebräuchliche Didotpunkt misst 0,375 mm, der Pica-Punkt 0,351 mm. Auch bei der Texteingabe in EBV-Programmen wie Photoshop kann die Schriftgröße in Punkt vorgegeben werden; die daraus entstehende Pixelfläche hängt von der vorgegebenen Druckauflösung der Datei ab.

Punktschluss
Je größer ein einzelner Bildpunkt, desto eher stößt er an den Nachbarpunkt. Sobald dieser sogenannte Punktschluss eintritt, erhöht sich der Grauwert deutlich. Sichtbar wird das allerdings höchstens bei feinen Grauverläufen. Die Rasterform entscheidet, wie schnell ein Bild dunkel zuläuft. Bei einem quadratischen Punkt tritt der Punktschluss bei rund 40 Prozent Grauwert ein, bei einem runden Punkt erst bei 65 Prozent, bei elliptischen Punkten bei 50 und 75 Prozent. Gröbere Raster zeigen den Punktschluss weniger deutlich.

RAM
Random Access Memory. Siehe Arbeitsspeicher.

Raster

Viele Drucker (etwa Laserdrucker oder Filmbelichter für den Offset-Druck) können nur Schwarz drucken, keine Halbtöne. Deswegen muss das Bild gerastert werden: Hellere Bildwerte werden durch kleinere, größere Bildwerte durch größere Bildpunkte dargestellt, alle schwarz, dazwischen liegt jeweils weiße Fläche. Der Punktabstand bleibt dabei meist konstant. Der unterschiedliche Schwarzweißanteil auf jedem Quadratzentimeter simuliert Graustufen. Jeder Bildrasterpunkt setzt sich aus wesentlich kleineren, jeweils gleich großen Belichterpunkten zusammen.

Rastertiefe

Die Zahl der verschiedenen Grauwerte in einem Bild hängt davon ab, wie viele Pixel einen Rasterpunkt im Druck bilden. Je mehr Pixel einen Rasterpunkt bilden, zum Beispiel 8x8, desto besser ist die Rastertiefe, also die Zahl der Halbtöne. Damit sinkt jedoch automatisch die Auflösung.

Rasterweite

Die Zahl der Bildpunkte pro Zentimeter oder Inch (Zoll) beim Druck von Fotos. Unterschiedlich große Rasterpunkte je Flächeneinheit stellen helle oder dunkle Bildteile dar; die unterschiedlich großen Rasterpunkte werden aus vielen Druckerpunkten zusammengesetzt. Hochwertiger Druck verlangt 60 bis 80 Linien pro Zentimeter auf gestrichenem Papier. Tageszeitungen kommen mit 32 Linien aus.

Rasterwinkel

Im Offset-Druck steigt der Schärfeeindruck, wenn die Rasterpunkte nicht in Zeilen nebeneinanderliegen, sondern schräg versetzt angeordnet sind. Im SW-Druck ist ein 45°-Rasterwinkel üblich; die vier Farbauszüge einer Vierfarbdatei werden zur Vermeidung von Moiré mit unterschiedlichen Rasterwinkeln gedruckt.

Raw-Dateien

JPEG-Dateien aus der Digitalkamera sind bereits manipuliert: Die Kamera prägt das Bild per Weißabgleich (Korrektur der Farbstimmung), zudem ändert sie womöglich Pixelzahl, Farbtiefe, Schärfe, Sättigung und Kontrast. Die ursprünglich vom Kamerasensor aufgezeichneten Daten sehen ganz anders aus: Übliche 1-Chip-Kameras schreiben zunächst nur eine einzige Grundfarbe mit zum Beispiel zwölf Bit Farbtiefe. Rot-, grün- und blauempfindliche Sensorelemente sind nach dem Bayer-Muster wechselweise angeordnet. So entsteht erst einmal ein 12-Bit-Graustufenbild, das durch Rechenverfahren zu RGB mutiert und als JPEG- oder TIFF-Datei ankommt. Viele Kameras speichern ihre Dateien jedoch wahlweise auch »roh« - naturbelassen so, wie sie vom Chip kommen. Dieses Format heißt auch »Camera Raw«. Mit Photoshop und anderen Programmen lassen sich solche Dateien öffnen; dabei können Sie die 16-Bit-Farbtiefe verwenden und haben beim Korrigieren mehr Spielraum als mit normalen 8-Bit-RGB-Dateien. Nicht zu verwechseln mit dem Dateiformat »Photoshop Raw«.

Der Photoshop-Hersteller Adobe hat den frei zugänglichen DNG-Standard (Digital Negative) entwickelt. Damit lassen sich Camera-Raw-Bilder verschiedener Kameratypen samt aller Metadaten einheitlich speichern; man kann sie vermutlich auch noch nach Jahren öffnen, wenn es vielleicht keine Programme mehr gibt, die Camera-Raw-Daten einer bestimmten älteren Digitalkamera öffnen.

RGB-Farbmodell

Wenn die additiven Leuchtfarben Rot, Grün und Blau mit gleicher, voller Stärke übereinander projiziert werden, addieren sie sich zu Weiß. Nach diesem Prinzip arbeiten Farbmonitore. Eine Nulldichte von Rot, Grün und Blau führt zu Schwarz; jeder mittlere Gleichstand der drei Grundfarben zeigt einen reinen Grauwert dazwischen an. Auch Farbdateien in PC-Bildverarbeitungsprogrammen sind oft nach dem RGB-Schema aufgebaut, in Photoshop sind aber auch CMYK oder LAB möglich. Dia- und Fotopapierbelichter arbeiten nach dem RGB-Schema, indem sie nacheinander den Diafilm mit den Grundfarben Rot, Grün und Blau bestrahlen.

Rollover-Effekt

Ruht der Mauszeiger über einem definierten Bereich einer Internetseite, verändert sich dieser Bereich, eventuell erscheint auch eine Einblendmeldung. Dieser Effekt, der mit der Programmiersprache JavaScript erzeugt wird, heißt Rollover-Effekt oder auch Mouseover-Effekt.

Sättigung
Farbintensität im Gegensatz zu Farbwert und Helligkeit. Genannt wird das Verhältnis zwischen reiner Farbe und gleich hellem Grau. Siehe »HSV«.

Scanner
Scanner leuchten Vorlagen ab und setzen die gemessenen Helligkeitswerte in Bilddateien um. Dabei entsteht je nach Scannerauflösung eine bestimmte Zahl von Bildpunkten je Zoll der Vorlage. Verbreitet sind Flachbettscanner; sie arbeiten mit CCD-Elementen, deren innerer elektrischer Widerstand sich in Abhängigkeit vom einfallenden Licht verändert. Bei professionellen Trommelscannern wird die Vorlage auf eine rotierende Trommel gespannt, in Photo-Multiplier-Technik abgetastet und von einem Wandler direkt in CMYK umgerechnet.

Schmuckfarben
Die Standarddruckfarben (Skalenfarben) entstehen aus der Mischung von Cyan, Yellow, Magenta und Black (CMYK, subtraktive Farbmischung). Schmuckfarben (auch Spotfarben oder Volltonfarben) können als weitere Druckfarben hinzukommen. Sie zeigen einen Farbton, der durch die Mischung der üblichen CMYK-Farben nicht dargestellt werden kann, zum Beispiel Metallicfarben oder eine Signalfarbe. Schmuckfarben werden einzeln aus Tabellen von Anbietern wie Pantone oder HKS ausgewählt und meist zusätzlich zu den CMYK-Auszügen gedruckt.

Schnappschuss
Der Schnappschuss ist eine Momentaufnahme des Zustands einer Datei während einer Bearbeitung. In Photoshop erstellt man einen Schnappschuss mit dem Protokoll-Bedienfeld. Man kann später zu dem Bildzustand, wie er im Schnappschuss festgehalten ist, zurückkehren; dabei ändert man entweder das komplette Bild oder nur Teile. Vergleichbare Schnappschüsse erstellt auch der Raw-Dialog, der sie im Gegensatz zum Protokoll-Bedienfeld sogar dauerhaft speichert.

Schnittmaske
Technik, bei der Photoshop mehrere Montageobjekte nur innerhalb der Umrisse eines bestimmten Montageobjekts zeigt. Zum Beispiel sehen Sie mehrere Objekte nur innerhalb der Buchstaben eines Schriftzugs, sie reichen im sichtbaren Bild nicht darüber hinaus.

Seitenverhältnis
Das Verhältnis zwischen der Länge einer horizontalen und einer vertikalen Kante eines Bilds. Das Seitenverhältnis ist zum Beispiel wichtig bei der Vorbereitung einer Datei für die Ausbelichtung auf Diamaterial oder Fotopapier.

Skalenfarben
Siehe Schmuckfarben

Skalierung
Änderung der Außenmaße eines Bildinhalts oder Bildteils, also eine Vergrößerung oder Verkleinerung

Slice
Man kann größere Bilder in mehrere kleine Bilder – Slices – zerlegen, um diese Elemente dann je nach Bildinhalt optimiert zu speichern, separat zu übertragen und erst auf der Internetseite beim Betrachter wieder mithilfe einer HTML-Tabelle zusammenzusetzen. Die Slices lassen sich überdies mit individuellen Hyperlinks oder Rollover-Effekten ausstatten (siehe Hyperlinks und Rollover-Effekte).

SLR
Siehe Spiegelreflexkamera

Smartobjekt
Eine spezielle Ebene in einer Photoshop-Montage. Die Montage zeigt und speichert Informationen, die Photoshop sonst in Ebenenmontagen gar nicht aufnimmt – zum Beispiel die Originalpixel auch nach dem Verkleinern, Camera-Raw-Originaldaten und komplexe Vektorgrafik. Die Originaldaten stehen jederzeit wieder zur Verfügung.

Spiegelreflexkamera
Spiegelreflexkameras (SLR, bei digitalen Modellen auch DSLR) zeigen im Sucher annähernd das Bild, das auch auf den Film oder den Aufnahmechip gelangt: Das Objektiv leitet das Licht auf einen Spiegel vor der Aufnahmefläche, von dort wird das Bild in den Sucher gelenkt. Im Moment der eigentlichen Aufnahme klappt der Spiegel weg, Film oder Chip können belichtet werden. Kurzbezeichnung: SLR für

Single Lens Reflex, DSLR meint digitale Spiegelreflexkameras. Gegenstück sind zum Beispiel Sucherkameras (meist Kompaktkameras), bei denen das Licht einmal durch das Objektiv auf den Film und separat durch eine Öffnung in den Sucher gelangt; die Abbildung im Sucher der Sucherkameras ist vor allem im Nahbereich ungenau. Typischerweise, aber nicht zwingend, ermöglichen Spiegelreflexkameras Wechselobjektive, während Sucher- oder Kompaktkameras meist keinen Objektivwechsel erlauben.
Ein neuerer Kameratyp sieht etwa wie eine Spiegelreflexkamera aus und erlaubt Wechselobjektive, kommt jedoch ohne Spiegel aus und hat darum im Sucher einen Videomonitor oder man prüft das Bild nur über den Monitor auf der Kamerarückseite (zum Beispiel Kameras nach dem Micro-Four-Thirds-Standard oder aus der Sony-Nex-Reihe). Kameras, aber auch Objektive für die spiegellose Technik sind etwas kleiner als in klassischen Spiegelreflexsystemen mit identischer Sensorgröße.

Spotfarben

Siehe Schmuckfarben

Spotmessung

Technik, bei der die Kamera nicht den durchschnittlichen Lichtwert im gesamten Sucherbild misst; stattdessen wird nur ein sehr kleiner Teil des Gesamtbilds angemessen. So kann gezielt ein repräsentativer Bildteil angemessen werden, Gegenlicht oder große Schattenzonen führen nicht zu unerwünschten Ergebnissen.

Statusleiste

Erscheint unten in jedem Bildfenster. Enthält je nach Einstellung Angaben zum Speicherbedarf, zur Zoomstufe und zum aktuellen Werkzeug.

Strichzeichnung

Eine Strichzeichnung (Line-Art) enthält nur die Tonwerte Schwarz und Weiß. Jeder Bildpunkt braucht damit nur ein Bit.

Stürzende Linien

Gebäude, die mit nach oben gerichteter Kamera fotografiert werden, scheinen nach hinten zu kippen, man spricht auch von stürzenden Linien. Der Effekt lässt sich in Photoshop korrigieren.

Subtraktive Grundfarben

Siehe »CMYK«

Tag

Das englische Wort »tag« (gesprochen »täg«) heißt wörtlich »Kofferanhänger« oder »Etikett«. Im Computerbereich ist »tag« ein anderer Ausdruck für »Stichwort« oder »Suchbegriff« – Schlagworte, die beim Auffinden von Bildern, Musik oder Internetseiten helfen. Das Verschlagworten von Texten, Bildern oder Musik wird auch als »Taggen« (gesprochen »Täggen«) bezeichnet.

Thermosublimationsdrucker

Der Farb-Thermosublimationsdrucker bringt Bildpunkte durch punktuelle Erhitzung eines wärmeempfindlichen Farbbands zu Papier. Als Farbträger dient eine mit den CMYK-Grundfarben beschichtete Polyesterfolie. Die Druckauflösung wird durch die Anzahl der Halbleiterelemente auf der Thermoschiene bestimmt, der Grad der Erhitzung legt den Halbton fest. Thermotransferdrucker arbeiten mit einer ähnlichen Technik, können aber keine Halbtöne unterscheiden; sie müssen rastern, was die Auflösung herabsetzt.

Thermotransferdrucker

Siehe Thermosublimationsdrucker

Thumbnails (Miniaturen)

Starke Verkleinerungen von Bildern, Ebenen oder Seitenlayouts zur Übersicht und Dateiauswahl zum Beispiel in Bilddatenbanken oder in Photoshops Bedienfeldern für Ebenen, Kanäle und Pfade.

TIFF

Das Tagged Image File Format (TIFF) ist ein weit verbreitetes Dateiformat für Pixelbilder. TIFF nimmt auch Alphakanäle auf und verarbeitet zahlreiche Farbmodi. Die LZW-Komprimierung innerhalb des TIFF-Formats spart verlustfrei Festplattenplatz.

Tontrennung

Die Tontrennung, auch »Posterizing« oder »Postereffekt« genannt, reduziert ein Bild auf wenige Graustufen oder Farbtöne und erzeugt so eine plakative Wirkung.

Tonwertzuwachs
Der Tonwertzuwachs wird definiert als Helligkeitsunterschied zwischen der Filmvorlage und dem fertigen Druckergebnis. Durch das Saugverhalten des Papiers nimmt die Größe von Rasterpunkten im Ausdruck zu. Dieser Tonwertzuwachs (oder Punktüberhang oder Punktzuwachs) macht die Reproduktion vor allem in den mittleren Tönen dunkler als geplant. Der Tonwertzuwachs kann in den Photoshop-Grundeinstellungen für Druckfarben ausgeglichen werden.

Transformieren
In Photoshop Änderung von Größe, Seitenverhältnis, Drehwinkel oder Verzerrungsgrad bei einer Montageebene, aber auch bei Auswahlumrissen oder Pfaden. Meist über den Befehl **Frei Transformieren** (Strg+T).

Trommelscanner
Siehe Scanner

Twain
Der Twain-Standard soll Scanner und Bildverarbeitungsprogramme (aber auch DTP-, Grafik- und Textsoftware) universell miteinander verbinden. Anbieter von EBV- oder sonstiger Grafiksoftware schreiben keine spezialisierten Treiber für jeden einzelnen Scanner. Sie bauen nur eine Twain-Schnittstelle ein, über die man eine Scan-Software lädt, die der Scanner-Hersteller mitliefert – universell passend für alle Twain-kompatiblen Programme. Über den Befehl »Anbinden« bzw. »Acquire« wird die Treibersoftware für den Scanner als eigenes Fenster im EBV-Programm aufgerufen. Der WIA-Standard ist eine Alternative zu TWAIN.

UCA (Unterfarbenzugabe)
Im Druck können dunkle Bereiche flau wirken, wenn die Schatten überwiegend mit der Druckfarbe Schwarz erzeugt werden (je nach Verfahren, Untergrund, Druckfarbe). Hier verwendet man bei der Farbseparation von RGB- in CMYK-Daten die Unterfarbenzugabe (UCA), die in den Schatten auch Cyan-, Magenta- und Gelbanteile hinzufügt und entsprechenden Schwarzanteil entfernt. Die Unterfarbenzugabe verhindert einen Tontrennungseffekt in detailreichen dunklen Bildteilen. Sie ist nur bei Farbseparation nach dem GCR-Schema (siehe dort) möglich.

UCR
Wenn bei der Farbseparation Cyan-, Yellow- und Magentawerte übereinanderliegen, um Schwarz oder Grau zu bilden, druckt man in dunklen Bildteilen nur zwei Farben und einen entsprechenden Schwarzanteil, um Druckfarbe zu sparen. Dafür wird die Unterfarbenkorrektur (UCR, Under Color Removal) eingesetzt, wie sie auch Photoshop anbietet. In den Teilfarbauszügen werden Anteile von Cyan, Magenta und Gelb reduziert und durch Schwarz ersetzt. Während UCR nur auf die Schattenbereiche eines Bilds wirkt, bearbeitet das Gray Component Replacement, GCR, den gesamten Tonwertumfang.

Überfüllung
Beim Drucken entstehen unerwünschte weiße Blitzer zwischen Farbflächen, wenn das Papier sich beim Lauf durch die Druckmaschine verzieht. Darum werden mit einer Überfüllung die vorgegebenen Maße der jeweiligen Farbflächen um minimale Beträge, meist nicht mehr als 0,25 Millimeter, erhöht. Die Überlappungszonen werden vom Betrachter nicht wahrgenommen, gleichen aber den Papierverzug aus.

Unbuntaufbau
Gleiche Anteile der Druckfarben Cyan, Gelb und Magenta sollten theoretisch Grau ergeben, so dass bei jeweils 100 Prozent Farbdeckung Schwarz zustande kommt. Beim dreifarbigen Aufbau eines Bilds ergibt der Anteil, der in allen drei Farben vorkommt, Grau. Doch in der Druckpraxis mischen sich die drei Grundfarben durchaus nicht zu neutralem Grau mischen, sondern eher zu Braun oder Grün. Darum kann man die Farbe auch gleich durch zwei Buntauszüge und einen Grauwert darstellen, also als vierte Druckfarbe Schwarz verwenden. Dieser Unbuntanteil wird jedoch in der Praxis nicht vollständig durch Schwarz übernommen, weil dies zu Detailverlusten im Schattenbereich unbunter und stark gebrochener Farben führt. Wird der Unbuntaufbau auf die Tiefen eines Bilds beschränkt, redet man von Under Color Removal, UCR. Erstreckt sich der Ausgleich auf alle Dichtebereiche, nennt man das Verfahren Gray Component Replacement, GCR. Im Druckprozess

reduziert der Unbuntaufbau zudem die Farbmenge. Das spart Farbe, das Papier trocknet schneller und reißt seltener. Der Nutzen hängt auch vom Bildtyp ab – Screenshots mit viel Grau und Schwarz profitieren von hohem Schwarz-Anteil, fein nuancierte Fotos brauchen weniger Unbuntaufbau.

URL
Der »Unique Resource Locator« (URL) ist die weltweit gültige, eindeutige Speicheradresse einer Datei, zum Beispiel einer Internetseite im HTML-Format. Jede Internetadresse wie »http://www.addison-wesley.de« gilt als URL, es kann aber auch der Pfad einer Datei auf einer lokalen Festplatte sein.

USB
Standard zur Datenübertragung zum Beispiel zwischen Digitalkamera und Computer. Neu angeschlossene Geräte werden im laufenden Betrieb sofort erkannt. »USB 3.0« ist schneller als »USB 2.0 Hi-Speed«, das wiederum schneller überträgt als »USB 1.1« oder »USB 2.0 Full Speed«.

Variablen
»Variablen« sind bei Photoshop Eigenschaften einer Montage, die sich durch eine automatisierte, datenbankgestützte Bearbeitung verändern lassen. So kann man einzelne Montageebenen verbergen oder ausschalten und den Wortlaut von Textebenen ändern.

Vektorgrafik
Bildelement, das sich nicht wie übliche digitalisierte Fotos aus einzelnen Bildpunkten, sondern aus Kurven und Füllflächen zusammensetzt – in Photoshop zum Beispiel Formebenen.

Vektorisieren
Die Umwandlung eines pixelorientierten Bilds (Bitmap) in eine Menge von Geraden mit definierten Anfangs- und Endpunkten (Vektoren) sowie Kurven und Flächen. In einem vektorisierten Bild werden Formen durch Setzen von Ankerpunkten verändert. Das Umwandeln von Bitmap zu Grafik (auch »Tracing« genannt) kann durch manuelles Nachzeichnen oder automatisch geschehen. Zum Vektorisieren dienen spezialisierte Programme. Vektorgrafiken benötigen meist weniger Speicherplatz als entsprechende pixelorientierte Bitmaps und können ohne Qualitätsverlust beliebig groß mit der Höchstauflösung des Druckers ausgegeben werden.

Vektormaske
Verbirgt Teile eines Montageobjekts, ohne sie dauerhaft zu löschen. Vektormasken werden mit Pfad-3technik geformt, eignen sich also besonders für homogene Umrisse.

Vignettierung
Durch Objektivfehler erscheinen die Ränder eines Fotos dunkler als der mittlere Bereich. Kann beim Fotografieren durch Abblenden gemindert oder in Photoshop korrigiert werden.

Virtueller Speicher
Der virtuelle Speicher (auch swap file, page file, Auslagerungsspeicher) simuliert einen größeren Arbeitsspeicher (RAM), als physikalisch tatsächlich vorhanden ist. Der physikalisch vorhandene Arbeitsspeicher wird dabei durch Teile zum Beispiel der Festplatte erweitert. Photoshop verwendet unabhängig vom Betriebssystem einen eigenen virtuellen Speicher (s.a. Arbeitsvolume), der in den Voreinstellungen festgelegt wird. Muss Photoshop den virtuellen Speicher verwenden, wird das Programm langsamer.

Volltonfarben
Siehe Schmuckfarben

Weiche Auswahlkante
In Photoshop lässt sich eine »weiche Kante« definieren; damit franst der Auswahlrand weich aus und geht bei einer Montage fließend in den neuen Hintergrund über. Auch wenn der Bildausschnitt gefiltert oder mit Farbe gefüllt wird, endet die Wirkung weich im Bereich der Auswahlgrenze. Fünf Pixel Radius bedeuten fünf Pixel weichen Rand auf jeder Seite der Auswahllinie. Siehe »Glätten« und »Auswählen«.

Weißabgleich
Je nach Farbtemperatur (siehe dort) korrigieren Digitalkameras das gespeicherte Bild so, dass Neutraltöne tatsächlich neutral erscheinen – zum Beispiel mit Vorgaben wie »Tageslicht« oder »Glühlampenlicht«; oft geschieht der Weißabgleich auch auto-

matisch abhängig von den Lichtverhältnissen, ohne fixe Vorgabe. Beim Öffnen der Camera-Raw-Dateien von Digitalkameras bietet Photoshop diesen Weißabgleich an. Der Weißabgleich orientiert sich an der Farbtemperatur, die aus der spektralen Verteilung des Lichts bei der Aufnahme resultiert – also aus der Farbstimmung.

XML

Extensible Markup Language; Industriestandard zur Übergabe von Metadaten (siehe Metadaten). Photoshop-Hersteller Adobe entwickelte die XML-kompatible Variante XMP (Extensible Metadata Platform). Die Programme Photoshop und Bridge speichern viele Informationen innerhalb einer Bilddatei als XMP-Block oder in separaten XMP-Dateien.

XMP

Siehe XML

Zwischenablage

Über die Zwischenablage des Betriebssystems werden ausgewählte Dateiausschnitte von einem Programm ins andere oder von einer Datei in die andere übertragen. Der Befehl »Kopieren« überträgt den markierten Bereich, ohne dass die Datei im aktiven Fenster verändert wird. Der Befehl »Ausschneiden« entfernt dagegen den markierten Teil aus der Ursprungsdatei. Mit dem Befehl »Einfügen« wird der Inhalt der Zwischenablage in eine neue Datei eingesetzt. Photoshop verwendet eine programmeigene Zwischenablage unabhängig vom Betriebssystem. Beim Wechsel zu einem anderen Programm kann Photoshop die Daten aus der Photoshop-Zwischenablage an die Zwischenablage des Betriebssystems übergeben.

Stichwortverzeichnis

B

C

D

E

G

H

L

M

Q

R

S

W